Curso de Direito Processual Civil

Fabrício Castagna Lunardi

Curso de Direito Processual Civil

3ª edição
Revista, ampliada e atualizada
De acordo com as Leis n. 13.655/2018,
13.728/2018 e 13.793/2019.
2019

saraiva jur

Série idp
Instituto Brasiliense de Direito Público
Linha Doutrina

ISBN 978-85-536-1228-4

DADOS INTERNACIONAIS DE CATALOGAÇÃO NA PUBLICAÇÃO (CIP)
ANGÉLICA ILACQUA CRB-8/7057

Lunardi, Fabrício Castagna

Curso de direito processual civil / Fabrício Castagna Lunardi. – 3. ed. – São Paulo: Saraiva Educação, 2019.
(Série IDP : Linha doutrina)

1. Processo civil 2. Processo civil - Brasil I. Título II. Série.

19-0799 CDU 347.9 (81)

Índices para catálogo sistemático:

1. Direito processual civil 347.9 (81)
2. Processo civil : Direito civil 347.9 (81)

saraiva EDUCAÇÃO | saraiva jur

Av. Doutora Ruth Cardoso, 7.221, 1º andar, Setor B
Pinheiros – São Paulo – SP – CEP 05425-902

SAC | sac.sets@somoseducacao.com.br

Direção executiva Flávia Alves Bravin
Direção editorial Renata Pascual Müller
Gerência editorial Roberto Navarro
Gerência de produção e planejamento Ana Paula Santos Matos
Gerência de projetos e serviços editoriais Fernando Penteado

Consultoria acadêmica Murilo Angeli Dias dos Santos

Planejamento Clarissa Boraschi Maria (coord.)

Edição Eveline Gonçalves Denardi (coord.)
Deborah Caetano de Freitas Viadana

Produção editorial Rosana Peroni Fazolari

Arte e digital Mônica Landi (coord.)
Amanda Mota Loyola
Camilla Felix Cianelli Chaves
Claudirene de Moura Santos Silva
Deborah Mattos
Fernanda Matajs
Guilherme H. M. Salvador
Tiago Dela Rosa

Projetos e serviços editoriais Juliana Bojczuk Fermino
Kelli Priscila Pinto
Marília Cordeiro
Mônica Gonçalves Dias
Tatiana dos Santos Romão

Novos projetos Melissa Rodriguez Arnal da Silva Leite

Diagramação Desígnios Editoriais
Revisão Silvana Cobocci
Capa Tiago dela Rosa
Produção gráfica Marli Rampim
Sergio Luiz Pereira Lopes
Impressão e acabamento Meta Brasil

Data de fechamento da edição: 7-6-2019

Dúvidas? Acesse www.editorasaraiva.com.br/direito

CL 605877 CAE 654628

SOBRE O AUTOR

Fabrício Castagna Lunardi é Juiz de Direito da Justiça do Distrito Federal e dos Territórios. Doutor e Mestre em Direito pela Universidade de Brasília. Possui Graduação em Direito e Especialização em Direito Civil pela Universidade Federal de Santa Maria. Foi advogado privado (2005 e 2006), Defensor Público do Estado do Rio Grande do Sul (2006) e Advogado da União – AGU (2006 a 2009). Foi professor de Direito Processual Civil e de Direito Constitucional da UFSM (2006 a 2007). Aprovado nos concursos públicos para os cargos de Defensor Público do Estado do Rio Grande do Sul, Procurador do Estado do Rio Grande do Sul, Procurador Federal, Procurador da Fazenda Nacional, Advogado da União, Promotor do Ministério Público do Paraná (1º lugar) e Juiz de Direito Substituto da Justiça do Distrito Federal e dos Territórios. É professor de Direito Processual Civil dos cursos de Pós-Graduação "Lato Sensu" do Instituto Brasiliense de Direito Público (IDP), dos Cursos da Escola Nacional de Formação e Aperfeiçoamento de Magistrados (ENFAM), da Escola de Formação Judiciária do TJDFT e de diversas outras instituições de ensino. É pesquisador e palestrante. Possui diversos livros e artigos publicados. Examinador em Bancas de Concursos Públicos organizados pelo CESPE/CEBRASPE.

À Gabi, à Sofia e ao Luca, com amor.

AGRADECIMENTOS

Esta obra é o resultado de muitos anos de pesquisas e debates sobre o direito processual civil, razão pela qual preciso agradecer, inicialmente, a todos aqueles que comigo interagiram, permitindo que as ideias aqui expostas fossem mais bem refletidas e amadurecidas ao longo do tempo.

Agradeço aos integrantes do Grupo de Estudos do Novo CPC, da Escola de Administração Judiciária do TJDFT, por todas as discussões – sobretudo pelas divergências, que foram muitas –, fundamentais para que as minhas reflexões fossem mais produtivas, de modo que pude externá-las em grande medida nesta obra. Desse modo, agradeço especialmente aos colegas e amigos Hilmar Castelo Branco, Renato Castro, Júlio Roberto dos Reis, Giordano Resende Costa, Jayder Ramos de Araújo, Mário Jorge Panno de Mattos e Arthur Lachter.

Aos meus alunos e colegas do TJDFT, que me proporcionaram importantes debates em sala de aula, oportunizando novas ideias e o amadurecimento de diversas concepções.

À Escola Superior da Magistratura do Estado de Alagoas e aos magistrados desse Estado, pois as nossas reflexões foram importantes para sedimentar várias das questões postas neste livro.

Agradeço à Editora Saraiva e ao IDP, que abriram as portas para a publicação deste livro e reconheceram o seu valor.

Ao amigo Atalá Correia, que foi um dos principais incentivadores, por todo o auxílio.

Também preciso agradecer especialmente ao amigo e companheiro de projetos Luiz Otávio Freitas, que compreendeu a importância desta obra e que, generosamente, me incentivou a finalizá-la antes dos nossos projetos acadêmicos conjuntos.

Aos meus queridos amigos Tiago Oliveira, Ivo Gico Jr., Josmar Oliveira, Geraldo Mariano, Társis Lima e Wagner Souza, pela amizade e por compreenderem a minha ausência nesses últimos tempos, em que estive me dedicando a esta obra.

Aos amigos da Turma dos 33, com quem compartilho os projetos, as expectativas, as angústias e as conquistas da vida pessoal e da paixão pela magistratura.

Ao meu amigo, irmão e compadre Felipe Kersten, companheiro de projetos, ideais, conquistas, que está presente em todos os momentos importantes da minha vida pessoal e profissional.

À minha família: Inês, Valter, Delx e Roben Lunardi, e João, Magale, Rodrigo e Joanna Pereira, com todo o amor e carinho, por tudo.

À Gabi, minha esposa, pela paciência, pela compreensão e, sobretudo, pelo amor incondicional nesses últimos tempos, sem o qual certamente eu teria sucumbido diante de todos os desafios pessoais e profissionais. Aos meus filhos, Sofia e Luca, que, mesmo sem saber, me motivam todos os dias a prosseguir alegre na caminhada da vida.

Por fim, agradeço aos leitores, que são a razão e os destinatários deste livro.

Muito obrigado!

Fabrício Castagna Lunardi

LISTA DE ABREVIATURAS

ACP – Ação Civil Pública
ADC – Ação Declaratória de Constitucionalidade
ADI – Ação Direta de Inconstitucionalidade
ADPF – Ação de Descumprimento de Preceito Fundamental
AgRg – Agravo Regimental
AGU – Advocacia Geral da União
Al. – Alínea
AP – Ação Popular
APC – Apelação Cível
AREsp – Agravo de Instrumento para subida de Recurso Especial
art. – Artigo
CC – Código Civil
CC – Conflito de Competência
CDC – Código de Defesa do Consumidor
CF – Constituição Federal
CNJ – Conselho Nacional de Justiça
CP – Código Penal
CPC – Código de Processo Civil
CPP – Código de Processo Penal
CREA – Conselho Regional de Engenharia e Agronomia
CRECI – Conselho Regional de Corretores de Imóveis
CRM – Conselho Regional de Medicina
Des. – Desembargador
DJ – *Diário da Justiça*
DJe – *Diário da Justiça Eletrônico*
DJU – *Diário da Justiça da União*
DOU – *Diário Oficial da União*
DP – Defensoria Pública
EC – Emenda Constitucional
EDcl – Embargos de declaração
ed. – Edição
ENFAM – Escola Nacional de Formação e Aperfeiçoamento de Magistrados
FONAJE – Fórum Nacional de Juizados Especiais

FONAJEF – Fórum Nacional dos Juizados Especiais Federais
FONAMEC – Fórum Nacional da Mediação e Conciliação
FPPC – Fórum Permanente de Processualistas Civis
HC – *Habeas Corpus*
HD – *Habeas Data*
i.e. – Isto é (*Id est*)
Inc. – Inciso
INSS – Instituto Nacional do Seguro Social
IRDR – Incidente de Resolução de Demandas Repetitivas
LACP – Lei da Ação Civil Pública
LAP – Lei da Ação Popular
LC – Lei Complementar
LINDB – Lei de Introdução às Normas do Direito Brasileiro
LMS – Lei do Mandado de Segurança
LOMP – Lei Orgânica do Ministério Público
MI – Mandado de Injunção
Min. – Ministro
MP – Ministério Público
MP – Medida Provisória
MPDFT – Ministério Público do Distrito Federal e Territórios
MPE – Ministério Público Estadual
MPF – Ministério Público Federal
MPM – Ministério Público Militar
MPPI – Ministério Público do Estado do Piauí
MPPR – Ministério Público do Estado do Paraná
MPRS – Ministério Público do Estado do Rio Grande do Sul
MPU – Ministério Público da União
MS – Mandado de Segurança
n. – número
OAB – Ordem dos Advogados do Brasil
p. – Página
p. ex. – Por exemplo
PFN – Procuradoria da Fazenda Nacional
RE – Recurso extraordinário
Rel. – Relator
Res. – Resolução
REsp – Recurso especial
RMS – Recurso em Mandado de Segurança
SEBRAE – Serviço de Apoio às Micro e Pequenas Empresas
segs. – Seguintes
SENAT – Serviço Nacional de Aprendizagem do Transporte
SESC – Serviço Social do Comércio
SESI – Serviço Social da Indústria
SEST – Serviço Nacional de Aprendizagem do Transporte
STF – Supremo Tribunal Federal

STJ – Superior Tribunal de Justiça
STM – Superior Tribunal Militar
T. – Turma
TNU – Turma Nacional de Uniformização de Jurisprudência dos Juizados Especiais Federais
TJ – Tribunal de Justiça
TJBA – Tribunal de Justiça do Estado da Bahia
TJDFT – Tribunal de Justiça do Distrito Federal e Territórios
TJES – Tribunal de Justiça do Estado do Espírito Santo
TJMG – Tribunal de Justiça do Estado de Minas Gerais
TJMS – Tribunal de Justiça do Estado do Mato Grosso do Sul
TJPA – Tribunal de Justiça do Estado do Pará
TJPB – Tribunal de Justiça do Estado da Paraíba
TJPI – Tribunal de Justiça do Estado do Piauí
TJPR – Tribunal de Justiça do Estado do Paraná
TJRS – Tribunal de Justiça do Estado do Rio Grande do Sul
TJSC – Tribunal de Justiça do Estado de Santa Catarina
TRE – Tribunal Regional Eleitoral
TRF1 – Tribunal Regional Federal da Primeira Região
TRF2 – Tribunal Regional Federal da Segunda Região
TRF3 – Tribunal Regional Federal da Terceira Região
TRF4 – Tribunal Regional Federal da Quarta Região
TRF5 – Tribunal Regional Federal da Quinta Região
TRT – Tribunal Regional do Trabalho
TSE – Tribunal Superior Eleitoral
TST – Tribunal Superior do Trabalho
v. – volume
§ – Parágrafo

SUMÁRIO

CAPÍTULO XII COISA JULGADA

NOTA DO AUTOR À 3ª EDIÇÃO

É com imensa alegria que chegamos à terceira edição do nosso Curso de Direito Processual Civil. A ampla aceitação da obra, pelos estimados leitores de todo o país, não poderia ser mais animadora.

Durante esses três anos desde a primeira edição, pudemos debater e receber sugestões de diversos estudantes, juristas e professores que adotam a obra, sobretudo em graduações, pós-graduações e cursos preparatórios para concursos, as quais foram imprescindíveis para o amadurecimento de ideias e o aprimoramento do livro.

Além disso, no âmbito da jurisprudência dos tribunais pátrios, muitos entendimentos foram firmados já considerando o CPC/2015, grande parte deles no sentido que já vínhamos defendendo nesta obra. Diante disso, foi feita uma ampla revisão, a partir dos entendimentos jurisprudenciais sedimentados sobretudo pelo STF e pelo STJ.

No âmbito doutrinário, inúmeros estudos foram publicados, e também vários foram os encontros em fóruns de juristas, que culminaram nos entendimentos firmados em enunciados (do FPPC, do CJF, da ENFAM, do FONAJE, do FONAJEF etc.).

Por tudo isso, surgiu a necessidade de uma completa revisão, atualização e ampliação desta obra, a fim de que essas ideias e entendimentos, doutrinários e jurisprudenciais, fossem incluídos no livro.

Além disso, a obra foi inteiramente atualizada de acordo com as novas legislações, destacando-se as disposições das seguintes Leis, que trouxeram importantes inovações para o processo civil: Lei n. 13.465/2017, Lei n. 13.655/2018, Lei n. 13.728/2018 e Lei n. 13.793/2019.

Também foi dada especial atenção ao capítulo referente ao sistema de precedentes brasileiro, o qual foi substancialmente ampliado, dado o seu impacto para o sistema jurídico brasileiro e a importância do seu estudo para o direito processual civil.

No concernente a esta terceira edição, agradeço imensamente a todos aqueles que, gentilmente, enviaram as suas sugestões e contribuições, imprescindíveis para o aprimoramento do livro.

Também agradeço a todos os leitores, professores, juristas, estudiosos, concurseiros e alunos, que receberam e adotaram esta obra como base para as suas aulas e os seus estudos de direito processual civil.

Desejo a todos bons estudos e muito sucesso!

Brasília, DF, junho de 2019.

Fabrício Castagna Lunardi
professorfabriciolunardi@gmail.com

NOTA DO AUTOR À 2ª EDIÇÃO

Foi com muita alegria que se observou a grande receptividade da 1ª edição do livro, a qual se esgotou inteiramente em poucos meses. Diversos professores universitários entraram em contato com este autor e com a Editora Saraiva tecendo considerações sobre diferenciais do livro, o que motivou a, com menos dois meses da 1ª edição, começar a pensar numa nova tiragem ou numa 2ª edição.

Um livro, como toda obra humana, é sempre algo inacabado, que precisa de constante aperfeiçoamento. Ter em mente isso é fundamental para, elidindo a soberba, entender que sempre há algo a aprimorar. Por tais razões, optou-se por revisar, atualizar e ampliar diversos pontos, a partir do contato docente com renomados processualistas civis, operadores do direito, pós-graduandos e alunos de graduação, em debates sempre muito produtivos. Dentro desse contexto reflexivo, acolhendo as importantes sugestões e desenvolvendo mais tópicos em que se instauraram grandes divergências ou em que as necessidades pragmáticas o exigiram, decidiu-se lançar esta 2ª edição.

Nesse sentido, foram acrescentados os enunciados da ENFAM, dado o seu amplo referenciamento no âmbito dos tribunais, sobretudo de segunda instância. Acrescentaram-se, ainda, os enunciados administrativos e as novas Súmulas do STJ.

Em razão do destaque que deve ser dado à matéria, criou-se um capítulo próprio para tratar dos equivalentes jurisdicionais (autotutela, autocomposição e heterocomposição), dando-se a devida atenção à mediação e à conciliação, bem como se incluindo os enunciados do FONAMEC.

Houve ampliação do capítulo da teoria dos precedentes, para construir discursivamente o seu próprio conceito e desenvolver outros pontos.

Ampliou-se, também, a parte referente às tutelas da evidência, fazendo-se dialética importante com outros autores.

Foi realizada revisão do item referente à improcedência liminar dos pedidos, para incluir outras possibilidades não previstas expressamente no texto de lei.

O capítulo da execução de título extrajudicial também foi ampliado, incluindo-se os novos princípios referentes à matéria, entre outros pontos que foram aprimorados.

Foram incluídas as novas teses firmadas em julgamento de recurso repetitivo pelo STJ, referentes aos temas relacionados à disciplina de direito processual civil.

O livro também foi atualizado de acordo com a Lei n. 13.363, de 25-11-2016, que acrescentou, no art. 313 do CPC/2015, novas hipóteses de suspensão do processo.

Nesta edição, agradeço a todos aqueles que, de alguma forma, contribuíram com os debates que aprimoraram este livro e, especialmente, ao Professor Juliano Alves

(UNIEURO), por ter feito importantes sugestões, bem como me enviado decisões inovadoras sobre o CPC/2015.

Por fim, desejo que esta 2ª edição, assim como a anterior, receba grande acolhida pelos leitores, que proporcione o necessário aprendizado e possa fomentar profícuos debates em torno do direito processual civil.

Uma ótima leitura!

Capital Federal, janeiro de 2017.

Fabrício Castagna Lunardi

APRESENTAÇÃO

O presente livro é resultado de um projeto continuado que abrange mais de uma década de pesquisa, estudos, debates, palestras e aulas ministradas. O desafio se tornou ainda maior diante da necessidade de tratar de um direito processual civil que precisa ser repensado e, muitas vezes, reinventado, a partir de um Novo Código, que introduziu novos princípios, criou diversos institutos, extinguiu outros e, ainda, redefiniu vários regramentos.

Assim, nesta obra, o direito processual civil teve de ser reestudado, reanalisado, refletido e reescrito a partir de um novo ordenamento jurídico processual, bem como à luz das teorias do direito contemporâneas. A partir dessa perspectiva, pretendeu-se analisar as novas regras e princípios do CPC/2015, mas sem se eximir da investigação crítica. Desse modo, sobre os novos institutos, foram lançadas reflexões e conclusões, ainda que provisórias, com todos os riscos que isso pode implicar. Por conseguinte, se o desafio era maior, os estímulos também o são.

Neste livro, tem-se a pretensão de abordar na maior amplitude possível os temas do direito processual civil que estão no CPC/2015 e também fora dele. Para tanto, em relação aos pontos que não demandam maiores controvérsias – ao menos, a princípio –, optou-se por apresentar os institutos e os regramentos sob uma visão sistemática. De outro lado, nos pontos que podem gerar maiores dúvidas, debates e indagações, adota-se uma metodologia crítico-reflexiva, mas que não se exime de ser propositiva.

Com o objetivo de ser um curso completo num volume único, o livro foi escrito buscando sempre proporcionar um estudo direcionado, contendo discussões teóricas, dogmáticas, interdisciplinares e também jurisprudenciais, mas sempre com foco na construção de soluções para os problemas teóricos e pragmáticos.

Para tanto, dividiu-se a obra em dez partes, por questões metodológicas e didáticas. A Parte I aborda a teoria geral do direito processual civil contemporâneo, trazendo a base do novo processo civil. São estudadas as noções gerais, características, princípios e tendências do processo civil; a aplicação do direito estrangeiro e as normas de direito intertemporal; a jurisdição e a competência; a cooperação jurídica internacional e interna; a ação, o processo e os pressupostos processuais; as partes, o litisconsórcio e a intervenção de terceiros; a função do juiz no processo civil contemporâneo; os papéis do Ministério Público, da Advocacia Pública e da Defensoria Pública no processo civil; a gratuidade judiciária; o tempo, a forma e o lugar, bem como a comunicação dos atos processuais; e, por fim, as invalidades processuais. A Parte II trata das tutelas provisórias, de urgência (cautelar ou antecipada) ou da evidência. Na Parte III, dedica-se à formação, suspensão e extinção do processo. A seguir, na Parte IV, é abordada a tutela de conhecimento, sobretudo em relação ao novo procedimento comum do CPC/2015, desde a petição inicial até a sentença e a coisa julgada. A Parte V compreende a teoria geral dos recursos e os recursos em espécie. Na Parte VI, são estudados a teoria dos precedentes judiciais, a ordem dos processos no tribunal, bem como as ações, os incidentes e os meios autônomos de impugnação das decisões judiciais de competência originária dos tribunais. A Parte VII dedica-se à liquidação e ao cumprimento de sentença. Na Parte VIII, é abordada a execução de título executivo extrajudicial, em toda a sua amplitude. Por questões didáticas, deixou-se para a Parte IX a abordagem dos principais procedimentos especiais no CPC/2015. Por fim, a Parte X é dedicada aos Juizados Especiais, onde a disciplina do procedimento sumaríssimo é abordada levando em consideração o CPC/2015, com todas as modificações que a novel legislação fez em relação ao instituto.

A fim de que a leitura pudesse ficar mais fluida e dinâmica, as citações legais, doutrinárias e jurisprudenciais foram deixadas quase exclusivamente para as notas de rodapé. Na maior medida possível, buscou-se bibliografia e jurisprudência atuais.

Após anos de pesquisa e trabalho intenso, é um prazer enorme disponibilizar este *Curso de Direito Processual Civil* aos acadêmicos, aos estudiosos, aos candidatos a concursos públicos e aos operadores do direito.

Espero que esta obra seja, para o leitor, um valioso instrumento nos estudos e nas reflexões sobre o direito processual civil, diante de todos os desafios impostos pelo CPC/2015.

As sugestões, as críticas, as contribuições e os comentários dos leitores, sempre importantes, poderão ser enviados para o e-mail professorfabriciolunardi@gmail.com.

Bons estudos!

Fabrício Castagna Lunardi

PARTE I

TEORIA GERAL DO DIREITO PROCESSUAL CIVIL CONTEMPORÂNEO

CAPÍTULO I

NOÇÕES GERAIS, CARACTERÍSTICAS, TENDÊNCIAS E PRINCÍPIOS

1. O DIREITO PROCESSUAL CIVIL CONTEMPORÂNEO E O CÓDIGO DE PROCESSO CIVIL DE 2015

1.1. Conceituação

O **Direito Processual Civil** pode ser compreendido como o conjunto de padrões normativos relativos ao processo civil. Por padrões normativos, deve-se entender não somente as regras e os princípios positivados no ordenamento jurídico, mas tudo aquilo que pode ter normatividade, ou seja, tudo o que compõe o sistema jurídico processual civil, como os princípios gerais do direito, a jurisprudência, os precedentes e as súmulas (vinculantes ou não).

A **Dogmática do Direito Processual Civil**, que alguns chamam de ciência do direito processual civil[1], constitui-se nos estudos acerca dos padrões normativos e dos discursos jurídicos produzidos em torno do direito processual, tais como os discursos formulados pela doutrina, pelos operadores do direito e pela jurisprudência.

A **Teoria Geral do Processo**, por sua vez, tem por objeto analisar reflexivamente o direito processual civil e a sua dogmática. Assim, não está restrita ao estudo dos padrões normativos, tampouco aos discursos jurídicos produzidos em torno do direito processual – embora eles também estejam dentro do seu objeto –, pois também se ocupa de analisar reflexiva e dialeticamente os discursos produzidos por outros ramos do direito (como Direito Constitucional, Direito Civil etc.) e por outras áreas do saber (como os discursos da sociologia, da ciência política, da história, da economia etc.), na sua inter-relação com o direito processual civil.

---

1 De acordo com Fredie Didier Jr., "a Ciência do Direito Processual Civil (Ciência Dogmática do Processo ou, simplesmente, Ciência do Processo) é o ramo do pensamento jurídico dogmático dedicado a formular as diretrizes, apresentar os fundamentos e oferecer os subsídios para as adequadas compreensão e aplicação do Direito Processual Civil. O Direito Processual Civil é o objeto dessa Ciência" (DIDIER JR., Fredie. *Curso de direito processual civil:* introdução ao direito processual civil, parte geral e processo de conhecimento. 18. ed. Salvador: JusPodivm, 2016. p. 36-37). Contudo, isso não é ciência, senão dogmática. Além disso, contemporaneamente, há diversas críticas sobre a caracterização do Direito como Ciência. Por tais razões, preferimos chamar isso de dogmática, e não de ciência.

Enquanto a Dogmática do Direito Processual Civil tem como escopo dar respostas para os questionamentos e controvérsias sobre esse ramo do direito, a Teoria Geral do Processo também se ocupa da zetética, isto é, coloca foco nas perguntas, a fim de permitir que a dogmática seja analisada crítica e reflexivamente[2].

1.2. O processo civil, o constitucionalismo e as teorias de direito contemporâneas com foco na decisão judicial

As teorias constitucionais e as teorias do direito contemporâneas – chamadas por alguns, respectivamente, de neoconstitucionalismo e de pós-positivismo[3], embora haja muita crítica a esses termos – partem de novas concepções do direito, reconhecendo a força normativa da Constituição, a aplicação direta de princípios, os novos critérios de interpretação constitucional, o papel criativo do intérprete e do julgador, bem como a "constitucionalização" de direitos[4]. Como não poderia deixar de ser, o direito processual civil está imerso neste contexto teórico, filosófico e factual. Assim, o processo civil deve ser interpretado a partir das normas constitucionais, as quais têm hierarquia superior às normas de direito processual civil estabelecidas em lei infraconstitucional. Portanto, o processo civil precisa ser pensado e interpretado como um instrumento que preserve as garantias constitucionais e concretize direitos constitucionais.

---

2 Theodor Viehweg assim diferencia questões zetéticas e dogmáticas (tradução livre): "Obviamente, no curso do desenvolvimento posterior, é possível dar maior ênfase à parte das perguntas ou à parte das respostas da estrutura dada. Quando a ênfase reside nas perguntas, até os pontos de vista reitores que são adotados como respostas são sempre questionados. São propostas vulneráveis, já que são sugeridas tentativamente. Permanecem sendo preliminares e incertas. Sua formulação tem de facilitar a discussão, o desafio e até a refutação. Não são pensadas como definitivas e sua tarefa real é caracterizar o horizonte de questões no campo eleito. Quando a ênfase recai nas respostas, alguns pontos de vista adotados como respostas ficam explicitamente excluídos de qualquer discussão. Não são questionados. São pensados como atemporais, como absolutos. Consequentemente, eles dominam todas as respostas ulteriores. Estas últimas têm que demonstrar que, de alguma maneira aceitável, são compatíveis com as intangíveis respostas básicas. Em outras palavras, o primeiro modelo é um assunto de investigação: se constrói um campo de investigação em que as opiniões (proposições) são postas em dúvida e examinadas uma e outra vez. Como a palavra grega para isto é *zetein*, este tipo de empreendimento intelectual pode ser chamado de 'zetética'. O segundo modelo é uma questão de fixar certas opiniões: se constrói um firme campo de opinião, cuja validade é intangível e com a qual se prova a validade de novas opiniões. Como 'formar uma opinião' se diz em grego *dokein* e 'opinião' é *dogma*, falamos aqui de 'dogmática'." (VIEHWEG, Theodor. *Tópica y filosofía del derecho* (trad. Jorge M. Seña). 2. ed. Barcelona: Gedisa, 1997. p. 118).

3 Embora o termo pós-positivismo seja de certa forma impreciso e não tenha aceitação geral, é inegável que as teorias jurídicas contemporâneas muito se diferem do positivismo clássico. Albert Calsamiglia, apontado como o primeiro autor a utilizar essa designação, denomina "pós-positivistas as teorias contemporâneas que põem foco nos problemas da indeterminação do direito e nas relações entre direito, moral e política" (tradução livre). Segundo o autor, "o positivismo muda a agenda dos problemas porque presta especial atenção na indeterminação do direito. Desloca-se o centro de atenção dos casos claros ou fáceis para os casos difíceis" (tradução livre). Calsamiglia também afirma que o que interessa não é tanto averiguar as soluções do passado, senão resolver os conflitos que não estão resolvidos (CALSAMIGLIA, Albert. Postpositivismo. *Doxa*, 21, n. 1, p. 209-220, 1998. p. 209/211).

4 Sobre o tema, *vide* o nosso artigo: LUNARDI, Fabrício Castagna. A hermenêutica dos direitos fundamentais na pós-modernidade: do positivismo ao paradigma pós-positivista e neoconstitucionalista. *Direitos Fundamentais & Justiça*, a. 6, n. 20, p. 173-207, jul-set. 2012.

As novas teorias do direito com foco na decisão judicial têm a pretensão de levar em consideração toda a complexidade do direito, bem como a existência de casos difíceis ou complexos, mostrando que a operação de subsunção do fato à norma não é suficiente para a pragmática da interpretação e da aplicação do direito. Reconhece-se uma função eminentemente criativa do intérprete e do juiz na construção da norma para o caso concreto, a partir das fontes institucionais do direito. Assim, a tarefa interpretativa se torna mais complexa, pois exige dos juristas e dos operadores do direito um conhecimento cada vez mais multidisciplinar.

Explícita ou implicitamente, a doutrina do direito processual civil acompanha essas novas teorias do direito, sempre em evolução, o que implica uma nova visão axiológica, principiológica e normativa da disciplina do processo civil.

Ao mesmo tempo, surgem questionamentos atinentes à própria legitimidade da atividade judicial, na medida em que os juízes não são eleitos, mas possuem essa função de criar o direito para o caso concreto (a norma concreta). E é exatamente nesse ponto que o processo surge como o mecanismo de legitimação das decisões judiciais, dentro de um contexto institucional de Estado Democrático de Direito. Em primeiro lugar, porque a decisão judicial deve ser proferida dentro de um processo, que respeite o devido processo legal, o que vai ao encontro da ideia de Estado de Direito. Em segundo lugar, do ponto de vista de uma democracia discursiva e procedimental, entende-se que o juiz reafirma a sua legitimidade pelo processo, na medida em que as partes podem nele se manifestar e influenciar na decisão judicial. Além disso, há um controle discursivo da decisão judicial, seja antecedente a ela, ou posterior, pela via recursal.

Nesse ínterim, o processo civil é visto como um instrumento para a resolução dos conflitos, quando submetidos ao Estado-juiz, mas também como um mecanismo de legitimação da própria decisão judicial. A esse respeito, observa-se que o processo é uma ferramenta de que dispõe o Judiciário para concretizar os direitos constitucionais, a partir de um procedimentalismo discursivo em que as partes podem participar e influenciar.

Assim, a legitimidade da decisão judicial é, paradoxalmente, algo que existe pela via do processo, mas também algo que falta, na medida em que sempre se deve exigir legitimação do Judiciário, seja pela obediência ao devido processo legal, seja pelo controle do discurso judicial.

Com base nessas novas premissas, o magistrado e todos os operadores do direito devem buscar exaustivamente o domínio sobre a disciplina do direito processual civil, a fim de que possam exercer as suas funções para promover a concretização de direitos dentro de um processo adequado, célere e efetivo.

Conhecer as características do processo civil contemporâneo é fundamental, por exemplo, para compreender as decisões dos tribunais, cada vez mais calcadas em bases principiológicas e valorativas, sobretudo quando julgam casos inéditos, ou quando a solução dada pelo ordenamento jurídico à hipótese abstrata se revela extremamente injusta e desproporcional se aplicada ao caso concreto.

Esse é o contexto teórico e filosófico em que está imerso o Código de Processo Civil de 2015. Nesse sentido, por exemplo, o seu art. 1º já estabelece que "o processo civil será ordenado, disciplinado e interpretado conforme os valores e as normas fundamentais estabelecidos na Constituição da República Federativa do Brasil, observando-se as disposições deste Código".

Nesse ínterim, o processo civil contemporâneo deve ser um instrumento capaz de refletir a ideologia do Estado Democrático de Direito, adotado pela Constituição Federal brasileira, proporcionando a efetiva possibilidade de influência das partes nas decisões a serem tomadas pelo juiz.

1.3. Há um neoprocessualismo no Brasil?

O "neoprocessualismo" seria a nomenclatura utilizada por alguns processualistas que tentam descrever o atual estado da arte do direito processual civil.

Costuma-se dividir o direito processual civil em três estágios de "desenvolvimento": 1º) o **praxismo ou sincretismo**, fundado nas teorias privatistas ou civilistas, em que o direito processual civil não era tratado como disciplina autônoma, sendo entendido apenas como o aspecto prático do direito material; 2º) o estágio do **processualismo**, também chamado de fase autonomista ou conceitual, onde ocorre o surgimento do direito processual civil como disciplina autônoma, fase em que, historicamente, os processualistas buscaram criar e distinguir as categorias processuais; e 3º) o **instrumentalismo**, quando o direito processual passa a ter como paradigma se tornar um instrumento efetivo para a realização do direito material, dentro do devido processo legal.

Os doutrinadores que falam de um **neoprocessualismo** preconizam que atualmente se viveria num quarto estágio do direito processual civil, sob o influxo de novas teorias do direito, como o pós-positivismo e o neoconstitucionalismo.

Assim, para Fredie Didier Jr., por exemplo, o neoprocessualismo seria "o estudo e aplicação do Direito Processual de acordo com esse novo modelo de repertório teórico"[5].

Ocorre que, ao contrário do que esses renomados autores defendem, não há uma nova teoria do direito processual civil. A existência de teorias como a do neoconstitucionalismo e a do pós-positivismo não possuem adoção unânime nem mesmo pelos constitucionalistas e teóricos do direito brasileiro. Além disso, ainda que se possa admitir a existência de um novo estágio do constitucionalismo brasileiro, o termo "neoconstitucionalismo(s)" não significa isso, mas determinadas teorias que possuem pressupostos comuns. Assim, há vários constitucionalistas contemporâneos que pensam o direito constitucional a partir das novas teorias do direito, mas são contrários ao neoconstitucionalismo, porque rejeitam as suas premissas ou as suas conclusões. Com efeito, sob o ataque da metacrítica, a partir da filosofia, da ciência política e da sociologia, comumente as bases do neoconstitucionalismo, como teoria, são enfraquecidas.

---

5 E continua o renomado processualista: "O termo Neoprocessualismo tem interessante função didática, pois remete rapidamente ao Neoconstitucionalismo, que, não obstante a polissemia, traz a reboque todas as premissas metodológicas apontadas, além de toda produção doutrinária a respeito do tema, já bastante difundida. Demais disso, o termo Neoprocessualismo também pode ser útil por bem caracterizar um dos principais aspectos deste estágio metodológico dos estudos sobre o direito processual: a revisão das categorias processuais (cuja definição é marca do processualismo do final do século XIX e meados do século XX), a partir de novas premissas teóricas, o que justificaria o prefixo 'neo'" (DIDIER JR., Fredie. *Curso de direito processual civil:* introdução ao direito processual civil, parte geral e processo de conhecimento. 18. ed. Salvador: JusPodivm, 2016. p. 46-47).

O principal problema é que o termo "neoconstitucionalismo(s)", dentro dos discursos dos operadores do direito, possui uma força simbólica imponente, pois, retoricamente, parece que quem não é neoconstitucionalista seria contrário à constituição ou aos direitos fundamentais. E é por isso que, fora do estudo do direito constitucional, ele possui uma força retórica muito forte.

Mesmo que o neoconstitucionalismo fosse um modelo de teoria constitucional em geral aceito no Brasil e que o pós-positivismo fosse uma realidade, isso não implicaria dizer que há o influxo das novas teorias do direito e das novas teorias constitucionais no direito processual civil.

Com efeito, não há, no direito processual civil, novas teorias que tenham ultrapassado a fase do instrumentalismo, antes descrita. Isso somente seria possível a partir da assimilação de uma metacrítica, fora das atuais teorias do direito processual civil. Entretanto, não se conseguirá reconstruir uma nova teoria do direito processual civil a partir dela própria, senão com a reflexão a partir de uma metacrítica, com a posterior assimilação e sistematização.

Há estudos diversos que tentam fazer uma metacrítica, a partir de outras áreas do saber, como a economia, a sociologia, a antropologia, a ciência política, a psicologia, a filosofia etc. Contudo, para se criar uma nova teoria do direito processual civil, é preciso que ocorra a problematização dos dogmas do processo civil, a crítica, a reflexão, a assimilação e a posterior sistematização numa nova teoria, que tenha aceitação relativamente grande na comunidade jurídica.

No entanto, os processualistas contemporâneos ainda estão buscando novos rumos para o direito processual civil, diante de um Novo Código e sob os influxos de novas teorias do direito.

1.4. A necessidade de uma nova teoria crítica do processo civil

A par das novas teorias do direito contemporâneas, ainda falta no Brasil uma nova teoria crítica do processo civil.

Os processualistas civis brasileiros ainda estão tateando uma nova teoria geral do processo civil[6], que contemple as perspectivas críticas da ciência política, da sociologia, da economia, da antropologia, da psicologia etc., bem como da filosofia, que proporciona uma perspectiva metateórica dessas próprias áreas do saber.

A teoria do direito tem o importante papel – ou, ao menos, deveria ter – de abrir caminhos de diálogo entre a zetética (sobretudo a filosofia) e a dogmática[7], pois, ao mesmo tempo, deve se alimentar da zetética e fornecer uma crítica mais concreta e

---

6 A título de exemplo: DIDIER JR., Fredie. *Sobre a teoria geral do processo, essa desconhecida*. 4. ed. Salvador: JusPodivm, 2017.

7 As questões dogmáticas são aquelas que dão ênfase nas respostas, em alguns pontos de vista adotados como respostas intangíveis, colocados fora de discussão, pensados como atemporais e absolutos, ou seja, como dogmas; as questões zetéticas, por sua vez, são aquelas que colocam ênfase nas perguntas, de modo que os pontos de vista adotados como respostas são sempre questionados, ou seja, as proposições são constantemente colocadas em dúvida (VIEHWEG, Theodor. *Tópica y filosofía del derecho* (trad. Jorge M. Seña). 2. ed. Barcelona: Gedisa, 1997. p. 118).

realista para a dogmática. Além disso, deve conceder subsídios para a dogmática, para que esta possa fazer uma autocrítica, e também para a zetética, fornecendo elementos mais concretos para a investigação crítica.

Nesse sentido, é preciso, em primeiro lugar, reconhecer os limites da racionalidade jurídica[8], a fim de que os professores, acadêmicos e operadores do direito possam ter perspectivas críticas ao próprio sistema jurídico, bem como fazerem uma autocrítica. É nesse ínterim que as outras áreas do saber podem fornecer importantes subsídios para uma teoria crítica do processo civil.

A esse respeito, por exemplo, a **ciência política** tem muito a contribuir para o direito processual civil, na medida em que mostra uma visão dos jogos de poder que estão por trás das instituições democráticas, descortinando a visão jurídica que conhece as opções legislativas somente a partir dos textos legais[9].

O estudo da **sociologia jurídica** também tem importante papel para a construção de uma nova teoria crítica do processo civil, na medida em que conhecer a visão da sociedade sobre o Judiciário e o sistema jurídico em geral é fundamental, sobretudo por questões de legitimidade e efetividade do processo. Nesse sentido, também deve-se analisar como os juristas autorreforçam a sua importância e como o seu poder simbólico[10] conduz os caminhos das tomadas de decisões políticas para determinados níveis de discursos jurídicos.

A **análise econômica do direito** também deve ser levada em conta por essa nova teoria crítica do processo civil. Em primeiro lugar, é preciso ter em consideração a "sobreutilização do Judiciário"[11]. Além disso, a resolução de conflitos pela via do Poder Judiciário tem um elevado custo para toda a sociedade, como adiante se exporá mais amiúde. A cada ato processual que se cria no procedimento e a cada nova responsabilidade que se atribui ao juiz ou aos servidores da justiça – e, ainda, aos demais sujeitos processuais – aumentam-se os custos econômicos e o tempo do processo. Assim, é preciso pensar devido processo legal, contraditório e ampla defesa em conjunto com instrumentalidade, efetividade e análise econômica do processo.

O estudo da **psicologia comportamental** pode fornecer elementos para analisar as condutas das partes do processo em seu conjunto, de uma óptica externa, a partir da arquitetura de escolhas[12]. A partir dessa perspectiva, cada modificação da legislação processual e a sua interpretação deveriam levar em consideração como os sujeitos processuais e os operadores do direito se comportam no processo, quais os elementos que levam às suas escolhas, bem como quais as condutas processuais que se pretendem incentivar e desincentivar.

---

8 A esse respeito, *vide*: BENVINDO, Juliano Zaiden. *On The Limits of Constitutional Adjudication:* Deconstructing Balancing and Judicial Activism. Berlim: Springer, 2010.

9 LUNARDI, Fabrício Castagna. Entre freios e contrapesos: o poder político que sustenta o controle judicial de constitucionalidade. *Pensar – Revista de Ciências Jurídicas*, Fortaleza, v. 23, n. 2, p. 1-15, abr.-jun. 2018.

10 BOURDIEU, Pierre. *O poder simbólico* (trad. Fernando Tomaz). Rio de Janeiro: Bertrand, 1989.

11 A esse respeito, é imprescindível a leitura de: GICO JR., Ivo Teixeira. *A tragédia do Judiciário*: subinvestimento em capital jurídico e sobreutilização do Judiciário. 130 f. Tese (Doutorado em Economia) – Departamento de Economia, Universidade de Brasília, Brasília, DF.

12 Para uma introdução ao tema, recomenda-se a leitura de: THALER, Richard H.; SUNSTEIN, Cass. R. *Nudge:* improving decisions about health, wealth, and happiness. Londres: Penguin Books, 2009.

Embora a criação de uma nova teoria geral do processo não seja o objeto da presente obra, em alguns pontos o leitor poderá observar o influxo dessa perspectiva crítica dos outros ramos da ciência e de outras áreas do saber, sem que isso signifique, é claro, perder o foco em relação à dogmática do processo civil, que é o que se pretende desenvolver.

1.5. Processo civil contemporâneo: legitimação pelo procedimento e pela participação

Segundo Luhmann, o que legitima cada ato estatal é a garantia de que as pessoas que serão por ele atingidas possam participar e influenciar na decisão que será tomada pelo Estado[13].

Assim, por exemplo, quando o Legislativo aprova uma lei, todos aqueles que serão por ela atingidos tiveram oportunidade de participar, mediante a eleição dos seus representantes no parlamento. O mesmo ocorre com as decisões sobre implementação de políticas públicas implementadas pelo Executivo.

Ocorre que, no Poder Judiciário brasileiro, os juízes não são eleitos pelo povo (diferentemente do que ocorre, p.ex., em quase metade dos Estados norte-americanos, em que os juízes estaduais são eleitos pela comunidade)[14], e há boas razões para isso[15]. Então, é preciso perquirir de onde viria a sua fonte de legitimação.

Numa perspectiva mais concreta, poder-se-ia dizer que a legitimação dos juízes brasileiros, não eleitos pelo povo, advém da opção política estabelecida na Constituição Federal, fonte de validade e legitimidade de todas as demais normas e instituições. Além disso, também é possível afirmar que o concurso público é um processo seletivo democrático, na medida em que qualquer um poderia atingir os requisitos necessários para concorrer às vagas para integrar a magistratura nacional. Contudo, essa ainda seria uma concepção democrática liberal de legitimidade da atuação judicial.

Para Luhmann, o que legitima uma decisão judicial é a possibilidade de as partes, que serão por ela atingidas, participarem do procedimento e influenciarem nessa decisão judicial. É o que a doutrina alemã chama de poder de influência e, no Brasil, os

---

13 Nesse sentido, Niklas Luhmann: "Assim o interessado pode participar duma forma racional e atuar num presente sempre atual, ainda que viva para um futuro incerto. A decisão não recai sobre ele como uma surpresa inesperada, como sorte ou desgraça que se aguarda com perplexidade sem se poder tomar posição, mas como resultado de um processo de decisão, na medida em que uma pessoa se pode preparar para ele pela participação e ação" (LUHMANN, Niklas. *Legitimação pelo procedimento* (trad. Maria da Conceição Côrte-Real). Brasília: Universidade de Brasília, 1980. p. 187).

14 Nos EUA, os juízes federais de primeira instância são indicados pelo presidente da República e confirmados pelo Senado. De outro lado, o processo de escolha dos juízes estaduais varia em cada Estado-membro dos EUA. A depender do Estado, os juízes estaduais são indicados pelo governador ou pelo Poder Legislativo estadual, ou, ainda, são eleitos pela população. Aliás, em 33 dos 50 Estados norte-americanos, os juízes são eleitos (FREITAS, Vladimir Passos de. A Justiça Estadual nos Estados Unidos. *Revista On-line Administração da Justiça*, Instituto Brasileiro de Administração do Sistema Judiciário. Disponível em: <http://www.ibrajus.org.br/revista/artigo.asp?idArtigo=159>. Acesso em: 16-4-2014).

15 Sobre o tema, vide: LUNARDI, Fabrício Castagna. *A reconstrução do controle difuso de constitucionalidade à luz da questão institucional:* política, cidadania, democracia discursiva e experimentalismo. 199 f. Dissertação (Mestrado em Direito) – Departamento de Direito, Universidade de Brasília, Brasília, DF. p. 79-80.

processualistas costumam denominar de contraditório no sentido político ou de contraditório efetivo. Aí residiria a fonte de legitimidade da atuação judicial.

Entretanto, há processos judiciais em que os atingidos pela decisão não podem participar dela diretamente, seja por vedação legal ou por impossibilidade factual. É o que ocorre, por exemplo, na ação civil pública (qualquer cidadão interessado pode atuar como litisconsorte do autor, mas, na prática, isso não é comum), no mandado de segurança coletivo, nas ações do controle abstrato de constitucionalidade etc. Então, nesses casos, onde estaria a fonte de legitimação da decisão judicial?

Conforme foi antes referido, o que legitima concretamente a decisão judicial é a existência de um procedimento com ampla participação dos atingidos pela decisão. Assim, em tais processos, devem ser implementados mecanismos de efetiva participação dos atingidos. É por isso, por exemplo, que cada vez mais as normas processuais têm albergado a intervenção do *amicus curiae* (inclusive, o CPC/2015 admite a sua intervenção em todo e qualquer processo) e o Poder Judiciário tem ampliado a realização de audiências públicas, permitindo a participação dos interessados.

Ao fim e ao cabo, nem a eleição dos representantes pode garantir que os interesses do povo sejam realmente defendidos no âmbito dos Poderes Executivo e Legislativo, nem a efetiva participação nos processos judiciais pode garantir a melhor decisão no âmbito do Poder Judiciário, pois pode haver condutas desviantes por aquele que toma a decisão estatal. Contudo, consideradas as contingências do mundo real, tanto a eleição dos representantes no Parlamento e no Executivo como as possibilidades de efetiva participação nos processos judiciais são os melhores mecanismos que, em geral, se têm à disposição no sistema democrático brasileiro atual.

1.6. O processo civil e as decisões judiciais: a legitimação democrática pelo controle discursivo

Para se fazer qualquer análise acerca da legitimidade democrática das decisões judiciais, com foco no discurso judicial, é preciso, antes, dizer a perspectiva de democracia que se está levando em consideração, bem como o órgão jurisdicional a que se refere. De outro lado, devem ser refutadas as teses que dizem genericamente que as decisões do Judiciário brasileiro estão ou não dentro da moldura dos padrões exigidos pela racionalidade argumentativa, pois seria praticamente impossível uma pesquisa empírica sobre isso. De qualquer forma, é possível identificar, em linhas gerais, alguns aspectos comuns na forma de pensar daqueles que operam na *praxis* judicial, a fim de aferir de que modo o discurso judicial se legitima, ou, ao revés, se ele não se legitima.

O discurso judicial permite aspectos formais e situacionais de controle argumentativo. Contudo, pretende-se, nessas breves linhas, expor como ocorre o controle do ponto de vista institucional, a fim de que se possa perquirir a legitimidade do discurso e, por conseguinte, das decisões judiciais. Desse modo, a análise a ser feita deve partir das instituições reais, com todas as suas contingências e imperfeições, e não sob o ponto de vista de uma perspectiva ideal.

Desse modo, mesmo que se outorgasse o poder de controlar as decisões ao órgão mais representativo ou ao mais imparcial, isso não seria capaz, por si só, de garantir decisões corretas e justas, até mesmo porque seria difícil chegar a um consenso absoluto sobre o que é correto e justo. Da mesma forma, seria ilusório acreditar num arranjo político-institucional de controle que seja indene de máculas, incorruptível ou cujas decisões sejam sempre sinônimos de justiça. Assim, seria infrutífero questionar a instituição Poder Judiciário como sendo o órgão mais adequado ou não para tomar as decisões em nome do povo – até mesmo porque, pragmaticamente, no Brasil, nunca se encontrou outra alternativa melhor. Ao revés, é mais produtivo questionar como ocorre o controle do discurso judicial pelos diversos partícipes desse discurso e, inclusive, quem controla o controlador[16], confrontando-se isso com uma visão procedimentalista e discursiva de democracia[17], a fim de que se possa aferir a questão da (i)legitimidade desse discurso.

Em primeiro lugar, observa-se que o discurso das partes do processo é controlado pelo juiz, que, além de poder delimitar o objeto do discurso, ainda pode exigir delas que cumpram o dever de prova, ou seja, que demonstrem as suas alegações. Além disso, também há o controle partidário, isto é, o controle do discurso do juiz realizado pelas partes, a partir do dever de justificação imposto pela Constituição, sendo nula qualquer decisão judicial sem fundamentação. Como tem o poder de decidir, ao juiz é imposto um ônus argumentativo ainda maior do que aquele cobrado das partes. Do ponto de vista processual, as partes podem recorrer da decisão judicial que não está fundamentada, exigindo que seja cassada e que o mesmo órgão judicial profira outra em seu lugar. Ainda dentro dessa espécie de controle partidário, existe a possibilidade de que uma parte exija da outra o dever de prova, sob pena de arcar com os ônus previstos em lei.

Do ponto de vista institucional do controle das premissas e da decisão, observa-se que, no processo judicial, há um autocontrole institucional, isto é, feito pelo próprio Judiciário, pela via recursal. Assim, a decisão do juiz de primeira instância está sujeita ao controle feito pelas próprias partes, sobretudo pela possibilidade de recorrerem. Além disso, uma vez interposto o recurso, o tribunal de segunda instância fará um novo controle, cuja decisão colegiada já permite um novo e próprio controle interno, na medida em que o relator profere um voto que está sujeito à análise de pelo menos outros dois componentes desse órgão colegiado. Essa decisão colegiada do tribunal ainda está sujeita ao controle pelos tribunais superiores, mediante o preenchimento de determinadas condições. Esse autocontrole institucional, que comumente depende da provocação

16 "'Quem controla os controladores?' Se não conseguir encontrar uma resposta adequada para esta pergunta, a democracia, como advento do governo invisível, está perdida. Mais que de uma promessa não cumprida, estaríamos aqui diretamente diante de uma tendência contrária às premissas: a tendência não ao máximo controle do poder por parte dos cidadãos, mas ao máximo controle dos súditos por parte do poder" (BOBBIO, Norberto. *O futuro da democracia* (trad. Marco Aurélio Nogueira). 8. ed. São Paulo: Paz e Terra, 2000. p. 43).

17 Aqui, utiliza-se a concepção habermasiana de democracia. Essa perspectiva parte da ideia de autolegislação, que exige que "os que estão submetidos ao direito, na qualidade de destinatários, possam entender-se também enquanto autores do direito" (HABERMAS, Jürgen. *Direito e democracia:* entre faticidade e validade (trad. Flávio Beno Siebeneichler). v. 1. Rio de Janeiro: Tempo Brasileiro, 2010. p. 157). Nessa acepção, "o princípio da democracia resulta da interligação que existe entre o princípio do discurso e a forma jurídica", entrelaçamento que seria a "gênese lógica de direitos" (Ibidem, p. 158). Assim, para Habermas, haveria a cooriginalidade entre o direito e o princípio da democracia, na medida em que a lógica do direito forma um processo circular, no qual o código do direito e o princípio da democracia se constituiriam de modo cooriginário (Ibidem, p. 158). Nesse sentido, a democracia seria um mecanismo para produção de direito legítimo, com base no princípio do discurso, na autonomia política dos cidadãos, nos direitos fundamentais à participação e na ação comunicativa. Em razão dessas características, a concepção habermasiana de democracia é comumente chamada de democracia discursiva.

das partes do processo, apresenta-se, portanto, bastante forte, pelas várias instâncias e pelos vários julgadores.

Além disso, é possível um controle heteroinstitucional, ou seja, um controle institucional externo das decisões judiciais em geral. No sentido macro, as decisões judiciais estão sujeitas ao controle feito pelo Legislativo, por meio da produção legislativa.

Desse modo, do ponto de vista do controle das premissas e da decisão, não se pode dizer que as decisões judiciais em geral padecem de ilegitimidade democrática, se considerado um conceito de democracia discursiva e procedimental[18].

Outra análise, contudo, deve ser feita em relação às decisões proferidas pelo STF no âmbito do controle concentrado e abstrato de constitucionalidade, na medida em que o discurso judicial, nessa seara em particular, ganha contornos de discurso da norma, já que os seus efeitos são *erga omnes* e vinculante. Nessa seara, as possibilidades de participação dos atingidos pela decisão e de controle de premissas e da decisão são muito limitadas. A legitimidade para participar desse processo judicial é restrita a poucos atores, além do que o próprio Legislativo, em alguma medida, fica limitado em relação à produção da legislação ordinária.

Por conseguinte, a legitimidade democrática das decisões e do discurso judicial é uma questão que deve permanecer sempre aberta, pois sempre deve ser exigido do órgão jurisdicional que se legitime perante a sociedade. Assim, ainda que essa legitimidade exista em maior ou menor medida, ela é sempre algo que falta, ou seja, um postulado que sempre deve se exigir na tensão com a racionalidade jurídica.

1.7. A análise econômica do processo civil: breves considerações

No Anteprojeto do Código de Processo Civil de 2015 foi explicitado o objetivo de criar um processo mais ágil e efetivo. Contudo, o que se percebeu no seu tramitar nas duas Casas Legislativas do Congresso Nacional foi a inserção de interesses corporativos das categorias jurídicas, que desvirtuaram em grande medida esse escopo. Além disso, os prazos foram ampliados, e os formalismos também, o que contribuiu para criar um processo mais burocratizado e dispendioso.

Na medida em que se ampliam a quantidade de atos processuais que devem ser praticados pelos magistrados e servidores do Judiciário, o processo fica mais demorado e caro. Para refletir empiricamente sobre isso, deve-se ter em conta que "no ano de 2017, as despesas totais do Poder Judiciário somaram R$ 90,8 bilhões", o que corresponde a 1,4% do Produto Interno Bruto (PIB) nacional[19]. Assim, é preciso ter consciência de

18 Nesse sentido, Isaac Reis: "Teoria Retórica do Direito inclui uma Teoria da Democracia, de contornos ainda indefinidos, mas sem a qual a própria noção de Filosofia Retórica queda-se inconsistente. Em resumo, uma Filosofia Retórica tem, como parte integrante uma Filosofia Política que, malgrado o seu ceticismo e o foco no dissenso e na precariedade das hegemonias, aproxima-se da noção de democracia procedimentalista" (REIS, Isaac Costa. *Limites à legitimidade da jurisdição constitucional:* análise retórica das Cortes Constitucionais do Brasil e da Alemanha. 265 f. Tese (Doutorado). Programa de Pós-Graduação em Direito, Universidade Federal de Pernambuco, Recife, 2013. p. 245).

19 "No ano de 2017, as despesas totais do Poder Judiciário somaram R$ 90,8 bilhões, o que representou um crescimento de 4,4% em relação ao último ano, e uma média de 4,1% ao ano desde 2011. O aumento em 2017 foi

que, quando a legislação processual cria novos atos a serem praticados no processo, ou novas atribuições e responsabilidade para o juiz, não se está onerando somente o Judiciário, mas toda a sociedade. Com efeito, dividindo-se a despesa do Judiciário por toda a população brasileira, chega-se a um custo de R$ 437,47 por habitante"[20], o que precisa ser questionado e constantemente levado em consideração, sobretudo quando se criam novos atos para o procedimento.

Vale dizer, existe um custo elevadíssimo do processo, que pode ser majorado ou reduzido, conforme a quantidade de atos processuais que se exige para o seu desenvolvimento.

Desse modo, quando, por exemplo, o próprio Judiciário faz uma interpretação ampliativa da gratuidade judiciária, é preciso lembrar que essa decisão gera um benefício para o litigante, podendo ampliar o acesso à justiça, mas, de outro, onera toda a sociedade, que está pagando um elevado valor para esse processo. Além disso, essa ampliação do acesso à justiça pode implicar uma sobreutilização do Judiciário, de modo que o processo judicial passa a ser o principal mecanismo de solução de conflitos da sociedade. É preciso ter em conta que, no final do ano de 2017, já tramitavam na Justiça brasileira mais de 80,1 milhões de processos, segundo dados do CNJ, o que denota essa sobreutilização do sistema judicial[21].

Assim, se compreendido o acesso à justiça numa concepção mais global, no sentido de que significa tanto ingresso no Poder Judiciário quanto resposta rápida e adequada ao litígio, pode-se dizer que a ampliação do acesso à justiça também implica paradoxalmente uma restrição ao acesso. Isto é, quando se amplia demasiadamente a possibilidade de ingresso, pode se estar restringindo a possibilidade de uma resposta rápida e adequada aos conflitos judicializados[22].

Outro exemplo que pode ser aqui citado é a inovação na legislação processual que permitiu arrolamentos sumários (inventário e partilha de bens em razão de sucessão *causa mortis*, quando todos os herdeiros são maiores e capazes) em cartórios extrajudiciais. As pessoas pobres, em vez de fazerem o inventário e partilha nos cartórios extrajudiciais,

---

ocasionado, especialmente, em razão da variação na rubrica das despesas com recursos humanos (4,8%). As despesas de custeio cresceram 16,2% e as outras despesas correntes tiveram redução de 3,9%. Ressalte-se que nos últimos 6 anos (2011-2017), o volume processual também cresceu em proporção próxima às despesas, com elevação média de 3,4% ao ano na quantidade de processos baixados e de 4% no volume do acervo, acompanhando a variação nas despesas. As despesas totais do Poder Judiciário correspondem a 1,4% do Produto Interno Bruto (PIB) nacional, ou a 2,6% dos gastos totais da União, dos estados, do Distrito Federal e dos municípios" (CONSELHO NACIONAL DE JUSTIÇA. Justiça em números 2018: ano-base 2017. Brasília: CNJ, 2018. Disponível em: <http://www.cnj.jus.br/files/conteudo/arquivo/2018/08/44b7368ec6f888b383f6c3de40c32167.pdf>. Acesso em: 14-1-2019. p. 56).

20 CONSELHO NACIONAL DE JUSTIÇA. Justiça em números 2018: ano-base 2017. Brasília: CNJ, 2018. Disponível em: <http://www.cnj.jus.br/files/conteudo/arquivo/2018/08/44b7368ec6f888b383f6c3de40c32167.pdf>. Acesso em: 14-1-2019. p. 56.

21 CONSELHO NACIONAL DE JUSTIÇA. Justiça em números 2018: ano-base 2017. Brasília: CNJ, 2018. Disponível em: <http://www.cnj.jus.br/files/conteudo/arquivo/2018/08/44b7368ec6f888b383f6c3de40c32167.pdf>. Acesso em: 14-1-2019. p. 197.

22 Voltando-se à questão do benefício da gratuidade judiciária: se ocorre uma ampliação da concepção de quem deve fazer jus a esse benefício, para incluir pessoas que concretamente não são efetivamente pobres, é preciso questionar em que medida isso não gera um impacto direto ou indireto na quantidade de demandas que são ajuizadas, enquanto poderiam ser resolvidas mais satisfatoriamente de outro modo. Além disso, essa gratuidade beneficia o litigante, mas também implica que os custos do processo serão arcados por toda a sociedade.

preferem buscar o Judiciário com o mesmo propósito, na medida em que, naqueles, são exigidas taxas cartorárias, enquanto, no Judiciário, a ação é proposta pela Defensoria Pública e a parte recebe o benefício da gratuidade judiciária. Desse modo, esses processos acabam sobrecarregando o Judiciário e onerando toda a sociedade, enquanto deveriam ser resolvidos extrajudicialmente.

Outra questão diz respeito aos honorários advocatícios no CPC/2015. Como adiante se demonstrará, estabelecer os honorários advocatícios sucumbenciais em patamares mais rígidos e impor que o juiz os fixe em diversas fases processuais cumulativamente (como, p. ex., a cada novo recurso) implica aumentar o valor a ser recebido pelos advogados (valorizando-os), mas, ao mesmo tempo, torna o processo mais caro para a parte. De um lado, majorar a renumeração para qualquer classe, implica atrair melhores profissionais para essa área, com aumento da qualidade técnica, mas, de outro, existe um custo para isso, que é arcado por alguém. No caso dos honorários advocatícios sucumbenciais, uma vez ajuizada a demanda, pode sobrevir condenação a qualquer das partes a pagá-los, de modo que as mudanças do CPC/2015 nesse tocante podem fazer com que as pessoas pensem o processo como algo absolutamente indesejável, ou seja, essas alterações podem estar obstaculizando o acesso à justiça, sem que esse fator tenha sido efetivamente discutido pela sociedade.

Portanto, ao se interpretar uma norma processual e considerar os seus impactos no processo, é preciso levar em consideração toda a complexidade que envolve a questão. Tais circunstâncias e variáveis precisam ser constantemente discutidas pelos processualistas civis, ainda que ultrapassem os limites da dogmática.

2. TENDÊNCIAS DO PROCESSO CIVIL

A fim de compreender as opções ideológicas e axiológicas do Código de Processo Civil de 2015 e fazer uma interpretação histórica e teleológica das regras processuais, é importante conhecer as tendências do processo civil.

Em razão disso, elenca-se abaixo um rol, não exaustivo, das tendências do processo civil contemporâneo:

a) **Instrumentalidade das formas:** o processo deve ser visto como um instrumento para o reconhecimento e a satisfação de direitos.

b) **Preocupação com a duração razoável do processo:** uma das grandes preocupações contemporâneas tem sido o problema da demora do processo, o que norteou várias discussões em torno do anteprojeto e do projeto do CPC/2015, bem como tem sido uma preocupação constante do Judiciário nacional, que tem dado primazia a mecanismos como gestão judiciária, metas nacionais do CNJ etc.

c) **Ênfase nas ações coletivas:** as ações coletivas proporcionam universalidade da jurisdição e economia processual, na medida em que a jurisdição passa a ser estendida a um maior número de pessoas com um dispêndio processual relativamente reduzido.

d) **Ênfase no processo eletrônico:** diversos tribunais já substituíram os autos físicos por autos eletrônicos, sendo que a maioria dos tribunais está adotando providências nesse sentido.

e) **Comunicação dos atos processuais por meios eletrônicos**.

f) **Ênfase nos equivalentes jurisdicionais**, tais como a conciliação, a mediação e a arbitragem.

g) **Sincretismo das fases processuais:** no CPC/2015, as fases de conhecimento (incluindo as tutelas provisórias), liquidação e execução ocorrem num mesmo processo.

h) **Cooperação entre as partes e o juiz.**

i) **Redução dos recursos.**

j) **Racionalização dos julgamentos mediante incidente de resolução de demandas repetitivas e julgamento dos recursos repetitivos.**

l) **Súmulas vinculantes.**

m) **Julgamento monocrático pelo relator no âmbito dos tribunais.**

n) **Criação de mecanismos de estabilização da jurisprudência e de precedentes vinculantes.**

3. A ANÁLISE DO PROCESSO CIVIL A PARTIR DAS REGRAS E DOS PRINCÍPIOS: DIREITO E LINGUAGEM

Contemporaneamente, sobretudo com o desenvolvimento do constitucionalismo, ocorreu o que vem sendo denominado de constitucionalização dos direitos. O processo civil não ficou à margem desse fenômeno. Nesse ínterim, observa-se um movimento relativamente recente de constitucionalização do direito processual civil, que implica a releitura das regras e princípios do processo civil à luz da Constituição.

Contudo, é da própria natureza das normas constitucionais a maior imprecisão[23]. Como os princípios constitucionais processuais estabelecidos na Constituição possuem caráter normativo, com possibilidade de aplicação imediata ou orientação para interpretação de outras regras e princípios processuais estabelecidos no plano infraconstitucional, é natural que isso implique maior complexidade na tarefa de interpretação e aplicação do direito.

A esse respeito, a superação da filosofia do conhecimento a partir do novo paradigma da filosofia da linguagem, que tem como um dos pilares o chamado giro linguístico, as categorias gramaticais ganham novos contornos[24]. O abandono do método cartesiano e

23 "Com frequência, fala-se de generalidade para referir-se ao problema da imprecisão. Daí a confusão em que se pode cair quando se consideram as regras e princípios a que me referi exemplificativamente. Mas, inclusive a tese da generalidade é compreendida em termos de imprecisão, não prevalece a distinção entre princípios e regras com base neste critério, conforme argumentos apresentados acima. Pode-se, sim, afirmar que os princípios tendem a ser mais gerais e imprecisos do que as regras. A esse respeito, Alexy sustenta que 'uma razão para que os princípios, em regra, apresentem um maior grau de generalidade reside no fato de que eles não se relacionam com as fronteiras das possibilidades do mundo fático e normativo. Mas cumpre insistir que esta característica não tem uma relação necessária, mas sim eventual (embora se possa falar em tendencial) com sua maior generalidade e imprecisão em relação às regras" (NEVES, Marcelo. *Entre Hidra e Hércules*: princípios e regras constitucionais como diferença paradoxal do sistema jurídico. São Paulo: Martins Fontes, 2013. p. 25).

24 Jürgen Habermas, intitulando-se pós-metafísico, procura apoio em Kant (mas com um novo modo de situar a razão), na sociologia (teoria dos sistemas) e na filosofia da linguagem (HABERMAS, Jürgen. *Pensamento pós-metafísico:* estudos filosóficos (trad. Flávio Beno Siebeneichler). 2. ed. Rio de Janeiro: Tempo Brasileiro, 2002). Para Habermas, a ruptura com o que é moderno não se deveu tanto à modificação do método, senão muito mais em

o reconhecimento de que o direito não é revelado, mas que sempre implica a interpretação de textos em contextos, de forma contingencial e fundida nas pré-compreensões do intérprete, têm como uma das principais consequências a aceitação da função criativa do intérprete e do aplicador da norma, ainda que sob uma perspectiva crítica.

Essa nova perspectiva acaba por superar o modelo oitocentista da codificação e do dogma da completude, em que se pensava que seria possível – ao menos como paradigma – criar estruturas gramaticais no texto legal que permitissem que o juiz fosse apenas a boca da lei. Seja em razão da hipercomplexidade social, ou porque textos sempre dependem de contextos, o desenvolvimento de teorias do direito que reconhecem a existência de casos difíceis ou complexos tem a pretensão de estabelecer mais balizas à atividade judicial do que o próprio positivismo, ou, ao menos, do que o positivismo kelseniano[25].

Nesse ínterim, contemporaneamente, tem-se abandonado o paradigma oitocentista, que consistia em criar regras com base em hipóteses bem definidas e de atribuir ao legislador a culpa pelas interpretações divergentes. Reconhece-se que o legislador pode utilizar, na elaboração das leis, diferentes modelos de linguagem, mais precisos ou mais imprecisos, o que reflete diretamente no grau de vinculação do juiz ao arquétipo legal[26].

Assim, os textos legais que contêm princípios comumente podem ser aplicados a um maior número de casos do que as regras, mas, ao mesmo tempo, exige-se maior carga argumentativa para sua aplicação.

No âmbito do direito processual civil, os princípios processuais constituem a viga mestra, a estruturação, a base para conhecer, interpretar e aplicar o processo civil, como adiante se demonstrará.

4. PRINCÍPIOS DO PROCESSO CIVIL

Ronald Dworkin foi um dos pioneiros em desenvolver uma teoria da decisão judicial admitindo a aplicação direta de princípios, afirmando que eles compõem o próprio direito e são normas com vinculação e coercibilidade[27].

---

razão da ruptura que houve nos motivos do pensamento. Segundo o autor, "*quatro motivos* caracterizam a ruptura com a tradição", quais sejam, "pensamento pós-metafísico, guinada linguística, modo de situar a razão e inversão do primado da teoria frente à prática, ou seja, superação do logocentrismo" (Ibidem, p. 14).

25 Que pretendia apenas identificar as possíveis interpretações dentro da moldura onde poderia o juiz decidir, mas não resolvia os problemas nem dava soluções quando o juiz decidia fora dessa moldura.

26 Os modelos linguísticos mais imprecisos são capazes de atingir maior quantidade de casos, porém com menor intensidade vinculativa ao intérprete, exigindo maior esforço argumentativo para sua aplicação. Os modelos linguísticos mais precisos, concretos ou fechados, ao revés, por estabelecerem hipóteses bem definidas, permitem a sua incidência a menor quantidade de fatos, mas têm mais força vinculativa ao intérprete. Para sua aplicação, em geral, não é necessário grande esforço interpretativo, já que o seu grau de precisão, em regra, permite fácil aplicação do direito ao caso concreto. De outro lado, caso o intérprete pretenda afastar a incidência de determinada norma que adote este modelo mais fechado, terá de lançar mais fundamentos do que se estivesse diante de norma que tem mais imprecisão, de modo que se exige dele maior carga argumentativa.

27 Para combater a discricionariedade forte do positivismo é que Dworkin utiliza os princípios, os quais possuem normatividade, ou seja, são padrões de observância obrigatória, assim como as regras. Assim, para Dworkin, os princípios podem limitar a discricionariedade forte, na medida em que, mesmo nos casos difíceis, um conjunto

Robert Alexy também é um dos autores contemporâneos que se dedica a esse tema. Ele propõe critérios para a **diferenciação** entre **princípios** e **regras**. Preconiza que os **princípios** são **normas que ordenam que algo seja realizado na maior medida possível dentro das possibilidades fáticas e jurídicas**, enquanto as **regras** são **normas que são sempre satisfeitas ou não satisfeitas** (que **se aplicam à maneira do tudo ou nada**). Logo, os **princípios** contêm "**mandamentos de otimização**", pois devem ser aplicados na maior medida possível[28].

Assim, a importância dos princípios é não somente fundamentar a criação das regras, mas também solucionar casos concretos, na medida em que a sua aplicação direta pode ser fundamental.

Isso não quer dizer que os princípios devam, em geral, prevalecer sobre as regras. Pelo contrário, diante de regras específicas, os princípios geralmente possuem menor densidade normativa, na medida em que comumente são mais imprecisos.

No entanto, diante do reconhecimento da impossibilidade de estabelecimento de regras que prevejam todas as possibilidades fáticas, bem como diante da injustiça e da irrazoabilidade na aplicação das regras em determinados casos, passa-se a dar cada vez mais importância aos princípios, por serem normas capazes de instrumentalizar argumentativamente a resolução de casos difíceis ou complexos, bem como por terem possibilidade de maior aplicação diante das diversidades fáticas e jurídicas.

Na hipercomplexa sociedade contemporânea, cada vez mais o juiz e o intérprete se deparam com casos inéditos, ou que são complexificados pelas peculiaridades da situação concreta, e que, assim, não possuem uma solução pré-definida na legislação, na doutrina ou na jurisprudência. Nesse contexto, o estudo dos princípios instrumentaliza em grande medida a tarefa interpretativa, sobretudo nesses casos difíceis.

Além disso, os princípios comumente estão mais ligados aos valores do que as regras (embora essa relação não seja essencial, pois regras também podem operar a seletividade de valores)[29], o que permite concluir que eles são importantes para garantir a unidade e a coerência do sistema jurídico.

Nesse sentido, os princípios estão em conexão com as demais normas jurídicas existentes e participam, de maneira decisiva, do sentido de validade das leis do ordenamento. Integram, coordenam e relacionam os dispositivos legais, dando forma e

---

de princípios pode ditar um resultado (DWORKIN, Ronald. *Levando os direitos a sério*. (trad. Nelson Boeira). 3. ed. São Paulo: Martins Fontes, 2010. p. 56-57).

28 ALEXY, Robert. *Teoria dos direitos fundamentais* (trad. Virgílio Afonso da Silva). 2. ed. São Paulo: Malheiros, 2011. p. 90-91.

29 "Mas cabe acrescentar que os valores não entram no sistema jurídico apenas por via dos princípios, senão também mediante regras, como já demonstramos acima com vários exemplos referentes a preceitos constitucionais e legais. A diferença na programação seletiva de conteúdos valorativos parece ser a seguinte: os princípios, que se estruturam tipicamente mediante uma relação mais elástica entre "se" e "então", ou seja, entre antecedente e consequente, tendem a envolver uma postura mais flexível e aberta em face da incorporação de valores; as regras, que se estruturam por uma conexão 'se-então' menos elástica, tendem a implicar uma atitude mais estreita e menos aberta para a incorporação de valores. [...] Tanto há princípios quanto regras que se referem imediata, direta e explicitamente a valores e fins, como há princípios que não se caracterizam por essa maneira de referência a eles" (NEVES, Marcelo. *Entre Hidra e Hércules:* princípios e regras constitucionais como diferença paradoxal do sistema jurídico. São Paulo: Martins Fontes, 2013. p. 41).

unidade ao sistema jurídico[30], sobretudo em razão das suas características específicas, como a plasticidade, a indeterminação, a vagueza e a elasticidade[31].

Assim, observa-se que os princípios possuem uma importância especial dentro de um ordenamento jurídico, bem como para o discurso judicial.

Diante de um Código de Processo Civil ainda novo, que modifica diversos conceitos e categorias jurídicas, que importa teorias criadas para contextos institucionais diversos (como a teoria dos precedentes, originária de países de *common law*, para um sistema brasileiro, tradicionalmente de *civil law*) e que pretende inaugurar uma nova forma de pensar o processo civil, é natural que deixe diversas questões em aberto, intencional ou não intencionalmente. E é nesse tipo de contexto que os princípios ganham ainda mais centralidade.

Daí a grande importância que deve ser dada ao estudo dos princípios do processo civil.

4.1. Princípio do devido processo legal

O princípio do devido processo legal (*due process of law*) é um superprincípio, pois é a base para todos os demais princípios do processo civil.

Está previsto no art. 5º, inc. LIV, da Constituição Federal, segundo o qual "ninguém poderá ser privado da sua liberdade ou de seus bens sem o devido processo legal".

Esse princípio é o reflexo da concepção do Estado de Direito no processo civil. Com efeito, a opção política pelo Estado de Direito significa, dentre outras coisas, que o Estado deve obedecer às suas próprias leis. Nessa medida, o princípio do devido processo legal informa que o cidadão não poderá ser privado da sua liberdade ou dos seus bens sem um procedimento previamente previsto em lei. Isso implica garantias do cidadão contra o Estado e também contra outros cidadãos.

O princípio do devido processo legal divide-se em:

a) **Devido processo legal formal (*procedural due process of law*):** É o processo conforme as regras preestabelecidas na lei processual.

b) **Devido processo legal substancial (*substantive due process of law*):** Segundo a doutrina e a jurisprudência, equivale ao **princípio da razoabilidade**.

Contudo, é preciso esclarecer de onde vem a ligação entre o princípio da razoabilidade e o devido processo legal substancial, tendo em vista que, por uma interpretação textual, essa relação não se apresenta de forma tão nítida. Com efeito, a correlação entre esses dois princípios não é textual, senão histórica.

A *Magna Charta Libertatum*, de 1215, é uma Carta de Direitos assinada pelo Rei João, da Inglaterra, sob a pressão dos barões do reino e do papa, que limitou o poder dos monarcas nesse país, sobretudo do próprio rei, impedindo o exercício do poder absoluto. No art. 39 da *Magna Charta Libertatum*, está previsto que "nenhum homem livre será

30 MELLO, Celso Antônio Bandeira de. *Curso de direito administrativo*. 5. ed. São Paulo: Malheiros, 1994. p. 450.

31 ROTHENBURG, Walter Claudius. *Princípios constitucionais*. Porto Alegre: Sergio Fabris, 1999.

preso, desapossado, exilado, ou de qualquer forma destruído, nem agiremos contra ele ou mandaremos alguém contra ele, exceto por julgamento legal dos seus pares, ou pela lei da terra"[32]. A expressão lei da terra (*law of the land*) significava a lei de acordo com o direito natural daquele povo, o *common law*, ou seja, de acordo com o que fosse justo pelo direito consuetudinário.

A Emenda n. 5 à Constituição dos EUA estabelece, dentre outros direitos, que ninguém será "privado da vida, liberdade ou propriedade sem o devido processo legal"[33]. Assim, reproduz em grande medida o dispositivo da *Magna Charta Libertatum*.

No Brasil, o art. 5º, inc. LIV, da Constituição Federal é quase uma cópia desse dispositivo da Constituição estadunidense ("ninguém poderá ser privado da sua liberdade ou de seus bens sem o devido processo legal"), apenas não se referindo à "privação da vida" porque, no Brasil, é vedada a pena de morte.

Desse modo, por uma interpretação histórica das Constituições, entende-se que o princípio do devido processo legal substancial (*substantive due process of law*) está relacionado com as noções de lei justa e decisão razoável, com a *law of the land*. Por isso, dizer-se que o princípio da razoabilidade (ou proporcionalidade) tem assento constitucional, já que decorre do art. 5º, inc. LIV, da Constituição Federal brasileira.

4.2. Princípio do acesso à justiça

Segundo a melhor definição, proposta por Kazuo Watanabe, **acesso à justiça é "o acesso à ordem jurídica justa"**[34].

Tem previsão no art. 5º, inc. XXXV, da Constituição Federal, que determina que "a lei não excluirá da apreciação do Poder Judiciário lesão ou ameaça a direito".

No mesmo sentido, o art. 3º do CPC estabelece que "não se excluirá da apreciação jurisdicional ameaça ou lesão a direito".

Observa-se, assim, que o dispositivo do CPC/2015 foi mais técnico, considerando que o texto constitucional estabelece que "a lei não excluirá", enquanto o CPC prevê que "não se excluirá". Isto é, nem lei, nem ato administrativo, nem contrato, nem qualquer medida podem excluir da "apreciação jurisdicional ameaça ou lesão a direito".

O princípio do acesso à justiça tem como sinônimas as expressões acesso à ordem jurídica justa, inafastabilidade da jurisdição, inafastabilidade do controle jurisdicional ou ubiquidade da jurisdição[35].

---

32 Tradução livre do texto em língua inglesa: "No freemen shall be taken or imprisoned or disseised or exiled or in any way destroyed, nor will we go upon him nor send upon him, except by the lawful judgment of his peers or by the law of the land" (INGLATERRA. Magna Charta Libertatum, de 1215. Disponível em: <http://www.constitution.org/eng/magnacar.pdf>. Acesso em: 23-2-2016. p. 11-12).

33 ESTADOS UNIDOS DA AMÉRICA. The Constitution of the United States. Disponível em: <http://www.usconstitution.net/const.pdf >. Acesso em: 23-2-2016).

34 WATANABE, Kazuo. Acesso à justiça e sociedade moderna. In: Grinover, Ada Pellegrini; Dinamarco, Cândido Rangel; Watanabe, Kazuo. *Participação e processo.* São Paulo: Revista dos Tribunais, 1988.

35 BUENO, Cassio Scarpinella. *Curso sistematizado de direito processual civil:* teoria geral do direito processual civil. v. 1. São Paulo: Saraiva, 2007. p. 101.

Mauro Cappelletti e Bryant Garth[36] fizeram uma pesquisa empírica em âmbito mundial e constataram que, em geral, os países passaram por três ondas renovatórias do acesso à justiça:

1ª Onda: Destinada a remover o obstáculo econômico do processo.

No Brasil, observa-se que se enquadra nessa onda renovatória a edição da Lei n. 1.060/1950 (Lei da Assistência Judiciária Gratuita – que teve grande parte das suas disposições revogada pelo CPC/2015 e incorporada a este); a criação das Defensorias Públicas e dos núcleos de assistência jurídica das faculdades de direito.

2ª Onda: Tutela dos interesses difusos e coletivos.

Teve o objetivo de ampliar a área de atuação do processo, para defesa de interesses transindividuais. Assim, a tutela jurisdicional poderia alcançar um número maior de pessoas (universalidade da jurisdição).

No Brasil, estão nessa onda as diversas leis que preveem as regras processuais que disciplinam o processo coletivo, o chamado microssistema processual coletivo. Pode-se citar, como exemplo, a edição das seguintes leis: Lei n. 4.717/1965 (Lei da Ação Popular); Lei n. 7.347/1985 (Lei da Ação Civil Pública); Lei n. 8.078/1990 (Código de Defesa do Consumidor). Essas são as principais leis que tratam do processo coletivo. Mas também contêm disposições sobre o processo coletivo as seguintes leis: Lei n. 8.069/1990 (Estatuto da Criança e do Adolescente); Lei n. 7.853/1989 (Lei de Apoio às Pessoas com Deficiência); Lei n. 12.016/2009 (Nova Lei do Mandado de Segurança); Lei n. 10.741/2003 (Estatuto do Idoso); Lei n. 12.288/2010 (Estatuto da Igualdade Racial); Lei n. 13.146/2015 (Estatuto da Pessoa com Deficiência).

3ª Onda: Novo enfoque do Acesso à Justiça.

A terceira onda do acesso à justiça reflete a preocupação com a qualidade da prestação jurisdicional. O problema não é mais de acesso, senão de "decesso". Não é suficiente facilitar o ingresso de uma ação no Judiciário, pois é imprescindível uma resposta jurisdicional célere e efetiva.

Nesse ponto, no Brasil, podem ser observadas diversas mudanças relativas a essa terceira onda do acesso à justiça, que podem ser estabelecidas em quatro grupos: a) O reconhecimento da necessidade de "desformalização do processo", objetivando-se reduzir o excesso de formalidades do processo; b) a Reforma do Judiciário (EC n. 45/2004), com a criação do CNJ, que impôs o estabelecimento de normas de gestão, de metas a serem cumpridas, bem como de outros mecanismos de estabelecimento de controle de produtividade e qualidade das decisões judiciais; c) A valorização dos equivalentes jurisdicionais (chamados também de meios alternativos ou adequados de resolução dos conflitos, tais como mediação, conciliação e arbitragem – Lei n. 9.307/1996); e d) A valorização dos precedentes, o aumento de hipóteses de precedentes vinculantes, a possibilidade de

36 "Podemos afirmar que a primeira solução para o acesso – a primeira 'onda' desse movimento novo – foi a assistência judiciária; a segunda dizia respeito às reformas tendentes a proporcionar representação jurídica para os interesses 'difusos', especialmente nas áreas de proteção ambiental e do consumidor; e o terceiro – e mais recente – é o que nos propomos a chamar simplesmente de 'enfoque de acesso à justiça' porque inclui os posicionamentos anteriores, mas vai muito além deles, representando, dessa forma, uma tentativa de atacar as barreiras ao acesso de modo mais articulado e compreensivo" (CAPPELLETTI, Mauro; GARTH, Bryant. *Acesso à Justiça*. (trad. Ellen Gracie Northfleet). Porto Alegre: Sergio Antonio Fabris Editor, 2002. p. 31).

julgamento liminar de improcedência e o aumento das hipóteses de julgamento monocrático pelo relator, com base no CPC, instrumentos que têm a pretensão de dar respostas mais rápidas aos litígios.

Assim, a garantia do acesso à Justiça não significa necessariamente que o conflito será resolvido pelo Judiciário, na medida em que os equivalentes jurisdicionais também são formas legítimas de resolução dos litígios. Nesse sentido, aliás, têm-se reconhecido que tais mecanismos são tão eficazes quanto, ou até mais eficazes, que a via da Jurisdição estatal para a solução adequada dos conflitos. O próprio CPC estabelece isso no art. 3º, que trata do acesso à Justiça. Aliás, o § 1º do referido dispositivo prevê que "é permitida a arbitragem, na forma da lei"; o § 2º dispõe que "o Estado promoverá, sempre que possível, a solução consensual dos conflitos"; e o seu § 3º estabelece que "a conciliação, a mediação e outros métodos de solução consensual de conflitos deverão ser estimulados por juízes, advogados, defensores públicos e membros do Ministério Público, inclusive no curso do processo judicial".

Em nome do princípio constitucional do acesso à justiça, não se pode exigir que a parte esgote todas as vias extrajudiciais para, somente após, ajuizar uma demanda no Poder Judiciário. No entanto, são exceções a essa regra o *habeas data* e a Justiça Desportiva.

Com efeito, a Lei n. 9.507/1997 determina que somente poderá ser impetrado o *habeas data* se a petição inicial for acompanhada de comprovante da recusa da prestação de informações pelo órgão ou entidade depositária do banco de dados. A esse respeito, a Súmula 2 do STJ dispõe que "não cabe o *habeas data* (CF, art. 5º, LXXII, 'a')" se não houve recusa de informações por parte da autoridade administrativa".

Sobre a Justiça Desportiva, o § 1º do art. 217 da Constituição Federal determina que "o Poder Judiciário só admitirá ações relativas à disciplina e às competições desportivas após esgotarem-se as instâncias da justiça desportiva, reguladas em lei".

4.3. Princípio da isonomia

O princípio da isonomia ou da igualdade possui natureza de direito fundamental, pois previsto no art. 5º, *caput*, da Constituição Federal. Tal princípio é aplicável a diversos ramos do direito: igualdade sem discriminações de gênero (art. 5º, inc. I, CF); impessoalidade como princípio da administração pública (art. 37, *caput*, CF); isonomia tributária (art. 150, inc. II, CF).

O princípio da isonomia ou da igualdade substancial determina que se **devem tratar igualmente os iguais e desigualmente os desiguais na medida em que se desigualam**[37].

37 Segundo Rui Barbosa, na célebre Oração aos Moços, "**a regra da igualdade não consiste senão em aquinhoar desigualmente os desiguais, na medida em que se desigualam. [...] Tratar com desigualdade a iguais, ou a desiguais com igualdade, seria desigualdade flagrante, e não igualdade real**" (BARBOSA, Rui. *Oração aos moços & O dever do advogado*. 4. ed. Campinas: Russel, 2010. p. 33). Para Aristóteles, "entre semelhantes, a honestidade e a justiça consistem em que cada um tenha a sua vez. Apenas isto conserva a igualdade. A desigualdade entre iguais e as distinções entre semelhantes são contra a natureza e, por conseguinte, contra a honestidade" (ARISTÓTELES. *A política* (trad. Roberto Leal Ferreira). São Paulo: Martins Fontes, 2006. p. 63).

No âmbito do processo, o princípio da isonomia informa que deve haver **paridade de tratamento**, como preceitua o próprio art. 7º do CPC, segundo o qual "é assegurada às partes paridade de tratamento em relação ao exercício de direitos e faculdades processuais, aos meios de defesa, aos ônus, aos deveres e à aplicação de sanções processuais, competindo ao juiz zelar pelo efetivo contraditório". Alguns chamam isso de paridade de "armas", mas preferimos não fazê-lo, pois não deve mais de compreender o processo judicial como uma batalha ou uma guerra, sobretudo diante do novo modelo de processo civil instituído pelo CPC de 2015.

O princípio da igualdade, no seu aspecto formal, informa que o Estado-juiz, representado pelo magistrado, deve tratar de forma igualitária os litigantes (**igualdade formal**). Entretanto, se estiverem em situação desigual, o juiz pode tomar as medidas necessárias para equilibrar a relação jurídica processual, na medida em que as partes se desigualam, a fim de garantir a **igualdade substancial**. De qualquer forma, para que se criem situações de desigualdade no processo, é imprescindível que essa desigualdade seja justificável, ou seja, o julgador somente pode dar tratamento diferenciado a uma das partes se for para equilibrar a relação processual, o que deve ser precedido da necessária fundamentação.

A própria legislação processual já cria condições para que a igualdade substancial seja exercida no processo, tais como:

a) vista pessoal e prazo em dobro para a Defensoria Pública falar nos autos, porque não está adequadamente estruturada e porque não pode recusar processos (art. 44, inc. I; art. 89, inc. I; e art. 128, inc. I, todos da Lei Complementar n. 80/1994; e art. 186, *caput* e § 1º, do CPC[38]). Nesse ínterim, lembre-se que o STF entendeu constitucional essa prerrogativa de prazo[39].

b) inversão do ônus da prova, em benefício do consumidor hipossuficiente (art. 6º, inc. VIII, da Lei n. 8.078/1990).

---

38 CPC: "Art. 186. A Defensoria Pública gozará de prazo em dobro para todas as suas manifestações processuais. § 1º O prazo tem início com a intimação pessoal do defensor público, nos termos do art. 183, § 1º".

39 "Direito Constitucional e Processual Penal. **Defensores Públicos: prazo em dobro para interposição de recursos** (§ 5º do art. 1º da Lei n. 1.060, de 5-2-1950, acrescentado pela Lei n. 7.871, de 8-11-1989). **Constitucionalidade**. 'Habeas Corpus'. Nulidades. Intimação pessoal dos Defensores Públicos e prazo em dobro para interposição de recursos. 1. Não é de ser reconhecida a inconstitucionalidade do § 5º do art. 1º da Lei n. 1.060, de 5-2-1950, acrescentado pela Lei n. 7.871, de 8-11-1989, no ponto em que confere prazo em dobro, para recurso, às Defensorias Públicas, ao menos até que sua organização, nos Estados, alcance o nível de organização do respectivo Ministério Público, que é a parte adversa, como órgão de acusação, no processo da ação penal pública. 2. Deve ser anulado, pelo Supremo Tribunal Federal, acórdão de Tribunal que não conhece de apelação interposta por Defensor Público, por considerá-la intempestiva, sem levar em conta o prazo em dobro para recurso, de que trata o § 5º do art. 1º da Lei n. 1.060, de 5-2-1950, acrescentado pela Lei n. 7.871, de 8-11-1989. 3. A anulação também se justifica, se, apesar do disposto no mesmo parágrafo, o julgamento do recurso se realiza, sem intimação pessoal do Defensor Público e resulta desfavorável ao réu, seja quanto a sua própria apelação, seja quanto à interposta pelo Ministério Público. 4. A anulação deve beneficiar também o corréu, defendido pelo mesmo Defensor Público, ainda que não tenha apelado, se o julgamento do recurso interposto pelo Ministério Público, realizado nas referidas circunstâncias, lhe é igualmente desfavorável. 'Habeas Corpus' deferido para tais fins, devendo o novo julgamento se realizar com prévia intimação pessoal do Defensor Público, afastada a questão da tempestividade da apelação do réu, interposto dentro do prazo em dobro" (STF, HC 70514, Rel. Min. Sydney Sanches, Tribunal Pleno, julgado em 23-3-1994, *DJ* 27-6-1997, p. 30225, ement vol-01875-03 PP-00450).

Existem também outros exemplos de prerrogativas processuais, para atender à igualdade substancial, que, todavia, são controversos na doutrina, embora tenham aceitação pacífica no âmbito da jurisprudência:

a) o prazo em dobro para o Ministério Público manifestar-se nos autos, bem como a prerrogativa de intimação pessoal (art. 180, *caput*, CPC)[40];

b) o prazo em dobro para a Fazenda Pública, em relação a todas as suas manifestações processuais, bem como a prerrogativa de intimação pessoal, conforme art. 183 do CPC/2015[41] (art. 188 do CPC/1973 previa prazo em quádruplo para contestar e em dobro para recorrer);

c) o reexame necessário, nas causas em que a Fazenda Pública for condenada, devendo ser obedecidos determinados requisitos (art. 496 do CPC);

d) a possibilidade de suspensão dos efeitos da decisão contrária à Fazenda Pública (art. 15, *caput*, da Lei n. 12.016/2009).

Apesar da controvérsia doutrinária, a jurisprudência é pacífica no sentido de reconhecer a constitucionalidade dessas prerrogativas processuais em favor da Fazenda Pública, ao argumento de que esta tutela o interesse público, precisa de maior prazo para colher provas e documentos em razão da maior burocracia interna, bem como porque os Advogados Públicos não podem recusar processos[42].

4.4. Princípio da motivação das decisões judiciais

É também chamado de princípio da fundamentação.

Tal princípio informa que todas as decisões judiciais deverão ser fundamentadas, sob pena de nulidade.

Está previsto no art. 93, inc. IX, da Constituição Federal, que assim dispõe:

> IX – todos os julgamentos dos órgãos do Poder Judiciário serão públicos, e **fundamentadas todas as decisões**, sob pena de nulidade, podendo a lei limitar a presença, em determinados atos, às próprias partes e a seus advogados, ou somente a estes, em casos nos quais a preservação do direito à intimidade do interessado no sigilo não prejudique o interesse público à informação.

O art. 11, *caput*, do CPC repete a disposição constitucional, estabelecendo que "todos os julgamentos dos órgãos do Poder Judiciário serão públicos, e fundamentadas todas as decisões, sob pena de nulidade".

---

40 CPC: "Art. 180. O Ministério Público gozará de prazo em dobro para manifestar-se nos autos, que terá início a partir de sua intimação pessoal, nos termos do art. 183, § 1º".

41 CPC: "Art. 183. A União, os Estados, o Distrito Federal, os Municípios e suas respectivas autarquias e fundações de direito público gozarão de prazo em dobro para todas as suas manifestações processuais, cuja contagem terá início a partir da intimação pessoal".

42 Tais justificativas da prerrogativa de prazo da Fazenda Pública são bem desenvolvidas na obra de Leonardo Carneiro da Cunha (*A Fazenda Pública em juízo*. 15. ed. Rio de Janeiro: Forense, 2018).

A **fundamentação** tem a função de **mostrar às partes do processo as razões que levaram o juiz a se convencer da sua decisão**. Assim, a motivação é uma **forma de o juiz prestar contas da sua atividade jurisdicional** (*accountability*) às partes do processo, aos demais juízes e a toda a sociedade[43].

A motivação é um **fator de legitimação da atividade jurisdicional**, pois o juiz se legitima ato a ato pelo seu argumento. O discurso judicial e as possibilidades de controle discursivo pela via dos instrumentos processuais são consentâneos com uma concepção de democracia procedimentalista e discursiva.

Assim, a motivação das decisões judiciais é também um corolário da adoção do modelo político do **Estado Democrático de Direito**.

Além disso, a fundamentação da decisão judicial é o que diferencia o legítimo do arbitrário. Dentro da organicidade institucional brasileira, a decisão judicial fundamentada é a norma concreta, que pode modificar o mundo real. Contudo, a decisão judicial sem fundamentação está no campo do arbitrário, razão pela qual deve ser impugnada pelas partes e cassada pelas instâncias judiciais superiores, pelo mecanismo de controle estabelecido, que é a via recursal.

A consequência da **falta ou da deficiência de fundamentação** causa **nulidade processual**. Assim, por exemplo, se, numa decisão judicial, for simplesmente dito "indefiro, por falta de fundamento legal", haverá nulidade. A esse respeito, o Superior Tribunal de Justiça já decidiu que o acórdão de tribunal que mantém a sentença de primeira instância por seus próprios fundamentos é nulo, por falta de fundamentação[44].

Aliás, reconhecendo a necessidade de fundamentação, o § 1º do art. 489 do CPC impõe maior carga argumentativa às decisões judiciais. Segundo o dispositivo, não se considera fundamentada a decisão judicial que:

> I – limitar-se à indicação, à reprodução ou à paráfrase de ato normativo, sem explicar sua relação com a causa ou a questão decidida;
>
> II – empregar conceitos jurídicos indeterminados, sem explicar o motivo concreto de sua incidência no caso;
>
> III – invocar motivos que se prestariam a justificar qualquer outra decisão;
>
> IV – não enfrentar todos os argumentos deduzidos no processo capazes de, em tese, infirmar a conclusão adotada pelo julgador;
>
> V – limitar-se a invocar precedente ou enunciado de súmula, sem identificar seus fundamentos determinantes nem demonstrar que o caso sob julgamento se ajusta àqueles fundamentos;
>
> VI – deixar de seguir enunciado de súmula, jurisprudência ou precedente invocado pela parte, sem demonstrar a existência de distinção no caso em julgamento ou a superação do entendimento.

---

43 BUENO, Cassio Scarpinella. *Curso sistematizado de direito processual civil:* teoria geral do direito processual civil. v. 1. São Paulo: Saraiva, 2007. p. 132.

44 "[...] **I – A motivação das decisões judiciais reclama do órgão julgador, pena de nulidade, explicitação fundamentada quanto aos temas suscitados. Elevada a cânone constitucional, apresenta-se como uma das características incisivas do processo contemporâneo, calcado no "due process of law", representando uma "garantia inerente ao estado de direito". II – É nulo o acórdão que mantém a sentença pelos seus próprios fundamentos, por falta de motivação, tendo o apelante o direito de ver solucionadas as teses postas na apelação**" (STJ, REsp 493.625/PA, Rel. Min. Sálvio de Figueiredo Teixeira, Quarta Turma, julgado em 26-6-2003, *DJ* 29-9-2003, p. 262).

Esse dispositivo será analisado minuciosamente no item referente à fundamentação das decisões judiciais.

Além das hipóteses referidas no dispositivo, também pode haver outros casos de defeito de motivação, como a hipótese de falta de correlação entre o dispositivo da decisão e os seus fundamentos, o que também pode ensejar nulidade.

No caso de nulidade da sentença ou da decisão judicial, a decisão deverá ser cassada (e não reformada) pelo Tribunal.

De outro lado, lembre-se que os despachos são atos de mero impulsionamento do processo, que não possuem conteúdo decisório. Por conseguinte, não precisam ser fundamentados.

4.5. Princípio da publicidade

Informa que todos os **atos processuais devem ser públicos**, vale dizer, acessíveis ao público em geral. É a transparência que deve nortear toda a atuação estatal, inclusive a do Judiciário.

Está previsto no art. 5º, inc. LX, e art. 93, incs. IX e X, da Constituição Federal:

> Art. 5º [...] LX – a lei só poderá restringir a publicidade dos atos processuais quando a defesa da intimidade ou o interesse social o exigirem;
>
> Art. 93 [...]
>
> IX – todos os julgamentos dos órgãos do Poder Judiciário serão públicos, e fundamentadas todas as decisões, sob pena de nulidade, podendo a lei limitar a presença, em determinados atos, às próprias partes e a seus advogados, ou somente a estes, em casos nos quais a preservação do direito à intimidade do interessado no sigilo não prejudique o interesse público à informação;
>
> X – as decisões administrativas dos tribunais serão motivadas e em sessão pública, sendo as disciplinares tomadas pelo voto da maioria absoluta de seus membros;

Da mesma forma, o art. 11, *caput*, do CPC estabelece que "todos os julgamentos dos órgãos do Poder Judiciário serão públicos [...], sob pena de nulidade".

A publicidade se concretiza de várias formas, tais como: a) acesso da população aos fóruns; b) possibilidade de exame dos autos por qualquer pessoa; c) possibilidade de ingresso nas salas de audiências; d) publicação dos despachos, decisões, sentenças e acórdãos na imprensa oficial; e) criação de canal de televisão com o objetivo de divulgar os julgamentos dos tribunais (Rede Justiça, criada pela Lei n. 10.461/2002).

Entretanto, como todo e qualquer princípio constitucional, o princípio da publicidade não é absoluto.

O próprio art. 5º, inc. LX, da CF, acima transcrito, prevê que a publicidade dos atos processuais poderá ser restringida em razão do direito à intimidade ou em razão do interesse social.

A publicidade está prevista como **princípio** no art. 8º do CPC[45] e, como **regra**, no parágrafo único do art. 11 do mesmo Código, o qual estabelece que, "nos casos de se-

---

45 CPC: "Art. 8º Ao aplicar o ordenamento jurídico, o juiz atenderá aos fins sociais e às exigências do bem comum, resguardando e promovendo a dignidade da pessoa humana e observando a proporcionalidade, a razoabilidade, a legalidade, a publicidade e a eficiência".

gredo de justiça, pode ser autorizada a presença somente das partes, de seus advogados, de defensores públicos ou do Ministério Público".

O art. 189 do CPC também estabelece que os atos deverão ser públicos, mas que **correrão em segredo de justiça** os processos:

> I – em que o exija o interesse público ou social;
>
> II – que versem sobre casamento, separação de corpos, divórcio, separação, união estável, filiação, alimentos e guarda de crianças e adolescentes;
>
> III – em que constem dados protegidos pelo direito constitucional à intimidade;
>
> IV – que versem sobre arbitragem, inclusive sobre cumprimento de carta arbitral, desde que a confidencialidade estipulada na arbitragem seja comprovada perante o juízo.

O **rol de hipóteses** de decretação de **segredo de justiça**, elencado no art. 189 do CPC, é **meramente exemplificativo**. Vale dizer, é possível que o juiz encontre outras hipóteses em que a publicidade tenha de ser restringida em razão do direito à intimidade ou em razão do interesse social. Além disso, será possível a restrição da publicidade com fundamento na prevalência de outros direitos constitucionais, que não sejam intimidade ou interesse social. Isso porque nenhum direito fundamental é absoluto, pois sempre deve ser analisado em conjunto com os demais direitos fundamentais, sendo que o sopesamento somente pode se dar no caso concreto.

Desse modo, por exemplo, pode o juiz, analisando a situação concreta, restringir a publicidade de determinada ação, mediante requerimento do réu, porque existem indícios de que a ação seja infundada e a sua publicidade possa prejudicar muito a vida profissional do réu. Observe-se que, nessa hipótese, o direito fundamental à honra objetiva pode motivar a restrição da publicidade, mas essa hipótese não está prevista no art. 189 do CPC.

Por tais razões, dizer-se que o rol do art. 189 do CPC é meramente exemplificativo.

Nesses casos, o juiz deverá decretar segredo de justiça, de modo que somente poderão tomar conhecimento dos atos processuais as partes e seus procuradores[46].

Caso for **desrespeitado injustificadamente** o **princípio da publicidade**, será **nulo o processo**, segundo previsto no art. 93, inc. IX, da Constituição Federal. No entanto, a jurisprudência tem entendido que se trata de **nulidade relativa**, vale dizer, que somente será decretada a nulidade caso haja prejuízo[47].

4.6. Princípio do contraditório

Para conceituar o princípio do contraditório, é preciso que sejam levados em consideração os seus dois aspectos, quais sejam, o contraditório formal e o contraditório substancial.

---

46 Nesse sentido, o art. 189, § 1º, do CPC "O direito de consultar os autos de processo que tramite em segredo de justiça e de pedir certidões de seus atos é restrito às partes e aos seus procuradores".

47 "[...] NULIDADE DO PROCESSO. TRAMITAÇÃO EM SEGREDO DE JUSTIÇA. VIOLAÇÃO AO PRINCÍPIO DA PUBLICIDADE. MATÉRIA NÃO ARGUIDA OPORTUNAMENTE. PRECLUSÃO. PREJUÍZO NÃO DEMONSTRADO. ORDEM DENEGADA [...]. **2. Tendo o feito tramitado em segredo de justiça por determinação da Corregedoria-Geral de Justiça do Estado, não se demonstrando qualquer prejuízo à Defesa, que teve o devido acesso aos autos, não há nulidade a ser reconhecida.** 3. Ordem denegada" (STJ, HC 148.723/SC, Rel. Min. MARIA THEREZA DE ASSIS MOURA, SEXTA TURMA, julgado em 7-12-2010, *DJe* 17-12-2010). No mesmo sentido: STJ, REsp 1245744/SP, Rel. Min. MAURO CAMPBELL MARQUES, SEGUNDA TURMA, julgado em 28-6-2011, *DJe* 3-8-2011).

O **contraditório formal** ou **contraditório no sentido jurídico tradicional** é a **garantia de ciência das partes acerca dos atos e termos do processo, a fim de que possam sobre eles se manifestar**. É a necessidade de informação, a fim de permitir à parte uma possível reação[48].

O **contraditório substancial** ou **contraditório no sentido político** é o direito à participação e o poder de influência.

Nesse sentido, analisando-se o princípio do contraditório em sua historiografia no processo civil, é possível observar três fases marcantes: a primeira, em que o contraditório significava dever de informação (e o correspondente direito de ser informado); a segunda, em que o contraditório significa também direito de participação; e a terceira, em que significa, além disso, poder de influenciar[49].

A concepção de contraditório substancial é inerente à própria ideia de Estado Democrático de Direito.

Como a jurisdição é uma forma de exercício de poder estatal, num Estado Democrático deve haver a possibilidade de as partes influenciarem nesse ato de poder[50]. Segundo Luhmann, o que legitima cada ato estatal é a possibilidade de as pessoas que serão por ele atingidas poderem participar e influenciar na decisão que será tomada pelo Estado. Nesse ínterim, o que legitima uma decisão judicial é a possibilidade de as partes, que serão por ela atingidas, participarem do procedimento e influenciarem nessa decisão judicial[51]. A doutrina alemã chama esse contraditório substancial de "**poder de influência**".

No Brasil, o contraditório é uma garantia fundamental. Está previsto no art. 5º, inc. LV, da Constituição Federal, segundo o qual "aos litigantes, em processo judicial ou

---

48 Segundo Sergio La China, "il principio del contraddittorio si articola, nelle sue manifestazioni tecniche, in due aspetti o tempi essenziali: informazione, reazione; necessaria sempre la prima, eventual la seconda (ma necessario che sia resa possibile!)" (LA CHINA, Sergio. *L'esecuzione forzata e le disposizioni generali del Codice di Procedura Civile.* Milano: A. Giuffrè, 1970. p. 394).

49 "O contraditório, a meu sentir, pode ser mais bem compreendido levando-se consideração seu desenvolvimento através dos tempos, vale dizer, ao longo de três fases marcantes. A primeira, que denomino formal e está caracterizada pela necessidade de informar; a segunda, material, que se caracteriza pela possibilidade de participação e a terceira, constitucional, identificada pelo direito de influenciar" (RIBEIRO, Darci Guimarães. Questões relevantes da prova no novo Código de Processo Civil. In: BOECKEL, Fabrício Dani de; ROSA, Karin Regina Rick; SCARPARO, Eduardo (org.). *Estudos sobre o novo Código de Processo Civil.* Porto Alegre: Livraria do Advogado, 2015. p. 133-148. p. 134).

50 "É que o contraditório, no contexto dos 'direitos fundamentais', [...] deve ser entendido como o direito de influir, de influenciar, na formação da convicção do magistrado ao longo do processo. Não se deve entendê-lo somente do ponto de vista negativo, passivo, defensivo. O Estado-juiz, justamente por força dos princípios constitucionais do processo, não pode decidir, sem que garanta previamente amplas e reais possibilidades de participação daqueles que sentirão, de alguma forma, os efeitos de sua decisão. [...] O que se deve destacar, a este respeito, é que o princípio do contraditório deve ser entendido como a possibilidade de o destinatário da atuação do Estado influenciar – ou, ao menos, ter condições reais, efetivas, de influenciar –, em alguma medida, na decisão a ser proferida" (BUENO, Cassio Scarpinella. *Curso sistematizado de direito processual civil:* teoria geral do direito processual civil. v. 1. São Paulo: Saraiva, 2007. p. 108).

51 Nesse sentido, Niklas Luhmann: "Assim o interessado pode participar duma forma racional e atuar num presente sempre atual, ainda que viva para um futuro incerto. A decisão não recai sobre ele como uma surpresa inesperada, como sorte ou desgraça que se aguarda com perplexidade sem se poder tomar posição, mas como resultado de um processo de decisão, na medida em que uma pessoa se pode preparar para ele pela participação e ação" (LUHMANN, Niklas. *Legitimação pelo procedimento* (trad. Maria da Conceição Côrte-Real). Brasília: Universidade de Brasília, 1980. p. 187).

administrativo, e aos acusados em geral são assegurados o contraditório e ampla defesa, com os meios e recursos a ela inerentes".

Da mesma forma, o art. 7º do CPC estabelece que compete ao juiz "zelar pelo efetivo contraditório"[52].

O art. 9º do Novo Código é um pouco mais preciso, prevendo que "não se proferirá decisão contra uma das partes sem que ela seja previamente ouvida". O art. 10, por sua vez, vai um pouco além, ao dispor que "o juiz não pode decidir, em grau algum de jurisdição, com base em fundamento a respeito do qual não se tenha dado às partes oportunidade de se manifestar, ainda que se trate de matéria sobre a qual deva decidir de ofício". Trata-se de grandes inovações, que serão analisadas no decorrer desta obra.

De outro lado, não há violação ao princípio do contraditório no caso de medidas de urgência (tutela antecipada, tutela cautelar e liminares em procedimentos especiais) deferidas sem a oitiva da parte contrária, conforme estabelece o art. 9º, parágrafo único, inc. I, do CPC[53]. Nesse caso, o contraditório fica diferido para momento posterior ao do provimento jurisdicional urgente, podendo a parte recorrer da decisão proferida *inaudita altera parte*, bem como contestar a demanda[54].

4.7. Princípio da cooperação

O **princípio da cooperação** é uma norma que **amplia o debate processual e que qualifica o contraditório**. Exige uma **postura de diálogo entre as partes**, e **entre elas e o juiz**, a fim de possibilitar uma maior compreensão da causa pelo juiz e uma melhor decisão.

Carlos Alberto Alvaro de Oliveira há muito tempo já defendia que o contraditório deve ocorrer entre o juiz e as partes, de modo que o magistrado não tome uma decisão sobre ponto relevante que não foi objeto de debate entre as partes, ou seja, não deve surpreendê-las, pois tal conduta do magistrado impediria que elas pudessem influenciar na decisão judicial[55].

---

52 CPC: "Art. 7º É assegurada às partes paridade de tratamento em relação ao exercício de direitos e faculdades processuais, aos meios de defesa, aos ônus, aos deveres e à aplicação de sanções processuais, competindo ao juiz zelar pelo efetivo contraditório".

53 CPC: "Art. 9º Não se proferirá decisão contra uma das partes sem que ela seja previamente ouvida. Parágrafo único. O disposto no *caput* não se aplica: I – à tutela provisória de urgência".

54 A esse respeito, Nelson Nery Júnior comenta que não há violação ao princípio constitucional do contraditório, "porquanto a parte terá oportunidade de ser ouvida, intervindo posteriormente no processo, inclusive com direito a recurso contra medida liminar concedida sem sua participação. Nesse caso, existe o contraditório, que fica diferido, postergado para momento posterior do procedimento" (*Princípios do processo na Constituição Federal*. 10. ed. São Paulo: Revista dos Tribunais, 2010. p. 241).

55 Segundo Carlos Alberto Alvaro de Oliveira, é "inadmissível sejam os litigantes surpreendidos por decisão que se apoie em ponto fundamental, numa visão jurídica de que não se tenham apercebido. O tribunal deve, portanto, dar conhecimento prévio de qual direção o direito subjetivo corre perigo, permitindo-se o aproveitamento na sentença apenas dos fatos sobre os quais as partes tenham tomado posição, possibilitando-as assim melhor defender seu direito e influenciar a decisão judicial" (OLIVEIRA, Carlos Alberto Alvaro de. Garantia do Contraditório. In: TUCCI, José Rogério Cruz e (Coord.). *Garantias constitucionais do processo civil*. São Paulo: Revista dos Tribunais, 1999. p. 143).

O art. 6º do CPC previu expressamente o princípio da cooperação: "todos os sujeitos do processo devem cooperar entre si para que se obtenha, em tempo razoável, decisão de mérito justa e efetiva".

Assim, o referido princípio orienta o magistrado, como sujeito do processo, a tomar a posição de agente colaborador do processo, de participante ativo do contraditório, e ser mais do que um mero fiscal das regras processuais.

O princípio da cooperação, contemporaneamente, vem ganhando cada vez mais espaço no âmbito doutrinário e jurisprudencial, bem como orientou diversas disposições do Código de Processo Civil de 2015.

São **exemplos** de aplicação do princípio da cooperação:

a) Em audiência, em vez de simplesmente indeferir a oitiva de uma testemunha por entender desnecessária, o juiz deve perguntar à parte o que ela especificamente pretende provar com a sua oitiva, antes de decidir.

b) Se for o caso de inversão de ônus da prova, recomenda-se que o juiz o faça antes da sentença, para evitar surpresa para a parte e eventual nulidade.

c) O juiz deve, sempre que possível, externar a sua opinião sobre a matéria de direito (tese jurídica), oportunizando que as partes influenciem de forma mais eficaz na formação do seu convencimento.

d) O juiz deve, mesmo nas questões que possam ser decididas de ofício, oportunizar que as partes sobre ela se manifestem, a fim de permitir que as partes influenciem no seu convencimento e evitar que incorra em erro.

e) No caso de o juiz determinar a emenda à petição inicial, deve deixar explícito tudo aquilo que quer que seja emendado. A decisão que determina apenas "Emende-se à petição inicial, para adequá-lo às regras processuais" viola frontalmente o princípio da cooperação.

f) As partes devem apresentar as provas relativas à lide, não as omitindo.

g) As partes não devem criar incidentes temerários, nem obstaculizar a implementação de ordens judiciais;

h) Os advogados devem preocupar-se com o interesse de seus clientes e buscar a solução da lide com foco no problema da parte, sem instigar a litigiosidade.

i) As partes e os advogados devem, sempre que possível, buscar resolver a lide pelas formas autocompositivas de solução dos conflitos.

A jurisprudência mais recente tem aplicado diretamente o princípio da cooperação, inclusive como fundamento principal das suas decisões[56].

---

56 "O CPC/15 emprestou novas cores ao princípio da instrumentalidade, ao prever o direito das partes de obterem, em prazo razoável, a resolução integral do litígio, inclusive com a atividade satisfativa, o que foi instrumentalizado por meio dos princípios da boa-fé processual e da cooperação (arts. 4º, 5º e 6º do CPC), que também atuam na tutela executiva. [...] O princípio da cooperação é desdobramento do princípio da boa-fé processual, que consagrou a superação do modelo adversarial vigente no modelo do anterior CPC, impondo aos litigantes e ao juiz a busca da solução integral, harmônica, pacífica e que melhor atenda aos interesses dos litigantes. [...] Uma das materializações expressas do dever de cooperação está no art. 805, parágrafo único, do CPC/15, a exigir do executado que alegue violação ao princípio da menor onerosidade a proposta de meio executivo menos gravoso e mais eficaz à satisfação do direito do exequente. [...] Na hipótese em exame, embora ausente o contraditório prévio e a fundamentação para a adoção da medida impugnada, nem o impetrante nem o paciente cumpriram com o dever que

Por fim, o princípio da cooperação impõe um novo paradigma de processo, um modelo cooperativo[57] ou comparticipativo[58] de processo, que é diverso e vai além dos modelos adversarial e inquisitivo.

4.8. Princípio da boa-fé processual

O princípio da boa-fé processual foi previsto expressamente no art. 5º do CPC, que estabelece que "aquele que de qualquer forma participa do processo deve comportar-se de acordo com a boa-fé".

Trata-se, portanto, da exigência de **boa-fé objetiva**, ou seja, relacionada com conduta – pois o dispositivo fala em "deve comportar-se" –, e não de boa-fé subjetiva, relacionada à intenção do agente.

A Teoria da Boa-Fé Objetiva é desenvolvida no âmbito do Direito Civil há bastante tempo[59], tendo, inclusive, sido prevista expressamente no art. 422 do Código Civil de 2002.

A sua aplicação, entretanto, não se restringe ao direito civil ou processual civil. Com efeito, a boa-fé é um princípio geral do direito, pois estabelece ideais e deveres que estão na consciência dos povos.

O princípio da boa-fé objetiva já era aplicado no âmbito do processo civil mesmo antes do CPC/2015, consoante se observa pela análise da jurisprudência[60].

---

lhes cabia de indicar meios executivos menos onerosos e mais eficazes para a satisfação do direito executado, atraindo, assim, a consequência prevista no art. 805, parágrafo único, do CPC/15, de manutenção da medida questionada, ressalvada alteração posterior" (STJ, RHC 99.606/SP, Rel. Ministra Nancy Andrighi, Terceira Turma, julgado em 13-11-2018, *DJe* 20-11-2018).

57 "O modelo cooperativo é, enfim, uma terceira espécie, que transcende os tradicionais modelos adversarial e inquisitivo" (DIDIER JR., Fredie. *Curso de direito processual civil*: introdução ao direito processual civil, parte geral e processo de conhecimento. 18. ed. Salvador: JusPodivm, 2016. p. 127).

58 NUNES, Dierle José Coelho. *Processo judicial democrático*. Curitiba: Juruá, 2008. p. 205.

59 Para aprofundar o tema, *vide*: LUNARDI, Fabrício Castagna. A teoria do abuso de direito e as novas formas de inadimplemento das obrigações: perspectivas atuais à luz da constitucionalização do direito civil. In: ANDRIGHI, Fátima Nancy (Coord.). *Responsabilidade civil e inadimplemento no direito brasileiro*. São Paulo: Atlas, 2014. p. 33-64.

60 Nesse sentido, observe-se o seguinte acórdão do STF: "EMBARGOS DE DECLARAÇÃO. RECURSO INTERPOSTO ANTES DA PUBLICAÇÃO DO ACÓRDÃO. CONHECIMENTO. INSTRUMENTALISMO PROCESSUAL. PRECLUSÃO QUE NÃO PODE PREJUDICAR A PARTE QUE CONTRIBUI PARA A CELERIDADE DO PROCESSO. **BOA-FÉ EXIGIDA DO ESTADO-JUIZ**. [...] 3. As preclusões se destinam a permitir o regular e célere desenvolvimento do feito, por isso que **não é possível penalizar a parte que age de boa-fé e contribui para o progresso da marcha processual com o não conhecimento do recurso**, arriscando conferir o direito à parte que não faz jus em razão de um purismo formal injustificado. 4. **O formalismo desmesurado ignora a boa-fé processual que se exige de todos os sujeitos do processo, inclusive, e com maior razão, do Estado-Juiz**, bem como se afasta da visão neoconstitucionalista do direito, cuja teoria proscreve o legicentrismo e o formalismo interpretativo na análise do sistema jurídico, desenvolvendo mecanismos para a efetividade dos princípios constitucionais que abarcam os valores mais caros à nossa sociedade [...]" (STF, HC 101132 ED, Rel. Min. Luiz Fux, Primeira Turma, julgado em 24-4-2012, acórdão eletrônico *DJe*-099, divulg. 21-5-2012, public. 22-5-2012, RT v. 101, n. 922, 2012, p. 719-725). No mesmo sentido, a jurisprudência do STJ também tem aplicado o princípio da boa-fé objetiva no processo civil: "**A intimação para indicar bens à penhora advém do princípio da cooperação coadjuvado pelo princípio da boa-fé processual. Dessa forma o magistrado tem o dever de provocar as partes a noticiarem complementos indispensáveis à solução da lide, na busca da efetiva prestação da tutela jurisdicional**" (STJ, AgRg no REsp 1191653/MG, Rel. Min. Humberto Martins, Segunda Turma, julgado em 4-11-2010, *DJe* 12-11-2010).

O direito processual civil se apropria de alguma forma do que foi desenvolvido mais amplamente no âmbito do direito civil, para traçar os contornos da boa-fé objetiva no âmbito processual.

A boa-fé objetiva processual estabelece deveres processuais anexos à conduta dos sujeitos processuais, tais como **lealdade, eticidade, honestidade, probidade, proteção à confiança, cooperação, dever de informação, auxílio no cumprimento da obrigação**, dentre outros. Esses deveres de conduta são impostos tanto às partes como ao juiz e a todos aqueles que atuam no processo[61].

Além disso, a boa-fé objetiva também tem grande importância como fonte de integração da norma e como vetor interpretativo[62], pois informa que, dentro das interpretações possíveis, deve-se buscar aquela que esteja de acordo com a eticidade.

4.8.1. Princípio da proteção da confiança

O princípio da proteção da confiança, em outros ramos do direito, está relacionado a uma decorrência ou um subprincípio do princípio constitucional da segurança jurídica (art. 5º, *caput*, CF).

Entretanto, no processo civil, o princípio da proteção da confiança impõe um dever de conduta, razão pela qual é mais adequado tratá-lo como uma derivação ou uma dimensão do princípio da boa-fé objetiva.

O princípio da proteção da confiança informa que, quando um dos sujeitos processuais adota determinada conduta que desperta nos demais legítima expectativa, esta deve ser protegida. Assim, por exemplo, quando o juiz defere a produção da prova pericial, nomeia perito, intima as partes para apresentarem assistente técnico e quesitos, mas, posteriormente, revoga a decisão que deferiu a prova pericial e julga antecipadamente a lide, está ferindo o princípio da proteção da confiança, pois, com a sua conduta anterior, gerou nas partes a legítima expectativa de que seria produzida tal prova, impedindo, por exemplo, que elas tivessem a oportunidade de produzir laudos de peritos particulares. Da mesma forma, se o juiz inverte o ônus da prova na sentença, de modo

---

61 "PROCESSUAL CIVIL. RECURSO ESPECIAL. AÇÃO DE INVESTIGAÇÃO DE PATERNIDADE. EXAME DE DNA *POST MORTEM*. PERÍCIA NOS RESTOS MORTAIS DO FALECIDO INCONCLUSIVA. CONVERSÃO DO JULGAMENTO EM DILIGÊNCIA. NECESSIDADE. COERÊNCIA COM A CONDUTA PROCESSUAL ADOTADA. PRECLUSÃO *PRO JUDICATO*. [...] 3. **O processo civil moderno vem reconhecendo – dentro da cláusula geral do devido processo legal** – diversos outros **princípios que o regem**, como a **boa-fé processual, efetividade, o contraditório, cooperação e a confiança, normativos que devem alcançar não só as partes, mas também a atuação do magistrado, que deverá fazer parte do diálogo processual**. 4. Na hipótese, deveria o julgador ter se mantido coerente com a sua conduta processual até aquele momento, isto é, proporcionado às partes a possibilidade de demonstrar a viabilidade na feitura de outro exame de DNA (preenchimento dos requisitos exigíveis) e não sentenciar, de forma súbita, o feito. [...]" (STJ, REsp 1229905/MS, Rel. Min. Luis Felipe Salomão, Quarta Turma, julgado em 5-8-2014, *DJe* 2-9-2014).

62 Conforme Judith Martins-Costa, a aplicação da boa-fé objetiva no direito civil ocorre em três grandes áreas de abrangência: 1) como fonte de integração da norma; 2) como vetor interpretativo; 3) pela imposição de um dever geral de conduta (MARTINS-COSTA, Judith. A boa-fé como modelo (uma aplicação da teoria dos modelos de Miguel Reale). *In:* MARTINS-COSTA, Judith; BRANCO, Gerson Luiz Carlos. *Diretrizes teóricas do novo Código Civil brasileiro*. São Paulo: Saraiva, 2002. p. 199).

a impedir que a parte em desfavor de quem houve a inversão possa produzir a prova, também terá havido violação ao princípio da proteção da confiança, já que ela tinha a legítima expectativa de que o caso seria julgado conforme as regras gerais sobre o ônus da prova.

Esse princípio também está relacionado à garantia da não surpresa.

O princípio da proteção da proteção da confiança encontra ampla aceitação no âmbito dos tribunais brasileiros[63].

4.9. Princípio da ampla defesa

É a garantia constitucional da **amplitude dos meios de defesa**. É o instrumento de atuação da defesa, em todas as suas possibilidades. É o exercício do contraditório.

Está previsto no art. 5º, inc. LV, da Constituição Federal, que determina que "aos litigantes, em processo judicial ou administrativo, e aos acusados em geral são assegurados o contraditório e **ampla defesa, com os meios e recursos a ela inerentes**".

A Convenção Americana de Direitos Humanos (Pacto de São José da Costa Rica) também prevê expressamente o princípio da ampla defesa, no seu art. 8º, item 2, letra "c":

> Artigo 8º Garantias judiciais
>
> [...]
>
> 2. Toda pessoa acusada de delito tem direito a que se presuma sua inocência enquanto não se comprove legalmente sua culpa. Durante o processo, toda pessoa tem direito, em plena igualdade, às seguintes garantias mínimas:
>
> [...]
>
> c) concessão ao acusado do tempo e dos meios adequados para a preparação de sua defesa;

O princípio da ampla defesa qualifica o contraditório.

Assim, no processo civil, deve haver mecanismos para que a parte demandada possa se defender amplamente da pretensão que contra ela é deduzida.

De outro lado, o princípio da ampla defesa será violado quando, por exemplo, diante das circunstâncias concretas, o prazo para a defesa se tornar exíguo, ou quando o instrumento processual de defesa não possibilitar que a ela seja ampla, isto é, se restringir as possibilidades de defesa.

---

63 "Conquanto se possa concluir pela legalidade do prazo de 5 dias para a interposição do agravo contra decisões da Presidência, por força do art. 39 da Lei n. 8.038/1990 (antes do CPC/2015), não há como permitir que o Tribunal de Justiça, ao convolar um recurso, tempestivamente interposto, em outro, possa aplicar a este, de forma superveniente, as regras não aplicáveis àquele, sob pena de violação dos princípios da boa-fé, da não surpresa e da confiança (segurança jurídica), do acesso ao Poder Judiciário e do devido processo legal" (STJ, RMS 52.359/SP, Rel. Ministro Gurgel De Faria, Primeira Turma, julgado em 10-10-2017, *DJe* 15-12-2017). No mesmo sentido: "A inovação do art. 10 do CPC/2015 está em tornar objetivamente obrigatória a intimação das partes para que se manifestem previamente à decisão judicial. E a consequência da inobservância do dispositivo é a nulidade da decisão surpresa, ou decisão de terceira via, na medida em que fere a característica fundamental do novo modelo de processualística pautado na colaboração entre as partes e no diálogo com o julgador" (STJ, REsp 1676027/PR, Rel. Ministro Herman Benjamin, Segunda Turma, julgado em 26-9-2017, REPDJe 19-12-2017, *DJe* 11-10-2017).

4.10. Princípio do juiz natural

O princípio do juiz natural informa que: a) todo cidadão tem o **direito de ser julgado por um juiz competente**, investido de jurisdição, de acordo com a Constituição e com a Lei; e b) é **vedada a criação de tribunais de exceção**.

Tribunais de exceção são instâncias de julgamento criadas após determinados fatos, a fim de julgar aqueles que os praticaram. Diante das consequências odiosas produzidas pela criação desses tribunais no decorrer da história, as declarações internacionais de direitos humanos e as constituições internas dos Estados passaram a prever a vedação aos tribunais de exceção. Isto é, foi garantido que todo cidadão tem direito de ser julgado por um órgão jurisdicional que já existia ao tempo em que o fato a ele relacionado ocorreu.

O princípio do juiz natural está previsto no art. 5º, inc. XXXVII, da Constituição Federal, segundo o qual "não haverá juízo ou tribunal de exceção".

O art. 8º, n. 1, da Convenção Americana de Direitos Humanos (Pacto de São José da Costa Rica), por sua vez, é mais explícito. O referido dispositivo assim estabelece:

> Artigo 8º Garantias judiciais
>
> [...]
>
> 1. Toda pessoa tem direito a ser ouvida, com as devidas garantias e dentro de um prazo razoável, **por um juiz ou tribunal competente, independente e imparcial, estabelecido anteriormente por lei**, na apuração de qualquer acusação penal formulada contra ela, ou para que se determinem seus direitos ou obrigações de natureza civil, trabalhista, fiscal ou de qualquer outra natureza.

No âmbito jurisprudencial, uma questão em especial desperta interesse acerca da aplicação direta desse princípio. Trata-se do caso de julgamento de processo, no âmbito dos tribunais, em que a turma ou câmara é composta por juízes convocados, em razão do afastamento de Ministros ou Desembargadores. A esse respeito, a jurisprudência do STF e do STJ pacificou-se no sentido de que não viola o princípio do juiz natural o julgamento de recurso por órgão composto por juízes convocados[64].

4.11. Princípio da adequação e princípio da adaptabilidade do procedimento

Tais princípios têm por objetivo adequar ou adaptar as regras processuais às peculiaridades do direito material veiculado no processo.

---

64 Nesse sentido, o STF: "Não viola o postulado constitucional do juiz natural o julgamento de apelação por órgão composto majoritariamente por juízes convocados, autorizado no âmbito da Justiça Federal pela Lei 9.788/1999" (STF, ARE 806489 AgR-segundo, Relator(a): Min. Rosa Weber, Primeira Turma, julgado em 25-5-2018, processo eletrônico *DJe*-115, divulg. 11-6-2018, public. 12-6-2018). No mesmo sentido, o STJ: "Não há se falar em ofensa ao princípio do juiz natural. Isto porque, esta eg. Corte Superior de Justiça e o Supremo Tribunal Federal têm entendimento pacificado quanto ao tema, no sentido de que 'Não viola o postulado constitucional do juiz natural o julgamento de apelação por órgão composto por juízes convocados, nos termos da lei' (AgR no RE n. 741.939/SP, Segunda Turma, Rel. Min. Ricardo Lewandowski, *DJe* de 17-12-2013). Precedentes" (STJ, AgRg no AREsp 988.527/RS, Rel. Ministro Felix Fischer, Quinta Turma, julgado em 20-9-2018, *DJe* 28-9-2018).

Embora semelhantes do ponto de vista teleológico, distinguem-se quanto ao momento da sua aplicação e quanto ao órgão a que são dirigidos.

O **princípio da adequação** é dirigido ao legislador. Informa a produção legislativa, aplicando-se num momento pré-jurídico ou legislativo. Ao se criarem as regras processuais, elas devem ser adequadas para garantir a proteção jurisdicional do direito material.

O **princípio da adaptabilidade** é dirigido ao julgador. Incide num momento processual ou judicial. O magistrado deve aplicar as regras do procedimento de modo a melhor adaptá-lo às peculiaridades do caso concreto[65].

O princípio da adaptabilidade permite ao magistrado adaptar o processo: a) às regras constitucionais, por exemplo, aplicando o contraditório nos procedimentos em que ele não foi previsto; b) determinando a inversão do ônus da prova, para atribuí-lo a quem tem melhores condições de produzi-la, de acordo com o caso concreto; c) determinando a conversão do procedimento (ex.: conversão da ação de execução em ação monitória, quando o título executivo estiver prescrito; conversão da monitória em procedimento comum, na hipótese do art. 700, § 5º, do CPC; conversão da ação de busca e apreensão em ação de depósito; conversão do divórcio litigioso em consensual etc.); d) dilatando os prazos processuais e alterando "a ordem de produção dos meios de prova, adequando-os às necessidades do conflito de modo a conferir maior efetividade à tutela do direito" (art. 139, VI, CPC); e) possibilitando ao relator, na ação rescisória, fixar o prazo de resposta, dentro dos limites do CPC (15 a 30 dias – art. 970, CPC); f) possibilitando ao juiz limitar o litisconsórcio multitudinário (somente para o litisconsórcio facultativo), quando o grande número de litisconsortes puder prejudicar o exercício do direito de defesa (art. 113, § 1º, CPC[66]).

De acordo com o CPC, o **princípio da adaptabilidade** também informa a **atividade das partes**, na medida em que elas podem celebrar negócios processuais para adaptar o procedimento existente às peculiaridades do caso concreto. Com efeito, dispõe o art. 190, *caput*, do CPC que, "versando o processo sobre direitos que admitam autocomposição, é lícito às partes plenamente capazes estipular mudanças no procedimento para ajustá-lo às especificidades da causa e convencionar sobre os seus ônus, poderes, faculdades e deveres processuais, antes ou durante o processo".

O princípio da adaptabilidade é aplicado diuturnamente pela jurisprudência, ainda que sem referência a essa nomenclatura, quando adapta o procedimento às peculiaridades do caso concreto[67].

---

65 A esse respeito, observe-se o Enunciado 35 da ENFAM: "Além das situações em que a flexibilização do procedimento é autorizada pelo art. 139, VI, do CPC/2015, pode o juiz, de ofício, preservada a previsibilidade do rito, adaptá-lo às especificidades da causa, observadas as garantias fundamentais do processo".

66 CPC: "Art. 113 [...] § 1º O juiz poderá limitar o litisconsórcio facultativo quanto ao número de litigantes na fase de conhecimento, na liquidação de sentença ou na execução, quando este comprometer a rápida solução do litígio ou dificultar a defesa ou o cumprimento da sentença".

67 "**É possível a conversão da execução de alimentos sob o rito da prisão para o rito da penhora, prosseguindo-se o feito pela via da constrição patrimonial**" (TJDFT, Acórdão n.899654, 20150020219993AGI, Rel. Ana Cantarino, 3ª Turma Cível, julgado em 7-10-2015, *DJe* 19-10-2015. p. 285). Da mesma forma: "**POSSIBILIDADE DE CONVERSÃO DA AÇÃO DE BUSCA E APREENSÃO EM DEPÓSITO**" (TJDFT, Acórdão n.862447, 20150710025012APC, Rel. Sandoval Oliveira, Revisor: Carlos Rodrigues, 5ª Turma Cível, julgado em 22-4-2015, *DJe* 28-4-2015. p. 725).

4.12. Princípio da inércia da jurisdição e princípio do impulso oficial

O **princípio da inércia da jurisdição** informa que o juiz não pode dar início ao processo de ofício (*ne procedat judex ex officio*).

Está expresso no art. 2º do Código de Processo Civil, segundo o qual "o processo começa por iniciativa da parte e se desenvolve por impulso oficial, salvo as exceções previstas em lei".

Quando analisado do ponto de vista das partes, tal princípio é conhecido como **princípio dispositivo** e informa que o processo somente se inicia por pedido da parte.

O **princípio do impulso oficial**, também conhecido como princípio inquisitivo, informa que, uma vez iniciado, o processo prossegue por impulso oficial. Cabe ao juiz a condução do processo, independentemente de requerimento da parte. Segundo esse princípio, o juiz deve, sem que haja necessidade de provocação, por exemplo, intimar as partes para a prática de atos processuais, para a produção de provas etc.

4.13. Princípio da tempestividade da tutela jurisdicional, da duração razoável do processo ou da celeridade

Informa que o processo deve ser célere, que deve proporcionar uma tutela jurisdicional tempestiva, vale dizer, que **as fases processuais de conhecimento e de satisfação do direito material devem ser concluídas dentro de um tempo razoável**.

Tal princípio ganhou *status* de garantia fundamental com a Emenda Constitucional n. 45/2004, que o incluiu no inc. LXXVIII do art. 5º da Constituição Federal, segundo o qual "a todos, no âmbito judicial e administrativo, são assegurados a razoável duração do processo e os meios que garantam a celeridade de sua tramitação". Mas já estava previsto no art. 8º, n. 1, da Convenção Americana de Direitos Humanos (Pacto de São José da Costa Rica)[68].

Também está expresso no art. 4º do Código de Processo Civil, segundo o qual "as partes têm o direito de obter em prazo razoável a solução integral do mérito, incluída a atividade satisfativa".

A esse respeito, vale lembrar a conhecida lição de Rui Barbosa, na sua obra *Oração aos Moços*, para quem "[...] **justiça atrasada não é justiça, senão injustiça qualificada e manifesta**. Porque a dilação ilegal nas mãos do julgador contraria o direito das partes, e, assim, as lesa no patrimônio, honra e liberdade"[69].

A morosidade do processo é certamente uma das maiores preocupações do CNJ e dos órgãos jurisdicionais na atualidade, os quais tentam criar diversas medidas administrativas na tentativa de reduzir o tempo do processo, tais como o estabelecimento de metas de produtividade, de fluxos de processos, de rotinas cartorárias, de mutirões, dentre outras.

---

68 "Artigo 8º Garantias judiciais. 1. **Toda pessoa tem direito a ser ouvida, com as devidas garantias e dentro de um prazo razoável**, por um juiz ou tribunal competente, independente e imparcial, estabelecido anteriormente por lei, na apuração de qualquer acusação penal formulada contra ela, ou para que se determinem seus direitos ou obrigações de natureza civil, trabalhista, fiscal ou de qualquer outra natureza."

69 BARBOSA, Rui. *Oração aos moços & O dever do advogado*. 4. ed. Campinas: Russel, 2010. p. 33.

4.14. Princípio da efetividade

O princípio da efetividade informa que "**o processo deve dar, quando for possível praticamente, a quem tenha um direito, tudo aquilo e exatamente aquilo que ele tenha direito de conseguir**", na clássica lição de Chiovenda[70].

Esse princípio foi previsto no art. 6º do CPC[71].

Dentro da ideologia do processo civil contemporâneo, o princípio da efetividade ganha novos contornos, de modo que deve nortear a atividade legislativa, a partir da construção de regras e princípios processuais que garantam que o autor da ação obtenha tudo aquilo que tenha o direito de conseguir, e que o réu seja constrangido judicialmente a pagar, entregar, fazer ou não fazer somente aquilo a que esteja pela lei material obrigado, não podendo ser onerado mais do que o devido.

O princípio da efetividade deve nortear todos os demais princípios e regras processuais, pois ele é a incorporação do próprio princípio de justiça dentro do processo. Dar a quem tem o direito tudo aquilo e exatamente aquilo que tenha o direito de conseguir é o que justifica a própria atividade jurisdicional, que tem a função precípua de garantir que os direitos subjetivos sejam reconhecidos e satisfeitos, distribuindo justiça e pacificando conflitos.

A aplicação desse princípio tem norteado a interpretação judicial em diversas situações, a fim de que o processo seja de fato um instrumento efetivo na concretização dos direitos, inclusive mitigando certos formalismos processuais[72].

4.15. Princípio da economia processual ou da eficiência

O princípio da economia processual ou da eficiência impõe que o processo deve proporcionar o **máximo de efetividade com o mínimo de dispêndio processual**.

Está previsto expressamente no art. 8º do CPC[73].

O princípio da economia processual informa que deve haver a racionalização de tempo, de custos e de atos processuais, ou seja, tem por norte a eficiência na administração judiciária. Portanto, esse princípio necessita, para sua concretização, de mecanismos que vão muito além de regras procedimentais puras, pois deve-se discutir aqui instrumentos de gestão administrativa judiciária, que inclui estratégias de gestão cartorária, de gestão de pessoas, de gestão de recursos, de liderança, metas as serem cumpridas etc.

---

70 CHIOVENDA, Giuseppe. *Instituições de direito processual civil* (trad. Paulo Capitanio). 3. ed. Campinas: Bookseller, 2002. p. 67.

71 CPC: "Art. 6º Todos os sujeitos do processo devem cooperar entre si para que se obtenha, em tempo razoável, decisão de mérito justa e efetiva".

72 "PROCESSUAL CIVIL. [...] NULIDADE SUSCITADA APENAS EM SEDE DE EXECUÇÃO. ESTRATÉGIA PROCESSUAL QUE ATENTA CONTRA PRINCÍPIOS BASILARES DO PROCESSO. [...] 2. A jurisprudência do STJ, atenta à efetividade e à razoabilidade, tem repudiado o uso do processo como instrumento difusor de estratégias, vedando, assim, a utilização da chamada 'nulidade de algibeira ou de bolso'" (EDcl no REsp 1424304/SP, Rel. Ministra NANCY ANDRIGHI, TERCEIRA TURMA, julgado em 12-8-2014, *DJe* 26-8-2014) 3. Agravo interno a que se nega provimento" (STJ, AgInt no AREsp 1193517/SP, Rel. Ministra Maria Isabel Gallotti, Quarta Turma, julgado em 6-11-2018, *DJe* 16-11-2018).

73 CPC: "Art. 8º Ao aplicar o ordenamento jurídico, o juiz atenderá aos fins sociais e às exigências do bem comum, resguardando e promovendo a dignidade da pessoa humana e observando a proporcionalidade, a razoabilidade, a legalidade, a publicidade e a eficiência".

Do ponto de vista da administração judiciária, a atividade jurisdicional, as rotinas cartorárias e os métodos empregados devem ser otimizados, racionalizados e tornados mais eficientes.

A EC 45/2004 (Reforma do Judiciário) alterou a Constituição Federal para criar algumas medidas de eficiência jurisdicional, tais como: a) continuidade da atividade jurisdicional (art. 93, inc. XII, CF); b) determinação de que o quantitativo de juízes deve ser proporcional à demanda judicial e à população; c) possibilidade de delegação pelo juiz aos servidores da justiça dos atos meramente ordinatórios (art. 93, inc. XIV, CF); d) distribuição automática dos processos em todas as instâncias judiciais (art. 93, inc. XV, CF); e) determinação de que custas e emolumentos judiciais deverão reverter para o custeio da própria Justiça; f) possibilidade de descentralização dos Tribunais de Justiça em Câmaras Regionais; g) possibilidade de criação de justiça itinerante.

Além disso, no âmbito processual, o magistrado deve, sempre que possível, tomar algumas medidas práticas, destinadas a economizar atos processuais, tais como: nos despachos, sempre que possível, o juiz já deve antever e determinar a prática dos atos processuais que certamente ocorrerão, evitando trâmites processuais desnecessários (ex.: "Cite-se o réu. Juntada a contestação e havendo preliminares, defesa indireta ou juntada de documentos, intime-se o autor em réplica"); se for remarcada a audiência, deve o juiz designar nova data na própria audiência e já intimar todos os presentes, economizando expedições de mandados de intimação pelo cartório; o juiz deve indeferir as provas inúteis ou desnecessárias (por exemplo, quando o fato que a parte pretende provar é incontroverso); quando o juiz não proferir a sentença na audiência de instrução, deverá, sempre que possível, designar data para publicação de sentença, evitando atos cartorários para tanto etc.

4.16. Princípio da primazia da decisão de mérito

O princípio da primazia da decisão de mérito constitui-se, ao mesmo tempo, em dever-ser para o julgador e em direito subjetivo processual para a parte. Tal princípio informa que todo julgador tem de priorizar a decisão de mérito, isto é, sempre que possível, deve sanar eventuais irregularidades processuais e conduzir o processo para oportunizar a decisão meritória. Além disso, informa que a parte possui o direito de obter uma decisão que solucione integralmente o mérito, incluindo a atividade satisfativa.

Tal princípio está expresso no art. 4º do CPC, segundo o qual "as partes têm o direito de obter em prazo razoável a solução integral do mérito, incluída a atividade satisfativa".

O princípio da primazia da decisão de mérito está materializado em diversas normas do CPC, como as seguintes:

a) todos os sujeitos do processo devem cooperar para que se obtenha uma decisão de mérito (art. 6º, CPC)[74];

b) na hipótese de reconhecimento de incompetência, deverá o juiz declinar da competência para o juízo competente, e não extinguir o processo (art. 64, § 3º, CPC)[75];

---

74 CPC: "Art. 6º Todos os sujeitos do processo devem cooperar entre si para que se obtenha, em tempo razoável, decisão de mérito justa e efetiva".

75 CPC: "Art. 64 [...] § 3º Caso a alegação de incompetência seja acolhida, os autos serão remetidos ao juízo competente".

c) sempre que possível, as atipicidades processuais devem ser sanadas ou consideradas supridas, tais como: c.1) o comparecimento espontâneo do réu no processo supre a falta ou a nulidade de citação (art. 269, § 1º, CPC)[76]; c.2) verificada a incapacidade processual ou a irregularidade da representação da parte, o juiz deverá determinar que seja sanado o vício (art. 76, CPC)[77]; c.3) o juiz deverá determinar o suprimento dos pressupostos processuais e o saneamento de outros vícios processuais (art. 139, IX, CPC)[78]; c.4) quando o julgador pronunciar a nulidade, deverá declarar quais atos são atingidos e quais devem ser repetidos ou retificados (art. 282, *caput*, CPC)[79]; c.5) antes de pronunciar a nulidade, o juiz deve oportunizar que a parte possa corrigir o vício (art. 317, CPC)[80]; c.6) não deverá ser reconhecida a nulidade quando não houver prejuízo (art. 282, §1º, CPC)[81];

d) quando a nulidade prejudicar a parte em favor da qual o mérito seria julgado, o juiz deverá proceder à decisão de mérito, sem a declaração de nulidade processual (art. 282, § 2º[82], e art. 488, CPC[83]);

e) no âmbito dos tribunais, antes de considerar inadmissível o recurso, o relator deverá conceder prazo (5 dias) para que o recorrente sane o vício ou complemente a documentação exigível (art. 932, p. único, CPC)[84];

f) no STF e no STJ, sendo tempestivo o recurso, poderá ser desconsiderado o vício formal, desde que não seja grave, ou determinada a sua correção (art. 1.029, § 3º, CPC)[85].

Sempre será necessário observar, contudo, se as medidas tomadas para corrigir ou sanar os vícios processuais não geram ainda mais dispêndio ou tumulto processual do que a decisão de extinguir o processo. Isto é, deve-se fazer uma análise de custo-benefício entre o saneamento processual e a sua extinção, sobretudo quando ainda se está no início do curso processual. Quanto mais avança o processo, maior deve ser a preocupação em não se extinguir o processo. Com efeito, não é admissível, por exemplo, que, caso passados dois anos do ajuizamento da demanda e o processo já esteja

---

76 CPC: "Art. 239 [...] § 1º O comparecimento espontâneo do réu ou do executado supre a falta ou a nulidade da citação, fluindo a partir desta data o prazo para apresentação de contestação ou de embargos à execução".

77 CPC: "Art. 76. Verificada a incapacidade processual ou a irregularidade da representação da parte, o juiz suspenderá o processo e designará prazo razoável para que seja sanado o vício".

78 CPC: "Art. 139. O juiz dirigirá o processo conforme as disposições deste Código, incumbindo-lhe: [...] IX – determinar o suprimento de pressupostos processuais e o saneamento de outros vícios processuais".

79 CPC: "Art. 282. Ao pronunciar a nulidade, o juiz declarará que atos são atingidos e ordenará as providências necessárias a fim de que sejam repetidos ou retificados".

80 CPC: "Art. 317. Antes de proferir decisão sem resolução de mérito, o juiz deverá conceder à parte oportunidade para, se possível, corrigir o vício".

81 CPC: "Art. 282 [...] § 1º O ato não será repetido nem sua falta será suprida quando não prejudicar a parte".

82 CPC: "Art. 282 [...] § 2º Quando puder decidir o mérito a favor da parte a quem aproveite a decretação da nulidade, o juiz não a pronunciará nem mandará repetir o ato ou suprir-lhe a falta".

83 CPC: "Art. 488. Desde que possível, o juiz resolverá o mérito sempre que a decisão for favorável à parte a quem aproveitaria eventual pronunciamento nos termos do art. 485".

84 CPC: "Art. 932. [...] Parágrafo único. Antes de considerar inadmissível o recurso, o relator concederá o prazo de 5 (cinco) dias ao recorrente para que seja sanado vício ou complementada a documentação exigível".

85 CPC: "Art. 1.029. [...] § 3º O Supremo Tribunal Federal ou o Superior Tribunal de Justiça poderá desconsiderar vício formal de recurso tempestivo ou determinar sua correção, desde que não o repute grave".

concluso para sentença, o julgador opte por extinguir o processo ao invés de sanar o vício, quando isto era possível. Contudo, se, no início do processo, o juiz verificar, por exemplo, que o procedimento indicado está incorreto, o juízo é incompetente, a parte ré é ilegítima e precisam ser recolhidas custas complementares em razão da alteração no valor da causa, provavelmente seja mais vantajoso para as partes e para o tramitar processual extinguir o processo sem resolução de mérito e indicar que a parte autora proponha a nova ação no juízo competente, corrigindo todos esses vícios.

4.17. Princípio da instrumentalidade

Segundo o princípio da instrumentalidade, o **processo deve ser um instrumento para a busca da tutela jurisdicional do direito material**. Ou seja, o processo não é um fim em si mesmo.

Está previsto no art. 188 do Código de Processo Civil[86]. Portanto, o problema da falta de concretude ao princípio não está no plano normativo, senão no plano da *praxis*.

Assim, por exemplo, não poderia um cartório judicial exigir da parte uma petição para o desarquivamento de determinado processo, pois tal requerimento pode ser formulado oralmente e certificado pelo serventuário da Justiça.

Esse é apenas um exemplo dentre muitos que poderiam aqui ser citados de excesso de formalismos processuais que não são exigidos em lei, mas que são impostos por aqueles que trabalham no processo.

No Brasil, as normas processuais autorizam a aplicação do princípio da instrumentalidade. Contudo, ainda é necessária uma mudança de mentalidade, para dar concretude ao princípio.

4.18. Princípio do duplo grau de jurisdição

O princípio do duplo grau de jurisdição informa que toda a decisão judicial é recorrível para um órgão jurisdicional superior.

Contudo, o princípio do duplo grau de jurisdição **não está expresso na Constituição Federal de 1988**. Segundo a maioria da doutrina, trata-se de um **princípio constitucional implícito**, já que existe previsão constitucional de tribunais de segunda instância nas Justiças Estadual e do DF, Federal, Eleitoral e do Trabalho.

Para o processo penal, existe previsão expressa de tal princípio no art. 8º, n. 2, letra "h", da Convenção Americana sobre Direitos Humanos (Pacto de São José da Costa Rica)[87].

As vantagens da possibilidade de revisão por um órgão jurisdicional superior são as seguintes:

---

86 CPC: "Art. 188. Os atos e os termos processuais independem de forma determinada, salvo quando a lei expressamente a exigir, considerando-se válidos os que, realizados de outro modo, lhe preencham a finalidade essencial".

87 "Artigo 8º – Garantias judiciais. [...] 2. Toda pessoa acusada de delito tem direito a que se presuma sua inocência enquanto não se comprove legalmente sua culpa. Durante o processo, toda pessoa tem direito, em plena igualdade, às seguintes garantias mínimas: [...] h) direito de recorrer da sentença a juiz ou tribunal superior."

a) maior experiência, em tese, dos julgadores dos recursos;

b) por ser um órgão colegiado, o tribunal poderia, em tese, produzir uma decisão melhor;

c) controle psicológico do juiz de primeira instância, que produziria uma decisão melhor ao saber que a sua decisão pode ser revisada;

d) controle pelo órgão recursal das decisões proferidas em primeira instância;

e) sentimento da população de que uma segunda decisão sobre a mesma causa, que revise a primeira decisão, é sempre melhor.

No âmbito judicial, questionou-se se o julgamento monocrático pelo relator, naqueles casos em que o CPC prevê, seria uma afronta ao princípio do duplo grau de jurisdição. Entretanto, a jurisprudência pacificou-se no sentido de que a previsão legal de julgamento monocrático pelo relator, no âmbito dos tribunais de segunda instância e superiores, não afronta tal princípio[88].

4.19. **Princípio da proporcionalidade**

O **princípio da proporcionalidade** possui **mais de uma significação** dentro do direito.

Às vezes, o princípio da proporcionalidade é utilizado como sinônimo de **princípio da razoabilidade** ou como **proibição do excesso**. Outras vezes, o princípio da proporcionalidade é utilizado no seu sentido mais específico, como **máxima ou técnica para resolver conflitos entre princípios**, na forma preconizada por Robert Alexy.

O princípio da razoabilidade já foi abordado anteriormente, quando se tratou do princípio do devido processo legal substancial. Portanto, cabe aqui tratar do princípio da proporcionalidade no sentido de máxima, técnica ou método para solução de conflito entre princípios.

Robert Alexy, um dos principais autores a desenvolver a proporcionalidade nesse sentido, estabelece uma estreita conexão entre a teoria dos princípios e a máxima da proporcionalidade. Segundo o autor, "princípios são mandamentos de otimização em face das possibilidades jurídicas e fáticas. A máxima da proporcionalidade em sentido estrito, ou seja, exigência de sopesamento, decorre da relativização em face das possibilidades jurídicas"[89]. Com efeito, quando uma norma de direito fundamental com caráter de princípio (e não de regra) colide com um princípio contrário, a possibilidade jurídica para a aplicação dessa norma depende do conteúdo do princípio de sentido antagônico.

Neste sentido estrito, o **princípio da proporcionalidade** possui como elementos: a) a **necessidade** (se a medida a ser adotada é realmente necessária, ou se existe outra menos gravosa); b) a **adequação** (se a medida a ser adotada é efetivamente adequada

88 "Nos termos da Súmula 568/STJ, editada já sob o regime do Código Fux, o Relator, monocraticamente e no Superior Tribunal de Justiça, poderá dar ou negar provimento ao recurso quando houver entendimento dominante acerca do tema. Igualmente, o art. 932, IV, do mesmo diploma possibilita ao Relator negar provimento ao recurso contrário a Súmula do STF, do STJ, ou do próprio Tribunal. Logo, não há falar em ofensa ao princípio da colegialidade, do juiz natural ou do duplo grau de jurisdição" (STJ, AgInt no AREsp 1128789/SP, Rel. Ministro Napoleão Nunes Maia Filho, Primeira Turma, julgado em 18-9-2018, *DJe* 28-9-2018).

89 ALEXY, Robert. *Teoria dos Direitos Fundamentais* (trad. Virgílio Afonso da Silva). 2. ed. São Paulo: Malheiros, 2011. p. 117.

para atingir o fim visado); e c) a **proporcionalidade em sentido estrito** (se deve fazer uma análise de custo-benefício entre a medida a ser adotada e o fim visado).

No âmbito dos tribunais, utiliza-se indistintamente o princípio da proporcionalidade no seu sentido estrito e no sentido de razoabilidade[90].

Os princípios da proporcionalidade e da razoabilidade estão expressos no art. 8º do CPC[91].

O art. 489, § 2º, do CPC prevê expressamente a proporcionalidade ("ponderação") como critério ou técnica para solução da colisão entre normas[92]. Essa questão será tratada de forma mais amiúde no item fundamentação, em teoria das decisões judiciais.

4.20. Regra da impossibilidade de o juiz decidir com base em fundamento sobre o qual as partes não puderam se manifestar

De acordo com o art. 9º, *caput*, do CPC, "**não se proferirá decisão contra uma das partes sem que ela seja previamente ouvida**". O parágrafo único do mesmo artigo dispõe que ele **não se aplica**: "I – à **tutela provisória** de urgência; II – às hipóteses de **tutela da evidência** previstas no art. 311, incisos II e III; III – à decisão prevista no art. 701 [**ação monitória**]".

Em complemento, o art. 10 do CPC prevê que "**o juiz não pode decidir, em grau algum de jurisdição, com base em fundamento a respeito do qual não se tenha dado às partes oportunidade de se manifestar, ainda que se trate de matéria sobre a qual deva decidir de ofício**". Por "fundamento", deve-se entender não a regra ou princípio jurídico aplicáveis, senão o suporte fático do qual se extraem das consequências jurídicas[93].

De forma semelhante, o parágrafo único do art. 487 do CPC estabelece que, "ressalvada a hipótese do § 1º do art. 332 [hipótese de julgamento liminar de improcedência], a prescrição e a decadência não serão reconhecidas sem que antes seja dada às partes oportunidade de manifestar-se".

Tais dispositivos constituem grande inovação do CPC/2015, pois tratam da impossibilidade de o juiz decidir de ofício sem ouvir previamente as partes.

---

90 "[...] EX-POLICIAL MILITAR. PEDIDO DE REINTEGRAÇÃO. ALEGAÇÃO DE NULIDADE DO PROCEDIMENTO ADMINISTRATIVO. [...] **Higidez do Conselho de Disciplina – Poder Discricionário do Administrador – Regular motivação do ato – Respeito à razoabilidade e proporcionalidade** – [...] Sendo legal a exclusão, é vedado ao Poder Judiciário pronunciar-se sobre a conveniência, justiça ou oportunidade da aplicação da pena, pois tais questões prendem-se ao mérito administrativo" (STF, ARE 650718 AgR, Rel. Min. Luiz Fux, Primeira Turma, julgado em 12-6-2012, acórdão eletrônico *DJe*-126 divulg. 27-6-2012 public. 28-6-2012).

91 CPC: "Art. 8º Ao aplicar o ordenamento jurídico, o juiz atenderá aos fins sociais e às exigências do bem comum, resguardando e promovendo a dignidade da pessoa humana e observando a proporcionalidade, a razoabilidade, a legalidade, a publicidade e a eficiência".

92 CPC: "Art. 489 [...] § 2º No caso de colisão entre normas, o juiz deve justificar o objeto e os critérios gerais da ponderação efetuada, enunciando as razões que autorizam a interferência na norma afastada e as premissas fáticas que fundamentam a conclusão".

93 Nesse sentido, o Enunciado da ENFAM: "Entende-se por 'fundamento' referido no art. 10 do CPC/2015 o substrato fático que orienta o pedido, e não o enquadramento jurídico atribuído pelas partes".

De um lado, é certo que tais dispositivos são consentâneos com os princípios do contraditório, da ampla defesa[94], da cooperação e da boa-fé objetiva, além de evitarem as chamadas decisões-surpresa. De outro, a ampliação da dialeticidade do processo implica aumento de prática de atos processuais e, por conseguinte, do tempo do processo.

A cada novo ato praticado no processo, ampliam-se as possibilidades de manifestação das partes e, por conseguinte, o contraditório, a ampla defesa, a dialeticidade do processo e a possibilidade de as partes influenciarem na decisão. Mas, ao mesmo tempo, isso também possui consequências negativas: aumentando-se os atos processuais, aumenta-se o custo e o tempo do processo.

Assim, não se pode fazer uma análise simplista dessas novas regras. Reconhecer sua importância não pode implicar deixar de analisar os seus impactos no tempo do processo.

Os dispositivos do CPC (arts. 9º, 10 e 487, parágrafo único) que estabelecem a necessidade de contraditório prévio em relação ao ponto sobre o qual o juiz pretende decidir de ofício devem ser compatibilizados com os princípios da instrumentalidade do processo, da efetividade e da tempestividade da jurisdição (ou celeridade). Desse modo, o contraditório prévio, em tais hipóteses, deverá ocorrer nas hipóteses em que isso seja útil para as partes e para o processo. Ao revés, nas hipóteses em que estabelecer o contraditório significa apenas postergar a decisão, na medida em que a solução para o caso é clara e o contraditório não irá mudá-la, parece que é desnecessário esse contraditório prévio. Por exemplo, imagine-se o caso em que o juiz, ao receber a petição inicial, verifica que é absolutamente incompetente, bem como que essa questão é pacífica na jurisprudência; nesta hipótese, intimar a parte autora para falar sobre essa incompetência implica apenas postergar a decisão e criar um ato processual desnecessário, sem que isso tenha qualquer utilidade para as partes ou para o processo.

De outro lado, a necessidade de contraditório prévio diz respeito somente à necessidade de intimação da parte que pode ser prejudicada pela decisão. Isso porque, pela própria redação do art. 9º do CPC, deve ser dispensado aquilo que Daniel Neves chama de "**contraditório inútil**"[95]. Com efeito, em hipóteses como de indeferimento da petição inicial ou de julgamento liminar de improcedência, não há qualquer necessidade de se citar ou intimar previamente o réu – tanto que o contraditório é dispensado pelo próprio CPC –, na medida em que essas decisões lhe favorecem.

---

94 Nesse sentido, Cassio Scarpinella Bueno: "O dispositivo [art. 9º do Novo CPC] se ocupa com os princípios do contraditório e da ampla defesa. Reiterando o que decorre diretamente do 'modelo constitucional de direito processual civil', todas as decisões devem ser proferidas apenas depois de franqueado o prévio contraditório a seus destinatários. O objetivo da norma é evitar o proferimento das chamadas 'decisões-surpresa', o que também é perseguido, embora sob perspectiva diversa, pelo art. 10 do novo CPC" (BUENO, Cassio Scarpinella. *Novo Código de Processo Civil anotado*. São Paulo: Saraiva, 2015. p. 46).

95 "Como o dispositivo é claro em prever que o contraditório só deve ser respeitado para a prolação de decisões que prejudicam a parte que não teve oportunidade de ser ouvida, entendo estar consagrada no Novo CPC a tese de dispensa do contraditório inútil. O contraditório é moldado essencialmente para a proteção das partes durante a demanda judicial, não tendo nenhum sentido que o seu desrespeito, se não gerar prejuízo à parte que seria protegida pela sua observação, gere nulidade de atos e até mesmo do processo como um todo. E nesses termos não estão incluídas no art. 9º do NCPC hipóteses procedimentais consagradas no texto legal em que o contraditório é afastado, mas a decisão beneficia a parte que não teve oportunidade de se manifestar, tal como ocorre no julgamento liminar de improcedência consagrado no art. 332 e o indeferimento da petição inicial previsto no art. 330, ambos do Código de Processo Civil" (NEVES, Daniel Amorim Assumpção. *Novo Código de Processo Civil*. Rio de Janeiro: Forense, 2015. p. 4-5).

Além disso, como regra, também será desnecessário ouvir previamente as partes: a) nas hipóteses em que essa medida não puder influenciar na decisão da causa[96], pois não haverá nenhum prejuízo; b) na hipótese de incompetência absoluta[97], já que, neste caso, o contraditório seria inútil; c) se a prova em que a decisão se baseia tiver sido juntada ao processo e ambas as partes tiveram oportunidade de se manifestar[98], uma vez que, nesta hipótese, não há violação do contraditório e as partes tinham o ônus de se manifestar sobre os documentos juntados aos autos, ou seja, são responsáveis pelas vantagens e desvantagens da sua conduta processual; d) sobre a incidência de regra jurídica[99], desde que a decisão tenha se fundado em fatos alegados pelas partes ou lastreados em provas juntadas aos autos. Observe-se que, em tais casos, como regra, ou não há utilidade no contraditório, ou as partes tiveram oportunidade de se manifestar.

Por fim, **somente deverá ser anulada uma decisão proferida sem a prévia oitiva das partes nas hipóteses em que houver prejuízo**. Desse modo, quando a parte recorre de uma decisão em que o juiz decidiu de ofício sem a oitiva bilateral, ela deverá, no recurso, demonstrar que o não atendimento ao contraditório prévio sobre a questão lhe gerou prejuízo, bem como qual é o ponto que poderia ter esclarecido se tivesse ocorrido a possibilidade de prévia manifestação. Isso porque, pelo princípio do prejuízo, não será decretada a nulidade dessa decisão se não houver prejuízo (art. 282, § 1º, CPC)[100]. Além disso, a depender do caso, será possível a aplicação da Teoria da Causa Madura, que permite ao Tribunal, além de anular, cassar ou reformar a decisão, decidir de imediato sobre o mérito da questão (art. 1.013, §§ 3º e 4º, CPC)[101].

4.21. Regra do julgamento conforme a ordem cronológica de conclusão

De acordo com o art. 12, *caput*, do CPC, "**os juízes e os tribunais atenderão, *preferencialmente*, à ordem cronológica de conclusão para proferir sentença ou acórdão**".

96 Enunciado 3 da ENFAM: "É desnecessário ouvir as partes quando a manifestação não puder influenciar na solução da causa".

97 Enunciado 4 da ENFAM: "Na declaração de incompetência absoluta não se aplica o disposto no art. 10, parte final, do CPC/2015".

98 Enunciado 5 da ENFAM: "Não viola o art. 10 do CPC/2015 a decisão com base em elementos de fato documentados nos autos sob o contraditório".

99 Enunciado 6 da ENFAM: "Não constitui julgamento surpresa o lastreado em fundamentos jurídicos, ainda que diversos dos apresentados pelas partes, desde que embasados em provas submetidas ao contraditório".

100 CPC: "Art. 282. Ao pronunciar a nulidade, o juiz declarará que atos são atingidos e ordenará as providências necessárias a fim de que sejam repetidos ou retificados. § 1º O ato não será repetido nem sua falta será suprida quando não prejudicar a parte".

101 CPC: "Art. 1.013. A apelação devolverá ao tribunal o conhecimento da matéria impugnada. [...] § 3º Se o processo estiver em condições de imediato julgamento, o tribunal deve decidir desde logo o mérito quando: I – reformar sentença fundada no art. 485; [casos de sentença sem resolução do mérito] II – decretar a nulidade da sentença por não ser ela congruente com os limites do pedido ou da causa de pedir; III – constatar a omissão no exame de um dos pedidos, hipótese em que poderá julgá-lo; IV – decretar a nulidade de sentença por falta de fundamentação. § 4º Quando reformar sentença que reconheça a decadência ou a prescrição, o tribunal, se possível, julgará o mérito, examinando as demais questões, sem determinar o retorno do processo ao juízo de primeiro grau".

Na sua redação original, a interpretação literal do dispositivo era de que a ordem do dispositivo imporia uma obrigatoriedade ao magistrado. Contudo, antes que o CPC/2015 entrasse em vigor, a Lei n. 13.256, de 4-2-2016, alterou o *caput* do art. 12, para dizer que essa ordem deve ser seguida "preferencialmente[102].

De outro lado, a referida lei não alterou as demais disposições do art. 12, razão pela qual devem ser seguidas.

Assim, os órgãos judiciários devem disponibilizar de forma permanente, para consulta pública em cartório e na rede mundial de computadores, a lista de processos conclusos, de acordo com essa ordem (art. 12, § 1º, CPC).

De outro lado, o § 2º do mesmo artigo prevê que ficam excluídos dessa ordem cronológica as seguintes situações:

> I – as sentenças proferidas em audiência, homologatórias de acordo ou de improcedência liminar do pedido;
>
> II – o julgamento de processos em bloco para aplicação de tese jurídica firmada em julgamento de casos repetitivos;
>
> III – o julgamento de recursos repetitivos ou de incidente de resolução de demandas repetitivas;
>
> IV – as decisões proferidas com base nos arts. 485 e 932;
>
> V – o julgamento de embargos de declaração;
>
> VI – o julgamento de agravo interno;
>
> VII – as preferências legais e as metas estabelecidas pelo Conselho Nacional de Justiça;
>
> VIII – os processos criminais, nos órgãos jurisdicionais que tenham competência penal;
>
> IX – a causa que exija urgência no julgamento, assim reconhecida por decisão fundamentada.

Em primeiro lugar, é preciso perquirir qual é a finalidade e o alcance do art. 12 do CPC, bem como quais são as consequências para o seu descumprimento.

A regra do art. 12 do CPC consagra a isonomia processual e a impessoalidade, evitando que se dê injustificável tratamento diferenciado entre os processos que tramitam perante um mesmo órgão jurisdicional. Além disso, também garante o princípio da publicidade, na medida em que estabelece a disponibilização, para consulta pública, da lista de processos aptos a julgamento em cada órgão judicial (art. 12, § 1º, CPC).

De outro lado, a ordem cronológica de julgamento de processos envolve, em grande medida, a questão da gestão. Gestão dos recursos humanos e materiais disponíveis no gabinete do magistrado, o que somente pode ser aferido a partir das situações concretas[103]. Com efeito, é preciso também sopesar o princípio da eficiência, materializado

---

102 Pela mesma razão, a mesma Lei n. 13.256/2015 alterou o art. 153 do CPC/2015, o qual passou a prever que "o escrivão ou o chefe de secretaria atenderá, preferencialmente, à ordem cronológica de recebimento para publicação e efetivação dos pronunciamentos judiciais".

103 Sobre o tema, vide: GAJARDONI, Fernando da Fonseca; DELLORE, Luiz; ROQUE, Andre Vasconcelos; OLIVEIRA JUNIOR, Zulmar Duarte de. O julgamento dos processos em ordem cronológica no Novo CPC. Disponível em: <http://www.migalhas.com.br/dePeso/16,MI184582,11049-O+julgamento+dos+processos+em+ordem+cronologica+no+novo+CPC>. Acesso em: 8-11-2015. No mesmo sentido: GAJARDONI, Fernando da Fonseca. O Novo CPC e o fim da gestão na justiça. Disponível em: <http://jota.info/o-novo-cpc-e-o-fim-da-gestao-na-justica>. Acesso em: 8-11-2015.

pelas técnicas gerenciais e pela racionalização de rotinas no cartório judicial, que comumente são utilizadas para otimizar o tempo para que as decisões judiciais sejam proferidas e que, ao fim e ao cabo, beneficiam o próprio jurisdicionado, quando se reduz o tempo do processo[104].

A esse respeito, o próprio § 2º do art. 12 do CPC estabelece diversas hipóteses que justificam o não atendimento à ordem cronológica de julgamento. No entanto, o dispositivo não prevê outras complexidades, que envolvem, sobretudo, variáveis relativas à gestão administrativa das Varas Judiciais, tais como: a) a existência de gabinetes de juízes com mais de um assessor, que julgam diferentes matérias; b) a questão das varas únicas, que devem priorizar determinadas causas; c) a questão das varas cíveis que cumulam a competência cível, de família, de órfãos e sucessões, de fazenda pública etc.; d) a questão da complexidade de determinadas causas, que exigem que o juiz deva amadurecer melhor o seu entendimento sobre certa matéria etc.

Desse modo, é possível que o juiz, por exemplo, esteja diante do julgamento de causa inédita, o que é bastante comum, seja em razão da complexidade fática ou da novidade do ponto de vista jurídico. Neste caso, deverá o juiz obstar o julgamento de todas as outras causas, inclusive aquelas mais simples, cujas "minutas padrão" são facilmente feitas por seus assessores, enquanto forma o seu convencimento acerca do processo que envolve um *hard case*? Numa vara de competência única, não poderia o juiz dar prioridade para uma causa que afeta mais fortemente os direitos fundamentais das partes? Poderia o magistrado dividir o trabalho de cada assessor por matéria?

Essas são questões que não podem ser respondidas em abstrato, ou estabelecidas de forma rígida por um dispositivo de lei, sem que haja a necessária interpretação de acordo com a realidade.

Então, como compatibilizar a necessidade de que se prestigie a isonomia processual, de um lado, e, de outro, o imperativo de que haja gestão de processos, como corolário da celeridade na prestação jurisdicional?

---

104 "A regra da ordem cronológica, todavia, não pode ser considerada propriamente uma norma fundamental do NCPC porque não é alicerce absoluto de toda a construção do Código. Pelo contrário, ela se contrapõe a muitos outros artigos e princípios estabelecidos na mesma lei. A eficiência, comentada logo acima, pode restar comprometida pela regra da ordem cronológica. Isso porque uma técnica de racionalização de rotinas muito comum nas serventias judiciais é a realização do expediente em blocos: determinado dia ou determinado período é dedicado a todas as conclusões ou a todos os julgamentos de determinada matéria. Esta racionalização, criada para gerar mais eficiência na atividade dos cartórios, não segue, naturalmente, o critério da ordem de chegada, mas o da similitude de tarefas, questões ou casos. O gerenciamento de processos judiciais (*judicial case management*) também precisará se compor com a regra da ordem cronológica porque há um espaço em que ambos divergem essencialmente. O gerenciamento de processos judiciais abrange um conjunto variável de técnicas adotadas em lei ou pelo juiz para adequar o processamento, seu tempo e seu custo, ao caso concreto e, assim, à justiça da decisão. Compõe uma racionalidade gerencial, não simplesmente uma técnica. [...] As técnicas de natureza gerencial, em geral, não operam sobre padrões procedimentais rígidos. É de sua essência disporem de flexibilidade e adaptação para que sejam formulados, no caso concreto, os procedimentos mais adequados aos resultados que se busca obter com a técnica. Nesse ponto, o gerenciamento de processos judiciais confronta a regra da ordem cronológica, que tem caráter rígido e geral, pouco permeável a eventuais outras formas de organização ocasionalmente adequadas" (SILVA, Paulo Eduardo Alves da. As normas fundamentais do novo Código de Processo Civil (ou as "doze tábuas do processo civil brasileiro"?. In: GRINOVER, Ada Pellegrini et al. *O Novo Código de Processo Civil:* questões controvertidas. São Paulo: Atlas, 2015. p. 295-323. p. 319).

José Miguel Garcia Medina entende que é possível dar uma interpretação ampliativa para o § 2º do art. 12 do CPC[105]. Contudo, essa solução dogmática não resolve, por si só, as questões decorrentes da necessidade de gestão, além de ampliar as possibilidades de descumprimento da ordem cronológica, o que é indesejável.

Como se pode observar, o art. 12 do CPC opera uma seletividade no mundo da vida que reduz complexidade, como todo texto legal. Mas não há como interpretar texto sem contexto. Desse modo, a fim de dar concretude ao referido dispositivo legal, caberá ao juiz, como regra, estabelecer uma ordem cronológica de julgamento de acordo com a conclusão, mas essa imposição legal não lhe retira a possibilidade de, diante de um projeto de gestão, de acordo com a sua realidade específica, estabelecer outra ordem de julgamento, desde que não haja o atraso demasiado no julgamento de um processo em detrimento de outros, conclusos anteriormente.

Nesse ínterim, um atraso pequeno no julgamento de determinado processo em detrimento de outro pode se justificar, diante das necessidades concretas de gestão. O que não se admite é que um processo espere demasiadamente sem julgamento, somente pela justificativa de que demanda mais tempo.

De um lado, não parece razoável que o juiz possa atrasar seis meses o julgamento de determinado processo concluso e outro tenha o seu mérito julgado de imediato. De outro, parece não ser um problema real que dois processos conclusos na mesma data sejam julgados com, por exemplo, dez dias de diferença, em razão de necessidades de gestão.

Além disso, como o juiz possui o prazo de 30 dias (úteis) para proferir sentença, na forma do art. 226, inc. III, do CPC, se as sentenças forem prolatadas nesse prazo, não se poderá falar em violação do art. 12 do mesmo Código, na medida em que o juiz estaria dentro do seu prazo, podendo aplicar as suas técnicas de gestão. Ademais, não haveria prejuízo para as partes, pois, se julgado o processo dentro desse prazo, seria uma "demora" aceitável. Contudo, ultrapassado o prazo para o juiz proferir a sentença, o descumprimento da ordem cronológica começaria a causar prejuízo às partes, por haver afronta aos princípios da isonomia processual e da tempestividade da jurisdição.

Portanto, o art. 12 do CPC não pode ser ignorado, como pretendem alguns, sobretudo após a alteração promovida pela Lei n. 13.256, de 4-2-2016 (que diz que essa ordem deve ser seguida "preferencialmente"). Mas também não pode solapar as possibilidades de gestão, como querem outros. O dispositivo deve ser interpretado, portanto, como um mecanismo necessário para garantir a isonomia processual e, desse modo, impedir que julgamentos extremamente morosos ocorram para alguns processos enquanto outros são julgados rapidamente. Mas, ao mesmo tempo, deve ser interpretado de acordo com as necessidades concretas de gestão de cada Vara judicial específica[106].

---

105 "Em todas essas hipóteses, poderá o magistrado, valendo-se de interpretação analógica do parágrafo 2º do artigo 12 do CPC para, em decisão fundamentada, excluir da ordem cronológica de julgamento outras sentenças, não excepcionadas textualmente pelo legislador. O mesmo sucede com a prolação de acórdãos nos tribunais" (Medina, José Miguel Garcia. No Novo CPC, a ordem cronológica de julgamentos não é inflexível. Disponível em: <http://www.conjur.com.br/2015-fev-09/processo-cpc-ordem-cronologica-julgamentos-nao-inflexivel>. Acesso em: 8-11-2015).

106 Enunciado 32 da ENFAM: "O rol do art. 12, § 2º, do CPC/2015 é exemplificativo, de modo que o juiz poderá, fundamentadamente, proferir sentença ou acórdão fora da ordem cronológica de conclusão, desde que preservadas a moralidade, a publicidade, a impessoalidade e a eficiência na gestão da unidade judiciária".

Outra questão diz respeito às consequências ou sanções para o descumprimento injustificado da ordem cronológica de julgamento.

Em primeiro lugar, o descumprimento da ordem cronológica não implica invalidade do ato decisório[107], na medida em que as partes do processo não podem ser prejudicadas pela falha do Poder Judiciário, além do que o problema não está na decisão proferida em determinado processo, senão no fato de não ter sido prolatada decisão em outro. Da mesma forma, não caracteriza, por si só, parcialidade do magistrado ou do servidor[108], pois, caso contrário, haveria certo estímulo ao descumprimento da ordem cronológica.

Diante do descumprimento, parece que a única consequência jurídica processual é a possibilidade de peticionamento formal por correição parcial ou reclamação ao tribunal, a fim de que este determine que o juiz justifique o descumprimento da ordem de julgamento ou julgue de imediato o processo.

No entanto, há outra medida que pode melhor ser utilizada pelos advogados e partes, que atende à teleologia do texto do art. 12 do CPC e que, atualmente, já é muito eficaz: diante da demora no julgamento e do descumprimento da ordem cronológica de julgamento, o advogado ou a parte deverão, como primeira medida a ser adotada, dirigir-se ao o cartório ou ao gabinete da Vara e requerer que o seu processo, que está concluso há mais tempo, seja julgado de imediato. Essa medida informal ou formalizada mediante simples petição, que parece ser tão trivial, atualmente, do ponto de vista pragmático e empírico, na maioria das vezes já é muito mais rápida e eficaz do que a reclamação ou a correição parcial, além de contribuir com o próprio Juízo, com a boa gestão processual e prestigiar o princípio da cooperação.

---

107 Enunciado 486 do FPPC: "A inobservância da ordem cronológica dos julgamentos não implica, por si, a invalidade do ato decisório".

108 Enunciado 34 da ENFAM: "A violação das regras dos arts. 12 e 153 do CPC/2015 não é causa de nulidade dos atos praticados no processo decidido/cumprido fora da ordem cronológica, tampouco caracteriza, por si só, parcialidade do julgador ou do serventuário".

CAPÍTULO II

APLICAÇÃO DAS NORMAS PROCESSUAIS E DIREITO ESTRANGEIRO

1. A APLICABILIDADE DAS NORMAS PROCESSUAIS BRASILEIRAS E O DIREITO ESTRANGEIRO

As **normas processuais brasileiras** aplicam-se aos **processos judiciais que tramitam no Brasil**, ressalvada as disposições específicas de tratados, convenções ou acordos internacionais de que o Brasil seja parte (art. 13, CPC).

Assim, diferentemente do que ocorre com normas de direito civil, por exemplo, em que é possível a aplicação de direito estrangeiro em determinadas situações, o processo judicial brasileiro é regido pelas normas de direito processual civil brasileiras, independentemente da qualidade da parte ou da situação de direito material envolvida.

Por exemplo, os arts. 7º a 8º da Lei de Introdução às Normas do Direito Brasileiro (Decreto-Lei n. 4.657/1942) estabelecem uma série de casos aos quais se aplica a lei civil estrangeira pelo Judiciário brasileiro[1]. Contudo, em quaisquer dessas hipóteses, se o processo judicial tramitar perante a Justiça brasileira, aplicam-se a ele as normas brasileiras de direito processual civil, ainda que a Justiça brasileira tenha de aplicar as normas de direito civil estrangeiras.

2. A PROVA PRODUZIDA NO BRASIL PARA INSTRUIR PROCESSO ESTRANGEIRO

Quando o processo tramitar no Judiciário brasileiro, mas a colheita da prova tenha de ocorrer no estrangeiro, a sua produção (da prova) é regida pela lei do país onde for produzida.

---

1 O art. 7º da Lei de Introdução às Normas do Direito Brasileiro prevê que "A lei do país em que domiciliada a pessoa determina as regras sobre o começo e o fim da personalidade, o nome, a capacidade e os direitos de família"; o seu art. 8º estabelece que, "Para qualificar os bens e regular as relações a eles concernentes, aplicar-se-á a lei do país em que estiverem situados"; o art. 9º da mesma Lei prevê que, "Para qualificar e reger as obrigações, aplicar-se-á a lei do país em que se constituírem"; o art. 10 dispõe que "A sucessão por morte ou por ausência obedece à lei do país em que domiciliado o defunto ou o desaparecido, qualquer que seja a natureza e a situação dos bens"; e o art. 11 prevê que "As organizações destinadas a fins de interesse coletivo, como as sociedades e as fundações, obedecem à lei do Estado em que se constituírem".

Neste caso, o art. 13 da Lei de Introdução às Normas do Direito Brasileiro (LINDB) prevê que os "tribunais brasileiros" não admitirão "provas que a lei brasileira desconheça"[2]. Entretanto, no sistema processual brasileiro, admitem-se tanto as provas típicas (aquelas previstas no ordenamento jurídico), quando as provas atípicas (as que não estão expressamente previstas, mas não violam o ordenamento jurídico ou a moral). Nesse sentido, o art. 369 do CPC estabelece que "as partes têm o direito de empregar todos os meios legais, bem como os moralmente legítimos, ainda que não especificados neste Código, para provar a verdade dos fatos em que se funda o pedido ou a defesa e influir eficazmente na convicção do juiz".

Portanto, por uma interpretação sistemática, quando o art. 13 da LINDB prevê que não serão admitidas provas produzidas no estrangeiro "que a lei brasileira desconheça", quer dizer, em verdade, que o Judiciário brasileiro não admitirá provas produzidas fora do Brasil quando estas afrontarem a lei brasileira ou forem moralmente ilegítimas.

Por fim, cabe ressaltar que os atos de cooperação jurídica internacional (mediante auxílio direto, carta rogatória e homologação e cumprimento de sentença estrangeira) serão abordados a seguir, em item próprio.

2 LINDB: "Art. 13. A prova dos fatos ocorridos em país estrangeiro rege-se pela lei que nele vigorar, quanto ao ônus e aos meios de produzir-se, não admitindo os tribunais brasileiros provas que a lei brasileira desconheça".

CAPÍTULO III

DIREITO INTERTEMPORAL: VIGÊNCIA, APLICABILIDADE, EFICÁCIA E ULTRATIVIDADE DA LEI PROCESSUAL

1. AS NORMAS PROCESSUAIS E O DIREITO INTERTEMPORAL

A regra precípua de direito intertemporal no processo civil é a irretroatividade da lei processual. Além disso, as normas de direito processual aplicam-se imediatamente aos processos que estiverem em curso, mas devem ser respeitados os atos processuais já praticados e as situações jurídicas processuais consolidadas sob a vigência da lei processual anterior (art. 14, CPC).

Portanto, a primeira conclusão é que se mantêm a validade e a eficácia dos atos processuais já praticados sob a égide do CPC/1973. O CPC/2015 somente se aplica aos atos processuais que se iniciarão sob a sua vigência.

De acordo com o entendimento sedimentado no Enunciado Administrativo 1 do STJ, que orientou toda o Judiciário nacional, o CPC/2015 entrou em vigor no dia 18 de março de 2016[1].

2. O CPC/2015 E OS PROCEDIMENTOS DE LEI ESPECIAL

As disposições do Código de Processo Civil de 2015 são aplicáveis, supletiva e subsidiariamente, aos procedimentos (cíveis) previstos em lei especial (ex.: ação civil pública, ação popular, mandado de segurança, ações locatícias etc.) que não foram revogados por este Código (art. 1.046, § 2º, CPC)[2].

Além disso, as normas do CPC/2015 também se aplicam aos processos trabalhistas, administrativos e eleitorais, supletiva e subsidiariamente (art. 15, CPC). Ou seja,

---

1 Enunciado Administrativo 1 do STJ: "O Plenário do STJ, em sessão administrativa em que se interpretou o art. 1.045 do novo Código de Processo Civil, decidiu, por unanimidade, que o Código de Processo Civil aprovado pela Lei n. 13.105/2015, entrará em vigor no dia 18 de março de 2016".

2 CPC: "Art. 1.046. [...] § 2º Permanecem em vigor as disposições especiais dos procedimentos regulados em outras leis, aos quais se aplicará supletivamente este Código".

aplicam-se as disposições do CPC/2015 somente naquilo que não contrariar os princípios, as regras e a sistemática desses procedimentos.

Para ter um panorama dos impactos do CPC/2015 no processo trabalhista, apresenta-se, abaixo, um quadro dos Enunciados do Fórum Permanente de Processualistas Civis sobre essa matéria. Recomenda-se a sua leitura àqueles que estudam ou laboram no direito trabalhista.

> Enunciado 106 do FPPC: "Não se pode reconhecer a deserção do recurso, em processo trabalhista, quando houver recolhimento insuficiente das custas e do depósito recursal, ainda que ínfima a diferença, cabendo ao juiz determinar a sua complementação".
>
> Enunciado 108 do FPPC: "No processo do trabalho, não se proferirá decisão contra uma das partes, sem que esta seja previamente ouvida e oportunizada a produção de prova, bem como não se pode decidir com base em causa de pedir ou fundamento de fato ou de direito a respeito do qual não se tenha oportunizado manifestação das partes e a produção de prova, ainda que se trate de matéria apreciável de ofício".
>
> Enunciado 109 do FPPC: "No processo do trabalho, quando juntadas novas provas ou alegado fato novo, deve o juiz conceder prazo, para a parte interessada se manifestar a respeito, sob pena de nulidade".
>
> Enunciado 112 do FPPC: "No processo do trabalho, se a transação ocorrer antes da sentença, as partes ficam dispensadas do pagamento das custas processuais, se houver".
>
> Enunciado 113 do FPPC: "Na Justiça do Trabalho, o empregador pode ser beneficiário da gratuidade da justiça, na forma do art. 98".
>
> Enunciado 124 do FPPC: "A desconsideração da personalidade jurídica no processo do trabalho deve ser processada na forma dos arts. 133 a 137, podendo o incidente ser resolvido em decisão interlocutória ou na sentença".
>
> Enunciado 126 do FPPC: "No processo do trabalho, da decisão que resolve o incidente de desconsideração da personalidade jurídica na fase de execução cabe agravo de petição, dispensado o preparo".
>
> Enunciado 131 do FPPC: "Aplica-se ao processo do trabalho o disposto no art. 190 no que se refere à flexibilidade do procedimento por proposta das partes, inclusive quanto aos prazos".
>
> Enunciado 139 do FPPC: "No processo do trabalho, é requisito da petição inicial a indicação do endereço, eletrônico ou não, do advogado, cabendo-lhe atualizá-lo, sempre que houver mudança, sob pena de se considerar válida a intimação encaminhada para o endereço informado nos autos".
>
> Enunciado 145 do FPPC: "No processo do trabalho, é requisito da inicial a indicação do número no cadastro de pessoas físicas ou no cadastro nacional de pessoas jurídicas, bem como os endereços eletrônicos do autor e do réu, aplicando-se as regras do novo Código de Processo Civil a respeito da falta de informações pertinentes ou quando elas tornarem impossível ou excessivamente oneroso o acesso à justiça".
>
> Enunciado 151 do FPPC: "Na Justiça do Trabalho, as pautas devem ser preparadas com intervalo mínimo de uma hora entre as audiências designadas para instrução do feito. Para as audiências para simples tentativa de conciliação, deve ser respeitado o intervalo mínimo de vinte minutos".

Enunciado 155 do FPPC: "No processo do trabalho, as testemunhas somente serão intimadas judicialmente nas hipóteses mencionadas no § 4º do art. 455, cabendo à parte informar ou intimar as testemunhas da data da audiência".

Enunciado 159 do FPPC: "No processo do trabalho, o juiz pode retratar-se no prazo de cinco dias, após a interposição do recurso contra sentença que extingue o processo sem resolução do mérito".

Enunciado 162 do FPPC: "Para identificação do precedente, no processo do trabalho, a decisão deve conter a identificação do caso, a suma do pedido, as alegações das partes e os fundamentos determinantes adotados pela maioria dos membros do colegiado, cujo entendimento tenha ou não sido sumulado".

Enunciado 167 do FPPC: "Os tribunais regionais do trabalho estão vinculados aos enunciados de suas próprias súmulas e aos seus precedentes em incidente de assunção de competência ou de resolução de demandas repetitivas".

Enunciado 171 do FPPC: "Os juízes e tribunais regionais do trabalho estão vinculados aos precedentes do TST em incidente de assunção de competência em matéria infraconstitucional relativa ao direito e ao processo do trabalho, bem como às suas súmulas".

Enunciado 199 do FPPC: "No processo do trabalho, constatada a ocorrência de vício sanável, inclusive aquele que possa ser conhecido de ofício pelo órgão jurisdicional, o relator determinará a realização ou a renovação do ato processual, no próprio tribunal ou em primeiro grau, intimadas as partes; cumprida a diligência, sempre que possível, prosseguirá no julgamento do recurso".

Enunciado 214 do FPPC: "Diante do § 2º do art. 1.007, fica prejudicada a OJ n. 140 da SDI-I do TST (*Ocorre deserção do recurso pelo recolhimento insuficiente das custas e do depósito recursal, ainda que a diferença em relação ao 'quantum' devido seja ínfima, referente a centavos*)".

Enunciado 245 do FPPC: "O fato de a parte, pessoa natural ou jurídica, estar assistida por advogado particular não impede a concessão da justiça gratuita na Justiça do Trabalho".

Enunciado 246 do FPPC: "Dispensa-se o preparo do recurso quando houver pedido de justiça gratuita em sede recursal, consoante art. 99, § 6º, aplicável ao processo do trabalho. Se o pedido for indeferido, deve ser fixado prazo para o recorrente realizar o recolhimento".

Enunciado 250 do FPPC: "Admite-se a intervenção do *amicus curiae* nas causas trabalhistas, na forma do art. 138, sempre que o juiz ou relator vislumbrar a relevância da matéria, a especificidade do tema objeto da demanda ou a repercussão geral da controvérsia, a fim de obter uma decisão respaldada na pluralidade do debate e, portanto, mais democrática".

Enunciado 266 do FPPC: "Aplica-se o art. 218, § 4º, ao processo do trabalho, não se considerando extemporâneo ou intempestivo o ato realizado antes do termo inicial do prazo".

Enunciado 270 do FPPC: "Aplica-se ao processo do trabalho o art. 224, § 1º".

Enunciado 294 do FPPC: "O julgamento liminar de improcedência, disciplinado no art. 333, salvo com relação ao § 1º, se aplica ao processo do trabalho quando contrariar: a) enunciado de súmula ou de Orientação Jurisprudencial do TST; b) acórdão proferido pelo TST em julgamento de recursos de revista repetitivos; c) entendimento firmado em resolução de demandas repetitivas".

Enunciado 302 do FPPC: "Aplica-se o art. 373, §§ 1º e 2º, ao processo do trabalho, autorizando a distribuição dinâmica do ônus da prova diante de peculiaridades da causa relacionadas à impossibilidade ou à excessiva dificuldade da parte de cumprir o seu encargo probatório, ou, ainda, à maior facilidade de obtenção da prova do fato contrário. O juiz poderá, assim, atribuir o ônus da prova de modo diverso, desde que de forma fundamentada, preferencialmente antes da instrução e necessariamente antes da sentença, permitindo à parte se desincumbir do ônus que lhe foi atribuído".

Enunciado 304 do FPPC: "As decisões judiciais trabalhistas, sejam elas interlocutórias, sentenças ou acórdãos, devem observar integralmente o disposto no art. 499, sobretudo o seu § 1º, sob pena de se reputarem não fundamentadas e, por conseguinte, nulas".

Enunciado 325 do FPPC: "A modificação de entendimento sedimentado pelos tribunais trabalhistas deve observar a sistemática prevista no art. 927, devendo se desincumbir do ônus argumentativo mediante fundamentação adequada e específica, modulando, quando necessário, os efeitos da decisão que supera o entendimento anterior".

Enunciado 326 do FPPC: "O órgão jurisdicional trabalhista pode afastar a aplicação do precedente vinculante quando houver distinção entre o caso sob julgamento e o paradigma, desde que demonstre, fundamentadamente, tratar-se de situação particularizada por hipótese fática distinta, a impor solução jurídica diversa".

Enunciado 329 do FPPC: "Na execução trabalhista deve ser preservada a quota-parte de bem indivisível do coproprietário ou do cônjuge alheio à execução, sendo-lhe assegurado o direito de preferência na arrematação do bem em igualdade de condições".

Enunciado 330 do FPPC: "Na Justiça do trabalho, o juiz pode deferir a aquisição parcelada do bem penhorado em sede de execução, na forma do art. 895 e seus parágrafos".

Enunciado 331 do FPPC: "O pagamento da dívida objeto de execução trabalhista fundada em título extrajudicial pode ser requerido pelo executado nos moldes do art. 916".

Enunciado 335 do FPPC: "O incidente de assunção de competência aplica-se ao processo do trabalho".

Enunciado 347 do FPPC: "Aplica-se ao processo do trabalho o incidente de resolução de demandas repetitivas, devendo ser instaurado quando houver efetiva repetição de processos que contenham controvérsia sobre a mesma questão de direito" (Grupo: Impacto do CPC no processo do trabalho).

Enunciado 350 do FPPC: "Cabe reclamação, na Justiça do Trabalho, da parte interessada ou do Ministério Público, nas hipóteses previstas no art. 988, visando a preservar a competência do tribunal e garantir a autoridade das suas decisões e do precedente firmado em julgamento de casos repetitivos".

Enunciado 352 do FPPC: "É permitida a desistência do recurso de revista repetitivo, mesmo quando eleito como representativo da controvérsia, sem necessidade de anuência da parte adversa ou dos litisconsortes; a desistência, contudo, não impede a análise da questão jurídica objeto de julgamento do recurso repetitivo".

Enunciado 353 do FPPC: "No processo do trabalho, o equívoco no preenchimento da guia de custas ou de depósito recursal não implicará a aplicação da pena de deserção, cabendo ao relator, na hipótese de dúvida quanto ao recolhimento, intimar o recorrente para sanar o vício no prazo de cinco dias".

3. PROCEDIMENTOS ESPECIAIS E PROCEDIMENTO SUMÁRIO DO CPC/1973

O procedimento sumário, previsto no CPC/1973, foi extinto pelo CPC/2015.

Contudo, alguns procedimentos cíveis previstos em lei especial preveem que o rito aplicável é o procedimento sumário. São exemplos disso: ação revisional de aluguel (art. 68, *caput*, da Lei n. 8.245/1991); ação de adjudicação compulsória (art. 16 do Decreto-Lei n. 58/1937); ação discriminatória (art. 20 da Lei n. 6.383/1976); ação entre representantes comerciais autônomos e representados (art. 39 da Lei n. 4.886/1985); ação de acidente de trabalho (art. 129, inc. II, da Lei n. 8.213/1991); ação de usucapião especial urbano (art. 5º, *caput*, da Lei n. 6.969/1981 e art. 14 da Lei n. 10.257/2001); ação de desapropriação de imóvel rural, por interesse social, para fins de reforma agrária (art. 1º da Lei n. Complementar n. 76/1993).

Além disso, também existem alguns procedimentos especiais no próprio CPC/1973 que foram revogados.

A partir de então, surgiria um problema de direito intertemporal, pois é preciso dizer como ficariam os processos já iniciados pelo procedimento sumário ou pelos procedimentos especiais revogados. A esse respeito, o art. 1.046, § 1º, do CPC estabelece que as disposições do CPC/1973 "relativas ao procedimento sumário e aos procedimentos especiais que forem revogadas aplicar-se-ão às ações propostas e não sentenciadas até o início da vigência deste Código". Trata-se, portanto, de um caso de ultratividade do CPC/1973, pois ainda continuará sendo aplicável aos processos já iniciados pelo rito sumário ou pelos procedimentos especiais, ainda que estes já tenham sido revogados pelo CPC/2015.

De outro lado, a partir da fase recursal, aplicam-se as disposições do CPC/2015.

4. DAS REMISSÕES POR LEI ESPECIAL AO RITO SUMÁRIO, EXTINTO PELO CPC/2015

Como foi mostrado acima, há diversas leis especiais que preveem ações específicas e que determinam que o procedimento aplicável é o rito sumário do CPC/1973. Se o processo já foi instaurado pelo procedimento sumário quando da vigência do CPC/2015, segue-se tal rito até a prolação da sentença, a partir de quando já se passa a aplicar o CPC.

Contudo, qual seria o procedimento aplicável a essas ações quando ajuizadas já na vigência do CPC/2015, já que suas leis especiais continuam fazendo referência ao rito sumário, extinto por este Código?

O art. 1.049, parágrafo único, do CPC/2015 estabelece que, em tais casos, deve-se passar a aplicar o procedimento comum previsto no Novo Código, com as especificidades previstas na própria lei especial, se houver[3].

---

3 CPC: "Art. 1.049. Sempre que a lei remeter a procedimento previsto na lei processual sem especificá-lo, será observado o procedimento comum previsto neste Código. Parágrafo único. Na hipótese de a lei remeter ao procedimento sumário, será observado o procedimento comum previsto neste Código, com as modificações previstas na própria lei especial, se houver".

5. DAS REMISSÕES FEITAS POR OUTRAS LEIS A DISPOSIÇÕES DO CPC/1973

Várias leis especiais que continuam em vigor fazem referência expressa ao CPC/1973. Contudo, sendo revogado o CPC/1973, não há mais como aplicá-lo. Por uma questão de lógica, já se poderia dizer que, nesse tocante, devem ser aplicadas as disposições do CPC/2015 correspondentes, se houver.

De qualquer forma, o art. 1.046, § 4º, do CPC foi expresso nesse sentido, prevendo que "as remissões a disposições do Código de Processo Civil revogado, existentes em outras leis, passam a referir-se às que lhes são correspondentes neste Código".

Assim, por exemplo, quando o art. 6º, § 5º, da Lei n. 12.016/2009 (Lei do Mandado de Segurança) estabelece que "denega-se o mandado de segurança nos casos previstos pelo art. 267 da Lei n. 5.869, de 11 de janeiro de 1973 – Código de Processo Civil", deve ser entendido: "[...] nos casos previstos pelo art. 485 da Lei n. 13.105, de 16 de março de 2015 – Novo Código de Processo Civil".

6. DO DIREITO PROBATÓRIO

De acordo com o art. 1.047 do CPC/2015, "as disposições de direito probatório adotadas neste Código aplicam-se apenas às provas requeridas ou determinadas de ofício a partir da data de início de sua vigência".

Por uma primeira leitura do dispositivo, pode parecer que, se a prova for requerida sob a vigência do CPC/1973, mas produzida já na vigência do CPC/2015, aplicar-se-iam as regras daquele. Contudo, essa não parece ser a melhor interpretação do dispositivo.

O procedimento probatório compreende as fases de proposição, admissão, produção e valoração. Assim, parece que a melhor interpretação é a que confere aplicação imediata do CPC/2015 à prova do processo civil, considerando-se cada uma das fases do procedimento probatório. Vale dizer, se o requerimento da prova (proposição) e o deferimento judicial para sua realização (admissão) ocorreram sob a égide do CPC/1973, e a produção e a valoração ocorrem já no CPC/2015, o CPC/1973 deve se aplicar aos atos processuais de proposição e admissão, e o CPC aos atos processuais de produção e valoração. Não há razão para incidir o CPC/1973 aos atos processuais de produção e valoração se estas fases ocorrem já sob a vigência do CPC/2015.

Portanto, as disposições sobre direito probatório do CPC/2015 devem ser aplicadas imediatamente às fases probatórias que aconteçam a partir da sua vigência.

7. FASE RECURSAL

Sobre o direito intemporal nas questões recursais, o STJ aprovou os seguintes enunciados administrativos, que, ainda que sem força vinculante, estão sendo seguidos pelos demais tribunais:

> Enunciado Administrativo 2: "Aos recursos interpostos com fundamento no CPC/1973 (relativos a decisões publicadas até 17 de março de 2016) devem ser exigidos os requisitos de admissibilidade na forma nele prevista, com as interpretações dadas, até então, pela jurisprudência do Superior Tribunal de Justiça".

Enunciado Administrativo 3: "Aos recursos interpostos com fundamento no CPC/2015 (relativos a decisões publicadas a partir de 18 de março de 2016) serão exigidos os requisitos de admissibilidade recursal na forma do novo CPC".

Enunciado Administrativo 4: "Nos feitos de competência civil originária e recursal do STJ, os atos processuais que vierem a ser praticados por julgadores, partes, Ministério Público, procuradores, serventuários e auxiliares da Justiça a partir de 18 de março de 2016, deverão observar os novos procedimentos trazidos pelo CPC/2015, sem prejuízo do disposto em legislação processual especial".

Enunciado Administrativo 5: "Nos recursos tempestivos interpostos com fundamento no CPC/1973 (relativos a decisões publicadas até 17 de março de 2016), não caberá a abertura de prazo prevista no art. 932, parágrafo único, c/c o art. 1.029, § 3º, do novo CPC".

Enunciado Administrativo 6: "Nos recursos tempestivos interpostos com fundamento no CPC/2015 (relativos a decisões publicadas a partir de 18 de março de 2016), somente será concedido o prazo previsto no art. 932, parágrafo único, c/c o art. 1.029, § 3º, do novo CPC para que a parte sane vício estritamente formal".

Enunciado Administrativo 7: "Somente nos recursos interpostos contra decisão publicada a partir de 18 de março de 2016, será possível o arbitramento de honorários sucumbenciais recursais, na forma do art. 85, § 11, do novo CPC".

CAPÍTULO IV

JURISDIÇÃO

1. CONCEITUAÇÃO E NOÇÕES GERAIS

A palavra jurisdição é polissêmica, tendo diversos sentidos segundo o campo do conhecimento a que se refere. Contudo, há uma apropriação do termo pelo direito processual civil, que lhe confere um sentido específico.

Mesmo no direito processual, esse conceito nunca foi e continua não sendo estanque, de modo que foi sendo modulado de acordo com as novas teorias do processo e as especificidades de cada momento histórico do processo civil. Desde os clássicos até os processualistas contemporâneos e brasileiros, pode-se observar que o conceito de jurisdição compreende uma série de características que variam de acordo com o estágio de desenvolvimento (ou estado da questão) do direito processual.

Para Chiovenda, "pode-se definir jurisdição como a função do Estado que tem por escopo a atuação da vontade concreta da lei por meio da substituição, pela atividade de órgãos públicos, da atividade de particulares ou de outros órgãos públicos, já no afirmar a existência da vontade da lei, já no torná-la, praticamente, efetiva"[1]. Com efeito, a lei, elaborada pelo Poder Legislativo, é geral e abstrata. O Juiz, ao exercer jurisdição, cria a norma do caso concreto, atuando a vontade concreta do direito.

Segundo Carnelutti, a característica marcante da jurisdição está na função de promover a justa composição da lide[2]. Nesse conceito, lide é o conflito de interesses qualificado por uma pretensão resistida; interesse é a cupidez entre uma pessoa e uma coisa apropriável; pretensão é a intenção de submeter o interesse alheio ao próprio. Como os interesses humanos são ilimitados e os bens são limitados, é normal que surjam conflitos de interesses.

Para Alexandre Câmara, a jurisdição é "a função estatal de solucionar as causas que são submetidas ao Estado, através do processo, aplicando a solução juridicamente correta"[3].

---

1 CHIOVENDA, Giuseppe (trad. Paulo Capitanio). *Instituições de direito processual civil*. v. 2. 3. ed. Campinas: Bookseller, 2002. p. 8.

2 Segundo Carnelutti, "o caráter específico da função jurisdicional está precisamente na composição da lide" (tradução livre do texto: "*Il carattere specifico della funzione giurisdizionale sta precisamente nella composizione della lite*") (CARNELUTTI, Francesco. *Sistema di diritto processuale civile*. Padova: Cedam, 1936. p. 230).

3 CÂMARA, Alexandre Freitas. *O novo processo civil brasileiro*. São Paulo: Atlas, 2015. p. 31.

Na doutrina brasileira contemporânea, também se encontram diversas definições para a função jurisdicional, as quais englobam, de uma forma ou de outra, as características acima[4].

A partir das suas caraterísticas e das teorias contemporâneas de direito processual civil, pode-se definir **jurisdição** como **a função do Estado de atuar a vontade concreta do direito, substituindo a vontade das partes e promovendo a justa composição da lide**.

2. CARACTERÍSTICAS DA JURISDIÇÃO

A jurisdição possui as seguintes características principais:

a) **Inércia:** o Estado-juiz precisa, como regra, ser provocado para exercer a sua função jurisdicional. Trata-se de uma manifestação do princípio da inércia da jurisdição e do princípio dispositivo.

b) **Substitutividade:** a jurisdição substitui a vontade das partes, aplicando a vontade concreta do direito.

c) **Imparcialidade:** para que se possa legitimamente impor uma decisão nos casos concretos, é imprescindível que o órgão jurisdicional tenha imparcialidade.

d) **Lide ou lide potencial:** a lide é reconhecida por Carnelutti como característica essencial da jurisdição. Frederico Marques também reconhece que inexiste jurisdição quando não há lide. Todavia, há doutrinadores contemporâneos que entendem que existe jurisdição mesmo quando não há lide, como nos casos de jurisdição voluntária (haveria atividade jurisdicional mesmo no caso de jurisdição voluntária). Assim, seria característica da jurisdição a lide potencial, pois haveria jurisdição mesmo no caso de não haver lide deflagrada. Logo, pode-se dizer que a jurisdição tem por objetivo resolver lides ou, ao menos, lides potenciais.

e) **Monopólio estatal:** entende-se que a jurisdição é monopólio do Estado, de modo que somente um órgão estatal poderia impor decisões aos casos concretos com legitimidade e força definitiva. Outros órgãos estatais fora do Poder Judiciário, excepcionalmente, também possuem jurisdição, como o Senado Federal no julgamento dos processos de *impeachment*.

f) **Unidade:** a jurisdição é una, embora a competência seja repartida em órgãos jurisdicionais por questões operacionais. Nesse sentido, dispõe o art. 16 do CPC que "a jurisdição civil é exercida pelos juízes e pelos tribunais em todo o território nacional, conforme as disposições deste Código". Vale dizer, ainda que haja repartição de competência entre os órgãos jurisdicionais, delimitando a atuação de cada um deles, as decisões judiciais

---

4 Segundo Moacir Amaral Santos, a jurisdição "Consiste no poder de atuar o direito objetivo, em que o próprio Estado elaborou, compondo os conflitos de interesses e dessa forma resguardando a ordem jurídica e a autoridade da lei. A função jurisdicional é, assim, como que um prolongamento da função legislativa, e a pressupõe" (SANTOS, Moacir Amaral. *Primeiras linhas de direito processual civil:* processo de conhecimento. v. 1. 25. ed. São Paulo: Saraiva, 2007. p. 67). Para Fredie Didier Jr, "a jurisdição é a função atribuída a terceiro imparcial (a) de realizar o Direito de modo imperativo (b) e criativo (reconstrutivo) (c), reconhecendo/efetivando/protegendo situações jurídicas (d) concretamente deduzidas (e), em decisão insuscetível de controle externo (f) e com aptidão para tornar-se indiscutível (g)" (DIDIER JR., Fredie. *Curso de direito processual civil:* introdução ao direito processual civil, parte geral e processo de conhecimento. v. 1. 18. ed. Salvador: JusPodivm, 2016. p. 155).

proferidas por um órgão judiciário (juízo ou tribunal) valem para todo o território nacional (jurisdição).

g) **Definitividade:** é a aptidão para fazer coisa julgada material.

Alguns doutrinadores entendem que a **função declaratória de direitos** seria uma característica da jurisdição. Isso porque o juiz, ao julgar uma demanda, não criaria o direito, mas apenas declararia um direito já previsto no ordenamento jurídico. Essa característica se amolda perfeitamente a um modelo positivista clássico e ao Estado liberal, em que o juiz era apenas a "boca da lei".

Contudo, de acordo com as teorias contemporâneas do direito, reconhece-se a função eminentemente criativa do juiz na interpretação das normas jurídicas (seja entendendo-se que isso é inerente à interpretação, seja para aqueles que entendem que isso é uma contingência). Por conseguinte, entendemos que a função declaratória de direitos não seria mais uma característica da jurisdição.

3. ESCOPOS DA JURISDIÇÃO

A jurisdição possui três principais objetivos ou escopos, quais sejam:

a) **Escopo jurídico:** é a atuação da vontade concreta do direito.

b) **Escopo social:** é a pacificação dos conflitos, promovendo o bem comum.

c) **Escopo político:** o Estado-juiz se legitima ato a ato, mediante a oportunização da participação efetiva das partes pelo processo, o respeito ao devido processo legal e a concretização dos direitos fundamentais.

4. PRINCÍPIOS DA JURISDIÇÃO

A atividade jurisdicional é norteada pelos princípios da territorialidade, da indelegabilidade, da inafastabilidade e do juiz natural.

O **princípio da territorialidade** informa que cada órgão judicial exerce sua autoridade dentro de certos limites territoriais.

No Brasil, "a jurisdição civil é exercida pelos juízes e pelos tribunais em todo o território nacional" (art. 16, CPC). Ou seja, a decisão proferida por um órgão judicial possui eficácia nos limites do território brasileiro. Para que os seus efeitos sejam produzidos em Estado estrangeiro, será necessária anuência deste, diante da soberania de cada nação. Essa anuência pode ser dada mediante atos de cooperação jurídica internacional, como auxílio direto, carta rogatória (após o *exequatur* dado pelo Estado estrangeiro) e homologação de decisão definitiva.

Embora possua jurisdição em todo o território nacional, cada órgão judicial exerce as suas atribuições e pode atuar dentro dos limites da sua competência territorial. Além disso, caso a decisão de um juízo deva ser cumprida em comarca ou circunscrição diversa, aquele deverá utilizar-se de carta precatória ou outro ato de cooperação jurídica nacional (art. 69, CPC).

Segundo o **princípio da indelegabilidade**, um órgão judicial não pode delegar suas funções jurisdicionais a outro. Contudo, alguns atos podem ser delegados, quando autorizado pela Constituição Federal ou por lei.

Por exemplo, o art. 93, inc. XI, da Constituição Federal prevê a possibilidade de tribunais com número superior a 25 julgadores constituir um órgão especial, com no mínimo 11 e no máximo 25 julgadores, para o exercício de atribuições delegadas pelo tribunal pleno[5].

Segundo o art. 102, inc. I, al. "m", da Constituição Federal, o STF também pode delegar algumas atribuições relacionadas à execução de seus julgados[6].

Na ação rescisória, um tribunal pode expedir carta de ordem para que o juízo que proferiu a decisão rescindenda promova a instrução processual (art. 972, CPC)[7].

No art. 152, inc. VI, § 1º, do CPC, há previsão expressa de que o juiz titular pode delegar ao escrivão ou chefe de secretaria a atribuição para praticar, de ofício, atos meramente ordinatórios[8].

O **princípio da inafastabilidade da jurisdição** informa que nenhuma ameaça ou lesão a direito pode ser excluída da apreciação judicial. Está previsto no art. 5º, inc. XXXV, da Constituição Federal[9], bem como no art. 3º do CPC[10].

Conforme o **princípio do juiz natural,** todos possuem o direito de serem julgados por um juiz competente (art. 5º, inc. LIII, CF)[11], bem como são vedados juízo ou tribunal de exceção (art. 5º, inc. XXXVII, CF)[12].

Os princípios da inafastabilidade da jurisdição e do juiz natural já foram tratados anteriormente, no item referente aos princípios do processo civil, para onde se remete o leitor.

5. JURISDIÇÃO VOLUNTÁRIA E JURISDIÇÃO CONTENCIOSA

A jurisdição contenciosa é a aquela em que há conflito de interesses. Na jurisdição voluntária, por sua vez, não há um conflito de interesses externalizado.

---

5 CF: "Art. 93. Lei complementar, de iniciativa do Supremo Tribunal Federal, disporá sobre o Estatuto da Magistratura, observados os seguintes princípios: [...] XI – nos tribunais com número superior a vinte e cinco julgadores, poderá ser constituído órgão especial, com o mínimo de onze e o máximo de vinte e cinco membros, para o exercício das atribuições administrativas e jurisdicionais delegadas da competência do tribunal pleno, provendo-se metade das vagas por antiguidade e a outra metade por eleição pelo tribunal pleno".

6 CF: "Art. 102. Compete ao Supremo Tribunal Federal, precipuamente, a guarda da Constituição, cabendo-lhe: I – processar e julgar, originariamente: [...] m) a execução de sentença nas causas de sua competência originária, facultada a delegação de atribuições para a prática de atos processuais".

7 CPC: "Art. 972. Se os fatos alegados pelas partes dependerem de prova, o relator poderá delegar a competência ao órgão que proferiu a decisão rescindenda, fixando prazo de 1 (um) a 3 (três) meses para a devolução dos autos".

8 CPC: "Art. 152. Incumbe ao escrivão ou ao chefe de secretaria: [...] VI – praticar, de ofício, os atos meramente ordinatórios. § 1º O juiz titular editará ato a fim de regulamentar a atribuição prevista no inciso VI".

9 CF: "Art. 5º [...] XXXV – a lei não excluirá da apreciação do Poder Judiciário lesão ou ameaça a direito".

10 CPC: "Art. 3º Não se excluirá da apreciação jurisdicional ameaça ou lesão a direito".

11 CF: "Art. 5º [...] LIII – ninguém será processado nem sentenciado senão pela autoridade competente".

12 CF: "Art. 5º [...] XXXVII – não haverá juízo ou tribunal de exceção".

A doutrina diverge acerca da existência ou não de atividade jurisdicional na jurisdição voluntária.

Para Frederico Marques e outros doutrinadores, jurisdição voluntária não é jurisdição. É administração pública de interesses privados.

Na linha de entendimento de Fredie Didier Jr[13]. e Alexandre Câmara[14], entre outros, jurisdição voluntária é jurisdição.

Nesse sentido, é preciso admitir que o caracteriza a jurisdição é a lide potencial.

Nos procedimentos de jurisdição voluntária, diz-se que não há partes da demanda, mas apenas interessados.

As regras gerais e os procedimentos de jurisdição voluntária estão previstos nos arts. 719 e seguintes do Código de Processo Civil:

a) Notificação e Interpelação (art. 726 a art. 729, CPC);

b) Alienação Judicial (art. 730, CPC);

c) Divórcio e Separação Consensuais, Extinção Consensual de União Estável e Alteração do Regime de Bens do Matrimônio (art. 731 a art. 734, CPC);

d) Testamentos e Codicilos (art. 735 a art. 737, CPC);

e) Herança Jacente (art. 738 a art. 743, CPC);

f) Bens dos Ausentes (art. 744 e art. 745, CPC);

g) Coisas Vagas (art. 746, CPC);

h) Interdição (art. 747 a art. 758, CPC);

i) Disposições Comuns à Tutela e à Curatela (art. 759 a art. 763, CPC);

j) Organização e Fiscalização das Fundações (art. 764 e art. 765, CPC);

l) Ratificação dos Protestos Marítimos e Processos Testemunháveis Formados a Bordo (art. 766 a art. 770, CPC).

Uma das principais características da jurisdição voluntária é a possibilidade de decisão por equidade, conforme autorizado pelo art. 723 do CPC[15].

O procedimento da jurisdição voluntária será estudado adiante, na parte relativa aos procedimentos especiais.

---

13 DIDIER JR., Fredie. *Curso de direito processual civil:* introdução ao direito processual civil, parte geral e processo de conhecimento. v. 1. 18. ed. Salvador: JusPodivm, 2016. p. 191-196.

14 CÂMARA, Alexandre Freitas. *O novo processo civil brasileiro*. São Paulo: Atlas, 2015. p. 33.

15 CPC: "Art. 723. [...] Parágrafo único. O juiz não é obrigado a observar critério de legalidade estrita, podendo adotar em cada caso a solução que considerar mais conveniente ou oportuna".

CAPÍTULO V

EQUIVALENTES JURISDICIONAIS: AUTOTUTELA, AUTOCOMPOSIÇÃO (NEGOCIAÇÃO, CONCILIAÇÃO, MEDIAÇÃO) E HETEROCOMPOSIÇÃO (ARBITRAGEM)

1. DEFINIÇÃO

Os **equivalentes jurisdicionais** são formas de solução de conflitos que não constituem jurisdição, mas que possuem certa definitividade, embora não façam coisa julgada, tampouco sejam totalmente imunes à revisão judicial. Por isso, tais formas de solução de conflitos também são chamadas de **meios alternativos de resolução de conflitos** (***alternatives dispute resolution*** – **ADRs**). Contudo, atualmente, é preferível chamá-los de **meios amigáveis** (***amicable***), ou, ainda, como mais recentemente tem sido proposto, de **meios apropriados de gestão de conflitos** (***appropriate conflict management***), na medida em que se deve focar no mecanismo mais apropriado de acordo com cada tipo de conflito[1].

São **equivalentes jurisdicionais a autotutela**, a **autocomposição** e a **heterocomposição**.

A **autocomposição** é o modo consensual de resolução de conflitos. Pode se dar, dentre outras formas, pela negociação, pela conciliação e pela mediação.

A **heterocomposição** como equivalente jurisdicional é a forma de solução de conflitos em que se atribui o poder de decisão a um terceiro imparcial, estranho ao Poder Judiciário. No sistema brasileiro, a heterocomposição é feita pela arbitragem[2].

Nos EUA, onde os estudos desses mecanismos de solução de conflitos são mais desenvolvidos, fala-se em um **Sistema Multiportas de Resolução de Conflitos** (***multi-doors system***), havendo Estados americanos (como a Corte Superior de Columbia), ainda, em que o Judiciário adota uma repartição destinada a esse sistema de resolução

---

1 TRAKMAN, Leon E. Appropriate Conflict Management. *Wisconsin Law Review*, v. 2001, Issue 3, p. 919-930, 2001. p. 922-928.

2 Nesse sentido: GRINOVER, Ada Pellegrini. Os métodos consensuais de solução de conflitos no Novo CPC. In: GRINOVER, Ada Pellegrini et al. *O Novo Código de Processo Civil:* questões controvertidas. São Paulo: Atlas, 2015. p. 1-22. p. 2-3.

apropriada de conflitos (*multi-door dispute resolution division*)[3], com diversas vantagens em relação ao modelo judicial de solução de conflitos[4]. Assim, quando as partes chegam a um tribunal, podem escolher qual é o meio mais apropriado para a solução do seu conflito, ou seja, podem optar por qual "porta" pretendem entrar.

Além disso, a percepção dos mecanismos de solução de conflitos deve ser pensada de forma preventiva, ou, quando já instaurado o conflito, deve-se buscar resolvê-lo durante o seu surgimento, isto é, em tempo real (*just in time resolution*)[5].

Dada a sua importância, alguns equivalentes jurisdicionais foram previstos no art. 3º do CPC, que trata do princípio do acesso à justiça.

O Código de Processo Civil, contudo, não estabelece os requisitos e os procedimentos da arbitragem, cingindo-se a remeter o seu regramento à Lei n. 9.307/1996 (Lei de Arbitragem).

De outro lado, o CPC estabelece que a solução consensual dos conflitos é prioritária, devendo ser estimulada pelos juízes e pelos demais operadores do direito.

O Código Processual brasileiro prevê disciplina específica em relação à conciliação e à mediação, como métodos consensuais de resolução de conflitos.

A seguir, será apresentada cada uma dessas formas de solução de conflitos.

2. AUTOTUTELA

A **autotutela** é a **forma** de solução do conflito de interesses pela **imposição da vontade de uma das partes**. Como regra, é vedada no ordenamento jurídico. Excepcionalmente, é tolerada, como nas hipóteses de legítima defesa, estado de necessidade, direito de greve, direito de retenção de benfeitorias e autoexecutoriedade dos atos administrativos.

3. ARBITRAGEM

A **arbitragem** constitui uma forma de **heterocomposição**, com regras e princípios próprios, em que as partes acordam contratualmente que a **controvérsia** será **submetida a um terceiro**, **denominado árbitro**, que é escolhido de comum acordo e que decidirá o conflito, cuja decisão é previamente aceita pelas partes e possui força executiva.

A doutrina diverge quanto à natureza jurídica da arbitragem. Alguns doutrinadores entendem que tem natureza contratual, na medida em que as partes, ao firmarem o

---

3 SACHS, Sidney S. Enter the Resolving Doors of Justice. *Experience*, v. 2, Issue 2, p. 20-23, Winter 1992. p. 20.

4 "Para os advogados e os seus clientes, o tempo dentro das paredes do tribunal não é apenas mais curto com o sistema multiporta, mas também tende a ser mais amigável e esclarece as questões, fatos e provas melhor do que o contencioso tradicional poderia fazer" (tradução livre) (SACHS, Sidney S. Enter the Resolving Doors of Justice. *Experience*, v. 2, Issue 2, p. 20-23, Winter 1992. p. 20).

5 É com base nisso, que as empresas atualmente trabalham para resolver os conflitos, bem como, com base nesses preceitos, que o CPC trata da questão da resolução consensual de conflitos no âmbito privado e no âmbito da Administração Pública.

compromisso arbitral, obrigam-se ao cumprimento da decisão arbitral; outros entendem que seria um processo, como atividade suplementar do Judiciário[6].

3.1. Arbitragem interna

No âmbito interno brasileiro, a arbitragem está regulada especialmente pela Lei n. 9.307/1996 (Lei de Arbitragem), a qual sofreu diversas alterações pela Lei n. 13.129/2015.

De acordo com a Lei de Arbitragem, apenas as pessoas que tiverem capacidade civil poderão valer-se da arbitragem. Além disso, somente pode ser utilizada para dirimir litígios relativos a direitos patrimoniais disponíveis (art. 1º da Lei n. 9.307/1996).

A arbitragem também pode ser utilizada no âmbito da administração pública.

A submissão do conflito pelas partes à arbitragem ocorre pela **convenção de arbitragem**, que pode ser uma cláusula compromissória ou um compromisso arbitral.

A **cláusula compromissória** é uma cláusula inserida num contrato em que as partes estipulam que eventuais conflitos surgidos em razão dele deverão ser solucionados pela arbitragem. Portanto, a cláusula compromissória já existe antes do conflito.

O **compromisso arbitral** é firmado quando as partes decidem que determinado conflito já existente será submetido à arbitragem. Além de comprometerem-se a submeter seu litígio à arbitragem, as partes também podem estipular algumas regras do procedimento arbitral, escolher os árbitros, estabelecer o prazo para a sentença arbitral etc.

Na arbitragem, as partes poderão convencionar expressamente que a questão submetida ao árbitro seja decidida de acordo com as regras legais ou por equidade (art. 2º e art. 11, II, Lei n. 9.307/1996).

Os arts. 22-A e 22-B da Lei n. 9.307/1996, com a reforma operada pela Lei n. 13.129/2015, disciplinam a concessão de "medida cautelar ou de urgência".

Embora os dispositivos tratem de medida cautelar ou de urgência, no CPC/2015 as medidas de urgência dividem-se em tutela cautelar e tutela antecipada. Portanto, a "medida de urgência" já compreende a "medida cautelar".

Caso a parte necessite de medida de urgência antes da instituição da arbitragem, poderá requerê-la ao Poder Judiciário (não sendo possível requerer medida de urgência preparatória ao árbitro). Uma vez deferida pelo juiz, a parte deverá requerer a instituição da arbitragem no prazo de 30 dias da efetivação da medida, sob pena de perda da sua eficácia[7].

De outro lado, caso já instituída a arbitragem, as medidas de urgência deverão ser requeridas diretamente ao árbitro. Além disso, instituída a arbitragem, os árbitros poderão manter, modificar ou revogar a tutela de urgência deferida judicialmente, conforme

---

6 PUCCI, Adriana Noemi. *Arbitragem comercial nos países do Mercosul:* análise comparativa da legislação, jurisprudência e doutrina dos autores da Argentina, Brasil, Uruguai relativas à arbitragem. São Paulo: LTr, 1997. p. 21.

7 Lei n. 9.307/1996: "Art. 22-A. Antes de instituída a arbitragem, as partes poderão recorrer ao Poder Judiciário para a concessão de medida cautelar ou de urgência. Parágrafo único. Cessa a eficácia da medida cautelar ou de urgência se a parte interessada não requerer a instituição da arbitragem no prazo de 30 (trinta) dias, contado da data de efetivação da respectiva decisão".

prevê o art. 22-B da Lei de Arbitragem[8]. Isso é possível porque a tutela de urgência possui caráter provisório e precário.

A questão submetida à arbitragem será julgada por uma sentença arbitral, que deverá conter os seguintes requisitos (art. 26, Lei n. 9.307/1996): "I – o relatório, que conterá os nomes das partes e um resumo do litígio; II – os fundamentos da decisão, onde serão analisadas as questões de fato e de direito, mencionando-se, expressamente, se os árbitros julgaram por equidade; III – o dispositivo, em que os árbitros resolverão as questões que lhes forem submetidas e estabelecerão o prazo para o cumprimento da decisão, se for o caso; e IV – a data e o lugar em que foi proferida".

O art. 515, inc. VII, do CPC elenca, no rol de **títulos executivos judiciais**, a "**sentença arbitral**". No mesmo sentido, o art. 31 da Lei n. 9.307/1996 (Lei de Arbitragem) prevê que "a sentença arbitral produz, entre as partes e seus sucessores, os mesmos efeitos da sentença proferida pelos órgãos do Poder Judiciário e, sendo condenatória, constitui título executivo".

3.2. Arbitragem internacional

Diante das suas especificidades, a arbitragem internacional deve ser estudada separadamente, por ter alguns princípios e regras que lhe são próprios.

Além disso, é preciso estabelecer a diferença entre a arbitragem internacional pública e a arbitragem internacional privada, em razão da matéria discutida e das partes envolvidas no conflito.

A **arbitragem internacional privada** é a que se estabelece para solucionar conflitos entre particulares, sobretudo quando a questão envolve contratos internacionais. Contudo, inexiste normatização única para todos os países, de modo que a arbitragem internacional privada deve ser analisada a partir das legislações internas, dos tratados internacionais e dos acordos bilaterais ou multilaterais dos países das partes envolvidas. Vale dizer, é preciso analisar as legislações e o conflito de leis afeto ao Direito Internacional Privado.

Embora a diversidade nas normatizações acerca da arbitragem internacional privada, as legislações de muitos países e vários tratados internacionais estabelecem que as pessoas somente poderão submeter à arbitragem as controvérsias que têm por objeto direitos disponíveis por particulares, de caráter patrimonial, que não afetem a ordem pública e que sejam suscetíveis de transação. Assim, comumente litígios sobre direitos indisponíveis (tais como relativos a estado das pessoas, direito de família etc.) não podem ser submetidos à arbitragem. Além disso, em geral, somente podem recorrer à arbitragem internacional privada pessoas com capacidade para contratar (capacidade civil).

Na **arbitragem internacional pública**, os Estados são parte do conflito a ser solucionado. Com efeito, Estados soberanos também podem optar pela arbitragem. Comumente, as regras sobre a arbitragem internacional pública estão estabelecidas em tratados

---

8 Lei n. 9.307/1996: "Art. 22-B. Instituída a arbitragem, caberá aos árbitros manter, modificar ou revogar a medida cautelar ou de urgência concedida pelo Poder Judiciário. Parágrafo único. Estando já instituída a arbitragem, a medida cautelar ou de urgência será requerida diretamente aos árbitros".

internacionais. Em geral, essas regras estão na linha do que já foi exposto para a arbitragem internacional privada, mas há algumas peculiaridades, porque as partes da arbitragem são Estado soberanos. A título de exemplo, o Protocolo de Brasília para solução de controvérsias entre os países do MERCOSUL estabelece, nos seus arts. 7º a 24, que, não sendo possível a resolução do conflito por negociações diretas ou intervenção do Grupo Mercado Comum, qualquer dos Estados partes poderá requerer que o conflito seja resolvido pela arbitragem, submetendo-se à decisão do Tribunal Arbitral.

De acordo com o art. 35 da Lei de Arbitragem (Lei n. 9.307/1996), alterado pela Lei n. 13.129/2015, "para ser reconhecida ou executada no Brasil, a sentença arbitral estrangeira está sujeita, unicamente, à homologação do Superior Tribunal de Justiça".

4. AUTOCOMPOSIÇÃO: NEGOCIAÇÃO, MEDIAÇÃO E CONCILIAÇÃO

A **autocomposição** é uma forma legítima de composição dos litígios, em que as **próprias partes acordam a solução para o conflito**. Como o próprio nome já indica, **não existe imposição, senão composição**.

Trata-se dos chamados **métodos não adversariais de solução de conflitos**.

Como bem aponta Ada Pellegrini Grinover, a justiça conciliativa possui três principais fundamentos, quais sejam, a pacificação, o fundamento político e o funcional[9].

O **objetivo da justiça conciliativa** é a **pacificação**; no sistema judicial e na arbitragem, o objetivo principal é a resolução do conflito, com pacificação social, mas não necessariamente com a pacificação interna ou interior na psiquê das partes.

O fundamento político diz respeito à possibilidade de as partes participarem da solução do conflito e poderem ditar a decisão.

O fundamento funcional está relacionado à utilização da justiça conciliativa como mecanismo para desafogar o Judiciário, na medida em que, com a autocomposição, há economia (processual) de todos os atos processuais subsequentes de um processo litigioso.

As formas consensuais de solução de conflitos estão reguladas, sobretudo, pelos dispositivos do CPC, pela Resolução n. 125/2010 do CNJ e pela Lei de Mediação (Lei n. 13.140/2015). Trata-se do chamado minissistema brasileiro de métodos consensuais de solução judicial de conflitos[10].

Os **principais métodos consensuais (não adversariais ou autocompositivos)** de solução de conflitos são a **negociação**, a **mediação** e a **conciliação**.

A **negociação** é uma técnica pela qual **as próprias partes envolvidas chegam à solução do conflito, sem que haja a necessidade de um terceiro**, ainda que possa contar com o auxílio de profissional capacitado para o desenvolvimento das negociações. Assim, a negociação pode ser assistida ou desassistida. Por exemplo, se os advogados estiverem acompanhando as partes na negociação, haverá negociação assistida.

---

9 GRINOVER, Ada Pellegrini. Os métodos consensuais de solução de conflitos no Novo CPC. In: GRINOVER, Ada Pellegrini et al. *O Novo Código de Processo Civil:* questões controvertidas. São Paulo: Atlas, 2015. p. 1-22. p. 3.

10 Essa nomenclatura é utilizada, por exemplo, por Ada Pellegrini Grinover (GRINOVER, Ada Pellegrini. Os métodos consensuais de solução de conflitos no Novo CPC. In: GRINOVER, Ada Pellegrini et al. *O Novo Código de Processo Civil:* questões controvertidas. São Paulo: Atlas, 2015. p. 1-22. p. 1-2).

Na **conciliação** e na **mediação**, há um terceiro facilitador ou mediador, que pode propor soluções ou fomentar o consenso. Essas duas formas de solução consensual de conflitos serão abordadas no próximo item.

5. CONCILIAÇÃO E MEDIAÇÃO: CONCEITUAÇÃO, DIFERENCIAÇÃO E CARACTERÍSTICAS

A **conciliação** e a **mediação** são **formas de solução consensual de conflitos**, de composição das partes, onde elas dizem qual é a solução para o seu litígio, mediante a intervenção de um terceiro fomentador do consenso, o conciliador e o mediador, respectivamente.

As vantagens da solução do conflito pela conciliação ou pela mediação são várias, mas, dentre elas, se pode destacar que essas formas de autocomposição se revelam mais céleres, menos dispendiosas e mais satisfatórias do ponto de vista da pacificação social[11]. Como afirmam Atalá Correia e Luciana Yuki Sorrentino, "a lógica adversarial destrói a relação social existente entre as partes, impede a cooperação e a negociação baseada em interesses". Aliás, "o processo, muitas vezes, dá solução jurídica à demanda, mas deixa em aberto aspectos extrajurídicos da lide, razão pela qual é dúbia a sua contribuição para a efetiva pacificação social"[12].

Na conciliação e na mediação, a resolução do conflito não se dá por imposição, senão por composição. Por isso, a conciliação e a mediação são formas de autocomposição com a participação de um terceiro, que tem o papel de fomentar uma solução consensual para o conflito, e não impor a decisão, como ocorre na heterocomposição[13]. A participação do terceiro, conciliador ou mediador, ocorre para fomentar a produção de consenso, razão pela qual não podem impor soluções ou coagir qualquer das partes a firmar o acordo. Assim, na mediação e na conciliação, a produção da solução do conflito ocorre por vontade das partes, e não pela imposição de uma vontade externa.

---

11 "Há um triplo mérito em favorecer soluções autocompositivas, como conciliação e mediação. A autocomposição pode se revelar célere, menos dispendiosa e mais satisfatória do ponto de vista de pacificação social. Há mais celeridade porque em uma sessão conciliatória com menos de uma hora ou em uma mediação, que em média dura de uma a duas semanas, se resolvem inúmeras questões litigiosas. O processo, como é sabido, pode tramitar durante anos até que seja proferida uma sentença, encerrando-se a fase de conhecimento. Naturalmente, por exigir menos tempo, a solução consensual de conflitos apresenta menor custo em termos econômicos. Os meios consensuais são, por fim, mais satisfatórios, porque as partes mantêm em suas mãos o poder de escolher para si próprias as soluções que, quando não as mais justas, são, certamente, as que melhor atendem aos seus interesses. A heterocomposição quase sempre carrega o fardo de ser considerada justa pelo vencedor e injusta pelo perdedor" (CORREIA, Atalá; SORRENTINO, Luciana Yuki F. Mediação em conflitos de família: a experiência do TJDFT. *Revista de Direito da Família e das Sucessões*, São Paulo, v. 2, p. 11-27, 2014).

12 CORREIA, Atalá; SORRENTINO, Luciana Yuki F. Mediação em Conflitos de Família: a experiência do TJDFT. *Revista de Direito da Família e das Sucessões*, São Paulo, v. 2, p. 11-27, 2014.

13 Nesse sentido, Fredie Didier Jr.: "Mediação e conciliação são formas de solução de conflito pelas quais um terceiro intervém em um processo negocial, com a função de auxiliar as partes a chegar à autocomposição. Ao terceiro não cabe resolver o problema, como acontece na arbitragem: o mediador/conciliador exerce um papel de catalisador da solução negocial do conflito. Não são, por isso, espécies de heterocomposição do conflito; trata-se de exemplos de autocomposição, com a participação de um terceiro" (DIDIER JR., Fredie. *Curso de direito processual civil:* introdução ao direito processual civil, parte geral e processo de conhecimento. 18. ed. Salvador: JusPodivm, 2016. p. 273).

No caso da **conciliação**, o conciliador deve sugerir às partes soluções para o litígio, mas sem formas de constrangimento ou intimidação.

A **mediação** é uma forma autocompositiva mais complexa de solução de conflitos, em que um terceiro, o mediador, tem a função de fomentar, de catalisar, de incentivar que as próprias partes descubram qual é melhor forma de, amigavelmente, solucionar o conflito.

Na mediação, o terceiro facilitador – o mediador – tem uma atitude mais complexa que o conciliador. Ele deve auxiliar as partes a compreenderem as questões e os interesses em conflito, aquilo que está por trás da celeuma jurídica, de modo que as próprias partes possam, inicialmente, restabelecer o mútuo respeito e a comunicação, para, depois, elas próprias identificarem soluções consensuais que gerem benefícios mútuos.

Como bem apontam Atalá Correia e Luciana Sorrentino, o mediador pode assumir três principais posturas, conforme a necessidade do caso: a) pode se manter numa posição mais neutra, em que somente estimula o diálogo, para que as partes encontrem as soluções possíveis (*facilitative mediation*); b) pode adotar uma postura mais ativa, sugerindo soluções para as partes (*activist mediation*); ou c) pode ter uma postura que avalia os argumentos das partes e, depois, indica fatores favoráveis e desfavoráveis, bem como afirma, no seu entender, o resultado provável do processo judicial (*evaluative mediation*)[14]. Em relação a essa última postura, há discussões no âmbito da doutrina acerca da sua possibilidade.

Enquanto, para o conciliador, deve ser exigida alguma compreensão do Direito, é recomendável que o mediador tenha uma formação mais voltada para a psicologia, para a assistência social, mas pode ser até mesmo um jurista, desde que com uma formação mais humanística. Por ter o objetivo maior de resolver conflitos que estão por trás da questão jurídica, a mediação é uma atividade bem mais complexa e que demanda bem mais tempo, possivelmente mais de uma sessão (de mediação). Portanto, na mediação, o mediador não pode ter a pressão do tempo, como ocorreria numa audiência de conciliação. É por isso que, dentro do processo judicial, o mediador não deve ser um juiz, senão alguém que não tenha o fator tempo como determinante para a resolução do conflito. Isso não quer dizer que um juiz não possa ser mediador – inclusive, pragmaticamente vários juízes aposentados voltam a colaborar gratuitamente com a Justiça como mediadores –, mas apenas que o mediador não pode ser pressionado pelo fator tempo.

Por todas essas razões, o CPC estabelece que a conciliação é mais recomendável para casos em que não existe vínculo anterior entre as partes, enquanto o mediador

---

14 "A depender da situação, o mediador pode manter-se em uma posição mais neutra, em que só estimula o diálogo, para que as partes apresentem as soluções possíveis e que satisfaçam a ambas ('facilitative mediation'). Ao adotar essa posição, o mediador assume que as partes estão em posição adequada para encontrar por si mesmas uma solução para o litígio. Mas o mediador pode adotar uma posição mais ativa, sugerindo soluções para as partes ('activist mediation'). Aqui o mediador deve transmitir às partes informações disponíveis sobre o contexto fático em que estão inseridas, para que suas decisões não se deem em situação de assimetria de poder. Em poucas palavras, o mediador deve facilitar a decisão informada. Por outro lado, vem sendo questionada entre nós a postura do mediador que avalia os argumentos das partes, indicando fatores favoráveis e desfavoráveis, para, então, predizer qual seria, no seu entender, o resultado de um processo judicial ('evaluative mediation')" (CORREIA, Atalá; SORRENTINO, Luciana Yuki F. Mediação em conflitos de família: a experiência do TJDFT. *Revista de Direito da Família e das Sucessões*, São Paulo, v. 2, p. 11-27, 2014).

deve atuar preferencialmente nos casos em que haja esse vínculo (art. 165, §§ 2º e 3º). "Vínculo" aqui não quer dizer vínculo jurídico, mas afetivo, sentimental, matrimonial, familiar etc.

Do ponto de vista do **resultado**, a autocomposição (conciliação e mediação) pode ocorrer por: a) **transação**: as partes fazem concessões mútuas; b) **submissão ou reconhecimento do direito**: a parte reconhece o direito alheiro; ou c) **renúncia**: a parte renuncia ao seu direito. Nesses casos, diante da autocomposição, o *juiz* não julga a causa (ato de imposição do Estado e substituição da vontade das partes), mas apenas *resolve* o seu mérito, homologando o acordo celebrado entre as partes (a solução dada pelas próprias partes)[15].

5.1. A conciliação e a mediação como mecanismos prioritários de resolução de conflitos

Em atenção ao movimento existente no meio jurídico e na Justiça para colocar foco nas formas consensuais de resolução de conflitos, foi imposta aos tribunais, pelo CPC/2015, a obrigatoriedade de criação de centros judiciários de solução consensual de conflitos, com a atribuição de realizar as sessões e audiências de conciliação e mediação, bem como de desenvolver programas com o objetivo de auxiliar, orientar e fomentar a autocomposição.

Trata-se, portanto, de atividade de extrema importância no Judiciário, não somente porque resulta em diminuição dos processos em tramitação, mas, sobretudo, porque os métodos consensuais são mais eficazes para efetivamente solucionar os conflitos, e não apenas terminá-los juridicamente, como ocorre na decisão judicial.

Nesse ínterim, deve-se reconhecer os limites da própria decisão judicial, que corresponde a um mecanismo apto a terminar os conflitos, com base na racionalidade jurídica, mas não necessariamente conduz à solução dos conflitos sociais, que, na maioria das vezes, não envolvem apenas a leitura jurídica da situação, mas a análise de problemas que estão por trás do conflito aparente, como relacionamentos interpessoais desgastados, situações familiares desestruturadas etc. Em grande parte das vezes, resolver esses conflitos não jurídicos que estão por trás da questão levada ao Judiciário é o primeiro passo para a obtenção da conciliação e da mediação, e, por conseguinte, para solucionar efetivamente o conflito.

Por tais razões, é que o CPC coloca grande ênfase na **conciliação** e na **mediação**, mas não apenas para ser uma etapa formal do procedimento, senão para ser o **foco principal da Justiça** e, internamente, do processo judicial.

É nesse âmago que o CPC traz minúcias sobre a definição, a organização e a composição dos centros judiciários de solução consensual de conflitos, além de impedimentos, deveres e responsabilidades dos conciliadores e mediadores. Ao mesmo tempo, confere a cada tribunal autonomia para definir a composição e a organização dos centros, a partir de diretrizes a serem traçadas pelo Conselho Nacional de Justiça.

---

15 Em razão disso, assim dispõe o art. 487, inc. III, do CPC: "Art. 487. Haverá resolução de mérito quando o juiz: [...] III – homologar: a) o reconhecimento da procedência do pedido formulado na ação ou na reconvenção; b) a transação; c) a renúncia à pretensão formulada na ação ou na reconvenção".

5.2. Princípios da mediação e da conciliação

O próprio CPC estabelece uma série de princípios informativos, que devem orientar as atividades de conciliação e de mediação. São eles: independência, imparcialidade, autonomia da vontade, confidencialidade, oralidade, informalidade e decisão informada (art. 166, CPC). Trata-se, em grande medida, da positivação de alguns princípios estabelecidos no Código de Ética de Conciliadores e Mediadores Judiciais (constante no Anexo III da Resolução n. 125/2010 do CNJ)[16].

De outro lado, a Lei da Mediação (Lei n. 13.140/2015), no seu artigo 2º, estabelece como princípios da mediação: "I – imparcialidade do mediador; II – isonomia entre as partes; III – oralidade; IV – informalidade; V – autonomia da vontade das partes; VI – busca do consenso; VII – confidencialidade; VIII – boa-fé".

O **princípio da independência** informa que o mediador e o conciliador devem atuar com liberdade, sem sofrer pressão interna ou externa, razão pela qual podem recusar, suspender ou interromper a sessão de mediação ou de conciliação se estiverem ausentes

---

16 Resolução n. 125/2010 do CNJ – Anexo III: "Art. 1º São princípios fundamentais que regem a atuação de conciliadores e mediadores judiciais: confidencialidade, decisão informada, competência, imparcialidade, independência e autonomia, respeito à ordem pública e às leis vigentes, empoderamento e validação. I – Confidencialidade – dever de manter sigilo sobre todas as informações obtidas na sessão, salvo autorização expressa das partes, violação à ordem pública ou às leis vigentes, não podendo ser testemunha do caso, nem atuar como advogado dos envolvidos, em qualquer hipótese; II – Decisão informada – dever de manter o jurisdicionado plenamente informado quanto aos seus direitos e ao contexto fático no qual está inserido; III – Competência – dever de possuir qualificação que o habilite à atuação judicial, com capacitação na forma desta Resolução, observada a reciclagem periódica obrigatória para formação continuada; IV – Imparcialidade – dever de agir com ausência de favoritismo, preferência ou preconceito, assegurando que valores e conceitos pessoais não interfiram no resultado do trabalho, compreendendo a realidade dos envolvidos no conflito e jamais aceitando qualquer espécie de favor ou presente; V – Independência e autonomia – dever de atuar com liberdade, sem sofrer qualquer pressão interna ou externa, sendo permitido recusar, suspender ou interromper a sessão se ausentes as condições necessárias para seu bom desenvolvimento, tampouco havendo dever de redigir acordo ilegal ou inexequível; VI – Respeito à ordem pública e às leis vigentes – dever de velar para que eventual acordo entre os envolvidos não viole a ordem pública, nem contrarie as leis vigentes; VII – Empoderamento – dever de estimular os interessados a aprenderem a melhor resolverem seus conflitos futuros em função da experiência de justiça vivenciada na autocomposição; VIII – Validação – dever de estimular os interessados perceberem-se reciprocamente como seres humanos merecedores de atenção e respeito. Art. 2º As regras que regem o procedimento da conciliação/mediação são normas de conduta a serem observadas pelos conciliadores/mediadores para o bom desenvolvimento daquele, permitindo que haja o engajamento dos envolvidos, com vistas à sua pacificação e ao comprometimento com eventual acordo obtido, sendo elas: I – Informação – dever de esclarecer os envolvidos sobre o método de trabalho a ser empregado, apresentando-o de forma completa, clara e precisa, informando sobre os princípios deontológicos referidos no Capítulo I, as regras de conduta e as etapas do processo; II – Autonomia da vontade – dever de respeitar os diferentes pontos de vista dos envolvidos, assegurando-lhes que cheguem a uma decisão voluntária e não coercitiva, com liberdade para tomar as próprias decisões durante ou ao final do processo e de interrompê-lo a qualquer momento; III – Ausência de obrigação de resultado – dever de não forçar um acordo e de não tomar decisões pelos envolvidos, podendo, quando muito, no caso da conciliação, criar opções, que podem ou não ser acolhidas por eles; IV – Desvinculação da profissão de origem – dever de esclarecer aos envolvidos que atuam desvinculados de sua profissão de origem, informando que, caso seja necessária orientação ou aconselhamento afetos a qualquer área do conhecimento poderá ser convocado para a sessão o profissional respectivo, desde que com o consentimento de todos; V – Compreensão quanto à conciliação e à mediação – dever de assegurar que os envolvidos, ao chegarem a um acordo, compreendam perfeitamente suas disposições, que devem ser exequíveis, gerando o comprometimento com seu cumprimento" (CONSELHO NACIONAL DE JUSTIÇA. Código de Ética de Conciliadores e Mediadores Judiciais (Anexo III da Resolução 125/2010 do CNJ). Disponível em: <http://www.cnj.jus.br/images/atos_normativos/resolucao/resolucao_125_29112010_compilada.pdf>. Acesso em: 15-1-2019).

as condições necessárias para seu bom desenvolvimento. Além disso, o conciliador e o mediador não devem redigir acordo que seja ilegal, imoral ou inexequível.

Pelo **princípio da imparcialidade**, o mediador e o conciliador devem atuar sem favoritismos, preferências ou preconceitos, de modo a permitir que valores pessoais não interfiram na sua atuação. Além disso, não devem aceitar qualquer espécie de favor ou presente em razão do seu trabalho.

O **princípio da isonomia entre as partes** informa que o conciliador e o mediador devem tratar de forma igualitária as partes. Assim, por exemplo, não podem ouvir apenas uma das partes sem ouvir a outra. Também não podem adotar a perspectiva de uma das partes sem analisar a perspectiva da outra. Além disso, o princípio da isonomia quer dizer igualdade substancial, e não meramente formal. Assim, caso uma das partes tenha hipossuficiência técnica, o conciliador e o mediador devem buscar supri-la, de modo a explicar em que consiste o conflito, bem como o sentido das expressões e termos técnicos, além das consequências jurídicas de cada opção que pode ser adotada pela parte.

De acordo com o **princípio da oralidade**, o mediador e o conciliador devem prioritariamente fazer uso da forma oral, na medida em que a oralidade permite que a comunicação se estabeleça de forma imediata, bem como que a mensagem chegue ao destinatário com maior facilidade de compreensão. Contudo, nada impede que a conciliação e a mediação também sejam realizadas ou tenham início com o auxílio da forma escrita, ou, mesmo, por recursos da telemática (meio de comunicação que envolve telecomunicações e informática – ex.: aplicativo WhatsApp). Assim, por exemplo, há notícia de casos de conciliações exitosas com o uso do aplicativo WhatsApp, em que as partes compareceram posteriormente em Juízo somente para formalizar o acordo[17].

O **princípio da informalidade** determina que o mediador e o conciliador devem utilizar linguagem simples, acessível às partes. Assim, devem evitar linguagem rebuscada. No caso do uso de termos técnico jurídicos, quando indispensáveis à comunicação, deve ser esclarecido o seu significado, de forma a permitir a integral compreensão.

O **princípio da autonomia da vontade** também deve informar as mediações e conciliações. Como formas de autocomposição de conflitos, deve-se fomentar que os envolvidos cheguem a uma decisão voluntária e não coercitiva.

De acordo com o **princípio da busca do consenso**, os mediadores e conciliadores devem objetivar não simplesmente a assinatura do acordo, mas, muito além disso, que ocorra a solução consensual do conflito. Assim, por exemplo, ao estar diante de uma situação que envolve conflito entre vizinhos, relativos a direito de vizinhança, o conciliador deve buscar solucionar o conflito de forma a não somente resolver pendengas passadas, mas também prevenir desavenças futuras. Da mesma forma, quando se está diante de um conflito familiar, o mediador deve fomentar que as partes compreendam o conflito, internalizem a perspectiva do outro, bem como busquem soluções para conviver de forma mais harmoniosa.

---

17 "Pela primeira vez no Distrito Federal, o aplicativo WhatsApp foi utilizado para promover acordo de conciliação entre trabalhador e empresa. De acordo com a juíza da 1ª Vara do Trabalho do Gama, Tamara Gil Kemp, responsável pela iniciativa, os advogados de ambas as partes realizaram toda a negociação pelo celular, que foi firmada no dia seguinte, em audiência presencial, com duração de dez minutos" (G1 – O portal de notícias da Globo. *Juíza elabora primeira conciliação trabalhista via WhatsApp no DF.* Disponível em: <http://g1.globo.com/distrito-federal/noticia/2015/12/juiza-elabora-primeira-conciliacao-trabalhista-whatsapp-no-df.html>. Acesso em: 2-2-2016).

O **princípio da confidencialidade** determina que o conciliador e o mediador devem manter em sigilo todas as informações e relatos que foram apresentados na sessão, ressalvados os casos de autorização expressa das partes, violação à ordem pública ou às leis vigentes. Em razão desse princípio, o conciliador e o mediador não poderão servir como testemunhas no caso, nem patrocinar o interesse de qualquer dos envolvidos, em qualquer hipótese.

Aliás, o art. 14 da Lei n. 13.140/2015 estabelece que, "no início da primeira reunião de mediação, e sempre que julgar necessário, o mediador deverá alertar as partes acerca das regras de confidencialidade aplicáveis ao procedimento".

No entanto, o princípio da confidencialidade não é absoluto, admitindo exceções. De acordo com o art. 30, § 3º, da Lei n. 13.140/2015, "não está abrigada pela regra de confidencialidade a informação relativa à ocorrência de crime de ação pública".

Em relação às informações confidenciais, somente deverá constar na ata aquilo que for autorizado pelas partes[18].

Pelo **princípio da decisão informada**, o jurisdicionado deve ser inteiramente informado quanto aos seus direitos e deveres, bem como quanto ao contexto fático que está inserido. Dessa forma, o conciliador e o mediador precisam criar uma relação de confiança com o jurisdicionado, e este precisa se sentir seguro para formular acordos.

O **princípio da boa-fé** refere-se à boa-fé objetiva, ou seja, ao dever de agir com lealdade, probidade, confiança, informação, eticidade, cooperação etc.

Durante a conciliação e mediação, devem ser utilizadas técnicas negociais, com o objetivo de fomentar a autocomposição, sempre respeitando a ampla informação às partes e a relação de confiança estabelecida. Sobre essas técnicas, recomenda-se a leitura do Manual de Mediação Judicial, desenvolvido no âmbito do Conselho Nacional de Justiça[19].

5.3. Os centros judiciários de solução de conflitos e câmaras privadas de conciliação e mediação: composição, formação e atribuições

O CPC estabelece que os tribunais deverão criar centros judiciários de solução consensual de conflitos, com atribuição para realizar sessões e audiências de conciliação e mediação, bem como desenvolver programas com o objetivo de auxiliar, orientar e estimular a autocomposição (art. 165, *caput*, CPC).

A composição e a organização desses centros deverão ser definidas pelo respectivo tribunal, observando-se as normas estabelecidas pelo Conselho Nacional de Justiça.

Assim, os tribunais devem dispor, em sua estrutura, de Núcleos Permanentes de Métodos Consensuais de Solução de Conflitos (NUPEMEC), com a função de atuar na gestão do sistema de autocomposição[20].

---

18 Enunciado 56 da ENFAM: "Nas atas das sessões de conciliação e mediação, somente serão registradas as informações expressamente autorizadas por todas as partes".

19 CONSELHO NACIONAL DE JUSTIÇA. Azevedo, André Gomma de (Org.). Manual de mediação judicial. 6. ed. Brasília/DF: CNJ, 2016. Disponível em: <http://www.cnj.jus.br/files/conteudo/arquivo/2016/07/f247f5ce60df2774c59d6e2dddbfec54.pdf>. Acesso em: 15-1-2019.

20 Enunciado 57 da ENFAM: "O cadastro dos conciliadores, mediadores e câmaras privadas deve ser realizado nos núcleos estaduais ou regionais de conciliação (Núcleos Permanentes de Métodos Consensuais de Solução de Conflitos – NUPEMEC), que atuarão como órgãos de gestão do sistema de autocomposição".

Diversos tribunais, mesmo antes do CPC/2015, já dispunham dos chamados Centros Judiciários de Solução de Conflitos e Cidadania (CEJUSCs), comumente com setores pré-processual, processual e de cidadania[21]. Com o CPC/2015, passam a ser obrigatórios dentro da estrutura organizacional dos tribunais. Esse Centros podem ser inclusive implementados mediante convênio entre tribunal e entidades públicas ou privadas (geralmente, universidades)[22].

Um dos seus principais enfoques deve ser a solução pré-processual do conflito[23]. Para tanto, cabe ao Juiz Coordenador do CEJUSC criar projetos e propor, sobretudo aos grandes litigantes da comarca ou circunscrição, a realização de políticas públicas de não judicialização de conflitos[24]. Em razão do caráter consensual, não é necessária a participação de advogado nas conciliações e mediações pré-processuais[25]. Contudo, tratando-se de hipótese em que, caso houvesse judicialização, seria necessária a intervenção do Ministério Público, este deverá participar da conciliação ou mediação pré-processual[26]. Havendo conciliação ou mediação nessa fase pré-processual, os acordos deverão ser homologados pelo próprio Juiz Coordenador do CEJUSC[27]. Tal acordo pré-processual homologado possui eficácia de título executivo judicial[28], assim como o acordo homologado na fase processual[29], podendo ser objeto de cumprimento de sentença.

Como o próprio nome diz, além do objetivo de solucionar conflitos, os CEJUSCs possuem o Setor de Cidadania, para disponibilizar serviços de orientação e encaminhamento do cidadão quando se tratar de questões não relacionadas à conciliação ou mediação, tais como: a) parcerias para emissão de documentos como Registro Geral, Carteira de Trabalho, Título de Eleitor e serviços perante os Cartórios de Registro Civil e Registro Imobiliário[30]; b) convênios com a Prefeitura, a Justiça Eleitoral, a Justiça do

---

21 Enunciado 2 do FONAMEC: "O CEJUSC deverá contar com os setores pré-processual, processual e de cidadania".

22 Enunciado 1 do FONAMEC: "O CEJUSC poderá ser instalado mediante parcerias com entidades públicas e privadas, por meio da formalização de convênio entre o TRIBUNAL DE JUSTIÇA e a entidade interessada".

23 Enunciado 6 do FONAMEC: "O tratamento pré-processual do conflito terá precedência a ações que induzam a judicialização de conflitos".

24 Enunciado 20 do FONAMEC: "O Juiz Coordenador do CEJUSC poderá propor aos grandes litigantes da comarca a realização de política pública de não judicialização de conflitos através do seu tratamento preventivo em conciliação ou mediação prévia".

25 Enunciado 21 do FONAMEC: "Nas sessões de conciliação ou mediação, inclusive naquelas relacionadas ao Direito de Família, não é obrigatória a presença de advogado, ante o caráter consensual do procedimento, embora deva ser recomendada a sua presença".

26 Enunciado 24 do FONAMEC: "Em casos de família onde haja menor ou incapaz, o Ministério Público deverá, obrigatoriamente, se manifestar sobre o acordo antes do Juiz homologá-lo, sendo desnecessária a presença de advogado".

27 Enunciado 25 do FONAMEC: "Os acordos obtidos na fase pré-processual serão homologados pelo Juiz Coordenador do CEJUSC".

28 Enunciado 29 do FONAMEC: "Os acordos homologados nos CEJUSC no Setor Pré-processual valerão como títulos executivos judiciais e poderão ser executados nos juízos competentes para julgamento das causas originárias, mediante livre distribuição".

29 Enunciado 30 do FONAMEC: "Os acordos homologados nos CEJUSC no Setor Processual valerão como títulos executivos judiciais e deverão ser executados nos juízos do feito em que foram constituídos, se for o caso".

30 Enunciado 13 do FONAMEC: "O Setor de Cidadania poderá contar com parceria para emissão de documentos como Registro Geral, Carteira de Trabalho, Título de Eleitor e serviços perante os Cartórios de Registro Civil e Registro Imobiliário".

Trabalho, o INSS[31] ou o PROCON[32]; c) atendimentos na área de psicologia e assistência social[33]; d) projetos de cunho social, como Oficina de Divórcio e Parentalidade[34]; e) atendimento por setor da OAB e ou pela Defensoria Pública, para orientação do cidadão e/ou seu encaminhamento para serviço de assistência judiciária[35].

Além disso, poderão ser criadas, fora da estrutura do Poder Judiciário, câmaras privadas de conciliação e mediação, mas os seus conciliadores e mediadores deverão preencher o requisito de capacitação mínima, previsto no art. 167, § 1º, do CPC[36].

As partes podem escolher, de comum acordo, o conciliador, o mediador ou a câmara privada de conciliação e de mediação. Nas hipóteses em que o caso seja judicializado e não haja escolha expressa das partes, ocorrerá a distribuição da causa entre aqueles conciliadores ou mediadores cadastrados no registro do tribunal.

O Conselho Nacional de Justiça criou o Cadastro Nacional de Mediadores Judiciais e Conciliadores para fins de credenciamento e habilitação de conciliadores, mediadores e câmaras privadas de mediação[37].

5.4. Câmaras administrativas de mediação e conciliação

O CPC (art. 174) também estabelece que os entes da federação deverão criar câmaras administrativas de mediação e conciliação, com atribuições relacionadas à solução consensual de conflitos no âmbito administrativo, tais como: "I – dirimir conflitos envolvendo órgãos e entidades da administração pública; II – avaliar a admissibilidade dos pedidos de resolução de conflitos, por meio de conciliação, no âmbito da administração pública; III – promover, quando couber, a celebração de termo de ajustamento de conduta".

Além disso, a Lei de Mediação (Lei n. 13.140/2015), no seu Capítulo II, trata "da autocomposição de conflitos em que for parte pessoa jurídica de direito público". O seu art. 32 dispõe que "a União, os Estados, o Distrito Federal e os Municípios poderão criar câmaras de prevenção e resolução administrativa de conflitos, no âmbito dos respectivos órgãos da Advocacia Pública, onde houver, com competência para: I – dirimir conflitos entre órgãos e entidades da administração pública; II – avaliar a admissibilidade dos

---

31 Enunciado 17 do FONAMEC: "O Setor de Cidadania poderá ofertar serviços decorrentes de convênios com a Prefeitura, a Justiça Eleitoral, a Justiça do Trabalho e o INSS".

32 Enunciado 18 do FONAMEC: "O CEJUSC poderá realizar parceria com o PROCON local para o encaminhamento e tratamento de conflitos consumeristas, em especial para negociação de casos de superendividamento e renegociação de dívidas, com a homologação dos acordos encaminhados ao setor pré-processual".

33 Enunciado 14 do FONAMEC: "O Setor de Cidadania poderá contar com atendimento na área de psicologia e assistência social, sendo que a atuação de tais profissionais estará coberta pelo sigilo, razão porque vedada a realização de laudos ou avaliações para utilização como prova em processo judicial".

34 Enunciado 15 do FONAMEC: "No Setor de Cidadania poderão ser implantados Projetos de cunho social, como a Oficina de Divórcio e Parentalidade, desenvolvida em parceria com o CNJ".

35 Enunciado 16 do FONAMEC: "O Setor de Cidadania poderá contar com atendimento por parte da OAB e Defensoria Pública para orientação do cidadão ou seu encaminhamento para assistência judiciária".

36 Enunciado 59 da ENFAM: "O conciliador ou mediador não cadastrado no tribunal, escolhido na forma do § 1º do art. 168 do CPC/2015, deverá preencher o requisito de capacitação mínima previsto no § 1º do art. 167".

37 Esse cadastro está disponibilizado pelo CNJ no endereço eletrônico http://www.cnj.jus.br/ccmj/.

pedidos de resolução de conflitos, por meio de composição, no caso de controvérsia entre particular e pessoa jurídica de direito público; III – promover, quando couber, a celebração de termo de ajustamento de conduta".

No âmbito federal, já existe a Câmara de Conciliação e Arbitragem da Administração Federal – CCAF, instituída pelo Ato Regimental n. 5, de 27-9-2007. Trata-se de unidade vinculada à Consultoria-Geral da União (órgão de direção superior integrante da estrutura da Advocacia-Geral da União-AGU), cujas principais atribuições são "dirimir, por meio de conciliação, as controvérsias entre órgãos e entidades da Administração Pública Federal, bem como entre esses e a Administração Pública dos Estados, do Distrito Federal, e dos Municípios"; e o "arbitramento das controvérsias, que será feito por meio de parecer da Consultoria-Geral da União" [...] "quando não ocorrer a conciliação, e somente nos casos envolvendo órgãos e entes da Administração Pública Federal"[38].

Observa-se, assim, que a criação de câmaras administrativas de mediação, conciliação e arbitragem no âmbito dos diversos níveis da administração pública é mecanismo extremamente importante, na medida em que pode contribuir para resolver o conflito administrativo de forma mais rápida e eficiente, buscando-se a melhor solução a partir da perspectiva da própria administração, sem a morosidade e o procedimento burocratizado do processo judicial.

5.5. Objeto da mediação e da conciliação

Podem ser **objeto** da **mediação** e da **conciliação direitos disponíveis**, bem como **direitos indisponíveis, mas transigíveis**. Aliás, o art. 3º, *caput*, da Lei n. 13.140/2015 estabelece que "pode ser objeto de mediação o conflito que verse sobre direitos disponíveis ou sobre direitos indisponíveis que admitam transação. Pode ser objeto de mediação o conflito que verse sobre direitos disponíveis ou sobre direitos indisponíveis que admitam transação".

Por exemplo, no caso de direitos envolvendo um contrato de compra e venda entre pessoas maiores e capazes, os direitos são disponíveis e, portanto, transigíveis.

No tocante ao direito ao meio ambiente, embora seja indisponível, é transigível em alguns aspectos. Por exemplo, o Ministério Público pode firmar um termo de ajustamento de conduta com a empresa poluidora para, em determinado prazo, se adequar às normas de redução de poluição, reparar o meio ambiente degradado, pagar determinado valor a título de multa e compensar a degradação ambiental como, por exemplo, com o reflorestamento de determinada área.

No caso de direitos indisponíveis, mas transigíveis, é necessária a participação do Ministério Público na conciliação ou na mediação, na forma do art. 3º, § 2º, da Lei n. 13.140/2015, sob pena de nulidade[39].

---

38 ADVOCACIA-GERAL DA UNIÃO. Câmara de Conciliação e Arbitragem da Administração Federal – CCAF: cartilha. 3. ed. Brasília: Advocacia-Geral da União, 2012. Disponível em: <https://www.agu.gov.br/page/download/index/id/28095613>. Acesso em: 27-5-2019. p. 11-13.

39 Lei n. 13.140/2015: "Art. 3º [...] § 2º O consenso das partes envolvendo direitos indisponíveis, mas transigíveis, deve ser homologado em juízo, exigida a oitiva do Ministério Público".

As partes poderão, ainda que já iniciado o processo judicial ou o procedimento arbitral, requerer a suspensão do processo para que se submetam à mediação[40].

Além disso, a autocomposição judicial (conciliação e mediação) pode versar sobre relação jurídica que não seja objeto do processo, bem como pode envolver alguém que não faça parte do processo, desde que haja o seu consentimento no acordo (art. 515, § 2º, CPC)[41].

5.6. Termo de mediação

Após encerrado o procedimento de mediação, deverá ser lavrado um termo final, havendo ou não acordo[42].

Em razão do princípio da confidencialidade, somente devem constar no termo as informações autorizadas pelas partes[43], salvo aquelas que digam respeito à ordenação da audiência.

Na hipótese de celebração de acordo, o termo final da mediação constitui título executivo extrajudicial e, quando homologado judicialmente, forma título executivo judicial (art. 20, parágrafo único, Lei n. 13.140/2015)[44].

---

40 Lei n. 13.140/2015: "Art. 16. Ainda que haja processo arbitral ou judicial em curso, as partes poderão submeter-se à mediação, hipótese em que requererão ao juiz ou árbitro a suspensão do processo por prazo suficiente para a solução consensual do litígio".

41 CPC: "Art. 515 [...] § 2º A autocomposição judicial pode envolver sujeito estranho ao processo e versar sobre relação jurídica que não tenha sido deduzida em juízo".

42 Lei n. 13.140/2015: "Art. 20. O procedimento de mediação será encerrado com a lavratura do seu termo final, quando for celebrado acordo ou quando não se justificarem novos esforços para a obtenção de consenso, seja por declaração do mediador nesse sentido ou por manifestação de qualquer das partes".

43 Enunciado 56 da ENFAM: "Nas atas das sessões de conciliação e mediação, somente serão registradas as informações expressamente autorizadas por todas as partes".

44 Lei n. 13.140/2015: "Art. 20 [...] Parágrafo único. O termo final de mediação, na hipótese de celebração de acordo, constitui título executivo extrajudicial e, quando homologado judicialmente, título executivo judicial".

CAPÍTULO **VI**

COMPETÊNCIA

1. CONCEITO E PRINCÍPIOS APLICÁVEIS

Diversos doutrinadores já se propuseram a definir juridicamente o instituto da competência, das mais diversas formas.

Para Liebman, "competência é a quantidade de jurisdição cujo exercício é atribuído a cada órgão, ou seja, a medida da jurisdição"[1].

A doutrina brasileira também define **competência** como a "**medida da jurisdição**"[2], "**os limites dentro dos quais cada juízo pode, legitimamente, exercer a função jurisdicional**"[3], a "**distribuição de jurisdição entre os diversos órgãos jurisdicionais**"[4].

A competência é norteada pelos princípios do juiz natural, da tipicidade e da indisponibilidade.

Segundo o **princípio do juiz natural**, toda pessoa tem o direito de que o seu processo seja julgado por um juiz competente e estabelecido previamente ao conflito, sendo vedados os tribunais de exceção.

O **princípio da tipicidade**, por sua vez, informa que as competências dos órgãos judiciais são, em regra, somente aquelas expressamente enumeradas na Constituição.

De acordo com o **princípio da indisponibilidade**, as competências constitucionalmente fixadas não podem ser transferidas para órgãos diferentes daqueles a quem a Constituição as atribui.

---

1 LIEBMAN, Enrico Tullio. *Manual de direito processual civil*. v. 1. Rio de Janeiro: Forense, 1984. p. 55.

2 "A 'competência', assim, 'é a medida da jurisdição', ou, ainda, é a jurisdição na medida em que pode e deve ser exercida pelo juiz" (CARNEIRO, Athos Gusmão. *Jurisdição e competência:* exposição didática. 11. ed. São Paulo: Saraiva, 2001. p. 55).

3 E continua o autor: "É, em outros, termos a legitimidade do órgão jurisdicional para atuar em um processo, devendo ser compreendida como sua específica aptidão para exercer função jurisdicional naquele processo específico que perante ele se tenha instaurado" (CÂMARA, Alexandre Freitas. *O novo processo civil brasileiro*. São Paulo: Atlas, 2015. p. 47).

4 "A competência é exatamente o resultado de critérios para distribuir entre vários órgãos as atribuições relativas ao desempenho da jurisdição. A competência jurisdicional é o poder de exercer a jurisdição nos limites estabelecidos por lei. É o âmbito dentro do qual o juiz pode exercer a jurisdição; é a medida da jurisdição, a 'quantidade de jurisdição cujo exercício é atribuído a cada órgão ou grupo de órgãos'" (DIDIER JR., Fredie. *Curso de direito processual civil:* introdução ao direito processual civil, parte geral e processo de conhecimento. v. 1. 18. ed. Salvador: JusPodivm, 2016. p. 198).

2. PERCURSO LÓGICO PARA DEFINIÇÃO DA COMPETÊNCIA

Para a definição do órgão jurisdicional competente, é necessário seguir o seguinte percurso lógico, em que se analisam diversos critérios para a definição da competência:

a) Primeiramente, deve se verificar se a **Justiça brasileira** é competente;

b) Se o for, perquire-se se existe **competência originária** estabelecida pela Constituição de algum **tribunal ou órgão jurisdicional superior**;

c) Não sendo de tribunal, deve-se verificar se a competência é de alguma **Justiça Especial** (Eleitoral, Trabalhista ou Militar) **ou da Justiça Comum** (federal ou estadual);

d) Sendo da competência da justiça comum, é necessário indagar se a competência é da **Justiça Comum Federal ou Estadual**;

e) Depois, é preciso encontrar o **foro competente**, segundo os critérios de competência territorial estabelecidos no CPC;

f) Uma vez determinado o foro competente, perquire-se qual é o **juízo competente**, conforme as regras estabelecidas no CPC (material, em razão da pessoa, valor da causa e funcional).

3. CRITÉRIOS DE COMPETÊNCIA

3.1. Competência interna/competência internacional

Tais critérios de competência delimitam os casos em que o Judiciário brasileiro atua.
O Código de Processo Civil estabelece critérios de competência concorrente e critérios de competência exclusiva da Justiça brasileira.

3.1.1. Competência concorrente da Justiça brasileira

Os casos de competência concorrente são aqueles em que é possível que a ação tramite e seja julgada pelo Poder Judiciário brasileiro, mas não se exclui a possibilidade de reconhecimento de uma sentença estrangeira sobre a mesma causa.

As **hipóteses de competência brasileira concorrente** estão previstas no art. 21 e 22 do CPC. São as seguintes:

1) quando o réu, qualquer que seja a sua nacionalidade, estiver domiciliado no Brasil: os arts. 70 a 78 do Código Civil definem qual é o domicílio da pessoa física e jurídica. Em síntese, o domicílio natural da pessoa física é o "lugar onde ela estabelece a sua residência com ânimo definitivo" (art. 70, CC); o domicílio profissional da pessoa física é o local onde exerce a sua profissão (art. 72, CC); e o domicílio das pessoas jurídicas é "o lugar onde funcionarem as respectivas diretorias e administrações, ou onde elegerem domicílio especial no seu estatuto ou atos constitutivos" (art. 75, IV, CC)[5]. De outro lado, para fins de fixação

---

5 Código Civil de 2002: "Art. 70. O domicílio da pessoa natural é o lugar onde ela estabelece a sua residência com ânimo definitivo. Art. 71. Se, porém, a pessoa natural tiver diversas residências, onde, alternadamente, viva, considerar-se-á domicílio seu qualquer delas. Art. 72. É também domicílio da pessoa natural, quanto às relações concernentes

da competência da Justiça brasileira, "considera-se domiciliada no Brasil a pessoa jurídica estrangeira que nele tiver agência, filial ou sucursal" (art. 21, parágrafo único, CPC).

2) **quando a obrigação tiver de ser cumprida no Brasil**: é o caso, por exemplo, da celebração de contrato em que a entrega do produto ou do serviço deva ocorrer em território brasileiro.

3) **quando o fundamento da demanda for fato ocorrido ou ato praticado no Brasil**: por exemplo, quando a demanda tem como causa de pedir acidente de trânsito ocorrido no Brasil.

4) **nas ações de alimentos**, quando: a) "o credor tiver domicílio ou residência no Brasil"; b) "o réu mantiver vínculos no Brasil, tais como posse ou propriedade de bens, recebimento de renda ou obtenção de benefícios econômicos";

5) **nas demandas decorrentes de relações de consumo**, quando o consumidor tiver domicílio ou residência no Brasil: seria o caso, por exemplo, do consumidor domiciliado no Brasil que realiza uma compra no exterior. Neste caso, o fornecedor com domicílio fora do país poderia ajuizar a ação no Brasil. Para o fornecedor de bens e serviços, tal regra de competência é importante, sobretudo em países vizinhos, pois é mais fácil ajuizar uma ação contra o consumidor no Brasil do que ajuizá-la no seu país e ter de submeter diversos atos processuais à carta rogatória. Contudo, se for caso de consumidor brasileiro que ajuíza a ação no Brasil, o fornecedor estrangeiro pode recusar a competência da Justiça brasileira, a depender das normas sobre competência do seu país. Enfim, trata-se de inovação importante do CPC/2015, mas que pode gerar questionamentos na área de direito internacional privado, na medida em que a Justiça do Estado estrangeiro pode não reconhecer a sentença brasileira.

6) **nas ações em que "as partes, expressa ou tacitamente, se submeterem à jurisdição nacional"**. São hipóteses de submissão expressa à jurisdição nacional, por exemplo: a) a cláusula de eleição de foro em contrato internacional; b) quando ambas as partes, por outra forma, expressamente manifestarem a intenção de que a sua lide deva ser processada

---

à profissão, o lugar onde esta é exercida. Parágrafo único. Se a pessoa exercitar profissão em lugares diversos, cada um deles constituirá domicílio para as relações que lhe corresponderem. Art. 73. Ter-se-á por domicílio da pessoa natural, que não tenha residência habitual, o lugar onde for encontrada. Art. 74. Muda-se o domicílio, transferindo a residência, com a intenção manifesta de o mudar. Parágrafo único. A prova da intenção resultará do que declarar a pessoa às municipalidades dos lugares, que deixa, e para onde vai, ou, se tais declarações não fizer, da própria mudança, com as circunstâncias que a acompanharem. Art. 75. Quanto às pessoas jurídicas, o domicílio é: I – da União, o Distrito Federal; II – dos Estados e Territórios, as respectivas capitais; III – do Município, o lugar onde funcione a administração municipal; IV – das demais pessoas jurídicas, o lugar onde funcionarem as respectivas diretorias e administrações, ou onde elegerem domicílio especial no seu estatuto ou atos constitutivos. § 1º Tendo a pessoa jurídica diversos estabelecimentos em lugares diferentes, cada um deles será considerado domicílio para os atos nele praticados. § 2º Se a administração, ou diretoria, tiver a sede no estrangeiro, haver-se-á por domicílio da pessoa jurídica, no tocante às obrigações contraídas por cada uma das suas agências, o lugar do estabelecimento, sito no Brasil, a que ela corresponder. Art. 76. Têm domicílio necessário o incapaz, o servidor público, o militar, o marítimo e o preso. Parágrafo único. O domicílio do incapaz é o do seu representante ou assistente; o do servidor público, o lugar em que exercer permanentemente suas funções; o do militar, onde servir, e, sendo da Marinha ou da Aeronáutica, a sede do comando a que se encontrar imediatamente subordinado; o do marítimo, onde o navio estiver matriculado; e o do preso, o lugar em que cumprir a sentença. Art. 77. O agente diplomático do Brasil, que, citado no estrangeiro, alegar extraterritorialidade sem designar onde tem, no país, o seu domicílio, poderá ser demandado no Distrito Federal ou no último ponto do território brasileiro onde o teve. Art. 78. Nos contratos escritos, poderão os contratantes especificar domicílio onde se exercitem e cumpram os direitos e obrigações deles resultantes".

e julgada pela Justiça brasileira. A submissão tácita à jurisdição nacional ocorre, por exemplo, quando uma das partes ajuíza a ação perante a Justiça brasileira e a outra, por sua vez, não suscita a incompetência no momento oportuno (geralmente, na contestação).

3.1.2. Competência exclusiva da Justiça brasileira

As hipóteses de competência exclusiva da Justiça brasileira são aquelas em que o Judiciário brasileiro é competente, com exclusão de qualquer outro. Vale dizer, o Brasil não admite sentença estrangeira sobre essas hipóteses[6]. Lembre-se que, no Brasil, compete ao Superior Tribunal de Justiça processar e julgar o pedido de homologação de sentenças estrangeiras e a concessão de *exequatur* às cartas rogatórias[7].

Os casos de **competência exclusiva da Justiça brasileira** estão elencados no art. 23 do CPC. São os seguintes:

1) ações relativas a **imóveis situados no Brasil**;

2) demandas relativas à **sucessão hereditária**, para "confirmação de testamento particular e ao **inventário e à partilha de bens situados no Brasil**" – "ainda que o autor da herança seja de nacionalidade estrangeira ou tenha domicílio fora do território nacional";

3) ações para a **partilha de bens situados no Brasil** em divórcio, separação judicial ou dissolução de união estável, "ainda que o titular seja de nacionalidade estrangeira ou tenha domicílio fora do território nacional".

Quando a causa for processada e julgada pela **Justiça brasileira**, as **regras processuais** aplicáveis são as vigentes no **Brasil**. De outro lado, são as disposições da **Lei de Introdução das Normas de Direito Brasileiro** (Decreto-Lei n. 4.657/1942) e de **direito internacional privado** que estabelecem as **regras de direito material aplicáveis**.

3.1.3. Inexistência de litispendência entre demandas que tramitam no Brasil e em Estado estrangeiro: conflito de jurisdições, *forum shopping* e *forum non conveniens*

Não há litispendência entre a ação proposta perante o Judiciário estrangeiro e a ação proposta perante a autoridade judiciária brasileira. Isso porque, ou existe competência concorrente, admitindo-se que tramitem as ações na Justiça brasileira e na Justiça

---

6 A título exemplificativo, observe-se o seguinte julgado: "**A partilha de bens imóveis situados no território brasileiro é da competência exclusiva da Justiça pátria**, nos termos do art. 12, § 1º, da Lei de Introdução às Normas do Direito Brasileiro (antiga Lei de Introdução ao Código Civil) e do art. 89 do CPC. 2. **Não é possível a homologação de sentença estrangeira que dispõe sobre partilha de bens na hipótese em que não há acordo na divisão de bem imóvel localizado no Brasil, mas sim determinação da justiça estrangeira da forma como o bem seria partilhado.** Precedentes" (Superior Tribunal de Justiça, SEC 9.531/EX, Rel. Min. Mauro Campbell Marques, Corte Especial, julgado em 19-11-2014, *DJe* 11-12-2014).

7 CF: "Art. 105. Compete ao Superior Tribunal de Justiça: I – processar e julgar, originariamente: [...] i) a homologação de sentenças estrangeiras e a concessão de *exequatur* às cartas rogatórias;".

estrangeira; ou a competência é exclusiva da Justiça brasileira, caso em que não se admitirá sentença de Justiça estrangeira.

Além disso, a pendência de causa perante a Justiça brasileira não impede a homologação de sentença estrangeira sobre a mesma causa. Essa é a regra estabelecida no art. 24 do CPC[8].

Nas causas em que o autor puder escolher entre demandar perante a Justiça brasileira e a Justiça estrangeira, está-se diante do chamado *forum shopping* (possibilidade de escolha pelo autor do foro onde proporá a demanda).

A Justiça de vários países adota a tese do *forum non conveniens*, que é a possiblidade de o juízo ou tribunal entender que a jurisdição de outro país seria mais conveniente para julgar a causa. Desse modo, a tese do *forum non conveniens* colocaria limites e pode estabelecer as balizas para o *forum shopping*.

Contudo, apesar da aceitação em diversos países, o STJ não tem admitido a aplicação do *forum non conveniens* (a recusa do Judiciário brasileiro a julgar determinada demanda quando houve a opção da parte por propor a ação no Brasil), por ausência de previsão na legislação brasileira[9].

3.1.4. Cláusula de eleição de foro em contrato internacional

As partes podem estabelecer, em contrato internacional, cláusula de eleição de foro.

Se essa cláusula de eleição estabelecer que o Brasil é o foro competente para processar e julgar os conflitos que surjam em torno desse contrato, essa convenção das partes deve ser admitida pela Justiça Brasileira, já que o art. 22, inc. III, do CPC prevê que, nesse caso, há competência concorrente da Justiça Brasileira[10].

De outro lado, se o contrato internacional estabelecer cláusula de eleição de foro exclusivo estrangeiro, essa cláusula terá validade se não for abusiva e se for hipótese legal de competência concorrente da Justiça brasileira (não for caso de competência exclusiva). Além disso, o órgão judiciário brasileiro não poderá conhecer de ofício dessa cláusula de eleição de foro estrangeiro. Assim, como regra, o órgão judiciário brasileiro somente

---

8 CPC: "Art. 24. A ação proposta perante tribunal estrangeiro não induz litispendência e não obsta a que a autoridade judiciária brasileira conheça da mesma causa e das que lhe são conexas, ressalvadas as disposições em contrário de tratados internacionais e acordos bilaterais em vigor no Brasil. Parágrafo único. A pendência de causa perante a jurisdição brasileira não impede a homologação de sentença judicial estrangeira quando exigida para produzir efeitos no Brasil".

9 "RECURSO ESPECIAL. PROCESSUAL CIVIL. AÇÃO DE INDENIZAÇÃO. COMPETÊNCIA INTERNACIONAL. CONTRATO DE DISTRIBUIÇÃO E REPRESENTAÇÃO COMERCIAL. RUPTURA UNILATERAL. JURISDIÇÃO. CLÁUSULA DE ELEIÇÃO. PROTOCOLO DE BUENOS AIRES. VALIDAÇÃO. *FORUM NON CONVENIENS*. INAPLICABILIDADE. [...] 5. Havendo previsão contratual escrita e livremente pactuada entre as partes, elegendo a jurisdição brasileira como competente para a solução de eventuais conflitos, deve ela ser plenamente observada. 6. Restrita aceitação da doutrina do *forum non conveniens* pelos países que adotam o sistema do *civil-law*, não havendo no ordenamento jurídico brasileiro norma específica capaz de permitir tal prática. 7. Recurso especial não provido" (STJ, REsp 1633275 / SC, Rel. Ministro Ricardo Villas Bôas Cueva, Terceira Turma, julgado em 8-11-2016, *DJe* 14-11-2016).

10 CPC: "Art. 22. Compete, ainda, à autoridade judiciária brasileira processar e julgar as ações: [...] III – em que as partes, expressa ou tacitamente, se submeterem à jurisdição nacional".

poderá se declarar incompetente se a parte ré alegar isso em contestação[11]. Contudo, a autoridade judiciária brasileira poderá conhecer de ofício da abusividade da cláusula de eleição de foro em contrato internacional.

3.2. Competência interna

A competência interna é disciplinada por quatro critérios: a) competência material (ou em razão da matéria); b) competência em razão da pessoa; c) competência em razão do valor da causa; d) competência funcional; e e) competência territorial.

3.2.1. Competência material

A competência material, como o próprio nome indica, é a fixada em razão do conteúdo de direito material que é discutido na demanda. Tal critério pode ser estabelecido na Constituição (Competência da Justiça Eleitoral, Trabalhista, Tribunal do Júri, Juizados Especiais etc.) ou pela Lei de Organização Judiciária da Justiça Federal, ou da Justiça do Estado ou do Distrito Federal. Cada Estado e o DF fixam a sua competência em razão da matéria, de acordo com as suas necessidades de administração judiciária, levando em conta, sobretudo, a necessidade de especialização e o quantitativo de processos. Considerando tais fatores, é possível estabelecer a divisão de competência do órgão jurisdicional em, por exemplo, Vara de Família, Vara de Sucessões, Vara da Infância e Juventude, Vara Criminal, Vara de Delitos de Trânsito, Vara do Tribunal do Júri, Vara da Fazenda Pública etc.

3.2.2. Competência em razão da pessoa

Trata-se da competência que se estabelece em razão de determinadas pessoas quando são parte ou terceiro interveniente.

No âmbito do processo civil, a competência em razão da pessoa está prevista no art. 109, incs. I, II e VIII, da Constituição Federal.

Nos casos em que forem parte ou interveniente a União, ou as autarquias, as fundações públicas ou as empresas públicas federais, será competente a Justiça Federal, exceto as de falência, as de acidentes de trabalho e as sujeitas à Justiça Eleitoral e à Justiça do Trabalho (art. 109, I, CF).

A Justiça Federal também será competente para "as causas entre Estado estrangeiro ou organismo internacional e Município ou pessoa domiciliada ou residente no País" (art. 109, II, CF) e para "os mandados de segurança e os *habeas data* contra ato de autoridade federal" (art. 109, VIII, CF).

---

11 CPC: "Art. 25. Não compete à autoridade judiciária brasileira o processamento e o julgamento da ação quando houver cláusula de eleição de foro exclusivo estrangeiro em contrato internacional, arguida pelo réu na contestação. § 1º Não se aplica o disposto no *caput* às hipóteses de competência internacional exclusiva previstas neste Capítulo. § 2º Aplica-se à hipótese do *caput* o art. 63, §§ 1º a 4º".

Observa-se, portanto, que, nesses casos, o critério que determina a competência é a qualidade da parte que está no processo.

3.2.3. Competência em razão do valor

A competência em razão do valor pode ser fixada por lei (por exemplo, a competência dos Juizados Especiais, prevista nas Leis n. 9.099/1995, n. 10.259/2001 e n. 12.153/2009) ou pelas Leis de Organização Judiciária de cada Estado. Geralmente os Estados não fixam tal competência.

3.2.4. Competência funcional

A competência funcional é estabelecida em razão da atividade a ser realizada no processo.

Deve ser analisada entre três planos:

a) **no plano horizontal:** é a distribuição funcional de competência e ocorre entre órgãos jurisdicionais que estão na mesma instância. Por exemplo, competência dos juízos deprecante e deprecado para realizar determinadas funções no processo.

b) **no plano vertical:** trata da atribuição de competência funcional entre órgãos jurisdicionais que estão em instâncias diferentes. Por exemplo, competência funcional do tribunal para julgar recursos contra decisões de juízos de primeira instância a ele vinculados.

c) **competência funcional entre processos:** a competência funcional é fixada em razão da vinculação entre processos. Por exemplo, a fase de execução de sentença (cumprimento de sentença) pode ocorrer no mesmo juízo da fase de conhecimento (é a regra); o requerimento de tutela de urgência incidental deve ser distribuído perante o mesmo juízo onde tramita o processo principal.

3.2.5. Competência territorial

O critério de competência territorial se estabelece em razão do local onde reside o autor ou o réu, onde a obrigação deveria ser cumprida, onde ocorreu o delito ou o dano, ou com base no local da situação da coisa. As partes podem também eleger o foro territorialmente competente, onde eventuais controvérsias surgidas em torno de determinado contrato serão processadas e julgadas (cláusula de eleição de foro).

A competência territorial está prevista nos arts. 46 e seguintes do Código de Processo Civil.

A fim de permitir uma visão mais clara da competência territorial, faz-se uma sistematização das hipóteses definidoras da competência territorial, de acordo com o Código de Processo Civil:

a) **Ações fundadas em direito pessoal e em direito real sobre bens móveis:** em regra, foro do domicílio do réu.

a.1) Quando é estabelecido o local do domicílio do réu como o foro competente, mas é incerto ou desconhecido o domicílio do réu: foro do local onde for encontrado ou do domicílio do autor.

a.2) Se o réu tiver mais de um domicílio: poderá ser demandado em qualquer deles.

a.3) Réu sem domicílio no Brasil: foro do domicílio do autor.

a.3.1) Se, neste caso, o autor também residir fora do Brasil: qualquer foro no Brasil.

a.4) Havendo dois ou mais réus: no foro do domicílio de qualquer deles.

b) Execução fiscal: será proposta no foro de domicílio do réu, no de sua residência ou no do lugar onde for encontrado.

c) Se a ação tiver por objeto direitos reais sobre imóveis:

c.1) Se a causa versar sobre propriedade, vizinhança, servidão, divisão e demarcação de terras ou nunciação de obra: foro do local do imóvel, com competência absoluta;

c.2) Se a causa envolver imóvel, mas versar sobre outras matérias: foro do local do imóvel, domicílio de eleição ou foro do domicílio do réu – mas se trata de hipótese de competência relativa.

c.3) Envolvendo ação possessória: foro de situação da coisa, cujo juízo tem competência absoluta.

c.4) Ação de adjudicação compulsória: a ação de adjudicação compulsória é cabível nos casos de promessa de compra e venda de imóvel, em que o promitente comprador paga todo o valor contratado, mas o promitente vendedor se recusa a firmar a escritura pública de compra e venda, documento hábil a transferir a propriedade do bem imóvel. Como a ação de adjudicação compulsória versa sobre direito real de propriedade, a competência para o seu processamento e decisão é do foro da situação da coisa, não se admitindo a derrogação pelas partes, ou seja, não se admite foro de eleição[12].

c.5) Se o imóvel estiver situado em mais de um Estado, comarca, seção ou subseção judiciária, a competência territorial é de qualquer dos foros em que parte dele se encontrar. Uma vez ajuizada a ação num desses foros, a competência do juízo prevento estende-se sobre a totalidade do imóvel (art. 60, CPC).

d) Ações de inventário, partilha, arrecadação, cumprimento de disposições de última vontade, impugnação ou anulação de partilha extrajudicial e todas as ações em que o espólio for réu, ainda que o óbito tenha ocorrido no estrangeiro: foro do domicílio do autor da herança, no Brasil, ainda que o óbito tenha ocorrido no exterior (art. 96, *caput*, CPC).

d.1) Se o falecido não possuía domicílio certo: foro da situação dos bens (art. 96, p. único, inc. I, CPC).

d.2) Se não possuía domicílio certo e bens imóveis em lugares diferentes: qualquer dos foros onde localizados os bens;

---

12 A jurisprudência do STJ é pacífica no mesmo sentido: "**AÇÃO DE ADJUDICAÇÃO COMPULSÓRIA – COMPETÊNCIA – *FORUM REI SITAE* – PRECEDENTES DO STF E DO STJ**" (STJ, AgRg no REsp 773.942/SP, Rel. Min. Massami Uyeda, Terceira Turma, julgado em 19-8-2008, *DJe* 5-9-2008).

d.3) Se o autor da herança não possuía domicílio certo e não há bens imóveis a inventariar: o foro do local de qualquer dos bens do espólio

e) **Se o réu for incapaz:** foro do domicílio do seu assistente ou representante legal.

f) **Ações em que a União, Estado ou Distrito Federal são autores:** foro do domicílio do réu.

g) **Se a União for a ré:** foro do domicílio do autor, da ocorrência do ato ou fato que originou a demanda, da situação da coisa ou no Distrito Federal.

h) **Se Estado ou o Distrito Federal for o demandado:** foro do domicílio do autor, da ocorrência do ato ou fato que originou a demanda, da situação da coisa ou na capital do respectivo ente federado.

i) **Ações de divórcio, separação, anulação de casamento e reconhecimento ou dissolução de união estável**: i.1) foro do domicílio do guardião de filho incapaz; i.2) caso não haja filho incapaz, foro do último domicílio do casal; i.3) se nenhuma das partes residir no antigo domicílio do casal, foro do domicílio do réu;

j) **ação de alimentos (em que se pede alimentos):** foro do domicílio ou residência do alimentando;

j.1) ação investigatória de paternidade cumulada com ação de alimentos: foro do domicílio ou residência do alimentando. Nesse sentido, a Súmula 1 do STJ[13].

l) **Ação em que for ré a pessoa jurídica:** foro do local onde está a sua sede.

l.1) Ação com causa de pedir nas obrigações contraídas pela agência ou sucursal: foro do local da agência ou sucursal.

m) **Ação em que for ré a sociedade, que carece de personalidade jurídica (sociedade em comum):** foro do local onde exerce suas atividades.

n) **Ação para cumprimento de obrigação:** foro do local onde a obrigação deveria ter sido satisfeita.

o) **Ação que versa sobre direito do idoso previsto no respectivo estatuto:** foro da residência do idoso.

p) **Ação de reparação de dano por ato praticado em razão do ofício da serventia notarial ou de registro:** sede da serventia notarial ou de registro.

q) **Ação de reparação de dano:** foro do lugar do ato ou fato.

r) **Ação em que é réu administrador ou gestor de negócios alheios:** foro do lugar do ato ou fato.

s) **Ação de reparação de dano sofrido em razão de delito ou acidente de veículos, inclusive aeronaves:** foro do domicílio do autor ou do local do fato.

t) **Para qualquer caso de competência territorial relativa**, entende-se que o **autor pode** ajuizar a ação no **foro do domicílio do réu**, haja vista que, nesse caso, não haveria interesse do réu em alegar a incompetência, já que a opção do autor por este domicílio beneficia o réu.

---

13 Súmula 1 do STJ: "O foro do domicílio ou da residência do alimentando é o competente para a ação de investigação de paternidade, quando cumulada com a de alimentos".

3.2.5.1. *Competência territorial estabelecida para situações específicas*

A par dos critérios de competência fixados no CPC, é preciso ainda estudar as hipóteses de **competência territorial estabelecidas em leis especiais**. Abaixo, faz-se uma síntese de tais hipóteses:

a) **Ações da Lei de Locações** (despejo, consignação, revisional e renovatória): foro do local do imóvel, salvo se houver foro de eleição (art. 52, II, Lei n. 8.245/1991).

b) Ações envolvendo **relações de consumo:** domicílio do consumidor (art. 101, inc. I, CDC).

c) Ações envolvendo **direitos coletivos** (difusos, coletivos em sentido estrito e individuais homogêneos) **de pessoa idosa:** domicílio do idoso (art. 80 do Estatuto do Idoso).

d) **Ação civil pública:** c.1) foro do local do dano, para danos locais; c.2) foro da Capital do Estado ou Distrito Federal, para os danos de âmbito nacional ou regional (art. 2º da Lei n. 7.347/1985 e art. 93 da Lei n. 8.078/1990).

e) **Ação de cobrança do seguro obrigatório DPVAT:** foro do domicílio do autor, do local do acidente ou do domicílio do réu. Nesse sentido, a Súmula 540 do STJ: "Na ação de cobrança do seguro DPVAT, constitui faculdade do autor escolher entre os foros do seu domicílio, do local do acidente ou ainda do domicílio do réu".

4. *FORUM SHOPPING* E *FORUM NON CONVENIENS*

Em diversas hipóteses previstas no CPC, como foi acima exposto, há mais de um foro competente. Assim, cabe ao autor escolher onde proporá a sua demanda. Essa **possibilidade de escolha** é o que se denomina de ***forum shopping***.

De outro lado, essa **possibilidade de escolha** deve ser **limitada pela boa-fé objetiva**, devendo ser rechaçados os casos de exercício abusivo desse direito. A **possibilidade de limitação** das regras que estabelecem o ***forum shopping*** denomina-se ***forum non conveniens***.

Questão bastante controvertida atualmente na jurisprudência diz respeito à (im) possibilidade de o juiz conhecer de ofício da incompetência no caso em que o autor escolhe foro diverso do domicílio do autor, do réu e do local onde a obrigação deveria ser cumprida. Tais hipóteses têm sido denominadas de escolha aleatória de foro pelo autor.

Nesses casos, parte da jurisprudência tem entendido que, tratando-se de incompetência territorial e, portanto, relativa, o juiz não poderia conhecê-la de ofício, somente podendo ser reconhecida se a parte requerida opusesse exceção de incompetência.

Outra parte da jurisprudência entende que o princípio do juiz natural impõe que seja vedada ao autor a possibilidade de escolher aleatoriamente o foro em que proporá a ação, pois deveria circunscrever a sua escolha àqueles foros já estabelecidos no CPC.

Apesar de não pacificada a questão nos tribunais pátrios, o Superior Tribunal de Justiça tem seguido o entendimento pela **possibilidade de o juiz conhecer de ofício da incompetência territorial nos casos de escolha aleatória de foro pelo autor**[14].

14 "A competência territorial, em se tratando de relação consumerista, é absoluta. Se a autoria do feito pertence ao consumidor, cabe a ele ajuizar a demanda no local em que melhor possa deduzir sua defesa, escolhendo entre

Com efeito, a possibilidade de escolha pelo autor entre diversos foros não pode implicar **exercício abusivo desse direito**. Assim, não deve ser admitida a escolha de foro pelo autor que tenha por objeto dificultar o exercício do direito de defesa do réu. Da mesma forma, nas hipóteses em que a parte ré possui estabelecimento em diversos locais do país, também não deve se admitir que o autor proponha a ação fora do seu domicílio, do local do fato e de onde foi celebrado o contrato, com o objetivo de escolher o foro onde a jurisprudência é favorável ao seu interesse[15]. Nessas hipóteses, **constatado o abuso no exercício do direito de escolha do foro pelo autor**, deve **tal direito ser limitado**.

5. *PERPETUATIO JURISDICTIONIS*

Com o **registro ou a distribuição da ação** e sendo o juízo competente, ocorre a ***perpetuatio jurisdictionis***, ou seja, **fixa-se a competência**, sendo **irrelevantes situações de fatos posteriores**, na forma do art. 43 do CPC. Assim, a alteração superveniente da situação fática, como a mudança de domicílio das partes, é irrelevante para fins de competência.

De outro lado, havendo sentença judicial, a petição do cumprimento de sentença deverá ser proposta nos mesmos autos do processo sentenciado, sendo competente o Juízo onde tramitou tal processo. Com efeito, aplica-se o art. 516, inc. II, do CPC, que prevê que "o cumprimento da sentença efetuar-se-á perante [...] o juízo que decidiu a causa no primeiro grau de jurisdição".

6. COMPETÊNCIA ABSOLUTA E COMPETÊNCIA RELATIVA

6.1. Noções gerais

A **competência absoluta** é aquela estabelecida para **tutelar interesse público**, enquanto a **competência relativa** é criada para **tutelar interesse particular**. Vale dizer, existe um interesse público que norteia o estabelecimento em lei de um critério de competência absoluta. De outro lado, a competência relativa é estabelecida abstratamente, no plano legislativo, conforme o interesse presumível da parte, pois criada para tutelar esse interesse particular dela.

---

seu foro de domicílio, no de domicílio do réu, no do local de cumprimento da obrigação, ou no foro de eleição contratual, caso exista. **Inadmissível, todavia, a escolha aleatória de foro sem justificativa plausível e pormenorizadamente demonstrada. Precedentes'** (AgRg no AREsp 391.555/MS, Rel. Ministro MARCO BUZZI, QUARTA TURMA, julgado em 14-4-2015, *DJe* 20-4-2015)" (STJ, AgInt no AREsp 967.020/MG, Rel. Ministro Marco Buzzi, Quarta Turma, julgado em 2-8-2018, *DJe* 20-8-2018).

15 "**A competência territorial, em se tratando de relação consumerista, é absoluta. Se a autoria do feito pertence ao consumidor, cabe a ele ajuizar a demanda no local em que melhor possa deduzir sua defesa, escolhendo entre seu foro de domicílio, no de domicílio do réu, no do local de cumprimento da obrigação, ou no foro de eleição contratual, caso exista. Inadmissível, todavia, a escolha aleatória de foro sem justificativa plausível e pormenorizadamente demonstrada.** Precedentes" (STJ, AgRg no AREsp 676.025/RJ, Rel. Min. Moura Ribeiro, Terceira Turma, julgado em 12-5-2015, *DJe* 18-5-2015).

Seguindo essa lógica, o Código de Processo Civil[16] estabelece expressamente o seguinte:

a) Competência em razão da matéria: absoluta.

b) Competência em razão da pessoa: absoluta.

c) Competência em razão do valor: absoluta ou relativa, conforme o caso.

d) Competência funcional: absoluta.

e) Competência territorial: como regra, relativa.

Embora a competência territorial, como regra, seja relativa, as ações fundadas em direito real sobre imóvel inserem-se nas hipóteses de competência absoluta, não admitindo prorrogação nem derrogação pela vontade das partes. A competência das ações fundadas em direito real sobre imóveis é fixada pelo foro de situação da coisa (*forum rei sitae*), porque o Juízo do local tem melhores condições de colher provas e resolver o conflito. É importante consignar que, nestes casos em que a competência territorial é absoluta, alguns doutrinadores e decisões judiciais a chamam de competência territorial funcional[17]. Entretanto, tal denominação parece equivocada, haja vista que a competência territorial não é estabelecida em razão da função do órgão jurisdicional, senão em razão do local da situação do imóvel.

7. CARACTERÍSTICAS E EFEITOS DA INCOMPETÊNCIA ABSOLUTA E RELATIVA

7.1. Incompetência relativa

A **incompetência relativa** deve ser alegada em **preliminar de contestação** (art. 64, *caput*, CPC), sob pena de preclusão. Trata-se de inovação do Código de Processo Civil de 2015, na medida em que o CPC/1973 previa que o instrumento processual adequado para tal alegação era a exceção de incompetência (que não existe mais no CPC/2015).

A competência relativa, como visto, é criada pelo legislador no interesse das partes.

Logo, se **não for alegada a incompetência** na contestação, haverá **prorrogação de competência** (art. 65, *caput*, CPC), de modo que o juízo inicialmente incompetente (de acordo com as regras processuais) torna-se competente para processar e julgar o feito.

O art. 65, parágrafo único, do CPC, prevê que "a incompetência relativa pode ser alegada pelo Ministério Público nas causas em que atuar". Assim, pela redação do dispositivo, cabe ao Ministério Público alegar a incompetência relativa tanto quanto for parte, como quando atuar como fiscal da ordem jurídica, em benefício da parte em razão da qual interveio.

---

16 CPC: "Art. 62. A competência determinada em razão da matéria, da pessoa ou da função é inderrogável por convenção das partes".

17 A título de exemplo: "[...] **caso o litígio recaia sobre direito de propriedade, vizinhança, servidão, posse, divisão e demarcação de terras e nunciação de obra nova, a ação correspondente deverá necessariamente ser proposta na comarca em que situado o bem imóvel, já que, de acordo com norma cogente, a competência é, nesses casos, territorial funcional e, portanto, absoluta**" (STJ, REsp 1048937/PB, Rel. Min. Massami Uyeda, Terceira Turma, julgado em 22-2-2011, *DJe* 3-3-2011).

A **cláusula de eleição de foro** pode modificar critério de competência relativa (art. 63, CPC).

A **conexão** e a **continência** também modificam a competência relativa (art. 54, CPC).

A **incompetência relativa não pode ser conhecida de ofício** pelo juiz, como regra. Nesse sentido, a Súmula 33 do STJ: "A incompetência relativa não pode ser declarada de ofício".

Contudo, existe uma exceção prevista no CPC: quando a cláusula de eleição de foro inserida em contrato de adesão for abusiva, o juiz pode, antes da citação, declarar essa nulidade de ofício e remeter os autos para o foro do domicílio do réu. Caso o réu já tenha sido citado, cabe a ele alegar a abusividade da cláusula de eleição, sob pena de preclusão (art. 63, § 3º e 4º, CPC)[18], hipótese em que o juízo incompetente se torna competente.

Portanto, o juiz somente pode tomar tal medida de ofício até a citação, ou seja, com a citação, ocorre a preclusão *pro judicato*. Se o réu for citado e, na contestação, não alegar a nulidade da cláusula de eleição e, por conseguinte, a incompetência territorial, haverá prorrogação de competência.

Além disso, se for reconhecida a **incompetência relativa**, após serem declinados os autos, caberá ao juízo competente dizer quais os atos já praticados que serão anulados. Os atos não anulados pelo juízo competente consideram-se válidos[19].

7.2. Incompetência absoluta

A incompetência absoluta pode ser alegada em preliminar de contestação, bem como por **qualquer meio processual, inclusive** por **simples petição**[20].

Além disso, a incompetência absoluta pode se alegada em qualquer momento no curso processo. Aliás, a incompetência absoluta é **causa de ação rescisória** (art. 966, inc. II, CPC).

Desse modo, quando o juízo for absolutamente incompetente, não haverá prorrogação de competência se a incompetência não for alegada no primeiro momento em que o réu poderia tê-lo feito.

A **incompetência absoluta** pode e deve ser conhecida **de ofício pelo juiz** (art. 64, § 1º, CPC).

A competência absoluta não pode ser alterada por **cláusula de eleição de foro** (art. 63, CPC).

De acordo com o art. 54 do CPC, não é possível modificar a competência absoluta por conexão ou continência[21]. Contudo, isso não quer dizer que, diante da prevenção,

---

18 "Art. 63 [...] § 3º Antes da citação, a cláusula de eleição de foro, se abusiva, pode ser reputada ineficaz de ofício pelo juiz, que determinará a remessa dos autos ao juízo do foro de domicílio do réu. § 4º Citado, incumbe ao réu alegar a abusividade da cláusula de eleição de foro na contestação, sob pena de preclusão."

19 CPC: "Art. 64 [...] § 4º Salvo decisão judicial em sentido contrário, conservar-se-ão os efeitos de decisão proferida pelo juízo incompetente até que outra seja proferida, se for o caso, pelo juízo competente".

20 CPC: "Art. 64. A incompetência, absoluta ou relativa, será alegada como questão preliminar de contestação. § 1º A incompetência absoluta pode ser alegada em qualquer tempo e grau de jurisdição e deve ser declarada de ofício".

21 CPC: "Art. 54. A competência relativa poderá modificar-se pela conexão ou pela continência, observado o disposto nesta Seção".

mesmo nos casos de competência absoluta, não possa haver a reunião de causas conexas no mesmo juízo, desde que isso não modifique a competência absoluta, como se mostrará no item próprio relativo a esta matéria. Por exemplo, se for caso de competência absoluta do foro do local do imóvel, se tramitarem duas ações relativas à propriedade do imóvel em varas cíveis distintas no mesmo foro, é possível a reunião das ações perante a mesma Vara – ainda que a competência seja absoluta –, já que não há a modificação da competência absoluta, pois o processo que será encaminhado para o juízo prevento permanecerá no mesmo foro (do local do imóvel).

Por fim, reconhecida a incompetência absoluta, após a declinação da competência para o juízo competente, caberá a este decidir quais os atos que deverão ser mantidos (convalidados) e os que serão declarados nulos. Caso nada seja decidido a esse respeito, estarão mantidos todos os atos processuais praticados (art. 64, § 4º, CPC).

7.3. Quadro sinóptico das diferenças entre incompetência absoluta e relativa

	INCOMPETÊNCIA RELATIVA	INCOMPETÊNCIA ABSOLUTA
Forma processual	Preliminar de contestação.	Qualquer meio: na contestação ou por simples petição.
Prazo	Na contestação.	A qualquer momento.
Consequência da não alegação no primeiro momento cabível	Prorrogação de competência.	Não gera prorrogação de competência. Pode ser objeto de ação rescisória.
Cláusula de eleição de foro, conexão e continência	Modificam a competência relativa.	Não modificam a competência absoluta.
Reconhecimento de ofício	Não pode ser conhecida de ofício pelo juiz. Exceção: nulidade de cláusula de eleição de foro em contrato de adesão, até a citação.	Possibilidade.
Ação rescisória	Não é vício rescisório.	Vício que pode ser objeto de ação rescisória.

7.4. Procedimento para o reconhecimento da incompetência e efeitos da decisão: a regra da *Kompetenzkompetenz*

Caso uma das partes alegue a incompetência, deverá ser intimada a parte contrária para se manifestar. A seguir, o juiz deverá decidir tal questão incidental.

Como a alegação de incompetência é uma questão incidental – e não um processo incidente –, processada nos mesmos autos, o ato do juiz que a julga é uma decisão interlocutória.

Nesse tocante, vige a regra de que **o juiz, ainda que incompetente, possui competência para decidir sobre a sua própria competência** (regra conhecida como ***Kompetenzkompetenz***, do direito processual alemão).

Aliás, o juiz incompetente possui competência tão somente para decidir a sua incompetência. Assim, mesmo que haja outras questões preliminares ou de ordem pública, a primeira a ser analisada é a incompetência. Por exemplo, o juiz não pode analisar a alegação de ilegitimidade de parte ou de vício na citação e somente depois analisar a sua incompetência, já que, se é incompetente, o juízo não poderia ter analisado as outras questões.

Caso o juiz reconheça a incompetência, absoluta ou relativa, deverá **declinar da competência** e **remeter os autos ao Juízo competente**. Embora se trate da ausência de um pressuposto processual (subjetivo relativo ao juiz), não é hipótese de extinção do processo sem resolução do mérito.

De outro lado, no âmbito dos **Juizados Especiais**, a consequência é outra. Com efeito, se o juiz de Juizado Especial reconhece a incompetência, absoluta ou relativa, deverá **extinguir o processo sem resolução do mérito**, por uma interpretação extensiva feita ao art. 51, incs. II e III, da Lei n. 9.099/1995[22].

Na hipótese de declínio da competência e remessa dos autos para outro juízo, haverá pelo menos três possibilidades para o juízo que recebe o processo (pela declinação de competência): a) caso este juízo (para o qual for declinada a competência) entenda que aquele é o competente, deverá suscitar conflito de competência; b) se entender que a competência é de outro juízo (ou seja, que a competência não é nem sua, nem do que já declinou da competência), deverá declinar da competência para o juízo que entender competente; ou c) se entender que ele próprio é competente, deverá processar o feito e julgar a causa.

O juiz que recebe o processo que foi declinado também deverá decidir se os atos processuais já praticados serão convalidados, ou quais atos serão invalidados.

8. MODIFICAÇÃO DE COMPETÊNCIA

8.1. Noções gerais

A modificação de competência ocorre quando um Juízo inicialmente incompetente, em razão do que dispõe a legislação processual, passa a ser competente para processar e julgar a demanda.

---

22 Lei n. 9.099/1995: "Art. 51. Extingue-se o processo, além dos casos previstos em lei: [...] II – quando inadmissível o procedimento instituído por esta Lei ou seu prosseguimento, após a conciliação; III – quando for reconhecida a incompetência territorial".

As **hipóteses de modificação de competência** são as seguintes: **conexão, continência, foro de eleição** e **prorrogação da competência**.

Como já visto, somente ocorre modificação de competência quando o critério de fixação é relativo. Vale dizer, as hipóteses de modificação de competência não alteram a competência absoluta.

8.2. Conexão

Por definição legal, reputam-se **conexas duas ou mais ações quando lhes forem comuns o pedido (objeto) *ou* a causa de pedir** (art. 55, CPC)[23].

De outro lado, se forem idênticas as partes, a causa de pedir *e* o pedido, haverá identidade completa da demanda, razão pela qual estará presente a litispendência (art. 337, CPC)[24] e não a conexão.

A modificação de competência em razão da conexão tem por **finalidade reunir as ações num mesmo juízo** para **evitar decisões conflitantes**. Com efeito, trata-se de uma medida que visa a conferir coerência ao sistema de justiça, pois não é razoável que duas causas, com um mesmo pedido ou uma mesma causa de pedir, tenha decisões conflitantes (por serem decididas por juízos diferentes).

Havendo conexão e sendo possível a modificação de competência, **as causas serão reunidas no juízo prevento**, onde deverão ser decididas em conjunto[25].

É prevento o juízo onde primeiro houver o registro (no caso de Vara única) ou a distribuição (onde houver mais de uma Vara) da petição inicial[26].

Outra questão que também enfrenta certa complexidade é a existência ou não de conexão entre ação de conhecimento e ação de execução. A esse respeito, após muita divergência, a jurisprudência anterior ao CPC/2015 sedimentou-se no sentido de que, por razões de ordem prática, seria possível a reunião da **ação de conhecimento e da ação de execução de título extrajudicial** perante o juízo prevento[27].

Contudo, neste caso, não há propriamente conexão, haja vista que a causa de pedir e o pedido da ação de conhecimento são diferentes da causa de pedir e do pedido da ação de execução de título executivo extrajudicial. O que ocorre é a necessidade prática de reunião dos processos, a fim de evitar decisões divergentes. Vale dizer, aplicam-se os mesmos efeitos jurídicos da conexão sem que esta reste configurada.

---

23 CPC: "Art. 55. Reputam-se conexas 2 (duas) ou mais ações quando lhes for comum o pedido ou a causa de pedir".

24 CPC: "Art. 337 [...] § 3º Há litispendência quando se repete ação que está em curso".

25 CPC: "Art. 58. A reunião das ações propostas em separado far-se-á no juízo prevento, onde serão decididas simultaneamente".

26 CPC: "Art. 59. O registro ou a distribuição da petição inicial torna prevento o juízo".

27 "Ação de revisão de cláusulas. Execução. Conexão. 1. **Como está em precedente da Corte, possível a reunião do processo de conhecimento e da execução posteriormente ajuizada, por razões de ordem prática, e, se garantido o Juízo, dá-se à ação de revisão o tratamento de embargos com as consequências daí decorrentes**. [...]" (STJ, REsp 800.880/PE, Rel. Min. Carlos Alberto Menezes Direito, Terceira Turma, julgado em 5-10-2006, *DJe* 5-3-2009).

O CPC/2015, por sua vez, previu que se aplica o instituto da conexão "à execução de título extrajudicial e à ação de conhecimento relativa ao mesmo ato jurídico", bem como "às execuções fundadas no mesmo título executivo" (art. 55, § 2º, I e II, CPC)[28].

A **conexão somente modifica a competência no caso de critério relativo de competência**. No caso de **competência absoluta, não modifica a competência**.

Contudo, isso não quer dizer que, quando o critério de competência é absoluto, não possa haver conexão. Por exemplo, pode ser que duas causas, cuja competência é absoluta, com as mesmas partes e a mesma causa de pedir, tramitem em juízos separados. Neste caso, há conexão, mas não pode ocorrer o seu efeito jurídico, que é a modificação de competência pela reunião das causas para julgamento pelo mesmo juízo.

Além disso, dizer que a competência absoluta não pode ser modificada não é o mesmo que dizer que duas causas, em que a competência é absoluta, não possam ser reunidas perante o juízo prevento. Com efeito, quando houver duas ou mais causas conexas, tramitando perante juízos diversos, cuja competência é absoluta, é possível que as ações sejam reunidas perante o juízo prevento, desde que isso não implique modificação de competência absoluta. Embora possa parecer paradoxal, os casos práticos podem explicar melhor. Por exemplo, se duas ações cuja causa de pedir é a propriedade de imóvel, com as mesmas partes, estiverem tramitando na mesma comarca (cujo foro possui competência absoluta, em razão do território), perante Varas Cíveis diversas, é possível a reunião perante o Juízo Cível prevento (nesta Comarca), já que, neste caso, a reunião dos processos não implica modificação de competência absoluta (a competência territorial absoluta do foro do local do imóvel não é alterada).

Para melhor compreender a complexidade dessa questão, é importante lembrar que um mesmo juízo possui competência material, em razão da pessoa, territorial e funcional. Assim, por exemplo, numa ação que versa sobre a propriedade de um automóvel, o juízo cível tem competência absoluta em razão da matéria, mas a sua competência territorial é relativa.

8.3. Continência

Ocorre a continência quando há, entre duas ou mais demandas, as **mesmas partes e a mesma causa de pedir, sendo que um pedido engloba o outro, por ser mais amplo**. A continência está prevista no art. 104 do CPC.

A título de exemplo, pode se citar o seguinte caso: o autor A propõe ação anulatória do contrato contra o réu B; no entanto, B já havia proposto ação anulatória de uma determinada cláusula abusiva contra A; o pedido de anulação do contrato é mais abrangente. Nesse caso, existe continência entre essas demandas.

28 CPC: "Art. 55. Reputam-se conexas 2 (duas) ou mais ações quando lhes for comum o pedido ou a causa de pedir. [...] § 2º Aplica-se o disposto no *caput*: I – à execução de título extrajudicial e à ação de conhecimento relativa ao mesmo ato jurídico; II – às execuções fundadas no mesmo título executivo".

Não se pode confundir, no entanto, continência com litispendência parcial. Por exemplo, se o autor ajuíza ação contra o réu, postulando indenização por danos materiais e posteriormente, com a mesma causa de pedir, ajuíza ação de indenização por danos materiais e morais, existe litispendência parcial entre os pedidos de indenização por danos materiais, pois são idênticos. Neste caso, haveria litispendência parcial e não continência.

8.4. Consequências da conexão e da continência

A primeira consequência da existência da conexão e da continência, como já exposto, é a **reunião das demandas perante o juízo prevento**, para julgamento simultâneo.

A conexão e a continência podem ser alegadas em preliminar de contestação ou em qualquer momento no processo, desde que até a sentença.

A alegação da conexão ou continência **não suspendem os prazos** para a prática dos demais atos processuais.

Havendo reunião das causas, o juízo prevento realizará o **julgamento simultâneo**.

Como já se expôs, a conexão e a continência não modificam a competência estabelecida em lei em razão de critério absoluto (competência absoluta).

No entanto, se uma das ações possui competência fixada em razão de critério de competência absoluta (ex.: situação do imóvel, para ações que versam sobre direitos reais de propriedade) e a outra ação tem a sua competência estabelecida em razão de critério de competência relativa (ex.: foro do domicílio do réu, em razão da cobrança pelo descumprimento do contrato de compra e venda do imóvel), poderá haver a reunião dos processos perante o juízo que possui competência absoluta, independentemente de ser ele o prevento (ou seja, mesmo que o juízo que tem competência relativa seja prevento), haja vista que a conexão não gera modificação de competência absoluta.

De outro lado, havendo conexão ou continência, esse deslocamento de competência não pode ocorrer em qualquer momento do processo. Com efeito, como o objetivo da reunião de processos é evitar julgamentos conflitantes, se um deles já foi julgado, não há mais utilidade na reunião de processos.

Nesse sentido, o CPC/2015, repetindo o que já dispunha a Súmula 235 do STJ[29], previu expressamente que **"os processos de ações conexas serão reunidos para decisão conjunta, salvo se um deles já houver sido sentenciado"** (art. 55, § 1º).

De qualquer forma, a impossibilidade de julgamento simultâneo de duas causas conexas não elimina o problema da possibilidade de julgamentos conflitantes. Então, seria possível alguma providência para tentar minimizar esses problemas?

Uma solução viável para esse impasse seria criar mecanismos para tentar reunir as demandas na instância recursal, se houver recurso e isso for possível.

De outro lado, não é correto dizer que, se um dos processos já foi julgado, não há mais conexão. Em verdade, se há identidade de causa de pedir ou de pedido, conexão

29 Súmula 235 do STJ: "A conexão não determina a reunião dos processos, se um deles já foi julgado".

existe, o que pode não mais haver, se uma das ações já foi julgada, é o efeito da reunião de processo para julgamento conjunto.

Além disso, se há conexão e uma das ações já foi julgada, impedindo a reunião de processos, haveria alguma nulidade? Para responder a tal questionamento, é preciso analisar pelo menos duas possibilidades.

Em primeiro lugar, se não houve alegação de conexão ou continência por nenhuma das partes e houver o julgamento por juízos distintos, não há qualquer invalidade nessas sentenças.

Contudo, se uma ou ambas as partes alegaram a conexão ou a continência, mas o juízo não analisou essa questão e proferiu sentença, há aí um vício processual (*error in procedendo*). Neste caso, cabe perquirir se é passível de invalidação e, em caso afirmativo, se é caso de nulidade absoluta ou relativa.

Além disso, é preciso questionar se, havendo conexão ou continência, haveria uma obrigatoriedade para o magistrado reunir os processos ou, ao revés, se este poderia analisar conveniência e oportunidade na reunião, vale dizer, se teria discricionariedade para analisar se é conveniente ou não reunir as causas, diante das peculiaridades de cada caso.

Respondendo a tais questionamentos, o Superior Tribunal de Justiça tem jurisprudência firmada no sentido de que a reunião das causas pela conexão ou pela continência é faculdade do julgador, a quem compete "avaliar a intensidade da conexão e o grau de risco da ocorrência de decisões contraditórias". Por conseguinte, **não havendo prejuízo, não haverá invalidação pela ausência de reunião das causas conexas ou continentes**[30].

8.5. Modificação de competência por risco de decisões conflitantes

Como foi exposto acima, a jurisprudência dos tribunais pátrios já havia consagrado a possibilidade de o juiz reunir duas ações para julgamento simultâneo, dando-lhes o mesmo tratamento da conexão e da continência, ainda que estas não estivessem presentes. É o caso, por exemplo, da reunião de ações de conhecimento e de execução de título extrajudicial, hipótese que, aliás, está prevista expressamente pelo CPC (art. 55, § 2º, I e II).

---

30 "[...] **Segundo a jurisprudência desta Corte, a reunião dos processos por conexão configura faculdade atribuída ao julgador**, sendo que o art. 105 do Código de Processo Civil **concede ao magistrado certa margem de discricionariedade para avaliar a intensidade da conexão e o grau de risco da ocorrência de decisões contraditórias**. 6. **Justamente por traduzir faculdade do julgador, a decisão que reconhece a conexão não impõe ao magistrado a obrigatoriedade de julgamento conjunto**. 7. A avaliação da conveniência do julgamento simultâneo será feita caso a caso, à luz da matéria controvertida nas ações conexas, sempre em atenção aos objetivos almejados pela norma de regência (evitar decisões conflitantes e privilegiar a economia processual). 8. Assim, ainda que visualizada, em um primeiro momento, hipótese de conexão entre as ações com a reunião dos feitos para decisão conjunta, sua posterior apreciação em separado não induz, automaticamente, à ocorrência de nulidade da decisão. 9. **O sistema das nulidades processuais é informado pela máxima 'pas de nullité sans grief', segundo a qual não se decreta nulidade sem prejuízo, aplicável inclusive aos casos em que processos conexos são julgados separadamente**. [...]" (Superior Tribunal de Justiça, REsp 1366921/PR, Rel. Min. Ricardo Villas Bôas Cueva, Terceira Turma, julgado em 24-2-2015, *DJe* 13-3-2015).

Como já se expôs, mesmo nos casos de conexão e continência, a jurisprudência também firmou entendimento no sentido de que é possível que o julgador, diante das circunstâncias do caso concreto, entenda que não deva haver a reunião desses processos, por critérios de conveniência e oportunidade.

O **Código de Processo Civil de 2015** (art. 55) foi além, inovando sobremaneira ao estabelecer uma nova hipótese de modificação de competência por necessidade prática, fora dos casos legais antes estabelecidos: "§ 3º **Serão reunidos para julgamento conjunto os processos que possam gerar risco de prolação de decisões conflitantes ou contraditórias caso decididos separadamente, mesmo sem conexão entre eles**".

Portanto, a partir do CPC/2015, o simples risco de decisões conflitantes ou contraditórias entre processos já autoriza a sua reunião, o que deve ser analisado pelo juiz de acordo com as circunstâncias e as necessidades dos casos concretos.

8.6. Foro de eleição

As partes podem, de comum acordo, ao pactuarem um negócio jurídico, eleger determinado foro para processar os conflitos que eventualmente surgirem em torno desse mesmo negócio jurídico.

A convenção das partes sobre foro de eleição somente produz efeitos se constar expressamente em instrumento escrito e dispuser sobre determinado negócio jurídico (art. 63, § 1º, CPC).

Uma vez convencionado o foro de eleição, tal cláusula obriga os herdeiros e sucessores das partes (art. 63, § 2º, CPC).

Somente poderá haver a **eleição de foro** para **modificar competência relativa**. Assim, as partes podem eleger foro para modificar competência em razão do valor e do território, relativamente aos direitos e obrigações decorrentes do contrato onde a cláusula de eleição de foro está inserida[31]. De outro lado, não podem ser objeto de foro de eleição a competência em razão da matéria, da pessoa ou da função (critérios de competência absoluta)[32].

De acordo com o CPC, se a cláusula que estabelece o **foro de eleição for abusiva**, "pode ser **reputada ineficaz de ofício pelo juiz**" até a citação, devendo determinar "a remessa dos autos ao juízo do foro de domicílio do réu" (art. 63, § 3º); **se o réu já foi citado, incumbe a este alegar, na contestação, a abusividade da cláusula de eleição de foro, sob pena de preclusão** (art. 63, § 4º).

A abusividade da eleição de foro está, em regra, associada à dificuldade imposta a uma das partes em exercer o seu direito de ação ou de defesa, em razão da distância da localidade do foro de eleição em relação ao seu domicílio.

---

31 CPC: "Art. 63. As partes podem modificar a competência em razão do valor e do território, elegendo foro onde será proposta ação oriunda de direitos e obrigações".

32 CPC: "Art. 62. A competência determinada em razão da matéria, da pessoa ou da função é inderrogável por convenção das partes".

Embora o CPC estabeleça que a cláusula de eleição de foro abusiva pode ser reputada "ineficaz", parece que o problema é de invalidade e não de ineficácia[33].

Tratando-se de relação de consumo, não há óbice ao estabelecimento de cláusula de eleição de foro, desde que não cause prejuízo ao consumidor. No entanto, se houver prejuízo ao consumidor, a cláusula de eleição de foro deverá ser declarada nula, na forma do art. 51, inc. IV, do Código de Defesa do Consumidor. Nesse sentido, a jurisprudência pacífica do STJ[34].

8.7. Prorrogação da competência

Ocorre a prorrogação de competência quando há **incompetência relativa** e esta não é alegada na contestação, ocorrendo, assim, a preclusão.

Neste caso, a competência prorroga-se, ou seja, um **juízo inicialmente incompetente torna-se competente** para processar e julgar o feito.

8.8. Alteração de competência por criação de nova vara

O art. 43 do CPC dispõe que "determina-se a competência no momento do registro ou da distribuição da petição inicial, sendo irrelevantes as modificações do estado de fato ou de direito ocorridas posteriormente, salvo quando suprimirem órgão judiciário ou alterarem a competência absoluta".

Assim, com o registro ou a distribuição da petição inicial, ocorre a *perpetuatio jurisdictionis*.

Observe-se que a competência material, em razão da pessoa e a funcional (que inclui a competência em razão da hierarquia) são hipóteses de competência absoluta. Dessa forma, por expressa disposição legal, caso haja modificação de competência absoluta, por criação de nova Vara, haverá a remessa dos processos para essa Vara.

De outro lado, no caso de competência relativa (em razão do valor ou do território), a criação de Vara nova não altera a competência para os processos já ajuizados.

A jurisprudência também já se pacificou a esse respeito, tendo o STJ editado a Súmula 206, que determina que "a existência de vara privativa, instituída por lei estadual, não altera a competência territorial resultante das leis de processo".

---

33 Também nesse sentido: "[...] a nulidade da cláusula de eleição de foro somente poderá ser reconhecida de ofício pelo juiz enquanto o réu não apresentar a sua resposta" (MEDINA, José Miguel Garcia. *Curso de direito processual civil*. 4. ed. São Paulo: Revista dos Tribunais, 2018. p. 190).

34 "[...] A jurisprudência do STJ tem se orientado pela indispensável demonstração de prejuízo ao exercício do direito de defesa do consumidor para restar configurada a nulidade da cláusula de eleição de foro. 5. Esta posição intermediária protege a parte vulnerável e hipossuficiente e, ao mesmo tempo, permite o desenvolvimento equilibrado e harmônico da relação de consumo, sempre com vistas às concretas e particulares realidades que envolvem as pessoas do consumidor e do fornecedor. 6. Acaso comprovada a hipossuficiência do consumidor ou a dificuldade de acesso ao judiciário, o magistrado está autorizado a declarar a nulidade da cláusula de eleição e remeter o processo à comarca do domicílio do consumidor. 7. Na hipótese, primeiro e segundo graus de jurisdição foram uníssonos ao registrar que não há prejuízos à defesa do recorrente. Rever essa conclusão em recurso especial encontra óbice na Súmula 7/STJ. Preserva-se, portanto, a validade da cláusula de eleição de foro" (STJ, REsp 1707855/SP, Rel. Ministra Nancy Andrighi, Terceira Turma, julgado em 20-2-2018, *DJe* 23-2-2018).

9. CONFLITO DE COMPETÊNCIA

9.1. Noções gerais, espécies e legitimidade

Trata-se da controvérsia entre Juízos sobre a competência para processar e julgar determinada demanda ou sobre a reunião ou separação de processos.

Nesse ínterim, o conflito de competência é classificado em:

a) **positivo:** quando dois juízos entendem ser competentes.

b) **negativo:** quando dois ou mais juízos se reconhecem incompetentes para processar e julgar o feito, atribuindo um ao outro a competência.

c) **quando, entre dois ou mais juízos, houver divergência sobre a reunião ou separação de processos**.

Uma vez declinada da competência, se o juízo para o qual foram remetidos os autos entender que também não é competente e que a competência é de um terceiro juízo, deverá declinar da competência para este, e não suscitar o conflito.

De outro lado, se o juízo para o qual foi declinada a competência entender que a competência é daquele que declinou, deverá suscitar o conflito de competência, e não devolver os autos para o primeiro.

No caso em que o magistrado verifica a possibilidade de ser ele o competente para processar determinado feito que tramita perante outro Juízo, deverá obter informações sobre este processo. Para tanto, pode oficiar ao juízo para solicitar peças processuais e outras informações, ou solicitar os autos por empréstimo para melhor analisá-lo. Se verificar que realmente possui competência, deverá declarar-se competente, informando ao juízo de origem a sua decisão. Caso este entenda que também é competente, somente aí surge o conflito positivo ou o conflito sobre a reunião ou separação de processos.

9.2. Legitimidade

O conflito de competência pode ser suscitado **de ofício pelo juiz** (hipótese mais comum), mas também pelas **partes** ou pelo **Ministério Público** (art. 951, CPC). Portanto, possuem legitimidade para suscitar o conflito o juiz, as partes e o Ministério Público, como parte ou como fiscal da ordem jurídica. No caso concreto, aquele que suscita o conflito denomina-se suscitante.

No **polo passivo** do conflito de competência está o **juízo suscitado** (e não o juiz), vale dizer, aquele ou aqueles juízos ou órgãos jurisdicionais contra os quais o conflito é suscitado.

9.3. Competência para julgar o conflito

O juiz de primeira instância não julga conflito de competência. A competência para julgar conflito será sempre de tribunal.

Abaixo, faz-se uma síntese sobre a competência para julgar o conflito de competência:

CONFLITO DE COMPETÊNCIA ENTRE	COMPETÊNCIA PARA JULGAR O CONFLITO
Juízes de primeira instância vinculados a um mesmo tribunal	Tribunal (art. 108, I, "e", art. 114, V, CF)
Juiz e tribunal a ele vinculado	Não há conflito, o juiz deve obedecer à decisão do tribunal
Juiz de juizado e juiz de vara comum	Tribunal (Súmula 428 do STJ)[35]
Juízes de juizados vinculados a uma mesma turma recursal	Turma recursal
Tribunal e turma recursal a ele vinculado	Não há conflito. Tribunal decide de quem é a competência[36]
Juiz estadual, federal e do trabalho	STJ (art. 105, I, "d", CF)[37]
Juízes de tribunais diferentes	STJ (art. 105, I, "d", CF)
Juiz federal e juiz estadual com competência federal por delegação	TRF (Súmula 3 do STJ)[38]
Entre tribunais (TJ, TRF, TRT)	STJ (art. 105, I, "d", CF)[39]
Tribunal superior (STJ, TST ou STM) e tribunal de segunda instância a ele não vinculado (TJ, TRF, TRT)	STF (art. 102, I, "o", CF)[40]

35 Súmula 428 do STJ: "Compete ao Tribunal Regional Federal decidir os conflitos de competência entre juizado especial federal e juízo federal da mesma seção judiciária".

36 "'A jurisprudência do STJ, com apoio no entendimento do Supremo Tribunal Federal, não admite a existência de conflito de competência entre Tribunal de Justiça e Turma Recursal do mesmo Estado (Pleno, RE 590.409/RJ, Rel. Ministro Ricardo Lewandowski, unânime, *DJe* de 29-10-2009)'" (STJ, AgInt na Rcl 34.197/SC, Rel. Ministra Maria Isabel Gallotti, Segunda Seção, julgado em 22-8-2018, *DJe* 29-8-2018). No mesmo sentido: "A Terceira Seção desta Corte não reconhece a existência de conflito de competência entre Tribunal de Justiça e Turma Recursal de Juizado Especial Criminal pertencentes a um mesmo Estado, dado que, em 26-8-2009, o Plenário do Supremo Tribunal Federal, no julgamento do Recurso Extraordinário 590.409/RJ, com repercussão geral reconhecida, afirmou que a Turma Recursal não possui qualidade de Tribunal, visto que é instituído pelo respectivo Tribunal de Justiça e está a ele subordinada administrativamente. Precedentes" (STJ, CC 140.322/PR, Rel. Ministro Reynaldo Soares da Fonseca, Terceira Seção, julgado em 24-2-2016, *DJe* 29-2-2016).

37 CF: "Art. 105. Compete ao Superior Tribunal de Justiça: I – processar e julgar, originariamente: [...] d) os conflitos de competência entre quaisquer tribunais, ressalvado o disposto no art. 102, I, 'o', bem como entre tribunal e juízes a ele não vinculados e entre juízes vinculados a tribunais diversos".

38 Súmula 3 do STJ: "Compete ao Tribunal Regional Federal dirimir conflito de competência verificado, na respectiva região, entre juiz federal e juiz estadual investido de jurisdição federal".

39 No entanto, caso se trate de conflito entre dois ou mais tribunais regionais do trabalho, a competência não será do STJ, senão do TST. Nesse sentido, a Súmula 236 do STJ: "Não compete ao Superior Tribunal de Justiça dirimir conflitos de competência entre juízes trabalhistas vinculados a Tribunais Regionais do Trabalho diversos".

40 "COMPETÊNCIA – CONFLITO. Envolvendo o conflito de competência o Tribunal Superior do Trabalho e Tribunal de Justiça, incumbe ao Supremo apreciá-lo" (STF, CC 7950, Relator(a): Min. Marco Aurélio, Tribunal Pleno, julgado em 14-9-2016, acórdão eletrônico *DJe*-168, divulg 31-7-2017, public 1º-8-2017).

CONFLITO DE COMPETÊNCIA ENTRE	COMPETÊNCIA PARA JULGAR O CONFLITO
Tribunal superior (STJ, TST ou STM) e Juízo de primeira instância a ele não vinculado	STF[41]
Tribunal superior e STF	STF (art. 102, I, "o", CF)

9.4. Procedimento do conflito de competência

Se o juiz suscitar o conflito, deverá formulá-lo por ofício ao Tribunal.

Se o conflito de competência for suscitado pela parte ou pelo Ministério Público, deverá ser formalizado por petição (art. 953, CPC).

O **ofício** ou a **petição** deverão ser acompanhados dos documentos necessários à instrução do conflito de competência.

O Ministério Público somente atuará nos conflitos de competência em que seja parte, ou, como fiscal da ordem jurídica, naqueles casos em que a qualidade da parte ou o interesse público determinar a sua intervenção (art. 951, parágrafo único, CPC).

Uma vez distribuído o conflito de competência, o relator do conflito oficiará aos juízos conflitantes ou, se um deles suscitou o conflito, apenas ao juízo suscitado, a fim de que sejam prestadas informações, no prazo designado pelo relator.

Havendo **suspensão do processo**, será **designado um dos juízos** (suscitante ou suscitado) para resolver as medidas urgentes.

Após a prestação de informações, ou decorrido o prazo designado pelo relator para tanto, o Ministério Público, quando não for parte, será intimado para se manifestar como fiscal da ordem jurídica, no prazo de 5 dias (art. 956, CPC).

O Ministério Público somente será intimado para se manifestar como fiscal da ordem jurídica nas hipóteses que justifiquem a sua intervenção, na forma do art. 178 do CPC.

A seguir, o **conflito de competência será julgado pelo Tribunal** – pelo órgão fracionário do Tribunal que o seu regimento interno determinar.

Caberá ao relator julgar de plano o conflito de competência quando sua decisão tiver como fundamento principal (art. 955, parágrafo único, CPC): "I – súmula do Supremo Tribunal Federal, do Superior Tribunal de Justiça ou do próprio tribunal"; ou "II – tese firmada em julgamento de casos repetitivos ou em incidente de assunção de competência".

No julgamento do conflito, o Tribunal se manifestará sobre a validade dos atos praticados pelo juízo incompetente (se for o caso), bem como enviará os autos ao juízo competente.

Se já houver sentença transitada em julgado, proferida por um dos juízos conflitantes, não haverá conflito de competência. Nesse sentido, a Súmula 59 do STJ[42]. Com efeito,

41 "Compete ao Supremo Tribunal Federal dirimir o conflito de competência entre Juízo Estadual de primeira instância e Tribunal Superior, nos termos do disposto no art. 102, I, 'o', da Constituição do Brasil. Precedente" (STF, CC 7545, Relator(a): Min. Eros Grau, Tribunal Pleno, julgado em 3-6-2009, *DJe*-152 divulg 13-8-2009 public 14-8-2009).

42 Súmula 59 do STJ: "Não há conflito de competência se já existe sentença com trânsito em julgado, proferida por um dos juízos conflitantes".

transitada em julgado a sentença, não há mais que se falar em conflito de competência, haja vista que a atividade jurisdicional já cumpriu o seu papel. Eventualmente, caberá ação rescisória, se a incompetência for absoluta e estiverem presentes os seus demais pressupostos.

Os regimentos internos dos tribunais devem dispor sobre o órgão fracionário do tribunal que possui competência para julgar o conflito (turma, câmara etc.), bem como sobre os conflitos de competência entre os próprios órgãos fracionários dos tribunais, e entre juízes e desembargadores do mesmo tribunal.

De outro lado, **não haverá conflito de competência entre Juízo Estadual e Federal acerca da intervenção da União no processo**. Com efeito, requerendo a União a sua intervenção no processo que tramita na Justiça Estadual, o Juízo Estadual deverá remetê-lo à Justiça Federal, cabendo a esta decidir acerca do cabimento ou não da intervenção do ente federal no feito. Caso o Juízo Federal entenda que não é caso de intervenção da União, deverá devolver os autos à Justiça Estadual e não suscitar conflito de competência.

Nesse sentido, o art. 45, *caput*, do CPC estabelece que, "tramitando o processo perante outro juízo, os autos serão remetidos ao juízo federal competente se nele intervier a União, suas empresas públicas, entidades autárquicas e fundações, ou conselho de fiscalização de atividade profissional, na qualidade de parte ou de terceiro interveniente [...]". O § 3º do mesmo dispositivo prevê que "o juízo federal restituirá os autos ao juízo estadual sem suscitar conflito se o ente federal cuja presença ensejou a remessa for excluído do processo".

Esses dispositivos, aliás, representam a consolidação do entendimento sedimentado nas Súmulas 150 e 224 do STJ, abaixo transcritas:

> **Súmula 150 do STJ:** "Compete à Justiça Federal decidir sobre a existência de interesse jurídico que justifique a presença, no processo, da União, suas autarquias ou empresas públicas".
>
> **Súmula 224 do STJ:** "Excluído do feito o ente federal, cuja presença levara o Juiz Estadual a declinar da competência, deve o Juiz Federal restituir os autos e não suscitar conflito".

Outra questão de especial interesse diz respeito à seguinte hipótese: se a parte ré alegar a incompetência relativa em contestação e o juiz acolher tal preliminar, o juízo para a qual foi declinada a competência pode suscitar conflito?

A esse respeito, a jurisprudência do STJ é pacífica no sentido de que a decisão que reconhece a incompetência relativa não pode ser questionada pelo juízo para o qual o processo foi declinado[43]. Com efeito, se houve contentamento da parte que opôs a exceção, não havendo recurso, não pode o juízo para o qual o processo foi declinado suscitar conflito de ofício. De outro lado, se houve recurso da parte e julgamento do tribunal

43 "CONFLITO NEGATIVO DE COMPETÊNCIA. [...] COMPETÊNCIA RELATIVA. ARGUIÇÃO DE INCOMPETÊNCIA ACOLHIDA PELO JUÍZO SUSCITADO. CONFORMAÇÃO DA PARTE AUTORA. [...]. 2. **A decisão proferida em exceção de incompetência oferecida pelo réu faz coisa julgada. Havendo conformação da parte autora, fica definida a competência para julgamento da lide**. 3. **Por tratar-se de competência territorial e, portanto, relativa, deve prevalecer o interesse das partes, que aceitaram a decisão que julgou a exceção de incompetência, não sendo legítimo ao Juízo suscitante, de ofício, modificar competência relativa já definitivamente julgada**. 4. Conflito conhecido para declarar competente o Juízo Federal da 17ª Vara da Seção Judiciária do Estado do Rio de Janeiro, o suscitante" (STJ, CC 68.014/RJ, Rel. Min. Castro Meira, Primeira Seção, j. 25-3-2009, *DJe* 20-4-2009).

acerca da questão da competência relativa, também não cabe ao juízo declinado suscitar conflito, pois já houve manifestação do órgão recursal a esse respeito.

Outra questão interessante diz respeito ao **conflito de atribuições** (e não conflito de competência – pois competência é judicial) entre **Ministério Público Federal e Ministério Público Estadual**. Após revisar o seu posicionamento, o STF passou a entender que não há conflito federativo capaz de ensejar a sua competência (art. 102, I, "f", CF), cabendo ao Procurador Geral da República dirimir tal conflito de atribuições[44].

De outro lado, **se a causa já estiver judicializada**, vale dizer, se o MPF ou o MPE já tiverem proposto a ação ou o inquérito já tiver sido distribuído, haverá conflito de competência entre Juízos e não mais conflito de atribuições. Neste caso, aplica-se o art. 105, inc. I, alínea "d", da Constituição Federal, que dispõe que é de **competência do Superior Tribunal de Justiça** processar e julgar originariamente o conflito de competência entre tribunais (no caso, entre TRF e TJ)[45].

10. COMPETÊNCIA DA JUSTIÇA FEDERAL EM MATÉRIA CÍVEL

10.1. Aspectos gerais

A competência da Justiça Federal está estabelecida no **art. 109 da Constituição Federal**. Além disso, as suas disposições foram, em parte, reproduzidas no art. 45 do CPC[46].

A esse respeito, observa-se que tal competência foi fixada em razão da matéria (ex.: direitos indígenas, naturalização), do critério funcional (ex.: cumprir carta rogatória e sentença estrangeira homologada) ou em razão da pessoa (109, I, CF).

44 "AGRAVO REGIMENTAL EM AÇÃO CÍVEL ORIGINÁRIA. CONFLITO DE ATRIBUIÇÕES ENTRE DIFERENTES ÓRGÃOS DO MINISTÉRIO PÚBLICO. AUSÊNCIA DE CONFLITO FEDERATIVO QUALIFICADO A ATRAIR A COMPETÊNCIA DA CORTE PREVISTA NO ART. 102, I, F, DA CONSTITUIÇÃO. QUESTÃO *INTERNA CORPORIS*. ATRIBUIÇÃO DO CHEFE DO MINISTÉRIO PÚBLICO DA UNIÃO. 1. A jurisprudência recente do Supremo Tribunal Federal, em revisita do tema, a partir do julgamento pelo Plenário das ACO's 924 e 1394 e reafirmada ao julgamento da ACO 1567-QO, é no sentido de que o conflito de atribuições entre membros do Ministério Público, ainda que envolva membro de Ministério Público estadual, não tem magnitude hábil a configurar o conflito federativo qualificado atrativo da competência originária desta Suprema Corte para o seu julgamento. 2. A resolução de tais conflitos, ainda segundo o entendimento firmado pela Casa, cabe ao Chefe do Ministério Público da União, o Procurador-Geral da República. 3. Agravo Regimental conhecido e não provido" (STF, ACO 2601 AgR, Relator(a): Min. Rosa Weber, Primeira Turma, julgado em 16-12-2016, processo eletrônico *DJe*-047 divulg 10-3-2017 public 13-3-2017).

45 "Art. 105. Compete ao **Superior Tribunal de Justiça**: I – processar e julgar, originariamente: [...] d) os **conflitos de competência entre quaisquer tribunais, ressalvado o disposto no art. 102, I, 'o'**, bem como **entre tribunal e juízes a ele não vinculados** e entre **juízes vinculados a tribunais diversos**."

46 CPC: "Art. 45. Tramitando o processo perante outro juízo, os autos serão remetidos ao juízo federal competente se nele intervier a União, suas empresas públicas, entidades autárquicas e fundações, ou conselho de fiscalização de atividade profissional, na qualidade de parte ou de terceiro interveniente, exceto as ações: I – de recuperação judicial, falência, insolvência civil e acidente de trabalho; II – sujeitas à justiça eleitoral e à justiça do trabalho. § 1º Os autos não serão remetidos se houver pedido cuja apreciação seja de competência do juízo perante o qual foi proposta a ação. § 2º Na hipótese do § 1º, o juiz, ao não admitir a cumulação de pedidos em razão da incompetência para apreciar qualquer deles, não examinará o mérito daquele em que exista interesse da União, de suas entidades autárquicas ou de suas empresas públicas. § 3º O juízo federal restituirá os autos ao juízo estadual sem suscitar conflito se o ente federal cuja presença ensejou a remessa for excluído do processo".

10.2. Hipóteses de competência da Justiça Federal

A seguir, passa-se a analisar as hipóteses de competência da Justiça Federal, com base nos dispositivos do art. 109 da Constituição Federal.

I – as causas em que a União, entidade autárquica ou empresa pública federal forem interessadas na condição de autoras, rés, assistentes ou oponentes, exceto as de falência, as de acidentes de trabalho e as sujeitas à Justiça Eleitoral e à Justiça do Trabalho

O dispositivo acima, quando se refere a entidades autárquicas, abrange tanto autarquias quanto fundações públicas federais. Tanto é que o art. 45 do CPC, com base no entendimento sedimentado na doutrina e na jurisprudência, previu que a Justiça Federal é competente quando forem parte ou terceiro interveniente "a União, suas empresas públicas, entidades autárquicas e fundações, ou conselho de fiscalização de atividade profissional".

De outro lado, segundo o mesmo dispositivo, a Justiça Federal é competente para processar e julgar as causas que envolvem empresa pública da União. Assim, as causas em que forem parte sociedades de economia mista da União serão de competência da Justiça Estadual. Nesse sentido, o entendimento do STF e do STJ, sedimentado nas seguintes Súmulas:

> **Súmula 556 do STF:** "É competente a justiça comum para julgar as causas em que é parte sociedade de economia mista".
>
> **Súmula 517 do STF:** "As sociedades de economia mista só têm foro na Justiça Federal, quando a União intervém como assistente ou opoente".
>
> **Súmula 508 do STF:** "Compete à Justiça Estadual, em ambas as instâncias, processar e julgar as causas em que for parte o Banco do Brasil S.A.".
>
> **Súmula 42 do STJ:** "Compete à Justiça Comum Estadual processar e julgar as causas cíveis em que é parte sociedade de economia mista e os crimes praticados em seu detrimento".

No mesmo sentido, quando as concessionárias e as permissionárias de serviço público forem parte, ainda que a concessão ou a permissão sejam realizadas pela União ou outro ente público federal, a competência será da Justiça Estadual[47].

No tocante à competência para processar e julgar as causas que envolvem as entidades dos serviços sociais autônomos (também conhecidas como entidades do Sistema "S"), a jurisprudência é pacífica em não as reconhecer como entidades autárquicas (embora a sua receita seja em grande parte decorrente de contribuições parafiscais), mas sim como pessoas jurídicas de direito privado. Por conseguinte, será a Justiça Estadual competente para processar e julgar as ações em que as entidades dos serviços sociais autônomos forem parte[48].

---

47 Súmula Vinculante 27 do STF: "Compete à Justiça estadual julgar causas entre consumidor e concessionária de serviço público de telefonia, quando a ANATEL não seja litisconsorte passiva necessária, assistente, nem opoente".

48 "RECURSO ESPECIAL. AÇÃO POPULAR CONTRA O SEBRAE. COMPETÊNCIA DA JUSTIÇA ESTADUAL. 1. **A competência cível da Justiça Federal é definida *ratione personae*,** sendo **irrelevante a natureza da controvérsia posta à apreciação.** Não figurando, em qualquer dos polos da relação processual, a União, entidade autárquica ou empresa pública federal, a justificar a apreciação da lide pela Justiça Federal, impõe-se rejeitar a sua competência. 2. **O SEBRAE é serviço social autônomo mantido por contribuições parafiscais que tem natureza de pessoa jurídica de direito privado, desvinculada da Administração Pública direta ou indireta, o que afasta a competência da Justiça Federal para a apreciação da causa.** [...]" (STJ, AgRg no REsp 604.752/SC, Rel. Min. Luiz Fux, Primeira Turma, julgado em 28-6-2005, *DJ* 22-8-2005, p. 129). No mesmo sentido, a Súmula 516 do STF: "O Serviço Social da Indústria – SESI – está sujeito à jurisdição da Justiça Estadual".

De acordo com a Súmula 570 do STJ, "compete à Justiça Federal o processo e julgamento de demanda em que se discute a ausência de ou o obstáculo ao credenciamento de instituição particular de ensino superior no Ministério da Educação como condição de expedição de diploma de ensino a distância aos estudantes" (*DJe* 2-5-2016). Neste caso, a competência da Justiça Federal está evidenciada em razão do interesse jurídico da União[49].

De outro lado, o mesmo inc. I do art. 109 da Constituição Federal exclui da competência da Justiça Federal as causas de acidente de trabalho, mesmo que propostas contra o ente federal. O dispositivo pretendeu aqui tratar das ações que têm por objeto benefício previdenciário decorrente de acidente de trabalho propostas contra o INSS. Nesses casos, a competência será, então, da Justiça Estadual. No mesmo sentido, o entendimento sumulado do STF e do STJ:

> **Súmula 235 do STF:** "É competente para a ação de acidente do trabalho a Justiça Cível Comum, inclusive em segunda instância, ainda que seja parte autarquia".
>
> **Súmula 501 do STF:** "Compete à Justiça Ordinária Estadual o processo e o julgamento, em ambas as instâncias, das causas de acidente do trabalho, ainda que promovidas contra a união, suas autarquias, empresas públicas ou sociedades de economia mista".
>
> **Súmula 15 do STJ:** "Compete à Justiça Estadual processar e julgar os litígios decorrentes de acidente do trabalho".

Situação diversa, no entanto, são aquelas hipóteses em que o empregado, tendo como causa de pedir o acidente de trabalho sofrido, ajuíza ação de indenização por dano moral e/ou material contra o empregador. Nesta hipótese, a competência será da Justiça do Trabalho, consoante Súmula Vinculante 22[50] e entendimento pacífico do Supremo Tribunal Federal[51].

Outra questão que desperta interesse diz respeito às ações destinadas a levantamento (alvará) de valores relativos ao PIS/PASEP e ao FGTS, em razão do falecimento do seu titular. Embora as contas do PIS/PASEP e do FGTS fiquem vinculadas à Caixa Econômica Federal (empresa pública federal), são apenas administradas por esta, mas não integram o seu patrimônio. Logo, trata-se de ações de procedimento voluntário, em que a CEF não é colocada no polo passivo.

---

49 "O Superior Tribunal de Justiça, em Recurso Especial representativo de controvérsia – REsp 1.344.771/PR – assentou que: '**em se tratando de demanda em que se discute a ausência/obstáculo de credenciamento da instituição de ensino superior pelo Ministério da Educação como condição de expedição de diploma aos estudantes, é inegável a presença de interesse jurídico da União, razão pela qual deve a competência ser atribuída à Justiça Federal, nos termos do art. 109, I, da Constituição Federal de 1988**' [...]" (STJ, REsp 1616300/PR, Rel. Min. Herman Benjamin, Segunda Turma, julgado em 23-8-2016, *DJe* 13-9-2016).

50 Súmula Vinculante 22 do STF: "**A Justiça do Trabalho é competente para processar e julgar as ações de indenização por danos morais e patrimoniais decorrentes de acidente de trabalho propostas por empregado contra empregador**, inclusive aquelas que ainda não possuíam sentença de mérito em primeiro grau quando da promulgação da Emenda Constitucional n. 45/04".

51 "**Compete à Justiça do Trabalho, e não mais à Justiça dos Estados-membros e do Distrito Federal, o julgamento das ações de indenização por danos materiais e/ou morais resultantes de acidente do trabalho, desde que fundadas no direito comum e ajuizadas em face do empregador**" (STF, RE 461925 AgR, Rel. Min. Celso de Mello, Segunda Turma, julgado em 4-4-2006, *DJ* 8-9-2006 PP-00055 EMENT VOL-02246-03 PP-00646 RTJ VOL-00202-01 PP-00370 LEXSTF v. 28, n. 334, 2006, p. 297-301 RMP n. 34, 2009, p. 303-306).

Assim, a competência para processar o pleito de autorização de levantamento de quantias vinculadas ao FGTS e PIS/PASEP é da Justiça Estadual. Nesse sentido é a Súmula 161 do STJ[52].

Outra questão importante é a seguinte: se houver intervenção da União em causa que tramita perante a Justiça Estadual, o Juízo Estadual deverá remeter os autos ao Juízo Federal, para que este decida acerca do interesse da União. Se o Juízo Federal entender que não é caso de intervenção da União, deverá devolver os autos para o Juízo Estadual e não suscitar conflito. Esse é o entendimento pacificado no âmbito do STJ[53], bem como o que consta no art. 45, *caput* e § 3º, do CPC[54].

II – as causas entre Estado estrangeiro ou organismo internacional e Município ou pessoa domiciliada ou residente no País

No entanto, é importante lembrar que, nesse caso, contra a sentença do juiz federal de primeira instância, caberá recurso ordinário diretamente para o STJ e não apelação ao tribunal regional federal, em razão da determinação expressa no art. 105, inc. II, al. "c", da Constituição Federal.

Se o litígio for entre o Estado estrangeiro ou organismo internacional, de um lado, e a União, o Estado, o Distrito Federal ou o Território, de outro, a competência será do Supremo Tribunal Federal (art. 102, I, "e", CF).

III – as causas fundadas em tratado ou contrato da União com Estado estrangeiro ou organismo internacional

Para atrair a competência da Justiça Federal, a demanda tem que ter por base o tratado internacional ou o contrato internacional, não sendo suficiente apenas que uma das alegações seja a incidência de um tratado internacional.

Assim, é exemplo de ação fundada em tratado internacional a busca e apreensão em razão de sequestro internacional de criança, com base na Convenção de Haia sobre Aspectos Civis de Sequestro Internacional de Crianças[55]. No entanto, no caso de ação de guarda e regulamentação do direito de visitas, a competência é da Justiça Estadual, ain-

---

52 **Súmula 161 do STJ:** "É da competência da Justiça Estadual autorizar o levantamento dos valores relativos ao PIS/PASEP e FGTS, em decorrência do falecimento do titular da conta".

53 **Súmula 150 do STJ:** "Compete à Justiça Federal decidir sobre a existência de interesse jurídico que justifique a presença, no processo, da união, suas autarquias ou empresas públicas". **Súmula 224 do STJ:** "Excluído do feito o ente federal, cuja presença levara o Juiz Estadual a declinar da competência, deve o Juiz Federal restituir os autos e não suscitar conflito".

54 CPC: "Art. 45. Tramitando o processo perante outro juízo, os autos serão remetidos ao juízo federal competente se nele intervier a União, suas empresas públicas, entidades autárquicas e fundações, ou conselho de fiscalização de atividade profissional, na qualidade de parte ou de terceiro interveniente, exceto as ações: [...] § 3º O juízo federal restituirá os autos ao juízo estadual sem suscitar conflito se o ente federal cuja presença ensejou a remessa for excluído do processo".

55 "PROCESSO CIVIL. CONFLITO NEGATIVO DE COMPETÊNCIA. AÇÃO PARA DEFINIÇÃO DE GUARDA E REGULAMENTAÇÃO DO REGIME DE VISITAS A MENOR. CONEXÃO COM **AÇÃO DE BUSCA E APREENSÃO, PROPOSTA PELA UNIÃO, COM FUNDAMENTO NA CONVENÇÃO DE HAIA SOBRE ASPECTOS CIVIS DE SEQUESTRO INTERNACIONAL DE CRIANÇAS**. RISCO DE DECISÕES CONFLITANTES. RECONHECIMENTO DA COMPETÊNCIA DA JUSTIÇA FEDERAL. [...] 3. **A competência absoluta da justiça federal para julgamento de uma das ações, que visa o cumprimento de obrigação fundada em tratado internacional** (art. 109, I e III, da CF/88) atrai a competência para julgamento da ação conexa. [...]" (STJ, CC 118.351/PR, Rel. Min. Nancy Andrighi, Segunda Seção, julgado em 28-9-2011, *DJe* 5-10-2011).

da que o autor da ação esteja em país diverso de onde está o menor, porque tal demanda não está abrangida pela Convenção de Haia[56].

VIII – os mandados de segurança e os "habeas-data" contra ato de autoridade federal, excetuados os casos de competência dos tribunais federais

Questões que suscitam dúvida nesse tocante são aquelas em que a autoridade impetrada é Juiz de Direito do Distrito Federal e Territórios ou Promotor de Justiça do Ministério Público do Distrito Federal e Territórios.

A Justiça do Distrito Federal pertence ao Poder Judiciário da União, e o MPDFT pertence ao Ministério Público da União. Logo, o Juiz de Direito do DF e o Promotor de Justiça do MPDFT são autoridades públicas federais.

No entanto, se o mandado de segurança for impetrado contra Juiz da Justiça do DF e Territórios ou Promotor de Justiça do MPDFT, a competência será do Tribunal de Justiça do Distrito Federal e Territórios, segundo entendimento pacificado do Superior Tribunal de Justiça[57]. Isso porque, embora o Juiz do TJDFT e o Promotor do MPDFT sejam autoridades federais, o TJDFT também é um tribunal federal.

X – os crimes de ingresso ou permanência irregular de estrangeiro, a execução de carta rogatória, após o "exequatur", e de sentença estrangeira, após a homologação, as causas referentes à nacionalidade, inclusive a respectiva opção, e à naturalização

Vale recordar que a competência para conceder o *exequatur* à carta rogatória e para a homologação de sentença estrangeira é do Superior Tribunal de Justiça, após a EC 45/2004 (antes, essa competência era do STF). Após ser concedido o *exequatur* à carta precatória e homologada a sentença estrangeira pelo STJ, o seu cumprimento no Brasil ocorre pela Justiça Federal de primeira instância. No mesmo sentido, o art. 965, *caput*, do CPC dispõe que "o cumprimento de decisão estrangeira far-se-á perante o juízo federal competente, a requerimento da parte, conforme as normas estabelecidas para o cumprimento de decisão nacional".

XI – a disputa sobre direitos indígenas

Tem prevalecido o entendimento de que é competente a Justiça Federal quando se tratar de direitos indígenas e não de direitos de índios individualmente considerados[58].

---

56 "CONFLITO NEGATIVO DE COMPETÊNCIA – PEDIDO DE REGULAMENTAÇÃO DE GUARDA AJUIZADA NA JUSTIÇA ESTADUAL – INEXISTÊNCIA DE PEDIDO DE BUSCA, APREENSÃO E RESTITUIÇÃO DE MENOR – INAPLICABILIDADE DA CONVENÇÃO DE HAIA – COMPETÊNCIA DA JUSTIÇA COMUM ESTADUAL. 1. Na hipótese dos autos, o objeto do pedido inicial não é o cumprimento de obrigação fundada em tratado internacional – Convenção de Haia –, o que atrairia a competência absoluta da Justiça Federal, mas sim a regulamentação da guarda do menor e esta matéria é estritamente ligada ao Direito de Família e, por conseguinte, à Justiça Comum Estadual. 2. Compete à Justiça Comum Estadual processar e julgar pedido de regulamentação de guarda de menor" (STJ, CC 153.274/AC, Rel. Ministro Marco Buzzi, Segunda Seção, julgado em 11-10-2017, *DJe* 27-10-2017).

57 "Nos termos do art. 8º, III, *c*, da Lei 8.185, de 1991 (que dispõe sobre a organização judiciária do Distrito Federal e dos Territórios), **compete ao Tribunal de Justiça do Distrito Federal e Territórios processar e julgar mandado de segurança contra ato praticado por Juiz de Direito do Distrito Federal**" (STJ, RMS 17.644/DF, Rel. Min. Teori Albino Zavascki, Primeira Turma, julgado em 20-3-2007, *DJ* 12-4-2007, p. 210). **"MANDADO DE SEGURANÇA** – [...] **IMPETRAÇÃO CONTRA ATO DO MEMBRO DO MPDFT** – [...] **PRINCÍPIO DA SIMETRIA – REGIMENTO INTERNO DO TJDFT, ART. 13** – [...] **Tratando-se o presente *mandamus* contra ato coator de Promotor de Justiça do Distrito Federal, com a finalidade de procedimento interno de natureza criminal, compete a uma das Câmaras Criminais processar e julgar o feito**. [...]" (STJ, Acórdão n. 580403, 20100110224344APC, Relator Romeu Gonzaga Neiva, 5ª Turma Cível, julgado em 11-4-2012, *DJ* 24-4-2012 p. 270).

58 "Em regra, a competência para processar e julgar crime que envolva índio, na condição de réu ou vítima, é da Justiça Estadual, conforme preceitua o enunciado n. 140 da Súmula desta Corte, segundo o qual: 'Compete a

Vale dizer, precisa ser um interesse que diga respeito à condição indígena, ou à coletividade dos índios. Assim, por exemplo, se determinado índio ingressar com ação indenizatória com base num acidente de trânsito, não estará presente direito indígena, sendo competente para a causa a Justiça Estadual. De outro lado, se a demanda versar sobre a desapropriação de terras que supostamente pertenceriam a determinada comunidade indígena, a competência será da Justiça Federal.

10.3. Competência da Justiça Estadual por delegação da Justiça Federal

No Brasil, não há sede da Justiça Federal em todos os municípios brasileiros, de modo que, para que o cidadão possa ter acesso diretamente ao Juízo Federal, seria necessário que se deslocasse por grandes distâncias, o que dificultaria o acesso à justiça.

De outro lado, as comarcas das Justiças Estaduais estão bem mais capilarizadas, ou seja, há sede dos Juízos Estaduais em bem mais municípios. Segundo dados do Conselho Nacional de Justiça (Relatório Justiça em Números, de 2018), a Justiça Estadual contava, ao final de 2017, com a estrutura de 2.697 comarcas, ou seja, "48,4% dos municípios brasileiros são sede da Justiça Estadual"[59].

Por essas razões, a Constituição Federal estabeleceu a possibilidade de delegação de competências da Justiça Federal para a Justiça Estadual, em determinadas causas. Com efeito, o art. 109, § 3º, da Carta Magna prevê que "serão processadas e julgadas na justiça estadual, no foro do domicílio dos segurados ou beneficiários, as causas em que forem parte instituição de previdência social e segurado, sempre que a comarca não seja sede de vara do juízo federal, e, se verificada essa condição, a lei poderá permitir que outras causas sejam também processadas e julgadas pela justiça estadual".

A esse respeito, o art. 15 da Lei Federal n. 5.010/1966 previu a delegação de competência da Justiça Federal para a Justiça Estadual, quando não houver sede da Justiça Federal na Comarca, para processar e julgar vistorias e justificações; ações contra o INSS relativas a benefícios previdenciários do segurado com domicílio na comarca[60]. O

Justiça Comum Estadual processar e julgar crime em que o indígena figure como autor ou vítima'. 2. Todavia, a competência será da Justiça Federal toda vez que a questão versar acerca de disputa sobre direitos indígenas, incluindo as matérias referentes à organização social dos índios, seus costumes, línguas, crenças e tradições, bem como os direitos sobre as terras que tradicionalmente ocupam, conforme dispõem os arts. 109, XI, e 231, ambos da Constituição da República de 1988" (STJ, CC 123.016/TO, Rel. Ministro Marco Aurélio Bellizze, Terceira Seção, julgado em 26-6-2013, *DJe* 1º-8-2013). No mesmo sentido: "Ao estabelecer a competência da Justiça Federal para julgar os crimes relacionados à disputa sobre direitos indígenas (art. 109, XI, da CF), a Carta Magna colocou sob a jurisdição federal o julgamento de toda e qualquer controvérsia relacionada a direitos dos índios, assim como a direitos dos povos indígenas, neles inclusos os descritos no art. 231, quais sejam, aqueles sobre a organização social, costumes, línguas, crenças e tradições, além dos direitos originários sobre as terras que tradicionalmente ocupam. 2. Como decorrência, não se aplica o enunciado n. 140 da Súmula do STJ quando o crime envolvendo direitos indígenas implicar em ofensa a interesses coletivos da comunidade indígena" (STJ, CC 156.502/RR, Rel. Ministro Reynaldo Soares Da Fonseca, Terceira Seção, julgado em 22-2-2018, *DJe* 28-2-2018).

59 CONSELHO NACIONAL DE JUSTIÇA. Justiça em números 2018: ano-base 2017. Brasília: CNJ, 2018. Disponível em: <http://www.cnj.jus.br/files/conteudo/arquivo/2018/08/44b7368ec6f888b383f6c3de40c32167.pdf>. Acesso em: 25-1-2019. p. 18.

60 Lei n. 5.010/1966: "Art. 15. Nas Comarcas do interior onde não funcionar Vara da Justiça Federal (artigo 12), os Juízes Estaduais são competentes para processar e julgar: I – [revogado pela Lei n. 13.043/2014]; II – as vistorias e

art. 4º, § 1º, da Lei Federal 6.969/1981 previu a delegação de competência para ação de usucapião especial rural de terras devolutas locais, quando não houver sede da Justiça Federal[61]. O art. 237, parágrafo único, do CPC estabelece a delegação de competência para a Justiça Estadual para o cumprimento de cartas precatórias.

Trata-se de hipóteses de delegação de competência em razão da inexistência de sede da Justiça Federal de primeira instância na Comarca, não havendo que se falar em delegação de competência recursal para a segunda instância. Assim, o § 4º do art. 109 da Constituição Federal prevê que, nessas hipóteses de delegação de competência para a Justiça Estadual, "o recurso cabível será sempre para o Tribunal Regional Federal na área de jurisdição do juiz de primeiro grau".

10.4. Consequência da intervenção de ente federal no processo

No caso de intervenção da União, suas empresas públicas, entidades autárquicas e fundações, ou conselho de fiscalização de atividade profissional, seja na qualidade de parte ou de terceiro interveniente, deverão os autos ser remetidos à Justiça Federal competente (art. 45, *caput*, CPC).

Contudo, se o ente federal cuja presença deu ensejo ao declínio de competência para a Justiça Federal for excluído do processo, o Juízo Federal deverá restituir os autos ao Juízo Estadual, e não suscitar conflito de competência (art. 45, § 3º, CPC).

A intervenção do ente federal não implica competência da Justiça Federal (e a remessa dos autos a esta) nas seguintes hipóteses:

a) nas ações "de recuperação judicial, falência, insolvência civil e acidente de trabalho" (art. 45, I, CPC): nesses casos, a competência é da Justiça Estadual ou Distrital, ainda que haja a intervenção dos entes federais;

b) nas ações "sujeitas à Justiça Eleitoral e à Justiça do Trabalho": isso porque a Justiça Eleitoral e a Justiça do Trabalho integram o Poder Judiciário da União e são Justiças especializadas cuja competência prevalece em relação à da Justiça Federal (Justiça Comum). Por conseguinte, a intervenção dos entes federais no feito não torna competente a Justiça Federal.

Contudo, no caso de cumulação de pedidos, quando um deles é formulado contra determinado réu e outro contra um dos entes federais que determinam a competência da Justiça Federal, "os autos não serão remetidos se houver pedido cuja apreciação seja

---

justificações destinadas a fazer prova perante a administração federal, centralizada ou autárquica, quando o requerente for domiciliado na Comarca; III – os feitos ajuizados contra instituições previdenciárias por segurados ou beneficiários residentes na Comarca, que se referirem a benefícios de natureza pecuniária; IV – as ações de qualquer natureza, inclusive os processos acessórios e incidentes a elas relativos, propostas por sociedades de economia mista com participação majoritária federal contra pessoas domiciliadas na Comarca, ou que versem sobre bens nela situados. Parágrafo único. Sem prejuízo do disposto no art. 42 desta Lei e no **art. 1.213 do Código de Processo Civil**, poderão os Juízes e auxiliares da Justiça Federal praticar atos e diligências processuais no território de qualquer dos Municípios abrangidos pela seção, subseção ou circunscrição da respectiva Vara Federal".

61 Lei n. 6.969/1981: "Art. 4º A ação de usucapião especial será processada e julgada na comarca da situação do imóvel. § 1º Observado o disposto no art. 126 da Constituição Federal, no caso de usucapião especial em terras devolutas federais, a ação será promovida na comarca da situação do imóvel, perante a Justiça do Estado, com recurso para o Tribunal Federal de Recursos, cabendo ao Ministério Público local, na primeira instância, a representação judicial da União".

de competência do juízo perante o qual foi proposta a ação" (art. 45, § 1º, CPC). Neste caso, o juiz estadual deverá indeferir o processamento do pedido para o qual não possui competência (que seria da competência da Justiça Federal), bem como determinar o prosseguimento do feito em relação ao pedido para o qual é competente[62].

11. COMPETÊNCIA DA JUSTIÇA DO TRABALHO NAS RELAÇÕES DE TRABALHO APÓS A EC 45/2004: QUESTÕES POLÊMICAS E LIMITES TÊNUES COM A COMPETÊNCIA DA JUSTIÇA DOS ESTADOS E DO DISTRITO FEDERAL

A Emenda Constitucional n. 45/2004 alterou o art. 114 da Constituição Federal[63] para ampliar a competência da Justiça do Trabalho, abrangendo as causas que envolvam qualquer relação de trabalho, e não somente aquelas que dizem respeito à relação de emprego.

Assim, quando a causa envolver **relação de trabalho**, a competência é da **Justiça do Trabalho**, independentemente da existência de vínculo empregatício. Por exemplo, será da competência da Justiça do Trabalho a demanda trabalhista envolvendo o pedreiro e a construtora, ou o pedreiro e a pessoa física proprietária da obra construída, mesmo que não haja vínculo empregatício.

Contudo, quando houver a prestação, por **profissional liberal**, de algum **serviço técnico, com especialidade**, que necessite formação específica, a **relação jurídica** é de **direito civil** e não trabalhista. É o caso, por exemplo, do contrato celebrado entre cliente, de um lado, e, de outro, o advogado[64], o psicólogo[65], dentista ou o médico[66]. Nesses casos,

---

62 CPC: "Art. 45 [...] § 2º Na hipótese do § 1º, o juiz, ao não admitir a cumulação de pedidos em razão da incompetência para apreciar qualquer deles, não examinará o mérito daquele em que exista interesse da União, de suas entidades autárquicas ou de suas empresas públicas".

63 CF: "Art. 114. Compete à Justiça do Trabalho processar e julgar: I – as ações oriundas da relação de trabalho, abrangidos os entes de direito público externo e da administração pública direta e indireta da União, dos Estados, do Distrito Federal e dos Municípios".

64 "CONFLITO DE COMPETÊNCIA. AÇÃO DE COBRANÇA. CONTRATO DE PRESTAÇÃO DE SERVIÇOS ADVOCATÍCIOS. INEXISTÊNCIA DE RELAÇÃO DE TRABALHO. SÚMULA 363/STJ. 1. Por não se caracterizarem como decorrentes de relação de trabalho, os honorários advocatícios deverão ser cobrados perante a Justiça estadual. Precedentes. 2. 'Compete à Justiça estadual processar e julgar a ação de cobrança ajuizada por profissional liberal contra cliente' (Súmula 363/STJ). 3. Conflito conhecido para declarar a competência do Juízo suscitado" (STJ, CC 110.959/SP, Rel. Ministra Maria Isabel Gallotti, Segunda Seção, julgado em 23-3-2011, *DJe* 29-3-2011).

65 "Desse modo, a pretensão deriva da prestação, por psicólogo, do serviço de intermediação e avaliação de aptidão de candidatos a empregos oferecidos pela empresa contratante, de forma autônoma e não subordinada, fazendo incidir o teor da Súmula 363 desta Corte: 'Compete à Justiça estadual processar e julgar a ação de cobrança ajuizada por profissional liberal contra cliente'. 3. Conflito conhecido para declarar competente a Justiça Comum Estadual" (STJ, CC 135.007/MG, Rel. Ministro Raul Araújo, Segunda Seção, julgado em 22-10-2014, *DJe* 17-11-2014).

66 "CONFLITO NEGATIVO DE COMPETÊNCIA. JUSTIÇA ESTADUAL E JUSTIÇA DO TRABALHO. AÇÃO DE COBRANÇA. PRESTAÇÃO DE SERVIÇOS MÉDICOS. VÍNCULO CONTRATUAL DE NATUREZA CIVIL. COMPETÊNCIA DA JUSTIÇA ESTADUAL. PRECEDENTES DO STJ. 1. Compete à Justiça Estadual processar e julgar as ações relativas à prestação de serviços profissionais com vínculo contratual de natureza civil. Precedentes: CC 46722/PB, Rel. Min. Castro Filho, *DJ* de 3-4-2006; CC n. 52.719/SP. Rel. Min. Denise Arruda, unânime, *DJU* de 30-10-2006; AgRg no CC 79.500/RS, 1ª Seção, Rel. Min. José Delgado, *DJ* de 29-6-2007. 2. Súmula n. 363/STJ. Compete à Justiça estadual processar e julgar a ação de cobrança ajuizada por profissional liberal contra cliente" (STJ, CC 74.603/PR, Rel. Ministro Luiz Fux, Primeira Seção, julgado em 27-5-2009, *DJe* 1º-7-2009).

não há relação de trabalho, senão um **vínculo de direito civil**. Por conseguinte, a competência para julgar tais relações é da **Justiça Comum Estadual** e não da Justiça do Trabalho. A tais hipóteses, continua sendo aplicada a Súmula 363 do STJ, que dispõe que "**compete à Justiça estadual processar e julgar a ação de cobrança ajuizada por profissional liberal contra cliente**".

De outro lado, se a relação envolve **vínculo estatutário** (dos servidores públicos), a competência será da **Justiça Estadual ou Federal**, conforme o caso.

Lembre-se, a esse respeito, que aquele servidor que ocupa cargo em comissão possui vínculo de natureza estatutária com o ente público, e não trabalhista ou empregatícia. Assim, continuam sendo aplicadas as Súmulas 137 e 218 do STJ, que assim dispõem:

> **Súmula 137 do STJ:** "Compete à Justiça Comum Estadual processar e julgar ação de servidor público municipal, pleiteando direitos relativos ao vínculo estatutário".
>
> **Súmula 218 do STJ:** "Compete à Justiça dos Estados processar e julgar ação de servidor estadual decorrente de direitos e vantagens estatutárias no exercício de cargo em comissão".

Também se pacificou que, após a EC 45/2004, é da Justiça do Trabalho a competência para processar e julgar a ação de indenização por dano moral e/ou material contra o empregador, consoante Súmula Vinculante 22 do STF[67].

Também são da competência da Justiça do Trabalho "as ações que tenham como causa de pedir o descumprimento de normas trabalhistas relativas à segurança, higiene e saúde dos trabalhadores" (Súmula 736 do STF).

As ações possessórias cujo objeto sejam imóveis particulares são de competência da Justiça Estadual ou Distrital, salvo se envolva interesse da União, hipótese em que a competência será da Justiça Federal. Ocorre que, no caso de ação possessória proposta em razão do exercício do direito de greve por trabalhadores da iniciativa privada, a competência será da Justiça do Trabalho, nos termos da Súmula Vinculante 23 do STF[68].

67 Súmula Vinculante 22 do STF: "**A Justiça do Trabalho é competente para processar e julgar as ações de indenização por danos morais e patrimoniais decorrentes de acidente de trabalho propostas por empregado contra empregador**, inclusive aquelas que ainda não possuíam sentença de mérito em primeiro grau quando da promulgação da Emenda Constitucional n. 45/04".

68 Súmula Vinculante 23 do STF: "A Justiça do Trabalho é competente para processar e julgar ação possessória ajuizada em decorrência do exercício do direito de greve pelos trabalhadores da iniciativa privada".

CAPÍTULO **VII**

COOPERAÇÃO JURÍDICA INTERNACIONAL E NACIONAL

1. COOPERAÇÃO JURÍDICA INTERNACIONAL

1.1. Noções gerais, definição e princípios

No âmbito interno, diz-se que a jurisdição é una, pois a decisão de um juiz de qualquer órgão jurisdicional brasileiro está apta a produzir efeitos para todo o território nacional. Contudo, quando uma medida judicial proferida por determinado juízo precisa ser cumprida em local de competência territorial de outro juízo, é preciso, em regra, uma comunicação formal por meio de carta precatória.

De outro lado, no âmbito internacional, quando um ato processual ou uma decisão judicial precisam ser cumpridos em outro país, é preciso ter em mente que cada Estado é soberano nos limites do seu território. Desse modo, os atos processuais em geral do Estado solicitante precisam ser submetidos a um procedimento de aceitação pelo Estado solicitado.

Num mundo globalizado, onde as relações entre Estados e seus povos – sobretudo com a intensificação das relações comerciais, a circulação de pessoas e o fluxo de informações – cada vez mais ultrapassam os limites das fronteiras estatais, os mecanismos de cooperação entre os Estados soberanos precisam ser recrudescidos, para permitir que os próprios Estados possam manter a sua soberania e atuar diante de novos desafios.

Reconhecendo-se essa complexidade e a necessidade de cooperação, o Código de Processo Civil possui um capítulo próprio para tratar da cooperação internacional.

A **cooperação jurídica internacional** é a **colaboração entre Estados soberanos** para atingir **objetivos comuns** sobre **questões jurídicas** que ultrapassam as suas fronteiras territoriais.

A cooperação internacional tem como princípios norteadores e fundamentos o devido processo legal, a igualdade de tratamento processual entre nacionais e estrangeiros, residentes ou não no Brasil, o acesso à justiça, a assistência judiciária gratuita aos necessitados, a publicidade processual e a espontaneidade na transmissão de informações a autoridades estrangeiras (art. 26, CPC).

Em razão da soberania, o Estado Brasileiro não admitirá cooperação jurídica internacional quanto à prática de atos que contrariem ou produzam resultados incompatíveis com as suas normas fundamentais[1].

A cooperação jurídica internacional é mais ampla do que cooperação judicial ou jurisdicional internacional. A cooperação jurídica internacional abrange todas as questões jurídicas, não necessariamente judiciais, que ultrapassam os limites territoriais de um Estado soberano.

1.2. Classificação

A cooperação jurídica internacional, quanto à **natureza** da questão envolvida, pode ser classificada em:

a) **Administrativa:** quando envolve questão não jurisdicional;

b) **Jurisdicional ou Judicial:** quando envolve atividade judiciária.

Quanto à perspectiva de quem **solicita a cooperação ou é solicitado**, a cooperação jurídica internacional pode ser classificada em:

a) **Ativa:** ocorre quando um Estado formula a outro um pedido de cooperação jurídica.

b) **Passiva:** ocorre quando um Estado recebe de outro o pedido de cooperação.

Portanto, a cooperação jurídica internacional é ativa ou passiva conforme o ponto de vista daquele que solicita ou recebe o pedido de cooperação.

A cooperação jurídica internacional, quanto à necessidade de **juízo de delibação**, pode ser classificada em:

a) **Direta:** para ser efetivada, não precisa de juízo de delibação. É o caso, por exemplo, do auxílio direto, como adiante se mostrará.

b) **Indireta:** para que o ato processual objeto da cooperação jurídica internacional possa ser efetivado, é preciso juízo de delibação. É o que ocorre, por exemplo, com a sentença estrangeira e as cartas rogatórias. Antes que sejam cumpridas em território brasileiro, é preciso homologação da sentença estrangeira e concessão de *exequatur* às cartas rogatórias pela autoridade judiciária brasileira competente (Superior Tribunal de Justiça).

Quanto à **matéria envolvida**, a cooperação jurídica internacional pode ocorrer em:

a) **Matéria penal:** por exemplo, extradição, transferência de presos etc.

b) **Matéria civil:** são as matérias não penais. É o caso, por exemplo, de cooperação jurídica internacional para comunicação de ato processual (citação, intimação etc.); produção de provas; solicitação de documento, dados ou informações; realização de medidas constritivas patrimoniais etc.

---

1 CPC: "Art. 26 [...] § 3º Na cooperação jurídica internacional não será admitida a prática de atos que contrariem ou que produzam resultados incompatíveis com as normas fundamentais que regem o Estado brasileiro".

1.3. Objeto da cooperação internacional

A cooperação jurídica internacional poderá ter por objeto (art. 27, CPC):

a) atos de comunicação judicial ou notificação extrajudicial: citação, intimação e notificação judicial e extrajudicial etc.;

b) colheita ou obtenção de provas: depoimento pessoal, oitiva de testemunhas, realização de perícia, obtenção de informações, cópias de documentos etc.;

c) cumprimento de decisão, com necessidade de prévia homologação pela autoridade competente;

d) concessão de medida judicial de urgência: por exemplo, busca e apreensão (restituição ou retorno) de menor etc.;

e) assistência jurídica internacional;

f) qualquer outra medida judicial ou extrajudicial não proibida pela lei brasileira: por exemplo, localização de endereço de pessoas etc.

A cooperação jurídica internacional passiva jurisdicional com o objetivo de execução de decisão estrangeira ocorrerá por carta rogatória (art. 36, CPC) ou ação de homologação de sentença estrangeira (arts. 960 a 965, CPC).

No sítio eletrônico do Ministério da Justiça[2], há um roteiro para cada uma dessas formas de cooperação jurídica internacional.

1.4. Autoridade central brasileira

O Código de Processo Civil estabelece expressamente que haverá uma "autoridade central para recepção e transmissão dos pedidos de cooperação" (art. 26, IV). Trata-se, em verdade, de positivação na legislação processual de algo que já havia na prática e da necessidade da existência de um órgão central para exercer tal função.

A **Autoridade Central brasileira**, tanto para os pedidos de cooperação jurídica internacional em matéria civil feitos pelo Brasil como para os recebidos do exterior, é o **Ministério da Justiça**, por intermédio do **Departamento de Cooperação Jurídica Internacional da Secretaria Nacional de Justiça (DRCI/SNJ)**.

Trata-se de função muito importante e que tem crescido ao longo dos anos. Atualmente, cerca de 800 pedidos de cooperação jurídica internacional em matéria cível são analisados e tramitados mensalmente pelo DRCI/SNJ[3]. A maior parte desses pedidos "trata de questões de caráter humanitário, como pensões alimentícias (40%) e demais questões de família, como determinação de paternidade, divórcio e outros (20% adicionais)"[4].

---

2 MINISTÉRIO DA JUSTIÇA. Orientações por diligência. Disponível em: <http://www.justica.gov.br/sua-protecao/cooperacao-internacional/cooperacao-juridica-internacional-em-materia-civil/orientacao-por-diligencia>. Acesso em: 25-1-2019.

3 MINISTÉRIO DA JUSTIÇA. Cooperação Jurídica Internacional em Matéria Civil. Disponível em: <http://www.justica.gov.br/sua-protecao/cooperacao-internacional/cooperacao-juridica-internacional-em-materia-civil>. Acesso em: 25-1-2019.

4 MINISTÉRIO DA JUSTIÇA. Cooperação Jurídica Internacional em Matéria Civil. Disponível em: <http://www.justica.gov.br/sua-protecao/cooperacao-internacional/cooperacao-juridica-internacional-em-materia-civil>. Acesso em: 25-1-2019.

Segundo dados do Ministério da Justiça, o Estado brasileiro é mais demandante de cooperação jurídica internacional do que demandado. Cerca de 80% a 90% de todos os pedidos que chegam ao DRCI/SNJ são demandas de brasileiros para o exterior, sendo o restante de demandas de estrangeiros para o Brasil[5].

1.5. Acordos internacionais de cooperação jurídica

Os acordos de cooperação jurídica internacional são formulados pelos Estados soberanos em tratados regionais ou multilaterais, em acordos bilaterais ou multilaterais.

Na ausência de tratado ou acordo internacional, a cooperação jurídica internacional pode ser realizada com base na promessa de reciprocidade, manifestada por via diplomática entre os Estados[6]. É o caso, por exemplo, da troca de notas entre Brasil e Estados Unidos da América com a finalidade de "Ajuste para a Dispensa de Legalização Consular com relação ao cumprimento de Cartas Rogatórias"[7].

Os tratados, do qual o Brasil é parte, que estabelecem cooperação jurídica internacional são os seguintes[8]:

a) Convenção sobre a Prestação de Alimentos no Estrangeiro (ratificado pelo Decreto n. 56.826, de 2 de setembro de 1965);

b) Convenção Sobre os Aspectos Civis do Sequestro Internacional de Crianças (ratificado pelo Decreto n. 3.413, de 14 de abril de 2000);

c) Convenção relativa à Proteção das Crianças e à Cooperação em Matéria de Adoção Internacional (ratificado pelo Decreto n. 3.087, de 21 de junho de 1999);

d) Convenção Interamericana sobre Cartas Rogatórias (ratificado pelo Decreto n. 1.899, de 9 de maio de 1996);

e) Protocolo Adicional à Convenção Interamericana sobre Cartas Rogatórias (ratificado pelo Decreto n. 2.022, de 7 de outubro de 1996);

f) Convenção Interamericana sobre Prova e Informação acerca do Direito Estrangeiro (ratificado pelo Decreto n. 1.925, de 10 de junho de 1996);

g) Convenção Interamericana Sobre Obrigação Alimentar (ratificado pelo Decreto n. 2.428, de 17 de dezembro de 1997);

h) Convenção Interamericana sobre a Restituição Internacional de Menores (ratificado pelo Decreto n. 1.212, de 3 de agosto de 1994);

---

5 "Ressalta-se que o Brasil é um país eminentemente demandante de cooperação jurídica internacional, sendo que, ao longo dos anos, 80% a 90% de todos os pedidos tramitados pelo DRCI/SNJ referem-se a demandas de brasileiros para o exterior." (MINISTÉRIO DA JUSTIÇA. Cooperação Jurídica Internacional em Matéria Civil. Disponível em: <http://www.justica.gov.br/sua-protecao/cooperacao-internacional/cooperacao-juridica-internacional-em-materia-civil>. Acesso em: 25-1-2019).

6 Nesse sentido, art. 26, § 1º, CPC: "Art. 26 [...] § 1º Na ausência de tratado, a cooperação jurídica internacional poderá realizar-se com base em reciprocidade, manifestada por via diplomática".

7 Disponível em: <http://www2.mre.gov.br/dai/b_eua_216B_2102.htm >. Acesso em: 25-1-2019.

8 Disponível em: <http://www.justica.gov.br/sua-protecao/cooperacao-internacional/cooperacao-juridica-internacional-em-materia-civil>. Acesso em: 18-11-2015.

i) Convenção Interamericana sobre Tráfico Internacional de Menores (ratificado pelo Decreto n. 2.740, de 20 de agosto de 1998);

j) Protocolo de Cooperação e Assistência Jurisdicional em Matéria Civil, Comercial, Trabalhista e Administrativa entre os Estados Partes do Mercosul (Mercosul/CMC/DEC. n. 07/2002);

k) Acordo de Cooperação e Assistência Jurisdicional em Matéria Civil, Comercial, Trabalhista e Administrativa entre os Estados Partes do Mercosul, a República da Bolívia e do Chile (ratificado pelo Decreto n. 6.891, de 2 de julho de 2009);

l) Protocolo de Medidas Cautelares (ratificado pelo Decreto n. 2.626, de 15 de junho de 1998);

m) Acordo sobre o Benefício da Justiça Gratuita e a Assistência Jurídica Gratuita entre os Estados-Partes do Mercosul, a República da Bolívia e a República do Chile (Mercosul/CMC/DEC. n. 50/2000).

A seguir, apresenta-se um rol dos acordos bilaterais formulados pelo Brasil com Estados estrangeiros, em matéria de cooperação jurídica internacional:

a) Convenção entre Brasil e a Bélgica sobre Assistência Judiciária Gratuita (ratificado pelo Decreto n. 41.908, de 29 de julho de 1957);

b) Convênio de Cooperação Judiciária em Matéria Civil entre o Governo da República Federativa do Brasil e o Reino da Espanha (ratificado pelo Decreto n. 166, de 3 de julho de 1991);

c) Acordo de Cooperação em Matéria Civil entre o Governo da República Federativa do Brasil e o Governo da República Francesa (ratificado pelo Decreto n. 3.598, de 12 de setembro de 2000);

d) Tratado Relativo à Cooperação Judiciária e ao Reconhecimento e Execução de Sentenças em Matéria Civil entre a República Federativa do Brasil e a República Italiana (ratificado pelo Decreto n. 1.476, de 2 de maio de 1995);

e) Acordo sobre Assistência Judiciária Gratuita entre o Brasil e o Japão;

f) Acordo sobre Cooperação Jurídica em Matéria Civil entre o Governo da República Federativa do Brasil e o Governo da República Libanesa (ratificado pelo Decreto n. 7.934, de 19 de fevereiro de 2013);

g) Convenção sobre Assistência Judiciária Gratuita entre o Brasil e o Reino dos Países Baixos (ratificado pelo Decreto n. 53.923, de 20 de maio de 1964);

h) Acordo relativo ao Cumprimento de Cartas Rogatórias entre Brasil e Portugal (Troca de Notas realizadas em 23 e 29 de agosto de 1895);

i) Convenção sobre Assistência Judiciária Gratuita entre Brasil e Argentina (ratificado pelo Decreto n. 62.978, de 11 de julho de 1968);

j) Acordo de Cooperação Judiciária em Matéria Civil, Comercial, Trabalhista e Administrativa entre o Governo da República Federativa do Brasil e o Governo da República Argentina (ratificado pelo Decreto n. 1.560, de 18 de julho de 1995);

k) Acordo de Cooperação Judiciária em Matéria Civil, Comercial, Trabalhista e Administrativa entre o Governo da República Federativa do Brasil e o Governo da República Oriental do Uruguai (ratificado pelo Decreto n. 1.850, de 10 de abril de 1996);

l) Tratado sobre Auxílio Judicial em Matéria Civil e Comercial entre Brasil e China (ratificado pelo Decreto n. 8.430, de 9 de abril de 2015).

1.6. Procedimento da cooperação jurídica internacional

O procedimento da cooperação jurídica internacional, quando há tratados regionais ou multilaterais, ou acordos bilaterais ou multilaterais, é mais simplificado. Todavia, quando se baseia apenas em reciprocidade, é bem mais complexo e, geralmente, mais moroso.

O requerimento de cooperação jurídica internacional ativa será encaminhado pela autoridade brasileira à autoridade central brasileira, com a tradução do requerimento e dos documentos que a instruem para a língua do Estado solicitado, para posterior envio a este (art. 38, CPC).

No caso de cooperação jurídica internacional passiva, o requerimento da autoridade estrangeira será recusado se configurar manifesta ofensa à ordem pública brasileira. Tal requerimento deve ser instruído com os documentos necessários.

Os documentos estrangeiros que instruem o requerimento de cooperação jurídica internacional (passiva) consideram-se autênticos, pelo Brasil, inclusive a tradução para a língua portuguesa, quando encaminhados ao Estado brasileiro por intermédio da autoridade central ou pela via diplomática, dispensando-se, assim, "ajuramentação, autenticação ou qualquer procedimento de legalização" (art. 41, CPC). A autenticação, a ajuramentação e outros procedimentos de legalização também podem ser dispensados pelo princípio da reciprocidade de tratamento.

Entretanto, quando o Estado estrangeiro fizer a exigência de ajuramentação, autenticação ou outro procedimento de legalização, ainda que encaminhado pela autoridade central brasileira, tais exigências também poderão ser feitas pelo Brasil, a seu critério, para a cooperação jurídica internacional passiva, em nome do princípio da reciprocidade.

A seguir, é apresentado um fluxograma de cada um desses procedimentos.

1.6.1. Pedido de cooperação jurídica internacional baseado em tratado[9]

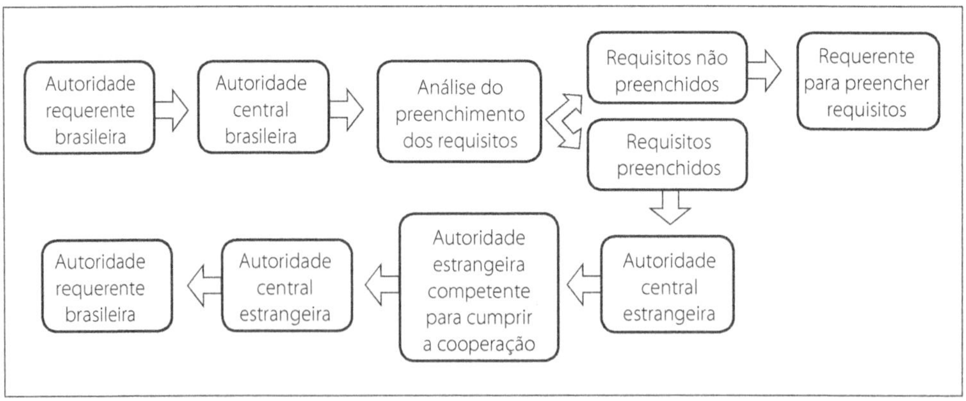

9 Fluxograma elaborado a partir do CPC e das informações constantes no sítio eletrônico do Ministério da Justiça. Disponível em: <http://justica.gov.br/sua-protecao/cooperacao-internacional/cooperacao-juridica-internacional-em-materia-civil/roteiro-de-tramitacao>. Acesso em: 25-1-2019.

1.6.2. Pedido de cooperação jurídica internacional com base em reciprocidade (sem base em tratado)[10]

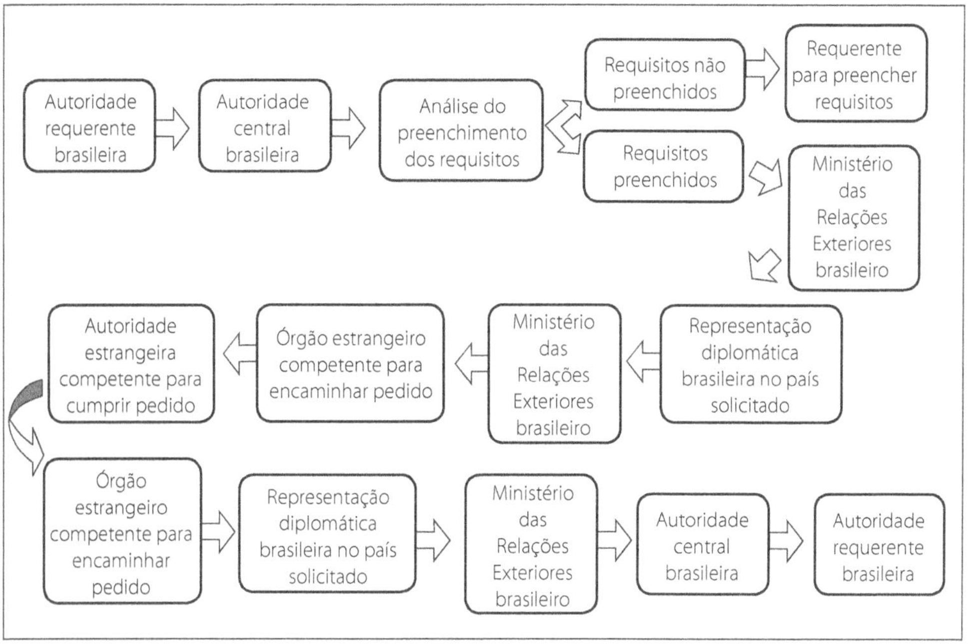

1.7. Cooperação jurídica internacional direta e indireta: auxílio direto, carta rogatória e ação de homologação de decisão definitiva estrangeira

Como exposto, a cooperação jurídica internacional pode ser classificada em direta e indireta. A primeira ocorre quando não há necessidade de juízo de delibação; a segunda, quando o juízo de delibação é imprescindível.

No Brasil, a cooperação jurídica internacional pode ocorrer mediante: a) auxílio direto; b) carta rogatória; e c) homologação de decisão estrangeira definitiva.

1.8. Auxílio direto: cooperação jurídica internacional direta

O **auxílio direto** é o mecanismo utilizado pelo CPC para designar a **cooperação jurídica internacional direta**, ou seja, aquela que **será cumprida no Brasil independentemente de juízo de delibação** (homologação ou concessão de *exequatur*)[11].

O **auxílio direto** pode ser **ativo** (sob o ponto de vista daquele que solicita o auxílio) ou **passivo** (aquele que recebe o pedido de auxílio).

---

10 Fluxograma elaborado a partir do CPC e das informações constantes no sítio eletrônico do Ministério da Justiça. Disponível em: <http://justica.gov.br/sua-protecao/cooperacao-internacional/cooperacao-juridica-internacional-em-materia-civil/roteiro-de-tramitacao>. Acesso em: 25-1-2019.

11 CPC: "Art. 28. Cabe auxílio direto quando a medida não decorrer diretamente de decisão de autoridade jurisdicional estrangeira a ser submetida a juízo de delibação no Brasil".

O art. 30 do CPC traz um rol exemplificativo de hipóteses em que se admite o auxílio direto:

> I – obtenção e prestação de informações sobre o ordenamento jurídico e sobre processos administrativos ou jurisdicionais findos ou em curso;
>
> II – colheita de provas, salvo se a medida for adotada em processo, em curso no estrangeiro, de competência exclusiva de autoridade judiciária brasileira;
>
> III – qualquer outra medida judicial ou extrajudicial não proibida pela lei brasileira.

No caso de **auxílio direto passivo**, a **solicitação** será **encaminhada diretamente** à **autoridade central brasileira**[12]. Esta, por sua vez, "comunicar-se-á diretamente com suas congêneres e, se necessário, com outros órgãos estrangeiros responsáveis pela tramitação e pela execução de pedidos de cooperação enviados e recebidos pelo Estado brasileiro, respeitadas disposições específicas constantes de tratado" (art. 31, CPC).

Na hipótese de **auxílio direto ativo, a solicitação da autoridade brasileira** será **encaminhada** à **autoridade central estrangeira**, com a tradução do requerimento e dos documentos que a acompanham para a língua do Estado estrangeiro, para posterior envio a este.

Quando for o caso de auxílio direto para a realização de atos que, no Brasil, não precisem ser praticados pelo Judiciário brasileiro (cooperação jurídica internacional administrativa), a autoridade central brasileira – o Ministério da Justiça – adotará as providências necessárias para seu cumprimento.

Na hipótese de auxílio direto passivo jurisdicional – quando o auxílio direto é solicitado ao Brasil e é necessária a prestação jurisdicional –, a autoridade central (Ministério da Justiça) encaminhará o pedido de auxílio à Advocacia-Geral da União, a quem cabe requerer em Juízo a medida solicitada. Nas hipóteses em que o Ministério Público for a autoridade central brasileira (hipóteses específicas), compete a ele requerer ao Juízo Federal a medida solicitada pelo auxílio direto.

No Brasil, a **competência** é da **Justiça Federal** para **processar e apreciar o pedido de auxílio direto passivo jurisdicional** (art. 34, CPC).

1.9. Homologação de decisão estrangeira definitiva e concessão de *exequatur* à carta rogatória: cooperação jurídica internacional indireta

As decisões estatais possuem eficácia, como regra, somente no âmbito do território de cada Estado. Essa regra decorre da soberania estatal. Com efeito, o Estado possui soberania nos limites do seu território.

Por conseguinte, para que a decisão de um Estado seja cumprida no território de outro Estado soberano, é necessária a autorização deste, de modo a não ferir a sua soberania.

Com base na soberania, compete a cada Estado soberano disciplinar a forma como essas decisões judiciais ou não judiciais estrangeiras podem ser cumpridas – e se podem ser – no seu território.

---

12 CPC: "Art. 29. A solicitação de auxílio direto será encaminhada pelo órgão estrangeiro interessado à autoridade central, cabendo ao Estado requerente assegurar a autenticidade e a clareza do pedido".

Por razões de diplomacia entre os Estados soberanos, são firmados tratados internacionais para que, sem violar a soberania, as decisões de um Estado possam ser cumpridas no território de outro. Quando não há tratados internacionais, os Estados também podem trocar notas diplomáticas, ou, ainda, aceitar cumprir as decisões do outro Estado com base no princípio da reciprocidade, que vige no âmbito do direito internacional em várias searas e se aplica, inclusive, em matéria de cooperação jurisdicional.

A **decisão judicial estrangeira**, como regra, terá **eficácia no Brasil** somente **após** a sua **homologação** ou a **concessão do *exequatur* às cartas rogatórias**, salvo disposição em sentido contrário de lei ou tratado (art. 961, CPC).

No Brasil, compete ao **Superior Tribunal de Justiça homologar a sentença estrangeira e conceder o *exequatur* às cartas rogatórias** oriundas de Estado estrangeiro, de acordo com o art. 105, inc. I, al. "i", da Constituição Federal.

De acordo com CPC, os procedimentos para a homologação de sentença estrangeira e para a concessão do *exequatur* à carta rogatória no STJ são de **jurisdição contenciosa** e devem assegurar às partes o devido processo legal. Desse modo, há postulação e possibilidade de defesa. Todavia, a defesa não pode adentrar na rediscussão de mérito do pronunciamento judicial estrangeiro, nem pode a autoridade judiciária brasileira fazê-lo. A defesa deve restringir-se ao atendimento ou não dos requisitos para que esse pronunciamento judicial estrangeiro produza efeitos no Brasil, devendo o juízo de delibação da autoridade judicial brasileira também se cingir a essa análise[13].

O CPC estabelece dois regimes para o cumprimento de decisões estrangeiras: a) homologação de decisão estrangeira definitiva; e b) concessão de *exequatur* à carta rogatória para cumprimento de decisões interlocutórias.

Esses dois regimes serão analisados separadamente a seguir.

1.9.1. Homologação de decisão definitiva

A decisão estrangeira definitiva (tutela definitiva) dependerá de homologação para ser cumprida no Brasil. A homologação dessa decisão deverá ser requerida por ação específica destinada a esse propósito (ação de homologação de decisão estrangeira).

É passível de homologação tanto a decisão judicial definitiva como a decisão não judicial que, pela lei brasileira, teria natureza jurisdicional.

As decisões estrangeiras definitivas podem ser homologadas total ou parcialmente, ou, ainda, não ser homologadas.

Para que a decisão definitiva estrangeira seja homologada, são indispensáveis os seguintes **requisitos**, cumulativamente (art. 963, CPC):

I – ser proferida por autoridade competente;

II – ser precedida de citação regular, ainda que verificada a revelia;

---

13 CPC: "Art. 36. O procedimento da carta rogatória perante o Superior Tribunal de Justiça é de jurisdição contenciosa e deve assegurar às partes as garantias do devido processo legal. § 1º A defesa restringir-se-á à discussão quanto ao atendimento dos requisitos para que o pronunciamento judicial estrangeiro produza efeitos no Brasil. § 2º Em qualquer hipótese, é vedada a revisão do mérito do pronunciamento judicial estrangeiro pela autoridade judiciária brasileira".

III – ser eficaz no país em que foi proferida;

IV – não ofender a coisa julgada brasileira;

V – estar acompanhada de tradução oficial, salvo disposição que a dispense prevista em tratado;

VI – não conter manifesta ofensa à ordem pública.

De outro lado, não será homologada a decisão definitiva estrangeira nas hipóteses de competência exclusiva da autoridade judiciária brasileira, previstas no art. 23 do CPC[14].

A pendência da mesma demanda perante a jurisdição brasileira não impede a homologação de decisão definitiva estrangeira, quando requerido o seu cumprimento no Brasil e a causa não for de competência exclusiva da Justiça brasileira. Lembre-se que inexiste litispendência quando a mesma demanda é ajuizada no Brasil e no exterior[15].

Durante o processo de homologação de decisão definitiva estrangeira, é possível à autoridade judiciária brasileira conceder **tutelas de urgência** (art. 961, § 3º, CPC), preenchidos os seus requisitos, bem como realizar execução provisória da decisão definitiva estrangeira ainda não homologada.

De outro lado, em determinados casos, pode ser dispensada a homologação da sentença estrangeira para a sua eficácia no Brasil. É o caso, por exemplo, da sentença estrangeira de divórcio consensual, que produz efeitos no Brasil independentemente de homologação pelo Superior Tribunal de Justiça (art. 961, § 5º, CPC). Nesses casos, qualquer juiz brasileiro, em qualquer instância, quando essa questão for suscitada em processo de sua competência, poderá examinar a validade da decisão estrangeira, em caráter principal ou incidental.

Além disso, **tratados internacionais** ou a **promessa de reciprocidade podem prever** também a **dispensa da homologação de decisão definitiva estrangeira**.

1.9.2. Concessão de *exequatur* à carta rogatória para decisões interlocutórias

A carta rogatória é uma forma de cooperação jurídica internacional, utilizada para que a decisão interlocutória estrangeira seja executada no território brasileiro.

Na carta rogatória, há juízo de delibação, ou seja, análise de requisitos para a sua execução no Brasil, por questões inerentes à soberania brasileira. Com efeito, para que a decisão interlocutória estrangeira seja cumprida no Brasil, é necessária a concessão de *exequatur* à carta rogatória encaminhada pela autoridade estrangeira solicitante.

É possível também a execução de decisão estrangeira concessiva de medida de urgência, da mesma forma que em relação às demais decisões interlocutórias estrangeiras, ou

14 CPC: "Art. 23. Compete à autoridade judiciária brasileira, com exclusão de qualquer outra: I – conhecer de ações relativas a imóveis situados no Brasil; II – em matéria de sucessão hereditária, proceder à confirmação de testamento particular e ao inventário e à partilha de bens situados no Brasil, ainda que o autor da herança seja de nacionalidade estrangeira ou tenha domicílio fora do território nacional; III – em divórcio, separação judicial ou dissolução de união estável, proceder à partilha de bens situados no Brasil, ainda que o titular seja de nacionalidade estrangeira ou tenha domicílio fora do território nacional".

15 CPC "Art. 24. A ação proposta perante tribunal estrangeiro não induz litispendência e não obsta a que a autoridade judiciária brasileira conheça da mesma causa e das que lhe são conexas, ressalvadas as disposições em contrário de tratados internacionais e acordos bilaterais em vigor no Brasil. Parágrafo único. A pendência de causa perante a jurisdição brasileira não impede a homologação de sentença judicial estrangeira quando exigida para produzir efeitos no Brasil".

seja, após a concessão do *exequatur* à carta rogatória (art. 962, CPC). Essa decisão pode ser cumprida, inclusive, sem o prévio contraditório (ou seja, liminarmente), desde que garantido o contraditório posterior. Contudo, a análise de urgência da medida "compete exclusivamente à autoridade jurisdicional prolatora da decisão estrangeira" (art. 962, § 3º, CPC).

Nos casos em que é dispensada a homologação da decisão definitiva (tutela definitiva) para que ela produza efeitos no Brasil, também será dispensada a concessão de *exequatur* à carta rogatória para cumprir a medida de urgência relativa à mesma matéria. Neste caso, a validade dessa medida de urgência deverá ser analisada diretamente pelo juiz competente para dar-lhe cumprimento, dispensada a homologação pelo Superior Tribunal de Justiça[16].

Para a concessão do *exequatur* às cartas rogatórias, é necessário o preenchimento dos mesmos requisitos para a homologação da sentença estrangeira (art. 963, CPC), bem como que seja garantido o contraditório prévio ou diferido[17].

De outro lado, não será concedido o *exequatur* à decisão interlocutória estrangeira quando se tratar das hipóteses de competência exclusiva da autoridade judiciária brasileira, previstas no art. 23 do CPC[18].

1.9.3. Competência para cumprimento da decisão estrangeira (definitiva ou provisória) após homologação ou concessão do *exequatur*

Após a homologação da decisão definitiva estrangeira ou a concessão do *exequatur* à carta rogatória para cumprimento de decisão interlocutória, o cumprimento da decisão deverá ser solicitado mediante requerimento, instruído com cópia autenticada da decisão homologatória ou do *exequatur*, dirigido ao juízo federal de primeira instância competente, na forma do art. 109, X, da Constituição Federal[19] e do art. 965 do CPC[20].

---

16 CPC: "Art. 962. É passível de execução a decisão estrangeira concessiva de medida de urgência. [...] § 4º Quando dispensada a homologação para que a sentença estrangeira produza efeitos no Brasil, a decisão concessiva de medida de urgência dependerá, para produzir efeitos, de ter sua validade expressamente reconhecida pelo juiz competente para dar-lhe cumprimento, dispensada a homologação pelo Superior Tribunal de Justiça".

17 CPC: "Art. 963. Constituem requisitos indispensáveis à homologação da decisão: I – ser proferida por autoridade competente; II – ser precedida de citação regular, ainda que verificada a revelia; III – ser eficaz no país em que foi proferida; IV – não ofender a coisa julgada brasileira; V – estar acompanhada de tradução oficial, salvo disposição que a dispense prevista em tratado; VI – não conter manifesta ofensa à ordem pública. Parágrafo único. Para a concessão do *exequatur* às cartas rogatórias, observar-se-ão os pressupostos previstos no *caput* deste artigo e no art. 962, § 2º".

18 CPC: "Art. 23. Compete à autoridade judiciária brasileira, com exclusão de qualquer outra: I – conhecer de ações relativas a imóveis situados no Brasil; II – em matéria de sucessão hereditária, proceder à confirmação de testamento particular e ao inventário e à partilha de bens situados no Brasil, ainda que o autor da herança seja de nacionalidade estrangeira ou tenha domicílio fora do território nacional; III – em divórcio, separação judicial ou dissolução de união estável, proceder à partilha de bens situados no Brasil, ainda que o titular seja de nacionalidade estrangeira ou tenha domicílio fora do território nacional".

19 CF: "Art. 109. Aos juízes federais compete processar e julgar: [...] X – os crimes de ingresso ou permanência irregular de estrangeiro, a execução de carta rogatória, após o "exequatur", e de sentença estrangeira, após a homologação, as causas referentes à nacionalidade, inclusive a respectiva opção, e à naturalização".

20 CPC: "Art. 965. O cumprimento de decisão estrangeira far-se-á perante o juízo federal competente, a requerimento da parte, conforme as normas estabelecidas para o cumprimento de decisão nacional. Parágrafo único. O pedido de execução deverá ser instruído com cópia autenticada da decisão homologatória ou do *exequatur*, conforme o caso".

2. COOPERAÇÃO NACIONAL

O Código de Processo Civil estabelece num capítulo próprio a disciplina da cooperação jurisdicional ou judiciária nacional (arts. 67 a 69). A inovação, contudo, é apenas a consolidação de tais normas no Código, na medida em que tais regras são, em grande medida, a reprodução das disposições do anexo da Recomendação n. 38, de 3-11-2011, do Conselho Nacional de Justiça[21].

A cooperação jurisdicional nacional é um mecanismo de desburocratizar a comunicação entre juízos, diante do reconhecimento de que é cada vez mais comum a necessidade de prática de atos processuais fora dos limites da competência territorial de cada juízo. São comuns, por exemplo, que citações, intimações, depoimentos pessoais, oitiva de testemunhas, penhoras, dentre outros atos processuais, tenham de ser praticados fora da competência do juízo onde tramita o processo.

Em tais casos, é necessário que o juízo do processo solicite a prática de atos processuais para outro juízo. Todavia, o mecanismo tradicional da carta precatória, com todos os seus requisitos e formalidades, acaba sendo um mecanismo burocratizado e que gera morosidade no processo. Além disso, a depender da presteza do juízo deprecado, o cumprimento da carta precatória pode demorar mais ou menos tempo.

Nesse contexto é que o Conselho Nacional de Justiça estabeleceu regras de cooperação judiciária no âmbito nacional. Aliás, um dos considerandos da Recomendação n. 38, de 3-11-2011, do Conselho Nacional de Justiça, diz que a "cooperação judiciária constitui mecanismo contemporâneo, desburocratizado e ágil para o cumprimento de atos judiciais fora da esfera de competência do juízo requerente ou em intersecção com ele"[22].

O dever de cooperação é imposto a todos os órgãos do Poder Judiciário, estadual (comum e militar) ou federal em sentido amplo (Justiça Federal, Justiça do Trabalho, Justiça Militar da União, Justiça do Distrito Federal e dos Territórios, Justiça Eleitoral), em todas as instâncias e graus de jurisdição, inclusive aos tribunais superiores, por meio dos seus magistrados e servidores (art. 67, CPC).

Assim, é possível a solicitação de cooperação judiciária entre diferentes órgãos do Poder Judiciário. Por exemplo, o Juízo Federal pode solicitar cooperação do Juízo Estadual, e vice-versa.

Aliás, tais regras autorizam, inclusive, a solicitação de cooperação judiciária entre um órgão judicial de instância inferior para um órgão judicial de instância superior. Por exemplo, é possível que o juízo de primeira instância solicite ao Tribunal Superior Eleitoral informações em seus dados cadastrais para localizar o endereço de determinada pessoa (aliás, para essas informações, o TSE já disponibiliza acesso direto, para os órgãos judiciários, à sua base de dados).

Também é possível à justiça arbitral solicitar cooperação jurisdicional a órgão judicial (art. 69, § 1º, CPC)[23].

---

21 CONSELHO NACIONAL DE JUSTIÇA. Recomendação n. 38, de 3-11-2011, do Conselho Nacional de Justiça. Disponível em: <http://www.cnj.jus.br/busca-atos-adm?documento=1230>. Acesso em: 15-9-2015.

22 CONSELHO NACIONAL DE JUSTIÇA. Recomendação n. 38, de 3-11-2011, do Conselho Nacional de Justiça. Disponível em: <http://www.cnj.jus.br/busca-atos-adm?documento=1230>. Acesso em: 15-9-2015.

23 CPC: "Art. 69 [...] § 1º As cartas de ordem, precatória e arbitral seguirão o regime previsto neste Código".

O processamento dos requerimentos de cooperação é informado pelos princípios da agilidade, da concisão, da instrumentalidade das formas e da unidade da jurisdição nacional. Além disso, deve ser dada prioridade ao uso dos meios eletrônicos (art. 2º, p. único, Recomendação CNJ n. 38/2011).

A cooperação judiciária nacional "é admissível para a prática de todos os tipos de atos, providências, medidas, incidentes, procedimentos e ritos processuais" (art. 3º, Recomendação CNJ n. 38/2011).

O magistrado poderá solicitar a cooperação, por exemplo, antes de suscitar o conflito de competência. Por exemplo, se uma das partes alega que duas ou mais ações são conexas, de modo que deveria haver a reunião entre elas perante o juízo prevento, o magistrado poderá, em vez de decidir de plano a reunião das causas, solicitar ao outro juízo informações sobre o referido processo, ou solicitar os referidos autos por empréstimo. Essa é uma das várias possibilidades de cooperação judicial que tem efeitos práticos bastante relevantes, na medida em que economiza tempo e possibilita uma melhor decisão.

O art. 69 do CPC estabelece um rol exemplificativo de hipóteses de cooperação:

> I – auxílio direto;
>
> II – reunião ou apensamento de processos;
>
> III – prestação de informações;
>
> IV – atos concertados entre os juízes cooperantes.

Trata-se, em verdade, da reprodução do art. 4º da Recomendação n. 38, de 3-11-2011, do Conselho Nacional de Justiça[24].

A seguir, o § 2º do mesmo art. 69 do CPC estabelece que esses "atos concertados entre os juízes cooperantes" podem consistir, dentre outros, no estabelecimento de procedimentos para:

> I – a prática de citação, intimação ou notificação de ato;
>
> II – a obtenção e apresentação de provas e a coleta de depoimentos;
>
> III – a efetivação de tutela provisória;
>
> IV – a efetivação de medidas e providências para recuperação e preservação de empresas;
>
> V – a facilitação de habilitação de créditos na falência e na recuperação judicial;
>
> VI – a centralização de processos repetitivos;
>
> VII – a execução de decisão jurisdicional.

A Recomendação n. 38, de 3-11-2011, do Conselho Nacional de Justiça (art. 6º) estabeleceu que os tribunais poderão criar Núcleos de Cooperação[25], bem como

---

24 "Art. 4º O pedido de cooperação judiciária prescinde de forma especial e compreende: I – auxílio direto; II – reunião ou apensamento de processos; III – prestação de informações; IV – cartas de ordem ou precatória; V – atos concertados entre os juízes cooperantes."

25 Recomendação n. 38, de 3-11-2011, do Conselho Nacional de Justiça: "Art. 9º Os tribunais poderão constituir núcleos de cooperação judiciária, com a função de sugerir diretrizes de ação coletiva, harmonizar rotinas e procedimentos, bem como atuar na gestão coletiva de conflitos e na elaboração de diagnósticos de política judiciária, propondo mecanismos suplementares de gestão administrativa e processual, fundados nos princípios da descentralização, colaboração e eficácia".

designar magistrados para atuar como juízes de cooperação, que integrarão a Rede Nacional de Cooperação Judiciária, com a atribuição de facilitar a prática dos atos de cooperação judiciária no âmbito nacional[26]. Além disso, os tribunais também poderão designar magistrados de cooperação em segunda instância.

26 Segundo o art. 7º da referida Recomendação, o juiz de cooperação tem as seguintes atribuições específicas: "I – fornecer todas as informações necessárias a permitir a elaboração eficaz de pedido de cooperação judiciária, bem como estabelecer os contatos diretos mais adequados; II – identificar soluções para os problemas que possam surgir no processamento de pedido de cooperação judiciária; III – facilitar a coordenação do tratamento dos pedidos de cooperação judiciária no âmbito do respectivo Tribunal; IV – participar das reuniões convocadas pela Corregedoria de Justiça, pelo Conselho Nacional de Justiça ou, de comum acordo, pelos juízes cooperantes; V – participar das comissões de planejamento estratégico dos tribunais; VI – promover a integração de outros sujeitos do processo à rede de cooperação; VI – intermediar o concerto de atos entre juízes cooperantes".

CAPÍTULO VIII

AÇÃO

Com o Código de Processo Civil de 2015, uma das maiores discussões doutrinárias diz respeito exatamente à questão da teoria da ação que foi adotada, o que impacta diretamente na continuidade ou não das chamadas "condições da ação" no sistema processual.

A ação é um instituto de vital relevância para o direito processual civil. Para definir o significado de ação, surgiram diversas teorias, desenvolvidas ao longo do tempo por renomados processualistas.

1. TEORIAS DA AÇÃO

Diversas teorias se propõem a explicar o significado de ação, as quais contribuíram em grande medida para o desenvolvimento do instituto. Abaixo, faz-se um estudo das principais teorias da ação.

1.1. Teoria Civilista (ou Teoria Imanentista)

Segundo a Teoria Civilista, a ação é o próprio direito material que, sendo violado, vai a juízo pedir proteção.

É também chamada de Teoria Imanentista da Ação.

Savigny foi quem inicialmente desenvolveu essa teoria[1].

1.2. Teoria Concreta

É também conhecida como Teoria Concretista da Ação ou Teoria do Direito Concreto de Ação.

Segundo essa Teoria, a ação é o direito a um provimento jurisdicional favorável. A ação é autônoma, mas acessória ao direito material.

---

1 SILVA, Ovídio A. Baptista da; GOMES, Fábio Luiz. *Teoria geral do processo civil*. 4. ed. São Paulo: Revista dos Tribunais, 2006. p. 94.

Foi inicialmente desenvolvida por **Adolf Wach**. Teve a grande contribuição de ser a primeira a afirmar a autonomia da ação em relação ao direito material[2].

1.3. Teoria do Direito Potestativo de Agir

É uma variação da Teoria Concreta, desenvolvida com a particular concepção de **Giuseppe Chiovenda**[3].

Segundo Chiovenda, a ação é "o poder jurídico de dar vida à condição para a atuação da vontade concreta da lei"[4].

Os direitos subjetivos em sentido amplo (direitos que a pessoa pode ter) são classificados em direitos subjetivos em sentido estrito e direitos potestativos.

Direito subjetivo é o direito a uma prestação; a esse direito, corresponde um dever de prestar da outra parte. Os direitos subjetivos podem ser violados, gerando para o seu titular o direito de exigir que a outra parte cumpra determinada prestação.

O direito potestativo é o direito à formação de uma nova situação jurídica. Ao direito potestativo corresponde uma sujeição da outra parte, ou seja, o seu titular pode ingressar na esfera jurídica de outrem sem que este nada possa fazer.

Sob essas premissas, Chiovenda desenvolveu a sua Teoria. Ele concebe a ação com uma visão concretista (na forma preconizada por Wach), mas acrescenta que ela é um direito potestativo[5].

Assim, para Chiovenda, "a ação é um poder que nos assiste em face do adversário em relação a quem se produz o efeito jurídico da atuação da lei. O adversário não é obrigado a coisa nenhuma diante desse poder: simplesmente lhe está sujeito"[6]. Assim, ao direito de ação, corresponde uma sujeição da outra parte ao provimento jurisdicional do Estado.

Contudo, a Teoria do Direito Potestativo de Agir tem nitidamente uma concepção concretista, uma vez que entende a ação como o direito a um pronunciamento judicial favorável.

1.4. Teoria Abstrata da Ação

A Teoria Abstrata é também conhecida como Teoria do Direito Abstrato de Agir. Tem como objetivo se opor à Teoria Concreta.

---

2 CHIOVENDA, Giuseppe. *Instituições de direito processual civil* (trad. Paolo Capitanio). v. 1. 3. ed. Campinas: Bookseller, 2002. p. 42.

3 Observe-se que Chiovenda continua tendo uma concepção concretista.

4 Nesse sentido: CHIOVENDA, Giuseppe. *Instituições de direito processual civil* (trad. Paolo Capitanio). v. 1. 3. ed. Campinas: Bookseller, 2002. p. 39.

5 "Quanto a mim, que comecei a ocupar-me desses problemas quando a categoria dos direitos potestativos estava já largamente estudada na doutrina, não tive dificuldade, com o subsídio de semelhantes estudos, em ser o primeiro a inscrever a ação naquela categoria: reconhecendo a parte substancial da teoria de WACH, defini ação como um 'direito potestativo' (1093)" (CHIOVENDA, Giuseppe. *Instituições de direito processual civil* (trad. Paolo Capitanio). v. 1. 3. ed. Campinas: Bookseller, 2002. p. 41).

6 CHIOVENDA, Giuseppe. *Instituições de direito processual civil* (trad. Paolo Capitanio). v. 1. 3. ed. Campinas: Bookseller, 2002. p. 42.

A Teoria Abstrata defende que ação é "o direito subjetivo público que se exerce contra o Estado e em razão do qual sempre se pode obrigar o réu a comparecer em juízo. É o direito de agir, decorrente da própria personalidade, nada tendo em comum com o direito privado arguido pelo autor"[7]. Vale dizer, **a ação é o direito de se obter um pronunciamento jurisdicional, independentemente de ser favorável ou desfavorável**. Assim, para essa Teoria, há ação mesmo que o direito material não exista.

Segundo a Teoria Abstrata, a Teoria Concreta não explica satisfatoriamente a improcedência da ação, pois esta não consegue justificar como o autor chega até o final da ação (improcedente) sem que ele tivesse direito de ação.

1.5. Teoria Eclética da Ação

Foi desenvolvida por **Enrico Tullio Liebman**.

Para Liebman, **a ação é o direito de ir a juízo e obter um provimento de mérito** (tem concepção abstrata), **mas esse direito é condicionado**. A esses requisitos para exercer a ação dá-se o nome de condições da ação.

A doutrina brasileira adota majoritariamente a Teoria Eclética da Ação.

Como é cediço, Liebman teve grande influência na Escola Paulista de Processo Civil, tendo como discípulos Alfredo Buzaid e José Frederico Marques, dentre outros.

Como Buzaid foi o autor do anteprojeto do CPC de 1973, o seu texto reflete claramente a adoção da Teoria Eclética, sobretudo quando disciplinava expressamente as condições da ação.

O Código de Processo Civil de 2015 não traz expressamente a nomenclatura condições da ação, como fazia o CPC de 1973. Então, cabe perquirir o que significa tal categoria jurídica, bem como se ela permanece no direito processual civil brasileiro após a vigência do CPC/2015.

2. AS CONDIÇÕES DA AÇÃO

2.1. As condições da ação e a possibilidade jurídica do pedido continuam presentes no sistema processual civil brasileiro?

De acordo com a Teoria Eclética da Ação, de Enrico Tullio Liebman, na sua formulação original, eram três as condições da ação: legitimidade, interesse de agir e possibilidade jurídica do pedido. Entretanto, o próprio Liebman reformulou a sua teoria original, passando a entender que possibilidade jurídica do pedido estaria, na verdade, contida no interesse de agir. Assim, para Liebman, ao final, as condições da ação eram apenas duas: legitimidade e interesse de agir.

O CPC/1973 previa expressamente a nomenclatura "condições da ação". Além disso, no sistema processual brasileiro antes do CPC/2015, a possibilidade jurídica do pedido continuava em vigor no art. 267, inc. VI, do CPC/1973, que previa que deveria

---

7 SILVA, Ovídio A. Baptista; GOMES, Fábio Luiz. *Teoria geral do processo civil*. 4. ed. São Paulo: Revista dos Tribunais, 2006. p. 109.

ocorrer a extinção do processo sem resolução do mérito "quando não concorrer qualquer das condições da ação, como a possibilidade jurídica, a legitimidade das partes e o interesse processual".

No âmbito da jurisprudência, a possibilidade jurídica do pedido continuava sendo utilizada como condição autônoma da ação, ou seja, sem que se considerasse que ela estava dentro do interesse processual.

O Código de Processo Civil de 2015, por sua vez, não fala em nenhum dispositivo das condições da ação. Contudo, no seu art. 17, estabelece que "para postular em juízo é necessário ter interesse e legitimidade". Além disso, o art. 485, inc. VI, prevê que "o juiz não resolverá o mérito quando [...] verificar ausência de legitimidade ou de interesse processual".

Portanto, a legitimidade e o interesse processual continuam no CPC/2015 como condições ou requisitos para que a ação tenha o seu mérito julgado.

Com base em tais premissas, alguns renomados processualistas, tais como Fredie Didier Jr., afirmam que a categoria jurídica condições da ação não existe mais na sistemática do direito processual civil brasileiro, razão pela qual legitimidade e interesse processual passariam a integrar a categoria pressupostos processuais[8].

Outros, contudo, entendem que a categoria jurídica condições da ação continua presente, haja vista que interesse processual e legitimidade não podem ser enquadrados em outra categoria que não seja condições da ação. Nesse sentido, por exemplo, Daniel Neves[9] e Alexandre Câmara[10].

De outro lado, José Garcia Medina, que integrou a Comissão do Anteprojeto do CPC/2015, afirma que, na Comissão, a retirada da categoria condições da ação do CPC não ocorreu porque ela foi extinta, senão porque a legislação não pode prever expressamente uma teoria. Com efeito, as teorias devem ser desenvolvidas fora da legislação. Sobre isso, Medina ensina que:

> Essa opção do projeto, tomada, desde o início, pela comissão que elaborou o anteprojeto do novo CPC, nos parece a mais acertada. A lei, em princípio, não deve adotar um determinado conceito ou concepção doutrinária. O projeto, em outros casos, opta por "definir" institutos jurídico-processuais, aparentemente seguindo determinada concepção doutrinária, algo que não nos parece correto. Restará à doutrina e à jurisprudência definir se, à luz do NCPC, fará, ainda, sentido falar em "condições da ação", ou se legitimidade e interesse processual seriam matérias que poderiam se inserir entre os pressupostos processuais ou no mérito[11].

Desse modo, fica claro que a opção do CPC/2015 em não mencionar expressamente o termo condições da ação não tem por objetivo extinguir tal categoria jurídica, senão

---

8 DIDIER JR., Fredie. *Curso de direito processual civil:* introdução ao direito processual civil, parte geral e processo de conhecimento. 18. ed. Salvador: JusPodivm, 2016. p. 308.

9 "Como a legitimidade e o interesse dificilmente podem ser enquadrados no conceito de pressupostos processuais, por demandarem análise da relação jurídica de direito material alegada pelo autor, concluo que continuamos a ter no sistema processual as condições da ação" (NEVES, Daniel Amorim Assumpção. *Novo Código de Processo Civil.* Rio de Janeiro: Forense, 2015. p. 49).

10 CÂMARA, Alexandre Freitas. *O novo processo civil brasileiro*. São Paulo: Atlas, 2015. p. 35 e segs.

11 MEDINA, José Miguel Garcia. Novo CPC não deve adotar conceito sobre condições para a ação. Disponível em: <http://www.conjur.com.br/2014-ago-25/cpc-nao-adotar-conceito-condicoes-acao>. Acesso em: 25-10-2016.

deixar de impor opções teóricas pelo texto legal. Nesse sentido, trata-se de inovação importante do CPC/2015. Tanto nas decisões judiciais vinculantes, quanto na legislação – ou seja, em decisões e normas que possuem caráter geral e abstrato –, são importantes os chamados "acordos teóricos incompletos"[12]. Vale dizer, se determinada decisão ou norma com caráter vinculante, geral e abstrato assumir expressamente determinada teoria, obstaculiza em grande medida o surgimento de novas teorias, e isso é problemático, na medida em que as inovações teóricas são o aporte necessário para a mudança e a "evolução" da doutrina, da jurisprudência e da legislação. Sem as novas teorias, fica mais difícil repensar os dogmas, pois eles comumente não são superados a partir de uma crítica interna. As teorias proporcionam uma análise crítica externa, que permite questionar os dogmas e, por conseguinte, são fundamentais para a doutrina, para a jurisprudência e para a legislação. Portanto, não se deve incluir na legislação uma teoria como dever-ser.

Assim, a não inclusão das chamadas condições da ação no CPC/2015 constitui-se em providência adequada, embora elas continuem a existir no sistema processual civil brasileiro, enquanto for adotada, no plano da dogmática, a Teoria Eclética de Liebman.

Independentemente da concepção teórica que se adote, o fato é que legitimidade e interesse processual continuam presentes no CPC/2015 (art. 485, VI) como requisitos para o julgamento de mérito. Além disso, tais categorias são extremamente úteis, pois, se não estiverem presentes no caso concreto, é possível ao juiz extinguir o processo sem precisar analisar todo o conjunto probatório. Isto é, se tais condições ou requisitos não estiverem presentes no exercício de determinada ação, não é preciso que haja todo o gasto de atividade processual para, ao final, se dizer que a parte autora não tem o direito pretendido.

Por todas essas razões, legitimidade e interesse processual podem ser enquadrados dentro da categoria jurídica condições da ação. Além disso, não parece que possam ser qualificados como pressupostos processuais, pois nada têm a ver com o processo, já que a sua relação é com o direito material invocado. Além disso, observe-se que o CPC/2015 previu em outro dispositivo os pressupostos processuais como causa que leva o juiz a proferir sentença sem apreciar o mérito (art. 485, inc. IV), ou seja, em dispositivo diverso da legitimidade e do interesse processual (art. 485, inc. VI), assim como fazia o CPC/1973.

De outro lado, a possibilidade jurídica do pedido não foi prevista no CPC/2015, o que tem levado alguns doutrinadores a dizer que ela estaria dentro de interesse processual. Outros, contudo, entendem que, no CPC/2015, seria uma causa de julgamento de improcedência liminar.

No âmbito da Comissão que elaborou o Anteprojeto do Código de Processo Civil de 2015, a justificativa para exclusão da possibilidade jurídica do pedido, no entanto, foi

12 A esse respeito, existe aqui a mesma preocupação de Cass Sunstein com os acordos teóricos completos, na institucionalização de direitos: "Um julgamento teorizado de modo completo seria incapaz de acomodar mudanças em fatos ou valores. Se uma cultura realmente atingisse um teórico estágio final, tornar-se-ia rígida e calcificada; saberíamos o que pensar sobre tudo. A menos que a teorização completa fosse livre de erros, prejudicaria a posteridade. Portanto, decisões políticas teorizadas de modo incompleto são a chave para debates sobre igualdade no Direito e na política, com questões a serem salientadas sobre discriminação em função de orientação sexual, idade, deficiência e outros análogos à discriminação em função de raça; tais decisões políticas têm a importante vantagem de permitir um vasto grau de abertura a novos fatos e novas perspectivas" (SUNSTEIN, Cass R. Decisões políticas teorizadas de modo incompleto no direito constitucional (trad. Letícia Borges Thomas). In: TEIXEIRA, Anderson Vichinkeski; OLIVEIRA, Elton Somensi de (Org.). *Correntes contemporâneas do pensamento jurídico*. Barueri, SP: Manole, 2009. p. 294-317. p. 309).

outra. Segundo a exposição de motivos do Anteprojeto, o objetivo da retirada da possibilidade jurídica do pedido como condição da ação foi incluir a circunstância fática que a determina como causa de julgamento liminar de improcedência, a fim de se resolver definitivamente a controvérsia. Observe-se o teor do trecho em referência da exposição de motivos do Anteprojeto do CPC/2015:

> O novo sistema permite que cada processo tenha maior rendimento possível. Assim, e por isso, estendeu-se a autoridade da coisa julgada às questões prejudiciais. Com o objetivo de se dar maior rendimento a cada processo, individualmente considerado, e, atendendo a críticas tradicionais da doutrina, deixou, a possibilidade jurídica do pedido, de ser condição da ação. A sentença que, à luz da lei revogada seria de carência da ação, à luz do Novo CPC é de improcedência e resolve definitivamente a controvérsia[13].

Na redação do Anteprojeto do CPC/2015, a improcedência liminar do pedido contemplava a hipótese de "impossibilidade jurídica do pedido" quando previa a rejeição liminar da demanda se "manifestamente improcedente o pedido" (art. 317, inc. I, do Anteprojeto do CPC/2015). Ocorre que, na redação final do CPC/2015 (art. 332)[14], tal hipótese não foi contemplada como causa de improcedência liminar do pedido.

A esse respeito, observe-se o teor da regra no Anteprojeto e na versão final do CPC/2015:

ANTEPROJETO DO CPC	CPC/2015
Art. 317. Independentemente de citação do réu, o juiz rejeitará liminarmente a demanda se: **I – manifestamente improcedente o pedido, desde que a decisão proferida não contrarie entendimento do Supremo Tribunal Federal ou do Superior Tribunal de Justiça, sumulado ou adotado em julgamento de casos repetitivos;** II – o pedido contrariar entendimento do Supremo Tribunal Federal ou do Superior Tribunal de Justiça, sumulado ou adotado em julgamento de casos repetitivos; III – verificar, desde logo, a decadência ou a prescrição.	**Art. 332.** Nas causas que dispensem a fase instrutória, o juiz, independentemente da citação do réu, julgará liminarmente improcedente o pedido que contrariar: I – enunciado de súmula do Supremo Tribunal Federal ou do Superior Tribunal de Justiça; II – acórdão proferido pelo Supremo Tribunal Federal ou pelo Superior Tribunal de Justiça em julgamento de recursos repetitivos; III – entendimento firmado em incidente de resolução de demandas repetitivas ou de assunção de competência; IV – enunciado de súmula de tribunal de justiça sobre direito local. § 1º O juiz também poderá julgar liminarmente improcedente o pedido se verificar, desde logo, a ocorrência de decadência ou de prescrição.

13 BRASIL. Congresso Nacional. Senado Federal. Comissão de Juristas Responsável pela Elaboração de Anteprojeto de Código de Processo Civil. Anteprojeto do Novo Código de Processo Civil. Brasília: Senado Federal, Presidência, 2010. p. 28-29. Disponível em: <http://www.senado.gov.br/senado/novocpc/pdf/Anteprojeto.pdf>. Acesso em: 16-9-2015.

14 CPC: "Art. 332. Nas causas que dispensem a fase instrutória, o juiz, independentemente da citação do réu, julgará liminarmente improcedente o pedido que contrariar: I – enunciado de súmula do Supremo Tribunal Federal ou do Superior Tribunal de Justiça; II – acórdão proferido pelo Supremo Tribunal Federal ou pelo Superior Tribunal de Justiça em julgamento de recursos repetitivos; III – entendimento firmado em incidente de resolução de demandas repetitivas ou de assunção de competência; IV – enunciado de súmula de tribunal de justiça sobre direito local. § 1º O juiz também poderá julgar liminarmente improcedente o pedido se verificar, desde logo, a ocorrência de decadência ou de prescrição".

Portanto, caberia perquirir se a (im)possibilidade jurídica do pedido continuaria presente no sistema processual civil brasileiro.

A pergunta, contudo, deve assumir um caráter funcional. Durante a vigência do CPC/1973, a possibilidade jurídica do pedido era utilizada pelos tribunais pátrios como condição da ação. Assim, seria possível juridicamente um pedido quando não contrariasse expressamente o ordenamento jurídico. Ocorre que, de acordo com a nova sistemática do CPC/2015, a impossibilidade jurídica do pedido deve ser tratada como hipótese atípica de julgamento liminar de improcedência, com base nos princípios da boa-fé processual, da instrumentalidade, da efetividade e da tempestividade da jurisdição. Isso porque não deve se admitir que uma demanda manifestamente improcedente (vedada pelo ordenamento jurídico) tenha prosseguimento[15].

Portanto, pode se dizer que legitimidade para agir e interesse processual continuam presentes no CPC/2015, bem como que pertencem à categoria jurídica processual condições da ação. Além disso, a (im)possibilidade jurídica do pedido deixou de existir no CPC/2015 como condição da ação, mas permanece no sistema como hipótese atípica de julgamento liminar de improcedência.

Sobre o julgamento liminar de improcedência, e suas hipóteses típicas e atípicas de cabimento, se abordará em item próprio, a seguir.

2.2. Legitimidade das partes

A legitimidade das partes, também conhecida pela sua designação do latim *legitimatio ad causam*, ou, ainda, pertinência subjetiva, é a **aptidão específica para ser parte em determinada demanda**, ou seja, para ser demandante ou demandado.

A legitimidade para agir pode ser classificada em legitimidade ordinária e legitimidade extraordinária:

> a) **Legitimidade ordinária:** tem legitimidade aquele que tem um direito seu discutido no processo, isto é, aquele que faz parte da relação jurídica de direito material deduzida no processo.
>
> b) **Legitimidade extraordinária:** é a legitimidade conferida por lei a alguém que não tem um direito seu discutido no processo (art. 6º do CPC).

Alguns doutrinadores tratam de forma indistinta **legitimidade extraordinária e substituição processual**. Outros entendem que legitimação extraordinária estaria ligada aos direitos difusos e coletivos, enquanto a substituição processual estaria ligada a direitos individuais. Uma terceira corrente ensina que a substituição processual é o exercício da legitimação extraordinária, que seria a aptidão genérica. São exemplos de legitimidade extraordinária: a legitimidade do Ministério Público para propor ação de investigação de paternidade; a legitimidade do partido político com representação no Congresso Nacional para propor mandado de segurança coletivo (art. 5º, inc. LXX, da CF) etc.

---

15 Também nesse sentido: DIDIER JR., Fredie. *Curso de direito processual civil:* introdução ao direito processual civil, parte geral e processo de conhecimento. 18. ed. Salvador: JusPodivm, 2016. p. 613-614.

A legitimidade de determinadas instituições para propor ações representando interesses cuja proteção consiste em função institucional é chamada de **legitimidade autônoma** ou **legitimidade extraordinária autônoma**. Por exemplo, é função institucional do Ministério Público a proteção do meio ambiente (art. 129, III, CF) e da Defensoria Pública a proteção dos necessitados economicamente (art. 134, CF). Por conseguinte, quando o Ministério Público propõe ação civil pública para proteção do meio ambiente ou a Defensoria Pública ajuíza essa ação em favor dos necessitados, estariam atuando como legitimados autônomos, na medida em que a legitimidade para a propositura de tais ações decorre das suas funções institucionais previstas na Constituição e em leis infraconstitucionais.

2.2.1. Questões sumuladas sobre legitimidade das partes

Sobre a temática legitimidade das partes, é imperioso citar os seguintes entendimentos sumulados do STF e do STJ:

> **Súmula 643 do STF:** "O Ministério Público tem legitimidade para promover ação civil pública cujo fundamento seja a ilegalidade de reajuste de mensalidades escolares".
>
> **Súmula 630 do STF:** "A entidade de classe tem legitimação para o mandado de segurança ainda quando a pretensão veiculada interesse apenas a uma parte da respectiva categoria".
>
> **Súmula 629 do STF:** "A impetração de mandado de segurança coletivo por entidade de classe em favor dos associados independe da autorização destes".
>
> **Súmula 365 do STF:** "Pessoa jurídica não tem legitimidade para propor ação popular".
>
> **Súmula 447 do STJ:** "Os Estados e o Distrito Federal são partes legítimas na ação de restituição de imposto de renda retido na fonte proposta por seus servidores".
>
> **Súmula 329 do STJ:** "O Ministério Público tem legitimidade para propor ação civil pública em defesa do patrimônio público".
>
> **Súmula 254 do STJ:** "A decisão do Juízo Federal que exclui da relação processual ente federal não pode ser reexaminada no Juízo Estadual".

2.3. Interesse em agir (ou interesse processual)

Para alguém propor uma demanda, é necessário que possua interesse (art. 17, CPC).

O interesse processual tem três requisitos, conforme a maioria da doutrina, quais sejam, necessidade, utilidade e adequação.

Para haver **utilidade**, o processo tem que trazer **alguma situação de vantagem para aquele que propõe a demanda**.

A **necessidade (interesse-necessidade)** constitui-se na impossibilidade de se obter a satisfação do direito alegado sem a intervenção do Estado-juiz, ou seja, somente haverá interesse em se propor uma demanda quando o conflito não puder ser legitimamente resolvido extrajudicialmente. Enfim, haverá necessidade se houver resistência à pretensão; se não houve resistência pelo obrigado a uma determinada prestação em cumpri-la, não há necessidade do processo e, por conseguinte, faltará interesse processual.

Nesse ínterim, é preciso salientar a existência das denominadas ações necessárias, isto é, aquelas que são necessárias por sua própria natureza, pois a satisfação do direito somente ocorre com a vontade integrativa do Estado-juiz. É o caso, por exemplo, da ação de anulação de contrato, da ação rescisória da sentença etc.

De outro lado, é pacífico o entendimento de que, como regra, não é exigível o prévio exaurimento da via administrativa para que a parte ajuíze a ação contra o Estado, em razão do princípio fundamental da inafastabilidade da jurisdição (art. 5º, inc. XXXV, CF). São exceções a essa regra o *habeas data* e a Justiça Desportiva. A Lei n. 9.507/1997 determina que somente poderá ser impetrado o *habeas data* se a petição inicial for acompanhada de comprovante da recusa da prestação de informações pelo órgão ou entidade depositária do banco de dados. A esse respeito, a Súmula 2 do STJ dispõe que "não cabe o *habeas data* (CF, art. 5º, LXXII, letra "a") se não houve recusa de informações por parte da autoridade administrativa". Sobre a Justiça Desportiva, o § 1º do art. 217 da Constituição Federal determina que "o Poder Judiciário só admitirá ações relativas à disciplina e às competições desportivas após esgotarem-se as instâncias da justiça desportiva, regulada em lei".

A **adequação (interesse-adequação)** significa a aptidão da via processual eleita para que o Estado-juiz possa tutelar o direito subjetivo alegado. Por exemplo, o autor não pode obter o despejo do imóvel locado propondo uma ação de reintegração de posse; da mesma forma, não pode pleitear o divórcio propondo uma ação anulatória do casamento. Diversos autores entendem que a adequação da via eleita estaria dentro do interesse processual[16].

Contudo, estamos com aqueles doutrinadores que entendem que adequação não está ligada ao interesse processual, mas se trata de um pressuposto processual de validade[17]. Com efeito, o problema da falta de adequação diz respeito ao processo e ao procedimento, e não à ação. Quando se está diante da inadequação da via eleita, deve-se analisar a possibilidade de converter o procedimento errado ou inadequado no procedimento correto ou adequado. Portanto, a adequação não diz respeito ao interesse processual (condição da ação), pois se trata de um pressuposto processual objetivo intrínseco de validade.

3. CONSEQUÊNCIAS DA AUSÊNCIA DE UMA DAS CONDIÇÕES DA AÇÃO

A ausência de alguma das condições da ação é denominada de **carência de ação**. A **consequência** da carência de ação é a **extinção do processo sem resolução do mérito**, na forma do art. 485, inc. VI, do CPC.

A parte pode alegar a carência de ação em preliminar de contestação ou a qualquer momento no curso do processo.

O **juiz pode conhecer de ofício** a ausência de qualquer das condições da ação.

---

16 CÂMARA, Alexandre Freitas. *O novo processo civil brasileiro*. São Paulo: Atlas, 2015. p. 37.

17 DIDIER JR., Fredie. *Curso de direito processual civil:* introdução ao direito processual civil, parte geral e processo de conhecimento. v. 1. 18. ed. Salvador: JusPodivm, 2016. p. 367.

4. TEORIA DA ASSERÇÃO (OU *PROSPETTAZIONE*)

"Asserção" significa afirmação, sustentação. Segundo a Teoria da Asserção, a verificação das condições da ação deve ser feita ***in statu assertionis***, vale dizer, com base na simples afirmação do autor feita na petição inicial. Se precisar analisar as provas, não será mais aferição de condição da ação, senão análise de mérito, sob pena de estar-se utilizando a Teoria Concretista da Ação.

A Teoria da Asserção também é conhecida como Teoria da *Prospettazione*.

Grande parte da doutrina e da jurisprudência brasileiras adota a Teoria da Asserção para a análise das condições da ação[18].

5. CLASSIFICAÇÃO DAS AÇÕES SEGUNDO A TEORIA QUINÁRIA DE PONTES DE MIRANDA

Para Pontes de Miranda, as ações podem ter cinco cargas de eficácia. Segundo a eficácia predominante, as ações podem ser classificadas em ação declaratória, ação constitutiva, ação condenatória, ação mandamental e ação executiva.

5.1. Ação declaratória

É também conhecida como **ação puramente declaratória** ou **meramente declaratória**.

Trata-se da ação em que se pleiteia apenas a **certificação** ou a **declaração**. No direito brasileiro, é possível postular a certificação de **existência ou inexistência de uma relação jurídica** ou a **autenticidade ou falsidade de um documento**. Com efeito, o art. 19 do CPC prevê expressamente que o interesse do autor deve limitar-se à declaração de existência, inexistência ou modo de ser de uma relação jurídica, ou ao reconhecimento da autenticidade ou falsidade de documento. Assim, como regra, não cabe ação declaratória para dar interpretação a texto de lei, ou para declarar um fato, salvo se esse fato for a autenticidade ou falsidade de determinado documento.

De outro lado, o art. 20 prevê que "é admissível a ação meramente declaratória, ainda que tenha ocorrido a violação do direito". Desse modo, por exemplo, num acidente de trânsito, um dos condutores pode propor ação declaratória com o objetivo de reconhecer que o outro é o culpado pelo acidente, sem que precise formular pedido condenatório (o pedido condenatório pode não lhe ser conveniente, porque, p. ex., o réu é pobre, ou porque o prejuízo do autor foi muito pequeno).

De outro lado, a Súmula 181 do STJ estabelece que "é admissível ação declaratória, visando a obter certeza quanto à exata interpretação de cláusula contratual". A Súmula 242 do STJ dispõe que "cabe ação declaratória para reconhecimento de tempo de serviço para fins previdenciários".

---

18 "As condições da ação devem ser aferidas com base na teoria da asserção, ou seja, à luz das afirmações deduzidas na petição inicial, dispensando-se qualquer atividade instrutória. Precedentes" (STJ, REsp 1731125/SP, Rel. Ministra Nancy Andrighi, Terceira Turma, julgado em 27-11-2018, *DJe* 6-12-2018).

São exemplos de ações declaratórias: a ação consignatória; a ação de usucapião; a ação declaratória de existência de sociedade de fato; a ação declaratória de união estável; a ação declaratória de nulidade (não de anulação) de negócio jurídico; a ação declaratória de inexistência de dívida.

5.2. Ação constitutiva

Trata-se de ação em que se postula **a criação, a modificação ou a extinção de uma relação jurídica**.

São exemplos de ações constitutivas: divórcio; anulação de casamento; ação de anulação de negócio jurídico; regulamentação de visitas; ação de guarda; ação de suspensão e destituição do pátrio poder; ação de adoção; ação renovatória e revisional de locação; ação de desapropriação; ação popular; ação de divisão de terras; ação de extinção de condomínio.

5.3. Ação condenatória

Trata-se da ação em que o autor busca a **condenação** do réu a uma prestação de pagar quantia, de entregar coisa, de fazer ou de não fazer.

Pode-se citar, como exemplos de ações condenatórias, a ação de indenização; a ação de reparação de danos; a ação de perdas e danos; a ação de ressarcimento; a ação de locupletamento; a ação de alimentos.

5.4. Ação mandamental

Há autores que não reconhecem a autonomia da ação mandamental e da ação executiva, fundamentando que estariam dentro da ação condenatória.

No entanto, de acordo com a Teoria Quinária de Pontes de Miranda e dos doutrinadores que a seguem, tais ações (mandamental e executiva) possuem autonomia classificatória, razão pela qual são assim tratadas aqui.

A ação mandamental é aquela em que se pede a imposição de um dever e o seu cumprimento por meio de **coerção indireta**. A coerção é indireta porque atua na esfera psicológica daquele a quem se impõe a obrigação, a fim de que a cumpra, mas o Estado-juiz não consegue diretamente efetivar aquela obrigação. Por exemplo, num mandado de segurança em que se concede a implantação de determinado benefício a servidor público, o Estado-juiz não consegue entrar no sistema de recursos humanos do órgão pagador para incluir o benefício na folha de pagamento. Então, precisa-se de uma coerção indireta para que o órgão responsável tome essa providência que foi determinada judicialmente.

São exemplos de ações mandamentais: o mandado de segurança; o mandado de injunção; o *habeas data*; o interdito proibitório; os embargos de terceiro; a ação de depósito.

5.5. Ação executiva

Trata-se de ação em que se pede a imposição de um dever e o seu cumprimento por meio de **coerção direta**. Vale dizer, o Estado-juiz impõe uma obrigação e atua diretamente para o seu cumprimento. A ordem não satisfeita pelo demandado é cumprida pela coerção direta do Estado-juiz. Por exemplo, numa ação de despejo, a ordem de desocupação, caso não cumprida pelo locatário, será efetivada diretamente pelo oficial de justiça, inclusive com o auxílio de força policial.

São exemplos de ações executivas: a ação reivindicatória; a ação de imissão de posse; a ação de reintegração de posse; a ação de petição de herança; a ação de adjudicação compulsória; a ação de busca e apreensão (Decreto-Lei n. 911/1969); a ação de despejo.

CAPÍTULO IX

PROCESSO

O termo "processo" dá a ideia de algo que caminha para a frente e que se desenvolve em atos. No âmbito do direito processual civil, o termo ganha especial relevância, na medida em que a definição de processo e a sua inclusão como categoria jurídica está ligada, na sua origem, ao próprio reconhecimento do direito processual civil como disciplina autônoma.

Para definir "processo" como um instituto do direito processual civil e compreender toda a complexidade que o cerca, é preciso analisar as teorias do processo, o que se fará a seguir.

1. TEORIAS DO PROCESSO

1.1. Teoria da Relação Processual

Segundo grande parte da doutrina, o Direito Processual Civil como disciplina autônoma nasceu em 1868, com a publicação da obra de Oskar Von Bülow intitulada "Teoria das Exceções Dilatórias e os Pressupostos Processuais"[1]. A grande novidade trazida por Bülow foi dizer que processo é uma relação jurídica diversa da relação jurídica de direito material.

Segundo **Oskar Von Bülow**, o processo é uma relação jurídica de Direito Público distinta da relação de direito material controvertida.

Antes dessa teoria, havia apenas dois tipos de sentença: a sentença de procedência e a sentença de absolvição. Não existia a sentença de extinção do processo sem julgamento do mérito, pois não se reconhecia a autonomia da relação jurídica processual.

Bülow dizia, ainda, que processo é uma relação jurídica de Direito Público, mesmo que a relação de direito material seja privada. A esse respeito, há três principais diferenças entre essas duas relações jurídicas: a) a **relação jurídica processual tem os seus próprios sujeitos** (demandante, demandado e Estado), diversos dos sujeitos da relação material; b) a relação jurídica processual tem uma **finalidade própria**, qual seja, a de

1 Na sua tradução brasileira: BÜLOW, Oskar Von. *Teoria das exceções e dos pressupostos processuais* (trad. Ricardo Rodrigues Gama). Campinas: LZN, 2003.

permitir que o Estado exerça a jurisdição; e c) a relação jurídica processual tem seus **próprios requisitos**, os quais são chamados de pressupostos processuais.

Essa Teoria foi defendida por Pontes de Miranda no Brasil.

1.2. Teoria da Situação Jurídica

A Teoria da Situação Jurídica, defendida por **James Goldschmidt**, preconiza que o processo é um conjunto de situações capazes de gerar para os seus sujeitos **poderes, deveres, faculdades, ônus, sujeições, expectativas** e **perspectivas**[2].

Essa Teoria teve o grande mérito de explicar as situações jurídicas a que as partes ficam submetidas.

1.3. Teoria da Categoria Jurídica Autônoma

Segundo **Juan Montero Aroca**, estabelecer a natureza jurídica de um instituto é dizer a qual categoria jurídica ele pertence.

Assim, Aroca afirma que "o processo constitui uma das categorias gerais da ciência jurídica, e que, portanto, o processo é o processo, carecendo de sentido toda referência a conceitos distintos"[3]. Portanto, para ele, **processo é uma categoria jurídica autônoma**, não podendo ser enquadrado em outra.

1.4. Teoria do Módulo Processual

Segundo essa teoria, desenvolvida por **Elio Fazzalari**, processo é uma espécie de procedimento, é todo **procedimento que se desenvolve em contraditório**[4].

Procedimento, por sua vez, é toda sequência de atos, lógica e cronologicamente concatenados, destinados à produção de um resultado, que é a sentença final.

Fazzalari repudia a inserção de relação jurídica processual no conceito de processo e propugna que, em seu lugar, se inclua como elemento do processo essa abertura à participação, que é constitucionalmente garantida[5].

1.5. Teoria da Entidade Complexa

Trata-se de teoria desenvolvida por **Cândido Rangel Dinamarco**. Para o autor, o processo tem dois aspectos: a) um aspecto exterior (extrínseco), segundo o qual o

---

2 GOLDSCHMIDT, James. *Princípios gerais do processo civil* (trad. Hiltomar Marins Oliveira). Belo Horizonte: Líder, 2002.

3 Tradução livre do trecho da seguinte obra: AROCA, Juan Montero. *Introducción al derecho procesal*. Madrid: Tecnos, 1976. p. 191.

4 FAZZALARI, Elio. *Istituzioni di Diritto Processuale*. 7. ed. Padova: Cedam, 1994.

5 CINTRA, Antonio Carlos de Araújo; GRINOVER, Ada Pellegrini; DINAMARCO, Cândido Rangel. *Teoria geral do processo*. 16. ed. São Paulo: Malheiros, 2000. p. 283.

processo é um **procedimento que se desenvolve em contraditório**; b) um aspecto interior (interno ou intrínseco), pois processo é uma **relação jurídica processual, diversa da relação jurídica de direito material**.

Assim, o processo seria um procedimento que se desenvolve em contraditório, constituindo-se em uma relação jurídica processual, diversa da relação jurídica de direito material, que gera para as partes poderes, deveres, faculdades, ônus e sujeições.

A Teoria da Entidade Complexa é a mais aceita pelos processualistas brasileiros.

CAPÍTULO X

PRESSUPOSTOS PROCESSUAIS

1. CONCEITO, CARACTERÍSTICAS E O CPC/2015

O desenvolvimento teórico dos pressupostos processuais foi realizado por Oskar Von Bulöw, na sua obra *Teoria das exceções e dos pressupostos processuais*, publicada em 1868[1].

Os pressupostos processuais são os requisitos para que o processo se desenvolva regularmente, atingindo o seu curso normal, que é a sentença de mérito.

Para que exista o processo, basta que o autor tenha proposto a demanda perante um órgão jurisdicional. Ou seja, a relação processual existe mesmo sem a presença do réu. Com a citação do réu, a relação processual se triangulariza e se completa.

O Código de Processo Civil de 2015 manteve a categoria jurídica "pressupostos processuais" no sistema processual, pois encontra previsão expressa no art. 139, inc. IX[2], e no art. 485[3].

2. CLASSIFICAÇÃO

Os pressupostos processuais podem ser assim classificados:

Pressupostos processuais:

a) Subjetivos:

a.1) Relativos ao juiz;

a.2) Relativos às partes.

b) Objetivos:

b.1) Intrínsecos (dizem respeito às normas que disciplinam as formas processuais);

b.2) Extrínsecos ou negativos (inexistência de fatos impeditivos externos ao processo).

---

1 Na sua tradução brasileira: BÜLOW, Oskar Von. *Teoria das exceções e dos pressupostos processuais* (trad. Ricardo Rodrigues Gama). Campinas: LZN, 2003.

2 CPC: "Art. 139. O juiz dirigirá o processo conforme as disposições deste Código, incumbindo-lhe: [...] IX – determinar o suprimento de pressupostos processuais e o saneamento de outros vícios processuais".

3 CPC: "Art. 485. O juiz não resolverá o mérito quando: [...] IV – verificar a ausência de pressupostos de constituição e de desenvolvimento válido e regular do processo".

3. PRESSUPOSTOS PROCESSUAIS SUBJETIVOS RELATIVOS AO JUIZ: INVESTIDURA, COMPETÊNCIA E IMPARCIALIDADE

Os pressupostos processuais subjetivos relativos ao juiz são a investidura, a competência e a imparcialidade.

Para ter **investidura**, o juiz precisa ter tomado posse e estar no exercício do seu cargo. O juiz aposentado ou alguém que não foi nomeado e empossado, por exemplo, não possui investidura.

A **competência** é requisito que impõe que o juízo fique circunscrito a processar e julgar as causas que se enquadrem dentro dos limites impostos por critérios estabelecidos por lei. A competência é do juízo e não do juiz. Toda matéria relativa à competência já foi abordada anteriormente, para onde se remete o leitor.

A **imparcialidade** também é pressuposto imprescindível ao exercício da jurisdição. Diz respeito à pessoa do juiz.

O juiz deve ser um terceiro imparcial, que julgará o conflito. Por conseguinte, a lei processual prevê certas hipóteses em que há presunção de parcialidade.

Segundo o CPC, há dois tipos de parcialidade, quais sejam, o impedimento e a suspeição.

3.1. Impedimento

O **impedimento** constitui-se na categoria que compreende as hipóteses de **parcialidade mais grave** do juiz, em que existe uma presunção absoluta da parcialidade. Haverá impedimento do juiz nas hipóteses previstas no art. 144 do CPC. Assim, é vedado ao juiz atuar nos processos:

> I – em que interveio como mandatário da parte, oficiou como perito, funcionou como membro do Ministério Público ou prestou depoimento como testemunha;
>
> II – de que conheceu em outro grau de jurisdição, tendo proferido decisão;
>
> III – quando nele estiver postulando, como defensor público, advogado ou membro do Ministério Público, seu cônjuge ou companheiro, ou qualquer parente, consanguíneo ou afim, em linha reta ou colateral, até o terceiro grau, inclusive;
>
> IV – quando for parte no processo ele próprio, seu cônjuge ou companheiro, ou parente, consanguíneo ou afim, em linha reta ou colateral, até o terceiro grau, inclusive;
>
> V – quando for sócio ou membro de direção ou de administração de pessoa jurídica parte no processo;
>
> VI – quando for herdeiro presuntivo, donatário ou empregador de qualquer das partes;
>
> VII – em que figure como parte instituição de ensino com a qual tenha relação de emprego ou decorrente de contrato de prestação de serviços;
>
> VIII – em que figure como parte cliente do escritório de advocacia de seu cônjuge, companheiro ou parente, consanguíneo ou afim, em linha reta ou colateral, até o terceiro grau, inclusive, mesmo que patrocinado por advogado de outro escritório;
>
> IX – quando promover ação contra a parte ou seu advogado.

O § 2º do mesmo artigo estabelece que "é vedada a criação de fato superveniente a fim de caracterizar impedimento do juiz". Assim, se quem criar fato superveniente para tornar o juiz impedido for a parte ou o profissional do direito que atua no processo, não poderá alegar causa de impedimento.

Seguindo essa lógica, o § 1º do mesmo dispositivo prevê que, ocorrendo a hipótese do inciso III acima, "o impedimento só se verifica quando o defensor público, o advogado ou o membro do Ministério Público já integrava o processo antes do início da atividade judicante do juiz". Com efeito, neste caso, sendo o juiz parente do profissional do direito que pretende começar a atuar no processo, é este que deverá deixar de atuar, e não o juiz.

Para a mesma hipótese do inc. III, o § 3º do dispositivo estabelece que "também se verifica no caso de mandato conferido a membro de escritório de advocacia que tenha em seus quadros advogado que individualmente ostente a condição nele prevista, mesmo que não intervenha diretamente no processo". Trata-se de importante inovação estabelecida pelo CPC/2015, que visa coibir algumas situações odiosas que ocorriam na prática forense, de escritórios de advocacia que contratavam filhos e parentes de ministros, desembargadores e juízes para, indiretamente, darem a impressão que possuíam influência, pois, ainda que isso não fosse verbalizado pelo escritório, acabava gerando essa impressão para os clientes.

3.2. Suspeição

A **suspeição** também é categoria que compreende situações de **parcialidade do juiz**, mas **menos graves** do que as que geram o impedimento. Há uma presunção relativa de parcialidade. As hipóteses de suspeição estão elencadas no rol do art. 145 do CPC:

> I – amigo íntimo ou inimigo de qualquer das partes ou de seus advogados;
>
> II – que receber presentes de pessoas que tiverem interesse na causa antes ou depois de iniciado o processo, que aconselhar alguma das partes acerca do objeto da causa ou que subministrar meios para atender às despesas do litígio;
>
> III – quando qualquer das partes for sua credora ou devedora, de seu cônjuge ou companheiro ou de parentes destes, em linha reta até o terceiro grau, inclusive;
>
> IV – interessado no julgamento do processo em favor de qualquer das partes.

O **CPC/2015** estabelece que o **juiz** poderá se declarar **suspeito por motivo de foro íntimo**, de modo que **não precisa explicitar as suas razões** (art. 145, § 1º). Tal questão, antes da vigência do CPC/2015, gerou muita controvérsia, tendo o Conselho Nacional de Justiça (Resolução 82/2009) inclusive disciplinado, inicialmente, que o juiz deveria declinar os seus motivos, mas, posteriormente, o STF deferiu medida liminar na ADI 4.260 (Relatora Min. Rosa Weber) para suspender essa obrigatoriedade. Em razão do disposto no art. 145, § 1º, do CPC, o Plenário do Conselho Nacional de Justiça aprovou, em 30 de agosto de 2016, a revogação da Resolução n. 82/2009, tendo o STF julgado prejudicada a ADI 4.260[4]. A questão é que, em alguns casos, explicitar os motivos pode ser constrangedor ao juiz, que, se ele precisar fazer isso, pode preferir continuar no processo. Por tais razões, a possiblidade de autodeclaração de suspeição por motivo de foro íntimo é salutar para garantir a imparcialidade do julgador.

De outro lado, em determinados casos, a parte ou o advogado tentam criar situações para tentar afastar determinado juiz do processo. Para tais casos, o CPC estabelece que é

---

4 STF, ADI 4260, Relator(a): Min. ROSA WEBER, julgado em 9-9-2016, publicado em processo eletrônico *DJe*-199, divulg. 16-9-2016, public. 19-9-2016.

"ilegítima a alegação de suspeição quando" [...] "houver sido provocada por quem a alega" ou "a parte que a alega houver praticado ato que signifique manifesta aceitação do arguido" (art. 145, § 2º). Assim, o dispositivo prevê que, em tais casos, a parte não pode alegar suspeição, mas não afasta a possibilidade de o juiz, diante das circunstâncias, declarar-se suspeito.

O STJ entende que o magistrado pode se declarar suspeito por motivo de foro íntimo e, posteriormente, reavaliar a situação, reconhecendo-se apto ao julgamento do feito se cessaram as causas dessa suspeição[5].

O reconhecimento superveniente da suspeição, por si só, não macula de invalidade os atos por ele já praticados[6].

As exceções de impedimento e de suspeição serão estudadas em item próprio, dentro do capítulo das respostas do réu, desenvolvido a seguir.

3.2.1. Causas de impedimento e suspeição aos membros de tribunais, membros do Ministério Público, auxiliares da justiça e outros sujeitos imparciais do processo

As mesmas causas de impedimento e suspeição também se aplicam aos membros de tribunais de segunda instância e tribunais superiores, incluindo o Supremo Tribunal Federal.

No âmbito dos órgãos judiciais colegiados, também haverá impedimento de atuar no mesmo órgão dos juízes que forem parentes, consanguíneos ou afins, em linha reta ou colateral, até o terceiro grau, inclusive. Além disso, a partir do momento em que o primeiro conhecer do processo, o outro já estará impedido de nele atuar, caso em que o segundo deverá remeter os autos ao seu substituto legal (art. 147, CPC). Trata-se de hipótese bastante comum quando há parentesco entre juízes e desembargadores do mesmo tribunal, ou entre juízes de primeira instância em geral e juízes na turma recursal.

Os motivos que geram o impedimento e a suspeição para o juiz também se aplicam aos membros do Ministério Público, aos auxiliares da justiça e aos demais sujeitos imparciais do processo (ex.: perito) – art. 148, CPC.

4. PRESSUPOSTOS PROCESSUAIS SUBJETIVOS RELATIVOS ÀS PARTES

Os pressupostos processuais subjetivos relativos às partes são os seguintes:

a) capacidade de ser parte;

b) capacidade de estar em juízo;

c) capacidade postulatória.

A expressão capacidade processual é utilizada pelos doutrinadores para designar coisas diferentes, razão pela qual deve ser evitado o seu uso. Para exemplificar: Alexandre

---

5 "**As causas ensejadoras da declaração de suspeição por motivo de foro íntimo podem ser reavaliadas pelo magistrado, a quem compete averiguar se elas persistem ou não**" (STJ, REsp 1109148/RJ, Rel. Min. Eliana Calmon, Segunda Turma, julgado em 24-8-2010, *DJe* 3-9-2010). No mesmo sentido: "Cabe ao magistrado que se declarou suspeito por motivo de foro íntimo verificar a subsistência ou não das causas da declaração. Precedentes" (STJ, AgInt no AgRg no Ag 1401036/SC, Rel. Ministra Maria Isabel Gallotti, Quarta Turma, julgado em 14-8-2018, *DJe* 20-8-2018).

6 "Na linha dos precedentes desta Corte, a suspeição por causa superveniente não opera retroativamente, vale dizer, não importa em nulidade dos atos processuais anteriores a esse fato" (STJ, RHC 93.065/SP, Rel. Ministro Felix Fischer, Quinta Turma, julgado em 17-4-2018, *DJe* 9-5-2018).

Câmara[7] e Vicente Greco Filho[8] afirmam que capacidade processual é gênero, da qual são espécies a capacidade de ser parte, a capacidade de estar em juízo e a capacidade postulatória; segundo Ovídio Baptista[9], capacidade processual é capacidade de ser parte; Fredie Didier Jr[10]. e Moacir Amaral Santos[11] dizem que é capacidade de estar em juízo.

Embora tais conceitos tenham autonomia em relação ao direito material, pode se fazer um cotejo entre eles e a capacidade de direito material.

CAPACIDADE CIVIL	CAPACIDADE COMO PRESSUPOSTO PROCESSUAL
a) Capacidade de Direito: é a aptidão para adquirir direitos e obrigações na ordem civil. Têm essa capacidade as pessoas físicas e as pessoas jurídicas.	**a) Capacidade de ser parte:** é a aptidão genérica para ser autor ou réu num processo judicial. Têm essa capacidade as pessoas físicas, as pessoas jurídicas e, também, as pessoas formais. São pessoas formais os entes despersonalizados (sem personalidade jurídica) que recebem da lei a capacidade de ser parte, tais como a massa falida, o espólio, o condomínio edilício, o PROCON, o Ministério Público etc.
b) Capacidade de fato: trata-se da capacidade de exercício dos direitos na ordem civil; é a aptidão para a prática de atos jurídicos. Considerando a capacidade de exercício, as pessoas físicas podem ser capazes, relativamente incapazes ou absolutamente incapazes. Os relativamente incapazes precisam ser assistidos, e os absolutamente incapazes precisam ser representados para a prática de atos jurídicos.	**b) Capacidade para estar em juízo:** tem capacidade para estar em juízo toda a pessoa que tem capacidade de fato. Os relativamente e os absolutamente incapazes não têm capacidade para estar em juízo. Assim, precisam ser, respectivamente, assistidos ou representados para que seja suprida essa incapacidade de estar em juízo.
	c) Capacidade postulatória: é a aptidão para peticionar em juízo. Os advogados têm capacidade postulatória plena. Em determinados casos, a lei confere à parte capacidade postulatória. Por exemplo, nos Juizados Especiais Cíveis, as partes têm capacidade postulatória em primeira instância nas causas cujo valor seja de até 20 salários mínimos (art. 9º, Lei n. 9.099/1995)[12]. No âmbito do processo penal, o *habeas corpus* pode ser impetrado por qualquer pessoa, em seu favor ou de outrem, que teve restringida a sua liberdade por ato ilegal ou abusivo de autoridade pública (art. 654, CPP)[13].

7 CÂMARA, Alexandre Freitas. *Lições de direito processual civil*. v. 1. 15. ed. Rio de Janeiro: Lumen Juris, 2006. p. 240. No livro *O novo processo civil brasileiro*, o autor continua com a mesma concepção, embora não faça essa definição (CÂMARA, Alexandre Freitas. *O novo processo civil brasileiro*. São Paulo: Atlas, 2015. p. 61-65).

8 GRECO FILHO, Vicente. *Direito processual civil brasileiro*. v. 1. 20. ed. São Paulo: Saraiva, 2007. p. 107.

9 SILVA, Ovídio A. Baptista da. *Curso de processo civil*: processo de conhecimento. v. 1. 7. ed. Rio de Janeiro: Forense, 2006. p. 233.

10 DIDIER JR., Fredie. *Curso de direito processual civil:* introdução ao direito processual civil, parte geral e processo de conhecimento. v. 1. 18. ed. Salvador: JusPodivm, 2016. p. 318-319.

11 SANTOS, Moacir Amaral. *Primeiras linhas de direito processual civil:* processo de conhecimento. v. 1. 25. ed. São Paulo: Saraiva, 2007. p. 363.

12 Lei n. 9.099/1995: "Art. 9º Nas causas de valor até vinte salários mínimos, as partes comparecerão pessoalmente, podendo ser assistidas por advogado; nas de valor superior, a assistência é obrigatória".

13 Código de Processo Penal: "Art. 654. O *habeas corpus* poderá ser impetrado por qualquer pessoa, em seu favor ou de outrem, bem como pelo Ministério Público".

As pessoas jurídicas devem ser representadas por aqueles que o contrato social ou o estatuto dispuserem. O representante legal da empresa pode nomear um preposto para participar do ato processual, o que deve ser instrumentalizado por uma carta de preposição. Devem ser juntadas aos autos a cópia autenticada do contrato social ou do estatuto, bem como a carta de preposição, no caso de nomeação de preposto.

Alguns órgãos estatais, sem personalidade jurídica, também possuem capacidade de ser parte, mas apenas para alguns tipos de demandas. Assim, por exemplo, a Mesa das Assembleias Legislativas, do Senado Federal e da Câmara dos Deputados possuem legitimidade para propor ADI e ADC (art. 103, incs. II a IV, CF); os diretores de órgãos públicos possuem legitimidade passiva, como autoridade coatora, no mandado de segurança. Portanto, esses órgãos, mesmo sem personalidade jurídica, possuem "personalidade judiciária", ou seja, capacidade de ser parte, ainda que de forma restrita a determinadas ações, quando defendem interesses institucionais. Nesse sentido, a Súmula 525 do STJ estabelece que "a Câmara de Vereadores não possui personalidade jurídica, apenas personalidade judiciária, somente podendo demandar em juízo para defender os seus direitos institucionais".

Também deve ser juntada aos autos a procuração que outorga o mandato judicial ao advogado, onde são especificados os seus poderes. Essa procuração também é chamada de instrumento de mandato.

Em primeira instância, a ausência de assinatura de uma peça processual ou a ausência de procuração pode ser suprida no curso do processo, constituindo-se mera irregularidade.

Caso o advogado tenha de praticar ato urgente ou atuar de forma imediata para evitar preclusão, decadência ou prescrição, está autorizado a postular em juízo sem apresentar de plano a procuração, mas terá de exibi-la no prazo de 15 dias, prorrogável por igual período por decisão do órgão judicial (art. 104, *caput* e § 1º, CPC)[14].

No âmbito dos tribunais superiores, antes do CPC/2015, havia o entendimento consolidado do STF[15] e do STJ[16] de que a ausência de assinatura na peça processual do recurso e a ausência de juntada da procuração constituíam vícios de inexistência. Contudo, o art. 938, § 1º, do CPC/2015 estabelece que, "constatada a ocorrência de vício

---

14 CPC: "Art. 104. O advogado não será admitido a postular em juízo sem procuração, salvo para evitar preclusão, decadência ou prescrição, ou para praticar ato considerado urgente. § 1º Nas hipóteses previstas no *caput*, o advogado deverá, independentemente de caução, exibir a procuração no prazo de 15 (quinze) dias, prorrogável por igual período por despacho do juiz".

15 "**O entendimento adotado pela Corte de origem, nos moldes do assinalado na decisão agravada, não diverge da jurisprudência firmada no âmbito deste Supremo Tribunal Federal, no sentido de que é inexistente o recurso assinado por advogado sem procuração nos autos, vício que não se traduz em mera irregularidade do ato processual praticado, de todo inviável, na instância extraordinária, converter o feito em diligência, nos moldes preconizados pelo art. 13 do Código de Processo Civil. Precedentes**" (STF, ARE 865051 AgR, Rel. Min. Rosa Weber, Primeira Turma, julgado em 30-6-2015, processo eletrônico *DJe*-157 divulg. 10-8-2015 public. 12-8-2015).

16 Súmula 115 do STJ: "**Na instância especial é inexistente recurso interposto por advogado sem procuração nos autos**". Tal entendimento sumulado continuava sendo aplicado pelo STJ pouco antes do CPC/2015: "**Considera-se inexistente recurso subscrito por advogado que não possui procuração nos autos (Súmula n. 115/STJ e art. 544, § 1º, do CPC)**" (STJ, EDcl no AREsp 178.752/SP, Rel. Min. João Otávio de Noronha, Terceira Turma, julgado em 20-10-2015, *DJe* 23-10-2015).

sanável, inclusive aquele que possa ser conhecido de ofício, o relator determinará a realização ou a renovação do ato processual, no próprio tribunal ou em primeiro grau de jurisdição, intimadas as partes". E o § 2º do mesmo artigo prevê que, "cumprida a diligência de que trata o § 1º, o relator, sempre que possível, prosseguirá no julgamento do recurso".

Além disso, o art. 932, parágrafo único, prevê que, "antes de considerar inadmissível o recurso, o relator concederá o prazo de 5 (cinco) dias ao recorrente para que seja sanado vício ou complementada a documentação exigível".

Em razão desse novo parâmetro normativo, o STJ tem entendido que, caso não haja assinatura no recurso interposto ou não tenha sido juntada a procuração, o relator deverá determinar a intimação da parte para suprir esse vício no prazo de 5 (cinco) dias, sob pena de ser reputado inexistente o recurso[17].

Os membros das Procuradorias dos Estados, da Advocacia-Geral da União, dos Ministérios Públicos Estaduais e da União não precisam de procuração (art. 287, inc. III, CPC)[18]. Isso porque desempenham um mandato legal, vale dizer, os seus poderes para representar as respectivas instituições decorrem da lei e da Constituição Federal, recebendo os poderes de representação quando tomam posse e entram em exercício no cargo.

Também não precisam de procuração os membros das Defensorias Públicas (art. 287, inc. II, CPC)[19]. Nessa hipótese, colhe-se apenas uma anuência ou autorização da parte que pretende ser representada por defensor público.

5. PRESSUPOSTOS PROCESSUAIS OBJETIVOS INTERNOS OU INTRÍNSECOS

É a obediência aos **formalismos processuais**, isto é, às formas previstas em lei, as quais serão estudadas ao longo deste trabalho. São exemplos de formas processuais: a petição apta; a citação válida; o instrumento de mandato conferido pela parte ao advogado etc.

---

17 "Nos termos da jurisprudência desta Corte, 'a ausência da assinatura do profissional que dá validade ao ato equivale à inexistência de representatividade da parte, atraindo, por analogia, a incidência do enunciado n. 115 da Súmula do STJ' (STJ, AgRg no REsp 535.927/SP, Rel. Ministro LUIZ FUX, PRIMEIRA TURMA, *DJU* de 28-10-2003). No mesmo sentido: STJ, AgInt no AREsp 1.019.050/RJ, Rel. Ministra REGINA HELENA COSTA, PRIMEIRA TURMA, *DJe* de 30-5-2018; AgInt no AREsp 1.038.178/PI, Rel. Ministro HERMAN BENJAMIN, SEGUNDA TURMA, *DJe* de 16-6-2017. V. Intimada a sanar o vício formal, nos termos do art. 932, parágrafo único, do CPC vigente, a parte agravante deixou transcorrer *in albis* o prazo para tal. VI. Diante da ausência de correção do vício apontado – apesar de intimada a parte recorrente para tanto –, considera-se inexistente o recurso, na forma da pacífica jurisprudência do STJ" (STJ, AgInt no AREsp 1275315/MG, Rel. Ministra Assusete Magalhães, Segunda Turma, julgado em 23-10-2018, *DJe* 30-10-2018). No mesmo sentido, em relação à inexistência de assinatura no recurso: "Considera-se inexistente o recurso interposto sem a assinatura do advogado responsável por sua subscrição. Apesar de intimada para regularização do feito, a recorrente não atendeu ao comando judicial" (STJ, AgInt no AREsp 1262759/SP, Rel. Ministro Mauro Campbell Marques, Segunda Turma, julgado em 9-10-2018, *DJe* 24-10-2018).

18 CPC: "Art. 287 [...] Parágrafo único. Dispensa-se a juntada da procuração: [...] III – se a representação decorrer diretamente de norma prevista na Constituição Federal ou em lei".

19 CPC: "Art. 287 [...] Parágrafo único. Dispensa-se a juntada da procuração: [...] II – se a parte estiver representada pela Defensoria Pública".

6. PRESSUPOSTOS PROCESSUAIS OBJETIVOS EXTRÍNSECOS OU NEGATIVOS

Os pressupostos processuais objetivos extrínsecos ou negativos são os que não podem existir para que o processo se desenvolva validamente. Por isso são chamados de negativos. E são extrínsecos porque se encontram fora do processo.

Os pressupostos processuais extrínsecos ou negativos são os seguintes: **litispendência**, **perempção**, **coisa julgada** e **convenção de arbitragem**. Alguns doutrinadores também classificam como pressuposto processual extrínseco a pendência de ação possessória no caso de se pretender ajuizar ação petitória, pois o art. 557 do CPC impossibilita que esta seja ajuizada enquanto tramita aquela[20]. Contudo, essa hipótese não se trata de pressuposto processual, senão de impossibilidade jurídica do pedido, que, segundo o nosso entendimento, é hipótese atípica de julgamento liminar de improcedência, conforme já exposto.

A **litispendência** é, como o próprio nome já diz, a pendência de duas ou mais lides idênticas. Assim, ocorre litispendência quando já foi anteriormente ajuizada a mesma demanda (com as mesmas partes, causa de pedir e pedido). Se uma das demandas já foi julgada por sentença transitada em julgado, não há mais litispendência, senão coisa julgada. Está prevista no art. 337, §§ 1º a 3º, do CPC[21].

A **perempção** ocorre quando o autor deu causa à extinção da ação sem resolução do mérito por abandono da causa por três vezes. Se intentar a demanda pela quarta vez, estará perempta. No entanto, se a ação estiver perempta, não se impede que alegue os fundamentos dessa demanda como matéria de defesa. A perempção tem previsão no art. 486, § 3º, do CPC[22].

A **coisa julgada** é a qualidade da sentença que torna imodificável o seu conteúdo. Está prevista no art. 337, §§ 2º e 4º, do CPC[23].

A **coisa julgada formal** ocorre quando não é mais possível discutir a matéria no processo em que a sentença foi proferida. De outro lado, há **coisa julgada material** quando o conteúdo da sentença se tornou indiscutível em todo e qualquer processo. Assim, na sentença que extingue o processo sem resolução de mérito, há, como regra, apenas coisa julgada formal. A sentença que julga o mérito e contra a qual não cabe mais recurso tem aptidão para fazer coisa julgada material.

Quando não cabe mais ação rescisória (para desconstituir a sentença), por ter passado 2 anos do trânsito em julgado, diz-se que aquela causa fez **coisa soberanamente julgada** ou **coisa julgada soberana**.

---

20 CPC: "Art. 557. Na pendência de ação possessória é vedado, tanto ao autor quanto ao réu, propor ação de reconhecimento do domínio, exceto se a pretensão for deduzida em face de terceira pessoa. Parágrafo único. Não obsta à manutenção ou à reintegração de posse a alegação de propriedade ou de outro direito sobre a coisa".

21 CPC: "Art. 337 [...] § 1º Verifica-se a litispendência ou a coisa julgada quando se reproduz ação anteriormente ajuizada. § 2º Uma ação é idêntica a outra quando possui as mesmas partes, a mesma causa de pedir e o mesmo pedido. § 3º Há litispendência quando se repete ação que está em curso".

22 CPC: "Art. 486 [...] § 3º Se o autor der causa, por 3 (três) vezes, a sentença fundada em abandono da causa, não poderá propor nova ação contra o réu com o mesmo objeto, ficando-lhe ressalvada, entretanto, a possibilidade de alegar em defesa o seu direito".

23 CPC: "Art. 337 [...] § 2º Uma ação é idêntica a outra quando possui as mesmas partes, a mesma causa de pedir e o mesmo pedido. [...] § 4º Há coisa julgada quando se repete ação que já foi decidida por decisão transitada em julgado".

A coisa soberanamente julgada somente poderá ser desconstituída pelos denominados **vícios transrescisórios**, ou seja, por vícios excepcionais que podem ser alegados mesmo após o prazo da ação rescisória. A ausência de citação, por exemplo, é um vício transrescisório, que poderá ser alegado a qualquer tempo.

A **convenção de arbitragem** (cláusula compromissória e compromisso arbitral) também é um pressuposto processual objetivo extrínseco ou negativo. A convenção de arbitragem pode ser instituída por cláusula compromissória ou por compromisso arbitral.

Na cláusula compromissória, as partes contratantes inserem em determinado contrato cláusula em que estipulam que eventuais conflitos que surgirem em razão desse contrato deverão ser solucionados pela arbitragem. No compromisso arbitral, as partes decidem que determinado conflito já existente será submetido à arbitragem.

7. QUADRO SINÓPTICO

<table>
<tr><td rowspan="4">PRESSUPOSTOS PROCESSUAIS:</td><td rowspan="2">SUBJETIVOS:</td><td>- RELATIVOS AO JUIZ:</td><td>a) Investidura;
b) Competência;
c) Imparcialidade.</td></tr>
<tr><td>- RELATIVOS ÀS PARTES:</td><td>a) Capacidade de ser parte;
b) Capacidade de estar em juízo;
c) Capacidade postulatória.</td></tr>
<tr><td rowspan="2">OBJETIVOS:</td><td>- INTRÍNSECOS:</td><td>Formas processuais.
Ex.: petição inicial apta; citação válida etc.</td></tr>
<tr><td>- EXTRÍNSECOS (NEGATIVOS):</td><td>a) Litispendência;
b) Perempção;
c) Coisa julgada;
d) Convenção de arbitragem.</td></tr>
</table>

CAPÍTULO XI

PARTES

1. NOÇÕES GERAIS

Os sujeitos do processo são as partes e o juiz. As partes são os sujeitos que agem com parcialidade e que figuram em cada um dos polos do processo. São os titulares das diversas situações jurídicas ativas ou passivas estabelecidas na relação jurídica de direito processual.

A existência de partes é um pressuposto processual subjetivo.

2. REPRESENTAÇÃO E ASSISTÊNCIA

Se a parte não tem capacidade para estar em juízo, precisa ser representada ou assistida.

A Lei n. 13.146/2015 (Estatuto da Pessoa com Deficiência) modificou bastante o sistema das incapacidades, estabelecendo como absolutamente incapaz apenas os menores de 16 anos de idade. Todas as demais hipóteses de incapacidade absoluta foram extintas ou elencadas como incapacidade relativa.

No caso de **menor impúbere** (art. 3º, CC) ser parte no processo, deverá ser **representado** por um de seus pais.

Se for **menor púbere** (art. 4º, I, CC), será **assistido** por um de seus genitores.

Caso se trate de **menor, púbere ou impúbere**, que **não tiver pais** (art. 1.728, CC), será representado ou assistido por **tutor**.

No caso de ser **relativamente incapaz** por **outras causas** que não a menoridade (art. 1.767, CC), haverá necessidade de assistência por **curador**. A fim de que possa ser nomeado curador para assistir o incapaz nos atos da vida civil, é imprescindível um **processo** para nomeação de curador (incapacidade mais acentuada) ou de apoiadores (incapacidade menos acentuada, para tomada de decisão assistida).

No entanto, caso o incapaz por outra causa que não a menoridade seja parte em determinado processo e ainda não tenha curador, o juiz deverá lhe nomear um curador especial, que desempenhará a função de assistente do incapaz somente para o processo em que foi nomeado.

3. CURADOR ESPECIAL

3.1. Noções gerais

O curador especial é um representante legal nomeado ao incapaz **somente para determinado processo**. Ou seja, não se deve confundir curador especial com curador (nomeado, dentro do processo de curatela, para assistir o incapaz nos atos da vida civil). O curador especial, diferentemente do curador, não se torna assistente legal para todo e qualquer ato da vida civil, tampouco para outros processos para os quais não foi nomeado. Trata-se de um curador *ad hoc*, ou seja, somente para o processo específico em que foi nomeado.

3.2. Hipóteses de nomeação de curador especial

Será nomeado curador especial nas seguintes hipóteses (art. 72, CPC):

a) **se o incapaz não tem assistente ou representante legal**. São as hipóteses em que o menor é órfão ou seus pais foram destituídos do poder familiar e o menor não tem tutor, ou, ainda, quando a parte é incapaz por outra causa (diversa da menoridade) e não tem curador.

b) **quando os interesses do incapaz colidirem com os do assistente ou do representante legal**.

c) **se o réu estiver preso** e for **revel**. Ainda que o réu esteja preso, ele pode constituir advogado ou a defensoria pública para patrocinar os seus interesses. Assim, se o réu estiver preso, mas não for revel, não haverá nomeação de curador especial.

d) **réu citado por edital** (art. 256, CPC) ou **por hora certa** (art. 253, CPC), que não comparece ao processo, nem constitui advogado.

A curadoria especial é uma das funções institucionais da Defensoria Pública (art. 4º, inc. XVI, da Lei Complementar n. 80/1994)[1]. Nesse sentido, o art. 72, parágrafo único, do CPC estabelece que "a curatela especial será exercida pela Defensoria Pública, nos termos da lei".

O juiz deve nomear a "Defensoria Pública" como curadora especial, e não a pessoa de determinado Defensor Público – como às vezes equivocadamente ocorre na prática –, pois, caso contrário, outro defensor público não poderia exercer as funções de curador especial no processo.

Se o executado for citado por edital ou por hora certa, e permanecer revel, o curador especial nomeado terá legitimidade para apresentação de embargos. Essa questão, inicialmente, apresentou alguma controvérsia no âmbito doutrinário e jurisprudencial, haja vista que os embargos à execução possuem natureza jurídica de nova ação e não somente de meio de defesa. No entanto, essa questão atualmente está pacificada no âmbito dos tribunais e, inclusive, foi consolidada na Súmula 196 do STJ, que assim prevê: "**Ao executado que, citado por edital ou por hora certa, permanecer revel, será nomeado curador especial, com legitimidade para apresentação de embargos**".

---

1 LC n. 80/94: "Art. 4º São funções institucionais da Defensoria Pública, dentre outras: [...] XVI – exercer a curadoria especial nos casos previstos em lei".

O curador especial é obrigado a apresentar defesa, seja contestação ou embargos, mesmo que por negativa geral, não sendo para ele apenas uma faculdade. Isso porque o curador especial não é constituído pelo devedor, de modo que não pode dispor do ônus de embargar, pois desempenha, neste caso, a função de exercer a defesa do réu revel[2]. Caso o curador especial não apresente defesa, o juiz deverá nomear outro curador especial para desempenhar tal função.

4. SUCESSÃO PROCESSUAL, SUBSTITUIÇÃO PROCESSUAL E LEGITIMAÇÃO EXTRAORDINÁRIA

4.1. Legitimação extraordinária e substituição processual

A **legitimidade ordinária** é aquela em que alguém defende direito próprio em nome próprio.

A **legitimidade extraordinária**, por sua vez, é a aptidão conferida pelo ordenamento jurídico a algumas pessoas ou entes para postular, em nome próprio, direito alheio. O art. 18, *caput*, do CPC prevê que "ninguém poderá pleitear direito alheio em nome próprio, salvo quando autorizado pelo ordenamento jurídico".

Alguns doutrinadores tratam de forma indistinta **legitimidade extraordinária e substituição processual**. Outros entendem que legitimação extraordinária estaria ligada aos direitos difusos e coletivos, enquanto a substituição processual estaria ligada a direitos individuais. Uma terceira corrente ensina que a substituição processual é o exercício da legitimação extraordinária, que seria a aptidão genérica. Existe, ainda, a chamada **legitimidade autônoma**, ou **legitimidade extraordinária autônoma**. Sobre o tema, remete-se o leitor ao item já desenvolvido intitulado condições da ação.

4.2. Sucessão processual

A sucessão processual ocorre quando, voluntariamente e nos casos permitidos em lei, há a **entrada de uma parte no processo no lugar de outra, a qual é excluída do processo**. No entanto, tal instituto não pode ser confundido com substituição processual (que ocorre quando alguém pleiteia, em nome próprio, direito alheio).

O art. 109, *caput*, do CPC[3] prevê que a alienação do direito ou coisa litigiosa, no curso do processo, não altera a legitimidade das partes. Isso quer dizer que o alienante (que é parte no processo) passa a atuar no processo como substituto processual do adquirente, pois passa a defender em nome próprio o direito material alheio (do adquirente).

---

2 Esse foi o entendimento do relator do acórdão proferido pelo TJDFT no julgamento da Apelação n. 20000110515564APC: "Com efeito, no caso vertente a Defensoria Pública atuou como Curadora Especial do devedor ausente. Em tais casos, incumbe ao curador o dever de contestar o feito, sem o ônus da impugnação específica, isto é, o curador especial pode valer-se, excepcionalmente, da contestação genérica, consistente na 'negativa geral', a fim de controverter todos os fatos descritos na petição inicial, atribuindo ao autor o ônus de provar os fatos constitutivos de seu direito" (TJDFT, Acórdão n.305707, 20000110515564APC, Rel. Arnoldo Camanho de Assis, rev. Mario-Zam Belmiro, 3ª Turma Cível, *DJe* 20-5-2008. p. 88).

3 CPC: "Art. 109. A alienação da coisa ou do direito litigioso por ato entre vivos, a título particular, não altera a legitimidade das partes".

O § 1º do art. 109 do CPC prevê que o adquirente ou o cessionário do direito ou coisa litigiosa somente poderá ingressar no lugar da parte se houver a aquiescência da parte contrária e do alienante ou cedente. Assim, se houver consentimento, haverá a sucessão processual. De outro lado, se a parte contrária não consentir, o adquirente ou o cessionário poderá intervir no processo como assistente litisconsorcial do alienante ou do cedente (§ 2º)[4]. No caso em que o alienante ou o cedente continuam no processo, passam a atuar em nome próprio defendendo direito alheio (do adquirente ou cessionário), razão pela qual passa a ser substituto processual.

Exemplo típico de sucessão processual é aquele que ocorre quando uma das partes do processo vem a falecer (art. 110, CPC)[5]. Neste caso, haverá o ingresso do espólio ou dos herdeiros do falecido no seu lugar, como seus sucessores.

5. AUTORIZAÇÃO

Trata-se da forma prevista em lei para que um cônjuge manifeste o seu consentimento a fim de que o outro proponha ação real imobiliária, ou ação possessória, quando exigido legalmente.

O art. 73 do CPC prevê que "o cônjuge necessitará do consentimento do outro para propor ação que verse sobre direito real imobiliário, salvo quando casados sob o regime de separação absoluta de bens".

De outro lado, nas ações possessórias, a "participação do cônjuge do autor ou do réu somente é indispensável nas hipóteses de composse ou de ato por ambos praticado" (§ 2º do art. 73 do CPC).

Assim, é preciso perquirir o que o dispositivo quer dizer quando fala em "participação do cônjuge". No caso de os cônjuges serem titulares da pretensão a ser exercida (seja pela composse ou em razão de ato por ambos praticados), não há necessidade de litisconsórcio ativo, bastando apenas a autorização de um cônjuge ao outro. Caso a ação seja proposta contra direito possessório dos cônjuges, haverá litisconsórcio passivo necessário nos casos de composse ou de ato por ambos praticado.

Em qualquer caso, se houver recalcitrância injustificada, ou seja, recusa sem legítima justificativa na outorga da autorização de um dos cônjuges ao outro, ou no caso de impossibilidade de outorgar o consentimento (ex.: enfermidade grave), o outro cônjuge pode pedir o **suprimento judicial da autorização** (art. 74, CPC)[6].

Todas essas disposições aplicam-se aos companheiros, quando comprovada nos autos a união estável (art. 73, § 3º, CPC).

---

4 CPC: "Art. 109 [...] § 1º O adquirente ou cessionário não poderá ingressar em juízo, sucedendo o alienante ou cedente, sem que o consinta a parte contrária. § 2º O adquirente ou cessionário poderá intervir no processo como assistente litisconsorcial do alienante ou cedente. § 3º Estendem-se os efeitos da sentença proferida entre as partes originárias ao adquirente ou cessionário".

5 CPC: "Art. 110. Ocorrendo a morte de qualquer das partes, dar-se-á a sucessão pelo seu espólio ou pelos seus sucessores, observado o disposto no art. 313, §§ 1º e 2º".

6 CPC: "Art. 74. O consentimento previsto no art. 73 pode ser suprido judicialmente quando for negado por um dos cônjuges sem justo motivo, ou quando lhe seja impossível concedê-lo".

A consequência legal para a ausência de autorização é a invalidade do processo, nos termos do art. 74, parágrafo único, do CPC[7]. No entanto, se a petição inicial não vier acompanhada da autorização do cônjuge para propor a ação, o juiz não deverá de plano extinguir o processo sem resolução de mérito (indeferir a petição inicial), senão intimar a parte para juntá-la aos autos[8].

Nas hipóteses legais de litisconsórcio passivo necessário entre os cônjuges (art. 73, § 1º, CPC), deve-se fazer uma interpretação sistemática com o art. 114 do CPC, que estabelece que o vício processual pela ausência de citação de um dos litisconsortes necessários gera ineficácia (e não invalidade)[9].

Nesse caso, se um dos cônjuges não foi citado quando deveria, a sentença deverá ser reconhecida ineficaz somente em relação a ele. Portanto, em razão da boa-fé objetiva, deve-se reconhecer a ineficácia e não a invalidade, pois, com essa interpretação, obstaculiza-se, em grande medida, a prática odiosa de defesa que omite a existência de cônjuge, para, depois do trânsito em julgado da decisão, vir a alegação de que havia um cônjuge, que era litisconsorte passivo necessário, que não foi citado.

A jurisprudência do Superior Tribunal de Justiça, no entanto, oscila entre reputar a ausência de citação de cônjuge litisconsorte passivo necessário como hipótese de ineficácia ou de nulidade do processo, tratando, por vezes, de forma indistinta os institutos[10].

6. CAPACIDADE POSTULATÓRIA

A capacidade postulatória é a **aptidão genérica para peticionar em Juízo**. Quando a parte não tiver capacidade postulatória, precisa ser representada por advogado. O que habilita o advogado a atuar no processo é a procuração (instrumento de mandato judicial), salvo se tiver postulando em causa própria.

A **procuração** para o **advogado atuar no processo** não precisa ser formalizada por instrumento público. Pode ser feita por instrumento particular e não precisa ter firma reconhecida.

Não se admitirá que o advogado postule em juízo sem a respectiva procuração, exceto para impedir a ocorrência de preclusão, decadência ou prescrição, ou para praticar outro ato considerado urgente. Em tais casos, o advogado deverá apresentar a procuração no prazo de 15 dias, prorrogável por igual período.

---

7 CPC: "Art. 74 [...] Parágrafo único. A falta de consentimento, quando necessário e não suprido pelo juiz, invalida o processo".

8 "**É razoável que se permita à parte sanar a irregularidade e trazer aos autos a autorização do cônjuge virago para propositura de ação que versa sobre direito real relativo a imóvel, em nome dos princípios da economia e instrumentalidade das formas**" (TJDFT, 20100020021382AGI, Rel. Cruz Macedo, 4ª Turma Cível, julgado em 5-5-2010, *DJ* 25-5-2010, p. 114).

9 CPC: "Art. 114. O litisconsórcio será necessário por disposição de lei ou quando, pela natureza da relação jurídica controvertida, a eficácia da sentença depender da citação de todos que devam ser litisconsortes".

10 "Com relação ao proprietário e seu cônjuge, constantes no registro de imóveis, é indispensável, na ação de usucapião, a citação deles (e demais compossuidores e condôminos) como litisconsortes necessários, sob pena de a sentença ser absolutamente ineficaz, *inutiliter data*, tratando-se de nulidade insanável" (STJ, REsp 1432579/MG, Rel. Ministro Luis Felipe Salomão, Quarta Turma, julgado em 24-10-2017, *DJe* 23-11-2017).

O art. 104, § 2º, do CPC estabelece que "o ato não ratificado será considerado ineficaz relativamente àquele em cujo nome foi praticado, respondendo o advogado pelas despesas e por perdas e danos".

Entretanto, esse efeito somente dever ser aplicado se o advogado, intimado para apresentar a procuração, não o fizer no prazo designado.

Em primeira e segunda instância, se não houver a juntada da procuração ou do substabelecimento nos autos, haverá mera irregularidade, de modo que o magistrado intimará a parte, na pessoa do advogado, para supri-la. No entanto, nas instâncias especiais (tribunais superiores), havia o entendimento jurisprudencial do STF e do STJ antes do CPC/2015 de que a ausência de procuração nos autos ou de assinatura na peça processual seria vício de inexistência. Entretanto, como já se expôs, o art. 938, § 1º, do CPC dispõe que, "constatada a ocorrência de vício sanável, inclusive aquele que possa ser conhecido de ofício, o relator determinará a realização ou a renovação do ato processual, no próprio tribunal ou em primeiro grau de jurisdição, intimadas as partes". Logo, a partir do CPC/2015, o relator deverá, nos termos do art. 932, parágrafo único, do CPC, intimar a parte para juntar a procuração aos autos ou assinar a peça processual apócrifa, sob pena de o recurso ser reputado inexistente.

A **procuração** que confere **poderes gerais para o foro** habilita o advogado a praticar **todos os atos do processo**, exceto os ressalvados no art. 105 do CPC, para os quais o advogado necessita de **poderes especiais expressos**: "A procuração geral para o foro, outorgada por instrumento público ou particular assinado pela parte, habilita o advogado a praticar todos os atos do processo, exceto receber citação, confessar, reconhecer a procedência do pedido, transigir, desistir, renunciar ao direito sobre o qual se funda a ação, receber, dar quitação, firmar compromisso e assinar declaração de hipossuficiência econômica, que devem constar de cláusula específica".

A procuração outorgada na fase de conhecimento é eficaz para todas as fases do processo, inclusive para o cumprimento de sentença, salvo disposição expressa em sentido contrário constante na própria procuração (art. 105, § 4º, CPC).

A procuração deverá conter o nome do advogado ou da sociedade de advogados, seu número de inscrição na Ordem dos Advogados do Brasil (a sociedade de advogados também possui número de inscrição na OAB) e o endereço completo onde receberá intimações.

Se estiver postulando em causa própria, o advogado precisará consignar as informações acima referidas na petição inicial, quando demandante, ou na contestação, quando demandado, já que, nesse caso, não haverá procuração.

Qualquer mudança de endereço do advogado deverá ser imediatamente comunicada no processo, sob pena de se considerar realizada a intimação dirigida para o endereço constante nos autos. Lembre-se, contudo, que a maioria das intimações dirigidas ao advogado é realizada por publicação na imprensa oficial (*Diário da Justiça*).

Se a parte revogar o mandato outorgado ao seu advogado, deverá, no mesmo ato, constituir outro advogado (art. 111, *caput*, CPC). Se a parte não o fizer, o juiz suspenderá o processo, designará prazo razoável para a parte fazê-lo e se, mesmo assim, não constituir outro advogado, o juiz extinguirá o processo sem resolução do mérito caso se trate do autor, ou decretará a revelia, caso se trate do réu, se cabível essa providência.

Se o advogado renunciar ao mandato, deverá comprovar que cientificou a parte. Nos 10 dias seguintes à notificação, o advogado continuará a representar o mandante em relação aos atos considerados urgentes (art. 112, *caput* e § 1º, CPC).

CAPÍTULO **XII**

DEVERES DAS PARTES E PROCURADORES

1. BASE PRINCIPIOLÓGICA E ASPECTOS GERAIS

O Código de Processo Civil prevê expressamente os princípios da cooperação e da boa-fé objetiva, que impõem deveres de conduta para as partes, tais como eticidade, dever de informação, dever de cooperar na efetivação dos provimentos jurisdicionais, dever de não opor alegações manifestamente infundadas, dever de não protelar o processo etc.

De outro lado, dizer que as partes e seus advogados deverão atuar no processo para buscar a decisão justa é uma utopia. Pela própria essência da sua participação no processo, a parte é e deve ser parcial. Dizer que ela está no processo para buscar a decisão mais justa implica encobrir algo que é impossível se exigir dela. Em primeiro lugar, porque não se pode impor que a parte desenvolva defesas contrárias ao seu interesse. Em segundo lugar, porque estudos da psicologia indicam que toda pessoa tende a justificar mais a sua própria condição do que a do outro. Assim, por exemplo, toda pessoa acredita que a sua profissão deve ser mais valorizada do que a do outro; a imensa maioria dos acusados de corrupção acredita que os seus atos são justificáveis (ex.: "o sistema é assim"; "todo mundo já fazia isso" etc.); nos divórcios litigiosos com partilha de bens, cada consorte acredita que trabalhou mais pela família que o outro.

Por tais razões, acreditar que as partes e advogados estão no processo para buscarem a decisão objetivamente mais justa é ilusório, seja porque cada uma defende o seu interesse pessoal e egoístico, seja porque o que cada uma entende ser mais justo é completamente diferente. Se o litígio está instaurado, é porque não conseguiram chegar a um acordo fora ou dentro do processo e preferiram o tortuoso processo judicial (com a sua demora, carestia e incerteza), razão pela qual não há como acreditar que estão no processo para colaborar com a outra.

De outro lado, a fim de que o conflito judicial não seja degenerado, devem ser exigidos das partes determinados deveres de conduta, ou seja, comportamento processual ético, dentro de certos padrões que permitam a elevação da discussão e do conflito a um patamar de urbanidade e decoro. Nesse aspecto, os profissionais do direito que representam as partes possuem um papel fundamental, porque enxergam o conflito sob uma ótica externa e, com esse ponto de vista privilegiado, fazem a necessária seletividade dos fatos, circunstâncias, fundamentos e provas que podem subsidiar a decisão judicial.

2. DEVERES PROCESSUAIS E MULTA POR ATO ATENTATÓRIO À DIGNIDADE DA JUSTIÇA: *CONTEMPT OF COURT*

É algo ínsito a todo sistema judicial que as suas decisões sejam respeitadas, bem como haja mecanismos para a sua efetivação. Assim, o desrespeito às decisões judiciais precisa ser punido, inclusive com caráter pedagógico, sob pena de o próprio sistema judicial perder autoridade.

Em sistemas da *common law*, o instituto é chamado de *contempt of court* (em tradução literal, desprezo ou desrespeito ao tribunal). No direito brasileiro, os tribunais também admitem amplamente esse instituto, que está calcado em diversos dispositivos da legislação processual[1].

O *contempt of court* pode ser civil ou criminal. O *contempt of court* criminal ocorre quando há ofensa à dignidade ou à honra do juiz ou servidor da justiça, ou ainda à autoridade da decisão judicial; por conseguinte, há a imposição de sanções que possuem natureza criminal, tais como prisão e multa. Em geral, necessitam de um procedimento prévio (de acordo com o *due process of law*) para aplicação da punição. O *contempt of court* civil ocorre quando alguém (parte ou terceiro) se omite no cumprimento de um dever legal ou de uma decisão judicial em desrespeito à outra parte; como consequência, há a imposição de sanções civis, tais como multa, não necessitando de procedimento prévio (para a sua imposição)[2].

---

1 Observem-se, por exemplo, os seguintes julgados do STJ: "**Configura afronta ao exercício da jurisdição e aos princípios democráticos de acesso à Justiça e de razoável duração do processo – *contempt of court*, as repetidas e infundadas insurgências recursais**, devendo ser contida essa prática com os recursos previstos em lei" (STJ, EDcl nos EDcl nos EDcl no AgRg nos EDcl no AgRg no AREsp 231.704/CE, Rel. Min. Luis Felipe Salomão, Quarta Turma, julgado em 20-8-2015, *DJe* 28-8-2015). "Nesse cenário, não se verifica a alegada violação do direito de recorrer, ao revés, **constata-se a adequada resposta do órgão julgador à postura atentatória à atividade jurisdicional (*contempt of court*)**, conduta que era passível até de condenação por litigância de má-fé, sanção da qual foi poupado o recorrente. Precedentes do STF e do STJ" (STJ, MS 20.873/RS, Rel. Min. Laurita Vaz, Corte Especial, julgado em 5-11-2014, *DJe* 27-11-2014).

2 "O *contempt* criminal consiste na ofensa à dignidade e à autoridade do tribunal ou dos seus funcionários, gerando obstáculo ou obstrução ao processo, tornando-o mais moroso. Por via consequência, o ato provocará má reputação do órgão judiciário. Pode ocorrer em processos civis ou penais, independentemente do procedimento concreto adotado. Exibe nítido caráter punitivo, a um só tempo reprimindo o autor da ofensa e dissuadindo a ele ou a outras pessoas de comportamento similar. A ofensa pode consistir em publicações – cartas e matérias pagas em veículos impressos – ou em emissões, no rádio ou na televisão. Ao invés, o *contempt* civil consiste na omissão de certo comportamento, prescrito pelo tribunal, a favor de uma das partes. Em síntese, é o mau comportamento, idôneo a prejudicar, impedir ou frustrar o direito alheio, a exemplo do acontece na desobediência à *injunction*. Apesar de atingir o direito da parte, a ofensa é ao provimento do juiz. Legitima-se a parte atingida a requerer a aplicação da respectiva sanção, mas nada inibe a atuação *ex officio* do próprio juiz. Em última análise, a diferença substancial entre as duas espécies reside na circunstância de que, no *civil contempt*, a ofensa atinge a parte, enquanto no criminal ela visa, exclusivamente, à autoridade do juiz. Em última análise, a diferença substancial entre as duas espécies reside na circunstância de que, no civil *contempt*, a ofensa atinge a parte, enquanto no criminal ela visa, exclusivamente, à autoridade do juiz. Também se distinguem quanto aos efeitos. No primeiro caso, exige-se a instauração de procedimento para aplicar a respectiva sanção, porque se refere a fatos passados, e neste procedimento se observarão as tradicionais garantias do *due process of law* (representação técnica, acesso à prova, e assim por diante); no segundo, a punição é imediata e não depende dessas formalidades. No *contempt* criminal, a pena é a prisão ou a multa, esta última de quantia e duração indeterminadas, e sumariamente impostas, não se exigindo o descumprimento de norma legal, mas o da ordem do juiz" (ASSIS, Araken de. O *contempt of court* no direito brasileiro. Disponível em: <http://www.abdpc.org.br/abdpc/artigos/araken%20de%20assis(4)%20-%20formatado.pdf>. Acesso em: 20-10-2016. p. 3-4).

No sistema brasileiro, ambos os tipos de *contempt of court* são previstos. Contudo, não há uma separação muito nítida entre as condutas que são punidas pelo *civil* ou decorrentes do *criminal contempt of court*.

O Código de Processo Civil prevê uma série de deveres processuais que se aplicam às partes, aos seus procuradores e, em geral, a todos aqueles que participam do processo (ex.: peritos, assistentes, oficiais de justiça etc.). São eles (art. 77, CPC):

> I – expor os fatos em juízo conforme a verdade;
>
> II – não formular pretensão ou de apresentar defesa quando cientes de que são destituídas de fundamento;
>
> III – não produzir provas e não praticar atos inúteis ou desnecessários à declaração ou à defesa do direito;
>
> IV – cumprir com exatidão as decisões jurisdicionais, de natureza provisória ou final, e não criar embaraços à sua efetivação;
>
> V – declinar, no primeiro momento que lhes couber falar nos autos, o endereço residencial ou profissional onde receberão intimações, atualizando essa informação sempre que ocorrer qualquer modificação temporária ou definitiva;
>
> VI – não praticar inovação ilegal no estado de fato de bem ou direito litigioso.

Constitui ato atentatório à dignidade da justiça a violação ao disposto nos incisos IV e VI acima referidos. Como **consequência**, o juiz do processo poderá aplicar ao responsável **multa de até 20% do valor da causa**, considerando, para tanto, a gravidade da conduta, sem prejuízo das sanções criminais, civis e processuais cabíveis (art. 77, § 2º).

No entanto, se o valor da causa for **irrisório ou inestimável**, a multa em referência poderá ser fixada em **até 10 vezes o valor do salário mínimo** (art. 77, § 5º, CPC), a fim de que mantenha o seu caráter punitivo.

A **multa por ato atentatório à dignidade da justiça não pode ser imposta aos advogados públicos ou privados, nem aos membros da Defensoria Pública e do Ministério Público**. A prática de ato atentatório à dignidade da justiça por tais profissionais do direito configura **eventual responsabilidade disciplinar**, razão pela qual o **juiz deverá oficiar ao respectivo órgão de classe ou corregedoria, para apuração de eventual responsabilização ou falta disciplinar** (art. 77, § 6º, CPC). Essa imunidade relativa dos profissionais do direito se justifica em razão da garantia de independência que devem ter no processo. Todavia, como essa imunidade não é absoluta, os abusos deverão ser reprimidos pelos seus órgãos de classe ou corregedorias correspondentes.

A multa aplicada por ato atentatório à dignidade da justiça não reverte em proveito da parte, senão **em favor do fundo de modernização do tribunal** ao qual pertence o órgão judiciário onde tramita o processo[3].

A multa em referência será inscrita em dívida ativa da União ou do Estado somente após o trânsito em julgado da decisão que a fixou, e o procedimento para a sua

---

3 CPC: "Art. 97. A União e os Estados podem criar fundos de modernização do Poder Judiciário, aos quais serão revertidos os valores das sanções pecuniárias processuais destinadas à União e aos Estados, e outras verbas previstas em lei".

cobrança será a execução fiscal, lembrando-se que, mesmo neste caso, o valor executado será revertido ao fundo acima referido (art. 77, § 3º, CPC).

A multa por ato atentatório à dignidade da justiça possui nítido caráter punitivo, razão pela qual é aplicada independentemente das multas coercitivas referentes ao cumprimento de sentença (art. 523, § 1º[4], e art. 536, § 1º[5], CPC), que, aliás, são revertidas em favor do exequente.

A "**inovação ilegal no estado de fato de bem ou direito litigioso**" configurava, sob a vigência do CPC/1973, motivo para a chamada cautelar de atentado. Por não ter natureza propriamente cautelar e não ser utilizada na prática, o CPC prevê que tal prática constitui **ato atentatório à dignidade da justiça** (inc. VI, acima referido), cabendo a **aplicação de multa**. Além disso, o juiz deverá **determinar que a parte responsável restabeleça o estado anterior, bem como seja proibida de falar nos autos até a purgação do atentado** (art. 77, § 7º, CPC)[6].

De outro lado, há diversas disposições do CPC que estabelecem a responsabilização por crime de desobediência ou de resistência no caso de descumprimento da ordem judicial (*criminal contempt of court*).

a) Art. 403, p. único, CPC: se o terceiro descumprir a ordem de exibição de documento, o juiz poderá expedir mandado de busca e apreensão, requisitando, se necessário, força policial, sem prejuízo da responsabilização por crime de desobediência, pagamento de multa e outras medidas necessárias para o cumprimento da ordem judicial[7].

b) Art. 524, § 3º, CPC: no cumprimento da sentença que reconhece obrigação de pagar quantia certa, quando a elaboração do demonstrativo do débito depender de dados em poder de terceiros ou do executado, o juiz poderá requisitá-los, sob pena da cominação do crime de desobediência[8].

---

4 CPC: "Art. 523. No caso de condenação em quantia certa, ou já fixada em liquidação, e no caso de decisão sobre parcela incontroversa, o cumprimento definitivo da sentença far-se-á a requerimento do exequente, sendo o executado intimado para pagar o débito, no prazo de 15 (quinze) dias, acrescido de custas, se houver. § 1º Não ocorrendo pagamento voluntário no prazo do *caput*, o débito será acrescido de multa de dez por cento e, também, de honorários de advogado de dez por cento".

5 CPC: "Art. 536. No cumprimento de sentença que reconheça a exigibilidade de obrigação de fazer ou de não fazer, o juiz poderá, de ofício ou a requerimento, para a efetivação da tutela específica ou a obtenção de tutela pelo resultado prático equivalente, determinar as medidas necessárias à satisfação do exequente. § 1º Para atender ao disposto no *caput*, o juiz poderá determinar, entre outras medidas, a imposição de multa, a busca e apreensão, a remoção de pessoas e coisas, o desfazimento de obras e o impedimento de atividade nociva, podendo, caso necessário, requisitar o auxílio de força policial".

6 CPC: "Art. 77 [...] § 7º Reconhecida violação ao disposto no inciso VI, o juiz determinará o restabelecimento do estado anterior, podendo, ainda, proibir a parte de falar nos autos até a purgação do atentado, sem prejuízo da aplicação do § 2º".

7 CPC: "Art. 403. Se o terceiro, sem justo motivo, se recusar a efetuar a exibição, o juiz ordenar-lhe-á que proceda ao respectivo depósito em cartório ou em outro lugar designado, no prazo de 5 (cinco) dias, impondo ao requerente que o ressarça pelas despesas que tiver. Parágrafo único. Se o terceiro descumprir a ordem, o juiz expedirá mandado de apreensão, requisitando, se necessário, força policial, sem prejuízo da responsabilidade por crime de desobediência, pagamento de multa e outras medidas indutivas, coercitivas, mandamentais ou sub-rogatórias necessárias para assegurar a efetivação da decisão".

8 CPC: "Art. 524. O requerimento previsto no art. 523 será instruído com demonstrativo discriminado e atualizado do crédito, devendo a petição conter: [...] § 3º Quando a elaboração do demonstrativo depender de dados em poder de terceiros ou do executado, o juiz poderá requisitá-los, sob cominação do crime de desobediência".

c) Arts. 529, § 2º, e 912, § 1º, CPC: para o cumprimento de sentença que imponha dever de pagar alimentos[9] ou execução de título executivo extrajudicial que contenha obrigação alimentícia[10], o juiz poderá determinar o desconto em folha de pagamento quando o executado for funcionário público, militar, diretor ou gerente de empresa ou empregado sujeito a CLT, cominando a pena de crime de desobediência à autoridade competente, à empresa ou empregador, caso não cumpram a decisão judicial.

d) Art. 536, § 3º, CPC: no caso de descumprimento de sentença que reconheça a exigibilidade de obrigação de fazer ou de não fazer, o juiz poderá impor ao executado as penas da litigância de má-fé (multa), além da sua responsabilização por crime de desobediência[11].

e) Art. 846, §§ 2º e 3º, CPC: se, no ato da penhora, o oficial de justiça encontrar resistência, poderá solicitar ao juiz ordem de arrombamento e requisição de auxílio de força policial. Além disso, o oficial de justiça deverá certificar os fatos ocorridos, a fim de ocorrer a apuração criminal dos eventuais delitos de desobediência ou de resistência[12].

Além das condutas acima previstas, eventuais desrespeitos à Justiça, à autoridade das suas decisões, aos seus magistrados e servidores sempre podem caracterizar os crimes de desobediência[13], resistência[14] e desacato[15], na forma do Código Penal Brasileiro (*criminal contempt of court*).

Enquanto o crime estiver acontecendo, é possível a prisão em flagrante. Assim, por exemplo, enquanto uma decisão judicial estiver sendo descumprida, poderá haver a

9 CPC: "Art. 529. Quando o executado for funcionário público, militar, diretor ou gerente de empresa ou empregado sujeito à legislação do trabalho, o exequente poderá requerer o desconto em folha de pagamento da importância da prestação alimentícia. § 1º Ao proferir a decisão, o juiz oficiará à autoridade, à empresa ou ao empregador, determinando, sob pena de crime de desobediência, o desconto a partir da primeira remuneração posterior do executado, a contar do protocolo do ofício".

10 CPC: "Art. 912. Quando o executado for funcionário público, militar, diretor ou gerente de empresa, bem como empregado sujeito à legislação do trabalho, o exequente poderá requerer o desconto em folha de pagamento de pessoal da importância da prestação alimentícia. § 1º Ao despachar a inicial, o juiz oficiará à autoridade, à empresa ou ao empregador, determinando, sob pena de crime de desobediência, o desconto a partir da primeira remuneração posterior do executado, a contar do protocolo do ofício".

11 CPC: "Art. 536. No cumprimento de sentença que reconheça a exigibilidade de obrigação de fazer ou de não fazer, o juiz poderá, de ofício ou a requerimento, para a efetivação da tutela específica ou a obtenção de tutela pelo resultado prático equivalente, determinar as medidas necessárias à satisfação do exequente. [...] § 3º O executado incidirá nas penas de litigância de má-fé quando injustificadamente descumprir a ordem judicial, sem prejuízo de sua responsabilização por crime de desobediência".

12 CPC: "Art. 846. Se o executado fechar as portas da casa a fim de obstar a penhora dos bens, o oficial de justiça comunicará o fato ao juiz, solicitando-lhe ordem de arrombamento. [...] § 2º Sempre que necessário, o juiz requisitará força policial, a fim de auxiliar os oficiais de justiça na penhora dos bens. § 3º Os oficiais de justiça lavrarão em duplicata o auto da ocorrência, entregando uma via ao escrivão ou ao chefe de secretaria, para ser juntada aos autos, e a outra à autoridade policial a quem couber a apuração criminal dos eventuais delitos de desobediência ou de resistência".

13 CP: "Art. 330 – Desobedecer a ordem legal de funcionário público: Pena – detenção, de quinze dias a seis meses, e multa".

14 CP: "Art. 329 – Opor-se à execução de ato legal, mediante violência ou ameaça a funcionário competente para executá-lo ou a quem lhe esteja prestando auxílio: Pena – detenção, de dois meses a dois anos. § 1º – Se o ato, em razão da resistência, não se executa: Pena – reclusão, de um a três anos. § 2º – As penas deste artigo são aplicáveis sem prejuízo das correspondentes à violência".

15 CP: "Art. 331 – Desacatar funcionário público no exercício da função ou em razão dela: Pena – detenção, de seis meses a dois anos, ou multa".

prisão em flagrante por crime de desobediência. Entretanto, essa medida somente deverá ser tomada se não houver outros mecanismos coercitivos ou se todos os instrumentos de coerção direta e indireta já tiverem sido utilizados sem êxito[16].

Além disso, não se deve confundir o crime de desacato com a crítica legítima ao Poder Judiciário. Num Estado Democrático, toda manifestação contrária ou crítica legítima deve ser admitida e, inclusive, fomentada e internalizada. O crime de desacato consiste no desrespeito à autoridade, mediante ofensas à pessoa do magistrado ou do servidor da justiça, em razão ou no exercício do cargo.

3. LITIGÂNCIA DE MÁ-FÉ

A litigância de má-fé representa a configuração de determinadas condutas processuais das partes, que geram responsabilidade por dano processual, ou seja, dano presumido ao processo, ainda que não haja prejuízo concreto à outra parte. Em razão disso, a multa por litigância de má-fé tem nítido caráter punitivo e deve ser aplicada independentemente das perdas e danos da parte contrária.

Em primeiro lugar, diferentemente do que ocorre com a multa por ato atentatório à dignidade da justiça, somente podem ser punidos por **litigância de má-fé o autor, o réu e o terceiro interveniente** (art. 79, CPC)[17].

As condutas das partes e do terceiro que configuram litigância de má-fé são as seguintes (art. 80, CPC):

> I – deduzir pretensão ou defesa contra texto expresso de lei ou fato incontroverso;
>
> II – alterar a verdade dos fatos;
>
> III – usar do processo para conseguir objetivo ilegal;
>
> IV – opuser resistência injustificada ao andamento do processo;
>
> V – proceder de modo temerário em qualquer incidente ou ato do processo;
>
> VI – provocar incidente manifestamente infundado;
>
> VII – interpuser recurso com intuito manifestamente protelatório.

Se a parte ou o terceiro praticar uma das condutas acima, terá cometido litigância de má-fé. Por conseguinte, poderá ser aplicada a sanção correspondente.

O juiz, de ofício ou a requerimento da parte, condenará o **litigante de má-fé** a pagar **multa**, a ser fixada **entre 1% a 10% do valor da causa corrigido monetariamente**. Se o valor da causa for **irrisório ou inestimável**, a multa poderá ser arbitrada em **até 10 vezes o valor do salário mínimo** (art. 81, *caput* e § 2º, CPC). A **beneficiária da multa imposta por litigância de má-fé é a parte contrária**.

---

16 "A configuração do delito de desobediência exige, além do não cumprimento de uma ordem judicial, a inexistência da previsão de sanção específica em caso de seu descumprimento. 2. Comprovada a notificação pessoal do paciente acerca da decisão do Tribunal de Justiça, o seu descumprimento caracteriza, em tese, o crime de desobediência, podendo justificar sua prisão em flagrante" (STJ, HC 84.664/SP, Rel. Min. Arnaldo Esteves Lima, Quinta Turma, julgado em 8-9-2009, *DJe* 13-10-2009).

17 CPC: "Art. 79. Responde por perdas e danos aquele que litigar de má-fé como autor, réu ou interveniente".

Além disso, o litigante de má-fé será condenado a indenizar a parte contrária por todos os prejuízos que esta sofreu, bem como arcar com os honorários advocatícios e com todas as despesas que esta efetuou (art. 81, *caput*, CPC). O valor da indenização deverá ser apurado nos próprios autos. Se o juiz não puder, desde logo, mensurá-lo, deverá proceder à liquidação por arbitramento ou pelo procedimento comum, mas também nos próprios autos (art. 81, § 3º, CPC).

Se houver duas ou mais partes no polo processual onde está o litigante de má-fé, somente este é que deverá ser condenado às penalidades. Se forem dois ou mais litigantes de má-fé, ainda que em polos processuais distintos, eles deverão ser condenados individualmente na proporção do seu respectivo interesse na causa, ou solidariamente, quando coligarem para prejudicar a outra parte (art. 81, § 1º, CPC)[18].

4. DEVER DE LINGUAGEM: PROIBIÇÃO DE EXPRESSÕES OFENSIVAS

Como já se expôs, para que o conflito judicial não se degenere, é imprescindível que os sujeitos processuais e todos aqueles que participam do processo se tratem com elevação e urbanidade.

Nesse sentido, o art. 78, *caput*, do CPC estabelece que "é vedado às partes, a seus procuradores, aos juízes, aos membros do Ministério Público e da Defensoria Pública e a qualquer pessoa que participe do processo empregar expressões ofensivas nos escritos apresentados".

Como o juiz é o terceiro imparcial na relação jurídica processual, deve fazer o controle do discurso das partes e demais profissionais que atuam no processo – no sentido de impedir que ofensas sejam proferidas –, reforçar a necessidade de elevação e urbanidade, bem como advertir aquele que possui a conduta desviante sobre as eventuais consequências dos seus atos (ex.: configuração de crime de desacato, eventual responsabilização na esfera cível, administrativa ou criminal etc.). Para tanto, o juiz deve manter a sua postura de terceiro imparcial, pois, se estiver imerso no conflito, começa a perder a sua legitimidade para advertir e, eventualmente, sancionar as condutas desviantes.

Os riscos de degenerescência do conflito são maiores nas audiências, em que as partes estão frente a frente e os ânimos costumam se acirrar mais. Nesses casos, o § 1º do art. 78 do CPC dispõe que, quando expressões ou condutas ofensivas forem manifestadas oral ou presencialmente, o juiz advertirá o ofensor de que não as deve usar ou repetir, sob pena de lhe ser cassada a palavra". Deverá adverti-lo, ainda, que a sua conduta pode configurar crime de desobediência ou desacato, bem como outras responsabilizações civis, administrativas e criminais.

Além disso, em caso de ofensa proferida presencialmente, o juiz, a requerimento do ofendido, poderá determinar a expedição de certidão com inteiro teor das expressões ofensivas (art. 78, § 2º, CPC).

A implementação dos sistemas de gravação de áudio ou audiovisual em audiência pode contribuir muito para impedir a degeneração do conflito, pois a transcrição para o termo de audiência sempre implica uma perspectiva limitada do que aconteceu.

---

18 CPC: "Art. 81 [...] § 1º Quando forem 2 (dois) ou mais os litigantes de má-fé, o juiz condenará cada um na proporção de seu respectivo interesse na causa ou solidariamente aqueles que se coligaram para lesar a parte contrária".

Se as expressões ofensivas constarem da petição ou outro ato processual escrito, o juiz, de ofício ou a requerimento do ofendido, deverá determinar que elas sejam riscadas, bem como, a pedido do ofendido, que seja expedida certidão com inteiro teor das expressões ofensivas (art. 78, § 2º, CPC).

CAPÍTULO **XIII**

LITISCONSÓRCIO

1. CONCEITO

Litisconsórcio é **pluralidade de partes** no polo ativo ou no polo passivo do processo, vale dizer, é a pluralidade de demandantes ou de demandados.

A formação mínima para que o processo exista e se desenvolva regularmente é a seguinte:

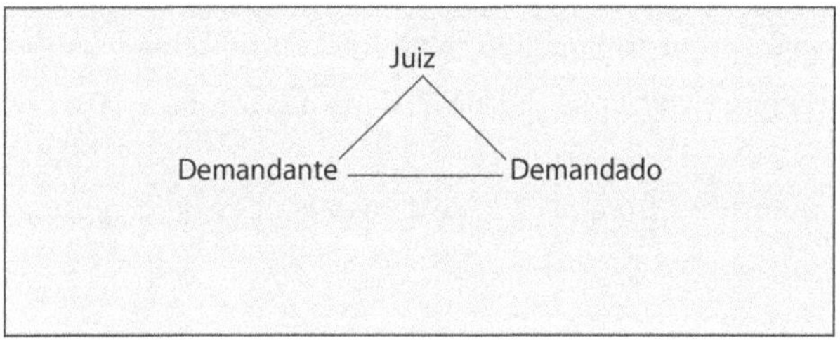

No entanto, pode ocorrer que, num dos polos da demanda ou em ambos (polo ativo e/ou polo passivo), exista mais de uma parte. Quando isso ocorre, há litisconsórcio.

2. CABIMENTO

O litisconsórcio pode ocorrer nas hipóteses previstas no art. 113 do CPC:

a) **litisconsórcio por comunhão (inc. I):** quando entre as partes "houver comunhão de direitos ou de obrigações relativamente à lide". Trata-se da hipótese em que a ligação entre os litisconsortes está mais forte.

b) **litisconsórcio por conexão (inc. II):** havendo conexão entre as demandas, podem ser cumuladas e propostas no mesmo processo. Nesse caso, será autorizado o litisconsórcio. Tal hipótese está prevista no inc. II do art. 113 do CPC: "entre as causas houver conexão pelo pedido ou pela causa de pedir".

c) **litisconsórcio por afinidade (inc. III):** será possível o litisconsórcio quando "ocorrer afinidade de questões por ponto comum de fato ou de direito". Trata-se de litisconsórcio cuja intensidade de aproximação entre as demandas cumuladas é mais fraca. Qualquer ponto comum entre as causas já autoriza o litisconsórcio. É o que ocorre quando, por exemplo, diversos servidores públicos ajuízam petição inicial onde postulam determinado direito contra o Estado; neste caso, o que existe é uma mera afinidade de questões, mas o direito de cada um dos litisconsortes ativos deve ser analisado isoladamente.

Contra a **decisão que exclui litisconsorte do processo**, é cabível **agravo de instrumento**, conforme o art. 1.015, VII, do CPC.

3. CLASSIFICAÇÃO

O litisconsórcio pode ser classificado: a) quanto à posição que ocupa na relação processual; b) quanto à obrigatoriedade de sua formação; c) quanto ao regime de tratamento; d) quanto ao momento em que se forma.

4. LITISCONSÓRCIO ATIVO, PASSIVO E MISTO

Considerando a posição ocupada pelos litisconsortes no processo, o litisconsórcio pode ser:

a) **litisconsórcio ativo:** ocorre quando há pluralidade de demandantes.

b) **litisconsórcio passivo:** há pluralidade de demandados, ou seja, o litisconsórcio está no polo passivo.

c) **litisconsórcio misto:** há pluralidade de demandantes e demandados.

5. LITISCONSÓRCIO NECESSÁRIO E FACULTATIVO

Quanto à obrigatoriedade de sua formação, o litisconsórcio pode ser necessário ou facultativo.

5.1. Litisconsórcio necessário

O litisconsórcio é necessário quando a sua **formação é essencial para que o processo atinja o seu fim normal**, ou seja, um provimento de mérito.

Trata-se de um fenômeno que se manifesta no plano das condições da ação, pois diz respeito à própria legitimidade das partes. No caso de litisconsórcio necessário, fala-se em legitimidade plúrima ou plural.

Por exemplo, o Ministério Público ingressa com uma demanda em juízo pedindo a declaração de nulidade de um casamento. A legitimidade passiva é do marido e da mulher. O litisconsórcio que precisa se formar é necessário, pois a sentença não pode ser nula somente para um dos cônjuges, vale dizer, ou o casamento é inválido (para ambos os cônjuges), ou não é.

Caso não conste no polo passivo determinado litisconsorte passivo necessário, o juiz deverá intimar o requerente para que requeira a sua citação (art. 115, parágrafo único, CPC), sob pena de extinção do processo sem resolução de mérito. Além disso, deverá o autor informar nos autos os elementos necessários para a citação, tais como nome completo do citando, qualificação (se possível), endereço completo e recolhimento das custas adicionais, se for o caso.

O juiz não pode obrigar alguém a demandar (princípio dispositivo), razão pela qual incabível ao juiz, de ofício, incluir litisconsorte necessário no polo passivo. Ou seja, no processo civil brasileiro, é vedada a inclusão de terceiro no processo sem que haja requerimento expresso da parte (vedação da intervenção *iussu iudicis*).

Assim, como a formação do litisconsórcio necessário é imprescindível para um julgamento de mérito, se o autor não requerer a inclusão do réu ao processo no prazo fixado, o juiz deverá extinguir o processo sem resolução do mérito. Nesse sentido, o art. 115, parágrafo único, do CPC prevê que, "nos casos de litisconsórcio passivo necessário, o juiz determinará ao autor que requeira a citação de todos que devam ser litisconsortes, dentro do prazo que assinar, sob pena de extinção do processo".

Se não houver a citação de um litisconsorte necessário e o juiz proferir sentença, caso haja apelação, o Tribunal deve cassar a sentença e devolver o processo para a primeira instância.

De outro lado, se transitar em julgado a sentença de mérito, proferida em processo em que não houve citação de litisconsorte necessário, essa sentença será: a) nula, se a decisão deveria ser uniforme em relação a todos que deveriam ter integrado o processo (litisconsórcio necessário unitário); ou b) nos outros casos (litisconsórcio necessário simples), ineficaz apenas para os que não foram citados. Nesse sentido, o art. 115, incs. I e II, do CPC[1].

Tome-se como exemplo uma ação de declaração de nulidade de casamento proposta pelo Ministério Público somente contra o marido (a esposa não foi incluída no polo passivo), em que a sentença declara a invalidade do casamento, vindo a transitar em julgado. Não há como o casamento ser inválido para o marido e ser válido para a mulher (litisconsórcio unitário). Assim, ou a sentença produz efeitos para ambos ou não produz. É uma "sentença inútil", chamada pela doutrina de "*inutiliter data*".

De outro lado, caso se trate de uma ação de usucapião e um dos lindeiros (confrontante) do imóvel não foi citado (caso de litisconsórcio passivo necessário simples), a sentença será válida, contudo será ineficaz somente em relação a este lindeiro.

Para declarar a nulidade ou a ineficácia dessa sentença, caberá ação rescisória, com base no art. 966, inc. V, do CPC, desde que dentro do prazo decadencial de dois anos, contados do trânsito em julgado.

Caso não seja mais cabível ação rescisória, porque já transcorrido esse prazo, caberá ação declaratória de ineficácia da sentença ou *querella nullitatis*.

---

1 CPC: "Art. 115. A sentença de mérito, quando proferida sem a integração do contraditório, será: I – nula, se a decisão deveria ser uniforme em relação a todos que deveriam ter integrado o processo; II – ineficaz, nos outros casos, apenas para os que não foram citados".

No caso de a sentença ineficaz estar sendo objeto de cumprimento de sentença ou de execução, qualquer meio processual idôneo poderá ser usado para buscar a declaração de ineficácia dessa sentença, tais como impugnação ao cumprimento de sentença, embargos à execução ou embargos de terceiro. Vale dizer, pode ser suscitada em caráter principal ou incidental.

5.1.1. Causas da necessariedade do litisconsórcio

A necessariedade do litisconsórcio pode ser imposta por disposição de lei ou pela natureza incindível da relação jurídica de direito material (art. 114, CPC)[2].

a) litisconsórcio necessário por disposição de lei

Nessa hipótese, a própria lei é quem impõe que ocorra, com necessariedade, a formação do litisconsórcio.

Por exemplo, na ação de usucapião, o art. 246, § 3º, do CPC prevê que, "na ação de usucapião de imóvel, os confinantes serão citados pessoalmente, exceto quando tiver por objeto unidade autônoma de prédio em condomínio, caso em que tal citação é dispensada". Observe-se que, neste caso, é a lei que determina a citação de todos os confinantes (confrontantes ou lindeiros), mas o destino da ação em relação a cada um deles pode ser diferente, vale dizer, a ação pode ser procedente em relação a um dos confinantes e improcedente em relação ao outro. Assim, o que determina a formação do litisconsórcio passivo necessário é a lei, e não a natureza da relação jurídica de direito material (que é cindível).

b) litisconsórcio necessário pela natureza da relação jurídica de direito material

Nesse caso, o que impõe a obrigatoriedade da formação do litisconsórcio não é a lei, senão a natureza incindível da relação jurídica de direito material discutida no processo (a "*res in iudicium deducta*").

Por exemplo, determinada sociedade tem três sócios e um deles vai a juízo pedir sua dissolução; a dissolução atingirá os outros dois sócios, razão pela qual o litisconsórcio passivo entre os outros sócios é necessário pela natureza incindível da relação jurídica. Isso porque, ou a sentença de dissolução da sociedade produz efeitos contra todos, ou contra nenhum; ou a sociedade está dissolvida ou não está, sendo incindível essa relação jurídica de direito material[3].

Na ação de declaração de nulidade de casamento proposta pelo Ministério Público, também existe litisconsórcio passivo necessário, em razão da natureza incindível dessa relação jurídica de direito material (o casamento).

---

2 CPC: "Art. 114. O litisconsórcio será necessário por disposição de lei ou quando, pela natureza da relação jurídica controvertida, a eficácia da sentença depender da citação de todos que devam ser litisconsortes".

3 "Havendo litisconsórcio necessário e unitário, como no caso dos autos, em que se pretende ver declarada uma sociedade de fato que envolve todas as partes relacionadas no processo, com a consequente e posterior apuração de haveres, é vedada a desistência da ação em relação a apenas um dos litisconsortes necessários unitários, a fim de preservar a unidade da jurisdição" (STJ, REsp 767.060/RS, Rel. Ministro Luis Felipe Salomão, Quarta Turma, julgado em 20-8-2009, *DJe* 8-9-2009).

Outra importante questão diz respeito à existência ou não de litisconsórcio ativo necessário.

A esse respeito, a maioria da doutrina entende que inexiste necessariedade no litisconsórcio ativo. Isso porque a obrigatoriedade da formação do litisconsórcio ativo implicaria a violação do princípio do acesso à justiça, já que se impediria que um dos interessados demandasse sem a presença do outro. Além disso, exigir a necessariedade do litisconsórcio no polo ativo também violaria o princípio da liberdade de demandar, já que se obrigaria o outro interessado a demandar. Portanto, no caso de necessariedade na titularidade do direito, se não houver concordância por todos os titulares do direito em propor a ação, aqueles que estão acordes em demandar deverão propor a ação, bem como incluir no polo passivo, além dos demandados, os que não concordam em demandar. Estes poderão, após citados, contestar a ação, pedir para ingressar no polo ativo ou simplesmente permanecerem inertes (não contestar a ação).

No caso do litisconsórcio necessário, a sua formação é imprescindível para a produção de eficácia da sentença, como foi exposto. Portanto, como se trata de vício que deve ser corrigido, a sua formação pode ser determinada a qualquer momento no curso do processo, até mesmo em sede recursal[4].

5.2. Litisconsórcio facultativo e limitação do litisconsórcio multitudinário

O litisconsórcio facultativo é aquele cuja formação depende da vontade do autor, desde que dentro das hipóteses admitidas legalmente (art. 113, CPC). O litisconsórcio facultativo pode ser ativo ou passivo.

Por exemplo, num acidente de trânsito envolvendo um ônibus, com várias vítimas, estas podem propor a demanda conjunta ou individualmente, conforme a sua vontade.

Quando o grande número de litigantes puder comprometer a celeridade do processo ou dificultar a defesa, o juiz poderá limitar o litisconsórcio facultativo (art. 113, § 1º, CPC)[5]. Trata-se da chamada **limitação do litisconsórcio multitudinário**. Chama-se de multitudinário porque diz respeito à multidão. No entanto, a lei não prevê o número de litisconsortes que possibilitaria ao juiz a limitação. Então, o litisconsórcio multitudinário deverá ser limitado somente quando comprometer a celeridade do processo ou dificultar a defesa, o que deve ser analisado pelo juiz no caso concreto, com certa margem de discricionariedade[6].

---

4 Nesse sentido, a jurisprudência do STF: "**Enquanto estiver em sede ordinária, ainda que recursal, é possível o saneamento do processo.** [...] **LITISCONSORTE PASSIVO NECESSÁRIO. Terceiros cujos interesses possam ser alcançados por decisão no mandado de segurança surgem como litisconsortes passivos necessários**" (STF, RMS 28256, Rel. Min. Marco Aurélio, Primeira Turma, julgado em 24-4-2012, acórdão eletrônico *DJe*-115 divulg. 13-6-2012 public. 14-6-2012).

5 CPC: "Art. 113 [...] § 1º O juiz poderá limitar o litisconsórcio facultativo quanto ao número de litigantes na fase de conhecimento, na liquidação de sentença ou na execução, quando este comprometer a rápida solução do litígio ou dificultar a defesa ou o cumprimento da sentença".

6 "[...] **Litisconsórcio facultativo. Limitação. Poder discricionário do juiz.** [...] **A análise da complexidade da lide e das circunstâncias fáticas que influenciam no desenvolvimento do processo e na conveniência e oportunidade do litisconsórcio facultativo estão compreendidas no poder discricionário do magistrado.** [...]" (STJ, AgRg no Ag 657.258/MT, Rel. Min. Nancy Andrighi, Terceira Turma, julgado em 27-9-2005, *DJ* 10-10-2005, p. 362).

Lembre-se que **somente o litisconsórcio facultativo pode ser limitado**. Isto é, o litisconsórcio necessário não sofrerá limitação, até mesmo porque a sua formação é imprescindível para a eficácia da sentença.

O pedido para limitação do litisconsórcio deverá ser feito dentro do **prazo de resposta, sob pena de preclusão**[7]. O juiz também pode determinar de ofício a limitação do litisconsórcio multitudinário.

Realizado dentro do prazo de resposta, o requerimento de limitação do litisconsórcio multitudinário interrompe esse prazo, nos termos do § 2º do art. 113 do CPC. Vale dizer, deferindo ou não o requerimento de limitação do litisconsórcio, o juiz deverá devolver por inteiro o prazo de resposta, que começa a correr a partir da intimação dessa decisão.

Questiona-se o que o juiz deve fazer com os litigantes que serão separados do processo em que houve a decisão limitando o litisconsórcio. Após o CPC/2015, passou-se a entender de forma pacífica que o juiz deve desmembrar o processo, deixando em cada um dos novos processos um número de litisconsortes que seja compatível com cada caso. Fredie Didier Jr., dentre outros, defende esta posição[8]. Nesse sentido, também o entendimento firmado nos Enunciados 386 e 387 do FPPC[9]. Alexandre Câmara, após o CPC/2015, também passou a se filiar a esse entendimento[10], revendo o seu posicionamento anterior (de que o juiz deveria excluir parte dos litisconsortes do processo e, se eles quisessem, deveriam propor nova demanda)[11].

De qualquer forma, a questão terá de ser analisada à luz do caso concreto.

Diante da necessidade de limitação do litisconsórcio passivo multitudinário, o juiz, inicialmente, terá de verificar se é possível desmembrar o processo, mas sempre analisando as vantagens disso, no caso concreto. Além disso, deve analisar se continuam presentes os pressupostos processuais e as condições da ação. Deverá, por exemplo, aferir se, com o desmembramento, não há alteração de competência. Caso haja inconvenientes em relação à medida adotada pelo juiz, qualquer das partes poderá, por exemplo, desistir da ação, ou peticionar ao juiz mostrando os prejuízos que o desmembramento pode causar. Portanto, a resposta para tal questão não deve ser no sentido de que "é possível o desmembramento" ou de que "não é possível", pois deve-se perquirir, diante das circunstâncias do caso concreto, as suas vantagens e desvantagens, para que o juiz decida sobre o desmembramento.

Contra a decisão que rejeitar o pedido de limitação de litisconsórcio ou que excluir litisconsorte do processo, caberá agravo de instrumento, na forma do art. 1.015, incs. VII e VIII, do CPC.

---

7 "**A teor do que dispõe o parágrafo único do art. 46 do Código de Processo Civil, pode a parte recusar o litisconsórcio multitudinário, interrompendo-se o prazo para o oferecimento da resposta. Todavia, esse pedido de limitação deverá ser feito antes de decorrido o prazo para a sua defesa, sob pena de preclusão**" (STJ, REsp 402.447/ES, Rel. Min. Laurita Vaz, Quinta Turma, julgado em 4-4-2006, *DJ* 8-5-2006, p. 267).

8 DIDIER JR., Fredie. *Curso de direito processual civil:* introdução ao direito processual civil, parte geral e processo de conhecimento. v. 1. 18. ed. Salvador: JusPodivm, 2006. p. 481.

9 Enunciado 386 do FPPC: "A limitação do litisconsórcio facultativo multitudinário acarreta o desmembramento do processo". Sobre isso, também o Enunciado 387 do FPPC: "A limitação do litisconsórcio multitudinário não é causa de extinção do processo".

10 CÂMARA, Alexandre Freitas. *O novo processo civil brasileiro*. São Paulo: Atlas, 2015. p. 84.

11 CÂMARA, Alexandre Freitas. *Lições de direito processual civil*. v. 1. 15. ed. Rio de Janeiro: Lumen Juris, 2006. p. 177-178.

6. LITISCONSÓRCIO UNITÁRIO E LITISCONSÓRCIO SIMPLES

Quanto ao regime de tratamento, o litisconsórcio pode ser unitário ou simples (comum).

6.1. Litisconsórcio unitário

O litisconsórcio é unitário quando o julgamento do mérito é obrigatoriamente **uniforme para todos os litisconsortes** (art. 116, CPC)[12]. São tratados no processo como se fossem um só litigante.

É o caso, por exemplo, da ação de declaração de nulidade de casamento proposta pelo Ministério Público em face de um casal.

A **unitariedade tem uma só causa**, qual seja, **a natureza incindível da relação jurídica de direito material**.

6.1.1. Relações entre litisconsórcio unitário e necessário

Diante da proximidade entre o litisconsórcio unitário e o litisconsórcio necessário, deve-se perquirir se o litisconsórcio necessário seria sempre unitário, e se o litisconsórcio unitário seria sempre necessário.

Para responder a tais questões, é preciso ter em consideração que: 1º) o litisconsórcio pode ser necessário em razão da natureza incindível da relação jurídica de direito material ou em razão de expressa determinação legal; 2º) o litisconsórcio será unitário quando a relação jurídica de direito material for incindível; 3º) inexiste litisconsórcio necessário ativo, embora possa haver litisconsórcio unitário ativo.

Com base nessas premissas, chega-se à conclusão de que **nem sempre o litisconsórcio necessário é unitário**. Isso porque a necessariedade pode também ocorrer em razão de determinação legal. Por exemplo, na ação de usucapião, o litisconsórcio é necessário, mas o destino de cada litisconsorte pode ser diferente (o destino em relação àquele que tem o registro da propriedade em seu nome pode ser diferente do destino do confrontante).

De outro lado, **nem sempre o litisconsórcio unitário é necessário**. Embora a incindibilidade da relação jurídica de direito material seja a causa do litisconsórcio unitário e uma das hipóteses de litisconsórcio necessário (o que poderia levar a pensar que o litisconsórcio unitário é também necessário), lembre-se que inexiste litisconsórcio necessário ativo, enquanto pode haver litisconsórcio unitário ativo. Isso quer dizer que, se o litisconsórcio unitário for ativo, obrigatoriamente não será necessário (será facultativo).

---

12 CPC: "Art. 116. O litisconsórcio será unitário quando, pela natureza da relação jurídica, o juiz tiver de decidir o mérito de modo uniforme para todos os litisconsortes".

6.2. Litisconsórcio simples

O litisconsórcio é simples (ou comum) quando o **destino de cada um dos litisconsortes é independente do destino dos demais**.

Por exemplo, num acidente de ônibus em que três vítimas pedem indenização, em litisconsórcio ativo; um dos autores da ação quebrou a perna, o outro ficou com uma cicatriz no rosto e o terceiro não conseguiu provar que estava no ônibus, tampouco demonstrou prejuízo. Assim, os dois primeiros autores receberão, cada um, um valor indenizatório diferente, e o terceiro terá o seu pedido julgado improcedente. Portanto, esse litisconsórcio é simples, pois o destino de cada um dos litisconsortes pode ser diferente.

7. LITISCONSÓRCIO INICIAL E LITISCONSÓRCIO ULTERIOR

Quanto ao momento de formação, o litisconsórcio pode ser: a) litisconsórcio inicial (ou originário); ou b) litisconsórcio ulterior (ou superveniente).

7.1. Litisconsórcio inicial

O litisconsórcio é inicial ou originário quando a sua formação ocorre **desde o início do processo**, isto é, já existe desde o ajuizamento da petição inicial.

Como regra, o litisconsórcio deve ser originário.

7.2. Litisconsórcio ulterior

O litisconsórcio ulterior ou superveniente é aquele que se forma **depois do ajuizamento da ação**. Nesses casos, somente é permitida a sua formação quando autorizada por lei. Ocorre, por exemplo, quando é caso de litisconsórcio passivo necessário e o juiz determina que o autor requeira a citação de litisconsorte necessário. Também haverá litisconsórcio ulterior quando uma das partes falece no curso do processo e os seus herdeiros assumem o polo ativo ou passivo do processo, ocorrendo a sucessão processual.

O litisconsórcio ativo facultativo simples deverá se formar desde o início do processo. Caso alguma parte pretenda ingressar no polo ativo do processo posteriormente, sendo facultativo o litisconsórcio, haverá ofensa ao princípio do juiz natural, já que tal parte estaria escolhendo o juízo, onde já tramita a demanda proposta pelo autor originário. Assim, como regra, não se admite o litisconsórcio ativo facultativo ulterior[13].

---

13 Nesse sentido, a jurisprudência do STJ: "**A orientação desta Corte não admite a formação de litisconsórcio ativo facultativo em momento posterior à distribuição da ação, para que se preserve a garantia do juiz natural, ressalvadas as hipóteses autorizativas previstas em lei especial** (como é o caso da Lei n. 4.717/65 – que regula a ação popular)" (STJ, REsp 1221872/RJ, Rel. Min. Mauro Campbell Marques, Segunda Turma, julgado em 16-8-2011, *DJe* 23-8-2011). No mesmo sentido: *"Não se admite litisconsorte ativo facultativo após o ajuizamento da demanda, pois viola o Princípio do Juiz Natural"* (STJ, REsp 1669411/RJ, Rel. Ministro Herman Benjamin, Segunda Turma, julgado em 20-6-2017, *DJe* 30-6-2017).

8. EFEITOS DO LITISCONSÓRCIO

8.1. Prazos

Litisconsortes com procuradores diferentes, de escritórios de advocacia distintos, terão **prazos em dobro** para todos os atos processuais e manifestações nos autos, nos termos do art. 229 do CPC. O que gera essa duplicação dos prazos é o fato de haver procuradores diferentes, pois, nesse caso, os autos não poderão ser retirados do cartório. Por conseguinte, se os litisconsortes não tiverem procuradores diferentes, o prazo será simples.

Por essa mesma razão, o § 2º do art. 229 do CPC prevê que o benefício do prazo em dobro não se aplica aos processos em autos eletrônicos, já que, nesses casos, os autos podem ser acessados simultaneamente por todos os advogados.

Por esse mesmo motivo, não se aplica o art. 229 do CPC quando a prática do ato interessar a um só dos litisconsortes. A esse respeito, a Súmula 641 do STF é expressa: "Não se conta em dobro o prazo para recorrer, quando só um dos litisconsortes haja sucumbido".

De outro lado, o § 1º do art. 229 do CPC prevê que "cessa a contagem do prazo em dobro se, havendo apenas 2 (dois) réus, é oferecida defesa por apenas um deles". Contudo, o dispositivo pressupõe que apenas um dos litisconsortes esteja praticando atos no processo. Ocorre que, se o réu não apresentar contestação, poderá prosseguir no processo, praticando os demais atos processuais, a partir de quando voltará a ser intimado (a partir do momento em que o réu revel constitui advogado e passa a praticar atos processuais, deve voltar a ser intimado)[14]. Neste caso, deverá ser intimado, por exemplo, para apresentar recurso. Em tal caso, se os litisconsortes tiverem procuradores diferentes, o prazo para cada réu recorrer deverá ser em dobro, pois não poderão retirar os autos. Entendimento diverso implicaria prejudicar o litisconsorte passivo não revel, na medida em que ele não poderia retirar os autos do cartório para formular o recurso.

8.2. Relações entre os litisconsortes

De acordo com o art. 117 do CPC, "os litisconsortes serão considerados, em suas relações com a parte adversa, como litigantes distintos, exceto no litisconsórcio unitário, caso em que os atos e as omissões de um não prejudicarão os outros, mas os poderão beneficiar". Trata-se do **princípio da autonomia ou independência dos litisconsortes**.

Por conseguinte, diante da sistemática adotada pelos demais dispositivos do CPC, que tratam das consequências de determinados atos processuais praticados por um litisconsorte em relação aos demais, é preciso tratar de maneira diferente as condutas alternativas e as condutas determinantes.

14 CPC: "Art. 346. Os prazos contra o revel que não tenha patrono nos autos fluirão da data de publicação do ato decisório no órgão oficial. Parágrafo único. O revel poderá intervir no processo em qualquer fase, recebendo-o no estado em que se encontrar".

As **condutas alternativas** são aquelas capazes de criar condições para um resultado favorável no processo. De outro lado, são **condutas determinantes** as tendentes a levar a um resultado desfavorável.

Em razão disso, as condutas determinantes somente produzem efeitos se praticadas por todos os litisconsortes.

Assim, por exemplo, a renúncia à pretensão, o reconhecimento da procedência do pedido são condutas determinantes, pois conduzem a uma situação desfavorável, somente produzindo efeitos no processo se praticadas por todos os litisconsortes.

A interposição de um recurso e a apresentação de contestação, por exemplo, são condutas alternativas, pois, se praticadas por somente um dos litisconsortes, são tendentes a beneficiar os demais.

Por tais razões, o art. 117 do CPC deve ser interpretado com os devidos temperamentos. É possível, por exemplo, que a contestação oposta por um dos litisconsortes passivos ou um documento apresentado por um deles interfira no julgamento do direito do outro, ainda que se trate de litisconsórcio simples.

CAPÍTULO **XIV**

INTERVENÇÃO DE TERCEIROS

1. CONCEITO E CARACTERÍSTICAS DA INTERVENÇÃO DE TERCEIROS

O conceito de terceiro é determinado por exclusão. **Terceiro é todo aquele que não é sujeito de uma determinada relação jurídica, aquele que não é parte**[1].

Assim, intervenção de terceiro é o ingresso de terceiro num processo em curso.

O ingresso do terceiro no processo ocorre no momento em que ele toma a iniciativa de praticar algum ato processual no processo pendente (no caso de intervenção de terceiro voluntária) ou a partir do momento em que citado (no caso de intervenção de terceiro forçada ou provocada)[2].

1.1. O ingresso do terceiro no processo e a qualidade de parte

Existe grande controvérsia doutrinária acerca da qualidade que assume o terceiro quando ingressa no processo, isto é, se continuaria sendo terceiro ou se assumiria a posição de parte.

Para responder a tal questionamento, é preciso fazer a diferenciação entre parte da demanda e parte do processo. Parte da demanda é aquele que pede ou contra quem se pede; parte do processo é aquele que ocupa o polo ativo ou o polo passivo da relação jurídica processual, tendo poderes, direitos, deveres, ônus e faculdades processuais. Assim, quando o terceiro ingressa no processo, torna-se parte do processo, embora possa não se tornar parte da demanda (a depender da modalidade de intervenção de terceiro)[3].

---

1 Para Dinamarco, "esses raciocínios conduzem a um conceito negativo e puramente processual de terceiro, em simétrica oposição ao de parte. São terceiros todas as pessoas que não sejam partes no processo, ou seja, em determinado processo concretamente considerado" (DINAMARCO, Cândido Rangel. *Intervenção de terceiros*. 3. ed. São Paulo: Malheiros, 2002. p. 18).

2 Nesse sentido: DINAMARCO, Cândido Rangel. *Intervenção de terceiros*. 3. ed. São Paulo: Malheiros, 2002. p. 24.

3 No mesmo sentido, Alexandre Câmara: "É importante ter claro que o terceiro só é terceiro antes da intervenção. [...] O terceiro, pois, ao intervir, torna-se parte do processo. Nem sempre, porém, será ele parte da demanda. É que em algumas modalidades de intervenção de terceiro o interveniente não assume nem a posição de demandante nem a de demandado (como se dá, por exemplo, nas assistências). Em outros casos, porém o terceiro interveniente

Por exemplo, na assistência simples, o assistente não se torna parte da demanda (ele não formula pretensão nem contra ele nada é pedido), embora se torne parte do processo (o processo gera para ele diversas situações jurídicas – faculdades, poderes, deveres, ônus e sujeições processuais etc.). No chamamento ao processo e na denunciação da lide, por sua vez, o chamado e o denunciado tornam-se parte da demanda (existe pretensão dirigida contra eles), além de serem parte do processo.

De outro lado, é preciso esclarecer que nem todo ingresso de terceiro no processo se enquadra dentro do instituto intervenção de terceiro. Por exemplo, no caso em que a parte falece no curso do processo e é sucedida por seus herdeiros, não há intervenção de terceiros, mas apenas sucessão processual. No caso de citação do litisconsorte necessário que não havia sido originariamente citado, também não há intervenção de terceiro, mas apenas regularização do polo passivo do processo.

A primeira controvérsia acerca desse tema pode ser apontada em relação ao fato de que, na assistência simples, o assistente possui poderes processuais mais limitados, o que levaria grande parte dos doutrinadores a negar a qualidade de parte a esse terceiro.

Para Athos Gusmão Carneiro, o assistente, quando ingressa no processo, não se torna parte, mas apenas "coadjuvante da parte", porque "o assistente **nada pede** para si, não formula pretensão; nem é sujeito passivo da pretensão alheia, pois contra ele **nada é pedido**"[4].

Entretanto, tomando-se a concepção de parte no seu sentido processual, constata-se que o assistente simples possui alguns poderes, deveres e ônus inerentes às partes, ainda que limitados. Desse modo, a assistência simples também deve ser considerada como modalidade de intervenção de terceiros.

1.2. Os embargos de terceiros e a oposição seriam espécies de intervenção de terceiros?

Os embargos de terceiro também não são uma forma de intervenção de terceiro. As espécies de intervenção de terceiro são incidentes processuais, isto é, questões incidentes que surgem dentro de um processo, que não geram processo novo; os embargos de terceiro, por sua vez, são um processo incidente (e não um incidente processual), vale dizer, um novo processo, cujos autos serão apensos ao processo principal. Com a intervenção de terceiros, o terceiro torna-se parte no processo; nos embargos de terceiro, o terceiro não se torna parte no processo principal.

Da mesma forma, com o Código de Processo Civil de 2015, a oposição deixou de ser intervenção de terceiro. Com efeito, o CPC/2015 estabeleceu que a oposição deve ser distribuída por dependência aos autos principais e que deve gerar processo autônomo (nova relação jurídica processual). Por conseguinte, como passa a ser um processo

---

se torna parte da demanda, como acontece no chamamento ao processo, em que o chamado vira réu, assumindo uma posição passiva na demanda que deu origem ao processo (e, assim, se litisconsorciando ao demandado original)" (CÂMARA, Alexandre Freitas. *O novo processo civil brasileiro*. São Paulo: Atlas, 2015. p. 86). Nesse sentido, Athos Gusmão Carneiro já preconizava que, com a intervenção, "*o terceiro torna-se parte* (ou coadjuvante da parte) *no processo pendente*" (CARNEIRO, Athos Gusmão. *Intervenção de terceiros*. 13. ed. São Paulo: Saraiva, 2001. p. 51).

4 CARNEIRO, Athos Gusmão. *Jurisdição e competência:* exposição didática. 11. ed. São Paulo: Saraiva, 2001. p. 59.

incidente, e não mais um incidente processual, não constitui mais espécie de intervenção de terceiro. Por tal razão, a oposição, no CPC/2015, não integra mais topograficamente a parte referente à disciplina da intervenção de terceiros, mas está em capítulo próprio do Título III referente aos procedimentos especiais, logo após a disciplina dos embargos de terceiro.

1.3. A intervenção do *amicus curiae* e o incidente de desconsideração da personalidade jurídica são espécies de intervenção de terceiros no CPC/2015?

Como se mostrará em item próprio, desenvolvido a **seguir, o CPC/2015 atribuiu ao *amicus curiae* a qualidade de intervenção de terceiro**, não porque descreveu isso expressamente, senão porque a sua disciplina está topograficamente dentro da parte que trata da intervenção de terceiros, bem como porque o Novo Código lhe atribuiu vários poderes processuais inerentes às partes do processo.

O ***amicus curiae*** é um terceiro que, quando ingressa no processo, pode ser considerado como uma **parte atípica do processo**, uma vez que a relação processual lhe produz algumas situações jurídicas processuais (faculdades e poderes processuais), embora não possa ser considerado parte da demanda, na medida em que ele não pode formular pretensão, nem é possível contra ele formular pedido. Vale dizer, o *amicus curiae*, quando intervém, passa a ser **parte atípica do processo**, mas **não parte da demanda**, pois não pode ser demandante nem demandado.

Aliás, há diversos julgados do STJ que reconhecem o ingresso do *amicus curiae* no processo como modalidade de intervenção de terceiro[5].Da mesma forma, está disciplinado no CPC o incidente de desconsideração da personalidade jurídica topograficamente dentro da parte que disciplina a intervenção de terceiro. Além disso, com a desconsideração da personalidade jurídica, na forma direta, ocorre o ingresso de terceiros, que passam a se tornar parte do processo. Há, assim, a ampliação subjetiva do processo. Além disso, os sócios ou a pessoa jurídica que ingressam no processo também se tornam parte da demanda, pois contra eles também se dirige a pretensão do autor. Desse modo, **o incidente de desconsideração da personalidade jurídica é típica modalidade de intervenção de terceiros**.

2. PRINCIPAIS MODIFICAÇÕES EM RAZÃO DO CPC/2015

O Código de Processo Civil de 2015 trouxe importantes inovações em relação à intervenção de terceiros.

Em primeiro lugar, observa-se que o CPC/2015 não albergou a figura da nomeação à autoria como modalidade de intervenção de terceiros.

A nomeação à autoria (prevista nos arts. 62 a 69 do CPC/1973) era modalidade de intervenção de terceiro provocada pelo réu, destinada à correção do polo passivo, com

5 "A interpretação atribuída ao art. 138 do CPC/2015 é no sentido de que é irrecorrível 'qualquer decisão a respeito da intervenção de terceiro como *amicus curiae*'" (STJ, AgInt na PET no REsp 1700197/SP, Rel. Ministro Mauro Campbell Marques, Segunda Turma, julgado em 19-6-2018, *DJe* 27-6-2018).

a exclusão de parte ilegítima e inclusão de legitimado passivo. Portanto, a nomeação à autoria visava a corrigir vício de ilegitimidade passiva.

Por tal razão, o instituto da nomeação à autoria era alvo de diversas críticas por parte da doutrina e também na prática forense, já que exigia que houvesse a aceitação do autor e do terceiro nomeado para que ocorresse a sua efetivação (teoria da dupla aceitação), enquanto, por razões práticas, tratando-se de uma questão que envolve vício de ilegitimidade passiva, poderia o juiz, independentemente da vontade do autor e do nomeado, sem se utilizar da nomeação da autoria, excluir o réu e determinar que o autor promovesse a citação do legitimado passivo, sob pena de extinção do processo sem resolução do mérito.

Tais motivos fizeram com que a nomeação à autoria não fosse acolhida no texto do Código de Processo Civil de 2015.

Pelos mesmos motivos, a questão foi tratada como correção de vício de ilegitimidade no polo passivo, na forma dos arts. 338 e 339 do CPC/2015[6], mas fora da categoria intervenção de terceiros.

Além disso, o Código de Processo Civil de 2015 não albergou a oposição como modalidade de intervenção de terceiros. Como já foi exposto acima, o Novo CPC estabeleceu que a oposição passa a ser um processo incidente, e não mais um incidente processual, razão pela qual deixou de integrar topograficamente a parte referente à intervenção de terceiros e foi disciplinada em capítulo próprio do Título referente aos procedimentos especiais, logo após a disciplina dos embargos de terceiro.

De outro lado, o CPC/2015 disciplinou, na parte referente à intervenção de terceiros, a figura do *amicus curiae* e o incidente de desconsideração da personalidade jurídica, como já se expôs.

O CPC/2015 também trouxe modificações pontuais em relação a cada uma das modalidades de intervenção de terceiros, o que será mostrado a seguir.

3. PROCEDIMENTOS EM QUE É CABÍVEL A INTERVENÇÃO DE TERCEIROS

As modalidades de intervenção de terceiros em geral são cabíveis apenas na fase de conhecimento, haja vista que nela é que existe cognitividade. Contudo, a assistência, a desconsideração da personalidade jurídica e a intervenção do *amicus curiae* cabem em qualquer procedimento, inclusive na fase de execução[7].

---

6 CPC: "Art. 338. Alegando o réu, na contestação, ser parte ilegítima ou não ser o responsável pelo prejuízo invocado, o juiz facultará ao autor, em 15 (quinze) dias, a alteração da petição inicial para substituição do réu. Parágrafo único. Realizada a substituição, o autor reembolsará as despesas e pagará os honorários ao procurador do réu excluído, que serão fixados entre três e cinco por cento do valor da causa ou, sendo este irrisório, nos termos do art. 85, § 8º. Art. 339. Quando alegar sua ilegitimidade, incumbe ao réu indicar o sujeito passivo da relação jurídica discutida sempre que tiver conhecimento, sob pena de arcar com as despesas processuais e de indenizar o autor pelos prejuízos decorrentes da falta de indicação. § 1º O autor, ao aceitar a indicação, procederá, no prazo de 15 (quinze) dias, à alteração da petição inicial para a substituição do réu, observando-se, ainda, o parágrafo único do art. 338. § 2º No prazo de 15 (quinze) dias, o autor pode optar por alterar a petição inicial para incluir, como litisconsorte passivo, o sujeito indicado pelo réu".

7 Nesse sentido, também: DIDIER JR., Fredie. *Curso de direito processual civil:* introdução ao direito processual civil, parte geral e processo de conhecimento. 18. ed. Salvador: JusPodivm, 2016. p. 487.

4. CASOS DE PROIBIÇÃO DE INTERVENÇÃO DE TERCEIRO

4.1. Nos Juizados Especiais

O art. 10 da Lei n. 9.099/1995 dispõe que não se admitirá no processo qualquer forma de intervenção de terceiro ou assistência. Contudo, não precisaria ter feito referência à assistência, já que é uma espécie de intervenção de terceiro.

De outro lado, admite-se incidente de desconsideração de personalidade jurídica nos Juizados Especiais, por disposição expressa do art. 1.062 do CPC[8].

Também é cabível, no âmbito dos Juizados Especiais, a correção de vício de ilegitimidade no polo passivo, na forma dos arts. 338 e 339 do CPC[9], pois não se trata mais de modalidade de intervenção de terceiros[10].

4.2. Nas ações do controle concentrado de constitucionalidade

A Lei n. 9.868/1999 (que trata do processo e julgamento da ADI e da ADC), nos seus arts. 7º e 18, veda expressamente a intervenção de terceiros na ação direta de inconstitucionalidade e na ação declaratória de constitucionalidade.

A esse respeito, lembre-se, contudo, que a mesma Lei prevê a possibilidade de intervenção de *amicus curiae* nessas ações.

5. CLASSIFICAÇÃO E ESPÉCIES DE INTERVENÇÃO DE TERCEIROS

A intervenção pode se dar voluntária ou forçadamente. Na intervenção voluntária, o terceiro espontaneamente postula o seu ingresso no processo. A intervenção forçada, provocada ou coacta, por sua vez, é aquela em que o terceiro é trazido para o processo, independentemente da sua vontade.

O Código de Processo Civil regula seis espécies de intervenção de terceiros. No entanto, o recurso de terceiro não está previsto no capítulo da intervenção de terceiro, mas disciplinado no artigo 996 do CPC[11].

---

8 CPC: "Art. 1.062. O incidente de desconsideração da personalidade jurídica aplica-se ao processo de competência dos juizados especiais".

9 CPC: "Art. 338. Alegando o réu, na contestação, ser parte ilegítima ou não ser o responsável pelo prejuízo invocado, o juiz facultará ao autor, em 15 (quinze) dias, a alteração da petição inicial para substituição do réu. Parágrafo único. Realizada a substituição, o autor reembolsará as despesas e pagará os honorários ao procurador do réu excluído, que serão fixados entre três e cinco por cento do valor da causa ou, sendo este irrisório, nos termos do art. 85, § 8º. Art. 339. Quando alegar sua ilegitimidade, incumbe ao réu indicar o sujeito passivo da relação jurídica discutida sempre que tiver conhecimento, sob pena de arcar com as despesas processuais e de indenizar o autor pelos prejuízos decorrentes da falta de indicação. § 1º O autor, ao aceitar a indicação, procederá, no prazo de 15 (quinze) dias, à alteração da petição inicial para a substituição do réu, observando-se, ainda, o parágrafo único do art. 338. § 2º No prazo de 15 (quinze) dias, o autor pode optar por alterar a petição inicial para incluir, como litisconsorte passivo, o sujeito indicado pelo réu".

10 Enunciado 42 do FPPC: "(art. 339) O dispositivo aplica-se mesmo a procedimentos especiais que não admitem intervenção de terceiros, bem como aos juizados especiais cíveis, pois se trata de mecanismo saneador, que excepciona a estabilização do processo".

11 CPC: "Art. 996. O recurso pode ser interposto pela parte vencida, pelo terceiro prejudicado e pelo Ministério Público, como parte ou como fiscal da ordem jurídica. Parágrafo único. Cumpre ao terceiro demonstrar a

As espécies de intervenção de terceiro são as seguintes:

1) assistência;

2) recurso de terceiro;

3) denunciação da lide;

4) chamamento ao processo;

5) incidente de desconsideração da personalidade jurídica;

6) intervenção do *amicus curiae*.

Dessas modalidades: a) **são voluntárias** a assistência e o recurso de terceiro; b) **são provocadas** a denunciação da lide, o chamamento ao processo e o incidente de desconsideração da personalidade jurídica; e c) a intervenção do *amicus curiae* pode ser voluntária ou provocada.

No caso de intervenção provocada, quem pede a intervenção de terceiro é uma das partes.

Como regra, o juiz não pode, de ofício, provocar a intervenção do terceiro, salvo a intervenção do *amicus curiae*. Como se mostrará a seguir, não é possível a desconsideração da personalidade jurídica de ofício pelo juiz, ainda que isso seja objeto de controvérsia.

Em outros ordenamentos jurídicos, como o da Itália, é possível que o juiz provoque intervenção de terceiro de ofício (*intervento per ordine del giudice*)[12]. É o que se chama intervenção *iussu iudicis*.

Dentre as modalidades de intervenção forçada, o réu pode provocar qualquer delas; o autor somente não pode provocar o chamamento ao processo.

6. ASSISTÊNCIA

6.1. Conceito, características e cabimento

Assistência é a intervenção que permite ao terceiro **ingressar no processo para auxiliar qualquer das partes da demanda a obter uma sentença favorável**.

O terceiro que ingressa no processo chama-se **assistente**, e a parte que é auxiliada pelo assistente denomina-se **assistido**.

Pode ingressar no processo como assistente o **terceiro juridicamente interessado**, vale dizer, aquele que, mesmo não sendo parte, tenha interesse jurídico em que a sentença seja favorável a uma das partes[13].

Assim, para que alguém tenha interesse jurídico em intervir como assistente, é preciso que faça parte da relação jurídica de direito material discutida no processo

---

possibilidade de a decisão sobre a relação jurídica submetida à apreciação judicial atingir direito de que se afirme titular ou que possa discutir em juízo como substituto processual".

12 Código de Processo Civil Italiano (Codice di procedura civile): "Art. 107. (Intervento per ordine del giudice). Il giudice, quando ritiene opportuno che il processo si svolga in confronto di un terzo al quale la causa è comune, ne ordina l'intervento".

13 CPC: "Art. 119. Pendendo causa entre 2 (duas) ou mais pessoas, o terceiro juridicamente interessado em que a sentença seja favorável a uma delas poderá intervir no processo para assisti-la".

ou que tenha uma relação jurídica de direito material conexa à que é discutida no processo.

Se o terceiro requerer seu ingresso por mero interesse econômico, moral, ou sem qualquer interesse jurídico, não será admitido como assistente.

O art. 119, parágrafo único, do CPC estabelece que "a assistência será admitida em qualquer procedimento e em todos os graus de jurisdição".

Contudo, é possível que lei especial exclua a possibilidade de assistência, em razão das peculiaridades do procedimento. Por exemplo, o art. 10 da Lei n. 9.099/1995 prevê expressamente que não se admite, no procedimento sumaríssimo dos juizados especiais, "qualquer forma de intervenção de terceiro nem de assistência". Portanto, a lei especial deve prevalecer em relação ao CPC/2015, já que a disposição específica melhor atende à natureza do seu procedimento.

6.2. Espécies de assistência

A assistência pode ser: a) litisconsorcial (ou qualificada); ou b) simples.

A diferença entre elas está na qualidade do interesse jurídico existente numa e noutra modalidade de assistência.

6.2.1. Assistência litisconsorcial

Na assistência litisconsorcial, **o terceiro é sujeito da relação jurídica de direito material deduzida no processo**. Nesse caso, o terceiro poderia ter sido parte desde o início do processo, em litisconsórcio. Em razão disso, essa assistência é chamada de litisconsorcial[14]. Também é conhecida como **assistência qualificada**.

Por exemplo, haverá assistência litisconsorcial no caso da intervenção de um acionista na ação que visa à invalidação de deliberação de assembleia geral de sociedade limitada; na ação proposta pelo credor contra um dos devedores solidários, quando o outro devedor solidário postula o seu ingresso na ação para auxiliar este. Observe-se que, nestes casos, o assistente faz parte da relação jurídica de direito material discutida no processo, bem como poderia ter sido litisconsorte do assistido desde o início. Assim, fala-se em assistência litisconsorcial.

6.2.2. Assistência simples

A assistência simples é aquela em que o terceiro não é sujeito da relação jurídica de direito material discutida no processo, mas **é sujeito da relação jurídica subordinada, dependente ou conexa à que é discutida no processo**.

---

14 "Na assistência adesiva simples, o assistente está ligado de alguma forma ao assistido, com quem mantém relação jurídica conexa ou dependente, que poderá ser afetada pela sentença proferida contra a parte assistida" (SILVA, Ovídio A. Baptista da. *Curso de processo civil:* processo de conhecimento. v. 1. 7. ed. Rio de Janeiro: Forense, 2006. p. 263).

É o caso, por exemplo, do sublocatário que pede para ingressar na ação de despejo proposta pelo locador contra o locatário, a fim de assistir este. Observe-se que o sublocatário não faz parte da relação jurídica de locação entre locador e locatário, razão pela qual não é parte legítima na ação de despejo. De outro lado, as decisões da ação de despejo lhe atingem reflexamente, pois possui uma relação jurídica de direito material (sublocação, pactuada entre o sublocatário e o sublocador/locatário) conexa à que é discutida no processo (locação). Da mesma forma, será caso de assistência simples a intervenção do fiador na ação proposta pelo devedor principal contra o credor para discutir a validade do contrato de financiamento garantido por fiança.

6.3. Regime jurídico

O **assistente simples** e o **assistente litisconsorcial** são **tratados de forma distinta no processo**.

O **assistente simples** possui uma situação jurídica subordinada à da parte que assiste; recebe a causa no estado em que se encontra (art. 119, parágrafo único, CPC); será condenado ao pagamento das custas processuais na proporção da sua atividade desempenhada na causa (art. 94, CPC); poderá desistir da intervenção, independentemente do consentimento das partes; a sua intervenção não obsta que a parte assistida reconheça a procedência do pedido, desista da ação, renuncie ao direito sobre o que se funda a ação ou transija sobre direitos controvertidos (art. 122, CPC); se o assistido for revel, o assistente simples será seu substituto processual (art. 121, parágrafo único, CPC); atua no processo como auxiliar da parte principal, exercendo os mesmos poderes e sujeitando-se aos mesmos ônus processuais que o assistido (art. 121, *caput*, CPC); poderá requerer a produção de provas, formular quesitos, fazer alegações, formular perguntas em audiência, recorrer, contra-arrazoar recursos; ficará sujeito à eficácia da intervenção, na forma do art. 123 do CPC.

O **assistente litisconsorcial**, por sua vez, ao ingressar no processo, assume a posição de verdadeiro litisconsorte da parte em favor da qual interveio. Nesse sentido, o art. 124 do CPC dispõe que "considera-se litisconsorte da parte principal o assistente sempre que a sentença influir na relação jurídica entre ele e o adversário do assistido". Por conseguinte, o assistente litisconsorcial tem todos os poderes, direitos, deveres, ônus, faculdades e sujeições processuais que as partes possuem, mas de forma independente delas.

6.4. Requisitos e procedimento

Após a petição do terceiro requerendo o seu ingresso no processo já em curso, as partes terão o prazo de até 15 dias úteis para impugnar a assistência, sob pena de preclusão. Ainda que não haja impugnação das partes, o juiz poderá indeferir o seu ingresso, se faltarem os requisitos legais. Conforme o art. 120, *caput*, do CPC, "não havendo impugnação no prazo de 15 (quinze) dias, o pedido do assistente será deferido, salvo se for caso de rejeição liminar".

Se qualquer das partes impugnar o requerimento de ingresso, o juiz decidirá o incidente nos mesmos autos, sem suspensão do processo.

6.5. Efeito da intervenção

A sentença, num processo individual, faz coisa julgada somente entre as partes da demanda (*inter partes*).

Dessa forma, de acordo com a doutrina majoritária, a coisa julgada atinge o assistente litisconsorcial (pois é considerado litisconsorte), mas não atinge o assistente simples.

Como o assistente simples possui um interesse jurídico na demanda – haja vista que faz parte de uma relação jurídica de direito material conexa à que é discutida no processo –, é inegável que os efeitos da sentença lhe atingem reflexamente. Aliás, alguns efeitos reflexos lhe atingiriam de qualquer modo, tivesse ou não participado do processo.

O que merece destaque são os efeitos da sua intervenção como assistente no processo. Ou seja, é preciso perquirir se, tendo ingressado como assistente simples no processo, poderia posteriormente questioná-los em demanda autônoma.

O art. 123 do Código de Processo Civil disciplina expressamente isso, nos seguintes termos:

> Art. 123. Transitada em julgado a sentença no processo em que interveio o assistente, este não poderá, em processo posterior, discutir a justiça da decisão, salvo se alegar e provar que:
>
> I – pelo estado em que recebeu o processo ou pelas declarações e pelos atos do assistido, foi impedido de produzir provas suscetíveis de influir na sentença;
>
> II – desconhecia a existência de alegações ou de provas das quais o assistido, por dolo ou culpa, não se valeu.

O referido dispositivo trata da chamada **eficácia da intervenção ou efeitos da intervenção**, que se aplicam, somente ao assistente simples, pois, como já se expôs, o assistente litisconsorcial fica submetido à coisa julgada. Significa que, intervindo como assistente simples, este não poderá propor nova demanda para rediscutir a matéria, salvo nas hipóteses dos incisos I e II do art. 123 do CPC.

Em outras palavras, a sentença do processo em que interveio não faz coisa julgada em relação ao assistente simples, mas essa sentença produz uma **eficácia preclusiva**, impedindo, como regra, que rediscuta, em nova demanda, as questões já decididas.

Além disso, o assistente será condenado a pagar as custas e os honorários de acordo com sua participação.

7. DENUNCIAÇÃO DA LIDE

7.1. Noções gerais

Trata-se de intervenção de terceiro forçada, consistente em **demanda regressiva condicional acessória, que visa a garantir o direito de regresso no mesmo processo, caso a parte denunciante venha a perder a demanda principal**.

Está prevista nos arts. 125 a 129 do CPC.

A denunciação da lide **pode ser provocada pelo autor ou pelo réu**.

"Denunciar" tem significado de informar, de dar ciência. É informar o processo a alguém. Assim, denunciar a lide (a alguém) significa notificar alguém sobre o processo.

Por conseguinte, é incorreto utilizar a expressão "denunciação à lide", pois não se denuncia alguém à lide, senão a lide a alguém.

7.2. Natureza jurídica

A denunciação da lide é uma **nova demanda** deduzida dentro do mesmo processo. Logo, deve conter todos os requisitos exigidos para a petição inicial em geral (arts. 319 e 320, CPC).

Trata-se de uma **demanda regressiva**, pois permite que o denunciante, no mesmo processo, exerça o direito de regresso contra o denunciado.

Também é uma **demanda condicional**, já que o julgamento de mérito da denunciação da lide – relativo ao direito de regresso – depende do resultado da demanda principal.

Esta nova demanda **não origina um novo processo**, mas produz uma ampliação subjetiva e objetiva do processo já existente.

Há **ampliação subjetiva** porque se acrescenta uma parte na relação jurídica processual, o denunciado; existe **ampliação objetiva** porque a denunciação da lide contém novo pedido, do denunciante contra o denunciado.

Assim, haverá duas demandas num mesmo processo: a) a demanda principal, do autor contra o réu; b) a denunciação da lide (demanda regressiva condicional), do denunciante (autor ou réu) contra o denunciado (terceiro).

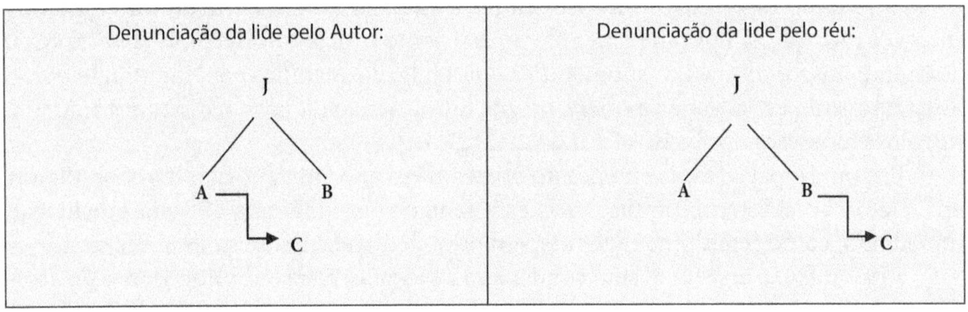

7.3. Cabimento

As hipóteses de cabimento da denunciação da lide estão previstas no art. 125 do Código de Processo Civil. Admite-se a denunciação da lide, provocada por qualquer das partes:

> **I – ao alienante imediato, no processo relativo à coisa cujo domínio foi transferido ao denunciante, a fim de que possa exercer os direitos que da evicção lhe resultam;**
>
> **II – àquele que estiver obrigado, por lei ou pelo contrato, a indenizar, em ação regressiva, o prejuízo de quem for vencido no processo.**

Passamos a analisar cada uma dessas hipóteses.

7.3.1. Denunciação da lide ao alienante imediato, no processo relativo à coisa cujo domínio foi transferido ao denunciante, a fim de que possa exercer os direitos que da evicção lhe resultam

Trata-se da hipótese de evicção. A evicção é a perda de um direito pelo adquirente, em razão de direito anterior de outrem, declarado por sentença ou ato administrativo.

O alienante, como regra, deve garantir o adquirente contra os riscos da evicção, salvo se o alienante, no contrato, se responsabilizar expressamente pela evicção (art. 449, Código Civil).

Assim, para que a parte autora ou ré se resguarde dos direitos de que lhe resulta a evicção, em direito regressivo, pode denunciar a lide ao alienante da coisa evicta.

A título de exemplo, pode-se citar o caso em que o alienante transfere o bem para o adquirente, mas é proposta uma ação reivindicatória contra o adquirente, em que o autor reivindica o imóvel alienado ao adquirente. Na contestação, o adquirente denuncia a lide ao alienante, a fim de que, se perder a ação reivindicatória, possa ter reconhecido, na própria sentença, o seu direito de ressarcimento contra o alienante.

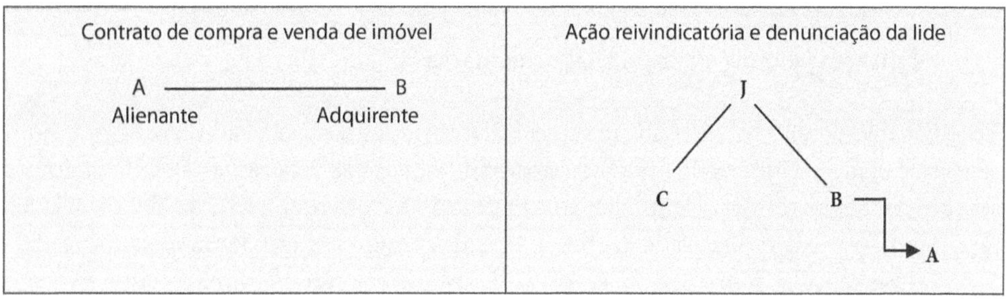

7.3.2. Denunciação da lide àquele que estiver obrigado, por lei ou pelo contrato, a indenizar, em ação regressiva, o prejuízo de quem for vencido no processo

Trata-se de direito de regresso em razão de garantia contratual ou legal.

É o caso, por exemplo, das seguradoras, que assumem a obrigação de indenizar os prejuízos sofridos pelo segurado, em razão de riscos cobertos pelo contrato de seguro. Assim, por exemplo, em razão de um acidente de trânsito, se o segurado for demandado, poderá denunciar a lide à seguradora, a fim de exercer o seu direito de regresso na própria ação em que foi demandado. Ao final, se o segurado perder a ação indenizatória, o juiz julgará a denunciação da lide e o direito de regresso do segurado contra a seguradora, que se obriga a ressarcir todos os prejuízos suportados pelo segurado, nos limites da cobertura do contrato de seguro.

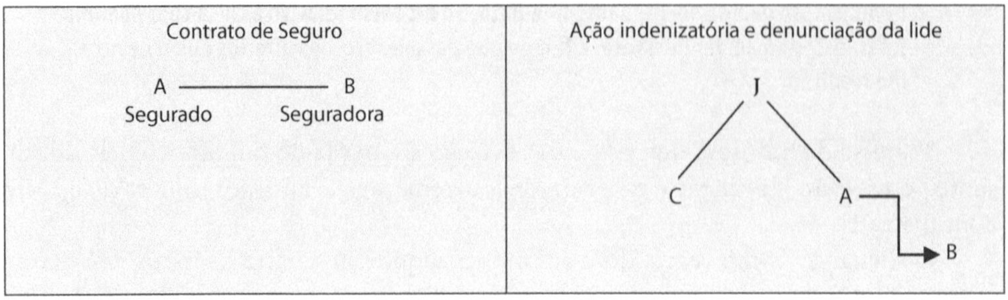

7.4. Momento processual adequado para requerer a denunciação da lide

Se o autor pretender a denunciação da lide, deverá requerê-la na petição inicial. Caso o réu pretenda a denunciação, deverá requerê-la na contestação (art. 126, CPC).

Além de requerer a denunciação da lide, a parte denunciante deverá fornecer a qualificação do denunciado e o seu endereço, a fim de que possa ser realizada a sua citação.

Caso a parte não providencie os elementos necessários para a citação do denunciado (p.ex., não recolhe as custas adicionais, não fornece o endereço etc.), será tornada sem efeito a denunciação da lide (arts. 126 e 131, CPC).

7.5. A situação jurídica gerada pela não denunciação

O *caput* do art. 125 do CPC diz que a denunciação da lide é "admissível" nas hipóteses que elenca. Trata-se de uma faculdade e de um poder processual. Por conseguinte, se a parte não promover a denunciação da lide, não haverá prejuízo para ela, ou seja, ela também não perde o direito de exercer o direito de regresso em demanda autônoma.

Nesse sentido, o art. 125, § 1º, do CPC estabelece que "o direito regressivo será exercido por ação autônoma quando a denunciação da lide for indeferida, deixar de ser promovida ou não for permitida".

Assim, a parte possui a faculdade e o poder processual de denunciar a lide, mas, se não o fizer no prazo e na forma legais, ocorre apenas a preclusão processual, ou seja, a impossibilidade de fazê-lo no mesmo processo. Contudo, não implica a perda do próprio direito material, na medida em que o direito que resulta da evicção poderá ser exercido em ação autônoma.

7.6. Prejudicialidade

A **ação principal deverá ser julgada antes da denunciação da lide**. Isso porque o julgamento da denunciação da lide está condicionado ao resultado da demanda principal. Assim, diz-se que a demanda principal é prejudicial em relação à denunciação da lide.

O art. 129, *caput*, do CPC estabelece que, "se o denunciante for vencido na ação principal, o juiz passará ao julgamento da denunciação da lide". Assim, caso a demanda principal seja julgada procedente e o réu tenha denunciado a lide, a denunciação da lide será julgada procedente, parcialmente procedente ou improcedente, conforme exista ou não o direito de regresso.

De outro lado, o parágrafo único do mesmo artigo estabelece que, "se o denunciante for vencedor, a ação de denunciação não terá o seu pedido examinado, sem prejuízo da condenação do denunciante ao pagamento das verbas de sucumbência em favor do denunciado".

Portanto, se a demanda principal for julgada improcedente e o réu tiver denunciado a lide, a denunciação não terá o seu pedido examinado. Isso porque o julgamento da denunciação da lide estava condicionado ao resultado da ação principal. Estando prejudicado o julgamento da denunciação da lide, esta deverá ser julgada extinta sem resolução do mérito ou improcedente? Há duas correntes:

1ª Corrente) Cândido Rangel Dinamarco[15] e outros: se o denunciante vencer a demanda principal, a denunciação da lide será julgada prejudicada, não sendo julgado o seu mérito, ou seja, será extinta sem resolução do mérito.

2ª Corrente) Athos Gusmão Carneiro[16] e outros: sendo o denunciante vencedor na demanda principal, a denunciação será julgada improcedente.

Com base numa interpretação sistemática, se a demanda principal foi julgada improcedente, ocorre a perda do objeto da denunciação da lide, de modo que não há mais interesse processual em postular o direito de regresso. Por conseguinte, não haverá julgamento do pedido da denunciação da lide. Portanto, nesse caso, a denunciação da lide deverá ser extinta sem resolução do mérito.

7.7. Posição do denunciado na demanda principal

Definir qual é a posição que o denunciado ocupa na demanda principal é de extrema importância, pois permitirá concluir a respeito da possibilidade ou não de o denunciado ser condenado diretamente, juntamente com o denunciante, a determinada obrigação perante a outra parte. Por exemplo, numa ação de indenização por acidente de veículos, o réu denuncia a lide à seguradora; se for admitido que o denunciado (seguradora) ocupa a posição de litisconsorte do denunciante (segurado) na demanda principal, admitir-se-á a condenação ao pagamento direto pela seguradora ao autor (vítima do acidente). Caso se conclua, por exemplo, que a posição do denunciado é de assistente simples, não se admitirá essa condenação do denunciado a pagar diretamente ao autor.

O art. 127, *caput*, do CPC prevê que, "feita a denunciação pelo autor, o denunciado poderá assumir a posição de litisconsorte do denunciante e acrescentar novos argumentos à petição inicial, procedendo-se em seguida à citação do réu". De outro lado, "feita a denunciação pelo réu", "se o denunciado contestar o pedido formulado pelo autor, o

---

15 DINAMARCO, Cândido Rangel. *Intervenção de terceiros*. 3. ed. São Paulo: Malheiros, 2002. p. 148.

16 CARNEIRO, Athos Gusmão. *Intervenção de terceiros*. 13. ed. São Paulo: Saraiva, 2001. p. 119.

processo prosseguirá tendo, na ação principal, em litisconsórcio, denunciante e denunciado" (art. 128, I, CPC). Assim, de acordo com o CPC, com a denunciação da lide, o denunciado ocupa a posição de litisconsorte do denunciante (autor ou réu) na demanda principal.

Nesse mesmo sentido, o Superior Tribunal de Justiça entende que: a) caso admitida a denunciação da lide pelo juiz e o denunciado, uma vez citado, aceite a denunciação da lide e conteste o pedido do autor, o denunciado torna-se litisconsorte passivo da parte ré, podendo ser condenado diretamente na ação principal; b) se o denunciado contesta o próprio direito de regresso (impugna a própria denunciação da lide), ele não se torna litisconsorte passivo do réu (denunciante), razão pela qual não poderá ser condenado diretamente na ação principal[17].

A esse respeito, a Segunda Seção do STJ (que reúne as Turmas de Direito Privado) pacificou entendimento de que a seguradora denunciada pelo segurado pode ser condenada diretamente na ação de indenização promovida contra o segurado, ao fundamento de que, feita a denunciação da lide, seguradora e segurado ocupam a posição de litisconsortes passivos diante do autor[18]. Esse entendimento restou consolidado na Súmula 537 do STJ: "Em ação de reparação de danos, a seguradora denunciada, se aceitar a denunciação ou contestar o pedido do autor, pode ser condenada, direta e solidariamente junto com o segurado, ao pagamento da indenização devida à vítima, nos limites contratados na apólice".

De outro lado, segundo o STJ, a vítima do sinistro não pode ajuizar a ação diretamente contra a seguradora da parte apontada como causadora do dano, na medida em que a relação jurídica do segurado é com esta parte, não com aquela. Nesse sentido, a Súmula 529 do STJ: "No seguro de responsabilidade civil facultativo, não cabe o ajuizamento de ação pelo terceiro prejudicado direta e exclusivamente em face da seguradora do apontado causador do dano".

Assim, a vítima do sinistro não pode ajuizar a ação direta e exclusivamente contra a seguradora. Contudo, caso o segurado, ao ser demandado pela vítima do sinistro, denuncie a lide à seguradora e esta passe a ocupar a posição de litisconsorte passiva com o segurado (por aceitar a denunciação da lide), se procedente o pedido da ação principal, a seguradora e o segurado devem ser condenados solidariamente ao pagamento direto da indenização à vítima.

---

17 "Tem-se nesse julgamento duas lides distintas: a principal, onde se deve decidir acerca da responsabilidade do autor em reparar a vítima pelo dano causado e a lide secundária, decorrente da denunciação do réu, para decidir sobre a existência de direito de regresso do segurado em face da seguradora. Diante da denunciação da lide à seguradora por parte do segurado, pode a denunciada: (i) aceitar a denunciação e contestar o pedido autoral ou (2) se contrapor à própria existência de direito de regresso do segurado. A aceitação da denunciação da lide e a contestação dos pedidos autorais por parte da seguradora fazem com que esta assuma posição de litisconsorte passivo na demanda principal, podendo ser condenada direta e solidariamente a pagar os prejuízos, nos limites contratados na apólice para a cobertura de danos causados a terceiros. O mesmo raciocínio não se aplica, entretanto, quando a seguradora contesta a existência de direito de regresso do segurado. Nesse contexto, deve o Tribunal julgar a questão em lide secundária. Na espécie se conclui por não ser possível a cobrança direta e solidária da seguradora" (STJ, REsp 1441620/ES, Rel. Ministro Paulo de Tarso Sanseverino, Rel. p/ Acórdão Ministra Nancy Andrighi, Terceira Turma, julgado em 27-6-2017, *DJe* 23-10-2017).

18 A esse respeito, observe-se o seguinte acórdão paradigma, prolatado em recurso especial representativo de controvérsia em matéria repetitiva: "**Em ação de reparação de danos movida em face do segurado, a Seguradora denunciada pode ser condenada direta e solidariamente junto com este a pagar a indenização devida à vítima, nos limites contratados na apólice**" (STJ, REsp 925.130/SP, Rel. Min. Luis Felipe Salomão, Segunda Seção, julgado em 8-2-2012, *DJe* 20-4-2012).

7.8. Incursões do Código de Defesa do Consumidor

No âmbito das relações de consumo, o art. 88 do CDC prevê expressamente que não pode haver denunciação da lide no caso do art. 13, parágrafo único, que trata do direito de regresso entre fornecedores:

> Art. 88. Na hipótese do art. 13, parágrafo único deste código, a ação de regresso poderá ser ajuizada em processo autônomo, facultada a possibilidade de prosseguir-se nos mesmos autos, **vedada a denunciação da lide**.

Assim, se a ação for proposta contra o fornecedor, em decorrência de relação consumerista, ele não poderá denunciar a lide à cadeia de fornecedores. Se pretender exercer o seu direito de regresso, poderá, somente após cumprir a obrigação fixada em sentença, prosseguir contra a cadeia de fornecedores no mesmo processo em que foi condenado, ou ajuizar processo autônomo para tanto.

Embora o art. 88 do CDC preveja apenas "na hipótese do art. 13, parágrafo único deste código" (responsabilidade pelo fato do produto), o STJ dá interpretação extensiva ao dispositivo, pois entende que também é vedada a denunciação da lide nas demais hipóteses de responsabilidade civil do fornecedor por acidentes de consumo (arts. 12 e 14 do CDC)[19].

No entanto, para beneficiar o consumidor, o artigo 101, inc. II, do Código de Defesa do Consumidor prevê a possibilidade de o fornecedor chamar ao processo a seguradora nos casos de seguro de responsabilidade civil[20].

No caso de contrato de seguro, como regra, a intervenção da seguradora no processo deve ser provocada pela via da denunciação da lide, pois a seguradora não possui relação jurídica contra a parte que demanda o segurado. Entretanto, nessa previsão especial do CDC, houve uma nítida intenção de facilitar a reparação ao consumidor, de modo que, ocorrendo o chamamento ao processo, a seguradora é incluída no processo como ré. Logo, pretendeu-se tornar indiscutível a possibilidade de condenação direta da seguradora na ação principal, de modo que esta terá de ressarcir diretamente o consumidor.

19 "O Superior Tribunal de Justiça possui posicionamento consolidado de que 'a vedação à denunciação da lide prevista no art. 88 do CDC não se restringe à responsabilidade de comerciante por fato do produto (art. 13 do CDC), sendo aplicável também nas demais hipóteses de responsabilidade civil por acidentes de consumo (arts. 12 e 14 do CDC)' (AgInt no AREsp 1.137.085/SP, Rel. Ministro Paulo de Tarso Sanseverino, Terceira Turma, julgado em 9-11-2017, *DJe* 20-11-2017)" (STJ, AgInt no AREsp 1069185/SP, Rel. Ministro Og Fernandes, Segunda Turma, julgado em 21-6-2018, *DJe* 28-6-2018).

20 CDC: "Art. 101. Na ação de responsabilidade civil do fornecedor de produtos e serviços, sem prejuízo do disposto nos Capítulos I e II deste título, serão observadas as seguintes normas: [...] II – **O réu que houver contratado seguro de responsabilidade poderá chamar ao processo o segurador**, vedada a integração do contraditório pelo Instituto de Resseguros do Brasil. Nesta hipótese, a sentença que julgar procedente o pedido condenará o réu nos termos do art. 80 do Código de Processo Civil. Se o réu houver sido declarado falido, o síndico será intimado a informar a existência de seguro de responsabilidade, facultando-se, em caso afirmativo, o ajuizamento de ação de indenização diretamente contra o segurador, vedada a denunciação da lide ao Instituto de Resseguros do Brasil e dispensado o litisconsórcio obrigatório com este".

7.9. Denunciação *per saltum* e coletiva: inadmissibilidade

A denunciação da lide *per saltum* e a denunciação coletiva encontravam-se previstas no art. 456 do Código Civil, que, no entanto, foi revogado pelo CPC/2015[21].

A **denunciação *per saltum*** tratava dos casos em que houve sucessivas alienações de determinado bem. Constatado o vício que macula o título de propriedade, ou outra hipótese de evicção, o adquirente **poderia denunciar a lide ao alienante imediato (aquele que lhe alienou o bem) ou a qualquer dos outros alienantes anteriores**, em relação aos quais não possuía relação jurídica direta .

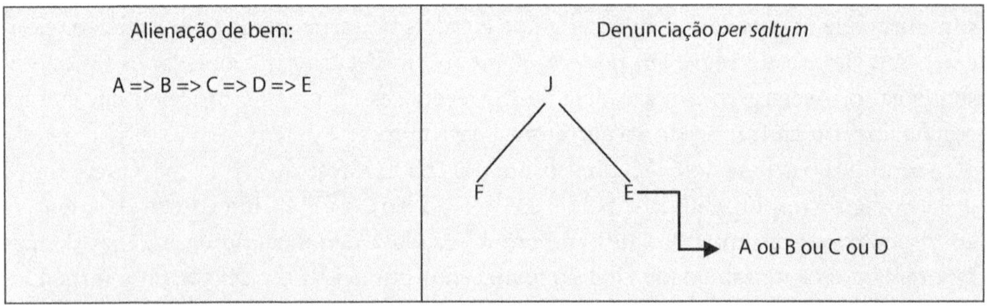

A **denunciação coletiva**, por sua vez, era possibilidade de **denunciar a lide a todos os alienantes anteriores**, garantidores da indenidade do bem.

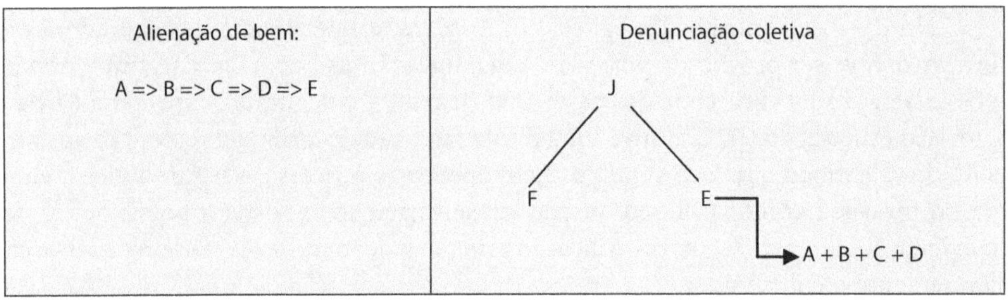

Contudo, o CPC/2015, além de revogar o art. 456 do Código Civil, também previu no art. 125, I, que "é admissível a denunciação da lide [...] ao alienante imediato". Além disso, admitiu a denunciação sucessiva "uma única" vez, "contra seu antecessor imediato na cadeia dominial".

Com isso, prevalece o entendimento de que o CPC/2015 optou por restringir a denunciação em tais casos, vale dizer, por não admitir mais a denunciação coletiva e a denunciação *per saltum*[22].

---

21 CC/2002: (**dispositivo revogado**) "Art. 456. Para poder exercitar o direito que da evicção lhe resulta, o adquirente notificará do litígio o alienante imediato, ou qualquer dos anteriores, quando e como lhe determinarem as leis do processo".

22 MEDINA, José Miguel Garcia. *Curso de direito processual civil moderno*. 4. ed. São Paulo: Revista dos Tribunais, 2018. p. 232.

7.10. Denunciação individual e limitação da denunciação sucessiva

O Código de Processo Civil estabelece que a denunciação da lide deve ser individual, ou seja, proposta apenas contra o "alienante imediato" (no caso de evicção) ou contra "aquele que estiver obrigado, por lei ou pelo contrato, a indenizar, em ação regressiva, o prejuízo de quem for vencido no processo".

Além disso, o CPC admite a denunciação sucessiva, mas de forma limitada.

A denunciação sucessiva é a possibilidade de o denunciado fazer nova denunciação da lide àquele contra o qual ele (denunciado) possui direito de regresso. Assim, se não houvesse limitação, cada novo denunciado poderia denunciar a lide ao próximo da cadeia de responsáveis pela evicção.

Contudo, o CPC (art. 125, § 2º) limita esta possibilidade, admitindo apenas uma única denunciação sucessiva, promovida pelo primeiro denunciado contra o seu sucessor imediato na cadeia dominial ou contra quem seja responsável por indenizá-lo, impedindo que o denunciado sucessivo possa promover nova denunciação. Assim, caso o denunciado sucessivo pretenda exercer o seu direito de regresso, deverá propor ação autônoma[23].

Alienação de bem:

A => B => C => D => E

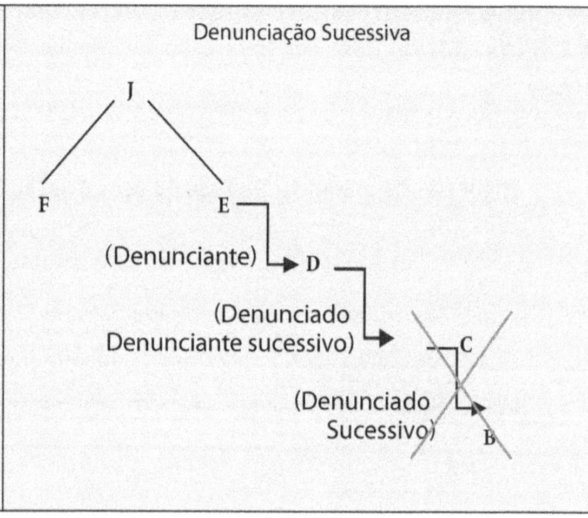

7.11. Denunciação nas ações de responsabilidade civil do Estado

Trata-se dos casos em que o servidor público, no exercício de suas funções, causa dano a um particular.

No âmbito doutrinário e jurisprudencial, é bastante controversa a admissibilidade da denunciação da lide ao servidor público nos casos de responsabilidade civil do Estado.

---

23 CPC: "Art. 125 [...] § 2º Admite-se uma única denunciação sucessiva, promovida pelo denunciado, contra seu antecessor imediato na cadeia dominial ou quem seja responsável por indenizá-lo, não podendo o denunciado sucessivo promover nova denunciação, hipótese em que eventual direito de regresso será exercido por ação autônoma".

Sobre o tema, há três principais correntes:

1ª Corrente) **Teoria restritiva:** defende que não cabe denunciação da lide.

2ª Corrente) **Teoria extensiva:** entende que cabe denunciação da lide.

3ª Corrente) **Deve ser analisado o caso concreto.** É a adotada pelo STJ.

A denunciação da lide pelo Estado deve ser possível, mas caberá ao magistrado avaliar se haverá ou não prejuízo à celeridade processual. Nesse ínterim, lembre-se que o Estado deve indenizar, sem necessidade de demonstração de dolo ou culpa, pois possui responsabilidade objetiva. De outro lado, a responsabilidade civil do servidor público é subjetiva, pois depende da comprovação de dolo ou culpa. Assim, o juiz precisa analisar se a denunciação da lide do ente estatal ao servidor causará tumulto processual, em prejuízo à celeridade. Para demonstração de dolo ou culpa, a prova é muito mais complexa, sendo necessária, na grande maioria das vezes, a realização de perícia, o que aumenta o tempo do processo.

Logo, se o juiz verificar que a denunciação da lide ao servidor acarretará prejuízo à celeridade processual, deverá indeferi-la. De outro lado, se observar que essa intervenção de terceiro em nada prejudicará o trâmite processual, o juiz deverá deferir a denunciação da lide, oportunizando o direito de regresso no mesmo processo.

Esse também é o entendimento do STJ, para quem a análise do cabimento da denunciação da lide deve ser feita caso a caso, devendo o magistrado fundamentar a sua decisão[24].

7.12. Hipóteses de inadmissibilidade da denunciação da lide

A denunciação da lide **não é admissível** nas seguintes hipóteses:

a) no rito sumaríssimo (art. 10 da Lei n. 9.099/1995);

b) nas ações envolvendo relações de consumo (art. 88 do CDC);

c) no cumprimento de sentença e em processo de execução[25].

---

24 "**Nos feitos em que se examina a responsabilidade civil do Estado, a denunciação da lide ao agente causador do suposto dano não é obrigatória. Caberá ao magistrado avaliar se o ingresso do terceiro ocasionará prejuízo à celeridade ou à economia processuais. [...] Considerando que o Tribunal *a quo* limitou-se a indeferir a denunciação da lide com base no art. 88, do CDC, devem os autos retornar à origem para que seja avaliado, de acordo com as circunstâncias fáticas da demanda, se a intervenção de terceiros prejudicará ou não a regular tramitação do processo**" (STJ, REsp 1187456/RJ, Rel. Min. Castro Meira, Segunda Turma, julgado em 16-11-2010, *DJe* 1º-12-2010). No mesmo sentido: "A obrigatoriedade da denunciação da lide deve ser mitigada em ações indenizatórias propostas em face do poder público pela matriz da responsabilidade objetiva (art. 37, § 6º – CF). **O incidente quase sempre milita na contramão da celeridade processual, em detrimento do agente vitimado**. Isso, todavia, não inibe eventuais ações posteriores fundadas em direito de regresso, a tempo e modo" (STJ, REsp 1501216/SC, Rel. Ministro Olindo Menezes (Desembargador Convocado do TRF 1ª Região), Primeira Turma, julgado em 16-2-2016, *DJe* 22-2-2016). "O STJ possui jurisprudência consolidada de que, nas ações indenizatórias decorrentes da responsabilidade civil objetiva do Estado, não é obrigatória a denunciação à lide" (STJ, REsp 1755103/PR, Rel. Ministro Herman Benjamin, Segunda Turma, julgado em 18-9-2018, *DJe* 27-11-2018).

25 A doutrina entende que a denunciação da lide "não cabe no processo de execução, na fase de cumprimento de sentença e no processo cautelar" (MARINONI, Luiz Guilherme; MITIDIERO, Daniel. *Código de Processo Civil:* comentado artigo por artigo. 4. ed. São Paulo: Revista dos Tribunais, 2012. p. 558). No mesmo sentido, a

8. CHAMAMENTO AO PROCESSO

8.1. Conceito

O chamamento ao processo é modalidade de intervenção de terceiro em que o réu, acionado em uma ação de conhecimento, **requer a citação dos demais coobrigados a fim de que estes ingressem na relação jurídica de direito processual como seus litisconsortes, ficando abrangidos pela eficácia da coisa julgada material resultante da sentença.**

Não se trata de direito regressivo, como no caso da denunciação da lide. No chamamento, os chamados devem ao credor comum, não ao chamante. Trata-se de um litisconsórcio passivo facultativo ulterior.

No chamamento ao processo, não há ampliação objetiva da demanda, mas apenas ampliação subjetiva, pois é acrescentada uma ou mais partes no polo passivo da relação jurídica de direito processual.

O chamamento ao processo está previsto nos arts. 130 a 132 do CPC.

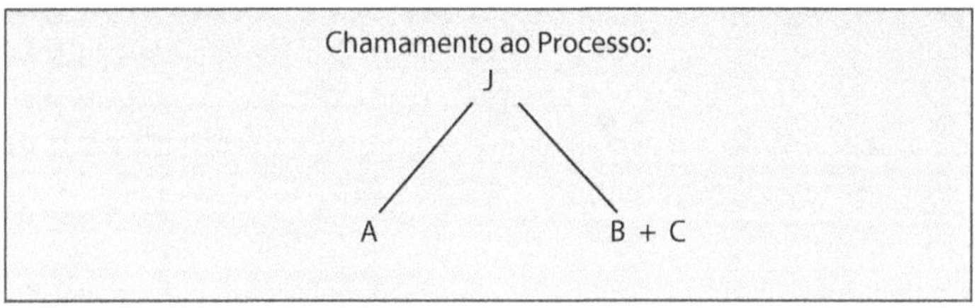

8.2. Hipóteses legais

As hipóteses legais de chamamento ao processo estão previstas no art. 130 do Código de Processo Civil. São elas:

I – do afiançado, na ação em que o fiador for réu

O fiador é responsável pelo cumprimento da obrigação, mas a dívida é do devedor. Responsabilidade (*Haftung*) é diferente de obrigação (*Schuld*).

Assim, o CPC permite que o fiador (responsável) chame ao processo o devedor.

O chamamento ao processo tem as seguintes vantagens para o fiador:

1ª) possibilitar que, no mesmo processo, o fiador cobre do devedor, pela dívida deste, caso aquele a pague ao credor;

2ª) permitir que o fiador exercite o benefício de ordem (art. 827, Código Civil), salvo se houve renúncia a tal benefício no contrato de fiança. Assim, na fase de execução da sentença (ou cumprimento de sentença), o fiador poderá indicar bens do devedor, a fim de que não sejam penhorados os seus.

---

jurisprudência: "**Este Superior Tribunal tem se posicionado no sentido de não ser cabível o chamamento ao processo em fase de execução**" (STJ, AgRg no Ag 703.565/RS, Rel. Min. Maria Isabel Gallotti, Quarta Turma, julgado em 20-11-2012, *DJe* 4-12-2012).

II – dos demais fiadores, na ação proposta contra um ou alguns deles

Trata-se da possibilidade de o fiador chamar ao processo os cofiadores, quando a fiança foi prestada conjuntamente, vale dizer, em regime de solidariedade entre os fiadores. Nessa hipótese, caso todos os fiadores sejam condenados, aquele que pagar a dívida por inteiro tem o direito de reaver o valor pago dos outros na medida das suas respectivas cotas de responsabilidade.

De outro lado, é possível também que o fiador chame ao processo os outros cofiadores e também o devedor, vale dizer, é possível que o fiador se valha simultaneamente das hipóteses dos incisos I e II.

III – dos demais devedores solidários, quando o credor exigir de um ou de alguns o pagamento da dívida comum

Quando se trata de devedores solidários, o credor pode exigir a dívida inteira apenas de um ou de alguns deles. No caso de o credor propor a demanda sem incluir todos os devedores solidários no polo passivo, qualquer dos devedores solidários poderá chamar ao processo os demais. Com isso, a sentença condenará todos os devedores solidários. Assim, na fase de execução (ou de cumprimento) da sentença, aquele que pagar a dívida por inteiro terá o direito de executar os demais codevedores pelas suas respectivas cotas (art. 283, Código Civil).

A solidariedade pode derivar do contrato ou da lei (art. 265, Código Civil).

São casos de solidariedade prevista em lei, por exemplo, as hipóteses do art. 942, parágrafo único, e art. 932 do Código Civil, como a do empregador e do empregado, pelos atos que este cometer no trabalho.

8.3. **Pressupostos para o chamamento**

São pressupostos para o chamamento ao processo:

a) o terceiro (chamado) precisa ser devedor ou responsável na relação jurídica de direito material;

b) o chamante precisa ter direito de reembolso no caso de pagar a dívida inteira ao autor.

Com efeito, se não houvesse direito de regresso do chamante em relação ao chamado, não haveria interesse jurídico daquele em chamar este. Por exemplo, não há interesse jurídico de o devedor chamar ao processo o fiador, já que não tem direito de regresso contra este. É por isso, aliás, que não foi prevista no CPC a hipótese de o devedor chamar o fiador. Embora possam o devedor e o fiador ser responsáveis solidários (no caso de renúncia ao benefício de ordem), o interesse jurídico em incluir o fiador no polo passivo do processo é apenas do credor (pois possui direito também contra ele), mas jamais do devedor, pois a dívida é deste e não do fiador.

8.4. **Ônus (desvantagens) do não chamamento**

Caso não proceda ao chamamento ao processo, o réu perde o direito de, dentro do mesmo processo, ter em seu favor título executivo judicial contra o terceiro, para que possa executá-lo na eventualidade de pagar a dívida.

Ademais, caso não ocorra o chamamento ao processo, é possível que, na ação de regresso posteriormente ajuizada, lhe sejam opostas pelo coobrigado as exceções oponíveis contra o credor.

8.5. Chamamento ao processo no Código de Defesa do Consumidor

O Código de Defesa do Consumidor impede a denunciação da lide de um dos fornecedores em relação aos demais. Por uma interpretação analógica, também não é possível o chamamento ao processo dos outros fornecedores, já que isso implicaria ter de apurar a responsabilidade destes, o que geraria prejuízo à celeridade do processo.

No entanto, o art. 101, inc. II, do CDC previu uma hipótese de chamamento ao processo, a fim de facilitar o ressarcimento ao consumidor, sem que haja qualquer prejuízo à duração razoável do processo. Trata-se do **chamamento ao processo realizado pelo fornecedor (chamante) em relação à seguradora**, no caso de **seguro de responsabilidade**. Pelo Código de Defesa do Consumidor, se o fornecedor tiver contratado seguro de responsabilidade, poderá chamar ao processo a seguradora, sendo que, na execução da sentença, a seguradora pagará diretamente ao consumidor[26].

Assim, ampliam-se as chances de o consumidor ser indenizado.

Trata-se de caso que, fora do CDC, seria hipótese de denunciação da lide, já que a relação jurídica da seguradora seria com o fornecedor (segurado). No entanto, o CDC previu a possibilidade de chamamento ao processo para permitir que a seguradora pague diretamente ao consumidor, ampliando as chances de que seja ressarcido.

8.6. Chamamento ao processo no seguro de responsabilidade legal

No caso de seguro de responsabilidade legal por acidentes de trânsito (seguro DPVAT), a seguradora conveniada deve pagar diretamente à pessoa que sofreu os danos, conforme dispõe o art. 788 do Código Civil[27]. Assim, é possível à vítima ajuizar a ação diretamente contra a Seguradora que administra o seguro DPVAT (seguro obrigatório), para obter indenização nos limites estabelecidos em razão do grau da lesão sofrida.

---

26 "Art. 101. Na ação de responsabilidade civil do fornecedor de produtos e serviços, sem prejuízo do disposto nos Capítulos I e II deste título, serão observadas as seguintes normas: [...] II – o réu que houver contratado seguro de responsabilidade poderá chamar ao processo o segurador, vedada a integração do contraditório pelo Instituto de Resseguros do Brasil. Nesta hipótese, a sentença que julgar procedente o pedido condenará o réu nos termos do art. 80 do Código de Processo Civil. Se o réu houver sido declarado falido, o síndico será intimado a informar a existência de seguro de responsabilidade, facultando-se, em caso afirmativo, o ajuizamento de ação de indenização diretamente contra o segurador, vedada a denunciação da lide ao Instituto de Resseguros do Brasil e dispensado o litisconsórcio obrigatório com este."

27 Código Civil: "Art. 788. Nos seguros de responsabilidade legalmente obrigatórios, a indenização por sinistro será paga pelo segurador diretamente ao terceiro prejudicado".

Por tais razões, o réu, numa ação indenizatória por acidente de trânsito, poderá chamar ao processo a seguradora do DPVAT, nas hipóteses em que seja prevista indenização pelo seguro de responsabilidade legal.

8.7. Não cabimento no processo de execução

Segundo entendimento pacífico da doutrina e da jurisprudência, não é cabível chamamento ao processo na fase de execução ou no processo de execução[28]. Isso porque, uma vez paga a integralidade da dívida pelo executado no processo de execução, poderá executar o coobrigado no mesmo processo, sem necessidade de nova demanda de conhecimento e de chamamento ao processo. Por conseguinte, somente o credor possui interesse jurídico em incluir o codevedor ou o coobrigado no polo passivo da execução (a execução se processa no interesse do credor – princípio da disponibilidade). O executado, por sua vez, não possui interesse jurídico em realizar o chamamento ao processo.

8.8. Chamamento ao processo nas obrigações alimentares

O art. 1.698 do Código Civil prevê a possibilidade de o parente, que não tiver em condições de suportar sozinho a obrigação alimentar, chamar ao processo os parentes de grau imediato e, sendo várias as pessoas no mesmo grau, todas elas na proporção dos seus respectivos recursos[29].

Trata-se de hipótese um pouco diferente daquelas previstas no Código de Processo Civil para o chamamento ao processo, porque a **obrigação** dos devedores de alimentos, neste caso, não é solidária, senão **complementar e subsidiária**. A esse respeito, aliás, a Súmula 596 do STJ prevê que "a obrigação alimentar dos avós tem natureza complementar e subsidiária, somente se configurando no caso de impossibilidade total ou parcial de seu cumprimento pelos pais".

Alguns doutrinadores pretenderam dar outro nome a essa modalidade de intervenção, como "chamamento à lide" ou simplesmente "chamamento", para diferenciá-la do chamamento ao processo.

No entanto, na doutrina majoritária e na jurisprudência, essa modalidade de intervenção é denominada simplesmente de "chamamento ao processo"[30].

---

28 "**Este Superior Tribunal tem se posicionado no sentido de não ser cabível o chamamento ao processo em fase de execução**" (STJ, AgRg no Ag 703.565/RS, Rel. Min. Maria Isabel Gallotti, Quarta Turma, julgado em 20-11-2012, *DJe* 4-12-2012).

29 Código Civil: "Art. 1.698. Se o parente, que deve alimentos em primeiro lugar, não estiver em condições de suportar totalmente o encargo, serão chamados a concorrer os de grau imediato; sendo várias as pessoas obrigadas a prestar alimentos, todas devem concorrer na proporção dos respectivos recursos, e, intentada ação contra uma delas, poderão as demais ser chamadas a integrar a lide".

30 "**CHAMAMENTO AO PROCESSO. ART. 1.698 DO CÓDIGO CIVIL.** [...] Segundo a jurisprudência do STJ, '**o demandado** [...] **terá direito de chamar ao processo os corresponsáveis da obrigação alimentar, caso não consiga suportar sozinho o encargo, para que se defina quanto caberá a cada um contribuir de acordo com as suas possibilidades financeiras**' [...]" (STJ, REsp 964.866/SP, Rel. Min. João Otávio de Noronha, Quarta Turma, julgado em 1º-3-2011, *DJe* 11-3-2011).

9. RECURSO DE TERCEIRO

9.1. Conceito

O recurso de terceiro é uma modalidade de intervenção de terceiro voluntária, na qual alguém que não é parte **interpõe recurso previsto em lei contra decisão que atinge a sua esfera jurídica**. O recurso de terceiro está previsto no art. 996 do CPC.

Para que um terceiro tenha legitimidade para interpor determinado recurso, é preciso que possua interesse jurídico recursal.

O art. 996 do CPC fala em recurso de "terceiro prejudicado". Fredie Didier Jr. e Alexandre Câmara, no entanto, chamam essa modalidade de intervenção de terceiro apenas de "recurso de terceiro"[31].

Trata-se de oportunidade conferida pelo CPC ao terceiro, para que possa recorrer de uma decisão que foi proferida num processo do qual não participou, mas que o atinge.

Não é uma nova modalidade de recurso, pois o terceiro tem à sua disposição os mesmos recursos da parte, com os mesmos requisitos.

É o caso, por exemplo, da determinação judicial para que a entidade mantenedora do SPC e da SERASA retirem o nome do autor desses cadastros restritivos de crédito, sob pena de multa. Tais instituições não são partes no processo, mas possuem interesse jurídico em recorrer de tal decisão, pois lhes atinge diretamente, sobretudo em relação à multa imposta. Assim, poderão interpor recurso de terceiro.

Outro exemplo: O autor A propõe ação contra o réu B, a qual é julgada totalmente procedente. O advogado de A entende que os honorários deveriam ser fixados em valor maior. Como os honorários advocatícios sucumbenciais pertencem ao advogado e não à parte, o advogado poderá recorrer tanto em nome da parte que representa como também em seu próprio nome. Vale dizer, o advogado pode interpor recurso de terceiro, consoante jurisprudência pacífica do STJ[32]. A grande vantagem dessa medida (interpor recurso de terceiro ao invés de recurso próprio da parte que o advogado representa, para pedir para majorar honorários) é inviabilizar o recurso adesivo da parte contrária no tocante à parte da decisão que não diz respeito aos honorários advocatícios.

9.2. Requisitos

Para que seja possível ao terceiro recorrer, é necessário, alternativamente, um dos seguintes requisitos específicos, além daqueles já previstos para a interposição de qualquer recurso (art. 996, parágrafo único, CPC)[33]:

---

31 CÂMARA, Alexandre Freitas. *O novo processo civil brasileiro*. São Paulo: Atlas, 2015. p. 485.

32 "**Se o advogado tem legitimidade para promover em nome próprio a execução do título judicial na parte relativa à verba honorária, também o terá para, na condição de terceiro interessado, recorrer de decisão prolatada na execução promovida pelo credor principal, com relação a essa matéria**" (STJ, REsp 1140511/SP, Rel. Min. Sidnei Beneti, Terceira Turma, julgado em 1º-12-2011, *DJe* 15-12-2011). No mesmo sentido: "**RECURSO DE TERCEIRO PREJUDICADO** [...] **Associação de advogados é parte legítima para recorrer visando a questionar a forma de cálculo da verba honorária estabelecida no acórdão**" (TJDFT, Acórdão n. 1060506, 07001107320168070018, Relator: Ana Cantarino, 8ª Turma Cível, Data de julgamento: 17-11-2017, publicado no *DJe*: 22-11-2017. p. Sem Página Cadastrada).

33 CPC: "Art. 996. O recurso pode ser interposto pela parte vencida, pelo terceiro prejudicado e pelo Ministério Público, como parte ou como fiscal da ordem jurídica. Parágrafo único. Cumpre ao terceiro demonstrar a

a) relação jurídica submetida à apreciação judicial atinge direito de que o terceiro alega ser titular; ou

b) a relação jurídica de direito material discutida no processo poderia ter sido discutida pelo terceiro na condição de substituto processual.

Assim, para que seja cabível o recurso de terceiro, é preciso que demostre interesse jurídico, não sendo necessário mero interesse econômico. Vale dizer, é imprescindível que a decisão recorrida atinja a sua esfera jurídica[34].

10. INCIDENTE DE DESCONSIDERAÇÃO DA PERSONALIDADE JURÍDICA

O incidente de desconsideração da personalidade jurídica é uma nova modalidade de intervenção de terceiros prevista no CPC/2015, que, além de disciplinar o seu procedimento, também inova bastante, sobretudo ao exigir contraditório prévio para a desconsideração.

A teoria da desconsideração da personalidade jurídica (*disregard doctrine*) tem por objetivo impedir que a personalidade jurídica seja utilizada abusivamente como escudo para atos tendentes a ocultar patrimônio.

Diante das peculiaridades de tal instituto jurídico, bastante desenvolvido pelo direito civil brasileiro, é importante, inicialmente, apresentar seus aspectos de direito material, para, após, expor o incidente de desconsideração da personalidade jurídica tal como disciplinado pelo Código de Processo Civil.

10.1. A desconsideração direta da personalidade jurídica e a desconsideração inversa

A **desconsideração (direta) da personalidade jurídica** ocorre quando, atendidos os pressupostos legais, afasta-se a barreira da personalidade jurídica para **atingir o patrimônio dos sócios**.

A **desconsideração inversa da personalidade jurídica** é cabível nos casos em que, preenchidos os requisitos legais, se verifica que alguém se utiliza da pessoa jurídica para subtrair-se do cumprimento da obrigação que lhe caiba, ou seja, visa a **atingir o patrimônio da pessoa jurídica**. Trata-se de hipótese amplamente admitida pela doutrina[35]

---

possibilidade de a decisão sobre a relação jurídica submetida à apreciação judicial atingir direito de que se afirme titular ou que possa discutir em juízo como substituto processual".

34 "[...] **o recurso de terceiro prejudicado está condicionado à demonstração de prejuízo jurídico da decisão judicial, e não somente do prejuízo econômico, ou seja, deve existir nexo de interdependência entre o interesse do terceiro e a relação jurídica submetida à apreciação judicial**" (STJ, REsp 1707612/SP, Rel. Ministro Herman Benjamin, Segunda Turma, julgado em 3-5-2018, *DJe* 23-11-2018).

35 "A desconsideração da personalidade jurídica na modalidade inversa incide nos casos de obrigação do sócio, por meio da superação da sua pessoa, permitindo-se, com isso, alcançar os bens da sociedade" (GARCIA, Gustavo Filipe Barbosa. *Novo Código de Processo Civil:* principais modificações. Rio de Janeiro: Forense, 2015. p. 38). Aliás, a esse respeito, o **Enunciado 283 da Jornada de Direito Civil do Conselho da Justiça Federal**: "Art. 50: É cabível a desconsideração da personalidade jurídica denominada 'inversa' para alcançar bens de sócio que se valeu da pessoa jurídica para ocultar ou desviar bens pessoais, com prejuízo a terceiros".

e pela jurisprudência[36]. É o que ocorre, por exemplo, quando o cônjuge transfere bens para a pessoa jurídica do qual é sócio com o objetivo de subtraí-lo da partilha de bens decorrente do divórcio[37].

Portanto, não se pode confundir a desconsideração da personalidade jurídica, que afasta episodicamente o obstáculo da personalidade jurídica para atingir o patrimônio dos sócios (desconsideração direta) ou da pessoa jurídica (desconsideração inversa), com desconstituição da pessoa jurídica.

10.2. Hipóteses legais e requisitos: teoria maior e teoria menor da desconsideração da personalidade jurídica

Os requisitos para a desconsideração da personalidade jurídica não estão na legislação processual – nem deveriam estar –, senão na legislação de direito material.

Aliás, o que pretendeu a legislação processual foi reforçar que a desconsideração da personalidade jurídica não pode ocorrer de forma desordenada como às vezes ocorria, fora dos requisitos legais, sem prévia citação e sem um procedimento prévio.

A esse respeito, o próprio art. 795, *caput*, do CPC estabelece que "os bens particulares dos sócios não respondem pelas dívidas da sociedade, senão nos casos previstos em lei", e o § 4º do mesmo dispositivo que "para a desconsideração da personalidade jurídica é obrigatória a observância do incidente previsto neste Código".

Portanto, é preciso analisar a legislação de direito material que estabelece as hipóteses e os requisitos para a desconsideração.

O **Código Tributário Nacional** prevê uma das hipóteses legais mais abrangentes de desconsideração da personalidade jurídica. Com efeito, o seu art. 135, inc. III, estabelece que "são pessoalmente responsáveis pelos créditos correspondentes a obrigações tributárias resultantes de atos praticados com excesso de poderes ou infração de lei, contrato social ou estatutos [...] os diretores, gerentes ou representantes de pessoas jurídicas de direito privado".

Ocorre que a jurisprudência entende que a simples dissolução irregular da empresa pode caracterizar "infração à lei". Nesse sentido, aliás, a Súmula 435 do STJ: "Presume-se dissolvida irregularmente a empresa que deixar de funcionar no seu domicílio fiscal, sem comunicação aos órgãos competentes, legitimando o redirecionamento da execução fiscal para o sócio-gerente". Tal Súmula continua sendo aplicada, mas somente para

---

36 "Legalidade da desconsideração inversa da personalidade jurídica, autorizada pelo art. 50 do Código Civil, que abrange, conforme a jurisprudência desta Corte, as hipóteses de ocultação ou mescla de bens no patrimônio de seus sócios ou administradores" (STJ, REsp 1721239/SP, Rel. Ministro Paulo de Tarso Sanseverino, Terceira Turma, julgado em 27-11-2018, *DJe* 6-12-2018).

37 "A jurisprudência desta Corte admite a aplicação da desconsideração inversa da personalidade jurídica toda vez que um dos cônjuges ou companheiros utilizar-se da sociedade empresária que detém controle, ou de interposta pessoa física, com a intenção de retirar do outro consorte ou companheiro direitos provenientes da relação conjugal. Precedente" (STJ, REsp 1522142/PR, Rel. Ministro Marco Aurélio Bellizze, Terceira Turma, julgado em 13-6-2017, *DJe* 22-6-2017).

as hipóteses de execução fiscal[38]. Assim, quando se trata de cobrança de tributo, para a desconsideração da personalidade jurídica, basta que o sócio tenha poderes de gestão e que ocorra a dissolução irregular da empresa[39].

No entanto, lembre-se que tal entendimento, aplicado à execução fiscal, não incide quando se trata de relações de direito civil, hipótese em que "o encerramento das atividades ou a dissolução, ainda que irregular, da sociedade não são causas, por si sós, para desconsideração da personalidade jurídica"[40].

O **Código de Defesa do Consumidor** (Lei n. 8.078/1990) foi a primeira legislação brasileira a prever a terminologia desconsideração da personalidade jurídica. Assim dispõe o seu art. 28:

> Art. 28. O juiz poderá desconsiderar a personalidade jurídica da sociedade quando, em detrimento do consumidor, houver abuso de direito, excesso de poder, infração da lei, fato ou ato ilícito ou violação dos estatutos ou contrato social. A desconsideração também será efetivada quando houver falência, estado de insolvência, encerramento ou inatividade da pessoa jurídica provocados por má administração.
>
> § 1º [Vetado].
>
> § 2º As sociedades integrantes dos grupos societários e as sociedades controladas, são subsidiariamente responsáveis pelas obrigações decorrentes deste código.
>
> § 3º As sociedades consorciadas são solidariamente responsáveis pelas obrigações decorrentes deste código.
>
> § 4º As sociedades coligadas só responderão por culpa.
>
> § 5º Também poderá ser desconsiderada a pessoa jurídica sempre que sua personalidade for, de alguma forma, obstáculo ao ressarcimento de prejuízos causados aos consumidores.

Posteriormente, o art. 18 da Lei n. 8.884/1994 (Lei do CADE) também previu a desconsideração da personalidade jurídica. Contudo, tal lei foi quase que integralmente revogada pela Lei n. 12.529/2011, que deu nova disciplina ao **Sistema Brasileiro de Defesa da Concorrência**. Esta Lei, por sua vez, também disciplinou a desconsideração da personalidade jurídica, repetindo, no art. 34, quase que a mesma disposição da Lei anterior:

> Art. 34. A personalidade jurídica do responsável por infração da ordem econômica poderá ser desconsiderada quando houver da parte deste abuso de direito, excesso de poder, infração da lei, fato ou ato ilícito ou violação dos estatutos ou contrato social.

---

38 "A incidência do enunciado n. 435 da Súmula do STJ restringe-se à execução fiscal realizada à luz de preceitos do Código Tributário Nacional" (STJ, AgInt no AREsp 1204607/SP, Rel. Ministro Marco Aurélio Bellizze, Terceira Turma, julgado em 15-3-2018, *DJe* 2-4-2018).

39 "Na esteira da jurisprudência do STJ, 'é firme a orientação no sentido de que a dissolução irregular da empresa sem deixar bens para garantir os débitos, ao contrário do simples inadimplemento do tributo, enseja o redirecionamento da execução fiscal contra os sócios-gerentes, independentemente de restar caracterizada a existência de culpa ou dolo por parte desses' (STJ, AgRg no AREsp 743.185/RS, Rel. Ministro HUMBERTO MARTINS, SEGUNDA TURMA, *DJe* de 16-9-2015)" (STJ, AgInt no AREsp 948.560/SC, Rel. Ministra Assusete Magalhães, Segunda Turma, julgado em 8-8-2017, *DJe* 17-8-2017).

40 STJ, REsp 1604011/PR, Rel. Ministro Paulo de Tarso Sanseverino, Terceira Turma, julgado em 25-9-2018, *DJe* 5-12-2018.

Parágrafo único. A desconsideração também será efetivada quando houver falência, estado de insolvência, encerramento ou inatividade da pessoa jurídica provocados por má administração.

A **Lei n. 9.605/1998** (que dispõe sobre sanções por danos ao meio ambiente) também estabeleceu, no seu art. 4º, a possibilidade de desconsideração da personalidade jurídica, nos seguintes termos: "Poderá ser desconsiderada a pessoa jurídica sempre que sua personalidade for obstáculo ao ressarcimento de prejuízos causados à qualidade do meio ambiente".

De outro lado, o **art. 50 do Código Civil de 2002** previu a possibilidade de desconsideração da personalidade jurídica para qualquer relação de direito material, nos seguintes termos:

> Art. 50. Em caso de abuso da personalidade jurídica, caracterizado pelo desvio de finalidade, ou pela confusão patrimonial, pode o juiz decidir, a requerimento da parte, ou do Ministério Público quando lhe couber intervir no processo, que os efeitos de certas e determinadas relações de obrigações sejam estendidos aos bens particulares dos administradores ou sócios da pessoa jurídica.

As hipóteses do art. 50 do Código Civil devem ser interpretadas restritivamente no âmbito das relações civis em geral, sob pena de fulminar o próprio instituto da personalidade jurídica[41].

Portanto, no âmbito das relações civis em geral, o mero encerramento das atividades ou a dissolução da empresa, ainda que irregulares (sem liquidação da empresa, baixa na Junta Comercial e perante as autoridades fazendárias) não pode dar ensejo à desconsideração da personalidade jurídica para satisfazer obrigações civis[42].

---

41 Enunciado 146 da Jornada de Direito Civil do Conselho da Justiça Federal: "Art. 50: Nas relações civis, interpretam-se restritivamente os parâmetros de desconsideração da personalidade jurídica previstos no art. 50 (desvio de finalidade social ou confusão patrimonial)" (Este Enunciado não prejudica o Enunciado n. 7).

42 "RECURSO ESPECIAL. DIREITO CIVIL E PROCESSUAL CIVIL. DISSOLUÇÃO DA EMPRESA DEVEDORA. DESCONSIDERAÇÃO DA PERSONALIDADE JURÍDICA. OMISSÃO E CONTRADIÇÃO INEXISTENTES. FORTES INDÍCIOS DE ABUSO DE PERSONALIDADE. RETIFICAÇÃO DE VOTO DO RELATOR, ADERINDO A PROPOSIÇÃO DO VOTO-VISTA. 1 – Controvérsia em torno da ocorrência da dissolução irregular da empresa recorrida e da possibilidade de aplicação do instituto da desconsideração da personalidade jurídica. 2 – A contrariedade da parte com a decisão não configura vício de julgamento. 3 – O encerramento das atividades ou a dissolução, ainda que irregular, da sociedade não são causas, por si só, para desconsideração da personalidade jurídica. Precedentes do STJ. 4 – Contudo, o encerramento irregular da empresa somado ao abuso da personalidade jurídica, seja pelo desvio de finalidade, seja pela confusão patrimonial, é apto a embasar o deferimento da desconsideração da personalidade jurídica da empresa, para se buscar o patrimônio individual de seu sócio na satisfação da dívida (REsp 1259066/SP, Rel. Ministra NANCY ANDRIGHI, TERCEIRA TURMA, julgado em 19-6-2012, *DJe* 28-6-2012). 5 – Peculiaridades do caso concreto que evidenciam a existência de indícios fortes do abuso de personalidade jurídica, ao realizar a liquidação voluntária entre os sócios dois meses após o vencimento da última prestação inadimplia. 6 – Tanto não bastasse, o sócio pai, em fraude à execução, tentou proceder à doação de seu imóvel ao seu filho, também sócio, ato jurídico declarado ineficaz pelo magistrado de piso, pois ocorrido um dia após a sua citação no presente cumprimento de sentença, quando incluído no polo passivo da execução. 7 – Determinação de retorno dos autos ao juízo de primeiro grau para que analise o pedido da recorrente de acordo com o entendimento desta Corte Superior, ou seja, para que se perquira acerca da existência de abuso da personalidade, caracterizado pelo desvio de finalidade ou confusão patrimonial. 8 – RECURSO ESPECIAL PARCIALMENTE PROVIDO" (STJ, REsp 1604011/PR, Rel. Ministro Paulo de Tarso Sanseverino, Terceira Turma, julgado em 25-9-2018, *DJe* 5-12-2018). No mesmo sentido, o Enunciado 282 da Jornada de Direito Civil do Conselho da Justiça Federal: "Art. 50: O encerramento irregular das atividades da pessoa jurídica, por si só, não basta para caracterizar abuso da personalidade jurídica".

De outro lado, o reconhecimento de insolvência da pessoa jurídica não é requisito para a desconsideração[43].

Além disso, quando cabível, a desconsideração da personalidade jurídica somente se aplica para atingir o patrimônio dos sócios que praticarem a irregularidade, não podendo atingir a esfera patrimonial dos demais sócios[44].

As legislações que regem a desconsideração da personalidade jurídica se aplicam de maneira independente, de modo que uma não revoga nem se sobrepõe à outra[45].

Contudo, observa-se que, a depender da relação jurídica de direito material ou do bem jurídico protegido na ação, são exigidos mais ou menos requisitos para a desconsideração da personalidade jurídica.

A esse respeito, doutrina e jurisprudência[46] fazem a diferenciação entre a **Teoria Maior** e a **Teoria Menor da Desconsideração da Personalidade Jurídica**.

Para as relações jurídicas consumeristas, o **Código de Defesa do Consumidor** (art. 28) adota a chamada **Teoria Menor da Desconsideração da Personalidade Jurídica**, pois basta a "falência, estado de insolvência, encerramento ou inatividade da pessoa jurídica provocados por má administração" (*caput*), ou, ainda, o fato de que a personalidade jurídica seja "de alguma forma, obstáculo ao ressarcimento de prejuízos causados aos consumidores" (§ 5º).

De outro lado, o **Código Civil** (art. 50) adota a **Teoria Maior da Desconsideração da Personalidade Jurídica**, pois exige abuso da personalidade jurídica, "caracterizado pelo desvio de finalidade, ou pela confusão patrimonial".

Em qualquer caso, além da análise desses requisitos, é preciso fazer uma ponderação entre a necessidade de evitar abusos da personalidade jurídica ou os direitos dos credores (ou relativos ao consumidor, meio ambiente etc.) e, de outro, a necessidade de se garantir a proteção dos sócios, considerando, inclusive, aspectos micro e macroeconômicos[47].

---

43 Enunciado 281 da Jornada de Direito Civil do Conselho da Justiça Federal: "Art. 50: A aplicação da teoria da desconsideração, descrita no art. 50 do Código Civil, prescinde da demonstração de insolvência da pessoa jurídica".

44 Enunciado 7 da Jornada de Direito Civil do Conselho da Justiça Federal: "Art. 50: Só se aplica a desconsideração da personalidade jurídica quando houver a prática de ato irregular e, limitadamente, aos administradores ou sócios que nela hajam incorrido".

45 Enunciado 51 da Jornada de Direito Civil do Conselho da Justiça Federal: "Art. 50: A teoria da desconsideração da personalidade jurídica – *disregard doctrine* – fica positivada no novo Código Civil, mantidos os parâmetros existentes nos microssistemas legais e na construção jurídica sobre o tema".

46 "DESCONSIDERAÇÃO DA PESSOA JURÍDICA. ART. 28, § 5º, DO CDC (TEORIA MENOR) QUE NÃO EXIGE A PRÁTICA DE ATOS FRAUDULENTOS, MAS NÃO POSSUI A HIPÓTESE DE RESPONSABILIZAÇÃO DO ADMINISTRADOR. ART. 50 DO CC (TEORIA MAIOR) QUE PERMITE A RESPONSABILIZAÇÃO DO ADMINISTRADOR NÃO-SÓCIO, MAS EXIGE QUE AS OBRIGAÇÕES CONTRAÍDAS TENHAM SIDO REALIZADAS COM EXCESSO DE PODER OU DESVIO DO OBJETO SOCIAL" (STJ, REsp 1658648/SP, Rel. Ministro Moura Ribeiro, Terceira Turma, julgado em 7-11-2017, *DJe* 20-11-2017).

47 No mesmo sentido, Laís Machado Lucas: "Retoma-se, mais uma vez, a análise pelo prisma econômico, reiterando-se a cautelar que se deve ter ao manejar a desconsideração da personalidade, tendo em vista sua interferência direta em questões de macroeconomia. Exemplo disso é o chamado 'Risco País', conhecido no cenário nacional por 'Risco Brasil', que se configura como um índice demonstrativo do grau de segurança para investimentos estrangeiros no país. Este índice, que é calculado pelo Banco americano JP Morgan, baseia-se em critérios como risco cambial, conversibilidade, risco político, risco soberano e risco regulatório. Este último é o que guarda relação com estabilidade ou não de questões jurídicas, sobre matérias relevantes aos mercados, tais como, direito de propriedade, mercado de capitais e contratos. Segundo as regras de cálculo do Risco País, os mercados (entenda-se

10.3. Legitimidade para requerer a desconsideração da personalidade jurídica

Possuem legitimidade para requerer a instauração do incidente de desconsideração da personalidade jurídica a parte e o Ministério Público, quando couber a este intervir no processo (art. 133, *caput*, CPC).

Contudo, o dispositivo não contemplou expressamente a possibilidade de o juiz deferir de ofício a desconsideração. Pelo contrário, prevê que o juiz poderá deferir a desconsideração a pedido da parte ou do Ministério Público.

O art. 28 do Código de Defesa do Consumidor, por sua vez, nada prevê sobre a necessidade de requerimento da parte ou do Ministério Público, apenas dizendo que "o juiz poderá desconsiderar a personalidade jurídica da sociedade". O art. 4º da Lei n. 9.605/1998 também não exige esse requerimento. O art. 50 do Código Civil de 2002, por sua vez, prevê que o juiz poderá deferir a desconsideração a requerimento da parte ou do Ministério Público.

A partir dessas disposições, surge a indagação: poderia o juiz determinar de ofício a desconsideração?

Trata-se de questão complexa e que não pode ser respondida apenas com uma interpretação literal do dispositivo, embora a própria redação dos textos legais já indique um caminho interpretativo.

A desconsideração da personalidade jurídica serve para atingir o patrimônio dos sócios. Para demandar contra os sócios, é necessário que o credor assim requeira. A lógica a ser aplicada deve ser a mesma que existe em relação à escolha dos réus.

Ainda que a obrigação seja solidária, o credor não é obrigado a demandar todos os devedores solidários. Desse modo, para que a desconsideração ocorra, é necessário requerimento da parte demandante, pois o objetivo da desconsideração é incluir os sócios da empresa no polo passivo.

Portanto, parece que, mesmo em processos que envolvem relações de consumo ou meio ambiente, não é possível a desconsideração da personalidade jurídica de ofício pelo juiz, ainda que o art. 28 do CDC e o art. 4º da Lei n. 9.605/1998 não exijam expressamente o requerimento da parte ou do Ministério Público.

Outra questão seria investigar se a parte demandada poderia requerer a desconsideração da personalidade jurídica. O CPC fala que a parte pode requerer, não limitando tal legitimidade à parte autora ou à parte ré. Mas isso, por si só, autorizaria a parte demandada a requerer a desconsideração?

De um lado, é certo que o autor não pode ser obrigado a demandar. No entanto, as próprias regras processuais permitem que o réu possa requerer a inclusão de outro no polo passivo do processo, para garantir que ele pague a sua cota parte, ou para que

---

'os países') que possuem posicionamentos claros e 'pétreos' sobre propriedade e contratos costumam ter um índice de risco mais baixo, o que atrai os investimentos externos, contribuindo assim para o desenvolvimento do Estado como um todo. Por isso, a necessária observância dos requisitos impostos pelo legislador para que seja desconsiderada a personalidade de uma pessoa jurídica" (LUCAS, Laís Machado. A pertinência ou não da regulação da desconsideração da personalidade pelo Código de Processo Civil. In: BOECKEL, Fabrício Dani de; ROSA, Karin Regina Rick; SCARPARO, Eduardo (org.). *Estudos sobre o novo Código de Processo Civil*. Porto Alegre: Livraria do Advogado, 2015. p. 213-230. p. 231-245. p. 236-237).

o réu, no próprio processo, exerça o seu direito regressivo pela quota-parte do corréu. Isso é o que já ocorre em relação ao chamamento ao processo.

Portanto, a própria pessoa jurídica ou outro réu tem interesse jurídico em requerer a desconsideração da personalidade jurídica[48].

Embora possa parecer ilógico que uma pessoa jurídica requeira a desconsideração, pode-se pensar no caso em que o sócio administrador praticou atos com abuso da personalidade jurídica ou confusão patrimonial, de modo que os outros sócios podem pretender que haja essa desconsideração para atingir o patrimônio do sócio administrador que agiu abusivamente. Além disso, pode-se pensar na hipótese em que são demandadas duas pessoas jurídicas distintas, sendo que uma delas comete abuso da personalidade jurídica, para se esquivar do cumprimento da obrigação; neste caso, a outra pessoa jurídica teria interesse em pedir a desconsideração da corré, que abusa da personalidade.

10.4. Legitimidade passiva: atingidos pela desconsideração da personalidade jurídica

Na **desconsideração direta da personalidade jurídica**, o objetivo é ultrapassar a proteção conferida pela personalidade própria das pessoas jurídicas, a fim de atingir o patrimônio dos sócios. Assim, com a desconsideração, os sócios são incluídos no polo passivo do processo.

Na **desconsideração inversa da personalidade jurídica**, o objetivo é criar condições para permitir o atingimento do patrimônio da pessoa jurídica, onde o sócio "oculta" os bens para subtraí-los das suas obrigações pessoais. Com a desconsideração, a pessoa jurídica é incluída no polo passivo.

Contudo, também é possível a desconsideração da personalidade jurídica de uma empresa para atingir o patrimônio de outra pertencente ao mesmo grupo econômico. Nesse caso, se verificada uma das hipóteses de desconsideração da personalidade jurídica em relação a uma das empresas do grupo econômico – por exemplo, verificando-se confusão patrimonial entre elas –, é possível desconsiderar a personalidade jurídica de uma delas para atingir o patrimônio da outra. Nesse sentido, a jurisprudência do STJ[49] e o Enunciado 406 da Jornada de Direito Civil do Conselho da Justiça Federal[50].

Portanto, observa-se que, com a desconsideração da personalidade jurídica, direta ou inversa, ocorre a ampliação subjetiva da demanda, já que os legitimados passivos são ampliados.

---

48 Nesse sentido, aliás, o Enunciado 285 da Jornada de Direito Civil do Conselho da Justiça Federal: "Art. 50: A teoria da desconsideração, prevista no art. 50 do Código Civil, pode ser invocada pela pessoa jurídica, em seu favor".

49 "DESCONSIDERAÇÃO DA PERSONALIDADE JURÍDICA. SOCIEDADE PERTENCENTE AO MESMO GRUPO DA EXECUTADA, HAVENDO CONFUSÃO PATRIMONIAL. [...] Nos termos da jurisprudência do Superior Tribunal de Justiça, uma vez 'reconhecido o grupo econômico e verificada confusão patrimonial, é possível desconsiderar a personalidade jurídica de uma empresa para responder por dívidas de outra, inclusive em cumprimento de sentença, sem ofensa à coisa julgada' (AgRg no AREsp 441.465/PR, Rel. Ministro RICARDO VILLAS BÔAS CUEVA, TERCEIRA TURMA, julgado em 18-6-2015, *DJe* de 3-8-2015)" (STJ, AgInt no AREsp 1270256/SC, Rel. Ministro Raul Araújo, Quarta Turma, julgado em 27-11-2018, *DJe* 7-12-2018).

50 Enunciado 406 do CJF: "Art. 50: A desconsideração da personalidade jurídica alcança os grupos de sociedade quando estiverem presentes os pressupostos do art. 50 do Código Civil e houver prejuízo para os credores até o limite transferido entre as sociedades".

Além disso, as pessoas jurídicas sem fins lucrativos ou que não exercem atividade econômica também podem ser atingidas pela desconsideração da personalidade jurídica[51].

10.5. Momento adequado para a desconsideração

É cabível a instauração de incidente em todas as fases do processo de conhecimento, no cumprimento de sentença e também na execução fundada em título executivo extrajudicial (art. 134, *caput*, CPC).

Além disso, cabe o incidente em qualquer tipo de procedimento. Apesar da sua natureza de intervenção de terceiro, também cabe o incidente nos Juizados Especiais, consoante disposição expressa do art. 1.062 do CPC[52].

10.6. Autuação, processamento e decisão

O requerimento de desconsideração da personalidade jurídica deverá conter os requisitos estabelecidos na lei material (art. 133, § 4º, CPC).

O incidente deve ser processado nos mesmos autos do processo principal. Não deve haver distribuição do incidente. É apenas uma petição que é juntada no mesmo processo. Portanto, não gera processo novo, tampouco autos apartados. Trata-se de um incidente processual, e não de um processo incidente.

Uma vez instaurado o incidente, este deverá ser comunicado ao distribuidor (art. 134, § 1º, CPC), para fazer as anotações em relação à inclusão dos sócios como réus. Não é propriamente o incidente que gera a necessidade de comunicação ao distribuidor, senão o fato de que ocorre a inclusão de outros réus no processo.

De outro lado, se o requerimento de desconsideração da personalidade jurídica ocorrer na própria petição inicial, torna-se desnecessária a instauração do incidente (art. 134, § 2º, CPC). Isso porque não é preciso paralisar o processo para que ocorra a citação e a inclusão de outros réus no processo. Se o requerimento de desconsideração já ocorre na própria petição inicial, tanto a pessoa jurídica quanto os sócios indicados já serão citados dentro da mesma fase processual. Diferente seria o caso em que, no curso do processo, há o requerimento de desconsideração, hipótese em que a necessidade de citação dos sócios impõe que os demais atos processuais sejam paralisados para que os novos réus sejam integrados no processo e possam participar de todos os atos seguintes. Na hipótese de o requerimento de desconsideração ser formulado na própria petição inicial, a impugnação a ele deverá ser realizada na própria contestação[53].

51 Enunciado 284 da Jornada de Direito Civil do Conselho da Justiça Federal: "Art. 50: As pessoas jurídicas de direito privado sem fins lucrativos ou de fins não-econômicos estão abrangidas no conceito de abuso da personalidade jurídica".

52 CPC: "Art. 1.062. O incidente de desconsideração da personalidade jurídica aplica-se ao processo de competência dos juizados especiais".

53 Enunciado 248 do FPPC: "Quando a desconsideração da personalidade jurídica for requerida na petição inicial, incumbe ao sócio ou a pessoa jurídica, na contestação, impugnar não somente a própria desconsideração, mas também os demais pontos da causa".

O § 3º do art. 134 do CPC estabelece que, salvo no caso de requerimento de desconsideração na petição inicial, "a instauração do incidente suspenderá o processo". Na verdade, não ocorre a suspensão do processo, tanto é que haverá o ato de citação dos sócios, a possibilidade de impugnação e a decisão sobre o incidente, sendo que tudo isso é feito no mesmo processo. O que ocorre, então, é a suspensão da prática dos atos processuais diversos do incidente, enquanto este é processado.

Uma vez instaurado o incidente, será **citado o sócio** (no caso de desconsideração direta) ou **a pessoa jurídica** (no caso de desconsideração inversa) para, no **prazo de 15 dias úteis, se manifestar e requerer a produção das provas que julgar pertinentes** (art. 135, CPC). Observa-se, assim, que o CPC/2015, em sentido diverso da jurisprudência consolidada até então, **passa a exigir contraditório prévio antes da decretação da desconsideração da personalidade jurídica**.

Com a instauração do incidente, ocorre a **ampliação subjetiva do processo**, de modo que os sócios ou a pessoa jurídica citada no incidente passam a também ser partes do processo (mesmo que ainda não sejam partes da demanda principal, já que o incidente ainda não foi deferido).

O **Ministério Público** somente será intimado para se manifestar como fiscal da ordem jurídica nas **hipóteses que justificarem a sua intervenção**, previstas no art. 178 do CPC[54].

Concluída a **instrução**, o incidente será decidido por decisão interlocutória (no caso de tramitar perante juízo de primeira instância)[55] ou por decisão monocrática do relator (caso o processo tramite no tribunal)[56], de modo que a desconsideração da personalidade jurídica somente poderá ocorrer após o devido processo legal, com contraditório prévio.

Desse modo, observa-se que o CPC/2015 pretendeu eliminar a possibilidade de desconsideração da personalidade jurídica sem contraditório prévio, o que vinha ocorrendo antes da sua entrada em vigor. Com efeito, o entendimento pacífico do Superior Tribunal de Justiça era de que poderia ser decretada a desconsideração da personalidade jurídica sem que houvesse a prévia citação dos sócios atingidos, vale dizer, o contraditório ficaria diferido para momento posterior à desconsideração[57].

A preocupação que poderia surgir, então, é a possibilidade de os sócios, após o requerimento de instauração do incidente de desconsideração da personalidade jurídica, dissiparem o seu patrimônio para frustrar os objetivos da desconsideração. Nesses casos, parece que os remédios processuais a serem utilizados são as **tutelas de urgência**.

---

54 Enunciado 123 do FPPC: "É desnecessária a intervenção do Ministério Público, como fiscal da ordem jurídica, no incidente de desconsideração da personalidade jurídica, salvo nos casos em que deva intervir obrigatoriamente, previstos no art. 178".

55 CPC: "Art. 136. Concluída a instrução, se necessária, o incidente será resolvido por decisão interlocutória".

56 CPC: "Art. 932. Incumbe ao relator: [...] VI – decidir o incidente de desconsideração da personalidade jurídica, quando este for instaurado originariamente perante o tribunal".

57 "Segundo a jurisprudência do STJ, a desconsideração da personalidade jurídica, como incidente processual, pode ser decretada sem a prévia citação dos sócios atingidos, aos quais se garante o exercício postergado ou diferido do contraditório e da ampla defesa" (Superior Tribunal de Justiça, AgRg no REsp 1459784/MS, Rel. Min.Marco Aurélio Bellizze, Terceira Turma, julgado em 4-8-2015, *DJe* 14-8-2015).

Assim, por exemplo, havendo fundado receio de que os sócios dissipem o patrimônio, verossimilhança do direito da parte autora e estiver presente um dos requisitos da desconsideração da personalidade jurídica, a parte autora poderá requerer a concessão de medida cautelar objetivando a constrição judicial do patrimônio daqueles contra os quais se pretende a desconsideração.

10.7. Recurso contra as decisões sobre o incidente

O art. 1.015, inc. IV, do CPC estabelece que "cabe agravo de instrumento contra as decisões interlocutórias que versarem sobre [...] incidente de desconsideração da personalidade jurídica".

Portanto, em primeira instância, é cabível o agravo de instrumento tanto contra decisões que indeferem de plano o processamento, quanto em relação às que julgam o incidente. E isso porque o requerimento de desconsideração da personalidade jurídica não gera processo novo, tampouco é processado em autos apartados. Trata-se de um incidente processual, e não de um processo incidente. Sendo processado nos mesmos autos onde tramita a ação principal, o recurso cabível precisa ser o agravo de instrumento.

Contudo, quando o incidente de desconsideração da personalidade jurídica for decidido somente na sentença, junto com a demanda principal, caberá recurso de apelação. Nesse sentido, aliás, o Enunciado 390 do FPPC: "Resolvida a desconsideração da personalidade jurídica na sentença, caberá apelação".

De outro lado, se o incidente de desconsideração da personalidade jurídica for decidido, no tribunal, pelo relator, caberá agravo interno (art. 136, parágrafo único, CPC)[58].

11. INTERVENÇÃO DO *AMICUS CURIAE*

11.1. Conceito e base teórica

Amicus curiae significa etimologicamente "amigo da corte". Contudo, **a sua função no processo não corresponde exatamente à sintaxe da nomenclatura**, nem pode haver um apego demasiado a ela para definir os contornos do instituto.

Tem a função de dar novas informações para instrumentalizar o julgador na tarefa de interpretar e aplicar o direito ao caso concreto, servindo para ampliar os horizontes de conhecimento da matéria que está sendo examinada. A intervenção do *amicus curiae* deve ter por escopo permitir que se amplie a dialeticidade do processo, bem como que novas informações possam ser apresentadas, a partir de conhecimentos técnicos ou de uma visão empírica da questão a partir da vivência de determinadas categorias ou grupos[59].

---

58 CPC: "Art. 136 [...] Parágrafo único. Se a decisão for proferida pelo relator, cabe agravo interno".

59 "É necessário afirmar que entendemos que a referida figura deve ser de apoio ao Juízo, quanto às questões de direito *sub judice*, e não especificamente de auxiliar uma das partes, presente na demanda. É vital que sua participação destaque a relevância da questão, *sub judice*, para a sociedade, em vários níveis e, também, as consequências que uma decisão diversa pode causar ao meio social. Entendemos que a previsão constante no novo Código

Trata-se de um **auxílio** não somente para **questões técnico-jurídicas**, mas também para outras questões, sobretudo que envolvem **outras especialidades** (engenharia, medicina, odontologia etc.), ou sobre **questões vivenciais** de determinados grupos. Nesse sentido, o *amicus curiae* tem a importância para **ampliar o debate** e a **dialeticidade do processo**, permitindo que o julgador tenha mais elementos para tomar a sua decisão.

A base teórica da figura do *amicus curiae* está, em grande medida, na teoria da sociedade aberta dos intérpretes da Constituição, de Peter Häberle, como já apontaram diversos constitucionalistas brasileiros[60].

Para Häberle, na teoria da interpretação, deve-se dar centralidade para a realidade e, para além das tarefas, objetivos e métodos, colocar foco nos partícipes da interpretação[61]. Para Häberle, na realidade, não existe norma jurídica, senão norma jurídica interpretada. Nesse sentido, interpretar uma norma nada mais é do que colocá-la no tempo e dentro da realidade[62]. Logo, a ampliação do círculo de intérpretes nada mais seria do que uma consequência da necessidade de integração da realidade no processo de interpretação. Nesse sentido, todos aqueles que são destinatários das normas constitucionais e que vivem a realidade constitucional são copartícipes do processo de interpretação. Com base nessas razões, Häberle propõe que "os instrumentos de informação dos juízes constitucionais [...] devem ser ampliados e aperfeiçoados especialmente no que se refere às formas gradativas de participação e à própria possibilidade de participação no processo constitucional (especialmente nas audiências e nas intervenções)"[63]. Por conseguinte, "devem ser desenvolvidas novas formas de participação das potências públicas pluralistas enquanto intérpretes em sentido amplo da Constituição"[64]. Nesse sentido, "o direito processual constitucional torna-se parte do direito de participação democrática"[65].

Processual carece de maior especificidade, aos moldes do que ocorre com a participação do *amicus curiae* no modelo americano, no qual não basta simplesmente apoiar uma das partes, mas sim, contribuir com novos e relevantes argumentos ainda não suscitados pela própria parte entre outros requisitos lá exigidos" (SCHAEFFER, Mirian Helena. A ampliação da participação do *amicus curiae* no novo Código de Processo Civil. In: BOECKEL, Fabrício Dani de; ROSA, Karin Regina Rick; SCARPARO, Eduardo (org.). *Estudos sobre o novo Código de Processo Civil*. Porto Alegre: Livraria do Advogado, 2015. p. 91-105. p. 103-104).

60 MENDES, Gilmar. Homenagem à doutrina de Peter Häberle e sua influência no Brasil. Disponível em: <http://www.stf.jus.br/repositorio/cms/portalStfInternacional/portalStfAgenda_pt_br/anexo/Homenagem_a_Peter_Haberle__Pronunciamento__3_1.pdf>. Acesso em: 27-9-2015.

61 HÄBERLE, Peter. *Hermenêutica constitucional:* a sociedade aberta dos intérpretes da constituição: contribuição para a interpretação pluralista e "procedimental" da Constituição (trad. Gilmar Ferreira Mendes). Porto Alegre: Sergio Antonio Fabris Editor, 1997. p. 11-12.

62 HÄBERLE, Peter. Zeit und Verfassung. In: HÄBERLE, Peter. Verfassung als öffentlicheer Prozeß. Materialen zu einer Verfassungstheorie der offenen Gesellschaft. Zweite, erweiterte Auflage. Berlin: Duncker & Humblot, 1996. p. 58-92.

63 HÄBERLE, Peter. *Hermenêutica constitucional:* a sociedade aberta dos intérpretes da constituição: contribuição para a interpretação pluralista e "procedimental" da Constituição (trad. Gilmar Ferreira Mendes). Porto Alegre: Sergio Antonio Fabris Editor, 1997. p. 47.

64 HÄBERLE, Peter. *Hermenêutica constitucional:* a sociedade aberta dos intérpretes da constituição: contribuição para a interpretação pluralista e "procedimental" da Constituição (trad. Gilmar Ferreira Mendes). Porto Alegre: Sergio Antonio Fabris Editor, 1997. p. 48.

65 HÄBERLE, Peter. *Hermenêutica constitucional:* a sociedade aberta dos intérpretes da constituição: contribuição para a interpretação pluralista e "procedimental" da Constituição (trad. Gilmar Ferreira Mendes). Porto Alegre: Sergio Antonio Fabris Editor, 1997. p. 48.

Assim, observa-se que a figura do *amicus curiae* foi sendo mais desenvolvida no plano constitucional, sobretudo em razão da força vinculante dos precedentes da Corte Constitucional. Contudo, não só o direito constitucional, mas todo o sistema jurídico, é interpretado e aplicado no tempo e na realidade, de modo que essa realidade deve estar presente no processo de interpretação da norma. Nesse sentido, democratizar o processo implica possibilitar a ampliação do círculo de intérpretes, para permitir que todos aqueles que sejam direta ou indiretamente atingidos pela decisão judicial possam influenciá-la.

Tais razões levaram à positivação da figura do *amicus curiae* no art. 138 do CPC, cuja intervenção passa a ser admitida em todo e qualquer processo, individual ou coletivo.

11.2. Natureza jurídica

A doutrina controverte-se sobre a natureza jurídica da intervenção do *amicus curiae*. A divergência diz respeito a reconhecê-la ou não como modalidade de intervenção de terceiro. A respeito disso, há duas principais correntes:

1ª Corrente) Não é modalidade de intervenção de terceiro.

2ª Corrente) O *amicus curiae* é uma modalidade de intervenção de terceiro. Tal corrente já era defendida mesmo antes do CPC/2015 por por Athos Gusmão Carneiro[66], entre outros.

A favor da primeira corrente, poder-se-ia argumentar que o *amicus curiae* não possui a maioria das características das modalidades de intervenção de terceiros. O *amicus curiae*, quando intervém no processo, não se torna parte da demanda; a relação jurídica de direito processual não lhe gera as mesmas situações jurídicas que gera para as partes (direitos, deveres, ônus, poderes, faculdades e sujeições) etc.

No entanto, o art. 138 do Código de Processo Civil de 2015, que prevê o *amicus curiae*, está inserido no Capítulo V do Título III, este denominado "Da Intervenção de Terceiros". Apesar da posição topográfica em que o *amicus curiae* foi inserido no CPC/2015, isso, por si só, não encerra a discussão sobre sua natureza jurídica, embora seja um argumento forte para quem defende que se trata de verdadeira intervenção de terceiro.

O CPC estabelece que o processo também gera algumas situações jurídicas para o *amicus curiae*: a) apresentar manifestação, poder inerente à sua intervenção; b) opor embargos de declaração (art. 138, § 1º, CPC)[67]; e c) interpor recurso contra a decisão que julgar o incidente de resolução de demandas repetitivas (art. 138, § 3º, CPC)[68]. Além disso, o juiz ou o relator, na decisão que solicita a intervenção ou admite o *amicus curiae*, deverá definir os seus poderes[69], inclusive podendo lhe conferir outros poderes diversos dos que foram acima referidos.

---

66 CARNEIRO, Athos Gusmão. *Intervenção de terceiros*. 13. ed. São Paulo: Saraiva, 2001. p. 150.

67 CPC: "Art. 138 [...] § 1º A intervenção de que trata o *caput* não implica alteração de competência nem autoriza a interposição de recursos, ressalvadas a oposição de embargos de declaração e a hipótese do § 3º".

68 CPC: "Art. 138 [...] § 3º O *amicus curiae* pode recorrer da decisão que julgar o incidente de resolução de demandas repetitivas".

69 CPC: "Art. 138 [...] § 2º Caberá ao juiz ou ao relator, na decisão que solicitar ou admitir a intervenção, definir os poderes do *amicus curiae*".

Desse modo, a relação jurídica de direito processual já gera para o *amicus curiae* alguns poderes processuais, sendo que o juiz ou o relator poderão, ainda, conferir-lhe outros.

Portanto, embora a relação jurídica processual não gere ao *amicus curiae* as mesmas situações jurídicas que resulta para as partes (direitos, deveres, ônus, poderes, faculdades e sujeições), ele possui alguns poderes processuais que são inerentes às partes.

Por todas essas razões, a intervenção do *amicus curiae* no processo, tal como disciplinada pelo CPC, deve ser entendida como **intervenção de terceiro imprópria**.

Aliás, há diversos julgados do STJ que reconhecem o ingresso do amicus curiae no processo como modalidade de intervenção de terceiro[70].

De outro lado, é certo que a natureza jurídica do *amicus curiae* não se confunde com a do perito. A perícia é uma prova que serve para esclarecer fatos; a intervenção do *amicus curiae* serve para ampliar o conhecimento sobre questões técnicas ou vivenciais e para abrir os horizontes de cognição acerca da matéria. Enquanto o perito é remunerado, o *amicus curiae* não recebe nenhuma remuneração.

O *amicus curiae* também não é parte da demanda, embora possa ser considerada como **parte atípica do processo**, na medida em que possui alguns poderes inerentes às partes do processo. De qualquer forma, pragmaticamente, é possível notar certa "parcialidade" (no sentido leigo da palavra) do *amicus curiae*. Com efeito, quando determinada associação, congregação religiosa, instituição estatal ou particular intervém como *amicus curiae*, geralmente defende um interesse institucional dessa entidade.

Assim, por exemplo, na Ação Direta de Inconstitucionalidade n. ADI 3510, proposta pelo Procurador-Geral da República no STF, com o objetivo de declarar inconstitucionais dispositivos da Lei de Biossegurança (Lei n. 11.105/2005), para impedir pesquisas com células-tronco embrionárias, sob o fundamento do direito à vida[71], participaram como *amicus curiae* diversas instituições, dentre as quais a Conectas Direitos Humanos, o Centro de Direitos Humanos (CDH), o Movimento em Prol da Vida (MOVITAE), o Instituto de Bioética Direitos Humanos e Gênero e a Confederação Nacional dos Bispos do Brasil (CNBB). Durante esse processo, observa-se que foram diversos os argumentos trazidos por essas instituições, mas eles estavam de alguma forma vinculados aos interesses institucionais de cada qual.

11.3. Previsões legais no direito brasileiro

No direito brasileiro, houve, inicialmente, a previsão da intervenção da CVM (Comissão de Valores Mobiliários) nos processos em que se discute matéria de sua competência (art. 31 da Lei n. 6.385/1976).

O art. 89 da Lei n. 8.884/1994 (Lei Antitruste) estabeleceu a possibilidade de intervenção do CADE (Conselho Administrativo de Defesa Econômica) nos processos

---

70 "A interpretação atribuída ao art. 138 do CPC/2015 é no sentido de que é irrecorrível 'qualquer decisão a respeito da intervenção de terceiro como *amicus curiae*'" (STJ, AgInt na PET no REsp 1700197/SP, Rel. Ministro Mauro Campbell Marques, Segunda Turma, julgado em 19-6-2018, *DJe* 27-6-2018).

71 STF, ADI 3510, Relator(a): Min. Ayres Britto, Tribunal Pleno, julgado em 29-5-2008, *DJe*-096, Divulg. 27-5-2010, public. 28-5-2010, ement. v.-02403-01, p.-00134, *RTJ* v.-00214, p.-00043.

relacionados ao direito de concorrência. Como a referida Lei foi revogada e a matéria passou a ser disciplinada integralmente pela Lei n. 12.529/2011, esta, em seu artigo 118, também estabeleceu a possibilidade de intervenção do CADE nos processos em que se discuta a sua aplicação[72].

A Lei n. 9.868/1999 (Lei da ADI e da ADC) prevê, no seu art. 7º, a possibilidade da intervenção de *amicus curiae* em ADI e ADC, tendo como requisitos a relevância da matéria e a representatividade do *amicus curiae*. Nessas ações, a admissibilidade do *amicus curiae* é feita pelo relator, em decisão irrecorrível.

Mas foi o CPC/2015 que deu amplitude à intervenção do *amicus curiae*. Com efeito, o **Código Processual de 2015** estabelece, no art. 138, a possibilidade de **intervenção do *amicus curiae*** nas **ações individuais e coletivas**, bem como disciplina os seus requisitos, os seus poderes processuais, dentre outros aspectos. Trata-se de inovação de grande importância para pluralizar o debate e ampliar a dialeticidade do processo.

Além dessa previsão geral, o **CPC também estabelece a intervenção do *amicus curiae* nos seguintes incidentes e fases processuais**:

a) no incidente de arguição de inconstitucionalidade em tribunais (art. 950, §§ 1º a 3º, CPC)[73];

b) no incidente de resolução de demandas repetitivas – nos tribunais de segunda instância (art. 983, CPC)[74];

c) na análise da repercussão geral para admissibilidade de recurso extraordinário – no STF (art. 1.035, § 4º, CPC)[75];

d) no julgamento de recursos extraordinários e especiais repetitivos (com fundamento em idêntica questão de direito), após a afetação – no STF e no STJ (art. 1.038, CPC)[76].

---

72 Lei n. 12.529/2011: "Art. 118. Nos processos judiciais em que se discuta a aplicação desta Lei, o Cade deverá ser intimado para, querendo, intervir no feito na qualidade de assistente".

73 CPC: "Art. 950. [...] § 1º As pessoas jurídicas de direito público responsáveis pela edição do ato questionado poderão manifestar-se no incidente de inconstitucionalidade se assim o requererem, observados os prazos e as condições previstos no regimento interno do tribunal. § 2º A parte legitimada à propositura das ações previstas no art. 103 da Constituição Federal poderá manifestar-se, por escrito, sobre a questão constitucional objeto de apreciação, no prazo previsto pelo regimento interno, sendo-lhe assegurado o direito de apresentar memoriais ou de requerer a juntada de documentos. § 3º Considerando a relevância da matéria e a representatividade dos postulantes, o relator poderá admitir, por despacho irrecorrível, a manifestação de outros órgãos ou entidades".

74 CPC: "Art. 983. O relator ouvirá as partes e os demais interessados, inclusive pessoas, órgãos e entidades com interesse na controvérsia, que, no prazo comum de 15 (quinze) dias, poderão requerer a juntada de documentos, bem como as diligências necessárias para a elucidação da questão de direito controvertida, e, em seguida, manifestar-se-á o Ministério Público, no mesmo prazo. § 1º Para instruir o incidente, o relator poderá designar data para, em audiência pública, ouvir depoimentos de pessoas com experiência e conhecimento na matéria".

75 CPC: "Art. 1.035 [...] § 4º O relator poderá admitir, na análise da repercussão geral, a manifestação de terceiros, subscrita por procurador habilitado, nos termos do Regimento Interno do Supremo Tribunal Federal".

76 CPC: "Art. 1.038. O relator poderá: I – solicitar ou admitir manifestação de pessoas, órgãos ou entidades com interesse na controvérsia, considerando a relevância da matéria e consoante dispuser o regimento interno; II – fixar data para, em audiência pública, ouvir depoimentos de pessoas com experiência e conhecimento na matéria, com a finalidade de instruir o procedimento; III – requisitar informações aos tribunais inferiores a respeito da controvérsia e, cumprida a diligência, intimará o Ministério Público para manifestar-se. [...] § 3º O conteúdo do acórdão abrangerá a análise de todos os fundamentos da tese jurídica discutida, favoráveis ou contrários".

Segundo o Enunciado 249 do FPPC, "a intervenção do *amicus curiae* é cabível no mandado de segurança".

Portanto, a intervenção do *amicus curiae* passa a ser cabível em todo e qualquer processo, desde que não vedada por lei e compatível com o procedimento.

11.4. Requisitos

O CPC estabelece requisitos para a intervenção de *amicus curiae*. Assim, poderá ser admitido o *amicus curiae* nas seguintes hipóteses:

a) **Relevância da matéria:** significa que o direito material envolvido possui grande valor para o sistema jurídico. É o que ocorre, por exemplo, quando a questão envolve direitos fundamentais. Pode-se citar como exemplos as ações que envolveram aborto de feto anencefálico; as questões em que se postula a relativização da coisa julgada para realização de exame de DNA etc.

b) **Especificidade do tema:** significa que a questão discutida envolve tema que vai além da interpretação do direito objetivo e que não pode ser analisado somente pela perspectiva da racionalidade jurídica. Pode-se citar a questão dos direitos indígenas sobre as terras que ocupam; a questão da proibição ou não da "farra do boi"; processos individuais envolvendo questões específicas na área da medicina, odontologia, meio ambiente etc.

c) **Repercussão social da controvérsia:** diz respeito às questões que envolvem direitos que atingem muitas pessoas, ou determinados grupos ou categorias. É o que ocorre, por exemplo, com questões envolvendo união estável e casamento entre casais homoafetivos; a controvérsia sobre a (im)penhorabilidade do único imóvel do fiador; cotas para afrodescendentes em universidades públicas e cargos públicos; a possibilidade de manifestações para legalização da maconha; questões cíveis que envolvem injúria racial ou discriminação contra mulheres etc.

Observe-se que alguns dos exemplos acima citados se enquadram em mais de uma hipótese legal de intervenção do *amicus curiae*.

De outro lado, fica claro que os **requisitos** acima são **alternativos**[77]. Vale dizer, basta a configuração de uma das hipóteses legais acima referidas para que seja admitida a intervenção do *amicus curiae*.

11.5. Legitimidade para requerer a intervenção

O **juiz** poderá deferir de ofício da intervenção do *amicus curiae*. Mas também poderão requerer a **parte**, o **Ministério Público** ou **quem pretenda manifestar-se como *amicus curiae*** (art. 138, *caput*, CPC).

De acordo com o Enunciado 388 do FPPC, "o assistente simples pode requerer a intervenção de *amicus curiae*".

---

77 Enunciado 395 do FPPC: "Os requisitos objetivos exigidos para a intervenção do *amicus curiae* são alternativos".

Em princípio, o juiz não pode obrigar alguém a servir como *amicus curiae*. Observe-se que o art. 138, *caput*, do CPC estabelece que o juiz poderá, de ofício ou a requerimento da parte, "solicitar" a presença do *amicus curiae*, ou, se este pretender a sua intervenção, "admitir" o seu ingresso. Contudo, o dispositivo legal não prevê a possibilidade de o juiz determinar ou requisitar a sua presença.

11.6. Quem pode ser *amicus curiae*

O art. 138, *caput*, do CPC estabelece que podem ser *amicus curiae* "pessoa natural ou jurídica, órgão ou entidade especializada", que tenham "representatividade adequada".

Assim, é preciso, inicialmente, perquirir o que significa representatividade adequada. Em primeiro lugar, para ter representatividade adequada, a pessoa, o órgão ou a entidade não precisam de autorização, nem de concordância unânime daqueles que representam[78].

Além disso, a expressão "representatividade adequada" precisa ser interpretada ampliativamente, para compreender não somente entes representativos de grupos ou categorias, mas também pessoas físicas ou jurídicas, órgãos ou entidades que possuam especialização ou sejam reconhecidos por suas qualidades técnicas em determinadas áreas do saber, ou, ainda, que militem na defesa de determinados direitos, grupos ou movimentos sociais.

Tendo em vista a natureza de auxiliar do juízo do *amicus curiae*, deve-se perquirir se pessoas físicas ou jurídicas, órgãos ou entidades com interesse na decisão poderiam servir nessa qualidade. A esse respeito, é preciso distinguir interesse jurídico de interesse no sentido *lato*.

Há interesse jurídico quando alguém faz parte da relação jurídica de direito material discutida no processo (é ou poderia ser parte) ou faz parte de uma relação jurídica conexa à principal (ex.: fiador; sublocatário etc.). Desse modo, aquele que poderia ser assistente litisconsorcial ou assistente simples no processo não pode atuar como *amicus curiae*, haja vista que possui interesse jurídico na causa, de modo que os seus poderes, deveres, ônus e sujeições são aqueles já estabelecidos no CPC.

De outro lado, quando alguém possui algum interesse em sentido lato (que não interesse jurídico), é possível a sua intervenção como *amicus curiae*. É o caso, por exemplo, da intervenção do IBAMA em questões ambientais; da ANVISA em questões que envolvem saúde e medicamentos etc. Nesses casos, embora se possa dizer que existe um interesse institucional na proteção de determinados direitos ou setores, não há interesse jurídico quando tais instituições não forem nem puderem ser parte. Dessa forma, poderão servir como *amicus curiae* para esclarecer questões técnicas da sua área de atuação.

11.7. Poderes do *amicus curiae*

O *amicus curiae* tem a função de se manifestar no processo, a fim de ampliar os horizontes de conhecimento da questão posta à apreciação judicial.

---

78 Enunciado 127 do FPPC: "A representatividade adequada exigida do *amicus curiae* não pressupõe a concordância unânime daqueles a quem representa".

Assim, caberá ao juiz ou ao relator, na decisão que solicitar ou admitir a intervenção, definir quais são os poderes do *amicus curiae* (art. 138, § 2º, CPC).

Contudo, apesar da disposição, o juiz não precisa ficar limitado à sua decisão inicial, podendo, posteriormente à admissão do *amicus curiae*, atribuir-lhe outros poderes. Por exemplo, na decisão que admite o *amicus curiae*, o juiz determina que ele deverá apresentar parecer para esclarecer o fato. No curso do processo, o juiz verifica a necessidade de designação de audiência de instrução, para ouvir testemunhas. Se o juiz necessitar de esclarecimentos na própria audiência, poderá solicitar a presença do *amicus curiae* para esse ato.

De um lado, é certo que o CPC estabelece que incumbe ao juiz definir os poderes do *amicus curiae*, mas caberia perquirir quais são eles.

O *amicus curiae* não tem os mesmos poderes processuais das partes. Assim, não pode, em princípio, aditar a petição inicial, contestar, reconvir, requerer a produção de provas, fazer perguntas às testemunhas. Também não pode interpor de recursos em geral, ressalvadas a oposição de embargos de declaração e a interposição de recurso contra a decisão que julgar o incidente de demandas repetitivas (art. 138, §§ 1º e 3º, CPC). Por uma interpretação analógica, de acordo com o Enunciado 391 do FPPC, "o *amicus curiae* pode recorrer da decisão que julgar recursos repetitivos".

O *amicus curiae* poderá, em princípio, apresentar parecer e memoriais, e fazer sustentação oral, a fim de auxiliar o juízo na sua decisão, mas é o juiz ou o relator que delimitam isso.

Nos termos do art. 138, *caput*, do CPC, uma vez admitido o *amicus curiae*, ele terá o prazo de 15 dias para se manifestar sobre a questão que motivou a sua intervenção. Contudo, como cabe ao juiz ou ao relator delimitar a sua intervenção, eles também podem ampliar esse prazo, a depender da complexidade do estudo que precise ser realizado. Também é possível que o juiz ou o relator determinem que essa manifestação ocorra oralmente, em audiência designada para tanto.

11.8. Decisão que admite ou não o *amicus curiae* – irrecorribilidade

A decisão que solicita ou admite a participação do *amicus curiae,* ou que nega a sua intervenção, deve ser fundamentada, como qualquer decisão judicial. Contudo, **tal decisão é irrecorrível** (art. 138, *caput,* CPC).

A irrecorribilidade dessa decisão tem como fundamento a necessidade de não se criar tumulto processual com o *amicus curiae*. Como o que justifica a sua presença é a necessidade de esclarecimentos ao juízo sobre determinadas questões, é o órgão julgador que deverá dizer se a sua intervenção é necessária ou não. Ademais, nada impede que o juiz de primeira instância indefira a intervenção do *amicus curiae* e, posteriormente, no julgamento pelo tribunal do recurso interposto em relação à questão de fundo, o relator admita a sua intervenção.

Além disso, caso a parte acredite serem necessários esclarecimentos sobre a matéria, ela não necessita do recurso, pois basta que junte parecer escrito daquele que seria o *amicus curiae* no processo – o que poderá ser considerado ou não pelo órgão julgador.

Portanto, essa irrecorribilidade não prejudica as partes e tem a importante função de impedir que ocorram tumultos processuais com a intervenção do *amicus curiae*.

11.9. O *amicus curiae* nos tribunais

O art. 138, *caput*, do CPC estabelece que o **relator** poderá, por decisão irrecorrível, solicitar ou admitir o ingresso do *amicus curiae*.

De um lado, não há dúvida de que tal possibilidade se aplica às ações de competência originária dos tribunais. Além disso, também deve ser aplicada nas hipóteses de competência recursal, dada a sua natureza de auxiliar do juízo.

Contudo, observe-se que o dispositivo estabelece que a análise da sua admissão ocorre pelo relator. Caberia, então, perquirir se outro integrante do órgão colegiado do tribunal poderia solicitar ao relator que houvesse a intervenção do *amicus curiae*. Por exemplo, após o voto do relator, o revisor entende que são necessários maiores esclarecimentos técnicos sobre a matéria e solicita ao relator a intervenção do *amicus curiae*. A questão ganha ainda maior complexidade quando se observa que o art. 138, *caput*, do CPC, a uma primeira leitura, limitou o requerimento "às partes" ou a "quem pretenda manifestar-se". Todavia, se o relator pode deferir de ofício, parece não haver problemas que outro integrante do órgão colegiado no tribunal solicite ao relator a manifestação de *amicus curiae*, ainda que o julgamento já tenha sido iniciado com o voto do relator.

A intervenção do *amicus curiae* deve ser admitida em qualquer recurso perante o tribunal, inclusive naqueles em que não se admite sustentação oral, a critério do relator. Isso porque a intervenção do *amicus curiae* não é semelhante à atuação da parte, que possui determinados direitos e poderes processuais, que não lhe podem ser restringidos; e também não é semelhante a um perito, cuja manifestação deve ocorrer dentro da instrução processual. Assim, a intervenção do *amicus curiae* deve ser analisada a partir da aferição pelo relator, que deve verificar a sua necessidade ou não para o esclarecimento de questões técnicas. E essa necessidade pode ocorrer no julgamento de qualquer recurso. Por conseguinte, como não houve limitação legal no tocante aos tipos de recurso em que é cabível, tal restrição não pode ser imposta ao relator, a quem cabe aferir, no caso concreto, a necessidade ou não de manifestação do *amicus curiae*.

De outro lado, lembre-se que, como já exposto acima, o CPC prevê especificamente a intervenção do *amicus curiae* nos seguintes incidentes e fases processuais, que ocorrem em tribunais: a) no incidente de arguição de inconstitucionalidade em tribunais (art. 950, §§ 1º a 3º, CPC); b) no incidente de resolução de demandas repetitivas – nos tribunais de segunda instância (art. 983, CPC); c) na análise da repercussão geral para admissibilidade de recurso extraordinário – no STF (art. 1.035, § 4º, CPC); d) no julgamento de recursos extraordinários e especiais repetitivos – no STF e no STJ (art. 1.038, CPC).

De acordo com o Enunciado 393 do FPPC, também "é cabível a intervenção de *amicus curiae* no procedimento de edição, revisão e cancelamento de enunciados de súmula pelos tribunais".

11.10. Não deslocamento de competência pela intervenção

A **intervenção de *amicus curiae* não pode gerar a modificação de competência**, nem mesmo quando se trata de intervenção de ente federal nessa qualidade.

Com efeito, à semelhança do entendimento já firmado pela jurisprudência acerca da intervenção especial dos entes federados[79], lei ordinária não pode ter força para ampliar a competência constitucional da Justiça Federal, estabelecida no art. 109, inc. I, da Carta Magna. Assim, somente poderia haver deslocamento de competência se houvesse interesse jurídico na causa (quando o ente federal fizesse parte da relação jurídica de direito material discutida no processo).

Ainda que se admita que a intervenção do *amicus curiae* é modalidade de intervenção de terceiro, trata-se de intervenção de terceiro imprópria, pois ele não faz parte da relação jurídica de direito material discutida no processo, não possui interesse jurídico na causa e, quando ingressa no processo, não se torna parte da demanda, senão parte atípica do processo, pois possui poderes e faculdades processuais muito limitados.

Assim, por exemplo, se o Congresso Nacional ingressar em determinado processo que tramita na Justiça Estadual como *amicus curiae* para trazer informações sobre as discussões que permearam a elaboração de lei federal, não ocorrerá o deslocamento da competência para a Justiça Federal.

12. INTERVENÇÃO ESPECIAL DOS ENTES FEDERADOS

O art. 5º da Lei n. 9.469/1997 prevê a possibilidade de **intervenção da União** em processos em que sejam parte as entidades federais da administração indireta (autarquias, fundações públicas, empresas públicas e sociedades de economia mista), tendo como requisito apenas a demonstração de **interesse econômico**. Isto é, diferentemente do que ocorre com a regra geral para a intervenção do assistente, simples ou litisconsorcial, não se exige interesse jurídico[80].

O parágrafo único do mesmo dispositivo estende essa possibilidade de intervenção por mero interesse econômico aos **demais entes federados** (Estados, Distrito Federal e Municípios) nas suas respectivas entidades da administração indireta.

Como se trata de intervenção em processo por mero interesse econômico, não configura típica modalidade de intervenção de terceiro. Em razão disso, é chamada também de **intervenção anômala** ou **intervenção anódina**.

---

79 "**A Primeira Seção desta Corte possui o entendimento de que, embora permitida essa peculiar modalidade de intervenção da União e de outras pessoas jurídicas de direito público, quando constatada a potencialidade de eventual lesão econômica, a admissão do ente público não traz comando suficiente a modificar a competência originária para julgamento da demanda. E isto porque a lei ordinária não tem a força de ampliar a enumeração taxativa da competência da Justiça Federal estabelecida no art. 109, I, da Constituição Federal, razão pela qual o deslocamento da competência para a Justiça especializada somente se verificaria se configurado o efetivo interesse jurídico da União ou de outro ente federal** [...]" (STJ, AgRg no REsp 1533507/RJ, Rel. Min. Moura Ribeiro, Terceira Turma, julgado em 18-8-2015, *DJe* 28-8-2015).

80 "Art. 5º A União poderá intervir nas causas em que figurarem, como autoras ou rés, autarquias, fundações públicas, sociedades de economia mista e empresas públicas federais. Parágrafo único. As pessoas jurídicas de direito público poderão, nas causas cuja decisão possa ter reflexos, ainda que indiretos, de natureza econômica, intervir, independentemente da demonstração de interesse jurídico, para esclarecer questões de fato e de direito, podendo juntar documentos e memoriais reputados úteis ao exame da matéria e, se for o caso, recorrer, hipótese em que, para fins de deslocamento de competência, serão consideradas partes."

A intervenção da União no processo por mero interesse econômico (não havendo interesse jurídico) não desloca a competência do feito para a Justiça Federal. Vale dizer, nos casos de sociedades de economia mista, em que o processo é de competência da Justiça Estadual, se a União intervier com base em mero interesse econômico, não haverá deslocamento de competência para o Juízo Federal. O deslocamento de competência somente ocorreria no caso de intervenção da União com base em interesse jurídico. Isso porque não poderia uma Lei Ordinária (a Lei n. 9.469/1997) modificar critério de competência estabelecido pela Constituição Federal (art. 109, inc. I). Esse é o entendimento pacífico do STJ[81].

81 "A jurisprudência desta Corte tem entendido que a intervenção anômala da União não é causa de deslocamento da competência para a justiça federal. Nesse sentido: AgRg no REsp 1.533.507/RJ, Rel. Ministro MOURA RIBEIRO, TERCEIRA TURMA, julgado em 18-8-2015, *DJe* 28-8-2015; AgRg na MC 23.856/SP, Rel. Ministro HUMBERTO MARTINS, SEGUNDA TURMA, julgado em 10-3-2015, *DJe* 13-3-2015; AgRg no REsp 1.118.367/SC, Rel. Ministro NAPOLEÃO NUNES MAIA FILHO, PRIMEIRA TURMA, julgado em 14-5-2013, *DJe* 22-5-2013" (STJ, AgInt no CC 152.972/DF, Rel. Ministro Francisco Falcão, Primeira Seção, julgado em 11-4-2018, *DJe* 19-4-2018).

CAPÍTULO XV

A FUNÇÃO DO JUIZ NO PROCESSO CIVIL CONTEMPORÂNEO

1. O MAGISTRADO, A CONCRETIZAÇÃO DOS DIREITOS CONSTITUCIONAIS E O ATIVISMO JUDICIAL

No Brasil, a Constituição Federal de 1988 instaurou – ao menos no plano normativo – o Estado do Bem-Estar Social (*Welfare State*) ao conceder uma série de direitos sociais que, em contrapartida, criaram obrigações positivas ao Estado Brasileiro. No entanto, diante do crescimento das necessidades sociais e da insuficiência orgânica dos Poderes Executivo e Legislativo para atender a todas essas demandas, cada vez mais chegam ao Poder Judiciário ações contra o Estado, na busca da efetivação desses direitos[1].

Além disso, fruto de um processo histórico lento e gradual, ganharam corpo novas teorias constitucionalistas, que tem por base a força normativa da constituição, a nova hermenêutica constitucional e o controle de constitucionalidade. A par das críticas, o estabelecimento da possibilidade de aplicação direta da constituição confere ao Judiciário nova margem de discricionariedade e uma ênfase na atividade criativa judicial, diante da maior abertura das normas constitucionais.

Nesse ínterim, o Judiciário Brasileiro, como um dos Poderes Constituídos, passa a ocupar um papel central na concretização das disposições constitucionais no novo modelo estatal.

Assim, observa-se a crescente judicialização de diversas questões que anteriormente eram resolvidas por instâncias estatais não judiciais, tais como as referentes à implementação de políticas públicas, ou simplesmente não eram resolvidas.

---

1 Segundo Mauro Cappelletti, "é fora de dúvida razoável o fato de que o papel criativo, 'law marking', dos juízes – a sua responsabilidade-poder pelo desenvolvimento pelo direito – cresceu enormemente no curso do nosso século, e especialmente nos decênios seguintes à segunda guerra mundial". O referido doutrinador elenca as quatro causas principais desse fenômeno: a) a emergência do Estado Social; b) a expansão da função legislativa, com o sobrecarregamento e a imprecisão dos textos legislativos; c) o fato dos direitos sociais serem promocionais; d) a massificação da economia, com o surgimento de interesses transindividuais" (CAPPELLETTI, Mauro. *Juízes Irresponsáveis?* (trad. Carlos Alberto Alvaro de Oliveira). Porto Alegre: Sergio Antonio Fabris, 1989. p. 19-23).

No plano concreto, também é possível observar que o Judiciário em geral vai deixando uma postura passiva, calcada no formalismo de um modelo jurídico positivista, para assumir certo protagonismo na realização de direitos fundamentais e na concretização da cidadania, movimento que é conhecido como ativismo judicial.

No entanto, a aceitação desse novo modelo judicial não permaneceu imune a críticas. Esse ativismo judicial encontra a resistência de vários teóricos do direito, que preconizam que o Judiciário deveria adotar uma postura de autocontenção.

Essa tensão existente entre os defensores do ativismo judicial e os seus críticos, a qual propõe uma autocontenção, é produtiva para a democracia, para a efetivação dos direitos fundamentais e para a abertura do direito para o futuro, diante do seu caráter performativo.

De qualquer forma, o papel do juiz e do processo civil não podem ser pensados fora desse contexto, ou, ao menos, sem considerá-lo, ainda que numa perspectiva de crítica ou oposição.

2. O NOVO PAPEL DO JUIZ E O PROCESSO CIVIL

Do ponto de vista empírico, observa-se uma postura cada vez mais ativa dos juízes diante dos problemas sociais, econômicos e políticos que lhe são apresentados.

Nesse ínterim, o processo deve ser um instrumento para que o Poder Judiciário possa aplicar a lei no caso concreto e fazer justiça. Aliás, esse viés já era apresentado pela exposição de motivos do Código de Processo Civil de 1973[2]. Acompanhando esse movimento, surgem novas principiologias, que passam a exigir do magistrado uma nova postura perante o processo.

Por razões como essa, fala-se que o CPC estabelece um modelo presidencial cooperativista de processo civil[3]. Como observa Fernando Gajardoni, esse modelo de processo civil impõe ao juiz alguns deveres/poderes, tais como o dever de preservação da igualdade, de prestação de tutela jurisdicional em tempo razoável, de preservação da probidade

---

2 "O processo civil é um instrumento que o Estado põe à disposição dos litigantes, a fim de administrar justiça. Não se destina a simples definição de direitos na luta privada entre os contendores. Atua, como já observara Betti, não no interesse de uma ou de outra parte, mas por meio do interesse de ambos. O interesse das partes não é senão um meio, que serve para conseguir a finalidade do processo na medida em que dá lugar àquele impulso destinado a satisfazer o interesse público da atuação da lei na composição dos conflitos. A aspiração de cada uma das partes é a de ter razão: a finalidade do processo é a de dar razão a quem efetivamente a tem. Ora, dar razão a quem a tem é, na realidade, não um interesse privado das partes, mas um interesse público de toda sociedade" (Exposição de motivos do CPC/1973).

3 "A presidência do processo pelo juiz, contudo, não o torna a figura principal do processo, tampouco lhe dá ascendência hierárquica sobre advogados, defensores, membros do MP ou partes. O que não significa, por outro lado, que haja igualdade entre eles. Cada um cumpre o seu papel no processo, e nessa medida não se pode dizer que os atores processuais sejam iguais. Todos devem se tratar com respeito e urbanidade. Mas isso não retira da autoridade judicial o dever/poder de controlar a relação processual, fazendo-a se desenvolver de modo ético, válido e regular, através da edição de comandos de natureza cogente (pronunciamentos judiciais) que devem ser suportados pelos demais atores do processo" (GAJARDONI, Fernando da Fonseca. O modelo presidencial cooperativista e os poderes e deveres do juiz no Novo CPC. In: GRINOVER, Ada Pellegrini et al. *O Novo Código de Processo Civil:* questões controvertidas. São Paulo: Atlas, 2015. p. 135-154. p. 137).

processual, de efetivação, de buscar a autocomposição, de flexibilizar o procedimento, de preservar a ordem dos trabalhos, de ordenar o comparecimento das partes para prestar esclarecimentos, de prevenção (saneando o processo), de comunicação, de determinar as provas necessárias ao julgamento do processo, de integração do sistema jurídico, de adstrição ao pedido, de valor fundamentadamente a prova e de respeito aos precedentes[4].

Nesse sentido, o art. 135 do CPC estabelece que o juiz "dirigirá o processo" conforme as regras estabelecidas no Código, cabendo-lhe:

> I – assegurar às partes igualdade de tratamento;
>
> II – velar pela duração razoável do processo;
>
> III – prevenir ou reprimir qualquer ato contrário à dignidade da justiça e indeferir postulações meramente protelatórias;
>
> IV – determinar todas as medidas indutivas, coercitivas, mandamentais ou sub-rogatórias necessárias para assegurar o cumprimento de ordem judicial, inclusive nas ações que tenham por objeto prestação pecuniária;
>
> V – promover, a qualquer tempo, a autocomposição, preferencialmente com auxílio de conciliadores e mediadores judiciais;
>
> VI – dilatar os prazos processuais e alterar a ordem de produção dos meios de prova, adequando-os às necessidades do conflito de modo a conferir maior efetividade à tutela do direito;
>
> VII – exercer o poder de polícia, requisitando, quando necessário, força policial, além da segurança interna dos fóruns e tribunais;
>
> VIII – determinar, a qualquer tempo, o comparecimento pessoal das partes, para inquiri-las sobre os fatos da causa, hipótese em que não incidirá a pena de confesso;
>
> IX – determinar o suprimento de pressupostos processuais e o saneamento de outros vícios processuais;
>
> X – quando se deparar com diversas demandas individuais repetitivas, oficiar o Ministério Público, a Defensoria Pública e, na medida do possível, outros legitimados a que se referem o art. 5º da Lei n. 7.347, de 24-7-1985, e o art. 82 da Lei n. 8.078, de 11-9-1990, para, se for o caso, promover a propositura da ação coletiva respectiva.

Assim, o juiz deve participar ativamente do processo, inclusive da instrução probatória, sugerindo ou determinando a produção de provas pelas partes. Não mais se admite, no processo civil contemporâneo, a alegação de que, por exemplo, o juiz não pode ser um sujeito ativo na produção de prova em razão do princípio dispositivo.

Com efeito, uma vez ajuizada a demanda, existe um interesse público do Poder Judiciário em fazer justiça no caso concreto e disso as partes não podem dispor[5]. Assim,

---

4 GAJARDONI, Fernando da Fonseca. O modelo presidencial cooperativista e os poderes e deveres do juiz no Novo CPC. In: GRINOVER, Ada Pellegrini et al. *O Novo Código de Processo Civil:* questões controvertidas. São Paulo: Atlas, 2015. p. 135-154. p. 138-153.

5 "Por meio de uma racionalidade crítica que rompe com a totalidade processual dominante (atual concepção do princípio da imparcialidade), o juiz deve abandonar sua subjetividade solipsista de apenas realizar um ato de conhecimento no âmbito da atividade jurisdicional, para por meio de sua sensibilidade reconhecer a exterioridade das vítimas, das diferenças sociais, econômicas e culturais" (SOUZA, Artur César de. *A parcialidade positiva do juiz.* São Paulo: Revista dos Tribunais, 2008. p. 254).

as partes podem estabelecer limites em relação à lide que será objeto de apreciação pelo Judiciário, podem convencionar determinadas alterações no procedimento, mas não podem dispor do interesse público consistente na correta aplicação da lei material.

O magistrado também possui poder geral de efetivação das suas decisões, podendo, inclusive, adotar medidas atípicas para garantir o cumprimento de qualquer ordem judicial[6].

O juiz deve assegurar, no processo, o princípio da isonomia ou igualdade processual. Ao mesmo tempo, deve assumir uma postura ativa no processo, fazendo valer um contraditório efetivo entre as partes. Com efeito, o processo não é um jogo em que o mais astuto ou o melhor tecnicamente deve ganhar; o processo é um instrumento para o Judiciário fazer justiça.

Portanto, o juiz deve atuar com dinamicidade no processo, corrigindo desigualdades econômicas e técnicas presentes na relação processual, de forma a permitir a paridade de armas e a correta aplicação do direito.

3. RESPONSABILIDADE CIVIL DO MAGISTRADO

De acordo com o art. 143 do CPC, o magistrado somente responderá civilmente, por perdas e danos, quando: "I – no exercício de suas funções, proceder com dolo ou fraude; II – recusar, omitir ou retardar, sem justo motivo, providência que deva ordenar de ofício ou a requerimento da parte".

Além disso, "as hipóteses previstas no inciso II somente serão verificadas depois que a parte requerer ao juiz que determine a providência e o requerimento não for apreciado no prazo de 10 (dez) dias" (art. 143, p. único, CPC).

De outro lado, não é possível ingressar com ação indenizatória diretamente contra a pessoa do juiz, já que o *caput* do art. 143 do CPC estabelece que "o juiz responderá, civil e regressivamente, por perdas e danos". Vale dizer, somente é cabível a *ação regressiva* contra o magistrado. Em outros termos, a parte prejudicada deverá ingressar diretamente contra o ente da federação ao qual o juiz pertence (no caso de juiz pertencente à Justiça Federal, do Trabalho, Militar da União ou do Distrito Federal e Territórios, a ação será proposta contra a União; no caso de juiz estadual, contra o Estado). Caso o ente da federação venha a ser responsabilizado, a este cabe a ação regressiva contra o magistrado, hipótese em que o juiz poderá ser condenado a ressarcir o que foi desembolsado pelo ente da federação na ação indenizatória.

4. A NECESSIDADE DE FORMAÇÃO HUMANÍSTICA E CONTINUADA DOS JUÍZES

Numa sociedade cada vez mais complexa, na qual se desenvolvem novas tecnologias, novas formas de viver em sociedade, em que surgem novos direitos, novas reivindicações e onde os saberes são cada vez mais especializados, o Poder Judiciário precisa

6 Enunciado 48 da ENFAM "O art. 139, IV, do CPC/2015 traduz um poder geral de efetivação, permitindo a aplicação de medidas atípicas para garantir o cumprimento de qualquer ordem judicial, inclusive no âmbito do cumprimento de sentença e no processo de execução baseado em títulos extrajudiciais".

estar constantemente se modernizando, sob pena de se afastar da sociedade e perder a sua própria legitimidade.

A formação do magistrado deve se iniciar mesmo antes do ingresso na carreira. O acúmulo de conhecimento sobre as diversas áreas do direito é uma necessidade, tanto para o ingresso no concurso público (em que será exigida essa habilidade) quanto na prática judicante, pois o magistrado precisa decidir com rapidez e segurança[7], além de equilíbrio, sensatez e consequencialismo[8]. Nesse sentido, o critério de seleção por concursos públicos cada vez mais concorridos tem a importante função de proporcionar a escolha de melhores magistrados[9], por um processo seletivo que compreende diversas fases e que exige o conhecimento das mais variadas matérias, além, é claro, de legitimar o processo de ingresso na carreira, pelo critério meritório[10], assegurando-se a participação de todos[11].

Além do conhecimento jurídico, o pretendente à carreira da magistratura deve apresentar uma forte formação humanística.

Essa perspectiva tem impactado a própria forma de seleção dos juízes, na medida em que o Conselho Nacional de Justiça editou norma estabelecendo, dentro do conteúdo programático para o concurso público para a magistratura, disciplinas de formação humanística[12]. Com efeito, a Resolução n. 75, de 12-5-2009, do CNJ determina que, além das disciplinas jurídicas, o concurso público para a magistratura deve exigir "noções gerais de direito e formação humanística", incluindo: a) sociologia do direito; b) psicologia

---

7 "O magistrado é requisitado a decidir com rapidez e com segurança. Precisa aliar a produtividade e a coerência" (NALINI, José Renato. *Ética na magistratura*. 2. ed. São Paulo: Revista dos Tribunais, 2010. p. 190).

8 NALINI, José Renato. *Ética na magistratura*. 2. ed. São Paulo: Revista dos Tribunais, 2010. p. 189-192.

9 Também nesse sentido Dalmo de Abreu Dallari: "Por todos esses motivos, bem como pelos resultados colhidos da experiência, não há dúvida de que, na sociedade moderna, o melhor modo de seleção dos juízes é o concurso público, aberto, em igualdade de condições, a todos os candidatos que preencham certos requisitos fixados em lei, excluída qualquer espécie de privilégio ou discriminação. Desde que a Constituição preveja esse modo de escolha e uma vez que os juízes, regularmente selecionados, atuem nos limites de sua competência legal, não há como pôr em dúvida sua legitimidade. Esta decorre da Constituição e não é menor do que a resultante do processo eleitoral" (DALLARI, Dalmo de Abreu. *O poder dos juízes*. 3. ed. São Paulo: Saraiva, 2008. p. 26-27).

10 "Dessa forma, a ordem constitucional permaneceu fiel à tradição do sistema concursal para a investidura no cargo de Juiz de Direito, o que acentua o critério competitivo meritório por via da escolha dos candidatos com maior capacidade e conhecimento técnico e idoneidade moral, a caracterizar, pois, 'uma das expressões mais vigorosas da democracia, pois permite que todos concorram, valendo-se de seus méritos, ao acesso aos cargos públicos', observada a ordem de classificação no concurso que livre os melhores candidatos de eventuais constrangimentos para a obtenção de sua nomeação. O concurso de provas e títulos, observados os princípios constitucionais da legalidade, impessoalidade, moralidade, publicidade e eficiência, envolve exames escritos e orais sobre as disciplinas jurídicas e não jurídicas, sob os aspectos teóricos e práticos, a comprovação de titulação (v.g. pós-graduação, aprovação em outros concursos públicos, exercícios de outros cargos públicos, publicações de livros e artigos técnico-científicos etc.) e a idoneidade moral dos candidatos" (PELUSO, Vinicius de Toledo Piza; GONÇALVES, José Wilson. *Comentários à lei orgânica da magistratura nacional:* Lei Complementar 35/1979 – LOMAN. São Paulo: Revista dos Tribunais, 2010. p. 146).

11 Assim, assegurando-se a possibilidade de participação a todos, desde que atinjam os requisitos para a investidura no cargo, e o critério meritório, trata-se de um processo talvez ainda mais legítimo que o de escolha dos membros dos outros poderes, em que a eleição tem por trás um forte processo de financiamento de campanha, que fatalmente leva a autoridade eleita a privilegiar determinados interesses daqueles que o apoiaram no processo eleitoral.

12 Para orientações sobre a carreira e o concurso da magistratura, recomenda-se a leitura da obra: FREITAS, Luiz Otávio Rezende. *Concurso para a magistratura:* guia prático. 2. ed. Salvador: JusPodivm, 2015.

judiciária; c) ética e estatuto jurídico da magistratura nacional; d) filosofia do direito; e e) teoria geral do direito e da política[13].

Isso não quer dizer, todavia, que o juiz deva ser um teórico. Com efeito, o juiz, chamado a decidir um caso concreto, não pode partir para um pensamento teorético infindável, enquanto existe uma parte esperando a solução do seu caso[14]. No entanto, também não está autorizado a ser puramente casuísta, ou seja, decidir o caso somente a partir da sua concepção de justiça, ignorando os parâmetros normativos. Portanto, para o julgador, não é suficiente nem o pensamento puramente casuísta, nem o puramente sistemático, pois "deve ser adotado um juízo prático, mas com vinculações sistemáticas"[15]. Além disso, a perspectiva humanística deve estar por trás de toda decisão judicial.

Para se conseguir efetividade no Judiciário, assim entendido o julgamento de casos de forma qualificada e no menor espaço de tempo possível, é imprescindível também a profissionalização da magistratura[16].

De outro lado, a formação do magistrado não deve ser algo estanque ou que deva ocorrer somente no início de sua carreira. Com efeito, o juiz não pode decidir conflitos contemporâneos com base em perspectivas ultrapassadas, numa tradição ou num contexto que não mais existem. É preciso, então, que o magistrado tenha formação humanística continuada, que proporcione um olhar externo ao direito, não com o objetivo de se afastar do sistema jurídico nas suas decisões, senão para que possa ter um olhar crítico para o próprio direito e ter consciência dos seus limites. Nesse contexto, a formação continuada dos juízes é vital para a resolução das lides contemporâneas, pois o conhecimento em todas as áreas evolui rapidamente e o magistrado não pode ficar à margem desse processo.

Em razão disso, a Emenda Constitucional n. 45/2004, conhecida como Reforma do Judiciário, alterou o art. 93, inc. IV, da Constituição Federal, para determinar que o Estatuto da Magistratura deve conter, dentre outras normas, a "previsão de cursos

---

13 CONSELHO NACIONAL DE JUSTIÇA. Resolução n. 75, de 12-5-2009. Disponível em <http://www.cnj.jus.br/busca-atos-adm?documento=2763>. Acesso em: 12-11-2015.

14 Desse modo, é infundada, errônea e injusta a crítica por vezes feita pela academia aos candidatos a concursos públicos, quando afirmam que, ao invés de uma perspectiva crítica, adotam um método de estudo direcionado visando absorver o máximo de conhecimento jurídico sobre as diversas áreas do direito.

15 "O pensamento sistemático parte de uma totalidade; o pensamento casuístico procede de modo diverso, podendo contar com conhecimentos fragmentários. O primeiro tem sido criticado pelo racionalismo e pela desvinculação entre o caso e o mundo real, e por isso há um retorno à análise do direito como uma técnica de solução de problemas. A análise de casos é enriquecedora e realista, mas pode levar ao caos social esse a única perspectiva considerada forem os interesses de dois indivíduos. É necessário considerar quais benefícios e prejuízos sofrerá o terceiro ausente de um conflito bilateral, que é justamente a sociedade, sendo imprescindível para tato ter em conta uma perspectiva global. Esse enfoque nos leva a indicar que ambas as perspectivas são complementares, razão pela qual deve ser adotado um juízo prático, mas com vinculações sistemáticas" (LORENZETTI, Ricardo Luis. *Teoria da decisão judicial:* fundamentos de direito. 2. ed. São Paulo: Revista dos Tribunais, 2010. p. 76).

16 Sobre o tema, assim afirma Dalmo de Abreu Dallari: "A consequência é que, por mais que se queira evitar, não há como recursar a profissionalização dos juízes, determinada por circunstâncias de ordem prática. [...] Por outro lado, entretanto, o reconhecimento do caráter profissional nada tem de degradante para a magistratura nem reduz seu prestígio e sua respeitabilidade. A par disso, a profissionalização permite uma seleção mais adequada e amplia a possibilidade de aperfeiçoamento constante dos juízes, além de proporcionar o aproveitamento de sua experiência acumulada" (DALLARI, Dalmo de Abreu. *O poder dos juízes*. 3. ed. São Paulo: Saraiva, 2008. p. 26).

oficiais de preparação, aperfeiçoamento e promoção de magistrados, constituindo etapa obrigatória do processo de vitaliciamento a participação em curso oficial ou reconhecido por escola nacional de formação e aperfeiçoamento de magistrados".

Atendendo a esse mandamento constitucional, a Resolução n. 159, de 12-11-2012, do Conselho Nacional de Justiça, estabelece a participação em curso de formação como critério para vitaliciamento de magistrados, bem como a necessidade de formação continuada para os magistrados, com participação em cursos de aperfeiçoamento, com carga horária mínima anual obrigatória, como critério para promoção na carreira.

É nesse sentido que foram criadas a Escola Nacional de Formação e Aperfeiçoamento de Magistrados (ENFAM) e as Escolas Judiciais nos diversos tribunais, a fim de promover a capacitação permanente dos magistrados, o que é exigido, inclusive, para progressão na carreira.

5. OS PROBLEMAS DO AUMENTO DA ATIVIDADE PROCESSUAL NO CPC/2015: CUSTOS GLOBAIS, TEMPO DO PROCESSO E A FIGURA DO JUIZ GESTOR

O Anteprojeto do Código de Processo Civil de 2015, na sua formulação, tinha por objetivo criar um processo mais ágil e efetivo. Contudo, durante o seu tramitar nas duas Casas Legislativas do Congresso Nacional, foi em grande parte desfigurado, pois os prazos (para o juiz e para as partes) foram ampliados, e alguns formalismos também.

Na medida em que se ampliam a quantidade de atos processuais que devem ser praticados pelos magistrados e servidores do Judiciário, o processo fica mais lento e caro.

Desse modo, é preciso ter em conta que, ampliar os atos processuais e a carga de atos que devem ser praticados pelo juiz ou pelos servidores do Judiciário implica inexoravelmente a necessidade de aumentar os recursos humanos e materiais disponíveis para dar conta desse acréscimo de atividade. Contudo, quando esses recursos são limitados, o aumento da morosidade na resolução das causas pelo processo talvez seja uma consequência imediata. Além disso, quando se ampliam as atividades que devem ser realizadas pelo Judiciário, majora-se o gasto público com esse Poder, o que acaba impactando em toda a sociedade. Para trazer um elemento empírico para essa reflexão, deve-se ter em conta que, no ano de 2017, as despesas totais do Poder Judiciário somaram aproximadamente R$ R$ 76,5 bilhões, o que corresponde a 1,2% do Produto Interno Bruto (PIB) nacional. Dividindo-se o custo do Judiciário por toda a população brasileira, chega-se a um custo pelo serviço de justiça de R$ 368,22 por habitante[17].

Assim, é preciso ter consciência de que, quando a legislação processual cria novos atos a serem praticados no processo, ou novas atribuições, cargas argumentativas e responsabilidades para o juiz, não está onerando somente o Judiciário, mas toda a sociedade. Vale dizer, existe um custo elevadíssimo do processo, que pode ser majorado ou reduzido, conforme a quantidade de atos processuais exigidos para o seu desenvolvimento.

---

17 CONSELHO NACIONAL DE JUSTIÇA. Justiça em números 2018: ano-base 2017. Brasília: CNJ, 2018. Disponível em: <http://www.cnj.jus.br/files/conteudo/arquivo/2018/08/44b7368ec6f888b383f6c3de40c32167.pdf>. Acesso em: 1-2-2019. p. 56.

Isso não quer dizer que garantias constitucionais devem ser suprimidas, mas que a excessiva quantidade de atos processuais e os custos disso também devem ser sopesados.

Mas nem mesmo um procedimento efetivamente mais otimizado, com redução de formalismo e prazos reduzidos, seria capaz, por si só, de garantir celeridade ao processo judicial. Com efeito, a demora dos processos também tem como causa as deficiências de gestão de recursos financeiros, físicos e humanos, que assolam não somente o Judiciário, mas também a Administração Pública brasileira em geral.

Além disso, no Brasil também existe uma judicialização excessiva dos conflitos, causada, sobretudo, pelo constante desrespeito a direitos (tendo como grandes responsáveis os entes caracterizados como "grandes litigantes"), pela cultura da litigiosidade, pela sobrevalorização do que o sistema jurídico é capaz de fazer pelas pessoas, pela existência de uma elite jurídica que autorreforça a sua importância e pelo déficit de formação dos juristas brasileiros, que, em geral, são formados para a beligerância no plano judicial e não para a formação de consensos.

Esses fatores têm como consequência direta o aumento de processos que tramitam na Justiça Brasileira.

Tais circunstâncias não implicam dizer que os juízes brasileiros e os servidores do Judiciário não estejam trabalhando exaustivamente nos seus processos. Pelo contrário, as pesquisas apontam que existe um esforço sobre-humano, aliado a altos índices de estresse no desempenho da função judicante diante do altíssimo volume de processos.

Desse modo, como os recursos são limitados e a quantidade de processos cresce a cada ano, as medidas de administração judiciária e de gestão são fundamentais para fazer mais com menos.

Nesse sentido, observa-se que o Conselho Nacional de Justiça e o órgãos judiciários em geral têm preocupação constante com a implementação de medidas que dizem respeito à gestão judiciária e que impactam diretamente no tempo do processo e na atividade processual, tais como o fomento à autocomposição; a criação de metas de produtividade; a instituição de processo eletrônico único no Judiciário brasileiro; a criação de sistemas e programas para otimizar o trabalho; o oferecimento de cursos de aperfeiçoamento, para juízes e servidores, em administração judiciária, gestão judiciária, gestão cartorária, fluxos de processos etc.

Inicialmente, é preciso que o magistrado saia da sua "zona de conforto" (tendência do ser humano a ser resistente ao que é novo, a mudanças). Nesse sentido, deve estar aberto aos novos conhecimentos para projetar-se para o futuro.

Desse modo, deve buscar conhecimento e instrumentalizar-se para dar racionalidade às rotinas cartorárias, de maneira a otimizar tempo e aperfeiçoar técnicas para redução dos erros. Também são fatores indispensáveis para a boa administração judiciária diagnosticar os problemas, criar metas, fazer o controle das metas atingidas, divulgar os resultados e motivar a equipe, dentre outros.

Certamente há alguns problemas cujas soluções não estão ao alcance do magistrado, tais como insatisfação da equipe com remuneração, precária informatização etc. Mas, diante das contingências, o juiz deve estar sempre buscando novos métodos de reorganizar as rotinas cartorárias com o fim de otimizar os recursos materiais e humanos disponíveis.

Enfim, tais problemas e contingências exigem que o juiz, além de um bom jurista, seja um bom gestor.

CAPÍTULO XVI

O PAPEL DO MINISTÉRIO PÚBLICO NO PROCESSO CIVIL

1. MISSÃO CONSTITUCIONAL E NORMAS DE REGÊNCIA

O Ministério Público está previsto na Constituição Federal (arts. 127 a 130) como uma **instituição permanente, essencial à função jurisdicional do Estado**.

A **missão constitucional** do Ministério Público é a defesa da ordem jurídica, do regime democrático e dos interesses sociais e individuais indisponíveis (art. 127, CF).

O Ministério Público, dentre as funções essenciais à Justiça, foi certamente a instituição que mais cresceu com a Constituição Federal de 1988, em termos de autonomia, funções e prestígio.

A Lei Complementar Federal n. 75/1993 dispõe sobre a organização, as atribuições e o estatuto do Ministério Público da União.

De outro lado, a Lei Federal n. 8.625/1993 (chamada de Lei Orgânica Nacional do Ministério Público) dispõe sobre normas gerais para a organização do Ministério Públicos dos Estados.

A instituição do Ministério Público é una, sob o aspecto das suas funções, mas, do ponto de vista da sua estrutura organizacional e administrativa, é dividida em:

a) Ministério Público da União (MPU). Este, por sua vez, subdivide-se em: a.1) Ministério Público Federal (MPF); a.2) Ministério Público do Trabalho (MPT); a.3) Ministério Público Militar da União (MPM); e a.4) Ministério Público do Distrito Federal e Territórios (MPDFT).

b) Ministério Público dos Estados (organizado e mantido por cada Estado da federação, a partir das normas e atribuições previstas na Constituição Federal e na Lei Federal n. 8.625/1993 – Lei Orgânica Nacional do Ministério Público).

No processo civil, a instituição do Ministério Público é uma alternativa contemporânea para viabilizar, a partir da sua capacidade postulatória, a judicialização de questões envolvendo a proteção da democracia, da ordem jurídica e de direitos coletivos, sem violar a imparcialidade do juiz, condição indispensável para o exercício da função jurisdicional[1]. Com efeito, a

1 SILVA, Ovídio A. Baptista da. *Curso de processo civil:* processo de conhecimento. v. 1. 7. ed. Rio de Janeiro: Forense, 2006. p. 293.

atuação do Ministério Público permite que diversas demandas transindividuais sejam levadas ao Poder Judiciário, possibilitando que tais direitos sejam tutelados jurisdicionalmente.

2. ATUAÇÃO COMO FISCAL DA ORDEM JURÍDICA

No processo civil, o Ministério Público pode atuar como parte ou como "fiscal da ordem jurídica". Tal nomenclatura é inaugurada, no plano legislativo, pelo Código de Processo Civil de 2015. O termo "fiscal da lei", que permanece em muitas legislações, é passível de crítica, na medida em que o Ministério Público pode atuar, em determinado processo, e alegar a necessidade de não aplicação de determinada lei, seja porque é contrária a regras constitucionais, seja porque princípios fundamentais indicam que outra deve ser a interpretação. Vale dizer, o Ministério Público deve zelar pela ordem jurídica, mas não pela lei no seu sentido estrito. Desse modo, a substituição da expressão "fiscal da lei" pela nova designação "fiscal da ordem jurídica", ainda que não represente pragmaticamente mudanças nas suas atribuições, melhor designa sintaticamente as suas importantes funções constitucionais.

O Ministério Público **intervirá, como fiscal da ordem jurídica, nos processos que envolvam** (art. 178, CPC):

> I – interesse público ou social;
>
> II – interesse de incapaz;
>
> III – litígios coletivos pela posse de terra rural ou urbana.

O inc. I introduz uma cláusula aberta, cabendo ao juiz e ao Ministério Público, no caso concreto, dizerem quando há interesse público ou social envolvido no processo.

O inc. II do mesmo artigo dispõe que o Ministério Público deverá ser intimado para intervir "nas causas em que há interesses de incapazes". Nesses processos, o Ministério Público atua como fiscal da ordem jurídica e não como assistente do incapaz.

Além das hipóteses previstas no art. 178 do CPC, o Ministério Público também **atuará nas seguintes ações**:

a) **na ação civil pública:** se não for parte, atuará como fiscal ordem jurídica (art. 5º, § 1º, Lei n. 7.347/1985). O Ministério Público possui legitimidade para propor a ação civil pública para a defesa de direitos difusos e coletivos em sentido estrito. Em relação aos direitos individuais homogêneos, o Ministério Público somente poderá propor ACP quando disserem respeito a direitos individuais indisponíveis. Em qualquer caso, no entanto, deverá ser intimado para atuar como fiscal da ordem jurídica, se não for parte.

b) **na ação popular:** o Ministério Público atuará como fiscal da ordem jurídica (art. 7º, inc. I, "a", Lei n. 4.717/1965). Se o autor da ação popular abandonar ou desistir da ação, o Ministério Público poderá assumir o polo ativo.

c) nas ações que envolverem direitos previstos no **Estatuto do Idoso:** se não for parte, atuará como fiscal da ordem jurídica (art. 75 do Estatuto do Idoso). A sua intimação é obrigatória, sob pena de nulidade (art. 77 do Estatuto).

d) nas ações que envolverem **crianças e adolescentes:** se não for parte, atuará como fiscal da ordem jurídica (art. 202, ECA).

e) nas **ações investigatórias de paternidade e de alimentos:** o Ministério Público tem legitimidade autônoma para propor ação investigatória de paternidade[2] e ação de alimentos[3] em favor de menor contra o suposto pai. Com efeito, quando o Ministério Público ajuíza tal ação, não atua como representante do menor, senão em nome próprio e com legitimidade autônoma, no exercício da sua função institucional de zelar pelo interesse dos incapazes. Se não for o autor dessa ação, atuará obrigatoriamente como fiscal da ordem jurídica. Caso não haja intimação do Ministério Público nessas causas e tendo sido desfavorável a sentença ao incapaz, o processo será nulo, mesmo que a sentença tenha transitado em julgado. Nesse sentido, a pacífica jurisprudência do STJ[4].

Quando o Ministério Público intervém em favor de incapazes, pode suprir as falhas do representante do incapaz, tendo os mesmos poderes e ônus das partes[5].

3. PRERROGATIVAS PROCESSUAIS

3.1. Quando atua como fiscal da ordem jurídica

Quando intervier como **fiscal da ordem jurídica**, o Ministério Público (art. 179, CPC): "I – terá vista dos autos depois das partes, sendo intimado de todos os atos do processo; II – poderá produzir provas, requerer as medidas processuais pertinentes e recorrer".

Nas hipóteses que justificam a sua atuação como fiscal da ordem jurídica, o Ministério Público será intimado para, no prazo de 30 dias, se manifestar (art. 178, *caput*, CPC).

Contudo, essa regra geral (prazo de 30 dias) pode ser excepcionada por disposições ou leis especiais. Por exemplo, no caso de suspensão de segurança, o prazo para o Ministério Público se manifestar como fiscal da ordem jurídica, antes da decisão do

---

2 "**Já decidiu a Corte que o 'Ministério Público é legitimado para propor ação de investigação de paternidade, nos termos do art. 2º, § 4º, da Lei n. 8.560/92**" (STJ, REsp 125.842/MG, Rel. Min. Carlos Alberto Menezes Direito, Terceira Turma, julgado em 6-9-2001, *DJ* 22-10-2001, p. 316).

3 "DIREITO DA CRIANÇA E DO ADOLESCENTE. AÇÃO DE ALIMENTOS. LEGITIMIDADE ATIVA DO MINISTÉRIO PÚBLICO. DIREITO INDIVIDUAL INDISPONÍVEL. RECURSO ESPECIAL REPRESENTATIVO DE CONTROVÉRSIA. ART. 543-C DO CPC. 1. Para efeitos do art. 543-C do CPC, aprovam-se as seguintes teses: 1.1. O Ministério Público tem legitimidade ativa para ajuizar ação de alimentos em proveito de criança ou adolescente. 1.2. A legitimidade do Ministério Público independe do exercício do poder familiar dos pais, ou de o menor se encontrar nas situações de risco descritas no art. 98 do Estatuto da Criança e do Adolescente, ou de quaisquer outros questionamentos acerca da existência ou eficiência da Defensoria Pública na comarca. 2. Recurso especial provido" (STJ, REsp 1265821/BA, Rel. Ministro Luis Felipe Salomão, Segunda Seção, julgado em 14-5-2014, *DJe* 4-9-2014).

4 "**A jurisprudência desta Corte firmou-se no sentido de que é obrigatória a intervenção do Ministério Público nas demandas em que estejam em discussão interesses de incapazes e, descumprida essa exigência, é de ser considerado nulo o processo**" (STJ, REsp 867.087/RJ, Rel. Min. Laurita Vaz, Quinta Turma, julgado em 12-8-2010, *DJe* 13-9-2010).

5 "**O Ministério Público, velando pelo interesse dos incapazes, pode atuar amplamente, havendo precedente que consagra a possibilidade de o Ministério Público suprir as falhas do representante dos incapazes, cabendo-lhe os mesmos poderes e ônus das partes**" (STJ, REsp 167.727/SP, Rel. Min. Carlos Alberto Menezes Direito, Terceira Turma, julgado em 17-8-1999, *DJ* 25-10-1999, p. 78).

Presidente do Tribunal, é de 72 horas (art. 4º, § 2º, Lei n. 8.437/1992); no conflito de competência, esse prazo é de 5 dias (art. 956, CPC).

Transcorrido o prazo de manifestação, se o Ministério Público não apresentar parecer, o juiz deverá requisitar os autos e dar seguimento ao processo sem a sua manifestação.

3.2. Prerrogativas do Ministério Público em geral

O Ministério Público possui as seguintes **prerrogativas processuais**:

a) **prazos em dobro** para manifestar-se nos autos, que terá início a partir de sua intimação pessoal (art. 180, CPC). Lembre-se que, quando atua como fiscal da ordem jurídica, o seu prazo legal é de 30 dias. Além disso, não se aplica a prerrogativa do prazo em dobro quando a lei processual estabelecer prazo específico para o Ministério Público.

b) **intimação e vista pessoal** (art. 180, *caput*, CPC), sob pena de nulidade.

A intimação do Ministério Público para intervir nas causas em que a lei determina é norma de ordem pública, não podendo haver disposição pela vontade das partes. Desse modo, não pode haver negócio processual para excluir a intervenção do Ministério Público[6].

Além disso, mesmo que as partes não tenham requerido, a intimação do Ministério Público é obrigatória, sob pena de nulidade, que deverá ser reconhecida inclusive de ofício pelo juiz.

Com efeito, se o Ministério Público não for intimado para intervir, nas hipóteses em que deveria atuar como fiscal da ordem jurídica, o processo será nulo (art. 279, CPC). Contudo, neste caso, o juiz somente deverá invalidar os atos praticados a partir do momento em que o Ministério Público deveria ter sido intimado. Além disso, a nulidade somente poderá ser decretada após a intimação do Ministério Público, que deverá manifestar-se sobre a existência ou não de prejuízo.

De qualquer forma, **o juiz somente decretará a nulidade se houver efetivo prejuízo**.

4. A IMPORTÂNCIA DA ATUAÇÃO EXTRAJUDICIAL DO MINISTÉRIO PÚBLICO E O TERMO DE AJUSTAMENTO DE CONDUTA

Um importante instrumento à disposição do Ministério Público, para a sua atuação extrajudicial, é o **termo ou compromisso de ajustamento de conduta**.

No termo de ajustamento de conduta (TAC), o Ministério Público e a parte interessada estipulam a forma como esta se ajustará ao cumprimento dos interesses coletivos em sentido amplo, com cominação de penalidade para o caso de descumprimento.

Embora haja alguma margem de discricionariedade do Ministério Público, não existem amplos poderes de negociação acerca do cumprimento dos interesses coletivos, já que estes são não transacionáveis por natureza.

---

6 Enunciado 254 do FPPC: "É inválida a convenção para excluir a intervenção do Ministério Público como fiscal da ordem jurídica".

De outro lado, uma vez firmado o termo de ajustamento de conduta, este se constitui em título executivo extrajudicial. Assim, para que o Ministério Público exija da contraparte o cumprimento das obrigações estabelecidas no TAC, inclusive a multa nele estipulada, não precisará propor ação civil pública, pois bastará o ajuizamento de execução de título executivo extrajudicial[7].

5. QUESTÕES PACIFICADAS NA JURISPRUDÊNCIA SOBRE A LEGITIMIDADE DO MINISTÉRIO PÚBLICO NO PROCESSO CIVIL

Cabe, ainda, citar algumas questões jurisprudenciais e sumuladas sobre a **legitimidade e a atuação do Ministério Público no processo civil**:

a) O Ministério Público possui legitimidade para propor ação em benefício de indivíduo determinado buscando a proteção de direitos individuais indisponíveis, como o fornecimento de medicamentos e outras questões atinentes à saúde[8].

b) O Ministério Público possui legitimidade para propor ação civil pública em benefício de direitos difusos, coletivos em sentido estrito e individuais homogêneos de consumidores[9].

c) O Ministério Público possui legitimidade para propor ação civil pública relativamente a direitos de natureza previdenciária[10].

d) O Ministério Público possui legitimidade para propor ação civil pública em matéria tributária, consoante decidido pelo STF em sede de repercussão geral[11].

e) Súmula 601 do STJ: "O Ministério Público tem legitimidade ativa para atuar na defesa de direitos difusos, coletivos e individuais homogêneos dos consumidores, ainda que decorrentes da prestação de serviço público".

---

7 Lei n. 7.347/1985: "Art. 5º [...] § 6º Os órgãos públicos legitimados poderão tomar dos interessados compromisso de ajustamento de sua conduta às exigências legais, mediante cominações, que terá eficácia de título executivo extrajudicial".

8 "Tese jurídica firmada: O Ministério Público é parte legítima para pleitear tratamento médico ou entrega de medicamentos nas demandas de saúde propostas contra os entes federativos, mesmo quando se tratar de feitos contendo beneficiários individualizados, porque se refere a direitos individuais indisponíveis, na forma do art. 1º da Lei n. 8.625/1993 (Lei Orgânica Nacional do Ministério Público)" (STJ, REsp 1682836/SP, Rel. Ministro Og Fernandes, Primeira Seção, julgado em 25-4-2018, *DJe* 30-4-2018).

9 "É pacífico o entendimento no Superior Tribunal de Justiça no sentido de que o Ministério Público possui legitimidade para a propositura de ações civis públicas que visem a defesa dos direitos dos consumidores, abrangidos os direitos individuais homogêneos, quando configurada a relevância da questão para a coletividade" (STJ, AgInt no REsp 1708225/SP, Rel. Ministra Regina Helena Costa, Primeira Turma, julgado em 27-11-2018, *DJe* 7-12-2018).

10 "**A jurisprudência do Supremo Tribunal Federal e deste Superior Tribunal já se manifestou sobre o assunto e pacificou o entendimento no sentido de reconhecer a legitimidade do Ministério Público Federal para a propositura de ação civil pública na defesa de direitos de natureza previdenciária**" (STJ, AgRg no REsp 986.053/RS, Rel. Min. Marco Aurélio Bellizze, Quinta Turma, julgado em 16-10-2012, *DJe* 19-10-2012).

11 "**O Plenário do Supremo Tribunal Federal, após reconhecer a repercussão geral da matéria, ao julgar o RE 576.155, da relatoria do ministro Ricardo, decidiu que o Ministério Público tem legitimidade para propor ação civil pública com o objetivo de anular acordo realizado entre o contribuinte e o poder público para o pagamento de dívida tributária**" (STF, RE 586089 AgR, Rel. Min. Ayres Britto, Segunda Turma, julgado em 13-12-2011, acórdão eletrônico *DJe*-035 divulg. 16-2-2012 public. 17-2-2012).

f) Súmula 594 do STJ: "O Ministério Público tem legitimidade ativa para ajuizar ação de alimentos em proveito de criança ou adolescente independentemente do exercício do poder familiar dos pais, ou do fato de o menor se encontrar nas situações de risco descritas no art. 98 do Estatuto da Criança e do Adolescente, ou de quaisquer outros questionamentos acerca da existência ou eficiência da Defensoria Pública na comarca".

g) Súmula 329 do STJ: "O Ministério Público tem legitimidade para propor ação civil pública em defesa do patrimônio público".

h) Súmula 226 do STJ: "O Ministério Público tem legitimidade para recorrer na ação de acidente do trabalho, ainda que o segurado esteja assistido por advogado".

i) Súmula 189 do STJ: "É desnecessária a intervenção do Ministério Público nas execuções fiscais".

j) Súmula 116 do STJ: "A Fazenda Pública e o Ministério Publico têm prazo em dobro para interpor agravo regimental no Superior Tribunal de Justiça".

k) Súmula 99 do STJ: "O Ministério Público tem legitimidade para recorrer no processo em que oficiou como fiscal da lei, ainda que não haja recurso da parte".

l) Súmula 643 do STF: "O Ministério Público tem legitimidade para promover ação civil pública cujo fundamento seja a ilegalidade de reajuste de mensalidades escolares".

CAPÍTULO XVII

ADVOCACIA PÚBLICA

1. A IMPORTÂNCIA DA ADVOCACIA PÚBLICA E O SEU PAPEL NO CENÁRIO JURÍDICO CONTEMPORÂNEO

A Advocacia-Geral da União e as Procuradorias dos Estados e do Distrito Federal estão incluídas na Constituição Federal na Seção II do Capítulo IV, como **funções essenciais à Justiça**.

Possuem a atribuição constitucional de representar judicialmente e prestar consultoria jurídica às respectivas unidades federadas e, ainda, às pessoas jurídicas de direito público da administração indireta.

Com a criação das carreiras da advocacia pública, organizadas mediante provimento por concurso público, garante-se independência aos seus membros, que podem atuar de forma mais isenta, seja na defesa do ente público em juízo, seja na consultoria jurídica nos processos administrativos, de modo a permitir a aplicação do direito a todos os casos, evitando-se arbitrariedades. Assim, deve ser abandonada a ideia de que a advocacia pública defende um governo ou uma ideologia, pois deve estar voltada tão somente para a defesa do interesse público primário, para a proteção dos bens públicos e do cidadão. A advocacia pública deve ser uma advocacia de Estado e não uma advocacia de governo.

Nesse sentido, tem sido crescente a atuação da Advocacia Pública naquilo que comumente é chamado de atuação proativa, vale dizer, na propositura de ações de improbidade administrativa, de ações visando à recuperação de patrimônio público, em ações civis públicas para proteção ao meio ambiente etc.

Além disso, uma advocacia pública bem estruturada e com mais independência pode auxiliar na própria garantia da legalidade dentro da administração pública. Assim, quando se estabelece que as consultorias jurídicas da administração sejam formadas por advogados públicos e não por pessoas vinculadas aos respectivos órgãos da administração, garante-se ao parecerista independência para controlar a legalidade administrativa.

Na seara do processo judicial, também deveria se garantir ao advogado público maior independência para formular acordos judiciais, aliada a um maior controle interno dos atos do advogado público. Essa medida poderia reduzir muito a quantidade de processos que abarrotam o Judiciário, na medida em que os entes públicos se enquadram entre os maiores demandantes do país[1]. Além disso, a maior autonomia para o advogado público formular acordos judiciais implicaria benefícios para a própria administração. Imagine-se o caso de um procedimento licitatório maculado por um ato administrativo claramente nulo, que vem a ser impugnado e suspenso por uma ordem judicial. Nesse caso, defender o ato administrativo inválido implica um enorme prejuízo para o ente público, pois este permanecerá sem o bem ou serviço buscado com a licitação e, ao mesmo tempo, movimentará toda a estrutura da procuradoria que a defende e a do Judiciário, que com recursos públicos mantém.

Do ponto de vista do contencioso judicial, deve-se garantir que o procurador público tenha maior autonomia para aferir se é melhor defender uma tese com pouca probabilidade de sucesso, ou abster-se de apresentá-la e economizar para o erário juros, correção monetária, honorários advocatícios, material humano e logístico das Procuradorias e do próprio Judiciário. Sob esse enfoque, observa-se que a solução para o problema da Justiça não está somente na reforma da legislação processual, senão – e previamente – na alteração da cultura da litigiosidade, que vê na decisão judicial de última instância a melhor alternativa, eternizando os processos judiciais. Nem sempre sustentar a tese jurídica até as últimas instâncias é defender o ente público, pois a defesa do ato administrativo pode implicar, em última análise, um prejuízo econômico para tal ente.

Portanto, o novo paradigma de advocacia pública requer maior autonomia técnica, aliada a um maior controle dos seus atos, não para dar guarida a convicções pessoais do procurador, mas para que patrocine os interesses do ente público com base em teses defensáveis, com probabilidade de acolhida em juízo. O novo modelo de processo não admite mais que sejam defendidas teses já superadas por completo pela doutrina e pela jurisprudência[2].

2. PROCURADORIAS QUE REPRESENTAM JUDICIALMENTE OS ENTES ESTATAIS

2.1. Advocacia-Geral da União

A Constituição Federal de 1988 criou institucionalmente a Advocacia-Geral da União, bem como vedou ao Ministério Público Federal o exercício da função de representar, judicial e extrajudicialmente, a União. Isso porque, antes da Constituição Federal de 1988, a representação judicial da União era exercida pela Procuradoria-Geral da República. O Ministério Público Federal atuava, portanto, tanto no papel que atualmente

1 Com efeito, segundo dados do CNJ, os maiores litigantes são, nesta ordem: 1º) o INSS, com 22,33% do total de processos que compõe o acervo processual que tramita no Judiciário Nacional; 2º) a Caixa Econômica Federal, com 8,50%; 3º) a União (Fazenda Nacional), com 7,45%; e 4º) a União (causas não tributárias), com 6,97% do total de processos (CONSELHO NACIONAL DE JUSTIÇA. 100 maiores litigantes. Disponível em: <http://www.cnj.jus.br/images/pesquisas-judiciarias/pesquisa_100_maiores_litigantes.pdf>. Acesso em: 22-9-2015).

2 LUNARDI, Fabrício Castagna. AGU: obrigatoriedade da defesa do ato administrativo x tutela do interesse público. *Carta Forense*, São Paulo, p. 44-45, ago. 2008.

exerce (funções inerentes ao Ministério Público) como na representação judicial da União. As funções de assessoramento jurídico em processos administrativos eram exercidas pelas Consultorias dos Ministérios.

A Lei Orgânica da Advocacia-Geral da União foi promulgada somente em 1993 (Lei Complementar n. 73/1993). Estabelece, em seu art. 1º, que "a Advocacia-Geral da União é a instituição que representa a União judicial e extrajudicialmente" e que "à Advocacia-Geral da União cabem as atividades de consultoria e assessoramento jurídicos ao Poder Executivo, nos termos desta Lei Complementar".

A Advocacia-Geral da União tem como chefe o Advogado-Geral da União, cargo de confiança com *status* de Ministro, de livre nomeação e exoneração pelo Presidente da República entre cidadãos maiores de 35 anos, de notável saber jurídico e reputação ilibada. Para ser nomeado, o Advogado-Geral da União não precisa integrar a carreira da AGU.

A Advocacia-Geral da União é composta por três órgãos distintos, a ela vinculados, compostos por três categorias diferentes. São eles:

a) Procuradoria-Geral da União: tem como chefe o Procurador-Geral da União e é integrada por advogados da União. Representam a União em juízo, nas questões em geral.

b) Procuradoria-Geral da Fazenda Nacional: tem como chefe o Procurador-Geral da Fazenda Nacional e é composta por procuradores da Fazenda Nacional. Representam a União em Juízo, quando se trata de matéria tributária. Portanto, quando a União é parte, será preciso verificar se se trata de matéria tributária ou não, para identificar se a representação ocorrerá pela Procuradoria da Fazenda Nacional (integrada por Procuradores da Fazenda Nacional) ou pela Procuradoria da União (composta por Advogados da União).

c) Procuradoria-Geral Federal: o chefe é o Procurador-Geral Federal e é integrada por Procuradores Federais (não confundir com Procuradores da República, que são membros do Ministério Público Federal). Representam as autarquias e as fundações públicas federais. Antigamente, havia os cargos de procuradores autárquicos, que foram transformados em procuradores federais.

Além desses órgãos que representam judicialmente os entes federais, há, ainda, a Procuradoria do Banco Central: apesar da sua natureza de autarquia, o Banco Central mantém procuradoria própria. Assim, existe a carreira própria de Procuradores do Banco Central.

2.2. Procuradorias Estaduais

No âmbito estadual e distrital, é obrigatória a criação de procuradorias estaduais e do Distrito Federal, respectivamente, para defesa dos interesses dos Estados e do Distrito Federal, bem como das suas respectivas pessoas jurídicas de direito público (autarquias e fundações públicas).

Os Procuradores dos Estados e do Distrito Federal têm a função constitucional de exercer a representação judicial e a consultoria jurídica das respectivas unidades federadas. São cargos públicos organizados em carreira, cujo ingresso, por conseguinte, se dá mediante concurso público de provas e títulos (art. 132, CF).

2.3. Procuradorias Municipais

Não é obrigatória a criação de procuradorias dos municípios. Por isso, não foram previstas na Constituição Federal. Municípios menores fazem a contratação por licitação de advogados para patrocinar os interesses do Município. Contudo, municípios maiores comumente mantêm procuradoria municipal estruturada em carreira.

As procuradorias municipais possuem também as prerrogativas de prazo e de intimação pessoal, de acordo com o CPC.

3. PRERROGATIVAS PROCESSUAIS DO ENTE PÚBLICO

3.1. Prerrogativas de prazo

Inicialmente, é preciso observar que a **prerrogativa de prazo é do ente público, e não do advogado público**. Assim, por exemplo, nas hipóteses em que a Advocacia da União representa servidores públicos federais por atos praticados no exercício da função (art. 22, Lei n. 9.028/1995), não há prerrogativas de prazo. De outro lado, quando representam a União, aplicam-se as prerrogativas de prazo previtas no CPC.

Com efeito, o art. 183 do CPC prevê **prazo em dobro** para todas as manifestações processuais da União, dos Estados, do Distrito Federal, dos Municípios e das suas respectivas autarquias e fundações de direito público.

Não se aplica a prerrogativa de prazo quando a lei estabelece, de forma expressa, prazo próprio para o ente público (art. 183, § 2º, CPC). É o que ocorre, por exemplo, no prazo específico previsto para o ente público apresentar impugnação à execução de título executivo judicial (30 dias – art. 535, CPC)[3] ou embargos à execução de título executivo extrajudicial (30 dias – art. 910, CPC)[4]; na inexistência de prazos diferenciados para o ente público nos Juizados Especiais de Fazenda Pública (Lei n. 12.153/2009, art. 7º)[5] e nos Juizados Especiais Federais Cíveis (Lei n. 10.259/2001, art. 9º)[6], pois tais leis já preveem seus prazos próprios e consideram o fato de o ente público estar no polo passivo do processo.

---

3 CPC: "Art. 535. A Fazenda Pública será intimada na pessoa de seu representante judicial, por carga, remessa ou meio eletrônico, para, querendo, no prazo de 30 (trinta) dias e nos próprios autos, impugnar a execução, podendo arguir: [...]".

4 CPC: "Art. 910. Na execução fundada em título extrajudicial, a Fazenda Pública será citada para opor embargos em 30 (trinta) dias".

5 Lei n. 12.153/2009: "Art. 7º Não haverá prazo diferenciado para a prática de qualquer ato processual pelas pessoas jurídicas de direito público, inclusive a interposição de recursos, devendo a citação para a audiência de conciliação ser efetuada com antecedência mínima de 30 (trinta) dias".

6 Lei n. 10.259/2001: "Art. 9º Não haverá prazo diferenciado para a prática de qualquer ato processual pelas pessoas jurídicas de direito público, inclusive a interposição de recursos, devendo a citação para audiência de conciliação ser efetuada com antecedência mínima de trinta dias".

3.2. Prerrogativa de intimação pessoal

Os representantes dos entes públicos também possuem a **prerrogativa de intimação pessoal**. Além disso, o início da contagem do prazo se dá a partir dessa intimação. É o que determina o art. 183, *caput* e § 1º, do CPC[7].

4. RESPONSABILIDADE CIVIL DO ADVOGADO PÚBLICO

O advogado público responde pelos atos que praticar no exercício de suas funções somente quando atuar com **dolo ou fraude** (art. 184, CPC)[8].

Assim, o ente federado ao qual pertence responde objetivamente pelos atos praticados pelo advogado público, e somente terá direito de regresso contra o advogado público se provar que este agiu com dolo ou fraude.

---

7 CPC: "Art. 183. A União, os Estados, o Distrito Federal, os Municípios e suas respectivas autarquias e fundações de direito público gozarão de prazo em dobro para todas as suas manifestações processuais, cuja contagem terá início a partir da intimação pessoal. § 1º A intimação pessoal far-se-á por carga, remessa ou meio eletrônico".

8 CPC: "Art. 184. O membro da Advocacia Pública será civil e regressivamente responsável quando agir com dolo ou fraude no exercício de suas funções".

CAPÍTULO XVIII

DEFENSORIA PÚBLICA

1. A IMPORTANTE FUNÇÃO E A DISCIPLINA CONSTITUCIONAL

A Defensoria Pública **é instituição essencial à Justiça**, incumbindo-lhe a orientação jurídica, a promoção dos direitos humanos e a defesa, judicial e extrajudicial, dos direitos individuais e coletivos, de forma integral e gratuita, aos economicamente necessitados, conforme previsto no art. 134 da Constituição Federal.

É a instituição que, concretamente, deve garantir o direito fundamental previsto no art. 5º, inc. LXXIV, da Constituição Federal, segundo o qual "o Estado prestará assistência jurídica integral e gratuita aos que comprovarem insuficiência de recursos".

Dentro da perspectiva do acesso à justiça (art. 5º, inc. XXXV, CF), a Defensoria Pública visa a minimizar o obstáculo econômico ao Judiciário, na medida em que oportuniza que, mesmo sem recursos para contratar um advogado particular, o cidadão possa ser representado em juízo. Nesse sentido, não há como conceber acesso à justiça na sua plenitude sem uma instituição como a Defensoria Pública, que atue na defesa dos interesses dos necessitados.

Em 1994, foi promulgada a Lei Complementar n. 80, que organiza a Defensoria Pública da União e do Distrito Federal, bem como prescreve normas gerais para sua organização nos Estados.

Com a Emenda Constitucional n. 45/2004, as Defensorias Públicas Estaduais ganharam autonomia funcional e administrativa, bem como iniciativa de proposta orçamentária. As Defensorias Públicas Federal e do Distrito Federal obtiveram a mesma autonomia com a Emenda Constitucional n. 74/2013[1].

A Emenda Constitucional n. 69/2012 alterou os arts. 21, 22 e 48 da Constituição Federal, a fim de transferir da União para o Distrito Federal as atribuições de organizar e manter a Defensoria Pública do Distrito Federal[2].

1 Constituição Federal: "Art. 134 [...] § 2º Às Defensorias Públicas Estaduais são asseguradas autonomia funcional e administrativa e a iniciativa de sua proposta orçamentária dentro dos limites estabelecidos na lei de diretrizes orçamentárias e subordinação ao disposto no art. 99, § 2º" [Incluído pela Emenda Constitucional n. 45, de 2004]. "§ 3º Aplica-se o disposto no § 2º às Defensorias Públicas da União e do Distrito Federal" [Incluído pela Emenda Constitucional n. 74, de 2013].

2 Assim, diferentemente do que ocorre com o Poder Judiciário e o Ministério Público do Distrito Federal (mantidos e organizados pela União), a Defensoria Pública do Distrito Federal atualmente é mantida e organizada por este ente da Federação.

Nos últimos anos, a Defensoria Pública talvez seja, dentre as funções essenciais à justiça, a instituição que mais vem crescendo e se estruturando.

De acordo com a Lei Complementar n. 80/1994, "a capacidade postulatória do Defensor Público decorre exclusivamente de sua nomeação e posse no cargo público" (art. 4º, § 6º, LC n. 80/1994), razão pela qual não precisa de inscrição na Ordem dos Advogados do Brasil.

A Lei Complementar n. 80/1994 estabeleceu, dentre as funções institucionais da Defensoria Pública, "promover ação civil pública e todas as espécies de ações capazes de propiciar a adequada tutela dos direitos difusos, coletivos ou individuais homogêneos quando o resultado da demanda puder beneficiar grupo de pessoas hipossuficientes" (art. 4º, VII). Em razão disso, foi incluída na Lei n. 7.347/1985 (Lei da Ação Civil Pública) a legitimidade da Defensoria Pública para propor a ação civil pública (art. 5º, II).

Portanto, observa-se que a Defensoria Pública vem cada vez mais ganhando espaço no cenário jurídico, diante da ampliação das suas funções na defesa dos necessitados.

2. PRERROGATIVAS PROCESSUAIS DA DEFENSORIA PÚBLICA

Abaixo, apresenta-se uma lista das prerrogativas processuais da Defensoria Pública:

a) Carga dos autos com **vista pessoal** (art. 44, VI, e art. 127, VII, LC 80/1994);

b) **Intimação pessoal** (art. 44, I e art. 127, I, LC 80/1994);

c) **Prazo em dobro** para se manifestar em todos os atos do processo (art. 44, I, e art. 127, I, LC 80/1994; art. 186, *caput*, CPC). Essa prerrogativa de prazo não se aplica quando a lei processual estabelecer, de forma expressa, prazo específico para a Defensoria Pública (art. 186, § 4º, CPC). A mesma prerrogativa de prazo da Defensoria se aplica aos "escritórios de prática jurídica das faculdades de Direito reconhecidas na forma da lei e às entidades que prestam assistência jurídica gratuita em razão de convênios firmados com a Defensoria Pública" (art. 186, § 3º, CPC);

d) **Início do seu prazo a partir da intimação pessoal** (art. 186, § 1º, CPC);

e) Manifestação nos autos administrativos e judiciais **por meio de cota** (escrita de ato processual de próprio punho nos autos, no verso em branco da última folha) – art. 44, IX, e art. 127, IX, LC 80/1994;

f) **Requisição de documentos** e informações de órgãos públicos, no exercício de suas atribuições (art. 44, X, e art. 127, X, LC 80/1994);

g) **Representação da parte hipossuficiente sem mandato**, salvo se forem necessários poderes especiais (comumente, junta-se uma autorização para a atuação da Defensoria Pública) – art. 44, XI, e art. 127, I, LC 80/1994; art. 287, II, CPC.

Embora alguns autores afirmem que essas prerrogativas da Defensoria Pública seriam inconstitucionais, é preciso dizer que elas são, em verdade, plenamente justificadas e estão de acordo com o princípio constitucional da isonomia. Vale dizer, constituem-se em *discrímen* justificável, que implementa a igualdade substancial. Não se pode apenas considerar se a Defensoria Pública está ou não devidamente estruturada, mas também o fato de que os assistidos são pessoas pobres, cujo contato é mais dificultoso. Com efeito, diversas questões surgem no curso do processo em que é preciso se consultar a parte assistida e, para tanto, solicitar a sua presença na sede da Defensoria Pública (ex.: proposta de acordo, opção por recorrer ou não etc.). Como são muitos os assistidos e o seu deslocamento comumente é mais difícil pela própria condição econômica (por diversas vezes, a parte não possui recursos financeiros nem mesmo para comprar as passagens de transporte coletivo necessárias para o deslocamento), é imprescindível que efetivamente haja um prazo maior para a Defensoria Pública, em geral, se manifestar nos autos do processo.

Além disso, o direito à vista pessoal, na prática, acaba por acelerar o andamento processual, haja vista que, em vez da intimação por publicação em diário oficial, todos os autos dos processos em que Defensoria Pública atua são separados e entregues periodicamente a esta. Portanto, essa prerrogativa (vista pessoal), que se justifica pela própria atuação da Defensoria, também é um mecanismo que está em conformidade com a instrumentalidade e a celeridade processual.

3. RESPONSABILIDADE CIVIL DO DEFENSOR PÚBLICO

O Defensor Público somente responde civilmente quando agir com **dolo ou fraude** no exercício de suas funções, nos termos do art. 187 do CPC[3].

Assim, o ente federado ao qual pertence o Defensor Público responde de forma objetiva, mas a pessoa Defensor Público não responde nem se agir com culpa, pois, somente no caso de dolo ou fraude será civilmente responsabilizado.

Além disso, somente responde "regressivamente", isto é, em caso de responsabilidade civil, é necessário que a ação seja inicialmente ajuizada contra o ente da federação ao qual pertence o Defensor Público, para, somente em caso de condenação, ser proposta ação regressiva do ente estatal contra o Defensor.

3 CPC: "Art. 187. O membro da Defensoria Pública será civil e regressivamente responsável quando agir com dolo ou fraude no exercício de suas funções".

CAPÍTULO XIX

GRATUIDADE JUDICIÁRIA

1. INTRODUÇÃO

Os benefícios da gratuidade judiciária compreendem tanto a **assistência jurídica** (por defensor público, núcleos de prática jurídica de universidades, nomeação de advogado dativo etc.) quanto a **isenção de custas processuais, honorários periciais e honorários advocatícios**.

O CPC/2015 (art. 1.072, III) revogou expressamente diversos dispositivos da Lei n. 1.060/1950 (arts. 2º, 3º, 4º, 6º, 7º, 11, 12 e 17)[1], que tradicionalmente disciplinava gratuidade judiciária, bem como estabeleceu, nos arts. 98 a 102, a forma de concessão, os requisitos e a extensão de tal benefício, dentre outras questões.

2. REQUISITOS

O benefício da assistência judiciária gratuita deve ser concedido pelo juiz à "pessoa natural ou jurídica, brasileira ou estrangeira, com insuficiência de recursos para pagar as custas, as despesas processuais e os honorários advocatícios, [...] na forma da lei" (art. 98, CPC).

Assim, para obter tal benefício, a parte precisa assinar declaração de que não está em condições de pagar as despesas processuais e os honorários de advogado.

Presume-se verdadeira a declaração de insuficiência formulada por pessoa natural (art. 99, § 3º, CPC).

O simples fato de a parte estar assistida por advogado particular não impede, por si só, a concessão da gratuidade de justiça[2].

De outro lado, o art. 5º, LXXIV, da Constituição Federal prevê que "o Estado prestará assistência jurídica integral e gratuita aos que comprovarem insuficiência de recursos".

---

1 CPC: "Art. 1.072. Revogam-se: [...] III – os arts. 2º, 3º, 4º, 6º, 7º, 11, 12 e 17 da Lei n. 1.060, de 5 de fevereiro de 1950".

2 CPC: "Art. 99 [...] § 4º A assistência do requerente por advogado particular não impede a concessão de gratuidade da justiça".

Nesse sentido, o § 2º do art. 99 do CPC dispõe que "o juiz somente poderá indeferir o pedido se houver nos autos elementos que evidenciem a falta dos pressupostos legais para a concessão de gratuidade, devendo, antes de indeferir o pedido, determinar à parte a comprovação do preenchimento dos referidos pressupostos". Embora a primeira leitura do dispositivo possa levar à conclusão de que o juiz somente poderia indeferir o benefício da gratuidade judiciária após ouvir a parte autora, tal conclusão não é correta.

Se os elementos constantes nos autos evidenciarem que a parte possui condições econômicas para pagar as custas processuais e honorários advocatícios, deverá o juiz indeferir o benefício da gratuidade judiciária. O juiz somente deverá intimar a parte para se manifestar quando houver a necessidade de esclarecer algo que ainda não está no processo, mas se isso também puder ser determinante para a concessão do benefício da gratuidade judiciária. Entender de modo diverso seria exigir um contraditório sem utilidade, o que não é admitido pelo processo civil contemporâneo, que impõe efetividade, instrumentalidade e celeridade.

O direito ao benefício da gratuidade da justiça é personalíssimo, não se estendendo ao litisconsorte, nem ao (eventual) sucessor do beneficiário, salvo se estes também fizerem jus ao benefício por direito próprio e tiverem o benefício deferido[3].

Além disso, a gratuidade da justiça não se transmite ao advogado do beneficiário. Assim, quando o recurso do beneficiário da gratuidade judiciária disser respeito somente à questão dos honorários advocatícios, deverá haver o preparo (recolhimento de custas recursais), salvo se o advogado demonstrar que também é beneficiário da gratuidade de justiça (art. 99, § 5º). Isso ocorre porque os honorários advocatícios sucumbenciais, de acordo com o CPC, pertencem ao advogado, e não à parte.

3. ABRANGÊNCIA DO BENEFÍCIO

O benefício da gratuidade da justiça compreende (art. 98, § 1º, CPC):

I – as taxas ou as custas judiciais;

II – os selos postais;

III – as despesas com publicação na imprensa oficial, dispensando-se a publicação em outros meios;

IV – a indenização devida à testemunha que, quando empregada, receberá do empregador salário integral, como se em serviço estivesse;

V – as despesas com a realização de exame de código genético – DNA e de outros exames considerados essenciais;

VI – os honorários do advogado e do perito e a remuneração do intérprete ou do tradutor nomeado para apresentação de versão em português de documento redigido em língua estrangeira;

VII – o custo com a elaboração de memória de cálculo, quando exigida para instauração da execução;

3 CPC: "Art. 99 [...] § 6º O direito à gratuidade da justiça é pessoal, não se estendendo a litisconsorte ou a sucessor do beneficiário, salvo requerimento e deferimento expressos".

VIII – os depósitos previstos em lei para interposição de recurso, para propositura de ação e para a prática de outros atos processuais inerentes ao exercício da ampla defesa e do contraditório;

IX – os emolumentos devidos a notários ou registradores em decorrência da prática de registro, averbação ou qualquer outro ato notarial necessário à efetivação de decisão judicial ou à continuidade de processo judicial no qual o benefício tenha sido concedido.

Trata-se de um **rol meramente exemplificativo** dos benefícios de quem teve concedida a gratuidade judiciária.

Assim, há outros benefícios previstos no próprio CPC e em leis esparsas decorrentes de gratuidade judiciária. Por exemplo, o art. 169, § 2º, do CPC estabelece que, nas Câmaras Privadas de Conciliação e Mediação, deverá haver um percentual de audiências não remuneradas que deverão se realizar, para atender aos processos em que tenha sido deferida a gratuidade de justiça[4].

No caso de ação rescisória, em regra, exige-se o depósito prévio como requisito de admissibilidade. Para o beneficiário da gratuidade judiciária, há isenção desse depósito (art. 968, inc. II e § 1º, CPC)[5].

Nos processos em que há necessidade de realização de perícia, naturalmente um perito particular não aceitará atuar sem o adiantamento dos respectivos honorários. Em razão disso, se os custos da perícia incumbirem ao beneficiário da gratuidade de justiça, ela poderá ser realizada por servidor público, do Poder Judiciário ou de órgão público conveniado, ou, se realizada por perito particular, deverá ser paga mediante recursos alocados à União, ao Estado ou ao Distrito Federal[6].

De outro lado, a concessão da gratuidade judiciária não abrange eventuais multas processuais, impostas, por exemplo, em razão da prática de ato atentatório à dignidade da justiça ou por litigância de má-fé, em razão da sua natureza sancionatória[7].

---

4 CPC: "Art. 169. Ressalvada a hipótese do art. 167, § 6º, o conciliador e o mediador receberão pelo seu trabalho remuneração prevista em tabela fixada pelo tribunal, conforme parâmetros estabelecidos pelo Conselho Nacional de Justiça. [...] § 2º Os tribunais determinarão o percentual de audiências não remuneradas que deverão ser suportadas pelas câmaras privadas de conciliação e mediação, com o fim de atender aos processos em que deferida gratuidade da justiça, como contrapartida de seu credenciamento".

5 CPC: "Art. 968. A petição inicial será elaborada com observância dos requisitos essenciais do art. 319, devendo o autor: [...] II – depositar a importância de cinco por cento sobre o valor da causa, que se converterá em multa caso a ação seja, por unanimidade de votos, declarada inadmissível ou improcedente. § 1º Não se aplica o disposto no inciso II à União, aos Estados, ao Distrito Federal, aos Municípios, às suas respectivas autarquias e fundações de direito público, ao Ministério Público, à Defensoria Pública e aos que tenham obtido o benefício de gratuidade da justiça".

6 CPC: "Art. 95 [...] § 3º Quando o pagamento da perícia for de responsabilidade de beneficiário de gratuidade da justiça, ela poderá ser: I – custeada com recursos alocados no orçamento do ente público e realizada por servidor do Poder Judiciário ou por órgão público conveniado; II – paga com recursos alocados no orçamento da União, do Estado ou do Distrito Federal, no caso de ser realizada por particular, hipótese em que o valor será fixado conforme tabela do tribunal respectivo ou, em caso de sua omissão, do Conselho Nacional de Justiça. § 4º Na hipótese do § 3º, o juiz, após o trânsito em julgado da decisão final, oficiará a Fazenda Pública para que promova, contra quem tiver sido condenado ao pagamento das despesas processuais, a execução dos valores gastos com a perícia particular ou com a utilização de servidor público ou da estrutura de órgão público, observando-se, caso o responsável pelo pagamento das despesas seja beneficiário de gratuidade da justiça, o disposto no art. 98, § 2º. § 5º Para fins de aplicação do § 3º, é vedada a utilização de recursos do fundo de custeio da Defensoria Pública".

7 CPC: "Art. 98 [...] § 4º A concessão de gratuidade não afasta o dever de o beneficiário pagar, ao final, as multas processuais que lhe sejam impostas".

3.1. Concessão total ou parcial da gratuidade judiciária

O CPC/2015 inova na matéria ao estabelecer a **possibilidade de conceder a gratuidade judiciária apenas parcialmente**. Com efeito, poderá ser concedida gratuidade judiciária (art. 98, §§ 5º e 6º):

a) apenas em relação a algum ou a alguns atos processuais;

b) para reduzir o percentual de despesas processuais que o beneficiário tiver de adiantar no curso do procedimento;

c) apenas para permitir o parcelamento de despesas processuais que o beneficiário tenha que adiantar durante o processo.

Diante dessas possibilidades, o autor, na petição inicial, ou o réu, no seu primeiro ato do processo, poderá requerer a gratuidade judiciária, mas, além disso, deverá especificar qual é a abrangência do benefício que postula. Vale dizer, deve dizer se irá requerer a gratuidade judiciária total ou parcial, e, sendo parcial, qual benefício pretende obter. Da mesma forma, o juiz, ao conceder a gratuidade judiciária, deverá dizer se defere total ou parcialmente a gratuidade judiciária e, nesse caso, deverá especificar qual é a abrangência desse benefício.

4. MOMENTO E FORMA PARA REQUERER

O requerimento de gratuidade judiciária pode ser formulado em **qualquer momento do processo**. É possível requerer o benefício na petição inicial, na contestação, na petição de ingresso do terceiro no processo, em recurso, ou, se em outro momento, por simples petição (art. 99, § 1º, CPC).

4.1. Gratuidade requerida no recurso

Se a gratuidade de justiça for requerida no recurso, o recorrente não precisa, de início, fazer o preparo (recolhimento das custas recursais). Nessa hipótese, caberá ao relator do recurso analisar o requerimento de gratuidade judiciária (juízo *ad quem*) e não ao juízo de primeira instância (juízo *a quo*). Se o relator do recurso, ao fazer a análise do requerimento, indeferir o benefício, deverá intimar o recorrente para fazer o preparo em prazo que fixar, sob pena de deserção[8].

5. IMPUGNAÇÃO À GRATUIDADE JUDICIÁRIA

Se o juiz deferir a gratuidade judiciária, a parte contrária poderá impugná-la, no **prazo de 15 dias após a intimação acerca da referida decisão**.

---

8 CPC: "Art. 99 [...] § 7º Requerida a concessão de gratuidade da justiça em recurso, o recorrente estará dispensado de comprovar o recolhimento do preparo, incumbindo ao relator, neste caso, apreciar o requerimento e, se indeferi-lo, fixar prazo para realização do recolhimento".

Tal impugnação deverá ser apresentada "**na contestação, na réplica, nas contrarrazões de recurso ou, nos casos de pedido superveniente ou formulado por terceiro, por meio de petição simples**", nos próprios autos, sem que haja suspensão do processo (art. 100, *caput*, CPC). Se a gratuidade judiciária tiver sido deferida ao autor antes da citação, caberá ao réu, em preliminar de contestação (art. 337, XIII, CPC), impugná-la[9].

Portanto, de acordo com o CPC, não deve haver a instauração de um processo incidente, em autos apartados, para a impugnação da gratuidade judiciária.

Caso o juiz acolha a impugnação à gratuidade judiciária e indefira o benefício ao requerente, deverá intimá-lo para adiantar as custas que já lhe competia, bem como o condenará, em caso de má-fé, ao pagamento do décuplo do seu valor, a título de multa. Essa multa será revertida em benefício da Fazenda Pública (Estadual ou Federal) e poderá ser inscrita em dívida ativa[10].

6. RECURSOS

Nas hipóteses em que o **benefício da gratuidade judiciária é indeferido ou revogado por decisão interlocutória**, cabe **agravo de instrumento** (art. 101, *caput*, e art. 1.015, V, CPC)[11].

Entretanto, **não cabe recurso contra a decisão que defere o benefício da gratuidade judiciária ou que não acolhe a impugnação ao valor da causa**, tendo em vista que não há previsão de agravo de instrumento para tal hipótese, bem como porque tal questão pode ser objeto de recurso de apelação ou ser suscitada em contrarrazões de apelação (pois há mais a preclusão das decisões interlocutórias irrecorríveis).

De outro lado, se o benefício da gratuidade judiciária for concedido, revogado ou indeferido na sentença, caberá recurso de apelação inclusive dessa parte (art. 1.009 e art. 101, *caput*, CPC)[12].

Nas hipóteses acima referidas, em que foi indeferida a gratuidade judiciária, o recurso contra ela não precisará de preparo até a decisão do relator, que, ao fazer juízo de admissibilidade do recurso, decidirá se o agravante deverá ou não fazer o preparo (analisando a plausibilidade no seu direito)[13].

---

9 CPC: "Art. 337. Incumbe ao réu, antes de discutir o mérito, alegar: [...] XIII – indevida concessão do benefício de gratuidade de justiça".

10 CPC: "Art. 100 [...] Parágrafo único. Revogado o benefício, a parte arcará com as despesas processuais que tiver deixado de adiantar e pagará, em caso de má-fé, até o décuplo de seu valor a título de multa, que será revertida em benefício da Fazenda Pública estadual ou federal e poderá ser inscrita em dívida ativa".

11 CPC: "Art. 101. Contra a decisão que indeferir a gratuidade ou a que acolher pedido de sua revogação caberá agravo de instrumento, exceto quando a questão for resolvida na sentença, contra a qual caberá apelação". No mesmo sentido, o art. 1.015, V, CPC: "Art. 1.015. Cabe agravo de instrumento contra as decisões interlocutórias que versarem sobre: [...] V – rejeição do pedido de gratuidade da justiça ou acolhimento do pedido de sua revogação;".

12 CPC: "Art. 101. Contra a decisão que indeferir a gratuidade ou a que acolher pedido de sua revogação caberá agravo de instrumento, exceto quando a questão for resolvida na sentença, contra a qual caberá apelação".

13 CPC: "Art. 101 [...] § 1º O recorrente estará dispensado do recolhimento de custas até decisão do relator sobre a questão, preliminarmente ao julgamento do recurso. § 2º Confirmada a denegação ou a revogação da gratuidade, o relator ou o órgão colegiado determinará ao recorrente o recolhimento das custas processuais, no prazo de 5 (cinco) dias, sob pena de não conhecimento do recurso".

Por fim, é preciso verificar que há uma questão que não foi especificada pelo CPC/2015, relativa ao deferimento parcial da gratuidade judiciária, para, por exemplo, permitir apenas o parcelamento, a redução das custas ou honorários (art. 98, §§ 5º e 6º). Em tais casos, se a parte tiver requerido o benefício integral da gratuidade judiciária e o juiz, por decisão interlocutória, deferir-lhe apenas parcialmente, será cabível o agravo de instrumento. O CPC/2015 prevê que é cabível o agravo de instrumento contra "rejeição do pedido de gratuidade da justiça ou acolhimento do pedido de sua revogação" (art. 1.015, V, CPC). O deferimento parcial equivale a uma rejeição parcial, razão pela qual deve ser admitido o agravo de instrumento. Além disso, a lógica do CPC/2015 foi permitir agravo de instrumento para aquelas hipóteses em que a decisão interlocutória obsta indiretamente o exercício do direito de ação da parte, que não pode aguardar a sentença para interpor o recurso de apelação. No caso de indeferimento parcial da gratuidade judiciária, se a parte alegar que não possui condições de arcar nem parcialmente com as custas do processo, deferir a gratuidade apenas parcialmente pode obstar que ela continue com o processo, o que violaria o acesso à justiça. Portanto, não há como essa decisão ser impugnada somente em apelação (diferentemente do caso de decisão que concede a gratuidade, que não obsta que a parte contrária exerça a sua inconformidade em sede de recurso de apelação).

Por todas essas razões, deve ser admitido o recurso de agravo de instrumento contra a decisão que defere apenas parcialmente o benefício da gratuidade judiciária.

7. SUCUMBÊNCIA DO BENEFICIÁRIO DA GRATUIDADE DE JUSTIÇA: CONDENAÇÃO E SUSPENSÃO DA EXIGIBILIDADE

No caso de a parte sucumbente ser beneficiária da gratuidade judiciária, o juiz deverá condená-la a pagar as custas processuais e os honorários advocatícios (bem como as demais verbas sucumbenciais), mas deverá suspender a sua exigibilidade.

Com efeito, as obrigações decorrentes da sucumbência, impostas ao beneficiário da gratuidade judiciária, deverão ficar "sob condição suspensiva de exigibilidade" e somente poderão ser executadas "se, nos 5 (cinco) anos subsequentes ao trânsito em julgado da decisão que as certificou, o credor demonstrar que deixou de existir a situação de insuficiência de recursos que justificou a concessão de gratuidade, extinguindo-se, passado esse prazo, tais obrigações do beneficiário" (art. 98, § 3º, CPC).

8. IMPORTÂNCIA DA GRATUIDADE JUDICIÁRIA COMO INSTRUMENTO DO ACESSO À JUSTIÇA *VERSUS* ABUSO NA SUA CONCESSÃO: ANÁLISE CRÍTICA

A jurisprudência dos tribunais pátrios, por sua vez, tem dado interpretação excessivamente ampla ao conceito de necessitado economicamente. Com efeito, grande parte da jurisprudência reconhece que pessoas que recebem até 10 salários mínimos são "pobres nos termos da lei"[14].

---

14 "**Mesmo a concessão de assistência judiciária para sujeitos cuja renda mensal seja superior a 10 salários mínimos poderá ser deferida, caso existentes elementos que indiquem que o pagamento das custas prejudicará**

Entretanto, tais decisões têm gerado uma sobreutilização do Judiciário, pois, sem pagar despesas processuais iniciais e sem o risco de arcar com custas e honorários advocatícios sucumbenciais, é mais barato resolver o conflito no Judiciário do que fora dele.

A título de exemplo, a legislação (inicialmente, a Lei n. 11.441/2007, que alterou o art. 982 do CPC/1973) passou a permitir realizar extrajudicialmente (em Tabelionatos) o inventário e partilha de bens por sucessão *causa mortis*, regra que atualmente consta no art. 610, § 1º, do CPC/2015[15], com o objetivo de desafogar o Poder Judiciário. Na prática, todavia, as pessoas continuam preferindo propor ações de inventário e partilha no Judiciário, já que conseguem facilmente obter o benefício da gratuidade judiciária e não pagar despesas processuais e honorários advocatícios, isenção que não há nos cartórios extrajudiciais.

Além disso, diversas ações temerárias são propostas por pessoas (que não seriam "pobres") que sequer fazem uma análise das chances de ganho e riscos de sucumbência (p.ex., ações revisionais de contratos bancários manifestamente improcedentes, que abarrotam o Judiciário). Como consequência, aumentam-se as possibilidades de ingresso de demandas no Poder Judiciário, mas, em contrapartida, gera-se uma sobreutilização da estrutura judicial e, por conseguinte, uma morosidade cada vez maior, deixando-se de efetivar direitos tempestivamente. Ao citar o exemplo da assistência judiciária gratuita, Ivo Gico Jr., em importante tese de doutorado em economia sobre o assunto, aponta que "subsidiar a litigância é justamente o que o Brasil vem fazendo nos últimos anos"[16].

É preciso considerar, ainda, que o total de gastos do Poder Judiciário brasileiro é equivalente a 1,2% do Produto Interno Bruto (PIB) nacional e corresponde a R$ 368,22 por habitante, conforme dados do Conselho Nacional de Justiça[17]. Portanto, a atividade judicial não é gratuita e onera sobremaneira o contribuinte. Assim, quando se defere a gratuidade judiciária para alguém que litiga judicialmente, é preciso lembrar que todos os outros cidadãos contribuintes estão pagando essa despesa.

Desse modo, a gratuidade judiciária é um dos mais importantes instrumentos de acesso à justiça, mas deve ser utilizado somente nos casos em que a parte é realmente hipossuficiente economicamente, ou seja, quando não possui recursos econômicos suficientes para pagar as custas, as despesas processuais e os honorários advocatícios sem prejuízo do sustento seu ou de sua família.

'o sustento próprio ou da família' do requerente" (STJ, REsp 1317175/SC, Rel. Min. Herman Benjamin, Segunda Turma, julgado em 7-3-2013, *DJe* 20-3-2013).

15 CPC: "Art. 610. Havendo testamento ou interessado incapaz, proceder-se-á ao inventário judicial. § 1º Se todos forem capazes e concordes, o inventário e a partilha poderão ser feitos por escritura pública, a qual constituirá documento hábil para qualquer ato de registro, bem como para levantamento de importância depositada em instituições financeiras. § 2º O tabelião somente lavrará a escritura pública se todas as partes interessadas estiverem assistidas por advogado ou por defensor público, cuja qualificação e assinatura constarão do ato notarial".

16 GICO JR., Ivo Teixeira. *A tragédia do Judiciário: subinvestimento em capital jurídico e sobreutilização do Judiciário*. 130 f. Tese (Doutorado em Economia) – Departamento de Economia, Universidade de Brasília, Brasília, DF. p. 35.

17 CONSELHO NACIONAL DE JUSTIÇA. Justiça em números 2018: ano-base 2017. Brasília: CNJ, 2018. Disponível em: <http://www.cnj.jus.br/files/conteudo/arquivo/2018/08/44b7368ec6f888b383f6c3de40c32167.pdf>. Acesso em: 1º-2-2019. p. 56.

CAPÍTULO **XX**

FORMA, TEMPO E LUGAR DOS ATOS PROCESSUAIS

1. INTRODUÇÃO

As formas processuais constituem-se em **pressupostos processuais objetivos intrínsecos**.

A forma dos atos processuais diz respeito às **formas em sentido estrito** (modo de realização), ao **tempo** e ao **lugar** onde são realizados os atos processuais.

O **ato processual** é o ato jurídico praticado pelo órgão jurisdicional ou por alguma das partes, que se destina a instaurar, desenvolver, modificar, conservar ou extinguir determinada relação jurídica processual.

Assim, os atos processuais não se confundem com atos do processo, que são todos os atos realizados no processo, tenham relevância jurídica para o processo ou não.

2. MODO OU FORMA *STRICTO SENSU* DOS ATOS PROCESSUAIS

O modo ou forma em sentido estrito é a maneira de realização dos atos processuais. É regulado basicamente pelos seguintes princípios:

a) Princípio da Liberdade das Formas

Como regra, a forma de praticar um ato processual é livre. Isto é, quando a lei não estabelecer forma específica, os atos processuais independem de forma determinada. Assim, por exemplo, quando a lei processual não estabelecer que determinado ato processual precisa ser praticado por petição, ele poderá ser formulado oralmente, sendo reduzido a termo pelo serventuário da justiça (em razão da necessidade de documentação).

Tal princípio está previsto no art. 188 do CPC[1].

b) Princípio da Instrumentalidade das Formas ou da Finalidade

A forma é o instrumento utilizado para que se realize o ato. Assim, será válido o ato que, mesmo se praticado de outra forma, atinja a sua finalidade.

---

1 CPC: "Art. 188. Os atos e os termos processuais independem de forma determinada, salvo quando a lei expressamente a exigir, considerando-se válidos os que, realizados de outro modo, lhe preencham a finalidade essencial".

Está expresso no art. 188, *caput*, 2ª parte, do CPC.

c) Princípio da Documentação

Informa que os atos processuais devem ser documentados.

Quando o ato é praticado por petição, ela o documenta. No entanto, quando não for realizado por petição, também deve ser documentado. Por exemplo, o ato praticado pela parte oralmente deve ser reduzido a termo. É o caso, por exemplo, de requerimento feito oralmente na audiência.

Todavia, não precisa sempre ficar escrito. Por exemplo, o depoimento das partes e testemunhas em audiência pode ser registrado em sistema de gravação de áudio ou filmagem, conforme disposição expressa do art. 460 do CPC[2].

d) Princípio da Publicidade

Os atos processuais são públicos, como regra. No entanto, quando tiver potencialidade de causar lesão à intimidade ou prejuízo ao interesse público, a publicidade poderá ser restringida. A esse respeito, a garantia insculpida no art. 5º, inc. LX, da Constituição Federal, segundo o qual "a lei só poderá restringir a publicidade dos atos processuais quando a defesa da intimidade ou o interesse social o exigirem".

Também está previsto no art. 8º do CPC.

e) Princípio da Economia Processual (ou da Eficiência)

A prática dos atos processuais deve ter como paradigma atingir um padrão ótimo de eficiência. Esse princípio está expresso no art. 8º do CPC. O processo deve proporcionar o **máximo de efetividade com o mínimo de dispêndio processual**. Esse princípio deve ser concretizado pelas técnicas gerenciais e pela racionalização de rotinas no cartório e no gabinete judicial, a fim de otimizar a atividade processual e reduzir o tempo e os custos do processo.

2.1. Segredo de Justiça: restrições à publicidade

O art. 93, inc. IX, da Constituição Federal, alterado pela EC n. 45/2004, prevê que "**todos os julgamentos dos órgãos do Poder Judiciário serão públicos**, e fundamentadas todas as decisões, **sob pena de nulidade, podendo a lei limitar a presença, em determinados atos, às próprias partes e a seus advogados, ou somente a estes, em casos nos quais a preservação do direito à intimidade do interessado no sigilo não prejudique o interesse público à informação**". Assim, o juiz deverá avaliar, no caso concreto, o que é mais importante, o direito à privacidade da parte ou o direito à informação.

O art. 189 do CPC também traz previsão semelhante, permitindo a restrição da publicidade quando o interesse público ou social o exigir (inc. I), ou, ainda, em razão

2 CPC: "Art. 460. O depoimento poderá ser documentado por meio de gravação. § 1º Quando digitado ou registrado por taquigrafia, estenotipia ou outro método idôneo de documentação, o depoimento será assinado pelo juiz, pelo depoente e pelos procuradores. § 2º Se houver recurso em processo em autos não eletrônicos, o depoimento somente será digitado quando for impossível o envio de sua documentação eletrônica. § 3º Tratando-se de autos eletrônicos, observar-se-á o disposto neste Código e na legislação específica sobre a prática eletrônica de atos processuais".

da proteção da intimidade, em algumas hipóteses específicas (inc. II), quais sejam, os atos processuais que digam respeito a "casamento, separação de corpos, divórcio, separação, união estável, filiação, alimentos e guarda de crianças e adolescentes".

Além disso, o inc. III do mesmo artigo estabelece que também será cabível a decretação de segredo de justiça nos casos "em que constem dados protegidos pelo direito constitucional à intimidade". Trata-se de uma cláusula geral de segredo de justiça em razão da intimidade. Diante da textura aberta do dispositivo, o juiz, no caso concreto, é quem deverá avaliar se é caso ou não de segredo de justiça, devendo analisar sempre a tensão existente entre direito à intimidade e dever de publicidade.

O inciso IV do mesmo artigo prevê hipótese de segredo de justiça relacionada a processos que envolvam arbitragem. Contudo, tal hipótese já estava inserida na previsão do inciso III, que é mais amplo.

Nesses casos, o juiz deverá decretar segredo de justiça. Assim, o direito de consultar os autos ficará restrito às partes e aos seus procuradores. O terceiro, que demonstrar interesse jurídico, pode requerer ao juiz certidão do dispositivo da sentença, bem como certidão circunstanciada de inventário e partilha resultante do divórcio.

2.2. Uso do vernáculo

De acordo com o art. 13, *caput*, da Constituição Federal, "a língua portuguesa é o idioma oficial da República Federativa do Brasil".

Assim, o uso da língua portuguesa é obrigatório inclusive nos atos e termos processuais. Nesse sentido, o art. 192, *caput*, do CPC: "Em todos os atos e termos do processo é obrigatório o uso da língua portuguesa".

O Supremo Tribunal Federal, inclusive, já denegou *habeas corpus* pelo motivo de que foi redigido em língua estrangeira[3].

Dessa forma, também deve ser evitado o uso de estrangeirismos, vício de linguagem consistente em utilizar termos e expressões estrangeiras enquanto existem correlatos em língua portuguesa. Em outra época, já foram muito utilizados termos em latim e em outras línguas para mostrar erudição, mas contemporaneamente refletem apenas arcaísmo e a cultura do bacharelismo.

Todavia, há termos e expressões estrangeiras que já foram consagrados no âmbito nacional, inclusive alguns já foram aportuguesados. É o caso, por exemplo, das expressões *habeas corpus*, *habeas data*, *de cujus*, dentre outras. No entanto, expressões como

---

3 "A PETIÇÃO COM QUE IMPETRADO O *HABEAS CORPUS* DEVE SER REDIGIDA EM PORTUGUÊS, SOB PENA DE NÃO CONHECIMENTO DO WRIT CONSTITUCIONAL (CPC, ART. 156, C/C CPP, ART. 3.), EIS QUE O CONTEÚDO DESSA PEÇA PROCESSUAL DEVE SER ACESSÍVEL A TODOS, SENDO IRRELEVANTE, PARA ESSE EFEITO, QUE O JUIZ DA CAUSA CONHECA, EVENTUALMENTE, O IDIOMA ESTRANGEIRO UTILIZADO PELO IMPETRANTE. A IMPRESCINDIBILIDADE DO USO DO IDIOMA NACIONAL NOS ATOS PROCESSUAIS, ALÉM DE CORRESPONDER A UMA EXIGÊNCIA QUE DECORRE DE RAZÕES VINCULADAS À PRÓPRIA SOBERANIA NACIONAL, CONSTITUI PROJEÇÃO CONCRETIZADORA DA NORMA INSCRITA NO ART. 13, *CAPUT*, DA CARTA FEDERAL, QUE PROCLAMA SER A LÍNGUA PORTUGUESA 'O IDIOMA OFICIAL DA REPÚBLICA FEDERATIVA DO BRASIL'" (STF, HC 72391 QO, Rel. Min. Celso de Mello, Tribunal Pleno, julgado em 8-3-1995, *DJ* 17-3-1995 PP-05791 Ement. Vol.-01779-02 P.-00331).

data maxima venia, *permissa venia* e *grosso modo* devem ser evitadas, porque possuem suas correlatas em língua portuguesa.

De outro lado, se houver documento redigido em língua estrangeira, ele somente poderá ser juntado aos autos se acompanhado de tradução para a língua portuguesa por tradutor juramentado. Fica dispensado o tradutor juramentado, desde que o documento traduzido para a língua portuguesa tenha tramitado por via diplomática ou pela autoridade central (art. 192, parágrafo único, CPC). No entanto, o Superior Tribunal de Justiça possui vários precedentes no sentido de que "é possível o exame de documento redigido em língua estrangeira e desacompanhado de tradução se, diante das circunstâncias do caso concreto, contiver informações relevantes e de fácil compreensão"[4].

2.3. Proibição de lançamento de cotas marginais e interlineares

De acordo com o art. 202 do CPC, "é vedado lançar nos autos cotas marginais ou interlineares, as quais o juiz **mandará riscar**, impondo a quem as escrever multa correspondente à metade do salário mínimo".

Cotas são escritos feitos à mão nas peças processuais e documentos existentes nos processos. A vedação ao lançamento de cotas marginais e interlineares ocorre porque cada manifestação da parte no processo deve ser registrada pelo serventuário da justiça ou pelo sistema. Assim, quando há o lançamento de cotas marginais ou interlineares, não é possível saber quem o fez, nem a data em que ocorreu.

Desse modo, havendo cotas marginais ou interlineares, o juiz deverá mandar riscá-las, bem como impor multa de até metade do salário mínimo para quem o fizer. Essa penalidade não exclui a possibilidade de aplicação das penalidades de litigância de má-fé ou por ato atentatório à dignidade da justiça, além de perdas e danos, se estiverem presentes os seus pressupostos.

Lembre-se, contudo, que a Defensoria Pública pode se manifestar por cota nos autos, conforme autorizado pelo art. 44, IX, e art. 127, IX, LC 80/1994. Essa cota (escrita de ato processual de próprio punho) deve ocorrer em local apropriado, no verso em branco da última folha, mas não em espaços marginais ou interlineares.

2.4. Prática eletrônica de atos processuais

Toda legislação é – ou, ao menos, deve ser – produto do seu contexto. Isso não quer dizer que deve apenas reproduzi-lo, na medida em que mudanças positivas e

---

4 STJ, AgRg no AREsp 489.426/RS, Rel. Min. Ricardo Villas Bôas Cueva, Terceira Turma, julgado em 6-10-2015, *DJe* 14-10-2015. No mesmo sentido: "De acordo com julgado desta Corte, 'Em se tratando de documento redigido em língua estrangeira, cuja validade não se contesta e cuja tradução não é indispensável para a sua compreensão, não é razoável negar-lhe eficácia de prova. O art. 157 do CPC, como toda regra instrumental, deve ser interpretado sistematicamente, levando em consideração, inclusive, os princípios que regem as nulidades, nomeadamente o de que nenhum ato será declarado nulo, se da nulidade não resultar prejuízo para a acusação ou para a defesa (*pas de nullité sans grief*). Não havendo prejuízo, não se pode dizer que a falta de tradução, no caso, tenha importado violação ao art. 157 do CPC' (REsp 616.103/SC, Rel. Ministro Teori Albino Zavascki, Primeira Turma, *DJ* 27-9-2004, p. 255)" (STJ, AgInt no REsp 1328809/DF, Rel. Ministro Sérgio Kukina, Primeira Turma, julgado em 25-4-2017, *DJe* 5-5-2017).

contrafactuais também são formuladas a partir da legislação (cotas para afrodescendentes em universidades públicas etc.). Contudo, a lei deve estar conectada com a realidade.

Desse modo, é preciso ter em consideração que a criação de autos eletrônicos modifica sobremaneira a forma de praticar vários atos processuais, também sendo necessárias outras normatizações, na medida em que a complexidade aumenta diante do maior número de variantes. Por exemplo, é preciso estabelecer mecanismos de citação e intimação eletrônica, instrumentos para comunicação entre órgãos jurisdicionais diversos, modo de peticionamento, assinatura eletrônica etc.

Nesse sentido, o CPC/2015, como um produto do seu tempo, estabelece diversas prescrições em relação à prática eletrônica de atos processuais, sem, contudo, esgotá-las.

Com efeito, o CPC de 2015 estabelece, nos arts. 193 a 199, normas gerais sobre a "prática eletrônica de atos processuais", sem adentrar na forma de cada ato processual praticado na forma eletrônica.

A Lei n. 11.419/2006 (lei que dispõe sobre a informatização do processo judicial) continua regendo a prática de atos processuais por meio eletrônico.

3. TEMPO

Diz respeito aos dias e horários em que os atos processuais podem ou não ser realizados.

O art. 212 do CPC dispõe que "os atos processuais serão realizados em dias úteis, das 6 (seis) às 20 (vinte) horas".

No entanto, há algumas exceções a essa regra.

Os atos que forem iniciados antes das 20 horas poderão ser concluídos depois desse horário, se o adiamento prejudicar a diligência ou causar grave dano (§ 1º do art. 212 do CPC).

A citação, a intimação e a penhora podem ser realizadas, em casos excepcionais, fora do horário de funcionamento do fórum, inclusive em finais de semana ou feriados, mediante autorização judicial (§ 2º do art. 212 do CPC). Nessas hipóteses, o juiz pode deferir o cumprimento da diligência em horário especial. É bastante comum isso ocorrer nos casos em que se tem notícia de que a parte sai muito cedo para trabalhar e volta muito tarde para a sua residência; ou quando a parte trabalha na zona rural ou em outra cidade e vai para o seu domicílio somente nos finais de semana.

Em qualquer caso, deve sempre ser respeitada a garantia constitucional prevista no art. 5º, inc. XI, da Constituição Federal[5]: se tiver que entrar no domicílio da parte coercitivamente (ex.: penhora dos bens do devedor que estiverem na residência), a diligência somente pode ocorrer durante o dia.

A Emenda Constitucional n. 45/2004 alterou as férias forenses. De acordo com a nova redação do art. 93, inc. XII, da Constituição Federal, não há mais férias coletivas

---

5 CF: "Art. 5º [...] XI – a casa é asilo inviolável do indivíduo, ninguém nela podendo penetrar sem consentimento do morador, salvo em caso de flagrante delito ou desastre, ou para prestar socorro, ou, durante o dia, por determinação judicial".

em primeira e segunda instância. A motivação ideológica se deve ao fato de que serviço essencial não pode ser paralisado.

Assim, os arts. 212 a 216 do CPC, que tratam das férias forenses, acabam tendo o seu campo de incidência diminuído, passando a ser aplicados somente no âmbito dos processos que tramitam no STF e nos demais tribunais superiores.

Se o ato processual tiver de ser praticado por meio de petição em autos não eletrônicos, ela deverá ser protocolada no horário de funcionamento do fórum ou tribunal, conforme estabelecido na lei de organização judiciária local (art. 212, § 3º, CPC). Em relação a isso, os Tribunais possuem a prerrogativa de fixar, por meio da Lei de Organização Judiciária local, o horário em que o fórum permanece aberto (expediente forense), que pode ser inferior àquele disciplinado para a prática dos atos processuais (das 6 às 20h).

Por exemplo, o horário de expediente para atendimento ao público externo, na Justiça do Distrito Federal, é das 12h às 19h. Assim, se a parte pretender protocolar a petição depois das 19h nos Fóruns da Justiça do DF, não conseguirá e, se for o último dia do prazo, poderá ocorrer a preclusão (se o prazo for próprio).

De outro lado, tratando-se de autos eletrônicos, a prática eletrônica de ato processual pode ocorrer em qualquer horário até antes das 24 (vinte e quatro) horas do último dia do prazo (art. 213, CPC). Assim, o ato também poderá ser praticado em fins de semana e feriados.

Para verificação da tempestividade (prática do ato até as 24 horas do último dia do prazo) em autos eletrônicos, se houver fuso horários distintos entre o local da prática do ato e o local do juízo do processo, considera-se o horário vigente no juízo onde deva ser praticado o ato processual, e não aquele onde a parte está praticando.

3.1. Recesso forense, férias coletivas, feriados e tramitação de processos

Com a Emenda Constitucional n. 45/2004, ficou estabelecido no art. 93, inc. XII, da Constituição Federal que "a atividade jurisdicional será ininterrupta, sendo vedado férias coletivas nos juízos e tribunais de segundo grau, funcionando, nos dias em que não houver expediente forense normal, juízes em plantão permanente". Como se observa, as férias forenses continuaram a existir nos tribunais superiores.

Desse modo, o dispositivo constitucional terminou com as chamadas férias forenses em primeira e segunda instância, que nada mais eram que férias coletivas concedidas aos membros e servidores do Poder Judiciário nos meses de janeiro e julho (previsão que ainda consta no art. 66 da Lei Orgânica da Magistratura Nacional – Lei Complementar n. 35/1979).

Contudo, como os processos passaram a tramitar normalmente durante todo o ano, os advogados privados acabaram ficando sem férias anuais.

Diante disso, já havia várias manifestações da OAB no sentido de pedir aos tribunais a suspensão de processos no mês de janeiro, a fim de que os advogados pudessem gozar desse descanso anual.

O CPC, atendendo a esse pleito da advocacia privada, estabelece, no art. 220, *caput*, que "suspende-se o curso do prazo processual nos dias compreendidos entre 20 de dezembro e 20 de janeiro, inclusive".

Essa suspensão de prazos deve se aplicar, inclusive, aos Juizados Especiais. Caso contrário, ela não cumprira o seu objetivo, que é oportunizar que os advogados possam gozar das suas férias anuais. Nesse sentido, aliás, o entendimento consubstanciado no Enunciado 269 do FPPC: "A suspensão de prazos de 20 de dezembro a 20 de janeiro é aplicável aos Juizados Especiais".

De outro lado, o CPC determina que os juízes, os membros do Ministério Público, da Defensoria Pública e da Advocacia Pública e os auxiliares da Justiça exercerão suas atribuições normalmente durante esse período, ressalvados os casos de férias individuais e feriados instituídos por lei (art. 220, § 1º, CPC).

Desse modo, durante o período de 20 de dezembro a 20 de janeiro, os processos deverão tramitar normalmente, exceto sábados, domingos, feriados e eventuais recessos forenses estabelecidos em lei. Contudo, não correrão os prazos processuais, nem poderão ser realizadas audiências, como regra.

Com efeito, de acordo com o § 2º do art. 220 do CPC, durante esse período de suspensão dos prazos processuais, "não se realizarão audiências nem sessões de julgamento".

O dispositivo não fez qualquer ressalva, mas tal regra deve comportar exceções, em situações de extrema urgência. Assim, será possível, excepcionalmente, designar audiência nos casos em que houver urgência (tais como audiência de justificação para decisão de tutelas de urgência); nas hipóteses de necessidade de oitiva de menor em situação de risco; nas hipóteses de audiência de custódia (para o processo penal), dentre outros.

De outro lado, grande parte das Leis de Organização Judiciária locais e no âmbito da Justiça Federal, é comum que se estabeleçam recessos de final de ano, sobretudo no período compreendido entre Natal e Ano Novo. Se isso ocorrer, tais dias devem ser tratados como feriados, para fins do disposto no Código de Processo Civil.

3.2. A prática de atos processuais durante as férias forenses e feriados

De acordo com o CPC, não são férias forenses o período de suspensão dos prazos processuais estabelecido no art. 220, *caput*, entre 20 de dezembro e 20 de janeiro.

As férias forenses são aquelas dos tribunais superiores, em que os processos, como regra, ficam completamente paralisados.

Consideram-se feriados, para efeito forense, além daqueles dias assim previstos em lei, os sábados, os domingos e os dias em que não haja expediente forense (art. 216, CPC).

Durante as férias forenses e feriados, não devem ser praticados atos processuais, exceto os relativos a citações, intimações e penhoras, bem como os que se referem a tutelas de urgência (art. 214, CPC).

Como não há expediente forense, tais atos processuais são decididos e/ou cumpridos em regime de plantão.

De outro lado, de acordo com o art. 215 do CPC, processam-se durante as férias forenses (existentes atualmente nos tribunais superiores):

> I – os procedimentos de jurisdição voluntária e os necessários à conservação de direitos, quando puderem ser prejudicados pelo adiamento;

II – a ação de alimentos e os processos de nomeação ou remoção de tutor e curador;

III – os processos que a lei determinar.

4. LUGAR DOS ATOS PROCESSUAIS

Os atos processuais devem ser realizados, **como regra, na sede do juízo**.

No entanto, podem ser realizados em outro lugar "em razão de deferência, de interesse da justiça, da natureza do ato ou de obstáculo arguido pelo interessado e acolhido pelo juiz" (art. 217, CPC). O termo "deferência" significa consideração de alguma particularidade.

Por vezes, existem obstáculos à prática da realização de atos na sede do juízo. Ocorre, por exemplo, quando é necessária a oitiva de pessoa enferma, que estiver impossibilitada de comparecer à audiência (art. 449, parágrafo único, CPC)[6]; ou quando se faz necessária inspeção judicial para aferir a deficiência mental nas ações de curatela. Nesses casos, o juiz poderá se dirigir ao local onde estiver a pessoa, a fim de praticar o ato processual correspondente.

De outro lado, há algumas autoridades públicas que, em razão da sua função, devem ser inquiridas no local de sua residência ou onde exercem a sua função.

O art. 454 do CPC assim prevê:

Art. 454. São inquiridos em sua residência ou onde exercem sua função:

I – o presidente e o vice-presidente da República;

II – os ministros de Estado;

III – os ministros do Supremo Tribunal Federal, os conselheiros do Conselho Nacional de Justiça e os ministros do Superior Tribunal de Justiça, do Superior Tribunal Militar, do Tribunal Superior Eleitoral, do Tribunal Superior do Trabalho e do Tribunal de Contas da União;

IV – o procurador-geral da República e os conselheiros do Conselho Nacional do Ministério Público;

V – o advogado-geral da União, o procurador-geral do Estado, o procurador-geral do Município, o defensor público-geral federal e o defensor público-geral do Estado;

VI – os senadores e os deputados federais;

VII – os governadores dos Estados e do Distrito Federal;

VIII – o prefeito;

IX – os deputados estaduais e distritais;

X – os desembargadores dos Tribunais de Justiça, dos Tribunais Regionais Federais, dos Tribunais Regionais do Trabalho e dos Tribunais Regionais Eleitorais e os conselheiros dos Tribunais de Contas dos Estados e do Distrito Federal;

---

6 CPC: "Art. 449. Salvo disposição especial em contrário, as testemunhas devem ser ouvidas na sede do juízo. Parágrafo único. Quando a parte ou a testemunha, por enfermidade ou por outro motivo relevante, estiver impossibilitada de comparecer, mas não de prestar depoimento, o juiz designará, conforme as circunstâncias, dia, hora e lugar para inquiri-la".

XI – o procurador-geral de justiça;

XII – o embaixador de país que, por lei ou tratado, concede idêntica prerrogativa a agente diplomático do Brasil.

Para cumprir tal dispositivo, o juiz deverá informar a autoridade acerca do processo e da sua oitiva, bem como deverá solicitar que ela "indique dia, hora e local a fim de ser inquirida, remetendo-lhe cópia da petição inicial ou da defesa oferecida pela parte que a arrolou como testemunha" (§ 1º do art. 454 do CPC).

Se transcorrido um mês sem que haja manifestação da autoridade, ou, designada a audiência no dia, horário e local para o depoimento, mas ela não comparecer, o juiz deverá designar dia, hora e local para depoimento, preferencialmente na sede do juízo (art. 454, §§ 1º e 2º, do CPC).

Por uma interpretação sistemática, se a autoridade abusar de tal direito – p. ex., se indicar como data para audiência um ano depois; ou indicar o horário às 3h da madrugada; ou indicar como local para a inquirição a sua residência fora do país –, o magistrado poderá indeferir o requerimento da parte, por abuso do direito, e designar outro dia, hora e local para o depoimento.

5. NEGÓCIOS PROCESSUAIS

Os chamados **negócios processuais** são **acordos** sobre as **situações jurídicas processuais**, ou seja, sobre **ônus, poderes, faculdades e deveres processuais**, bem como sobre mudanças de procedimento.

No âmbito do direito comparado, o negócio processual é admissível em vários sistemas processuais de países europeus, como nos sistemas francês e italiano[7].

No Brasil, os negócios processuais não são uma novidade, na medida em que o CPC/1973 já os estabelecia, embora não houvesse um desenvolvimento teórico tão robusto acerca do tema. Por exemplo, o art. 95 do CPC/1973 já previa a cláusula de eleição de foro; o art. 333, parágrafo único, do mesmo Código estabelecia que as partes poderiam convencionar sobre a distribuição do ônus da prova; o art. 453, I, do CPC/1973 previa o adiamento da audiência por convenção das partes.

Portanto, a inovação do CPC/2015 sobre a matéria é a autorização legal expressa para as partes estabelecerem negócios processuais atípicos sobre as situações jurídicas processuais. Com efeito, o art. 190 do CPC assim dispõe:

> Art. 190. Versando o processo sobre direitos que admitam autocomposição, é lícito às partes plenamente capazes estipular mudanças no procedimento para ajustá-lo às especificidades da causa e convencionar sobre os seus ônus, poderes, faculdades e deveres processuais, antes ou durante o processo.
>
> Parágrafo único. De ofício ou a requerimento, o juiz controlará a validade das convenções previstas neste artigo, recusando-lhes aplicação somente nos casos de nulidade ou de

7 MEDINA, José Miguel Garcia. *Novo Código de Processo Civil comentado*. 3. ed. São Paulo: Revista dos Tribunais, 2015. p. 319.

inserção abusiva em contrato de adesão ou em que alguma parte se encontre em manifesta situação de vulnerabilidade.

O dispositivo é um contraponto ao caráter eminentemente publicístico do processo civil brasileiro, na medida em que as partes, ainda que dentro de certos limites, podem convencionar sobre regras processuais.

De um lado, a referida norma privilegia a autonomia da vontade no processo, a liberdade processual, a busca por consensos, a possibilidade de as partes adaptarem o processo às peculiaridades do direito material envolvido. Além disso, parece que a pretensão do dispositivo é adotar um modelo de direito processual que confira maior legitimação ao processo, já que as partes poderiam participar inclusive da definição acerca do regramento das situações jurídicas processuais (ônus, poderes, faculdades e deveres processuais). Contudo, se considerado o conjunto das disposições do CPC, parece mais ser um dispositivo com uma concepção liberal dentro de um Código extremamente paternalista.

Alguns doutrinadores têm tentado desenvolver teoricamente o instituto assumindo as premissas da Teoria do Fato Jurídico aplicada ao Direito Civil. Entretanto, os negócios jurídicos processuais devem ser vistos como uma categoria jurídica autônoma, pois não geram direitos e obrigações, mas são disposições de vontade sobre as situações jurídicas processuais, ou seja, sobre os seus ônus, poderes, faculdades e deveres processuais.

Embora o dispositivo estabeleça que é possível às partes disporem sobre as mudanças de procedimento "com o objetivo de ajustá-lo às especificidades da causa", também devem ser admitidas essas convenções ainda que não se refiram ao ajustamento em relação às especificadas no direito material discutido naquele processo[8].

Os negócios jurídicos processuais podem ser **típicos** ou **atípicos**.

Os **negócios processuais típicos** são aqueles que encontram previsão específica no CPC. Como exemplos, podem-se citar: a eleição de foro pelas partes (art. 63, CPC); a delimitação das questões de fato e de direito por convenção das partes (art. 357, § 2º, CPC); a convenção das partes para o adiamento da audiência (art. 453, I, CPC); o acordo sobre a escolha do perito (art. 471, CPC); a convenção sobre a distribuição do ônus da prova (art. 373, § 3º, CPC).

Os **negócios processuais atípicos** são aqueles que não encontram previsão específica no CPC, mas que devem ser admitidos com base no art. 190 do mesmo Código. Tal dispositivo estabelece uma cláusula geral relativa à admissibilidade dos negócios processuais.

De acordo com a doutrina majoritária, os **negócios jurídicos processuais** podem ser classificados como **unilaterais**, **bilaterais** ou **plurilaterais**.

Partindo-se dessa classificação, seriam **negócios processuais unilaterais** aqueles em que há manifestação de apenas uma das partes, com consequências jurídicas processuais. É o que ocorre, por exemplo, quando houver: a renúncia, pela parte, a prazos ou à prática de atos processuais em geral; a desistência da ação, antes do oferecimento da

---

8 Enunciado 257 do FPPC: "O art. 190 autoriza que as partes tanto estipulem mudanças do procedimento quanto convencionem sobre os seus ônus, poderes, faculdades e deveres processuais". Enunciado 258 do FPPC: "As partes podem convencionar sobre seus ônus, poderes, faculdades e deveres processuais, ainda que essa convenção não importe ajustes às especificidades da causa".

contestação; a desistência do processo executivo; a renúncia ao direito de recorrer ou a desistência do recurso.

Os **negócios processuais bilaterais** são aqueles em que haveria a necessidade de acordo de vontades entre as duas partes. São exemplos: a cláusula de eleição de foro; a convenção sobre a distribuição do ônus da prova; dentre outros.

Por fim, os **negócios processuais plurilaterais** seriam aqueles em que, além do acordo de vontade entre as partes, é imprescindível a aquiescência do juízo. São exemplos todos os negócios processuais que impliquem necessidade de acréscimo de atividade judicial, tais como o estabelecimento de prazos para o proferimento de decisão judicial, a ampliação do prazo de sustentação oral etc.

Os negócios jurídicos processuais podem ser firmados entre as partes **antes** ou **durante o processo**. É admissível a sua celebração quando as partes possuem capacidade civil plena e desde que versem sobre processo em que se discutem direitos que admitem autocomposição.

A Fazenda Pública e o Ministério Público podem celebrar negócio jurídico processual, quando atuam como parte[9].

O **juiz**, de ofício ou mediante requerimento da parte, deverá **controlar a validade do negócio processual**. Somente deverá recusar a sua aplicação nas seguintes hipóteses: a) quando for nulo o negócio processual; b) nos contratos de adesão, quando for abusivo; e c) quando uma das partes estiver em manifesta situação de vulnerabilidade.

De um lado, é possível ao juiz controlar as disposições do negócio processual. De outro, os negócios processuais não precisam de homologação para serem aplicados no processo, salvo se essa exigência for prevista em lei[10]. Quando a lei estabelecer a necessidade de homologação do negócio processual, esta será uma condição de eficácia (e não de validade) do negócio[11].

Segundo o Enunciado 259 do FPPC, "a decisão referida no parágrafo único do art. 190 depende de contraditório prévio". Todavia, esse contraditório somente deverá ser garantido se isso for útil, em atenção ao princípio da cooperação e da instrumentalidade do processo. Se o juiz verificar, por exemplo, que a parte contrária pode estar em situação de vulnerabilidade, deverá intimá-la para se manifestar. De outro lado, se, por exemplo, o autor ajuíza ação em que apresenta negócio processual, mas o juiz constata que tal convenção gera diversos prejuízos para o andamento do processo ou para a celeridade processual, com uma sobrecarga de atos processuais, poderá decretar a invalidade do negócio processual, ainda que não ouvida a parte ré. Isso porque, neste caso, o contraditório seria inútil.

Os negócios processuais podem ser celebrados no procedimento comum e nos procedimentos especiais, tanto em relação aos previstos no CPC, quando em relação

---

9 Nesse sentido, os enunciados 256 e 253 do FPPC. Enunciado 256 do FPPC: "A Fazenda Pública pode celebrar negócio jurídico processual". Enunciado 253 do FPPC: "O Ministério Público pode celebrar negócio processual quando atua como parte".

10 Enunciado 133 do FPPC: "Salvo nos casos expressamente previstos em lei, os negócios processuais do art. 190 não dependem de homologação judicial". No mesmo sentido, o Enunciado 261 do FPPC: "O art. 200 aplica-se tanto aos negócios unilaterais quanto aos bilaterais, incluindo as convenções processuais do art. 190".

11 Enunciado 260 do FPPC: "A homologação, pelo juiz, da convenção processual, quando prevista em lei, corresponde a uma condição de eficácia do negócio".

aos previstos em leis especiais. Desse modo, é possível a celebração de negócios processuais inclusive em Juizados Especiais[12]. Contudo, os negócios processuais não podem desfigurar os procedimentos especiais de forma a causar prejuízos para o próprio andamento do processo ou para o cumprimento das ordens judiciais.

Ao **controlar os negócios processuais**, o juiz pode invalidá-lo tanto em razão de vícios processuais, quanto em relação aos vícios de vontade e vícios sociais (invalidades estabelecidas pelo Código Civil), relacionados à manifestação de vontade das partes[13]. Aliás, é possível invalidar apenas parcialmente o negócio processual, vale dizer, somente em relação a algumas cláusulas ou situações jurídicas nele previstas[14].

Aliás, será possível ao juiz decretar a invalidade do negócio processual para evitar colusão entre as partes, quando estas têm por objetivo fraudar a lei. Desse modo, aplica-se aos negócios processuais o art. 142 do CPC, segundo o qual, "convencendo-se, pelas circunstâncias, de que autor e réu se serviram do processo para praticar ato simulado ou conseguir fim vedado por lei, o juiz proferirá decisão que impeça os objetivos das partes, aplicando, de ofício, as penalidades da litigância de má-fé"[15].

Como, nos negócios processuais, há ato de disposição de vontade entre as partes, assim como nos negócios jurídicos em geral, aplicam-se àqueles as disposições previstas no Código Civil para estes, no que for cabível.

Assim, apresenta-se abaixo uma série de regras do Código Civil sobre negócios jurídicos que são aplicáveis aos negócios processuais, na esteira dos entendimentos consolidados nos enunciados do FPPC:

a) "A validade do negócio jurídico processual requer agente capaz, objeto lícito, possível, determinado ou determinável e forma prescrita ou não defesa em lei" (Enunciado 403 do FPPC) – art. 104 do Código Civil.

b) "Os negócios jurídicos processuais devem ser interpretados conforme a boa-fé e os usos do lugar de sua celebração" (Enunciado 405 do FPPC) – art. 104 do Código Civil.

c) "Nos negócios processuais, atender-se-á mais à intenção consubstanciada na manifestação de vontade do que ao sentido literal da linguagem" (Enunciado 404 do FPPC) – art. 112 do Código Civil.

d) "Os negócios jurídicos processuais benéficos e a renúncia a direitos processuais interpretam-se estritamente" (Enunciado 406 do FPPC) – art. 114 do Código Civil.

e) "Nos negócios processuais, as partes e o juiz são obrigados a guardar nas tratativas, na conclusão e na execução do negócio o princípio da boa-fé" (Enunciado 407 do FPPC) – art. 422 do Código Civil.

---

12 Enunciado 413 do FPPC: "O negócio jurídico processual pode ser celebrado no sistema dos juizados especiais, desde que observado o conjunto dos princípios que o orienta, ficando sujeito a controle judicial na forma do parágrafo único do art. 190 do CPC".

13 Enunciado 132 do FPPC: "Além dos defeitos processuais, os vícios da vontade e os vícios sociais podem dar ensejo à invalidação dos negócios jurídicos atípicos do art. 190".

14 Enunciado 134 do FPPC: "Negócio jurídico processual pode ser invalidado parcialmente".

15 Enunciado 410 do FPPC: "Aplica-se o Art. 142 do CPC ao controle de validade dos negócios jurídicos processuais".

f) "Quando houver no contrato de adesão negócio jurídico processual com previsões ambíguas ou contraditórias, dever-se-á adotar a interpretação mais favorável ao aderente" (Enunciado 408 do FPPC) – art. 423 do Código Civil.

g) "A convenção processual é autônoma em relação ao negócio em que estiver inserta, de tal sorte que a invalidade deste não implica necessariamente a invalidade da convenção processual" (Enunciado 409 do FPPC).

h) "O negócio processual pode ser distratado" (Enunciado 411 do FPPC).

Ao realizar o controle dos requisitos de validade dos negócios processuais, o juiz deve analisar se eventuais inconformidades geram prejuízos às partes ou a terceiros. Desse modo, também aqui deve ser aplicado Princípio do Prejuízo, segundo o qual, se não houver prejuízo às partes e a terceiros, o ato processual praticado em desconformidade com a lei processual será aproveitado e não será repetido, nos termos dos arts. 282, § 1º[16], e 283, parágrafo único[17], do CPC. Isto é, não há nulidade sem prejuízo (*pas de nullité sans grief*)[18].

Como negócios jurídicos que são, os negócios processuais celebrados pelas partes obrigam seus herdeiros e sucessores[19]. De outro lado, os negócios processuais não vinculam, além desses, outros terceiros. Assim, não se admite negócio processual, por exemplo, para excluir a participação do *amicus curiae* no processo[20]. Se o negócio processual estabelecer disposições em relação a terceiro que não participou da avença, não produz efeitos em relação a este[21].

Não se exige, para a celebração do negócio processual, que a parte esteja representada por advogado. Contudo, como o negócio processual dispõe sobre situações jurídicas processuais, regras sobre as quais as pessoas sem formação técnica comumente não possuem conhecimento, é preciso que o juiz verifique a vulnerabilidade, sobretudo técnica, das partes. Nesse sentido, quando a parte celebra um negócio processual sem representação de profissional da área do direito, deve se considerar que há um indício de vulnerabilidade[22].

Além disso, o juiz deve analisar se o negócio processual está de acordo com os princípios processuais contemporâneos. Nesse sentido, o Enunciado 6 do FPPC estabelece que "o negócio jurídico processual não pode afastar os deveres inerentes à boa-fé e à cooperação".

De outro lado, o negócio processual pode dispor sobre situações jurídicas processuais entre as partes (ônus, deveres, sujeições, poderes e faculdades), mas não pode

---

16 CPC: "Art. 282. [...] § 1º O ato não será repetido nem sua falta será suprida quando não prejudicar a parte".

17 CPC: "Art. 283 [...] Parágrafo único. Dar-se-á o aproveitamento dos atos praticados desde que não resulte prejuízo à defesa de qualquer parte".

18 Enunciado 16 do FPPC: "O controle dos requisitos objetivos e subjetivos de validade da convenção de procedimento deve ser conjugado com a regra segundo a qual não há invalidade do ato sem prejuízo".

19 Enunciado 115 do FPPC: "O negócio jurídico celebrado nos termos do art. 190 obriga herdeiros e sucessores".

20 Enunciado 392 do FPPC: "As partes não podem estabelecer, em convenção processual, a vedação da participação do *amicus curiae*".

21 Enunciado 402 do FPPC: "A eficácia dos negócios processuais para quem deles não fez parte depende de sua anuência, quando lhe puder causar prejuízo".

22 Enunciado 18 do FPPC: "Há indício de vulnerabilidade quando a parte celebra acordo de procedimento sem assistência técnico-jurídica".

impor ônus demasiado ao Poder Judiciário, salvo se houver aquiescência do juízo. Portanto, o negócio processual deve estar em conformidade com a celeridade e a instrumentalidade. Desse modo, se o negócio processual estabelecer uma sobrecarga de atividade processual, onerando o próprio Judiciário e prejudicando em demasia a celeridade processual, não poderá ser admitido.

De acordo com o Enunciado 19 do FPPC, "são admissíveis os seguintes negócios processuais, dentre outros: pacto de impenhorabilidade; acordo de ampliação de prazos das partes de qualquer natureza; acordo de rateio de despesas processuais; dispensa consensual de assistente técnico; acordo para retirar o efeito suspensivo de recurso, acordo para não promover execução provisória; pacto de mediação ou conciliação extrajudicial prévia obrigatória, inclusive com a correlata previsão de exclusão da audiência de conciliação ou de mediação prevista no art. 334; pacto de exclusão contratual da audiência de conciliação ou de mediação prevista no art. 334; pacto de disponibilização prévia de documentação (pacto de *disclosure*), inclusive com estipulação de sanção negocial, sem prejuízo de medidas coercitivas, mandamentais, sub-rogatórias ou indutivas; previsão de meios alternativos de comunicação das partes entre si; acordo de produção antecipada de prova; a escolha consensual de depositário-administrador no caso do art. 866; convenção que permita a presença da parte contrária no decorrer da colheita de depoimento pessoal". Segundo o Enunciado 262 do FPPC, "é admissível negócio processual para dispensar caução no cumprimento provisório de sentença".

De acordo com o Enunciado 490 do FPPC, também "são admissíveis os seguintes negócios processuais, entre outros: pacto de inexecução parcial ou total de multa coercitiva; pacto de alteração de ordem de penhora; pré-indicação de bem penhorável preferencial (art. 848, II); pré-fixação de indenização por dano processual prevista nos arts. 81, §3º, 520, inc. I, 297, parágrafo único (cláusula penal processual); negócio de anuência prévia para aditamento ou alteração do pedido ou da causa de pedir até o saneamento (art. 329, inc. II)".

Segundo o Enunciado 491 do FPPC, "é possível negócio jurídico processual que estipule mudanças no procedimento das intervenções de terceiros, observada a necessidade de anuência do terceiro quando lhe puder causar prejuízo".

Além desses, segundo o Enunciado 21 do FPPC, também seriam admissíveis os seguintes negócios processuais: "acordo para realização de sustentação oral, acordo para ampliação do tempo de sustentação oral, julgamento antecipado do mérito convencional, convenção sobre prova, redução de prazos processuais". Contudo, quando o negócio processual amplia o prazo para sustentação oral, está colocando um ônus para o Judiciário, pois haverá mais gasto de tempo processual. Por conseguinte, provavelmente não será admitido pelos tribunais convenção processual nesse sentido. Nesse sentido, aliás, o Enunciado 41 da ENFAM[23]. Outra situação seria as partes requererem ao relator que, diante das peculiaridades do caso concreto, defira a ampliação do prazo para a sustentação oral (negócio jurídico plurilateral). De outro lado, poderiam as partes dispor que não haveria sustentação oral, ou que o seu tempo deveria ser reduzido.

---

23 Enunciado 41 da ENFAM: "Por compor a estrutura do julgamento, a ampliação do prazo de sustentação oral não pode ser objeto de negócio jurídico entre as partes".

Aliás, como regra, não são admissíveis negócios processuais que imponham deveres ou afetem poderes judiciais. A esse respeito, o Enunciado 36 da ENFAM: "A regra do art. 190 do CPC/2015 não autoriza às partes a celebração de negócios jurídicos processuais atípicos que afetem poderes e deveres do juiz, tais como os que: a) limitem seus poderes de instrução ou de sanção à litigância ímproba; b) subtraiam do Estado/juiz o controle da legitimidade das partes ou do ingresso de *amicus curiae*; c) introduzam novas hipóteses de recorribilidade, de rescisória ou de sustentação oral não previstas em lei; d) estipulem o julgamento do conflito com base em lei diversa da nacional vigente; e e) estabeleçam prioridade de julgamento não prevista em lei".

Segundo o Enunciado 20 do FPPC, "não são admissíveis os seguintes negócios bilaterais, dentre outros: acordo para modificação da competência absoluta, acordo para supressão da primeira instância, acordo para afastar motivos de impedimento do juiz, acordo para criação de novas espécies recursais, acordo para ampliação das hipóteses de cabimento de recursos".

Embora o art. 190 do CPC estabeleça que os negócios processuais não são possíveis em relação aos "direitos que admitam autocomposição", a simples indisponibilidade do direito material não impede a celebração do negócio jurídico processual, desde que as disposições dos negócios processuais não restrinjam a possibilidade de defesa desses direitos[24]. Por tais razões, é possível a celebração de negócios processuais em relação a processos coletivos, desde que não haja disponibilidade sobre os próprios direitos coletivos, nem restrição à defesa desses direitos[25]. Aliás, em razão disso, não é possível negócio processual celebrado entre as partes que exclui a participação do Ministério Público como fiscal da ordem jurídica[26].

6. CALENDÁRIO PROCESSUAL

O calendário processual é uma forma especial de negócio processual, cujo objetivo é estabelecer as datas e os prazos para a prática de cada ato processual pelas partes.

Segundo o art. 191 do CPC, "de comum acordo, o juiz e as partes podem fixar calendário para a prática dos atos processuais, quando for o caso".

Como negócio jurídico processual que é, aplicam-se ao calendário processual o que já se expôs em relação aos negócios processuais, no que couber.

O calendário processual vincula as partes e o juízo[27]. Assim, os prazos que ele estabelece somente podem ser modificados em casos excepcionais, em decisão fundamentada pelo juiz, ou mediante novo acordo entre as partes[28].

---

24 É nesse sentido que deve ser interpretado o Enunciado 135 do FPPC: "A indisponibilidade do direito material não impede, por si só, a celebração de negócio jurídico processual".

25 Enunciado 255 do FPPC: "É admissível a celebração de convenção processual coletiva".

26 Enunciado 254 do FPPC: "É inválida a convenção para excluir a intervenção do Ministério Público como fiscal da ordem jurídica".

27 Enunciado 414 do FPPC: "O disposto no §1º do artigo 191 refere-se ao juízo".

28 CPC: "Art. 191 [...] § 1º O calendário vincula as partes e o juiz, e os prazos nele previstos somente serão modificados em casos excepcionais, devidamente justificados".

Seguindo-se o calendário processual, dispensa-se a intimação das partes para a prática de atos processuais (inclusive para a audiência, se esta estiver prevista no calendário), na medida em que as datas e os prazos já estão nele estabelecidos[29].

É possível que o juiz designe audiência somente com o objetivo de ajustar o calendário processual[30]. Aliás, se, na audiência de conciliação designada, as partes pactuarem, por iniciativa própria ou do juízo, o estabelecimento de um calendário processual, isso pode trazer muitos benefícios em termos de economia processual, com redução do tempo do processo.

A par da sua disciplina legal no CPC, é preciso avaliar em que medida o calendário processual pode trazer ganhos em termos de tempo do processo. Num plano teórico, poder-se-ia dizer que o calendário processual fomenta a participação das partes e que pode representar ganhos para o processo, já que poderia garantir celeridade processual e, inclusive, reduzir o chamado "tempo morto" do processo (o tempo em que o processo fica aguardando juntada de mandado de intimação, intimação pelo *DJe* etc.).

Entretanto, são lançadas dúvidas acerca da real efetividade do calendário processual e da sua capacidade de ser incorporada na burocracia judiciária. A esse respeito, alguns autores asseveram que mudanças como essa exigiriam mais que um juiz proativo, mas um juiz hiperativo, lançando dúvidas sobre o instituto diante da capacidade física, funcional e estrutural da Justiça[31].

De um lado, é certo que devem ser consideradas as questões institucionais e a burocracia judiciária (modo de funcionamento cartorário) antes de se estabelecer um calendário processual. Isso não quer dizer que esse instituto não deva ser utilizado. No entanto, é preciso considerar que um cartório judicial já trabalha com diversos procedimentos, com um sistema informatizado e com servidores executando determinadas funções quase que automaticamente, de forma estruturada e organizada para fazer o máximo no mínimo de tempo possível. Um cartório judicial trabalha com formulários, modelos e padrões pré-formatados, que são replicados quase de forma automática nos processos (mandados de citação; certidões de juntada, de prazos etc.).

Portanto, o calendário processual poderá ser útil na medida em que, conjugado com os negócios processuais, imponha situações jurídicas processuais e prazos para as

---

29 CPC: "Art. 191 [...] § 2º Dispensa-se a intimação das partes para a prática de ato processual ou a realização de audiência cujas datas tiverem sido designadas no calendário".

30 Enunciado 299 do FPPC: "O juiz pode designar audiência também (ou só) com objetivo de ajustar com as partes a fixação de calendário para fase de instrução e decisão".

31 "Concluo este ensaio manifestando sérias dúvidas acerca da capacidade (física, funcional e estrutural) dos magistrados no sentido de fazer valer algumas das novas regras implantadas pelo NCPC. Passamos anos trabalhando para o estabelecimento de parâmetros para um juiz proativo, capaz de protagonizar um processo de resultados; agora queremos um juiz hiperativo, capaz de gerenciar com sucesso uma plêiade imensa de processos, que dependem dele para chegar a um porto seguro. [...] Acreditar que esses mesmos magistrados, assoberbados, vão implementar acordos sofisticados engendrados por advogados bem preparados é pura ingenuidade. Crer que os juízes vão poder cumprir calendários – considerada a estrutura atual do Poder Judiciário – é utópico. [...] O NCPC não estabeleceu regramento ruim no que diz respeito aos poderes do juiz e no que tange aos negócios jurídicos processuais. Mas os dispositivos que criou só poderão ser implementados se selecionarmos juízes hiperativos para aplicá-los. E a hiperatividade, convém lembrar, é uma patologia" (CARMONA, Carlos Alberto. O Novo Código de Processo Civil e o Juiz Hiperativo. In: GRINOVER, Ada Pellegrini et al. *O Novo Código de Processo Civil:* questões controvertidas. São Paulo: Atlas, 2015. p. 61-75. p. 73-74).

partes que dependam menos da atividade cartorária. Assim, por exemplo, as partes autora e ré podem apresentar um calendário processual em que estabelecem o prazo de contestação, o prazo de réplica, a renúncia à produção de provas em audiência, o prazo para apresentação de documentos complementares, a realização de perícia com estipulação de qual delas pagará os honorários periciais, bem como a escolha do perito a ser nomeado, o prazo para apresentação dos quesitos, a data de apresentação das alegações finais, dentre outros aspectos. Observe-se que, nessa hipótese, se o juiz homologar o calendário processual, o processo praticamente independerá da atividade cartorária (que, em geral, somente terá de fazer a juntada das peças processuais, carga dos autos e dar vista para as partes; se o processo tramitar em meio eletrônico, nem esses atos serão necessários). Neste caso, certamente o calendário processual poderá trazer um ganho enorme em termos de redução do tempo do processo.

De outro lado, um calendário processual que, por exemplo, estabelecesse prazos ao cartório para juntada de petições, publicações, ou prazos para o juiz decidir, seria infrutífero. Além disso, uma vez descumpridos os prazos pelo juiz ou pelo cartório, acarretaria a desestruturação de todas as demais datas do calendário processual e, possivelmente, impugnações a serem decididas pelo juiz e possíveis recursos. Observe-se que, neste caso, o calendário processual pode causar mais tumulto do que ganho processual.

Portanto, para ter efetividade e representar ganho em termos de tempo do processo, o calendário processual precisa ser construído pelas partes levando em consideração a realidade institucional e as rotinas cartorárias.

7. PRAZOS PROCESSUAIS

A disciplina geral dos prazos está prevista nos arts. 218 a 235 do CPC. Trata-se de importante tema e possui grandes inovações que serão abordadas a seguir.

7.1. Classificações

Os prazos processuais podem ser classificados quanto à origem; quanto à possibilidade ou não de ser modificado; e quanto aos efeitos do seu descumprimento.

Passamos a analisar cada uma dessas classificações, que possuem grande importância para o processo civil.

7.2. Prazos legais, judiciais e convencionais

Considerando a origem dos prazos, vale dizer, quem os fixa, podem ser classificados em:

a) **Prazos Legais:** são os fixados por lei.

b) **Prazos Judiciais:** são os prazos fixados por uma decisão judicial.

c) **Prazos Convencionais:** são fixados por acordo das partes.

Como regra, quem fixa o prazo para a prática dos atos processuais é a lei (art. 218, *caput*, CPC).

Se não houver prazo legal, o juiz o fixará. Se o juiz não o fizer, aplica-se o art. 218, § 3º, do CPC, ou seja, o prazo será de 5 dias (úteis).

7.3. Prazos dilatórios e prazos peremptórios

Considerando a possibilidade de modificação pelas partes, os prazos podem ser classificados em:

a) **prazos dilatórios:** são aqueles que podem ser modificados por convenção das partes.

b) **prazos peremptórios:** são os que não podem ser modificados pelas partes.

Ocorre que o CPC estabelece os negócios processuais e o calendário processual, de modo que a maioria dos prazos processuais pode ser modificada pelas partes. Vale dizer, o CPC restringe muito os prazos peremptórios.

Assim, diante da sistemática do CPC, seriam prazos peremptórios aqueles em relação aos quais não se admite convenção das partes. Como a lei não os estabelece expressamente, caberá à doutrina e à jurisprudência definir quais são os casos de prazos peremptórios.

7.4. Prazos próprios e impróprios

Quanto às consequências do descumprimento, os prazos podem ser:

a) **prazos próprios:** aqueles cujo descumprimento acarreta consequências processuais. Ex.: prazo de contestação; prazo para recorrer; prazo para apresentar o rol de testemunhas etc.

b) **prazos impróprios:** aqueles cujo descumprimento não acarreta consequências processuais. É o caso, por exemplo, dos prazos para o juiz proferir despachos, decisões e sentenças.

7.5. Início do prazo

Os prazos processuais iniciam o seu curso, como regra, segundo as regras fixadas pelo art. 231 do CPC, da seguinte forma:

a) quando a citação ou intimação for **postal** (pelo correio), o prazo inicia o seu curso da data da juntada aos autos do aviso de recebimento.

b) no caso de citação ou intimação for **por oficial de justiça**, o prazo se inicia na data da juntada aos autos do mandado cumprido.

c) quando a citação ou a intimação ocorrer por **ato do escrivão ou do chefe de secretaria** (comparecimento no cartório ou secretaria da parte ou terceiro sujeito à prática do ato), o prazo começa a correr a partir da data de ocorrência da citação ou da intimação.

d) quando o ato se realizar em cumprimento de **carta de ordem, precatória ou rogatória**, o prazo para resposta corre da data da sua juntada aos autos após devidamente cumprida, como regra. No caso de haver comunicação de cumprimento da carta (citação ou intimação) pelo juízo deprecado (art. 232, CPC), o prazo começa o seu curso a partir da juntada dessa comunicação;

e) na hipótese de **citação por edital**, inicia-se o curso do prazo de resposta após finda a dilação assinada pelo juiz.

f) nos casos de intimação por **Diário da Justiça**, impresso ou eletrônico, o prazo inicia o seu curso a partir da data de publicação.

g) nas hipóteses em que a intimação ocorre por meio de **retirada dos autos em cartório ou secretaria** (art. 272, § 6º, CPC)[32], o prazo começa a correr a partir do dia da carga.

h) nas hipóteses de citação ou intimação pela **via eletrônica**, o prazo começa a correr a partir do dia útil seguinte à consulta ao teor da citação ou da intimação, ou ao término do prazo para que a consulta se dê (quando não aberto o ato pela parte no sistema).

O prazo recursal conta-se da data em que os advogados são intimados da decisão, da sentença ou do acórdão (art. 1.003, *caput*, CPC).

Contudo, "quando o ato tiver de ser praticado diretamente pela parte ou por quem, de qualquer forma, participe do processo, sem a intermediação de representante judicial, o dia do começo do prazo para cumprimento da determinação judicial corresponderá à data em que se der a comunicação" (art. 231, § 3º, CPC).

Assim, na hipótese de intimação da parte ré acerca da decisão que deferiu a tutela antecipada em favor do autor, o prazo para cumprimento da decisão começa a correr a partir da data da intimação, enquanto o prazo recursal (agravo de instrumento) tem o seu início com a juntada do mandado de intimação cumprido aos autos. Nesse sentido, aliás, o Enunciado 271 do FPPC: "**Quando for deferida tutela provisória a ser cumprida diretamente pela parte, o prazo recursal conta a partir da juntada do mandado de intimação, do aviso de recebimento ou da carta precatória; o prazo para o cumprimento da decisão inicia-se a partir da intimação da parte**".

Se a **decisão ou a sentença forem publicadas em audiência, reputam-se intimados na audiência** (§ 1º do art. 1.003 do CPC)[33]. **Essa regra vale, no entanto, somente para as partes comuns**.

A Defensoria Pública e o Ministério Público possuem direito a vista pessoal dos autos. Assim, mesmo no caso de intimação da decisão ou da sentença em audiência (ou, ainda, em cartório ou por mandado), o prazo começa a correr para o Ministério Público e para a Defensoria Pública somente "a partir da data da entrega dos autos na repartição administrativa do órgão", consoante foi decidido pelo STJ em regime de repercussão geral[34].

---

32 CPC: "Art. 272 [...] § 6º A retirada dos autos do cartório ou da secretaria em carga pelo advogado, por pessoa credenciada a pedido do advogado ou da sociedade de advogados, pela Advocacia Pública, pela Defensoria Pública ou pelo Ministério Público implicará intimação de qualquer decisão contida no processo retirado, ainda que pendente de publicação".

33 CPC: "Art. 1.003. O prazo para interposição de recurso conta-se da data em que os advogados, a sociedade de advogados, a Advocacia Pública, a Defensoria Pública ou o Ministério Público são intimados da decisão. § 1º Os sujeitos previstos no *caput* considerar-se-ão intimados em audiência quando nesta for proferida a decisão".

34 "É natural que, nos casos em que haja ato processual decisório proferido em audiência, as partes presentes (defesa e acusação) dele tomem conhecimento. Entretanto, essa ciência do ato não permite ao membro do

O art. 218, § 4º, do CPC estabelece que "**será considerado tempestivo o ato praticado antes do termo inicial do prazo**". Assim, termina com a possibilidade de declaração de intempestividade por antecipação, que sempre pareceu ilógico para a doutrina e para os operadores do direito. Desse modo, fica superada a Súmula 418 do STJ ("É inadmissível o recurso especial interposto antes da publicação do acórdão dos embargos de declaração, sem posterior ratificação"), a qual, inclusive, já foi cancelada por este Tribunal Superior (em sessão de 1º-7-2016).

7.6. Contagem dos prazos processuais

Está prevista basicamente no art. 224 do CPC.

Há diferença entre "correr" e "contar". Os prazos começam a "correr" a partir da intimação, porém "contam-se" excluindo o dia da intimação.

Na **contagem do prazo**, devem ser levadas em consideração as seguintes regras:

a) Na contagem dos prazos processuais em dias, fixados pela lei ou pelo juiz, computam-se somente os **dias úteis**. Trata-se de uma das maiores inovações do CPC/2015 sobre a matéria, prevista no art. 219[35]. Tal regra aplica-se, inclusive, aos prazos processuais de leis especiais, bem como ao procedimento sumaríssimo dos Juizados Especiais.

b) Os prazos somente começam a contar do primeiro dia útil após a intimação, como regra (art. 224, *caput*, CPC).

c) Salvo disposição em contrário, computar-se-ão os prazos excluindo-se o dia do começo e incluindo-se o do vencimento (art. 224, *caput*, CPC).

d) Nos prazos que não sejam fixados em dias (por exemplo, estabelecidos em meses ou anos), computam-se os dias não úteis[36].

e) Em qualquer caso, considera-se prorrogado o prazo até o primeiro dia útil seguinte se o vencimento cair em feriado ou em dia em que for determinado o fechamento do fórum, se o expediente forense for encerrado antes da hora normal, ou, ainda, se, no último dia do prazo, o sistema estiver indisponível (no caso de autos eletrônicos).

f) Se o ato de **citação ou intimação acontecer em feriado ou em final de semana**, ou em outro dia em que não haja expediente forense, ou for iniciado ou encerrado depois da hora normal, ou quando o sistema estiver indisponível, considera-se ocorrida a intimação no dia útil subsequente, a partir de quando começará a correr o prazo (art. 224, § 1º, CPC)[37].

Ministério Público (e também ao integrante da Defensoria Pública) o exercício pleno do contraditório, seja porque o órgão Ministerial não poderá levar consigo os autos, seja porque não necessariamente será o mesmo membro que esteve presente ao ato a ter atribuição para eventualmente impugná-lo. [...] TESE: O termo inicial da contagem do prazo para impugnar decisão judicial é, para o Ministério Público, a data da entrega dos autos na repartição administrativa do órgão, sendo irrelevante que a intimação pessoal tenha se dado em audiência, em cartório ou por mandado" (STJ, REsp 1349935/SE, Rel. Ministro Rogerio Schietti Cruz, Terceira Seção, julgado em 23-8-2017, *DJe* 14-9-2017).

35 CPC: "Art. 219. Na contagem de prazo em dias, estabelecido por lei ou pelo juiz, computar-se-ão somente os dias úteis. Parágrafo único. O disposto neste artigo aplica-se somente aos prazos processuais".

36 Lei n. 9.099/1995: "Art. 12-A. Na contagem de prazo em dias, estabelecido por lei ou pelo juiz, para a prática de qualquer ato processual, inclusive para a interposição de recursos, computar-se-ão somente os dias úteis. [Incluído pela Lei n. 13.728, de 2018]".

37 CPC: "Art. 224. Salvo disposição em contrário, os prazos serão contados excluindo o dia do começo e incluindo o dia do vencimento. § 1º Os dias do começo e do vencimento do prazo serão protraídos para o primeiro dia útil

7.7. Prazo mínimo de antecedência para comparecimento ao processo

Importante questão diz respeito ao prazo mínimo de antecedência em que a intimação obriga ao comparecimento para o ato processual. A esse respeito, o art. 218 do CPC prevê que as intimações somente obrigam a parte a comparecer ao ato se ocorrerem com pelo menos 48 horas de antecedência[38]. Assim, por exemplo, se a parte ou a testemunha não forem intimadas com pelo menos 48 horas de antecedência do horário marcado para a audiência, não estão obrigadas a comparecer ao ato. Lembre-se que a regra que estabelece a contagem em "dias úteis" (art. 219, CPC) somente vale para "dias", mas não para "horas".

7.8. Prazo para os litisconsortes e prerrogativas de prazo do Ministério Público, da Defensoria Pública e da Fazenda Pública

7.8.1. Litisconsortes

Litisconsortes com procuradores diferentes, de escritórios de advocacia distintos, terão **prazos em dobro** para todos os atos processuais e manifestações nos autos, nos termos do art. 229 do CPC.

O fundamento para essa duplicação dos prazos é o fato de que, por haver procuradores diferentes, os autos não poderão ser retirados do cartório, demandando maior tempo dos procuradores para a elaboração das peças processuais.

Por conseguinte, se os litisconsortes não tiverem procuradores diferentes, o prazo será simples.

Por essa mesma razão, o § 2º do art. 229 do CPC prevê que o benefício do prazo em dobro não se aplica aos processos em autos eletrônicos, já que, nesses casos, os autos podem ser acessados simultaneamente por todos os advogados.

Da mesma forma, não se aplica o art. 229 do CPC quando a prática do ato interessar a um só dos litisconsortes. A esse respeito, a Súmula 641 do STF é expressa: "Não se conta em dobro o prazo para recorrer, quando só um dos litisconsortes haja sucumbido".

De acordo com o § 1º do art. 229 do CPC, "cessa a contagem do prazo em dobro se, havendo apenas 2 (dois) réus, é oferecida defesa por apenas um deles". Contudo, o dispositivo pressupõe que apenas um dos litisconsortes esteja praticando atos no processo. Ocorre que, se o réu não apresentar contestação, poderá prosseguir no processo, praticando os demais atos processuais, quando voltará a ser intimado. Neste caso, deverá ser intimado, por exemplo, para apresentar recurso. Em tal caso, se os litisconsortes tiverem procuradores diferentes, o prazo para cada réu recorrer deverá ser em dobro, pois não poderão retirar os autos do cartório. Entendimento diverso implicaria prejudicar o litisconsorte passivo que contestou, na medida em que ele não poderá retirar os autos do cartório para formular o recurso.

---

seguinte, se coincidirem com dia em que o expediente forense for encerrado antes ou iniciado depois da hora normal ou houver indisponibilidade da comunicação eletrônica".

38 CPC: "Art. 218 [...] § 2º Quando a lei ou o juiz não determinar prazo, as intimações somente obrigarão a comparecimento após decorridas 48 (quarenta e oito) horas".

7.8.2. Ministério Público

O Ministério Público pode atuar no processo como parte ou como fiscal da ordem jurídica.

Nas hipóteses em que atua como fiscal da ordem jurídica, o Ministério Público será intimado para, no prazo de 30 dias, se manifestar (art. 178, *caput*, CPC), salvo quando outro prazo for previsto em lei.

Quando atua como parte, o Ministério Público terá prazo **em dobro** para, de modo geral, se manifestar nos autos, que se inicia com a sua intimação pessoal (art. 180, CPC).

Entretanto, não se aplica a prerrogativa do prazo em dobro quando a lei processual estabelecer prazo específico para o Ministério Público.

7.8.3. Defensoria Pública

A Defensoria Pública tem **prazo em dobro** para se manifestar em **todos os atos do processo** (art. 44, I, e art. 127, I, LC 80/1994; art. 186, *caput*, CPC). Entretanto, essa prerrogativa de prazo não se aplica quando a lei processual estabelecer, de forma expressa, prazo específico para a Defensoria Pública (art. 186, § 4º, CPC).

A mesma prerrogativa de prazo da Defensoria se aplica aos "escritórios de prática jurídica das faculdades de Direito reconhecidas na forma da lei e às entidades que prestam assistência jurídica gratuita em razão de convênios firmados com a Defensoria Pública" (art. 186, § 3º, CPC).

7.8.4. Fazenda Pública

O art. 183 do CPC prevê **prazo em dobro** para todas as manifestações processuais da União, dos Estados, do Distrito Federal, dos Municípios e das suas respectivas autarquias e fundações de direito público. Não se aplica, contudo, às empresas públicas e às sociedades de economia mista.

Também não se aplica a prerrogativa de prazo quando a lei estabelece, de forma expressa, prazo próprio para o ente público (art. 183, § 2º, CPC). É o que ocorre, por exemplo, no prazo específico previsto para o ente público apresentar impugnação à execução de título executivo judicial (30 dias – art. 535, CPC)[39] ou para opor embargos à execução de título executivo extrajudicial (30 dias – art. 910, CPC)[40].

Também não incide essa prerrogativa de prazo em dobro (art. 183, CPC) nos Juizados Especiais de Fazenda Pública (Lei n. 12.153/2009, art. 7º)[41] e nos Juizados

---

39 CPC: "Art. 535. A Fazenda Pública será intimada na pessoa de seu representante judicial, por carga, remessa ou meio eletrônico, para, querendo, no prazo de 30 (trinta) dias e nos próprios autos, impugnar a execução, podendo arguir: [...]".

40 CPC: "Art. 910. Na execução fundada em título extrajudicial, a Fazenda Pública será citada para opor embargos em 30 (trinta) dias".

41 Lei n. 12.153/2009: "Art. 7º Não haverá prazo diferenciado para a prática de qualquer ato processual pelas pessoas jurídicas de direito público, inclusive a interposição de recursos, devendo a citação para a audiência de conciliação ser efetuada com antecedência mínima de 30 (trinta) dias".

Especiais Federais Cíveis (Lei n. 10.259/2001, art. 9º)[42], pois as leis de regência preveem seus prazos próprios e já consideram o fato de o ente público estar no polo passivo do processo.

7.9. Prazo processual e uso do fax

Nos termos do art. 2º da Lei n. 9.800/1999, "a utilização de sistema de transmissão de dados e imagens não prejudica o cumprimento dos prazos, devendo os originais ser entregues em juízo, necessariamente, até **cinco dias da data de seu término**".

Verifica-se, assim, que o prazo de 5 dias (úteis) para a juntada dos originais inicia-se após o término do prazo processual fixado pela lei ou pelo magistrado, e não a partir da data da prática do ato processual pela parte interessada.

Por fim, é importante ressaltar que, "nos **atos não sujeitos a prazo**, os originais deverão ser entregues, necessariamente, até **cinco dias da data da recepção do material**" (art. 2º, parágrafo único, Lei n. 9.800/1999).

7.10. Férias forenses, recesso forense, feriados e suspensão dos prazos

Como já exposto em item próprio (relativo ao Tempo para a prática dos atos processuais), as férias forenses, após a EC n. 45/2004, existem somente para tribunais superiores[43].

De outro lado, em algumas Leis de Organização Judiciária locais e da Justiça Federal, há previsão expressa de recesso forense de fim de ano, geralmente entre Natal e Ano Novo. Na própria norma que o disciplina, comumente é estabelecido que há suspensão dos prazos no período do recesso forense.

De outro lado, nos dias compreendidos entre 20 de dezembro e 20 de janeiro, os prazos processuais ficam suspensos (art. 220, *caput*, CPC). Nesse período, se não houver recesso forense, o Poder Judiciário deverá funcionar normalmente. Apenas audiências em geral não podem ser realizadas, bem como os prazos devem ficar suspensos.

As regras de suspensão de prazo acima estabelecidas aplicam-se, inclusive, aos Juizados Especiais[44].

Para que seja considerada a suspensão dos prazos em razão de recesso forense, nas instâncias extraordinárias, é preciso comprová-lo por documento idôneo. A necessidade de tal demonstração ocorre porque cada Tribunal Estadual tem a sua própria disciplina

---

42 Lei n. 10.259/2001: "Art. 9º Não haverá prazo diferenciado para a prática de qualquer ato processual pelas pessoas jurídicas de direito público, inclusive a interposição de recursos, devendo a citação para audiência de conciliação ser efetuada com antecedência mínima de trinta dias".

43 CF: "Art. 93 [...] Inc. XII – a atividade jurisdicional será ininterrupta, sendo vedado férias coletivas nos juízos e tribunais de segundo grau, funcionando, nos dias em que não houver expediente forense normal, juízes em plantão permanente". Como se observa, as férias forenses continuaram a existir nos tribunais superiores".

44 Enunciado 269 do FPPC: "A suspensão de prazos de 20 de dezembro a 20 de janeiro é aplicável aos Juizados Especiais".

sobre o período do recesso forense. O mesmo ocorre quando o último dia do prazo se constitui em data de feriado local, ou em dia em que, por qualquer motivo, não houve expediente forense. Esse é o entendimento consolidado no âmbito do STJ[45] e o que consta expressamente no art. 1.003, § 6º, do CPC[46].

Os dias de feriado não suspendem os prazos processuais. No entanto, recaindo o último dia do prazo em feriado, ele prorroga-se para o primeiro dia útil seguinte.

Se a citação ou a intimação acontecer no curso do recesso forense, considera-se realizada no primeiro dia útil que se lhe seguir, que não é incluído na contagem do prazo[47]. Assim, nos juízos em que o recesso forense é de 20 de dezembro a 6 de janeiro, caso a citação ocorra no dia 4 de janeiro, considera-se ocorrida em 7 de janeiro, começando a contagem do prazo no dia imediatamente subsequente, ou seja, em 8 de janeiro. O mesmo deve ocorrer com a suspensão de prazos prevista no art. 220, *caput*, do CPC e para as hipóteses de férias forenses (em tribunais superiores).

Além disso, o recesso forense e o feriado que devem ser levados em consideração são aqueles que atingem o juízo perante o qual o recurso é interposto, e não o juízo *ad quem* (que julga o recurso). Assim, por exemplo, como o recurso especial e o recurso extraordinário são interpostos perante o Tribunal de segunda instância (ainda que sejam julgados pelo STJ e pelo STF, respectivamente), os feriados e o recesso forense a serem considerados são os do Tribunal, e não os do STJ e do STF[48].

7.11. Prazos e a Lei do Processo Eletrônico (Lei n. 11.419/2006)

No caso de processo eletrônico, considera-se como data da publicação o primeiro dia útil seguinte ao da disponibilização da informação no *Diário da Justiça* eletrônico (art. 3º, § 3º, Lei n. 11.419/2006). Os prazos processuais terão início no primeiro dia útil que seguir ao considerado como data da publicação (§ 4º).

As petições poderão ser transmitidas até às 24 horas do último dia do prazo (art. 3º da Lei n. 11.419/2006).

---

45 "Nos termos do parágrafo 6º do artigo 1.003 do NCPC, para fins de aferição de tempestividade, a ocorrência de feriado local deverá ser comprovada, mediante documento idôneo, no ato da interposição do recurso. Precedente: AgInt no AREsp 957.821/MS, CORTE ESPECIAL, *DJe* 19-12-2017. 3. Para efeito de tempestividade, a prova do feriado local deve ser feita pela parte interessada por meio de documento idôneo, não servindo *print* de tela de computador na qual consta a cópia do calendário do judiciário extraído da internet. Precedentes" (STJ, AgInt no AREsp 1325535/RJ, Rel. Ministro Marco Buzzi, Quarta Turma, julgado em 27-11-2018, *DJe* 5-12-2018).

46 CPC: "Art. 1.003 [...] § 6º O recorrente comprovará a ocorrência de feriado local no ato de interposição do recurso".

47 "**A publicação de ato processual durante o recesso forense considera-se realizada no primeiro dia útil que se lhe seguir, que não é incluído na contagem do prazo do recurso**. Exegese dos arts. 179, 184 e 240 do CPC" (STJ, AgRg no AREsp 23.139/MA, Rel. Min. Maria Isabel Gallotti, Quarta Turma, julgado em 15-12-2011, *DJe* 1º-2-2012).

48 "A existência de recesso forense no Superior Tribunal de Justiça não tem o condão de influenciar na contagem dos prazos para a interposição de recursos perante as instâncias ordinárias, ainda que direcionados a esta Corte" (STJ, AgInt no AREsp 1038191/MG, Rel. Ministra Regina Helena Costa, Primeira Turma, julgado em 7-12-2017, *DJe* 14-12-2017).

8. PRECLUSÃO

Preclusão é a **perda do direito/faculdade/poder** de praticar o ato processual.

Trata-se de uma consequência da marcha processual. O processo é uma sequência de atos processuais que deve caminhar para frente, a fim de que atinja o seu objetivo final, que é a sentença. Em razão disso, para que não haja retrocesso (o contrário de processo), é preciso que sejam criadas fórmulas de preclusão.

A preclusão pode ser temporal, consumativa ou lógica.

A **preclusão temporal** é a perda do direito/faculdade/poder de praticar o ato processual porque a parte não o fez no momento oportuno, ou seja, dentro do prazo. Assim, findo o prazo para a prática do ato processual, ocorre a preclusão temporal, impedindo-se que seja posteriormente praticado. Por exemplo, o prazo para interpor recurso de apelação é de 15 dias úteis. Se a contestação for protocolada no 16º dia útil, terá ocorrido a preclusão temporal.

A **preclusão consumativa** consiste na perda do direito/faculdade/poder de praticar novamente o ato processual, por já tê-lo feito. Assim, já tendo praticado o ato processual, não poderá ser efetuado novamente para corrigir o anterior, tampouco para complementá-lo. Por exemplo, uma vez apresentada a contestação, se o réu se esqueceu de algum ponto e pretender complementá-la, não poderá fazê-lo, já que houve a preclusão consumativa de tal ato processual.

Por fim, a **preclusão lógica** é a perda do direito/faculdade/poder de praticar o ato processual por ter a parte praticado outro ato incompatível com o primeiro. É uma consequência do *venire contra factum proprium non potest*, princípio decorrente da boa-fé objetiva. Isto é, trata-se de uma manifestação da regra geral de que a parte não pode cair em contradição de conduta. Por exemplo, o réu se dirige à Secretaria da Vara e paga o valor da condenação; posteriormente, dentro do prazo, interpõe recurso. Se isso acontecer, terá ocorrido a preclusão lógica, pois o pagamento puro e simples do valor imposto na sentença é incompatível com a intenção de recorrer. Outro exemplo: o art. 916, *caput*, do CPC prevê a possibilidade de parcelamento da dívida pelo devedor no caso de **execução de título extrajudicial**, exigindo, para tanto, que, no prazo para embargos (15 dias), o executado reconheça o crédito do exequente e comprove o depósito de 30% do valor em execução, inclusive custas e honorários de advogado, bem como requeira que o juiz defira o parcelamento e proponha pagar o restante (70%) em até 6 parcelas mensais, acrescidas de correção monetária e juros de 1% ao mês; neste caso, ao propor o parcelamento, o executado não mais poderá embargar a execução, porque houve preclusão lógica.

CAPÍTULO XXI

COMUNICAÇÃO DOS ATOS PROCESSUAIS

Quando se trata da comunicação dos atos processuais, é preciso fazer a diferenciação entre comunicação dos atos processuais às partes e comunicação entre Juízos.

A **comunicação dos atos processuais às partes** pode ser feita por meio de citação e intimação. De outro lado, a **comunicação entre juízos** se faz por **carta judicial** (precatória, de ordem ou rogatória). O CPC/2015 criou a figura da **carta arbitral**, que tem por objeto pedido de cooperação judiciária formulado por juízo arbitral a órgão judicial (art. 237, IV, CPC)[1].

1. CITAÇÃO

1.1. Conceito

Segundo o art. 238 do CPC, citação "é o ato pelo qual são convocados o réu, o executado ou o interessado para integrar a relação processual".

Antes da citação, já existe processo, embora a relação jurídica processual esteja incompleta. Com a citação, o demandado passa a integrar o processo, triangularizando a relação jurídica processual.

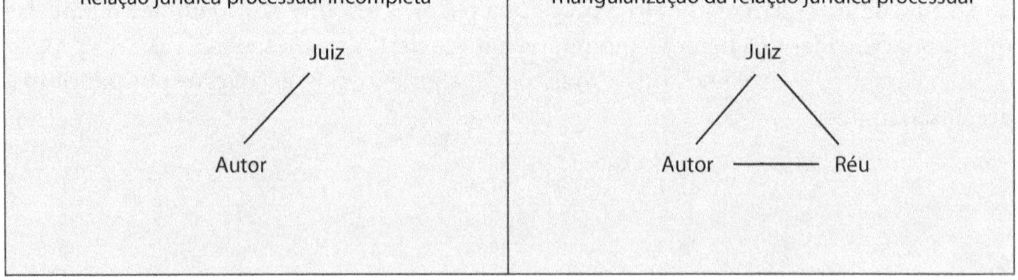

1 CPC: "Art. 237. Será expedida carta: [...] IV – arbitral, para que órgão do Poder Judiciário pratique ou determine o cumprimento, na área de sua competência territorial, de ato objeto de pedido de cooperação judiciária formulado por juízo arbitral, inclusive os que importem efetivação de tutela provisória".

1.2. Local onde deverá ser feita a citação

Como regra, a citação "poderá ser feita em qualquer lugar em que se encontre o réu, o executado ou o interessado" (art. 243, *caput*, do CPC).

1.3. Casos em que, temporariamente, não se pode fazer a citação

O art. 244 do CPC determina que não será feita a citação, salvo para evitar perecimento de direito, nas seguintes hipóteses:

I – de quem estiver participando de ato de culto religioso;

II – de cônjuge, de companheiro ou de qualquer parente do morto, consanguíneo ou afim, em linha reta ou na linha colateral em segundo grau, no dia do falecimento e nos 7 (sete) dias seguintes;

III – de noivos, nos 3 (três) primeiros dias seguintes ao casamento;

IV – de doente, enquanto grave o seu estado.

O art. 245, *caput*, do CPC prevê que também não se fará a citação "quando se verificar que o citando é mentalmente incapaz ou está impossibilitado de recebê-la". Nesse caso, o oficial de justiça deverá certificar o que constatou. O juiz, então, nomeará médico para examinar o citando, sendo dispensada essa diligência se pessoa da família apresentar declaração médica atestando essa incapacidade.

Verificando a incapacidade, o juiz deverá nomear curador especial ao citando, em nome de quem será realizada a citação e a quem compete fazer a defesa do réu.

1.4. Classificação da citação

A citação pode ser:

a) Pessoal (ou real):

– Postal (arts. 247 e 248 do CPC);

– Por oficial de justiça (arts. 249 a 251 do CPC).

– Por termo nos autos, pelo escrivão ou chefe de secretaria (art. 246, III, CPC).

– Por meio eletrônico.

b) Ficta:

– Por hora certa (arts. 252 a 254 do CPC);

– Por edital (arts. 256 a 259 do CPC).

Preferencialmente, a citação deve ser pessoal, mas, quando não for possível, será ficta. A citação ficta é aquela que se presume que tenha ocorrido.

1.5. Citação postal

A citação postal deve ser a regra.

É realizada por uma carta de citação, que contém necessariamente: o prazo para resposta; o endereço do juízo; a cópia do despacho do juiz que a determinou; e uma cópia da petição inicial (art. 248, CPC).

De outro lado, a citação por correio **não é admitida nas seguintes hipóteses**: nas ações de estado; nas ações que o réu seja incapaz; quando for ré a pessoa jurídica de direito público; nas situações em que o réu mora em local não atendido pelo serviço de correio; ou quando o autor expressamente requerer que seja feita de outra forma.

A carta deve ter o **aviso de recebimento (AR)**, que precisa ser assinado pessoalmente por quem está sendo citado, para a validade do ato. O serviço de correios deverá devolver o aviso de recebimento (AR) ao Juízo, que o juntará ao processo para demonstrar a regularidade do ato e marcar o início do prazo para resposta.

Se o citando for pessoa jurídica, a entrega do mandado de citação poderá ser feita a pessoa com poderes de gerência geral ou de administração, ou, ainda, a funcionário responsável pelo recebimento de correspondências (art. 248, § 2º, CPC).

O art. 248, § 4º, do CPC estabelece que, "nos condomínios edilícios ou nos loteamentos com controle de acesso, será válida a entrega do mandado a funcionário da portaria responsável pelo recebimento de correspondência, que, entretanto, poderá recusar o recebimento, se declarar, por escrito, sob as penas da lei, que o destinatário da correspondência está ausente".

1.6. Citação por oficial de justiça

O oficial de justiça é um auxiliar do Juízo, que tem a função de executar materialmente as ordens judiciais, tendo fé pública e a possibilidade de contar com o auxílio de força policial para cumprir os mandados judiciais.

A **citação** será feita por **oficial de justiça** quando a parte assim o requerer, quando a citação por correio foi frustrada ou nos casos em que esta é vedada.

Se a citação tiver que ser **realizada fora da comarca ou circunscrição**, deverá ser expedida **carta precatória** para que, após a autorização do juiz da comarca deprecada, um oficial de justiça desta comarca cumpra o mandado e, posteriormente, seja devolvida a carta precatória cumprida ao juízo deprecante.

Entretanto, nas comarcas contíguas, de fácil comunicação, e nas que se situem na mesma região metropolitana, o oficial de justiça poderá efetuar citações, intimações, notificações e penhora sem necessidade de carta precatória, por simples mandado judicial expedido pelo Juízo do processo (art. 255, CPC).

1.7. Citação por termo nos autos

A citação por termo nos autos ocorre quando a parte requerida comparece na Secretaria ou Cartório Judicial. Com isso, ela deverá ser citada naquele momento, com as formalidades legais, o que deverá ser documentado por termo nos autos, ou seja, esse ato processual deverá ser **certificado pelo escrivão** ou chefe de secretaria (art. 246, III, CPC).

1.8. Citação por meio eletrônico

O CPC estabelece que algumas pessoas jurídicas são obrigadas a manter cadastros nos sistemas de processo em autos eletrônicos, para efeito de recebimento de citações e intimações, as quais serão efetuadas preferencialmente por esse meio. São elas (art. 246, §§ 1º e 2º):

a) as empresas públicas e privadas em geral, exceto as microempresas e as empresas de pequeno porte.

b) a União, os Estados, o Distrito Federal, os Municípios e as entidades da administração indireta.

A Lei n. 11.419/2006, que prevê a informatização do processo judicial, admitiu as citações por meios eletrônicos, pela rede mundial de computadores ou em redes próprias do Judiciário.

Nos tribunais em que o processo eletrônico já é realidade, o usuário do sistema se cadastra no sistema eletrônico do Poder Judiciário, cria um *login* e uma senha para que tenha acesso à integra do processo e receba citações e intimações. Tal forma de citação aplica-se inclusive à Fazenda Pública (art. 6º da Lei n. 11.419/2006).

1.9. Citação por hora certa

A **citação por hora certa** é cabível quando houver **suspeita fundada de que o réu esteja se ocultando**.

O art. 252, *caput*, do CPC dispõe que, "quando, por 2 (duas) vezes, o oficial de justiça houver procurado o citando em seu domicílio ou residência sem o encontrar, deverá, havendo suspeita de ocultação, intimar qualquer pessoa da família ou, em sua falta, qualquer vizinho de que, no dia útil imediato, voltará a fim de efetuar a citação, na hora que designar".

Segundo o *caput* do art. 253 do CPC, "no dia e na hora designados, o oficial de justiça, independentemente de novo despacho, comparecerá ao domicílio ou à residência do citando a fim de realizar a diligência".

Por fim, o § 1º desse mesmo dispositivo determina que, "se o citando não estiver presente, o oficial de justiça procurará informar-se das razões da ausência, dando por feita a citação, ainda que o citando se tenha ocultado em outra comarca, seção ou subseção judiciárias".

O art. 254 do CPC estabelece apenas uma complementação desse ato citatório, dispondo que "feita a citação com hora certa, o escrivão ou chefe de secretaria enviará ao réu, executado ou interessado, no prazo de 10 (dez) dias, contado da data da juntada do mandado aos autos, carta, telegrama ou correspondência eletrônica, dando-lhe de tudo ciência". De acordo com o entendimento do STJ, "o envio da correspondência de que trata o art. 229 do CPC é mera formalidade, e não constitui requisito fundamental para sua validade"[2].

---

2 "De acordo com a jurisprudência do STJ, o envio da correspondência de que trata o art. 229 do CPC é mera formalidade, e não constitui requisito fundamental para sua validade. Precedentes" (STJ, AgRg no AREsp 1173667/SP, Rel. Ministro Rogerio Schietti Cruz, Sexta Turma, julgado em 17-4-2018, *DJe* 2-5-2018). No mesmo sentido: "AGRAVO REGIMENTAL NO RECURSO ESPECIAL. PROCESSUAL CIVIL. CITAÇÃO POR HORA CERTA. COMUNICADO DO ART. 229 DO CPC. MERA FORMALIDADE. PRAZO PARA DEFESA. CÔMPUTO A PARTIR DA DATA DE JUNTADA DO MANDADO CITATÓRIO. PRECEDENTES DO STJ". (STJ, AgRg no REsp 1430255/MG, Rel. Ministro Paulo de Tarso Sanseverino, Terceira Turma, julgado em 18-8-2015, *DJe* 1º-9-2015).

De qualquer forma, fica claro que a citação ocorre no dia e hora designados pelo oficial de justiça para fazer a citação. A formalidade da comunicação para dar ciência da citação não implica alteração da data da citação, para qualquer fim.

Isto é, mesmo no caso de citação por hora certa, aplica-se o prazo previsto no art. 231, inc. II, do CPC/2015, que prevê que começa a correr o prazo da "data de juntada aos autos do mandado cumprido, quando a citação ou a intimação for por oficial de justiça". Nesse sentido, aliás, é pacífica a jurisprudência do STJ[3].

Assim, fica claro que, **mesmo na citação por hora certa, o prazo começa a correr da data da juntada aos autos do mandado de citação cumprido**, pois a citação ficta considera-se realizada no dia e no horário designados pelo oficial de justiça.

Decretada a revelia do réu citado por hora certa, deverá ser-lhe **nomeado curador especial**, na forma do art. 72, inc. II, do CPC[4].

1.10. Citação por edital

A **citação por edital** é uma modalidade de **citação ficta**, vale dizer, em que a citação é presumida.

A citação por edital é cabível nas seguintes hipóteses (art. 256, CPC):

I – quando desconhecido ou incerto o citando;

II – quando ignorado, incerto ou inacessível o lugar em que se encontrar o citando;

III – nos casos expressos em lei.

De acordo com o art. 257 do CPC, os requisitos da citação por edital são os seguintes:

I – a afirmação do autor ou a certidão do oficial informando a presença das circunstâncias autorizadoras;

II – a publicação do edital na rede mundial de computadores, no sítio do respectivo tribunal e na plataforma de editais do Conselho Nacional de Justiça, que deve ser certificada nos autos;

III – a determinação, pelo juiz, do prazo, que variará entre 20 (vinte) e 60 (sessenta) dias, fluindo da data da publicação única ou, havendo mais de uma, da primeira;

IV – a advertência de que será nomeado curador especial em caso de revelia.

Ao réu revel citado por edital, deverá ser **nomeado curador especial**, na forma do art. 72, inc. II, do CPC.

---

3 "**O comunicado previsto no art. 229 do CPC serve apenas para incrementar a certeza de que o réu foi efetivamente cientificado acerca dos procedimentos inerentes à citação com hora certa, sendo uma formalidade absolutamente desvinculada do exercício do direito de defesa pelo réu. Sendo assim, a expedição do referido comunicado não tem o condão de alterar a natureza jurídica da citação com hora certa, que continua sendo ficta, tampouco interfere na fluência do prazo de defesa do réu.** 2. **O comunicado do art. 229 do CPC não integra os atos solenes da citação com hora certa, computando-se o prazo de defesa a partir da juntada do mandado citatório aos autos. Precedentes**" (STJ, REsp 1084030/MG, Rel. Min. Nancy Andrighi, Terceira Turma, julgado em 18-10-2011, *DJe* 28-10-2011). No mesmo sentido: "Ademais, na citação com hora certa, o prazo para contestação começa a fluir com a juntada aos autos do mandado respectivo, e não da juntada do comprovante de recepção do comunicado a que se refere o art. 229 do CPC. Precedentes" (STJ, AgRg no REsp 1537625/RJ, Rel. Ministro Moura Ribeiro, Terceira Turma, julgado em 6-10-2015, *DJe* 13-10-2015).

4 CPC: "Art. 72. O juiz nomeará curador especial ao: [...] II – réu preso revel, bem como ao réu revel citado por edital ou com hora certa, enquanto não for constituído advogado".

De outro lado, cabe mencionar que, diferentemente do processo penal (art. 366, CPP), no processo civil, o não comparecimento do réu mesmo após a citação por edital não induz à suspensão do processo. Após a citação por edital, o processo prosseguirá normalmente, sendo que o curador especial estará defendendo todos os interesses do réu no processo.

Durante algum tempo, houve certa divergência acerca da possibilidade de nomeação de curador especial para o executado citado por edital, bem como sobre a possibilidade de oferecer embargos, haja vista que se trata de uma nova ação. A esse respeito, a jurisprudência se consolidou no sentido de que **deve ser nomeado curador especial se o executado, citado por edital, não apresentar embargos**. Nesse caso, caberá ao curador especial opor os embargos à execução. Nesse sentido, aliás, a Súmula 196 do STJ: "Ao executado que, citado por edital ou por hora certa, permanecer revel, será nomeado curador especial, com legitimidade para apresentação de embargos".

O mesmo raciocínio se aplica à **ação monitória**. Atualmente, é pacífica a jurisprudência no sentido de admitir a nomeação de curador especial em ação monitória, cabendo a ele apresentar embargos (defesa do réu na ação monitória – art. 702, CPC). A esse respeito, a Súmula 282 do STJ prevê que "**cabe a citação por edital em ação monitória**".

2. INTIMAÇÃO

A intimação é o ato pelo qual se dá ciência a alguém dos atos e termos do processo (art. 269, *caput*, CPC).

Qualquer pessoa pode ser intimada. As partes, por exemplo, são intimadas para se manifestarem no processo ou praticarem determinado ato processual. As testemunhas são intimadas para comparecer à audiência.

A intimação está disciplinada nos arts. 269 a 275 do CPC.

3. COMUNICAÇÃO/COOPERAÇÃO JURÍDICA ENTRE OS JUÍZOS

3.1. Carta de ordem, carta rogatória e carta precatória

De acordo com o CPC, a carta pode ser judicial ou arbitral.

A **carta arbitral** é a forma de comunicação entre **justiça arbitral e órgão judicial**. Deverá atender, em geral, aos requisitos da carta judicial (precatória, rogatória ou de ordem), mas também deverá ser instruída com a convenção de arbitragem, as provas da nomeação do árbitro e a aceitação da sua função (art. 260, § 3º, CPC)[5].

---

5 CPC: "Art. 260. São requisitos das cartas de ordem, precatória e rogatória: I – a indicação dos juízes de origem e de cumprimento do ato; II – o inteiro teor da petição, do despacho judicial e do instrumento do mandato conferido ao advogado; III – a menção do ato processual que lhe constitui o objeto; IV – o encerramento com a assinatura do juiz. [...] § 3º A carta arbitral atenderá, no que couber, aos requisitos a que se refere o *caput* e será instruída com a convenção de arbitragem e com as provas da nomeação do árbitro e de sua aceitação da função".

A **comunicação entre juízos** ocorre por **carta judicial**.

As cartas judiciais são classificadas em carta de ordem, carta rogatória e carta precatória.

A **carta de ordem** é o meio de comunicação entre tribunal e um juízo que lhe é vinculado.

A **carta rogatória** é o meio pelo qual ocorre a comunicação entre juízos de países diferentes, para que órgão jurisdicional estrangeiro pratique ato de cooperação jurídica internacional, relativo a processo em curso perante órgão jurisdicional brasileiro.

No Brasil, após a EC n. 45/2004, compete ao Superior Tribunal de Justiça conceder o *exequatur* (ordem para ser cumprida no Brasil) às cartas rogatórias oriundas de países estrangeiros (art. 105, inc. I, alínea "i", CF). Após o *exequatur*, o cumprimento da carta rogatória incumbe à Justiça Federal de primeira instância (art. 109, inc. X, CF).

Por fim, a **carta precatória** constitui o instrumento pelo qual se realizam os demais casos de comunicação entre juízos com competência territorial diversa, no Brasil, para solicitar ou receber cooperação judiciária. Por exemplo, entre juízos de primeira instância de comarcas diferentes; entre um tribunal e um juízo que não está a ele vinculado etc.

Para garantir celeridade, o art. 263 do CPC estabelece que as cartas deverão, preferencialmente, ser expedidas por meio eletrônico.

3.2. Caráter itinerante

As cartas (de ordem, rogatória e precatória) possuem **caráter itinerante.** Assim, se o Juízo Deprecado verificar que a competência para cumprir a carta precatória é de outro Juízo, poderá encaminhá-la diretamente a este, em vez de devolver a carta precatória sem cumprimento ao Juízo Deprecante[6].

3.3. Prática de atos processuais por videoconferência

O CPC admite expressamente a prática de atos processuais por videoconferência ou por outro recurso tecnológico de transmissão de sons e imagens em tempo real (art. 236, § 3º, CPC)[7].

A utilização desses recursos tecnológicos pode abreviar muito o tempo do processo, sobretudo nos casos de oitivas de partes e testemunhas, quando as cartas precatórias tradicionais costumam demorar muito tempo em todo o seu tramitar (expedição, distribuição, cumprimento, devolução, juntada ao processo, manifestação das partes etc.).

---

6 CPC: "Art. 262. A carta tem caráter itinerante, podendo, antes ou depois de lhe ser ordenado o cumprimento, ser encaminhada a juízo diverso do que dela consta, a fim de se praticar o ato. Parágrafo único. O encaminhamento da carta a outro juízo será imediatamente comunicado ao órgão expedidor, que intimará as partes".

7 CPC: "Art. 236 [...] § 3º Admite-se a prática de atos processuais por meio de videoconferência ou outro recurso tecnológico de transmissão de sons e imagens em tempo real".

Desse modo, a Resolução n. 105, de 6-4-2010, do Conselho Nacional de Justiça dispõe sobre a utilização do sistema audiovisual para gravação de depoimentos e sobre a realização de interrogatório e inquirição de testemunhas por videoconferência[8].

A referida Resolução estabelece que a oitiva de partes e testemunhas fora da comarca ou circunscrição deverá ocorrer, preferencialmente, por videoconferência, em nome do princípio da identidade física do juiz (art. 3º). Contudo, lembre-se que este princípio não foi previsto expressamente no CPC/2015. De qualquer forma, o sistema de videoconferência proporciona a imediatidade, em seus diversos aspectos, com todos as vantagens processuais a ela inerentes.

O art. 2º da Resolução estabelece que os depoimentos gravados por sistema audiovisual não precisam de transcrição. Contudo, o parágrafo único do mesmo artigo estabelece que o juiz, por questão de preferência pessoal, poderá determinar que os servidores da Vara procedam à degravação.

---

8 CONSELHO NACIONAL DE JUSTIÇA. Resolução 105, de 6-4-2010, do Conselho Nacional de Justiça. Disponível em: <http://www.cnj.jus.br/atos-normativos?documento=166>. Acesso em: 4-2-2019.

CAPÍTULO **XXII**

VÍCIOS E INVALIDADES PROCESSUAIS

A lei processual prescreve determinadas formas para a prática dos atos processuais, quais sejam, o tempo, o lugar e o modo a que os atos processuais devem obedecer. Se esta forma não for respeitada, haverá atipicidade legal, ou seja, descumprimento da forma.

A fim de que essas formas sejam obedecidas, a lei processual comina determinadas consequências para o caso de descumprimento.

Nesse contexto, é que estão disciplinados os vícios e as invalidades processuais.

1. PRINCÍPIOS

Ao estudar o regramento dos vícios e invalidades processuais, é imperioso o conhecimento dos princípios norteadores da matéria. Como é impossível que a lei preveja todas as hipóteses de descumprimento das formas processuais, os princípios possuem especial relevância na interpretação e na aplicação da medida mais adequada para cada caso concreto.

1.1. Princípio da instrumentalidade

Segundo esse princípio, o processo não é um fim em si mesmo; ao revés, trata-se de um instrumento para o reconhecimento e a satisfação do direito material veiculado.

1.2. Princípio da finalidade

Esse princípio informa que o juiz não deverá decretar a invalidade do ato se, mesmo realizado de outro modo, atingir a sua finalidade. Está expresso no art. 277 do Novo CPC[1].

---

1 CPC: "Art. 277. Quando a lei prescrever determinada forma, o juiz considerará válido o ato se, realizado de outro modo, lhe alcançar a finalidade".

1.3. Princípio do prejuízo

Informa que, se não houver prejuízo à parte, o ato processual praticado em desconformidade com a lei processual será aproveitado e não será repetido. Isto é, não há nulidade sem prejuízo (*pas de nullité sans grief*).

Tal princípio aplica-se às nulidades relativas, haja vista que, nas nulidades absolutas, o prejuízo é presumido.

Está previsto nos arts. 282, § 1º[2], e 283, parágrafo único, do CPC[3].

1.4. Princípio do interesse

Segundo o princípio do interesse, a decretação de nulidade não poderá ser requerida pela parte que lhe deu causa. É um desdobramento da boa-fé objetiva e, mais especificamente, da aplicação do princípio do *verire contra factum proprium non potest* no processo civil.

Está previsto no art. 276 do CPC[4].

No entanto, esse princípio não se aplica às nulidades absolutas.

1.5. Princípio da causalidade

Segundo o princípio da causalidade, se o ato for invalidado, serão considerados ineficazes os demais atos que dele dependam, mas a nulidade não alcançará os atos subsequentes que sejam independentes[5].

1.6. Princípio do aproveitamento

Está previsto nos arts. 282 e 283 do CPC[6].

De acordo com o princípio do aproveitamento, a atipicidade do ato processual somente acarreta a invalidação dos atos processuais que não possam ser aproveitados, desde que também não cause prejuízo às partes.

---

2 CPC: "Art. 282. [...] § 1º O ato não será repetido nem sua falta será suprida quando não prejudicar a parte".

3 CPC: "Art. 283 [...] Parágrafo único. Dar-se-á o aproveitamento dos atos praticados desde que não resulte prejuízo à defesa de qualquer parte".

4 CPC: "Art. 276. Quando a lei prescrever determinada forma sob pena de nulidade, a decretação desta não pode ser requerida pela parte que lhe deu causa".

5 CPC: "Art. 281. Anulado o ato, consideram-se de nenhum efeito todos os subsequentes que dele dependam, todavia, a nulidade de uma parte do ato não prejudicará as outras que dela sejam independentes".

6 CPC: "Art. 282. Ao pronunciar a nulidade, o juiz declarará que atos são atingidos e ordenará as providências necessárias a fim de que sejam repetidos ou retificados. § 1º O ato não será repetido nem sua falta será suprida quando não prejudicar a parte. § 2º Quando puder decidir o mérito a favor da parte a quem aproveite a decretação da nulidade, o juiz não a pronunciará nem mandará repetir o ato ou suprir-lhe a falta. Art. 283. O erro de forma do processo acarreta unicamente a anulação dos atos que não possam ser aproveitados, devendo ser praticados os que forem necessários a fim de se observarem as prescrições legais. Parágrafo único. Dar-se-á o aproveitamento dos atos praticados desde que não resulte prejuízo à defesa de qualquer parte".

Além disso, o art. 282, § 2º, do CPC estabelece que, "quando puder decidir o mérito a favor da parte a quem aproveite a decretação da nulidade, o juiz não a pronunciará nem mandará repetir o ato ou suprir-lhe a falta".

2. CLASSIFICAÇÃO DOS VÍCIOS PROCESSUAIS

A depender da gravidade da atipicidade processual, isto é, da desobediência em relação à forma prevista em lei, pode ser cominada a consequência de inexistência, invalidade, ineficácia ou, ainda, de mera irregularidade.

2.1. Inexistência do ato processual

Ato processual inexistente é aquele em que falta elemento constitutivo mínimo. A inexistência ocorre em razão da falta da prática do ato processual ou da prática de um ato que apresenta um vício tão grave que faz com que ele sequer ingresse no mundo jurídico.

É o caso, por exemplo, da sentença proferida por um juiz aposentado, não investido de jurisdição; ou da petição inicial subscrita por quem não é advogado, quando era exigida tal condição.

A inexistência jamais convalesce, isto é, o ato processual inexistente não pode ser sanado. Desse modo, o ato processual precisa ser repetido, com os requisitos essenciais de existência. Assim, por exemplo, se inexistente o ato de citação (p. ex., se for citado equivocadamente homônimo do réu), é preciso que seja repetida a citação, bem como que sejam novamente realizados todos os demais atos processuais que dela dependam.

De outro lado, o ato processual inexistente, em determinadas situações, pode ser suprido pela prática de outro ato processual, que atinja a mesma finalidade. A título de exemplo, a citação inexistente pode ser suprida pelo comparecimento espontâneo do réu (quando apresenta procuração ou alguma petição no processo), que, a partir deste momento, considera-se citado (art. 239, § 1º, CPC)[7].

2.2. Invalidade do ato processual

São casos de atipicidade do ato processual, ou seja, de atos praticados em desconformidade com a forma, o tipo legal, o esquema abstrato previsto em lei.

A invalidade pode ser cominada em lei ou não expressamente cominada. Por exemplo, a ausência de fundamentação gera nulidade, a qual é cominada no art. 93, inc. IX, da Constituição Federal. A inexistência de relatório na sentença, por sua vez, também gera nulidade, embora não haja previsão legal expressa dessa consequência.

A invalidade processual pode ocorrer por nulidade absoluta ou nulidade relativa.

---

7 CPC: "Art. 239 [...] § 1º O comparecimento espontâneo do réu ou do executado supre a falta ou a nulidade da citação, fluindo a partir desta data o prazo para apresentação de contestação ou de embargos à execução".

Tanto a nulidade absoluta quanto a nulidade relativa violam normas cogentes. Norma cogente é uma norma impositiva, cuja incidência não pode ser afastada por vontade das partes. Portanto, tanto a nulidade absoluta quanto a relativa podem ser conhecidas de ofício (não confundir com nulidade absoluta e nulidade relativa do direito civil).

A **nulidade absoluta** viola **norma cogente** que existe para **tutelar o interesse público**. É um vício insanável, já que tutela o interesse público, **não podendo ser convalidado** pela vontade das partes no curso do processo. A nulidade absoluta pode ser alegada pelas partes ou **conhecida de ofício pelo juiz** a qualquer momento no curso do processo.

De outro lado, **a nulidade relativa** viola **norma cogente** criada para proteger o **interesse particular**. Por violar norma cogente (impositiva), pode ser **conhecida de ofício pelo juiz, como regra**. De outro lado, se **não for alegada pela parte interessada** na primeira oportunidade em que lhe couber falar nos autos, **ocorre a preclusão**, já que criada para tutelar interesse das partes, as quais devem alegar a nulidade relativa e demonstrar o prejuízo advindo do descumprimento da forma processual. Assim, a nulidade relativa é um **vício sanável**.

Há nulidade relativa, por exemplo, na ausência de reunião de duas causas conexas, quando era possível fazê-lo. Caso não for alegado pelas partes e for proferida sentença num dos processos conexos, sem que tenha havido a reunião, estará preclusa a possibilidade de invocar a conexão. Se não houver prejuízo, não haverá invalidação.

2.3. Ineficácia do ato processual

O ato processual pode existir, ser válido, mas não produzir efeitos, em razão da ausência de cumprimento de determinada formalidade legal.

É o caso, por exemplo, da sentença de mérito proferida no processo em que não foi citado um litisconsorte necessário, hipótese em que haverá ineficácia dessa sentença em relação a esse litisconsorte, quando se tratar de litisconsórcio necessário simples (art. 115, CPC)[8].

Observa-se, ainda, que pode haver **ineficácia do ato válido e eficácia de ato inválido**.

A ineficácia de ato válido é, como regra, um fenômeno transitório. É o caso, por exemplo, da sentença que não foi publicada. Uma vez publicada, passará a produzir efeitos. No entanto, existem exceções. No caso de litisconsorte necessário que não foi citado, a ineficácia da sentença em relação a ele é permanente (art. 115, CPC).

Também pode haver eficácia de ato inválido, já que o ato inválido produz efeitos até que tenha a sua invalidação decretada judicialmente. **Não existe nulidade de pleno direito no processo civil**, pois **ela precisa ser decretada**.

2.4. Mera irregularidade

A mera irregularidade do ato processual ocorre quando há descumprimento mínimo da forma prevista em lei. São exemplos: a numeração equivocada das páginas

8 CPC: "Art. 115. A sentença de mérito, quando proferida sem a integração do contraditório, será: I – nula, se a decisão deveria ser uniforme em relação a todos que deveriam ter integrado o processo; II – ineficaz, nos outros casos, apenas para os que não foram citados".

do processo; a ausência de rubrica do escrivão na numeração (art. 207, CPC); a sustentação oral do advogado sem vestes talares, condignas com a profissão, exigidas pelo regimento interno do tribunal.

3. CONVALIDAÇÃO DO ATO PROCESSUAL

Convalidar significa tornar válido o que era inválido. É sanar as imperfeições do ato processual.

A **convalidação** aplica-se aos atos que apresentam **nulidade relativa**, na medida em que a **inexistência** e a **nulidade absoluta são vícios insanáveis**.

Aplicam-se, aqui, os princípios acima estudados. Assim, no tocante às nulidades relativas, não deve haver decretação de invalidade se não houver prejuízo (Princípio do Prejuízo), ou se o ato, mesmo que praticado de outra forma, tenha cumprido a sua finalidade (Princípio da Finalidade).

Além disso, a decretação de nulidade relativa não pode ser requerida pela parte que lhe deu causa (Princípio do Interesse).

De outro lado, caso decretada a nulidade do ato processual, devem ser também invalidados aqueles atos processuais que dele dependam (Princípio da Causalidade), devendo ser aproveitados todos os atos que não causem prejuízo às partes (Princípio do Aproveitamento).

4. OBSERVAÇÕES FINAIS SOBRE INVALIDADES PROCESSUAIS

Não há invalidação processual de pleno direito. Toda invalidade processual precisa ser decretada.

Como se expôs, as nulidades absolutas não precluem, podendo ser alegadas pelas partes e, inclusive, reconhecidas de ofício pelo juiz a qualquer momento, no curso do processo.

Entretanto, havendo trânsito em julgado da sentença, a **coisa julgada** produz o denominado **efeito sanatório geral das nulidades**. Isto é, com a coisa julgada, as nulidades relativas e absolutas ficariam sanadas.

De outro lado, há alguns vícios processuais que ensejam nulidade e que podem ser alegados em ação rescisória. São os casos, por exemplo, de incompetência absoluta do juízo ou de impedimento do juiz (art. 966, II, CPC).

Com o **transcurso do prazo de 2 anos** para o ajuizamento da ação rescisória (art. 975, CPC), ocorre a denominada **coisa soberanamente julgada**. Assim, até mesmo os vícios rescisórios não podem mais ser alegados para desconstituir a coisa julgada.

Todavia, existem alguns vícios que são tão graves que não se convalidam nem mesmo com a coisa julgada ou após o prazo de 2 anos da ação rescisória. São denominados **vícios transrescisórios**. Tais vícios podem ser alegados a qualquer tempo, por *querela nullitatis* ou por simples petição. É o caso, por exemplo, da ausência de citação de uma das partes.

PARTE II

TUTELAS PROVISÓRIAS: TUTELAS DE URGÊNCIA E DA EVIDÊNCIA

CAPÍTULO I

TUTELAS DEFINITIVA E PROVISÓRIA

1. TUTELA DEFINITIVA E TUTELA PROVISÓRIA: DEFINIÇÃO E DIFERENCIAÇÃO

A tutela jurisdicional pode ser classificada em definitiva ou provisória.

A **tutela definitiva** é a concedida pelo Estado-Juiz com base em **cognição exauriente**, após amplo e profundo debate sobre o objeto do processo, com as garantias do devido processo legal, do contraditório e da ampla defesa. Se apreciado o mérito, tem aptidão para fazer coisa julgada material. Por isso, é também chamada de tutela padrão.

As **tutelas provisórias**, por sua vez, têm por objetivo minimizar as consequências nefastas que o tempo do processo pode causar ao direito da parte. Esta espécie de tutela destina-se tanto para os casos de direitos que necessitam de **proteção jurisdicional urgente**, como para algumas hipóteses, previamente estabelecidas na lei processual, em que o **direito é evidente**. Uma vez concedida a tutela provisória, inverte-se o ônus da demora do processo, vale dizer, os prejuízos decorrentes dessa demora passam para a parte adversa.

As tutelas provisórias possuem algumas características marcantes, que as diferenciam substancialmente das tutelas definitivas, como se exporá adiante.

2. TUTELAS PROVISÓRIAS: CARACTERÍSTICAS

As **tutelas provisórias** possuem cinco características principais: sumariedade da cognição, não definitividade, temporariedade, precariedade e referibilidade, que serão analisadas a seguir.

2.1. Sumariedade da cognição

Uma das principais características definidoras das tutelas provisórias é a sumariedade da cognição. No entanto, a fim de evitar confusões, é importante fazer a análise da cognição judicial nos planos horizontal e vertical.

A cognição no plano horizontal diz respeito à extensão das matérias que podem ser alegadas e conhecidas pelo julgador. No plano horizontal, a cognição pode ser limitada ou plena. Assim, por exemplo, na impugnação ao cumprimento de sentença, existe uma cognição limitada, pois não podem ser alegadas as matérias que já haviam ou poderiam ter sido discutidas na fase de conhecimento (art. 525, CPC)[1]. Na contestação da ação de desapropriação, p.ex., a parte ré somente poderá impugnar o valor ofertado ou alguma ilegalidade no procedimento (art. 20, Decreto-Lei 3.365/1941)[2]. Assim, a cognição também é limitada. De outro lado, na contestação dos procedimentos comuns, podem ser alegadas todas e quaisquer matérias, havendo cognição plena.

No plano vertical, a cognição é analisada sob o ponto de vista da profundidade, vale dizer, se a sentença será proferida com base em uma cognição sumária (ou superficial) ou exauriente. A cognição sumária é superficial no plano vertical, é a que se contenta com juízo de probabilidade. A cognição exauriente é a que exige um juízo de certeza.

Na tutela provisória, a cognição é superficial do ponto de vista da profundidade, ou seja, sumária no plano vertical, pois o julgador se contenta com juízo de probabilidade, prescindindo de cognição exauriente (de juízo de certeza). Isto é, existe apenas uma análise superficial do objeto da causa, geralmente sem possibilidade de ampla instrução probatória, fazendo o julgador apenas uma análise de probabilidade e verossimilhança.

Entretanto, excepcionalmente poderá haver cognição exauriente – embora ela não seja exigida – no momento da análise da tutela provisória, como nos casos de concessão da tutela provisória na sentença[3].

2.2. Não definitividade

A tutela provisória é não definitiva, vale dizer, não tem aptidão para fazer coisa julgada material. Como adiante se demonstrará, a estabilização da tutela antecipada concedida em caráter antecedente, mesmo após o transcurso do prazo de 2 anos, também não gera coisa julgada material. Desse modo, no CPC/2015, as tutelas provisórias mantêm o seu caráter de não definitividade.

---

1 CPC: "Art. 525. Transcorrido o prazo previsto no art. 523 sem o pagamento voluntário, inicia-se o prazo de 15 (quinze) dias para que o executado, independentemente de penhora ou nova intimação, apresente, nos próprios autos, sua impugnação. § 1º Na impugnação, o executado poderá alegar: I – falta ou nulidade da citação se, na fase de conhecimento, o processo correu à revelia; II – ilegitimidade de parte; III – inexequibilidade do título ou inexigibilidade da obrigação; IV – penhora incorreta ou avaliação errônea; V – excesso de execução ou cumulação indevida de execuções; VI – incompetência absoluta ou relativa do juízo da execução; VII – qualquer causa modificativa ou extintiva da obrigação, como pagamento, novação, compensação, transação ou prescrição, desde que supervenientes à sentença".

2 Decreto-Lei n. 3.365/1941: "Art. 20. A contestação só poderá versar sobre vício do processo judicial ou impugnação do preço; qualquer outra questão deverá ser decidida por ação direta".

3 A par da aparente contradição (antecipar a tutela na sentença), isso se justifica porque, nesse caso, o recurso contra a sentença será recebido apenas no efeito devolutivo, oportunizando a execução imediata da tutela antecipada (como regra, a apelação é recebida no efeito devolutivo e suspensivo). Nesse sentido, o art. 1.012, § 1º, inc. V, do CPC: "Art. 1.012. A apelação terá efeito suspensivo. § 1º Além de outras hipóteses previstas em lei, começa a produzir efeitos imediatamente após a sua publicação a sentença que: [...] V – confirma, concede ou revoga tutela provisória".

2.3. Temporariedade

A tutela provisória possui duração limitada no tempo, produzindo efeitos até a sentença ou a decisão final do processo, ou até que seja revogada. A observação aqui é a mesma feita anteriormente, na medida em que a tutela antecipada pode se tornar definitiva no caso de estabilização pelo transcurso do tempo.

2.4. Precariedade

A tutela provisória é precária, já que pode ser revogada ou modificada a qualquer tempo, nos termos do art. 296 do CPC[4]. Contudo, vale aqui a mesma ressalva feita anteriormente, em razão da possibilidade de estabilização da tutela provisória, pois, neste caso, deixa de ser precária.

Essas características delimitam bem o seu regramento e os seus efeitos. Em razão dessas características, por exemplo, quando defere tutela antecipada para determinar que o Estado conceda cirurgia ao autor, sendo realizada a cirurgia, o juiz não pode simplesmente extinguir o processo sem resolução do mérito, por perda do objeto, pois a sentença final precisa confirmar (em caso de procedência) ou não (caso de improcedência) a decisão que deferiu a tutela antecipada.

2.5. Referibilidade

As tutelas provisórias também possuem a característica da referibilidade, ou seja, precisam guardar relação e fazer referência à demanda principal.

Na hipótese de tutelas de urgência requeridas em caráter antecedente, a referibilidade é requisito da própria petição inicial, pois é a demanda principal que definirá, entre outros aspectos, a competência e o valor da causa.

Nas tutelas provisórias (de urgência ou da evidência) requeridas incidentalmente, a referência à demanda principal também é obrigatória, pois o requisito da probabilidade do direito nada mais é do que a probabilidade de que o requerente venha a vencer a demanda.

4 CPC: "Art. 296. A tutela provisória conserva sua eficácia na pendência do processo, mas pode, a qualquer tempo, ser revogada ou modificada".

CAPÍTULO II

TUTELAS DE URGÊNCIA E DA EVIDÊNCIA: ASPECTOS COMUNS

1. PRINCIPAIS INOVAÇÕES DO CPC/2015 E NOVA CLASSIFICAÇÃO

O Código de Processo Civil de 2015 prevê a possibilidade de concessão de **tutela de urgência** e de **tutela da evidência** para qualquer tipo de procedimento.

As tutelas de urgência e da evidência estão disciplinadas na Parte Geral do CPC/2015. Além disso, não há mais "processo cautelar", vale dizer, um processo autônomo para a tutela cautelar. De acordo com o Código Processual de 2015, a tutela cautelar tramita no mesmo processo da ação principal, ocorrendo sincretismo processual. Assim, caso a tutela cautelar ou a tutela antecipada sejam preparatórias, elas já instauram o processo, sendo que o pedido principal será protocolado no processo já em curso; se a tutela de urgência for incidental, bastará protocolar o requerimento de tutela cautelar ou antecipada no próprio processo já em curso.

Com a sistemática das tutelas provisórias no CPC/2015, tanto os autores do seu anteprojeto, quanto aqueles que discutiram o projeto de lei no Congresso Nacional, pretendiam criar uma resposta rápida do Poder Judiciário não só para as situações em que a urgência decorre do risco de ineficácia do processo e do eventual perecimento do próprio direito, mas também quando o direito subjetivo da parte é evidente.

Assim, além das tutelas de urgência, foram criadas as tutelas da evidência.

Denominam-se tutelas da evidência, de acordo com o CPC, as tutelas provisórias concedidas quando as alegações da parte se revelam de juridicidade ostensiva, independentemente de *periculum in mora*, a fim de minimizar os prejuízos causados pela demora do processo. Assim, configurando-se uma das hipóteses legais de ostensividade do direito postulado, deve a tutela ser total ou parcialmente concedida de forma antecipada, geralmente com caráter provisório.

De outro lado, em relação às **tutelas de urgência** (**cautelar ou antecipada**), houve a **unificação dos seus requisitos no CPC/2015**, de modo que, para uma e outra, basta a demonstração do ***fumus boni iuris*** (plausibilidade do direito ou verossimilhança da alegação) e do ***periculum in mora*** (perigo de ineficácia da prestação jurisdicional, perigo de dano ou urgência).

Além disso, ambas as tutelas de urgência poderão ser requeridas antes ou no curso do procedimento em que se pleiteia a providência principal. Assim, a inovação é a possibilidade de tutela antecipada preparatória ao ajuizamento da ação.

Outra novidade foi a estabilização da tutela antecipada não impugnada por recurso. Com efeito, o CPC estabelece que, caso não haja recurso contra a decisão que concede tutela antecipada em caráter antecedente (preparatória), o juiz, depois da efetivação da medida, deverá extinguir o processo, caso em que a eficácia da medida concedida perdurará no tempo, sem que, no entanto, a situação fique protegida pela coisa julgada. De outro lado, caso haja recurso contra a medida de urgência ou de evidência, o pedido principal deverá ser apresentado nos mesmos autos em que tiver sido deduzido o requerimento de concessão da medida.

Além disso, foram extintas as ações cautelares nominadas. Assim, para toda e qualquer medida de natureza cautelar (ex.: arresto, sequestro, busca e apreensão etc.), basta à parte a demonstração dos requisitos *fumus boni iuris* e *periculum in mora*. Isso (extinção das cautelares nominadas) não quer dizer que não poderá ser pleiteado o arresto, o sequestro, a busca e apreensão etc., mas apenas que todas essas medidas passam a ter os mesmos requisitos (*fumus boni iuris* e *periculum in mora*) e o mesmo procedimento cautelar.

A partir das noções estabelecidas acima, na linha do CPC, é que se propõe a seguinte classificação:

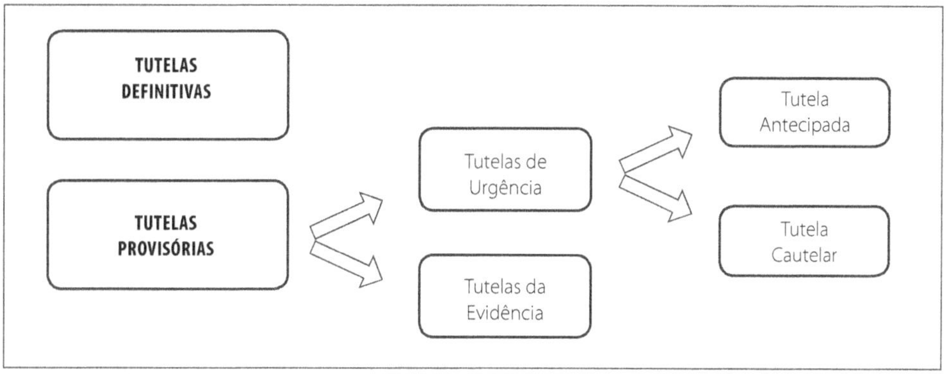

Portanto, de acordo com o CPC, as tutelas provisórias podem ser divididas em tutelas de urgência e tutelas da evidência. As tutelas de urgência são subdivididas em tutela antecipada e tutela cautelar.

As tutelas da evidência, por sua vez, devem conservar essa nomenclatura, não sendo correto chamá-las de "tutela antecipada da evidência", pois esse não foi o nome dado pelo CPC ao instituto, além do que a utilização dessa terminologia somente teria o condão de causar confusão. Para fins didáticos, dentro de uma perspectiva comunicacional, é melhor a nomenclatura utilizada pelo CPC, porque ela diferencia o regime jurídico dado para cada um dos institutos.

2. COMPETÊNCIA PARA AS TUTELAS PROVISÓRIAS

O art. 299 do CPC estabelece que "a tutela provisória será requerida ao juízo da causa e, quando antecedente, ao juízo competente para conhecer do pedido principal".

Assim, no caso de tutela de urgência incidental (ou seja, quando a ação principal já foi ajuizada), a petição deverá ser dirigida ao Juízo no qual já tramita a ação principal, para ser juntada no mesmo processo. É caso de competência funcional e, portanto, absoluta.

A tutela de urgência preparatória, por sua vez, deverá ser ajuizada perante o mesmo juízo que seria competente para apreciar a futura ação principal. Assim, na petição inicial da tutela de urgência preparatória, a parte autora já deverá expor qual a causa de pedir e o pedido da futura ação principal, de modo que seja possível apreciar a competência para a cautelar.

Havendo mais de um juízo competente (mais de uma vara com a mesma competência – p.ex., quatro Varas Cíveis), a petição da tutela de urgência preparatória deverá ser distribuída para qualquer uma delas.

Eventual alegação de incompetência deverá ser feita em preliminar da contestação.

Como se observa, o CPC/2015 manteve a previsão de que a petição da tutela de urgência deve ser distribuída perante o juízo competente para julgar a ação principal. Contudo, a doutrina critica de forma veemente tal disposição, sob o fundamento de que, em diversos casos, o juízo competente deveria ser o do foro que se encontra mais próximo do bem da vida que se busca[1]. É o que acontece, por exemplo, em casos como o de tutelas cautelares constritivas de bens, como o arresto ou o sequestro, hipóteses em que o transcurso do tempo decorrente de uma carta precatória para outro foro pode implicar a própria perda do objeto, na medida em que a demora pode permitir que o devedor se desfaça do patrimônio sobre o qual se pretendia fazer a constrição judicial.

Por tal razão, devem ser mantidos os entendimentos doutrinários e jurisprudências anteriores à vigência do CPC/2015 acerca do mesmo problema. Com efeito, consagrou-se o entendimento de que, por se tratar de incompetência territorial – e, portanto, relativa –, permite-se que a medida cautelar seja postulada perante o juízo em que deva ser cumprida. O juiz deferirá a medida cautelar e terá de esperar que a parte requerida alegue, em preliminar de contestação, a incompetência, hipótese em que será declinada a competência. Como, na incompetência relativa, são válidos todos os atos decisórios, a medida cautelar deferida pelo juízo relativamente incompetente será ratificada pelo juízo competente.

Caso já interposto o recurso no processo principal, a tutela provisória deverá ser distribuída perante o órgão do Tribunal competente para apreciar o mérito do recurso (art. 299, parágrafo único, CPC)[2], como regra.

---

1 "No tocante à competência para apreciação da tutela de urgência, o legislador prestigiou a competência funcional gerada pelo caráter acessório dessa espécie de tutela com relação à tutela definitiva (principal). É uma pena, pois se perdeu uma ótima oportunidade de superar a falsa crença de que o juízo mais adequado à apreciação do pedido de tutela de urgência é o juízo competente para julgar o pedido principal. Em especial, em tutelas de urgência que envolvam constrição de bens de pessoas, como eram no CPC/1973 o arresto, o sequestro, a busca e apreensão de incapaz, é muito mais vantajoso que a competência para a apreciação do pedido de tutela de urgência seja do juízo do local em que esteja o bem ou a pessoa a ser objeto da medida judicial. Ainda mais em hipóteses de extrema urgência, nas quais o respeito à regra de competência do juízo competente para apreciar o pedido principal poderá significar a ineficácia da tutela de urgência" (NEVES, Daniel Amorim Assumpção. *Novo Código de Processo Civil*. São Paulo: Método, 2015. p. 213).

2 CPC: "Art. 299. A tutela provisória será requerida ao juízo da causa e, quando antecedente, ao juízo competente para conhecer do pedido principal. Parágrafo único. Ressalvada disposição especial, na ação de competência originária de tribunal e nos recursos a tutela provisória será requerida ao órgão jurisdicional competente para apreciar o mérito".

CAPÍTULO III

TUTELAS DE URGÊNCIA

1. TUTELAS DE URGÊNCIA – OBJETO, CARACTERÍSTICAS E ESPÉCIES

Tutelas de urgência são medidas judiciais que têm por objetivo tutelar direitos mesmo sem cognição exauriente, diante da necessidade urgente de um provimento jurisdicional. A urgência de proteção de determinados direitos impõe que não se espere até o final do processo para que seja concedida a tutela jurisdicional.

Assim, as medidas de urgência são mecanismos para conceder tutela jurisdicional de forma imediata, mas com a característica da *provisoriedade*, já que podem ser deferidas pelo juiz com cognição sumária e, inclusive, sem a oitiva da parte contrária.

São três as medidas judiciais de urgência existentes no sistema processual civil brasileiro: tutela antecipada, tutela cautelar e medidas liminares em ações de procedimentos especiais.

1.1. Tutela antecipada e tutela cautelar: semelhanças e diferenças

A tutela cautelar e a antecipação de tutela são espécies de **tutela de urgência**. São instrumentos criados para tutelar direitos mesmo **sem cognição exauriente**, diante da necessidade urgente de um provimento jurisdicional. Ambas têm a função de reduzir os males do tempo do processo.

A tutela antecipada e a medida cautelar, por serem provisórias, possuem as características da **temporariedade, da não definitividade, da precariedade, da sumariedade da cognição, da referibilidade e da urgência**.

A par das semelhantes, a antecipação de tutela e a medida cautelar possuem **diferenças bem marcantes**.

A **tutela antecipada** é **satisfativa**, pois antecipa os próprios efeitos da sentença de procedência. Na antecipação de tutela, o autor requer que os efeitos práticos do provimento final sejam antecipados, a fim de resguardar um direito. Assim, ocorre uma satisfação fática do autor a fim de garantir a tutela do direito. Por exemplo, é proposta uma demanda sob o rito comum para pleitear medicamentos que não foram fornecidos pelo Estado; o autor, em antecipação de tutela, requer que sejam, desde já, concedidos tais medicamentos, pois não pode esperar até o final do processo.

A **medida cautelar** serve para **garantir o resultado útil de outra pretensão**. Serve para a cautelar e é **não satisfativa**. Por exemplo, o autor requer uma medida cautelar de arresto, a fim de possibilitar uma futura penhora num processo de execução; neste caso, a medida cautelar de arresto visa a assegurar o resultado útil de outra pretensão, relativa ao direito de crédito.

Na tutela antecipada, os efeitos práticos da sentença é que são antecipados. Há uma satisfação fática do autor a fim de garantir a tutela do direito.

Portanto, a **tutela antecipada efetiva/satisfaz para assegurar**, enquanto a **tutela cautelar assegura para efetivar/satisfazer**.

Na medida cautelar, a urgência é garantir outro direito (demanda principal); na antecipação de tutela, a urgência está na própria satisfação do direito afirmado.

O resultado prático da tutela antecipada é semelhante ao que se estabeleceria pelo atendimento espontâneo pelo réu do direito afirmado pelo autor. Na medida cautelar, o objeto é a garantia, não guardando semelhança com a efetivação do direito material.

A medida cautelar terá sempre duração limitada no tempo, sendo que a situação fática criada será desfeita ao término da sua vigência. A antecipação de tutela pode ter seus efeitos perpetuados no tempo, pois é destinada a ser sucedida ao final do processo pela sentença final de procedência, que consolidará de modo definitivo a situação fática criada pela antecipação de tutela.

Assim, para exemplificar essa diferenciação, pode-se fazer o cotejo entre o arresto de bens e a concessão provisória de medicamentos.

No arresto, há constrição judicial de bens do devedor, para garantir uma futura execução, ou seja, é não satisfativo. Com o processo de execução e a citação do devedor, o arresto será convertido em penhora. Somente com a alienação judicial do bem, o dinheiro dela decorrente será entregue ao credor, satisfazendo o seu crédito. Assim, conclui-se que o arresto possui natureza cautelar.

Na ação ajuizada pelo procedimento comum em que o autor pede medicamentos, pode requerer que, liminarmente, sejam tais medicamentos concedidos desde logo, a fim de garantir a própria sobrevivência. A sentença final consolidará a antecipação de tutela, que já havia concedido e determinado a entrega de medicamentos para o autor. Assim, a tutela de urgência destinada à concessão de medicamentos possui natureza de antecipação de tutela, pois é satisfativa do próprio direito do autor.

Além disso, o CPC estabelece procedimentos distintos para a tutela antecipada e a tutela cautelar quando forem preparatórias (requeridas antes do pedido principal). Com efeito, o procedimento da tutela antecipada preparatória está disciplinado nos arts. 303 e 304 do CPC, enquanto o procedimento da tutela cautelar preparatória está previsto nos arts. 305 a 310.

1.2. Quadro sinóptico das semelhanças e diferenças

TUTELA ANTECIPADA	TUTELA CAUTELAR
Tutela de urgência.	Tutela de urgência.

Temporariedade, não definitividade, precariedade, sumariedade da cognição e referibilidade.	Temporariedade, não definitividade, precariedade, sumariedade da cognição e referibilidade.
Em caráter antecedente ou incidental.	Em caráter antecedente ou incidental.
Procedimento da tutela antecipada preparatória: arts. 303 e 304 do CPC.	Procedimento da tutela cautelar preparatória: arts. 305 a 310 do CPC.
Satisfativa.	Não satisfativa.
Antecipa os próprios efeitos práticos da sentença de procedência.	Garante o resultado útil de outra pretensão.
Efetiva/satisfaz para assegurar.	Assegura para efetivar/satisfazer.
No caso de não haver recurso contra a decisão que concede tutela antecipada preparatória, pode gerar a estabilização dos seus efeitos (art. 304, §§ 5º e 6º, CPC).	A ausência de recurso contra a decisão que concede a tutela cautelar preparatória não gera a estabilização dos seus efeitos.
Exemplos: antecipação de tutela para conceder medicamentos, internação em UTI, pagamento de benefício previdenciário.	**Exemplos:** medidas cautelares de arresto, sequestro, busca e apreensão.

1.3. Distinção entre medida requerida liminarmente, medida liminar de procedimento especial, tutela cautelar e tutela antecipada

Para se fazer a diferenciação entre medida requerida liminarmente, medida liminar de procedimento especial, tutela cautelar e tutela antecipada, é necessária a análise do processo histórico e da sequência em que foram criadas. Assim, as breves linhas que se seguem não têm por objetivo expor de forma aprofundada a historiografia do processo civil, senão apresentar alguns elementos para permitir explicar essa diferenciação.

O Código de Processo Civil de 1973 deu amplo regramento para a tutela cautelar, prevendo um livro próprio (Livro III) dedicado somente a ela. Também já era prevista, para ações específicas, a concessão de medidas liminares, algumas com natureza cautelar, mas a grande maioria com natureza satisfativa (de tutela antecipada). Por exemplo, medida liminar na ação de mandado de segurança; nas ações possessórias; na ação de despejo; na ação civil pública etc.

Diante da necessidade de concessão de tutelas urgentes para situações marcadas pela satisfatividade, sob pena de perecimento do direito, passou-se, na *praxis* judicial, a se desvirtuar o instituto da tutela cautelar para se conceder medidas cautelares satisfativas. Por exemplo, quando a parte pedia medicamentos ou internação hospitalar ao Estado, o Judiciário utilizava o poder geral de cautela (previsto no art. 798 do CPC/1973) para conceder medidas antecipatórias satisfativas, como se cautelares fossem, a fim de salvaguardar o bem jurídico. Então, atecnicamente, disseminaram-se algumas cautelares satisfativas, a fim de conceder tutela jurisdicional urgente para salvaguardar esses direitos.

Nesse contexto, com o propósito de corrigir a atecnia do sistema processual e permitir a efetiva proteção dos direitos, que reclamavam outros mecanismos de tutelas de urgência, foi editada a Lei n. 8.952/1994, que reformou o art. 273 e o art. 461, § 3º, do CPC/1973, criando-se, assim, a possibilidade de antecipação de tutela, uma medida urgente satisfativa, para todo e qualquer processo.

Assim, a tutela de urgência satisfativa deixou de ser legalmente possível somente em alguns procedimentos especiais (onde era denominada de "liminar") – como, por exemplo, nas ações possessórias; nas ações de despejo; no mandado de segurança etc. –, na medida em que se instituiu o poder geral de antecipação de tutela, vale dizer, a possibilidade de concessão de tutela antecipada em toda e qualquer ação de conhecimento.

Dessa forma, depois do advento da Lei n. 8.952/1994, que cria a tutela antecipada no art. 273 do CPC/1973, não foram mais admitidas as cautelares satisfativas. Se a medida de urgência fosse satisfativa, caberia tutela antecipada e não tutela cautelar.

O Código de Processo Civil de 2015, por sua vez, coloca essas espécies de tutelas dentro das tutelas provisórias, subdividindo-as em tutelas de urgência (onde inclui tutela antecipada e tutela cautelar) e tutelas da evidência[1].

Portanto, é a conjuntura da historiografia do processo civil que faz persistir as medidas liminares de procedimentos especiais, já que elas possuem, invariavelmente, natureza satisfativa ou acautelatória. Com efeito, se fosse todo o sistema processual criado junto com o CPC/2015, não faria mais sentido prever medidas urgentes com o nome de medidas "liminares", pois, após a Lei n. 8.952/1994 – que cria a tutela antecipada no art. 273 do CPC/1973 –, não há mais necessidade de prever tutelas de urgência satisfativas para esse ou aquele procedimento especial.

Entretanto, o CPC/2015 não eliminou as medidas liminares de procedimentos especiais, as quais, como já se disse, foram criadas para determinados procedimentos especiais porque não havia tutelas de urgência satisfativas. Assim, por exemplo, foram mantidas as medidas liminares para as ações possessórias no CPC/2015[2]. Do mesmo

---

1 Observe-se a posição topográfica dessa matéria no CPC: "**LIVRO V – DA TUTELA PROVISÓRIA**; TÍTULO I – DISPOSIÇÕES GERAIS; TÍTULO II – DA TUTELA DE URGÊNCIA; Capítulo I – Disposições Gerais; Capítulo II – Do Procedimento da Tutela Antecipada Requerida em Caráter Antecedente; Capítulo III – Do Procedimento da Tutela Cautelar Requerida em Caráter Antecedente; TÍTULO III – DA TUTELA DA EVIDÊNCIA".

2 CPC: "Art. 562. Estando a petição inicial devidamente instruída, o juiz deferirá, sem ouvir o réu, a expedição do mandado liminar de manutenção ou de reintegração, caso contrário, determinará que o autor justifique previamente o alegado, citando-se o réu para comparecer à audiência que for designada".

modo, foram mantidas as medidas liminares para vários procedimentos especiais previstos em outras leis, como na ação civil pública[3], no mandado de segurança[4], na ação de despejo[5] etc.

Após essa diferenciação, é preciso, ainda, explicar o que significa a medida requerida liminarmente, ou em caráter liminar.

A medida requerida em **caráter liminar** é aquela que é pleiteada ***in limine litis***, vale dizer, quando se postula que seja concedida sem a oitiva da parte contrária (***inaudita altera parte***). Nesse sentido, liminar é um **conceito puramente cronológico**, que não guarda relação com o conteúdo do requerimento ou da decisão, senão com o momento em que eles ocorrem.

Ainda com esse sentido, as medidas cautelares e as tutelas antecipadas podem ser concedidas liminarmente ou não, haja vista que o juiz pode deferi-las no início (*in limine litis*) ou no curso do processo.

Assim, não se pode confundir medida de urgência deferida em caráter liminar com medida liminar de procedimento especial. A medida deferida "em caráter liminar" pode ser uma tutela antecipada, uma tutela cautelar ou uma medida liminar de procedimento especial, pois diz respeito apenas ao momento em que ocorre a sua apreciação (*in limine litis*). De outro lado, as **medidas liminares de procedimentos especiais**, como já se expôs, são medidas de urgência intituladas de "liminar", criadas para determinados procedimentos especiais, que podem ser satisfativas ou não.

2. MEDIDAS CAUTELARES

2.1. Características específicas da tutela cautelar e CPC/2015

A tutela cautelar, no CPC/2015, perde a autonomia que possuía no CPC/1973 e ganha sincretismo, ou seja, deixa de ser um processo autônomo e passa a ser apenas um requerimento e uma fase dentro de um único processo, onde também tramita o pedido principal.

---

3 Lei n. 7.347/1985: "Art. 12. Poderá o juiz conceder mandado liminar, com ou sem justificação prévia, em decisão sujeita a agravo".

4 Lei n. 12.016/2009: "Art. 7º Ao despachar a inicial, o juiz ordenará: [...] III – que se suspenda o ato que deu motivo ao pedido, quando houver fundamento relevante e do ato impugnado puder resultar a ineficácia da medida, caso seja finalmente deferida, sendo facultado exigir do impetrante caução, fiança ou depósito, com o objetivo de assegurar o ressarcimento à pessoa jurídica. § 1º Da decisão do juiz de primeiro grau que conceder ou denegar a liminar caberá agravo de instrumento, observado o disposto na Lei n. 5.869, de 11 de janeiro de 1973 – Código de Processo Civil".

5 Lei n. 8.245/1991: "Art. 59. Com as modificações constantes deste capítulo, as ações de despejo terão o rito ordinário [comum]. § 1º Conceder-se-á liminar para desocupação em quinze dias, independentemente da audiência da parte contrária e desde que prestada a caução no valor equivalente a três meses de aluguel, nas ações que tiverem por fundamento exclusivo: [...]".

Essa mudança pode ser representada graficamente da seguinte forma, para fins didáticos:

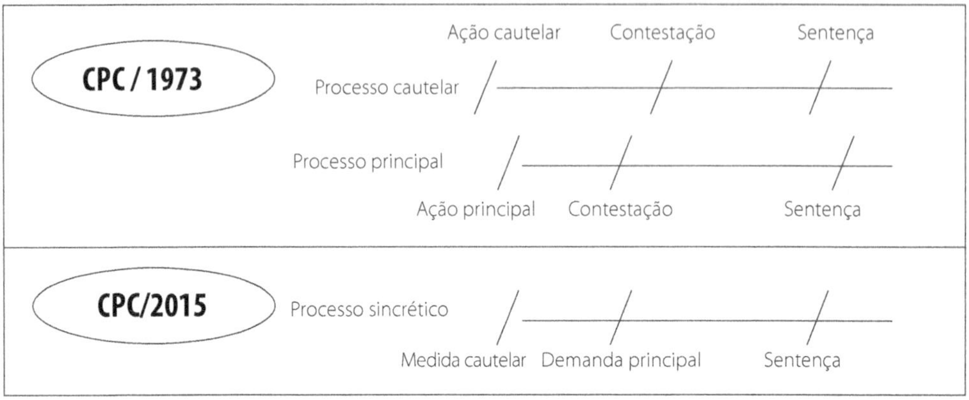

Como espécie de tutela de urgência, a cautelar tem a função de evitar os prejuízos da demora do processo, garantindo-lhe efetividade. A tutela cautelar tem a função, portanto, de assegurar o resultado útil de outra prestação, através da proteção e resguardo de direitos.

A tutela cautelar é não satisfativa, pois não entrega à parte o próprio direito que seria postulado no processo principal. Por exemplo, com o requerimento de tutela cautelar de arresto, não se entrega o bem da vida ao credor, mas apenas se faz uma constrição judicial, a fim de possibilitar uma futura penhora na fase de cumprimento de sentença ou numa ação de execução.

A medida cautelar visa a resguardar a coisa ou a pessoa, a fim de que se possa entregá-la a quem de direito. O que justifica a concessão da cautelar não é o direito material que foi ou será postulado na ação principal, senão o risco de ineficácia no provimento final da demanda principal, em razão do decurso do tempo.

Na medida cautelar, o juiz não diz se a parte tem ou não o direito material, mas apenas analisa se há aparência ou plausibilidade no direito material invocado e se está presente o *periculum in mora*, determinando que a aparência de direito seja protegida contra ameaças até o julgamento da demanda principal.

2.2. O poder geral de cautela e a inominação das cautelares

O CPC estabelece o poder geral de cautela no art. 301, a prever que "a tutela de urgência de natureza cautelar pode ser efetivada mediante arresto, sequestro, arrolamento de bens, registro de protesto contra alienação de bem e qualquer outra medida idônea para asseguração do direito".

O dispositivo prevê que as cautelares não estão elencadas de forma taxativa no Código de Processo Civil, sendo possível deferir medidas diversas das elencadas, a fim de resguardar direitos, desde que preenchidos os requisitos do *fumus boni iuris* e do *periculum in mora*. Vale dizer, houve o reconhecimento de que não se poderiam prever todas as necessidades de tutelas cautelares urgentes, bem como de que os requisitos para todas elas devem, no plano legislativo, ser os mesmos.

Assim, o CPC/2015 não diferenciou cautelares nominadas de cautelares inominadas, na medida em que não estabeleceu requisitos diferentes para cada cautelar, razão pela qual os requisitos para todas as medidas cautelares são os mesmos. Esse regramento foi realizado de forma consentânea com a jurisprudência dos tribunais pátrios, que já vinha admitindo que, se não fossem preenchidos os requisitos específicos para a concessão da cautelar nominada (ex.: arresto, que tinha como requisito prova literal da dívida líquida e certa), o juiz poderia conceder uma cautelar inominada com os requisitos gerais da cautelar (*fumus boni iuris* e *periculum in mora*)[6].

Isso não quer dizer, entretanto, que não se continue fazendo a diferenciação técnico-jurídica entre as medidas cautelares, quando isso se revelar útil, ainda que a sua nominação não seja vinculante nem determinante para a medida judicial efetivamente concedida.

Assim, no âmbito do direito processual civil, existe a diferenciação entre a medida de arresto, que consiste na constrição de bens indeterminados para a futura satisfação de direito de crédito, da medida de sequestro, em que o objeto é bem determinado. A eliminação no CPC/2015 da diferenciação e exigência de requisitos específicos para uma e outra não implica a ausência de sua diferenciação para fins de classificação no plano dogmático, ou de necessidade de efetivação, no plano judicial. O que não se admite é uma medida de arresto deixar de ser deferida porque a parte a nominou sequestro, ou vice-versa.

Além disso, o art. 301 do CPC[7] estabelece o chamado poder geral de cautela[8], de modo que, se a parte pedir determinada medida cautelar, o juiz pode deferir-lhe outra que seja mais adequada para salvaguardar o direito que se pretende proteger e assegurar o resultado útil do processo. Por exemplo: o genitor postula tutela cautelar de busca e apreensão de menor que está em poder da genitora, alegando que esta pretende trans-

---

6 Situação problemática havia quando era prevista determinada cautelar nominada para a situação, mas estejam presentes somente os requisitos gerais do *fumus boni iuris* e do *periculum in mora*, e não os requisitos específicos da cautelar nominada. Era o caso, por exemplo, de medida cautelar de arresto proposta com base no *fumus boni iuris* e no *periculum in mora*, para assegurar a eficácia de futura execução da sentença de uma ação de indenização. Neste caso, enquanto tramitava a ação indenizatória, não havia a prova literal de dívida líquida e certa (requisito específico previsto no art. 814 do CPC/1973). Assim, por uma interpretação isolada do dispositivo, não seria possível deferir a medida cautelar nominada de arresto. Em tais hipóteses, entretanto, o STJ entendia que já era possível deferir a medida cautelar com base no poder geral de cautela, com os mesmos efeitos da medida cautelar nominada (STJ, REsp 753.788/AL, Rel. Min. Felix Fischer, Quinta Turma, julgado em 4-10-2005, *DJ* 14-11-2005, p. 400). Assim, no exemplo dado, não estando presentes os requisitos específicos para a concessão da cautelar de arresto (ausência de prova literal de dívida líquida e certa), poderia o juiz, com base apenas nos requisitos gerais das cautelares (*fumus boni iuris* e *periculum in mora*), deferir medida cautelar inominada com os mesmos efeitos da medida cautelar de arresto. Dessa forma, acaba-se retirando a utilidade da previsão de requisitos específicos para a cautelar nominada. Tal conclusão motivou os autores do anteprojeto do CPC/2015 a deixar de prever as cautelares nominadas no seu texto, o que foi mantido no texto final do CPC/2015. Assim, atualmente, basta a presença dos requisitos gerais do *fumus boni iuris* e do *periculum in mora* para a concessão de qualquer medida cautelar.

7 CPC: "Art. 301. A tutela de urgência de natureza cautelar pode ser efetivada mediante arresto, sequestro, arrolamento de bens, registro de protesto contra alienação de bem e qualquer outra medida idônea para asseguração do direito".

8 Nesse sentido, o Enunciado 31 do FPPC: "O poder geral de cautela está mantido no CPC".

ferir seu domicílio para outro Estado; o juiz, diante do caso concreto, verifica que a genitora não oferece risco para a integridade da criança, bem como que não há elementos suficientes para entregá-la para o genitor e, diante do caso concreto, decide determinar que a genitora não viaje com a criança para fora do município, sob pena de crime de desobediência e possível prisão em flagrante. Nesse exemplo, observa-se que o juiz entendeu ser mais adequada uma medida cautelar diversa da que foi requerida pela parte e que, segundo o seu entendimento, poderia melhor salvaguardar o direito. O deferimento dessa medida é possível, com base no poder geral de cautela, previsto no art. 301 do CPC.

De outro lado, a fungibilidade é a possibilidade de o juiz, sendo pleiteada determinada medida, deferir outra, que pareça mais adequada para a situação concreta.

No caso de o juiz deferir outra medida cautelar, diversa da requerida pela parte, ele não está deferindo outra espécie de tutela, senão a mesma tutela cautelar, apenas com efeitos diversos da que foi pedida.

É por isso que a nomenclatura das tutelas cautelares pode continuar a ser utilizada, mas somente na medida em que isso for instrumentalmente útil. O poder geral de cautela implica que o juiz deva deferir a tutela cautelar que, no caso concreto, se mostre mais eficaz para resguardar o direito que se pretende proteger.

2.3. Diferenças entre arresto, sequestro e busca e apreensão

O **arresto** é o nome que se dá à medida cautelar quando se tem por objetivo apreender judicialmente **bens indeterminados** do devedor, para garantir o resultado útil de execução ou cumprimento de sentença para pagamento de quantia certa. Os bens ficarão constritos judicialmente e, posteriormente, o arresto será convertido em penhora.

Na cautelar de **sequestro**, o objetivo é a apreensão judicial de **coisa determinada**, que é objeto de litígio, a fim de resguardar a sua entrega ao vencedor do processo principal. O sequestro diferencia-se do arresto porque este recai sobre quaisquer bens, enquanto o sequestro recai sobre bens determinados.

A medida cautelar de **busca e apreensão** pode ter por objeto **pessoas ou coisas**. A busca compreende as diligências efetuadas pelo oficial de justiça para encontrar a coisa ou a pessoa. Encontrando-a, procede-se à apreensão judicial.

No entanto, tal cautelar não se confunde com a busca e apreensão em alienação fiduciária. Esta é a ação judicial, cujo procedimento está previsto no Decreto-Lei n. 911/1969, que pode ser utilizada pelo credor ou proprietário fiduciário (instituição financeira) para reaver o bem que lhe foi dado em alienação fiduciária em garantia pelo devedor, no caso de mora ou inadimplemento deste. Por conseguinte, a ação de busca e apreensão em alienação fiduciária não possui natureza cautelar.

3. TUTELA ANTECIPADA: EFEITOS QUE PODEM SER ANTECIPADOS

Tutela significa proteção. Assim, tutela jurisdicional é a proteção jurisdicional conferida ao direito da parte.

A tutela jurisdicional definitiva é a tutela padrão, concedida no momento da sentença. Assim, a tutela antecipada significa que **alguns efeitos da tutela jurisdicional definitiva podem ser antecipados** para momento anterior à sentença final, diante da urgência que o direito reclama.

O que se antecipa não é a própria tutela declaratória, constitutiva, condenatória, mandamental ou executiva, mas alguns efeitos práticos que seriam decorrentes de uma sentença final com essa natureza.

Vale dizer, o juiz não pode declarar, constituir ou condenar antecipadamente; o que pode fazer é antecipar os efeitos fáticos da sentença declaratória, constitutiva ou condenatória.

Por exemplo, em uma ação declaratória de inexistência de dívida, decorrente de fraude na contratação com utilização por terceiro de documentação do autor, o que este pede é a certificação da inexistência da dívida. Em antecipação de tutela, o autor requer que seu nome seja retirado dos cadastros restritivos de crédito (SPC, SERASA etc.). O que o juiz pode antecipar são os efeitos práticos da sentença declaratória de inexistência de dívida, mas não pode declarar antecipadamente a inexistência de dívida. No exemplo dado, pode o juiz determinar que as entidades mantenedoras do SPC e da SERASA retirem o nome da parte autora dos seus cadastros, vale dizer, o magistrado antecipa os efeitos fáticos da sentença final de procedência da ação declaratória de inexistência de dívida. Da mesma forma, na ação de divórcio, o juiz não pode antecipar a decretação de divórcio, mas pode conceder, em tutela antecipada, alimentos provisórios, fixar provisoriamente a guarda dos filhos e o direito de visitas etc. Assim, neste caso, o que foi antecipado não foi a própria tutela final (não há divórcio provisório), senão alguns efeitos práticos da sentença final de procedência, que decreta o divórcio.

4. TUTELAS DE URGÊNCIA CONCEDIDAS LIMINARMENTE E O PRINCÍPIO DO CONTRADITÓRIO

O princípio do contraditório, previsto no art. 5º, inc. LV, da Constituição Federal, impõe que *"aos litigantes, em processo judicial ou administrativo, e aos acusados em geral são assegurados o contraditório e ampla defesa, com os meios e recursos a ela inerentes"*.

O princípio do devido processo legal, sob o seu aspecto formal, determina que ninguém será privado dos seus bens ou da sua liberdade sem um procedimento estabelecido previamente em lei (art. 5º, LIV, CF).

Assim, é preciso perquirir se o instituto da tutela de urgência viola os princípios do contraditório e do devido processo legal.

A melhor solução para tal questão é impor que haja a compatibilização entre a necessidade urgente de um provimento jurisdicional, para proteção efetiva do bem jurídico, e o princípio do contraditório.

No caso de deferimento da tutela de urgência em caráter liminar (*in limine litis*), o contraditório fica diferido ou postergado para momento posterior ao seu deferimento ou a sua efetivação.

No entanto, o juiz deve sempre analisar, no caso concreto, se a urgência do direito reclama ou não decisão liminar; se for possível decidir a tutela antecipada ou a tutela cautelar posteriormente à instauração do contraditório, a decisão deve ser postergada para esse momento; caso o direito reclame proteção urgente e imediata, a decisão deve ser proferida liminarmente e o contraditório poderá ser postergado.

No caso concreto, é perfeitamente possível o juiz intimar a parte contrária para manifestar-se em determinado prazo antes de decidir sobre o requerimento de tutela de urgência, ou decidir que a analisará somente após a contestação.

Assim, compatibilizam-se a necessidade de uma decisão judicial urgente e o princípio do contraditório.

No plano infraconstitucional, o art. 9º, *caput*, do CPC estabelece que "não se proferirá decisão contra uma das partes sem que ela seja previamente ouvida", mas o seu parágrafo único, inciso I, prevê que essa regra "não se aplica [...] à tutela provisória de urgência".

5. REQUISITOS PARA AS TUTELAS DE URGÊNCIA

Com o CPC/2015, há a unificação dos requisitos para a concessão das tutelas antecipada e cautelar, dada a sua vocação de medidas de caráter urgente[9].

De acordo com o art. 300 do CPC[10], ambas as espécies de tutelas de urgência possuem os seguintes requisitos: a) probabilidade do direito; e b) perigo de dano ou risco para o resultado útil do processo.

5.1. Probabilidade do direito

No CPC/2015, foi retirada a necessidade de "prova inequívoca" da verossimilhança da alegação, para a concessão da tutela antecipada (que havia no CPC/1973). Com efeito, antes do CPC/2015, grande parte da doutrina dizia que tal requisito era mais do que apenas o *fumus boni iuris* da cautelar, na medida em que, na tutela antecipada, comumente há mais intervenção na esfera jurídica do réu.

De acordo com o CPC/2015, tanto para a concessão de tutela antecipada ou de tutela cautelar, é necessária, em tese, a simples probabilidade do direito, que significa verossimilhança da alegação ou *fumus boni iuris*.

Contudo, essa modificação no plano legislativo não quer dizer necessariamente que o juiz será menos rigoroso na análise de tal requisito (probabilidade do direito ou verossimilhança da alegação) para as tutelas antecipadas. Com efeito, somente no caso concreto é possível aferir os riscos da irreversibilidade dos efeitos práticos da tutela de urgência que está sendo requerida, e certamente isso é levado em consideração. Na apreciação do caso concreto, o juiz analisa a tensão existente entre a necessidade da tutela de urgência e a possibilidade de ser impossível reverter a situação do ponto de vista prático, caso o autor não tenha o direito que alega.

---

9 Enunciado 143 do FPPC: "A redação do art. 300, *caput*, superou a distinção entre os requisitos da concessão para a tutela cautelar e para a tutela satisfativa de urgência, erigindo a probabilidade e o perigo na demora a requisitos comuns para a prestação de ambas as tutelas de forma antecipada".

10 CPC: "Art. 300. A tutela de urgência será concedida quando houver elementos que evidenciem a probabilidade do direito e o perigo de dano ou o risco ao resultado útil do processo".

Desse modo, diante do caso concreto, poderá o julgador fazer maiores exigências de elementos probatórios para deferir uma tutela antecipada ou uma tutela cautelar cujas consequências são mais invasivas na esfera jurídica do réu, do que exigiria em outra situação em que a tutela de urgência não fosse tão invasiva.

5.2. Perigo de dano ou o risco ao resultado útil do processo

O **perigo de dano** é o risco de que, caso a tutela de urgência não seja concedida, o bem jurídico tutelado sofra danos irreversíveis ou de difícil reparação. É, portanto, a urgência de proteção jurisdicional que o bem jurídico precisa. É o mesmo que perigo da demora (*periculum in mora*).

O **risco para o resultado útil do processo** é o mesmo requisito do perigo da demora, mas afeito às tutelas cautelares, já que estas espécies de tutelas de urgência têm por função assegurar o resultado útil de outra pretensão no mesmo processo (por exemplo, uma medida cautelar de arresto possui o objetivo de realizar a constrição judicial de bens para que a ação de cobrança ou a ação de execução tenham um resultado útil, consistente na satisfação do credor).

Os requisitos do perigo de dano ou de risco ao resultado útil do processo somente podem ser analisados em concreto. Isto é, somente no caso concreto é possível analisar se o perigo da demora possui a intensidade que se faz necessária para uma tutela de urgência, ou seja, que não se possa esperar a tutela definitiva.

Assim, a tutela antecipada e a tutela cautelar somente deverão ser deferidas se não for possível esperar o término do processo para a entrega da prestação jurisdicional definitiva.

De outro lado, as tutelas de urgência ganham especial contorno no âmbito dos Juizados Especiais Cíveis. Na *praxis* judicial, observa-se que, em grande parte dos casos, os requerimentos de tutela antecipada têm sido indeferidos pelos juízes, ao argumento de que o direito reclamado pode aguardar a sentença, dada a rapidez com que as ações são, em tese, julgadas no procedimento sumaríssimo dos Juizados. No entanto, esse não é um argumento que pode ser considerado *a priori*, senão diante das circunstâncias de um caso concreto. Por exemplo, numa ação promovida por determinado consumidor contra plano de saúde, que se recusa a custear procedimento cirúrgico urgente, a decisão deve ser proferida imediatamente, pois a urgência do caso talvez não permita que se aguarde a audiência ou a sentença, mesmo diante da maior celeridade do procedimento sumaríssimo. Em outros casos, por exemplo, numa ação em que se busca a retirada do seu nome do SPC ou da SERASA, será possível que, diante da celeridade em que os processos são julgados naquela Vara específica (por exemplo, um ou dois meses), determinada ação possa aguardar a tutela definitiva, quando, diante do caso concreto, o juiz verificar que a urgência não é tanta que não possa se esperar a sentença.

Enfim, a urgência é um requisito que somente pode ser apreciado em concreto, e não *a priori*.

5.3. Possibilidade de exigência de caução para concessão das tutelas de urgência

O art. 300, § 1º, do CPC possibilita que o juiz condicione a concessão da tutela de urgência à prestação de caução, real ou fidejussória, desde que idônea, para garantir os danos que a outra parte possa vir a sofrer em razão da efetivação dessa medida. O mesmo dispositivo permite que o juiz dispense a exigência de tal garantia quando a parte for economicamente hipossuficiente, que não tiver condições de prestá-la.

Desse modo, o dispositivo traz uma garantia para a parte contrária, mas, ao mesmo tempo, um ônus maior para aquele que busca a satisfação de um direito.

Em algumas situações, há entendimento jurisprudencial consolidado no sentido de que deve haver a exigência dessa contracautela, como quando se pede a medida cautelar de sustação de protesto[11].

Embora o referido dispositivo permita ao juiz dispensar a caução somente nos casos de hipossuficiência econômica, em outros casos também será possível a dispensa de tal garantia. Por exemplo, numa ação popular ou numa ação civil pública, em que o autor age como legitimado extraordinário, também será necessário dispensar a garantia, sob pena de inviabilizar a concessão de tutelas de urgência em tais casos.

5.4. A questão da irreversibilidade dos efeitos na tutela antecipada

O art. 300, § 3º, do CPC estabelece que "a tutela de urgência de natureza antecipada não será concedida quando houver perigo de irreversibilidade dos efeitos da decisão".

De um lado, o dispositivo trata da irreversibilidade dos efeitos, e não da irreversibilidade da decisão, na medida em que a decisão judicial que decide qualquer tutela provisória tem como característica imanente a reversibilidade.

Diante dessa norma, surge o questionamento: se a tutela antecipada tiver risco de irreversibilidade dos efeitos da decisão, mas for necessária para assegurar o bem jurídico alegado, como o juiz deve decidir?

Para melhor explicar, pode-se considerar o seguinte exemplo: o autor, pessoa pobre, ajuíza ação contra o Estado postulando a concessão de determinado medicamento para tratar doença grave, alegando plausibilidade do seu direito e urgência, bem como não ter condições de prestar caução. Neste caso, há um sério risco de que, se a ação for julgada improcedente, o Estado não tenha como buscar ressarcimento contra o autor dessa ação, porque ele não teria recursos financeiros para tanto. De outro lado, indeferir o requerimento de tutela antecipada pode causar sérios riscos à sua saúde, inclusive levá-lo a óbito, pela falta de tratamento. Dilemas como esse são vivenciados diuturnamente na praxe forense. Então, qual norma deve prevalecer?

Abstratamente, não há uma resposta segura para esse impasse, nem deve haver. Será preciso que o juiz, analisando as circunstâncias do caso concreto, diante das contingências, decida se deve conceder a tutela antecipada, com o risco de irreversibilidade dos efeitos dessa decisão, ou, ao revés, se a plausibilidade e a urgência alegadas não são

11 Nesse sentido, o STJ já firmou entendimento em julgamento de recurso especial repetitivo: "A legislação de regência estabelece que o documento hábil a protesto extrajudicial é aquele que caracteriza prova escrita de obrigação pecuniária líquida, certa e exigível. Portanto, a sustação de protesto de título, por representar restrição a direito do credor, exige prévio oferecimento de contracautela, a ser fixada conforme o prudente arbítrio do magistrado" (STJ, REsp 1340236/SP, Rel. Min. Luis Felipe Salomão, Segunda Seção, julgado em 14-10-2015, *DJe* 26-10-2015).

suficientes para amparar uma tutela provisória em detrimento do réu, diante dessa irreversibilidade dos efeitos[12].

Uma das técnicas possíveis para resolver esse impasse é a do **sopesamento ou ponderação**. Mas também se pode utilizar outras técnicas, como a da interpretação construtiva.

Portanto, na análise do requerimento de tutela antecipada, existe uma tensão entre a necessidade da tutela de urgência e o perigo de irreversibilidade dos efeitos, que é produtiva, na medida em que deve levar o magistrado a analisar os direitos em conflito antes de decidir.

De qualquer forma, a regra do art. 300, § 3º, do CPC, que prevê que não será concedida tutela antecipada quando os seus efeitos forem irreversíveis, não é absoluta[13], devendo ser compreendida na tensão com a necessidade de se deferir a tutela de urgência no caso concreto.

Por fim, deve-se observar que, mesmo em alguns casos que envolvem verba considerada alimentar, tem-se admitido o ressarcimento, quando foi concedida a tutela antecipada, e, ao fim, o pedido é julgado improcedente, como, por exemplo, no caso de benefícios previdenciários[14].

6. DA FORMA DE REQUERER INCIDENTALMENTE A TUTELA ANTECIPADA E A TUTELA CAUTELAR

Para formular requerimento incidental de tutela antecipada ou de tutela cautelar, basta mera petição, que deverá ser protocolada e juntada aos autos do processo já em curso. Tal requerimento de tutela provisória não demandará procedimento próprio, na medida em que é formulado no curso de um processo, que tramita sob determinado procedimento já instaurado de acordo com a natureza do pedido da demanda principal.

Todavia, quando a tutela antecipada ou a tutela cautelar forem preparatórias (requeridas em caráter antecedente), são elas que instauram o processo, pois ainda não existe um procedimento em curso.

De outro lado, o CPC prevê procedimentos distintos para a tutela cautelar e a tutela antecipada preparatórias, como adiante se demonstrará.

---

12 Segundo o Enunciado 25 da ENFAM, "a vedação da concessão de tutela de urgência cujos efeitos possam ser irreversíveis (art. 300, § 3º, do CPC/2015) pode ser afastada no caso concreto com base na garantia do acesso à Justiça (art. 5º, XXXV, da CRFB)".

13 Nesse sentido, o Enunciado 419 do FPPC: "Não é absoluta a regra que proíbe tutela provisória com efeitos irreversíveis".

14 Nesse sentido, entendimento do STJ em julgamento de REsp repetitivo: "A reforma da decisão que antecipa a tutela obriga o autor da ação a devolver os benefícios previdenciários indevidamente recebidos" (STJ, REsp 1401560/MT, Rel. Min. Sérgio Kukina, Rel. p/ Acórdão Min. Ari Pargendler, Primeira Seção, julgado em 12-2-2014, *DJe* 13-10-2015). Tal entendimento se manteve indene após a vigência do CPC/2015: "PREVIDÊNCIA SOCIAL. BENEFÍCIO PREVIDENCIÁRIO. ANTECIPAÇÃO DE TUTELA. REVERSIBILIDADE DA DECISÃO. 1. O STJ, sob a sistemática dos Recursos Especiais repetitivos, pacificou entendimento no sentido da necessidade de devolução dos valores relativos a benefício previdenciário recebidos em razão de antecipação dos efeitos da tutela posteriormente revogada. 2. No caso, tendo o Tribunal de origem concluído que a parte não faz jus ao benefício deferido em tutela antecipada, faz-se necessária a devolução dos valores. 3. Recurso Especial provido para determinar a devolução dos valores percebidos por força de tutela antecipada a título de benefício de prestação continuada" (STJ, REsp 1721617/SP, Rel. Ministro Herman Benjamin, Segunda Turma, julgado em 1º-3-2018, *DJe* 2-8-2018).

7. PROCEDIMENTO DA TUTELA ANTECIPADA PREPARATÓRIA (COMO TUTELA DE URGÊNCIA)

7.1. Requisitos da petição inicial

No caso de tutela antecipada preparatória (requerida em caráter antecedente), é a sua própria petição que instaura o processo, na medida em que a pretensão principal será proposta neste mesmo processo.

A petição onde consta o requerimento de tutela antecipada preparatória deverá conter os seguintes requisitos (art. 303, *caput*, CPC):

a) **exposição da lide:** é a explanação dos elementos da demanda principal (partes, causa de pedir e pedido). A exigência desse requisito tem por objetivo possibilitar ao juiz analisar a competência para processar o requerimento de tutela antecipada preparatória, já que será competente para ele o Juízo competente para apreciar a futura pretensão principal. Por tais razões, esse requisito somente é exigido para as tutelas antecipadas preparatórias, já que, em relação às incidentais, basta indicar o número do processo principal para haver a distribuição por dependência;

b) **indicação do direito**, que se busca garantir ou efetivar;

c) **exposição da urgência:** é o perigo de dano ou risco ao resultado útil do processo;

d) **indicação do pedido de tutela final:** que será posteriormente formulado;

e) **requerimento de tutela antecipada**;

f) **o valor da causa:** que será calculado levando-se em consideração o conteúdo econômico do possível pedido de tutela final (art. 303, § 4º, CPC);

A parte autora, ao ingressar com a petição de tutela antecipada preparatória (que deverá ser distribuída, quando na Comarca houver mais de uma Vara), deverá pagar as custas processuais, que terão por base o valor da causa da ação principal (art. 303, § 4º, CPC). Isso porque, segundo o art. 303, § 3º, do CPC, quando a petição inicial da demanda principal for proposta, não haverá incidência de novas custas. Lembre-se que a petição inicial da ação principal (que o art. 303, § 1º, I, do CPC chama de aditamento à petição inicial) deverá ser simplesmente protocolada (e não distribuída), para que seja juntada no processo já em curso em que tramita o requerimento de tutela antecipada preparatória (requerida em caráter antecedente).

Embora não tenha sido previsto pelo CPC/2015, se houver erro na estimativa do valor da causa da demanda principal, e esta tiver valor superior ao que foi consignado na tutela antecipada preparatória, deverá haver o recolhimento de custas complementares.

Embora o art. 303 não preveja expressamente, o requerimento de tutela antecipada preparatória (requerida em caráter antecedente) também deve conter alguns requisitos da petição inicial em geral, previstos, sobretudo, no art. 319 do CPC, sem os quais seria impossível ser processada. Assim, o requerimento de tutela antecipada preparatória, além dos requisitos do art. 303 do CPC, também deverá conter:

g) **juízo a quem a petição é dirigida**;

h) **o nome completo, a qualificação e o endereço das partes**, ou requerimento ao juiz das diligências necessárias para sua obtenção;

i) **em caso de representação por advogado:** i.1) o endereço, seu número de inscrição na Ordem dos Advogados do Brasil e o nome da sociedade de advogados da qual participa, para o recebimento de intimações; i.2) a procuração correspondente, ou justificativa de impossibilidade de apresentá-la neste momento;

j) os documentos indispensáveis para o requerimento;

k) a indicação das provas com que pretende demonstrar as suas alegações.

7.2. Emenda à petição inicial

O art. 303, § 6º, do CPC estabelece que, "caso entenda que não há elementos para a concessão de tutela antecipada, o órgão jurisdicional determinará a emenda da petição inicial em até 5 (cinco) dias, sob pena de ser indeferida e de o processo ser extinto sem resolução de mérito".

Contudo, tal dispositivo não pode ser interpretado na sua literalidade. A emenda à petição inicial da tutela antecipada preparatória deve ser determinada pelo juiz quando ela não contiver um dos requisitos necessários da petição inicial (art. 303, *caput*, e art. 319, CPC), ou quando o juiz verificar que, para deferir a tutela antecipada, precisa de mais algum elemento de prova ou algum esclarecimento. Todavia, se "não há elementos para a concessão de tutela antecipada", porque ausentes os seus requisitos, o juiz deve, como regra, indeferi-la, e não determinar a emenda à petição inicial.

7.3. Procedimento conforme a concessão ou não concessão da tutela antecipada preparatória

O processamento da petição inicial da tutela antecipada preparatória varia conforme o seu deferimento ou não pelo juiz. A seguir, são explicados tais procedimentos.

7.3.1. Processamento no caso de indeferimento da tutela antecipada preparatória

O CPC estabelece que, no caso de deferimento da tutela antecipada preparatória, o prosseguimento do processo ocorre com o aditamento à petição inicial, para formular a demanda principal e o pedido de tutela final, no prazo de 15 dias ou outro que o juiz fixar (art. 303, § 1º, I)[15], sob pena de extinção do processo sem resolução do mérito (art. 303, § 2º)[16]. Lembre-se que, no caso de tutela cautelar preparatória, esse prazo é de 30 dias úteis (art. 308, *caput*, CPC)[17].

Ocorre que o CPC não trata da hipótese em que a tutela antecipada preparatória é indeferida. Assim, as respostas para tais questões devem ser construídas a partir de uma interpretação sistemática.

---

15 CPC: "Art. 303. [...] § 1º Concedida a tutela antecipada a que se refere o *caput* deste artigo: I – o autor deverá aditar a petição inicial, com a complementação de sua argumentação, a juntada de novos documentos e a confirmação do pedido de tutela final, em 15 (quinze) dias ou em outro prazo maior que o juiz fixar".

16 CPC: "Art. 303. [...] § 2º Não realizado o aditamento a que se refere o inciso I do § 1º deste artigo, o processo será extinto sem resolução do mérito".

17 CPC: "Art. 308. Efetivada a tutela cautelar, o pedido principal terá de ser formulado pelo autor no prazo de 30 (trinta) dias, caso em que será apresentado nos mesmos autos em que deduzido o pedido de tutela cautelar, não dependendo do adiantamento de novas custas processuais".

Quando o juiz indefere a tutela antecipada preparatória, abre-se ao autor a possibilidade de recorrer (agravo de instrumento) ou não dessa decisão.

Se o autor não recorrer e também não aditar a petição inicial para formular a demanda principal, o processo deve ser arquivado.

Caso a parte autora recorra (agravo de instrumento), há o questionamento se o réu deve ser citado para apresentar contrarrazões. Parece que, neste caso específico, podem surgir dois problemas em razão de uma resposta ou outra. Se a conclusão for de que o réu deve ser citado para contrarrazoar, surge o problema de ele poder inviabilizar a própria efetivação da tutela antecipada caso ela venha posteriormente a ser concedida pelo Tribunal; contudo, se não tiver a oportunidade de contrarrazoar, ficará o réu, em grande medida, ceifado da possibilidade de se manifestar sobre o requerimento de tutela antecipada, haja vista que, contra uma decisão do tribunal que defira a tutela antecipada, haveria apenas a possibilidade de interpor os recursos especial e extraordinário, que possuem requisitos específicos para admissibilidade.

De outro lado, é preciso considerar que, após a manifestação do réu, mudam as circunstâncias fáticas e probatórias, razão pela qual se justificaria uma mudança na própria decisão. Isto é, caso se interprete que não deve haver contrarrazões, pode-se dizer que o juiz, após ouvir o réu, poderia tomar uma decisão contrária à decisão do tribunal, haja vista que as circunstâncias fáticas mudaram, o que justifica uma mudança na decisão, sem que haja – no sentido técnico – desobediência do juiz à decisão do tribunal. No entanto, é preciso lembrar que, do ponto de vista pragmático, após a tomada de qualquer decisão, são necessários argumentos mais contundentes para modificá-la.

Tudo isso mostra a complexidade da questão, bem como que há bons argumentos para ambos os posicionamentos.

De qualquer forma, tudo indica que a sistemática adotada antes do CPC/2015 deve ser mantida. Ou seja, se houver o indeferimento da tutela de urgência, não haverá citação do réu para apresentar contrarrazões ao agravo de instrumento[18].

Havendo recurso, a instância recursal deverá analisar tal requerimento e poderá:

a) **negar provimento ao recurso**, mantendo o indeferimento da tutela antecipada preparatória: neste caso, o juiz deverá aguardar o prazo de 15 dias e, caso não haja aditamento da petição inicial, o juiz deverá arquivar o processo.

b) **prover o recurso e deferir a tutela antecipada preparatória**: neste caso, o processo dever prosseguir à semelhança do que ocorreria se a tutela antecipada preparatória tivesse sido deferida em primeira instância. Então, neste caso, o autor terá de aditar a petição inicial para formular a demanda principal e o pedido de tutela final, no prazo de 15 dias ou outro que a instância recursal fixar.

Na última hipótese (indeferimento de tutela antecipada pelo juiz, mas deferimento pelo tribunal no agravo de instrumento), é preciso questionar se haveria estabilização caso a parte ré não recorra da decisão do tribunal que defere a tutela antecipada. A

18 "A jurisprudência desta Corte 'considera dispensável a intimação do agravado para contrarrazões em agravo de instrumento quando o recurso foi interposto contra decisão que indeferiu tutela antecipada sem a ouvida da parte contrária e antes da citação do demandado' (REsp 898.207/RS, Rel. Ministro TEORI ALBINO ZAVASCKI, PRIMEIRA TURMA, *DJ* 29-3-2007)" (STJ, AgInt no AREsp 725.287/SP, Rel. Ministra Maria Isabel Gallotti, Quarta Turma, julgado em 14-3-2017, *DJe* 20-3-2017).

resposta a tal questão deve ser negativa, embora haja bons argumentos contrários. Caso contrário, se geraria enorme insegurança jurídica. Com efeito, caso a ausência de recurso pelo réu contra decisão do tribunal que defere tutela antecipada pudesse gerar estabilização, estar-se-ia obrigando o réu a interpor recursos que, muitas vezes, seriam desnecessários (ex.: agravo interno, da decisão do relator que concedesse a tutela antecipada recursal) ou que são inadmissíveis (RE e REsp, mesmo que inadmissíveis, só para não gerar a estabilização), além de acarretar imensa instabilidade no sistema jurídico.

Portanto, somente pode ser estabilizada a tutela antecipada deferida pelo juiz de primeira instância. Caso indeferida pelo juiz e deferida pelo tribunal, não há estabilização, razão pela qual o autor terá de propor a ação principal no prazo de 15 dias ou outro que o juiz fixar, sob pena de extinção do processo sem resolução do mérito.

7.3.2. Processamento no caso de concessão da tutela antecipada preparatória

Caso seja concedida a tutela antecipada preparatória, o procedimento continua da seguinte forma (art. 303, §§ 1º a 3º, CPC):

> a) **Formulação do pedido de tutela final:** intimado da decisão, o autor deverá aditar a petição inicial, a fim de formular o pedido de tutela final, no prazo de 15 dias ou em outro prazo maior que o juiz fixar. Neste caso, o aditamento à petição inicial deverá conter a complementação de sua argumentação, a juntada de novos documentos e a confirmação do pedido de tutela final. Embora o CPC fale em aditamento, a praxe é que se faça uma nova petição inicial, com todos os seus requisitos, e não uma simples complementação de argumentação, o que facilita a melhor compreensão da demanda. O referido "aditamento" (petição inicial da demanda principal) será protocolado nos mesmos autos, sem incidência de novas custas processuais.

Se não for realizado o aditamento (petição inicial da demanda principal), na forma prevista, o processo será extinto sem resolução do mérito. Por conseguinte, a tutela antecipada preparatória estará automaticamente revogada. Neste caso, se a parte ré já interpôs o recurso, este será julgado prejudicado.

> b) **Prosseguimento conforme procedimento comum:** se houver o aditamento à petição inicial, com a formulação de pedido de tutela final, o processo prossegue conforme o procedimento comum. Com efeito, o inciso II do art. 303 do CPC estabelece que, com o aditamento à petição inicial, "o réu será citado e intimado para a audiência de conciliação ou de mediação na forma do art. 334", e o inciso III prevê que, "não havendo autocomposição, o prazo para contestação será contado na forma do art. 335". Ou seja, com a petição inicial da demanda principal (aditamento à petição inicial da tutela antecipada preparatória), o processo segue o procedimento comum.

Observe-se, ainda, que o dispositivo fala que, uma vez proposta a demanda principal, o réu deverá ser citado. Isso ocorre porque, no caso de concessão da tutela antecipada preparatória, o réu é apenas intimado para cumpri-la, ainda que possa recorrer dessa decisão, a fim de não gerar a estabilização. Logo, sobrevindo a petição inicial da demanda principal, o réu deverá ser citado (já que ainda não houve citação).

7.4. Consequências da não interposição de recurso: estabilidade

Se **não for interposto recurso** (agravo de instrumento) contra a decisão que concede a tutela antecipada preparatória, haverá duas principais consequências (art. 304, *caput* e § 1º, CPC): a) a **tutela antecipada torna-se estável**; e b) o **processo deve ser extinto**.

No entanto, o STJ (Terceira Turma) já decidiu que "a estabilização somente ocorrerá se não houver qualquer tipo de impugnação pela parte contrária"[19]. Tal entendimento, contudo, contraria a literalidade do art. 304, *caput*, do CPC, além do que não se pode dizer que se trate de jurisprudência consolidada.

Havendo a estabilização da decisão que defere a tutela antecipada requerida em caráter antecedente, qualquer das partes (autor ou réu) poderá requerer o desarquivamento do processo e propor a demanda principal (pedido de tutela definitiva) contra a outra com o objetivo de rever, reformar ou invalidar a tutela antecipada estabilizada. É prevento para processar e julgar a demanda principal o juízo que concedeu a tutela antecipada preparatória (art. 304, § 4º, CPC).

A tutela antecipada conservará seus efeitos enquanto não for revista, reformada ou invalidada por decisão de mérito proferida na demanda principal.

Na hipótese de a demanda principal ser ajuizada pelo réu da tutela antecipada preparatória, este poderá requerer a antecipação dos efeitos da revisão, reforma ou invalidação pretendida, desde que demonstre outros elementos que refutem os fundamentos da decisão anterior[20].

O direito de rever, reformar ou invalidar a tutela antecipada, conforme referido acima, se extingue após 2 anos, contados da ciência da decisão que extinguiu o processo (art. 304, § 5º, CPC). É o que se pode chamar de **estabilização definitiva** da decisão que concede a tutela antecipada.

Contudo, essa estabilização definitiva não se confunde com coisa julgada material. A decisão que concede a tutela antecipada preparatória não faz coisa julgada material, mesmo após o transcurso do prazo de 2 anos (art. 304, § 6º, CPC). O que se extingue, com o transcurso desse interregno temporal, é o direito de rever, reformar ou invalidar a tutela antecipada.

Por conseguinte, também não cabe ação rescisória da estabilização da tutela antecipada. Nesse sentido, o Enunciado 33 do FPPC: "Não cabe ação rescisória nos casos de estabilização da tutela antecipada de urgência".

---

19 "É de se observar, porém, que, embora o *caput* do art. 304 do CPC/2015 determine que 'a tutela antecipada, concedida nos termos do art. 303, torna-se estável se da decisão que a conceder não for interposto o respectivo recurso', a leitura que deve ser feita do dispositivo legal, tomando como base uma interpretação sistemática e teleológica do instituto, é que a estabilização somente ocorrerá se não houver qualquer tipo de impugnação pela parte contrária, sob pena de se estimular a interposição de agravos de instrumento, sobrecarregando desnecessariamente os Tribunais, além do ajuizamento da ação autônoma, prevista no art. 304, § 2º, do CPC/2015, a fim de rever, reformar ou invalidar a tutela antecipada estabilizada" (STJ, REsp 1760966/SP, Rel. Ministro Marco Aurélio Bellizze, Terceira Turma, julgado em 4-12-2018, *DJe* 7-12-2018).

20 Enunciado 26 da ENFAM: "Caso a demanda destinada a rever, reformar ou invalidar a tutela antecipada estabilizada seja ajuizada tempestivamente, poderá ser deferida em caráter liminar a antecipação dos efeitos da revisão, reforma ou invalidação pretendida, na forma do art. 296, parágrafo único, do CPC/2015, desde que demonstrada a existência de outros elementos que ilidam os fundamentos da decisão anterior".

Poderia se questionar a estabilização da tutela antecipada, ao fundamento de que seria até mais forte que a coisa julgada, na medida em que não cabe ação rescisória. Contudo, é preciso lembrar, em primeiro lugar, que o réu não apresentou recurso, de onde se dessume o seu desinteresse em resistir à pretensão do autor. Além disso, com a efetivação da tutela antecipada, a parte ré já é despida do bem jurídico entregue ao autor, sendo que já existe um prazo de 2 anos, a contar da intimação da extinção do processo, antes que ocorra a estabilização da tutela antecipada concedida de forma preparatória.

A única questão que poderia gerar mais indagações diz respeito ao caso de simulação ou colusão entre as partes, para violar a lei ou prejudicar terceiros. Esse fato é previsto como hipótese de ação rescisória (art. 966, III, CPC)[21], mas o direito de rescindir também decai no prazo de 2 anos. Ocorre que o art. 975, § 3º, do CPC prevê que, nessa hipótese de ação rescisória, o prazo de 2 anos se inicia, "para o terceiro prejudicado e para o Ministério Público, que não interveio no processo, a partir do momento em que têm ciência da simulação ou da colusão"[22].

Desse modo, fazendo-se uma interpretação analógica, no caso de simulação ou colusão entre as partes, o prazo de 2 anos para a estabilização definitiva da tutela antecipada preparatória concedida não se iniciará com a intimação da extinção do processo, senão com a ciência da simulação ou da colusão pelo Ministério Público ou pelo terceiro, até mesmo porque não intervieram no processo (e, por conseguinte, não foram intimados da decisão de extinção).

De outro lado, também poder-se-ia indagar acerca dos prazos prescricionais previstos no Código Civil. Entretanto, como se tratam de institutos distintos, deve-se considerar que esse prazo, estabelecido no art. 304, § 5º, CPC, é uma nova forma de extinção da possibilidade de reforma da decisão judicial, distinta e autônoma em relação aos prazos prescricionais e decadenciais.

Ocorre que a tutela antecipada visa antecipar os efeitos práticos ou fáticos da sentença. Nesse sentido, por exemplo, o autor pode requerer, em tutela antecipada, a retirada do seu nome dos cadastros de inadimplentes, de forma antecedente, indicando como pedido de tutela final a declaração de inexistência de dívida. Nesse caso, se a parte requerida não recorrer da decisão que defere a tutela antecipada, o que estaria abrangido pela estabilidade prevista no art. 304, § 5º, do CPC?

Para responder a essa questão, não basta uma análise sintática ou semântica, pois é preciso colocar foco na pragmática. Tendo-se por base casos práticos, pode-se pensar que a parte ré tem pouco interesse em questionar a inscrição ou não do autor em cadastro restritivo de crédito, mas pretende cobrar o valor que está sendo impugnado. Portanto, parece que deve ser feita uma análise restritiva, a fim de que, quando os efeitos práticos antecipados não correspondem ao bem da vida que seria postulado na tutela final, este não pode ser abrangido pela estabilidade referida no art. 304, § 5º, do CPC.

Há outro problema prático a partir de uma análise sistemática da questão. Isso porque tanto o prazo para recorrer quanto o prazo (como regra) para que o autor proponha a

---

21 CPC: "Art. 966. A decisão de mérito, transitada em julgado, pode ser rescindida quando: [...] III – resultar de dolo ou coação da parte vencedora em detrimento da parte vencida ou, ainda, de simulação ou colusão entre as partes, a fim de fraudar a lei".

22 CPC: "Art. 975 [...] § 3º Nas hipóteses de simulação ou de colusão das partes, o prazo começa a contar, para o terceiro prejudicado e para o Ministério Público, que não interveio no processo, a partir do momento em que têm ciência da simulação ou da colusão".

demanda principal é de 15 dias. Ou seja, provavelmente o autor não saberá, até o encerramento do prazo para recorrer, se o réu interpôs ou não o recurso. Por conseguinte, caso se considere que o prazo para propor a demanda principal se inicia a contar da intimação da decisão que defere a tutela antecipada (que ocorre, geralmente, por publicação no Diário da Justiça eletrônico), na grande maioria dos casos o autor já terá proposto a demanda principal (aditamento da petição inicial) antes do encerramento do prazo recursal para o réu (que se inicia com a juntada aos autos do mandado de citação e intimação cumprido).

Nessa hipótese, a partir de uma interpretação teleológica e sistemática, se o autor já tiver proposto o aditamento à petição inicial (petição inicial da ação principal) e o réu não interpuser recurso, o juiz deverá intimar a parte autora para dizer se pretende prosseguir com a demanda principal ou, ao contrário, se pretende apenas a estabilização ocorrida.

Outra alternativa interessante seria o juiz estabelecer que o prazo de 15 dias (ou outro maior) para o autor apresentar a petição inicial da ação principal somente se iniciaria após a interposição do recurso (agravo de instrumento), ou do transcurso do prazo para o réu recorrer, ou, ainda, que, após o prazo de recurso pelo réu, o cartório deveria intimar o autor para dizer, no prazo de 15 dias (ou outro maior) se pretende ajuizar a demanda principal ou se opta pela estabilização. Com essa interpretação, evita-se o problema de o autor ter de ajuizar a petição inicial por não saber se o réu recorrerá ou não da tutela antecipada preparatória deferida. Contudo, optando por essa alternativa, o juiz deverá deixar isso expresso na decisão que defere a tutela antecipada em caráter antecedente, em atendimento ao princípio da confiança, ou seja, a fim de evitar surpresas para o autor ou para o réu.

Cabe, ainda, perquirir se a concessão da tutela antecipada preparatória que pode gerar a estabilização refere-se tão somente à hipótese de deferimento pelo juízo de primeira instância ou se também pode ocorrer no caso de deferimento pelo tribunal. Vale dizer, é preciso analisar se haverá estabilização na hipótese em que o juiz indefere a tutela antecipada preparatória, o autor interpõe agravo de instrumento e o tribunal concede a tutela antecipada preparatória, mas o réu não recorre dessa decisão do tribunal.

Embora possa haver argumentos favoráveis a um ou outro posicionamento, parece que a conclusão deve ser por uma interpretação restritiva, sob pena de gerar instabilidade no sistema. Por exemplo, imagine-se uma situação em que a tutela antecipada preparatória foi indeferida pelo juiz, indeferida pelo relator, mas deferida pelo órgão colegiado no tribunal. Em tal hipótese, o réu teria de interpor RE e REsp somente com o objetivo de impedir a estabilização, mesmo sabendo que tais recursos extraordinários são incabíveis. Ou, não cabendo RE ou REsp, teria de opor embargos de declaração, dizendo que, mesmo sem haver omissão, o está interpondo somente para obstar a estabilização da tutela antecipada preparatória.

Por todos esses motivos, deve-se concluir que somente há estabilização no caso de decisão concessiva da tutela antecipada pelo juiz de primeira instância, quando não há interposição do recurso (agravo de instrumento) pelo réu.

Também cabe perquirir se essa estabilização é automática (pela simples não interposição do recurso pelo réu) ou não. De acordo com o art. 304, *caput* e § 1º, do CPC, essa estabilização precisa ser definida em decisão, que extingue o processo e que diz que se torna estável a decisão anterior que deferiu a tutela antecipada preparatória. Isto é, a estabilização não é automática, mas decorre dessa decisão.

Outra questão é analisar se essa decisão que decreta a estabilização (pelo prazo de 2 anos) tem natureza de sentença ou de decisão interlocutória. Como se trata de uma decisão que extingue o processo (art. 304, § 1º, CPC), deve-se entender que possui natureza jurídica de sentença. Logo, eventual recurso cabível contra essa decisão (de estabilização) é a apelação. De qualquer forma, o mais importante é o que o juiz diga expressamente se sua decisão é uma sentença ou uma decisão interlocutória, para deixar claro o recurso cabível, no caso de uma das partes pretender recorrer dessa decisão.

Contudo, nessa sentença (segundo a nossa interpretação), que decide a estabilização e extingue o processo, não caberá condenar qualquer das partes aos ônus da sucumbência. Em primeiro lugar, porque não houve citação do réu, mas apenas intimação; em segundo, porque o réu não opôs resistência, não podendo ser condenado; em terceiro, porque também não seria possível condenar o autor a pagar honorários advocatícios para o réu (numa hipótese, p. ex., de aplicação do princípio da causalidade), haja vista que este sequer constituiu advogado (pois não recorreu); em quarto lugar, o CPC não prevê que haverá condenação aos ônus da sucumbência em tal hipótese; em quinto, porque as custas processuais não devem ser reembolsadas, na medida em que, se for ajuizada a demanda principal, não haverá recolhimento de novas custas processuais (art. 303, § 3º, CPC); em sexto lugar, se houvesse condenação do réu a pagar os ônus sucumbenciais, estar-se-ia se estimulando o réu a recorrer, somente para afastar a sucumbência, o que não é consentâneo com o objetivo do CPC; em sétimo, porque, sem a incidência de ônus sucumbenciais, há um estímulo para que o réu não oponha resistência desnecessariamente ou quando há grande probabilidade de perder a demanda. Por todos esses motivos, a sentença que extingue o processo e estabiliza a tutela antecipada preparatória concedida não deve fixar ônus sucumbenciais.

Há, entretanto, diversos entendimentos sobre esse tema, como, por exemplo, na linha de que os ônus sucumbenciais devem incidir normalmente, ou no sentido de que o réu deve ficar isento de reembolsar as custas e os honorários devem ser fixados em 5% sobre o valor da causa[23].

De outro lado, cabe, ainda, questionar se o recurso interposto pelo réu que vier a ser improvido tem o condão de afastar a estabilização. Aqui, a resposta deve ser afirmativa. Isso porque o Código de Processo Civil não pretende que a estabilidade seja afastada pelo sucesso ou não do recurso, senão pela resistência do réu, que, nesse procedimento, se dá pela via da interposição do recurso. Vale dizer, o objetivo do CPC é que haja a estabilidade da tutela antecipada preparatória concedida para aquelas hipóteses em que não há resistência da parte ré, evitando-se um processo desnecessário. No entanto, havendo a discordância ou a irresignação do réu, manifestada pela via do recurso, é o autor que deve ter o ônus de ajuizar a demanda principal.

Por tais motivos, havendo interposição tempestiva do recurso cabível pelo réu, a tutela antecipada preparatória concedida não ficará estabilizada, ainda que esse recurso seja improvido pelo tribunal[24]. No caso de o recurso ser intempestivo, no entanto, deve-se entender que não foi interposto (no prazo legal), razão pela qual haverá a estabilização, cabendo ao réu ajuizar a demanda principal.

De outro lado, não é cabível a estabilização da tutela antecipada em ação rescisória[25]. Isso porque essa estabilização não pode sobrepor-se à coisa julgada, já operada pela decisão rescindenda.

---

23 Enunciado 18 da ENFAM: "Na estabilização da tutela antecipada, o réu ficará isento do pagamento das custas e os honorários deverão ser fixados no percentual de 5% sobre o valor da causa (art. 304, *caput*, c/c o art. 701, *caput*, do CPC/2015)".

24 Enunciado 28 da ENFAM: "Admitido o recurso interposto na forma do art. 304 do CPC/2015, converte-se o rito antecedente em principal para apreciação definitiva do mérito da causa, independentemente do provimento ou não do referido recurso".

25 Enunciado 421 do FPPC: "Não cabe estabilização de tutela antecipada em ação rescisória". No mesmo sentido, o Enunciado 27 da ENFAM: "Não é cabível ação rescisória contra decisão estabilizada na forma do art. 304 do CPC/2015".

Também não cabe estabilização da tutela cautelar, por ausência de previsão no CPC. Além disso, a tutela cautelar é apenas assecuratória do direito e não satisfativa. Por conseguinte, também não haveria qualquer benefício para qualquer das partes em estabilizar uma tutela cautelar (p.ex., arresto, sequestro etc.)[26].

7.5. **Fluxograma**

A seguir, apresenta-se um fluxograma do procedimento da tutela antecipada preparatória, a partir de cada evento possível :

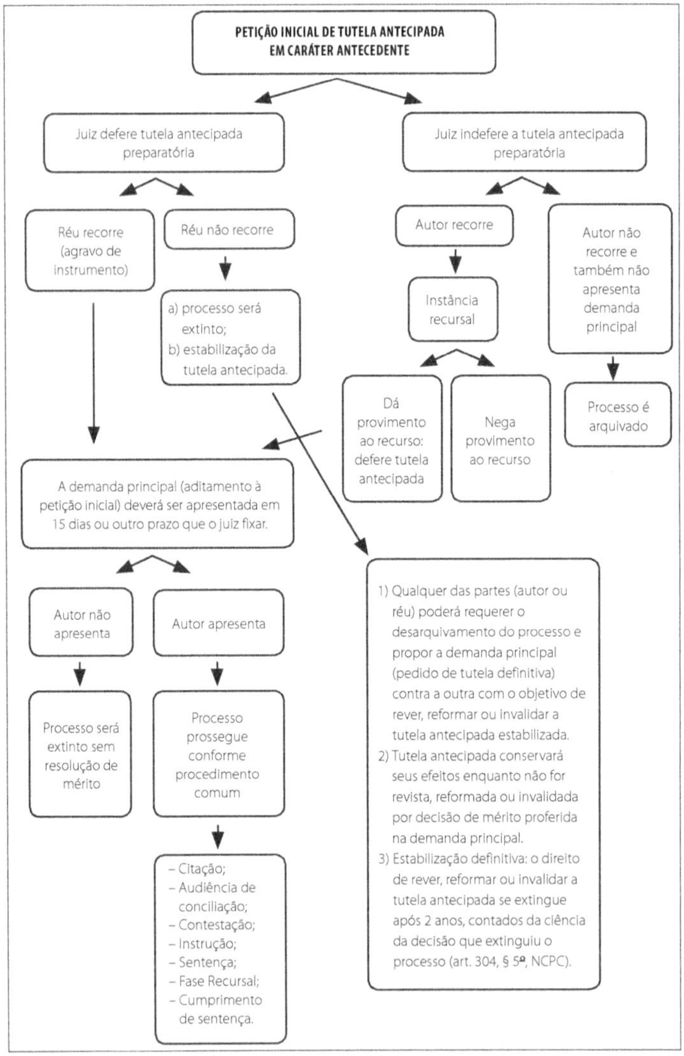

26 Nesse sentido, aliás, o Enunciado 420 do FPPC: "Não cabe estabilização de tutela cautelar".

8. PROCEDIMENTO DA TUTELA CAUTELAR PREPARATÓRIA

8.1. Requisitos da petição inicial

Assim como na tutela antecipada, no caso de tutela cautelar preparatória, é sua própria petição que instaura o processo, na medida em que a pretensão principal será proposta posteriormente nesse mesmo processo.

A petição onde consta o requerimento de tutela antecipada preparatória deverá conter os seguintes requisitos (art. 305, *caput*, CPC):

a) **exposição da lide e do seu fundamento:** a exigência desse requisito tem por objetivo possibilitar ao juiz analisar a competência para a ação cautelar preparatória, já que será competente para a cautelar o Juízo competente para apreciar a futura ação principal;

b) **exposição sumária do direito** que se busca assegurar;

c) **exposição da urgência** (é o perigo de dano ou risco ao resultado útil do processo);

Além desses requisitos, previstos expressamente no art. 305, a petição inicial da tutela cautelar preparatória também deverá conter alguns requisitos da petição inicial em geral, previstos, sobretudo, no art. 319 do CPC, pois, caso contrário, seria praticamente impossível ser processada. São eles:

d) **o valor da causa;**

e) **a indicação do juízo a quem a petição é dirigida;**

f) **o nome completo, a qualificação e o endereço das partes**, ou requerimento ao juiz das diligências necessárias para sua obtenção;

g) **em caso de representação por advogado:** i.1) o endereço, seu número de inscrição na Ordem dos Advogados do Brasil e o nome da sociedade de advogados da qual participa, para o recebimento de intimações; i.2) a procuração correspondente, ou a justificativa de impossibilidade de apresentá-la neste momento.

h) **os documentos indispensáveis para o requerimento;**

i) **a indicação das provas com que pretende demonstrar as suas alegações.**

Sobre cada um desses requisitos, remete-se o leitor sobre o que já se disse anteriormente sobre os requisitos da tutela antecipada.

8.2. Processamento

Recebida a petição inicial da tutela cautelar, o **réu será citado** para, no prazo de **5 dias úteis**, apresentar **contestação** e indicar as provas que pretende produzir (art. 306, CPC). Observe-se que, no procedimento da tutela cautelar preparatória, a citação não é para comparecer à audiência de conciliação, senão para contestar. Ou seja, em princípio, não há a audiência de conciliação no procedimento da tutela cautelar, o que não veda que o juiz designe tal audiência se entender conveniente ou houver requerimento das partes.

Esse prazo de contestação conta-se, como regra, da juntada do mandado de citação ou do aviso de recebimento, devidamente cumpridos[27].

A partir de então, surgem duas possibilidades (art. 307, CPC):

a) Se não houver contestação: os fatos alegados pelo autor presumir-se-ão aceitos pelo réu como ocorridos, hipótese em que o juiz deverá decidir o requerimento de tutela cautelar em 5 dias. Essa presunção de veracidade não atinge o futuro pedido principal.

b) Se houver contestação: o processo passa a seguir o procedimento comum, com possibilidade de réplica, audiência de instrução e, por fim, decisão sobre o pedido de tutela cautelar.

O art. 307, parágrafo único, do CPC determina que, caso a **parte ré apresente contestação**, o processo **segue pelo procedimento comum**.

Ocorre que, no procedimento comum, o prazo para a réplica, em qualquer hipótese (alegação de preliminar[28]; de fato impeditivo, modificativo ou extintivo do direito do autor[29]; ou manifestação sobre documentos juntados pelo réu[30]) é de 15 dias. Assim, pela literalidade do CPC, haveria um prazo para o réu contestar de 5 dias e um prazo de réplica de 15 dias, o que, além de ilógico, fere frontalmente a isonomia, na medida em que as matérias que envolvem a contestação são bem mais amplas, além do que, é necessário mais tempo para reunião de provas, ao contrário da réplica, que comumente tem por objetivo apenas se contrapor a um fato impeditivo, modificativo ou extintivo do direito do autor, ou sobre alguma preliminar ou sobre documentos.

Então, sobre o prazo de réplica, podem surgir três posicionamentos:

1º) Deve-se aplicar a literalidade do CPC, razão pela qual o prazo de contestação deve ser de 5 dias e o de réplica de 15 dias. Contudo, esse entendimento sofre a objeção de que há violação ao princípio da isonomia.

2º) O prazo de contestação é de 5 dias, razão pelo qual o prazo de réplica também deveria ser de 5 dias. Tal entendimento poderia sofrer a objeção de que o art. 222, § 1º, do CPC[31] prevê expressamente que o juiz não pode reduzir prazos peremptórios.

3º) Considerando que o princípio da isonomia deve ser observado e que o juiz não pode reduzir prazos peremptórios, a solução é ampliar o prazo de contestação para 15 dias, devendo o prazo de réplica também ser de 15 dias. O problema de tal entendimento é que o juiz somente saberá se será caso ou não de réplica depois da contestação.

---

27 CPC: "Art. 231. Salvo disposição em sentido diverso, considera-se dia do começo do prazo: I – a data de juntada aos autos do aviso de recebimento, quando a citação ou a intimação for pelo correio; II – a data de juntada aos autos do mandado cumprido, quando a citação ou a intimação for por oficial de justiça".

28 CPC: "Art. 351. Se o réu alegar qualquer das matérias enumeradas no art. 337, o juiz determinará a oitiva do autor no prazo de 15 (quinze) dias, permitindo-lhe a produção de prova".

29 CPC: "Art. 350. Se o réu alegar fato impeditivo, modificativo ou extintivo do direito do autor, este será ouvido no prazo de 15 (quinze) dias, permitindo-lhe o juiz a produção de prova".

30 CPC: "Art. 437. O réu manifestar-se-á na contestação sobre os documentos anexados à inicial, e o autor manifestar-se-á na réplica sobre os documentos anexados à contestação. § 1º Sempre que uma das partes requerer a juntada de documento aos autos, o juiz ouvirá, a seu respeito, a outra parte, que disporá do prazo de 15 (quinze) dias para adotar qualquer das posturas indicadas no art. 436".

31 CPC: "Art. 222 [...] § 1º Ao juiz é vedado reduzir prazos peremptórios sem anuência das partes".

Portanto, observa-se que quaisquer dos entendimentos acima apresentam soluções, mas também se sujeitam a críticas. A questão deveria ser resolvida pela via legislativa, estipulando-se em 5 dias o prazo para réplica no procedimento da cautelar preparatória.

8.3. Demanda principal e novo procedimento no mesmo processo

Cumprida a decisão que defere a tutela cautelar, o **pedido principal** deverá ser apresentado pelo autor no prazo de **30 dias úteis nos mesmos autos** do processo, não dependendo do adiantamento de novas custas processuais.

A causa de pedir poderá ser aditada no momento da formulação do pedido principal.

Apresentado o **pedido principal**, o **processo seguirá o procedimento comum** (processamento do pedido principal):

a) Como o réu já foi citado para integrar a relação jurídica processual – e, inclusive, já teve a oportunidade de contestar o pedido cautelar –, não há nova citação, mas apenas necessidade da sua intimação.

b) As partes serão intimadas para a audiência de conciliação ou de mediação, na forma do art. 334 do CPC, por intermédio de seus advogados (se já tiverem constituído advogado no processo) ou pessoalmente (se não tiverem advogado). Observe-se que é a lei processual que prevê a intimação das partes na pessoa dos seus respectivos advogados, se já estiverem constituídos nos autos. Assim, não há necessidade de poderes especiais para tanto.

c) Se não houver acordo nessa audiência, o prazo para contestação será contado na forma do art. 335 do CPC.

d) Após, segue-se o procedimento comum (se for este o cabível): possibilidade de réplica, audiência de instrução e, por fim, sentença julgando o pedido principal.

8.4. Eficácia da tutela cautelar preparatória

Cessa a eficácia da tutela cautelar preparatória, nas seguintes hipóteses (art. 309, CPC):

a) "se o autor não deduzir o pedido principal no prazo legal".

A princípio, esse prazo é de 30 dias úteis, nos termos do art. 308 do CPC ("Efetivada a tutela cautelar, o pedido principal terá de ser formulado pelo autor no prazo de 30 (trinta) dias"). Esse prazo conta-se a partir do cumprimento da medida cautelar, e não a partir da sua concessão.

Tal norma, entretanto, não pode ser levada a efeito nos casos em que a ação principal não possa ser ajuizada nesse prazo. Por exemplo, efetivada a medida cautelar de arresto, se a execução não puder ser ajuizada no prazo de 30 dias, porque o título executivo extrajudicial ainda não é exigível (p.ex., porque ainda não venceu), não haverá a perda de eficácia da medida cautelar. Nesse exemplo, a medida cautelar de arresto não perderá a eficácia enquanto não convertida em penhora, desde que não seja possível ajuizar a ação de conhecimento ou a ação de execução por não ter a dívida vencido.

b) se a tutela cautelar "não for efetivada dentro de 30 (trinta) dias".

Todavia, tal sanção somente deve ser aplicada nos casos em que a parte não promova as diligências necessárias para o seu cumprimento. Por exemplo, quando a parte não distribui a precatória de cumprimento da cautelar; quando não providencia o endereço do local onde deva ser cumprida; quando não recolhe as custas referentes à diligência do oficial de justiça etc.

Se a demora no cumprimento da medida cautelar exceder o prazo de 30 dias, mas decorrer da morosidade da Justiça, não perderá eficácia a tutela concedida, pois não se pode imputar as consequências dessa demora judicial à parte.

c) se "o juiz julgar improcedente o pedido principal formulado pelo autor ou extinguir o processo sem resolução de mérito".

Caso o juiz julgue improcedente o pedido principal ou extinga o processo sem resolução de mérito, considera-se automaticamente revogada a tutela provisória. Isso porque, diante da marca da temporariedade e da precariedade, a tutela provisória precisa ser substituída por outra que a confirme, modifique ou revogue (exceto no caso de estabilização da tutela antecipada)[32].

No entanto, tal dispositivo também deve ser analisado com algumas ressalvas. Por exemplo, em alguns casos em que o juiz julga o pedido principal improcedente, mas o seu entendimento é minoritário, ou verifica que a matéria é extremamente controvertida no âmbito da jurisprudência do seu tribunal, poderá o juiz, com base nisso, dizer que a medida cautelar deferida deverá produzir efeitos até que haja julgamento pelo tribunal de segunda instância ou por tribunal superior, ou até decisão em contrário sobre a cautelar. Contudo, para que isso aconteça, é preciso decisão expressa nesse sentido, devidamente fundamentada.

Renovação do pedido de tutela cautelar: Se, por qualquer motivo, cessar a eficácia da tutela cautelar, a parte não poderá renovar seu pedido, salvo se tiver novo fundamento.

8.5. Decisão de mérito sobre a medida cautelar

A tutela cautelar está sujeita às mesmas condições da ação da tutela cognitiva, também devendo preencher os pressupostos processuais.

Caso não estejam presentes as condições da ação ou os pressupostos processuais, a ação cautelar deverá ser extinta sem resolução do mérito.

No mérito, o juiz deverá examinar o *fumus boni iuris* e o *periculum in mora*. Se faltar um desses requisitos, o juiz indeferirá o pedido cautelar. Vale dizer, esses requisitos são questões de mérito, para concessão da cautelar, e não condições da ação.

O ***fumus boni iuris*** é a probabilidade do direito, a verossimilhança, a plausibilidade do direito invocado, a possibilidade de existência do direito.

---

32 Enunciado 140 do FPPC: "A decisão que julga improcedente o pedido final gera a perda de eficácia da tutela antecipada".

Como dito antes, na cautelar, há cognição sumária, razão pela qual o juiz não se pronunciará com juízo de certeza sobre a existência ou não do direito invocado. Assim, o juiz não fará uma análise aprofundada sobre o direito material (não há cognição exauriente).

O ***periculum in mora*** é a urgência na concessão da medida cautelar, o perigo de dano ou o risco ao resultado útil do processo. O juiz analisa a possibilidade de haver dano para a parte se a tutela cautelar não for concedida naquele momento.

Não precisa haver prova cabal do perigo. Basta um fundado receio de que, caso não concedida a cautelar, haja perigo de dano ao direito.

Caberia, então, indagar qual é a diferença nos requisitos para a concessão da medida cautelar em sede liminar e a decisão sobre o mérito da tutela cautelar.

A medida liminar é concedida no início ou durante o processo, antes da decisão final sobre a tutela cautelar.

A medida liminar na cautelar tem como requisitos o *fumus boni iuris* e o *periculum in mora*; a decisão de mérito da tutela cautelar necessita dos mesmos requisitos do *fumus boni iuris* e do *periculum in mora*. Então, qual seria a diferença entre elas?

A única diferença é a gradação da urgência e da plausibilidade do direito, analisada em cada um desses momentos do processo cautelar.

Em sede liminar, para que seja concedida a tutela cautelar, é necessária que a urgência seja tanta que não possa esperar a decisão final da tutela cautelar. Se puder esperar, não poderá ser deferida em sede liminar.

Na decisão de mérito da tutela cautelar, a urgência deve ser de tal intensidade que não possa esperar o futuro pedido principal, que pretende acautelar.

A decisão de mérito da tutela cautelar **não faz coisa julgada material**, como regra, tendo em vista que se contenta com uma **cognição sumária**, sem que seja realizado um juízo de certeza.

Existe um único caso em que essa decisão **fará coisa julgada material**: quando for acolhida a **prescrição ou a decadência** do direito do autor (art. 310, CPC)[33]. Neste caso, a cognição é exauriente e a sentença é definitiva, sendo hábil a fazer coisa julgada material.

Se a tutela cautelar for indeferida, isso não obsta que a parte apresente o pedido principal, nem influi no julgamento deste, salvo quando houver o reconhecimento de decadência ou prescrição.

8.6. Processamento e julgamento conjunto da tutela cautelar e da ação principal

Em diversas hipóteses, é possível que a ação principal seja ajuizada, no mesmo processo onde tramita a cautelar preparatória, mesmo antes da citação do réu.

Se isso ocorrer, por questão de economia processual, o juiz deverá processar em conjunto o pedido cautelar preparatório e a ação principal, a fim de que o réu seja citado para contestar ambos os pedidos e o processo prossiga com os atos processuais sendo praticados em relação a ambos os pedidos. Se já tiver sido citado o réu na medida cautelar preparatória quando do ajuizamento da ação principal, o juiz poderá, se entender

33 CPC: "Art. 310. O indeferimento da tutela cautelar não obsta a que a parte formule o pedido principal, nem influi no julgamento desse, salvo se o motivo do indeferimento for o reconhecimento de decadência ou de prescrição".

adequado, paralisar o procedimento cautelar após a juntada da contestação, para aguardar a contestação da ação principal e, a seguir, fazer tramitar junto as fases processuais do pedido cautelar e da ação principal.

Essa medida não está expressa no CPC. Contudo, pode trazer diversos ganhos para o processo.

De um lado, é certo que não se pode inovar de forma a ignorar os dispositivos do CPC. De outro, é preciso lhes dar uma interpretação que confira ao processo o máximo de efetividade.

Conforme estabelecido no CPC, se o pedido de medida cautelar vier na petição inicial da ação principal, as demais fases processuais são processadas conforme o procedimento da ação principal (não se aplica o procedimento da cautelar preparatória). Logo, por uma interpretação analógica, mesmo quando houver ação cautelar preparatória e posterior ação principal, sempre que possível, os atos processuais do pedido cautelar e da ação principal devem ocorrer de forma conjunta, já que isso trará diversos ganhos para o processo, como efetividade, celeridade, economia processual, além de as partes poderem praticar um só ato, em que se manifestarão sobre o pedido da ação principal e sobre o pedido cautelar.

9. SÃO CABÍVEIS MEDIDAS LIMINARES (DE PROCEDIMENTO ESPECIAL) PREPARATÓRIAS?

Conforme exposto acima, o CPC trata do procedimento da tutela de antecipada preparatória (art. 303 e 304) e da tutela cautelar preparatória (arts. 305 a 310). Ocorre que, além dessas duas espécies de tutelas de urgência, ainda existem as chamadas medidas liminares de procedimento especial, previstas em outras disposições do CPC (ex.: em relação às ações possessórias – art. 562) ou fora dele (medidas liminares em mandado de segurança, em ação popular, em ação civil pública etc.). Então, é preciso perquirir se existe a possibilidade de concessão de medidas liminares de forma preparatória (em caráter antecedente), haja vista que não existe previsão acerca disso no CPC.

A questão central é perquirir qual será o procedimento, ou seja, se for admitida medida liminar preparatória, ela seguirá o procedimento da tutela antecipada preparatória ou o procedimento da tutela cautelar preparatória. Isso porque, se a parte contrária não souber qual o procedimento que deverá seguir, estar-se-á violando o princípio da confiança, com efeitos perniciosos para o processo.

Como já se referiu, as medidas liminares de procedimento especial poderão ter natureza cautelar ou de tutela antecipada. Assim, se, por exemplo, antes de um mandado de segurança, de uma ação civil pública, de uma ação popular ou de uma ação possessória, o autor necessitar de uma tutela de urgência preparatória, não poderia, em tese, propor uma medida liminar preparatória, mas teria à disposição a tutela antecipada preparatória ou a tutela cautelar preparatória, que poderão salvaguardar esse direito. Por essa interpretação, o processo civil é hábil a proteger o direito de forma preparatória e urgente e, ao mesmo tempo, não se cria um novo instituto para o qual não haveria tratamento jurídico adequado (a "medida liminar preparatória").

Assim, caso a parte ajuíze uma tutela de urgência com o nome de "medida liminar preparatória", o juiz deverá conhecê-la expressamente como tutela cautelar preparatória ou como tutela antecipada preparatória, pois, a depender do caso (da natureza da tutela de urgência), haverá diversas consequências para o processo, tais como as relativas ao procedimento (que é diferente da tutela cautelar em relação à tutela antecipada), à estabilização (na tutela antecipada, há estabilização; na tutela cautelar, não) etc. O que é vedado ao juiz omitir-se sobre qual espécie de tutela de urgência está tratando, pois, havendo essa omissão, impedirá que o réu tenha conhecimento das medidas que deve tomar no processo, ou seja, se deve praticar os atos de defesa relativos ao procedimento da cautelar preparatória ou os relativos à tutela antecipada preparatória.

Caso seja admitida uma medida liminar preparatória como tutela antecipada (preparatória), seguirá todo o seu procedimento e a sua disciplina, inclusive com possibilidade de estabilização. Exemplificativamente, pode-se citar, inclusive, o Enunciado 499 do FPPC, segundo o qual "o regime da estabilização da tutela antecipada antecedente aplica-se aos alimentos provisórios previstos no art. 4º da Lei n. 5.478/1968, observado o § 1º do art. 13 da mesma lei".

10. PROCEDIMENTO NO CASO DE TUTELA PROVISÓRIA INDEFERIDA

Na hipótese de indeferimento da tutela de urgência (cautelar ou antecipada) preparatória, é preciso perquirir como ocorrerá o procedimento daí para a frente.

No caso de interposição de recurso, já se expôs como seguirá o procedimento na esfera recursal. Então, o que se deve questionar é como ocorrerão os atos processuais posteriores em primeira instância quando ocorre o indeferimento da tutela de urgência preparatória.

Sendo indeferida a medida cautelar preparatória, o processo deve prosseguir na forma dos arts. 305 e 310 do CPC (contestação, réplica, instrução, sentença etc.).

A questão de maior indagação surge no caso de indeferimento de tutela antecipada preparatória. Neste caso, se a parte autora não ajuizar a petição inicial da ação principal (aditamento da petição inicial) no prazo de 15 dias ou em outro prazo maior que o juiz fixar, o processo deverá ser extinto sem resolução de mérito.

Ou seja, no caso de tutela antecipada, o procedimento preparatório termina com o seu deferimento ou não (e eventual recurso). Após isso, o procedimento fica paralisado aguardando a petição inicial da ação principal. Caso esta não seja ajuizada, o processo é extinto sem resolução de mérito.

Cabe, por fim, analisar o que deve acontecer quando o autor pretende ajuizar a petição inicial da demanda principal, mas o processo já está arquivado. Nessa hipótese, caso a tutela de urgência (antecipada ou cautelar) tenha sido concedida, a petição inicial da ação principal ajuizada pela parte deve tramitar no mesmo processo da tutela de urgência preparatória.

A dúvida pode surgir no caso de tutela de urgência (cautelar ou preparatória) indeferida. Mesmo em tal hipótese, por questão de economia processual e efetividade, a petição inicial da ação principal deverá ser juntada nos mesmos autos da tutela de urgência preparatória, devendo, inclusive, os autos serem desarquivados, caso seja necessária essa providência. Essa medida traz diversos benefícios para o processo, considerando, sobretudo, que: já houve pagamento de custas; existe vinculação do juízo que conheceu da tutela de urgência preparatória; conhecer os atos processuais do procedimento preparatório pode ser importante para o processo principal etc.

CAPÍTULO **IV**

TUTELAS DA EVIDÊNCIA

1. ESPÉCIES DE TUTELA DA EVIDÊNCIA

São quatro as espécies de tutela da evidência. Observe-se o teor do art. 311 do CPC:

> Art. 311. A tutela da evidência será concedida, independentemente da demonstração de perigo de dano ou de risco ao resultado útil do processo, quando:
>
> I – ficar caracterizado o abuso do direito de defesa ou o manifesto propósito protelatório da parte;
>
> II – as alegações de fato puderem ser comprovadas apenas documentalmente e houver tese firmada em julgamento de casos repetitivos ou em súmula vinculante;
>
> III – se tratar de pedido reipersecutório fundado em prova documental adequada do contrato de depósito, caso em que será decretada a ordem de entrega do objeto custodiado, sob cominação de multa;
>
> IV – a petição inicial for instruída com prova documental suficiente dos fatos constitutivos do direito do autor, a que o réu não oponha prova capaz de gerar dúvida razoável.
>
> Parágrafo único. Nas hipóteses dos incisos II e III, o juiz poderá decidir liminarmente.

Para melhor compreender as espécies de tutelas da evidência, é importante que sejam analisadas separadamente. Contudo, antes disso, é preciso verificar o que elas possuem em comum.

1.1. Requisito comum às tutelas da evidência: plausibilidade do direito

Embora possa parecer óbvio, é preciso dizer que, para a concessão de uma tutela de evidência, é necessária a existência da própria plausibilidade do direito (evidência).

Contudo, grande parte da doutrina vem dizendo exatamente o contrário, ou seja, que, pelo dispositivo legal, bastaria que fossem preenchidos os requisitos de cada inciso, na medida em que a evidência não seria requisito previsto no *caput* do dispositivo.

De outro lado, aqueles que criticam esse entendimento, por uma questão de lógica pragmática, também defendem que, pela redação do dispositivo, a interpretação que pode ser feita é a de que a plausibilidade do direito não é um requisito para a concessão da tutela da evidência[1].

Contudo, o equívoco por parte de tais processualistas ocorre porque fazem uma análise isolada do dispositivo.

Partindo-se de uma interpretação construtiva do dispositivo em conjunto com todo o sistema, deve se atentar que o art. 294 do CPC – o primeiro artigo do Livro V da parte especial, intitulado "Da Tutela Provisória", ainda na parte das disposições gerais – estabelece que "a tutela provisória pode fundamentar-se em urgência ou evidência".

Desse modo, para a concessão de uma tutela provisória, é preciso urgência ou evidência. E para que uma tutela da evidência seja deferida, é imprescindível, como pressuposto básico, a própria evidência, ou seja, a plausibilidade do direito do requerente.

Portanto, por uma interpretação sistemática, para que quaisquer das hipóteses de tutela de evidência descritas nos incisos I a IV do art. 311 do CPC possam ser concedidas, é necessária, como primeiro requisito, a plausibilidade do direito do requerente (requisito comum), além do requisito específico exigido em cada inciso para cada espécie de tutela da evidência.

Além disso, é preciso lembrar que existe responsabilidade objetiva do autor caso a tutela da evidência não venha a ser confirmada na sentença (por uma sentença de procedência). Com isso, por uma interpretação teleológica, não faria sentido o juiz deferir uma tutela da evidência sem que houvesse probabilidade do direito, considerando que, ao final da ação, se ela for julgada improcedente, a parte autora responderá objetivamente pelos prejuízos causados ao réu.

1.2. Tutela da evidência punitiva (art. 311, inc. I, CPC)

Para tal espécie de antecipação de tutela, são necessários dois requisitos:

a) abuso do direito de defesa ou manifesto propósito protelatório da parte; e

b) plausibilidade do direito.

A tutela de evidência como sanção ao "abuso do direito de defesa" e ao "manifesto propósito protelatório" é uma decorrência da teoria do abuso de direito no processo civil[2]. De um lado, é certo que o direito de defesa e os demais direitos processuais devem

1 Nesse sentido, por exemplo, Daniel A. A. Neves: "Da forma como ficou redigido o art. 311, I, do Novo CPC, restou como requisito para a concessão da tutela da evidência somente o abuso do direito de defesa ou o manifesto propósito protelatório da parte, o que parece contrariar até mesmo o espírito dessa espécie de tutela. Difícil acreditar que o autor tenha direito a uma tutela, ainda que provisória, somente porque o réu se comporta indevidamente no processo, sem que o juiz tenha qualquer grau de convencimento da existência do direito do autor. Parece-me extremamente temerário, como simples foram de sanção processual, conceder a tutela da evidência sem que haja probabilidade de o autor ter o direito que alega. No entanto, infelizmente, ruma nesse sentido o dispositivo ora comentado" (NEVES, Daniel Amorim Assumpção. *Novo Código de Processo Civil:* Lei 13.105/2015. São Paulo: Método, 2015. p. 217).

2 Sobre o tema, *vide* trabalho de nossa autoria: LUNARDI, Fabrício Castagna. A teoria do abuso de direito no direito civil constitucional: novos paradigmas para os contratos. In: NERY JR., Nelson; NERY, Rosa Maria de Andrade. *Doutrinas essenciais:* responsabilidade civil. v. 1. São Paulo: Revista dos Tribunais, 2010. p. 679-715.

ser exercidos de forma ampla ao réu. Contudo, o seu exercício abusivo, para fins imorais, com subterfúgios ou que contrariam a própria finalidade do ato, deve ser coibido.

O "abuso de direito de defesa" diferencia-se do "manifesto propósito protelatório"[3]. O primeiro engloba o uso abusivo dos instrumentos de defesa, tais como a contestação com teses manifestamente improcedentes, as impugnações manifestamente temerárias, os incidentes manifestamente infundados, os recursos protelatórios etc. O "manifesto propósito protelatório", por sua vez, abrange o exercício abusivo de outras situações jurídicas processuais, tais como ocultação do réu para não ser citado, ocultação de prova, simulação de doença para pedir a remarcação de audiência etc.

Enquanto o "abuso do direito de defesa" somente pode ocorrer durante o processo já instaurado, o "manifesto propósito protelatório" pode se dar, inclusive, antes do processo[4]. É o que acontece, por exemplo, quando o devedor, ao ser cobrado extrajudicialmente, tenta dissuadir o credor dizendo sempre que na semana seguinte cumprirá a sua obrigação, não atende telefonemas, muda de endereço para não ser encontrado pelo credor, deixa aviso com algum familiar para dizer que sempre está viajando etc.

Ao contrário do que afirmam alguns autores, o "manifesto propósito protelatório" não abrange necessariamente o "abuso do direito de defesa", vale dizer, é possível a configuração do abuso do direito de defesa sem que seja caracterizado ato protelatório, quando, por exemplo, a parte ré falta com a verdade em ato de defesa, a fim de tentar iludir o juízo. Nesta hipótese, o objetivo não é protelar a solução da lide, senão enganar o juízo para buscar uma solução favorável, hipótese em que está presente o abuso de direito de defesa, mas não o manifesto propósito protelatório.

Essa modalidade de tutela da evidência tem por objetivo inverter os prejuízos gerados pelo tempo do processo. Assim, normalmente o ônus da espera é do autor, razão pela qual essa tutela da evidência, ao adiantar a entrega de determinada vantagem ao autor, tem por objetivo inverter o ônus do tempo do processo, que passa a ser do réu.

1.3. Tutela da evidência fundada em precedente obrigatório (art. 311, inc. II, CPC)

De acordo com o art. 311, inc. II, do CPC, será cabível a tutela da evidência quando:

a) as alegações de fato puderem ser comprovadas documentalmente;

b) houver tese firmada em julgamento de casos repetitivos ou em súmula vinculante;

c) houver plausibilidade do direito.

---

3 Também nesse sentido, Fredie Didier Jr., Paula Sarno e Rafael Oliveira: "As expressões 'abuso de direito de defesa' e 'manifesto propósito protelatório' têm sentidos distintos: aquela abrange atos praticados dentro do processo, em defesa, o que inclui os atos protelatórios praticados no processo; esta última se refere aos comportamentos da parte, protelatórios, adotados fora do processo (ex.: simulação de doença, ocultação de prova etc.)" (DIDIER JR., Fredie; BRAGA, Paula Sarno; OLIVEIRA, Rafael Alexandria de. *Curso de direito processual civil:* teoria da prova, direito probatório, decisão, precedente, coisa julgada e tutela provisória. v. 2. 11. ed. Salvador: JusPodivm, 2016. p. 634).

4 Nesse mesmo sentido, José Miguel Garcia Medina: "O 'manifesto propósito protelatório' pode ficar caracterizado antes da apresentação de resposta pelo réu (por exemplo, pode-se demonstrar que o réu, tomando conhecimento da existência de ação contra si, oculta-se com o intuito de frustrar a citação)" (MEDINA, José Miguel Garcia. *Direito processual civil moderno*. São Paulo: Revista dos Tribunais, 2015. p. 493-494).

Quando o dispositivo fala em "tese firmada em julgamento de casos repetitivos", está se referindo ao "incidente de resolução de demandas repetitivas" e aos "recursos especial e extraordinário repetitivos" (art. 928, I e II, CPC).

Além da hipótese legal prevista na letra "b", está se consolidando o entendimento de que também é cabível essa tutela da evidência quando a pretensão do autor estiver de acordo com:

b.1) orientação firmada pelo Supremo Tribunal Federal em sede de controle abstrato de constitucionalidade[5];

b.2) tese firmada em incidente de assunção de competência[6];

b.3) tese prevista em súmula dos tribunais, de segunda instância ou superiores, independentemente de caráter vinculante[7-8].

Além disso, para a concessão de tutela da evidência fundada nesta hipótese, é desnecessário o trânsito em julgado da decisão que constitui o precedente paradigma[9].

Quando a parte requerer tutela da evidência com base nessa hipótese, é necessário que também identifique a *ratio decidendi* do precedente invocado e faça a necessária confrontação analítica entre o precedente e o caso concreto[10].

1.4. Tutela da evidência fundada em contrato de depósito (art. 311, inc. III, CPC)

O CPC estabelece como tutela de evidência a hipótese de requerimento de tutela provisória em ação de depósito embasada em documento escrito que comprove contrato de depósito.

Assim, para a concessão dessa espécie de tutela da evidência, são necessários os seguintes requisitos, cumulativamente:

---

5 Nesse sentido, o Enunciado 30 da ENFAM: "É possível a concessão da tutela de evidência prevista no art. 311, II, do CPC/2015 quando a pretensão autoral estiver de acordo com orientação firmada pelo Supremo Tribunal Federal em sede de controle abstrato de constitucionalidade ou com tese prevista em súmula dos tribunais, independentemente de caráter vinculante".

6 Com esse entendimento, também José Medina: "Não pode haver controvérsia, na jurisprudência, acerca da procedência do que se pede. Como parâmetro para se aferir a ausência da controvérsia sob o aspecto jurídico da questão, incida a lei processual, apenas, a existência de tese firmada em julgamento de casos repetitivos ou em súmula vinculante. Entendemos que igual solução deve ser observada, analogicamente, quando a tese tiver sido firmada em assunção de competência ou em outras súmulas (ainda que não vinculantes). É necessário conferir, *in concreto*, ao invocar a orientação jurisprudencial, se a jurisprudência mantém-se constante" (MEDINA, José Miguel Garcia. *Direito processual civil moderno*. São Paulo: Revista dos Tribunais, 2015. p. 494).

7 No mesmo sentido, o Enunciado 30 da ENFAM.

8 Esse também tem sido o entendimento preconizado pela doutrina de José Medina (*Direito processual civil moderno*. São Paulo: Revista dos Tribunais, 2015. p. 494) e de Fredie Didier Jr., Paula Sarno Braga e Rafael Alexandria de Oliveira (*Curso de direito processual civil:* teoria da prova, direito probatório, decisão, precedente, coisa julgada e tutela provisória. v. 2. 11. ed. Salvador: JusPodivm, 2016. p. 638).

9 Enunciado 31 da ENFAM: "A concessão da tutela de evidência prevista no art. 311, II, do CPC/2015 independe do trânsito em julgado da decisão paradigma".

10 DIDIER JR., Fredie; BRAGA, Paula Sarno; OLIVEIRA, Rafael Alexandria de. *Curso de direito processual civil:* teoria da prova, direito probatório, decisão, precedente, coisa julgada e tutela provisória. v. 2. 11. ed. Salvador: JusPodivm, 2016. p. 638-639.

a) **pedido reipersecutório fundado em depósito;**

b) **prova documental adequada do contrato de depósito; e**

c) **plausibilidade do direito.**

Além desses requisitos, previstos expressamente no dispositivo (art. 311, III, CPC), também se exige a **comprovação da mora**[11].

Observe-se que, em tal hipótese, o documento que comprova o contrato de depósito é uma prova que evidencia o direito da parte. De outro lado, a restituição do bem depositado é um direito muito forte decorrente desse contrato, que, na prática, deixa pouca margem à defesa do réu.

A ação de depósito não possui mais rito especial no CPC/2015, razão pela qual deve seguir o procedimento comum. A única peculiaridade do seu procedimento passa a ser, portanto, a possibilidade de deferimento liminar de tutela da evidência, com base na prova documental do contrato de depósito.

1.5. Tutela da evidência fundada em prova documental indubitável (art. 311, inc. IV, CPC)

A última hipótese de tutela da evidência, prevista no inciso IV do art. 311 do CPC é mais ampla, no sentido de permitir que mais casos possam nela se enquadrar.

Estabelece o referido dispositivo que é possível a concessão de tutela da evidência quando "a petição inicial for instruída com prova documental suficiente dos fatos constitutivos do direito do autor, a que o réu não oponha prova capaz de gerar dúvida razoável".

Assim, para configurar a hipótese de tutela da evidência em comento, é necessário que se esteja diante de prova documental robusta (mas não é preciso prova cabal) em favor do autor, bem como que o réu não apresente documentos que possam infirmar a verossimilhança gerada pela prova trazida pelo requerente.

Observe-se, contudo, que é possível que a mesma situação concreta configure hipótese de julgamento antecipado do mérito. Com efeito, se o réu não opuser prova capaz de gerar dúvida razoável, mas também não impugnar o pedido do autor, estar-se-á diante de caso de julgamento antecipado de mérito (art. 356, CPC)[12], parcial (decisão interlocutória de mérito) ou total (sentença).

É possível que, apesar de o réu não produzir prova capaz de gerar dúvida razoável, ele requeira a produção de determinada prova, com a qual pretende demonstrar a sua tese. Nesta hipótese, atendidas determinadas condicionantes, o juiz terá de deferir a produção da prova – não é caso de julgamento antecipado de mérito –, mas poderá conceder a tutela da evidência.

Também há uma grande utilidade prática dessa hipótese de tutela da evidência nas situações em que seria caso de julgamento antecipado parcial do mérito, mas o magistrado opta por não cindir o julgamento, por questões de administração judiciária

---

11 Enunciado 29 da ENFAM: "Para a concessão da tutela de evidência prevista no art. 311, III, do CPC/2015, o pedido reipersecutório deve ser fundado em prova documental do contrato de depósito e também da mora".

12 CPC: "Art. 356. O juiz decidirá parcialmente o mérito quando um ou mais dos pedidos formulados ou parcela deles: I – mostrar-se incontroverso; II – estiver em condições de imediato julgamento, nos termos do art. 355".

e para evitar tumulto processual (ou seja, pretende julgar todo o mérito no final, por sentença). Em tais casos, a fim de conceder de imediato um dos pedidos, que é incontroverso, o juiz pode deferir a tutela da evidência, com base no inc. IV, mas deixar para julgar todo o mérito ao final, por sentença.

Há entendimento, contudo, de que, nessa situação, o juiz não poderia deferir tutela da evidência, pois estaria obrigado a promover o julgamento antecipado parcial de mérito. Contudo, esta não é a melhor solução. No direito processual, há muito tempo existe o instituto da conexão, que gera modificação de competência para que ocorra o julgamento simultâneo entre duas ou mais causas conexas, a fim de evitar julgamentos conflitantes. Assim, se pode haver, inclusive, o deslocamento de competência e a reunião de processos para que ocorra o julgamento simultâneo entre causas conexas, não há sentido em, havendo um único processo com duas ou mais ações cumuladas, se promover a cisão do julgamento delas, com o julgamento antecipado parcial do mérito em relação a um dos pedidos (por decisão interlocutória) e o ulterior julgamento (por sentença de mérito) em relação a outro pedido, pois isso pode gerar decisões conflitantes, além de tumulto processual (interposição de dois recursos, quais sejam, agravo de instrumento contra a decisão interlocutória e apelação contra a sentença; duas contrarrazões; julgamento de dois recursos pelo tribunal etc.).

Do ponto de vista da pragmática, essa hipótese de tutela da evidência (fundada em prova documental indubitável) também ganha grande importância em outra situação: caso seja procedente o pedido, é possível se conceder a tutela da evidência na sentença, a fim de que o recurso de apelação seja recebido sem o efeito suspensivo, ou seja, a parte da sentença em relação à qual houve a concessão da tutela da evidência seja cumprida de imediato. Com efeito, o art. 1.012, § 1º, inc. V, do CPC estabelece que não haverá concessão de efeito suspensivo ao recurso de apelação contra sentença que "confirma, concede ou revoga tutela provisória". No entanto, é preciso analisar essa questão com os devidos temperamentos. Caso se admita a concessão da tutela da evidência na sentença sempre que o autor comprove "os fatos constitutivos do seu direito", e o réu não oponha "prova capaz de gerar dúvida razoável" (hipótese do art. 311, IV, do CPC, em comento), toda e qualquer sentença de procedência poderá conceder a tutela da evidência. Por isso, a admissão da tutela da evidência na sentença precisa ser interpretada mais restritivamente, sob pena de admitir que a sentença de procedência sempre pode conter uma tutela da evidência, o que implicaria acabar com a regra do efeito suspensivo ao recurso de apelação (art. 1.012, *caput*, CPC).

2. A QUESTÃO DO PEDIDO INCONTROVERSO

O art. 273, § 6º, do CPC de 1973 estabelecia a possibilidade de concessão de tutela antecipada quando houvesse pedido incontroverso[13]. Contudo, grande parte da doutrina, na qual nos incluímos, já defendia que, nesse caso, não deveria o juiz conceder a tutela

13 No art. 273, § 6º, do CPC/1973, incluído pela Lei n. 10.444/2002, assim estava previsto: "§ 6º A tutela antecipada também poderá ser concedida quando um ou mais dos pedidos cumulados, ou parcela deles, mostrar-se incontroverso".

antecipada, senão decidir o mérito de forma definitiva, já que se tratava de hipótese de julgamento antecipado da lide[14].

Com efeito, trata-se de situação em que pode ser proferida decisão com cognição exauriente e juízo de certeza, ainda que no curso do processo. Seria uma decisão interlocutória (simplesmente porque proferida no curso do processo), mas apta a fazer coisa julgada material (teria conteúdo de sentença de mérito), podendo ser executada definitivamente.

O **CPC/2015** não deixa mais margens a questionamentos sobre isso. No seu art. 356, inc. I, está expresso que "o **juiz decidirá parcialmente o mérito quando um ou mais dos pedidos formulados ou parcela deles [...] mostrar-se incontroverso**". O nome da Seção III que alberga o referido dispositivo é intitulada "**Do Julgamento Antecipado Parcial do Mérito**".

Assim, tratando-se de pedido incontroverso, o juiz deverá proferir decisão de mérito, julgando-os de forma imediata, sendo caso de julgamento antecipado de mérito, tratando-se de decisão definitiva, com cognição exauriente, apta a fazer coisa julgada material. Se apenas um dos pedidos for incontroverso, será possível fracionar a resolução do mérito dos pedidos em duas ou mais decisões judiciais no mesmo processo (julga-se de imediato o pedido incontroverso e deixa-se para julgamento posterior os demais).

De outro lado, se apenas parte dos pedidos for incontroversa e também se enquadrar na hipótese do inc. IV do art. 311 do CPC (tutela da evidência fundada em prova documental indubitável), poderá o juiz optar por deferir a tutela da evidência em relação a essa parte e deixar o julgamento de todo o mérito para a sentença, ao final do processo (ou seja, não cindir o julgamento de mérito), como já se expôs anteriormente, a fim de evitar tumulto processual e julgamentos conflitantes.

14 LUNARDI, Fabrício Castagna. *Curso de Direito Processual Civil*. Porto Alegre: Verbo Jurídico, 2013. p. 358.

CAPÍTULO V

TUTELAS DE URGÊNCIA E DA EVIDÊNCIA: QUESTÕES COMUNS

1. LEGITIMIDADE PARA REQUERER AS TUTELAS PROVISÓRIAS

De um lado, não há controvérsia sobre a premissa de que o autor pode requerer tutela provisória.

No entanto, há forte controvérsia sobre a possibilidade (ou não) de o réu requerer tutela de urgência.

Nesse tocante, é necessário analisar essa possibilidade nas tutelas de urgência e nas tutelas da evidência, de forma separada.

As tutelas de urgência têm como pressupostos apenas a plausibilidade do direito e a urgência. Nesse sentido, o art. 300, *caput*, do CPC estabelece que "a tutela de urgência será concedida quando houver elementos que evidenciem a probabilidade do direito e o perigo de dano ou o risco ao resultado útil do processo". Desse modo, o dispositivo não limita a concessão de tutela de urgência a requerimento do autor, razão pela qual não haveria vedação a conceder tutela de urgência requerida pelo réu.

De outro lado, por uma análise apressada, talvez se pudesse concluir que, como o autor é o titular da demanda, somente ele poderia fazer requerimento de tutela de urgência. No entanto, essa conclusão não é verdadeira, porque não considera um elemento essencial do processo civil.

Com efeito, o provimento jurisdicional contido na sentença tutela tanto a parte autora quanto a parte ré, já que resolve a sua controvérsia, pondo fim a um litígio em caráter definitivo (do ponto de vista jurídico). Além disso, a sentença de improcedência equivale à sentença de uma ação declaratória negativa proposta pelo réu. Vale dizer, a sentença de improcedência possui eficácia declaratória negativa e faz coisa julgada material, protegendo o réu, pois o autor não poderá ajuizar qualquer outra demanda com o mesmo objeto contra o demandado. Por exemplo, numa ação de cobrança julgada improcedente, há a declaração de que o réu nada deve, fazendo coisa julgada e impedindo que haja qualquer outra cobrança contra o réu acerca da dívida objeto da lide.

Assim, considerando que a tutela jurisdicional também protege o réu e, na contestação, há sempre o exercício de uma pretensão declaratória negativa, não há como retirar do réu o direito de postular a antecipação dos efeitos de uma sentença de improcedência ou de parcial procedência. Nesse sentido, também é o entendimento de Fredie Didier Jr., Paula Sarno Braga, Rafael Oliveira[1] e Luiz Guilherme Marinoni[2].

É o caso, por exemplo, em que o autor propõe ação de cobrança contra o réu, em razão de dívida de cartão de crédito. O réu, na contestação, alega que a dívida inexiste, sob o fundamento de que o contrato de cartão de crédito não foi por ele firmado, tendo havido fraude. Na própria contestação, o réu pode requerer antecipação de tutela (dos efeitos fáticos da tutela final de improcedência), a fim de que o seu nome seja retirado dos cadastros restritivos de crédito.

Da mesma forma, seria possível ao réu requerer a concessão de uma tutela cautelar no processo. Por exemplo, se o autor propõe contra o réu ação declaratória de inexistência de dívida ou ação de nulidade de título executivo extrajudicial, e o réu, ao contestar a demanda, alegando a validade do título ou da dívida, também fundamenta que o autor está dissipando o seu patrimônio, poderá requerer uma medida cautelar de arresto contra o autor.

Portanto, tanto o autor quanto o réu podem requerer as tutelas de urgência.

Em relação às tutelas de evidência, o art. 311 do CPC não faz qualquer restrição quanto à possibilidade de ser concedida ao réu, exceto no seu inciso IV. Assim, nas hipóteses dos incisos I a III, é plenamente possível a concessão de tutela da evidência.

É o caso, por exemplo, da apelação interposta pelo réu (apelante) contra uma sentença de procedência (contrária à jurisprudência), recebida no efeito suspensivo, em que se observa que o autor/apelado pretende postergar o julgamento do recurso contra tal sentença (que lhe é favorável), utilizando-se de expedientes protelatórios. Nesse caso, poderia o relator, se presentes os requisitos, deferir a tutela da evidência, em sede recursal, em favor do réu/apelante, para conceder efeito suspensivo à apelação (art. 311, I, c/c art. 1.012, § 4º, CPC).

Em relação ao Ministério Público, quando atua como autor da ação, é inquestionável que poderá requerer tutela antecipada. No entanto, quando atua como fiscal da ordem jurídica da lei, existe certa controvérsia.

Apesar dos posicionamentos em sentido contrário, o Ministério Público, mesmo quando intervém como fiscal da ordem jurídica, deve ter o poder processual de requerer tutela provisória, desde que tenha relação com aquele interesse ou direito que

---

1 "Até mesmo quando simplesmente contesta demanda não-dúplice, pode o réu, preenchidos os pressupostos legais, requerer a antecipação dos efeitos da tutela declaratória negativa (improcedência do pedido do autor), em homenagem ao princípio da isonomia. [...] Segue um bom exemplo de tutela provisória concedida em favor do réu. Em demanda condenatória contestada, tendo remetido o autor, em razão da suposta dívida, informações para órgãos de proteção ao crédito, poderá o réu, em tese, postular a antecipação dos efeitos da futura sentença de improcedência, a fim de que seu nome seja provisoriamente excluído do rol de devedores inadimplentes ou de que não seja divulgada essa informação. Para quem considera os embargos à execução uma demanda proposta pelo executado contra o exequente, sendo os embargos de executado manifestamente protelatórios, pode o réu/exequente requerer, como tutela provisória, a continuidade do processo executivo, eventualmente suspenso pela concessão de efeito suspensivo aos embargos" (DIDIER JR., Fredie; BRAGA, Paula Sarno; OLIVEIRA, Rafael Alexandria de. *Curso de direito processual civil*: teoria da prova, direito probatório, decisão, precedente, coisa julgada e tutela provisória. v. 2. 11. ed. Salvador: JusPodivm, 2016. p. 587-588).

2 "O réu, na contestação [...] não formula pedido. Entretanto, o réu, ao solicitar a rejeição do pedido formulado pelo autor, requer tutela jurisdicional. O réu, na contestação, requer tutela jurisdicional de conteúdo declaratório. [...] A tutela inibirá o autor de praticar atos que poderiam impedir o réu de praticar ato que, em caso de improcedência, será declarado legítimo" (MARINONI, Luiz Guilherme. *Antecipação de tutela*. 8. ed. São Paulo: Malheiros, 2004. p. 174).

ensejou a sua atuação. Por exemplo, quando intervém na causa em razão de haver um menor como parte, o Ministério Público poderá requerer, em tutela antecipada, a concessão de alimentos provisórios em favor desse menor.

2. POSSIBILIDADE DE DEFERIMENTO DE OFÍCIO PELO JUIZ

De outro lado, questiona-se a possibilidade de concessão de tutela provisória de ofício pelo juiz. Antes do CPC/2015, era possível ao juiz conceder tutela cautelar de ofício, em hipóteses excepcionais. De outro lado, sobre a possibilidade de concessão de tutela antecipada de ofício, havia basicamente duas correntes sobre o tema:

1ª corrente) poderia o juiz conceder de ofício a tutela antecipada, em casos graves, para evitar o perecimento de direito da parte. Era a corrente defendida por Luiz Guilherme Marinoni e Daniel Mitidiero[3].

2ª corrente) não seria possível o juiz conceder antecipação de tutela de ofício, já que a lei não o autoriza. Quando o autor faz esse pleito, ele assume o risco de indenizar a parte contrária no caso de improcedência da ação. Se o juiz defere a tutela antecipada de ofício, não haveria alguém para responsabilizar, no caso de improcedência. Fredie Didier Júnior defendia esta corrente[4].

Para analisar tal questão atualmente, é preciso verificar três momentos da questão no plano legislativo: os dispositivos no CPC/1973; o projeto do CPC/2015, durante a tramitação do Projeto no Congresso Nacional; e a redação final no Novo CPC. A seguir, apresenta-se um quadro comparativo desses três momentos:

CPC/1973	PROJETO CPC/2015	CPC/2015
Art. 797. Só em casos excepcionais, expressamente autorizados por lei, **determinará o juiz medidas cautelares sem a audiência das partes**. Art. 273. O juiz poderá, **a requerimento da parte, antecipar**, total ou parcialmente, **os efeitos da tutela pretendida** no pedido inicial, desde que, existindo prova inequívoca, se convença da verossimilhança da alegação e:	Art. 277. **Em casos excepcionais ou expressamente autorizados por lei, o juiz poderá conceder medidas de urgência de ofício.**	**Sem disposição semelhante.** Art. 297. O juiz poderá determinar as medidas que considerar adequadas para **efetivação** da tutela provisória. Art. 301. A tutela de urgência de natureza cautelar pode ser **efetivada** mediante arresto, sequestro, arrolamento de bens, registro de protesto contra alienação de bem e qualquer outra medida idônea para asseguração do direito.

3 "A tutela antecipada deve ser requerida pela parte. Excepcionalmente, em casos graves e de evidente disparidade de armas entre as partes, contudo, à luz da razoabilidade, é possível antecipar a tutela de ofício no processo civil" (MARINONI, Luiz Guilherme; MITIDIERO, Daniel. *Código de Processo Civil:* comentado artigo por artigo. 2. ed. São Paulo: Revista dos Tribunais, 2010. p. 269).

4 DIDIER JR., Fredie. *Curso de direito processual civil:* teoria geral do processo e processo de conhecimento. 7. ed. Salvador: JusPodivm, 2007. p. 555-556.

Observa-se que, embora no Projeto do CPC/2015 tivesse constado redação sobre a possibilidade expressa de o juiz deferir de ofício tutelas de urgência, na redação final do CPC/2015 não constou disposição semelhante.

Os artigos 297 e 301 do CPC/2015 trazem redação expressa no sentido de que o juiz pode adotar as medidas que julgar adequadas para a "efetivação" da tutela cautelar, mas esse termo não se confunde com "concessão" da cautelar. Efetivar uma tutela de urgência pressupõe que ela já tenha sido concedida.

Contudo, observe-se que o CPC/2015 também não veda que a tutela de urgência seja concedida de ofício pelo juiz. Aliás, o art. 273 do CPC/1973 previa expressamente "requerimento da parte", mas, ainda assim, parte da doutrina entendia ser possível o juiz conceder de ofício a tutela antecipada.

Portanto, deve haver uma análise sistemática do problema e com foco na instrumentalidade do processo.

Em relação às tutelas de evidência, não há justificativa plausível para admitir a concessão de ofício pelo juiz, na medida em que cabe à parte avaliar se deve ou não requerer tal tutela provisória e, inclusive, avaliar os riscos de eventual responsabilização objetiva pelo insucesso na demanda principal, já que não se pressupõe urgência (risco de perecimento do direito) para a sua concessão.

Assim, deve se perquirir se, diante do caso concreto, a plausibilidade do direito e o "perigo de dano" ou o "risco para o resultado útil do processo" (art. 300, CPC) autorizariam o juiz a deferir tutelas de urgência de ofício.

De um lado, é certo que o juiz não deve deferir de ofício tutela de urgência para todo e qualquer caso, sobretudo porque é a parte que dela se beneficia que responde por uma eventual responsabilidade objetiva pelos prejuízos causados à parte contrária. Desse modo, como regra, a possibilidade de se postular tutela de urgência deve ser deixada a critério da parte, que deve avaliar entre a necessidade de tal tutela e a possibilidade de ser responsabilizado no caso de sucumbência na demanda principal.

Contudo, excepcionalmente, pode ser que o juiz tenha de conceder de ofício uma tutela de urgência como medida imprescindível para salvaguardar o direito. Por exemplo, se chegar no plantão judicial uma petição inicial em que a parte autora postula internação em UTI, mas o representante da parte, por esquecimento, não formulou requerimento expresso de tutela antecipada, é possível que, neste caso, o juiz defira de ofício a tutela de urgência se a urgência for tanta que não seja viável, do ponto de vista da efetividade, intimar a parte autora para oportunizar a emenda (para esclarecer se pretende a tutela de urgência).

Assim, como regra geral, deve se deixar à parte a possibilidade de postular ou não a tutela de urgência. Contudo, em casos excepcionais, é possível ao juiz deferir de ofício tutela de urgência, desde que justifique isso.

3. FUNGIBILIDADE ENTRE TUTELA ANTECIPADA E CAUTELAR

Fungibilidade é a possibilidade de o juiz deferir uma medida quando é postulada outra.

O CPC estabelece, no art. 305, parágrafo único, que, "caso entenda que o pedido a que se refere o *caput* tem natureza antecipada, o juiz observará o disposto no art. 303", que se refere aos requisitos para a tutela antecipada.

Assim, a literalidade do dispositivo autoriza que haja fungibilidade no caso de a parte requerer tutela cautelar, mas o juiz entender que é caso de tutela antecipada, hipótese em que o juiz poderia deferir a tutela antecipada se presentes os seus requisitos.

Se isolado o dispositivo de todas as discussões doutrinárias e jurisprudenciais que precederam a edição do CPC/2015, poderia surgir uma corrente restritiva, para dizer que somente seria possível a fungibilidade na hipótese prevista pela literalidade do dispositivo.

Contudo, discussão muito semelhante já houve ao se introduzir o § 7º ao art. 273 do CPC/1973, quando a corrente ampliativa restou vencedora, na medida em que se consagrou que a fungibilidade entre a tutela cautelar e a tutela antecipada é uma via de mão dupla[5].

Na sistemática do CPC/2015, cujo objetivo é praticamente unificar os requisitos para a tutela antecipada e a tutela cautelar, parece que tal questão não será objeto de grandes indagações. Presentes os pressupostos, poderá conceder o juiz conceder a tutela de urgência (tutela antecipada ou tutela cautelar) adequada para o caso concreto, ainda que outra espécie de tutela de urgência tenha sido requerida.

4. PROCEDIMENTOS EM QUE AS TUTELAS DE URGÊNCIA E DA EVIDÊNCIA SÃO CABÍVEIS

As tutelas de urgência e da evidência são cabíveis em todos os procedimentos, comuns ou especiais. São cabíveis inclusive nos Juizados Especiais. Nesse sentido, aliás, os Enunciados 418 e 422 do FPPC[6].

Em algumas ações dos procedimentos especiais, já são previstas as chamadas liminares, com requisitos próprios. É o caso, por exemplo, das ações possessórias de força nova (ajuizadas em menos de ano e dia do esbulho), da ação civil pública e do mandado de segurança.

Entretanto, é possível também a concessão das tutelas de urgência previstas no art. 300 do CPC quando não estiverem presentes os requisitos desta medida. De qualquer forma, na prática, tais hipóteses são difíceis de ocorrer porque geralmente há menos requisitos para a concessão da medida liminar do que para a tutela antecipada.

Por exemplo, o autor propõe ação possessória de força nova e requer medida liminar e, subsidiariamente, tutela antecipada, caso o juiz entenda que já se passou mais de ano e dia; o juiz verifica que já se passou mais de ano e dia do esbulho, razão pela qual a ação possessória é de força velha, não cabendo liminar. Assim, o juiz analisará o requerimento de tutela antecipada com base na análise dos requisitos previstos no art. 300 do CPC.

---

5 "'**Esta Corte Superior já se manifestou no sentido da admissão da fungibilidade entre os institutos da medida cautelar e da tutela antecipada, desde que presentes os pressupostos da medida que vier a ser concedida**' (AgRg no REsp 1.003.667/RS, Rel. Min. Humberto Martins, Segunda Turma, *DJe* de 1º-6-2009)" (STJ, AgRg no Ag 1333245/PR, Rel. Min. Arnaldo Esteves Lima, Primeira Turma, julgado em 15-9-2011, *DJe* 21-9-2011).

6 **Enunciado 418 do FPPC:** "As tutelas provisórias de urgência e de evidência são admissíveis no sistema dos Juizados Especiais". **Enunciado 422 do FPPC:** "A tutela de evidência é compatível com os procedimentos especiais".

5. MOMENTO DA CONCESSÃO DAS TUTELAS PROVISÓRIAS

Em relação ao momento processual em que as tutelas provisórias podem ser concedidas, o Código de Processo Civil faz, propositadamente, a diferenciação do tratamento jurídico entre tutelas de urgência e tutelas da evidência.

5.1. Tutela de urgência

O art. 294 do CPC prevê que "a tutela provisória de urgência, cautelar ou antecipada, pode ser concedida em caráter antecedente ou incidental".

Assim, quanto ao momento em que é ajuizada, as tutelas de urgência podem ser classificadas em:

a) Tutela de urgência preparatória: é a tutela cautelar ou antecipada postulada antes da ação principal.

b) Tutela de urgência incidental: é a tutela cautelar ou antecipada ajuizada no curso da ação principal.

Caberia, então, perquirir em quais momentos, durante o curso do processo, as tutelas de urgência podem ser deferidas, e, também, até qual momento.

Diante da ausência de limitação legal, as tutelas de urgência podem ser concedidas em **qualquer momento processual**, antes do trânsito em julgado da sentença final. Desde que dentro e durante o processo, não há limite temporal. Pode, por exemplo, ser concedida liminarmente; após a oitiva do réu em determinado prazo; após a contestação; na audiência de conciliação; na audiência de instrução; na sentença; em grau recursal etc.

Além disso, o juiz pode marcar uma audiência de justificação para colheita de prova oral, a fim de que tenha maiores subsídios para decidir. Em casos que envolvem direitos subjetivos de grande peso (ex.: meio ambiente; guarda de menor; curatela etc.), era comum, antes mesmo do CPC/2015, que os juízes marcassem audiências de justificação com esse propósito, ainda que sem previsão legal. Com o CPC/2015, passou a estar expressa, no art. 300, § 2º, a possibilidade da designação dessa audiência para colher elementos para a decisão da tutela de urgência[7].

A possibilidade de **antecipar a tutela na sentença**, a uma primeira análise, pode ser contraditória, já que nesta se concede a tutela definitiva. Todavia, isso possui um efeito prático relevante: deferir a tutela antecipada na sentença tem como consequência a não concessão do efeito suspensivo ao recurso de apelação contra ela interposto, conforme art. 1.012, § 1º, inc. V, do CPC[8], possibilitando-se a efetivação imediata da parte da sentença que antecipou a tutela[9]. Contudo, mesmo nesse caso, a retirada do efeito suspensivo

---

7 CPC: "Art. 300 [...] § 2º A tutela de urgência pode ser concedida liminarmente ou após justificação prévia".

8 CPC: "Art. 1.012. A apelação terá efeito suspensivo. § 1º Além de outras hipóteses previstas em lei, começa a produzir efeitos imediatamente após a sua publicação a sentença que: [...] V – confirma, concede ou revoga tutela provisória".

9 CPC: "Art. 1.012 [...] § 2º Nos casos do § 1º, o apelado poderá promover o pedido de cumprimento provisório depois de publicada a sentença".

não será automática, na medida em que esse efeito passa a ser analisado pelo relator, no juízo de admissibilidade do recurso. Nesse sentido, o Enunciado 217 do FPPC[10].

Também é possível a concessão de tutela de urgência em sede recursal.

Caso já tenha sido interposta a apelação, mas o processo ainda não tenha sido distribuído no tribunal, o requerimento de tutela de urgência deverá ser formulado por petição autônoma e deverá ser distribuído diretamente no tribunal, hipótese em que será designado um relator (a quem é distribuída a tutela de urgência), que deverá decidir a tutela de urgência (formulado em petição autônoma) e que também ficará prevento para julgar o recurso de apelação (após a chegada dos autos principais ao tribunal). Se o processo já tiver sido distribuído no tribunal para o julgamento da apelação, o requerimento de tutela de urgência deve ser formulado perante o relator do processo principal (a quem foi distribuído o recurso de apelação), a quem caberá a decisão. Essa é a interpretação que se faz por analogia ao disposto no art. 1.012, § 3º, do CPC, que trata do requerimento de efeito suspensivo na apelação[11].

5.2. Tutelas da evidência

As tutelas da evidência não podem ser concedidas de forma antecedente. Segundo o art. 294, *caput*, do CPC, "a tutela provisória pode fundamentar-se em urgência ou evidência". De acordo com o seu parágrafo único, "a **tutela provisória de urgência**, cautelar ou antecipada, pode ser concedida em **caráter antecedente ou incidental**". Como deve se pressupor que uma legislação não contém disposições inúteis, a redação do parágrafo único conduz à interpretação de que a tutela provisória de evidência não pode ser concedida de forma antecedente, pois, caso contrário, o dispositivo não teria previsto "a **tutela provisória de urgência**", mas apenas se referido a "**tutelas provisórias**".

Além disso, somente é possível a concessão de medida liminar de tutela de evidência nas hipóteses dos incisos II ("as alegações de fato puderem ser comprovadas apenas documentalmente e houver tese firmada em julgamento de casos repetitivos ou em súmula vinculante") e III ("se tratar de pedido reipersecutório fundado em prova documental adequada do contrato de depósito, caso em que será decretada a ordem de entrega do objeto custodiado, sob pena de cominação de multa") do parágrafo único do art. 300 do CPC.

Por uma questão de lógica, nas hipóteses I e IV do art. 311 do CPC, não poderão ser concedidas tutelas de evidência liminarmente.

Com efeito, para que fique caracterizado o abuso do direito de defesa ou o manifesto propósito protelatório da parte (inc. I), é necessário que já tenha ocorrido manifestação da parte ré.

Da mesma forma, na hipótese de tutela da evidência para o caso de "petição inicial for instruída com prova documental suficiente dos fatos constitutivos do direito do

10 Enunciado 217 do FPPC: "A apelação contra o capítulo da sentença que concede, confirma ou revoga a tutela antecipada da evidência ou de urgência não terá efeito suspensivo automático".

11 CPC: "Art. 1.012 [...] § 3º O pedido de concessão de efeito suspensivo nas hipóteses do § 1º poderá ser formulado por requerimento dirigido ao: I – tribunal, no período compreendido entre a interposição da apelação e sua distribuição, ficando o relator designado para seu exame prevento para julgá-la; II – relator, se já distribuída a apelação".

autor, a que o réu não oponha prova capaz de gerar dúvida razoável" (inc. IV), também é necessário que o requerido já tenha apresentado contestação.

Portanto, é cabível a tutela de evidência durante toda a fase de conhecimento. Também é possível tutela da evidência na fase recursal. Aliás, esse é o entendimento consubstanciado no Enunciado 423 do FPPC: "Cabe tutela de evidência recursal".

6. TUTELA ANTECIPADA CONTRA A FAZENDA PÚBLICA

O CPC, no art. 1.059, estabelece que continuam sendo aplicadas às tutelas provisórias concedidas contra a Fazenda Pública as restrições estabelecidas em lei especial[12].

De acordo com o ordenamento jurídico brasileiro, interpretado em seu conjunto, **é cabível tutela de urgência contra a Fazenda Pública**, com algumas ressalvas.

Com efeito, a Lei n. 8.437/1992[13] e a Lei n. 12.016/2009[14] estabelecem algumas hipóteses em que é vedada a concessão de tutelas provisórias contra a Fazenda Pública. São elas:

> a) quando tenha por objeto a reclassificação ou a equiparação dos servidores públicos, ou a concessão de aumento ou extensão de vantagens. Nesses casos, aliás, somente será possível a execução contra a Fazenda Pública após o trânsito em julgado;
>
> b) quando visar ao pagamento de remunerações ou vantagens a servidores públicos cujo vencimento tenha ocorrido antes do ajuizamento da ação;
>
> c) sempre que a providência semelhante à postulada não puder ser concedida em liminar de mandado de segurança.

O STF, em decisão liminar na ADC n. 4, entendeu constitucional essas restrições.

De outro lado, o entendimento constante no Enunciado 35 do FPPC é que "as vedações à concessão de tutela provisória contra a Fazenda Pública limitam-se às tutelas de urgência", ou seja, poderia se conceder tutelas da evidência contra a Fazenda Pública sem essas limitações. Além disso, para fins da concessão de tutela da evidência punitiva, o Enunciado 34 do FPPC assim prevê: "Considera-se abusiva a defesa da Administração Pública, sempre que contrariar entendimento coincidente com orientação vinculante firmada no âmbito administrativo do próprio ente público, consolidada em manifestação, parecer ou súmula administrativa, salvo se demonstrar a existência de distinção ou da necessidade de superação do entendimento".

---

12 CPC: "Art. 1.059. À tutela provisória requerida contra a Fazenda Pública aplica-se o disposto nos arts. 1º a 4º da Lei n. 8.437, de 30 de junho de 1992, e no art. 7º, § 2º, da Lei n. 12.016, de 7 de agosto de 2009".

13 "Art. 1º Não será cabível medida liminar contra atos do Poder Público, no procedimento cautelar ou em quaisquer outras ações de natureza cautelar ou preventiva, toda vez que providência semelhante não puder ser concedida em ações de mandado de segurança, em virtude de vedação legal."

14 "Art. 7º [...] § 2º Não será concedida medida liminar que tenha por objeto a compensação de créditos tributários, a entrega de mercadorias e bens provenientes do exterior, a reclassificação ou equiparação de servidores públicos e a concessão de aumento ou a extensão de vantagens ou pagamento de qualquer natureza."

7. RECURSO CABÍVEL CONTRA DECISÃO QUE DECIDE AS TUTELAS PROVISÓRIAS

Em geral, contra as decisões interlocutórias que decidem as tutelas provisórias (deferindo total ou parcialmente, ou indeferindo), é cabível o recurso de **agravo de instrumento** (art. 1.015, I, CPC)[15].

Em tais casos, quando **a parte ré é intimada pessoalmente, o prazo para cumprimento da tutela provisória começa a contar a partir dessa intimação pessoal**, mas o **prazo para a interposição do agravo de instrumento inicia-se somente a partir da juntada do mandado de intimação, do aviso de recebimento ou da carta precatória de citação e intimação**[16].

De outro lado, nos casos em que o juiz posterga para momento posterior a tutela provisória, dizendo que ainda não há elementos suficientes para decidi-la, tal ato judicial é, como regra, despacho. Por conseguinte, não será cabível recurso. Contudo, verificando-se que esse ato do juiz pode causar prejuízo ao requerente, trata-se de decisão interlocutória, quando será cabível agravo de instrumento. De qualquer forma, quando posterga para momento posterior a tutela de urgência, o juiz precisa justificar, ainda que de forma breve e sucinta. Sobre isso, o Enunciado 30 do FPPC assim dispõe: "O juiz deve justificar a postergação da análise liminar da tutela provisória sempre que estabelecer a necessidade de contraditório prévio".

Da mesma forma, quando o juiz condicionar a concessão da tutela provisória ao recolhimento de custas ou caução, trata-se de decisão interlocutória, contra a qual é cabível agravo de instrumento. A esse respeito, o Enunciado 29 do FPPC prevê que "a decisão que condicionar a apreciação da tutela provisória incidental ao recolhimento de custas ou a outra exigência não prevista em lei equivale a negá-la, sendo impugnável por agravo de instrumento".

A tutela provisória também pode ser deferida no **corpo da sentença**. Poder-se-ia questionar se a tutela provisória concedida na sentença não seria, em verdade, uma tutela definitiva. Conforme já se referiu, há uma razão de ordem prática que contraria a lógica da sintaxe, que diz respeito aos efeitos em que a apelação é recebida. O CPC/2015 manteve a tradição do direito processual civil brasileiro no sentido de que a interposição da apelação, como regra, possui efeito suspensivo (art. 1.012, *caput*, CPC). No art. 1.012, § 1º, do CPC, há uma série de exceções em que a sentença produz efeitos imediatamente, entre elas a que "confirma, concede ou revoga tutela provisória" (inciso V)[17].

Desse modo, caberia questionar qual é o recurso cabível contra a sentença, quando nela o juiz confirma, concede ou revoga tutela provisória.

Em razão do princípio da unirrecorribilidade, deve se considerar que, como a decisão é única, cabe apenas um recurso. Como constou na sentença, o recurso cabível é

---

15 CPC: "Art. 1.015. Cabe agravo de instrumento contra as decisões interlocutórias que versarem sobre: I – tutelas provisórias".

16 Enunciado 271 do FPPC: "Quando for deferida tutela provisória a ser cumprida diretamente pela parte, o prazo recursal conta a partir da juntada do mandado de intimação, do aviso de recebimento ou da carta precatória; o prazo para o cumprimento da decisão inicia-se a partir da intimação da parte".

17 CPC: "Art. 1.012. A apelação terá efeito suspensivo. § 1º Além de outras hipóteses previstas em lei, começa a produzir efeitos imediatamente após a sua publicação a sentença que: [...] V – confirma, concede ou revoga tutela provisória; [...]".

o de **apelação**. Nesse sentido, aliás, o art. 1.013, § 5º, do CPC: "O capítulo da sentença que confirma, concede ou revoga a tutela provisória é impugnável na apelação".

Contudo, subsiste a indagação: se o juiz concedeu tutela provisória na sentença (por conseguinte, possui efeitos imediatos), qual seria o meio de impugnação cabível para que a parte contrária possa recorrer e pedir ao relator que, de imediato, suspenda os efeitos da sentença?

No CPC/1973, havia o agravo de instrumento para tal hipótese, que era interposto contra a decisão do juiz, em relação aos efeitos em que este recebia a apelação.

Ocorre que, de acordo com o CPC/2015, não há mais duplo juízo de admissibilidade do recurso de apelação. Com efeito, uma vez interposto o recurso de apelação, o seu juízo de admissibilidade será realizado apenas pelo tribunal. Dessa forma, não há que se falar em interposição de agravo de instrumento (que seria o recurso cabível se o juízo de admissibilidade fosse realizado pelo juízo de primeira instância).

Por tais razões, o CPC (art. 1.012, § 3º) estabelece que o **requerimento de concessão de efeito suspensivo à apelação** (nas hipóteses do art. 1.012, § 1º, CPC, em que não há efeito suspensivo) deverá ser formulado por **requerimento dirigido**: a) ao **tribunal**, se ele for protocolado entre o período compreendido entre a interposição da apelação (na primeira instância) e a sua distribuição (no tribunal); ou b) ao **relator**, se a apelação já foi distribuída. De acordo com o dispositivo, na primeira hipótese, após ser distribuído o requerimento de concessão de efeito suspensivo à apelação, o relator ficará prevento para a apelação[18].

Observa-se, assim, que, para postular a concessão de efeito suspensivo à apelação, basta requerimento, por simples petição (fora da apelação), dirigido ao tribunal ou ao relator da apelação.

Para a concessão de efeito suspensivo à sentença, o apelante deverá demonstrar, em seu requerimento: a) "**probabilidade de provimento do recurso**"; ***ou*** b) "**sendo relevante a fundamentação, houver risco de dano grave ou de difícil reparação**". Observe-se, assim, que o requerimento de concessão de efeito suspensivo pode ter fundamento em **evidência *ou* urgência**.

De outro lado, contra a decisão do relator quanto aos efeitos que recebe o recurso, ou quando concede, nega, modifica ou revoga, no todo ou em parte, a tutela provisória, é cabível agravo interno, na forma do art. 1.021 do CPC[19]. Nesse sentido, o Enunciado 142 do FPPC[20].

8. EFETIVAÇÃO E EFICÁCIA DAS TUTELAS PROVISÓRIAS

Deferida a tutela provisória, o juiz pode, de ofício ou a requerimento da parte, determinar as medidas que entender adequadas para a efetivar, tais como imposição de

---

18 CPC: "Art. 1.012 [...] § 3º O pedido de concessão de efeito suspensivo nas hipóteses do § 1º poderá ser formulado por requerimento dirigido ao: I – tribunal, no período compreendido entre a interposição da apelação e sua distribuição, ficando o relator designado para seu exame prevento para julgá-la; II – relator, se já distribuída a apelação".

19 CPC: "Art. 1.021. Contra decisão proferida pelo relator caberá agravo interno para o respectivo órgão colegiado, observadas, quanto ao processamento, as regras do regimento interno do tribunal".

20 Enunciado 142 do FPPC: "Da decisão monocrática do relator que concede ou nega o efeito suspensivo ao agravo de instrumento ou que concede, nega, modifica ou revoga, no todo ou em parte, a tutela jurisdicional nos casos de competência originária ou recursal, cabe o recurso de agravo interno nos termos do art. 1.021 do CPC".

multa, busca e apreensão, remoção de pessoas e/ou coisas, desfazimento de obras, impedimento de atividade nociva etc., podendo, se for necessário, requisitar o auxílio de força policial (art. 297, CPC)[21].

Assim, é possível que o juiz adote, inclusive, medidas coercitivas atípicas para garantir a efetivação da tutela provisória. Nesse sentido, admite-se, por exemplo, o sequestro de verba pública para garantir tutela antecipada que determina que o Estado forneça medicamentos[22].

A tutela provisória conserva a sua eficácia durante todo o processo, mas pode, a qualquer momento, ser revogada ou modificada (precariedade)[23].

Em razão disso, se o juiz julga improcedente ou extingue o processo sem resolução de mérito, considera-se automaticamente revogada a tutela provisória (ressalvada a hipótese de estabilização da tutela antecipada)[24].

No entanto, é possível que o juiz julgue improcedente o pedido e mantenha a tutela provisória anteriormente concedida, desde que faça isso expressamente e de forma fundamentada. Por exemplo, se o juiz, ao julgar o pedido principal improcedente, admite que o seu entendimento é minoritário, ou verifica que a matéria é extremamente controvertida no âmbito da jurisprudência do seu tribunal, poderá, com base nisso, dizer que a tutela provisória deferida deverá produzir efeitos até que haja julgamento pelo tribunal de segunda instância ou por tribunal superior, ou até decisão em contrário sobre a tutela provisória. Com essa medida, pode evitar os efeitos práticos negativos da sua sentença proferida com base em entendimento minoritário.

9. RESPONSABILIDADE CIVIL DO AUTOR DA CAUTELAR PELOS DANOS CAUSADOS PELA TUTELA PROVISÓRIA

O art. 302 do CPC prevê a responsabilidade pelos danos causados à parte adversa em razão da "efetivação da tutela de urgência", nas seguintes hipóteses:

---

21 CPC: "Art. 297. O juiz poderá determinar as medidas que considerar adequadas para efetivação da tutela provisória. Parágrafo único. A efetivação da tutela provisória observará as normas referentes ao cumprimento provisório da sentença, no que couber". Desse modo, aplicáveis os arts. 536, §1º, e art. 538, § 3º, do CPC: "Art. 536. No cumprimento de sentença que reconheça a exigibilidade de obrigação de fazer ou de não fazer, o juiz poderá, de ofício ou a requerimento, para a efetivação da tutela específica ou a obtenção de tutela pelo resultado prático equivalente, determinar as medidas necessárias à satisfação do exequente. § 1º Para atender ao disposto no *caput*, o juiz poderá determinar, entre outras medidas, a imposição de multa, a busca e apreensão, a remoção de pessoas e coisas, o desfazimento de obras e o impedimento de atividade nociva, podendo, caso necessário, requisitar o auxílio de força policial. [...] Art. 538 [...] § 3º Aplicam-se ao procedimento previsto neste artigo, no que couber, as disposições sobre o cumprimento de obrigação de fazer ou de não fazer".

22 Foi essa a tese fixada pelo STJ em julgamento de REsp repetitivo: "**Tratando-se de fornecimento de medicamentos, cabe ao Juiz adotar medidas eficazes à efetivação de suas decisões, podendo, se necessário, determinar até mesmo, o sequestro de valores do devedor (bloqueio), segundo o seu prudente arbítrio, e sempre com adequada fundamentação**" (STJ, REsp 1069810/RS, Rel. Min. Napoleão Nunes Maia Filho, Primeira Seção, Julgado em 23-10-2013, *DJe* 6-11-2013).

23 CPC: "Art. 296. A tutela provisória conserva sua eficácia na pendência do processo, mas pode, a qualquer tempo, ser revogada ou modificada. Parágrafo único. Salvo decisão judicial em contrário, a tutela provisória conservará a eficácia durante o período de suspensão do processo".

24 Enunciado 140 do FPPC: "A decisão que julga improcedente o pedido final gera a perda de eficácia da tutela antecipada".

I – a sentença lhe for desfavorável;

II – obtida liminarmente a tutela em caráter antecedente, não fornecer os meios necessários para a citação do requerido no prazo de 5 (cinco) dias;

III – ocorrer a cessação da eficácia da medida em qualquer hipótese legal;

IV – o juiz acolher a alegação de decadência ou prescrição da pretensão do autor.

Em tais situações, a **responsabilidade civil** do autor pelos danos causados é **objetiva**. Assim, bastará comprovar o nexo de causalidade e o dano, sendo desnecessária qualquer demonstração de dolo ou culpa.

De outro lado, como o dispositivo prevê a responsabilidade somente no caso de "efetivação de tutela de urgência", caberia indagar se essa disposição também se aplicaria aos danos causados em razão da efetivação da tutela da evidência.

Como não há nenhuma incompatibilidade da sua aplicação à efetivação das tutelas de evidência, aplica-se essa mesma regra de responsabilidade civil, em relação às mesmas hipóteses.

Ocorrendo uma dessas hipóteses legais, bem como prejuízo à parte contrária e nexo de causalidade, a parte prejudicada deverá requerer a liquidação dos prejuízos nos mesmos autos em que a tutela provisória tiver sido concedida (art. 302, p. único, CPC).

De outro lado, a reparação do prejuízo decorrente da responsabilidade civil objetiva prevista no dispositivo não inviabiliza a aplicação das sanções decorrentes da litigância de má-fé e da multa decorrente de ato atentatório à dignidade da justiça, desde que preenchidos seus respectivos requisitos. O que não se admite é a dupla reparação pelo mesmo prejuízo (perdas e danos).

PARTE III

FORMAÇÃO, SUSPENSÃO E EXTINÇÃO DO PROCESSO

A formação, suspensão e extinção do processo podem ocorrer na fase de conhecimento, na fase de cumprimento de sentença ou no processo de execução de título executivo extrajudicial. Por isso, a disciplina legal dessa matéria (formação, suspensão e extinção do processo) está no último livro da Parte Geral do CPC.

CAPÍTULO I

FORMAÇÃO DO PROCESSO

1. ASPECTOS GERAIS

O processo civil brasileiro adota o **princípio dispositivo** (ou da demanda) e o **princípio da inércia da jurisdição** (*nemo judex sine actore*), pelos quais o processo começa por iniciativa da parte, não podendo o juiz iniciá-lo de ofício, salvo as exceções legais (art. 2º, CPC)[1].

A partir do momento em que é proposta a demanda pelo autor, já existe processo. Com a citação do réu, apenas triangulariza-se (teoria triangular) a relação jurídica processual.

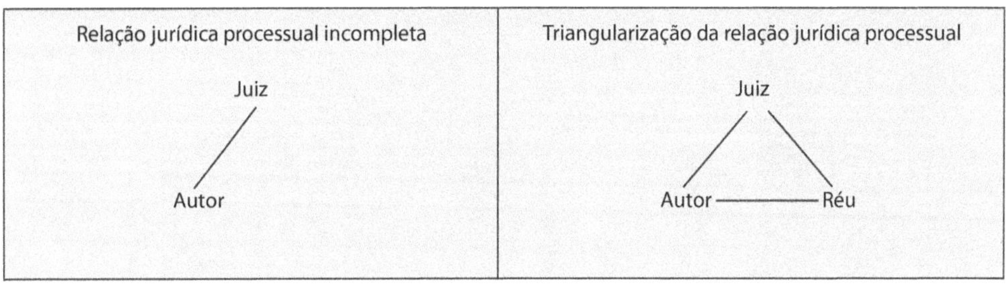

De outro lado, segundo alguns, somente existiria processo caso houvesse a triangularização da relação jurídica processual. No entanto, tal teoria não consegue explicar satisfatoriamente a hipótese de haver extinção do processo sem resolução do mérito sem que o réu tenha sido citado. Em tal caso, não houve citação, mas é inegável que houve processo.

Aliás, o art. 332 do CPC estabelece a possibilidade de julgamento de improcedência do pedido do autor sem a oitiva do réu, em diversas possibilidades que elenca[2].

1 CPC: "Art. 2º O processo começa por iniciativa da parte e se desenvolve por impulso oficial, salvo as exceções previstas em lei".

2 CPC: "Art. 332. Nas causas que dispensem a fase instrutória, o juiz, independentemente da citação do réu, julgará liminarmente improcedente o pedido que contrariar: I – enunciado de súmula do Supremo Tribunal Federal ou do Superior Tribunal de Justiça; II – acórdão proferido pelo Supremo Tribunal Federal ou pelo Superior Tribunal

Assim, não poderia se dizer que, nesse caso, há sentença de mérito sem que tenha havido processo, já que a sentença é o ato final do processo na fase de conhecimento.

Portanto, o processo forma-se a partir da propositura da demanda, mas, com a citação, a relação jurídica se completa, triangularizando-se.

Uma vez proposta a demanda, o processo desenvolve-se por impulso oficial, ou seja, por despachos ou atos ordinatórios, que têm a função de impulsionar o processo. Trata-se da aplicação do princípio do impulso oficial (art. 2º, CPC).

2. MOMENTO DA PROPOSITURA DA AÇÃO

O CPC (art. 312)[3] estabelece que se considera proposta a ação quando a petição inicial é protocolada (pondo fim à sistemática do regime do CPC/1973, que estabelecia que se considerava proposta quando despachada pelo juiz ou distribuída, conforme o caso).

Portanto, a partir desse momento, já existe processo.

Contudo, é a citação válida, ainda quando ordenada por juízo incompetente, que "induz litispendência, torna litigiosa a coisa e constitui em mora o devedor" (art. 320, CPC).

De outro lado, o efeito de interrupção da prescrição ocorre pelo despacho que determina a citação, ainda que proferido por juízo incompetente. Tal interrupção retroage à data da propositura da ação, desde que o autor tome as providências necessárias para a citação a tempo e modo[4].

---

de Justiça em julgamento de recursos repetitivos; III – entendimento firmado em incidente de resolução de demandas repetitivas ou de assunção de competência; IV – enunciado de súmula de tribunal de justiça sobre direito local".

3 CPC: "Art. 312. Considera-se proposta a ação quando a petição inicial for protocolada, todavia, a propositura da ação só produz quanto ao réu os efeitos mencionados no art. 240 depois que for validamente citado".

4 CPC: "Art. 320 [...] § 1º A interrupção da prescrição, operada pelo despacho que ordena a citação, ainda que proferido por juízo incompetente, retroagirá à data de propositura da ação. § 2º Incumbe ao autor adotar, no prazo de 10 (dez) dias, as providências necessárias para viabilizar a citação, sob pena de não se aplicar o disposto no § 1º".

CAPÍTULO II

SUSPENSÃO DO PROCESSO

1. INTRODUÇÃO: CONCEITO, EFEITOS E CLASSIFICAÇÃO

A suspensão do processo é a paralisação da marcha processual em razão da ocorrência de motivos previstos em lei.

Durante a suspensão do processo, como regra, não poderão ser praticados atos processuais. No entanto, quando houver atos urgentes, ou seja, aqueles que devem ser realizados de forma mais imediata a fim de que se evite dano irreparável às partes, poderão ser praticados mesmo se o processo estiver suspenso. É o caso, por exemplo, de necessidade de oitiva urgente de testemunha, porque ela passará a residir no exterior; ou quando há requerimento de tutelas de urgência.

Uma vez suspenso o processo, também devem ser suspensos os prazos processuais. De outro lado, há casos de suspensão de prazo sem suspensão do processo, como ocorre da suspensão dos prazos no período de 20 de dezembro a 20 de janeiro (art. 220, CPC).

Como regra, o juiz não pode determinar a suspensão do processo fora das hipóteses legais. Assim, por exemplo, o juiz não deve suspender o processo pelo simples ajuizamento de reclamação[1] ou sob a alegação de que tramita projeto de lei que disciplina matéria que afetaria o julgamento da demanda[2].

Deve se fazer a distinção da suspensão entre:

a) **suspensão própria:** trata-se das hipóteses legais de suspensão do processo, em que não é possível a prática de atos processuais (salvo casos excepcionais, quando há urgência);

b) **suspensão imprópria:** diz respeito aos casos em que o processo aguarda a realização de algum ato pela parte ou terceiro. Por exemplo, enquanto o processo aguarda o transcurso

---

1 "**O mero ajuizamento da reclamação não enseja a suspensão do ato reclamado, nem do processo, a não ser que essa providência seja expressamente determinada pelo relator da reclamatória, quando houver risco de dano irreparável** (14, II, da Lei n. 8.038/90), o que não ocorreu na espécie" (STJ, AgRg nos EDcl no AgRg na Pet 8.586/DF, Rel. Min. Castro Meira, Corte Especial, julgado em 17-12-2012, *DJe* 18-2-2013).

2 "**A simples existência de um projeto de lei em tramitação, visando à declaração de interesse social da área, para fins de desapropriação, não constitui hipótese de suspensão do processo com fundamento no preceito legal invocado**" (STJ, REsp 1082623/SP, Rel. Min. Denise Arruda, Primeira Turma, julgado em 3-11-2009, *DJe* 25-11-2009).

do prazo de contestação ou a sua juntada, ou quando aguarda a resposta de determinado ofício, não há propriamente suspensão do processo. Com efeito, não se impede a prática de atos processuais. O que ocorre é a paralisação do processo diante da necessidade de aguardar a realização de determinado ato processual ou diligência. Por isso, chamar-se tais casos de suspensão imprópria[3].

2. HIPÓTESES DE SUSPENSÃO

As hipóteses de suspensão (própria) do processo estão previstas no art. 313 do CPC. São elas:

I – pela morte ou pela perda da capacidade processual de qualquer das partes, de seu representante legal ou de seu procurador

A morte de qualquer das partes pode gerar a suspensão ou a extinção do processo. Se o direito objeto da lide for transmissível, haverá a suspensão do processo; se intransmissível, o juiz deverá extinguir o processo (art. 485, IX, CPC).

No caso de falecimento da parte e sendo o direito material transmissível, o processo será suspenso, a fim de que o espólio, os sucessores ou os herdeiros se habilitem.

Se não for ajuizada a ação de habilitação, o juiz, ao tomar conhecimento da morte de qualquer das partes, deverá suspender o processo e tomar as seguintes providências:

> a) No caso de falecimento do réu: "ordenará a intimação do autor para que promova a citação do respectivo espólio, de quem for o sucessor ou, se for o caso, dos herdeiros, no prazo que designar, de no mínimo 2 (dois) e no máximo 6 (seis) meses" (art. 313, § 2º, I, CPC);
>
> b) Se o autor tiver falecido: "sendo transmissível o direito em litígio, determinará a intimação de seu espólio, de quem for o sucessor ou, se for o caso, dos herdeiros, pelos meios de divulgação que reputar mais adequados, para que manifestem interesse na sucessão processual e promovam a respectiva habilitação no prazo designado, sob pena de extinção do processo sem resolução de mérito" (art. 313, § 2º, II, CPC).

O procedimento da habilitação está previsto nos arts. 687 a 692 do CPC.

Caso tenha ocorrido a morte do procurador de qualquer das partes, o juiz deverá determinar que a parte constitua novo procurador no prazo de 15 dias, sob pena de extinção do processo sem resolução do mérito, caso se trate procurador do autor, ou sob pena de prosseguimento do processo à revelia do réu, se o falecimento for do procurador deste (art. 313, § 3º, II, CPC).

II – pela convenção das partes

As partes podem conjuntamente requerer a suspensão do processo. É o caso, por exemplo, em que as partes fazem um acordo sobre o bem da vida objeto da lide e postulam a suspensão do processo até o cumprimento integral do que foi pactuado.

Trata-se de negócio jurídico processual[4], disciplinado pelos arts. 190, 191 e 200 do CPC.

---

3 Nesse mesmo sentido: MEDINA, José Miguel Garcia. *Novo Código de Processo Civil Comentado*. 3. ed. São Paulo: Revista dos Tribunais, 2015. p. 510.

4 Esse também é o entendimento de: MEDINA, José Miguel Garcia. *Novo Código de Processo Civil comentado*. 3. ed. São Paulo: Revista dos Tribunais, 2015. p. 510.

A suspensão do processo, no caso de convenção entre as partes, não pode ser superior a 6 meses (art. 313, § 4º, CPC). Transcorrido esse prazo, o juiz deverá intimar a parte autora para requerer o andamento do feito.

III – pela arguição de impedimento ou de suspeição

A simples oposição da exceção de suspeição ou impedimento já suspende o processo. Assim, enquanto o incidente é processado (manifestação do juiz, eventual juntada de documentos e remessa dos autos ao tribunal), o processo deve permanecer suspenso. O juiz excepto não poderá praticar qualquer ato processual, a não ser os atos necessários para processar a exceção, na medida em que existe a alegação de sua parcialidade no processo.

Distribuído o incidente, o relator deverá decidir se recebe o incidente sem efeito suspensivo, caso em que o processo voltará a tramitar, ou com efeito suspensivo, hipótese em que o processo deverá permanecer suspenso até o julgamento do incidente (art. 145, § 2º, CPC).

IV – pela admissão de incidente de resolução de demandas repetitivas

Uma vez admitido o incidente de resolução de demandas repetitivas (previsto no art. 976, CPC), cuja competência para julgamento é originariamente dos tribunais de segunda instância, o desembargador relator deverá suspender os processos pendentes que tramitam no Estado ou região (conforme se trate de tribunal de justiça ou tribunal regional federal). Essa suspensão deverá ser comunicada aos órgãos jurisdicionais onde tramitam os processos individuais ou coletivos com competência para a matéria objeto do incidente (art. 982, inc. I e § 1º, CPC).

Essa suspensão durará enquanto não transitar em julgado a decisão do incidente.

V – quando a sentença de mérito:

a) depender do julgamento de outra causa ou da declaração de existência ou de inexistência de relação jurídica que constitua o objeto principal de outro processo pendente

Trata-se de questão prejudicial externa, que pode ser homogênea ou heterogênea, ou seja, pode se referir à questão que pertença ao mesmo ou a outro ramo do direito. Por exemplo, se o alimentando propõe ação de alimentos contra o alimentante, seu suposto pai, sendo que este já havia proposto ação negatória de paternidade contra aquele. A paternidade é uma questão prejudicial externa homogênea em relação à ação de alimentos.

De outro lado, também se enquadra como hipótese de suspensão a existência de uma questão prejudicial heterogênea. É o caso, por exemplo, em que o Estado propõe ação de ressarcimento contra seu servidor, alegando que houve desvio de verbas públicas. O Estado pode pedir a suspensão e esperar o julgamento da ação criminal por peculato.

b) tiver de ser proferida somente após a verificação de determinado fato ou a produção de certa prova, requisitada a outro juízo

Esse dispositivo tem que ser interpretado conjuntamente com o art. 337 do CPC, que determina que a carta precatória, a carta rogatória e o auxílio direto suspendem o julgamento da causa se tiverem sido requeridos antes da decisão de saneamento e desde que a prova neles solicitada por imprescindível[5].

---

5 CPC: "Art. 377. A carta precatória, a carta rogatória e o auxílio direto suspenderão o julgamento da causa no caso previsto no art. 313, inciso V, alínea "b", quando, tendo sido requeridos antes da decisão de saneamento, a

Observe-se que, em tal hipótese, a suspensão do processo deve ocorrer somente após realizados todos os atos instrutórios, pois estes podem ser praticados enquanto se aguarda o retorno da carta precatória, da carta rogatória ou do auxílio direto.

Em ambas as hipóteses acima referidas (letras a e b), o prazo de suspensão não pode ser superior a 1 ano (art. 313, § 4º, CPC). Findo esse prazo, o juiz deverá intimar a parte autora para requerer o andamento do feito.

VI – por motivo de força maior

Caracteriza-se a força maior pela inevitabilidade e irresistibilidade do evento. O art. 393, parágrafo único, do Código Civil estabelece que "o caso fortuito ou de força maior verifica-se no fato necessário, cujos efeitos não era possível evitar ou impedir". É o caso, por exemplo, em que o Fórum da Comarca é incendiado; em que ocorre greve dos servidores, com fechamento dos cartórios judiciais; ou quando a região da comarca é atingida por inundação de grandes proporções. O tempo de suspensão do processo ficará condicionado à duração do acontecimento inevitável e irresistível.

VII – quando se discutir em juízo questão decorrente de acidentes e fatos da navegação de competência do Tribunal Marítimo

O Tribunal Marítimo é um órgão administrativo vinculado ao Ministério da Defesa, mais especificamente à Marinha. Tem como atribuições processar e julgar os acidentes e fatos da navegação marítima, fluvial e lacustre e as questões relacionadas com tal atividade, conforme estabelecido na Lei n. 2.180/1954[6]. Os acórdãos proferidos pelo Tribunal Marítimo constituem título executivo judicial (art. 516, III, CPC), embora estejam sujeitos à revisão pelo Poder Judiciário.

Dada a especificidade da matéria, o CPC estabelece que, antes do julgamento da demanda que tenha como questão prejudicial matéria afeta ao Tribunal Marítimo, o processo deve ser suspenso, enquanto aguarda o julgamento por esse órgão administrativo.

VIII – nos demais casos que este Código regula

São casos de suspensão do processo previstos no Código de Processo Civil: a) a incapacidade processual ou a irregularidade da representação da parte (art. 76, CPC); b) a instauração do incidente de desconsideração da personalidade jurídica (art. 134, §3º, CPC); c) a criação de obstáculo em detrimento da parte (art. 221, CPC); d) durante a execução de programa judicial para promover a autocomposição (art. 221, parágrafo único); d) presentes uma das causas de suspensão da execução (art. 961, CPC)[7] etc. Tais hipóteses de suspensão do processo serão tratadas de forma mais detalhada no decorrer deste livro, na disciplina própria de cada matéria.

---

prova neles solicitada for imprescindível. Parágrafo único. A carta precatória e a carta rogatória não devolvidas no prazo ou concedidas sem efeito suspensivo poderão ser juntadas aos autos a qualquer momento".

6 Lei n. 2.180/1954: "Art. 1º O Tribunal Marítimo, com jurisdição em todo o território nacional, órgão, autônomo, auxiliar do Poder Judiciário, vinculado ao Ministério da Marinha no que se refere ao provimento de pessoal militar e de recursos orçamentários para pessoal e material destinados ao seu funcionamento, tem como atribuições julgar os acidentes e fatos da navegação marítima, fluvial e lacustre e as questões relacionadas com tal atividade, especificadas nesta lei".

7 CPC: "Art. 921. Suspende-se a execução: I – nas hipóteses dos arts. 313 e 315, no que couber; II – no todo ou em parte, quando recebidos com efeito suspensivo os embargos à execução; III – quando o executado não possuir bens penhoráveis; IV – se a alienação dos bens penhorados não se realizar por falta de licitantes e o exequente, em 15 (quinze) dias, não requerer a adjudicação nem indicar outros bens penhoráveis; V – quando concedido o parcelamento de que trata o art. 916".

IX – pelo parto ou pela concessão de adoção, quando a advogada responsável pelo processo constituir a única patrona da causa;

X – quando o advogado responsável pelo processo constituir o único patrono da causa e tornar-se pai.

Tais hipóteses de suspensão do processo (incisos IX e X) foram acrescentadas no CPC pela Lei n. 13.363, de 25-11-2016, que também alterou o Estatuto da OAB (Lei n. 8.906/1994), para "estipular direitos e garantias para a advogada gestante, lactante, adotante ou que der à luz e para o advogado que se tornar pai".

Na hipótese do inciso IX (parto ou adoção por advogada), o processo será suspenso por **30 dias**; **no caso do inciso X (advogado que se torna pai)**, por **8 dias**. Em ambas as situações, os prazos serão contados a partir da data do parto ou da concessão da adoção (art. 313, §§ 6º e 7º, CPC).

Para que o processo seja suspenso, em ambas as hipóteses legais, deverá haver (art. 313, §§ 6º e 7º, CPC): a) comprovação do parto mediante apresentação de certidão de nascimento ou documento similar que comprove a sua realização ou, no caso de adoção, de termo judicial de sua concessão; e b) comprovação da notificação do cliente acerca dessa situação, bem como sobre a intenção do advogado ou da advogada de formular requerimento de suspensão. Este requisito se deve ao fato de que pode ser do interesse do cliente que o processo prossiga.

A suspensão não é automática, pois depende de requerimento da advogada ou advogado interessado, bem como de deferimento pelo juiz. Em caso de deferimento, a suspensão pode operar retroativamente, pois comumente não há como se prever a data do parto. Vale dizer, quando o juiz defere a suspensão, esta inicia-se em data anterior ao deferimento, até que se complete o prazo de suspensão (8 ou 30 dias).

Embora a inovação seja importante para garantir direitos de advogados e advogadas diante da paternidade ou maternidade, esta medida não está imune a críticas, sobretudo em relação à possibilidade de postergação do processo. Entretanto, o direito não pode ser negado genericamente sob a alegação de que pode gerar abusos, pois são estes que devem ser coibidos, mas não o direito em si. Com efeito, essa norma processual constitui concretização do direito constitucional à proteção à família (arts. 226 a 230, CF).

Caso de fato delituoso com repercussão na esfera cível (art. 315, CPC)

De acordo com o art. 315 do CPC, "se o conhecimento do mérito depender de verificação da existência de fato delituoso, o juiz pode determinar a suspensão do processo até que se pronuncie a justiça criminal". Trata-se de hipótese que se enquadra no art. 313, inc. V, alínea "a", do CPC, que foi acima abordada, mas que possui disciplina diferenciada.

Caso a ação penal não seja proposta em 3 meses a partir da intimação da suspensão, volta a tramitar o processo, cabendo ao juiz cível examinar de forma incidente a questão prévia (art. 315, § 1º, CPC).

Se a ação penal for proposta nesse prazo, o juízo cível poderá determinar a suspensão do processo pelo prazo máximo de 1 ano, enquanto aguarda o julgamento pelo juízo criminal. Findo esse prazo sem o julgamento, o juiz (cível) terá de examinar a questão prévia incidentalmente (art. 315, § 2º, CPC).

CAPÍTULO III

EXTINÇÃO DO PROCESSO

1. POSIÇÃO TOPOGRÁFICA

O CPC prevê a extinção do processo nos arts. 316 e 317. Desse modo, deixa as hipóteses de resolução de mérito e não resolução de mérito para outra parte (arts. 485 a 488), relativa à sentença do procedimento comum.

Essa posição topográfica da matéria ocorre porque há "extinção do processo" tanto na fase de conhecimento quanto na fase ou no processo de execução.

2. A EXTINÇÃO DO PROCESSO POR "SENTENÇA"

De acordo com o art. 316 do CPC, "a extinção do processo dar-se-á por sentença".

De outro lado, o art. 203, § 1º, do CPC estabelece o novo conceito legal de sentença: "Ressalvadas as disposições expressas dos procedimentos especiais, sentença é o pronunciamento por meio do qual o juiz, com fundamento nos arts. 485 e 487, põe fim à fase cognitiva do procedimento comum, bem como extingue a execução".

Portanto, observa-se que, no CPC/2015, sentença é definida pelo seu conteúdo (arts. 485 e 487) e pelos efeitos que produz no processo (extinção da fase cognitiva ou da execução).

É por tais razões que a decisão que julga um dos pedidos no curso da fase de conhecimento tem natureza de decisão interlocutória, ainda que tenha conteúdo previsto nos arts. 485 ou 487 do CPC. Da mesma forma, a decisão que julga a liquidação de sentença, mas permite o prosseguimento do processo com a fase de execução, tem natureza de decisão interlocutória; já a decisão que, ao julgar a liquidação de sentença, extingue o próprio processo, por alguma causa prevista no art. 485 do CPC ou porque conclui pela "liquidação zero", possui natureza de sentença[1].

1 "Dispõe o parágrafo único do art. 1015 do CPC/2015 que caberá agravo de instrumento contra decisões interlocutórias proferidas na fase de liquidação de sentença ou de cumprimento de sentença, no processo de execução e no processo de inventário. Por sua vez, o art. 1.009, do mesmo diploma, informa que caberá apelação em caso de 'sentença'. 2. Na sistemática processual atual, dois são os critérios para a definição de 'sentença': (I) conteúdo

De outro lado, deve se observar que, com o sincretismo processual entre a fase de conhecimento e a fase de execução, a sentença de mérito da fase de conhecimento que necessita de efetivação pelo Judiciário também não gera mais a extinção do processo, na medida em que a fase de cumprimento de sentença continua no mesmo processo.

Assim, nos casos em que há sentença sem resolver o mérito (art. 485, CPC) ou que resolve o mérito (art. 487, CPC), nem sempre haverá extinção do processo, pois ele pode prosseguir com a fase de cumprimento de sentença.

De acordo com a nova sistemática, a sentença extingue a fase de conhecimento ou de execução, mas nem sempre o processo. De outro lado, a extinção do processo em primeira instância sempre ocorre por sentença.

Contudo, também não é tecnicamente correta a redação do art. 316 do CPC ("a extinção do processo dar-se-á por sentença"), na medida em que a decisão monocrática de relator e o acórdão de tribunal também podem extinguir o processo.

No caso de decisão definitiva que não resolve o mérito (art. 485, CPC), ocorrerá apenas coisa julgada formal, podendo a demanda ser novamente proposta, corrigindo-se eventuais vícios do primeiro processo, porque não há coisa julgada material.

Na hipótese de a decisão definitiva resolver o mérito, em uma das hipóteses do art. 487 do CPC, haverá coisa julgada formal e material, de modo que o seu conteúdo se torna indiscutível e imutável.

As hipóteses de resolução e de não resolução do mérito serão tratadas em item próprio da sentença, seguindo-se a disciplina do CPC.

3. NECESSIDADE DE INTIMAÇÃO DA PARTE ANTES DA EXTINÇÃO

O art. 317 do CPC estabelece que, "antes de proferir decisão sem resolução de mérito, o juiz deverá conceder à parte oportunidade para, se possível, corrigir o vício".

Assim, antes de proferir decisão terminativa, o juiz deverá oportunizar que a parte corrija o vício caso este seja corrigível (ex.: parte ré ilegítima, falta de pedido principal, falta de valor da causa). Isso é uma decorrência lógica do princípio da cooperação.

Pelas mesmas razões, o art. 321 do CPC estabelece a oportunização de emenda da petição inicial, e o art. 932, parágrafo único, do mesmo Código prevê a oportunização da correção de vício do recurso, antes de julgá-lo.

De outro lado, caso se trate de vício não passível de correção, naturalmente a solução terá de ser a decisão sem resolução do mérito, sem que seja necessária a intimação da parte para corrigir o vício (caso de contraditório inútil). É o que ocorre, por exemplo, quando a parte autora é ilegítima; quando não há interesse processual; ou quando a petição é protocolada intempestivamente.

Além disso, os arts. 282, § 2º, e 498 do CPC estabelecem que não será necessário corrigir eventual vício de nulidade quando a demanda puder ser julgada favoravelmente à parte a quem a decretação de invalidade aproveita.

---

equivalente a uma das situações previstas nos arts. 485 ou 489 do CPC/2015; e (II) determinação do encerramento de uma das fases do processo, conhecimento ou execução" (STJ, REsp 1698344/MG, Rel. Ministro Luis Felipe Salomão, Quarta Turma, julgado em 22-5-2018, *DJe* 1º-8-2018).

PARTE IV
TUTELA DE CONHECIMENTO

CAPÍTULO I

PROCEDIMENTO COMUM

O CPC, no Livro I da Parte Especial, dispõe sobre o "processo de conhecimento" e o "cumprimento de sentença". O Título I se refere ao procedimento comum (arts. 319 a 527); o Título II, ao cumprimento de sentença (arts. 513 e segs.); e o Título III, aos procedimentos especiais (arts. 539 e segs.), não excluindo o estabelecimento de procedimentos especiais em outras leis.

Entre os procedimentos especiais, o CPC disciplina os procedimentos especiais de jurisdição contenciosa e os de jurisdição voluntária. Ocorre que, nos procedimentos de jurisdição voluntária (arts. 719 e segs.), como regra, não há atividade cognitiva, nem cumprimento de sentença, razão pela qual, topograficamente, a sua alocação dentro do Livro I não seria correta.

O processo civil possui formas distintas de tutela jurisdicional, estabelecidas em fases distintas: a fase de conhecimento, em que a tutela é predominantemente cognitiva; e a fase de execução, predominantemente satisfativa. Em alguns processos, poderá haver apenas uma dessas fases ou outra.

Todavia, em razão da crescente preocupação com a efetividade do processo, ao longo do tempo, houve uma tendência de lhe conferir sincretismo. Dessa forma, atualmente, as fases de conhecimento e de execução passam a ser apenas etapas de um mesmo processo.

A liquidação pode ser uma etapa com atividade cognitiva, se for necessária.

As tutelas de urgência (antecipada e cautelar) e de evidência podem estar na fase de conhecimento ou de execução, bem como podem ser propostas de forma antecedente, vale dizer, antes da demanda principal.

Em razão disso, tecnicamente, não é mais correto falar de processo de conhecimento, já que, no mesmo processo, há as fases de conhecimento, liquidação e execução. Portanto, é preferível utilizar a terminologia tutela, módulo, fase ou etapa de conhecimento, para se referir à tutela jurisdicional cognitiva.

Com efeito, a tutela de conhecimento passa a ter por objeto a cognição judicial acerca de determinada lide, a fim de resolvê-la mediante provimento que reconheça judicialmente o direito da parte por meio de sentença, tornando-a indiscutível sob o manto da coisa julgada material.

Os procedimentos da tutela cognitiva são divididos em: a) procedimento comum; e b) procedimentos especiais.

O procedimento comum é aplicável a todas as causas em que não for estabelecido procedimento especial. Além disso, as disposições do procedimento comum aplicam-se subsidiariamente aos procedimentos especiais e ao processo ou fase de execução[1].

A seguir, serão estudadas todas as fases do procedimento comum. Os procedimentos especiais serão abordados posteriormente, em item próprio.

1. NOÇÕES GERAIS E CABIMENTO

O procedimento comum será objeto de estudo nos itens seguintes, percorrendo-se cada etapa desse procedimento. A fim de elucidar o seu encadeamento lógico, apresenta-se um fluxograma com os seus principais atos processuais:

PI JAd. Cit. Aud. Resp. Pr. Prl. JCEP Provas (dep, test, doc, per) Sentença

/___/___/____/____/_____/______/______________/____________________________/_____

Fase Postulatória Fase de Ordenamento Fase Instrutória Fase Decisória

PI – Petição Inicial

JAd. – Juízo de Admissibilidade

Resp. – Respostas do Réu (Contestação, Exceção etc.)

Pr. Prl. – Providências Preliminares – o juiz deve verificar se existem vícios ou irregularidades e corrigi-los. Ela encerra a fase postulatória. É nesta fase que ocorre o saneamento do processo. Neste momento, o juiz, após analisar a resposta do réu, vai determinar a intimação do autor para réplica, resposta à reconvenção, produção de provas etc.

JCEP – Julgamento conforme o estado do processo.

1 CPC: "Art. 318. Aplica-se a todas as causas o procedimento comum, salvo disposição em contrário deste Código ou de lei. Parágrafo único. O procedimento comum aplica-se subsidiariamente aos demais procedimentos especiais e ao processo de execução".

CAPÍTULO II

PETIÇÃO INICIAL

1. NOÇÕES GERAIS E CONCEITO

Conforme visto, vige no Brasil o princípio dispositivo, segundo o qual cabe à parte provocar a jurisdição. Assim, não pode o juiz dar início, de ofício, ao processo (princípio da inércia da jurisdição), seguindo-se o brocardo latino *ne procedat iudex ex officio*.

A demanda é, portanto, o **ato de provocação da Jurisdição pela parte**.

A petição inicial é o instrumento da demanda. A petição inicial instrumentaliza a demanda assim como, por exemplo, a procuração instrumentaliza o mandato conferido pela parte ao advogado.

Portanto, a petição inicial é o ato da parte autora tendente a instaurar o processo (relação jurídica processual) contra o réu.

2. REQUISITOS DA PETIÇÃO INICIAL

Para que a demanda seja proposta, são exigidos determinados requisitos para a petição inicial. Os requisitos gerais da petição inicial estão previstos nos arts. 104, 319 e 320 do CPC.

A petição inicial deve descrever, dentre outras informações, os elementos da demanda (partes, causa de pedir e pedido).

Além disso, embora não esteja expresso no art. 319 do CPC, a petição inicial deverá ser escrita. Nos Juizados Especiais, contudo, admite-se que a parte apresente oralmente a sua demanda na Secretaria do Juizado, a qual deverá ser reduzida a termo.

O art. 319 do CPC prevê que a petição inicial deverá indicar os seguintes **requisitos**:

I – o juízo a que é dirigida

Juízo significa órgão jurisdicional a quem a petição é dirigida.

II – os nomes, os prenomes, o estado civil, a existência de união estável, a profissão, o número de inscrição no Cadastro de Pessoas Físicas ou no Cadastro Nacional da Pessoa Jurídica, o endereço eletrônico, o domicílio e a residência do autor e do réu

Trata-se da declinação do nome e da qualificação das partes. Por diversas razões de ordem prática, o dispositivo exige também o número de inscrição no Cadastro de

Pessoas Físicas ou no Cadastro Nacional da Pessoa Jurídica. Trata-se de elemento de informação importante para evitar citação de homônimo do réu; facilitar a busca do endereço do réu em sistemas informatizados, quando não encontrado; fazer pesquisa no sistema BACENJUD e penhora on-line, no caso de execução.

Caso o autor não disponha de algumas das informações aqui previstas, poderá, na petição inicial, requerer as diligências para a sua obtenção, de acordo com o § 1º do art. 319 do CPC. Contudo, essas diligências somente deverão ser requeridas se não for possível, sem elas, promover a citação. Por exemplo, se o autor já tiver o nome do autor ou, ao menos, a alcunha pela qual ele é conhecido no local onde mora, bem como o seu endereço, já será possível efetivar a citação. Em tais casos, nem o autor nem o Judiciário precisarão ter toda a qualificação do réu para citá-lo.

Com efeito, o § 2º do mesmo artigo estabelece que "a petição inicial não será indeferida se, a despeito da falta de informações a que se refere o inciso II, for possível a citação do réu". Além disso, "a petição inicial não será indeferida pelo não atendimento ao disposto no inciso II deste artigo se a obtenção de tais informações tornar impossível ou excessivamente oneroso o acesso à justiça" (art. 319, § 3º, CPC).

Contudo, se o autor não tiver qualquer das informações sobre a qualificação do réu constantes no dispositivo acima (inciso II), deverá relatar isso expressamente na petição inicial, pois, caso não o faça, o juiz pode determinar que o autor emende a petição inicial ou justifique a impossibilidade de apresentar tais informações, sob pena de extinção do processo.

III – o fato e os fundamentos jurídicos do pedido

A demanda possui três elementos, quais sejam: partes, causa de pedir e pedido. Os fatos e fundamentos jurídicos que embasam o pedido são a causa de pedir. O fundamento jurídico é a relação jurídica decorrente dos fatos. Não se confunde com o direito objetivo aplicável (legislação).

IV – o pedido com as suas especificações

O pedido é o núcleo da petição inicial. Contém a pretensão do autor.

V – o valor da causa

O valor da causa deve corresponder ao valor econômico da pretensão. No entanto, quando a pretensão não tiver conteúdo econômico, o valor da causa deverá ser atribuído de forma estimativa. O valor da causa deve ser certo e indicado em moeda corrente nacional. A disciplina legal do valor da causa está nos arts. 291 a 293 do CPC.

VI – as provas com que o autor pretende demonstrar a verdade dos fatos alegados

O autor deverá requerer, na petição inicial, a produção das provas com que pretende provar o alegado. No entanto, é comum que o juiz, após a réplica, intime as partes para dizerem quais as provas pretendem produzir. Em razão disso, os advogados adotam a prática de, na petição inicial, "protestarem" pela produção de todas as provas admitidas em direito. Na praxe, isso não é visto como irregularidade, bem como não impede que o autor posteriormente requeira especificamente a produção de determinadas provas.

VII – a opção do autor pela realização ou não de audiência de conciliação ou de mediação

De acordo com a nova sistemática do procedimento comum, se for possível a resolução da demanda mediante acordo, o juiz somente não designaria audiência de conciliação no caso de autor e réu expressamente manifestarem desinteresse na sua realização.

Desse modo, é imprescindível que o autor manifeste a sua opção pela realização ou não da audiência de conciliação ou mediação, devendo informar isso na petição inicial, pois essa informação será determinante para os próximos atos do processo.

Com efeito, pelo CPC, caso se trate de direito transigível, o réu será citado para integrar o polo passivo do processo, bem como intimado para a audiência de conciliação ou mediação, antes que seja aberto prazo de contestação. Caso o autor tenha manifestado desinteresse na audiência de conciliação e o réu também afirme, por petição, que não pretende a realização dessa audiência, o prazo de contestação do réu se inicia a partir do protocolo dessa petição (art. 335, II, CPC)[1].

Assim, observa-se que a opção do autor pela realização ou não da audiência de conciliação ou mediação é um requisito indispensável da petição inicial. Caso o autor não informe isso na petição inicial, o juiz poderá determinar a sua emenda, para que o autor faça constar essa opção, sob pena de ser desconsiderada a sua manifestação.

O art. 320 do CPC, por sua vez, traz outro requisito, ao dispor que "a petição inicial será instruída com os **documentos indispensáveis à propositura da ação**".

Os "documentos indispensáveis" são tanto aqueles documentos que a lei exige expressamente (exs.: o título executivo para a ação de execução extrajudicial; o documento escrito para a ação monitória; a certidão de casamento para a ação de divórcio), quanto os documentos indispensáveis para que o autor prove o seu direito (p. ex., o contrato, em uma ação revisional).

Além disso, a petição inicial também deve ser instruída com procuração, outorgando poderes para o advogado, se a parte não tiver capacidade postulatória (art. 39, I, CPC)[2].

O CPC/2015 não previu, como requisito para a petição inicial, o requerimento de citação do réu (ao contrário do que fazia o CPC/1973). Contudo, a inclusão de determinado réu no polo passivo somente é possível, como regra, mediante requerimento do autor. Assim, o juiz terá de verificar, pelo conjunto da petição inicial, qual é ou quais são os réus que o autor pretende incluir no polo passivo do processo[3].

Estando presentes os requisitos da petição inicial, o juiz deverá, por despacho, recebê-la e determinar a citação do réu.

3. EMENDA DA PETIÇÃO INICIAL

Se o juiz verificar que a petição inicial não preenche os seus requisitos, ou que apresenta defeitos ou irregularidades capazes de dificultar o julgamento do mérito da

---

1 CPC: "Art. 335. O réu poderá oferecer contestação, por petição, no prazo de 15 (quinze) dias, cujo termo inicial será a data: [...] II – do protocolo do pedido de cancelamento da audiência de conciliação ou de mediação apresentado pelo réu, quando ocorrer a hipótese do art. 334, § 4º, inciso I".

2 CPC: "Art. 104. O advogado não será admitido a postular em juízo sem procuração, salvo para evitar preclusão, decadência ou prescrição, ou para praticar ato considerado urgente. § 1º Nas hipóteses previstas no *caput*, o advogado deverá, independentemente de caução, exibir a procuração no prazo de 15 (quinze) dias, prorrogável por igual período por despacho do juiz".

3 Nesse sentido: MEDINA, José Miguel Garcia. *Código de Processo Civil comentado*: com remissões e notas comparativas ao projeto do novo CPC. 2. ed. São Paulo: Revista dos Tribunais, 2012. p. 532.

demanda, deverá determinar que o autor emende ou complete a petição inicial no prazo de **15 dias** (art. 321, CPC).

O juiz deve indicar com precisão o que deve ser corrigido ou completado, conforme art. 321, *caput*, do CPC. Desse modo, o juiz não pode proferir decisão determinando "a emenda da petição inicial, para preencher os requisitos do art. 319 do CPC". Com efeito, uma decisão genérica, que não indica precisamente o que deve ser emendado ou completado, prejudica não somente a parte, como também a celeridade processual, pois apresenta um problema comunicacional que possivelmente não será sanado na próxima manifestação do autor. O dispositivo impõe que a decisão de emenda à petição inicial deve apresentar "precisão". Além disso, deve ser suficientemente clara.

Após o autor ser intimado para emendar ou completar a petição inicial, se ele não cumprir a diligência, o juiz deverá indeferir a petição inicial (art. 321, parágrafo único, CPC).

Em razão da instrumentalidade do processo e da economia processual, tem-se entendido que, caso se trate de vícios sanáveis, a oportunização da **emenda à petição inicial** é **norma cogente** para o juiz. Vale dizer, caso o juiz não determine a emenda e indefira, de plano, a petição inicial, extinguindo o feito sem resolução de mérito, tal sentença padecerá de *error in procedendo*, devendo ser cassada pelo tribunal, para que se oportunize a emenda. Aliás, nesse sentido consolidou-se a jurisprudência do STJ[4]. Tal regra, no entanto, é relativizada em algumas situações, em que o CPC reputa ser um erro tão grave que o juiz deve indeferir de plano a petição inicial (por exemplo, no caso de petição inicial de embargos à execução sem a indicação do valor que o embargante entende correto e a apresentação da memória de cálculo), consoante entendimento do STJ[5].

De outro lado, caso o juiz verifique, após a contestação do réu, que a petição inicial é inepta, deverá intimar o autor para emendá-la, sob pena de indeferimento. Após a emenda, o juiz deverá intimar a parte ré para sobre ela se manifestar, não sendo necessária nova citação. Isto é, como o réu já foi citado, basta que ele seja intimado acerca da emenda à petição inicial, efetivando-se o contraditório e privilegiando-se os princípios da efetividade, da economia processual e da instrumentalidade do processo.

4. INDEFERIMENTO DA PETIÇÃO INICIAL

4.1. Causa

Caso a petição inicial apresente vício insanável, ou, se sanável, o autor não emende a petição inicial no prazo designado, o juiz deverá indeferi-la.

---

4 "NECESSIDADE DE PRÉVIA OPORTUNIDADE DE EMENDA À INICIAL. ART. 284 CPC/1973. ATUAL ART. 321 CPC/2015. [...] Segundo a jurisprudência consolidada desta Corte Superior, o indeferimento da petição inicial, quer por força do não-preenchimento dos requisitos exigidos nos arts. 282 e 283 do CPC, quer pela verificação de defeitos e irregularidades capazes de dificultar o julgamento de mérito, reclama a concessão de prévia oportunidade de emenda pelo autor (art. 284, CPC)" (STJ, AgInt nos EDcl no AREsp 1186170/RS, Rel. Ministro Luis Felipe Salomão, Quarta Turma, julgado em 22-3-2018, *DJe* 2-4-2018).

5 "Conforme entendimento assente na jurisprudência desta Corte Superior, quando o fundamento dos embargos for excesso de execução, cabe ao embargante, na petição inicial, a indicação do valor que entende correto e a apresentação da memória do cálculo, sob pena de indeferimento liminar, sendo inadmitida a emenda da petição inicial. Incidência da Súmula 83 do STJ" (STJ, AgInt nos EDcl no REsp 1333388/PR, Rel. Ministro Marco Buzzi, Quarta Turma, julgado em 11-12-2018, *DJe* 19-12-2018).

É imperioso deixar claro que o **indeferimento da petição inicial** somente ocorre **no início** do processo, ou seja, antes de ouvido o réu. Caso perceba a ausência de um dos requisitos da petição inicial somente **depois**, deverá o juiz simplesmente **extinguir o processo sem resolução do mérito** – porque a petição inicial já foi processada.

De outro lado, se o juiz verificar, antes da citação do réu, que a petição é inepta e determinar a emenda, mas o autor não o fizer, o magistrado deve indeferir a petição inicial e julgar o processo extinto sem resolução do mérito, na forma do art. 485, inc. I, do CPC.

4.2. Hipóteses de indeferimento da petição inicial

A petição inicial deverá ser indeferida nas seguintes hipóteses (art. 330 do CPC):

I – [a petição inicial] for inepta;

II – a parte for manifestamente ilegítima;

III – o autor carecer de interesse processual;

IV – não atendidas as prescrições dos arts. 106 e 321.

Trata-se de rol meramente exemplificativo, na medida em que a falta de qualquer pressuposto processual também pode ensejar o indeferimento da petição inicial. Além disso, essa medida (indeferimento da inicial) também será possível em outras hipóteses, como, por exemplo, quando o autor tem indeferido o benefício da gratuidade judiciária e deixa de recolher as custas processuais (art. 102, parágrafo único, CPC).

4.3. Inépcia da petição inicial

A petição inicial é inepta quando (art. 330, § 1º, do CPC):

I – lhe faltar pedido ou causa de pedir;

II – o pedido for indeterminado, ressalvadas as hipóteses legais em que se permite o pedido genérico;

III – da narração dos fatos não decorrer logicamente a conclusão;

IV – contiver pedidos incompatíveis entre si.

Sendo inepta a petição inicial, o juiz deverá indeferi-la, como exposto anteriormente (art. 330, I, CPC).

4.4. Recurso cabível

Contra a decisão que indefere a petição inicial, cabe **recurso de apelação** (já que se trata de sentença), no prazo de **15 dias**.

Diferentemente da regra geral, ao receber o recurso de apelação, nesse caso (de indeferimento da petição inicial), o juiz deve fazer um **juízo de retratação**, no prazo de 5 dias (art. 331, *caput*, CPC).

Contudo, se a apelação for intempestiva, embora não caiba ao juiz fazer o juízo de admissibilidade (que é feito somente pelo tribunal), não deverá fazer o juízo de retratação. Com efeito, se o julgador considera intempestivo o recurso, é ilógico que tenha de fazer juízo de retratação. Nesse sentido, aliás, o Enunciado 293 do FPPC: "Se considerar intempestiva a apelação contra sentença que indefere a petição inicial ou julga liminarmente improcedente o pedido, não pode o juízo *a quo* retratar-se".

Lembre-se que, no **recurso de apelação** contra **sentença que indefere a petição inicial**, o **réu será citado para apresentar contrarrazões**, pois ainda não integra o processo (art. 331, § 1º, CPC). Sendo a sentença reformada pelo tribunal, o prazo para a contestação começará a correr da intimação do retorno dos autos, se não houver a audiência de conciliação do art. 334 (art. 331, § 2º, CPC). Sendo o caso de designação dessa audiência, ambas as partes deverão ser intimadas para comparecer.

Se não for interposto recurso de apelação, o réu deverá ser intimado do trânsito em julgado da sentença que indeferiu a petição inicial (art. 331, § 3º, CPC).

5. A DEMANDA: PARTES, CAUSA DE PEDIR E PEDIDO

A demanda possui três elementos, quais sejam: partes, causa de pedir e pedido.

A **petição inicial** é o veículo, o **instrumento da demanda**. É por isso que, dentre os requisitos da petição inicial, estão a indicação das partes e a sua qualificação, os fundamentos fáticos e jurídicos (causa de pedir) e os pedidos.

O elemento "partes" já foi estudado anteriormente. É preciso, agora, tratar da causa de pedir e do pedido.

6. CAUSA DE PEDIR

A causa de pedir é um dos elementos da demanda.

Para definir em que se constitui a causa de pedir, existem duas principais teorias, quais sejam, a Teoria da Individualização e a Teoria da Substanciação.

Segundo a **Teoria da Individualização**, na petição inicial, deve estar descrito apenas o fundamento jurídico, ou seja, apenas a relação jurídica que serve de base para o pedido.

Pela **Teoria da Substanciação**, de outro lado, a causa de pedir, que deve estar exposta na petição inicial, é constituída pelos fatos e pelos fundamentos jurídicos (relação jurídica de direito material). Assim, a teoria da substanciação "exige que o autor substancie – fundamente – a demanda através de um fato ou de um conjunto de fatos aptos a suportarem a sua pretensão [...], identificando, assim, a causa de pedir como a relação fática posta à análise como suporte da pretensão"[6].

O Código de Processo Civil adota a Teoria da Substanciação, ao prever, no seu art. 319, inc. III, que a petição inicial deve indicar "**o fato e os fundamentos jurídicos do pedido**".

---

6 PORTO, Sérgio Gilberto. *Coisa julgada civil*. 3. ed. São Paulo: Revista dos Tribunais, 2006. p. 34.

Não se pode confundir fundamento jurídico com fundamento legal. Fundamento jurídico é a relação jurídica de direito material originada dos fatos. O fundamento legal ou fundamento de direito compõe o direito objetivo, sendo dispensável a sua exposição na petição inicial, já que o juiz deve conhecer o direito (*jura novit curia*). A esse respeito, aplica-se o brocardo latino *da mihi factum, dabo tibi ius* (apresente os fatos, que o juiz dará o direito).

Portanto, para o direito processual civil brasileiro, a causa de pedir é composta pelos fatos e os fundamentos jurídicos que embasam o pedido.

A causa de pedir pode ser classificada em: a) causa de pedir próxima; b) causa de pedir remota; e, segundo alguns, também c) causa de pedir necessária.

No tocante à conceituação de causa de pedir próxima e remota, existe muita divergência doutrinária.

A doutrina majoritária define **causa de pedir próxima** como a "relação jurídica afirmada", sendo que a **causa de pedir remota** residiria "no fato ou nos fatos contrários ao direito"[7].

Todavia, há doutrina minoritária que conceitua causa de pedir próxima e remota no sentido exatamente inverso. De acordo com esta corrente, causa de pedir próxima constitui-se nos fatos alegados, e causa de pedir remota é a relação jurídica afirmada[8].

Alexandre Câmara, por sua vez, entende que causa de pedir remota é o fato ou conjunto de fatos constitutivos do direito alegado pelo demandante (ex.: contrato), e a causa de pedir próxima é o fato ou conjunto de fatos de que resulta o interesse de agir (ex.: inadimplemento da obrigação)[9].

Por fim, a **causa de pedir necessária** é, de acordo com a definição de Sérgio Gilberto Porto, a "resistência injustificada à pretensão"[10].

No entanto, parece-nos que tal diferenciação entre causa de pedir próxima, remota e necessária carece de maior relevância prática[11], já que, pela Teoria da Substanciação, causa de pedir são os fatos e os fundamentos jurídicos que embasam a pretensão, razão pela qual ambos devem estar expostos na petição inicial, sob pena de inépcia.

---

7 PORTO, Sérgio Gilberto. *Coisa julgada civil*. 3. ed. São Paulo: Revista dos Tribunais, 2006. p. 35. No mesmo sentido: DIDIER JR., Fredie. *Curso de direito processual civil:* teoria geral do processo e processo de conhecimento. Salvador: JusPodivm, 2007. p. 370, v. I. E também: GRECO FILHO, Vicente. *Direito processual civil brasileiro*. 20. ed. São Paulo: Saraiva, 2007. p. 95, v. 1.

8 NERY JÚNIOR, Nelson; NERY, Rosa Maria de Andrade. *Código de Processo Civil comentado*. 11. ed. São Paulo: Revista dos Tribunais, 2010. p. 575.

9 "Causa de pedir é o conjunto de fatos em que se funda a pretensão deduzida em juízo pelo demandante. Observe-se que a causa de pedir é formada exclusivamente por fatos (já que o direito processual civil brasileiro adota, a respeito da causa de pedir, a chamada teoria da substanciação). Pode-se dividir a causa de pedir em remota (o fato ou conjunto de fatos constitutivo do direito alegado pelo demandante) e próxima (o fato ou conjunto de fatos de que resulta o interesse de agir). Assim, por exemplo, quando alguém vai a juízo cobrar uma dívida resultante de um contrato de mútuo, a causa de pedir remota é o contrato e a próxima o inadimplemento da obrigação" (CÂMARA, Alexandre Freitas. *O novo processo civil brasileiro*. São Paulo: Atlas, 2015. p. 188).

10 PORTO, Sérgio Gilberto. *Coisa julgada civil*. 3. ed. São Paulo: Revista dos Tribunais, 2006. p. 35.

11 No mesmo sentido: MEDINA, José Miguel Garcia. *Código de Processo Civil comentado*: com remissões e notas comparativas ao projeto do novo CPC. 2. ed. São Paulo: Revista dos Tribunais, 2012. p. 303.

7. PEDIDO

7.1. Conceito e classificação

O pedido é o **núcleo da petição inicial**, o **objeto da demanda**, a **pretensão** material deduzida em Juízo.

O pedido pode ser imediato ou mediato.

O **pedido imediato** é o provimento jurisdicional, é a espécie de sentença que é requerida ao órgão jurisdicional. Assim, os pedidos de condenação, de constituição, de determinação e de declaração são pedidos imediatos.

O **pedido mediato** é o bem da vida postulado pelo autor. Por exemplo, R$ 10 mil; um carro, o imóvel reivindicado etc.

7.2. Princípio da congruência: incidência e mitigação

O pedido delimita, fornece as balizas para a prestação jurisdicional.

Em razão da adoção do **princípio da congruência**, o juiz deve se cingir a decidir o que foi pedido pelo autor na petição inicial. Assim, a **sentença não poderá ser *ultra petita*, *extra petita*, nem *citra petita*.** Trata-se de uma manifestação do princípio dispositivo, segundo o qual é a parte quem escolhe se levará ou não a sua demanda ao Poder Judiciário, não podendo o juiz atuar de ofício.

Em relação ao **pedido imediato**, há, no entanto, certa **mitigação da regra da congruência**. Por exemplo, o autor pede a decretação da nulidade de um contrato; entretanto, a nulidade é declarada e a anulabilidade é decretada; por conseguinte, o juiz pode declarar a nulidade do contrato mesmo que o autor tenha pedido que ela fosse decretada. Outro exemplo: o autor pede que o réu seja condenado a entregar o apartamento; o juiz profere uma sentença com conteúdo executivo, determinando a reintegração do imóvel ao autor.

De outro lado, o art. 536, *caput*, do CPC também prevê uma hipótese excepcional de mitigação do princípio da congruência ou da adstrição em relação ao pedido imediato, quando disciplina que o juiz concederá a **tutela específica** ou **o resultado prático equivalente**, bem como poderá se utilizar das medidas necessárias para satisfação do direito do exequente[12]. Por exemplo, o autor postula que o Estado seja condenado à internação em leito de UTI na rede pública de saúde; o juiz, verificando que isso não é possível, por falta de vagas na UTI pública, determina a internação do autor em UTI particular, à custa do Estado, ou seja, um resultado prático equivalente ao que foi postulado e tinha direito o autor.

Além disso, o § 1º do art. 536 do CPC também prevê que, nas hipóteses em que não for possível deferir a tutela específica, poderá conceder o resultado prático equivalente. É o caso em que o autor pede determinado bem da vida *in natura*, mas, no caso

---

12 CPC: "Art. 536. No cumprimento de sentença que reconheça a exigibilidade de obrigação de fazer ou de não fazer, o juiz poderá, de ofício ou a requerimento, para a efetivação da tutela específica ou a obtenção de tutela pelo resultado prático equivalente, determinar as medidas necessárias à satisfação do exequente".

concreto, não é possível conceder a tutela específica, em razão, por exemplo, do perecimento do bem. Nesses casos, por não restar alternativa, o juiz deverá converter a obrigação em perdas e danos, mesmo que essa conversão não tenha sido postulada pelo autor.

O princípio da congruência também sofre temperamentos no que diz respeito à **forma de cumprimento da decisão judicial**.

Com efeito, o art. 537 do CPC autoriza que o juiz imponha multa ao réu para que a obrigação estabelecida na decisão judicial seja cumprida, independentemente de pedido do autor[13]. O art. 536, § 1º, do CPC possibilita que o juiz, mesmo sem requerimento da parte, determine todas as medidas necessárias para o cumprimento da sua decisão, tais como imposição de multa por tempo de atraso, busca e apreensão, remoção de pessoas e coisas, desfazimento de obras e impedimento de atividade nociva, se necessário com requisição de força policial[14].

Tais mitigações ao princípio da congruência e ao princípio dispositivo se justificam, na medida em que a necessidade de cumprimento das decisões judiciais vai além do mero interesse privado das partes, pois diz respeito ao interesse da própria Justiça.

7.3. Requisitos do pedido

O pedido tem que ser **certo e determinado** (art. 322, *caput*, e art. 324, *caput*, CPC).

Pedido certo é aquele **que é expresso** no sentido de dizer o que é devido. Por exemplo: soja; feijão; automóvel; casa etc.

Pedido determinado é aquele **delimitado em relação à qualidade e à quantidade**. Por exemplo, mil sacas do tipo A.

Em alguns casos, contudo, por questões redacionais, pode ser difícil identificar o pedido formulado pelo autor. Para tais situações, o art. 322, § 2º, do CPC estabelece que "a interpretação do pedido considerará o conjunto da postulação e observará o princípio da boa-fé". Contudo, se ainda assim não for possível identificar o pedido, o juiz deverá intimar a parte autora para emendar a inicial e esclarecer o pedido, a fim de não prejudicar o direito de defesa do réu.

Havendo pedido certo e determinado, a sentença deve, como regra, ser líquida. De outro lado, apenas a parte autora possui interesse recursal em arguir vício de sentença ilíquida. Nesse sentido, a Súmula 318 do STJ: "Formulado pedido certo e determinado, somente o autor tem interesse recursal em arguir o vício da sentença ilíquida".

---

13 CPC: "Art. 537. A multa independe de requerimento da parte e poderá ser aplicada na fase de conhecimento, em tutela provisória ou na sentença, ou na fase de execução, desde que seja suficiente e compatível com a obrigação e que se determine prazo razoável para cumprimento do preceito. § 1º O juiz poderá, de ofício ou a requerimento, modificar o valor ou a periodicidade da multa vincenda ou excluí-la, caso verifique que: I – se tornou insuficiente ou excessiva; II – o obrigado demonstrou cumprimento parcial superveniente da obrigação ou justa causa para o descumprimento".

14 CPC: "Art. 536 [...] § 1º Para atender ao disposto no *caput*, o juiz poderá determinar, entre outras medidas, a imposição de multa, a busca e apreensão, a remoção de pessoas e coisas, o desfazimento de obras e o impedimento de atividade nociva, podendo, caso necessário, requisitar o auxílio de força policial".

7.4. Pedido genérico

O pedido deve ser **certo e determinado**, como já se viu.

No entanto, o próprio CPC **excepciona** essa regra, dizendo que é possível pedido **parcialmente indeterminado** (indeterminado quanto à quantidade, mas determinado quanto à qualidade), nas seguintes hipóteses (art. 324, § 1º, CPC)[15]:

a) **nas ações universais, se o autor não puder individuar os bens demandados.** Pode dizer respeito à universalidade de fato (ex.: biblioteca) ou à universalidade de direito (ex.: bens que compõem o espólio).

b) **quando não for possível determinar, desde logo, as consequências do ato ou do fato.** Por exemplo, alguém sofre danos corporais em razão de acidente de trânsito e propõe ação contra o responsável. Entretanto, o autor da ação ainda está no hospital, de modo que não sabe qual o valor que ainda será dispendido com o tratamento médico. Neste caso, não é possível determinar, no momento do ajuizamento da ação, todo o prejuízo econômico decorrente do ato ilícito, razão pela qual se admite pedido genérico de condenação do réu ao ressarcimento de todas as despesas médico-hospitalares que foram e serão suportadas pelo autor da ação.

c) **quando a determinação do objeto ou do valor da condenação depender de ato que deva ser praticado pelo réu.** É o que ocorre, por exemplo, quando o consumidor propõe ação revisional de contrato bancário para revisar juros abusivos, mas o banco deve fornecer os extratos da conta-corrente para se calcular a repetição de indébito.

8. CUMULAÇÃO DE PEDIDOS

A cumulação de pedidos ocorre quando é formulado mais de um pedido.

Essa cumulação pode ser própria ou imprópria. Também pode ser inicial ou ulterior.

8.1. Cumulação própria e cumulação imprópria

8.1.1. Cumulação própria

A cumulação própria de pedidos é aquela em que são formulados **dois ou mais pedidos, pretendendo-se** o **acolhimento de todos eles**.

A **cumulação própria** pode ser:

a) **Simples:** quando entre os pedidos cumulados não há relação de prejudicialidade, de modo que **um pode ser julgado independentemente do outro**. É o caso, por exemplo, de pedido

---

15 CPC: "Art. 324. O pedido deve ser determinado. § 1º É lícito, porém, formular pedido genérico: I – nas ações universais, se o autor não puder individuar os bens demandados; II – quando não for possível determinar, desde logo, as consequências do ato ou do fato; III – quando a determinação do objeto ou do valor da condenação depender de ato que deva ser praticado pelo réu".

de indenização por danos morais cumulado com pedido de indenização por danos materiais. Nesse caso, a solução dada para um dos pedidos é independente da dada para o outro.

b) **Sucessiva:** quando há relação lógica (de prejudicialidade) entre os pedidos, de modo que **o segundo somente será apreciado se o primeiro for acolhido**. Por exemplo, no caso da ação de investigação de paternidade cumulada com pedido de alimentos, o pedido de alimentos somente poderá ser acolhido se o pedido de reconhecimento da paternidade for procedente. Também é caso de cumulação sucessiva de pedidos a ação reivindicatória cumulada com perdas e danos; a ação de resolução do contrato cumulada com perdas e danos; etc.

8.1.2. Cumulação imprópria

Ocorre quando há cumulação de pedidos, mas **somente um deles pode ser deferido**. A cumulação imprópria pode ser:

a) **Alternativa:** quando **não há uma preferência do autor** em relação a qual dos pedidos vai ser apreciado primeiro. Está prevista no art. 326, parágrafo único, do CPC[16]. Por exemplo, o autor pede que o Estado forneça a cirurgia ou pague a quantia correspondente para ser realizada em clínica particular.

b) **Eventual:** é manifestação do princípio da eventualidade no pedido. O autor pede que, **caso não seja acolhido o primeiro pedido, seja acolhido o segundo**, instituindo uma ordem de apreciação ao magistrado. Está prevista no art. 326, *caput*, do CPC[17]. A cumulação imprópria eventual ocorre, por exemplo, quando o autor pede a anulação do contrato, mas, caso não seja anulado, que seja deferida a sua revisão em razão da onerosidade excessiva; ou quando, p. ex., o autor pede a complementação de área na venda *ad mensuram* ou, caso não seja possível, a redução do preço (*quanti minoris*).

Na cumulação imprópria eventual, o pedido subsidiário somente deverá ser analisado pelo juiz se o pedido principal não puder ser examinado (estiver presente alguma hipótese de resolução sem mérito desse pedido) ou se este for improcedente. Esse é também o entendimento que consta no Enunciado 287 do FPPC: "O pedido subsidiário somente pode ser apreciado se o juiz não puder examinar ou expressamente rejeitar o principal".

Tratando-se de cumulação imprópria alternativa, se for acolhido um dos pedidos, o autor não terá interesse em recorrer para pedir que o outro seja acolhido. De outro lado, no caso de cumulação imprópria eventual, se não for acolhido o pedido principal e for julgado procedente o pedido subsidiário, o autor terá interesse em recorrer do indeferimento do pedido principal[18].

No caso de cumulação imprópria eventual, quando for acolhido o pedido principal pelo juízo de primeira instância e houver recurso de apelação do réu, a devolutividade

---

16 CPC: "Art. 326 [...] Parágrafo único. É lícito formular mais de um pedido, alternativamente, para que o juiz acolha um deles".

17 CPC: "Art. 326. É lícito formular mais de um pedido em ordem subsidiária, a fim de que o juiz conheça do posterior, quando não acolher o anterior".

18 O mesmo entendimento consta do Enunciado 288 do FPPC: "Quando acolhido o pedido subsidiário, o autor tem interesse de recorrer em relação ao principal".

desse recurso abrangerá o pedido subsidiário. Vale dizer, se, nesse caso, o tribunal acolher a alegação do réu/apelante e entender que improcede o pedido principal, deverá apreciar o pedido subsidiário, ainda que o apelado não tenha requerido a sua análise pelo tribunal. Essa é a interpretação que também se extrai do art. 1.013, § 2º, do CPC: "Quando o pedido ou a defesa tiver mais de um fundamento e o juiz acolher apenas um deles, a apelação devolverá ao tribunal o conhecimento dos demais".

Nesse sentido, o Enunciado 102 do FPPC: "O pedido subsidiário (art. 326) não apreciado pelo juiz – que acolheu o pedido principal – é devolvido ao tribunal com a apelação interposta pelo réu".

A mesma conclusão vale para a cumulação imprópria alternativa.

8.2. Pedido alternativo

Pedido alternativo não se confunde com cumulação imprópria alternativa (anteriormente examinada).

O **pedido alternativo** é aquele em que o autor postula o **cumprimento de uma obrigação alternativa**. A obrigação alternativa está prevista nos arts. 252 a 256 do Código Civil.

A obrigação alternativa é a que pode ser cumprida de duas ou mais formas, pela escolha do autor ou do réu. Se a escolha couber ao autor, não haverá pedido alternativo, porque, na petição inicial, já exercerá o seu direito de escolha. Se a obrigação couber ao réu, o autor fará pedido alternativo. Com efeito, o art. 325, *caput*, do CPC prevê que "o pedido será alternativo quando, pela natureza da obrigação, o devedor puder cumprir a prestação de mais de um modo". O parágrafo único do mesmo artigo estabelece que, "quando, pela lei ou pelo contrato, a escolha couber ao devedor, o juiz lhe assegurará o direito de cumprir a prestação de um ou de outro modo, ainda que o autor não tenha formulado pedido alternativo".

Por exemplo, A e B firmam um contrato de arrendamento rural da propriedade de A, sendo acordado determinado valor, que deverá ser pago por B em sacas de soja ou em dinheiro, incumbindo a escolha ao devedor B. Nesse caso, se ocorrer o inadimplemento, o credor A proporá uma ação contra o devedor B, com pedido alternativo, a fim de que este seja condenado a entregar sacas de soja ou o valor correspondente.

8.3. Cumulação inicial e ulterior

A cumulação de pedidos ainda pode ser:

a) **Inicial:** quando, na petição inicial, o autor já deduz os pedidos cumulados.

b) **Ulterior:** quando a cumulação de pedidos ocorre no aditamento à petição inicial, acrescentando-se novo pedido. Contudo, o autor pode aditar pedidos sem consentimento do réu somente até a citação deste, ou, com o seu consentimento, até o saneamento do processo (art. 329, CPC)[19].

---

19 CPC: "Art. 329. O autor poderá: I – até a citação, aditar ou alterar o pedido ou a causa de pedir, independentemente de consentimento do réu; II – até o saneamento do processo, aditar ou alterar o pedido e a causa de pedir, com consentimento do réu, assegurado o contraditório mediante a possibilidade de manifestação deste no prazo mínimo de 15 (quinze) dias, facultado o requerimento de prova suplementar".

8.4. Requisitos da cumulação

Para que seja possível a cumulação de pedidos, é imprescindível que estejam preenchidos os seguintes requisitos (art. 327, § 1º, CPC):

a) **Competência:** é necessário que o juízo seja competente para apreciar todos os pedidos. Contudo, no caso de incompetência relativa, é possível a cumulação de pedidos. As hipóteses em que a cumulação de demandas é permitida também servem como causas de modificação de competência relativa. Nesse sentido, o Enunciado 289 do FPPC: "Se houver conexão entre pedidos cumulados, a incompetência relativa não impedirá a cumulação, em razão da modificação legal da competência".

b) **Compatibilidade:** os pedidos precisam ser compatíveis entre si. De outro lado, a depender do caso, é possível que pedidos incompatíveis possam ser formulados em cumulação imprópria, alternativa ou eventual[20].

c) **Mesmo procedimento ou conversibilidade:** é imprescindível que o mesmo procedimento seja adequado para processar ambos os pedidos, ou, quando os pedidos formulados ensejam procedimentos diferentes, seja possível a adoção do procedimento comum. Por exemplo, quando um pedido deve, em princípio, ser processado pelo procedimento especial e o outro pelo rito comum, não há maiores problemas, porque se poderá adotar o procedimento comum para a demanda, ainda que com a aplicação de alguns dispositivos do procedimento especial. É o caso, por exemplo, de ação de revisão contratual e ação de consignação em pagamento, em que a cumulação é permitida[21]. No entanto, quando se propõe uma ação de inventário e partilha, ou de desapropriação, não podem ser convertidas em procedimento comum, diante da peculiaridade do direito material veiculado.

9. PEDIDO IMPLÍCITO

Como regra, todos os pedidos devem ser expressos. No entanto, em determinados casos, autorizados por lei, admite-se pedido implícito, ou seja, permite-se que a sentença decida sobre determinada pretensão mesmo sem expressa manifestação do autor.

---

20 Nesse sentido, observe-se o § 3º do art. 327 do CPC: "Art. 327. É lícita a cumulação, em um único processo, contra o mesmo réu, de vários pedidos, ainda que entre eles não haja conexão. § 1º São requisitos de admissibilidade da cumulação que: I – os pedidos sejam compatíveis entre si; [...] § 3º O inciso I do § 1º não se aplica às cumulações de pedidos de que trata o art. 326. O art. 326 do CPC trata da cumulação imprópria, alternativa ou eventual: "Art. 326. É lícito formular mais de um pedido em ordem subsidiária, a fim de que o juiz conheça do posterior, quando não acolher o anterior. Parágrafo único. É lícito formular mais de um pedido, alternativamente, para que o juiz acolha um deles".

21 "[...] **Já decidiu a Corte ser possível em ação de consignação em pagamento 'examinar o critério de reajustamento em contratos de mútuo para a aquisição da casa própria'** (REsp n. 257.365/SE, de minha relatoria, *DJ* de 18-6-2001). **Há, também, precedente no sentido de que se admite 'a cumulação dos pedidos de revisão de cláusulas do contrato e de consignação em pagamento das parcelas tidas como devidas por força do mesmo negócio jurídico' e de que quando o autor cumula pedidos 'que possuem procedimentos judiciais diversos, implicitamente requer o emprego do procedimento ordinário'** [...]" (STJ, REsp 616.357/PE, Rel. Min. Carlos Alberto Menezes Direito, Terceira Turma, julgado em 7-6-2005, *DJ* 22-8-2005, p. 263).

São **exemplos** de pedido implícito (art. 322, § 1º, CPC):

a) os **juros legais** (art. 405 e 406 do CC);

b) a **correção monetária** (art. 404 do CC);

c) a condenação em verbas sucumbenciais (**honorários advocatícios, custas processuais e outras verbas sucumbenciais**);

d) condenação às **prestações vincendas**, no caso de ações que tenham por objeto **cumprimento de obrigação em prestações sucessivas** (obrigações de trato sucessivo).

A esse respeito, o art. 323 do CPC prevê que, "na ação que tiver por objeto cumprimento de obrigação em prestações sucessivas, essas serão consideradas incluídas no pedido, independentemente de declaração expressa do autor, e serão incluídas na condenação, enquanto durar a obrigação, se o devedor, no curso do processo, deixar de pagá-las ou de consigná-las".

Assim, por exemplo, havendo ação de cobrança de aluguéis, cumulada ou não com ação de despejo, o juiz deve condenar o réu a pagar o valor dos aluguéis vencidos e vincendos, mesmo que estes (os vincendos) não tenham sido postulados pelo autor[22].

Não se deve confundir pedido implícito com pedido genérico, que é expresso.

Embora o pedido possa ser implícito (em tais hipóteses excepcionais), a sentença tem sempre que ser expressa. Caso contrário, será cabível o recurso de embargos de declaração.

Contudo, de acordo com a Súmula 254 do STF, "incluem-se os juros moratórios na liquidação, embora omisso o pedido inicial ou a condenação".

O mesmo raciocínio deve ser aplicado à correção monetária. Aliás, o STJ assim decidiu em julgamento de Recurso Especial Repetitivo: "A correção monetária plena, por seu turno, é mecanismo mediante o qual se empreende a recomposição da efetiva desvalorização da moeda, com o escopo de se preservar o poder aquisitivo original, sendo certo que independe de pedido expresso da parte interessada, não constituindo um *plus* que se acrescenta ao crédito, mas um *minus* que se evita"[23].

De outro lado, em alguns casos específicos, o STJ tem admitido como pedido implícito as situações em que ele seria uma decorrência lógica e natural de outro pedido. É o caso, por exemplo, da hipótese que foi consagrada na Súmula 551 do STJ: "Nas demandas por complementação de ações de empresas de telefonia, admite-se a condenação ao pagamento de dividendos e juros sobre capital próprio independentemente de pedido expresso. No entanto, somente quando previstos no título executivo, poderão ser objeto de cumprimento de sentença".

---

22 Nesse sentido: "**Na ação de despejo cumulada com cobrança de aluguéis, são devidos os encargos locatícios até a efetiva entrega das chaves, mesmo na ausência de pedido expresso na peça inicial, por se tratar de obrigações de trato sucessivo.** [...] O objetivo do instituto é evitar a multiplicação de demandas, primando pelo princípio da economia processual" (TJDFT, Acórdão n. 453310, 20090710320402APC, Rel. Ana Maria Duarte Amarante Brito, 6ª Turma Cível, *DJe* 14-10-2010. p. 320).

23 "**A correção monetária plena, por seu turno, é mecanismo mediante o qual se empreende a recomposição da efetiva desvalorização da moeda, com o escopo de se preservar o poder aquisitivo original, sendo certo que independe de pedido expresso da parte interessada, não constituindo um *plus* que se acrescenta ao crédito, mas um *minus* que se evita**" (STJ, REsp 1143677/RS, Rel. Min. Luiz Fux, Corte Especial, julgado em 2-12-2009, *DJe* 4-2-2010).

10. VALOR DA CAUSA

A toda a causa, ainda que sem valor econômico imediato, deve ser atribuído um valor.

O valor da causa possui diversas funções dentro do processo. Tem relevância, por exemplo, para determinar o rito processual, pois a instituição dos procedimentos comum e sumaríssimo possui relação com o valor da causa. Além disso, é utilizado para o cálculo das custas processuais, bem como pode ser utilizado como base de cálculo dos honorários quando não houver condenação. O valor da causa também é utilizado como base de cálculo para a imposição de multa por ato atentatório à dignidade da justiça (art. 77, § 2º, CPC) e por litigância de má-fé (art. 81, *caput*, CPC).

A fixação do valor da causa pode ser legal ou voluntária.

É legal quando fixado conforme as hipóteses legais previstas em lei (art. 292, CPC). A fixação será voluntária quando o valor da causa é definido segundo estimativa feita pelo autor, quando não houver conteúdo econômico aferível (art. 291, CPC).

A lei determina o valor da causa nos seguintes casos (art. 292, CPC):

a) **Cobrança de dívida:** valor do principal, correção monetária, juros e outras penalidades contratuais (ex.: multa) até a data do ajuizamento da ação;

b) **Discussão de contrato:** tendo por objeto a existência, validade, cumprimento, modificação ou rescisão de negócio jurídico, o valor da causa será o valor do contrato, ou da parte controvertida (ex.: se a ação versar sobre a abusividade da multa, o valor da causa será o da diferença postulada).

c) **Ação de alimentos:** a soma do valor de 12 prestações mensais.

d) **Divisão, demarcação e reinvindicação:** o valor de avaliação da área ou do bem objeto do pedido.

e) **Ação indenizatória:** "inclusive a fundada em dano moral, o valor pretendido" (inc. V).

f) **Se são postuladas prestações vencidas e vincendas:** o valor de ambas. No entanto, se o valor das vincendas ultrapassar 1 ano ou se for por prazo indeterminado, será tomado por base o valor correspondente a de 1 ano de prestações vincendas, mais o das vencidas, se houver.

g) **Na cumulação de pedidos:**

g.1) Cumulação própria (simples e sucessiva): a soma dos valores dos pedidos cumulados.

g.2) Cumulação imprópria alternativa: o maior valor objeto do pedido.

g.3) Cumulação imprópria eventual: o valor do pedido principal.

O juiz poderá corrigir o valor da causa de ofício e por arbitramento quando constatar que ele não corresponde ao conteúdo patrimonial em discussão ou ao proveito econômico perseguido pelo autor. Após essa correção, o juiz deverá determinar que a parte proceda ao recolhimento das custas complementares correspondentes (art. 292, § 3º, CPC).

No caso de a parte requerida entender que o autor atribuiu à causa valor incorreto, poderá opor impugnação ao valor da causa. Tal incidente será estudado no item referente às respostas do réu.

Se o réu discordar do valor atribuído à causa pelo autor, deverá impugná-lo em preliminar de contestação, sob pena de preclusão (art. 293, CPC). Não há instauração de incidente para esse propósito, vale dizer, a impugnação do valor da causa é deduzida em preliminar de contestação e ocorre no mesmo processo. O juiz deve decidir essa preliminar e, se acolhê-la, deverá determinar que o autor promova a complementação das custas, se for o caso.

11. GRATUIDADE JUDICIÁRIA

Caso o autor não tenha condições econômicas de arcar com as despesas processuais e os honorários advocatícios, poderá formular requerimento para concessão de gratuidade judiciária. Contudo, se o autor não formular esse requerimento na petição inicial, deverá recolher as custas processuais. De outro lado, nada impede que ele requeira o benefício em outra fase do processo.

Para evitar repetições, remetemos o leitor para o item próprio, já estudado.

CAPÍTULO III

DISTRIBUIÇÃO E REGISTRO

O **registro** é o ato do serventuário da justiça ou do distribuidor que cadastra o processo no sistema do Tribunal, consignando os dados principais relativos à demanda, bem como conferindo-lhe um número identificador.

Caso exista, na comarca ou circunscrição judiciária, mais de uma Vara com a mesma competência, deverá ocorrer a **distribuição**.

A **distribuição** é a remessa alternada e aleatória (ou seja, não direcionada) para uma das Varas competentes. Assim, por exemplo, se há mais de uma Vara Cível na comarca, o processo deverá ser distribuído (aleatoriamente) para uma delas, assegurando-se que cada Vara com a mesma competência receba idêntica quantidade de processos.

A esse respeito, o art. 284 do CPC estabelece que "todos os processos estão sujeitos a registro, devendo ser distribuídos onde houver mais de um juiz".

Além disso, "a distribuição, que poderá ser eletrônica, será alternada e aleatória, obedecendo-se rigorosa igualdade" (art. 285, CPC), podendo ser fiscalizada pelas partes, por seus procuradores, pelo Ministério Público e pela Defensoria Pública (art. 289, CPC).

A distribuição é, assim, uma norma que concretiza o princípio do juiz natural (art. 5º, incs. XXXVII e LIII, CF), na medida em que impede que uma das partes possa escolher o juiz que julgará a sua causa[1].

Caso haja algum erro na distribuição, o juiz deverá determinar imediatamente a sua correção (art. 288, CPC).

No caso de processo eletrônico, o registro ou a distribuição são feitos diretamente por aqueles que possuem capacidade postulatória, ou seja, não há necessidade de intervenção de serventuário da justiça ou distribuidor, sendo fornecido pelo próprio sistema recibo eletrônico do protocolo (Lei n. 11.419/2006, art. 10)[2].

1 Nesse mesmo sentido, José Miguel Garcia Medina: "A garantia do juiz natural compreende tanto a proibição de juízos extraordinários quanto a subtração do juiz constitucionalmente competente. Assegura-se, assim, a impessoalidade e a independência no exercício da função jurisdicional. Na constituição, o princípio inspira a redação do art. 5º, XXXVII ('não haverá juízo ou tribunal de exceção') e LIII ('ninguém será processado nem sentenciado senão pela autoridade competente'). O procedimento previsto previamente na lei processual para a distribuição de processos realiza essa garantia constitucional, impedindo o direcionamento da causa a um juízo predefinido" (MEDINA, José Miguel Garcia. *Novo código de processo civil comentado*. 3. ed. São Paulo: Revista dos Tribunais, 2015. p. 423).

2 Lei n. 11.419/2006: "Art. 10. A distribuição da petição inicial e a juntada da contestação, dos recursos e das petições em geral, todos em formato digital, nos autos de processo eletrônico, podem ser feitas diretamente pelos advogados públicos e privados, sem necessidade da intervenção do cartório ou secretaria judicial, situação em que a autuação deverá se dar de forma automática, fornecendo-se recibo eletrônico de protocolo".

Com o registro ou a distribuição, *fixa-se concretamente a competência*, antes analisada em abstrato a partir das normas legais. Assim, eventuais modificações no estado de fato ou de direito ocorridas posteriormente (mudança de endereço de alguma das partes; extinção do processo em relação a algum dos pedidos; homologação parcial de acordo etc.) serão irrelevantes, salvo quando houver supressão de órgão judiciário ou alteração de regra de competência absoluta (art. 43, CPC)[3]. É o que se chama de ***perpetuatio jurisdictionis***.

Além disso, **com o registro (onde existir apenas uma Vara) ou a distribuição (onde houver mais de uma Vara) ocorre a *prevenção*** (art. 59, CPC)[4], ou seja, o juízo para onde o processo é encaminhado será competente para todas as demais demandas conexas ou que, por outro motivo, venham a ser distribuídas por dependência.

A distribuição poderá ser autônoma ou por dependência. A **distribuição autônoma** é a que ocorre sem que haja vinculação a processo ou a juízo específico. A **distribuição** ocorrerá **por dependência** nas hipóteses em que o processo deva ser direcionado para determinado juízo, em razão de alguma circunstância específica, desde que isso seja estabelecido por lei.

O art. 286 do CPC estabelece que deverá ocorrer **distribuição por dependência** nas seguintes hipóteses:

> a) "**quando se relacionarem, por conexão ou continência, com outra já ajuizada**": a conexão ocorre quando existem duas ou mais ações com pedido ou causa de pedir idênticos (art. 55, *caput*, CPC); a continência está presente quando, entre duas ou mais ações, há identidade de partes e de causa de pedir, mas o pedido de uma, por ser mais amplo, abrange o das demais (art. 56, *caput*, CPC).
>
> b) "**quando, tendo sido extinto o processo sem resolução de mérito, for reiterado o pedido, ainda que em litisconsórcio com outros autores ou que sejam parcialmente alterados os réus da demanda**": trata-se de importante regra para coibir o exercício abusivo do direito de demandar, ou seja, hipóteses em que alguém pretendesse desistir da ação distribuída para determinado juízo para ingressar novamente com a mesma demanda e tentar a sorte para ser distribuída a outra Vara.
>
> c) "**quando houver ajuizamento de ações nos termos do art. 55, § 3º, ao juízo prevento**": de acordo com este dispositivo (art. 55, § 3º, CPC), "serão reunidos para julgamento conjunto os processos que possam gerar risco de prolação de decisões conflitantes ou contraditórias caso decididos separadamente, mesmo sem conexão entre eles".

Quando houver alguma situação que envolva a ampliação objetiva do processo (acréscimo de pedido, seja pelo autor, pelo réu ou por terceiro) – como, por exemplo, intervenção de terceiro, reconvenção etc. –, o juiz deverá, de ofício ou mediante provocação, determinar que isso seja anotado pelo distribuidor[5].

---

3 CPC: "Art. 43. Determina-se a competência no momento do registro ou da distribuição da petição inicial, sendo irrelevantes as modificações do estado de fato ou de direito ocorridas posteriormente, salvo quando suprimirem órgão judiciário ou alterarem a competência absoluta".

4 CPC: "Art. 59. O registro ou a distribuição da petição inicial torna prevento o juízo".

5 CPC: "Art. 286 [...] Parágrafo único. Havendo intervenção de terceiro, reconvenção ou outra hipótese de ampliação objetiva do processo, o juiz, de ofício, mandará proceder à respectiva anotação pelo distribuidor".

No momento do registro ou da distribuição, a parte já deverá proceder ao recolhimento das **custas processuais**. Caso não o faça, deverá ser intimada, na pessoa do seu advogado, para, no prazo de 15 dias, fazê-lo, sob pena de ser cancelado o registro ou a distribuição (art. 290, CPC)[6].

Ao receber a petição inicial, o escrivão ou chefe de secretaria deverá proceder à sua **autuação**, ou seja, formar os autos processuais, colocando capa, identificando o processo (consignando o número do processo; a indicação da Vara, do juiz, do diretor de secretaria, do nome das partes e dos seus advogados etc.), numerando as páginas etc.[7]. Em caso de processo eletrônico, a autuação é automática (art. 10, Lei n. 11.419/2006).

A seguir, o processo deverá ser encaminhado para o juiz, a fim de que este receba a petição inicial (ou determine a sua emenda), decida sobre as tutelas provisórias (se houver requerimento nesse sentido), determine a citação da parte ré, entre outras providências que forem necessárias.

No âmbito dos tribunais, também há registro e distribuição das ações originárias e dos recursos (arts. 929 e 930, CPC)[8].

---

6 CPC: "Art. 290. Será cancelada a distribuição do feito se a parte, intimada na pessoa de seu advogado, não realizar o pagamento das custas e despesas de ingresso em 15 (quinze) dias".

7 CPC: "Art. 206. Ao receber a petição inicial de processo, o escrivão ou o chefe de secretaria a autuará, mencionando o juízo, a natureza do processo, o número de seu registro, os nomes das partes e a data de seu início, e procederá do mesmo modo em relação aos volumes em formação".

8 CPC: "Art. 929. Os autos serão registrados no protocolo do tribunal no dia de sua entrada, cabendo à secretaria ordená-los, com imediata distribuição. Parágrafo único. A critério do tribunal, os serviços de protocolo poderão ser descentralizados, mediante delegação a ofícios de justiça de primeiro grau. Art. 930. Far-se-á a distribuição de acordo com o regimento interno do tribunal, observando-se a alternatividade, o sorteio eletrônico e a publicidade. Parágrafo único. O primeiro recurso protocolado no tribunal tornará prevento o relator para eventual recurso subsequente interposto no mesmo processo ou em processo conexo".

CAPÍTULO **IV**

ESTABILIDADE SUBJETIVA E OBJETIVA DA DEMANDA

1. INTRODUÇÃO

Estabilidade da demanda quer dizer que, em determinado momento, os elementos da demanda (partes, causa de pedir e pedido) não mais podem ser alterados.

A **estabilidade subjetiva** diz respeito ao elemento subjetivo (partes). A **estabilidade objetiva**, por sua vez, refere-se aos elementos objetivos da demanda (causa de pedir e pedido).

A estabilidade da demanda possui dois marcos essenciais, que são a citação e o saneamento do processo, como adiante se demonstrará.

2. ESTABILIDADE OBJETIVA DA DEMANDA: LIMITES AO ADITAMENTO E À ALTERAÇÃO DO PEDIDO

Até o momento da citação, pode o autor aditar ou alterar o pedido ou a causa de pedir, sem a concordância do réu. Após efetivada a citação, somente pode fazer a alteração ou o aditamento do pedido se houver anuência do réu (art. 329, I, CPC).

Se o juiz admitir o aditamento ou a alteração do pedido ou da causa de pedir e o réu já tiver apresentado contestação, ou já houver transcorrido esse prazo, deverá o réu ser novamente intimado para se manifestar, no prazo mínimo de 15 dias, sendo-lhe facultado, inclusive, requerer a produção de prova suplementar[1].

Tratando-se de ocorrência de revelia do réu, se o autor requerer a alteração ou o aditamento do pedido, estes também dependem da concordância do réu. Assim, o réu deverá ser intimado para dizer se concorda ou não com o aditamento ou alteração do pedido. Neste caso, não há necessidade de nova citação (mas apenas de intimação

1 CPC: "Art. 329. O autor poderá: I – até a citação, aditar ou alterar o pedido ou a causa de pedir, independentemente de consentimento do réu; II – até o saneamento do processo, aditar ou alterar o pedido e a causa de pedir, com consentimento do réu, assegurado o contraditório mediante a possibilidade de manifestação deste no prazo mínimo de 15 (quinze) dias, facultado o requerimento de prova suplementar. Parágrafo único. Aplica-se o disposto neste artigo à reconvenção e à respectiva causa de pedir".

sobre a alteração ou o aditamento), porque o réu já integra a relação jurídica processual, ainda que revel.

A partir do momento em que houver o saneamento do processo, não pode mais ocorrer modificação ou aditamento do pedido e da causa de pedir, nem mesmo com o consentimento do réu (art. 329, II, CPC).

De qualquer forma, mesmo que admitida, a alteração do pedido não pode alterar o tipo de procedimento, salvo se o juiz entender, por razões de instrumentalidade e economia processual, que a alteração do pedido deve ser admitida, desde que isso também não modifique a competência para processar e julgar o processo. Por exemplo, se, ao ajuizar a ação, o autor pediu a condenação do réu a pagar quantia em dinheiro, não pode depois alterar o pedido e requerer a execução do crédito, salvo se o juiz verificar que é possível essa alteração sem que cause tumulto processual, e o mesmo juízo seja competente para processar e julgar o feito.

Assim, conclui-se que:

a) **antes da citação**, o autor pode aditar ou modificar o pedido ou a causa de pedir, independentemente do consentimento do réu.

b) **após a citação**, o pedido ou a causa de pedir somente podem ser aditados ou modificados com o consentimento do réu.

c) **depois do saneamento do processo**, não mais será admitido o aditamento ou a modificação da causa de pedir ou do pedido.

Então, no momento do **saneamento do processo**, ocorre **estabilização objetiva da demanda**.

Possibilidade de aditamento e modificação da causa de pedir e do pedido e estabilidade objetiva da demanda:

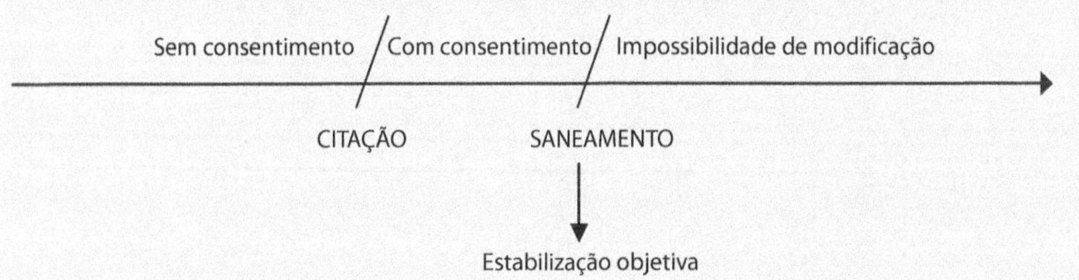

3. ESTABILIDADE SUBJETIVA DA DEMANDA

A estabilidade subjetiva da demanda diz respeito ao momento a partir do qual não é mais possível alterar as partes.

Com a propositura da ação, ocorre a estabilização subjetiva da demanda, como regra, ressalvadas as hipóteses expressamente autorizadas por lei[2].

---

2 "**O indeferimento do pedido de integração da lide de litisconsortes facultativos se deu porquanto o requerimento para o ingresso na ação cautelar ocorreu após a concessão da liminar e após as fases de citação,**

Essa regra decorre do **Princípio do Juiz Natural**. Caso se permita a inclusão de outros autores no processo, de modo que isso represente a escolha do Juízo, tal circunstância implicará violação a esse princípio, razão pela qual não poderá ser admitida.

Por exemplo, é proposta ação por determinado servidor público contra o Estado, postulando que seja paga determinada gratificação; após o ajuizamento da ação, observando que o Juízo para o qual foi distribuída a ação possui entendimento favorável à pretensão deduzida, o advogado da parte autora, antes de realizada a citação, inclui, no polo ativo, outros 100 (cem) servidores que estão na mesma situação jurídica. Observe-se que, nesse caso, a alteração das partes implicou violação ao Princípio do Juiz Natural, porque houve a escolha do Juízo.

Outro exemplo: A possui um crédito contra B e C, devedores solidários. Por não saber o endereço de C, A propõe uma ação de cobrança contra B. Antes de realizada a citação, descobre o endereço de C, razão pela qual requer a inclusão de C no polo passivo do processo. Nesse caso, o juiz deverá admitir a modificação do polo passivo, com a inclusão de C, pois inexiste qualquer violação ao Princípio do Juiz Natural.

Como se expôs, depois da citação, não pode haver alteração das partes, como regra. No entanto, o CPC prevê **casos excepcionais**, em que é possível a alteração das partes após a citação. Trata-se das hipóteses de **chamamento ao processo** (com a inclusão do chamado); **denunciação da lide** (inclusão do denunciado); assistência (ingresso do assistente); **sucessão por morte de uma das partes** (os herdeiros ingressam no processo, sucedendo o falecido); **alienação da coisa litigiosa** quando houver consentimento da parte contrária; sucessão pela extinção da pessoa jurídica; etc.

De acordo com CPC, também há outra possibilidade de **alteração das partes após a propositura da ação**: quando houver **concordância de ambas as partes**[3]. Essa é a conclusão que se deve chegar a partir de uma interpretação sistemática, considerando o teor do art. 190 CPC (negócios processuais).

---

contestação e réplica, quando já estabilizada a relação jurídica processual. 2. A conclusão alcançada pela Corte Estadual, tal como retratada nos autos, se amolda ao que já decidiu o STJ em outras oportunidades, no sentido de que não se admite a formação de litisconsórcio ativo facultativo em momento posterior à distribuição da ação, para a preservação e a garantia do Princípio do Juiz Natural" (STJ, AgRg no AREsp 184.951 / SP, Rel. Min. Napoleão Nunes Maia Filho, Primeira Turma, julgado em 23-9-2014, *DJe* 9-10-2014).

3 Também nesse sentido: MEDINA, José Miguel Garcia. *Novo Código de Processo Civil comentado*. 3. ed. São Paulo: Revista dos Tribunais, 2015. p. 546.

CAPÍTULO V

JULGAMENTO LIMINAR DE IMPROCEDÊNCIA

1. INTRODUÇÃO

O CPC estabelece duas hipóteses de julgamento liminar (sem a oitiva da parte contrária): a) indeferimento da petição inicial; e b) julgamento liminar de improcedência. O indeferimento da petição inicial é matéria que já foi estudada anteriormente.

Este capítulo tratará especificamente do instituto denominado julgamento liminar de improcedência[1], também conhecido como **improcedência *prima facie***, **julgamento liminar de mérito**, ou, como o CPC denomina, **improcedência liminar do pedido**.

O julgamento liminar de improcedência é uma decisão jurisdicional de mérito que, antes da citação do réu, julga improcedente o pedido formulado pelo demandante. Trata-se de hipótese de tutela definitiva, capaz de fazer coisa julgada material.

Caso sejam julgados liminarmente improcedentes todos os pedidos, trata-se de sentença.

Observa-se, assim, que o julgamento liminar de mérito é uma técnica de aceleração do processo[2], que ocorre em hipóteses de manifesta improcedência, especificadas em lei.

O art. 332 do CPC prevê que, em determinadas hipóteses que estabelece e sendo dispensada a fase instrutória, "o juiz, independentemente da citação do réu, julgará liminarmente improcedente o pedido". O julgamento é liminar porque ocorre *in limine litis*, ou seja, no início da lide, sem a oitiva da parte contrária (*inaudita altera parte*).

Desse modo, o processo não se desenvolve de acordo com todos os atos da fase de conhecimento. Por isso, somente se admite o julgamento liminar de improcedência nas hipóteses expressamente autorizadas por lei.

2. REQUISITOS

Para que o juiz proceda ao julgamento liminar de improcedência, é necessário que estejam presentes todos os requisitos estabelecidos em lei.

---

1 Renato Castro chama o instituto de "julgamento liminar de improcedência", denominação que melhor o representa semanticamente (CASTRO, Renato. *Julgamentos liminares de improcedência*. Brasília: Gazeta, 2012).

2 Nesse sentido: DIDIER JR., Fredie. *Curso de direito processual civil:* introdução ao direito processual civil, parte geral e processo de conhecimento. 17. ed. Salvador: JusPodivm, 2015. p. 593.

O **primeiro requisito** estabelecido no CPC é que **seja dispensada a instrução probatória**. Trata-se das hipóteses em que a matéria fática pode ser comprovada de plano unicamente por prova documental. Portanto, o julgamento liminar de improcedência seria um caso especial de julgamento antecipado de mérito (art. 355, I, CPC), mas que dispensa, além da fase instrutória, a própria citação do réu.

O **segundo requisito** é que o pedido contrarie (art. 332, CPC): "I – enunciado de súmula do Supremo Tribunal Federal ou do Superior Tribunal de Justiça; II – acórdão proferido pelo Supremo Tribunal Federal ou pelo Superior Tribunal de Justiça em julgamento de recursos repetitivos; III – entendimento firmado em incidente de resolução de demandas repetitivas ou de assunção de competência; IV – enunciado de súmula de tribunal de justiça sobre direito local".

O CPC também prevê outra hipótese legal de julgamento liminar de improcedência: quando o juiz verificar de plano a decadência ou a prescrição (art. 332, § 1º, CPC). Tais hipóteses legais serão analisadas a seguir.

O **terceiro requisito** é que o juiz conclua que se trata de caso de **improcedência**.

O julgamento liminar de improcedência pode ocorrer tanto em primeira instância como no caso de competência originária dos tribunais[3].

Também se admite o julgamento liminar de improcedência nos Juizados Especiais[4].

Além disso, permite-se que haja julgamento liminar de improcedência de parte ou da totalidade dos pedidos cumulados.

Na prática, contudo, o julgamento liminar de improcedência parcial talvez não traga tantos benefícios em termos de celeridade processual, em razão da multiplicação de atos processuais que gera. Com efeito, se isso ocorrer (o julgamento liminar de improcedência de parte dos pedidos), será cabível recurso (agravo de instrumento – art. 1.015, II, CPC) dessa decisão (da parte que julgou improcedente), sendo que o processo prosseguirá quanto aos demais pedidos. Se o tribunal acolher o recurso, parte dos pedidos já terá seguido o procedimento, enquanto a outra parte ainda terá de ser processada desde o início. Portanto, não é recomendável a utilização do julgamento liminar de improcedência para somente alguns pedidos cumulados, porque pode causar tumulto processual.

3. HIPÓTESES LEGAIS

É possível o julgamento liminar de improcedência quando for dispensada a fase instrutória e o pedido do autor contrariar (art. 332, CPC):

> **I – enunciado de súmula do Supremo Tribunal Federal ou do Superior Tribunal de Justiça;**
>
> **II – acórdão proferido pelo Supremo Tribunal Federal ou pelo Superior Tribunal de Justiça em julgamento de recursos repetitivos;**

3 Nesse sentido: DIDIER JR., Fredie. *Curso de direito processual civil:* introdução ao direito processual civil, parte geral e processo de conhecimento. 17. ed. Salvador: JusPodivm, 2015. p. 594.

4 Enunciado 43 da ENFAM: "O art. 332 do CPC/2015 se aplica ao sistema de juizados especiais e o inciso IV também abrange os enunciados e súmulas dos seus órgãos colegiados competentes".

III – entendimento firmado em incidente de resolução de demandas repetitivas ou de assunção de competência;

IV – enunciado de súmula de tribunal de justiça sobre direito local.

O CPC também prevê que é caso de julgamento liminar de improcedência quando o juiz verifica de plano a decadência ou a prescrição (art. 332, § 1º, CPC).

Observa-se, inicialmente, que o CPC/2015 não contemplou como causa de julgamento liminar de improcedência a estabelecida no CPC/1973 (art. 285-A), referente ao julgamento liminar de improcedência para as denominadas ações repetitivas, quando tratasse de matéria jurídica que já tivesse sido objeto de julgamentos de improcedência anteriores em casos semelhantes. Portanto, por ausência de previsão legal, não pode mais haver julgamento liminar de improcedência nesta hipótese.

Nas hipóteses acima relacionadas, o juiz proferirá sentença de improcedência sem que tenha sido sequer citado o réu. Isso se torna possível sem violar o contraditório e a ampla defesa, já que a sentença é proferida em favor do réu.

4. HIPÓTESE ATÍPICA DE JULGAMENTO LIMINAR DE IMPROCEDÊNCIA: IMPOSSIBILIDADE JURÍDICA DO PEDIDO

Inicialmente, é preciso analisar se o rol de hipóteses do art. 332 do CPC é taxativo ou se pode haver outras hipóteses nele não previstas de julgamento liminar de improcedência.

De um lado, é certo que esse rol possui hipóteses bastante específicas de improcedência liminar, o que dificulta a sua interpretação ampliativa. Além disso, também não é desejável permitir flexibilizações em geral, pois isso poderia gerar instabilidade no sistema.

Contudo, é preciso analisar uma hipótese específica, prevista indiretamente no Anteprojeto do CPC/2015, mas que, por razões conjunturais, não constou da redação final do Código: a impossibilidade jurídica do pedido.

O art. 317, inc. I, do Anteprojeto do CPC/2015 assim estabelecia:

> Art. 317. Independentemente de citação do réu, o juiz rejeitará liminarmente a demanda se:
>
> I – manifestamente improcedente o pedido, desde que a decisão proferida não contrarie entendimento do Supremo Tribunal Federal ou do Superior Tribunal de Justiça, sumulado ou adotado em julgamento de casos repetitivos;

Assim, pelo Anteprojeto, a (im)possibilidade jurídica do pedido deixaria de ser condição da ação para se tornar uma hipótese de improcedência liminar do pedido. Segundo a exposição de motivos do Anteprojeto, o objetivo da retirada da possibilidade jurídica do pedido como condição da ação foi incluir a circunstância fática que a determina como causa de julgamento liminar do pedido, resolvendo-se definitivamente a controvérsia. Observe-se o teor do trecho em referência da exposição de motivos do Anteprojeto do CPC/2015:

> O novo sistema permite que cada processo tenha maior rendimento possível. Assim, e por isso, estendeu-se a autoridade da coisa julgada às questões prejudiciais. Com o objetivo de se dar maior rendimento a cada processo, individualmente considerado, e, atendendo a críticas tradicionais da doutrina, deixou, a possibilidade jurídica do pedido, de ser condição

da ação. A sentença que, à luz da lei revogada seria de carência da ação, à luz do Novo CPC é de improcedência e resolve definitivamente a controvérsia[5].

Ocorre que, na redação final do art. 332 do CPC/2015, não constou como caso de julgamento liminar de improcedência a hipótese aberta de ser "manifestamente improcedente o pedido", como constava no Anteprojeto. De outro lado, como a possibilidade jurídica do pedido já havia sido retirada das condições da ação no Anteprojeto, ela ficou sem disciplina jurídica no CPC/2015. Assim, caberia perquirir se a (im)possibilidade jurídica do pedido continuaria presente no sistema processual civil brasileiro.

A pergunta, contudo, deve assumir um caráter funcional. Casos de ação judicial para cobrança de dívida de jogo, de pedido de reconhecimento de domínio em ação possessória e de pedido de prisão civil por dívida não alimentar, que são vedados pelo ordenamento jurídico, devem prosseguir com todos os atos processuais, se já se sabe de antemão que serão improcedentes? Ou seja, nos casos em que a demanda é manifestamente vedada pelo ordenamento jurídico (impossibilidade jurídica), deve o processo prosseguir para, somente após todo o dispêndio processual, ser, ao final, julgada improcedente?

Com base nos princípios da boa-fé processual, da instrumentalidade, da efetividade e da tempestividade da jurisdição, devem-se criar mecanismos para impedir que essas demandas manifestamente improcedentes possam prosseguir. E, pela sistemática do CPC, o mecanismo hábil para tanto deve ser a improcedência liminar do pedido.

Aliás, isso não é novidade no CPC, na medida em que este prevê, por exemplo, a possibilidade de rejeição liminar dos embargos, quando "manifestamente protelatórios"[6].

Portanto, a **impossibilidade jurídica do pedido** deve ser admitida como uma **hipótese atípica de julgamento liminar de improcedência**[7].

5. RECURSO

Contra a sentença que julga liminarmente improcedente o pedido do autor, é cabível recurso de **apelação**. O prazo para a sua interposição é de **15 dias**.

Neste caso, com a interposição da apelação, deverá haver **juízo de retratação** pelo magistrado, que decidirá se mantém a sentença, ou a reforma e dá prosseguimento à ação. O juízo de retratação, neste caso, está em sintonia com o princípio da cooperação, que impõe dialeticidade entre o juiz e as partes.

O prazo para que o juiz faça o juízo de retratação é de 5 dias (art. 332, § 3º, CPC). Esse prazo, todavia, é impróprio. Vale dizer, mesmo passado esse prazo, o juiz deve fazer o juízo de retratação, obrigatoriamente.

No caso de o juiz considerar o recurso de apelação intempestivo, não poderá fazer o juízo de admissibilidade (que incumbe somente ao tribunal). Contudo, poderá o juiz,

5 BRASIL. Congresso Nacional. Senado Federal. Comissão de Juristas Responsável pela Elaboração de Anteprojeto de Código de Processo Civil. Anteprojeto do Novo Código de Processo Civil. Brasília: Senado Federal, Presidência, 2010. p. 28-29. Disponível em: <http://www.senado.gov.br/senado/novocpc/pdf/Anteprojeto.pdf>. Acesso em: 16-9-2015.

6 CPC: "Art. 918. O juiz rejeitará liminarmente os embargos: [...] III – manifestamente protelatórios".

7 Também nesse sentido: DIDIER JR., Fredie. *Curso de direito processual civil:* introdução ao direito processual civil, parte geral e processo de conhecimento. 17. ed. Salvador: JusPodivm, 2015. p. 604-605.

ao verificar a intempestividade, dizer que deixa de fazer o juízo de retratação por tal motivo. Nesse sentido, o Enunciado 293 do FPPC: "Se considerar intempestiva a apelação contra sentença que indefere a petição inicial ou julga liminarmente improcedente o pedido, não pode o juízo *a quo* retratar-se".

Caso haja retratação, o juiz determinará o prosseguimento do processo, com a citação do réu (observe-se que o réu ainda não foi citado) e designação de audiência de conciliação ou mediação, se for o caso.

Se mantida a sentença no juízo de retratação, o juiz deverá determinar a **citação do réu para apresentar contrarrazões** ao recurso de apelação, no prazo de **15 dias**. Observe-se que o § 4º do art. 332 do CPC fala em "citação" e não em "intimação". Isso ocorre porque, no caso de julgamento liminar de improcedência, a sentença foi proferida sem que o réu tenha sido citado para integrar a relação jurídica processual. Por conseguinte, a citação do réu, nesses casos, ocorre na fase recursal, quando apresentará as suas contrarrazões recursais (e não a contestação).

5.1. Sobre a aplicabilidade da Teoria da Causa Madura

Cabe perquirir se, nessa hipótese, o tribunal poderia aplicar a Teoria da Causa Madura para, ao dar provimento ao recurso, de plano, julgar procedentes ou parcialmente procedentes os pedidos.

A Teoria da Causa Madura está prevista no art. 1.013, §§ 3º e 4º, do CPC que assim dispõe:

> § 3º Se o processo estiver em condições de imediato julgamento, o tribunal deve decidir desde logo o mérito quando:
>
> I – reformar sentença fundada no art. 485;
>
> II – decretar a nulidade da sentença por não ser ela congruente com os limites do pedido ou da causa de pedir;
>
> III – constatar a omissão no exame de um dos pedidos, hipótese em que poderá julgá-lo;
>
> IV – decretar a nulidade de sentença por falta de fundamentação.
>
> § 4º Quando reformar sentença que reconheça a decadência ou a prescrição, o tribunal, se possível, julgará o mérito, examinando as demais questões, sem determinar o retorno do processo ao juízo de primeiro grau.

Como é provável que a causa esteja totalmente instruída (pois se aplicou o art. 332 do CPC), bem como houve contraditório (em razão da citação e oportunização da apresentação das contrarrazões recursais), a jurisprudência, mesmo antes do CPC/2015, já entendia que existia a possibilidade de aplicação, por analogia, da **Teoria da Causa Madura**, atualmente prevista no art. 1.013, §§ 3º e 4º, do CPC.

Por conseguinte, estando a causa suficientemente instruída, pode o Tribunal julgar o mérito da demanda e, inclusive, decidir pela procedência dos pedidos, mesmo que tenham sido julgados improcedentes com base no art. 332 do CPC[8].

---

8 "**Desde que citado o réu para apresentar contrarrazões, é possível o provimento do recurso interposto contra sentença que, devidamente enquadrada no preceito do art. 285-A, do CPC, julga improcedente o pedido do**

José Miguel Garcia Medina, em sentido contrário, entende que a cognição judicial, no julgamento da apelação, deve se limitar a verificar a correção ou não da aplicação do art. 332 do CPC. Assim, no caso de recurso contra sentença que julga liminarmente improcedente o pedido, segundo Medina, não poderia o tribunal aplicar a teoria da causa madura para julgar o mérito favoravelmente ao autor[9].

Contudo, a questão precisa ser analisada com a complexidade que pode envolver a matéria. Se o processo necessitar de maior dilação probatória, naturalmente a decisão do tribunal deverá se limitar a dizer que não é caso de julgamento liminar de improcedência.

Nos casos em que, após as contrarrazões recursais, o tribunal verificar que todas as provas para o julgamento do mérito do processo já constam dos autos, e a discussão é eminentemente de direito, não haveria razão para determinar que o processo voltasse a correr em primeira instância, para que o réu apresentasse contestação com os mesmos argumentos e documentos já apresentados em sede de contrarrazões, para que o autor reiterasse o que já expôs em sede recursal e o juiz prolatasse a mesma sentença que já proferiu, obrigando o autor a apresentar o recurso com praticamente os mesmos fundamentos, o réu a apresentar as contrarrazões já apresentadas e o tribunal a analisar novamente o recurso, agora para entrar no julgamento do mérito.

Portanto, para se analisar se é caso ou não de aplicação da Teoria da Causa Madura no caso de julgamento de recurso de apelação contra sentença que julga liminarmente improcedente o pedido do autor, é preciso verificar as circunstâncias do caso concreto. Por todas essas considerações, afirma-se que é possível a aplicação da Teoria da Causa Madura em tal hipótese, mas somente se estiverem presentes todos os seus pressupostos e se verificar que a sua aplicação não gera prejuízo concreto para qualquer das partes.

Assim, caso haja apelação da sentença que julgou improcedentes os pedidos com base no art. 332 do CPC, poderá o Tribunal, ao analisar o recurso: a) determinar que seja cassada a sentença, por entender ausentes os requisitos previstos no art. 332 do CPC, dando-se prosseguimento ao feito em primeira instância; b) entender que não é caso de improcedência e, por não estar o feito suficientemente instruído, anular a sentença e determinar o prosseguimento do processo em primeira instância, a fim de que siga o seu curso normal, com a fase de instrução e o posterior julgamento por sentença; c) caso o feito já esteja suficientemente instruído, dar provimento ao recurso e julgar procedente ou parcialmente procedente o pedido, se entender que prospera a pretensão da parte autora (já que a parte ré já teria apresentado a sua defesa nas contrarrazões de apelação); d) manter a sentença, se entender que presentes os requisitos do art. 332 do CPC e que realmente não prospera a pretensão da parte autora.

---

autor antes da citação, por aplicação analógica do art. 515, § 3º, do CPC" (TJDFT, Acórdão n. 558252, 20100110068682APC, Rel. Arnoldo Camanho De Assis, 4ª Turma Cível, julgado em 7-12-2011, *DJ* 12-1-2012, p. 109).

9 MEDINA, José Miguel Garcia. *Novo Código de Processo Civil comentado*. 3. ed. São Paulo: Revista dos Tribunais, 2015. p. 555.

CAPÍTULO VI

AUDIÊNCIAS DE CONCILIAÇÃO E DE MEDIAÇÃO

1. NOÇÕES GERAIS

Conforme já foi exposto anteriormente, a conciliação e a mediação são formas de autocomposição. A fim de evitar repetições, remete-se o leitor para o item já tratado, sobre equivalentes jurisdicionais. Nesta parte da obra, cabe analisar como ocorre a estruturação dessa audiência, bem como o seu desenvolvimento dentro do processo.

De acordo com o CPC, a realização de audiência de conciliação ou de mediação passa a ser a regra no procedimento comum.

Desse modo, caso a petição inicial preencha os seus requisitos (arts. 319 e 320, CPC) e não seja o caso de julgamento liminar de improcedência (art. 332, CPC), o juiz, como regra, deverá designar audiência de conciliação ou de mediação, com antecedência mínima de 30 dias (úteis), devendo o réu ser citado com pelo menos 20 dias (úteis) de antecedência.

2. HIPÓTESES DE NÃO DESIGNAÇÃO DA AUDIÊNCIA

A realização dessa audiência é a regra, como já se expôs. No entanto, o § 4º do art. 334 do CPC estabelece que "a audiência não será realizada: I – se ambas as partes manifestarem, expressamente, desinteresse na composição consensual; II – quando não se admitir a autocomposição".

Então, caberia perquirir se, para a não realização da audiência, bastaria manifestação de uma das partes nesse sentido, ou se seria necessário que ambas não concordassem com a sua realização.

Ao interpretar esse dispositivo, José Miguel Garcia Medina, de um lado, entende que a manifestação de qualquer das partes pelo desinteresse na realização da audiência de conciliação ou mediação já impede que o juiz a designe[1]. Daniel Neves, em sentido

1 "A manifestação prévia de qualquer das partes no sentido de não haver interesse na autocomposição frusta, desde logo, o desiderato da audiência. São muitos os motivos que nos conduzem a esse modo de pensar. [...] Por tais razões, ausente interesse, manifestado por qualquer das partes (ou por ambas) em realizar a autocomposição, não se justifica a realização de audiência de conciliação ou de mediação. Caso o autor tenha se manifestado nesse sentido, com a petição inicial (art. 319, VII do CPC/2015), deverá o réu ser citado para apresentar contestação" (MEDINA, José Miguel Garcia. *Novo Código de Processo Civil comentado*. 3. ed. São Paulo: Revista dos Tribunais, 2015. p. 560).

oposto, embora critique o dispositivo, entende que a não designação dessa audiência somente deve ocorrer se ambas as partes não concordarem com a sua realização.

Ocorre que nenhum desses entendimentos analisa a complexidade da questão, embora preconizados por renomados e respeitados doutrinadores.

O art. 334, § 4º, do CPC estabelece duas hipóteses em que "a audiência não será realizada". No entanto, não quer dizer que elas são as únicas hipóteses em que a audiência não será realizada. Vale dizer, trata-se de rol meramente exemplificativo.

Assim, é certo que, "se ambas as partes manifestarem, expressamente, desinteresse na composição consensual", ou "quando não se admitir a autocomposição", o juiz, como regra, não deverá designar a audiência de conciliação ou mediação.

Quando o juiz recebe a petição inicial e verifica que o autor se manifestou pela não realização da audiência, deverá analisar se existe ou não possibilidade de solução do caso pela autocomposição. De um lado, é certo que essa manifestação prévia já é um obstáculo inicial para a autocomposição. Contudo, analisada com as demais circunstâncias do caso, pode levar o juiz à conclusão de que será ou não provável a autocomposição.

De outro lado, se o autor tiver optado pela não realização da audiência e o juiz a tiver designado, mas o réu também optar pelo cancelamento da audiência, aplica-se o art. 334, § 4º, inc. I, do CPC, de modo que o juiz deverá cancelá-la, como regra.

Portanto, se o autor manifestar, na petição inicial, que não pretende a realização da audiência de conciliação ou de mediação, isso, por si só, não impede o juiz de designá-la, como quer parte da doutrina. Mas também não implica que o juiz deva obrigatoriamente designá-la para aguardar a manifestação do réu sobre a sua realização, como entendem outros doutrinadores.

Isso porque o juiz, como terceiro imparcial, tem a isenção necessária para analisar se é provável ou não a realização de um acordo. Com efeito, por diversas vezes, as partes podem afirmar que não pretendem um acordo, mas isso ocorre em razão do elevado grau de conflituosidade que envolve a questão (sobretudo quando o conflito envolve questões extrajurídicas, como as ínsitas a conflitos familiares ou decorrentes de relacionamentos desgastados). E é exatamente nesses casos de elevada conflituosidade, em que as partes afirmam que "não farão nenhum acordo com a outra parte", que a autocomposição tem muito mais aptidão para efetivamente resolver o conflito do que uma decisão judicial. Vale dizer, não se pode afastar a conciliação ou a mediação pelo simples fato de ambas as partes dizerem que não há possibilidade de acordo, porque, em grande parte das vezes, é justamente nesses casos que a intervenção de um mediador ou conciliador, com habilidades específicas, é mais importante.

Além disso, é o julgador que possui maior conhecimento da situação da sua Vara Judicial, o que lhe permite analisar a capacidade institucional que possui à disposição para solucionar o conflito pela via da autocomposição. Por exemplo, algumas Varas Judiciais possuem um bom quadro de conciliadores e mediadores, além de um setor psicossocial à disposição; outras, ao revés, não possuem sequer o quadro de funcionários completo.

Nesse ínterim, imagine-se, por exemplo, uma Vara Judicial em que as audiências estão sendo designadas para seis meses ou mais após o protocolo da petição inicial. Nessa situação, ainda que ambas as partes digam que não se opõem à realização de audiência, se o juiz observar que é muito improvável que o conflito se resolva pela via da autocomposição, ele pode decidir fundamentadamente pela não designação da audiência de conciliação ou mediação. Por exemplo: o autor propõe determinada ação contra uma instituição bancária; no entanto, o juiz verifica que uma possível audiência somente seria designada para seis meses depois, e que o banco comumente não faz acordo nesse tipo de demanda, mas que sempre concorda com a designação de audiência, a fim de protelar o feito. Nesse caso, o juiz poderia, fundamentadamente, deixar de designar a audiência, ainda que ambas as partes estivessem de acordo com a sua designação.

Além disso, a ausência de designação de audiência de conciliação ou mediação não gerará prejuízo (no sentido processual) às partes, na medida em que elas podem, ainda que fora do processo, pôr fim ao litígio mediante acordo, que pode ser levado ao processo, para homologação judicial. Ou podem, ainda, peticionar no processo formulando uma proposta de acordo para a outra parte.

A complexidade dessas questões, que dependem das circunstâncias de cada conflito, das questões institucionais e das contingências de cada Vara Judicial, somente podem ser aferidas em concreto.

Portanto, como regra, o juiz não deve designar audiência de conciliação ou de mediação se ambas as partes manifestarem, expressamente, desinteresse na composição consensual, ou se o objeto da demanda não admitir a autocomposição. Em geral, se uma ou ambas as partes manifestarem interesse na autocomposição, o juiz deve designar essa audiência. Contudo, em qualquer hipótese, considerando as circunstâncias concretas do caso e as condições institucionais que possui, o juiz poderá decidir fundamentadamente de modo diverso.

3. SOBRE A AUDIÊNCIA DE CONCILIAÇÃO E DE MEDIAÇÃO: ATOS PROCESSUAIS PRÉVIOS, FORMA, CONTEÚDO E HOMOLOGAÇÃO

Sendo designada a audiência, o autor será intimado para a ela comparecer, na pessoa do seu advogado[2]. A sua opção ou não pela realização da audiência deve ser manifestada na petição inicial.

O réu será citado e intimado para comparecer à audiência. O eventual desinteresse do réu pela audiência deverá ser manifestado em petição protocolada com pelo menos 10 dias (úteis) de antecedência em relação à data da audiência (art. 334, § 5º, CPC).

As audiências de conciliação e de mediação deverão ser realizadas, respectivamente, por conciliadores e mediadores, devidamente cadastrados e habilitados para tanto.

De acordo com o art. 334, § 12, do CPC, "a pauta das audiências de conciliação ou de mediação será organizada de modo a respeitar o intervalo mínimo de 20 (vinte) minutos entre o início de uma e o início da seguinte". Contudo, esse prazo deve ser entendido como sendo por conciliador ou mediador. Ou seja, é possível a realização, ao mesmo tempo, de mais de uma sessão de conciliação ou mediação na mesma Vara, desde que perante conciliadores ou mediadores distintos.

---

2 CPC: "Art. 334 [...] § 3º A intimação do autor para a audiência será feita na pessoa de seu advogado".

Sempre que necessário para a autocomposição, será possível a realização de mais de uma sessão destinada à conciliação e à mediação (art. 334, § 2º, CPC).

O CPC autoriza a realização dessa audiência de conciliação ou de mediação por meio eletrônico (art. 334, § 7º).

Caso o autor ou o réu, apesar de devidamente intimados, não compareçam à audiência de conciliação ou de mediação designadas e não apresentem justificativa para tanto, a sua ausência poderá ser considerada ato atentatório à dignidade da justiça, podendo a parte ser sancionada com multa de até 2% do valor da causa, que será revertida em favor da União ou do Estado[3].

Contudo, para a imposição dessa multa, deverá constar expressamente na intimação para o autor (por seu advogado) e no mandado de citação e intimação do réu a informação de que o seu não comparecimento implica ato atentatório à dignidade da justiça, punível na forma do art. 334, § 8º, do CPC, em nome dos princípios da confiança e da boa-fé objetiva. Nesse sentido, aliás, o Enunciado 273 do FPPC: "Ao ser citado, o réu deverá ser advertido de que sua ausência injustificada à audiência de conciliação ou mediação configura ato atentatório à dignidade da justiça, punível com a multa do art. 334, § 8º, sob pena de sua inaplicabilidade".

De acordo com o § 9º do art. 334 do CPC, "as partes devem estar acompanhadas por seus advogados ou defensores públicos". Trata-se de medida extremamente importante, na medida em que o acompanhamento por profissional da área do direito pode auxiliar muito a autocomposição, bem como permitir que as partes se sintam mais seguras em relação aos atos que praticarão. Contudo, o CPC não prevê qualquer consequência para a não presença dos advogados das partes. Assim, se qualquer das partes estiver desacompanhada de advogado ou Defensor Público, a audiência deverá prosseguir, podendo, ainda assim, ser realizado acordo. De outro lado, não havendo acordo, as partes serão intimadas na própria audiência de todas as decisões proferidas, antes ou na própria audiência, ainda que desacompanhadas de advogado, também já se iniciando o curso do prazo de contestação.

Caso a parte não possa se fazer presente ao ato, poderá constituir representante com poderes especiais para transigir e negociar (art. 334, § 10, CPC).

Aberta a audiência, o conciliador ou o mediador deverão advertir a todos os participantes do ato acerca da extensão da confidencialidade[4], inclusive que somente constarão da ata informações autorizadas pelas partes[5].

Havendo autocomposição, deverá ser reduzida a termo, bem como levada de imediato ao juiz, para ser homologada. Caso o acordo seja total, a homologação ocorrerá

---

3 CPC: "Art. 334 [...] § 8º O não comparecimento injustificado do autor ou do réu à audiência de conciliação é considerado ato atentatório à dignidade da justiça e será sancionado com multa de até dois por cento da vantagem econômica pretendida ou do valor da causa, revertida em favor da União ou do Estado".

4 Enunciado 62 da ENFAM: "O conciliador e o mediador deverão advertir os presentes, no início da sessão ou audiência, da extensão do princípio da confidencialidade a todos os participantes do ato".

5 Enunciado 56 da ENFAM: "Nas atas das sessões de conciliação e mediação, somente serão registradas as informações expressamente autorizadas por todas as partes".

por sentença; caso parcial, a homologação ocorrerá por decisão interlocutória, ambas na forma do art. 487, inc. III, do CPC[6].

De acordo com o CPC (art. 515, § 2º), "a autocomposição judicial pode envolver sujeito estranho ao processo e versar sobre relação jurídica que não tenha sido deduzida em juízo".

6 CPC: "Art. 487. Haverá resolução de mérito quando o juiz: [...] III – homologar: a) o reconhecimento da procedência do pedido formulado na ação ou na reconvenção; b) a transação; c) a renúncia à pretensão formulada na ação ou na reconvenção".

CAPÍTULO VII

RESPOSTAS DO RÉU: TEORIA DAS EXCEÇÕES, CONTESTAÇÃO, REVELIA E RECONVENÇÃO

1. TEORIA DAS EXCEÇÕES

1.1. Acepções do termo "exceção"

O termo exceção é polissêmico, mas, no âmbito do direito processual civil, está relacionado à ideia de defesa.

No processo civil, exceção possui três principais sentidos[1]:

a) **pré-processual:** exceção é entendimento como direito processual de defesa. Possui um sentido estático.

b) **processual:** exceção é o meio pelo qual o demandado se defende em juízo, é o exercício do direito de defesa. Nessa concepção, tem um sentido dinâmico.

c) **material:** é um contradireito, uma situação jurídica ativa exercida pelo réu, relacionada ao direito material. São exceções materiais a prescrição, a decadência, a exceção do contrato não cumprido, o benefício de ordem, a compensação, o pagamento etc., quando alegados pelo réu em sua defesa. O exercício desse direito material implica neutralizar, modificar ou extinguir o direito alegado pelo autor. Como regra, não pode o magistrado conhecer de ofício das exceções materiais, mas há ressalvas, como, p.ex., a prescrição e a decadência legal.

A seguir, será estudada a exceção como exercício do direito de defesa.

1.2. A garantia constitucional do direito de defesa

O direito de defesa decorre do princípio constitucional do devido processo legal (art. 5º, LIV, CF) e, especificamente, dos princípios constitucionais da ampla defesa e do contraditório (art. 5º, LV, CF). Essas são garantias fundamentais de todo indivíduo.

---

1 DIDIER JR., Fredie. *Curso de direito processual civil:* introdução ao direito processual civil, parte geral e processo de conhecimento. 17. ed. Salvador: JusPodivm, 2015. p. 627-632.

Segundo alguns, o direito de defesa também seria manifestação do direito de ação, pois permite discutir os fundamentos do pedido do autor[2].

Nesse sentido, pode se dizer que o réu, no exercício do direito de defesa, formula indiretamente uma pretensão, que é o requerimento de improcedência do direito do autor. Tanto é que a sentença de improcedência possui eficácia declaratória negativa, de inexistência do direito do autor. Desse modo, a sentença de improcedência do pedido do autor equivale à sentença de procedência de uma ação declaratória negativa do direito do autor ajuizada pelo réu.

1.3. Conteúdo da defesa e classificações

Na peça de defesa, o demandado pode apresentar: **defesas processuais** (ou de admissibilidade) ou **defesas de mérito (materiais ou substanciais)**.

As defesas processuais são aquelas que estão ligadas à própria admissibilidade da pretensão do demandante. São os pressupostos processuais e as condições da ação.

As defesas de mérito dizem respeito ao próprio direito material invocado pelo demandante como suporte para a sua pretensão. São exemplos de defesa de mérito a prescrição, a decadência, a exceção de contrato não cumprido, o pagamento, a compensação, a alegação de que o direito do demandante não existe etc.

Quanto à possibilidade de cognição, a defesa pode ser parcial ou plena[3].

A **defesa parcial** é a que possui cognição limitada, na medida em que apenas algumas matérias podem ser objeto de defesa. É o que ocorre, por exemplo, na impugnação ao cumprimento de sentença; nos embargos à execução; na contestação da ação de desapropriação etc.

A **defesa plena** é aquela em que podem ser alegadas todas as matérias possíveis, em que a cognitividade é ampla. É o que ocorre, por exemplo, com a contestação no procedimento comum.

Considerando a possibilidade ou não de o juiz conhecer de ofício de determinadas matérias que podem ser objeto de defesa, parte da doutrina também diferencia **objeções** de **exceções em sentido estrito** ("exceção" em sentido amplo seria o próprio exercício do direito de defesa, que abrange essas duas espécies)[4].

Segundo essa classificação, **objeções** são as defesas sobre matérias que o juiz pode **conhecer de ofício**.

---

2 "O direito de apresentar defesa é manifestação do direito de ação. Consideramos direito de ação o direito ao processo adequado, que observe as garantias mínimas, decorrentes do devido processo legal [...]. Sob esse prisma, não somente o autor, mas também o réu tem direito de ação. A lei processual francesa dispõe textualmente nesse sentido, ao afirmar que, para o demandado, a ação é o direito de discutir os fundamentos do pedido (l'action est le droit de discuter le bien-fondé de cette prétention, cf. art. 30 do CPC francês)" (MEDINA, José Miguel Garcia. *Novo Código de Processo Civil comentado.* 3. ed. São Paulo: Revista dos Tribunais, 2015. p. 564).

3 Essa classificação é utilizada, por exemplo, por José Miguel Garcia Medina (*Novo Código de Processo Civil comentado.* 3. ed. São Paulo: Revista dos Tribunais, 2015. p. 565).

4 Nesse sentido: DIDIER JR., Fredie. *Curso de direito processual civil:* introdução ao direito processual civil, parte geral e processo de conhecimento. 17. ed. Salvador: JusPodivm, 2015. p. 633.

As **exceções em sentido estrito**, ao seu turno, são defesas que envolvem matérias que o juiz **não pode conhecer de ofício**, isto é, somente podem ser apreciadas pelo juiz se alegadas pela parte.

No entanto, por vezes, observa-se que os termos objeções e exceções são usados indistintamente, indicando apenas o exercício do direito de defesa.

Considerando o **conteúdo da resposta** do réu, as **defesas de mérito (substanciais ou materiais)** podem classificadas em diretas ou indiretas:

> a) **Defesa direta:** a defesa é direta quando o réu nega o fato constitutivo do direito do autor. É, por exemplo, a alegação de que a dívida não existe; de que o réu não é culpado pelo evento danoso; etc.
>
> b) **Defesa indireta:** é indireta a defesa quando o réu alega fato impeditivo, extintivo ou modificativo do direito do autor. É o caso, por exemplo, de alegação de incapacidade civil do agente; de prescrição; de exceção de contrato não cumprido; de pagamento parcial.

De outro lado, levando em consideração a **finalidade da alegação**, a defesa pode ser:

> a) **Defesa dilatória:** trata-se de alegação que apenas posterga o julgamento do mérito para momento posterior. É o caso, por exemplo, das alegações de incompetência; de conexão; de nulidade de citação.
>
> b) **Defesa peremptória:** tem por objeto atacar a pretensão do autor, conduzindo à extinção do processo sem resolução do mérito ou ao não acolhimento do pedido do autor. Assim, as defesas peremptórias podem ser de admissibilidade ou de mérito. São defesas peremptórias, por exemplo, as alegações de ilegitimidade de parte e de litispendência, que conduzem à extinção do processo sem resolução do mérito (defesas peremptórias de admissibilidade); ou as alegações de compensação total ou de pagamento integral, que implicam a improcedência do pedido do demandante.

A defesa também pode ser classificada em defesa autônoma (ou independente) e defesa subordinada (dependente, ou imprópria)[5].

A **defesa subordinada** é imprópria porque é dependente da pretensão, de modo que a defesa substancial se extingue quando a pretensão também se extinguir. É o que ocorre, por exemplo, com a alegação de prescrição ou decadência. Uma vez acolhida essa alegação, extingue-se tanto a pretensão quanto as demais defesas (ex.: alegação de pagamento etc.).

A **defesa autônoma ou independente** é a que não decorre substancialmente de uma pretensão. É a alegação, por exemplo, de pagamento.

No direito processual civil, também há a classificação que diferencia **exceção interna** e **exceção instrumental**.

Exceção interna é a defesa que pode ser formulada no próprio bojo da peça principal de defesa, ou seja, nos próprios autos do processo principal. É, por exemplo, a alegação de incompetência, de conexão, de pagamento, de compensação, de incompetência etc., que são formuladas na peça de defesa, nos autos do processo principal.

A **exceção instrumental** é a que deve ser apresentada em peça autônoma, para tramitar em autos apartados, ainda que apensos ao principal. São exceções instrumentais,

---

5 MEDINA, José Miguel Garcia. *Novo Código de Processo Civil comentado*. 3. ed. São Paulo: Revista dos Tribunais, 2015. p. 565.

por exemplo, a exceção de suspeição e a exceção de impedimento, que devem ser autuadas em apartado (se o juiz não concordar com a alegação de suspeição e impedimento e mandar processá-las).

2. RESPOSTA E OUTRAS ATITUDES DO RÉU

Caso as partes tenham manifestado interesse na realização de audiência de conciliação ou se, designada essa audiência, não houve acordo, abre-se ao réu a possibilidade de apresentar resposta à sua demanda.

O réu possui várias possibilidades, dentre as quais:

a) reconhecimento do pedido do autor;

b) requerimento para limitação de litisconsórcio multitudinário;

c) petição autônoma de alegação de nulidade de citação e requerimento de devolução do prazo para contestação;

d) contestação;

e) reconvenção;

f) exceção de impedimento ou suspeição;

g) revelia;

h) outras.

Alguns doutrinadores chamam as condutas acima de respostas do réu, como Fredie Didier Jr[6]. Outros, por sua vez, denominam de resposta do réu somente a contestação, a exemplo de José Miguel Garcia Medina[7].

Pela sistemática do CPC, o termo "resposta" deve ser entendido como defesa ou contra-ataque do réu. Assim, a resposta do demandado é essencialmente a contestação (em que pode haver reconvenção, impugnação à gratuidade judiciária etc.), mas também poderiam ser enquadrados nesse conceito a impugnação ao cumprimento de sentença, a exceção de suspeição ou de impedimento, o requerimento de limitação do litisconsórcio multitudinário etc. Mas não podem ser entendidos como resposta, ao contrário do que doutrinadores como Fredie Didier Jr. afirmam, o reconhecimento do pedido do autor, a revelia etc.

3. CONTESTAÇÃO

3.1. Introdução

A contestação é a resposta do réu mais importante, é a **peça de defesa essencial ao contraditório**. É a peça processual que representa o exercício mais amplo do direito de defesa. Na contestação, ocorre a concentração da maior parte das defesas do réu.

---

6 Nesse sentido: DIDIER JR., Fredie. *Curso de direito processual civil:* introdução ao direito processual civil, parte geral e processo de conhecimento. 17. ed. Salvador: JusPodivm, 2015. p. 637.

7 MEDINA, José Miguel Garcia. *Novo Código de Processo Civil comentado.* 3. ed. São Paulo: Revista dos Tribunais, 2015. p. 562.

Como regra, deve ser apresentada por petição. No entanto, nos juizados especiais, pode ser apresentada de forma oral na própria audiência, sendo reduzida a termo.

3.2. Prazo para contestação

O prazo de contestação é, como regra, de **15 dias (úteis).**

3.2.1. Contagem do prazo: regras gerais

Pela sistemática do procedimento comum do CPC, a contagem do prazo de contestação depende essencialmente da realização ou não da audiência de conciliação ou mediação.

Assim, será preciso analisar as seguintes hipóteses:

a) **se foi realizada audiência de conciliação ou mediação:** o prazo de contestação começa a correr da data da última audiência de conciliação ou mediação. Isso ocorre ainda que a parte ré não compareça à audiência, desde que devidamente intimada para tanto.

b) **se foi designada audiência de conciliação ou mediação e o réu requereu o seu cancelamento:** o prazo para contestar inicia o seu curso a partir da data do protocolo do pedido de cancelamento da audiência.

c) **se não for designada audiência de conciliação ou mediação:** o prazo de contestação começa a correr na forma do art. 231 do CPC, ou seja:

c.1) *na citação por correio:* da data de juntada aos autos do aviso de recebimento.

c.2) *na citação por oficial de justiça:* da data de juntada aos autos do mandado cumprido.

c.3) *na citação por termo nos autos* (comparecimento do réu ao cartório ou secretaria judicial): da data de ocorrência da citação.

c.4) *na citação por edital:* do dia útil seguinte ao fim da dilação assinada pelo juiz.

c.5) *na citação eletrônica:* do dia útil seguinte à consulta ao teor da citação ou ao término do prazo para que a consulta se dê.

c.6) *na citação por carta* (precatória, rogatório ou de ordem): da data de juntada do comunicado do cumprimento da carta (pelo juízo deprecado ao juízo deprecante) ou, não havendo esse comunicado, da data de juntada da carta aos autos de origem devidamente cumprida.

Além disso, se o réu comparecer espontaneamente ao processo, por exemplo, juntando petição e procuração, isso supre a falta ou nulidade de citação, fluindo, a partir desta data, o prazo para contestação (art. 239, § 1º, do CPC)[8].

Na hipótese de decisão de indeferimento da petição reformada pelo tribunal, que manda processar os autos, se não houver audiência, o prazo de contestação começará a

8 CPC: "Art. 239 [...] § 1º O comparecimento espontâneo do réu ou do executado supre a falta ou a nulidade da citação, fluindo a partir desta data o prazo para apresentação de contestação ou de embargos à execução".

correr a partir da data de intimação do réu acerca do retorno dos autos à primeira instância[9]. Lembre-se de que, nesse caso, o réu já foi citado para apresentar contrarrazões ao recurso de apelação do autor[10].

Caso o **advogado do réu retire os autos em carga e junte procuração com poderes para receber citação**, o requerido considera-se citado nesse momento, independentemente da juntada do AR ou do mandado de citação. De outro lado, se a procuração não confere ao advogado poderes especiais para receber citação, a jurisprudência majoritária do STJ entende que a juntada da procuração e a retirada dos autos pelo advogado não é considerado "comparecimento espontâneo do réu" capaz de suprir a citação[11].

3.2.2. Contagem de prazo para o caso de litisconsórcio passivo

No caso de **litisconsórcio passivo**, os prazos de contestação iniciam o seu curso da seguinte forma:

a) **se foi realizada audiência de conciliação ou mediação:** a partir da data da última audiência de conciliação ou mediação;

b) **se foi designada audiência de conciliação ou mediação e os réus requereram o seu cancelamento:** o prazo de contestação corre independentemente para cada um dos réus a partir da data de apresentação de seu respectivo pedido de cancelamento da audiência.

c) **se havia litisconsórcio passivo e o autor desistir da ação em relação a um dos réus não citado:** o prazo de contestação inicia o seu curso a partir da data de intimação da decisão que homologar a desistência (art. 335, § 2º, CPC). Nesse caso, é preciso notar que provavelmente a intimação de cada réu acerca dessa decisão terá de ser feita pessoalmente, já que ainda não tiveram de realizar nenhum ato no processo (que demandaria constituição de advogado). Por conseguinte, é provável que a intimação ocorra em datas diversas. Por uma interpretação sistemática, a conclusão deve ser de que os prazos de contestação não correm individualmente, mas somente após a última intimação ou juntada da carta, mandado, comunicação de intimação, pelas razões expostas no próximo item.

d) **se não for designada audiência de conciliação ou mediação:** o prazo de contestação inicia o seu curso a partir da última citação, juntada do AR, mandado, carta etc. Embora

---

9 CPC: "Art. 331. Indeferida a petição inicial, o autor poderá apelar, facultado ao juiz, no prazo de 5 (cinco) dias, retratar-se. [...] § 2º Sendo a sentença reformada pelo tribunal, o prazo para a contestação começará a correr da intimação do retorno dos autos, observado o disposto no art. 334".

10 Sobre o tema, vide o item próprio, já tratado, sobre o indeferimento da petição inicial (e o processamento do recurso contra essa decisão).

11 "1. Consoante a jurisprudência deste Tribunal Superior, a citação pode ser suprida pelo comparecimento espontâneo do requerido, o qual estará configurado caso verificado ato que configure ciência inequívoca acerca da demanda. 1.1 Entende-se por caracterizado o comparecimento espontâneo ante a juntada de instrumento de mandato com poderes para receber citação ou, ainda, com cláusula de poderes gerais de foro, na hipótese em que não haja prejuízo ao réu. Precedentes. 1.2. **No caso em tela, foi juntada procuração por causídico sem poderes para receber citação e, ainda, não foi apresentado defesa, de modo que não é possível considerar configurado o comparecimento espontâneo, impondo-se a nulidade da sentença**" (STJ, AgInt nos EDcl no AREsp 919.785/SP, Rel. Ministro Marco Buzzi, Quarta Turma, julgado em 6-11-2018, *DJe* 12-11-2018).

isso não esteja expresso no CPC, é a interpretação que se extrai do seu art. 335, § 2º. Segundo esse dispositivo, no caso de não ser designada audiência de conciliação ou mediação, "havendo litisconsórcio passivo e o autor desistir da ação em relação a réu ainda não citado, o prazo para resposta correrá da data de intimação da decisão que homologar a desistência". Observe-se que tal dispositivo somente faz sentido caso se considere que os prazos de contestação para os réus já citados, no caso de desistência, estejam aguardando a citação do último réu; caso contrário, os prazos de resposta já teriam transcorrido de forma independente para réu, não fazendo sentido o prazo de contestação iniciar o seu curso a partir da intimação da decisão que homologar a desistência em relação ao réu não citado.

3.2.3. Prerrogativas de prazo para contestação

3.2.3.1. *Litisconsórcio*

Litisconsortes com procuradores diferentes, de escritórios de advocacia distintos, possuem prazo em dobro para contestar – aliás, terão **prazos em dobro** para todos os atos processuais e manifestações nos autos, nos termos do art. 229 do CPC.

Como já se expôs, o fundamento dessa duplicação do prazo é o fato de haver procuradores diferentes, pois, nesse caso, os autos não poderão ser retirados do cartório. Por conseguinte, se os litisconsortes não tiverem procuradores diferentes, o prazo de contestação será simples.

Por essa mesma razão, quando se tratar de autos eletrônicos, os prazos para contestação serão simples (e não em dobro), na forma do § 2º do art. 229 do CPC. Nesses casos, os autos podem ser acessados simultaneamente por todos os advogados, não se justificando a duplicação dos prazos.

Contudo, havendo autos físicos, se forem citados os litisconsortes passivos, mas somente um deles apresentar contestação, não deve lhe ser retirada a prerrogativa de prazo em dobro. Isso porque o litisconsorte que apresenta contestação não tinha como prever que o outro seria revel (deixaria de apresentar contestação). Portanto, em razão do princípio da confiança, deve ser mantido o prazo em dobro para os litisconsortes com procuradores diferentes ou quando um deles for revel.

Assim, quando o § 1º do art. 229 do CPC prevê que "cessa a contagem do prazo em dobro se, havendo apenas 2 (dois) réus, é oferecida defesa por apenas um deles", deve se interpretar que cessa o prazo em dobro somente após a ciência do litisconsorte de que o outro é revel.

Além disso, o referido dispositivo pressupõe que apenas um dos litisconsortes esteja praticando atos no processo. No entanto, se o litisconsorte revel (pelo motivo de que não apresentou contestação) prosseguir no processo, praticando os demais atos processuais, voltará a ser intimado. Em tal caso, se os litisconsortes tiverem procuradores diferentes, o prazo para cada deverá retornar a ser em dobro, pois não poderão retirar os autos. Com efeito, entendimento contrário implicaria prejudicar o litisconsorte passivo que contestou, na medida em que ele não poderia retirar os autos do cartório para formular o recurso.

3.2.4. Fazenda Pública, Defensoria Pública e Ministério Público

Também possuem **prazo em dobro para contestar** e, de modo geral, se manifestar nos autos:

a) A União, os Estados, o Distrito Federal, os Municípios e as suas respectivas autarquias e fundações de direito público – art. 183 do CPC.

b) A Defensoria Pública (art. 44, I, e art. 127, I, LC 80/1994; art. 186, *caput*, CPC).

c) Os "escritórios de prática jurídica das faculdades de Direito reconhecidas na forma da lei e às entidades que prestam assistência jurídica gratuita em razão de convênios firmados com a Defensoria Pública" (art. 186, § 3º, CPC).

d) O Ministério Público (art. 180, CPC).

3.2.5. Divergência entre a data da juntada do mandado e a informação no sistema informatizado sobre autos físicos

De acordo com grande parte da jurisprudência, o prazo para contestação começa a fluir a partir da juntada aos autos do mandado de citação devidamente cumprido (art. 241, II, CPC) e não da data em que foi informada, no sistema informatizado do Tribunal, a sua juntada. Com efeito, o STJ já decidiu que, enquanto não implantado o processo eletrônico (previsto na Lei n. 11.419/2006), as informações prestadas em sítios eletrônicos da Justiça não são dotadas de caráter oficial e não eximem o advogado da parte de adotar as cautelas necessárias ao acompanhamento do processo físico. Por conseguinte, se a juntada do mandado de citação ocorrer em determinada data, mas tal informação não constar de imediato no sistema, já se terá iniciado o prazo de contestação. Se a atualização no sistema ocorrer somente após o prazo de resposta, e o advogado não tiver apresentado contestação, por confiar no sistema, terá ocorrido a revelia, segundo a jurisprudência pacífica do STJ[12].

No entanto, tal entendimento fere o princípio da confiança e da cooperação, que devem nortear o processo civil. Com efeito, as informações disponíveis em sistemas eletrônicos de tribunais devem ser confiáveis. Logo, não se poderia prejudicar a parte diante de uma inconsistência que foi causada pelo Judiciário.

---

12 **"Nos termos do posicionamento consolidado na Corte Especial, as informações processuais prestadas pelos sítios eletrônicos dos tribunais não possuem caráter oficial, sendo incabível pedido de devolução de prazo com base na ausência de comunicação da juntada aos autos de mandado de citação. Precedentes. 2. Não se encontrando sob o procedimento de informatização eletrônica previsto na Lei n. 11.419/2006, cumpria à recorrente diligenciar a respeito da juntada do mandado, a fim de certificar-se da tempestividade do seu recurso, o que não aconteceu"** (STJ, AgRg no AREsp 21.129/RS, Rel. Min. Maria Isabel Gallotti, Quarta Turma, julgado em 17-11-2011, *DJe* 24-11-2011). No mesmo sentido: "Ressalte-se que esta Corte já decidiu que não deve ser considerado o argumento de que a tempestividade pode ser constatada pelo andamento do processo, no sítio eletrônico do Tribunal de origem, se inexistir, nos autos, documentação que comprove tal fato" (STJ, AgRg no AREsp 619.745/RJ, Rel. Ministra Assusete Magalhães, Segunda Turma, julgado em 16-2-2016, *DJe* 23-2-2016).

3.3. Princípio da eventualidade ou da concentração, ônus da impugnação especificada dos fatos e contestação por negativa geral

Vigora, no sistema processual brasileiro, o **princípio da eventualidade ou da concentração da defesa**, segundo o qual toda a matéria de defesa deve ser alegada em contestação.

Assim, todas as alegações, ainda que contraditórias entre si, devem ser deduzidas de uma só vez na peça de contestação, sob pena de preclusão. Excetuam-se da fórmula da preclusão, no entanto, aquelas matérias relativas a direito superveniente, as que o juiz poderia conhecer de ofício, ou que, por expressa autorização legal, puderem ser formuladas a qualquer tempo e grau de jurisdição[13].

Além disso, também vigora o **ônus da impugnação especificada dos fatos**, segundo o qual o réu deve impugnar, na contestação, todos os fatos arguidos pelo autor na inicial, sob pena de serem reputados verdadeiros (art. 341, CPC). Assim, haverá confissão ficta em relação aos fatos não impugnados.

Tal efeito (presunção de veracidade) não se produzirá quando: a) se tratar de direito sobre o qual não se admite a confissão – direitos indisponíveis; b) a petição inicial estiver desacompanhada de documento essencial à prova do ato; ou c) os fatos alegados pelo autor estiverem em contradição com a defesa, considerada em seu conjunto.

Além disso, como regra, o réu deverá apresentar na contestação todas as alegações e defesas que possam ser formuladas contra o autor. Após a contestação, somente poderá formular alegações novas se (art. 342, CPC): "I – relativas a direito ou a fato superveniente; II – competir ao juiz conhecer delas de ofício; III – por expressa autorização legal, puderem ser formuladas em qualquer tempo e grau de jurisdição".

De outro lado, o Código de Processo Civil também prevê que, em determinados casos, será possível a **contestação por negativa geral**, isto é, a apresentação de contestação sem a necessidade de impugnar especificamente cada fato alegado pelo autor. Admite-se contestação por negativa geral pelo advogado dativo, pelo curador especial e pela Defensoria Pública (art. 341, parágrafo único, CPC).

3.4. Preliminares de contestação

O réu deve alegar em preliminar de contestação as seguintes matérias (art. 337, CPC): "I – inexistência ou nulidade da citação; II – incompetência absoluta e relativa; III – incorreção do valor da causa; IV – inépcia da petição inicial; V – perempção; VI – litispendência; VII – coisa julgada; VIII – conexão; IX – incapacidade da parte, defeito de representação ou falta de autorização; X – convenção de arbitragem; XI – ausência de legitimidade ou de interesse processual; XII – falta de caução ou de outra prestação que a lei exige como preliminar; XIII – indevida concessão do benefício de gratuidade de justiça".

A seguir, são estudadas detalhadamente cada uma dessas preliminares de contestação.

---

13 CPC: "Art. 336. Incumbe ao réu alegar, na contestação, toda a matéria de defesa, expondo as razões de fato e de direito com que impugna o pedido do autor e especificando as provas que pretende produzir".

3.4.1. Inexistência ou nulidade da citação (inc. I)

Trata-se de uma defesa dilatória, haja vista que não conduz à extinção do processo sem resolução do mérito.

O art. 239, § 1º, do CPC prevê que o comparecimento espontâneo do réu no processo supre a citação nula ou mesmo inexistente.

Assim, se o réu comparecer pessoalmente no processo apenas para alegar ausência ou invalidade da citação, considera-se citado, sendo reaberto para ele o prazo de contestação.

De outro lado, se o réu apresentar contestação e alegar, além da invalidade ou inexistência de citação, todas as questões de mérito, o seu comparecimento supre a citação e não lhe será concedido novo prazo para contestar, tendo em vista a preclusão consumativa.

3.4.2. Incompetência absoluta e relativa (inc. II)

3.4.2.1. *Aspectos gerais*

A incompetência absoluta e a relativa devem ser alegadas em preliminar de contestação. O inciso II do art. 337 do CPC é, em verdade, uma repetição da norma que já consta no art. 64 do mesmo Código[14].

Assim, a novidade do CPC/2015 (em relação ao CPC/1973) é a inexistência da exceção de incompetência relativa.

Caso não alegada a preliminar de incompetência relativa na contestação, ocorre a preclusão e, por conseguinte, a prorrogação de competência[15].

De outro lado, a incompetência absoluta pode ser alegada por simples petição a qualquer momento no curso do processo. Trata-se, inclusive, de um vício rescisório.

A alegação de incompetência é uma defesa dilatória, na medida em que não dá ensejo à extinção do processo sem resolução do mérito. Com efeito, uma vez reconhecida a incompetência, o juízo incompetente deverá declinar da competência para o juízo competente.

Os critérios de competência e os efeitos da incompetência já foram estudados anteriormente, em item próprio.

3.4.2.2. *Cláusula de eleição de foro*

No caso de existência de cláusula de eleição de foro, a alegação de incompetência relativa, com base nesse fundamento, deve ser formulada pelo réu em contestação, sob pena de preclusão.

---

14 CPC: "Art. 64. A incompetência, absoluta ou relativa, será alegada como questão preliminar de contestação".

15 CPC: "Art. 65. Prorrogar-se-á a competência relativa se o réu não alegar a incompetência em preliminar de contestação".

De outro lado, quando o autor propuser a demanda no foro de eleição, eventual alegação de abusividade da cláusula de eleição de foro também deve ser formulada em preliminar de contestação, sob pena de preclusão. Nesse sentido, o art. 63, § 4º, do CPC[16].

Caso se trate de cláusula de eleição de foro exclusivo estrangeiro em contrato internacional, essa alegação também deverá ser formulada pelo réu em sede de contestação. Neste caso, não competirá à autoridade judiciária brasileira o processamento e o julgamento da ação (art. 25, CPC)[17].

3.4.2.3. *Processamento em razão da alegação de incompetência*

Como já referido, tanto a incompetência absoluta quanto a relativa deverão ser alegadas em preliminar de contestação.

Com isso, surge o problema de que, quando a parte apresenta a contestação, o processo ainda está tramitando no juízo supostamente incompetente, o que poderia dificultar a defesa do demandado.

Em razão disso, o CPC estabelece que, quando houver alegação de incompetência absoluta ou relativa, a contestação poderá ser protocolada "no foro de domicílio do réu, fato que será imediatamente comunicado ao juiz da causa, preferencialmente por meio eletrônico" (art. 340, *caput*).

Nesse caso, o § 1º do mesmo artigo estabelece que, se a citação ocorrer por meio de carta precatória, a contestação deverá ser juntada aos autos dessa carta ou, se ocorrer por outra forma (por exemplo, por correio), a contestação será submetida à livre distribuição.

Ocorre que é possível que o réu alegue, em preliminar de contestação, a incompetência absoluta ou relativa, mas fundamente que o juízo competente não deve ser nem o seu domicílio (do réu), nem o domicílio onde tramita o processo. É o que ocorre quando alega, por exemplo, que há foro de eleição. Em tais casos, persistiria a dúvida: a contestação deve ser protocolada no foro do domicílio que o réu alega ser competente ou no foro do seu domicílio (do réu)?

De um lado, se o dispositivo permite, é possível que o réu apresente a contestação no foro do seu domicílio, ainda que a alegação seja de que outro foro é competente. Contudo, também deve se permitir que o réu apresente a contestação no foro do local que alega ser competente (por exemplo, no foro de eleição).

É o juízo de onde tramita o processo quem decidirá acerca da competência, e não o juízo de onde a contestação foi apresentada.

Caso seja reconhecida a competência do foro indicado pelo réu, o juízo para o qual for distribuída a contestação ou a carta precatória será considerado prevento (art. 340, § 2º, CPC).

---

16 CPC: "Art. 63 [...] § 4º Citado, incumbe ao réu alegar a abusividade da cláusula de eleição de foro na contestação, sob pena de preclusão".

17 CPC: "Art. 25. Não compete à autoridade judiciária brasileira o processamento e o julgamento da ação quando houver cláusula de eleição de foro exclusivo estrangeiro em contrato internacional, arguida pelo réu na contestação".

De acordo com o § 3º do art. 340 do CPC, "alegada a incompetência nos termos do *caput*, será suspensa a realização da audiência de conciliação ou de mediação, se tiver sido designada". Contudo, a aplicação desse dispositivo não deve ser automática. Se alegada a incompetência, o juiz poderá decidi-la de plano e, se rejeitar a alegação, poderá manter a audiência de conciliação ou de mediação já designadas, intimando-se as partes, sem que haja qualquer prejuízo a estas. Aliás, isso representa um ganho em termos de efetividade e celeridade processual.

Além disso, pela redação do dispositivo, trata-se de contestação apresentada antes de iniciado o prazo (antes da audiência), ou de alegação de incompetência por petição autônoma, haja vista que, como regra, a alegação de incompetência deve ocorrer em preliminar de contestação.

De qualquer forma, alegada a incompetência territorial, o juiz deverá decidi-la de plano, uma vez que deixar essa questão para ser decidida na sentença pode dificultar sobremaneira o exercício do direito de defesa pelo réu.

3.4.3. Impugnação ao valor da causa (inc. III)

Conforme o CPC/2015, a impugnação ao valor da causa deve ser feita, pelo réu, em preliminar de contestação. O inciso III do art. 337 do CPC chama essa alegação de "incorreção do valor da causa".

Assim, não há mais um incidente próprio para tal finalidade (como havia no CPC/1973).

Cabe à parte autora atribuir valor à causa, na forma prevista nos arts. 291 e 292 do CPC.

Caso o réu não concorde com o valor da causa, poderá impugná-lo em preliminar de contestação, sob pena de preclusão (art. 293, CPC)[18].

O juiz decidirá essa impugnação. Se acolher a alegação do réu, deverá corrigir o valor da causa e determinar que o autor complemente as custas, se for o caso (art. 293, CPC).

Além disso, o juiz pode corrigir de ofício e por arbitramento o valor da causa, se verificar que ele não corresponde ao conteúdo patrimonial da pretensão do autor (art. 292, § 3º, CPC)[19].

Não cabe recurso imediato da decisão que julga a impugnação ao valor da causa, nem da decisão do juiz que, de ofício, corrige o valor da causa. Por conseguinte, tal questão somente poderá ser impugnável no recurso de apelação ou nas contrarrazões (art. 1.009, CPC)[20].

---

18 CPC: "Art. 293. O réu poderá impugnar, em preliminar da contestação, o valor atribuído à causa pelo autor, sob pena de preclusão, e o juiz decidirá a respeito, impondo, se for o caso, a complementação das custas".

19 CPC: "Art. 292 [...] § 3º O juiz corrigirá, de ofício e por arbitramento, o valor da causa quando verificar que não corresponde ao conteúdo patrimonial em discussão ou ao proveito econômico perseguido pelo autor, caso em que se procederá ao recolhimento das custas correspondentes".

20 CPC: "Art. 1.009. Da sentença cabe apelação. § 1º As questões resolvidas na fase de conhecimento, se a decisão a seu respeito não comportar agravo de instrumento, não são cobertas pela preclusão e devem ser suscitadas em preliminar de apelação, eventualmente interposta contra a decisão final, ou nas contrarrazões. § 2º Se as questões

Daniel Neves entende que a parte que se sentir prejudicada poderia interpor apelação somente com o propósito de impugnar tal decisão[21]. Ocorre que a apelação é o recurso cabível contra a sentença, não sendo cabível com o propósito de somente impugnar decisões interlocutórias. Ou seja, se interposta a apelação contra a sentença, será possível impugnar as decisões interlocutórias não acobertadas pela preclusão; mas não é possível apelação somente com o objetivo de impugnar decisões interlocutórias do curso do processo, porque, nessa hipótese, a apelação é incabível.

Desse modo, é certo que a decisão sobre o valor da causa pode ser impugnada na apelação ou nas contrarrazões, mas será incabível recurso de apelação se não for dirigido também contra a sentença.

3.4.4. Inépcia da petição inicial (inc. IV)

A inépcia da petição inicial já foi abordada em item próprio. Aqui, vale lembrar apenas que a eventual inépcia da petição inicial alegada pelo réu em contestação não ensejará o indeferimento da inicial (porque a petição inicial já foi recebida), mas apenas a extinção do processo sem resolução do mérito, na forma do art. 485, inc. I, do CPC.

3.4.5. Perempção, litispendência e coisa julgada (incs. V, VI e VII)

A perempção, a litispendência e a coisa julgada são pressupostos processuais extrínsecos ou negativos, que levam à extinção do processo sem resolução do mérito. Trata-se de institutos já estudados anteriormente no item pressupostos processuais objetivos extrínsecos ou negativos.

Trata-se de espécies de defesas peremptórias, uma vez que, se acolhidas, dão causa à sentença terminativa.

3.4.6. Conexão (inc. VIII) e continência

A conexão deve ser alegada em preliminar de contestação, nos termos do inciso VIII do art. 337 do CPC. A continência, embora não prevista expressamente no rol do art. 337, também deve ser alegada em preliminar de contestação.

---

referidas no § 1º forem suscitadas em contrarrazões, o recorrente será intimado para, em 15 (quinze) dias, manifestar-se a respeito delas. § 3º O disposto no *caput* deste artigo aplica-se mesmo quando as questões mencionadas no art. 1.015 integrarem capítulo da sentença".

21 "Significa que, independentemente do conteúdo da decisão, acolhendo ou rejeitando a alegação do réu, a decisão interlocutória não será recorrível imediatamente por agravo de instrumento, cabendo à parte sucumbente a alegação da matéria em sede de apelação ou contrarrazões. E nesse caso poderemos ter uma situação no mínimo peculiar, bastando para tanto imaginar a parte sucumbente quanto a questão incidental do valor da causa mas vitoriosa ao final da demanda. Terá interesse recursal na apelação somente para impugnar decisão interlocutória que julgou o valor da causa? Penso que sim, mas não deixa de ser curioso esse recurso evitar o trânsito em julgado da sentença, ainda mais se a parte contrária deixar de recorrer da sentença" (NEVES, Daniel Amorim Assumpção. *Novo Código de Processo Civil*. Rio de Janeiro: Forense, 2015. p. 238).

Trata-se de causas que não levam à extinção do processo sem resolução do mérito, mas somente à modificação de competência. Ou seja, são defesas dilatórias.

A conexão e a continência já foram abordadas anteriormente, no estudo das causas de modificação de competência.

3.4.7. Incapacidade da parte, defeito de representação ou falta de autorização (inc. IX)

São pressupostos processuais subjetivos relativos às partes, já estudados anteriormente.

3.4.8. Convenção de arbitragem (inc. X)

Trata-se de pressuposto processual extrínseco ou negativo (estudado anteriormente). Inclui-se, aqui, tanto a cláusula compromissória quanto o compromisso arbitral.

3.4.9. Ausência de legitimidade ou de interesse processual (inc. XI)

São condições da ação. Lembre-se que, conforme já foi exposto, o CPC/2015, segundo nosso entendimento, manteve a categoria condições da ação, mas não foi mais prevista a possibilidade jurídica do pedido. Tais matérias já foram estudadas em item próprio.

3.4.10. Falta de caução ou de outra prestação que a lei exige como preliminar (inc. XII)

É o caso, por exemplo, da ausência de depósito na ação rescisória[22].

3.4.11. Indevida concessão do benefício de gratuidade de justiça (inc. XIII)

Se a gratuidade judiciária tiver sido deferida ao autor antes da citação[23], caberá ao réu, em preliminar de contestação (art. 337, XIII, CPC), impugná-la, sob pena de preclusão.

De outro lado, se o juiz deferir a gratuidade judiciária em outro momento, a parte contrária poderá impugná-la, no prazo de 15 dias, após a intimação acerca da referida decisão. Assim, tal impugnação deverá ser apresentada "na contestação, na réplica, nas contrarrazões de recurso ou, nos casos de pedido superveniente ou formulado por terceiro, por meio de petição simples", nos próprios autos, sem que haja suspensão do processo (art. 100, *caput*, CPC).

---

22 CPC: "Art. 968. A petição inicial será elaborada com observância dos requisitos essenciais do art. 319, devendo o autor: II – depositar a importância de cinco por cento sobre o valor da causa, que se converterá em multa caso a ação seja, por unanimidade de votos, declarada inadmissível ou improcedente".

23 Lembre-se de que o pedido de gratuidade judiciária pode ser formulado a qualquer momento durante o processo. Nesse sentido, o art. 99 do CPC: "Art. 99. O pedido de gratuidade da justiça pode ser formulado na petição inicial, na contestação, na petição para ingresso de terceiro no processo ou em recurso".

A partir do CPC/2015, não há mais a criação de um processo incidente, em autos apartados, para a impugnação da gratuidade judiciária.

Não cabe agravo de instrumento contra a decisão que defere a gratuidade judiciária[24]. É cabível apenas a impugnação, no prazo de 15 dias. Não apresentada a impugnação no prazo, haverá preclusão.

De outro lado, contra a decisão acerca da impugnação à gratuidade judiciária, se for acolhida a impugnação e revogado o benefício, caberá agravo de instrumento. Caso contrário, se mantido o benefício, não caberá agravo de instrumento, restando ao impugnante apenas aventar essa matéria em sede de apelação. Essa é a interpretação que se extrai do art. 1.015, inc. V, do CPC, segundo o qual cabe agravo de instrumento no caso de "rejeição do pedido de gratuidade da justiça ou acolhimento do pedido de sua revogação".

É importante não confundir o regramento da impugnação ao valor da causa com o da impugnação à assistência judiciária gratuita.

A fim de evitar repetições, remete-se o leitor ao item próprio, já estudado, quando se tratou da gratuidade judiciária.

3.5. Correção de vício de ilegitimidade passiva: indicação daquele que deve figurar no polo passivo

A nomeação à autoria, como modalidade de intervenção de terceiro, foi eliminada no CPC/2015, de modo que a correção de vício de ilegitimidade passiva, de que se ocupava o instituto da nomeação à autoria, passou a ser matéria de preliminar da contestação, com disciplinamento diverso. Passa a ser tratada como condição da ação corrigível pelo juiz.

Se o réu, na contestação, alegar a sua ilegitimidade passiva, deverá, sempre que tiver conhecimento, indicar o sujeito passivo da relação jurídica discutida, sob pena de arcar com as despesas processuais e indenizar o autor pelos prejuízos decorrentes dessa omissão (art. 339, *caput*, CPC).

Alegada pelo réu a sua ilegitimidade passiva e indicado o sujeito passivo correto, será facultado ao autor, no prazo de 15 dias, alterar a petição inicial e corrigir o polo passivo (art. 338, *caput*, CPC). Essa manifestação poderá ocorrer junto com a réplica, se for o caso[25].

Se o autor aceitar e for realizada a sucessão processual, ele (autor) deverá reembolsar as despesas processuais ao réu excluído, bem como pagar honorários advocatícios ao seu procurador (fixados entre 3% e 5% do valor da causa, ou nos termos do art. 85, § 8º, CPC).

---

24 "De acordo com o CPC/2015, é inadmissível agravo de instrumento contra decisão que defere pedido de gratuidade de justiça" (TJDFT, Acórdão n. 986632, 20160020323444AGI, Relator: Sérgio Rocha, 4ª Turma Cível, Data de Julgamento: 23-11-2016, Publicado no *DJe*: 16-12-2016. p. 834-859).

25 Enunciado 152 do FPPC: "Nas hipóteses dos §§ 1º e 2º do art. 339, a aceitação do autor deve ser feita no prazo de quinze dias destinado à sua manifestação sobre a contestação ou sobre essa alegação de ilegitimidade do réu".

De outro lado, o autor, no mesmo prazo, também pode optar por requerer que seja mantido o réu no processo, com a inclusão ou não do terceiro indicado pelo réu no polo passivo[26].

De acordo com o CPC, não há qualquer exigência de concordância do terceiro indicado pelo réu para que ele passe a constar no polo passivo.

Como se trata de alegação de vício de ilegitimidade, caberá ao juiz decidir se inclui ou não o terceiro no polo passivo. Contudo, se o autor decidir por excluir o réu originário do polo passivo, o juiz não pode, a princípio, mantê-lo no processo, na medida em que, pelo princípio dispositivo, o autor não é obrigado a demandar contra alguém.

Assim, o réu originário deverá ser excluído do processo seja pela alegação do réu e concordância do autor, seja por decisão do juiz, em razão de vício de ilegitimidade. Com isso, o réu originário será extrometido do processo. Isto é, ocorrerá o fenômeno da extromissão.

Extromissão:

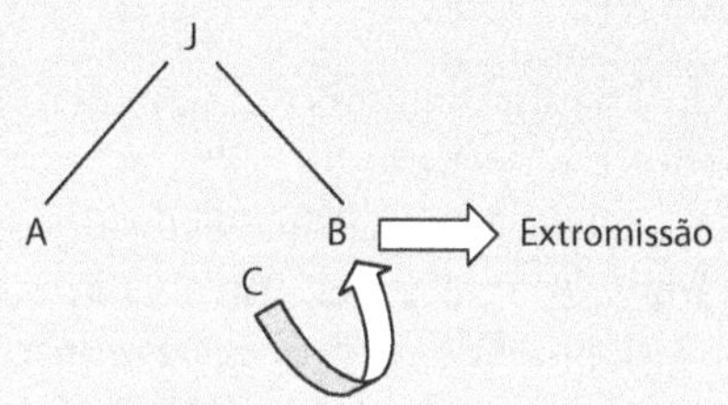

Como se trata de correção de vício de ilegitimidade passiva e não de intervenção de terceiro, é cabível inclusive naqueles procedimentos que não admitem intervenção de terceiros, como no procedimento sumaríssimo dos Juizados Especiais.

3.6. Intervenção de terceiro provocada pelo réu

As modalidades de intervenção de terceiro que podem ser provocadas pelo réu devem ser postuladas em sede de contestação.

Na denunciação da lide (art. 126, CPC)[27] e no chamamento ao processo (art. 131, CPC)[28], se não forem requeridas na contestação, com a indicação do nome e a qualificação dos terceiros, ocorre a preclusão.

---

26 CPC: "Art. 339 [...] § 2º No prazo de 15 (quinze) dias, o autor pode optar por alterar a petição inicial para incluir, como litisconsorte passivo, o sujeito indicado pelo réu".

27 CPC: "Art. 126. A citação do denunciado será requerida na petição inicial, se o denunciante for autor, ou na contestação, se o denunciante for réu, devendo ser realizada na forma e nos prazos previstos no art. 131".

28 CPC: "Art. 131. A citação daqueles que devam figurar em litisconsórcio passivo será requerida pelo réu na contestação e deve ser promovida no prazo de 30 (trinta) dias, sob pena de ficar sem efeito o chamamento".

3.7. Apresentação de documentos e requerimento de provas

Como regra, na contestação, o réu deverá requerer a produção das provas com que pretende provar as suas alegações. Também deverá apresentar, junto à contestação, todas as provas de que disponha (art. 434, CPC)[29].

Com efeito, pelo CPC, somente seria possível ao réu apresentar documentos novos quando se referissem a fatos ocorridos depois da contestação, ou para contrapor a provas produzidas após esse momento (art. 435, CPC)[30].

Na praxe forense, contudo, observa-se que vários juízes, após a réplica, proferem um despacho intimando as partes para que especifiquem as provas que pretendem produzir. Como se trata de ato jurisdicional que amplifica a possibilidade de produção de provas, não gera qualquer prejuízo às partes. Entretanto, se não for proferido esse despacho, poderá o magistrado restringir a produção das provas, se elas não tiverem sido requeridas ou apresentadas no momento oportuno.

3.8. Alegação de falsidade documental

A contestação é o momento oportuno para o réu se manifestar sobre os documentos juntados pelo autor na petição inicial[31].

Desse modo, a alegação de falsidade dos documentos apresentados pelo autor na petição inicial também deverá ser formulada na contestação. De acordo com o CPC/2015, não há mais incidente processual autônomo para tal alegação.

Se os documentos forem juntados pelo réu, ou pelo autor após a inicial, a falsidade deverá ser alegada no prazo de 15 dias, a contar da intimação acerca do documento (art. 430, *caput*, CPC)[32].

Como regra, a falsidade será decidida como questão incidental. Mas qualquer das partes poderá requerer que o juiz a decida como questão principal, na forma do art. 19, inc. II, do CPC[33], quando fará coisa julgada material.

---

29 CPC: "Art. 434. Incumbe à parte instruir a petição inicial ou a contestação com os documentos destinados a provar suas alegações".

30 CPC: "Art. 435. É lícito às partes, em qualquer tempo, juntar aos autos documentos novos, quando destinados a fazer prova de fatos ocorridos depois dos articulados ou para contrapô-los aos que foram produzidos nos autos. Parágrafo único. Admite-se também a juntada posterior de documentos formados após a petição inicial ou a contestação, bem como dos que se tornaram conhecidos, acessíveis ou disponíveis após esses atos, cabendo à parte que os produzir comprovar o motivo que a impediu de juntá-los anteriormente e incumbindo ao juiz, em qualquer caso, avaliar a conduta da parte de acordo com o art. 5º".

31 CPC: "Art. 437. O réu manifestar-se-á na contestação sobre os documentos anexados à inicial, e o autor manifestar-se-á na réplica sobre os documentos anexados à contestação".

32 CPC: "Art. 430. A falsidade deve ser suscitada na contestação, na réplica ou no prazo de 15 (quinze) dias, contado a partir da intimação da juntada do documento aos autos. Parágrafo único. Uma vez arguida, a falsidade será resolvida como questão incidental, salvo se a parte requerer que o juiz a decida como questão principal, nos termos do inciso II do art. 19".

33 CPC: "Art. 19. O interesse do autor pode limitar-se à declaração: [...] II – da autenticidade ou da falsidade de documento".

3.9. Contestação e interesse no julgamento do mérito da demanda

A sentença de mérito faz coisa julgada, sendo julgados procedentes ou improcedentes os pedidos do autor. Assim, no processo, há tutela jurisdicional tanto para o autor quanto para o réu. Para o réu, a improcedência dos pedidos do autor equivale a uma ação declaratória negativa.

Por tais razões, o réu possui interesse no julgamento de mérito da demanda, ainda que o autor tenha dela desistido, ou abandonado o processo.

Com base nisso, o CPC estabelece que, após apresentada a contestação, a desistência da ação e o abandono processual por parte do autor somente levam à extinção do processo sem resolução do mérito se houver concordância do réu (art. 485, §§ 4º a 6º)[34].

4. RECONVENÇÃO

4.1. Conceito, forma e prazo

A reconvenção deve ser **apresentada na mesma peça da contestação**, de modo que também será processada nos mesmos autos[35]. Trata-se de inovação do CPC/2015, que acompanha a jurisprudência do STJ em relação ao sistema antigo, pois esse Tribunal já admitia o oferecimento de reconvenção na mesma peça da contestação[36].

Se a reconvenção for apresentada em petição diversa da contestação e em momentos distintos, a apresentação da primeira gera a preclusão consumativa, impedindo a admissão da segunda. Isso porque é possível ao réu apresentar contestação sem reconvenção, bem como reconvenção sem contestação[37]. De outro lado, se forem apresentadas simultaneamente, pode haver dois entendimentos: a) inadmissão da reconvenção, porque deveria ter sido apresentada no bojo da contestação; ou b) há mera irregularidade, porque não há prejuízo.

A reconvenção **não gera processo novo**. De outro lado, a reconvenção implica **ampliação objetiva** do processo, pois se acrescenta nova causa de pedir e novo pedido.

4.2. Requisitos

Para que seja possível o oferecimento de reconvenção, são necessários os seguintes requisitos:

1º) a reconvenção seja formulada na contestação;

---

34 CPC: "Art. 485 [...] § 4º Oferecida a contestação, o autor não poderá, sem o consentimento do réu, desistir da ação. § 5º A desistência da ação pode ser apresentada até a sentença. § 6º Oferecida a contestação, a extinção do processo por abandono da causa pelo autor depende de requerimento do réu".

35 CPC: "Art. 343. Na contestação, é lícito ao réu propor reconvenção para manifestar pretensão própria, conexa com a ação principal ou com o fundamento da defesa".

36 "**Embora oferecidas em peça única, a contestação e a reconvenção foram completamente separadas dentro do corpo da petição, podendo as duas ser distinguidas *ictu oculi*. Sendo assim, tal circunstância deve ser considerada mera irregularidade, não se erigindo em nulidade processual**" (STJ, REsp 549.587/PE, Rel. Min. Felix Fischer, Quinta Turma, julgado em 23-3-2004, *DJ* 10-5-2004, p. 335).

37 CPC: "Art. 343 [...] § 6º O réu pode propor reconvenção independentemente de oferecer contestação".

2º) o juízo seja competente para ambas as demandas;

3º) haja compatibilidade entre os procedimentos; e

4º) exista conexão entre a reconvenção e a demanda principal, ou entre a reconvenção e o fundamento de defesa.

O conceito de "conexão" aqui é diferente daquele previsto no art. 55 do CPC[38]. Ou seja, não há que se falar em identidade de causa de pedir ou de pedido. Para o oferecimento de reconvenção, basta algum nexo, um ponto de contato, entre a reconvenção e a demanda principal, ou entre a reconvenção e o fundamento de defesa[39].

Além dos requisitos acima, a reconvenção, ainda que formulada no bojo da contestação, é demanda autônoma, razão pela qual deve conter os requisitos da petição inicial. Assim, deverá ter valor da causa, haver recolhimento de custas etc.

De outro lado, para que seja admitida e processada a reconvenção, não é necessária a utilização desse nome, bastando que o réu formule pretensão na contestação. Nesse sentido, também o Enunciado 45 do FPPC: "Para que se considere proposta a reconvenção, não há necessidade de uso desse *nomen iuris*, ou dedução de um capítulo próprio. Contudo, o réu deve manifestar inequivocamente o pedido de tutela jurisdicional qualitativa ou quantitativamente maior que a simples improcedência da demanda inicial".

4.3. Procedimento

A reconvenção pode ser proposta ainda que o réu não apresente contestação (art. 343, § 6º, CPC).

A reconvenção pode ser proposta pelo réu (reconvinte) contra o autor, pelo réu (reconvinte) contra o autor e terceiro (reconvindos), ou pelo autor e terceiro (como reconvintes) contra o réu (reconvindo)[40].

Não preenchidos os requisitos da reconvenção, o seu processamento deve ser indeferido pelo juiz.

A decisão que indefere o processamento da reconvenção possui natureza de decisão interlocutória. Como esse indeferimento de plano terá conteúdo de art. 485 do CPC (análise do pedido sem resolução do mérito), ou, ainda, será caso de julgamento liminar de improcedência, é cabível o recurso de agravo de instrumento, na forma do art. 354, parágrafo único[41], e do art. 356, parágrafo único, do CPC[42]. Nesse sentido, aliás,

38 CPC: "Art. 55. Reputam-se conexas 2 (duas) ou mais ações quando lhes for comum o pedido ou a causa de pedir".

39 Nesse sentido, também Alexandre Câmara: "O termo *conexão* não é empregado no art. 343 no mesmo sentido em que aparece em outras passagens do CPC, como no art. 55. A conexão como pressuposto da reconvenção deve ser compreendida como a exigência de [...] algum traço comum capaz de justificar sua reunião em um só processo. Não é preciso, porém, que haja identidade de causa de pedir ou de pedido, como resultaria do art. 55" (CÂMARA, Alexandre Freitas. *O novo processo civil brasileiro*. São Paulo: Atlas, 2015. p. 207).

40 CPC: "Art. 343 [...] § 3º A reconvenção pode ser proposta contra o autor e terceiro. § 4º A reconvenção pode ser proposta pelo réu em litisconsórcio com terceiro".

41 CPC: "Art. 354. Ocorrendo qualquer das hipóteses previstas nos arts. 485 e 487, incisos II e III, o juiz proferirá sentença. Parágrafo único. A decisão a que se refere o *caput* pode dizer respeito a apenas parcela do processo, caso em que será impugnável por agravo de instrumento".

42 CPC: "Art. 356. O juiz decidirá parcialmente o mérito quando um ou mais dos pedidos formulados ou parcela deles: I – mostrar-se incontroverso; II – estiver em condições de imediato julgamento, nos termos do art. 355. [...] § 5º A decisão proferida com base neste artigo é impugnável por agravo de instrumento".

o Enunciado 154 do FPPC: "É cabível agravo de instrumento contra ato decisório que indefere parcialmente a petição inicial ou a reconvenção".

Admitindo a reconvenção, o juiz deverá determinar a intimação do autor, **na pessoa do seu advogado**, para que apresente resposta à reconvenção no prazo de **15 dias** (art. 343, § 1º, CPC)[43]. Como a reconvenção é formulada na contestação (tramitando no mesmo processo da ação principal e, inclusive, nos mesmos autos), não há nova citação, mas apenas intimação do autor para apresentar resposta. Mesmo que a procuração do advogado do autor não tenha poderes especiais para receber citação, a intimação da reconvenção será feita na sua pessoa, pois a lei processual assim determina.

A reconvenção é demanda autônoma em relação à ação principal, ainda que tramitem no mesmo processo. Desse modo, a desistência da ação principal pelo autor ou a ocorrência de causa extintiva que impeça o exame do seu mérito não obstam o prosseguimento e o julgamento do mérito da reconvenção[44].

Se possível, a ação principal e a reconvenção deverão ser julgadas na mesma sentença.

4.4. Reconvenção e honorários advocatícios

Como a reconvenção é demanda autônoma, proposta pelo réu contra o autor da demanda principal, terá, ao final, um vencedor e um vencido, pois o pedido reconvencional será julgado procedente, parcialmente procedente ou improcedente.

Por conseguinte, na sentença, também deverá haver fixação de honorários advocatícios sucumbenciais para a reconvenção. Nesse sentido, o art. 85, § 1º, do CPC/2015[45] consolida o entendimento do STJ sobre o assunto[46].

4.5. Recursos

No tocante aos recursos, é necessário distinguir **três situações**.

Em primeiro lugar, se a reconvenção for julgada junto com a demanda principal na sentença, o recurso cabível é a apelação (art. 1.009, CPC).

Caso a reconvenção não chegue a ser julgada por sentença, poderá haver duas situações:

a) houve decisão terminativa da reconvenção antes da sentença, que indeferiu de plano o seu processamento, ou que a extinguiu sem resolução do mérito no curso do processo:

---

43 CPC: "Art. 343 [...] § 1º Proposta a reconvenção, o autor será intimado, na pessoa de seu advogado, para apresentar resposta no prazo de 15 (quinze) dias".

44 CPC: "Art. 343 [...] § 2º A desistência da ação ou a ocorrência de causa extintiva que impeça o exame de seu mérito não obsta ao prosseguimento do processo quanto à reconvenção".

45 CPC: "Art. 85. A sentença condenará o vencido a pagar honorários ao advogado do vencedor. § 1º São devidos honorários advocatícios na reconvenção, no cumprimento de sentença, provisório ou definitivo, na execução, resistida ou não, e nos recursos interpostos, cumulativamente".

46 "**A reconvenção constitui ação autônoma; dessa forma, são devidos os honorários em razão da sucumbência, independentemente do resultado da ação principal**" (STJ, REsp 614.617/DF, Rel. Min. Humberto Martins, Segunda Turma, julgado em 9-6-2009, *DJe* 29-6-2009).

nesse caso, há divergência sobre o cabimento ou não de agravo de instrumento. Para Daniel Neves, não cabe agravo de instrumento, razão pela qual caberá ao reconvinte somente aguardar para impugnar tal decisão na apelação ou nas contrarrazões à apelação, se for o caso[47]. Contudo, o art. 354, *caput*, do CPC estabelece que, "ocorrendo qualquer das hipóteses previstas nos arts. 485 e 487, incisos II e III, o juiz proferirá sentença", sendo que o seu parágrafo único determina expressamente que "a decisão a que se refere o *caput* pode dizer respeito a apenas parcela do processo, caso em que será impugnável por agravo de instrumento". Portanto, parece claro que a decisão interlocutória que indefere de plano, total ou parcialmente[48], o processamento da reconvenção, ou que a extingue sem resolução de mérito, com base no art. 485 do CPC (hipóteses de decisão sem resolução do mérito), é recorrível por agravo de instrumento, na forma do art. 354, parágrafo único, do CPC.

b) se a reconvenção é julgada por decisão interlocutória definitiva, sendo caso de julgamento liminar de improcedência ou de julgamento antecipado de mérito: em tais hipóteses, será cabível agravo de instrumento, nos termos do art. 1.015, inc. II, do CPC[49].

4.6. Juizados Especiais

Não se admite reconvenção no **procedimento sumaríssimo**. Com efeito, o CPC/2015 não altera a sistemática dos Juizados Especiais. Assim, no procedimento sumaríssimo, continua sendo admitido o **pedido contraposto**, que é formulado no **corpo da própria contestação**. O pedido contraposto deve se fundar no mesmo fato que originou a demanda (art. 31, Lei n. 9.099/1995)[50]. Vale dizer, diversamente do que ocorre na reconvenção, não basta mera conexão (ponto de contato).

4.7. Reconvenção e ações de procedimento especial

a) Ações coletivas

Embora a doutrina[51] e a jurisprudência[52] majoritárias não admitissem reconvenção formulada quando o autor, em ações coletivas, atua como legitimado extraordinário,

---

47 Também nesse sentido: NEVES, Daniel Amorim Assumpção. *Novo Código de Processo Civil.* Rio de Janeiro: Forense, 2015. p. 246.

48 Nesse sentido, o Enunciado 154 do FPPC: "É cabível agravo de instrumento contra ato decisório que indefere parcialmente a petição inicial ou a reconvenção".

49 CPC: "Art. 1.015. Cabe agravo de instrumento contra as decisões interlocutórias que versarem sobre: [...] II – mérito do processo".

50 Lei n. 9.099/1995: "Art. 31. Não se admitirá a reconvenção. É lícito ao réu, na contestação, formular pedido em seu favor, nos limites do art. 3º desta Lei, desde que fundado nos mesmos fatos que constituem objeto da controvérsia".

51 Segundo Rodolfo de Camargo Mancuso, escrevendo antes da vigência do CPC/2015, ensinava que "na ação popular também não é de se admitir a reconvenção: conquanto possa haver conexão entre a matéria da ação e a que seria deduzida pelo réu na via reconvencional (CPC, art. 315), esse instituto pressupõe que as partes estejam brandindo situações jurídicas que lhe são próprias, tanto assim que o parágrafo único desse artigo não permite ao réu, 'em seu próprio nome, reconvir ao autor, quando este demandar em nome de outrem" (MANCUSO, Rodolfo de Camargo. *Ação popular.* 5. ed. São Paulo: Revista dos Tribunais, 2003. p. 245-246).

52 "**Na ação popular, o autor não ostenta posição jurídica própria, nem titulariza o direito discutido na ação, que é de natureza indisponível. Defende-se, em verdade, interesses pertencentes a toda sociedade.**

porque defende, em nome próprio, direito alheio, o CPC/2015 estabeleceu que "se o autor for substituto processual, o reconvinte deverá afirmar ser titular de direito em face do substituído, e a reconvenção deverá ser proposta em face do autor, também na qualidade de substituto processual" (art. 343, § 5º).

Desse modo, caberá ao juiz verificar se, nas ações coletivas, o autor poderá atuar como legitimado extraordinário para defender os substituídos processuais na reconvenção.

Assim, por exemplo, quando determinada associação de servidores públicos ajuíza ação para garantir o direito de greve contra o ente público, cabe reconvenção deste contra aquela para postular que os servidores públicos voltem ao trabalho, sob pena de imposição de multa e desconto dos dias não trabalhados. Observe-se que, nessa hipótese, a associação dos servidores públicos possui legitimidade extraordinária para responder à ação com o mesmo propósito da reconvenção ajuizada.

b) Na ação monitória

A Súmula 292 do STJ prevê que "**a reconvenção é cabível na ação monitória, após a conversão do procedimento em ordinário [comum]**".

c) Na ação de busca e apreensão decorrente de alienação fiduciária

O STJ, com precedentes da sua Corte Especial, também pacificou o entendimento de que "**é cabível a apresentação de reconvenção à ação de busca e apreensão decorrente de alienação fiduciária**, com a finalidade de se pleitear a revisão do contrato, bem como a devolução de quantias pagas a maior"[53].

d) Na ação declaratória

A doutrina e a jurisprudência também são uníssonas em **admitir reconvenção no bojo de ação declaratória**[54].

e) Nos embargos à execução fiscal

O art. 16, § 3º, da Lei de Execução Fiscal (Lei n. 6.830/1980) prevê expressamente que "**não será admitida reconvenção nos embargos à execução fiscal**", o que é corroborado pela jurisprudência[55].

É de se aplicar, assim, o parágrafo único do art. 315 do CPC, que não permite ao réu, 'em seu próprio nome, reconvir ao autor, quando este demandar em nome de outrem'" (STJ, REsp 72.065/RS, Rel. Min. Castro Meira, Segunda Turma, julgado em 3-8-2004, *DJ* 6-9-2004, p. 185).

53 STJ, AgRg no REsp 1028453/RJ, Rel. Min. Vasco Della Giustina (Desembargador Convocado do TJ/RS), Terceira Turma, julgado em 23-11-2010, *DJe* 9-12-2010.

54 "**AÇÃO DECLARATÓRIA DE NULIDADE DE APONTAMENTO A PROTESTO.** [...] **AÇÃO DE COBRANÇA VEICULADA EM RECONVENÇÃO. ADMISSIBILIDADE**" (STJ, REsp 953.192/SC, Rel. Min. Sidnei Beneti, Terceira Turma, julgado em 7-12-2010, *DJe* 17-12-2010). No mesmo sentido: STJ, REsp 921.947/PR, Rel. Min. Sidnei Beneti, Terceira Turma, julgado em 7-6-2011, *DJe* 13-6-2011.

55 "Em sede de embargos à execução fiscal há previsão legal (art. 16, § 3º, da Lei 6.830/80) vedando a utilização da reconvenção. O fundamento dessa proibição é, unicamente, de natureza processual, a fim de não impor dificuldades para o curso da execução fiscal, haja vista que ela tem como base certidão de dívida líquida e certa. [...] Entendimento em sentido contrário violaria o princípio da celeridade e criaria obstáculo para a satisfação do crédito, pois a ideia que norteia a reconvenção é o seu desenvolvimento de forma conjunta com a demanda inicial, o que não ocorreria ao se admitir a reconvenção em sede de embargos à execução, na medida que as demandas

f) **Na ação rescisória**

Somente será admitida a reconvenção em ação rescisória se o pedido reconvencional também for rescisório e relativo ao mesmo julgado impugnado na ação rescisória[56].

5. REVELIA E EFEITOS

5.1. Definição

A revelia é um **fato**, consistente na **ausência de contestação**, no prazo e na forma legais.

Se o réu não apresentar contestação, apresentá-la intempestivamente ou apresentar apenas reconvenção, terá ocorrido a revelia.

De outro lado, se o réu, no curso do prazo de contestação, oferece exceção de suspeição ou de impedimento, suspende-se automaticamente o prazo para contestar (art. 313, III, CPC[57]). Após o julgamento da exceção, devolve-se ao réu o que restava do prazo, a fim de que apresente contestação. Por isso, caso o réu pretenda oferecer exceção de suspeição ou de impedimento, recomenda-se que o faça logo no início do prazo de contestação. Por exemplo, se o réu apresenta a exceção de suspeição ou de impedimento no 13º dia do prazo, após julgada a exceção, será intimado do julgamento e também para contestar, mas terá apenas 2 dias para fazê-lo (o que resta do prazo de 15 dias para contestação).

Por fim, é importante ressaltar que não se deve confundir revelia com efeitos da revelia. A revelia é um fato, que pode ou não gerar os seus efeitos jurídicos (consequências jurídicas), como adiante se mostrará.

5.2. Efeitos da revelia

A revelia produz um efeito material (ou substancial) e dois efeitos formais (ou processuais). Trata-se dos seguintes **efeitos jurídicos**: 1º) **Presunção de veracidade dos fatos alegados na inicial (art. 344, CPC); 2º) Não intimação dos atos e termos do processo, salvo se já tiver advogado constituído nos autos (art. 346, *caput*, CPC); e 3º) Julgamento antecipado do mérito (art. 355, II, CPC).**

A seguir, serão analisados esses efeitos da revelia.

A) **Presunção de veracidade dos fatos alegados na inicial (art. 344, CPC).**

É o efeito material (ou substancial) da revelia.

---

não teriam pontos de contato a justificar a sua reunião" (REsp 1528049/RS, Rel. Ministro Mauro Campbell Marques, Segunda Turma, julgado em 18-8-2015, *DJe* 28-8-2015).

56 "**Admite-se o oferecimento de reconvenção em ação rescisória quando aquela modalidade de resposta do réu também possuir natureza rescisória e referir-se ao mesmo julgado que é objeto da inicial**" (TJDFT, Acórdão n. 480597, 20090020096006ARC, Rel. João Mariosi, 3ª Câmara Cível, julgado em 14-2-2011, *DJ* 17-2-2011 p. 51). Também nesse sentido, o entendimento do STJ (AR 4.772/MG, Rel. Ministro ARNALDO ESTEVES LIMA, PRIMEIRA SEÇÃO, julgado em 12-6-2013, *DJe* 1º-7-2013).

57 CPC: "Art. 313. Suspende-se o processo: [...] III – pela arguição de impedimento ou de suspeição".

Observe-se que a presunção de veracidade recai sobre fatos, não sobre o direito objetivo, tampouco sobre o direito subjetivo alegado pelo autor.

Além disso, a presunção de veracidade das alegações do autor é relativa. Com efeito, pode ser que as alegações do autor sejam inverossímeis, ou estejam em contrariedade com as provas juntadas aos autos.

Em tais casos, o juiz poderá determinar a abertura da fase de instrução, de modo a intimar o autor a especificar as provas que pretende produzir, se ele ainda não tiver feito isso (art. 348, CPC)[58]. Nesse caso, o réu, se comparecer aos autos do processo a tempo, também poderá requerer a produção de provas (art. 349, CPC)[59].

Tudo isso implica concluir que a revelia não induz necessariamente à procedência dos pedidos.

De outro lado, o **próprio CPC estabelece exceções**, em que a **revelia não produz o efeito de presunção de veracidade dos fatos alegados pelo autor**. São elas: quando, havendo pluralidade de réus, algum deles contestar a ação; se o litígio versar sobre direitos indisponíveis; se a petição inicial não estiver acompanhada do instrumento público, que a lei considere indispensável à prova do ato; ou se as alegações do autor sobre fatos forem inverossímeis ou contrariarem a prova dos autos (art. 345, CPC).

B) Não intimação dos atos e termos do processo, salvo se já tiver advogado constituído nos autos (art. 346, *caput*, CPC).

Trata-se de efeito formal (ou processual) da revelia.

Se o réu já tiver constituído advogado nos autos, a revelia não produzirá este efeito jurídico no processo, pois o réu terá de ser intimado de todos os atos e termos do processo por intermédio do seu advogado. De outro lado, se o réu revel não tiver constituído patrono nos autos, haverá a aplicação deste efeito, deixando-se de intimá-lo dos atos e termos do processo.

C) Julgamento antecipado do mérito (art. 355, II, CPC).

É o segundo efeito formal (ou processual) da revelia. Está previsto no art. 355, inc. II, do CPC[60].

Diz-se que o julgamento é antecipado porque ocorre sem que seja aberta a fase de instrução processual, julgando-se o processo com base nas alegações e provas já produzidas.

Contudo, o art. 349 do CPC estabelece que "ao réu revel será lícita a produção de provas, contrapostas às alegações do autor, desde que se faça representar nos autos a tempo de praticar os atos processuais indispensáveis a essa produção".

Desse modo, o julgamento antecipado do mérito somente ocorre se a parte ré revel não formular requerimento de produção de prova antes que ocorra a decisão judicial que determina o julgamento antecipado do mérito ou a própria sentença.

---

58 CPC: "Art. 348. Se o réu não contestar a ação, o juiz, verificando a inocorrência do efeito da revelia previsto no art. 344, ordenará que o autor especifique as provas que pretenda produzir, se ainda não as tiver indicado".

59 CPC: "Art. 349. Ao réu revel será lícita a produção de provas, contrapostas às alegações do autor, desde que se faça representar nos autos a tempo de praticar os atos processuais indispensáveis a essa produção".

60 CPC: "Art. 355. O juiz julgará antecipadamente o pedido, proferindo sentença com resolução de mérito, quando: [...] II – o réu for revel, ocorrer o efeito previsto no art. 344 e não houver requerimento de prova, na forma do art. 349".

5.3. Outras questões relativas à revelia e aos seus efeitos

A par desses efeitos jurídicos da revelia, é preciso expor algumas peculiaridades do instituto.

No caso de **réu revel citado por edital ou por hora certa**, deve ser nomeado **curador especial** (art. 72, CPC)[61], não podendo ser reconhecidos os efeitos jurídicos da revelia.

Nesse tocante, **não há que se confundir a revelia**, que é o fato de não ser apresentada contestação no prazo e forma legais, **com os seus efeitos**. Assim, por exemplo, se o litígio versar sobre direitos indisponíveis e o réu não apresentar contestação, haverá revelia; o que não há é a presunção de veracidade dos fatos alegados pelo autor (efeito material da revelia).

O art. 346, parágrafo único, do CPC prevê que "o revel poderá intervir no processo em qualquer fase, **recebendo-o no estado em que se encontrar**".

Portanto, se o **réu revel intervier no curso do processo** a qualquer momento, passará novamente a ser intimado, bem como o **receberá no estado em que se encontrar**. No entanto, não serão conhecidas as alegações que deveriam ter sido apresentadas em contestação e sobre as quais já ocorrera a preclusão[62]. De outro lado, se compatível com a fase processual em que intervier, poderá, por exemplo, produzir provas, requerer a designação de audiência de instrução, arrolar testemunhas, apresentar alegações finais, recurso de apelação etc.[63].

Além disso, de acordo com o art. 346, *caput*, do CPC, "os **prazos contra o revel** que não tenha patrono nos autos **fluirão da data de publicação do ato decisório no órgão oficial**". O início da contagem dos prazos para o réu revel, no CPC/1973, era a partir da publicação (entrega do ato processual no cartório) e não da publicação do ato processual "no órgão oficial".

Com essa modificação do CPC/2015, é preciso perquirir como ficam os **casos em que não haveria publicação do ato decisório no órgão oficial**, como, p.ex., nas hipóteses em que a Defensoria Pública representa a parte autora, ou em que a parte autora é o Ministério Público ou o Estado. Em tais hipóteses, como regra, sendo o réu revel, haveria necessidade de apenas intimar a parte autora, mediante vista pessoal do seu representante, ou seja, não haveria necessidade de publicação no órgão oficial. Observe-se que, nesses casos, o CPC deixa espaço para duas interpretações, ambas incongruentes: a) caso se entenda que não há necessidade de publicação em órgão oficial, não há como saber qual é o momento que marca o início do prazo para o réu

---

61 CPC: "Art. 72. O juiz nomeará curador especial ao: I – incapaz, se não tiver representante legal ou se os interesses deste colidirem com os daquele, enquanto durar a incapacidade; II – réu preso revel, bem como ao réu revel citado por edital ou com hora certa, enquanto não for constituído advogado. Parágrafo único. A curatela especial será exercida pela Defensoria Pública, nos termos da lei".

62 "De acordo com o artigo 346, do Código de Processo Civil, o revel pode intervir no processo em qualquer momento ou fase, mas o receberá no estado em que se encontra, sendo incabível a inovação das teses defensivas. Não é lícito ao réu suscitar, depois de configurada a sua revelia, as questões que deveriam ter sido arguidas na contestação, pois, a seu respeito, operou-se a preclusão" (TJDFT, Acórdão n.1100574, 20140910126010APC, Relator: Esdras Neves, 6ª Turma Cível, Data de Julgamento: 30-5-2018, Publicado no *DJe*: 5-6-2018. p. 514-520).

63 "Declarada a revelia, o revel pode intervir no processo em qualquer fase, recebendo-o no estado em que se encontra [...]. Assim, tendo o réu assumido o processo a tempo de interpor o recurso de Apelação, pode ele alegar em suas razões toda a matéria de direito que deva ser apreciada pelo juiz, entre as quais, se inclui a prescrição" (STJ, REsp 890.311/SP, Rel. Ministro SIDNEI BENETI, TERCEIRA TURMA, julgado em 12-8-2010, *DJe* 23-8-2010).

revel; b) caso se entenda que, para que haja o início do prazo para o réu revel, deve ocorrer a publicação, estar-se-á intimando o réu revel, já que a outra parte (nos exemplos dados) não é intimada por publicação, mas por vista pessoal.

Embora possa haver mais de uma interpretação a respeito, entendemos que, **no caso em que não haveria publicação para a intimação da parte autora**, sendo o caso de réu revel, deve se buscar um marco a partir do qual deve correr o prazo para o réu, mas não se deve promover publicação no órgão oficial somente para intimá-lo. Esse **marco deve ser o da entrega dos autos ao escrivão ou chefe de secretaria**, pois este é o momento que marca o início da publicidade da decisão.

Ademais, prevalece o entendimento de que os efeitos da revelia decretada na fase de conhecimento permanecem durante o cumprimento de sentença, sendo, inclusive, dispensada a intimação pessoal do réu (sem patrono constituído) para pagamento no prazo de 15 dias, para que incida a multa de 10% e tenha de pagar os honorários fixados nesta fase (no caso de obrigação de pagar quantia)[64].

5.4. Contestação apresentada intempestivamente

Se a contestação for apresentada intempestivamente, ou seja, fora do prazo legal, deverá ser decretada a revelia do réu, na forma já exposta.

Por conseguinte, o juiz também poderá determinar o desentranhamento da peça de contestação. Ocorre que, antes de se chegar a essa conclusão, é preciso considerar toda a complexidade que cerca a matéria.

Em relação às preliminares arguidas pelo réu, é preciso observar que muitas delas são passíveis de ser conhecidas de ofício, razão pela qual poderiam ser suscitadas pela parte ré a qualquer tempo no processo. É o caso, por exemplo, da preliminar de incompetência absoluta, da preliminar de nulidade de citação etc.

Além disso, se o juiz entender que deve designar a audiência de instrução, o réu pode arrolar testemunhas. Ademais, o réu pode apresentar documentos posteriormente à contestação, de modo que os documentos que foram anexados à contestação também deverão permanecer no processo. Nesse sentido, o entendimento consolidado no âmbito do STJ[65].

---

64 "Declarada a revelia, cujos efeitos se projetam sobre a fase de cumprimento de sentença, é desnecessária a intimação pessoal do executado para fins de cumprimento do julgado, o que não impede, inclusive, a incidência da multa prevista no art. 475-J do Código de Processo Civil de 1973" (AgInt no AREsp 691.169/RJ, Rel. Ministro Ricardo Villas Bôas Cueva, Terceira Turma, julgado em 1º-12-2016, *DJe* 15-12-2016). No mesmo sentido, o TJDFT: "Prevalece o entendimento de que a citação pessoal do réu, com posterior decretação de revelia pela ausência de comparecimento ao feito, dispensa a intimação pessoal do devedor para o cumprimento do julgado. Sendo assim, os efeitos da revelia decretada na fase de conhecimento permanecem durante o cumprimento de sentença, revelando-se despropositada a intimação pessoal para pagamento de devedor sem patrono constituído. Precedentes" (TJDFT, Acórdão n. 1114591, 07077277020188070000, Relator: Sandoval Oliveira, 2ª Turma Cível, Data de Julgamento: 8-8-2018, Publicado no *DJe*: 14-8-2018. p. Sem Página Cadastrada).

65 "**Dessarte, a mera declaração de intempestividade não tem, por si só, o condão de provocar o desentranhamento do documento dos autos, impedindo o seu conhecimento pelo Tribunal *a quo*, mormente tendo em vista a maior amplitude, no processo civil moderno, dos poderes instrutórios do juiz, ao qual cabe determinar, até mesmo de ofício, a produção de provas necessárias à instrução do processo (art. 130 do CPC)**" (STJ, REsp 1072276/RN, Rel. Min. Luis Felipe Salomão, Quarta Turma, julgado em 21-2-2013, *DJe* 12-3-2013).

De outro lado, se a contestação intempestiva foi apresentada por advogado devidamente constituído, a revelia não produzirá o efeito de não intimação dos atos e termos do processo, considerando o teor do art. 346 do CPC[66].

6. EXCEÇÕES DE IMPEDIMENTO E DE SUSPEIÇÃO

6.1. O impedimento e a suspeição

O impedimento e a suspeição são vícios que maculam o processo, pois tornam o **juiz parcial ou suspeito de parcialidade**. Assim, as exceções de suspeição e de impedimento são os instrumentos hábeis a afastar o juiz parcial do processo.

As hipóteses legais **de impedimento** (art. 144, CPC) são **mais graves**, geram uma **presunção absoluta de parcialidade**. Trata-se de um vício que pode ser alegado a qualquer tempo e que, inclusive, é hipótese de ação rescisória (art. 966, II, CPC)[67].

A **suspeição** (art. 145, CPC) **é menos grave** que o impedimento, existindo **presunção relativa de parcialidade**. Assim, a parte deverá opor exceção no prazo **de 15 dias (úteis)**, sob pena de ocorrer a preclusão desse direito processual.

As hipóteses de suspeição e de impedimento já foram estudadas anteriormente, no item pressupostos processuais subjetivos relativos ao juiz. Nesta parte da obra, cabe analisar as exceções instrumentais de impedimento e de suspeição.

6.2. Exceção de impedimento e de suspeição: forma, prazo e características gerais

O **impedimento e a suspeição** deverão ser alegados **por meio de petição autônoma**. Não devem constar como preliminar de contestação. Essa petição deverá ser formulada incidentalmente, sem novo número de protocolo, devendo, inicialmente, ser juntada nos mesmos autos do processo a que se refere.

Embora o CPC/2015 tenha colocado fim a alguns incidentes processuais que geravam autos apartados (como, p.ex., a exceção de incompetência relativa), existe uma necessidade prática de que a suspeição e o impedimento sejam alegados por uma exceção instrumental, na medida em que, uma vez proposta a petição, se o juiz não reconhecer a sua parcialidade, deverá formar autos apartados e encaminhá-los ao tribunal, para julgamento.

Alguns autores encontram alguma dificuldade em chamar a forma de arguir a suspeição e o impedimento de "exceção", na medida em que as exceções de impedimento e de suspeição, no CPC/1973, geravam de imediato autos autônomos, ou seja, deveriam ser distribuídas (e não simplesmente protocolizadas, para ser juntada nos mesmos autos). Contudo, "exceção" significa defesa, e "exceção instrumental" significa que essa defesa é formulada mediante petição autônoma. Por conseguinte, não há

66 CPC: "Art. 346. Os prazos contra o revel que não tenha patrono nos autos fluirão da data de publicação do ato decisório no órgão oficial. Parágrafo único. O revel poderá intervir no processo em qualquer fase, recebendo-o no estado em que se encontrar".

67 CPC: "Art. 966. A decisão de mérito, transitada em julgado, pode ser rescindida quando: [...] II – for proferida por juiz impedido ou por juízo absolutamente incompetente".

nenhum óbice em continuar se utilizando a nomenclatura "exceção de impedimento" e "exceção de suspeição".

De acordo com o art. 146, *caput*, do CPC, o **prazo** para opor a exceção de impedimento ou de suspeição é de **15 dias (úteis)**, "a contar do conhecimento do fato".

Tal expressão, contudo, deixa margem a diversas interpretações. Poderia a parte, ao final do processo, alegar suspeição sob o argumento de que somente neste momento tomou conhecimento do fato que a enseja?

Parece que, a princípio, a resposta deve ser negativa, pois, caso contrário, haveria margem a protelações indevidas.

A suspeição e o impedimento do juiz podem ser originários ou supervenientes. Isso porque a suspeição e o impedimento referem-se ao juiz, e não ao juízo, como ocorre com a incompetência. Tal constatação produz consequências importantes no tocante ao prazo para oposição de exceção de suspeição.

Caso a **suspeição** seja **originária** (preexistente), porque o juiz para onde foi distribuída a ação já estava lotado na vara desde o princípio, o prazo para a exceção de suspeição **(15 dias úteis) deve iniciar o seu curso a partir da juntada do mandado de citação/aviso de recebimento/carta precatória cumprido(a) aos autos**. De outro lado, se a **suspeição** for **superveniente** ao ajuizamento da ação (porque o juiz foi removido para a Vara posteriormente, por exemplo), a exceção de suspeição deverá ser **oposta no prazo de 15 dias a contar do conhecimento do fato que enseja a suspeição**[68], ou seja, a partir da primeira intimação acerca de decisão do novo juiz.

No caso de **suspeição**, se **não oposta no prazo legal**, ocorre a **preclusão**, não gerando qualquer nulidade do processo[69].

É também possível que o autor já alegue a suspeição/impedimento do juiz no momento da propositura da demanda, nos casos em que, na Comarca ou Circunscrição Judiciária, ele é o único competente para o julgamento da demanda.

Embora o art. 146, *caput*, do CPC estabeleça que o prazo para a exceção de impedimento também é de 15 dias úteis, o **impedimento** pode ser **alegado a qualquer tempo** durante o processo, pois tal vício gera nulidade absoluta e pode, inclusive, ser objeto de ação rescisória após o trânsito em julgado da sentença de mérito (art. 966, inc. II, do CPC). Portanto, o prazo de 15 dias para o oferecimento da exceção de impedimento é **impróprio**. Vale dizer, passado esse prazo, não há preclusão. Esse é o entendimento pacífico da doutrina[70] e na jurisprudência[71].

---

68 "[...] **a suspeição do julgador deve ser arguida pela parte interessada na primeira oportunidade que lhe couber falar nos autos (CPC, art. 138, § 1º), sob pena de preclusão. Em se tratando de suspeição fundada em motivo preexistente, deve ser suscitada, no prazo para resposta (CPC, art. 297), e, quando fundada em motivo superveniente, no prazo de quinze dias, previsto no art. 305, c/c o art. 304 do Estatuto Processual Civil, contando da ciência do fato causador da suspeição**" (STJ, AgRg no Ag 1383973/CE, Rel. Min. Luis Felipe Salomão, Quarta Turma, julgado em 14-8-2012, *DJe* 22-8-2012).

69 "**A suspeição do julgador deve ser arguida pela parte interessada na primeira oportunidade que lhe couber falar nos autos (CPC, art. 138, § 1º), sob pena de preclusão**" (STJ, AgRg no Ag 1086247/RJ, Rel. Min. Raul Araújo, Quarta Turma, julgado em 4-8-2011, *DJe* 2-9-2011).

70 Nesse sentido, por exemplo, o entendimento de Alexandre Freitas Câmara (*Lições de direito processual civil*. 15. ed. Rio de Janeiro: Lumen Juris, 2006. p. 353. v. 1), Fredie Didier Jr. (*Curso de direito processual civil:* teoria geral do processo e processo de conhecimento. 7. ed. Salvador: JusPodivm, 2007. p. 459. v. 1), José Carlos Barbosa Moreira (*O novo processo civil brasileiro*. 25. ed. Rio de Janeiro: Forense, 2007. p 41), Luiz Guilherme Marinoni e Sérgio Cruz Arenhart (*Processo de conhecimento*. 7. ed. São Paulo: Revista dos Tribunais, 2008. p. 144).

71 "**O impedimento é matéria de ordem pública**, concebido pelo Código de Processo Civil como fenômeno inibidor do poder jurisdicional, em que se **presume de forma absoluta a parcialidade do magistrado**. 4. **O impedimento**

No entanto, não terá invalidade a sentença proferida por juiz impedido quando esta tiver sido reformada, confirmada ou cassada pelo Tribunal. Nesse caso, o que transitou em julgado foi o acórdão do tribunal, que substitui sentença de primeira instância. No caso de desembargador de tribunal ou de ministro de tribunal superior impedidos, também não haverá a invalidação de acórdão de Tribunal quando o seu voto, se desconsiderado, não interfere no resultado (quando a decisão foi unânime ou o seu voto foi vencido)[72].

6.3. Processamento da exceção de suspeição ou de impedimento

As exceções de impedimento e de suspeição de magistrado de primeira instância devem ser formuladas em petição específica e autônoma dirigida ao juiz do processo, devendo indicar o fato que enseja a parcialidade do magistrado.

Tal petição deve ser instruída com documentos comprobatórios da alegação, bem como com o rol de testemunhas.

Denomina-se de excipiente aquele que opõe a exceção e de excepto aquele contra quem a exceção é oposta.

O juiz, se estiverem presentes os requisitos da exceção, deverá recebê-la e poderá tomar uma das seguintes providências:

a) se reconhecer o impedimento ou a suspeição, ordenará imediatamente a remessa dos autos a seu substituto legal; ou

b) se não reconhecer a existência de impedimento ou suspeição, o juiz deverá: b.1) determinar a autuação da petição em autos apartados; b.2) no prazo de 15 dias, apresentar suas razões, acompanhadas de documentos e rol de testemunhas, se for o caso; e b.3) ordenar a remessa do incidente ao tribunal, para que este promova o julgamento.

No caso de exceção de impedimento ou de suspeição, o excepto é o juiz. Logo, o juiz não pode julgar a exceção, tendo em vista que ele ocupa o polo passivo desse incidente. Assim, o juiz pode reconhecer ou não que ele é impedido ou suspeito, mas não pode julgar a exceção. Se ele entender que não está presente causa de impedimento ou suspeição, deve remeter o incidente para julgamento no Tribunal. Então, diferentemente do que ocorre com a alegação de incompetência (a incompetência é do juízo, não do juiz), as exceções de impedimento ou de suspeição (do juiz) são julgadas pelo tribunal.

6.4. Suspensão do processo e dos demais prazos

Oferecida a exceção, ocorre a **suspensão automática dos prazos processuais**. Com efeito, o art. 313, inc. III, do CPC prevê que a simples oposição da exceção é causa

---

tem natureza de objeção, pois pode ser conhecido de ofício pelo Tribunal, e a sua arguição pode ser feita a qualquer tempo e grau de jurisdição, independentemente de exceção. É vício tão grave que o CPC posiciona esse instituto no rol taxativo da ação rescisória (art. 485, II)" (STJ, AgRg no REsp 947.840/SC, Rel. Min. Humberto Martins, Segunda Turma, julgado em 6-4-2010, *DJe* 16-4-2010).

72 "**Não enseja nulidade a participação de magistrado impedido em julgamento colegiado, quando o seu voto, se desconsiderado, não interfere no resultado. Precedentes**" (STJ, AgRg no REsp 968.523/GO, Rel. Min. Maria Isabel Gallotti, Quarta Turma, julgado em 28-8-2012, *DJe* 3-9-2012).

de suspensão do processo[73]. Por conseguinte, se a exceção de suspeição ou de impedimento por oposta pelo réu no prazo da contestação, tal prazo ficará suspenso. Aliás, oferecida a exceção, não deverá o réu oferecer contestação ou reconvenção, porque o processo está suspenso.

Uma vez distribuída a exceção de incompetência no tribunal, o relator deverá decidir se o recebe sem efeito suspensivo (o processo volta a correr normalmente) ou com efeito suspensivo, caso em que o processo deverá permanecer suspenso até o julgamento do incidente (art. 146, § 2º, CPC).

O art. 146, § 3º, do CPC estabelece que, "enquanto não for declarado o efeito em que é recebido o incidente ou quando este for recebido com efeito suspensivo, a tutela de urgência será requerida ao substituto legal". Contudo, a redação do dispositivo contém algumas impropriedades. As petições não são dirigidas ao juiz, senão ao juízo. Desse modo, mesmo com a oposição da exceção de suspeição ou de impedimento, as petições em que a parte requer tutela de urgência deverão continuar sendo dirigidas ao mesmo juízo (órgão judicial competente), com a ressalva de que não poderão ser decididas pelo magistrado excepto, o qual deverá remeter o processo ao seu substituto legal, para que este a decida.

6.5. Julgamento da exceção de impedimento ou suspeição

No julgamento do incidente de exceção de impedimento ou suspeição, o tribunal poderá:

a) rejeitar o incidente;

b) acolher a exceção, reconhecendo o impedimento ou a suspeição. Neste caso, o tribunal deverá: b.1) fixar o momento a partir do qual o juiz não poderia mais ter atuado; b.2) remeter os autos ao substituto legal do juiz impedido ou suspeito; e b.3) decretar a nulidade dos atos do juiz, se praticados quando já presente o motivo de impedimento ou suspeição.

O art. 146, § 5º, do CPC também prevê que o tribunal deverá condenar "o juiz nas custas". Contudo, isso deverá ser analisado com as devidas cautelas. A prevalecer o entendimento de que o juiz será condenado ao pagamento das custas processuais em toda e qualquer hipótese, nos casos em que há dúvida sobre se realmente seriam de impedimento ou suspeição (ex.: houve algum desentendimento com o advogado ou a parte na audiência), se houver alguma possibilidade de o juiz "ser vencido", ele certamente se declarará suspeito ou impedido, o que não é bom para a jurisdição, na medida em que estaria havendo uma ampliação dos casos de não atuação por suspeição e impedimento. Além disso, quando o juiz deixa de se declarar suspeito ou impedido e instaura o incidente, não o faz para atender interesse próprio (da sua pessoa), mas no interesse institucional. Assim, não haveria razões para condená-lo nas custas processuais. Com efeito, deve haver uma interpretação conjunta com o art. 143 do CPC[74], que prevê as hipóteses

73 CPC: "Art. 313. Suspende-se o processo: [...] III – pela arguição de impedimento ou de suspeição".

74 CPC: "Art. 143. O juiz responderá, civil e regressivamente, por perdas e danos quando: I – no exercício de suas funções, proceder com dolo ou fraude; II – recusar, omitir ou retardar, sem justo motivo, providência que

de responsabilidade civil do magistrado por atos praticados no exercício de sua função. Desse modo, o juiz somente deveria ser condenado a pagar as custas processuais nos casos em que evidenciada sua má-fé. A matéria não é pacífica nos tribunais, mas há julgados no sentido de que não há como condenar o juiz ao pagamento de custas, pois a condição de excepto é inerente à sua função e não à sua pessoa[75].

O juiz, como excepto, poderá recorrer da decisão (art. 146, § 5º, CPC).

6.6. Impedimento e suspeição aos membros de tribunais, membros do Ministério Público, auxiliares da justiça e outros sujeitos imparciais do processo

As mesmas causas de impedimento e suspeição também se aplicam aos membros de tribunais de segunda instância e tribunais superiores, incluindo o Supremo Tribunal Federal.

A exceção de incompetência nos tribunais será julgada pelo próprio tribunal, mas ficando o excepto excluído da composição do órgão que decidirá o incidente. O processamento e o julgamento do incidente ocorrerão na forma determinada pelo regimento interno do respectivo tribunal.

No âmbito dos órgãos judiciais colegiados, também haverá impedimento de atuar no mesmo órgão os juízes que forem parentes, consanguíneos ou afins, em linha reta ou colateral, até o terceiro grau, inclusive. Além disso, a partir do momento em que o primeiro conhecer do processo, o outro já estará impedido de nele atuar, caso em que o segundo deverá remeter os autos ao seu substituto legal (art. 147, CPC). Trata-se de hipótese bastante comum quando há parentesco entre juízes e desembargadores do mesmo tribunal, ou entre juízes de primeira instância em geral e juízes na turma recursal.

Os motivos que geram o impedimento e a suspeição para o juiz também se aplicam ao membro do Ministério Público, aos auxiliares da justiça e aos demais sujeitos imparciais do processo (ex.: perito) – art. 148, CPC.

Seguem-se as mesmas regras para a exceção oposta contra o juiz, acima estudadas.

---

deva ordenar de ofício ou a requerimento da parte. Parágrafo único. As hipóteses previstas no inciso II somente serão verificadas depois que a parte requerer ao juiz que determine a providência e o requerimento não for apreciado no prazo de 10 (dez) dias".

75 "**Ao julgar embargos de declaração contra acórdão que acolheu exceção de suspeição de magistrado, o Conselho Especial, por maioria, não reconheceu a obrigação de pagamento das custas processuais pelo Excepto.** [...] Assim, **o voto preponderante considerou indevida a condenação do magistrado ao pagamento das custas, haja vista tratar-se de incidente inerente à sua profissão.** [...] **Nesse passo, o voto majoritário destacou, também, que a hipótese não se amolda à presunção de que o juiz tenha agido com dolo ou renitência para com a suspeição, pois ao apresentar suas informações no primeiro incidente, o fez na condição de jurisdicionado**" (TJDFT, Acórdão n. 395959, 20090020116818EXS, Rel. Waldir Leôncio Lopes Júnior, Conselho Especial, julgado em 13-10-2009, *DJe* 16-12-2009. p. 38). Da mesma forma, há julgados do STJ nesse sentido: STJ, EDcl no REsp 1440848/DF, Rel. Ministro Napoleão Nunes Maia Filho, Primeira Turma, julgado em 21-5-2015, *DJe* 8-6-2015 (vide íntegra do acórdão).

CAPÍTULO **VIII**

FASE DE ORDENAMENTO OU DE SANEAMENTO DO PROCESSO

Após a fase postulatória (que, como regra, encerra-se com a contestação), inicia-se uma fase de ordenamento ou saneamento do processo.

A **fase de ordenamento ou de saneamento do processo** constitui-se pelas **providências preliminares**, pelo **julgamento conforme o estado do processo e pelo saneamento** e organização do processo.

O saneamento ou o ordenamento do processo estão concentrados nesta fase, mas também podem ocorrer em outras etapas do processo.

1. DAS PROVIDÊNCIAS PRELIMINARES

Trata-se das providências a serem adotadas pelo juiz logo após a contestação, quando se encerra a fase postulatória. Estão previstas nos arts. 347 a 353 do CPC.

A adoção das medidas que se enquadram dentro das providências preliminares depende dos atos e eventos que aconteceram na fase postulatória.

Assim, a fim de sistematizar a matéria, apresenta-se um rol das providências preliminares a serem tomadas pelo juiz, fazendo-se a necessária correlação com cada um dos eventos que podem acontecer na fase postulatória:

> a) Caso a parte autora apresente defesa indireta (alegue fatos impeditivos, modificativos ou extintivos do direito do autor) ou suscite preliminares, o juiz deverá intimar o autor para apresentar réplica, no prazo de 15 dias, permitindo-lhe a produção de provas (arts. 350 e 351, CPC).
>
> b) Se o réu apresentar apenas defesa direta, mas juntar documentos, o juiz deverá intimar o autor para se manifestar sobre eles no prazo de 15 dias (art. 437, § 1º, CPC).
>
> c) Havendo defeitos processuais que precisem ser corrigidos, o juiz deverá providenciar a sua correção, no prazo máximo de 30 dias (prazo impróprio) – art. 352 do CPC.
>
> d) Caso ocorra a revelia do réu (não apresentação de contestação tempestivamente), o juiz deverá decretá-la e verificar se ela produziu o efeito material de presunção de veracidade dos fatos alegados pelo autor. Se este efeito não se produzir no caso concreto, o juiz deverá intimar o autor para especificar as provas que pretende produzir, se ainda não as tiver indicado (art. 348, CPC).

e) Se houver revelia, mas a citação for ficta (por edital ou por hora certa) e o réu revel não constituir advogado, o juiz deverá nomear curador especial (art. 72, II, CPC).

f) Caso o réu tiver apresentado reconvenção, o juiz deverá intimar o autor para responder a reconvenção no prazo de 15 dias, bem como apresentar réplica no mesmo prazo, se for o caso (art. 343, § 1º, art. 350 e art. 351, CPC).

g) Se houver intervenção de terceiros, o juiz deverá tomar as providências relativamente a ela.

2. JULGAMENTO CONFORME O ESTADO DO PROCESSO

Após cumpridas as providências preliminares, ou não havendo necessidade de adotar tais providências, o juiz poderá proceder ao julgamento conforme o estado do processo.

O CPC divide a possibilidade de julgamento conforme o estado do processo em quatro hipóteses: a) **Extinção do Processo** (art. 354, CPC); b) **Julgamento Antecipado do Mérito** (art. 355, CPC); c) **Julgamento Antecipado Parcial do Mérito** (art. 356, CPC); e d) **Saneamento e Organização do Processo** (art. 357, CPC).

2.1. Extinção do processo (art. 354, CPC)

De acordo com o art. 354, *caput*, do CPC, "ocorrendo qualquer das hipóteses previstas nos arts. 485 e 487, incisos II e III, o juiz proferirá sentença".

Caso o juiz verifique que estão presentes uma ou mais causas de extinção do processo sem resolução do mérito, previstas no art. 485 do CPC, deverá proferir **sentença terminativa**.

O juiz também deverá proferir sentença quando acolher a prescrição ou a decadência, ou quando for o caso de homologar autocomposição celebrada entre as partes (reconhecimento do pedido formulado pelo demandante; renúncia ao direito sobre o qual se funda a pretensão; ou transação)[1]. Em tais casos, a sentença resolve o mérito (art. 487, II e III, CPC), fazendo coisa julgada material.

Observe-se que, nas hipóteses de autocomposição, o juiz, tecnicamente, não "julga" o mérito da demanda, porque as partes solucionaram o conflito por autocomposição. Então, não há julgamento de mérito, mas existe resolução de mérito por sentença, com aptidão para fazer coisa julgada material.

De outro lado, caso apenas parte da demanda deva ser decidida sem resolução do mérito (art. 485, CPC), ou com resolução do mérito na forma do art. 487, incs. II e III, do CPC (prescrição ou decadência de apenas parte do pedido; ou autocomposição apenas parcial), o juiz deverá proferir decisão interlocutória. Neste caso, o recurso cabível é o agravo de instrumento (art. 354, parágrafo único, CPC[2]).

---

1 CPC: "Art. 487. Haverá resolução de mérito quando o juiz: [...] II – decidir, de ofício ou a requerimento, sobre a ocorrência de decadência ou prescrição; III – homologar: a) o reconhecimento da procedência do pedido formulado na ação ou na reconvenção; b) a transação; c) a renúncia à pretensão formulada na ação ou na reconvenção".

2 CPC: "Art. 354. Ocorrendo qualquer das hipóteses previstas nos arts. 485 e 487, incisos II e III, o juiz proferirá sentença. Parágrafo único. A decisão a que se refere o *caput* pode dizer respeito a apenas parcela do processo, caso em que será impugnável por agravo de instrumento".

Observe-se que, nos casos de autocomposição, embora dispostos nesta seção ("Seção I – Da Extinção do Processo"), haverá resolução do mérito, mas não há necessariamente extinção do processo (ao contrário do que dispõe o art. 354, *caput*, do CPC), na medida em que o processo pode prosseguir com a fase de cumprimento de sentença, se não houver o adimplemento do devedor. Somente haveria sentença extintiva após o cumprimento das obrigações firmadas no acordo pelo devedor. E é exatamente por isso que o art. 487, *caput*, do CPC estabelece que "haverá resolução de mérito", mas não menciona extinção do processo.

2.2. Julgamento antecipado total ou parcial do mérito

A expressão "julgamento antecipado do mérito" é a possibilidade de o juiz decidir a demanda sem a fase de instrução probatória, ou seja, quando os documentos juntados pelas partes já são suficientes para o julgamento do mérito.

De acordo com o CPC, é possível julgar antecipadamente o mérito total ou parcialmente.

a) Julgamento antecipado total do mérito (art. 355, CPC)

Será possível o juiz **julgar antecipadamente o mérito da integralidade da demanda, por sentença**, nas seguintes hipóteses (art. 355, CPC):

a) quando não houver necessidade de produção de outras provas, além daquelas já juntadas ao processo;

b) quando o juiz decretar a revelia e ocorrer o efeito de presunção de veracidade dos fatos alegados pelo autor, bem como o réu não requerer a produção de outras provas.

Em tais hipóteses, o juiz proferirá sentença com resolução de mérito, na forma do art. 484, inc. I, do CPC.

b) Julgamento antecipado parcial do mérito (art. 356, CPC)

O juiz poderá, no curso do processo, proceder ao **julgamento antecipado parcial de mérito quando um ou mais dos pedidos forem incontroversos ou estiverem em condições de imediato julgamento** (desnecessidade de produção de novas provas em relação a alguns deles; ou revelia, sendo que sobre parte dos pedidos há presunção de veracidade).

Observe-se que, nessas hipóteses, como há o julgamento de apenas parte do mérito, a **decisão é interlocutória**, e não sentença (na nossa concepção, inexiste sentença parcial de mérito).

Como se trata de decisão interlocutória de mérito, o recurso cabível é o agravo de instrumento, na forma do art. 356, § 5º[3], e art. 1.015, inc. II, do CPC[4].

Enquanto pendente o julgamento do recurso, poderá o autor ajuizar o cumprimento provisório da decisão interlocutória de mérito, independentemente de caução

3 CPC: "Art. 356 [...] § 5º A decisão proferida com base neste artigo é impugnável por agravo de instrumento".

4 CPC: "Art. 1.015. Cabe agravo de instrumento contra as decisões interlocutórias que versarem sobre: [...] II – mérito do processo".

(art. 356, § 2º, CPC). Entretanto, o juiz deverá arbitrar caução quando, no curso do cumprimento provisório, a parte autora pretenda "o levantamento de depósito em dinheiro e a prática de atos que importem transferência de posse ou alienação de propriedade ou de outro direito real, ou dos quais possa resultar grave dano ao executado" (art. 520, IV, CPC)[5].

De outro lado, se **não for impugnada por agravo de instrumento, ocorre o trânsito em julgado dessa decisão** (art. 356, § 3º, CPC). Como julga o mérito, essa decisão interlocutória (de julgamento parcial do mérito) tem aptidão para fazer coisa julgada material. Com o **trânsito em julgado, a execução dessa decisão interlocutória de mérito será definitiva**, ainda que o processo principal continue tramitando com a parcela da demanda que não foi julgada. Nesse caso, o juiz poderá determinar que a liquidação e o cumprimento da decisão ocorram em autos suplementares[6].

3. SANEAMENTO E ORGANIZAÇÃO DO PROCESSO

Se o juiz verificar que não é caso de julgamento conforme o estado do processo, deverá proferir **decisão de saneamento e/ou de organização do processo**. Nessa decisão, o juiz deverá (art. 357, CPC):

> ***I – resolver as questões processuais pendentes, se houver;***
>
> ***II – delimitar as questões de fato sobre as quais recairá a atividade probatória, especificando os meios de prova admitidos;***
>
> ***III – definir a distribuição do ônus da prova, observado o art. 373;***
>
> ***IV – delimitar as questões de direito relevantes para a decisão do mérito;***
>
> ***V – designar, se necessário, audiência de instrução e julgamento.***

Admite-se, ainda, que o juiz, caso verifique que se trata de processo que demanda dilação probatória, intime as partes para especificarem as provas que pretendem produzir. Se as partes forem devidamente intimadas, mas não se manifestarem ou afirmarem que não possuem outras provas a produzir, não poderão posteriormente alegar cerceamento de defesa ao fundamento de que poderia ter sido produzida alguma prova[7].

Da decisão de saneamento e/ou organização do processo, não cabe agravo de instrumento. Contudo, "as partes têm o direito de pedir esclarecimentos ou solicitar ajustes, no prazo comum de 5 (cinco) dias, findo o qual a decisão se torna estável". Por conseguinte, ocorre a preclusão para as partes caso elas não apresentem impugnação a

---

5 Nesse sentido, o Enunciado 49 da ENFAM: "No julgamento antecipado parcial de mérito, o cumprimento provisório da decisão inicia-se independentemente de caução (art. 356, § 2º, do CPC/2015), sendo aplicável, todavia, a regra do art. 520, IV".

6 CPC: "Art. 356 [...] § 3º Na hipótese do § 2º, se houver trânsito em julgado da decisão, a execução será definitiva. § 4º A liquidação e o cumprimento da decisão que julgar parcialmente o mérito poderão ser processados em autos suplementares, a requerimento da parte ou a critério do juiz".

7 "**Todavia, ao julgar antecipadamente a lide, não poderá a sentença fundamentar-se na ausência de comprovação da pretensão. Precedentes**" (STJ, REsp 1202238/SC, Rel. Min. Massami Uyeda, Terceira Turma, julgado em 14-8-2012, *DJe* 18-9-2012).

essa decisão no prazo de 5 dias (úteis). Havendo a preclusão, não poderão as partes nem mesmo impugnar as questões decididas em apelação ou contrarrazões de apelação.

Na fase de saneamento e organização do processo, o juiz deve dizer quais as provas serão produzidas. Contudo, inexiste preclusão *pro judicato* dessa decisão, na medida em que o magistrado pode, posteriormente, inclusive se o processo já estiver concluso para sentença, converter o julgamento em diligência e determinar a produção de prova que anteriormente havia indeferido.

De outro lado, caso impugnada a decisão que deferiu ou não a produção de provas (no prazo de 5 dias), o juiz deverá decidir a impugnação. Contudo, esta decisão é irrecorrível de imediato (não cabe agravo de instrumento)[8], razão pela qual somente poderá ser objeto de impugnação no recurso de apelação ou nas contrarrazões de apelação, nos termos do art. 1.009, § 1º, do CPC[9].

Por fim, cabe ressaltar que cabe agravo de instrumento contra a decisão que redefine o ônus da prova, consoante o art. 1.015, inc. XI, do CPC[10]. Por conseguinte, nesta hipótese específica, a consequência de não interpor agravo de instrumento é a preclusão.

As partes podem apresentar ao juiz, para homologação, negócio processual contendo a delimitação dos pontos controvertidos de fato e de direito (incs. II e IV acima).

O juiz, diante da complexidade das questões de fato ou de direito, também poderá designar **audiência de saneamento**, para que esta fase de saneamento e ordenação do processo seja realizada em cooperação com as partes (art. 357, § 3º, CPC).

Se for necessária produção de prova em audiência (ex.: oitiva de partes e testemunhas), o juiz deverá designar audiência de instrução e julgamento. Nessa hipótese, deverá determinar a intimação das partes para, em prazo não superior a 15 dias, apresentarem rol de testemunhas. O número de testemunhas arroladas por cada parte não pode ser superior a 10, sendo no máximo 3 para a prova de cada fato. Contudo, o juiz pode limitar o número de testemunhas, considerando a complexidade das questões (art. 357, §§ 4º, 6º e 7º, CPC).

De acordo com o CPC, o intervalo entre as audiências de instrução deverá ser, no mínimo, de 1 hora (art. 357, § 9º, CPC). Entretanto, o juiz poderá reduzir esse intervalo, se houver justificativa. Por exemplo, no caso em que haverá apenas depoimento pessoal das partes; ou em que há apenas poucas testemunhas; ou se há apenas continuação de audiência de instrução, quando já foram ouvidas outras testemunhas; etc. Lembre-se que, de outro lado, no caso de audiência de conciliação ou mediação, o intervalo mínimo deve ser de 20 minutos (art. 334, § 12, CPC).

---

8 "Não comporta Agravo de Instrumento a decisão interlocutória que entendeu pela desnecessidade de produção de outras provas para a elucidação da controvérsia. Assim, tal ato judicial é irrecorrível, à luz do que dispõe o rol taxativo do art. 1.015 do CPC. Deste modo, conforme preconiza o § 1º do art. 1.009 do mesmo Código de Ritos, tal matéria não está sujeita a preclusão e pode ser suscitada como preliminar em recurso de apelação" (TJDFT, Acórdão n. 1061461, 00363237320168070001, Relator: GISLENE PINHEIRO, 7ª Turma Cível, Data de Julgamento: 22-11-2017, Publicado no *DJe*: 29-11-2017. p. Sem Página Cadastrada).

9 CPC: "Art. 1009 [...] § 1º As questões resolvidas na fase de conhecimento, se a decisão a seu respeito não comportar agravo de instrumento, não são cobertas pela preclusão e devem ser suscitadas em preliminar de apelação, eventualmente interposta contra a decisão final, ou nas contrarrazões".

10 CPC: "Art. 1.015. Cabe agravo de instrumento contra as decisões interlocutórias que versarem sobre: [...] XI – redistribuição do ônus da prova nos termos do art. 373, § 1º".

CAPÍTULO IX

AUDIÊNCIA DE INSTRUÇÃO E JULGAMENTO

1. DEFINIÇÃO, FORMA, NATUREZA JURÍDICA, OBJETO E CARACTERÍSTICAS

A audiência de instrução e julgamento é uma **sessão pública** (art. 368), presidida pelo juiz de primeira instância, cujo **objetivo principal** é a **produção de prova oral**.

Está prevista nos arts. 358 a 368 do CPC.

Cabe ao juiz presidir a audiência (exercer o "poder de polícia" – art. 360, CPC), devendo tomar todas as medidas necessárias para ordenar e organizar os trabalhos, sempre no sentido de assegurar que todos (inclusive ele próprio) atuem em padrões de urbanidade e decoro. Além dessa função, o juiz também deve atuar como conciliador e mediador (para fomentar a autocomposição entre as partes) e inquiridor (fazer perguntas durante o depoimento de peritos, partes e testemunhas).

A audiência somente ocorrerá a portas fechadas se for caso de segredo de justiça (art. 444 c/c art. 189, CPC).

A audiência de instrução e julgamento possui a **natureza jurídica** de **ato processual complexo**, pois é constituída por vários escopos e atividades processuais a serem realizadas, com grande importância para a **oralidade** e para a **concentração de atos processuais** num único momento.

A audiência de instrução e julgamento tem os seguintes **objetivos**: a) nova tentativa de conciliar as partes; b) produção de prova oral (instrução); c) alegações finais orais pelas partes; e d) julgamento da causa (prolação da sentença).

A **oralidade** é uma marca da audiência de instrução. Ela permite um contato direto do juiz com as partes e as testemunhas, permitindo ao julgador sentir o que é dito em cada depoimento[1].

2. ORDEM DA AUDIÊNCIA

Para melhor compreender a dinâmica de uma audiência de instrução e julgamento, é importante percorrer lógica e cronologicamente o caminho que se desenvolve no seu curso normal. Para tanto, traça-se um roteiro dessa audiência:

---

1 Segundo Luiz Guilherme Marinoni e Sérgio Cruz Arenhart, "a oralidade propicia um contato direto do juiz com as partes e as provas, dando ao magistrado não só a oportunidade de presidir a coleta da prova, mas sobretudo, a de ouvir e sentir as partes e as testemunhas" (*Prova*. 2. ed. São Paulo: Revista dos Tribunais, 2011. p. 352).

1) **Abertura da audiência pelo juiz.**

2) **Pregão feito pelo oficial de justiça.**

3) **Tentativa de conciliação (art. 359, CPC).**

4) **Fixação dos pontos controvertidos antes da colheita da prova oral (se isso não tiver sido feito na decisão de saneamento ou ordenação do processo).**

5) **Colheita da prova oral:** prestarão depoimento as partes, as testemunhas, peritos etc. Primeiramente, as perguntas são feitas pelo juiz; após, pela parte que arrolou a testemunha; a seguir, pela outra parte.

De acordo com o CPC, as partes devem fazer a pergunta diretamente à testemunha, cabendo ao juiz indeferir as perguntas que puderem induzir a resposta, que não tiverem relação com os fatos controvertidos ou que importarem repetição de outra já respondida (art. 459, CPC). Além disso, enquanto os depoimentos estiverem sendo prestados, "não poderão os advogados e o Ministério Público intervir ou apartear, sem licença do juiz" (art. 361, parágrafo único, CPC).

As oitivas ocorrem na seguinte ordem (art. 361, CPC):

a) Oitiva dos peritos e assistentes técnicos – prestação de esclarecimentos por perito acerca de eventual perícia realizada.

b) Depoimento pessoal das partes: primeiro, depoimento pessoal do autor; após, do réu. Quem presta depoimento depois não pode ouvir os depoimentos anteriores. Assim, o réu não pode ouvir o depoimento pessoal do autor, devendo se retirar da sala de audiência nesse momento, permanecendo presente o advogado do réu.

c) Oitiva das testemunhas: primeiramente, são ouvidas as testemunhas arroladas pelo autor; depois, as testemunhas arroladas pelo réu.

6) **Alegações finais (art. 364, CPC):** encerrada a instrução, deverão as partes e, se for o caso, o Ministério Público, como fiscal da ordem jurídica, apresentar suas alegações finais, na seguinte ordem: primeiramente, o advogado do autor; depois, o advogado do réu; por fim, o Ministério Público, se for fiscal da ordem jurídica. De preferência, as alegações finais devem ser apresentadas na forma oral (20 minutos para cada parte, podendo ser prorrogado por mais 10 minutos). Se houver litisconsorte ou terceiro, o tempo será de 30 minutos e dividido entre eles. Caso a causa seja complexa, o juiz poderá substituir as alegações finais orais por memoriais (peça escrita), a serem apresentados no prazo sucessivo de 15 dias, assegurada vista dos autos.

7) **Sentença (art. 366, CPC):** o juiz pode proferir a sentença na própria audiência ou posteriormente, no prazo de 30 dias úteis (prazo impróprio).

Caso a causa não esteja suficientemente instruída, o juiz deverá converter o julgamento em diligência, para a produção das provas necessárias.

3. AUSÊNCIA INJUSTIFICADA DAS TESTEMUNHAS, DAS PARTES OU DOS ADVOGADOS

No caso de ausência de testemunha que seria ouvida independentemente de intimação (a parte levaria para a audiência), não será marcada nova audiência.

Se a testemunha foi intimada, mas não compareceu, a parte que a arrolou poderá desistir da testemunha, requerer a sua substituição ou requerer que ela seja conduzida coercitivamente para a próxima audiência a ser designada (art. 455 do CPC).

Caso a parte autora ou a parte ré seja devidamente intimada para comparecer à audiência e advertida da penalidade de confissão, mas não se fizer presente à audiência, ou comparecendo, se recusar a depor, o juiz lhe aplicará a pena de confissão sobre os fatos que lhe seriam perguntados (art. 385, § 1º, CPC).

No caso de ausência não justificada do advogado do autor ou do réu à audiência, a única consequência será a possibilidade de o juiz dispensar a produção das provas requeridas pelo advogado ausente, na forma do art. 362, § 2º, do CPC. No entanto, o não comparecimento do advogado do autor ou do réu à audiência não implica, para o réu, a revelia, nem, para o autor, a extinção do processo sem resolução do mérito ou a improcedência da demanda. Nesse sentido, a pacífica jurisprudência do STJ[2].

4. DOCUMENTAÇÃO DA AUDIÊNCIA

Os principais atos da audiência devem ser documentados, ou seja, reduzidos a termo (art. 367, CPC).

Na prática, lavra-se uma ata ou termo de audiência no qual os atos processuais são reduzidos a termo, inclusive os depoimentos dos peritos, das partes e das testemunhas.

A audiência também poderá ser integralmente gravada em sistema de gravação de sons, ou de sons e imagens, em meio digital ou analógico (art. 367, § 5º, CPC).

---

2 "**Nos termos do art. 453, § 2º, do Código de Processo Civil, está o juiz autorizado a dispensar a produção das provas requeridas pelo advogado que não comparece à audiência injustificadamente**" (STJ, REsp 679.377/AM, Rel. Min. Fernando Gonçalves, Quarta Turma, julgado em 9-12-2008, *DJe* 2-2-2009).

CAPÍTULO X

DIREITO PROBATÓRIO

O estudo do direito probatório pode ser dividido em Teoria Geral da Prova (arts. 369 a 383 do CPC) e Provas em Espécie (arts. 384 a 484 do CPC).

1. TEORIA GERAL DA PROVA

1.1. Conceito, normatização e objeto

As provas são os **meios destinados a fornecer ao juiz o conhecimento acerca dos fatos**.

A prova no processo civil está disciplinada nos arts. 369 a 484 do Código de Processo Civil e nos arts. 212 a 232 do Código Civil.

Segundo doutrina majoritária[1], as normas que regulam as provas possuem natureza jurídica processual, mas há doutrinadores que entendem que o direito probatório seria composto por normas mistas, de direito material e formal.

A prova tem por **objeto** os **fatos alegados pelas partes como fundamento do pedido ou da defesa**. Com efeito, a doutrina contemporânea entende que o objeto da prova são os fatos, e não a "verdade real". O juiz, ao apreciar as provas, não tem como saber o que efetivamente aconteceu. Assim, a verdade real é inatingível, pois pessoas diferentes terão visões e impressões diversas sobre o que aconteceu. O lugar em que cada espectador está permitirá que ele tenha um ângulo de observação diferente em relação a pessoas que viram o mesmo evento de outro lugar. A cultura, a experiência de vida e as pré-compreensões de mundo de cada indivíduo serão determinantes na impressão que ele terá sobre os fatos. Por tais razões, pessoas que acreditam falar a verdade poderão dar versões diferentes sobre um mesmo evento. Assim, o julgador, ao sentenciar, analisará as provas para buscar uma verdade possível, que é a verdade processual reconstruída através das provas obtidas no processo.

1.2. Características do fato probando

O fato que deve ser provado possui as seguintes características:

---

1 Nesse sentido, Alexandre Freitas Câmara (*Lições de direito processual civil*. 15. ed. Rio de Janeiro: Lumen Juris, 2006. p. 404. v. 1).

a) **Controvertido:** os fatos afirmados por uma parte e não impugnados pela outra não precisam ser provados, salvo nas seguintes hipóteses: 1º) quando o juiz determinar a prova do fato incontroverso (para formação do seu convencimento, pois pode desconfiar de colusão entre as partes para fins não lícitos ou legítimos); 2º) quando a lide versar sobre direitos indisponíveis; 3º) quando a lei exige que a prova do ato jurídico esteja revestida de forma especial.

b) **Relevante:** são relevantes os fatos que tenham relação com a causa ajuizada.

c) **Determinado**: os fatos indeterminados ou indefinidos são insuscetíveis de serem provados.

2. FATOS QUE INDEPENDEM DE PROVA

Há fatos que, embora interessem para o processo, não precisam ser provados. São eles:

– os fatos afirmados por uma parte e confessados pela outra;

– os fatos não contestados;

– os fatos sobre os quais recai presunção legal de existência ou de veracidade;

– os fatos notórios: aqueles cujo conhecimento faz parte da cultura normal própria de determinada sociedade ao tempo em que é proferida a decisão. Por exemplo, é fato notório que, no dia 25 de dezembro de todo o ano, os cristãos comemoram o Natal.

3. PROVA DO DIREITO

Como regra, a parte não precisa provar o direito objetivo aplicável, já que o **juiz deve conhecer o direito** (*iura novit curia*).

Além disso, o juiz não pode se eximir de sentenciar ou despachar alegando lacuna ou obscuridade da lei. No julgamento da lide, caber-lhe-á aplicar as normas legais; não as havendo, deverá utilizar outras fontes do direito.

No entanto, se a parte alegar **direito municipal, estadual, estrangeiro ou consuetudinário**, deverá **provar o seu teor e a sua vigência**, se assim o determinar o juiz (art. 376, CPC)[2].

4. DESTINATÁRIOS DA PROVA

O juiz é o destinatário direto da prova. As partes são destinatárias indiretas, porque precisam se convencer da verdade para que aceitem a decisão do juiz, ou, caso contrário, interponham recurso.

---

2 CPC: "Art. 376. A parte que alegar direito municipal, estadual, estrangeiro ou consuetudinário provar-lhe-á o teor e a vigência, se assim o juiz determinar".

5. SISTEMAS DE APRECIAÇÃO DAS PROVAS

Historicamente, reconhecem-se quatro principais sistemas de apreciação de provas:

a) **Sistema das Ordálias (ou "Juízos de Deus"):** A prova do fato ocorreria por revelações divinas. Segundo esse sistema de provas, alguma divindade impediria a pessoa de sentir dor ou morrer se ela estivesse falando a verdade. Por exemplo, submetia-se a pessoa à água quente ou ao fogo (andar em brasas); se ela expressasse sentir dor, não estaria falando a verdade. Trata-se de sistema arcaico, que desapareceu com os julgamentos centrados na racionalidade humana.

b) **Sistema legal, positivo ou tarifado:** Cada prova tem o valor que é considerado pela lei. O juiz não tem liberdade para apreciar as provas, pois possui apenas a função de aplicar a lei, devendo ficar adstrito ao valor legal conferido à prova. No Brasil, ainda há resquícios desse sistema de prova. Por exemplo, o art. 227 do Código Civil impossibilita prova testemunhal nos negócios jurídicos cujo valor exceda a dez vezes o valor do salário mínimo.

c) **Sistema da livre convicção ou íntima convicção:** O juiz é absolutamente livre para apreciar as provas, não estando vinculado à lei, tampouco precisando motivar as razões do seu convencimento. Esse sistema ainda é adotado no sistema judicial brasileiro nas decisões do Júri Popular.

d) **Sistema da Persuasão Racional ou do Livre Convencimento Motivado:** o valor probatório de cada prova é extraído do caso concreto pelo juiz, que deve ponderar a respeito das provas produzidas e expor as razões do seu convencimento, fundamentando a sua decisão.

Embora o art. 131 do CPC/1973, que previa expressamente a adoção do Sistema da Persuasão Racional ou do Livre Convencimento Motivado não tenha sido repetido no CPC/2015, é possível afirmar que o Código de 2015 continua adotando este sistema.

Não obstante alguns autores tenham afirmado que ele não é mais adotado[3] ou que o seu abandono representa um salto paradigmático, como refere Lenio Streck[4], esses entendimentos são equivocados, pois partem da premissa de que este sistema dá ensejo

3 Nesse sentido, Lúcio Delfino e Ziel Ferreira Lopes: DELFINO, Lúcio; LOPES, Ziel Ferreira. A expulsão do livre convencimento motivado do Novo CPC e os motivos pelos quais a razão está com os hermeneutas. Disponível em: <http://justificando.com/2015/04/13/a-expulsao-do-livre-convencimento-motivado-do-novo-cpc-e-os-motivos-pelos-quais-a-razao-esta-com-os-hermeneutas/>. Acesso em: 9-11-2015.

4 "Depois de muita discussão, o relator do Projeto, Dep. Paulo Teixeira, obtendo a concordância de um dos protagonistas do Projeto, Fredie Didier, aceitou minha sugestão de retirada do livre convencimento. Considero isso uma conquista hermenêutica sem precedentes no campo da teoria de direito de *terrae brasilis*. O Projeto, até então, adotava um modelo solipsista *stricto sensu*, corolário do paradigma epistemológico da filosofia da consciência, bastando para tanto ler o que prescrevia o art. 378 [...]" (STRECK, Lenio Luiz. O novo CPC: a derrota do livre convencimento e a adoção do integracionismo dworkiniano. In: BOECKEL, Fabrício Dani de; ROSA, Karin Regina Rick; SCARPARO, Eduardo (org.). *Estudos sobre o novo Código de Processo Civil*. Porto Alegre: Livraria do Advogado, 2015. p. 149-165. p. 150). E conclui o mesmo autor: "Um dos pontos centrais a favor do novo CPC é o abandono do livre convencimento e da livre apreciação da prova. Simbolicamente isso representa o desejo de mudar. E saltar paradigmaticamente. Com efeito, seja do ponto de vista normativo, seja do ponto de vista performativo, "livre convencimento" (ou livre apreciação da prova) não é o mesmo que "decisão fundamentada". Isso porque da perspectiva normativa do princípio que exige a fundamentação das decisões, o juiz não tem a opção para se convencer por qualquer motivo, uma espécie de discricionariedade em sentido fraco que seja, mas deve explicitar com base em que razões, que devem ser intersubjetivamente sustentáveis, ele decidiu desta e não daquela maneira, conforme bem diz Marcelo Cattoni. É claro que nenhuma decisão se dá no vácuo, mas num contexto histórico-institucional. Todavia, na sua fundamentação, o juiz deve posicionar-se explicitamente em relação a este contexto institucional" (Ibidem. p. 163).

a arbitrariedades ou ao descumprimento da lei. Ao contrário disso, o sistema da persuasão racional ou do livre convencimento motivado, ao mesmo tempo, não ignora o fato de que é o julgador que, ao fim e ao cabo, valora as provas dos autos e decide, mas exige dele que fundamente, o que permite o controle pelas partes (pela via recursal) e impõe limites à própria atividade judicial na apreciação da prova. Processualistas como Fernando Gajardoni[5] e Daniel Neves[6] também entendem que o Sistema da Persuasão Racional ou do Livre Convencimento Motivado continua vigendo no sistema processual civil brasileiro mesmo após o CPC/2015.

Esse também tem sido o entendimento dos tribunais pátrios[7].

6. PRINCÍPIOS QUE REGEM O DIREITO PROBATÓRIO

6.1. Princípio da liberdade dos meios de prova (ou atipicidade dos meios de prova)

O princípio da liberdade ou atipicidade dos meios informa que todos os meios legais e moralmente legítimos são hábeis para provar os fatos alegados pelas partes, mesmo que não previstos em lei. Está expresso no art. 369 do CPC.

---

5 "No CPC/2015 não se encontra dispositivo de exata correspondência com o art. 131 do CPC/1973, o que tem levado alguns intérpretes da Lei 13.105/2015 a asseverar não mais existir no Brasil o princípio do livre convencimento motivado. Trata-se de afirmação equivocada. O fato de não mais haver no sistema uma norma expressa indicativa de ser livre o juiz para, mediante fundamentação idônea, apreciar a prova, não significa que o princípio secular do direito brasileiro deixou de existir. E não deixou por uma razão absolutamente simples: o princípio do livre convencimento motivado jamais foi concebido como método de (não) aplicação da lei; como alforria para o juiz julgar o processo como bem entendesse; como se o ordenamento jurídico não fosse o limite. Foi concebido, sim, como antídoto eficaz e necessário para combater os sistemas da prova legal e do livre convencimento puro, suprimidos do ordenamento jurídico brasileiro, como regra geral, desde os tempos coloniais." (GAJARDONI, Fernando da Fonseca. O livre convencimento motivado não acabou no novo CPC. Disponível em: <http://jota.info/o-livre-convencimento-motivado-nao-acabou-no-novo-cpc>. Acesso em: 9-11-2015).

6 "Não concordo com a parcela doutrinária que vem defendendo que o Novo CPC teria afastado do nosso direito o sistema do livre convencimento motivado. O princípio continua entre nós e, conforme visto, infelizmente sem os controles já pedidos por autorizada doutrina. Há certa confusão nesse entendimento porque o sistema de livre convencimento motivado tradicionalmente é vinculado à parte fática da decisão, de forma que as novas exigências de fundamentação quanto à parte jurídica não têm aptidão para alterar o sistema de valoração de provas adotado por nosso sistema processual. Como se pode notar de simples leitura do § 1º do art. 489 do Novo CPC, nenhuma das exigências quanto à fundamentação da decisão diz respeito à valoração das provas e, por consequência, à decisão da parte fática da demanda. Insisto mais uma vez que se perdeu uma ótima oportunidade de fazê-lo, mas não há como querer criar aquilo que não está previsto. Se nenhuma exigência quanto à fundamentação da parte fática da demanda está prevista no dispositivo legal, exatamente como ele poderia modificar o atual sistema de valoração das provas?". (NEVES, Daniel Amorim Assumpção. *Novo Código de Processo Civil*. São Paulo: Método, 2015. p. 269).

7 Nesse sentido, o STJ: "O sistema de persuasão racional, adotado pelo Código de Processo Civil, prevê que não cabe compelir o magistrado a acolher com primazia determinada prova, em detrimento de outras pretendidas pelas partes, se pela análise das provas em comunhão estiver convencido da verdade dos fatos" (STJ, AgInt no AREsp 611.886/PR, Rel. Ministro Raul Araújo, Quarta Turma, julgado em 27-11-2018, *DJe* 4-12-2018). No mesmo sentido, o TJDFT, citando esta obra: "Isso nada mais é do que a materialização do Sistema do Livre Convencimento Motivado, o qual, a despeito de não possuir menção expressa no Código de Processo Civil de 2015, ainda se encontra plenamente em vigor no direito processual brasileiro. A propósito do tema, colaciono as pertinentes lições contidas na doutrina de Fabrício Castagna Lunardi [...]" (TJDFT, Acórdão n. 1112216, 20160110955759APC, Relator: Carmelita Brasil, 2ª Turma Cível, Data de Julgamento: 25-7-2018, Publicado no *DJe*: 31-7-2018. p. 291-293. p. 7 do acórdão).

6.2. Princípio inquisitivo

O princípio inquisitivo informa que o juiz pode de ofício determinar a produção de provas no processo civil.

De acordo com o art. 370, *caput*, do CPC, "caberá ao juiz, de ofício ou a requerimento da parte, determinar as provas necessárias ao julgamento do mérito" e, conforme o seu parágrafo único, "o juiz indeferirá, em decisão fundamentada, as diligências inúteis ou meramente protelatórias".

O art. 385 do CPC estabelece que o magistrado pode determinar, de ofício, o comparecimento de qualquer das partes em audiência para tomar o seu depoimento pessoal sobre os fatos da causa.

O CPC também prevê expressamente que o juiz pode ordenar a exibição de documento ou coisa que a parte tenha em seu poder (art. 396, CPC)[8].

Além disso, o juiz pode, de ofício ou mediante requerimento da parte, realizar a inspeção judicial em pessoas ou coisas, a fim de provar determinado fato (art. 481, CPC)[9].

Assim, fica claro que o Código de Processo Civil brasileiro adotou o modelo europeu-continental do *inquisitorial system*, em que o juiz tem amplos poderes instrutórios, e não o *adversarial system*, com origem no sistema anglo-saxão, em que há grande limitação aos poderes instrutórios do juiz[10]. Com efeito, o princípio inquisitivo permeia todo o ordenamento processual civil brasileiro.

6.3. Princípio da busca da verdade possível

Durante muito tempo, a doutrina afirmava que, no processo penal, vigia o princípio da verdade real, enquanto, no processo civil, vigorava o princípio da verdade formal.

Dizer que o juiz deveria se contentar com a verdade formal era tentar impedir que ele pudesse ter uma participação mais ativa na produção da prova. Entendia-se que as partes deveriam produzir a prova e o juiz deveria ser um mero espectador, sendo apenas o destinatário da prova.

No entanto, com os influxos de uma nova teoria do direito e com a superação desse modelo liberal, passou-se a entender que o juiz deveria ter uma postura mais ativa no processo civil, no sentido de equilibrar a relação jurídica processual e atuar positivamente na produção probatória.

Como já exposto, o CPC brasileiro adotou o princípio inquisitivo, que confere amplos poderes instrutórios ao juiz. Assim, não é mais correto dizer que o processo civil deve se contentar com uma verdade formal[11].

---

8 CPC: "Art. 396. O juiz pode ordenar que a parte exiba documento ou coisa que se encontre em seu poder".

9 CPC: "Art. 481. O juiz, de ofício ou a requerimento da parte, pode, em qualquer fase do processo, inspecionar pessoas ou coisas, a fim de se esclarecer sobre fato que interesse à decisão da causa".

10 Nesse sentido: BEDAQUE, José Roberto dos Santos. *Poderes instrutórios do juiz*. 5. ed. São Paulo: Revista dos Tribunais, 2011. p. 103.

11 Para Luiz Guilherme Marinoni e Sérgio Cruz Arenhart, "a ideia de verdade formal é, portanto, absolutamente inconsistente e, por essa mesma razão, foi (e tende a ser cada vez mais), paulatinamente, perdendo seu prestígio

Todavia, atualmente, a doutrina contemporânea também não reconhece a existência de uma verdade real. Isso porque a verdade real é uma meta inatingível[12], já que as provas conseguem apenas obter impressões sobre fatos que aconteceram, mas não reproduzir exatamente aquilo que ocorreu. Se várias pessoas presenciarem determinado fato, poderão ter impressões diferentes do que aconteceu, de acordo, por exemplo, com o seu ângulo de visão, suas crenças, suas experiências passadas etc.

Assim, o que o processo civil deve buscar é uma verdade possível, que deve ser reconstruída dialeticamente no processo.

6.4. Princípio da persuasão racional

O princípio da persuasão racional ou do livre convencimento motivado decorre do princípio constitucional da motivação das decisões judiciais (art. 93, IX, CF)[13].

Tal princípio determina que o juiz tem liberdade para valorar a prova, mas deve motivar racionalmente a sua decisão.

Embora o art. 131 do CPC/1973, que previa expressamente a adoção desse sistema, não tenha sido reproduzido no CPC/2015, é possível afirmar que o Novo Código continua adotando esse princípio[14]. Sobre essa discussão, remete-se o leitor ao item relativo aos sistemas de apreciação das provas, já abordado.

6.5. Princípio da comunhão da prova ou da aquisição processual da prova

O princípio da comunhão da prova, também chamado de princípio da aquisição processual da prova, informa que a prova não é da parte, mas do processo e do juízo[15].

---

no seio do processo civil. A doutrina mais moderna nenhuma referência mais faz a esse conceito, que não apresenta qualquer utilidade prática, sendo mero argumento retórico a sustentar a posição de inércia do juiz na reconstrução dos fatos e a frequente dissonância do produto obtido no processo com a realidade fática" (*Prova*. 2. ed. São Paulo: Revista dos Tribunais, 2011. p. 352).

12 "A prova não tem o condão de reconstituir um fato pretérito; não se pode voltar no tempo. Com base nessas premissas é que se costuma dizer que o processo não se presta à busca da verdade, sobretudo porque a verdade real é inatingível, que está além da justiça, bem como porque há outros valores que orientam o processo, como a segurança e a efetividade: o processo precisa acabar. Calcar a teoria processual sobre a ideia de que se atinge, pelo processo, a verdade material, seria utopia. O mais correto, mesmo, seria entender a verdade buscada no processo como aquela mais próxima possível da real, própria da condição humana. Esta, sim, seria capaz de ser alcançada no processo, em razão do exercício da dialética durante o procedimento, com a tentativa das partes de comprovarem as suas alegações" (DIDIER JR., Fredie; BRAGA, Paula Sarno; OLIVEIRA, Rafael Alexandria de. *Curso de direito processual civil:* teoria da prova, direito probatório, decisão, precedente, coisa julgada e tutela provisória. v. 2. 11. ed. Salvador: JusPodivm, 2016. p. 46-47).

13 "Art. 93 [...] IX – todos os julgamentos dos órgãos do Poder Judiciário serão públicos, e **fundamentadas todas as decisões**, sob pena de nulidade, podendo a lei limitar a presença, em determinados atos, às próprias partes e a seus advogados, ou somente a estes, em casos nos quais a preservação do direito à intimidade do interessado no sigilo não prejudique o interesse público à informação".

14 No mesmo sentido: GAJARDONI, Fernando da Fonseca. O livre convencimento motivado não acabou no novo CPC. Disponível em: <http://jota.info/o-livre-convencimento-motivado-nao-acabou-no-novo-cpc>. Acesso em: 9-11-2015.

15 "Em consequência, a prova nunca pertence a uma ou outra parte, mas ao juízo. Por igual, o benefício que se retira do elemento probatório não se vincula somente ao interesse da parte que produziu tal prova" (PORTANOVA, Rui. *Princípios do processo civil*. 5. ed. Porto Alegre: Livraria do Advogado, 2003. p. 217).

Uma vez produzida a prova, a parte não poderá retirá-la do processo, alegando que não tem mais interesse em produzi-la porque poderá demonstrar a tese da outra parte. Assim, por exemplo, se a parte desistir da testemunha, mesmo assim o juiz poderá ouvi-la, como testemunha do juízo; se a parte juntou determinado documento, não poderá requerer que seja desentranhado do processo ou desconsiderado.

Além disso, "o benefício que se retira do elemento probatório não se vincula somente ao interesse da parte que produziu a prova", como bem pondera Rui Portanova[16].

Com base nesse princípio, uma vez produzida a prova, a parte não poderá mais impugnar a inversão do ônus da prova determinada pelo juiz para dizer que não deveria ter sido dela o ônus de trazer aquela prova. Uma vez produzida, a prova é do processo e não mais da parte[17].

De outro lado, o princípio da comunhão da prova não impede que o juiz, por entender que o conjunto probatório já é suficiente, revogue decisão anterior que deferia a produção de determinada prova[18].

6.6. Princípio da necessidade da prova

O princípio da necessidade da prova informa que os fatos alegados pelas partes deverão ser suficientemente provados no processo, não podendo o juiz se valer do seu conhecimento particular para dispensar a produção de provas sobre algum fato que não está demonstrado no processo[19]. Com efeito, aplica-se aqui o brocardo latino *quod non est in actis non est in hoc mundo* (o que não está no processo não está no mundo).

Além disso, com base no princípio da necessidade da prova, o juiz também não pode indeferir o requerimento do autor de produção de determinada prova, com a qual pretendia provar o seu direito, e, posteriormente, julgar o pedido improcedente por falta de provas, se aquela seria justamente a prova que demonstraria o fato que embasa o pedido. Nesse sentido, é pacífica a jurisprudência dos tribunais pátrios[20].

De acordo com o art. 370, *caput*, do CPC, "caberá ao juiz, de ofício ou a requerimento da parte, determinar as provas necessárias ao julgamento do mérito", e, conforme

---

16 PORTANOVA, Rui. *Princípios do processo civil*. 5. ed. Porto Alegre: Livraria do Advogado, 2003. p. 217.

17 "**Não faz sentido discutir a possibilidade ou impossibilidade de inversão do ônus da prova se não houve** *non liquet*. Se o julgador entende suficientemente provados os fatos necessários à prolação de uma decisão e se, no processo civil vige o **princípio da comunhão das provas**, apenas faria sentido perguntar a que parte cabia provar isso ou aquilo quando admitido que as provas colhidas não eram suficientes para formar a convicção do julgador" (STJ, AgRg no REsp 1310051/RS, Rel. Min. Sidnei Beneti, Terceira Turma, julgado em 22-5-2012, *DJe* 4-6-2012).

18 "**Não viola o princípio da comunhão das provas a decisão do juízo que, após deferir a oitiva de testemunhas no processo, não realiza a audiência para esse fim por ter atingido seu convencimento acerca do direito mediante a análise do laudo pericial**" (STJ, REsp 1318243/GO, Rel. Min. Nancy Andrighi, Terceira Turma, julgado em 28-8-2012, *DJe* 18-10-2012).

19 SILVA, Ovídio A. Baptista da. *Curso de processo civil:* processo de conhecimento. v. 1. 7. ed. Rio de Janeiro: Forense, 2006. p. 328.

20 "Há cerceamento de defesa quando o juiz indefere a realização de prova oral e pericial, requeridas oportuna e justificadamente pela parte autora, com o fito de comprovar suas alegações, e o pedido é julgado improcedente por falta de provas. Precedentes" (STJ, AgInt no AREsp 1261662/BA, Rel. Ministro Lázaro Guimarães (Desembargador Convocado do TRF 5ª Região), Quarta Turma, julgado em 2-8-2018, *DJe* 10-8-2018).

o seu parágrafo único, "o juiz indeferirá, em decisão fundamentada, as diligências inúteis ou meramente protelatórias".

O art. 443 do CPC prevê que o juiz indeferirá a oitiva de testemunhas sobre fatos já provados suficientemente por documento ou confissão da parte, ou que somente por documento ou por exame pericial puderem ser provados. Além disso, o art. 459, *caput*, do CPC também estabelece que o juiz pode indeferir as perguntas das partes às testemunhas que induzirem "a resposta, não tiverem relação com as questões de fato objeto da atividade probatória ou importarem repetição de outra já respondida".

Segundo o art. 464, § 1º, do CPC, o juiz deverá indeferir o requerimento de produção de prova pericial quando a prova do fato não depender do conhecimento especial de técnico, for desnecessária em vista de outras provas produzidas ou a verificação for impraticável. De outro lado, sendo possível e necessária para o deslinde da controvérsia, o magistrado deverá deferir tal prova.

Assim, produzir a prova, quando necessária, é um direito da parte; indeferir a produção da prova, quando desnecessária, é um dever do juiz.

6.7. A extinção do princípio da identidade física do juiz no processo civil

Segundo o princípio da identidade física do juiz, o magistrado que concluiu a instrução do processo deverá proferir a sentença.

Ocorre que o CPC/2015 não mais previu expressamente tal princípio, ao contrário do que fazia do CPC/1973 (no art. 132).

Isso ocorreu porque havia tantas exceções ao princípio que elas acabavam por minimizar a regra. Além disso, a jurisprudência já entendia que, ainda que aplicável, seria caso de nulidade relativa, sendo que, como era praticamente impossível demonstrar o prejuízo, deixava de ser aplicado.

Por todas essas razões, o princípio da identidade física do juiz não vige mais no processo civil brasileiro. Contudo, é desejável que, sempre que possível, o juiz que colheu as provas em audiência promova o julgamento da demanda.

6.8. Princípio da proibição da prova ilícita

Trata-se de princípio constitucional que impõe que são inadmissíveis, no processo, as provas obtidas por meios ilícitos (art. 5º, inc. LVI, CF).

Definir prova ilícita é tarefa bastante complexa, diante das diversas conceituações e classificações apresentadas pela doutrina. Por exemplo, há doutrinadores que diferenciam prova ilegal (a que violaria o ordenamento jurídico como um todo, seja norma material ou meramente processual) de prova ilícita (a que afrontaria norma de natureza material). Também há aqueles que diferenciam ilicitude formal de ilicitude material[21].

---

21 Sobre essas definições e classificações, vide: NERY JR., Nelson. *Princípios do processo na Constituição Federal*. 10. ed. São Paulo: Revista dos Tribunais, 2010. p. 269.

A par da dificuldade nessa diferenciação, que acaba por gerar confusão, ao invés de utilidade terminológica, é melhor ficar com a definição do art. 157 do Código de Processo Penal[22], com redação dada pela Lei n. 11.690/2008, segundo o qual provas ilícitas são as obtidas em violação a normas constitucionais ou legais, sejam materiais ou formais.

De outro lado, há que se analisar a validade das provas ilícitas por derivação, isto é, a prova obtida de forma lícita, mas a partir de informação extraída de uma prova obtida por meio ilícito[23]. A doutrina e a jurisprudência brasileiras[24] também adotam, no tocante à prova, a **Teoria dos Frutos da Árvore Envenenada** (*Fruit of the Poisonous Tree Doctrine*), segundo a qual "se deve considerar ineficazes no processo, e, portanto, não utilizáveis, não apenas as provas obtidas ilicitamente, mas também aquelas outras que, se em si mesmas poderiam ser consideradas lícitas, se baseiam, derivam ou tiveram sua origem em informações ou dados conseguidos pela prova ilícita"[25].

De outro lado, há que se analisar a questão da **fonte autônoma de prova** (*an independent source*). Se a parte conseguir demonstrar que obteve, legitimamente, novos elementos probatórios a partir de uma fonte autônoma de prova, não mantendo qualquer relação causal com a prova ilícita (não guarde qualquer relação de dependência nem decorra da prova originariamente ilícita), tais dados probatórios serão plenamente admissíveis, porque não contaminados pela mácula da ilicitude originária[26].

---

22 CPP: "Art. 157. São inadmissíveis, devendo ser desentranhadas do processo, as provas ilícitas, assim entendidas as obtidas em violação a normas constitucionais ou legais".

23 Como bem exemplifica Ricardo Raboneze, "É o caso da confissão extorquida mediante tortura, em que o acusado indica onde se encontra o produto do crime, que vem a ser regularmente apreendido; ou da interceptação telefônica clandestina, pela qual se venham a conhecer circunstâncias que, licitamente colhidas, levem à apuração dos fatos" (RABONEZE, Ricardo. *Provas obtidas por meios ilícitos*. 4. ed. Porto Alegre: Síntese, 2002. p. 37).

24 "A QUESTÃO DA DOUTRINA DOS FRUTOS DA ÁRVORE ENVENENADA ('FRUITS OF THE POISONOUS TREE'): A QUESTÃO DA ILICITUDE POR DERIVAÇÃO. [...] **Revelam-se inadmissíveis, desse modo, em decorrência da ilicitude por derivação, os elementos probatórios a que os órgãos estatais somente tiveram acesso em razão da prova originariamente ilícita, obtida como resultado da transgressão, por agentes públicos, de direitos e garantias constitucionais e legais, cuja eficácia condicionante, no plano do ordenamento positivo brasileiro, traduz significativa limitação de ordem jurídica ao poder do Estado em face dos cidadãos. – Se, no entanto, o órgão da persecução penal demonstrar que obteve, legitimamente, novos elementos de informação a partir de uma fonte autônoma de prova – que não guarde qualquer relação de dependência nem decorra da prova originariamente ilícita, com esta não mantendo vinculação causal –, tais dados probatórios revelar-se-ão plenamente admissíveis, porque não contaminados pela mácula da ilicitude originária**" (STF, HC 93050, Rel. Min. Celso de Mello, Segunda Turma, julgado em 10-6-2008, *DJe*-142 divulg. 31-7-2008 public. 1º-8-2008 ement. vol.-02326-04 PP-00700). No mesmo sentido: "Reclamação constitucional ajuizada pela Mesa do Senado Federal. Defesa de prerrogativa de Senadora da República. [...] Pretendida triagem, *a posteriori*, do material arrecadado, para selecionar e apartar elementos de convicção relativos à Senadora da República. Impossibilidade. Investigação, por via reflexa, de detentor de prerrogativa de foro. Usurpação de competência caracterizada. Reconhecida ilicitude da prova (CF, art. 5º, inciso LVI) e daquelas outras diretamente dela derivadas. Teoria dos frutos da árvore envenenada (*fruit of the poisonous tree*). Precedentes. Reclamação procedente" (STJ, Rcl 24473, Relator(a): Min. Dias Toffoli, Segunda Turma, julgado em 26-6-2018, processo eletrônico *DJe*-187, divulg. 5-9-2018, public. 6-9-2018).

25 NERY JR., Nelson. *Princípios do processo na Constituição Federal*. 10. ed. São Paulo: Revista dos Tribunais, 2010. p. 274.

26 Nesse sentido, é pacífica a jurisprudência do STF: "[...] **A doutrina da ilicitude por derivação (teoria dos "frutos da árvore envenenada") repudia, por constitucionalmente inadmissíveis, os meios probatórios, que, não obstante produzidos, validamente, em momento ulterior, acham-se afetados, no entanto, pelo vício (gravíssimo) da ilicitude originária, que a eles se transmite, contaminando-os, por efeito de repercussão causal.** [...] **– Revelam-se inadmissíveis, desse modo, em decorrência da ilicitude por derivação, os elementos probatórios a que os órgãos estatais somente tiveram acesso em razão da prova originariamente ilícita,**

Além desses princípios específicos do direito probatório, também se aplicam à prova, sobretudo, o **princípio do contraditório** (art. 5º, inc. LV, CF), o **princípio do devido processo legal** (art. 5º, inc. LIV, CF) e o **princípio da proporcionalidade**, já estudados anteriormente.

7. MEIOS DE PROVA

No Brasil, vigora o Princípio da Liberdade dos Meios de Prova. Assim, como regra, os fatos podem ser provados por quaisquer meios de prova, desde que legais ou moralmente legítimos.

Os meios de provas podem ser:

a) **Típicos:** quando previsto expressamente determinado meio de prova pelo ordenamento jurídico. Por exemplo, prova testemunhal, documental, pericial, inspeção judicial.

b) **Atípicos:** quando não previstos expressamente no ordenamento jurídico. Por exemplo, reconstituição dos fatos e prova emprestada.

8. PODERES INSTRUTÓRIOS DO JUIZ

De acordo com o art. 370 do CPC, o juiz possui **amplos poderes instrutórios** para determinar a realização de provas a fim de formar o seu convencimento. Pode, ademais, indeferir o pedido de realização de provas impertinentes ou desnecessárias.

Portanto, o juiz não deve desempenhar apenas uma atividade supletiva, tampouco se omitir em matéria de prova. Ao contrário, deve atuar de forma dinâmica, buscando todas as provas necessárias para retratar no processo a realidade fática[27].

9. PROCEDIMENTO DA PROVA

O procedimento probatório compreende as fases de proposição, admissão, produção e valoração.

a) Proposição

As partes devem requerer que seja produzida a prova com que pretendem demonstrar os fatos que alegam. As provas constituídas devem ser apresentadas no

---

obtida como resultado da transgressão, por agentes públicos, de direitos e garantias constitucionais e legais, cuja eficácia condicionante, no plano do ordenamento positivo brasileiro, traduz significativa limitação de ordem jurídica ao poder do Estado em face dos cidadãos" (STF, HC 93050, Rel. Min. Celso de Mello, Segunda Turma, julgado em 10-6-2008, *DJe*-142 divulg. 31-7-2008 public. 1º-8-2008 ement. vol.-02326-04 pp-00700).

27 "Os sujeitos parciais do processo podem estabelecer limites quanto aos fatos a serem examinados pelo juiz, não em relação aos meios de prova que ele entender necessários à formação de seu convencimento. E não se trata de atividade meramente supletiva. Deve o juiz atuar de forma dinâmica, visando a produzir nos autos o retrato fiel da realidade jurídico-material. [...] Nessa medida, à luz dos fatos deduzidos pelas partes, deve ele desenvolver toda a atividade possível para atingir os escopos do processo" (BEDAQUE, José Roberto dos Santos. *Poderes instrutórios do juiz*. 5. ed. São Paulo: Revista dos Tribunais, 2011. p. 102-103).

próprio ato de postulação. A produção das provas constituendas deve ser requerida no primeiro ato de postulação (como regra, na petição inicial ou na contestação).

b) Admissão

Uma vez requerida a produção da prova, o juiz analisará a utilidade da sua produção, fazendo um juízo de admissibilidade. Pode o magistrado, portanto, indeferir o pedido de produção da prova, caso entenda que a prova é desnecessária.

c) Produção

É o ato pelo qual se demonstram os fatos alegados pelas partes.

d) Valoração

A valoração da prova ocorre no momento da sentença, quando o juiz forma o seu convencimento a fim de julgar o pedido do autor.

10. PRODUÇÃO ANTECIPADA DE PROVA

10.1. Introito

De acordo com o CPC/2015, não há mais a ação cautelar de produção antecipada de provas. Tal ação era muito criticada pela doutrina, na medida em que não era propriamente uma tutela cautelar.

O CPC/2015 estabelece um procedimento antecedente para a produção da prova, antes do processo principal, que, em determinadas hipóteses, poderá até não ser ajuizado.

Trata-se de um procedimento destinado a produzir provas que não poderiam ser obtidas pelo requerente sem a intervenção do Poder Judiciário, seja com o objetivo de ser preparatório para a futura ação principal, seja para evitar uma nova ação, ou para instrumentalizar um acordo pré-processual, evitando o processo. De qualquer forma, a produção antecipada de prova ocorre fora da instrução processual normal.

10.2. Hipóteses

A produção antecipada de provas será admitida nas seguintes hipóteses (art. 381, CPC):

I – haja fundado receio de que venha a tornar-se impossível ou muito difícil a verificação de certos fatos na pendência da ação.

É o que ocorre, por exemplo, quando se tem conhecimento de que a testemunha mudará seu domicílio para o exterior, provisória ou definitivamente; quando, em razão de enfermidade grave, é possível que a testemunha não esteja mais presente no momento da instrução processual do processo; ou quando, em razão do decurso do tempo, não existam mais os vestígios para a realização da perícia.

II – a prova a ser produzida seja suscetível de viabilizar a autocomposição ou outro meio adequado de solução de conflito;

Trata-se de importante inovação, na medida em que a produção antecipada de provas pode terminar o próprio litígio, pois, ao tomarem conhecimento das provas, as partes podem de antemão prever qual seria o resultado de um futuro processo. Assim, as provas podem instrumentalizar as partes para chegarem a um acordo e, dessa forma, tornar desnecessária a propositura da ação principal.

É o que pode ocorrer, por exemplo, em ações em que a parte postula benefício previdenciário contra o INSS, quando a conclusão da perícia judicial acaba, muitas vezes, por terminar com o próprio litígio, mas o processo tem de prosseguir até a decisão final. Em diversas outras hipóteses, a colheita de provas acaba pondo fim à lide, pois, se conhecido o acervo probatório, haveria facilmente uma autocomposição.

Dessa forma, trata-se de hipótese de produção antecipada de provas que, se utilizada, pode proporcionar autocomposição entre as partes e, com isso, por fim ao litígio.

III – o prévio conhecimento dos fatos possa justificar ou evitar o ajuizamento de ação.

Esta hipótese guarda muita semelhança com a anterior. Trata-se das situações em que, mediante a colheita de provas, permite-se que o requerente e/ou o requerido possam conhecer melhor os fatos e, com isso, decidir se as provas justificam ou não a propositura da ação.

É o que ocorre, por exemplo, quando determinado contrato está em poder da instituição financeira, de modo que o consumidor busca, pela produção antecipada de provas, obter cópia de tal documento a fim de, após analisá-lo, verificar se existe ou não abusividade nas cláusulas constantes do instrumento contratual, o que será determinante para a propositura ou não da ação principal.

Além disso, é cabível a produção antecipada de prova para documentar a prova oral e instrumentalizar uma ação monitória. Para a ação monitória, é necessária "prova escrita sem eficácia de título executivo" (art. 700, *caput*, CPC). De acordo com o § 1º do art. 700 do CPC, "a prova escrita pode consistir em prova oral documentada, produzida antecipadamente nos termos do art. 381".

10.3. **Procedimento da antecipação de prova**

A competência para o procedimento da produção antecipada de prova é do foro onde deva ser produzida (ex.: onde se localizam as testemunhas ou o objeto a ser periciado) ou do foro do domicílio do réu (art. 381, § 2º, CPC). Vale dizer, a competência para a produção antecipada de provas pode ser diversa da competência para a futura ação principal.

De acordo com o CPC, "o juízo estadual tem competência para produção antecipada de prova requerida em face da União, de entidade autárquica ou de empresa pública federal se, na localidade, não houver vara federal" (art. 381, § 4º, CPC).

Desse modo, a propositura do procedimento da produção antecipada de provas não previne a competência para eventual demanda que venha a ser proposta[28].

Na petição inicial, o requerente deverá expor a sua intenção com a justificação, os fatos sobre os quais as provas devem recair, bem como as provas que pretende produzir.

---

28 CPC: "Art. 381 [...] § 3º A produção antecipada da prova não previne a competência do juízo para a ação que venha a ser proposta".

É necessária a citação de todos os interessados contra quem a prova poderá ser utilizada, salvo se inexistente caráter contencioso. A citação poderá ser determinada de ofício pelo juiz[29].

O processo de produção antecipada de provas não possui peça processual de resposta à petição inicial.

Os interessados poderão apenas requerer que seja produzida qualquer prova no mesmo procedimento, desde que relacionada ao mesmo fato. Contudo, se a sua produção no mesmo procedimento for causar demora excessiva, deverá ser indeferida pelo juiz.

Esse processo de produção antecipada de provas será, ao final, julgado por sentença, que se limitará a dizer se foram observadas as formalidades. O juiz não deverá valorar a prova, ou seja, não pode se pronunciar sobre a ocorrência ou não dos fatos, nem sobre a suas eventuais consequências jurídicas.

Por isso, não é cabível recurso, exceto contra a "decisão que indeferir totalmente a produção da prova pleiteada pelo requerente originário" (art. 382, § 4º, CPC).

Os autos permanecerão em cartório por um mês, para extração de cópias e certidões e, após, serão entregues ao promovente da medida (art. 383, CPC)[30].

10.4. Arrolamento de bens (com objetivo de documentação)

O art. 381, § 1º, do CPC estabelece que "o arrolamento de bens observará o disposto nesta Seção quando tiver por finalidade apenas a realização de documentação e não a prática de atos de apreensão".

Trata-se de procedimento destinado a inventariar bens, a fim de fazer prova acerca da sua existência e do seu estado de conservação.

Pode ser utilizado, por exemplo, nas hipóteses de divórcio e inventário e partilha, quando os bens estiverem na posse do outro cônjuge (caso de divórcio) ou de outro herdeiro (caso de inventário e partilha).

Observa-se, assim, que, de acordo com o CPC/2015, o arrolamento de bens não é mais uma ação cautelar, senão uma espécie de produção antecipada de provas.

10.5. Justificação

No CPC/2015, a justificação não é mais qualificada como cautelar (porque efetivamente de tutela cautelar não se trata), nem possui mais disciplina própria, na medida em que lhe é atribuído o mesmo procedimento da produção antecipada de provas, na forma do art. 381, § 5º.

---

29 CPC: "Art. 382 [...] § 1º O juiz determinará, de ofício ou a requerimento da parte, a citação de interessados na produção da prova ou no fato a ser provado, salvo se inexistente caráter contencioso".

30 CPC: "Art. 383. Os autos permanecerão em cartório durante 1 (um) mês para extração de cópias e certidões pelos interessados. Parágrafo único. Findo o prazo, os autos serão entregues ao promovente da medida".

A justificação, tal como concebida originariamente, é um procedimento utilizado com o objetivo de provar a existência de algum fato ou relação jurídica, a partir da oitiva de testemunhas, servindo como simples documentação ou sendo preparatória para processo futuro.

Na petição inicial, o requerente deverá expor qual é a sua intenção com o procedimento da justificação, bem como arrolar as testemunhas que pretende ouvir.

É necessária a citação de todos os interessados, contra quem a prova poderá ser utilizada.

O processo de justificação não possui peça processual de resposta à petição inicial.

Será, ao final, julgado por sentença, que se limitará a dizer se foram observadas as formalidades legais. Não há juízo de valor pelo magistrado acerca da veracidade das declarações das testemunhas.

Assim como ocorre na antecipação de prova em geral, os autos permanecerão em cartório por um mês, para extração de cópias e certidões e, após, serão entregues ao promovente da medida (art. 383, CPC).

11. ÔNUS DA PROVA

11.1. Conceito

Ônus é um encargo que, caso não seja desempenhado, gera uma situação jurídica de desvantagem para a parte. Assim, ônus não se confunde com obrigação.

A imposição do ônus da prova a uma parte do processo implica que ela tem de produzir a prova, a fim de não suportar a desvantagem gerada pela sua não produção.

11.2. Teorias

Sobre a distribuição do ônus da prova entre as partes, há **duas principais teorias**:

a) Teoria Estática do Ônus da Prova (teoria clássica)

Segundo a Teoria Estática, é a lei processual que já distribui prévia e abstratamente o ônus da prova às partes.

b) Teoria da Distribuição Dinâmica do Ônus da Prova

Segundo esta Teoria, é necessário levar em conta as circunstâncias do caso concreto, atribuindo-se o ônus da prova a quem tem condições de satisfazê-lo. Ou seja, é o juiz que, caso a caso, impõe o ônus da prova à parte que tem melhores condições de produzi-la.

Mesmo antes da vigência do CPC/2015, já preconizávamos que a Teoria da Distribuição Dinâmica da Prova já tinha forte influência no sistema processual civil brasileiro[31].

---

31 LUNARDI, Fabrício Castagna. *Curso de direito processual civil*. Porto Alegre: Verbo Jurídico, 2013.

11.2.1. Teoria adotada pelo CPC/2015

O art. 373, incs. I e II, do CPC estabelece, de antemão, a quem incumbe o ônus da prova.

No entanto, no seu § 1º, prevê hipóteses de inversão do ônus da prova: "**Nos casos previstos em lei ou diante de peculiaridades da causa relacionadas à impossibilidade ou à excessiva dificuldade de cumprir o encargo nos termos do *caput* ou à maior facilidade de obtenção da prova do fato contrário, poderá o juiz atribuir o ônus da prova de modo diverso, desde que o faça por decisão fundamentada, caso em que deverá dar à parte a oportunidade de se desincumbir do ônus que lhe foi atribuído**".

O art. 357, inc. III, do CPC prevê que, na decisão de saneamento e organização do processo, o juiz deverá "definir a distribuição do ônus da prova, observado o art. 373".

Portanto, o CPC/2015 adota uma **Teoria Mista ou Eclética da Distribuição do Ônus da Prova**, na medida em que, no art. 373, incs. I e II, está contemplada a Teoria Estática, mas, no § 1º do mesmo artigo e no art. 357, inc. III, estabelece-se a Teoria Dinâmica do Ônus da Prova. De um lado, é possível ao juiz estabelecer o ônus da prova analisando qual das partes tem maiores condições de provar os fatos (Teoria Dinâmica), mas, se nada for estabelecido, segue-se a regra geral (Teoria Estática).

11.3. Ônus do autor e ônus do réu

Incumbe ao **autor** provar os **fatos constitutivos do seu direito subjetivo** (art. 373, I, CPC).

Ao **réu**, cabe comprovar os **fatos modificativos, extintivos ou impeditivos do direito do autor** (art. 373, II, CPC).

Ônus da prova é o encargo de provar algo. Assim, quando a parte possui o ônus da prova e não comprova o fato, passa a ter uma situação jurídica processual de desvantagem.

A regra do ônus da prova também é utilizada pelo juiz no momento de proferir a sentença. Assim, caso o autor não comprove um fato constitutivo do seu direito, tal fato será reputado inexistente, pois tinha o ônus da prova. Da mesma forma, se o réu não comprovar um fato impeditivo, modificativo ou extintivo do direito do autor, será tal fato reputado inexistente, pois era dele o ônus da prova.

12. INVERSÃO DO ÔNUS DA PROVA

Trata-se de um dos temas mais importantes do direito probatório, sobretudo diante das suas implicações práticas. Em razão disso, tal tema precisa ser desenvolvido mais aprofundadamente.

A inversão do ônus da prova consiste na possibilidade de o juiz, diante das circunstâncias do caso concreto, impor o ônus da prova à outra parte, que está no outro polo da demanda, isto é, de forma diferente da estabelecida pelo art. 373, incs. I e II, do CPC, determinando que a prova seja produzida por aquele que a possui (a prova) ou pode mais facilmente produzi-la. Além disso, é também a possibilidade de o juiz alterar a parte que será prejudicada caso a prova não seja produzida, ou seja, quando a decisão judicial tiver de ser proferida com dúvida sobre o fato[32].

Assim, por exemplo, se incumbia ao autor provar o fato, mas o juiz inverte o ônus probatório, caberá ao réu o ônus de prová-lo; por conseguinte, neste caso, se a prova não for produzida, o réu terá uma situação jurídica de desvantagem, pois o juiz, no caso de dúvida, julgará a causa como se o fato alegado pelo autor tivesse acontecido na forma por ele relatada.

12.1. Espécies de inversão do ônus da prova

Há três espécies de inversão do ônus da prova, quais sejam: a) inversão *ope judicis*; b) inversão *ope legis*; e c) inversão convencional.

12.1.1. Inversão *ope judicis*

A inversão *ope judicis* do ônus da prova é a **possibilidade conferida ao juiz** de, analisando as circunstâncias do caso concreto, inverter o ônus da prova.

A regra geral da inversão *ope iudicis* do ônus da prova para o processo civil está prevista no art. 373, § 1º, do CPC.

O art. 373, § 1º, do CPC estabelece que o juiz poderá inverter o ônus da prova diante das peculiaridades da causa, constatados um dos seguintes requisitos legais (alternativamente):

a) impossibilidade ou excessiva dificuldade de a parte cumprir o ônus da prova; ou

b) "maior facilidade de obtenção da prova do fato contrário".

Além desses requisitos, que são alternativos, também deverá estar presente cumulativamente um requisito negativo: a inversão do ônus da prova não pode impor à contraparte um ônus "impossível ou excessivamente difícil" de ser cumprido (art. 373, § 2º, CPC). Contudo, como se mostrará adiante, a complexidade do caso e a relação de direito material envolvida podem, excepcionalmente, afastar a necessidade de tal requisito.

Além disso, o juiz deve fundamentar a decisão que inverte o ônus da prova. Mas não pode fundamentar apenas indicando genericamente o dispositivo legal, sem mencionar as peculiaridades do caso concreto. Aliás, isso equivale à ausência de fundamentação. Assim, não deve o juiz dizer, por exemplo, "presentes os pressupostos legais, inverto o ônus da prova". Com efeito, como a decisão que inverte o ônus da prova afasta a aplicação da regra geral do ônus probatório prevista, é preciso decisão fundamentada, ainda que de forma sucinta.

---

32 "Tais regras importam quando um fato principal resulta destituído de prova, pois a sua função é estabelecer a parte que deveria provar o fato e determinar as consequências que sobre essa recaem diante da ausência de tal prova. Nesse sentido, a regra do ônus da prova se apresenta como regra destinada a viabilizar a decisão do juiz em caso de dúvida ou, em outros termos, a dar ao juiz não convencido a possibilidade de decidir" (MARINONI; Luiz Guilherme; ARENHART, Sérgio Cruz. *Prova*. 2. ed. São Paulo: Revista dos Tribunais, 2011. p. 352).

No âmbito do direito do consumidor, como se demonstrará mais detalhadamente a seguir, o art. 6º, inc. VIII, prevê que o juiz pode inverter o ônus da prova em favor do consumidor, "quando, a critério do juiz, for verossímil a alegação" ***ou*** "quando for ele hipossuficiente, segundo as regras ordinárias de experiências".

De outro lado, tratando-se de ação que envolve o meio ambiente, a jurisprudência também é pacífica no sentido de admitir a inversão do ônus da prova[33].

Quando houver regras específicas de inversão do ônus probatório em leis especiais, deve ser aplicada a Teoria do Diálogo das Fontes, no sentido de aplicar a tais hipóteses também o CPC, no sentido de ampliar as possibilidades de inversão do ônus da prova para tutelar esses direitos que recebem proteção especial.

12.1.2. Inversão *ope legis*

É a inversão do ônus probatório que decorre da própria lei. Consiste em hipóteses legais de **inversão do ônus da prova em abstrato**, isto é, são **previamente estabelecidas em lei**, que não ficam a critério do juiz analisar se haverá ou não a inversão.

Por exemplo, no âmbito das relações de consumo, o art. 12, § 3º, o art. 14, § 3º, e o art. 38 do CDC preveem a responsabilidade objetiva do fornecedor nas relações de consumo. Por conseguinte, o consumidor não precisa comprovar dolo ou culpa do fornecedor de produtos ou serviços[34]. Basta que o consumidor comprove que adquiriu o produto ou o serviço, o nexo causal e o dano sofrido. De outro lado, o § 3º do art. 12[35] e o § 3º do art. 14[36] estabelecem causas de exclusão da responsabilidade civil do fornecedor, mas essas causas devem ser provadas pelo fornecedor. Por isso, dizer-se que há, nesses casos, inversão do ônus da prova *ope legis*, na medida em que cabe ao fornecedor provar as excludentes da responsabilidade civil. Desse modo, nas hipóteses de responsabilidade pelo fato do produto ou do serviço (arts. 12 e 14 do CDC), a inversão do ônus da prova decorre da lei, cabendo ao fornecedor provar alguma dessas escusas de responsabilidade civil[37].

---

33 "O princípio da precaução, aplicável ao caso dos autos, pressupõe a inversão do ônus probatório, transferindo para a concessionária o encargo de provar que sua conduta não ensejou riscos ao meio ambiente e, por consequência, aos pescadores da região" (STJ, AgInt no AREsp 1311669/SC, Rel. Ministro Ricardo Villas Bôas Cueva, Terceira Turma, julgado em 3-12-2018, *DJe* 6-12-2018). No mesmo sentido, com outros fundamentos: "Os princípios poluidor-pagador, reparação *in integrum* e prioridade da reparação *in natura* e do *favor debilis* são, por si sós, razões suficientes para legitimar a inversão do ônus da prova em favor da vítima ambiental" (STJ, AgInt no AREsp 620.488/PR, Rel. Ministro Og Fernandes, Segunda Turma, julgado em 4-9-2018, *DJe* 11-9-2018).

34 Para aprofundar os estudos na temática da responsabilidade civil nas relações de consumo, vide: LUNARDI, Fabrício Castagna. A responsabilidade civil do fornecedor por vícios dos produtos no Código de Defesa do Consumidor. *Jus Navigandi*, Teresina, ano 11, n. 1045, 12 maio 2006. Disponível em: <http://jus.com.br/artigos/8267>. Acesso em: 24-7-2014.

35 CDC: "Art. 12 [...] § 3º O fabricante, o construtor, o produtor ou importador só não será responsabilizado quando provar: I – que não colocou o produto no mercado; II – que, embora haja colocado o produto no mercado, o defeito inexiste; III – a culpa exclusiva do consumidor ou de terceiro".

36 CDC: "Art. 14 [...] § 3º O fornecedor de serviços só não será responsabilizado quando provar: I – que, tendo prestado o serviço, o defeito inexiste; II – a culpa exclusiva do consumidor ou de terceiro".

37 "**A Segunda Seção deste Tribunal, no julgamento do Resp 802.832/MG, Rel. Paulo de Tarso Sanseverino, *DJ* de 21-9-2011, pacificou a jurisprudência desta Corte no sentido de que em demanda que trata da**

Outra hipótese de inversão do ônus da prova prevista no CDC diz respeito especificamente à questão da informação ou comunicação publicitária. O art. 38 estabelece que "o ônus da prova da veracidade e correção da informação ou comunicação publicitária cabe a quem as patrocina".

No direito ambiental, a inversão do ônus da prova pode ser *ope iudicis*, ou *ope legis*, segundo a jurisprudência do STJ[38]. De acordo com esse tribunal superior, a complexidade do direito ambiental possibilita a inversão do ônus da prova *ope iudicis*. De outro lado, quando se aplica o princípio da precaução, impõe-se que é aquele que desenvolve a atividade potencialmente nociva quem tem o dever de provar que a sua atividade não causa danos ao meio ambiente. Por isso, nas ações que envolvem direito ambiental e em que é aplicável o princípio da precaução, existe uma inversão do ônus da prova *ope legis* indireta.

12.1.3. Inversão convencional

Comumente tratada no Brasil com o nome de convenção sobre o ônus da prova, a doutrina italiana chama o instituto de *l'inversione convenzionale*[39]. Trata-se da **faculdade** conferida às partes de poderem **convencionar a distribuição do ônus da prova de forma diversa da que está prevista em lei.**

Como a inversão *ope legis* e a inversão *ope judicis* constituem-se, respectivamente, na possibilidade de a lei e de o juiz estabelecerem o ônus probatório diversamente da regra geral prevista no art. 373, incs. I e II, do CPC, a possibilidade de as próprias partes convencionarem que o ônus probatório será diferente da regra geral também deve ser chamada de inversão do ônus da prova, na hipótese, de inversão convencional[40].

De outro lado, o CPC prevê que não será possível a convenção sobre o ônus da prova quando (art. 373, § 3º): *"I – recair sobre direito indisponível da parte; II – tornar excessivamente difícil a uma parte o exercício do direito".*

---

responsabilidade pelo fato do produto ou do serviço (arts. 12 e 14 do CDC), a inversão do ônus da prova decorre da lei. [...]. **É a diferenciação já clássica na doutrina e na jurisprudência entre a inversão *ope judicis* (art. 6º, inciso VIII, do CDC) e inversão *ope legis* (arts. 12, § 3º, e art. 14, § 3º, do CDC)**" (STJ, AgRg no AREsp 402.107/RJ, Rel. Min. Sidnei Beneti, Terceira Turma, julgado em 26-11-2013, *DJe* 9-12-2013).

38 "**No Direito Ambiental brasileiro, a inversão do ônus da prova é de ordem substantiva e *ope legis*, direta ou indireta (esta última se manifesta, p. ex., na derivação inevitável do princípio da precaução), como também de cunho estritamente processual e *ope judicis* (assim no caso de hipossuficiência da vítima, verossimilhança da alegação ou outras hipóteses inseridas nos poderes genéricos do juiz, emanação natural do seu ofício de condutor e administrador do processo)**" (STJ, REsp 883.656/RS, Rel. Min. Herman Benjamin, Segunda Turma, julgado em 9-3-2010, *DJe* 28-2-2012).

39 "A inversão convencional – quando há acordo entre as partes, a possibilidade de que o ônus da prova possa ser invertido ou modificado em virtude de um pacto vem expressamente contemplada, com alguma limitação, no art. 2.698 C.C" (tradução livre do texto: *"L'inversione convenzionale* – Quanto all'accordo tra le parti, la possibilità che l'onere della prova possa essere invertito o modificato in virtù di un patto viene espressamente contemplata, con alcune limitazioni, dall'art. 2698 c.c."). (DALMOTTO, Eugenio. L'onere della prova e la protezione del consumatore. In: S. CHIARLONI, S.; FIORIO, P. (Coord.). *Consumatori e processo*: la tutela degli interessi collettivi dei consumatori. Torino: Giappichelli, 2005. p. 85-108).

40 Segundo o Professor italiano Eugenio Dalmotto, a inversão do ônus da prova possui três espécies: a) a **inversão legislativa** (*L'inversione legislativa*); b) a **inversão jurisprudencial** (*L'inversione giurisprudenziale*); e c) a **inversão convencional** (*L'inversione convenzionale*). (In: S. CHIARLONI, S.; FIORIO, P. (Coord.). *Consumatori e processo*: la tutela degli interessi collettivi dei consumatori. Torino: Giappichelli, 2005. p. 85-108).

Outra importante questão diz respeito à assunção voluntária do ônus da prova no processo. Segundo parte da doutrina italiana, caso uma das partes se ofereça para provar determinado fato que não tem o ônus de provar, estará assumindo o ônus da prova[41]. Contudo, não é essa a melhor interpretação para o sistema processual brasileiro. Em primeiro lugar, porque inexiste qualquer previsão legal nesse sentido. Além disso, quando a parte pleiteia a produção de determinada prova sobre fato que não tem o ônus de provar, isso deve ser interpretado como atividade colaborativa dentro do processo – vale dizer, concretização do princípio da cooperação – ou, ainda, como uma conduta legítima por haver incerteza sobre o ônus da prova. De qualquer forma, essa conduta colaborativa jamais pode ser entendida como assunção voluntária do ônus da prova. Assim, a assunção voluntária do ônus da prova deve ser expressa, mas é pouco provável que isso aconteça.

12.2. Inversão do ônus probatório quando a prova é impossível de ser produzida

Há algumas situações em que a prova é impossível de ser produzida. Nesses casos, de acordo com o CPC, não poderia ocorrer a inversão do ônus da prova (requisito negativo), como já se expôs. Com feito, de acordo com o art. 373, § 2º, do CPC, a decisão que inverte o ônus da prova "não pode gerar situação em que a desincumbência do encargo pela parte seja impossível ou excessivamente difícil".

Contudo, se aplicada essa regra na literalidade, pode-se inviabilizar o próprio exercício do direito pela parte, razão pela qual é necessária uma interpretação sistemática.

Para analisar a complexidade da questão, tome-se como exemplo um caso que chegou ao Superior Tribunal de Justiça, de consumidor que propôs ação indenizatória contra o fabricante alegando que, enquanto cozinhava, abriu uma lata de extrato de tomate e encontrou um preservativo masculino enrolado dentro do recipiente[42]. Parece que nenhuma perícia realizada poderá identificar se o preservativo foi inserido na lata de extrato de tomate após a sua abertura pelo consumidor ou se caiu na lata durante o processo de fabricação. Então, se o juiz não inverter o ônus da prova, decidirá que o consumidor não logrou provar o alegado e, em razão disso, julgará improcedente por falta de provas. Ao contrário, se o juiz inverter o ônus da prova – em razão da verossimilhança da alegação ou da hipossuficiência do consumidor –, estará impondo ao fornecedor o ônus de provar algo que é impossível de ser provado, vale dizer, se inverter o ônus da prova, a consequência provável será a condenação do fornecedor.

Essa questão é difícil de ser tratada adequadamente se o intérprete estiver arraigado aos dogmas do direito processual civil clássico.

Em primeiro lugar, é preciso consignar que alguns processualistas clássicos, mesmo antes do CPC/2015, já afirmavam que não seria possível inverter o ônus da prova contra o fornecedor quando a prova fosse impossível de ser produzida, dogma que foi reproduzido durante muito tempo por processualistas que têm uma visão mais liberal

---

41 COMOGLIO, Luigi Paolo; FERRI, Conrado; TARUFFO, Michele. *Lezioni sul processo civile*. v. 2. Bologna: Il Mulino, 1995. p. 529.

42 STJ, REsp 1317611/RS, Rel. Min. Nancy Andrighi, Terceira Turma, julgado em 12-6-2012, *REPDJe* 27-8-2012, *DJe* 19-6-2012.

do processo civil – sendo ainda defendido por alguns[43] – e constou expressamente no CPC/2015. Ocorre que, nesses casos, a prevalecer esse entendimento, estar-se-ia abstratamente impedindo a proteção efetiva dos direitos do consumidor. Além disso, o fornecedor seria favorecido pela ineficiência técnica em mecanismos de segurança.

Em segundo lugar, o processo civil está sedimentado na noção de que o juízo de verossimilhança somente é admitido nas tutelas provisórias (ex.: cautelar, antecipação de tutela, medida liminar de procedimento especial) e que, para a tutela definitiva, é necessária cognição exauriente, ou seja, juízo de certeza – raciocínio que, como regra, está adequado. Em geral, caso as provas não sejam suficientes para permitir juízo de certeza, deverá julgar improcedente por falta de provas.

Ocorre que, se o juiz inverte o ônus da prova em detrimento do réu, é porque não há, no processo, prova cabal do direito do autor. Se houvesse, não precisaria inverter o ônus probatório e poderia julgar o pedido. Isso quer dizer que, caso o juiz tenha apenas cognição por verossimilhança e inverta o ônus da prova, e a prova seja impossível de ser produzida, estará o julgador necessariamente acolhendo o pedido do autor apenas com base em juízo de verossimilhança das suas alegações, sem que o réu/fornecedor nada possa fazer[44].

A uma primeira análise, pode-se dizer que isso conduz à facilitação da proteção de determinados direitos (como o direito ao consumidor; ao meio ambiente etc.). No entanto, por outro lado, pode gerar distorções. Por exemplo, com base nesse entendimento, poder-se-ia dizer que toda vez que a prova seja difícil de ser produzida e estiverem presentes os requisitos para a inversão do ônus da prova, o réu será condenado. Por exemplo, seguindo essa lógica, sempre que o consumidor alegar que encontrou algum objeto estranho não deteriorável (o que torna sem utilidade qualquer perícia) dentro de um recipiente de alimento, haverá grande probabilidade de condenação do fornecedor. Isso talvez gere situações de irrazoabilidade e injustiça. Mas é por isso que a verdade real é um mito e a justiça é sempre contingente. De qualquer modo, parece haver uma clara opção por algumas legislações (relativas ao consumidor e ao meio ambiente, p. ex.) priorizar a efetiva proteção de determinados direitos em detrimento de outros.

A jurisprudência dos tribunais brasileiros vem entendendo que cabe a inversão do ônus da prova nos casos em que é impossível a produção da prova pelo réu, mas sem enfrentar essa questão tormentosa da prova impossível (prova diabólica). É o que ocorreu, por exemplo, no caso acima citado, da ação indenizatória movida pela consumidora que

43 Nesse sentido, por exemplo, Humberto Theodoro Júnior: "Inconcebível, por isso mesmo, que a inversão do ônus da prova, quando autorizada por lei, seja utilizada como instrumento de transferência para o réu do encargo da prova de fato arguido pelo autor que se revela, intrinsecamente, insuscetível de prova. [...] A inversão do ônus da prova prevista no CDC pressupõe dificuldade ou impossibilidade da prova apenas da parte do consumidor, não a impossibilidade absoluta da prova em si" (THEODORO JÚNIOR, Humberto. *Direitos do consumidor:* a busca de um ponto de equilíbrio entre as garantias do CDC e os princípios gerais do Direito Civil e do Direito Processual Civil. 8. ed. Rio de Janeiro: Forense, 2013. p. 184-185).

44 A esse respeito, André Luis Mota Novakoski mostra como isso gera um certo estranhamento por parte dos processualistas: "Esse modelo de composição de litígios, no qual o valor verossimilhança prepondera sobre o valor certeza, ideia que, a princípio, soaria inconcebível no Processo Civil comum, somente é possível dentro dos novos esquemas do Direito das Relações de Consumo, cujo foco central é reduzir, senão eliminar, a vulnerabilidade do consumidor frente ao fornecedor (art. 4º, I, do CDC), especialmente no campo probatório" (NOVAKOSKI, André Luis Mota. A distribuição do ônus probatório nas lides de consumo: a falsa inversão do ônus da prova do art. 6º, VIII, do CDC. *Revista Dialética de Direito Processual*, São Paulo, n. 37, p. 9-18, abr. 2006).

encontrou um preservativo dentro da lata de extrato de tomate[45]. O STJ também tem entendimento consolidado que é cabível a inversão do ônus da prova nas demandas que envolvem saques indevidos em conta bancária, ainda que não reconhecida a verossimilhança das alegações[46] – neste caso, a prova de que foi o consumidor e não terceiro quem efetuou o saque é, na grande maioria das vezes, impossível de ser produzida por aquele.

A dificuldade de compreensão dessa matéria talvez esteja no fato de que, no direito, como nos sistemas em geral, existe a necessidade de redução da complexidade para possibilitar decidibilidade. Contudo, não se pode reduzir complexidade a ponto de que a seletividade ignore questões importantes. Nesse sentido, pensar que o juiz somente deve julgar procedente um pedido quando houver certeza implica se distanciar do mundo real. Juízo de certeza é uma ficção e somente existe como paradigma num mundo ideal. Assim, no processo civil, seria muito mais adequado dizer que o juiz julga com base em verossimilhança preponderante.

Isso não é completamente novo se considerado o direito comparado. Em alguma medida, essa regra se parece muito com aquilo que o direito escandinavo e a doutrina alemã denominam de princípio da preponderância, segundo o qual a prova mínima já é capaz de alterar o ônus probatório, impondo à parte adversa o ônus de demonstrar que aquilo que foi reconhecido como verossimilhante não aconteceu. O princípio da preponderância autoriza, nesses países, o julgamento com base na verossimilhança preponderante[47].

12.3. O momento adequado para a inversão do ônus da prova

O art. 373, § 1º, do CPC estabelece que, no caso de inversão do ônus da prova pelo juiz (*inversão ope judicis*), deverá se oportunizar à parte que se desincumba do ônus que lhe foi atribuído.

Contudo, o CPC não põe fim à controvérsia sobre o momento da inversão do ônus da prova.

A doutrina e a jurisprudência divergem se o juiz deveria inverter o ônus processual na fase de saneamento, permitindo que a parte pudesse produzir a prova, ou se poderia invertê-lo na sentença, de modo que, caso não produzida a prova, imporia o ônus da insuficiência de prova àquela parte que tinha melhores condições de produzi-la.

A esse respeito, para definição do momento adequado para a inversão do ônus probatório, os autores em geral costumam vinculá-lo à sua compreensão como regra de instrução ou regra de julgamento.

---

45 STJ, REsp 1317611/RS, Rel. Min. Nancy Andrighi, Terceira Turma, julgado em 12-6-2012, *REPDJe* 27-8-2012, *DJe* 19-6-2012.

46 "**A jurisprudência do STJ sedimentou-se no sentido da possibilidade de inversão do ônus da prova em hipóteses que versem acerca de saques indevidos em conta bancária, diante do reconhecimento da hipossuficiência técnica do consumidor, ainda que não reconhecida a verossimilhança das alegações apresentadas**" (STJ, AgRg no REsp 906.708/RO, Rel. Min. Paulo de Tarso Sanseverino, Terceira Turma, julgado em 19-5-2011, *DJe* 30-5-2011).

47 "Por esse princípio, a modificação do ônus da prova não se dá exclusivamente quando se altera a regra que imputa esse ônus ao autor (quanto ao fato constitutivo de seu direito) ou ao réu (quanto aos fatos modificativos, extintivos e impeditivos do direito do autor); ao contrário, a presença de alguma prova mínima já é capaz de alterar esse regime de ônus probatório, de forma a impô-lo sobre a parte adversária, liberando a parte a quem beneficia esse mínimo probatório até que a preponderância da prova esteja ao lado da parte contrária (verossimilhança preponderante)" (ARENHART, Sérgio. *Perfis da tutela inibitória coletiva*. São Paulo: Revista dos Tribunais, 2003. p. 287-288).

Os partidários da **inversão do ônus da prova como regra de julgamento**[48] fundamentam que, no processo civil contemporâneo, as partes têm o dever de colaborar com a atividade jurisdicional, produzindo todas as provas necessárias para a instrução do feito, evitando um julgamento por presunção. As provas não pertencem às partes, mas ao processo (princípio da comunhão da prova). Assim, não existiria surpresa na inversão do ônus da prova na sentença, haja vista que o dever de as partes produzirem as provas já existia desde o início do processo. Se não se desincumbiu desse dever, não produzindo as provas necessárias, não poderia alegar posteriormente que foi surpreendida e que não pode produzir as provas de que dispunha. De acordo com essa corrente, pensar em sentido contrário seria privilegiar uma visão individualista e liberal de processo, que não é mais admitida no processo civil contemporâneo.

Além disso, argumentam que as regras de distribuição de ônus da prova teriam como destinatárias o juiz, tratando-se de regra de julgamento, e objetivariam evitar o *non liquet* no momento do julgamento do pedido[49]. Nesse ínterim, fundamentam que a função do ônus da prova é autorizar o pronunciamento judicial sobre o mérito do pedido quando não haja convicção plena do magistrado sobre os fatos e, em razão disso, a inversão do ônus da prova deveria ser regra de julgamento[50]. Além disso, "por ser norma de julgamento qualquer conclusão sobre o ônus da prova não pode ser emitida antes de encerrada a fase instrutória, sob o risco de ser um pré-julgamento, parcial e prematuro"[51].

De outro lado, para aqueles que sustentam que a **inversão do ônus da prova é regra de instrução**[52], não se poderia determinar a inversão na sentença, já que a

48 Defendem essa posição, dentre outros: Cecília Matos (O ônus da prova no Código de Defesa do Consumidor. *Revista de Direito do Consumidor*, São Paulo, n. 11, p. 161-169, jul.-set. 1994), Nelson Nery Júnior (Aspectos do Processo Civil no Código De Defesa Do Consumidor. *Revista do Direito do Consumidor*, São Paulo, v. 1, p. 200-221, mai. 1992. p. 217-218) e Kazuo WATANABE (Disposições gerais. In: GRINOVER, Ada Pellegrini et al. *Código Brasileiro de Defesa do Consumidor*: comentado pelos autores do anteprojeto. 8. ed. Rio de Janeiro: Forense, 2004. p. 21-58. p. 196).

49 Nesse sentido, por exemplo, Kazuo Watanabe: "Quanto *ao momento da aplicação da regra de inversão do ônus da prova*, mantemos o mesmo entendimento sustentado nas edições anteriores: é o do *julgamento da causa*. É que as regras de distribuição do ônus da prova são *regras de juízo*, e orientam o juiz, quando há um *non liquet* em matéria de fato, a respeito da solução a ser dada à causa. Constituem, por igual, uma indicação às partes quanto à sua atividade probatória. Com o juízo de verossimilhança, decorrente da aplicação das regras de experiência, deixa de existir o *non liquet* (considera-se demonstrado o fato afirmado pelo consumidor) e, consequentemente, motivo algum há para a aplicação de qualquer regra de distribuição do ônus da prova. Por isso mesmo, como ficou anotado, não se tem verdadeiramente uma inversão do ônus da prova em semelhante hipótese" (WATANABE, Kazuo. Disposições gerais. In: GRINOVER, Ada Pellegrini et al. *Código Brasileiro de Defesa do Consumidor*: comentado pelos autores do anteprojeto. 8. ed. Rio de Janeiro: Forense, 2004. p. 21-58. p. 196).

50 "A função do ônus da prova é precisamente a de autorizar o pronunciamento judicial sobre o mérito, mesmo nessa situação em que o juiz não atingiu convicção sobre fatos relevantes do processo, permitindo que alcance conteúdo da decisão a ser proferida. Essa noção identifica o ônus da prova como regra de julgamento e se relaciona com os escopos buscados no processo, inclusive de pacificação e certeza" (PACÍFICO, Luiz Eduardo Boaventura. Perspectiva sistemática do momento de inversão do ônus da prova: do CDC ao CPC. *Juris Plenum*, Caixas do Sul, RS, ano 4, n. 20, p. 65-76, mar.-abr. 2008. p. 66-67).

51 MATOS, Cecília. O ônus da prova no Código de Defesa do Consumidor. *Revista de Direito do Consumidor*, São Paulo, n. 11, p. 161-169, jul.-set. 1994.

52 Dentre aqueles que entendem que a inversão do ônus da prova do art. 6º, VIII, do CDC é regra de instrução, estão: Hugo Nigro Mazzilli (*A defesa dos interesses difusos em juízo*. 18. ed. São Paulo: Saraiva, 2005), Carlos Roberto Barbosa Moreira (Notas sobre a Inversão do Ônus da Prova em benefício do Consumidor. *Revista de Direito do Consumidor*, São Paulo, n. 22, p. 135-149, abr./jun. 1997), Antônio Gidi (Aspectos da inversão do ônus da prova no

parte seria surpreendida sem que tivesse sido previamente informada para produzir a prova necessária[53].

Contudo, após muita divergência, a Segunda Seção do **Superior Tribunal de Justiça** pacificou a questão, determinando que "**a inversão *ope judicis* do ônus probatório deve ocorrer preferencialmente na fase de saneamento do processo ou, pelo menos, assegurando-se à parte a quem não incumbia inicialmente o encargo, a reabertura de oportunidade para apresentação de provas**"[54].

Nesse mesmo sentido, o art. 373, § 1º, do CPC estabelece que a inversão do ônus da prova "deverá dar à parte a oportunidade de se desincumbir do ônus que lhe foi atribuído".

A par de ter sido a questão pacificada no âmbito do STJ e da disposição expressa do CPC/2015, parece que a complexidade fática não se esgota nas balizas que lhe foram traçadas. Com efeito, diversas outras indagações surgem. Se já foram produzidas todas as provas que se poderiam produzir, sendo que nenhuma delas pode trazer a certeza sobre o que realmente aconteceu, talvez seja inútil impor ao juiz que inverta o ônus da prova antes da sentença, ou anular a sentença em que se inverteu o ônus probatório nela mesma. Aliás, nesse caso, a anulação da sentença não teria qualquer utilidade, pois não haveria prova que pudesse demonstrar o fato.

Por exemplo, se o consumidor propõe ação indenizatória contra o fabricante alegando que "cozinhava para sua família utilizando extrato de tomate fabricado pela ré quando encontrou, dentro da lata, um preservativo masculino enrolado dentro do recipiente", caso que também chegou ao STJ[55]. Nessa hipótese, parece que nenhuma perícia realizada poderá identificar se o preservativo foi inserido na lata de extrato de tomate após a sua abertura pelo consumidor ou se caiu na lata durante o processo de fabricação. Assim, parece razoável que, neste caso, o juiz possa inverter o ônus da prova em sentença, pois o fornecedor conseguiria produzir prova para afastar a alegação do consumidor[56].

Código de Defesa do Consumidor. *Revista de Direito do Consumidor*, São Paulo, n. 13, p. 33-41, jan.-mar. 1995) e Tania Lis Tizzoni Nogueira (Direitos básicos do consumidor: a facilitação da defesa dos consumidores e a inversão do ônus da prova. *Revista de Direito do Consumidor*, São Paulo, n. 10, p. 48-60, abr./jun. 1994).

53 Tania Lis Tizzoni Nogueira, aliás, entende que o momento adequado para a inversão do ônus da prova seria o depacho em que o juiz recebe a petição inicial (Direitos básicos do consumidor: a facilitação da defesa dos consumidores e a inversão do ônus da prova. *Revista de Direito do Consumidor*, São Paulo, n. 10, p. 48-60, abr./jun. 1994).

54 "**A distribuição do ônus da prova, além de constituir regra de julgamento dirigida ao juiz (aspecto objetivo), apresenta-se também como norma de conduta para as partes, pautando, conforme o ônus atribuído a cada uma delas, o seu comportamento processual (aspecto subjetivo).** Doutrina. **Se o modo como distribuído o ônus da prova influi no comportamento processual das partes (aspecto subjetivo), não pode a inversão 'ope judicis' ocorrer quando do julgamento da causa pelo juiz (sentença) ou pelo tribunal (acórdão).** Previsão nesse sentido do art. 262, § 1º, do Projeto de Código de Processo Civil. **A inversão 'ope judicis' do ônus probatório deve ocorrer preferencialmente na fase de saneamento do processo ou, pelo menos, assegurando-se à parte a quem não incumbia inicialmente o encargo, a reabertura de oportunidade para apresentação de provas. Divergência jurisprudencial entre a Terceira e a Quarta Turma desta Corte**" (STJ, REsp 802.832/MG, Rel. Min. Paulo de Tarso Sanseverino, Segunda Seção, julgado em 13-4-2011, *DJe* 21-9-2011). No mesmo sentido: STJ, AgInt no AREsp 355.628/RO, Rel. Ministro Lázaro Guimarães (Desembargador Convocado do TRF 5ª Região), Quarta Turma, julgado em 28-11-2017, *DJe* 4-12-2017.

55 Relatório do REsp 1317611/RS (Rel. Min. Nancy Andrighi, Terceira Turma, julgado em 12-6-2012, *REPDJe* 27-8-2012, *DJe* 19-6-2012).

56 A esse respeito, Heitor Vitor Mendonça Sica possui entendimento semelhante: "Se as partes, espontaneamente já realizaram todas as atividades possíveis para formação do conjunto probatório, seria inútil qualquer "alerta" do magistrado para que assim procedessem. Não se cogitaria de cerceamento de defesa, pois não restaram outras

Portanto, parece que a discussão travada pela doutrina e pela jurisprudência sobre se a inversão do ônus da prova é regra de instrução ou regra de julgamento tem pouca utilidade para definir o momento em que deve ocorrer a inversão do ônus da prova. Em primeiro lugar, porque a inversão do ônus da prova é tanto regra de instrução como regra de julgamento. Com efeito, a redistribuição do ônus da prova, além de ser regra de julgamento utilizada pelo julgador na decisão da lide (aspecto objetivo), também é determinante para a conduta processual das partes (aspecto subjetivo) conforme o ônus probatório atribuído a cada uma delas. Ademais, o que interessa para definir o momento processual adequado para a inversão do ônus probatório é se essa inversão retira ou não da parte a possibilidade de produzir a prova.

Portanto, a conclusão sobre o momento adequado para a inversão demanda a análise do caso concreto.

Com base em todas essas considerações, em princípio, parece que, sempre que possível, o juiz deve inverter o ônus da prova antes da sentença, a fim de oportunizar que a parte produza a prova.

De outro lado, chegando o processo concluso para sentença sem a inversão probatória, deve se considerar, à luz do caso concreto, sobretudo três situações distintas:

> 1ª hipótese) Se o juiz verifica que estão presentes os requisitos para a inversão do ônus da prova, e que a prova é possível de ser produzida, mas a parte contra quem houve a inversão não tinha como produzir essa prova por seus próprios meios (ex. perícia judicial): o juiz deve converter os autos em diligência, inverter o ônus da prova e oportunizar que a parte produza a prova.
>
> 2ª hipótese) Se o juiz verifica que estão presentes os requisitos para a inversão do ônus da prova, bem como que a prova é possível de ser produzida e a parte contra quem houve a inversão tinha como produzir essa prova por seus próprios meios, mas omitiu voluntariamente essa prova (ex. contrato firmado com o consumidor, sendo que este não recebeu cópia do contrato): o juiz pode inverter o ônus da prova e julgar de imediato a lide, pois não há violação ao contraditório ou à ampla defesa, tampouco surpresa, na medida em que ambas as partes, por lealdade processual e em razão do princípio da cooperação, não devem omitir as provas que possuam e que sejam importantes para o processo. Caso contrário, estar-se-ia privilegiando uma visão individualista e liberal de processo, que não é mais admitida no processo civil contemporâneo.
>
> 3ª hipótese) Se o magistrado constata que estão presentes os requisitos para a inversão do ônus da prova, e que a prova é impossível de ser produzida: o juiz pode inverter o ônus da prova na sentença e julgar de plano a lide, já que não teria qualquer utilidade converter o julgamento em diligência e oportunizar que a parte contra quem ocorre a inversão produzisse a prova. Com efeito, se o juiz, ao inverter o ônus da prova, convertesse o julgamento em diligência e oportunizasse que essa parte produzisse a prova, não haveria como a prova ser produzida, razão pela qual inexistiria qualquer interesse processual em exigir tal providência do juiz, causando gasto processual sem necessidade.

---

provas a serem produzidas, de modo a se afastar completamente qualquer chance de anulação da sentença para reabertura da instrução" (Questões velhas e novas sobre a inversão do ônus da prova (art. 6º, VIII, do CDC). *Revista de Processo*, São Paulo, v. 146, p. 49-68, abr. 2007. p. 57).

Assim, embora a pacificação na jurisprudência do STJ quanto ao momento adequado para a inversão do ônus da prova seja importante, não encerra a discussão, diante da complexidade da questão, pois podem ser acrescentadas variáveis não analisadas pelo STJ.

De outro lado, no caso de inversão *ope legis*, não se aplica essa discussão sobre o momento da inversão do ônus da prova, já que é a própria lei que o faz. Com efeito, se é a própria lei que excepciona a regra geral do ônus da prova previsto no art. 373, incs. I e II, do CPC, ambas as partes já sabem previamente de quem é o ônus da prova.

12.4. Inversão do ônus da prova na tutela de direitos coletivos

Como regra, aplicam-se as prerrogativas processuais estabelecidas no Código de Processo Civil tanto para o processo individual quanto aos processos coletivos.

Assim, a **inversão do ônus da prova também é admitida no caso de direitos coletivos em sentido amplo**.

Mesmo antes do CPC/2015, o STJ já entendia a possibilidade de inversão do ônus da prova nos processos coletivos, como também é o caso do meio ambiente[57], aplicando, por interpretação sistemática, as regras do CDC[58].

12.5. Inversão do ônus da prova nas relações de consumo

No Código de Defesa do Consumidor, há previsão de inversão do ônus da prova *ope legis* e *ope judicis*.

De outro lado, também não está expressamente vedada a inversão do ônus da prova convencional no âmbito das relações de consumo. Contudo, a inversão do ônus da prova, nas demandas que envolvem relação de consumo, somente pode ocorrer em favor do consumidor[59], ou seja, jamais pode ocorrer inversão do ônus da prova em benefício do fornecedor, pois a boa-fé do consumidor se presume[60].

---

57 "**O princípio da precaução, aplicável à hipótese, pressupõe a inversão do ônus probatório,** transferindo para a concessionária o encargo de provar que sua conduta não ensejou riscos para o meio ambiente e, por consequência, aos pescadores da região" (STJ, REsp 1330027/SP, Rel. Min. Ricardo Villas Bôas Cueva, Terceira Turma, julgado em 6-11-2012, *DJe* 9-11-2012).

58 "**A inversão do ônus da prova, prevista no art. 6º, VIII, do Código de Defesa do Consumidor, contém comando normativo estritamente processual, o que a põe sob o campo de aplicação do art. 117 do mesmo estatuto, fazendo-a valer, universalmente, em todos os domínios da Ação Civil Pública, e não só nas relações de consumo**" (STJ, REsp 883.656/RS, Rel. Min. Herman Benjamin, Segunda Turma, julgado em 9-3-2010, *DJe* 28-2-2012).

59 Considerando que as normas de direito consumerista são de ordem pública, no sentido de protegerem o consumidor, será nula cláusula inserida em contrato que preveja a inversão do ônus da prova em prejuízo do consumidor. Nesse sentido, aliás, o art. 51, inc. IV, do Código de Defesa do Consumidor é expresso em prescrever que são nulas de pleno direito as cláusulas inseridas em contrato de consumo que "estabeleçam inversão do ônus da prova em prejuízo do consumidor".

60 "**A empresa concessionária não tem direito à inversão do ônus da prova pelo Código de Defesa do Consumidor, porquanto não ostenta a qualidade de consumidor, mas de fornecedor do serviço.** [...] **A inversão do ônus da prova em prejuízo do consumidor equivale a tornar objetiva sua responsabilidade, hipótese**

12.5.1. Espécies de inversão do ônus da prova nas relações de consumo

12.5.1.1. *Inversão* ope legis

O art. 12, § 3º, o art. 14, § 3º, e o art. 38 do CDC preveem situações de **inversão do ônus da prova em abstrato**, isto é, **previamente estabelecidas em lei**, que independem da análise de requisitos na situação concreta. Por conseguinte, o consumidor não precisa comprovar dolo ou culpa do fornecedor de produtos ou serviços[61]. Basta que o consumidor comprove que adquiriu o produto ou o serviço, o nexo causal e o dano sofrido.

De outro lado, o § 3º do art. 12 e o § 3º do art. 14 estabelecem causas de exclusão da responsabilidade civil do fornecedor, mas essas causas devem ser provadas pelo fornecedor. Por isso, dizer-se que há inversão do ônus da prova *ope legis*, na medida em que cabe ao fornecedor provar as excludentes da responsabilidade civil. Observe-se o teor dos referidos dispositivos:

> Art. 12 [...]
>
> § 3º O fabricante, o construtor, o produtor ou importador só não será responsabilizado quando provar:
>
> I – que não colocou o produto no mercado;
>
> II – que, embora haja colocado o produto no mercado, o defeito inexiste;
>
> III – a culpa exclusiva do consumidor ou de terceiro.
>
> Art. 14 [...]
>
> § 3º O fornecedor de serviços só não será responsabilizado quando provar:
>
> I – que, tendo prestado o serviço, o defeito inexiste;
>
> II – a culpa exclusiva do consumidor ou de terceiro.

Desse modo, nas hipóteses de responsabilidade pelo fato do produto ou do serviço (arts. 12 e 14 do CDC), a inversão do ônus da prova decorre da lei, cabendo ao fornecedor provar alguma dessas escusas de responsabilidade civil[62].

Outra hipótese de inversão do ônus da prova prevista no CDC diz respeito especificamente à questão da informação ou comunicação publicitária. O art. 38 estabelece

---

inaceitável nas relações de direito do consumidor, pois este se encontra em posição de inferioridade econômica em relação à concessionária" (STJ, REsp 1135661/RS, Rel. Min. Herman Benjamin, Segunda Turma, julgado em 16-11-2010, *DJe* 4-2-2011).

61 Para aprofundar os estudos na temática da responsabilidade civil nas relações de consumo, vide: LUNARDI, Fabrício Castagna. A responsabilidade civil do fornecedor por vícios dos produtos no Código de Defesa do Consumidor. *Jus Navigandi*, Teresina, ano 11, n. 1.045, 12 maio 2006. Disponível em: <http://jus.com.br/artigos/8267>. Acesso em: 24-7-2014.

62 "**A Segunda Seção deste Tribunal, no julgamento do Resp 802.832/MG, Rel. Paulo de Tarso Sanseverino, *DJ* de 21-9-2011, pacificou a jurisprudência desta Corte no sentido de que em demanda que trata da responsabilidade pelo fato do produto ou do serviço (arts. 12 e 14 do CDC), a inversão do ônus da prova decorre da lei**" (STJ, AgRg no AREsp 402.107/RJ, Rel. Min. Sidnei Beneti, Terceira Turma, julgado em 26-11-2013, *DJe* 9-12-2013). No mesmo sentido: STJ, REsp 1715505/MG, Rel. Ministra Nancy Andrighi, Terceira Turma, julgado em 20-3-2018, *DJe* 23-3-2018.

que "o ônus da prova da veracidade e correção da informação ou comunicação publicitária cabe a quem as patrocina".

12.5.2. Inversão *ope judicis* no Código de Defesa do Consumidor

No âmbito do Código de Defesa do Consumidor, também há a possibilidade de inversão *ope judicis*. Com efeito, no seu art. 6º, inc. VIII, prevê que o juiz pode inverter o ônus da prova em favor do consumidor, "quando, a critério do juiz, for verossímil a alegação ou quando for ele hipossuficiente, segundo as regras ordinárias de experiências". A inversão do ônus da prova em favor do consumidor é, portanto, um mecanismo para facilitação da defesa dos seus direitos.

Assim, o CDC exige que, para a **inversão do ônus probatório**, é necessário que o juiz verifique, no caso concreto, a **verossimilhança das alegações do consumidor *ou*** a sua **hipossuficiência**, podendo o julgador valer-se, para tanto, das **regras da experiência**.

Cumpre discernir, assim, o que significa verossimilhança da alegação e hipossuficiência, para fins de aplicação do dispositivo.

Verossimilhança da alegação significa semelhança com a verdade, aparência de veracidade, plausibilidade da alegação, aquilo que parece ser verdadeiro. Assim, para a inversão, o magistrado deve analisar o caso concreto com juízo de probabilidade, e não juízo de certeza. Portanto, verossimilhança não é o mesmo que prova da alegação. Aliás, se provada a alegação, o juiz não precisaria inverter o ônus probatório. Para verificar a verossimilhança da alegação, o magistrado pode analisar outros elementos indiciários existentes no processo. Mas também pode simplesmente se valer das regras da experiência, ou seja, analisar o caso com base naquilo que comumente ocorre e, a partir dessa conclusão, inverter o ônus da prova.

De outro lado, cumpre definir os contornos do requisito **hipossuficiência**. Antes de tudo, ressalta-se que hipossuficiência não se confunde com vulnerabilidade. Todo consumidor é vulnerável, na medida em que fica sujeito à qualidade e à segurança do produto ou serviço adquirido no mercado de consumo. A vulnerabilidade do consumidor, aliás, é reconhecida pelo próprio Código de Defesa do Consumidor, quando estabelece a Política Nacional das Relações de Consumo[63].

No âmbito do direito, a hipossuficiência pode ser jurídica, econômica e técnica. A hipossuficiência jurídica diz respeito às condições do consumidor para o acesso à justiça; a hipossuficiência econômica está relacionada à capacidade econômica do autor; e a hipossuficiência técnica refere-se ao déficit de conhecimento técnico e de informação sobre o produto ou o serviço.

Atualmente, a grande maioria da doutrina[64] entende que a hipossuficiência a que se refere o art. 6º, inc. VIII, do CDC é a **hipossuficiência técnica**, vale dizer, tem por

---

63 "Art. 4º. A Política Nacional das Relações de Consumo tem por objetivo o atendimento das necessidades dos consumidores, o respeito à sua dignidade, saúde e segurança, a proteção de seus interesses econômicos, a melhoria da sua qualidade de vida, bem como a transparência e harmonia das relações de consumo, atendidos os seguintes princípios: I – reconhecimento da vulnerabilidade do consumidor no mercado de consumo."

64 Nesse sentido, Luiz Eduardo Boaventura Pacífico: "Passados mais de dois lustros da primeira edição da presente obra, doutrina e jurisprudência parecem relativamente tranquilas sobre o tema. A hipossuficiência capaz de

fundamento a assimetria técnica e informacional existente entre o consumidor e o fornecedor. Assim, para uma conclusão a respeito, deve se analisar o caso concreto, pois a inversão do ônus da prova por hipossuficiência técnica do consumidor somente deve ocorrer quando constituir obstáculo para a comprovação dos fatos por ele narrados, ou seja, quando a parte contrária tem ou deveria ter a informação e os meios técnicos para a prova, os quais não estão ao alcance do consumidor. Assim, "não se concebe inverter-se o ônus da prova para, retirando tal incumbência de quem poderia fazê-lo mais facilmente, atribuí-la a quem, por impossibilidade lógica e natural, não o conseguiria"[65]. Isto é, se o consumidor possui melhores condições de produzir a prova e é dele o ônus probatório, não há motivo para atribuir esse o ônus ao fornecedor. Portanto, somente o caso concreto pode indicar a existência de hipossuficiência técnica do consumidor.

De outro lado, deve-se aferir se esses requisitos (verossimilhança da alegação e hipossuficiência) são cumulativos ou alternativos. A par de entendimento (minoritário) em sentido contrário[66], o Código de Defesa do Consumidor foi expresso em determinar que esses requisitos são alternativos, utilizando-se da conjunção alternativa "ou". Ademais, não há qualquer razão plausível para se fazer uma interpretação *contra legem* neste caso.

Aqueles que defendem a cumulatividade dos requisitos argumentam que o juiz não poderia inverter o ônus probatório quando as alegações são inverossímeis, ainda quando houvesse hipossuficiência. Ocorre que o juiz, ao analisar a possibilidade ou não de inversão, deve aferir todas as alegações, elementos de prova e circunstâncias existentes no caso. Isso quer dizer que, quando inverte o ônus da prova, não analisará isoladamente a verossimilhança ou a hipossuficiência, senão toda a complexidade do caso. No entanto, será possível inverter o ônus da prova quando houver hipossuficiência e não existir verossimilhança, ou quando houver verossimilhança da alegação, mas não existir hipossuficiência.

Por exemplo, chegou ao STJ um caso em que o consumidor ingressou com ação indenizatória contra o fabricante por encontrar um inseto, parcialmente ingerido por ele, dentro de uma lata de leite condensado[67]. Neste caso, como se trata de relação de consumo, obviamente não é necessário comprovar dolo ou culpa na conduta do fabricante. Contudo, pela regra geral do CPC (art. 373, I e II), caberia ao consumidor comprovar a presença do inseto na lata de leite condensado, antes que ela fosse aberta. Imagine-se, por exemplo, se, neste caso, o consumidor é um professor universitário de

---

justificar a inversão dos ônus da prova vincula-se predominantemente ao maior poder de informação que o fornecedor tem em relação ao consumidor" (*Ônus da prova*. 2. ed. São Paulo: Revista dos Tribunais, 2011. p. 191). Na mesma linha de raciocínio, por exemplo, Heitor Vitor Mendonça Sica: "A hipossuficiência a que se refere esse dispositivo legal é *técnica*, ligada à posse de conhecimento e de informação." E continua o mesmo autor: "Em suma, *a inversão do ônus da prova é limitada ao fato cuja prova dependa de conhecimentos específicos, detidos em maior grau pelo fornecedor em relação ao consumidor*" (Questões velhas e novas sobre a inversão do ônus da prova (art. 6º, VIII, do CDC). *Revista de Processo*, São Paulo, v. 146, p. 49-68, abr. 2007).

65 STJ, REsp 720.930/RS, Rel. Min. Luis Felipe Salomão, Quarta Turma, julgado em 20-10-2009, *DJe* 9-11-2009.

66 Nesse sentido, Antônio Gidi (Aspectos da inversão do ônus da prova no Código de Defesa do Consumidor. *Revista de Direito do Consumidor*, São Paulo, n. 13, p. 33-41, jan.-mar. 1995) e Rodrigo Xabier Leonardo (*Imposição e inversão do ônus da prova*. Rio de Janeiro: Renovar, 2004).

67 "**A aquisição de lata de leite condensado contendo inseto em seu interior, vindo o seu conteúdo a ser parcialmente ingerido pelo consumidor, é fato capaz de provocar dano moral indenizável.**" (STJ, REsp 1239060/MG, Rel. Min. Nancy Andrighi, Terceira Turma, julgado em 10-5-2011, *DJe* 18-5-2011).

química. Parece que, nessa hipótese, não se poderia falar de hipossuficiência técnica do consumidor em detrimento do fornecedor. Então, caberia indagar quem deveria provar que o objeto estava ou não dentro da lata de leite condensado – com, por exemplo, uma perícia para verificar o estado de decomposição do inseto. Neste caso, o juiz poderia inverter o ônus da prova, para impor ao fabricante o ônus de provar que o inseto não estava dentro da lata de leite condensado antes de ela ser aberta. Observe-se que o juiz pode fazer isso com base na verossimilhança da alegação, analisando, por exemplo, uma fotografia, sem que haja, no caso concreto, hipossuficiência técnica do consumidor.

De outro lado, imagine-se, por exemplo, um caso em que o consumidor propõe ação indenizatória contra a montadora de veículos em razão de um acidente, em que alega que perdeu o controle do carro porque, em razão de defeito do sistema de freios, as rodas do veículo travaram sem que houvesse comando de frenagem para tanto. Neste caso, pelas fotografias juntadas aos autos, o juiz observa que havia vários buracos na pista. Em razão disso, o juiz conclui que não há verossimilhança da alegação. Parece razoável, no entanto, que, somente com base na hipossuficiência técnica do consumidor, o juiz possa inverter o ônus da prova e determinar que o fornecedor comprove que não ocorreu o travamento das rodas alegado pelo autor, sob pena de se considerar verdadeira a alegação do consumidor.

Nesse ínterim, o STJ já tem jurisprudência sedimentada no sentido de que, nas hipóteses que versem acerca de saques indevidos em conta bancária, é cabível a inversão do ônus da prova "diante do reconhecimento da hipossuficiência técnica do consumidor, ainda que não reconhecida a verossimilhança das alegações apresentadas"[68].

Portanto, tais situações concretas demonstram que os requisitos verossimilhança das alegações e hipossuficiência são alternativos, tal como consta expressamente no art. 6º, inc. VIII, do CDC.

De outro lado, a inversão do ônus da prova *ope judicis* não é automática. O juiz deve analisar as circunstâncias do caso concreto para decidir se há verossimilhança da alegação do consumidor ou se ele é hipossuficiente[69].

Além disso, a inversão do ônus probatório deverá ocorrer sobre fatos ou alegações determinadas. Com efeito, deve recair especificamente em relação às alegações sobre as quais haja verossimilhança, ou em relação aos fatos sobre os quais há hipossuficiência técnica do consumidor[70]. A inversão genérica do ônus da prova, sobre fatos indeterminados, não deve ser admitida.

---

68 "**A jurisprudência do STJ sedimentou-se no sentido da possibilidade de inversão do ônus da prova em hipóteses que versem acerca de saques indevidos em conta bancária, diante do reconhecimento da hipossuficiência técnica do consumidor, ainda que não reconhecida a verossimilhança das alegações apresentadas**" (STJ, AgRg no REsp 906.708/RO, Rel. Min. Paulo de Tarso Sanseverino, Terceira Turma, julgado em 19-5-2011, *DJe* 30-5-2011).

69 "**A aplicação da inversão do ônus da prova, nos termos do art. 6º, VIII, do CDC, não é automática, cabendo ao magistrado singular analisar as condições de verossimilhança da alegação e de hipossuficiência, conforme o conjunto fático-probatório dos autos**" (STJ, AgRg no REsp 1181447/PR, Rel. Min. Luis Felipe Salomão, Quarta Turma, julgado em 15-5-2014, *DJe* 22-5-2014). E ainda: "**A jurisprudência desta Corte Superior entende que a inversão do ônus da prova depende da aferição, pelo julgador, da presença da verossimilhança das alegações ou da hipossuficiência do consumidor, a teor do art. 6º, VIII, do CDC**" (STJ, AgRg no AREsp 465.067/RS, Rel. Min. Sérgio Kukina, Primeira Turma, julgado em 27-3-2014, *DJe* 8-4-2014).

70 Nesse sentido, Luiz Eduardo Boaventura Pacífico: "A natureza predominantemente técnica que conota a inversão do ônus da prova conduz a uma importante constatação: a inversão deve se operar sobre o fato (ou fatos)

De outro lado, ainda que o autor da ação civil pública seja o Ministério Público, tem sido admitida a inversão do ônus da prova[71]. Nesse caso, é certo que o Ministério Público não possui hipossuficiência jurídica ou econômica, mas pode não ter os conhecimentos técnicos da fabricação do produto ou prestação do serviço.

Além disso, a inversão do ônus da prova também é cabível quando se trata de ação civil pública proposta por quaisquer dos legitimados para proteção de direitos difusos, coletivos em sentido estrito ou individuais homogêneos dos consumidores.

Portanto, o que se deve considerar não é a qualidade da parte, senão o interesse jurídico consumerista envolvido.

12.5.2.1. *Inversão do ônus da prova no caso de relações de consumo envolvendo profissionais liberais com responsabilidade subjetiva*

De um lado, mesmo quando o fornecedor do serviço é profissional liberal (ex.: médico, dentista, advogado, veterinário etc.), a relação jurídica pode ser consumerista. Todavia, o Código de Defesa do Consumidor (art. 14, § 4º) prevê que a responsabilidade civil do profissional liberal (fornecedor de serviço) é subjetiva[72], vale dizer, depende da existência de dolo ou culpa.

De outro lado, essa previsão de **responsabilidade subjetiva do profissional liberal não exclui a possibilidade de inversão do ônus da prova**, se incidirem os requisitos do art. 6º, VIII, do CDC. Presentes os requisitos, pode o juiz inverter o ônus da prova e determinar que incumbe ao profissional liberal demonstrar que agiu com respeito às orientações técnicas aplicáveis.

Com base nesse raciocínio, o STJ tem jurisprudência firmada no sentido de que a inversão do ônus da prova, no CDC, é possível inclusive nos casos excepcionais de responsabilidade subjetiva, como é o caso dos serviços prestados por profissionais liberais[73].

---

a respeito do qual se verifique a assimetria de informação entre consumidor e fornecedor. [...] Em relação aos demais fatos, por mais que o autor possa encontrar dificuldades para a prova dos constitutivos, não há razão por que se opere a inversão [...]" (*Ônus da prova*. 2. ed. São Paulo: Revista dos Tribunais, 2011. p. 192). Na mesma linha, Rodrigo Xavier Leonardo: "A decisão que inverte genericamente o ônus da prova, causando ao fornecedor uma efetiva impossibilidade de produção probatória, é eivada de nulidade, em razão da violação material das garantias constitucionais da ampla defesa e do contraditório" (*Imposição e inversão do ônus da prova*. Rio de Janeiro: Renovar, 2004. p. 284-285).

71 "[...] **pacífico nesta Corte Superior o entendimento segundo o qual o Ministério Público, no âmbito de ação consumerista, faz jus à inversão do ônus da prova, a considerar que o mecanismo previsto no art. 6º, inc. VIII, do CDC busca concretizar a melhor tutela processual possível dos direitos difusos, coletivos ou individuais homogêneos e de seus titulares – na espécie, os consumidores -, independentemente daqueles que figurem como autores ou réus na ação**" (STJ, REsp 1253672/RS, Rel. Min. Mauro Campbell Marques, Segunda Turma, julgado em 2-8-2011, *DJe* 9-8-2011).

72 CDC: "Art. 14 [...] § 4º A responsabilidade pessoal dos profissionais liberais será apurada mediante a verificação de culpa".

73 "A responsabilidade subjetiva do médico (CDC, art. 14, § 4º) não exclui a possibilidade de inversão do ônus da prova, se presentes os requisitos do art. 6º, VIII, do CDC, devendo o profissional demonstrar ter agido com respeito às orientações técnicas aplicáveis. Precedentes" (STJ, REsp 1540580/DF, Rel. Ministro Lázaro Guimarães (Desembargador Convocado do TRF 5ª Região), Rel. p/ Acórdão Ministro Luis Felipe Salomão, Quarta Turma, julgado em 2-8-2018, *DJe* 4-9-2018).

Nesse ínterim, ressalta-se apenas que, tratando-se de demanda proposta contra a pessoa jurídica (hospital, clínica veterinária etc.) à qual pertence o profissional liberal (médico, odontólogo, veterinário etc.), a responsabilidade civil é objetiva, razão pela qual o ônus de provar a inexistência de defeito na prestação dos serviços médicos é da pessoa jurídica, por imposição legal (inversão *ope legis*), na forma do art. 14, § 3º, do CDC[74].

De outro lado, no caso de serviço prestado por profissional liberal em que a obrigação é de resultado (e não obrigação meio) – o profissional se obriga a alcançar resultado específico (p.ex., cirurgia estética) –, aplica-se a regra da inversão do ônus da prova (*ope legis*), razão pela qual cabe ao fornecedor demonstrar que o resultado contratado foi atingido. Ademais, o uso da técnica adequada não é suficiente para isentar o profissional liberal da culpa pelo não cumprimento de sua obrigação. Nesse sentido, há precedentes do STJ[75].

13. CUSTEIO DA REALIZAÇÃO DA PROVA

De acordo com o CPC (art. 82, *caput*), incumbe à parte que requerer ou realizar a prova no processo adiantar o pagamento das custas.

De outro lado, se o juiz determinar de ofício a produção da prova, ou se ela for requerida pelo Ministério Público enquanto fiscal da ordem jurídica, caberá ao autor adiantar o pagamento das despesas relativas à realização da prova (art. 82, § 1º, CPC).

No entanto, se o autor ou o réu forem beneficiários da gratuidade judiciária, ficará isento do custeio para a realização da prova.

Na sentença, o juiz condenará a parte sucumbente a pagar ao vencedor também as despesas com o custeio da prova. Caso o vencedor tenha antecipado as despesas para custeio da prova, deverá ser reembolsado pelo sucumbente em relação às despesas que antecipou[76].

De outro lado, é preciso analisar a questão do custeio da prova em relação ao ônus provatório. O Código de Processo Civil (art. 373) estabelece a regra geral sobre o ônus da prova, cabendo indagar a quem cabe o custeio da prova que exige adiantamento de custas.

---

74 "**O ônus da prova da inexistência de defeito na prestação dos serviços médicos é do hospital recorrente por imposição legal (inversão 'ope legis')**" (STJ, REsp 1331628/DF, Rel. Min. Paulo de Tarso Sanseverino, Terceira Turma, julgado em 5-9-2013, *DJe* 12-9-2013). No mesmo sentido: "Responsabilidade objetiva dos fornecedores de serviços médico-hospitalares, independentemente de culpa dos médicos, com base no art. 14 do Código de Defesa do Consumidor (AgInt no REsp 1544093/DF, Rel. Ministro Paulo de Tarso Sanseverino, Terceira Turma, julgado em 9-8-2016, *DJe* 16-8-2016). E ainda: "A responsabilidade da prestadora de serviços de saúde em que atua o médico é objetiva quanto à atividade de seu profissional. Nessa linha, a responsabilidade da parte agravante só seria excluída se comprovada a ausência de nexo de causalidade entre a conduta e o resultado, o que não é o caso dos autos" (STJ, AgInt no AREsp 616.058/RJ, Rel. Ministro Raul Araújo, Quarta Turma, julgado em 27-11-2018, *DJe* 5-12-2018).

75 "**A cirurgia estética é uma obrigação de resultado, pois o contratado se compromete a alcançar um resultado específico, que constitui o cerne da própria obrigação, sem o que haverá a inexecução desta.** 4. **Nessas hipóteses, há a presunção de culpa, com inversão do ônus da prova.** 5. **O uso da técnica adequada na cirurgia estética não é suficiente para isentar o médico da culpa pelo não cumprimento de sua obrigação**" (STJ, REsp 1395254/SC, Rel. Min. Nancy Andrighi, Terceira Turma, julgado em 15-10-2013, *DJe* 29-11-2013). No mesmo sentido: STJ, AgRg no REsp 1468756/DF, Rel. Ministro Moura Ribeiro, Terceira Turma, julgado em 19-5-2016, *DJe* 24-5-2016.

76 CPC: "Art. 82 [...] § 2º A sentença condenará o vencido a pagar ao vencedor as despesas que antecipou".

Nesse tocante, o **Superior Tribunal de Justiça** firmou o entendimento de que **é responsável pelo adiantamento das custas aquele que requereu a produção da prova, ainda que o ônus seja da outra parte**. A *ratio decidendi* está no argumento de que os efeitos do ônus da prova não possuem a força de obrigar a parte contrária a arcar com o custeio da prova que não requereu, vale dizer, a parte pode optar por arcar com o ônus da prova (o ônus de não produzir a prova), ao invés de custear a sua produção (da prova).

Segundo o STJ, esse entendimento também se aplica ao caso de inversão do ônus da prova. Assim, ainda que o juiz tenha invertido o ônus da prova em detrimento da outra parte, a parte que requereu a produção da prova deveria arcar com o adiantamento das custas da sua produção[77]. Contudo, tal entendimento talvez tenha que ser visto com algumas ressalvas, pois as peculiaridades do caso concreto podem indicar que a conclusão deva ser oposta. Por exemplo, se uma parte requereu a produção de determinada prova pericial e, posteriormente, o juiz inverte o ônus da prova em detrimento da outra parte, não seria razoável o juiz deferir a prova pericial e impor àquela o adiantamento dos honorários periciais. Vale dizer, seria uma contradição inverter o ônus da prova para beneficiar uma parte e impor a ela mesma o custeio da prova. Neste caso, ao inverter o ônus da prova em contra uma parte, o juiz deveria oportunizar que esta produzisse as provas, sob pena de arcar com o ônus da sua não produção.

Outra questão que ficaria em aberto diz respeito aos casos em que o juiz entende que é necessária a produção de determinada prova, sem que qualquer das partes tenha requerido. Nesse caso, o juiz poderá determinar de ofício a produção da prova. Segundo o art. 82, § 1º, CPC, caberia ao autor adiantar as custas para a realização da prova. Contudo, no caso de inversão do ônus probatório, pelos mesmos motivos acima expostos, o juiz deverá, segundo o nosso entendimento, impor o custeio da prova à parte contra quem ocorre a inversão, sob pena de arcar com o ônus da sua não produção.

De outro lado, caso o ônus da prova seja de uma parte, que afirma que não pretende produzi-la (porque verifica, p. ex., que o custeio da prova é menos vantajoso do que a sucumbência), mas a outra insiste na sua produção, é esta quem deve arcar com os custos da prova.

14. RECUSA DA PARTE A SE SUBMETER À PROVA

Como regra, caso a parte se recuse a produzir determinada prova, não se pode obrigá-la a fazê-lo, de modo que a consequência seria apenas impor a ela arcar com o ônus da sua não produção.

Desse modo, o art. 385, § 1º, do CPC estabelece que, "**se a parte, pessoalmente intimada para prestar depoimento pessoal e advertida da pena de confesso, não comparecer ou, comparecendo, se recusar a depor, o juiz aplicar-lhe-á a pena**".

77 "**Quando verificada a relação de consumo, prevalece, no âmbito da Segunda Seção desta Corte Superior de Justiça que os efeitos da inversão do ônus da prova não possuem a força de obrigar a parte contrária a arcar com as custas da prova requerida pelo consumidor**" (STJ, AgRg no AREsp 246.375/PR, Rel. Min. Luis Felipe Salomão, Quarta Turma, julgado em 4-12-2012, *DJe* 14-12-2012).

O Código Civil de 2002, aderindo ao entendimento jurisprudencial consolidado no âmbito das Cortes Superiores de Justiça, previu que "aquele que se nega a submeter-se a exame médico necessário não poderá aproveitar-se de sua recusa" (art. 231). Além disso, o art. 232 do mesmo Código dispõe que "a recusa à perícia médica ordenada pelo juiz poderá suprir a prova que se pretendia obter com o exame".

Segundo entendimento do Supremo Tribunal Federal, não se pode obrigar alguém coercitivamente a realizar determinada perícia quando isto implicar intervenção corporal[78]. No mesmo sentido, o STJ editou a Súmula 301, que prevê que "**em ação investigatória, a recusa do suposto pai a submeter-se ao exame de DNA induz presunção *juris tantum* de paternidade**".

No entanto, o Supremo Tribunal Federal, na sua composição plenária, durante o julgamento do RE 363889/DF, em 15-12-2011, indicou a necessidade de reanálise da decisão proferida no HC 71373/RS, de 1994, que impedia a condução coercitiva do investigado para realização de exame de DNA, mas não chegou a decidir sobre isso, já que o objeto principal do recurso extraordinário era outro.

De qualquer forma, até o presente momento, os tribunais pátrios têm entendido que não se pode determinar a condução coercitiva do investigado para realização de exame de DNA. A consequência para a sua recusa é apenas a presunção de paternidade. Em artigo sobre o tema, fiz uma crítica veemente desse entendimento, pois entendo que não se pode estabelecer um pai para alguém por mera presunção, quando medidas minimamente interventivas (fio de cabelo, saliva etc.) poderiam permitir a realização de exame de DNA e garantir que a pessoa pudesse conhecer verdadeiramente sua paternidade[79].

15. CLASSIFICAÇÃO DA PROVA

A prova pode ser classificada em prova direta e prova indireta (ou indiciária).

A **prova direta** é a que diz respeito ao fato que será provado, vale dizer, ao próprio fato que se pretende demonstrar.

A **prova indireta**, também chamada de **prova indiciária**, é a que diz respeito a outros fatos, dos quais, por raciocínio dedutivo, o juiz pode presumir a existência do fato que se pretende demonstrar.

16. PROVA DIABÓLICA

Denomina-se prova diabólica a **prova extremamente difícil ou impossível de ser produzida**. Geralmente, a prova diabólica é uma prova negativa[80]. Por exemplo, na

78 O STF, no julgamento do Habeas Corpus 71373/RS, em 10-11-1994, entendeu que o investigado, em uma ação investigatória de paternidade, **não pode ser conduzido coercitivamente para realização de exame de DNA** (STF, HC 71373/RS, Rel. Min. Francisco Rezek, Rel. p/ Acórdão Min. Marco Aurélio, Tribunal Pleno, julgado em 10-11-1994, *DJ* 22-11-1996).

79 LUNARDI, Fabrício Castagna. Uma crítica filosófica pós-metafísica à decisão do STF no HC 71373/RS: por uma nova reflexão do direito fundamental à identidade genética. *Revista de Direitos Fundamentais e Democracia*, Curitiba, v. 14, n. 14, p. 287-300, jul.-dez. 2013.

80 "**Exigir dos agravados a prova de fato negativo (a inexistência de intimação da decisão recorrida) equivale a prescrever a produção de prova diabólica, de dificílima produção**" (STJ, AgRg no AgRg no REsp 1187970/SC,

ação de usucapião especial, em que um dos requisitos é que o autor não tenha outra propriedade, seria muito difícil que se conseguisse certidões de todos os cartórios de registros de imóveis do mundo para provar isso.

17. PROVA EMPRESTADA

Prova emprestada é a prova extraída de determinado processo, que se pretende utilizar num outro processo. É aquela prova que, já tendo sido utilizada num processo, é transportada, de forma documentada, para outro, de natureza idêntica ou diversa.

O CPC, no seu art. 372, prevê expressamente a possibilidade de se admitir a prova emprestada: "O juiz poderá admitir a utilização de prova produzida em outro processo, atribuindo-lhe o valor que considerar adequado, observado o contraditório".

Para verificar a sua admissibilidade, é preciso analisar três situações:

a) **Prova produzida em outro processo, no qual participaram as mesmas partes do processo em que se pretende utilizar a prova:** é perfeitamente admissível. A esse respeito, são pacíficas a doutrina e a jurisprudência[81].

b) **Prova produzida em outro processo, mas cuja natureza possibilita o contraditório diferido:** é admissível, independentemente de terem as partes participado do outro processo. É o caso, por exemplo, da prova documental; a parte apresenta os documentos em Juízo, os quais são juntados no processo e, somente depois, é dada vista à outra parte para que se manifeste, restando preservado o contraditório, embora este seja diferido. Ovídio Baptista da Silva admite essa prova para utilização em outro processo, mas afirma que não se considera prova emprestada, pois somente seriam provas emprestadas as provas casuais e não as pré-constituídas[82].

c) **Prova cujo contraditório é imediato, produzido sem que uma ou ambas as partes estivesse presente:** se violar o princípio do contraditório, não será admitida. Por exemplo, o juiz não pode indeferir a oitiva de testemunhas no processo sob o argumento de que se vai utilizar o depoimento das mesmas testemunhas de outro processo, pois essa decisão impediria o contraditório imediato (a possibilidade de as partes fazerem perguntas diretamente às testemunhas). No entanto, deve-se sempre analisar o caso concreto. Nesse sentido, o STJ entende que deve ser admitida "a 'prova emprestada' produzida em outro processo, respeitados os princípios do contraditório e da ampla defesa no âmbito do processo para o qual será utilizada"[83].

Rel. Min. Nancy Andrighi, Terceira Turma, julgado em 5-8-2010, *DJe* 16-8-2010).

81 "Não há falar em cerceamento de defesa pela utilização de prova emprestada, se produzida com observância do contraditório e do devido processo legal. Nesse sentido: AgRg no REsp 1.066.838/SC, Rel. Min. Herman Benjamin, Segunda Turma, *DJe* de 4-2-11" (STJ, AgRg no AREsp 187.635/RJ, Rel. Min. Arnaldo Esteves Lima, Primeira Turma, julgado em 6-11-2012, *DJe* 14-11-2012).

82 "Consideram-se emprestadas apenas as provas casuais, e não as preconstituídas porventura já utilizadas em processo anterior. Quanto a estas últimas, seu valor probatório será sempre o mesmo, qualquer que seja a natureza do processo em que elas se produzam, independentemente do número de vezes em que isto aconteça" (SILVA, Ovídio A. Baptista da. *Curso de processo civil:* processo de conhecimento. 7. ed. Rio de Janeiro: Forense, 2006. p. 341. v. 1).

83 "A doutrina e a jurisprudência admitem a 'prova emprestada' produzida em outro processo, respeitados os princípios do contraditório e da ampla defesa no âmbito do processo para o qual será utilizada, existindo precedente

Outra questão interessante diz respeito à admissibilidade do conteúdo da interceptação telefônica (produzida no inquérito policial ou no processo criminal) como prova emprestada para o processo civil. O STJ entende que é perfeitamente possível a utilização como prova emprestada do conteúdo da interceptação telefônica no processo civil, desde que produzida regularmente no inquérito policial ou no processo penal (desde que com autorização judicial)[84]. No mesmo sentido, a doutrina majoritária[85].

Além disso, de acordo com a Súmula 591 do STJ, "é permitida a prova emprestada no processo administrativo disciplinar, desde que devidamente autorizada pelo juízo competente e respeitados o contraditório e a ampla defesa".

18. PROVAS EM ESPÉCIE

Após estudar a teoria geral da prova, passa-se a expor as provas em espécie, previstas no Código de Processo Civil. Serão estudados a seguir a prova documental, o depoimento pessoal, a prova testemunhal, a prova pericial e a inspeção judicial.

19. PROVA DOCUMENTAL

19.1. Conceito, distinções e características

A prova documental é a que tem reprodução imediata do fato pretérito reconstituído, sem intermediação[86]. Isto é, a prova documental tem por característica peculiar a circunstância de demonstrar diretamente o fato pretérito, sem interferência entre o juiz (que valora a prova) e o fato probando. O juiz aprecia diretamente aquilo que consta no documento. É prova documental, por exemplo, uma carta escrita por uma das partes.

Em outras espécies de prova, como, por exemplo, a prova testemunhal, existe a interferência valorativa entre o objeto de prova, pois o juiz toma conhecimento do fato mediante as impressões da testemunha sobre o fato que esta presenciou. O mesmo acontece na prova pericial, em que o perito tira as suas conclusões pessoais do local, pessoa, coisa ou objeto periciado, consignando-as no laudo pericial que será analisado pelo juiz.

A prova documental não se confunde com a prova documentada. Assim, por exemplo, as declarações prestadas por testemunhas deverão ser gravadas ou reduzidas

---

recente da Primeira Turma em caso concreto semelhante ao ora analisado" (STJ, REsp 1698909/SP, Rel. Ministro Herman Benjamin, Segunda Turma, julgado em 16-8-2018, *DJe* 20-11-2018).

84 "É plenamente admitida a utilização de prova emprestada de outro procedimento em curso na esfera administrativa ou criminal quando respeitado o contraditório e a ampla defesa, como no caso" (STJ, MS 14.417/DF, Rel. Ministro Antonio Saldanha Palheiro, Terceira Seção, julgado em 28-11-2018, *DJe* 11-12-2018).

85 "A prova de conversa telefônica obtida licitamente, sem autorização judicial na instrução criminal (CF 5º XII), pode ser utilizada como prova emprestada no processo civil, respeitados os requisitos de validade e eficácia dessa última" (NERY JR., Nelson. *Princípios do processo na Constituição Federal*. 10. ed. São Paulo: Revista dos Tribunais, 2010. p. 269).

86 Essa nota distintiva também é apontada na definição de Luiz Guilherme Marinoni e Sérgio Cruz Arenhart: "Prova documental é, assim, somente aquela através da qual se tem a representação imediata do fato a ser construído" (*Prova*. 2. ed. São Paulo: Revista dos Tribunais, 2011. p. 553).

a termo (art. 460, CPC) e a prova pericial é documentada no laudo pericial (art. 471, § 2º, CPC). Ou seja, tais provas são documentadas. Embora documentadas, o termo de oitiva de testemunha e o laudo pericial não se tornam provas documentais (no sentido técnico-jurídico do termo).

Também deve ser feita a diferenciação entre documento em sentido estrito e instrumento.

Documento em sentido estrito é toda a coisa capaz de representar um fato, podendo constituir prova documental se for apta a indicar diretamente este fato, ou prova documentada, quando a representação do fato se dê de forma indireta[87].

Instrumento, por sua vez, é o documento formado com o fim específico de servir como prova de determinado fato jurídico[88]. Assim, são instrumentos a escritura pública de compra e venda de imóvel; o instrumento particular do contrato de compra e venda; o instrumento de cessão de direitos; etc.

Apesar do rigor técnico com que tais conceitos são abordados no plano doutrinário, na prática forense muitas vezes são tratados indistintamente.

O art. 437, § 1º, do CPC dispõe que, "sempre que uma das partes requerer a juntada de documento aos autos, o juiz ouvirá, a seu respeito, a outra parte, que disporá do prazo de 15 (quinze) dias" para se manifestar. Se apresentados os documentos pelo autor na petição inicial, o réu poderá sobre eles se manifestar em contestação; se juntados pelo réu em contestação, o autor se manifestará sobre eles em réplica (art. 437, *caput*, CPC).

Assim, observa-se que, na produção da prova documental, o contraditório não é exercido de imediato, ficando diferido para momento posterior à sua juntada aos autos.

19.2. Exibição de documento ou coisa

No CPC/1973, era tratada como ação cautelar. No CPC/2015, corrige-se essa distorção, de modo que a exibição de documento ou coisa é disciplinada dentro do Capítulo das provas, nos arts. 396 a 404.

Tem por objetivo a determinação judicial para que a parte ou o terceiro apresente as provas que se encontram em seu poder.

Como regra, o requerimento de exibição de documento ou coisa formulado pela parte deverá conter (art. 397): "I – a individuação, tão completa quanto possível, do documento ou da coisa; II – a finalidade da prova, indicando os fatos que se relacionam com o documento ou com a coisa; III – as circunstâncias em que se funda o requerente para afirmar que o documento ou a coisa existe e se acha em poder da parte contrária".

No caso a alegação seja de que o documento ou a coisa se encontram com a **parte contrária**, o juiz a **intimará** para apresentar resposta, no prazo de **5 dias (art. 398, CPC).**

Uma vez intimado, o requerido: a) poderá apresentar o documento ou coisa; b) se o requerido afirmar que não possui o documento ou a coisa, deverá fazer prova de tal afirmação.

87 MARINONI, Luiz Guilherme; ARENHART, Sérgio Cruz. *Prova*. 2. ed. São Paulo: Revista dos Tribunais, 2011. p. 554.

88 MARINONI, Luiz Guilherme; ARENHART, Sérgio Cruz. *Prova*. 2. ed. São Paulo: Revista dos Tribunais, 2011. p. 554-555.

A seguir, o juiz decidirá o requerimento de exibição de documento ou coisa. Se não apresentados, o juiz admitirá como verdadeiros os fatos que, por meio do documento ou da coisa, a parte pretendia provar se (art. 400, CPC): a) o requerido não efetuar a exibição nem apresentar justificativa; ou b) a justificativa apresentada for ilegítima.

Caso o documento ou a coisa se encontrem em poder de **terceiro**, o art. 401 do CPC dispõe que "o juiz ordenará sua citação para responder no prazo de **15 (quinze) dias**".

A esse respeito, parte da doutrina[89] entende que, se a parte tiver requerido a exibição de documento em poder de terceiro, a petição deverá ser autuada em apartado, dando-se origem a um processo incidente, já que o dispositivo fala em "citação". Contudo, em primeiro lugar, como o juiz não pode demandar, se deferir de ofício a exibição de documento ou coisa em poder de terceiro, esta determinação não poderá formar um processo incidente, de modo que deverá ser apenas um incidente processual, não sendo a petição autuada em apartado. Além disso, deve ocorrer citação porque o terceiro não estava integrado ao processo e, uma vez citado, poderá oferecer resposta ao requerimento de exibição, apresentando recusa ou justificativa. Portanto, entender que a exibição de documento ou coisa formulada contra terceiro gera autos apartados representa uma burocratização demasiada no processo. Além disso, entendemos que, como o CPC não faz qualquer exigência nesse sentido, o requerimento de exibição de documento ou coisa contra terceiro não gera processo novo, bem como deve tramitar nos mesmos autos.

Num momento em que existe forte tendência à sincretização do processo, impor que a petição de exibição de documento seja autuada em apartado, para produzir prova no processo principal, é um formalismo exagerado. Na prática forense, sendo necessário, para a instrução do processo, determinado documento que está em poder de terceiro, os juízes, de ofício ou a requerimento da parte, têm simplesmente determinado a expedição de ofício para que esse terceiro apresente o documento ou a coisa, em determinado prazo especificado pelo juiz. É o caso, por exemplo, de expedição de ofício para as companhias telefônicas, instituições financeiras, INSS ou para a Receita Federal, requisitando informações.

O CPC (art. 403) estabelece que, se "o terceiro, sem justo motivo, se recusar a efetuar a exibição, o juiz ordenar-lhe-á que proceda ao respectivo depósito em cartório ou em outro lugar designado, no prazo de 5 (cinco) dias, impondo ao requerente que o ressarça pelas despesas que tiver"; caso descumprida essa ordem, "o juiz expedirá mandado de apreensão, requisitando, se necessário, força policial, sem prejuízo da responsabilidade por crime de desobediência, pagamento de multa e outras medidas indutivas, coercitivas, mandamentais ou sub-rogatórias necessárias para assegurar a efetivação da decisão". Portanto, o CPC/2015 reestabelece a possibilidade de o juiz aplicar, dentre outras medidas, a multa, como coerção indireta para que o terceiro apresente o documento ou coisa.

Assim, entendemos que a Súmula 372 do STJ, editada sob a égide do CPC/1973, que dispõe que "na ação de exibição de documentos, não cabe a aplicação de multa

89 DIDIER JR., Fredie; BRAGA, Paula Sarno; OLIVEIRA, Rafael Alexandria de. *Curso de direito processual civil*: teoria da prova, direito probatório, decisão, precedente, coisa julgada e tutela provisória. v. 2. 11. ed. Salvador: JusPodivm, 2016. p. 233.

cominatória", passa a não mais ser aplicada, diante do art. 403 do CPC/2015 que, entre outras medidas coercitivas, estabelece a multa[90].

19.3. Força probante dos documentos

Os arts. 405 a 429 do CPC disciplinam a força probante dos documentos.

Contudo, no processo, todas as provas devem ser consideradas em seu conjunto, de modo que possuem força probante relativa.

19.4. Arguição de falsidade documental

A arguição de falsidade documental é um incidente processual que tem por objetivo o reconhecimento da falsidade de determinado documento.

Tal incidente processual é cabível a qualquer momento e em qualquer grau de jurisdição. Assim, "a falsidade deve ser suscitada na contestação, na réplica ou no prazo de 15 (quinze) dias, contado a partir da intimação da juntada do documento aos autos" (art. 430, *caput*, CPC).

Como regra, a falsidade será resolvida como questão incidental. Contudo, a parte pode requerer que o juiz a decida como questão principal (art. 430, parágrafo único, CPC), hipótese em que a declaração deverá constar na parte dispositiva da sentença e fará coisa julgada material (art. 433, CPC).

Lembre-se, a esse respeito, que o art. 19, inc. II, do Novo CPC estabelece que "o interesse do autor pode limitar-se à declaração [...] da autenticidade ou da falsidade de documento". Assim, se qualquer das partes requerer que a questão da falsidade documental seja decidida como questão principal, a decisão judicial que julgar essa questão equivale ao julgamento de uma ação declaratória.

Na petição de arguição de falsidade, o requerente deverá expor os motivos em que funda a sua pretensão e indicar os meios com que provará o alegado (art. 432, CPC). A parte contrária será ouvida no prazo de 15 dias. Após, se ela não concordar em retirar o documento, será realizado exame pericial (art. 432, CPC).

A perícia deverá ser custeada pela parte que requereu a instauração do incidente de falsidade[91].

---

90 "PROPOSTA DE AFETAÇÃO. RECURSO ESPECIAL. RITO DOS RECURSOS ESPECIAIS REPETITIVOS. DIREITO PROCESSUAL CIVIL. EXIBIÇÃO DE DOCUMENTOS. MULTA COMINATÓRIA. TEMA 705/STJ. SUPERVENIÊNCIA NOVA DISCIPLINA DA MATÉRIA. ART. 400 DO CPC/2015. NECESSIDADE DE FIXAÇÃO DE NOVA TESE. 1. Existência de tese firmada no julgamento do Tema 705/STJ, na vigência do CPC/1973, no sentido do 'descabimento de multa cominatória na exibição, incidental ou autônoma, de documento relativo a direito disponível'. 2. Superveniência de nova disciplina legal da matéria no art. 400, p. u., do CPC/2015, que assim estatuiu: 'sendo necessário, o juiz pode adotar medidas indutivas, coercitivas, mandamentais ou sub-rogatórias para que o documento seja exibido'. 3. Necessidade de novo enfrentamento da controvérsia com base no CPC/2015. 4. Delimitação da nova controvérsia: 'cabimento ou não de multa cominatória na exibição, incidental ou autônoma, de documento relativo a direito disponível, na vigência do CPC/2015'. 5. RECURSO ESPECIAL AFETADO AO RITO DO ART. 1.036 CPC/2015" (STJ, ProAfR no REsp 1763462/MG, Rel. Ministro Paulo de Tarso Sanseverino, Segunda Seção, julgado em 30-10-2018, *DJe* 6-11-2018).

91 "As regras do ônus da prova não se confundem com as regras do seu custeio, **cabendo a antecipação da remuneração do perito àquele que requereu a produção da prova pericial, na forma do artigo 19 do CPC**"

Se a falsidade documental for suscitada como questão principal, o juiz deverá fazer constar no dispositivo da sentença a declaração respectiva, hipótese em que fará coisa julgada material, nos termos do art. 433 do Novo CPC[92].

No entanto, o CPC/2015 (art. 503, §§ 1º e 2º) passou a admitir expressamente que faça coisa julgada material a "resolução de questão prejudicial" em determinadas hipóteses.

Portanto, é preciso compatibilizar os dois regimes. Em primeiro lugar, se a falsidade documental for suscitada como questão principal, deverá constar, no dispositivo, a respectiva declaração de falsidade, fazendo coisa julgada material (art. 433, CPC). De outro lado, caso seja decidida como questão prejudicial, poderá fazer coisa julgada material, se preenchidos os requisitos do art. 503, §§ 1º e 2º, do CPC. Para aprofundar o estudo sobre a coisa julgada da resolução da questão prejudicial, remete-se o leitor ao item próprio sobre os limites objetivos da coisa julgada, desenvolvido mais à frente.

Observe-se que a declaração de falsidade ou autenticidade é prejudicial em relação ao mérito da ação principal, razão pela qual, no corpo da sentença, deve ser decidida antes da principal[93].

Se a instauração do incidente de falsidade for indeferida de plano, essa decisão do juiz tem natureza de decisão interlocutória. Como esse incidente constitui-se, em verdade, numa demanda declaratória, deverá ser admitido o agravo de instrumento contra a decisão que indefere o seu processamento, na forma do art. 354, parágrafo único[94], e art. 485, I e VII, do CPC[95].

Não cabe a fixação de honorários advocatícios em relação à decisão interlocutória ou à parte da sentença que julga o incidente de falsidade[96].

20. ATA NOTARIAL

De acordo com o art. 384 do CPC, "a existência e o modo de existir de algum fato podem ser atestados ou documentados, a requerimento do interessado, mediante ata lavrada por tabelião".

Embora a ata notarial já pudesse ser utilizada para esses propósitos, o CPC/2015 passa a concebê-la como prova típica.

(STJ, REsp 908.728/SP, Rel. Min. João Otávio de Noronha, *DJe* de 26-4-2010). No mesmo sentido: STJ, REsp 1363653/SC, Rel. Ministro Og Fernandes, Segunda Turma, julgado em 20-2-2018, *DJe* 26-2-2018.

92 CPC: "Art. 433. A declaração sobre a falsidade do documento, quando suscitada como questão principal, constará da parte dispositiva da sentença e sobre ela incidirá também a autoridade da coisa julgada".

93 "**A apresentação de incidente de falsidade determina a suspensão do processo apenas quanto à prolação da sentença, o que não impede seu julgamento simultâneo com o processo principal, como questão prejudicial deste**" (STJ, REsp 263.797/RJ, Rel. Min. Fernando Gonçalves, Quarta Turma, julgado em 18-12-2003, *DJ* 1º-2-2005, p. 563).

94 CPC: "Art. 354. Ocorrendo qualquer das hipóteses previstas nos arts. 485 e 487, incisos II e III, o juiz proferirá sentença. Parágrafo único. A decisão a que se refere o *caput* pode dizer respeito a apenas parcela do processo, caso em que será impugnável por agravo de instrumento".

95 CPC: "Art. 485. O juiz não resolverá o mérito quando: I – indeferir a petição inicial; [...] IV – verificar a ausência de pressupostos de constituição e de desenvolvimento válido e regular do processo".

96 "Não cabe condenação em honorários advocatícios no incidente de falsidade. Precedentes" (STJ, AgInt no REsp 1439734/SP, Rel. Ministro Antonio Carlos Ferreira, Quarta Turma, julgado em 5-12-2017, *DJe* 12-12-2017).

Desse modo, trata-se de importante inovação, que, em alguns casos, pode substituir a utilização de diversos procedimentos judiciais com objetivo de produção antecipada de provas, tais como a justificação.

Assim, por exemplo, alguém pode requerer que o tabelião registre declarações de testemunhas sobre determinados fatos. É claro que, sem a citação de todos os interessados, tal prova pode ficar mais frágil. Mas, se todos os interessados forem acordes, poderão comparecer ao cartório extrajudicial, se o tabelião registrar todas as declarações, há grande força probante da ata notarial.

Além disso, também podem constar de ata notarial dados representados por imagens e/ou sons gravados em arquivos eletrônicos (art. 384, parágrafo único, CPC).

Pelo princípio da rogação (do direito registral), a lavratura da ata notarial depende de requerimento da parte interessada[97].

Além disso, o fato de uma pessoa ter solicitado a lavratura da ata notarial não é garantia de que o que constará nesse documento lhe será favorável. Com efeito, o tabelião possui independência para lavrar na ata notarial aquilo que é objeto de sua percepção sensorial sobre os fatos que lhe são narrados.

Ainda que seja uma prova unilateral, a ata notarial possui força probante diferente de documentos privados, na medida em que essa forma especial lhe dá força de fé pública.

A ata notarial pode se destinar a constatar a capacidade civil das pessoas, a presença de determinada pessoa em certo local, o estado de conservação de determinado bem, algum fato existente em meio eletrônico (p. ex., determinada publicação em sítio eletrônico) etc.[98].

De acordo com os art. 8º da Lei n. 8.935/1994, a parte interessada pode escolher livremente o tabelionato onde será praticado o ato notarial[99]. Contudo, o art. 9º da mesma lei estabelece que o tabelião deve atuar nos limites do município para onde foi outorgada a sua delegação[100]. Pela conjugação de tais dispositivos, entende-se que o princípio da territorialidade, no âmbito dos atos notariais, informa que o tabelião não pode se deslocar para lavrar ata notarial fora dos limites do distrito ou município que abrange a sua delegação, mas a pessoa interessada pode escolher livremente o tabelionato onde será lavrada a ata notarial[101].

---

97 ROSA, Karin Regina Rick. A ata notarial no novo Código de Processo Civil. In: BOECKEL, Fabrício Dani de; ROSA, Karin Regina Rick; SCARPARO, Eduardo (org.). *Estudos sobre o novo Código de Processo Civil*. Porto Alegre: Livraria do Advogado, 2015. p. 213-230.

98 ROSA, Karin Regina Rick. A ata notarial no novo Código de Processo Civil. In: BOECKEL, Fabrício Dani de; ROSA, Karin Regina Rick; SCARPARO, Eduardo (org.). *Estudos sobre o novo Código de Processo Civil*. Porto Alegre: Livraria do Advogado, 2015. p. 213-230.

99 Lei n. 8.935/1994 "Art. 8º É livre a escolha do tabelião de notas, qualquer que seja o domicílio das partes ou o lugar de situação dos bens objeto do ato ou negócio".

100 Lei n. 8.935/1994: "Art. 9º O tabelião de notas não poderá praticar atos de seu ofício fora do Município para o qual recebeu delegação".

101 No mesmo sentido, Karin Regina Rick Rosa: "O princípio da territorialidade vem expresso nos artigos 8º e 9º da Lei n. 8.935/94. [...] A interpretação dos dois dispositivos legais confirma a total liberdade de escolha, dentre todos os tabeliães de notas que atuam no país, pelos interessados, em relação a quem será responsável pela lavratura de uma escritura pública de compra e venda, independentemente de onde estiver localizado o bem objeto da negociação. A limitação está no fato de que o tabelião de notas não está autorizado a se deslocar para além dos limites do seu município ou distrito para praticar os atos notariais, sob pena de nulidade. É o interessado que vai

21. DOS DOCUMENTOS ELETRÔNICOS

O CPC trata expressamente de documentos eletrônicos nos arts. 439 a 441.

Embora a inovação possa parecer, a uma primeira análise, despicienda, deve se observar que, em diversos casos na prática, há uma recalcitrância em admitir documentos na forma digital, razão pela qual a positivação de tal norma é uma medida importante.

Ocorre que o CPC prevê, no seu art. 439, que "a utilização de documentos eletrônicos no processo convencional dependerá de sua conversão à forma impressa e da verificação de sua autenticidade, na forma da lei". Contudo, deveria ter sido feita a diferenciação entre documentos eletrônicos e documentos existentes na forma física que são digitalizados.

Em relação aos documentos eletrônicos, não há justificativa alguma para determinar a sua digitalização ou impressão. Basta juntar aos autos uma mídia eletrônica (CD, DVD etc.) nos autos físicos. Em relação à sua autenticidade, esta não será verificada à luz dos métodos tradicionais de autenticação de documento impresso. Quando feita a "autenticação" por Cartório Extrajudicial, o que é dito pelo Tabelião é que determinado documento, texto, imagem etc. consta em determinada página da internet.

De outro lado, o CPC delega para a legislação especial a regulação da admissão de documentos eletrônicos, no seu art. 441: "Serão admitidos documentos eletrônicos produzidos e conservados com a observância da legislação específica".

De qualquer forma, o juiz somente deverá exigir a verificação de autenticidade, num caso ou noutro, se houver dúvida razoável quanto a ela. Como regra, o juiz deverá apreciar o valor probatório do documento eletrônico não convertido para meio físico (art. 440, CPC).

22. DEPOIMENTO PESSOAL

Trata-se da oitiva das partes pelo juízo. Consiste, portanto, numa prova oral, produzida em audiência de instrução, em que uma ou ambas as **partes são ouvidas**, sendo os seus depoimentos reduzidos a termo ou gravados em meio eletrônico.

Um dos **principais objetivos** do depoimento pessoal é a obtenção da **confissão**.

O depoimento pessoal pode ser determinado de ofício pelo juiz. Além disso, cada parte pode requerer o depoimento pessoal da parte contrária (art. 385, *caput*, CPC).

Assim, não é cabível, em princípio, a parte requerer a sua própria oitiva. Aquilo que a parte pretende falar poderá ser exposto na própria petição inicial ou na contestação. Além disso, o objetivo do depoimento pessoal é obter a confissão da outra parte.

Admite-se, entretanto, que um litisconsorte requeira o depoimento pessoal do outro[102].

---

ao encontro do profissional de sua escolha" (ROSA, Karin Regina Rick. A ata notarial no novo Código de Processo Civil. In: BOECKEL, Fabrício Dani de; ROSA, Karin Regina Rick; SCARPARO, Eduardo (org.). *Estudos sobre o novo Código de Processo Civil.* Porto Alegre: Livraria do Advogado, 2015. p. 213-230. p. 221-222).

102 Enunciado 584 do FPPC: "É possível que um litisconsorte requeira o depoimento pessoal do outro".

Se qualquer das partes for intimada para prestar depoimento e, advertida da penalidade de confissão, deixar de comparecer à audiência de instrução, ou, comparecendo, se recusar a depor, o juiz lhe aplicará a pena de confissão (art. 385, § 1º, CPC).

A parte que ainda não depôs não pode ouvir o depoimento da outra parte (art. 385, § 2º, CPC). Assim, na audiência, enquanto o juiz ouve o autor, o réu não poderá estar presente; no momento em que o juiz toma o depoimento do réu, o autor poderá estar presente se já prestou depoimento.

O CPC estabelece expressamente a possibilidade de depoimento pessoal de qualquer das partes por videoconferência ou outro meio tecnológico de transmissão de sons e imagens em tempo real, quando ela residir fora da comarca ou circunscrição judiciária. Isso pode ocorrer, inclusive, durante a audiência de instrução e julgamento, quando são ouvidas as demais partes e testemunhas (art. 385, § 3º).

A parte não poderá, no momento do depoimento pessoal, utilizar escritos previamente preparados, sendo-lhe permitida apenas a consulta a breves apontamentos, para completar alguns esclarecimentos (art. 387, CPC)[103].

A parte não é obrigada a depor sobre fatos (art. 388, CPC): "I – criminosos ou torpes que lhe forem imputados; II – a cujo respeito, por estado ou profissão, deva guardar sigilo; III – acerca dos quais não possa responder sem desonra própria, de seu cônjuge, de seu companheiro ou de parente em grau sucessível; IV – que coloquem em perigo a vida do depoente ou das pessoas referidas no inciso III". No entanto, essas escusas não se aplicam às ações de estado e de família (parágrafo único do mesmo artigo).

23. PROVA TESTEMUNHAL

É a **declaração** de determinada **pessoa, estranha à relação processual**, sobre determinada versão de como ocorreram certos fatos, que são relevantes para o processo. Tal prova é produzida na audiência de instrução.

O juiz, no momento em que designa a audiência de instrução, deverá fixar o **prazo, não superior a 15 dias**, para que as **partes apresentem em cartório o rol de testemunhas**.

Cada parte tem o direito de arrolar **até 10 testemunhas**, sendo no **máximo 3 para cada fato** (art. 357, § 6º, CPC).

O CPC/2015 trouxe uma importante inovação nessa temática: como regra, "**cabe ao advogado da parte informar ou intimar a testemunha por ele arrolada do dia, da hora e do local da audiência designada, dispensando-se a intimação do juízo**" (art. 455, *caput*, CPC).

Para tanto, o advogado deverá intimar a testemunha por carta com aviso de recebimento, incumbindo a ele juntar aos autos, com pelo menos 3 dias de antecedência, cópia da correspondência de intimação e comprovante de recebimento (art. 455, § 1º, CPC).

---

103 CPC: "Art. 387. A parte responderá pessoalmente sobre os fatos articulados, não podendo servir-se de escritos anteriormente preparados, permitindo-lhe o juiz, todavia, a consulta a notas breves, desde que objetivem completar esclarecimentos".

De outro lado, a parte poderá se comprometer a levar a testemunha à audiência, independentemente de intimação. Contudo, nesta hipótese, caso a testemunha não compareça, presume-se que a parte desistiu da sua oitiva[104], razão pela qual não se poderá requerer a designação de nova audiência para ouvi-la, tampouco a sua condução coercitiva.

De acordo com o § 3º do art. 455, "a inércia na realização da intimação" da testemunha, quando o advogado se comprometeu a intimá-la, "importa desistência da inquirição da testemunha". Todavia, esse dispositivo deve ser interpretado com os devidos temperamentos, pois é possível que o advogado leve a testemunha para a audiência independentemente de intimação, hipótese em que o juiz deverá proceder à sua oitiva.

Portanto, **a regra é a intimação da testemunha pelo advogado**. Entretanto, o CPC estabelece algumas exceções a essa regra. Com efeito, **a intimação deverá ser realizada pela via judicial quando** (art. 455, § 4º, CPC):

a) for frustrada a intimação realizada pelo advogado por carta com aviso de recebimento;

b) houver necessidade de intimação judicial, "devidamente demonstrada pela parte ao juiz" (inc. II): seria o caso, por exemplo, de suspeita de ocultação da testemunha, para se furtar a prestar depoimento;

c) estiver elencado, no rol de testemunhas, servidor público ou militar: nessas hipóteses, o juiz requisitará a testemunha ao chefe da repartição ou ao comando do corpo em que ela servir;

d) a testemunha houver sido arrolada pelo Ministério Público ou pela Defensoria Pública: em tais hipóteses, houve uma opção legislativa por deixar o trabalho de intimar a testemunha para o Judiciário. Contudo, no caso do Ministério Público, isso não se justifica, na medida em que, em geral, possui funcionários habilitados para, dentre outras atividades, localizar testemunhas e realizar diligências. Portanto, nesse caso, trata-se de uma prerrogativa que fere o princípio da igualdade substancial ou da isonomia, pois lhe é dado um tratamento privilegiado em relação ao advogado particular, que não se justifica. De outro lado, em relação às Defensorias Públicas, enquanto não tiverem suficientemente estruturadas, justifica-se a prerrogativa;

e) "a testemunha for uma daquelas previstas no art. 454" do CPC: trata-se das hipóteses de oitiva das altas autoridades do Estado Brasileiro, as quais são inquiridas em sua residência ou onde exercem sua função, em data previamente por elas escolhida.

Caso a testemunha intimada, seja pelo advogado ou pela Justiça, deixar de comparecer à audiência, o juiz poderá determinar a sua condução coercitiva, bem como a condenará a pagar as despesas do adiamento, redesignando nova data para a audiência (art. 455, § 5º, CPC).

Depois de apresentado o rol de testemunhas, a parte poderá substituir a testemunha que faleceu, que estiver enferma e não puder depor, ou que não for encontrada, por ter mudado de residência ou de local de trabalho (art. 451, CPC).

---

104 CPC: "Art. 455. [...] § 2º A parte pode comprometer-se a levar a testemunha à audiência, independentemente da intimação de que trata o § 1º, presumindo-se, caso a testemunha não compareça, que a parte desistiu de sua inquirição".

O CPC (art. 447) prevê um rol de pessoas incapazes, suspeitas e impedidas, que não podem ser ouvidas como testemunhas:

TESTEMUNHAS INCAPAZES (art. 447, § 1º, CPC)	TESTEMUNHAS IMPEDIDAS (art. 447, § 2º, CPC)	TESTEMUNHAS SUSPEITAS (art. 447, § 3º, CPC)
I – o interdito por enfermidade ou deficiência mental; II – o que, acometido por enfermidade ou retardamento mental, ao tempo em que ocorreram os fatos, não podia discerni-los, ou, ao tempo em que deve depor, não está habilitado a transmitir as percepções; III – o que tiver menos de 16 (dezesseis) anos; IV – o cego e o surdo, quando a ciência do fato depender dos sentidos que lhes faltam.	*I – o cônjuge, o companheiro, o ascendente e o descendente em qualquer grau e o colateral, até o terceiro grau, de alguma das partes, por consanguinidade ou afinidade, salvo se o exigir o interesse público ou, tratando-se de causa relativa ao estado da pessoa, não se puder obter de outro modo a prova que o juiz repute necessária ao julgamento do mérito; II – o que é parte na causa; III – o que intervém em nome de uma parte, como o tutor, o representante legal da pessoa jurídica, o juiz, o advogado e outros que assistam ou tenham assistido as partes.*	*I – o inimigo da parte ou o seu amigo íntimo; II – o que tiver interesse no litígio.*

Antes de ser colhido o depoimento da testemunha, esta deverá ser qualificada, momento em que deverá informar os seus dados, bem como se possui relação de parentesco com qualquer das partes ou se, por algum motivo, tem interesse no processo (art. 457, *caput*, CPC).

Qualquer das partes que não tenha arrolado a testemunha poderá contraditá-la, vale dizer, arguir a sua incapacidade, impedimento ou suspeição[105].

O **momento próprio para a contradita** é aquele **entre a qualificação da testemunha pelo juiz e a oitiva desta**, segundo a jurisprudência. Passado esse momento, ocorre a preclusão da possibilidade de fazer a contradita[106].

Contudo, se for necessário, o juiz pode admitir o depoimento das testemunhas menores, impedidas ou suspeitas. Nesses casos, as testemunhas serão ouvidas sem prestar compromisso (de dizer a verdade, sob pena de responder por crime de falso testemunho), razão pela qual podem ter peso muito relativizado (art. 447, § 4º e 5º, CPC) na fase da valoração da prova, devendo ser considerada em seu conjunto. Em razão da

105 CPC: "Art. 457 [...] § 1º É lícito à parte contraditar a testemunha, arguindo-lhe a incapacidade, o impedimento ou a suspeição, bem como, caso a testemunha negue os fatos que lhe são imputados, provar a contradita com documentos ou com testemunhas, até 3 (três), apresentadas no ato e inquiridas em separado".

106 "A desconsideração do testemunho foi considerada preclusa, tendo em vista que o momento da contradita é aquele entre a qualificação desta e o início de seu depoimento. Precedente" (STJ, AgInt no REsp 1652552/MT, Rel. Ministro Marco Aurélio Bellizze, Terceira Turma, julgado em 26-6-2018, *DJe* 29-6-2018).

redução do valor dessa prova, costuma-se dizer que não são propriamente testemunhas, mas ouvidas na condição de "informantes".

Na audiência de instrução e julgamento, inicialmente são ouvidas as partes; primeiro o autor, depois o réu. Após, serão ouvidas as testemunhas do autor e, na sequência, as do réu. Contudo, o juiz poderá alterar essa ordem, desde que haja concordância das partes (art. 456, CPC).

Deverá ser tomado o **depoimento das testemunhas** de **forma separada**, de forma a impedir que uma não ouça o depoimento da outra.

Durante as oitivas, o juiz pode fazer as perguntas tanto antes, quanto após as perguntas das partes (art. 459, § 1º, CPC).

As partes deverão formular as suas perguntas diretamente às testemunhas, e não por intermédio do juiz. Primeiro deve perguntar a **parte que arrolou a testemunha**; a seguir, a **outra parte**; por fim, o **Ministério Público**, como fiscal da ordem jurídica (art. 459, *caput*, CPC).

O **juiz** deverá fazer o controle das perguntas das partes, devendo **indeferir** as que "**puderem induzir a resposta**", as que "**não tiverem relação com as questões de fato objeto da atividade probatória**" ou que "**importarem repetição de outra já respondida**" (art. 459, *caput*, CPC). Se a parte requerer, as perguntas indeferidas pelo juiz deverão ser transcritas no termo de audiência.

As testemunhas devem ser tratadas com urbanidade, sendo vedadas as perguntas ou considerações impertinentes, capciosas ou vexatórias.

A testemunha, no momento do seu depoimento, não será obrigada a falar sobre fatos que lhe acarretem grave dano, bem como ao seu cônjuge e aos seus parentes consanguíneos ou afins, em linha reta, ou na colateral até terceiro grau; bem como sobre fatos que, por estado ou profissão, deva guardar sigilo (art. 448, CPC).

Quando houver divergência entre duas ou mais testemunhas, ou entre alguma delas e a parte, é possível que o juiz determine a acareação, colocando-as frente a frente, desde que o esclarecimento da divergência seja relevante para o julgamento da demanda[107].

Durante o depoimento das partes ou das testemunhas, caso seja mencionada (referida) determinada pessoa cuja oitiva seja importante para a instrução do feito, poderá o juiz, de ofício ou a requerimento da parte, determinar a sua oitiva. Trata-se da denominada **testemunha referida**[108].

A testemunha que comparecer à audiência ficará dispensada, nessa data, do seu trabalho, tenha vínculo trabalhista ou estatutário[109].

---

107 CPC: "Art. 461. O juiz pode ordenar, de ofício ou a requerimento da parte: [...] II – a acareação de 2 (duas) ou mais testemunhas ou de alguma delas com a parte, quando, sobre fato determinado que possa influir na decisão da causa, divergirem as suas declarações. § 1º Os acareados serão reperguntados para que expliquem os pontos de divergência, reduzindo-se a termo o ato de acareação. § 2º A acareação pode ser realizada por videoconferência ou por outro recurso tecnológico de transmissão de sons e imagens em tempo real".

108 CPC: "Art. 461. O juiz pode ordenar, de ofício ou a requerimento da parte: I – a inquirição de testemunhas referidas nas declarações da parte ou das testemunhas".

109 CPC: "Art. 463. O depoimento prestado em juízo é considerado serviço público. Parágrafo único. A testemunha, quando sujeita ao regime da legislação trabalhista, não sofre, por comparecer à audiência, perda de salário nem desconto no tempo de serviço".

A audiência deverá ser gravada em meio eletrônico, ou, por outra forma, documentada[110].

24. PROVA PERICIAL

É realizada a prova pericial quando se necessite demonstrar no processo determinado fato que dependa de conhecimento especial que não seja próprio ao juízo médio.

A perícia pode consistir em **exame, vistoria ou avaliação** (art. 464, CPC).

O juiz, ao admitir a prova pericial, nomeará perito e intimará as partes para que, se quiserem, formulem **quesitos** e indiquem **assistente técnico** no prazo de **15 dias.** No mesmo prazo, poderão arguir impedimento ou suspeição do perito, se for o caso (art. 465, § 1º, CPC).

O perito a ser nomeado deve estar inscrito em cadastro mantido pelo tribunal onde o juiz está vinculado[111].

O juiz também pode formular quesitos (quesitos do Juízo). Além disso, deve analisar os quesitos das partes e, se for o caso, indeferir os que forem impertinentes (art. 470, CPC).

Os assistentes técnicos são pessoas especializadas na respectiva área de conhecimento, indicadas pelas partes, que acompanharão a realização da perícia.

As partes podem, de comum acordo, escolher o perito, desde que sejam maiores e capazes e o objeto da demanda se trate de direitos que admitem autocomposição[112].

A perícia somente poderá ser produzida se houver prévia intimação das partes da data e do local da realização da sua realização, conforme prevê o art. 474 do CPC. O principal objetivo do dispositivo é permitir que as partes possam acompanhar a perícia para garantir a sua higidez, oportunizando, inclusive, o contraditório imediato.

Os peritos responderão aos quesitos do Juízo e das partes.

Depois de realizada a perícia, o perito deverá elaborar um **laudo**, que deverá ser entregue em cartório no prazo a ser fixado pelo juiz e com pelo menos **20 dias de antecedência à audiência de instrução e julgamento** (art. 477, CPC).

As partes podem formular **quesitos suplementares** no momento da realização da perícia, a fim de elucidar a questão (art. 469, CPC). Isso se deve ao fato de que as partes, em razão do princípio do contraditório, possuem o direito de participar da formação da prova.

---

110 CPC: "Art. 460. O depoimento poderá ser documentado por meio de gravação. § 1º Quando digitado ou registrado por taquigrafia, estenotipia ou outro método idôneo de documentação, o depoimento será assinado pelo juiz, pelo depoente e pelos procuradores. § 2º Se houver recurso em processo em autos não eletrônicos, o depoimento somente será digitado quando for impossível o envio de sua documentação eletrônica. § 3º Tratando-se de autos eletrônicos, observar-se-á o disposto neste Código e na legislação específica sobre a prática eletrônica de atos processuais".

111 CPC: "Art. 156 [...] § 1º Os peritos serão nomeados entre os profissionais legalmente habilitados e os órgãos técnicos ou científicos devidamente inscritos em cadastro mantido pelo tribunal ao qual o juiz está vinculado".

112 CPC: "Art. 471. As partes podem, de comum acordo, escolher o perito, indicando-o mediante requerimento, desde que: I – sejam plenamente capazes; II – a causa possa ser resolvida por autocomposição. § 1º As partes, ao escolher o perito, já devem indicar os respectivos assistentes técnicos para acompanhar a realização da perícia, que se realizará em data e local previamente anunciados. § 2º O perito e os assistentes técnicos devem entregar, respectivamente, laudo e pareceres em prazo fixado pelo juiz. § 3º A perícia consensual substitui, para todos os efeitos, a que seria realizada por perito nomeado pelo juiz".

No momento da valoração da prova, o juiz não está adstrito ao laudo pericial, podendo formar a sua convicção com outros elementos ou fatos provados nos autos, desde que fundamente (art. 479, CPC).

O juiz não precisa deferir a prova pericial requerida pelas partes se considerar que o conjunto probatório constante nos autos já é suficiente para o julgamento do feito[113].

25. INSPEÇÃO JUDICIAL

A **inspeção judicial** permite que o **juiz** tenha **contato direto com o lugar ou a coisa** e tire suas impressões pessoais, a fim de formar o seu convencimento.

De acordo com o art. 483 do CPC, o juiz realizará inspeção judicial no local onde se encontra a pessoa ou coisa quando: "I – julgar necessário para a melhor verificação ou interpretação dos fatos que deva observar; II – a coisa não puder ser apresentada em juízo sem consideráveis despesas ou graves dificuldades; III – determinar a reconstituição dos fatos". Entretanto, trata-se de hipóteses meramente exemplificativas, podendo o juiz realizar a inspeção em outros casos, desde que a situação fática o exija.

Em razão do princípio do contraditório e da ampla defesa, as partes têm o direito de assistir à inspeção judicial, prestando esclarecimentos e fazendo observações que entenderem importantes, a fim de influenciar no convencimento do juiz (art. 483, parágrafo único, CPC). Para tanto, o juiz deverá determinar a intimação prévia das partes sobre a data, o horário e o local da inspeção judicial.

Após concluída a diligência, o juiz determinará a lavratura de auto circunstanciado, mencionando as questões que repute úteis para o julgamento da causa, podendo, inclusive, instruir o auto com desenhos, gráficos e fotografias (art. 484, CPC).

26. A QUESTÃO DA PROVA QUE DEVE SER MANTIDA EM SIGILO

Na hipótese de serem juntados ao processo dados, provas, documentos ou informações sigilosas no processo, o juiz precisa tomar as medidas para manter o sigilo.

O art. 773, parágrafo único, do CPC estabelece que, quando "o juízo receber dados sigilosos para os fins da execução, o juiz adotará as medidas necessárias para assegurar a confidencialidade". Esse dispositivo, embora se refira expressamente apenas ao processo de execução, aplica-se a todos os tipos de processo e de procedimento.

Ocorre que a referida norma estabelece tão somente que o juiz deverá adotar as medidas necessárias para assegurar a confidencialidade, sem dizer quais são essas medidas.

Então, em termos operacionais, há duas possibilidades, quais sejam, decretar segredo de justiça no processo ou determinar que o que é sigiloso (documentos, informações etc.) fique arquivado em pasta própria, em apartado. Entretanto, o STJ já firmou a

113 "**Mesmo que superado o óbice acima, o STJ tem entendimento de que não ocorre cerceamento de defesa, pelo indeferimento de produção de prova pericial, quando o julgador entende que há elementos suficientes para o julgamento da lide**" (STJ, AgInt no AREsp 1236795/SP, Rel. Ministro Francisco Falcão, Segunda Turma, julgado em 6-12-2018, *DJe* 14-12-2018).

tese em julgamento de REsp repetitivo de que esse arquivamento em apartado não é admitido, por não ser previsto no CPC[114].

Ocorre que, por questões organizacionais e de administração judiciária, grande parte dos Juízos continua tendo a prática de autuar em apartado e arquivar em pasta própria as informações sigilosas. Isto se deve ao fato de que, por diversas vezes, a informação precisa ser mantida em sigilo inclusive em relação à outra parte (ex.: na ação de divórcio, quando há ameaça de morte do marido em relação à mulher etc.), hipótese em que somente o seu advogado possui acesso a essa informação, enquanto a parte pode ter acesso normalmente aos autos do processo. Enfim, diversas são as situações que impõem que os documentos e as informações sejam guardados em pasta própria, em vez de se decretar sigilo no processo. Optando por guardar em pasta própria, deverá constar nos autos uma certidão do serventuário da justiça declarando que os documentos juntados foram mantidos dessa forma, a fim de que os sujeitos do processo possam ter conhecimento disso e acessar tais informações.

114 "Não há no código de processo civil nenhuma previsão para que se crie 'pasta própria' fora dos autos da execução fiscal para o arquivamento de documentos submetidos a sigilo. Antes, nos casos em que o interesse público justificar, cabe ao magistrado limitar às partes o acesso aos autos passando o feito a tramitar em segredo de justiça, na forma do art. 155, I, do CPC. 4. As informações sigilosas das partes devem ser juntadas aos autos do processo que correrá em segredo de justiça, não sendo admitido o arquivamento em apartado. [...]" (STJ, REsp 1349363/SP, Rel. Min. Mauro Campbell Marques, Primeira Seção, julgado em 22-5-2013, *DJe* 31-5-2013).

CAPÍTULO **XI**

TEORIA DA DECISÃO JUDICIAL

1. AS DECISÕES JUDICIAIS

Os pronunciamentos judiciais podem decidir determinada questão dentro de um processo, ou ser simplesmente destinados a impulsioná-lo.

Os provimentos jurisdicionais com **conteúdo decisório** são denominados de **decisões ou decisões em sentido amplo**.

Tanto nos juízos de primeira instância como nos tribunais, os atos de **mero impulsionamento** são denominados de **despachos**.

De outro lado, para definir e classificar as decisões em sentido *lato*, é preciso distinguir as decisões proferidas pelo juízo de primeira instância e as proferidas pelos tribunais, de segunda instância ou superiores.

As decisões do juiz de primeira instância podem ser: **a**) **decisões interlocutórias**; e **b**) **sentenças**.

As **decisões interlocutórias** são aquelas que resolvem **questão incidente no curso do processo**.

A **sentença**, por sua vez, "é o pronunciamento por meio do qual o juiz, com fundamento nos arts. 485 e 487, põe fim à fase cognitiva do procedimento comum, bem como extingue a execução", consoante definição legal prevista no art. 203, § 1º, do CPC. Todavia, como tal definição é por demais vaga, será desenvolvido o conceito de sentença no item seguinte, discorrendo-se sobre as divergências doutrinárias e jurisprudências, bem como sobre suas implicações práticas.

No âmbito dos **tribunais**, as decisões em sentido amplo podem ser classificadas em: **a**) **decisões monocráticas**; e **b**) **acórdãos**.

Acórdão é um **pronunciamento judicial** proferido por órgão colegiado de tribunal (art. 204, CPC), **independentemente de seu conteúdo**. Assim, uma decisão colegiada do tribunal, mesmo que seja sobre questão incidente, se dará por acórdão. Por exemplo, será acórdão a decisão colegiada do tribunal, em agravo de instrumento, sobre tutela antecipada.

As denominadas **decisões monocráticas** são as proferidas por **apenas um membro do tribunal, independentemente do seu conteúdo**. Assim, por exemplo, o relator pode monocraticamente dar provimento à apelação, julgando procedente ou improcedente o pedido do autor, nas hipóteses em que o CPC o autoriza (art. 932, incs. III a V, CPC); ou simplesmente admitir um recurso. Observa-se que o conteúdo da decisão não descaracteriza a sua natureza de decisão monocrática.

1.1. A problemática das decisões interlocutórias de mérito

O CPC/2015 previu expressamente as chamadas **decisões interlocutórias de mérito**. Contudo, não eliminou alguns problemas existentes no ordenamento jurídico processual, pois estabelece consequências distintas injustificáveis para o caso de se resolver o mérito por decisão interlocutória ou por sentença. Isso porque o recurso cabível contra decisão interlocutória é o agravo de instrumento e, contra a sentença, é a apelação.

Para mostrar essa problemática, apresenta-se, a seguir, um rol de situações que mostram que julgar parte do mérito por decisão interlocutória pode gerar diversos prejuízos para a parte, em razão do recurso cabível:

a) Técnica de julgamento não unânime: no agravo de instrumento, somente se aplica a técnica de julgamento não unânime quando houver reforma da decisão recorrida pelo tribunal; na apelação, para a sua aplicação, basta o julgamento do mérito pelo tribunal (reformando ou não a sentença);

b) Decisão interlocutória de mérito contra a Fazenda Pública: não há previsão de reexame necessário; na sentença, há. No entanto, pelo princípio da isonomia, deve haver reexame necessário.

c) Sustentação oral: no agravo de instrumento interposto contra decisão interlocutória de mérito, não há previsão de sustentação oral perante o tribunal no julgamento de tal recurso; na apelação contra a sentença de mérito, há previsão de sustentação oral.

d) Efeito suspensivo: Na apelação, como regra, há efeito suspensivo; no agravo de instrumento, como regra, não há efeito suspensivo.

Esses são alguns dos vários problemas que podem ser levantados acerca da violação ao princípio da isonomia (distinções injustificadas) entre o recurso contra a decisão interlocutória de mérito e o recurso contra a sentença de mérito, e que precisam ser corrigidos na prática.

2. O NOVO CONCEITO LEGAL DE SENTENÇA E A PROBLEMÁTICA DO RECURSO CABÍVEL[1]

A sentença está definida no art. 203, § 1º, do Código de Processo Civil como "o pronunciamento por meio do qual o juiz, com fundamento nos arts. 485 e 487, põe fim à fase cognitiva do procedimento comum, bem como extingue a execução".

Assim, o ato decisório "sentença" foi conceituado legalmente levando em consideração tanto o efeito que causa no processo (pôr fim à fase cognitiva do procedimento comum, ou extinguir a execução) como o seu conteúdo (arts. 485 e 487, CPC).

O objetivo do dispositivo legal foi, portanto, eliminar a controvérsia anterior que havia sobre as decisões proferidas no curso do processo que tinham conteúdo de sentença (atuais arts. 485 e 487, CPC), na medida em que fez constar expressamente que, além do conteúdo, deve se levar em consideração o efeito que tal decisão produz no processo.

---

1 Para saber mais sobre o tema, vide artigo de nossa autoria: LUNARDI, Fabrício Castagna. A excrescência da "apelação por instrumento". *Prática Jurídica – Consulex*, ano 8, n. 83, p. 58-60, fev. 2009.

Desse modo, de acordo com o CPC, se houver uma decisão com conteúdo de art. 485 (hipóteses em que não há resolução do mérito) ou de art. 487 (casos de resolução do mérito), mas que não põe termo à fase de conhecimento ou à execução, não se trata de sentença, senão de decisão interlocutória.

Logo, haverá decisão interlocutória de mérito quando, por exemplo: o juiz homologa acordo parcial; julga um dos pedidos, por ser incontroverso; ou reconhece a prescrição em relação a um dos pedidos. Observe-se que, nesses casos, a decisão não põe termo à fase de conhecimento, tampouco extingue a execução, razão pela qual se trata de decisão interlocutória, ainda que tenha conteúdo de art. 487 do CPC.

Assim, o CPC/2015 elimina a dubiedade que havia no conceito legal de sentença do CPC/1973 (art. 162, § 1º)[2], que, textualmente, podia ser interpretado como se estivesse definindo sentença somente pelo seu conteúdo, levando a certas distorções por parte da doutrina[3] e da jurisprudência de alguns tribunais[4].

Ocorre que, mesmo diante do CPC/2015, parcela da doutrina, como Daniel Neves, continua defendendo a possibilidade de sentença parcial de mérito[5].

No entanto, a consequência prática de se definir a sentença pelo seu conteúdo, desconsiderando a questão de pôr fim ou não à fase de conhecimento em primeira instância, ou à execução, causa efeitos desastrosos, tendo em vista que o recurso cabível contra sentença é a apelação (art. 1.009, CPC). Com efeito, caso se entenda que existe possibilidade de sentença parcial e for adotado o procedimento da apelação, os autos devem ser remetidos ao Tribunal, sem a resolução de todos os pedidos do autor, e, por conseguinte, o processo terá um curso infindável.

---

2 Segundo o art. 162, § 1º, do CPC/1973, alterado pela Lei n. 11.232/2005, sentença era "o ato do juiz que implica alguma das situações previstas nos arts. 267 e 269 desta Lei", que estabelecia as hipóteses em que havia decisão com resolução e sem resolução de mérito, correspondentes, respectivamente, aos atuais art. 485 e 485 do CPC/2015.

3 Com esse entendimento, Marcus Vinicius Rios Gonçalves: "A sentença volta a ser conceituada pelo conteúdo, e não pela aptidão de encerrar o processo em primeiro grau. Sempre que o juiz examinar algum dos pedidos formulados na inicial, ele sentenciará, ainda que o processo prossiga em relação aos demais. [...] Com a nova sistemática, como a sentença não precisa mais pôr fim ao processo, haverá aqueles que terão mais de uma sentença, cada qual julgando um dos pedidos formulados na petição inicial" (*Novo curso de direito processual civil*. 2. ed. São Paulo: Saraiva, 2006. p. 2. v. 2). No mesmo sentido, Marcos Destefenni (*Curso de processo civil*. São Paulo: Saraiva, 2006. p. 411-412. v. 1).

4 Nesse sentido, parcela substancial da jurisprudência do **TJDFT**: "Sepultando o critério formal e o momento processual como critérios de identificação da sentença, **o legislador processual resgatara a vocação original da apelação, que é a revisão de questões de mérito, e privilegiara o conteúdo do provimento como determinante para sua caracterização, ensejando que, independente do momento em que é prolatado e da denominação que lhe seja conferida, o ato judicial que se enquadra numa das situações delineadas pelos artigos 267 e 269 do estatuto processual qualifica-se como sentença**" (TJDFT, Acórdão n. 624199, 20120020182569AGI, Rel. Teofilo Caetano, 1ª Turma Cível, *DJe* 15-10-2012. p. 70). No mesmo sentido, vários julgados do **TRF da 4ª Região**: "**Ante a nova definição legal de sentença, trazida pela Lei n. 11.232/05, é cabível apelação do ato judicial que, acolhendo a prefacial de falta de interesse de agir, extinguiu parcialmente o processo, sem resolução de mérito, quanto ao pedido de isenção de imposto de renda**" (TRF4, AG 2008.04.00.016634-0, Quarta Turma, Rel. Valdemar Capeletti, *DJe* 8-9-2008).

5 "O já criticado art. 354, parágrafo único, do Novo CPC também é aplicável às decisões de mérito que resolvem apenas parcela do processo. Trata-se da consagração da sentença parcial de mérito, ainda que recorrível por agravo de instrumento por expressa indicação legal. Ocorre, entretanto, que as mesmas críticas já feitas quanto à decisão terminativa parcial também se aplicam à decisão parcial de mérito" (NEVES, Daniel Amorim Assumpção. *Novo Código de Processo Civil*. São Paulo: Método, 2015. p. 252).

Para tentar resolver esse problema, os defensores deste entendimento (da sentença parcial) preconizam duas soluções: 1ª) que o juiz deve determinar que sejam extraídas cópias dos autos e, após, remeter apenas o instrumento formado para julgamento da apelação no Tribunal; ou 2ª) que o recurso cabível contra a "sentença parcial" deve ser o agravo de instrumento[6].

Acolher a primeira solução geraria uma verdadeira subversão do processo civil, na medida em que se criaria um novo recurso, uma "apelação por instrumento". Além de aviltar o princípio da taxatividade dos recursos, instaura, sem qualquer base constitucional ou legislativa, uma forma própria para o procedimento da apelação, ferindo o princípio constitucional do devido processo legal.

De outro lado, caso se adotasse a segunda solução (cabimento de agravo de instrumento contra essa "sentença parcial"), estar-se-ia estabelecendo uma hipótese de agravo de instrumento, não prevista no CPC.

Portanto, os conceitos de decisão interlocutória e de sentença adotados por essa corrente minoritária são juridicamente infundados e pragmaticamente desastrosos.

Deve-se fazer uma interpretação gramatical, histórica, sistemática e teleológica do art. 203, § 1º, do CPC, a fim de se construir o conceito de sentença.

Em primeiro lugar, mesmo por uma interpretação puramente gramatical do art. 203, § 1º, do CPC, chega-se à conclusão de que o conceito de sentença não pode ser obtido pela simples análise do seu conteúdo, pois também deve ser aferido o seu efeito no processo.

O dispositivo prevê que sentença é "o pronunciamento por meio do qual o juiz, com fundamento nos arts. 485 e 487" e que, ao mesmo tempo, "põe fim à fase cognitiva do procedimento comum, bem como extingue a execução".

Uma interpretação histórica do dispositivo não conduz a outra conclusão. Não se deve restaurar um conceito de sentença que já foi abolido pelo processo civil há muito tempo e do qual o processo penal tenta incessantemente se desapegar. Definir a decisão judicial pelo conteúdo e não pela finalidade é causar um retrocesso no processo civil, o que não deve ser admitido.

Por uma interpretação teleológica do art. 203, § 1º, do CPC, observa-se que a intenção da inovação legislativa foi adequar a redação do dispositivo à nova sistemática de processo civil, calcada no sincretismo do procedimento. Assim, o que pretendeu o legislador foi superar o arcaico conceito legal de sentença, para que o referido dispositivo não mais dispusesse que a sentença "põe termo ao processo".

Ademais, por uma interpretação sistemática, não há como deixar de concluir que a sentença é o ato final de cognição do juiz na fase de conhecimento, ou que extingue a execução. Durante toda a fase cognitiva, o juiz estabelece o contraditório, instrui o processo, sana as nulidades, resolve as questões incidentes para, ao final, prolatar a sentença, declarando o direito no caso concreto. Após, na fase executiva, o juiz encerra o processo com uma sentença. Assim, não se pode compactuar com a ideia de que a sentença resolve questões incidentais, preparando o processo para uma decisão final, que será outra sentença.

6 Para Daniel Neves, haveria a possibilidade de se interpor agravo de instrumento contra essa "sentença parcial" (NEVES, Daniel Amorim Assumpção. *Novo Código de Processo Civil*. São Paulo: Método, 2015. p. 252).

Demais disso, do ponto de vista prático, definir uma decisão interlocutória como sentença parcial implica não ter um recurso cabível previsto no CPC, ou não ter um procedimento adequado para processá-lo, o que, por si só, já seria fundamento para não o admitir.

Felizmente, a doutrina majoritária[7], a posição da maioria dos tribunais pátrios[8] e o entendimento pacífico do Superior Tribunal de Justiça[9], mesmo durante a redação dúbia do CPC/1973, já era no sentido de que a sentença deve ser definida também pelo seu efeito no processo, entendimento que foi consagrado no CPC/2015. Aliás, nesse sentido manteve-se a jurisprudência do STJ, mesmo após o Código Processual de 2015[10].

Portanto, a **sentença** deve ser definida como a **decisão judicial tendente a encerrar a fase de conhecimento em primeira instância, que, resolvendo ou não o mérito, possui conteúdo previsto nos arts. 485 ou 487 do CPC, ou que encerra a execução**. Qualquer outro **ato judicial que resolva questão incidente**, no curso da fase de conhecimento, de liquidação ou de execução, ou em tutela de urgência preparatória, **independentemente da matéria apreciada, é decisão interlocutória**.

---

7 Nesse sentido: Alexandre Freitas Câmara (*Lições de direito processual civil*. v. 1. 15. ed. Rio de Janeiro: Lumen Juris, 2006. p. 441), Fredie Didier Jr. (*Curso de direito processual civil*. Salvador: JusPodivm, 2007. p. 492. v. 1), Cassio Scarpinella Bueno (*Curso sistematizado de direito processual civil*. São Paulo: Saraiva, 2007. p. 327. v. 2. t. 1), Luiz Guilheme Marinoni e Sérgio Cruz Arenhart (*Processo de conhecimento*. 7. ed. São Paulo: Revista dos Tribunais, 2008. p. 410-411. v. 1).

8 Com esse entendimento: TJRS (Ap. Cível n. 70019420611, 4-7-2007), TRF 1ª Região (AI n. 200701000021090, *DJ* 5-10-2007, p. 260), TRF da 2ª Região (AI n. 157571, *DJU* 2-6-2008, p. 642); TRF da 3ª Região (AI n. 222565, *DJU* 8-8-2007, p. 174). Em sentido contrário, parcela significativa da jurisprudência do TRF da 4ª Região (AG 2008.04.00.016634-0, DE 8-9-2008; AG 2008.04.00.002658-9, DE 16-6-2008).

9 "**A construção interpretativa em questão deve considerar o escopo metodológico das alterações no processo de conhecimento, por meio da Lei n. 11.232/05, isto é, simplificação do feito e sua agilização, em síntese, primou-se pelo binômio efetividade e tutela jurisdicional**. [...] **O cerne da controvérsia circunvolve-se ao estabelecimento do recurso para impugnar decisum que, ao acolher a prefacial de falta de interesse de agir, extinguiu o processo, sem resolução de mérito, exclusivamente quanto a um dos pedidos relativos à pretensão, isto é, acerca da isenção de imposto de renda, com o prosseguimento do feito em relação aos demais pleitos (art. 267, inciso VI, do CPC)**. 7. **Sobreleva notar a finalidade da manifestação judicial, ou seja, caso paralise o processo ou evidencie a solução de continuidade da demanda, cabível a apelação. Caso contrário, adequado o agravo de instrumento ou retido, vinculado à pretensão do recorrente em relação à sua imediata ou oportuna apreciação**. 8. **Para determinar a apelação como recurso adequado, impõe-se o critério híbrido acerca da classificação da manifestação judicial, qual seja: a) ato relativo ao disposto nos arts. 267 ou 269, ambos do CPC; e b) ultimar-se o processo**. 9. ***In casu*, a despeito da adequação a uma das hipóteses arts. 267 ou 269, ambos do CPC, o pronunciamento do juízo singular controvertido não tem caráter jurídico de sentença, porque não interrompeu a tramitação da ação no Primeiro Grau; consequentemente, em razão da necessária interpretação sistêmica e da efetividade da tutela jurisdicional, revela natureza interlocutória, a ensejar a interposição de agravo (art. 522, do CPC)**" (STJ, REsp 1117144/RS, Rel. Min. Celso Limongi (Desembargador Convocado do TJ/SP), Sexta Turma, julgado em 15-4-2010, *DJe* 14-6-2010). No mesmo sentido: "**O recurso cabível contra a decisão que homologa acordo, mas determina o prosseguimento quanto à questão referente aos honorários sucumbenciais, é o agravo de instrumento, diante da sua natureza de decisão interlocutória. Precedentes**" (STJ, AgRg no Ag 1155333/DF, Rel. Min. Jorge Mussi, Quinta Turma, julgado em 3-11-2009, *DJe* 15-12-2009). **Ver ainda:** STJ, AgRg no Ag 1170472/DF, Rel. Min. Jorge Mussi, Quinta Turma, julgado em 13-10-2009, *DJe* 7-12-2009; STJ, REsp 954.204/BA, Rel. Min. Luiz Fux, Primeira Turma, julgado em 5-3-2009, *DJe* 6-8-2009; STJ, REsp 645.388/MS, Rel. Min. Hélio Quaglia Barbosa, Quarta Turma, julgado em 15-3-2007, *DJ* 2-4-2007. p. 277; STJ, REsp 1026021/SP, Rel. Min. Nancy Andrighi, Terceira Turma, julgado em 17-4-2008, *DJe* 30-4-2008.

10 "O Superior Tribunal de Justiça já se manifestou pelo cabimento do recurso de agravo de instrumento em face da decisão interlocutória que exclui litisconsorte de um dos polos da demanda, quando não ocorre a extinção do processo sem resolução do processo para todos os litigantes" (STJ, AgInt no AgInt no AREsp 1219882/SP, Rel. Ministro Mauro Campbell Marques, Segunda Turma, julgado em 7-8-2018, *DJe* 14-8-2018).

Assim, **tem natureza de decisão interlocutória**, por exemplo, a decisão judicial que: a) exclui um dos litisconsortes do processo (conteúdo de art. 485, VI, CPC); b) indefere o processamento da reconvenção (art. 485, I, CPC); c) resolve o mérito de um dos pedidos antecipadamente, necessitando os demais pedidos de instrução probatória (art. 356, CPC); d) reconhece a prescrição em relação à parte da pretensão (art. 354, parágrafo único; e art. 487, II, CPC), mas o feito prossegue em relação aos demais pedidos; e) homologa acordo parcial (art. 354, parágrafo único; art. 487, III, CPC), prosseguindo-se o processo no tocante à parte controversa.

Tratando-se de decisão interlocutória, mesmo com conteúdo previsto nos arts. 485 e 487 do CPC, será recorrível por agravo de instrumento, nos termos do art. 354, parágrafo único, e art. 1.015, inc. II, do CPC.

Com efeito, o art. 354, *caput*, do CPC estabelece que, "ocorrendo qualquer das hipóteses previstas nos arts. 485 e 487, incisos II e III, o juiz proferirá sentença". De outro lado, de acordo com o parágrafo único do mesmo artigo, "a decisão a que se refere o *caput* pode dizer respeito a apenas parcela do processo, caso em que será impugnável por agravo de instrumento".

Assim, caberia perquirir apenas qual seria o recurso cabível contra a decisão interlocutória com conteúdo de art. 487, inc. I, do CPC (referente à decisão em que o juiz "acolher ou rejeitar o pedido formulado na ação ou na reconvenção"), a única hipótese que não foi abrangida pelo dispositivo acima referido. Ocorre que essa hipótese está abrangida pelo art. 356, § 5º, do CPC, segundo o qual a decisão que decide parcialmente o mérito quanto um ou mais dos pedidos é impugnável por agravo de instrumento[11]. Aliás, isso também está previsto no art. 1.015, inc. II, do CPC, segundo o qual "cabe agravo de instrumento contra as decisões interlocutórias que versarem sobre [...] mérito do processo".

Portanto, observa-se que, contra qualquer **decisão interlocutória** que tenha **conteúdo de art. 485 e 487 do CPC**, caberá **agravo de instrumento**.

3. REQUISITOS DA SENTENÇA

Os requisitos da sentença podem classificados em essenciais e facultativos.

3.1. Requisitos facultativos

São requisitos facultativos da sentença: a) o preâmbulo; e b) a ementa.

3.1.1. Preâmbulo

No preâmbulo da sentença, deve constar a individualização do processo[12], com os dados necessários para tanto, tais como o órgão jurisdicional, o número do processo, a natureza da ação e o nome das partes.

---

11 CPC: "Art. 356. O juiz decidirá parcialmente o mérito quando um ou mais dos pedidos formulados ou parcela deles: I – mostrar-se incontroverso; II – estiver em condições de imediato julgamento, nos termos do art. 355. [...] § 5º A decisão proferida com base neste artigo é impugnável por agravo de instrumento".

12 SLAIBI, Nagib Slaibi. *Sentença cível:* fundamentos e técnica. 6. ed. Rio de Janeiro: Forense, 2006. p. 474.

Abaixo, segue um modelo de preâmbulo:

PODER JUDICIÁRIO DA UNIÃO	
TRIBUNAL DE JUSTIÇA DO DISTRITO FEDERAL E DOS TERRITÓRIOS	
SEGUNDA VARA CÍVEL DA CIRCUNSCRIÇÃO JUDICIÁRIA DE BRASÍLIA-DF	
Processo	**: 2018.07.1.000000-X**
Ação	**: COBRANÇA**
Requerente	**: CONDOMÍNIO Y**
Requerido	**: JOÃO DA SILVA**

A elaboração de preâmbulo é bastante comum pelos magistrados, a fim de identificar o processo.

Entretanto, a sua ausência não gera qualquer irregularidade ou invalidade processual.

3.1.2. Ementa

A ementa é uma síntese das questões postas e do que foi decidido no processo. Deve conter a espécie de ação, o direito aplicável, uma síntese do fato, a conclusão acerca do direito do autor e a menção do provimento jurisdicional proferido.

Abaixo, segue um exemplo de ementa numa sentença de primeira instância:

AÇÃO DE INDENIZAÇÃO POR DANOS MORAIS. DIREITO DO CONSUMIDOR. NEGATIVAÇÃO INDEVIDA DO NOME EM CADASTRO DE INADIMPLENTES APÓS O PAGAMENTO DO DÉBITO. DANO MORAL CONFIGURADO. SENTENÇA PROCEDENTE. VALOR INDENIZATÓRIO FIXADO EM R$ 5.000,00 (CINCO MIL REAIS).

Nas sentenças proferidas pelos juízes de primeira instância, não é muito comum o uso de ementa. Aliás, na primeira instância, não existe qualquer irregularidade caso não seja elaborada ementa na sentença[13].

De outro lado, a ementa é uma exigência para os acórdãos prolatados pelos tribunais.

3.2. Elementos essenciais da sentença

São elementos essenciais da sentença: a) o relatório; b) a fundamentação; e c) o dispositivo.

---

13 Embora não sejam obrigatórios o preâmbulo e ementa, há doutrinadores que os consideram de grande relevância, para rápida identificação da causa e da sentença: "Apesar de apenas o relatório, a fundamentação e o dispositivo figurarem como requisitos essenciais da sentença, considero de grande valia a inserção do preâmbulo e da ementa na estrutura do texto. [...] A visualização imediata dos elementos da causa, bem como de seu desfecho, é importante porque condiz com a realidade do nosso tempo, que tem pressa" (DONIZETTI, Elpídio. *Redigindo a sentença cível*. 6. ed. São Paulo: Atlas, 2010. p. 5).

Embora se fale aqui em sentença, tais requisitos se aplicam integralmente aos acórdãos de tribunais.

3.2.1. Relatório

O **relatório** é a **síntese do processo**. Deverá conter os nomes das partes, a identificação do caso, a suma do pedido e da contestação, bem como o registro das principais ocorrências havidas no andamento do processo (art. 489, I, CPC). Trata-se do histórico de tudo de relevante que aconteceu no processo.

O relatório serve para demonstrar que o julgador leu e compreendeu o processo. Também deve possibilitar que o leitor compreenda exatamente a demanda e a tese defensiva, bem como saiba o que aconteceu no processo.

Do ponto de vista da técnica redacional, o juiz deve, no relatório, narrar os acontecimentos em ordem cronológica, utilizar o mesmo tempo verbal, evitar o uso de adjetivos, não mencionar a validade ou invalidade dos atos (ex.: "devidamente citado"). Também não deve, no relatório, consignar comando decisório, tampouco fazer juízo de valor.

Lembre-se, no entanto, que, nos **Juizados Especiais**, o **relatório é dispensável** (art. 38, *caput*, da Lei n. 9.099/1995).

3.2.2. Fundamentação

Fundamentar é descrever os **motivos da convicção**, é apresentar todos os fatores que formaram o convencimento.

A motivação das decisões judicial é um **imperativo constitucional** (art. 93, inc. IX, CF).

No processo civil contemporâneo, a fundamentação é um fator de **legitimação** da atividade jurisdicional, pois o juiz se legitima ato a ato pelo seu argumento.

Por tal razão, ainda que a decisão tenha um eminente caráter criativo, na fundamentação, os seus parâmetros devem ser o direito objetivo, pois é nisso que se funda a legitimidade judicial[14].

A fundamentação tem duas principais funções, uma extraprocessual e outra endoprocessual. Do ponto de vista **extraprocessual**, a fundamentação serve para que o povo possa fiscalizar o poder decisório exercido pelo magistrado ou pelo órgão judicial. Sob o enfoque **endoprocessual**, serve para permitir que as partes possam saber as razões que conduziram o julgador à sua decisão; para mostrar às partes do processo que o julgador levou em consideração os seus argumentos; e para que a instância superior compreenda as razões do órgão judicial inferior, a fim de decidir, em grau de recurso, se reformará ou não a decisão judicial impugnada.

Enquanto, no relatório, o juiz utiliza uma ordem cronológica, na fundamentação, o juiz deve apreciar as alegações e teses das partes em ordem lógica.

---

14 Sobre o tema, vide: DUNN, Pintip Hompluem. How Judges Overrule: Speech Act Theory and the Doctrine of Stare Decisis. *Yale Law Journal*, v. 113, Issue 2, p. 493-532, November 2003. p. 493-494.

Além disso, é na fundamentação que o juiz deve valorar as provas produzidas no processo.

Na fundamentação, é preciso distinguir o que é *ratio decidendi* e *obter dictum*. ***Ratio decidendi*** são os fundamentos jurídicos que embasam a decisão. ***Obter dictum*** são os argumentos expostos apenas de passagem na decisão.

Como regra, as questões resolvidas apenas na fundamentação (motivos) não fazem coisa julgada material. Nesse sentido, o art. 504 do CPC estabelece que não fazem coisa julgada: "I – os motivos, ainda que importantes para determinar o alcance da parte dispositiva da sentença; II – a verdade dos fatos, estabelecida como fundamento da sentença".

Contudo, o CPC/2015 introduziu importante inovação acerca dessa temática. Com efeito, de acordo com o art. 503 do Código Processual, **a resolução de questão prejudicial faz coisa julgada** quando, decidida expressa e incidentemente no processo, e: "I – dessa resolução depender o julgamento do mérito; II – a seu respeito tiver havido contraditório prévio e efetivo, não se aplicando no caso de revelia; III – o juízo tiver competência em razão da matéria e da pessoa para resolvê-la como questão principal". Tal matéria será abordada de forma mais aprofundada no item relativo à coisa julgada.

A ausência de fundamentação é um vício bastante grave da decisão judicial. Segundo a posição amplamente majoritária na doutrina e na jurisprudência[15], a decisão sem motivação é nula. Aliás, é exatamente isto que está previsto no art. 93, inc. IX, da Constituição Federal[16].

3.2.2.1. *O desenvolvimento argumentativo da fundamentação – as novas exigências do § 1º do art. 489 do CPC/2015*

Preocupado com a possibilidade de deficiência nas motivações judiciais, o § 1º do art. 489 do CPC estabelece expressamente "não se considera fundamentada qualquer decisão judicial, seja ela interlocutória, sentença ou acórdão" quando essas decisões padecerem de determinados vícios de motivação, os quais elenca expressamente.

Embora a referida norma faça essas exigências às **decisões interlocutórias, sentenças e acórdãos**, também deve ser aplicado às **decisões monocráticas de relator**, sempre que tiverem conteúdo decisório (por exemplo, quando julgam monocraticamente o mérito de apelação ou outro recurso, quando não admitem recurso etc.).

De acordo com o dispositivo, que não será considerada fundamentada a decisão judicial que:

I – se limitar à indicação, à reprodução ou à paráfrase de ato normativo, sem explicar sua relação com a causa ou a questão decidida.

---

15 WAMBIER, Teresa Arruda. *Nulidades do processo e da sentença*. 5. ed. São Paulo: Revista dos Tribunais, 2004. p. 320.

16 "Art. 93 [...] IX – todos os julgamentos dos órgãos do Poder Judiciário serão públicos, e **fundamentadas todas as decisões, sob pena de nulidade**, podendo a lei limitar a presença, em determinados atos, às próprias partes e a seus advogados, ou somente a estes, em casos nos quais a preservação do direito à intimidade do interessado no sigilo não prejudique o interesse público à informação."

Trata-se de importante inovação no plano legislativo, mas que já era entendida como nulidade pela jurisprudência. Ou seja, se o juiz decidir, por exemplo, "Emende-se à petição inicial, na forma do art. 319 do CPC", tal decisão será nula, pois não indica qual é a circunstância fática ou concreta que determina a fundamentação.

II – empregar conceitos jurídicos indeterminados, sem explicar o motivo concreto de sua incidência no caso.

Embora o dispositivo somente preveja os conceitos jurídicos indeterminados, também deve se aplicar às cláusulas gerais. Os conceitos jurídicos indeterminados referem-se a termos ou expressões que possuem conteúdo jurídico impreciso dentro de determinada norma, mas em que a consequência jurídica é dada pela própria norma. De outro lado, a cláusula geral é uma norma que confere determinada diretriz, mas que não estabelece a consequência jurídica.

Por exemplo, o parágrafo único do art. 927 do Código Civil estabelece que "haverá obrigação de reparar o dano, independentemente de culpa, nos casos especificados em lei, ou quando a atividade normalmente desenvolvida pelo autor do dano implicar, por sua natureza, risco para os direitos de outrem". Portanto, "atividade de risco" é um conceito jurídico indeterminado, pois, embora o seu conteúdo seja impreciso, necessitando ser preenchido no caso concreto, a consequência jurídica é certa (obrigação de reparar o dano, independentemente de culpa).

De outro lado, o art. 5º do CPC prevê que "aquele que de qualquer forma participa do processo deve comportar-se de acordo com a boa-fé". Portanto, boa-fé é uma cláusula geral, na medida em que a norma não prevê a consequência jurídica para o comportar-se de acordo ou não com a boa-fé, o que deverá ser verificado pelo juiz no caso concreto.

III – invocar motivos que se prestariam a justificar qualquer outra decisão.

Em tese, o julgador não poderá invocar motivos que poderiam servir como fundamentação para qualquer decisão. Contudo, isso não se aplica a matérias repetitivas, em que a decisão é muito semelhante para os diversos casos.

IV – não enfrentar todos os argumentos deduzidos no processo capazes de, em tese, infirmar a conclusão adotada pelo julgador.

Observe-se que o dispositivo foi restritivo. Por sua redação, somente há nulidade por deficiência de fundamentação se o julgador não enfrentar o argumento deduzido pela parte que poderia modificar a decisão, ou seja, como regra, não é preciso o juiz rebater aqueles argumentos que não são capazes de, se acolhidos, infirmar a sua conclusão. Isso porque o CPC adota o princípio da fundamentação suficiente, e não o da fundamentação integral.

Além disso, dispensa fundamentação judicial o argumento da parte que, em razão de apreciação de outro que lhe é logicamente anterior, tiver restado prejudicado[17]. Assim, caso uma demanda seja proposta com base em duas causas de pedir, mas o acolhimento de uma delas já for suficiente para a procedência do pedido, o juiz não terá de

17 Enunciado 12 do ENFAM: "Não ofende a norma extraível do inciso IV do § 1º do art. 489 do CPC/2015 a decisão que deixar de apreciar questões cujo exame tenha ficado prejudicado em razão da análise anterior de questão subordinante".

apreciar a outra (ex.: pedido de anulação de cláusula contratual fundamentado em abusividade e em dolo). Da mesma forma, se o réu apresentar duas teses defensivas, sendo que o acolhimento de uma delas for o bastante para a improcedência do pedido do autor, o juiz não precisará fundamentar em relação à outra (ex.: prescrição e pagamento).

Em suma, para ensejar vício de nulidade na sentença é preciso que o argumento não analisado seja relevante, pertinente e não esteja prejudicado.

Além disso, no caso de referência a precedente judicial obrigatório na fundamentação da decisão judicial, se os argumentos jurídicos invocados pela parte já tiverem sido apreciados no precedente judicial invocado, não terão de ser novamente analisados na decisão[18], pois o confronto analítico do caso com o precedente obrigatório já será suficiente.

V – se limitar a invocar precedente ou enunciado de súmula, sem identificar seus fundamentos determinantes nem demonstrar que o caso sob julgamento se ajusta àqueles fundamentos.

Em suma, o julgador não pode invocar precedente ou enunciado de súmula sem identificar a *ratio decidendi,* ou sem demonstrar que o precedente ou a súmula se ajusta ao caso que está sob julgamento.

Essa norma é tão importante que o seu não atendimento é caso, inclusive, de ação rescisória. Com efeito, de acordo com o art. 966, § 5º, do CPC, "cabe ação rescisória, com fundamento no inciso V do *caput* deste artigo [violar manifestamente norma jurídica], contra decisão baseada em enunciado de súmula ou acórdão proferido em julgamento de casos repetitivos que não tenha considerado a existência de distinção entre a questão discutida no processo e o padrão decisório que lhe deu fundamento".

VI – deixar de seguir enunciado de súmula, jurisprudência ou precedente invocado pela parte, sem demonstrar a existência de distinção no caso em julgamento ou a superação do entendimento.

Observe-se que o dispositivo prevê que a decisão judicial será nula por falta de fundamentação quando a parte invoca determinado precedente, súmula ou jurisprudência, mas o juiz não faz a confrontação analítica. Assim, o juiz não terá que realizar a confrontação analítica com todas as decisões do tribunal acerca da matéria (por vezes, há diversos entendimentos), mas somente em relação àqueles que foram invocados pela parte.

Não se exige, obviamente, que o juiz faça uma imensa explanação sobre cada questão que está decidindo, até porque isso não é desejável na decisão, onde o foco deve ser resolver problemas reais, e não teoréticos. Todavia, é preciso que relacione argumentativamente o direito objetivo aplicável ao caso concreto, ainda que de forma concisa e objetiva[19].

18 Enunciado 13 da ENFAM: "O art. 489, § 1º, IV, do CPC/2015 não obriga o juiz a enfrentar os fundamentos jurídicos invocados pela parte, quando já tenham sido enfrentados na formação dos precedentes obrigatórios". No mesmo sentido, o Enunciado 19 da ENFAM: "A decisão que aplica a tese jurídica firmada em julgamento de casos repetitivos não precisa enfrentar os fundamentos já analisados na decisão paradigma, sendo suficiente, para fins de atendimento das exigências constantes no art. 489, § 1º, do CPC/2015, a correlação fática e jurídica entre o caso concreto e aquele apreciado no incidente de solução concentrada".

19 Enunciado 10 da ENFAM: "A fundamentação sucinta não se confunde com a ausência de fundamentação e não acarreta a nulidade da decisão se forem enfrentadas todas as questões cuja resolução, em tese, influencie a decisão da causa".

O juiz deverá fundamentar com base no direito objetivo aplicável. O art. 140, parágrafo único, do CPC prevê que "o juiz só decidirá por equidade nos casos previstos em lei".

De outro lado, o art. 723, parágrafo único, do CPC estabelece que, nos processos de jurisdição voluntária, "o juiz não é obrigado a observar critério de legalidade estrita, podendo adotar em cada caso a solução que considerar mais conveniente ou oportuna".

Sob outro aspecto, os incs. V e VI do art. 489 do CPC se referem à necessidade de análise e confronto entre o precedente judicial e o caso concreto. Sobre as técnicas de confronto e de superação dos precedentes judiciais (*distinguishing*, *overruling* e *overriding*), remete-se o leitor ao capítulo desta obra que trata da teoria dos precedentes judiciais. Nesse tocante, cabe, neste momento, analisar quais seriam os "precedentes" a que se referem os referidos incisos. Entende-se que não se trata de qualquer precedente, senão somente daqueles elencados no art. 927[20] e no inc. IV do art. 332[21] do CPC[22].

Estão surgindo entendimentos no âmbito dos tribunais no sentido de que a análise e o confronto entre o precedente judicial e o caso concreto também são um **dever imposto à parte**, e não somente ao julgador. Segundo esse entendimento, seria possível determinar a emenda da petição recursal e, inclusive, inadmiti-la sob o fundamento de falta de confrontação analítica[23].

Além disso, nessa mesma linha, somente caberia alegar nulidade da decisão judicial com base em desobediência aos incisos V e VI do art. 489 do CPC se a própria parte tiver feito a confrontação analítica entre o precedente invocado e o caso concreto[24].

A nulidade da decisão judicial por não atendimento ao art. 489 do CPC também somente poderá ser decretada se a parte demonstrar que houve prejuízo pela omissão no julgado[25]. Ou seja, é preciso demonstrar que, se o argumento ou o precedente tivessem sido analisados, a conclusão do julgador poderia ser outra.

20 CPC: "Art. 927. Os juízes e os tribunais observarão: I – as decisões do Supremo Tribunal Federal em controle concentrado de constitucionalidade; II – os enunciados de súmula vinculante; III – os acórdãos em incidente de assunção de competência ou de resolução de demandas repetitivas e em julgamento de recursos extraordinário e especial repetitivos; IV – os enunciados das súmulas do Supremo Tribunal Federal em matéria constitucional e do Superior Tribunal de Justiça em matéria infraconstitucional; V – a orientação do plenário ou do órgão especial aos quais estiverem vinculados".

21 CPC: "Art. 332. Nas causas que dispensem a fase instrutória, o juiz, independentemente da citação do réu, julgará liminarmente improcedente o pedido que contrariar: [...] IV – enunciado de súmula de tribunal de justiça sobre direito local".

22 Enunciado 11 da ENFAM: "Os precedentes a que se referem os incisos V e VI do § 1º do art. 489 do CPC/2015 são apenas os mencionados no art. 927 e no inciso IV do art. 332".

23 "Em conclusão, para que não ocorra o que a doutrina denomina de fundamentação fictícia, ou decisões '*falsamente fundamentadas*' [...], deverá o reclamante emendar a petição inicial com o intuito de demonstrar a correlação fática e jurídica entre o caso concreto e o precedente invocado. Cumpra-se no prazo de 15 (quinze) dias, *ex vi* do artigo 321 do CPC, advertindo-se, desde logo, que o não cumprimento da diligência importa no indeferimento da inicial nos termos do parágrafo único do artigo retro mencionado" (TJDFT, Terceira Turma Cível, Reclamação n. 2016 00 2 043717-4, decisão monocrática, Rel. Des. Flávio Rostirola, julgado em 29-9-2016).

24 Enunciado 9 da ENFAM: "É ônus da parte, para os fins do disposto no art. 489, § 1º, V e VI, do CPC/2015, identificar os fundamentos determinantes ou demonstrar a existência de distinção no caso em julgamento ou a superação do entendimento, sempre que invocar jurisprudência, precedente ou enunciado de súmula".

25 Enunciado 42 da ENFAM: "Não será declarada a nulidade sem que tenha sido demonstrado o efetivo prejuízo por ausência de análise de argumento deduzido pela parte".

De outro lado, está se consolidando o entendimento de que o art. 489 do CPC, em referência, não se aplica à sistemática dos Juizados Especiais[26].

Cabe ressaltar que tal dispositivo estabelece uma enorme carga argumentativa para as decisões judiciais. Por tais razões, diversas associações ligadas à magistratura vêm questionando o dispositivo. De um lado, é certo que grande parte da legitimidade das decisões judiciais está exatamente na fundamentação, razão pela qual as exigências estabelecidas no dispositivo podem ser um fator positivo; além disso, o controle da decisão judicial pode ser feito pela via da argumentação, ou seja, essa maior carga argumentativa possibilita maior controle. De outro lado, é preciso analisar a questão do ponto de vista institucional e do ponto de vista da celeridade e dos custos do processo. Ou seja, é também preciso levar em consideração que, quanto maiores as exigências de fundamentação e os requisitos da decisão judicial, maior é o tempo para produzi-la, o que gera a majoração dos custos do processo e a ampliação do tempo para proferir a decisão.

Além disso, sob a perspectiva pragmática que diz que o juiz primeiro decide para depois fundamentar (perspectiva que não é utilizada por este autor, que adota a perspectiva da interpretação construtiva), há diversas críticas de que a inovação do § 1º do art. 489 do CPC/2015 pode estar na contramão da celeridade e da economia processual.

De qualquer forma, a análise da questão não deve ser feita sob somente um desses prismas (alguns analisam a questão somente do ponto de vista da hermenêutica; outros, somente a pragmático-institucional), pois se devem considerar as diversas perspectivas e confrontá-las. Nesse sentido, a tensão entre a necessidade de legitimação (e controle) pela fundamentação, de um lado, e a necessidade de racionalização e otimização dos atos processuais, de outro, é produtiva, razão pela qual não deve ser desfeita por uma interpretação isolacionista num sentido ou em outro.

3.2.2.2. *Princípio ou critério da proporcionalidade (ponderação ou sopesamento): definição e crítica*

O § 2º do art. 489 do CPC estabelece que, "no caso de colisão entre normas, o juiz deve justificar o objeto e os critérios gerais da ponderação efetuada, enunciando as razões que autorizam a interferência na norma afastada e as premissas fáticas que fundamentam a conclusão". Assim, observa-se que o dispositivo adota expressamente a ponderação (ou proporcionalidade), considerado, por alguns, como princípio e, por outros, como técnica de resolução de conflitos entre direitos fundamentais.

Para explicar tal questão, será exposto como a máxima da proporcionalidade é entendida contemporaneamente, sobretudo com base na concepção de Robert Alexy, e como

---

26 Enunciado 47 da ENFAM: "O art. 489 do CPC/2015 não se aplica ao sistema de juizados especiais". No mesmo sentido: "A sentença recorrida foi proferida dentro dos limites da lide e com fundamentação suficiente e adequada ao fato exposto e ao pedido. Ademais, não se aplica ao Sistema dos Juizados Especiais a regra do art. 489 do CPC/2015 diante da expressa previsão contida no art. 38, *caput*, da Lei 9.099/95" (TJDFT, Acórdão n. 1149217, 07066463820188070016, Relator: Asiel Henrique de Sousa, 3ª Turma Recursal dos Juizados Especiais do Distrito Federal, data de julgamento: 6-2-2019, publicado no *PJe*: 11-2-2019. p. sem página cadastrada).

se dá a sua aplicação. Após, serão apresentadas as principais críticas contra esse método ou técnica de interpretação e aplicação de princípios constitucionais conflitantes[27].

Robert Alexy é certamente o teórico do direito contemporâneo mais conhecido que defende a aplicação da máxima da proporcionalidade, razão pela qual a sua conceituação será feita a partir desse autor.

Para **Alexy**, o **princípio da proporcionalidade possui três elementos**: a) a **necessidade** (se a medida a ser adotada é realmente necessária, ou se existe outra menos gravosa); b) a **adequação** (se a medida a ser adotada é efetivamente adequada para atingir o fim visado); e c) a **proporcionalidade em sentido estrito** (deve se fazer o sopesamento, analisar o peso de cada princípio, bem como fazer uma análise de custo-benefício entre a medida a ser adotada e o fim visado).

É necessário, entretanto, analisar como Alexy busca fundamentos para a máxima da proporcionalidade e como a desenvolve.

Alexy preconiza que os princípios são normas que ordenam que algo seja realizado na maior medida possível dentro das possibilidades fáticas e jurídicas, enquanto as regras são normas que são sempre satisfeitas ou não satisfeitas (aplicadas à maneira do tudo ou nada). Logo, os princípios contêm "mandamentos de otimização", pois devem ser aplicados na maior medida possível[28]. Por conseguinte, para ele, os princípios são qualitativamente superiores[29].

É nesse contexto que Alexy estabelece uma estreita conexão entre a teoria dos princípios e a máxima da proporcionalidade. Segundo o autor, "princípios são mandamentos de otimização em face das possibilidades jurídicas *e* fáticas. A *máxima da proporcionalidade em sentido estrito*, ou seja, exigência de sopesamento, decorre da relativização em face das possibilidades *jurídicas*"[30]. Assim, quando uma norma de direito fundamental com caráter de princípio (e não de regra) colide com um princípio contrário, a possibilidade jurídica para a aplicação dessa norma depende do conteúdo do princípio de sentido antagônico.

É em razão dessa necessidade de sopesamento entre os princípios contrários que surge a máxima da proporcionalidade em sentido estrito. De outro lado, as máximas da necessidade e da adequação surgem do fato de os princípios serem mandamentos de otimização, vale dizer, de que devem ser aplicados da forma mais ampla possível[31].

Dessa forma, Alexy fundamenta que o princípio da proporcionalidade decorre das normas fundamentais, na medida em que tenham caráter de princípio. Para o autor, a

---

27 Sobre o tema, vide: LUNARDI, Fabrício Castagna. Hermenêutica dos direitos fundamentais na pós-modernidade: do positivismo ao paradigma pós-positivista e neoconstitucionalista. *Direitos Fundamentais & Justiça*, Porto Alegre, a. 6, n. 20, p. 173-207, jul.-set. 2012.

28 ALEXY, Robert. *Teoria dos direitos fundamentais*. (trad. Virgílio Afonso da Silva). 2. ed. São Paulo: Malheiros, 2011. p. 90-91.

29 Alexy traça várias outras diferenças entre princípios e regras, tais como a forma de solucionar as colisões entre princípios e entre regras; o caráter *prima facie* dos princípios e das regras.

30 ALEXY, Robert. *Teoria dos direitos fundamentais*. (trad. Virgílio Afonso da Silva). 2. ed. São Paulo: Malheiros, 2011. p. 117.

31 ALEXY, Robert. *Teoria dos direitos fundamentais*. (trad. Virgílio Afonso da Silva). 2. ed. São Paulo: Malheiros, 2011. p. 117-118.

proporcionalidade possui três elementos, quais sejam, necessidade, adequação e proporcionalidade em sentido estrito[32].

Em primeiro lugar, para Alexy, a máxima da proporcionalidade **somente pode ser aplicada no caso concreto**, e não em abstrato.

Assim, no caso concreto, é que se devem analisar necessidade, adequação e proporcionalidade em sentido estrito, nessa ordem[33].

Quando se afere **necessidade**, verifica-se se a solução proposta para o caso concreto é realmente imprescindível, ou se há outra menos gravosa para resolver a questão.

Ao se examinar **adequação**, o intérprete deve verificar se a solução proposta realmente é adequada para os fins propostos, ou seja, deve analisar a idoneidade da medida.

Por fim, o intérprete deve analisar **proporcionalidade em sentido estrito**, sopesando as normas fundamentais com caráter de princípio que estão em conflito.

Após analisar esses três elementos é que se poderá concluir qual das soluções propostas passa pelo crivo da proporcionalidade, ou se, ao revés, nenhuma delas a atende, no caso concreto.

Entretanto, a máxima da proporcionalidade, como método para resolver conflitos entre normas fundamentais com caráter de princípio, é alvo de várias objeções.

Jürgem Habermas, por exemplo, faz diversas críticas ao método da ponderação de Alexy, como critério para resolver o conflito entre direitos fundamentais. Entende que, se os direitos individuais forem transformados em bens ou valores, como quer Alexy, ruirá a viga mestra de normas e princípios do direito, crescendo o perigo de juízos irracionais, porque os argumentos funcionalistas crescem sobre os normativos[34].

Além disso, Habermas afirma que colocar a discussão sobre a colisão entre os direitos fundamentais no plano do sopesamento de valores implica reduzir a importância

---

32 ALEXY, Robert. *Teoria dos direitos fundamentais*. (trad. Virgílio Afonso da Silva). 2. ed. São Paulo: Malheiros, 2011. p. 120.

33 No seguinte artigo, houve a análise de conflito entre direitos fundamentais com base na máxima da proporcionalidade, razão pela qual recomendamos a leitura para aqueles que quiserem aprofundar o estudo do tema: LUNARDI, Fabrício Castagna. O direito fundamental à identidade genética e a condução coercitiva para realização de exame de DNA: um debate necessário. *Direitos Fundamentais & Justiça*, Porto Alegre, ano 7, n. 23, p. 308-335, abr./jun. 2013.

34 "Ao deixar-se conduzir pela ideia da realização de valores materiais, dados preliminarmente no direito constitucional, o tribunal constitucional transforma-se numa instância autoritária. No caso de uma colisão, todas as razões podem assumir o caráter de argumentos de colocação de objetivos, o que faz ruir a viga mestra introduzida no discuros jurídico pela compreensão deontológica de normas e princípios do direito. A partir do momento em que direitos individuais são trasformados em bens e valores, passam a concorrer em pé de igualdade, tentando conseguir a primazia em cada caso singular. Cada valor é tão particular como qualquer outro, ao passo que normas devem sua validade a um teste de universalização. [...] Isso leva a Dworkin a entender direitos como 'trunfos' a serem usados contra argumentos de colocação de objetivos. [...] Normas e princípios possuem uma força de justificação maior do que a de valores, uma vez que podem pretender, além de uma especial dignidade de preferência, uma obrigatoriedade geral, devido ao seu sentido deontológico de validade; valores têm que ser inseridos, caso a caso, numa ordem transitiva de valores. [...] Na medida em que um tribunal constitucional adota a doutrina da ordem de valores e a toma como base de sua prática de decisão, cresce o perigo dos juízos irracionais, porque, neste caso, os argumentos funcionalistas prevalecem sobre os normativos. v. 1." (HABERMAS, Jürgen. *Direito e democracia:* entre faticidade e validade. (trad. Flávio Beno Siebeneichler). Rio de Janeiro: Tempo Brasileiro, 2010. p. 320-321.

desses direitos, pois os valores possuem caráter teleológico, enquanto princípios e regras possuem caráter deontológico[35].

Ademais, para Habermas, normas válidas obrigam seus destinatários a determinado comportamento que preenche expectativas generalizadas, enquanto que valores são simples preferências compartilhadas intersubjetivamente, vale dizer, analisa-se apenas se determinados bens são mais atrativos do que outros[36]. Assim, para o autor, direitos fundamentais não podem ser analisados sob a ótica de custos e vantagens[37]. Nesse ponto, Habermas adere à proposta de Dworkin, no sentido de que os direitos fundamentais devem ser entendidos como princípios (e não como valores), bem como que, nos casos difíceis (ex.: colisão entre direitos fundamentais), as decisões judiciais, para o caso singular (único e irrepetível), devem ser tomadas a partir do *contexto do direito vigente racionalmente reconstruído*[38]. Assim, para Habermas (e também para Dworkin), a decisão deve ser tomada racionalmente, reconciliando as decisões tomadas pelo legislador no passado com a decisão justa a ser tomada no presente, satisfazendo simultaneamente os critérios de segurança do direito e aceitabilidade racional[39].

Assim, Habermas, concordando com os supostos de Dworkin nesse ponto, propõe o método da interpretação construtiva ao invés da proporcionalidade ou ponderação.

Robert Alexy, no entanto, em artigo escrito para rebater as críticas de Habermas, diz que a regra da proporcionalidade (ou do sopesamento) não se efetiva arbitrariamente ou não refletidamente, como afirma Habermas, pois funda-se em graus de intensidade de intervenção como fundamento, em juízos de correção, que são juízos racionais. Além disso, Alexy ressalta que, na medida em que têm um núcleo resistente (ou núcleo essencial), os direitos fundamentais ganham sobreproporcionalmente em fortidão quando aplicados com a regra do sopesamento, e isso estabelece o que Habermas chama de "muro de fogo" (ou viga mestra)[40].

---

35 HABERMAS, Jürgen. *Direito e democracia:* entre faticidade e validade. (trad. Flávio Beno Siebeneichler). v. 1. Rio de Janeiro: Tempo Brasileiro, 2010. p. 258.

36 "Seguindo I. Maus, ele adere à proposta de R. Alexy, a qual consistem em interpretar princípios transformados em valores como mandamentos de otimização, de maior ou menor intensidade. Essa interpretação vem ao encontro do discurso da 'ponderação de valores', corrente entre juristas, o qual, no entanto, é frouxo" (HABERMAS, Jürgen. *Direito e democracia:* entre faticidade e validade. (trad. Flávio Beno Siebeneichler). v. 1. Rio de Janeiro: Tempo Brasileiro, 2010. p. 315.

37 "Os direitos fundamentais, ao contrário, ao serem levados a sério em seu sentido deontológico, não caem sob uma análise dos custos e vantagens" (HABERMAS, Jürgen. *Direito e democracia:* entre faticidade e validade. (trad. Flávio Beno Siebeneichler). v. 1. Rio de Janeiro: Tempo Brasileiro, 2010. p. 322.

38 HABERMAS, Jürgen. *Direito e democracia:* entre faticidade e validade. (trad. Flávio Beno Siebeneichler). v. 1. Rio de Janeiro: Tempo Brasileiro, 2010, p. 261.

39 Para Habermas, "uma tal teoria reconstrutiva do direito deve ser suficientemente seletiva, a fim de permitir precisamente uma decisão correta, a qual define quais as pretensões que um partido pode fazer valer no quadro da ordem jurídica existente, o que equivale a dizer quais os direitos que lhe competem objetivamente. A teoria do juiz Hércules reconcilia as decisões racionalmente reconstruídas do passado com a pretensão à aceitabilidade racional do presente, ou seja, reconcilia a história com a justiça". (HABERMAS, Jürgen. HABERMAS, Jürgen. *Direito e democracia:* entre faticidade e validade. (trad. Flávio Beno Siebeneichler). Rio de Janeiro: Tempo Brasileiro, 2010. p. 264. v. 1). E continua: "A teoria de Dworkin serviu como fio condutor para analisarmos o problema da racionalidade da jurisdição, cujas decisões devem satisfazer, simultaneamente, a critérios de segurança do direito e da aceitabilidade racional". (Ibidem, p. 297).

40 ALEXY, Robert. Direitos fundamentais, ponderação e racionalidade. In: CLÈVE, Clèmerson Merlin; BARROSO, Luís Roberto (org.). *Direito constitucional:* teoria geral da Constituição. São Paulo: Revista dos Tribunais, 2011. p. 721-732. p. 731-732.

De qualquer forma, observa-se que, a par da divergência, a máxima da proporcionalidade não é imune a críticas. Além disso, é um método mais utilizado para resolver conflitos entre normas fundamentais com caráter de princípio, não se aplicando à grande maioria dos casos que chegam ao Judiciário.

Por tais motivos, ao contrário do que o § 2º do art. 489 do CPC/2015 expressa, não é possível aplicar a ponderação para solucionar todo e qualquer caso de "colisão entre normas". Aliás, pragmaticamente, não é possível a sua aplicação na maioria dos casos, pois são necessários outros métodos, critérios ou técnicas interpretativas.

3.2.3. Dispositivo

O dispositivo é a parte do provimento jurisdicional que contém o conteúdo decisório, o **comando estatal**. É a conclusão, o elemento nuclear de todo ato jurisdicional com conteúdo decisório.

É no dispositivo que o "juiz resolverá as questões principais que as partes lhe submeterem" (art. 489, III, CPC).

O dispositivo é, como regra, **a parte da sentença que faz coisa julgada** (embora também seja possível a coisa julgada da questão prejudicial, preenchidos determinados requisitos).

A falta de dispositivo na sentença é um vício de inexistência.

4. HIPÓTESES EM QUE NÃO HAVERÁ RESOLUÇÃO DO MÉRITO

O art. 485 do CPC estabelece as hipóteses em que o juiz proferirá sentença pondo fim à fase de conhecimento, mas não haverá resolução do mérito.

São elas:

I – [quando o juiz] indeferir a petição inicial

Ocorrerá indeferimento da petição inicial quando (art. 330, CPC): "I – for inepta; II – a parte for manifestamente ilegítima; III – o autor carecer de interesse processual; IV – não atendidas as prescrições dos arts. 106 e 321 [a parte não apresentar emenda à petição inicial, apesar de intimada para tanto]".

De outro lado, a petição inicial é inepta quando (art. 330, § 1º, CPC): "I – lhe faltar pedido ou causa de pedir; II – o pedido for indeterminado, ressalvadas as hipóteses legais em que se permite o pedido genérico; III – da narração dos fatos não decorrer logicamente a conclusão; IV – contiver pedidos incompatíveis entre si".

II – o processo ficar parado durante mais de 1 (um) ano por negligência das partes

III – por não promover os atos e as diligências que lhe incumbir, o autor abandonar a causa por mais de 30 (trinta) dias

Os incisos II e III merecem ser tratados conjuntamente, por questões didáticas.

Como já foi referido, o processo começa por iniciativa da parte e se desenvolve por impulso oficial. Assim, somente haverá abandono do processo quando uma ou ambas as partes não tomarem as providências determinadas pelo juiz, sem as quais o processo não possa prosseguir.

O inc. II (processo ficar parado por mais de 1 ano por negligência das partes) trata da hipótese de **abandono bilateral**. Tanto autor como réu não providenciam as diligências determinadas pelo juiz.

O inc. III, por sua vez, prevê o caso de **abandono unilateral pelo autor**.

Havendo abandono do processo por ambas as partes por mais de 1 ano, o juiz determinará a intimação pessoal das partes (não de seus advogados), para que deem andamento ao processo em 5 dias, sob pena de extinção sem resolução do mérito (art. 485, §1º, CPC).

Caso o autor não tome as diligências necessárias para o andamento do processo, permanecendo inerte por 30 dias, o juiz determinará também que seja intimado pessoalmente o autor para que se manifeste em 5 dias, sob pena de se colocar termo ao processo sem resolução do mérito.

Entretanto, caso tenha sido oferecida a contestação, a extinção do processo por abandono do autor depende de concordância do réu, nos termos do art. 485, § 6º, do CPC[41]. Isso ocorre porque o réu pode ter interesse no prosseguimento da demanda para que seja, ao final, julgada improcedente, o que equivale a uma sentença declaratória negativa do direito do autor. Esse dispositivo representa a sedimentação da Súmula 240 do STJ, a qual prevê que "**a extinção do processo, por abandono da causa pelo autor, depende de *requerimento* do *réu***".

A **desistência da ação** pelo autor está prevista como causa de sentença terminativa (sem resolução do mérito) no inciso VIII, que será abordado a seguir.

IV – verificar a ausência de pressupostos de constituição e de desenvolvimento válido e regular do processo

Tal inciso diz respeito à ausência dos pressupostos processuais.

Entretanto, faltando algum pressuposto processual, caso se trate de vício sanável, é imprescindível que o juiz, antes de proferir sentença terminativa, verifique a possibilidade de saná-lo (mandando, por exemplo, repetir o ato) ou convalidá-lo (quando for possível e não houver prejuízo para qualquer das partes). Assim, somente deve proferir sentença terminativa caso o vício seja insanável ou a parte não tome as providências necessárias para saná-lo.

Por exemplo, no caso de ausência de representação, assistência ou de procuração outorgada ao advogado, o juiz deve intimar a parte para que promova a regularização processual. Assim, somente se não for possível a regularização, ou, sendo possível, não for realizada pela parte, o juiz deverá proferir sentença terminativa, na forma do art. 485, inc. IV, do CPC, por ausência de pressuposto processual. Trata-se de vício que pode ser conhecido de ofício pela Justiça em qualquer instância.

V – reconhecer a existência de perempção, de litispendência ou de coisa julgada

A **litispendência** ocorre quando é proposta uma demanda enquanto outra demanda idêntica já estava tramitando. Além disso, somente há litispendência quando

41 CPC: "Art. 485 [...] § 6º Oferecida a contestação, a extinção do processo por abandono da causa pelo autor depende de requerimento do réu".

todos os elementos da demanda (partes, causa de pedir e pedido) são idênticos. Está prevista nos art. 337, §§ 1º, 2º e 3º, do CPC[42].

A **perempção** ocorre quando o autor deu causa à extinção do processo por abandono da causa por três vezes. Na quarta vez, a ação estará perempta, e o processo deverá ser extinto sem resolução de mérito. A perempção tem previsão no art. 486, § 3º, do CPC[43].

A **coisa julgada material** ocorre quando a demanda já foi julgada em seu mérito, tendo ocorrido o seu trânsito em julgado. Está disciplinada no art. 337, §§ 2º e 4º, do CPC[44].

A litispendência, a perempção e a coisa julgada são pressupostos processuais objetivos extrínsecos ou negativos. Para aprofundar o seu estudo, vide item próprio já desenvolvido, dentro de pressupostos processuais.

Ocorrendo a perempção, a litispendência ou a coisa julgada, será caso de extinção do processo sem resolução do mérito. Além disso, devem ser conhecidas de ofício pela Justiça em qualquer instância.

VI – verificar ausência de legitimidade ou de interesse processual

O CPC/1973 mencionava, no lugar da redação acima, que ocorreria a extinção do processo sem resolução do mérito quando houvesse carência de ação. Conforme já foi explanado, o CPC/2015 deixou de prever expressamente a nomenclatura "condições da ação". Mas somente fez isso porque os códigos e as leis não devem adotar expressamente nenhuma teoria, o que deve ficar a cargo da academia. Entretanto, o CPC/2015 é inteiramente compatível a adoção da Teoria Eclética da Ação e com o instituto das condições da ação, como já se expôs em outro momento. Tanto é que esse dispositivo estabelece expressamente que a ausência de legitimidade e de interesse processual conduz a uma sentença terminativa (sem resolução de mérito). Assim, para aqueles que adotam a Teoria Eclética da Ação, legitimidade e o interesse processual continuam sendo condições da ação.

De outro lado, o juiz somente deverá proferir sentença terminativa por ausência de legitimidade se não for possível corrigir esse vício. Com efeito, se o juiz puder, por exemplo, excluir um litisconsorte ilegítimo e possibilitar ao autor a inclusão de parte legítima, deverá fazê-lo, na forma dos arts. 338 e 339 do Novo CPC[45]. Portanto, a extin-

---

42 CPC: "Art. 337 [...] § 1º Verifica-se a litispendência ou a coisa julgada quando se reproduz ação anteriormente ajuizada. § 2º Uma ação é idêntica a outra quando possui as mesmas partes, a mesma causa de pedir e o mesmo pedido. § 3º Há litispendência quando se repete ação que está em curso".

43 CPC: "Art. 486 [...] § 3º Se o autor der causa, por 3 (três) vezes, a sentença fundada em abandono da causa, não poderá propor nova ação contra o réu com o mesmo objeto, ficando-lhe ressalvada, entretanto, a possibilidade de alegar em defesa o seu direito".

44 CPC: "Art. 337 [...] § 2º Uma ação é idêntica a outra quando possui as mesmas partes, a mesma causa de pedir e o mesmo pedido. [...] § 4º Há coisa julgada quando se repete ação que já foi decidida por decisão transitada em julgado".

45 CPC: "Art. 338. Alegando o réu, na contestação, ser parte ilegítima ou não ser o responsável pelo prejuízo invocado, o juiz facultará ao autor, em 15 (quinze) dias, a alteração da petição inicial para substituição do réu. Parágrafo único. Realizada a substituição, o autor reembolsará as despesas e pagará os honorários ao procurador do réu excluído, que serão fixados entre três e cinco por cento do valor da causa ou, sendo este irrisório, nos termos do art. 85, § 8º. Art. 339. Quando alegar sua ilegitimidade, incumbe ao réu indicar o sujeito passivo da relação jurídica discutida sempre que tiver conhecimento, sob pena de arcar com as despesas processuais e de indenizar o autor pelos prejuízos decorrentes da falta de indicação. § 1º O autor, ao aceitar a indicação, procederá, no prazo

ção do processo sem resolução de mérito com base na ilegitimidade somente deve ocorrer se não for possível suprir essa condição da ação.

De outro lado, as condições da ação legitimidade e interesse processual devem ser conhecidas de ofício pelo juízo em qualquer instância.

VII – acolher a alegação de existência de convenção de arbitragem ou quando o juízo arbitral reconhecer sua competência

A convenção de arbitragem tanto pode ser estabelecida por cláusula compromissória como por compromisso arbitral. A arbitragem é regulada pela Lei n. 9.307/1996 (Lei de Arbitragem).

A cláusula compromissória é uma cláusula inserida num contrato, em que as partes estipulam que eventuais controvérsias dele decorrentes serão resolvidas pela arbitragem.

No compromisso arbitral, as partes livremente pactuam que um determinado conflito já existente entre elas será resolvido pela arbitragem.

Todavia, o juiz somente poderá conhecer da convenção de arbitragem e extinguir o processo sem resolução de mérito se a parte a alegar (art. 337, § 5º, do CPC). Se a parte ré não alegar a existência de convenção de arbitragem em preliminar de contestação, haverá aceitação tácita da jurisdição estatal e renúncia ao juízo arbitral[46].

A convenção de arbitragem e a incompetência relativa são as únicas preliminares de contestação previstas no art. 337 do CPC que o juiz não pode conhecer de ofício[47].

VIII – homologar a desistência da ação

Trata-se da hipótese em que o autor desiste da ação proposta, mas não renuncia ao direito material invocado. Com efeito, no caso de renúncia à pretensão formulada na ação ou na reconvenção (hipótese prevista no art. 487, inc. III, alínea "c", CPC), haverá resolução do mérito.

Contudo, o § 4º do art. 485 prevê que, "oferecida a contestação, o autor não poderá, sem o consentimento do réu, desistir da ação". Vale dizer, apresentada a contestação, caso o autor desista da ação, o juiz deverá intimar o réu para dizer se concorda com o pedido de desistência. Na hipótese de o réu não concordar, o juiz deverá dar prosseguimento ao feito mesmo diante da desistência do autor.

Tal exigência legal para a desistência (necessidade de concordância do réu) tem fundamento no interesse que o réu pode ter em buscar uma sentença de improcedência, já que esta equivale a uma ação declaratória negativa do direito do autor, fazendo coisa julgada material.

A desistência da ação somente pode ser apresentada até a sentença (art. 485, § 5º, CPC).

De outro lado, não se podem confundir os efeitos da desistência da ação com os da desistência do recurso, pois é permitido ao recorrente desistir do recurso sem concordância do recorrido.

---

de 15 (quinze) dias, à alteração da petição inicial para a substituição do réu, observando-se, ainda, o parágrafo único do art. 338. § 2º No prazo de 15 (quinze) dias, o autor pode optar por alterar a petição inicial para incluir, como litisconsorte passivo, o sujeito indicado pelo réu".

46 CPC: "Art. 337 [...] § 6º A ausência de alegação da existência de convenção de arbitragem, na forma prevista neste Capítulo, implica aceitação da jurisdição estatal e renúncia ao juízo arbitral".

47 CPC: "Art. 337 [...] § 5º Excetuadas a convenção de arbitragem e a incompetência relativa, o juiz conhecerá de ofício das matérias enumeradas neste artigo".

IX – em caso de morte da parte, a ação for considerada intransmissível por disposição legal

Embora o dispositivo fale em "ação considerada intransmissível", em verdade, o que é intransmissível é o direito material.

A intransmissibilidade pode ser absoluta ou relativa. É absoluta a intransmissibilidade quando somente puder ser exercida pelos titulares do direito. Por exemplo, na ação de divórcio, se um dos consortes falecer, não poderão os seus herdeiros continuar o processo contra o outro consorte. É relativa quando a intransmissibilidade sofre temperamentos, ou seja, quando há a possibilidade de o direito alegado pela parte ser transmitido aos seus sucessores, de modo que a morte não implica a imediata extinção do processo. É o caso, por exemplo, da ação investigatória de paternidade, que passa do filho para os seus herdeiros, quando ele falecer enquanto menor ou incapaz (art. 1.606, *caput*, CC[48]).

X – nos demais casos prescritos neste Código

O próprio Código de Processo Civil prevê outras hipóteses de extinção do processo sem resolução do mérito. É o caso, por exemplo, do art. 115, parágrafo único, do CPC, que comina tal penalidade quando o autor não promove a citação de litisconsorte necessário. Outra hipótese é a estabelecida no art. 313, § 3º, do CPC, que impõe a extinção do processo sem resolução do mérito quando o advogado do autor da ação falece e este (o autor) não constitui novo mandatário no prazo de 15 dias.

No CPC/1973 (art. 267, X), era prevista como caso de decisão terminativa a ocorrência de confusão entre o autor e o réu, hipótese que não consta no CPC/2015.

O instituto jurídico da confusão ocorre quando, na mesma pessoa, se confundem as qualidades de credor e devedor (art. 381, CC). É o caso, por exemplo, da fusão entre a empresa credora e a devedora; ou quando existe uma ação proposta pelo filho contra o pai, sendo que este morre e o filho é o seu único herdeiro. Portanto, a confusão gera a extinção da obrigação. Assim, o CPC/2015 não previu a confusão como hipótese de decisão sem resolução do mérito, porque tal decisão, em verdade, é de mérito. Nesse sentido, aliás, o Enunciado 160 do FPPC: "A sentença que reconhece a extinção da obrigação pela confusão é de mérito".

4.1. Possibilidade de julgamento de mérito quando essa decisão for favorável à parte a quem aproveitaria o reconhecimento de vício processual

De acordo com o art. 488 do CPC, "**desde que possível, o juiz resolverá o mérito sempre que a decisão for favorável à parte a quem aproveitaria eventual pronunciamento nos termos do art. 485**".

Em determinadas hipóteses, se o vício processual que levaria o juiz a proferir sentença sem resolução do mérito (art. 485, CPC) causar prejuízo somente à parte a quem beneficiaria a sentença de mérito, poderá o juiz deixar de lado o vício processual e proferir sentença resolvendo o mérito.

48 MARINONI, Luiz Guilherme. MITIDIERO, Daniel. *Código de Processo Civil:* comentado artigo por artigo. 4. ed. São Paulo: Revista dos Tribunais, 2012. p. 262.

Por exemplo, se a parte ré suscitar a preliminar de inépcia da petição inicial, ao argumento de que "da narração dos fatos não decorrer logicamente a conclusão" (art. 330, § 1º, III, CPC), mas o juiz verificar que, apesar da ocorrência da inépcia da petição inicial, a sentença de mérito seria favorável ao réu, poderá proferir sentença de improcedência, resolvendo o mérito.

Contudo, como o próprio dispositivo prevê, isso deverá ocorrer "desde que possível". Por exemplo, no caso em que a parte ré alega coisa julgada e, no mérito, ausência do direito, o juiz, ao verificar que essa preliminar deve ser acolhida, mas que o autor também não possui o direito alegado, não poderá proferir sentença de improcedência ao argumento de que a coisa julgada aproveitaria ao réu. Observe-se que, neste caso, o juiz deve se restringir a proferir sentença sem resolução do mérito, até mesmo porque, se julgasse novamente o mérito, poderia reabrir o prazo para a ação rescisória.

5. HIPÓTESES DE RESOLUÇÃO DO MÉRITO

Como regra, a resolução do mérito ocorrerá após o processo percorrer todas as fases do procedimento em primeira instância, quando, ao final, será proferida sentença, que põe termo à fase processual de conhecimento.

Essa é a hipótese mais comum do tramitar processual. No entanto, há hipóteses de resolução de mérito que não se dão por uma sentença proferida após o percurso desse *iter* processual.

Como já se expôs, é possível, por exemplo, julgamento liminar de improcedência (art. 332, CPC) por sentença proferida antes mesmo da citação do réu.

Também **é possível, por decisão interlocutória, resolução parcial do mérito da demanda**, quando há o **julgamento de parte dos pedidos**, mas o processo prossegue em relação aos outros, como ocorre nas hipóteses de julgamento antecipado parcial de mérito, previstas no art. 356 do CPC.

O art. 487 do CPC estabelece que "haverá resolução de mérito" nas hipóteses que elenca. Observe-se que o dispositivo não fala em "extinção do processo", nem em "julgamento do mérito". Isso ocorre porque, mesmo que a resolução do mérito ocorra por sentença, não há a extinção do processo. O que existe é apenas o encerramento da fase processual de conhecimento, na medida em que o processo pode prosseguir com a fase de cumprimento de sentença.

Além disso, em algumas das hipóteses do art. 487 há resolução do mérito, mas não há propriamente "julgamento".

Julgamento significa que o juiz analisa os fatos, as provas e o direito, para decidir qual das partes possui o direito. Assim, nas hipóteses do art. 487, inc. III, alíneas "a", "b" e "c", não há julgamento, como ato de imposição da vontade do Estado sobre as partes, senão homologação da vontade das partes. Por tais razões, não é correto afirmar que o art. 487 do CPC estabelece hipóteses de "extinção do processo" ou de "julgamento de mérito", pois nem todas as situações terão esses eventos.

As hipóteses de resolução do mérito estão previstas no art. 487 do CPC.

Pelo dispositivo, **haverá resolução de mérito quando o juízo**:

I – acolher ou rejeitar o pedido formulado na ação ou na reconvenção

Acolhimento do pedido significa julgamento de procedência; rejeição do pedido, julgamento de improcedência.

Tecnicamente, é incorreto falar de procedência ou improcedência da ação. Como se viu, o direito de ação existe mesmo que não exista o direito material invocado, vale dizer, mesmo que haja uma sentença de improcedência. Assim, como o direito de ação é autônomo em relação ao direito material, a procedência ou a improcedência é do pedido, e não da ação.

Observe-se que o CPC prevê expressamente que esse pedido, que está sendo julgado, pode ser formulado na ação ou na reconvenção. Isso porque a reconvenção é uma demanda autônoma, em que há pretensão, veiculada pelo pedido do réu/reconvinte contra o autor/reconvindo.

Mas era desnecessária essa previsão, porque a reconvenção também é o exercício do direito de ação, embora formulada pelo réu contra o autor.

II – decidir, de ofício ou a requerimento, sobre a ocorrência de decadência ou prescrição

Cumpre fazer a distinção entre prescrição e a decadência. Para tanto, é necessário diferenciar direito subjetivo de direito postestativo.

Ao direito subjetivo, corresponde uma obrigação. Por exemplo, ao direito de crédito do credor, corresponde a obrigação do devedor de pagar o débito. Caso o débito não seja pago no dia estipulado, haverá violação do direito subjetivo.

Quando um direito subjetivo é violado, nasce para o seu titular uma pretensão, que corresponde ao direito de exigir que a outra parte cumpra a sua obrigação.

Assim, observa-se que a pretensão não surge com o direito, mas num momento futuro em razão do descumprimento da obrigação a que corresponde o direito.

Na **prescrição, o que se extingue é a pretensão**, ou seja, o direito de exigir que a outra parte cumpra a sua obrigação. Assim, transcorrido o prazo prescricional, o credor não mais poderá exigir que o devedor cumpra a sua obrigação. No entanto, caso o devedor a cumpra espontaneamente, não poderá posteriormente pedir repetição de indébito, pois o que se extinguiu não foi o direito subjetivo, senão apenas a pretensão.

O direito potestativo é o poder de intervir na esfera jurídica de outrem sem que este nada possa fazer. Ao direito potestativo, não corresponde uma obrigação, senão uma sujeição.

Por exemplo, qualquer dos contratantes possui o direito potestativo de pedir a anulação de um ato jurídico inquinado de vício de anulabilidade. Caso seja provado o vício, o outro contratante ficará sujeito à invalidação do contrato.

O mesmo ocorre com o direito potestativo de revogação do mandato. Caso o mandante revogue o mandato, o mandatário nada poderá fazer.

Na ação de divórcio, caso um dos cônjuges queira pedir o divórcio, estando presentes os requisitos, a posição do outro cônjuge é apenas de sujeição à vontade do primeiro.

O **direito potestativo** fica sujeito a um **prazo decadencial**.

Na decadência, há a perda do próprio direito potestativo pelo decurso do tempo. Assim, o **prazo decadencial nasce junto com o direito potestativo**.

O **prazo prescricional não nasce com o direito subjetivo, mas com a pretensão**.

De acordo com o art. 487, parágrafo único, do CPC, a prescrição e a decadência podem ser conhecidas de ofício. Todavia, o mesmo dispositivo prevê que, ressalvada a hipótese de julgamento liminar de improcedência (art. 332, § 1º, CPC)[49], o juiz não poderá conhecer de ofício da prescrição ou da decadência sem antes oportunizar que as partes possam se manifestar[50].

Em primeiro lugar, o dispositivo não faz a diferença entre decadência legal e convencional. De acordo com os arts. 210 e 211 do Código Civil, o juiz pode conhecer de ofício a decadência legal, mas a decadência convencional (prazo decadencial estabelecido por negócio jurídico entre as partes)[51].

Além disso, não há qualquer razoabilidade em admitir o reconhecimento de ofício da prescrição e da decadência legal sem ouvir as partes na hipótese de julgamento liminar de improcedência, e impor que as partes sejam previamente ouvidas nos demais casos (quando há o julgamento de mérito ao final do processo). Aliás, se tivesse de ser feita a diferenciação entre as consequências para um e outro caso, a solução deveria ser exatamente oposta. É no julgamento liminar de improcedência, por exemplo, que está se tirando a possibilidade de a parte ré renunciar expressamente à prescrição e à decadência convencional (arts. 191 e 209, CC/2002). Portanto, se não é preciso ouvir as partes antes de julgar liminarmente improcedentes os pedidos com base na prescrição ou na decadência, também não seria necessária a sua manifestação expressa sobre a prescrição ou a decadência antes de o juiz reconhecê-las na sentença proferida ao final do processo. De outro lado, se é necessário ouvir as partes sobre a prescrição e a decadência, haveria ainda mais razão para não permitir o julgamento liminar de improcedência com base nelas. Há, aqui, uma grande incongruência no CPC.

III – homologar:

a) o reconhecimento da procedência do pedido formulado na ação ou na reconvenção

Neste caso, há ato de disposição unilateral do demandado. Se o demandado (o réu, na ação principal, ou o reconvindo, na reconvenção) reconhece o pedido do demandante, existe autocomposição. Então, não cabe mais ao juiz julgar o pedido, devendo apenas resolver o mérito homologando o reconhecimento do pedido pelo demandado.

Com efeito, quando o juiz homologa a disposição de vontade das partes, não há julgamento, que é ato de imposição, mas apenas resolução do mérito.

b) a transação

A transação também é uma forma de autocomposição. Entretanto, na transação, há concessões recíprocas.

Havendo transação, será caso de homologação pelo juízo, com resolução do mérito.

---

49 CPC: "Art. 332 [...] § 1º O juiz também poderá julgar liminarmente improcedente o pedido se verificar, desde logo, a ocorrência de decadência ou de prescrição".

50 CPC: "Art 487. [...] Parágrafo único. Ressalvada a hipótese do § 1º do art. 332, a prescrição e a decadência não serão reconhecidas sem que antes seja dada às partes oportunidade de manifestar-se".

51 Código Civil de 2002: "Art. 210. Deve o juiz, de ofício, conhecer da decadência, quando estabelecida por lei. Art. 211. Se a decadência for convencional, a parte a quem aproveita pode alegá-la em qualquer grau de jurisdição, mas o juiz não pode suprir a alegação".

Na transação ocorrida na audiência judicial, as partes podem também incluir, como objeto do acordo, outras questões que não estavam previstas na petição inicial, desde que envolvam as partes presentes na audiência (art. 515, § 2º, CPC)[52]. No entanto, será sempre preciso verificar a competência material do juízo para homologar tal acordo.

c) a renúncia à pretensão formulada na ação ou na reconvenção

Trata-se de ato de disposição do direito material pelo demandante. Nesse caso (renúncia à pretensão), o demandante não poderá mais exigir o direito nesta nem noutra demanda (demanda principal ou reconvenção).

Não se confunde com desistência da ação, que é hipótese de julgamento sem resolução do mérito (art. 485, VIII, CPC).

Havendo renúncia ao direito sobre o qual se funda a ação (ou a reconvenção), o juiz deverá homologar por sentença tal renúncia, pois é forma de autocomposição. O juiz, tecnicamente, não *julga* o mérito, mas homologa a autocomposição, *resolvendo* o mérito.

Como há resolução do mérito, nesta hipótese, com o trânsito em julgado da sentença, há coisa julgada material.

6. CAPÍTULOS DE SENTENÇA

Capítulo de sentença, segundo Cândido Rangel Dinamarco, é toda unidade autônoma contida na parte dispositiva de determinada decisão judicial[53].

Quando a sentença traz mais de uma decisão, diz-se que ela é objetivamente complexa. Assim, o dispositivo pode conter decisão sobre mais de um pedido.

Nos casos em que a unidade autônoma diz respeito a questões puramente processuais, é denominada de **capítulo puramente processual**; quando trata de questões materiais, é chamada de **capítulo de mérito**.

A teoria dos capítulos de sentença possui repercussões práticas importantes. Para facilitar a análise, utilizaremos metodologicamente a interpretação a partir de casos concretos.

Exemplo 1: O autor propõe ação de indenização por danos morais e materiais contra o réu. Neste caso, a sentença apresentará dois capítulos de sentença, que podem ser representados graficamente, para fins didáticos, da seguinte forma:

A – Indenização por danos morais
B – Indenização por danos materiais

Se a parte recorre somente de A, B faz coisa julgada, já podendo ser executada definitivamente.

52 CPC: "Art. 515 [...] § 2º A autocomposição judicial pode envolver sujeito estranho ao processo e versar sobre relação jurídica que não tenha sido deduzida em juízo".

53 DINAMARCO, Cândido Rangel. *Capítulos de sentença*. 2. ed. São Paulo: Malheiros, 2006. p. 35.

Exemplo 2: o autor propõe pedido de tutela cautelar antecedente e, no trintídio legal, demanda principal de conhecimento contra o réu.

A – Ação cautelar
B – Ação de conhecimento

Havendo tutela cautelar e demanda principal (tutela definitiva), ambas serão julgadas na mesma sentença, sempre que possível (vide item específico onde tratamos disso). Se for interposta apelação contra toda a sentença, tal recurso será recebido somente no efeito devolutivo em relação ao julgamento do pedido cautelar (art. 1.012, § 1º, V, CPC) e, no tocante ao pedido da ação de conhecimento, será recebida no duplo efeito, devolutivo e suspensivo (art. 1.012, *caput*, CPC).

Exemplo 3: o autor ajuíza ação de conhecimento contra o réu. Este, na contestação, propõe reconvenção contra o autor. O juiz, na sentença, julga o mérito da demanda principal e também da reconvenção. No entanto, o juízo era absolutamente incompetente para a reconvenção, em razão da matéria veiculada, embora fosse competente para a ação principal.

A – Demanda principal
B – Reconvenção

Na hipótese do exemplo acima, diante da invalidade apresentada, havendo recurso de apelação, o tribunal deverá invalidar somente a parte B da sentença (que diz respeito à reconvenção); em relação à parte A (ação principal), a sentença é hígida.

Capítulos de sentença e ação rescisória: a ação rescisória poderá ter por objeto apenas um dos capítulos da decisão (art. 966, § 3º, CPC[54]). De outro lado, o prazo de 2 anos para propor a ação rescisória começa a correr a partir do trânsito em julgado da última decisão proferida no processo, ainda que o recurso seja parcial (contra apenas um dos capítulos da decisão de mérito ou sentença), nos termos do art. 975 do CPC[55].

7. CLASSIFICAÇÕES DA SENTENÇA

7.1. Decisão definitiva e decisão terminativa

Considerando a existência ou não de resolução do mérito, a sentença pode ser terminativa ou definitiva.

---

54 CPC: "Art. 966 [...] § 3º A ação rescisória pode ter por objeto apenas 1 (um) capítulo da decisão".

55 CPC: "Art. 975. O direito à rescisão se extingue em 2 (dois) anos contados do trânsito em julgado da última decisão proferida no processo".

Será **terminativa** a sentença que **não contém resolução de mérito**. Trata-se das hipóteses em que se põe fim à fase de conhecimento sem resolução do mérito (art. 485, CPC).

A **sentença definitiva**, por sua vez, é aquela que **contém resolução de mérito** (art. 487, CPC).

A **sentença terminativa** faz apenas **coisa julgada formal**, não tendo aptidão para operar coisa julgada material.

A **sentença definitiva** tem aptidão para fazer **coisa julgada formal e material**. Assim, transitada em julgado, torna-se indiscutível e imutável o seu conteúdo.

Embora comumente se fale em sentença de mérito, para fins comunicacionais, também é possível que decisões interlocutórias, decisões monocráticas de relator e acórdãos façam coisa julgada material. Para tanto, é preciso que tais decisões sejam proferidas com conteúdo previsto no art. 487 do CPC.

Terão natureza de decisão interlocutória de mérito as decisões proferidas no julgamento antecipado parcial de mérito (art. 356, CPC), que tenham conteúdo de art. 487 do CPC. Assim, será definitiva a decisão interlocutória proferida no curso da fase processual de conhecimento que homologa acordo parcial; ou a que julga determinado pedido incontroverso, prosseguindo o processo em relação à parte controversa; ou, ainda, a decisão que reconhece a prescrição da pretensão deduzida num dos pedidos, mas o processo continua em relação aos demais. Observe-se que tais decisões interlocutórias resolvem o mérito, razão pela qual são definitivas, isto é, têm aptidão para fazer coisa julgada material.

Da mesma forma, têm aptidão para fazer coisa julgada material as decisões monocráticas de relator que tenham conteúdo previsto no art. 487 do CPC. Assim, quando o relator, monocraticamente, dá provimento à apelação, julgando procedente ou improcedente o pedido do autor, nas hipóteses do art. 932, incs. IV e V, do CPC, haverá resolução do mérito (conteúdo de art. 487, I, CPC), razão pela qual a decisão é definitiva.

7.2. Sentenças declaratória, constitutiva, condenatória, mandamental e executiva

Do ponto de vista do conteúdo da sentença e da carga de eficácia, e adotando-se a Teoria Quinária de Pontes de Miranda, as sentenças de procedência podem ser classificadas em:

a) Sentença declaratória

A sentença declaratória é também conhecida como puramente declaratória ou meramente declaratória. Trata-se de sentença que contém provimento jurisdicional de mera certificação ou declaração.

No direito brasileiro, é possível postular a declaração de existência, inexistência ou modo de ser de uma relação jurídica, ou de autenticidade ou falsidade de um documento, nos termos do art. 19 do CPC[56]. Assim, como regra, somente é possível sentença que

56 CPC: "Art. 19. O interesse do autor pode limitar-se à declaração: I – da existência, da inexistência ou do modo de ser de uma relação jurídica; II – da autenticidade ou da falsidade de documento".

declare/certifique relação jurídica, mas não declaração/certificação sobre fato, salvo se disser respeito à autenticidade ou à falsidade de documento.

De outro lado, é admissível ação declaratória ainda que não tenha ocorrido violação de direito (art. 20, CPC)[57], desde que se trate de relação jurídica. A esse respeito, a Súmula 181 do STJ prevê que "é admissível ação declaratória, visando a obter certeza quanto à exata interpretação de cláusula contratual". A Súmula 242 do STJ, da mesma forma, dispõe que "cabe ação declaratória para reconhecimento de tempo de serviço para fins previdenciários".

Na sentença declaratória, utiliza-se o verbo **declarar ou reconhecer**.

São sentenças declaratórias as proferidas na ação consignatória; na ação de usucapião; na ação declaratória de existência de sociedade de fato; na ação de reconhecimento de união estável; na ação declaratória de nulidade (não de anulação) de negócio jurídico; na ação declaratória de inexistência de dívida.

b) Sentença constitutiva

Trata-se de sentença que tem como efeito a criação, a modificação ou a extinção de determinada relação jurídica.

Na sentença constitutiva, utiliza-se o verbo **decretar**, mas também pode-se usar o verbo de ação que cria, extingue ou modifica a relação jurídica. Por exemplo, "julgo procedente a demanda, para o fim de *anular* o negócio jurídico..."; "julgo procedente a demanda e *fixo* o regime de visitas da seguinte forma..."; "julgo procedente o pedido e *rescindo* o contrato de arrendamento mercantil...".

São exemplos de sentenças constitutivas ou constitutivas negativas (desconstitutivas) as proferidas nas seguintes ações: ação de divórcio; anulação de casamento; ação de anulação (não de nulidade) de negócio jurídico; regulamentação de visitas; ação de guarda; ação de suspensão e destituição do pátrio poder; ação de adoção; ação renovatória e revisional de locação; ação de desapropriação; ação popular; ação de divisão de terras; ação de extinção de condomínio.

c) Sentença condenatória

É a sentença que condena ou impõe ao réu um dever de pagar quantia.

Utiliza-se o verbo **condenar**.

Podem-se citar como exemplos de sentenças condenatórias as proferidas na ação de indenização; na ação de reparação; na ação de perdas e danos; na ação de ressarcimento; na ação de locupletamento; na ação de alimentos.

d) Sentença mandamental

Há autores que não reconhecem a autonomia da sentença mandamental e da sentença executiva, fundamentando que já estariam compreendidas na sentença condenatória. No entanto, de acordo com a Teoria Quinária de Pontes de Miranda e os doutrinadores que a seguem, tais sentenças (mandamental e executiva) possuem autonomia classificatória.

---

57 CPC: "Art. 20. É admissível a ação meramente declaratória, ainda que tenha ocorrido a violação do direito".

A **sentença mandamental** é aquela que **impõe um dever e o seu cumprimento** por meio de **coerção indireta**. A coerção atua na esfera psicológica daquele a quem se impõe a obrigação, para que a cumpra, já que o Estado-juiz não consegue diretamente executar aquela obrigação.

É possível nas ações que envolvem obrigação de entrega de coisa, de fazer e de não fazer.

Utiliza-se o verbo **determinar**. São exemplos de sentenças mandamentais as proferidas nas seguintes ações: mandado de segurança; mandado de injunção; *habeas data*; interdito proibitório, segundo alguns doutrinadores; embargos de terceiro; ação de depósito.

e) Sentença executiva

Também é proferida nas ações que envolvem **obrigação de entrega de coisa, de fazer e de não fazer**, da mesma forma que na sentença mandamental.

Contudo, diferentemente da mandamental, na sentença executiva, há a imposição de um dever e o seu cumprimento por meio de **coerção direta**. Vale dizer, o Estado-juiz impõe uma obrigação e atua diretamente para o seu cumprimento. A ordem não satisfeita pelo demandado é cumprida pela coerção direta do Estado.

Alguns denominam a sentença executiva de "executiva *lato sensu*".

Utiliza-se o verbo **determinar**, da mesma forma do que ocorre na ação mandamental.

Há sentença executiva nas seguintes ações: ação reivindicatória; ação de imissão de posse; ação de reintegração de posse; ação de petição de herança; ação de adjudicação compulsória; ação de busca e apreensão (Decreto-Lei 911/1969); ação de despejo.

8. DECISÃO SOBRE OS PEDIDOS

Na sentença, o dispositivo deve conter a decisão sobre os pedidos imediatos e mediatos.

A decisão dos **pedidos imediatos** diz respeito ao **provimento jurisdicional**, como condenação, constituição/desconstituição, condenação, determinação.

Além disso, a sentença também deve conter decisão sobre os **pedidos mediatos**, isto é, sobre o **bem da vida** que está sendo postulado na petição inicial.

9. CONGRUÊNCIA DA SENTENÇA

A sentença congruente é aquela que **não é contraditória** (congruência interna) e que respeita os **limites da demanda** (congruência externa).

As sentenças *extra*, *ultra* e *citra petita* apresentam incongruência externa.

A sentença *extra petita* é a que decide fora do que foi pedido. É denominada *ultra petita* a sentença que julga a mais do que foi pedido. Por fim, é *citra petita* a sentença quando o juiz não examina um dos pedidos.

De acordo com o art. 492, *caput*, do CPC, "é vedado ao juiz proferir decisão de natureza diversa da pedida, bem como condenar a parte em quantidade superior ou em objeto diverso do que lhe foi demandado".

Assim, sendo detectada a existência de sentença *extra*, *ultra* ou *citra petita*, a consequência imediata é a decretação da sua nulidade. Tal nulidade pode, inclusive, ser decretada de ofício pelo Tribunal, isto é, estando a causa na segunda instância, o seu reconhecimento pelo Tribunal independe de provocação da parte. Trata-se de entendimento sedimentado na doutrina[58] e na jurisprudência[59].

Nas hipóteses de pedido implícito (art. 322, § 1º, CPC)[60], tais como juros legais, a correção monetária e as verbas de sucumbência, o juiz deverá sobre eles decidir, de modo que não configura violação ao princípio da congruência.

De outro lado, a jurisprudência do STJ é no sentido de que, nos casos de matéria de ordem pública, também poderá o juiz decidir, sem que haja violação ao princípio da congruência. É o que ocorreria, segundo o STJ, com questões relativas a cláusulas abusivas, função social do contrato etc.[61].

10. FATO SUPERVENIENTE

É possível que as circunstâncias fáticas sejam alteradas no curso da demanda.

Se, depois da propositura da ação, algum fato constitutivo, modificativo ou extintivo do direito puder influir no julgamento da lide, caberá ao juiz tomá-lo em consideração, de ofício ou a requerimento da parte, no momento de proferir a sentença (art. 493, CPC). Contudo, para que o juiz adote essa providência, deverá respeitar o contraditório, intimando-se as partes para se manifestarem.

11. EFEITOS DA SENTENÇA

A sentença produz efeitos principais e, também, efeitos anexos ou secundários.

---

58 WAMBIER, Teresa Arruda. *Nulidades do processo e da sentença*. 5. ed. São Paulo: Revista dos Tribunais, 2004. p. 319.

59 "**A nulidade da sentença *citra petita* pode ser decretada de ofício pelo Tribunal de origem, sendo desnecessária a prévia oposição dos Embargos de Declaração**" (STJ, AgRg no REsp 437.877/DF, Rel. Min. Herman Benjamin, Segunda Turma, julgado em 4-11-2008, *DJe* 9-3-2009).

60 CPC: "Art. 322. O pedido deve ser certo. § 1º Compreendem-se no principal os juros legais, a correção monetária e as verbas de sucumbência, inclusive os honorários advocatícios".

61 "**É que: 'A regra da congruência (ou correlação) entre pedido e sentença (CPC, 128 e 460) é decorrência do princípio dispositivo. Quando o juiz tiver de decidir independentemente de pedido da parte ou interessado, o que ocorre, por exemplo, com as matérias de ordem pública, não incide a regra da congruência. Isso quer significar que não haverá julgamento *extra*, *infra* ou *ultra petita* quando o juiz ou tribunal pronunciar-se de ofício sobre referidas matérias de ordem pública. Alguns exemplos de matérias de ordem pública: a) substanciais: cláusulas contratuais abusivas (CDC, 1º e 51); cláusulas gerais (CC 2035 par. ún.) da função social do contrato (CC 421), da função social da propriedade (CF art. 5º XXIII e 170 III e CC 1228, § 1º), da função social da empresa (CF 170; CC 421 e 981) e da boa-fé objetiva (CC 422); simulação de ato ou negócio jurídico (CC 166, VII e 167); b) processuais: condições da ação e pressupostos processuais (CPC 3º, 267, IV e V; 267, § 3º; 301, X; 30, § 4º); incompetência absoluta (CPC 113, § 2º); impedimento do juiz (CPC 134 e 136); preliminares alegáveis na contestação (CPC 301 e § 4º); pedido implícito de juros legais (CPC 293), juros de mora (CPC 219) e de correção monetária (L 6899/81; TRF-4ª 53); juízo de admissibilidade dos recursos (CPC 518, § 1º** [...]' (Nelson Nery Júnior e Rosa Maria de Andrade Nery, in "Código de Processo Civil Comentado e Legislação Extravagante", 10ª ed., Ed. Revista dos Tribunais, São Paulo, 2007, p. 669). [...] Acórdão submetido ao regime do artigo 543-C, do CPC, e da Resolução STJ 08/2008" (STJ, REsp 1112524/DF, Rel. Min. Luiz Fux, Corte Especial, julgado em 1º-9-2010, *DJe* 30-9-2010).

Efeitos principais são os efeitos da sentença que decorrem do seu conteúdo, que foi delimitado pelo pedido da parte.

Efeitos anexos ou secundários são os efeitos que decorrem da lei diretamente, não importando o que foi determinado na sentença, tampouco o que foi postulado pela parte.

Por exemplo, se o autor der causa à extinção do processo por abandono processual por três vezes, haverá perempção (efeito anexo).

Outro exemplo de efeito anexo ou secundário é a hipoteca judiciária, prevista no art. 495 do CPC. Com efeito, a existência de uma sentença já é causa para que o juiz determine a inscrição da hipoteca judiciária, na forma da Lei de Registros Públicos.

12. INALTERABILIDADE DA SENTENÇA PELO JUIZ

Após o juiz proferir a sentença e publicá-la (ato do juiz que entrega a sentença para o escrivão ou diretor de secretaria, tornando-a pública), não pode mais ser por ele alterada, salvo para corrigir erro material ou erro de cálculo (art. 494, inc. I, CPC) ou em embargos de declaração (art. 494, inc. II, CPC), ou, ainda, nos recursos em que é admitido o juízo de retratação (art. 331, *caput*; art. 332, § 3º; art. 485, § 7º; e art. 1.018, § 1º, CPC).

13. ESPECIFICIDADES DA TUTELA JURISDICIONAL

Tutela jurisdicional significa proteção conferida pela jurisdição, a qual é efetivada no processo.

13.1. Tutela jurisdicional diferenciada

A tutela jurisdicional diferenciada é toda a tutela jurisdicional que é exercida por procedimento diverso do comum. Sempre que houver procedimento especial para a tutela do direito material, haverá tutela diferenciada.

Assim, por exemplo, existe tutela jurisdicional diferenciada nos procedimentos da ação possessória, da ação civil pública, da ação de divisão e demarcação de terras etc.

13.2. Tutela específica e tutela pelo equivalente em dinheiro

A **tutela específica** objetiva conceder à parte exatamente o bem da vida a que ela tem direito.

A **tutela pelo equivalente em dinheiro** visa a reparar o dano sofrido pela parte, ou mesmo o bem que lhe foi despojado, convertendo-se a reparação em pecúnia, por não ser possível a reparação *in natura*.

O CPC privilegia a tutela específica. Com efeito, o art. 497 prevê que "na ação que tenha por objeto a prestação de fazer ou de não fazer, o juiz, se procedente o pedido, concederá a tutela específica ou determinará providências que assegurem a obtenção de tutela pelo resultado prático equivalente". De outro lado, o art. 499 estabelece que "a obrigação somente será convertida em perdas e danos se o autor o requerer ou se impossível a tutela específica ou a obtenção de tutela pelo resultado prático equivalente".

13.3. Tutela preventiva e tutela repressiva

A tutela preventiva destina-se a prevenir ou a impedir o ilícito ou o dano, enquanto a tutela repressiva tem por objetivo reparar o dano já ocorrido.

13.4. Tutela inibitória e tutela da remoção do ilícito[62]

A **tutela inibitória** é a que se destina a impedir a prática, a repetição ou a continuação do ilícito. Por exemplo, a tutela jurisdicional destinada a determinar que um determinado estabelecimento industrial pare de emitir gases tóxicos em percentuais não admitidos por lei. Observe-se que, enquanto os gases tóxicos estão sendo lançados no meio ambiente, a indústria está praticando ilícito.

A **tutela de remoção do ilícito**, como o próprio nome indica, dirige-se a remover os efeitos de uma ação ilícita que já ocorreu. É o caso, por exemplo, da tutela jurisdicional destinada a impor que determinada empresa remova o lixo tóxico ou radioativo despejado em local inapropriado. O ilícito já ocorreu, sendo que os seus efeitos se protraem no tempo.

O CPC acolhe expressamente essa classificação, bem como confere especial valor às tutelas inibitórias e de remoção do ilícito. Com efeito, o art. 497, parágrafo único, do Código Processual prevê que "para a concessão da tutela específica destinada a inibir a prática, a reiteração ou a continuação de um ilícito, ou a sua remoção, é irrelevante a demonstração da ocorrência de dano ou da existência de culpa ou dolo".

14. ÔNUS DA SUCUMBÊNCIA

14.1. Condenação ao pagamento das despesas processuais e dos honorários advocatícios: sucumbência e causalidade

Na sentença, além de decidir os pedidos, o juiz também deve fixar os ônus de sucumbência, isto é, dizer quem deve arcar com as custas do processo e com os honorários advocatícios sucumbenciais.

Como regra, o julgador deverá condenar o vencido a pagar as despesas processuais, bem como os honorários advocatícios, nos termos do art. 82, § 2º, e art. 85 do CPC. Assim, regra geral, aplica-se o **princípio da sucumbência** para a fixação dos ônus sucumbenciais.

É possível, entretanto, que tenha sido a parte vencedora quem deu causa à ação. Neste caso, quem deve ser responsabilizado pelo pagamento dos ônus sucumbenciais, a parte vencida ou aquele que deu causa à ação?

---

62 Para aprofundar o tema, é de grande valia a consulta da obra de Luiz Guilherme Marinoni: *Tutela inibitória:* individual e coletiva. 5. ed. São Paulo: Revista dos Tribunais, 2012.

A esse respeito, a doutrina e a jurisprudência são pacíficas no sentido de que deve ser aplicado o **princípio da causalidade**, que complementa o princípio da sucumbência[63]. Isto é, deverá ser condenado a pagar as custas processuais e os honorários advocatícios aquele que deu causa à demanda.

É o que ocorre, por exemplo, quando a parte ré, após a propositura de ação de cobrança, efetua o pagamento da integralidade da dívida ao autor. Ou quando, após ajuizada a busca e apreensão de veículo alienado fiduciariamente, o réu paga a integralidade da dívida. Nesses casos, o juiz proferirá sentença sem resolução do mérito, por perda do objeto (falta de interesse processual superveniente ou ulterior), na forma do art. 485, inc. VI, do CPC, mas foi o réu quem deu causa à ação, pelo inadimplemento. Logo, nesses exemplos, é o réu quem deverá arcar com os ônus sucumbenciais, pelo princípio da causalidade.

Para as hipóteses de perda do objeto, o art. 85, § 10, do CPC prevê expressamente que se aplica o princípio da causalidade[64].

Contudo, a aplicação do princípio da causalidade não se restringe apenas aos casos de perda do objeto. Por exemplo, no caso de embargos de terceiro, a jurisprudência é pacífica no sentido de que, se o exequente/embargado não apresentar contestação, não poderá ser condenado aos ônus sucumbenciais, se não deu causa aos embargos (p. ex., se foi o embargante que não promoveu o registro da promessa de compra e venda, impedindo que o exequente/embargado conhecesse essa situação antes de propor a medida executiva de constrição desse bem)[65]. Nesse sentido, aliás, a Súmula 303/STJ estabelece que, "em embargos de terceiro, quem deu causa à constrição indevida deve arcar com os honorários advocatícios".

14.2. Despesas processuais

Se a parte não for beneficiária da gratuidade judiciária, deverá antecipar o pagamento das despesas dos atos que realizar ou requerer durante o processo, desde o início até a sentença final ou, na execução, até o seu término (art. 82, CPC).

Na sentença, **o juiz deverá condenar o vencido ou aquele que deu causa à ação a pagar à outra parte as despesas que antecipou**. Ao contrário dos honorários

---

63 "Nos termos da jurisprudência do STJ, a condenação em honorários advocatícios pauta-se pelo princípio da causalidade, de modo que somente aquele que deu causa à demanda ou ao incidente processual é quem deve arcar com as despesas deles decorrentes" (STJ, REsp 1778973/MG, Rel. Ministro Herman Benjamin, Segunda Turma, julgado em 6-12-2018, *DJe* 19-12-2018).

64 CPC: "Art. 85 [...] § 10. Nos casos de perda do objeto, os honorários serão devidos por quem deu causa ao processo".

65 "Segundo a jurisprudência desta Corte, firmada no rito dos recursos repetitivos 'Nos Embargos de Terceiro cujo pedido foi acolhido para desconstituir a constrição judicial, os honorários advocatícios serão arbitrados com base no princípio da causalidade, responsabilizando-se o atual proprietário (embargante), se este não atualizou os dados cadastrais. Os encargos de sucumbência serão suportados pela parte embargada, porém, na hipótese em que esta, depois de tomar ciência da transmissão do bem, apresentar ou insistir na impugnação ou recurso para manter a penhora sobre o bem cujo domínio foi transferido para terceiro' (REsp 1452840/SP, Rel. Ministro HERMAN BENJAMIN, PRIMEIRA SEÇÃO, julgado em 14-9-2016, *DJe* 5-10-2016)" (STJ, AgInt no AREsp 982.664/SP, Rel. Ministra MARIA ISABEL GALLOTTI, QUARTA TURMA, julgado em 10-4-2018, *DJe* 17-4-2018).

advocatícios sucumbenciais, **as despesas processuais deverão ser reembolsadas à parte que as pagou**.

Essas despesas abrangem não somente as custas dos atos do processo, mas também eventualmente a indenização de viagem da outra parte ou testemunhas, a remuneração do assistente técnico, a diária de testemunha, dentre outras[66].

14.3. A questão dos honorários advocatícios sucumbenciais – a desnaturalização da questão

No princípio, o que remunerava os advogados eram os honorários advocatícios contratuais, que eles estabeleciam com os seus clientes, em torno de 5% a 20% do valor da condenação, ou em valor fixo, quando não fosse o caso de tutela condenatória.

O CPC/1973 (art. 20) estabelecia que a parte vencida no processo deveria, além de pagar a obrigação principal, ainda reembolsar a parte vencedora de todas as despesas processuais que teve, incluindo honorários advocatícios e custas processuais. Tal norma estava de acordo com o princípio da efetividade do processo, que determina que aquele que alega ter um direito deve receber, pelo processo, tudo aquilo a que tenha direito de conseguir. Deveria se restabelecer o *status quo ante*, de modo que todo o seu direito deveria ser reparado, razão pela qual, eventuais despesas com o processo também deveriam ser reembolsadas.

Assim, como consectário da sucumbência, a parte perdedora, além de ser compelida a pagar a obrigação principal, deveria ainda reembolsar a parte vencedora de todas as despesas processuais que esta teve, incluindo as custas processuais e os honorários advocatícios que esta pagou para o seu advogado. Portanto, os honorários advocatícios sucumbenciais serviam para impor que a parte perdedora reembolsasse a parte vencedora pelo do valor que teve de pagar para o seu advogado. Com isso, a parte vencedora recebia tudo a que tinha direito, sendo ainda reembolsada das despesas que teve com o processo.

Contudo, na praxe, os advogados começaram a estabelecer em seus contratos com os seus clientes que os honorários advocatícios sucumbenciais seriam destinados ao advogado, e não da parte. Com isso, a parte vencedora já deixaria de receber tudo a que tinha direito, pois teria de abater do que ganhou na ação os honorários contratuais para o seu advogado (não reembolsados, porque os honorários sucumbenciais seriam do advogado)[67].

66 CPC: "Art. 84. As despesas abrangem as custas dos atos do processo, a indenização de viagem, a remuneração do assistente técnico e a diária de testemunha".

67 Sobre o tema, vide artigo de Atalá Correia, ao debater o art. 404 do Código Civil: "Ao longo do tempo e mesmo antes do atual estatuto da OAB, a jurisprudência subverteu a lógica desse raciocínio, estipulando que os honorários de sucumbência não eram da parte, mas do próprio advogado. Com isso, os advogados passaram a fazer jus aos honorários contratuais e também aos honorários de êxito. Alguns mantiveram a prática de abater dos honorários contratuais aquilo que recebessem pelo êxito, o que, de fato, beneficiava seus clientes e possibilitava uma compensação indireta. Outros, no entanto, passaram simplesmente a cumular as duas remunerações, como lhes foi assegurado pela jurisprudência e por lei, mas seus clientes ficavam sem o reembolso dos honorários contratuais" (CORREIA, Atalá. Reaver valor gasto com honorários advocatícios contratuais ainda gera dúvida. In: CONJUR. Disponível em: <http://www.conjur.com.br/2015-dez-07/direito-civil-atual-reaver-gastos-honorarios-advocaticios-contratuais-gera-duvida>. Acesso em: 4-2-2016).

O Estatuto da OAB (Lei n. 8.906/1994) estabeleceu, então, no seu art. 23, que os honorários advocatícios sucumbenciais seriam do advogado e não da parte[68].

Em razão disso, muitos juízes passaram a fixar valor de honorários advocatícios em percentual menor que o limite de 10% a 20% (estabelecido pelo art. 20, § 3º, do CPC/1973), já que os advogados já eram remunerados pelos honorários contratuais que estabeleciam com a parte que patrocinavam no processo.

Ocorria que, por diversas vezes, os juízes acabavam fixando honorários advocatícios irrisórios, o que gerava um descontentamento geral dos advogados.

O CPC estabelece que, além dos honorários contratuais, os advogados fazem jus aos honorários sucumbenciais, os quais possuem natureza alimentar[69] e não estão sujeitos à compensação em caso de sucumbência parcial. Além disso, atendendo ao interesse de classe dos advogados, o CPC estabelece parâmetros bem mais altos e de forma mais rígida. Assim, se antes se permitia que o juiz acabasse fixando honorários sucumbenciais irrisórios, o que realmente afrontava a advocacia, com o CPC, os honorários podem passar a ser exorbitantes, o que pode gerar grande prejuízo para a parte sucumbente, como adiante se demonstrará.

14.4. Honorários advocatícios: arbitramento, possibilidades e limites

A uma primeira vista, **o CPC estabelece limites mínimo e máximo mais rígidos para o julgador**.

Com efeito, o art. 85, § 2º, do CPC prevê que os honorários advocatícios deverão ser **fixados entre 10% e 20% sobre o valor da condenação**, do **proveito econômico obtido** ou, não sendo ele mensurável, sobre o **valor atualizado da causa**.

A atualização do valor da causa (última hipótese) deverá ocorrer segundo os índices de correção monetária estabelecidos no programa de atualização financeira do CNJ[70], previsto no art. 509, § 3º, do CPC[71].

No caso de sucumbência recíproca (parcial procedência dos pedidos), o percentual de honorários deve considerar o proveito econômico obtido, ou seja, para o autor, aquilo que ganhou com a ação, e, para o réu, aquilo que deixou de perder, considerando a totalidade da pretensão do autor[72].

---

68 CPC: "Art. 23. Os honorários incluídos na condenação, por arbitramento ou sucumbência, pertencem ao advogado, tendo este direito autônomo para executar a sentença nesta parte, podendo requerer que o precatório, quando necessário, seja expedido em seu favor".

69 A natureza alimentar dos honorários já havia sido consagrada pela Súmula Vinculante 47 do STF: "**Os honorários advocatícios incluídos na condenação ou destacados do montante principal devido ao credor consubstanciam verba de natureza alimentar cuja satisfação ocorrerá com a expedição de precatório ou requisição de pequeno valor, observada ordem especial restrita aos créditos dessa natureza**".

70 Enunciado 17 da ENFAM: "Para apuração do 'valor atualizado da causa' a que se refere o art. 85, § 2º, do CPC/2015, deverão ser utilizados os índices previstos no programa de atualização financeira do CNJ a que faz referência o art. 509, § 3º".

71 CPC: "Art. 509 [...] § 3º O Conselho Nacional de Justiça desenvolverá e colocará à disposição dos interessados programa de atualização financeira".

72 Enunciado 14 da ENFAM: "Em caso de sucumbência recíproca, deverá ser considerada proveito econômico do réu, para fins do art. 85, § 2º, do CPC/2015, a diferença entre o que foi pleiteado pelo autor e o que foi concedido, inclusive no que se refere às condenações por danos morais".

De outro lado, quando a Fazenda Pública for parte, a fixação dos honorários advocatícios deverá obedecer aos seguintes parâmetros (art. 85, § 3º, CPC):

> I – mínimo de dez e máximo de vinte por cento sobre o valor da condenação ou do proveito econômico obtido até 200 (duzentos) salários mínimos;
>
> II – mínimo de oito e máximo de dez por cento sobre o valor da condenação ou do proveito econômico obtido acima de 200 (duzentos) salários mínimos até 2.000 (dois mil) salários mínimos;
>
> III – mínimo de cinco e máximo de oito por cento sobre o valor da condenação ou do proveito econômico obtido acima de 2.000 (dois mil) salários mínimos até 20.000 (vinte mil) salários mínimos;
>
> IV – mínimo de três e máximo de cinco por cento sobre o valor da condenação ou do proveito econômico obtido acima de 20.000 (vinte mil) salários mínimos até 100.000 (cem mil) salários mínimos;
>
> V – mínimo de um e máximo de três por cento sobre o valor da condenação ou do proveito econômico obtido acima de 100.000 (cem mil) salários mínimos.

Para aplicação desses parâmetros, "a fixação do percentual de honorários deve observar a faixa inicial e, naquilo que a exceder, a faixa subsequente, e assim sucessivamente" (art. 85, § 5º, CPC).

Na hipótese de cumprimento de sentença contra a Fazenda Pública que enseje expedição de precatório, não haverá fixação de honorários advocatícios quando não for oposta impugnação (art. 85, § 7º, CPC).

Os limites e os critérios acima estabelecidos devem ser mantidos independentemente de qual seja o conteúdo da decisão, inclusive nos casos de processos mais simples, como nos casos de improcedência ou de sentença sem resolução de mérito (art. 85, § 6º, CPC).

Observa-se, assim, que o CPC estabelece parâmetros extremamente rígidos para a fixação dos honorários. **Pelo texto legal, a fixação de honorários por apreciação equitativa somente seria possível "nas causas em que for inestimável ou irrisório o proveito econômico ou, ainda, quando o valor da causa for muito baixo"** (art. 85, § 8º, CPC), mas não naqueles em que o valor seja excessivamente alto.

Dentro das margens estabelecidas acima, para a fixação do valor dos honorários advocatícios, o juiz deverá analisar (art. 85, § 2º, CPC): "I – o grau de zelo do profissional; II – o lugar de prestação do serviço; III – a natureza e a importância da causa; IV – o trabalho realizado pelo advogado e o tempo exigido para o seu serviço".

De acordo com o CPC (art. 85, § 1º), o juiz deverá fixar **honorários advocatícios sucumbenciais nas seguintes ações e incidentes**: a) na **reconvenção**; b) no **cumprimento de sentença, provisório**[73] **ou no definitivo**; c) na **execução, resistida ou não**; d) **nos recursos interpostos, cumulativamente**.

---

73 Nesse sentido, também prevê o art. 520, § 2º, do CPC: "Art. 520. [...] § 2º A multa e os honorários a que se refere o § 1º do art. 523 são devidos no cumprimento provisório de sentença condenatória ao pagamento de quantia certa".

Assim, a cada novo recurso deve haver fixação de novos honorários advocatícios sucumbenciais, que se agregarão de forma cumulativa com os já anteriormente fixados, **não podendo ultrapassar o percentual total de 20%** (art. 85, § 11, CPC)[74].

Contudo, não deverá haver a majoração de honorários sucumbenciais nas hipóteses de recursos interpostos para a mesma instância que proferiu a decisão recorrida[75].

Caso o recurso seja interposto contra decisão em que não há fixação de honorários advocatícios, também não há que se falar em fixação de honorários advocatícios em grau recursal. Isso porque o art. 85, § 11, do CPC estabelece que "o tribunal, ao julgar recurso, majorará os honorários fixados anteriormente", ou seja, somente há o estabelecimento de honorários em grau recursal se estes já foram fixados anteriormente. Assim, por exemplo, se é interposto agravo de instrumento contra decisão interlocutória que defere a tutela antecipada, não devem ser fixados honorários advocatícios em grau recursal (no julgamento do agravo de instrumento), já que não há honorários advocatícios na decisão de primeira instância. Da mesma forma, não cabe fixação de honorários advocatícios em grau recursal (apelação, REsp, RE etc.) quando o recurso se refere a sentença de mandado de segurança e decisões posteriores de tribunal, já que, nesta ação constitucional, é incabível a fixação de honorários advocatícios. Esse foi o entendimento sedimentado no âmbito do STF e dos demais tribunais[76].

14.5. Percentual de honorários, majoração e redução em casos especiais

O próprio CPC/2015 estabelece outros percentuais de honorários, bem como hipóteses de redução e majoração.

Na hipótese de **correção do polo passivo por vício de ilegitimidade**, o juiz deverá condenar o autor a pagar, além das despesas processuais, honorários advocatícios ao procurador do réu excluído, que, neste caso, deverão ser fixados entre **3% e 5% do valor da causa** ou, sendo este irrisório, de forma equitativa (art. 338, parágrafo único, CPC[77]).

---

74 CPC: "Art. 85 [...] § 11. O tribunal, ao julgar recurso, majorará os honorários fixados anteriormente levando em conta o trabalho adicional realizado em grau recursal, observando, conforme o caso, o disposto nos §§ 2º a 6º, sendo vedado ao tribunal, no cômputo geral da fixação de honorários devidos ao advogado do vencedor, ultrapassar os respectivos limites estabelecidos nos §§ 2º e 3º para a fase de conhecimento".

75 Enunciado 16 da ENFAM: "Não é possível majorar os honorários na hipótese de interposição de recurso no mesmo grau de jurisdição (art. 85, § 11, do CPC/2015)".

76 "RECURSO – HONORÁRIOS ADVOCATÍCIOS. **Descabe a fixação de honorários recursais, preconizados no artigo 85, § 11 do Código de Processo Civil de 2015, quando tratar-se de extraordinário formalizado no curso de processo cujo rito os exclua**" (STF, ARE 948578 AgR, Rel. Min. Marco Aurélio, Primeira Turma, julgado em 21-6-2016, processo eletrônico *DJe*-163 divulgado em 3-8-2016 publicado em 4-8-2016). No mesmo sentido: "**Inaplicável o art. 85, § 11, do CPC/2015, uma vez que não é cabível, na hipótese, condenação em honorários advocatícios (art. 25, Lei n. 12.016/2009 e Súmula 512/STF)**" (STF, ARE 971033 AgR, Rel. Min. Roberto Barroso, Primeira Turma, julgado em 7-10-2016, processo eletrônico *DJe*-227 divulgado em 24-10-2016 publicado em 25-10-2016).

77 CPC: "Art. 338. Alegando o réu, na contestação, ser parte ilegítima ou não ser o responsável pelo prejuízo invocado, o juiz facultará ao autor, em 15 (quinze) dias, a alteração da petição inicial para substituição do réu. Parágrafo único. Realizada a substituição, o autor reembolsará as despesas e pagará os honorários ao procurador do réu excluído, que serão fixados entre três e cinco por cento do valor da causa ou, sendo este irrisório, nos termos do art. 85, § 8º".

No **cumprimento de sentença**, definitivo ou provisório, o juiz deverá fixar, além da multa, honorários advocatícios no **percentual fixo de 10%** (art. 523, § 1º, CPC[78]). No entanto, caso o **réu, antes de ser intimado para o cumprimento de sentença**, voluntariamente compareça em Juízo e efetue o **depósito judicial do valor devido, não será aplicada a multa nem incidirão os honorários advocatícios**. Se depositar valor menor que o devido, a multa e os honorários incidirão somente sobre o valor da diferença ainda devida[79].

Na **ação monitória**, o juiz deverá fixar os honorários advocatícios em 5% do valor da causa. Contudo, se o réu, após citado, efetivar o pagamento no prazo legal (15 dias), ficará **isento apenas das custas processuais** (art. 701, § 1º, CPC). Assim, o CPC/2015 não repete a regra do CPC/1973, que previa, como benefício pelo pagamento voluntário, a isenção de custas e honorários[80].

Na **execução de título executivo extrajudicial por quantia certa**, o juiz, ao despachar a inicial, deverá fixar de plano os **honorários advocatícios de 10%**, a serem pagos pelo executado. Caso a parte ré **pague o valor integral do débito no prazo de 3 dias**, os **honorários advocatícios serão reduzidos pela metade**. O valor dos honorários poderá ser majorado até 20%, ao final do procedimento executivo, considerando a existência ou não de embargos e o trabalho realizado pelo advogado do exequente (art. 827, *caput* e §§ 1º e 2º, CPC[81]).

14.6. Análise crítica

Se, de um lado, antes havia, por vezes, certo abuso do Judiciário em fixar honorários advocatícios em valores irrisórios, com o CPC/2015, o problema passa a ser inverso, ou seja, parece haver certa exorbitância.

Aliás, isso tem levado, inclusive, vários juristas a dizer que o CPC/2015 é o "Novo Estatuto da OAB"[82].

---

78 CPC: "Art. 523. No caso de condenação em quantia certa, ou já fixada em liquidação, e no caso de decisão sobre parcela incontroversa, o cumprimento definitivo da sentença far-se-á a requerimento do exequente, sendo o executado intimado para pagar o débito, no prazo de 15 (quinze) dias, acrescido de custas, se houver. § 1º Não ocorrendo pagamento voluntário no prazo do *caput*, o débito será acrescido de multa de dez por cento e, também, de honorários de advogado de dez por cento".

79 CPC: "Art. 526. É lícito ao réu, antes de ser intimado para o cumprimento da sentença, comparecer em juízo e oferecer em pagamento o valor que entender devido, apresentando memória discriminada do cálculo. [..] § 2º Concluindo o juiz pela insuficiência do depósito, sobre a diferença incidirão multa de dez por cento e honorários advocatícios, também fixados em dez por cento, seguindo-se a execução com penhora e atos subsequentes".

80 CPC: "Art. 701. Sendo evidente o direito do autor, o juiz deferirá a expedição de mandado de pagamento, de entrega de coisa ou para execução de obrigação de fazer ou de não fazer, concedendo ao réu prazo de 15 (quinze) dias para o cumprimento e o pagamento de honorários advocatícios de cinco por cento do valor atribuído à causa. § 1º O réu será isento do pagamento de custas processuais se cumprir o mandado no prazo".

81 CPC: "Art. 827. Ao despachar a inicial, o juiz fixará, de plano, os honorários advocatícios de dez por cento, a serem pagos pelo executado. § 1º No caso de integral pagamento no prazo de 3 (três) dias, o valor dos honorários advocatícios será reduzido pela metade. § 2º O valor dos honorários poderá ser elevado até vinte por cento, quando rejeitados os embargos à execução, podendo a majoração, caso não opostos os embargos, ocorrer ao final do procedimento executivo, levando-se em conta o trabalho realizado pelo advogado do exequente".

82 "Novo CPC é o Estatuto da Advocacia parte II", diz presidente da OAB. Disponível em: <http://www.oab.org.br/noticia/28785/novo-cpc-e-o-estatuto-da-advocacia-parte-ii-diz-presidente-da-oab>. Acesso em: 27-10-2015.

Para alguns, isso implica a valorização da advocacia. Contudo, somente o futuro poderá dizer se realmente essas mudanças serão boas para a advocacia e para a sociedade. Isto é, as inovações legislativas sobre os honorários somente podem ser interpretadas com base na realidade vivencial e é esta quem dirá se a alteração foi positiva ou não tanto para os advogados quanto para a sociedade.

De um lado, é certo que a classe da advocacia deve ser extremamente valorizada, na medida em que, sem essa importante atividade, a grande maioria das demandas não chegaria ao Judiciário. E também é insofismável que a melhor remuneração dos advogados contribui para que esses profissionais sejam mais valorizados e, com isso, prestem um serviço cada vez melhor para os seus clientes e, em geral, para a sociedade. De outro lado, o engessamento dos parâmetros de fixação dos limites mínimo e máximo dos honorários advocatícios sucumbenciais talvez não seja bom nem para os advogados, nem para a Justiça, e muito menos para as partes, com quem o CPC/2015 deveria ter mais preocupação.

Em primeiro lugar, é possível observar que atualmente o maior óbice econômico ao acesso à Justiça é a probabilidade de condenação em honorários advocatícios sucumbenciais. Quando os juízes deferem o benefício da gratuidade judiciária para a parte, analisam se ela teria condições de pagar as despesas do processo sem comprometer a sua subsistência. Contudo, essa análise não engloba apenas as custas processuais – que em geral, são de valor muito baixo –, mas as possibilidades de que uma das partes seja condenada a pagar os honorários advocatícios sucumbenciais, que podem chegar até 20% do valor da condenação. É em razão do valor dos honorários advocatícios sucumbenciais que os juízes aumentam o parâmetro de renda da parte para analisar se concedem ou não a gratuidade judiciária, pois é isso que pode fazer com que as despesas processuais tornem inviável o acesso das partes ao Judiciário sem esse benefício legal.

Além disso, considerando que o CPC prevê que os honorários sucumbenciais devem ser fixados em cada fase recursal e, ainda, na fase de cumprimento de sentença, é factualmente possível que os honorários advocatícios sucumbenciais cheguem a valores absurdos (imagine-se uma ação em que houve julgamento de sentença, julgamento de recurso no tribunal de segunda instância, no STJ e no STF, e cumprimento de sentença). De outro lado, se levado em consideração o mesmo cálculo, a parte vencedora da ação receberia em torno de 80% a 90% do valor que tem direito, pois se devem descontar os honorários contratuais que terá de pagar, e em relação aos quais não será reembolsada. Isso mostra que, em verdade, o processo judicial não é algo interessante nem para a parte vencedora, que não recebe tudo que tem direito (pois terá de desembolsar honorários advocatícios contratuais que não lhe serão ressarcidos), muito menos para a parte perdedora (que terá de desembolsar o valor devido, acrescido de juros moratórios e correção monetária, além de honorários sucumbenciais).

Portanto, a prevalecer os limites rígidos de fixação de honorários advocatícios sucumbenciais, talvez possa haver uma distorção da própria função judicial. De um lado, poderá prejudicar sobremaneira ambas as partes do processo, em benefício do advogado; de outro, poderá haver um desvirtuamento do instituto da gratuidade judiciária pelos juízes, que concederão tal benefício indiscriminadamente.

Com isso, observe-se que a problemática pode gerar uma desigualdade ainda maior dentro da própria classe da advocacia, na medida em que os advogados de escritórios menores ficarão com causas em que a gratuidade judiciária é concedida, e grandes escritórios de advocacia ficarão com aquelas grandes disputas, entre grandes empresas, ou entre estas e o Estado.

De outro lado, poderia se afirmar que a fixação de honorários sucumbenciais no julgamento de cada recurso pode ter um efeito positivo para o processo, consistente numa avaliação maior da parte sobre a possibilidade de sucesso no recurso, pois, caso ele seja improvido, o valor do seu prejuízo poderá ser ainda maior. Ocorre que a avaliação sobre o custo-benefício de recorrer é feita pelo advogado, que orienta o seu cliente. E é nesse ponto que o CPC/2015 pode ter estabelecido uma inovação contrária ao que deveria ter feito. Caso se pense no interesse próprio do advogado (é claro que não se pode considerar que os advogados pensarão assim, mas essa é uma variável que deve ser considerada), os recursos seriam estimulados por essa nova forma de disciplinamento dos honorários, haja vista que, uma vez recorrendo, o advogado só teria a ganhar, pois, se provido o recurso, os seus honorários são majorados e, caso improvido, é o seu cliente quem perde (com a fixação de honorários para a outra parte).

Por todas essas razões, propõe-se que: a) as regras que estabelecem limites mínimo e máximo de percentuais a título de honorários devem guiar o julgador; b) quando observar que os honorários advocatícios atingem valor excessivamente elevado, o juiz pode fixar os honorários advocatícios sucumbenciais equitativamente, em nome do princípio da proporcionalidade. O que não se admite é que fixe honorários advocatícios irrisórios, como muitas vezes acabava acontecendo antes do CPC/2015. Com essa interpretação, talvez o instituto da gratuidade da justiça não seja desvirtuado para aplicação em toda e qualquer hipótese, pois deve incidir somente quando a pessoa seja realmente pobre.

14.7. Questões peculiares

Caso o demandante não requeira a condenação da parte contrária ao pagamento de honorários advocatícios, estes devem ser considerados como pedido implícito, razão pela qual, ainda assim, devem ser fixados em sentença. Nesse sentido, o art. 322, § 1º, do CPC[83].

Na hipótese de sucumbência recíproca, as despesas processuais serão distribuídas proporcionalmente entre as partes. Entretanto, se uma das partes sucumbir em parte mínima, o outro deverá ser condenado a pagar a integralidade das despesas processuais e dos honorários advocatícios (art. 86, CPC[84]).

De acordo com o art. 85, § 14, do CPC, no caso de sucumbência recíproca, é expressamente vedada a compensação de honorários[85]. Nessa situação, por uma interpretação literal, cada parte deverá pagar ao advogado da outra os honorários advocatícios.

83 CPC: "Art. 322. O pedido deve ser certo. § 1º Compreendem-se no principal os juros legais, a correção monetária e as verbas de sucumbência, inclusive os honorários advocatícios".

84 CPC: "Art. 86. Se cada litigante for, em parte, vencedor e vencido, serão proporcionalmente distribuídas entre eles as despesas. Parágrafo único. Se um litigante sucumbir em parte mínima do pedido, o outro responderá, por inteiro, pelas despesas e pelos honorários".

85 CPC: "Art. 85 [...] § 14. Os honorários constituem direito do advogado e têm natureza alimentar, com os mesmos privilégios dos créditos oriundos da legislação do trabalho, sendo vedada a compensação em caso de sucumbência parcial".

Se forem sucumbentes partes que litigam em litisconsórcio ativo ou passivo, os vencidos respondem proporcionalmente pelas despesas processuais e pelos honorários advocatícios. Todavia, se o juiz não distribuir a responsabilidade proporcional de cada um, os vencidos responderão solidariamente pelas despesas processuais e pelos honorários (art. 87, CPC[86]).

Os honorários advocatícios também são devidos quando o advogado atua em causa própria (art. 85, § 17, CPC).

Na **ação de desapropriação**, "a base de cálculo dos honorários de advogado em desapropriação é a diferença entre a oferta e a indenização, corrigidas ambas monetariamente" (**Súmula 617** do STF).

No **mandado de segurança**, não se admite a fixação de honorários advocatícios. O juiz deve condenar o impetrado apenas nas custas processuais. É o que está previsto no art. 25 da Lei n. 12.016/2009, na Súmula 105 do STJ[87] e na Súmula 512 do STF[88].

Na **ação de indenização por dano moral**, o valor pleiteado pelo autor é meramente estimativo. Assim, por exemplo, se o autor postula, a título de indenização por dano moral, R$ 10.000,00, mas o juiz fixa o valor de R$1.000,00, é caso de procedência, devendo o réu arcar com a totalidade dos ônus sucumbenciais. Nesse sentido, a Súmula 326 do STJ: "Na ação de indenização por dano moral, a condenação em montante inferior ao postulado na inicial não implica sucumbência recíproca".

Quando uma parte é representada pela **Defensoria Pública** e a outra parte é o **ente público** ao qual pertence o órgão da Defensoria Pública, existe **confusão**, razão pela qual não serão devidos honorários advocatícios à Defensoria. Nesse sentido, a Súmula 421 do STJ: "Os honorários advocatícios não são devidos à Defensoria Pública quando ela atua contra a pessoa jurídica de direito público à qual pertença".

No caso de ser sucumbente a parte que é beneficiária da **gratuidade judiciária**, o juiz deve condená-la ao pagamento das custas processuais e dos honorários advocatícios. No entanto, deve, ao mesmo tempo, suspender a sua exigibilidade, na forma do art. 98, §§ 2º e 3º, do CPC[89]. Para aprofundar o estudo do tema, vide capítulo próprio referente à gratuidade judiciária.

De outro lado, se o vencedor for beneficiário da gratuidade judiciária, o seu advogado fará jus a honorários advocatícios normalmente, nos termos da **Súmula 450** do STF[90].

---

86 CPC: "Art. 87. Concorrendo diversos autores ou diversos réus, os vencidos respondem proporcionalmente pelas despesas e pelos honorários. § 1º A sentença deverá distribuir entre os litisconsortes, de forma expressa, a responsabilidade proporcional pelo pagamento das verbas previstas no *caput*. § 2º Se a distribuição de que trata o § 1º não for feita, os vencidos responderão solidariamente pelas despesas e pelos honorários".

87 Súmula 105 do STJ: "Na ação de mandado de segurança não se admite condenação em honorários advocatícios".

88 Súmula 512 do STF: "Não cabe condenação em honorários de advogado na ação de mandado de segurança".

89 CPC: "Art. 98 [...] § 2º A concessão de gratuidade não afasta a responsabilidade do beneficiário pelas despesas processuais e pelos honorários advocatícios decorrentes de sua sucumbência. § 3º Vencido o beneficiário, as obrigações decorrentes de sua sucumbência ficarão sob condição suspensiva de exigibilidade e somente poderão ser executadas se, nos 5 (cinco) anos subsequentes ao trânsito em julgado da decisão que as certificou, o credor demonstrar que deixou de existir a situação de insuficiência de recursos que justificou a concessão de gratuidade, extinguindo-se, passado esse prazo, tais obrigações do beneficiário".

90 Súmula 450 do STF: "São devidos honorários de advogado sempre que vencedor o beneficiário de justiça gratuita".

Se a parte for beneficiária da gratuidade judiciária e o recurso por ela interposto versar exclusivamente sobre os honorários advocatícios sucumbenciais fixados em favor do advogado, deverá haver o preparo (recolhimento das custas recursais), salvo se o advogado requerer e lhe for concedida a gratuidade judiciária (art. 98, § 5º, CPC)[91].

No caso de extinção do processo sem resolução do mérito, caso a parte corrija o vício e pretenda propor novamente a demanda, deverá previamente pagar as custas processuais, bem como os honorários advocatícios fixados na sentença terminativa (art. 486, § 2º, CPC)[92].

Os honorários advocatícios são impenhoráveis (art. 833, IV, CPC)[93].

De acordo com a Súmula Vinculante 47 do STF, os honorários advocatícios sucumbenciais constituem verba alimentar, inclusive para fins de pagamento pelo regime de precatório ou requisição de pequeno valor[94].

---

91 CPC: "Art. 98 [...] § 5º Na hipótese do § 4º, o recurso que verse exclusivamente sobre valor de honorários de sucumbência fixados em favor do advogado de beneficiário estará sujeito a preparo, salvo se o próprio advogado demonstrar que tem direito à gratuidade".

92 CPC: "Art. 486. O pronunciamento judicial que não resolve o mérito não obsta a que a parte proponha de novo a ação. [...] § 2º A petição inicial, todavia, não será despachada sem a prova do pagamento ou do depósito das custas e dos honorários de advogado".

93 CPC: "Art. 833. São impenhoráveis: [...] IV – os vencimentos, os subsídios, os soldos, os salários, as remunerações, os proventos de aposentadoria, as pensões, os pecúlios e os montepios, bem como as quantias recebidas por liberalidade de terceiro e destinadas ao sustento do devedor e de sua família, os ganhos de trabalhador autônomo e os honorários de profissional liberal, ressalvado o § 2º".

94 Súmula Vinculante 47 do STF: "Os honorários advocatícios incluídos na condenação ou destacados do montante principal devido ao credor consubstanciam verba de natureza alimentar cuja satisfação ocorrerá com a expedição de precatório ou requisição de pequeno valor, observada ordem especial restrita aos créditos dessa natureza".

CAPÍTULO **XII**

COISA JULGADA

1. CONCEPÇÕES, CARACTERÍSTICAS E DISTINÇÕES

A coisa julgada é um instituto do direito processual que tem estreita ligação com a segurança jurídica. Trata-se de uma garantia constitucional prevista expressamente no art. 5º, inc. XXXVI, da Constituição Federal[1].

Há três principais concepções para definir coisa julgada:

1ª) **coisa julgada é um efeito da sentença** (do elemento declaratório, sendo que apenas ele faria coisa julgada).

2ª) **coisa julgada é a imutabilidade dos efeitos da sentença.**

3ª) **coisa julgada é uma qualidade do conteúdo da sentença.**

O art. 502 do Novo CPC define coisa julgada material como "a autoridade que torna imutável e indiscutível a decisão de mérito não mais sujeita a recurso".

A coisa julgada material representa, assim, a indiscutibilidade da nova situação jurídica criada pela sentença, decorrente da inviabilidade recursal. A coisa julgada é um instituto jurídico criado para concretizar a segurança jurídica, impedindo que as causas sejam rediscutidas indefinidamente. É, inclusive, um direito oponível contra o Estado.

A coisa julgada não se confunde com a sua eficácia, nem com a sua autoridade.

A **autoridade** representa a imposição a todos de um ato de império do Estado. A autoridade da coisa julgada é justificada por dois fundamentos: a) um de natureza política, que representa uma opção, feita pelo Estado, de que, a partir de determinado momento, a sentença deverá se tornar indiscutível, conferindo-se estabilidade a determinada relação jurídica posta à apreciação do Poder Judiciário; b) outro, de natureza jurídica, segundo o qual a sentença vincula as partes não porque é expressão da verdade ou da justiça – embora deva persegui-las –, mas porque o legislador atribui à sentença transitada em julgado o caráter de escolha definitiva e vinculativa[2].

---

1 "Art. 5º [...] XXXVI – a lei não prejudicará o direito adquirido, o ato jurídico perfeito e a coisa julgada."

2 PORTO, Sérgio Gilberto. *Coisa julgada civil*. 3. ed. São Paulo: Revista dos Tribunais, 2006. p. 53.

A **eficácia** é, por sua vez, a qualidade do que é eficaz. A eficácia é a capacidade da sentença de produzir efeitos, através de seus comandos[3].

2. CLASSIFICAÇÃO: COISA JULGADA FORMAL E COISA JULGADA MATERIAL

A coisa julgada é classificada em coisa julgada formal e coisa julgada material.

A **coisa julgada formal** torna a sentença indiscutível no processo em que foi proferida. Ocorre coisa julgada formal quando não cabe mais recurso. Trata-se de um fenômeno endoprocessual, isto é, produz efeitos apenas dentro de determinado processo.

A ocorrência de **coisa julgada material** impede que se rediscuta a demanda julgada tanto no processo em que foi proferida a sentença como também em todo e qualquer processo. Por isso, diz-se que a coisa julgada material produz efeitos endo e panprocessuais.

A coisa julgada formal é um requisito para a coisa julgada material. Por isso, dizer-se que são degraus do mesmo fenômeno.

A **sentença terminativa** – a que extingue o processo sem resolução do mérito – faz **apenas coisa julgada formal**. Assim, projeta efeitos somente para dentro do processo (efeitos endoprocessuais).

A **sentença definitiva** – a que **resolve o mérito** – faz **coisa julgada material**. Por conseguinte, projeta seus efeitos para fora do processo (efeitos panprocessuais).

Para fazer **coisa julgada material**, é preciso que estejam presentes quatro **requisitos**:

a) que se trate de decisão judicial: não há coisa julgada de despacho judicial, nem de decisões administrativas.

b) tenha ocorrido coisa julgada formal.

c) a decisão seja de mérito (definitiva): as decisões terminativas podem fazer apenas coisa julgada formal (indiscutibilidade dentro do próprio processo em que proferidas).

d) a decisão tenha sido proferida em cognição exauriente: decisões provisórias não fazem coisa julgada material, ainda que constem em sentença, pois são proferidas com base em cognição sumária e marcadas pelas características da precariedade e da temporariedade.

Assim, por exemplo, a tutela antecipada e a tutela cautelar não fazem coisa julgada material, pois são tutelas provisórias, proferidas com base em juízo de cognição sumária.

De outro lado, não é somente a sentença de mérito que faz coisa julgada material. Também é possível que decisões interlocutórias, decisões monocráticas de relator e acórdãos de turmas recursais e tribunais façam coisa julgada material, desde que resolvam o mérito de um ou mais pedidos do demandante. Vale dizer, para que tais decisões possam fazer coisa julgada material, é preciso que sejam proferidas com conteúdo previsto no art. 487 do CPC.

Por exemplo, são qualificadas como decisão interlocutória de mérito as proferidas no julgamento antecipado parcial de mérito (art. 356, CPC), que tenham conteúdo de art. 487 do CPC. Também será de mérito a decisão interlocutória proferida no curso da

3 PORTO, Sérgio Gilberto. *Coisa julgada civil*. 3. ed. São Paulo: Revista dos Tribunais, 2006. p. 55-56.

fase processual de conhecimento que homologa acordo parcial; ou a que julga determinado pedido incontroverso, prosseguimento o processo em relação à parte controversa; ou, ainda, a decisão que reconhece a prescrição da pretensão deduzida num dos pedidos, mas o processo continua em relação aos demais. Observe-se que tais decisões interlocutórias resolvem o mérito, razão pela qual são definitivas, isto é, têm aptidão para fazer coisa julgada material.

Aliás, o art. 503, *caput*, do CPC prevê expressamente que "a decisão que julgar total ou parcialmente o mérito tem força de lei nos limites da questão principal expressamente decidida".

Da mesma forma, fazem coisa julgada as decisões monocráticas de relator que tenham conteúdo previsto no art. 487 do CPC. Assim, quando o relator, monocraticamente, dá provimento à apelação, julgando procedente ou improcedente o pedido do autor, nas hipóteses do art. 932, incs. IV e V, do CPC, haverá resolução do mérito (conteúdo de art. 487, I, CPC), razão pela qual tal decisão é definitiva e, por conseguinte, tem aptidão para fazer coisa julgada material.

3. LIMITES OBJETIVOS E SUBJETIVOS DA COISA JULGADA

A coisa julgada possui limites objetivos e subjetivos. Por questões didáticas, serão tratadas separadamente.

3.1. Limites objetivos

3.1.1. Regra geral

Em razão dos limites objetivos impostos à coisa julgada, como regra, somente o dispositivo transita em julgado. Portanto, como regra, as questões discutidas na fundamentação não transitam em julgado.

Com efeito, o art. 504 do CPC dispõe que não fazem coisa julgada: "I – os motivos, ainda que importantes para determinar o alcance da parte dispositiva da sentença; II – a verdade dos fatos, estabelecida como fundamento da sentença".

3.1.2. A coisa julgada material da resolução da questão prejudicial

O CPC/2015 inovou sobremaneira em relação à extensão da coisa julgada, ao admitir expressamente que faça coisa julgada material a "resolução de questão prejudicial" em determinadas hipóteses.

De acordo com o art. 503, §§ 1º e 2º, do CPC/2015, para que a **decisão sobre a questão prejudicial faça coisa julgada material**, são necessários os seguintes **requisitos:**

a) **decisão expressa:** é preciso que a questão prejudicial seja decidida expressa e incidentemente no processo.

b) **prejudicialidade de mérito:** o julgamento do mérito da demanda deve depender da resolução da questão prejudicial.

c) **contraditório efetivo:** é preciso que tenha havido contraditório prévio e efetivo sobre a questão prejudicial, não se aplicando no caso de revelia. Por contraditório efetivo, deve se entender a manifestação expressa das partes acerca da questão prejudicial, e não a mera possibilidade de manifestação.

d) **competência:** o juízo onde tramita a ação principal deve ter competência em razão da matéria e da pessoa para resolver a questão prejudicial como questão principal.

e) **cognitividade plena e exauriente:** é necessário que o procedimento não tenha "restrições probatórias", nem "limitações à cognição que impeçam o aprofundamento da análise da questão prejudicial" (art. 503, § 2º, CPC). Para explicar esse requisito, é preciso distinguir cognição no plano horizontal e cognição no plano vertical. A cognição no plano horizontal diz respeito à extensão das matérias que podem ser alegadas e conhecidas pelo julgador. Assim, no plano horizontal, a cognição pode ser limitada ou plena. Há cognição limitada, por exemplo, na impugnação ao cumprimento de sentença (art. 525, CPC)[4]; na contestação da ação de desapropriação (art. 20, Decreto-Lei n. 3.365/1941)[5]. De outro lado, na contestação do procedimento comum, como regra, podem ser alegadas todas e quaisquer matérias, havendo cognição plena. No plano vertical, a cognição é analisada sob o ponto de vista da profundidade, isto é, se a sentença será proferida com base em uma cognição sumária (ou superficial) ou exauriente. A cognição sumária é superficial no plano vertical, é a que se contenta com juízo de probabilidade, como ocorre nas tutelas provisórias. A cognição exauriente é a que exige um juízo de certeza, sendo características das tutelas definitivas. Para que a questão prejudicial faça coisa julgada material, exige-se, além dos outros requisitos, que a cognição seja plena e exauriente.

A **coisa julgada material da questão prejudicial** está em consonância com os princípios da **segurança jurídica, da economia processual, da isonomia** e **possibilita reduzir a litigância sobre a mesma questão**[6].

---

4 CPC: "Art. 525. Transcorrido o prazo previsto no art. 523 sem o pagamento voluntário, inicia-se o prazo de 15 (quinze) dias para que o executado, independentemente de penhora ou nova intimação, apresente, nos próprios autos, sua impugnação. § 1º Na impugnação, o executado poderá alegar: I – falta ou nulidade da citação se, na fase de conhecimento, o processo correu à revelia; II – ilegitimidade de parte; III – inexequibilidade do título ou inexigibilidade da obrigação; IV – penhora incorreta ou avaliação errônea; V – excesso de execução ou cumulação indevida de execuções; VI – incompetência absoluta ou relativa do juízo da execução; VII – qualquer causa modificativa ou extintiva da obrigação, como pagamento, novação, compensação, transação ou prescrição, desde que supervenientes à sentença".

5 Decreto-Lei n. 3.365/1941: "Art. 20. A contestação só poderá versar sobre vício do processo judicial ou impugnação do preço; qualquer outra questão deverá ser decidida por ação direta".

6 "A nosso ver trata-se de uma regra louvável. Com efeito, o referido art. 503 prestigia a segurança jurídica e a isonomia das partes, permitindo chegar à harmonia lógica entre julgamentos e reduzir a litigância sobre a mesma questão, alcançando o interesse público da economia processual. [...] Vale frisar que no art. 503 do NCPC não vislumbramos nenhuma violação ao princípio dispositivo, pois a parte fica livre quanto à iniciativa do processo, cabendo à lei a determinação objetiva do processo instaurado pela parte" (BONATO, Giovanni. Algumas considerações sobre coisa julgada no Novo Código de Processo Civil brasileiro: limites objetivos e eficácia preclusiva. In: GRINOVER, Ada Pellegrini et al. *O Novo Código de Processo Civil:* questões controvertidas. São Paulo: Atlas, 2015. p. 171-187. p. 179).

Por fim, é preciso salientar que, de acordo com o art. 1.054 do CPC/2015, a possibilidade de a resolução da questão prejudicial fazer coisa julgada somente se aplica aos processos iniciados após a vigência do Novo Código[7].

3.2. Limites subjetivos da coisa julgada

Segundo os limites subjetivos da coisa julgada, a sentença faz **coisa julgada apenas *inter partes***. Nesse sentido, o art. 506 do CPC estabelece que "a sentença faz coisa julgada às partes entre as quais é dada, não prejudicando terceiros". Todavia, a sentença também atinge os seus sucessores.

No caso das ações coletivas, a coisa julgada pode também ser *ultra partes* ou *erga omnes*.

Quando a ação coletiva versar sobre **direito difuso ou direito individual homogêneo**, a sentença fará **coisa julgada *erga omnes*** (art. 103, I e III, CDC[8]).

De outro lado, quando a ação coletiva veicular **direito coletivo em sentido estrito**, a sentença fará **coisa julgada *ultra partes***, limitadamente à categoria, grupo ou classe (art. 103, II, CDC[9]).

4. EFEITOS DA COISA JULGADA

A coisa julgada produz efeitos positivos, negativos e preclusivos (eficácia preclusiva).

O **efeito positivo** vincula a decisão pretendida à outra já proferida. Vale dizer, quando ocorre a coisa julgada da sentença e esta é utilizada em outro pleito, a nova sentença que decidir esse segundo pleito deverá respeitar a coisa julgada. Por exemplo, a sentença de uma ação de alimentos terá de respeitar a coisa julgada produzida na ação investigatória de paternidade.

O **efeito negativo** se caracteriza como uma vedação, um impedimento de que seja proferida nova decisão ou rediscutido aquilo que já foi decidido.

O **efeito preclusivo (ou eficácia preclusiva)** impõe que, se as partes não deduzirem as alegações no momento próprio e a decisão final fizer coisa julgada material, tais alegações não poderão mais ser suscitadas para modificar essa decisão. Com efeito, o

---

7 CPC: "Art. 1.054. O disposto no art. 503, § 1º, somente se aplica aos processos iniciados após a vigência deste Código, aplicando-se aos anteriores o disposto nos arts. 5º, 325 e 470 da Lei n. 5.869, de 11 de janeiro de 1973".

8 Código de Defesa do Consumidor (Lei 8.078/1990): "Art. 103. Nas ações coletivas de que trata este código, a sentença fará coisa julgada: I – *erga omnes*, exceto se o pedido for julgado improcedente por insuficiência de provas, hipótese em que qualquer legitimado poderá intentar outra ação, com idêntico fundamento valendo-se de nova prova, na hipótese do inciso I do parágrafo único do art. 81; [...] III – *erga omnes*, apenas no caso de procedência do pedido, para beneficiar todas as vítimas e seus sucessores, na hipótese do inciso III do parágrafo único do art. 81".

9 Código de Defesa do Consumidor (Lei 8.078/1990): "Art. 103. Nas ações coletivas de que trata este código, a sentença fará coisa julgada: [...] II – *ultra partes*, mas limitadamente ao grupo, categoria ou classe, salvo improcedência por insuficiência de provas, nos termos do inciso anterior, quando se tratar da hipótese prevista no inciso II do parágrafo único do art. 81".

art. 508 do CPC prevê que, "transitada em julgado a decisão de mérito, considerar-se-ão deduzidas e repelidas todas as alegações e as defesas que a parte poderia opor tanto ao acolhimento quanto à rejeição do pedido".

Assim, transitada em julgado a sentença, a parte vencida não poderá ajuizar nova ação, nem opor em impugnação ao cumprimento de sentença para alegar questões que poderia ter alegado, mas não o fez.

Por exemplo, se transitou em julgado a sentença que julgou procedente o pedido de repetição de indébito, o réu não poderá ajuizar nova ação ou apresentar impugnação ao cumprimento de sentença para alegar prescrição, a fim de se eximir de cumprir aquela sentença[10].

Portanto, qualquer das partes somente poderá fazer o mesmo pedido se houver novos fatos que constituam outra causa de pedir.

5. MODOS DE PRODUÇÃO DE COISA JULGADA: *PRO ET CONTRA, SECUNDUM EVENTUM LITIS* E *SECUNDUM EVENTUM PROBATIONIS*

A coisa julgada pode produzir efeitos *pro et contra*, *secundum eventum litis* ou *secundum eventum probationis*.

A **coisa julgada *pro et contra*** é a regra. Trata-se da coisa julgada que ocorre independentemente do resultado da ação, isto é, se formará sendo a ação procedente, parcialmente procedente ou improcedente. Está presente nas ações individuais comuns.

A **coisa julgada *secundum eventum litis*** é a que, diante de determinadas peculiaridades do direito veiculado, somente ocorre (a coisa julgada) nos casos de procedência. Depende de previsão legal. Trata-se, por exemplo, da coisa julgada que se forma nas ações coletivas que versam sobre direitos individuais homogêneos (art. 103, § 3º, Código de Defesa do Consumidor)[11].

A **coisa julgada *secundum eventum probationis*** é aquela que somente ocorre se houver exaurimento de prova. Assim, em determinadas situações previstas em lei, a improcedência por falta de provas não faz coisa julgada. É o caso, por exemplo, da coisa julgada que se opera nas ações coletivas que versam sobre direitos difusos e coletivos em sentido estrito (art. 103, I e II, CDC)[12].

---

10 "Com o trânsito em julgado da sentença, surge a eficácia preclusiva da coisa julgada, impedindo que se alegue análise, na fase de cumprimento do julgado, inclusive matéria de ordem pública, como a prescrição ocorrida integralmente no processo de conhecimento. Precedentes" (STJ, AgInt no REsp 1711344/PE, Rel. Ministro Antonio Carlos Ferreira, Quarta Turma, julgado em 21-8-2018, *DJe* 28-8-2018).

11 "Art. 103 [...] § 3º Os efeitos da coisa julgada de que cuida o art. 16, combinado com o art. 13 da Lei n. 7.347, de 24 de julho de 1985, não prejudicarão as ações de indenização por danos pessoalmente sofridos, propostas individualmente ou na forma prevista neste código, mas, se procedente o pedido, beneficiarão as vítimas e seus sucessores, que poderão proceder à liquidação e à execução, nos termos dos arts. 96 a 99."

12 "Art. 103. Nas ações coletivas de que trata este código, a sentença fará coisa julgada: I – *erga omnes*, **exceto se o pedido for julgado improcedente por insuficiência de provas**, hipótese em que qualquer legitimado poderá intentar outra ação, com idêntico fundamento valendo-se de nova prova, na hipótese do inciso I do parágrafo único do art. 81; II – *ultra partes*, mas limitadamente ao grupo, categoria ou classe, **salvo improcedência por insuficiência de provas**, nos termos do inciso anterior, quando se tratar da hipótese prevista no inciso II do parágrafo único do art. 81."

6. RELATIVIZAÇÃO DA COISA JULGADA

O ordenamento jurídico brasileiro prevê expressamente a possiblidade de relativização da coisa julgada em algumas hipóteses legalmente definidas.

O art. 966 do CPC disciplina que a coisa julgada pode ser desconstituída pela via da ação rescisória, em hipóteses excepcionais, que expressamente elenca.

O art. 525, § 12[13], e o art. 535, § 5º[14], do CPC estabelecem a inexigibilidade de sentença fundada em lei ou ato normativo declarados inconstitucionais pelo STF, no controle concentrado ou difuso. Assim, observa-se que tais dispositivos atribuíram, à impugnação ao cumprimento de sentença, força rescisória das sentenças inconstitucionais que estão sendo executadas[15]. Assim, a sentença inconstitucional (ou coisa julgada inconstitucional) é inexigível, podendo ser objeto de impugnação ao cumprimento de sentença ou de embargos à execução.

---

13 CPC: "Art. 525. Transcorrido o prazo previsto no art. 523 sem o pagamento voluntário, inicia-se o prazo de 15 (quinze) dias para que o executado, independentemente de penhora ou nova intimação, apresente, nos próprios autos, sua impugnação. § 1º Na impugnação, o executado poderá alegar: III – inexequibilidade do título ou inexigibilidade da obrigação; [...] § 12. Para efeito do disposto no inciso III do § 1º deste artigo, considera-se também inexigível a obrigação reconhecida em título executivo judicial fundado em lei ou ato normativo considerado inconstitucional pelo Supremo Tribunal Federal, ou fundado em aplicação ou interpretação da lei ou do ato normativo tido pelo Supremo Tribunal Federal como incompatível com a Constituição Federal, em controle de constitucionalidade concentrado ou difuso".

14 CPC: "Art. 535. A Fazenda Pública será intimada na pessoa de seu representante judicial, por carga, remessa ou meio eletrônico, para, querendo, no prazo de 30 (trinta) dias e nos próprios autos, impugnar a execução, podendo arguir: [...] III – inexequibilidade do título ou inexigibilidade da obrigação; [...] § 5º Para efeito do disposto no inciso III do *caput* deste artigo, considera-se também inexigível a obrigação reconhecida em título executivo judicial fundado em lei ou ato normativo considerado inconstitucional pelo Supremo Tribunal Federal, ou fundado em aplicação ou interpretação da lei ou do ato normativo tido pelo Supremo Tribunal Federal como incompatível com a Constituição Federal, em controle de constitucionalidade concentrado ou difuso".

15 "**A Primeira Seção desta Corte Superior, ao apreciar o REsp 1.189.619/PE, mediante o procedimento previsto no art. 543-C do CPC (recursos repetitivos), entendeu que: "1. O art. 741, parágrafo único, do CPC, atribuiu aos embargos à execução eficácia rescisória de sentenças inconstitucionais. Por tratar-se de norma que excepciona o princípio da imutabilidade da coisa julgada, deve ser interpretada restritivamente, abarcando, tão somente, as sentenças fundadas em norma inconstitucional, assim consideradas as que: (a) aplicaram norma declarada inconstitucional; (b) aplicaram norma em situação tida por inconstitucional; ou (c) aplicaram norma com um sentido tido por inconstitucional. 2. Em qualquer desses três casos, é necessário que a inconstitucionalidade tenha sido declarada em precedente do STF, em controle concentrado ou difuso e independentemente de resolução do Senado, mediante: (a) declaração de inconstitucionalidade com ou sem redução de texto; ou (b) interpretação conforme a Constituição. 3. Por consequência, não estão abrangidas pelo art. 741, parágrafo único, do CPC as demais hipóteses de sentenças inconstitucionais, ainda que tenham decidido em sentido diverso da orientação firmada no STF, tais como as que: (a) deixaram de aplicar norma declarada constitucional, ainda que em controle concentrado; (b) aplicaram dispositivo da Constituição que o STF considerou sem autoaplicabilidade; (c) deixaram de aplicar dispositivo da Constituição que o STF considerou autoaplicável; e (d) aplicaram preceito normativo que o STF considerou revogado ou não recepcionado.** 2. **Na espécie, trata-se de título executivo judicial que deixou de aplicar norma declarada constitucional pelo STF**, isto é, ao passo em que a Suprema Corte tenha concluído pela constitucionalidade da contribuição destinada ao INCRA, o título executivo entendeu pela sua inexigibilidade. Assim, **não se tratando de aplicação de lei tida por inconstitucional pelo Supremo muito menos de interpretação incompatível com a Constituição, não há falar em incidência do disposto no art. 741, parágrafo único, do CPC**" (STJ, REsp 1265409/RS, Rel. Min. Mauro Campbell Marques, Segunda Turma, julgado em 7-2-2012, *DJe* 14-2-2012).

De outro lado, há divergência sobre a possibilidade de relativizar a coisa julgada fora das hipóteses de ação rescisória e de sentença inconstitucional.

Alguns autores passaram a admitir a relativização da coisa julgada, diante de uma injustiça manifesta, considerando a ponderação entre os direitos fundamentais em jogo.

No entanto, existe ampla divergência doutrinária a respeito, havendo duas correntes bem definidas:

1ª corrente) É possível a relativização da coisa julgada.

2ª corrente) A relativização da coisa julgada não pode ocorrer enquanto não houver uma redefinição da ação rescisória no plano legislativo.

Segundo a jurisprudência majoritária dos tribunais pátrios, é possível relativizar a coisa julgada nas ações investigatórias de paternidade, quando, à época do julgamento, não havia exame de DNA[16].

O Supremo Tribunal Federal entende que é possível relativizar a coisa julgada no caso de ação investigatória de paternidade em que não foi realizado o exame de DNA, mesmo que, na época da ação, já fosse possível a realização desse exame, em razão da prevalência do direito fundamental à identidade genética sobre a garantia constitucional da coisa julgada[17].

7. COISA JULGADA NAS SENTENÇAS DETERMINATIVAS

As relações jurídicas continuativas são aquelas que dizem respeito a obrigações que se protraem no tempo.

As sentenças determinativas são as que julgam relações jurídicas continuativas, como, por exemplo, as proferidas na ação revisional de aluguel e na ação de alimentos. O art. 505 do CPC prevê que "nenhum juiz decidirá novamente as questões já decididas relativas à mesma lide, salvo: I – se, tratando-se de relação jurídica de trato continuado, sobreveio modificação no estado de fato ou de direito, caso em que poderá a parte pedir a revisão do que foi estatuído na sentença; II – nos demais casos prescritos em lei".

Grande parte da doutrina e da jurisprudência afirma que a coisa julgada nas sentenças determinativas é *rebus sic stantibus*, isto é, que a coisa julgada manteria a

16 "A jurisprudência do Supremo Tribunal Federal consolidou-se no sentido de que cabe a relativização da coisa julgada em se tratando de ação de investigação de paternidade em que não ocorreu realização de exame de DNA" (STF, ARE 900521 AgR, Relator(a): Min. Edson Fachin, Primeira Turma, julgado em 28-10-2016, acórdão eletrônico *DJe*-242, divulg. 14-11-2016, public. 16-11-2016).

17 "**POSSIBILIDADE, EM RESPEITO À PREVALÊNCIA DO DIREITO FUNDAMENTAL À BUSCA DA IDENTIDADE GENÉTICA DO SER, COMO EMANAÇÃO DE SEU DIREITO DE PERSONALIDADE.** [...] **Deve ser relativizada a coisa julgada estabelecida em ações de investigação de paternidade em que não foi possível determinar-se a efetiva existência de vínculo genético a unir as partes, em decorrência da não realização do exame de DNA, meio de prova que pode fornecer segurança quase absoluta quanto à existência de tal vínculo.** 3. **Não devem ser impostos óbices de natureza processual ao exercício do direito fundamental à busca da identidade genética**, como natural emanação do direito de personalidade de um ser, de forma a tornar-se igualmente efetivo o direito à igualdade entre os filhos, inclusive de qualificações, bem assim o princípio da paternidade responsável. [...]" (STF, RE 363889, Rel. Min. Dias Toffoli, Tribunal Pleno, julgado em 2-6-2011, Acórdão Eletrônico Repercussão Geral – Mérito *DJe*-238 divulg. 15-12-2011 public. 16-12-2011).

imutabilidade do conteúdo da sentença enquanto não houvesse mudança da situação fática. Tal entendimento é corroborado pela jurisprudência majoritária[18].

No entanto, essa coisa julgada não é diferente das outras[19]. Se a situação fática mudou, a causa de pedir é diferente, razão pela qual haveria outra demanda e, por conseguinte, não haveria que se falar em desconstituição da coisa julgada. Isto é, caso haja mudança na situação fática, bastará à parte ajuizar nova ação, já que, se a causa de pedir mudou, há outra demanda, sobre a qual não incide a coisa julgada.

Logo, nas relações jurídicas continuativas, caso a parte pretenda a modificação da situação jurídica criada pela sentença, bastará que proponha nova demanda, com base na nova causa de pedir. Assim, se o fundamento foi a mudança da situação fática, não será caso de ação rescisória, que visa desconstituir a coisa julgada.

São exemplos de sentenças determinativas as proferidas na ação revisional de aluguel; na ação para modificação de guarda; na ação de alimentos[20]. Nessas sentenças, alterada a situação fática, poderá ser proposta nova demanda.

---

18 Nesse sentido, observe-se o seguinte julgado do STJ: "A jurisprudência do STJ é no sentido de que, em matéria tributária, admite-se nova discussão a respeito da controvérsia após o trânsito em julgado da decisão, caso as circunstâncias fáticas tenham sido modificadas posteriormente, em decorrência da cláusula *rebus sic stantibus* que lhe é inerente" (STJ, REsp 1629504/MG, Rel. Ministro Og Fernandes, Segunda Turma, julgado em 20-6-2017, *DJe* 26-6-2017).

19 Nesse sentido: "O dispositivo supracitado autorizaria, ecoa certa doutrina, o reexame de decisão sobre relação jurídica continuativa, em caso de modificação superveniente de fato ou de direito, mediante simples ação de revisão. Portanto, tais decisões não se tornariam imutáveis e indiscutíveis pela coisa julgada material. [...] Trata-se, entretanto, de concepção equivocada. Tais sentenças, como todas as outras, são aptas a produzir coisa julgada material. [...] Ao deparar-se com a ação de revisão, o juiz estará julgando uma demanda diferente, pautada em nova causa de pedir (composta por fatos / direitos novos) e em novo pedido. Com isso, gerará uma nova decisão e uma nova coisa julgada, sobre esta nova situação, que não desrespeitará, em nada, a coisa julgada formada para a situação anterior" (DIDIER JR., Fredie; BRAGA, Paula Sarno; OLIVEIRA, Rafael. *Curso de direito processual civil:* direito probatório, decisão judicial, cumprimento e liquidação da sentença e coisa julgada. Salvador: JusPodivm, 2007. p. 500. v. 2).

20 Art. 15 da Lei n. 5.478/1968: "Art. 15. A decisão judicial sobre alimentos não transita em julgado e pode a qualquer tempo ser revista, em face da modificação da situação financeira dos interessados".

PARTE V
RECURSOS

O Livro III do CPC é dedicado exclusivamente para tratar "dos processos nos tribunais e dos meios de impugnação das decisões judiciais". Ele está divido em Título I e Título II.

O Título I trata "Da ordem dos processos e dos processos de competência originária dos tribunais". Está subdivido em: Capítulo I – Disposições gerais; Capítulo II – Da ordem dos processos no tribunal; Capítulo III – Do incidente de assunção de competência; Capítulo IV – Do incidente de arguição de inconstitucionalidade; Capítulo V – Do Conflito de Competência; Capítulo VI – Da homologação de decisão estrangeira e da concessão do *exequatur* à carta rogatória; Capítulo VII – Da ação rescisória; Capítulo VIII – Do incidente de resolução de demandas repetitivas; Capítulo IX – Da reclamação.

O Título II, por sua vez, trata "Dos Recursos". Está subdividido em: Capítulo I – Disposições Gerais; Capítulo II – Da Apelação; Capítulo III – Do Agravo de Instrumento; Capítulo IV – Do Agravo Interno; Capítulo V – Dos Embargos de Declaração; Capítulo VI – Dos Recursos para o Supremo Tribunal Federal e para o Superior Tribunal de Justiça (*Seção I – Do Recurso Ordinário; Seção II – Do Recurso Extraordinário e do Recurso Especial; Subseção I – Disposições Gerais; Subseção II – Do Julgamento dos Recursos Extraordinário e Especial Repetitivos; Seção III – Do Agravo em Recurso Especial e em Recurso Extraordinário; Seção IV – Dos Embargos de Divergência*).

Por questões didáticas, neste livro serão inicialmente abordados os recursos. Somente após serão expostos os temas relativos à ordem dos processos e aos processos de competência originária dos tribunais. Isso porque, para compreensão destes temas, é necessária a pré-compreensão daqueles.

Observa-se que o CPC/2015, em vários dispositivos que regram os recursos, incorpora a jurisprudência consolidada dos tribunais. De outro lado, em diversos aspectos, tenta enfrentar a chamada "jurisprudência defensiva", dispondo de modo diverso do entendimento jurisprudencial consolidado[1].

---

1 "Por fim, mostra-se inegável que o texto do novo Código de Processo Civil está permeado pelas compreensões formadas atualmente sobre as diferentes crises do processo judicial. De um lado, recepciona o atual estágio da jurisprudência em várias de suas passagens; de outro, supera esse estágio em favor do jurisdicionado ao enfrentar a chamada jurisprudência defensiva. Existe um grande valor, portanto, na identificação e enfrentamento daquelas crises via respostas de natureza normativa" (WILD, Rodolfo. Os princípios dos recursos à luz do novo Código de Processo Civil. In: BOECKEL, Fabrício Dani de; ROSA, Karin Regina Rick; SCARPARO, Eduardo (org.). *Estudos sobre o novo Código de Processo Civil*. Porto Alegre: Livraria do Advogado, 2015.).

CAPÍTULO I

TEORIA GERAL DOS RECURSOS

1. CONCEITO, CARACTERÍSTICAS E OBJETO

O recurso é um instrumento processual voluntário, que objetiva, dentro do mesmo processo, a reforma, a cassação, o esclarecimento ou a integração de determinada decisão judicial. Trata-se da manifestação do princípio do duplo grau de jurisdição.

O recurso é marcado pela **voluntariedade,** porque a sua interposição fica a critério da parte ou de terceiro juridicamente interessado. Assim, não é correto dizer que o reexame necessário é modalidade de recurso, tampouco chamá-lo de recurso *ex officio*, pois possui natureza jurídica de condição de eficácia da sentença, e não de recurso, já que não possui voluntariedade.

O recurso é um meio de impugnação interposto contra a sentença **dentro do mesmo processo**. O agravo de instrumento não é uma exceção a essa característica, já que não gera relação jurídica processual nova; o que há é apenas a interposição desse recurso por instrumento, vale dizer, extrai-se cópia dos autos principais e interpõe-se o agravo de instrumento diretamente no tribunal, gerando autos autônomos, mas não novo processo.

O recurso tem por **objeto** a **reforma, a cassação, o esclarecimento ou a integração de decisão judicial**. A parte requererá a reforma quando pretender modificar o mérito da decisão judicial; a cassação, quando pretender invalidá-la; o esclarecimento ou a integração, quando a decisão judicial tiver problema de obscuridade, omissão ou contradição.

O juízo que teve a sua decisão impugnada pelo recurso denomina-se **juízo *a quo***; e o órgão jurisdicional competente para julgar o recurso chama-se de **juízo *ad quem***.

2. CLASSIFICAÇÃO

2.1. Recursos parciais e totais

O art. 1.002 do CPC estabelece que "a decisão pode ser impugnada no todo ou em parte".

Assim, quanto à extensão da matéria que pode ser impugnada, os recursos podem ser classificados em:

a) **recursos parciais:** o recurso é parcial quando a parte voluntariamente decide não recorrer da totalidade da matéria que seria recorrível. Por exemplo, numa ação de indenização por danos morais e materiais julgada totalmente procedente, a parte requerida recorre somente no tocante aos danos morais, quando era possível recorrer da totalidade da sentença.

b) **recursos totais:** será total o recurso quando a parte recorre de todo o conteúdo recorrível. Assim, o recurso também será total se houver impugnação somente de parte da decisão, quando somente essa parte era passível de recurso. Por exemplo, a apelação que impugna toda a sentença é total; mas também são totais os embargos de divergência nos tribunais superiores que impugnam a totalidade da parte do acórdão em que se apresenta a divergência (a totalidade da parte recorrível).

2.2. Recursos de fundamentação livre e de fundamentação vinculada

Quanto à fundamentação, os recursos podem ser:

a) **recursos de fundamentação livre:** são aqueles em que a parte pode alegar irrestritamente qualquer fundamento para provocar a reforma ou a anulação da decisão que lhe é desfavorável, respeitadas apenas as fórmulas de preclusão. Isto é, qualquer matéria pode ser alegada como fundamento para a alteração da decisão. É o caso, por exemplo, do recurso de apelação; do agravo de instrumento etc.

b) **recursos de fundamentação vinculada:** são aqueles recursos em que a sua admissibilidade está vinculada à presença de determinados fundamentos, especificados em lei. Em tais recursos, a admissibilidade é bem mais complexa. Por exemplo, nos embargos de declaração, a parte somente pode interpô-los se houver contradição, omissão, obscuridade ou erro material (art. 1.022, CPC); os recursos especial e extraordinário somente podem ser interpostos quando, na fundamentação da decisão, estiverem presentes as questões especificadas, respectivamente, no art. 105, inc. III, e no art. 102, inc. III, ambos da Constituição Federal.

2.3. Recursos ordinários e extraordinários

Quanto ao objeto tutelado pelos recursos, podem ser classificados em:

a) **recursos ordinários:** têm por objetivo que seja reapreciado pelo Poder Judiciário determinado direito subjetivo. Nesses casos, o que se pretende é a reanálise, em grau de recurso, da situação concreta e específica de determinado direito que foi violado. É o caso do recurso de apelação, do agravo de instrumento etc.

b) **recursos extraordinários:** têm por objetivo precípuo tutelar primariamente o sistema jurídico, isto é, o direito objetivo. É o caso do recurso especial e do recurso extraordinário.

3. ATOS JUDICIAIS SUJEITOS A RECURSO

Em primeira instância, os atos judiciais são classificados em despachos, decisões e sentenças, como já se expôs. Em segunda instância, os atos judiciais podem ser despacho, decisão monocrática ou acórdão.

Somente podem ser objeto de recurso os atos decisórios. Assim, na primeira instância, somente as decisões e as sentenças estão sujeitas a recurso; na segunda instância, são recorríveis as decisões monocráticas e os acórdãos.

Os despachos são atos judiciais ordinatórios destinados a dar andamento ao processo e desprovidos de conteúdo decisório. São, portanto, irrecorríveis (art. 1.001, CPC)[1]. Por exemplo, o ato do juiz que determina a intimação das partes para especificarem as provas a serem produzidas não possui conteúdo decisório, bem como não lhes resulta gravame; por conseguinte, não é passível de recurso. Nelson Nery Júnior e Rosa Maria Andrade Nery esclarecem que, havendo prejuízo para qualquer das partes, o ato do juiz se caracteriza como decisão interlocutória e não mais como despacho, de modo que se torna passível de recurso, caso haja previsão legal[2]. A jurisprudência do STJ também é pacífica nesse sentido[3].

Também não podem ser objeto de recurso os atos ordinatórios praticados pelos servidores, por delegação do juiz. Por exemplo, a intimação das partes diante da juntada de documento é ato ordinatório, não necessitando de determinação judicial.

4. PRINCÍPIOS RECURSAIS

4.1. Princípio da taxatividade

Conforme esse princípio, o recurso é somente aquele previsto em lei, não se podendo criar recurso por interpretação analógica ou extensiva. O rol legal dos recursos é taxativo (*numerus clausus*).

Os recursos cabíveis estão previstos no art. 994 do CPC. São eles:

I – apelação;

II – agravo de instrumento;

III – agravo interno;

IV – embargos de declaração;

V – recurso ordinário;

VI – recurso especial;

VII – recurso extraordinário;

VIII – agravo em recurso especial ou extraordinário;

IX – embargos de divergência.

Cada um desses recursos será estudado de forma aprofundada a seguir.

1 CPC: "Art. 1.001. Dos despachos não cabe recurso".

2 *Código de Processo Civil Comentado e Legislação Extravagante.* 11. ed. São Paulo: Revista dos Tribunais, 2010. p. 452.

3 "'O que distingue o despacho da decisão interlocutória impugnável via agravo de instrumento é a existência ou não de conteúdo decisório e de gravame para a parte' (AgRg no REsp 1.309.949/MS, Rel. Ministro João Otávio de Noronha, Terceira Turma, julgado em 5-11-2015, *DJe* 12-11-2015)" (STJ, AgInt no AREsp 1120777/PR, Rel. Ministro Marco Aurélio Bellizze, Terceira Turma, julgado em 15-5-2018, *DJe* 24-5-2018).

4.2. Princípio da unirrecorribilidade

O princípio da unirrecorribilidade, também conhecido como unicidade ou singularidade, informa que não é admitida a interposição simultânea de dois recursos contra a mesma decisão. Para cada decisão, há somente um recurso adequado.

A interposição simultânea dos recursos especial e extraordinário é uma exceção legalmente prevista a esse princípio.

4.3. Princípio da dialeticidade

O princípio da dialeticidade impõe que a parte, ao manifestar a sua inconformidade com o ato judicial impugnado, deve fundamentar o recurso, indicando os motivos de fato e de direito pelos quais requer o novo julgamento da questão aventada[4].

4.4. Princípio da fungibilidade

Segundo esse princípio, permite-se a conversão de um recurso (não adequado), em outro (adequado), desde que haja dúvida objetiva, inexista erro grosseiro da parte, não haja má-fé e não esteja precluso o prazo para a interposição do recurso correto[5].

5. JUÍZO DE ADMISSIBILIDADE

O juízo de admissibilidade dos recursos é a verificação pelo órgão judiciário acerca da **presença dos requisitos ou pressupostos recursais**.

Os requisitos de admissibilidade dos recursos são os seguintes: legitimidade para recorrer, cabimento, interesse recursal, tempestividade, regularidade formal, preparo, inexistência de fato impeditivo ou extintivo do direito de recorrer.

Quando o órgão judiciário entende que o recurso é inadmissível, ele não conhece, não admite ou nega seguimento ao recurso.

---

4 "Há doutrinadores que entendem que não se trata de um princípio, senão de uma regra de dialeticidade: A doutrina costuma mencionar a existência de um princípio da dialeticidade dos recursos. De acordo com esse princípio, exige-se que todo recurso seja formulado por meio de petição pela qual a parte não apenas manifeste sua inconformidade com ato judicial impugnado, mas, também e necessariamente, indique os motivos de fato e de direito pelos quais requer o novo julgamento da questão nele cogitada. Rigorosamente, não é um princípio: trata-se de exigência que decorre do princípio do contraditório, pois a exposição das razões de recorrer é indispensável para que a parte recorrida possa defender-se, bem como para que o órgão jurisdicional possa cumprir seu dever de fundamentar suas decisões" (DIDIER JR., Fredie. CUNHA, Leonardo José Carneiro da. *Curso de direito processual civil*: meios de Impugnação às decisões judiciais e processo nos tribunais. v. 3. 13. ed. Salvador: JusPodivm, 2016. p. 124).

5 "Este Superior Tribunal de Justiça possui entendimento jurisprudencial no sentido de admitir a incidência do princípio da fungibilidade recursal caso não reste configurada a existência de erro grosseiro, prejuízo para a parte, má-fé ou a inobservância do prazo estabelecido em lei para o recurso a ser substituído. Precedentes" (STJ, AgRg nos EDcl no REsp 1725903 / RO, Rel. Ministro Jorge Mussi, Quinta Turma, julgado em 4-12-2018, *DJe* 12-12-2018).

Com o CPC/2015, como regra, o juízo de admissibilidade passou a ser realizado somente pelo juízo *ad quem* (o juízo competente para julgar o recurso), **e não mais de forma bipartida** (como havia no CPC/1973), **salvo nos recursos especial e extraordinário.**

Assim, **nos recursos em geral, não cabe ao juízo *a quo* fazer juízo de admissibilidade, devendo apenas intimar a outra parte para apresentar contrarrazões e, a seguir, remeter os autos à instância superior, a quem caberá fazer o juízo de admissibilidade.**

6. PRESSUPOSTOS RECURSAIS (REQUISITOS DE ADMISSIBILIDADE)

6.1. Legitimidade para recorrer

Possuem legitimidade para interpor recurso a **parte**, o **terceiro juridicamente interessado** e o **Ministério Público**.

O Ministério Público possui legitimidade para recorrer, quando for parte, ou na qualidade de fiscal da ordem jurídica, mesmo quando não haja recurso da parte. Aliás, este é o teor da Súmula 99 do STJ: "O Ministério Público tem legitimidade para recorrer no processo em que oficiou como fiscal da lei, ainda que não haja recurso da parte". Isso constou expressamente na redação do art. 996 do CPC[6].

Sobre o recurso de terceiro, remetemos o leitor ao item próprio tratado em intervenção de terceiros.

6.2. Cabimento

Os recursos estão taxativamente previstos em lei (princípio da taxatividade). O Código de Processo Civil prevê, como regra, que cada recurso será interposto contra um tipo de decisão. Daí decorre o princípio da unirrecorribilidade ou da unicidade, segundo o qual, para cada decisão, há somente um recurso adequado.

Assim, o cabimento é a **adequação do recurso previsto em lei** para impugnar **determinada decisão**.

6.3. Interesse recursal

O interesse recursal estará presente quando houver **utilidade** e **necessidade**.

Haverá utilidade se o recurso puder trazer uma situação mais vantajosa ao recorrente.

Estará presente a necessidade se for preciso usar o recurso para atingir o objetivo do recorrente. Não se pode recorrer para discutir o fundamento da decisão, isto é, se o recurso não tiver por objeto trazer uma situação jurídica mais vantajosa para o recorrente.

---

6 CPC: "Art. 996. O recurso pode ser interposto pela parte vencida, pelo terceiro prejudicado e pelo Ministério Público, como parte ou como fiscal da ordem jurídica. Parágrafo único. Cumpre ao terceiro demonstrar a possibilidade de a decisão sobre a relação jurídica submetida à apreciação judicial atingir direito de que se afirme titular ou que possa discutir em juízo como substituto processual".

6.4. Prazo geral e tempestividade

Como regra, o prazo para interpor os recursos e para apresentar as contrarrazões recursais é de 15 dias (úteis), exceto os embargos de declaração, cujo prazo é de 5 dias (úteis)[7]. Observa-se, assim, que **o CPC estabeleceu a unificação da maioria dos prazos recursais**[8].

Lembre-se de que possuem prazo em dobro para recorrer, bem como para, de modo geral, se manifestar nos autos: a Fazenda Pública (art. 183, CPC); a Defensoria Pública (art. 44, I, e art. 127, I, LC 80/1994; art. 186, *caput*, CPC); os "escritórios de prática jurídica das faculdades de Direito reconhecidas na forma da lei e as entidades que prestam assistência jurídica gratuita em razão de convênios firmados com a Defensoria Pública" (art. 186, § 3º, CPC); o Ministério Público (art. 180, CPC); os litisconsortes com procuradores de escritórios de advocacia diferentes (art. 229, *caput*, CPC).

Caso, na contagem do prazo, tenha de se considerar feriado local, este deverá ser comprovado no ato da interposição do recurso[9].

Para a aferição da tempestividade, considera-se interposto o recurso no momento em que a petição recursal é protocolada em cartório, ressalvadas as normas de organização judiciária (ex.: algumas estabelecem protocolo integrado – entrega do recurso em outra comarca). No caso em que o recurso é remetido pelo correio, considera-se, para a aferição da tempestividade, a data da postagem como sendo a data da interposição (art. 1.003, §§ 3º e 4º, CPC).

O prazo recursal conta-se da data em que os advogados são intimados da decisão, da sentença ou do acórdão (art. 1.003, *caput*, CPC).

Assim, os prazos recursais para as partes, como regra, têm o seu termo inicial na data da publicação da decisão no *Diário de Justiça*, em autos físicos, ou a partir da intimação pela via eletrônica, em autos eletrônicos (art. 272, *caput*, do CPC), porque geralmente há advogado constituído nos autos.

Nas hipóteses em que a intimação ocorre por meio de retirada dos autos em cartório ou secretaria (art. 272, § 6º, CPC)[10], o prazo começa a correr a partir do dia da carga, quando a intimação se der por meio da retirada dos autos, em carga, do cartório ou da secretaria.

Se a **decisão ou a sentença forem publicadas em audiência, reputam-se intimadas as partes na audiência** (§ 1º do art. 1.003 do CPC)[11]. No entanto, essa regra não se

---

7 CPC: "Art. 1.023. Os embargos serão opostos, no prazo de 5 (cinco) dias, em petição dirigida ao juiz, com indicação do erro, obscuridade, contradição ou omissão, e não se sujeitam a preparo".

8 CPC: "Art. 1.003 [...] § 5º Excetuados os embargos de declaração, o prazo para interpor os recursos e para responder-lhes é de 15 (quinze) dias".

9 CPC: "Art. 1.003 [...] § 6º O recorrente comprovará a ocorrência de feriado local no ato de interposição do recurso".

10 CPC: "Art. 272 [...] § 6º A retirada dos autos do cartório ou da secretaria em carga pelo advogado, por pessoa credenciada a pedido do advogado ou da sociedade de advogados, pela Advocacia Pública, pela Defensoria Pública ou pelo Ministério Público implicará intimação de qualquer decisão contida no processo retirado, ainda que pendente de publicação".

11 CPC: "Art. 1.003. O prazo para interposição de recurso conta-se da data em que os advogados, a sociedade de advogados, a Advocacia Pública, a Defensoria Pública ou o Ministério Público são intimados da decisão. § 1º Os sujeitos previstos no *caput* considerar-se-ão intimados em audiência quando nesta for proferida a decisão".

aplica **para a Defensoria Pública e o Ministério Público**, que possuem direito a vista pessoal dos autos. Vale dizer, mesmo no caso de intimação da decisão ou da sentença em audiência (ou, ainda, em cartório ou por mandado), o prazo começa a correr para o Ministério Público e para a Defensoria Pública "a partir da data da entrega dos autos na repartição administrativa do órgão", consoante foi decidido pelo STJ em regime de repercussão geral[12].

Na hipótese de **intimação da parte ré acerca de decisão, quando ainda não possui advogado constituído nos autos** (bastante comum quando o juiz defere tutela de urgência liminarmente), o prazo para cumprimento da decisão começa a correr da data da intimação, mas **o prazo recursal** (agravo de instrumento) tem o seu início na forma do art. 231 do CPC[13], que, em regra, ocorre com a **juntada do mandado de intimação, do aviso de recebimento ou da carta precatória cumprida aos autos**. Nesse sentido, aliás, o Enunciado 271 do FPPC: "Quando for deferida tutela provisória a ser cumprida diretamente pela parte, o prazo recursal conta a partir da juntada do mandado de intimação, do aviso de recebimento ou da carta precatória; o prazo para o cumprimento da decisão inicia-se a partir da intimação da parte".

Em relação ao réu revel sem procurador constituído nos autos, os prazos iniciam-se da data em que o ato processual é publicado no órgão oficial (Diários Oficiais). Nesse sentido, o art. 346, *caput*, do CPC prevê que "os prazos contra o revel que não tenha patrono nos autos fluirão da data de publicação do ato decisório no órgão oficial".

O art. 218, § 4º, do CPC estabelece que "será considerado tempestivo o ato praticado antes do termo inicial do prazo". Assim, termina com a possibilidade de declaração de intempestividade por antecipação, que sempre pareceu ilógico para a doutrina e para os operadores do direito. Desse modo, fica superada a Súmula 418 do STJ ("É inadmissível o recurso especial interposto antes da publicação do acórdão dos embargos de declaração, sem posterior ratificação"), a qual já foi cancelada por este Tribunal Superior (em sessão de 1º-7-2016).

6.5. Regularidade formal

Trata-se do preenchimento dos requisitos formais exigidos para a interposição de cada recurso. Como regra, os recursos devem ser apresentados por petição[14]. Os demais re-

12 "É natural que, nos casos em que haja ato processual decisório proferido em audiência, as partes presentes (defesa e acusação) dele tomem conhecimento. Entretanto, essa ciência do ato não permite ao membro do Ministério Público (e também ao integrante da Defensoria Pública) o exercício pleno do contraditório, seja porque o órgão Ministerial não poderá levar consigo os autos, seja porque não necessariamente será o mesmo membro que esteve presente ao ato a ter atribuição para eventualmente impugná-lo. [...] TESE: O termo inicial da contagem do prazo para impugnar decisão judicial é, para o Ministério Público, a data da entrega dos autos na repartição administrativa do órgão, sendo irrelevante que a intimação pessoal tenha se dado em audiência, em cartório ou por mandado" (STJ, REsp 1349935/SE, Rel. Ministro Rogerio Schietti Cruz, Terceira Seção, julgado em 23-8-2017, *DJe* 14-9-2017).

13 CPC: "Art. 1.003 [...] § 2º Aplica-se o disposto no art. 231, incisos I a VI, ao prazo de interposição de recurso pelo réu contra decisão proferida anteriormente à citação".

14 CPC: "Art. 1.003 [...] § 3º No prazo para interposição de recurso, a petição será protocolada em cartório ou conforme as normas de organização judiciária, ressalvado o disposto em regra especial".

quisitos formais serão analisados detalhadamente na abordagem de cada um dos recursos, que se fará a seguir.

6.6. Preparo

É o **recolhimento das custas para a interposição do recurso**. Consiste no adiantamento das despesas processuais decorrentes do processamento do recurso.

O **preparo** deve ser comprovado **no momento da interposição**, anexando-se à petição do recurso a guia de recolhimento (art. 1.007, CPC).

Nos **Juizados Especiais**, no entanto, o preparo e o seu comprovante devem ser juntados aos autos em até **48 horas após a interposição** (art. 42, § 1º, Lei n. 9.099/1995).

Se não for realizado e comprovado o preparo no tempo e forma legais, existe a penalidade de deserção do recurso.

Caso o **preparo seja insuficiente**, o órgão judiciário deverá intimar o recorrente para, em **5 dias, complementar o valor**, sob pena de deserção do recurso (art. 1.007, § 4º, CPC).

Possuem **isenção legal** em relação ao preparo, inclusive porte de remessa e de retorno (custas recursais): o **Ministério Público, a União, o Distrito Federal, os Estados, os Municípios, e respectivas autarquias e fundações públicas** (art. 1.007, § 1º, CPC).

Os **beneficiários da gratuidade judiciária também possuem essa isenção**. Se o requerimento de gratuidade judiciária for formulado pela parte no recurso, é o relator quem deverá analisar esse requerimento. Se o relator indeferir o benefício da gratuidade judiciária formulado pelo requerente, deverá intimá-lo para, em prazo por ele fixado, fazer e comprovar o preparo, sob pena de deserção do recurso. A esse respeito, o art. 99, § 7º, do CPC estabelece que, "requerida a concessão de gratuidade da justiça em recurso, o recorrente estará dispensado de comprovar o recolhimento do preparo, incumbindo ao relator, neste caso, apreciar o requerimento e, se indeferi-lo, fixar prazo para realização do recolhimento"[15].

De outro lado, ao interpor o agravo de instrumento contra a decisão de primeira instância que indefere a gratuidade judiciária, a parte agravante deverá requerer ao relator que conceda liminarmente o benefício e não fazer o preparo de imediato, pois, caso contrário, se recolher o preparo neste caso, terá havido a preclusão lógica e será julgado prejudicado o recurso, pois o recolhimento do preparo é incompatível com o benefício da gratuidade judiciária[16].

---

15 No mesmo sentido, a jurisprudência: "No caso sob exame, a ausência de recolhimento do preparo recursal se deu em função da negativa ao pedido de concessão da assistência judiciária gratuita. De acordo com a jurisprudência desta Corte, negada a gratuidade da justiça, deve-se conceder ao recorrente a oportunidade de recolher o preparo, antes de se negar conhecimento ao recurso por deserção" (STJ, AgInt no AREsp 204.735/SC, Rel. Ministro Antonio Carlos Ferreira, Quarta Turma, julgado em 16-2-2017, *DJe* 22-2-2017).

16 "O recolhimento do preparo obsta a apreciação do pedido formulado em recurso, de concessão dos benefícios da justiça gratuita em razão da ocorrência da preclusão lógica. Ao pagar as custas, o agravante praticou conduta incompatível com o requerimento de concessão do benefício" (TJDFT, Acórdão n. 1141439, 07164541820188070000, Relator: Sandoval Oliveira, 2ª Turma Cível, Data de julgamento: 5-12-2018, publicado no *DJe*: 11-12-2018).

São **dispensados de preparo** os embargos de declaração (art. 1.023, CPC), os recursos do ECA (art. 198, I, ECA), bem como o agravo de instrumento contra decisão que nega seguimento ao recurso especial ou extraordinário (art. 1.042, § 2º, CPC).

7. DESISTÊNCIA

Trata-se de um ato de disposição processual da parte, que pretende o não julgamento de um recurso já interposto.

Se o recurso ainda não foi interposto, não é caso de desistência, senão de renúncia ao direito de recorrer.

A **desistência independe do consentimento da parte contrária ou dos litisconsortes do desistente**. Assim, não se deve confundir desistência da ação com desistência do recurso.

Se o recorrente desistir do recurso, prevalecerá a decisão judicial imediatamente anterior[17].

O CPC prevê que o recorrente poderá desistir do recurso "a qualquer tempo" (art. 998, *caput*)[18]. No entanto, é preciso interpretar essa expressão, a fim de verificar o alcance do seu significado. O STJ entende que é possível a desistência do recurso até o seu julgamento. No entanto, existe divergência se a desistência pode ocorrer até o início do julgamento[19] ou até o seu término[20].

De outro lado, se já iniciado o procedimento para o julgamento de recurso repetitivo de controvérsia ou se a análise da repercussão geral já tiver sido reconhecida, não é mais possível à parte desistir do recurso. Tal entendimento estava consolidado na jurisprudência dos tribunais superiores, com o objetivo de evitar manobras para impedir que a questão repetitiva fosse julgada[21]. Por essas razões, constou expressamente no art. 998, parágrafo único, do CPC: "A desistência do recurso não impede a análise de ques-

---

17 "**A jurisprudência desta Corte é no sentido de que, com a desistência do recurso, prevalecerá a decisão imediatamente anterior, inclusive no que diz respeito a custas e honorários advocatícios**" (STJ, AgRg nos EDcl na DESIS no Ag 1426446/BA, Rel. Min. Humberto Martins, Segunda Turma, julgado em 18-10-2012, *DJe* 25-10-2012).

18 CPC: "Art. 998. O recorrente poderá, a qualquer tempo, sem a anuência do recorrido ou dos litisconsortes, desistir do recurso".

19 "A prerrogativa conferida ao recorrente pelo art. 501 do Código de Processo Civil – de desistir de seu recurso a qualquer tempo e sem a anuência do recorrido ou eventuais litisconsortes – encontra termo final lógico no momento em que iniciado o julgamento da irresignação recursal. Não merece homologação, no caso, pedido de desistência recursal apresentado após já ter sido proferido o voto do relator e enquanto pendia de conclusão seu julgamento em virtude de pedido de vista. Precedentes" (STJ, REsp 1255179/RJ, Rel. Ministro Ricardo Villas Bôas Cueva, Terceira Turma, julgado em 25-8-2015, *DJe* 18-11-2015).

20 "Embora o art. 501 do CPC/1973 permita à parte Recorrente desistir do recurso, a qualquer tempo, a sua interpretação sistemática conduz à conclusão de que tal pedido só pode ser deferido quando formulado antes da conclusão de seu julgamento, sob pena de tornar inviável a atividade jurisdicional" (STJ, EDcl nos EDcl no AgRg na DESIS nos EDcl no AgRg no Ag 1037332/RS, Rel. Ministro Napoleão Nunes Maia Filho, Primeira Turma, julgado em 15-12-2016, *DJe* 6-2-2017).

21 "**É inviável o acolhimento de pedido de desistência recursal formulado quando já iniciado o procedimento de julgamento do Recurso Especial representativo da controvérsia, na forma do art. 543-C do CPC c/c Resolução n. 08/08 do STJ**" (STJ, QO no REsp 1063343/RS, Rel. Min. Nancy Andrighi, Corte Especial, julgado em 17-12-2008, *DJe* 4-6-2009).

tão cuja repercussão geral já tenha sido reconhecida e daquela objeto de julgamento de recursos extraordinários ou especiais repetitivos".

8. RENÚNCIA

É o ato pelo qual alguém manifesta a sua vontade de não interpor recurso.

Não se confunde com aceitação, tácita ou expressa, em relação à decisão, embora produza os mesmos efeitos.

A renúncia é ato extintivo do direito de recorrer.

Se, após ter renunciado, a parte recorrer, o recurso não poderá ser admitido.

O ato de renúncia é pessoal e independe da vontade da parte contrária ou dos litisconsortes. No entanto, havendo litisconsortes, a renúncia de um não prejudica o direito de recorrer dos demais[22].

9. JUÍZO DE MÉRITO DO RECURSO

Trata-se da análise da **causa de pedir e da pretensão recursal**.

Nem sempre o mérito recursal é idêntico ao mérito da causa. Por exemplo, é possível que o recurso tenha por objeto o reconhecimento de inexistência de uma das condições da ação e a consequente extinção do processo sem resolução do mérito; ou a cassação da sentença por ter havido *error in procedendo*. Em tais hipóteses, a falta de uma das condições da ação ou de um pressuposto processual – que são preliminares da demanda – são o mérito do recurso.

As preliminares recursais dizem respeito àquelas matérias que podem levar ao não conhecimento do recurso (ex.: falta de preparo; intempestividade; falta de requisito formal etc.).

O **pedido** ou a pretensão recursal podem ser a **reforma, a cassação, a integração ou o esclarecimento** da decisão recorrida.

A causa de pedir recursal são os fatos jurídicos capazes de levar à reforma, à invalidação, ao esclarecimento ou à integração da decisão.

A causa de pedir recursal pode ser o *error in procedendo* ou o *error in judicando*.

Error in procedendo são vícios da atividade processual, de natureza formal, que maculam a decisão, razão pela qual a parte pretende invalidá-la por meio do recurso. Por exemplo, a invalidade da citação é um *error in procedendo*.

Error in judicando diz respeito ao conteúdo da decisão, à sua substância, à injustiça da decisão. Por exemplo, a parte autora interpõe recurso de apelação contra sentença que julgou improcedente o seu pedido, a fim de que seja reformada e julgada procedente a sua pretensão.

Os fatos jurídicos que conduzem à cassação ou à invalidação da decisão constituem-se em *error in procedendo*; os que levam à reforma da decisão são *error in judicando*.

---

22 CPC: "Art. 999. A renúncia ao direito de recorrer independe da aceitação da outra parte. Art. 1.000. A parte que aceitar expressa ou tacitamente a decisão não poderá recorrer. Parágrafo único. Considera-se aceitação tácita a prática, sem nenhuma reserva, de ato incompatível com a vontade de recorrer".

10. PROIBIÇÃO DA *REFORMATIO IN PEJUS*

A *reformatio in pejus* ocorre quando o órgão recursal profere decisão mais desvantajosa ao recorrente do que aquela que foi objeto de recurso. Está relacionado à devolutividade dos recursos e ao princípio dispositivo. Com efeito, se o recorrente interpõe o recurso para postular a modificação, a cassação, a integração ou o esclarecimento da decisão, o órgão recursal, ao admiti-lo, poderá dar provimento, total ou parcial, ou, ainda, negar provimento ao recurso. Logo, como decorrência do princípio dispositivo e da devolutividade, o órgão recursal deverá julgar o recurso nos limites do pleito recursal, não podendo julgar questões que não foram submetidas a julgamento, razão pela qual não pode reformar a decisão para agravar a situação do recorrente.

O sistema jurídico brasileiro, como regra, veda a *reformatio in pejus*, no âmbito do julgamento de recurso. Aliás, a *reformatio in pejus* é vedada inclusive no reexame necessário (que não é modalidade de recurso, senão condição de eficácia da decisão), que visa a proteger o interesse da Fazenda Pública. Nesse sentido, a Súmula 45 do STJ prevê que, "no reexame necessário, é defeso, ao tribunal, agravar a condenação imposta à Fazenda Pública".

Entretanto, tanto no caso de recurso voluntário como no de reexame necessário, **não há *reformatio in pejus* se a instância recursal conhece de questão de ordem pública**, mesmo que afete negativamente ao interesse do recorrente. A esse respeito, é pacífica a jurisprudência do STJ[23].

De outro lado, no mesmo Tribunal Superior, prevalece o entendimento de que é possível reconhecer a prescrição em prejuízo do recorrente (mesmo sem recurso da parte a quem ela aproveita), pois seria questão de ordem pública que não configuraria *reformatio in pejus* nem ofensa à regra da devolutividade *(tantum devolutum quantum apelatum)*[24].

A jurisprudência do STJ também admite a possibilidade de modificar honorários advocatícios sucumbenciais[25], correção monetária e juros moratórios de ofício, em prejuízo do recorrente, por serem questões de ordem pública[26-27].

---

23 "O acolhimento de questão de ordem pública pelo Tribunal de apelação não macula o princípio da *non reformatio in pejus*. Precedentes" (STJ, AgInt no AREsp 927.975/PR, Rel. Ministro Gurgel De Faria, Primeira Turma, julgado em 12-9-2017, *DJe* 20-11-2017).

24 "Não implica ofensa ao princípio *tantum devolutum quantum apelatum* o exame de ofício, pelo Tribunal, da incidência do prazo prescricional quinquenal, por tratar-se de matéria de ordem pública. 2. Prevalece nesta Corte Superior o entendimento de que não configura *reformatio in pejus* a decretação da prescrição quinquenal, estando o julgador, na vigência do CPC/1973, apto a decretar a prescrição sem manifestação anterior das partes" (STJ, AgInt no REsp 1429642/RS, Rel. Ministro Napoleão Nunes Maia Filho, Primeira Turma, julgado em 4-12-2018, *DJe* 13-12-2018).

25 "Na forma da jurisprudência do STJ, 'os honorários advocatícios, enquanto consectários legais da condenação principal, possuem natureza de ordem pública, podendo ser revistos a qualquer momento e até mesmo de ofício, sem que isso configure *reformatio in pejus*' (STJ, AgInt no REsp 1.722.311/RJ, Rel. Ministro MAURO CAMPBELL MARQUES, SEGUNDA TURMA, *DJe* de 28-6-2018)" (STJ, AgInt no REsp 1742809/CE, Rel. Ministra Assusete Magalhães, Segunda Turma, julgado em 11-12-2018, *DJe* 18-12-2018).

26 "A jurisprudência desta Corte Superior é no sentido de que não configura *reformatio in pejus* a alteração *ex officio* do termo inicial dos juros moratórios, por se tratar de matéria de ordem pública. Precedentes" (STJ, AgInt no AREsp 1327475/RJ, Rel. Ministro Marco Buzzi, Quarta Turma, julgado em 27-11-2018, *DJe* 6-12-2018).

27 "Na forma da jurisprudência do STJ, 'os honorários advocatícios, enquanto consectários legais da condenação principal, possuem natureza de ordem pública, podendo ser revistos a qualquer momento e até mesmo de ofício, sem que isso configure *reformatio in pejus*' (STJ, AgInt no REsp 1.722.311/RJ, Rel. Ministro MAURO CAMPBELL

11. EFEITOS DO RECURSO

11.1. Efeito devolutivo

O efeito devolutivo transfere ao órgão *ad quem* o conhecimento da matéria impugnada no recurso. Tal efeito é comum a todos os recursos, pois o seu objetivo é exatamente o de provocar a reanálise da decisão recorrida.

Em relação ao efeito devolutivo, é imperioso perquirir a **extensão** e a **profundidade** do que é transferido para conhecimento do órgão *ad quem*.

A **extensão** é a **dimensão horizontal**, é aquilo que se submete à apreciação do tribunal, é o objeto litigioso do recurso. A esse respeito, vigora a regra do ***tantum devolutum quantum appellatum***. Isto é, somente é devolvido à instância recursal aquilo que foi objeto de inconformismo no recurso. Nesse tocante, o art. 1.013 do CPC é expresso ao determinar que "a apelação devolverá ao tribunal o conhecimento da matéria impugnada". Embora tal dispositivo trate da apelação, aplica-se a todo e qualquer recurso.

De outro lado, a **profundidade do efeito devolutivo** também é conhecida como **efeito translativo**. Está relacionado aos fundamentos que podem ser analisados em relação ao objeto litigioso do recurso. É a **dimensão vertical do efeito devolutivo**. A esse respeito, o art. 1.013, § 1º, do CPC prevê que serão objeto de apreciação e julgamento pelo tribunal todas as questões suscitadas e discutidas no processo, ainda que não tenham sido julgadas por inteiro, desde que relativas ao capítulo da decisão impugnada.

O § 2º do mesmo artigo não deixa dúvidas sobre a amplitude do efeito translativo no sistema recursal brasileiro, ao determinar que, "quando o pedido ou a defesa tiver mais de um fundamento e o juiz acolher apenas um deles, a apelação devolverá ao tribunal o conhecimento dos demais".

Assim, observa-se que o recorrente pode delimitar a extensão da matéria recorrida, mas não a profundidade do julgamento[28].

Por fim, o art. 1.014 do CPC permite que "as questões de fato não propostas no juízo inferior poderão ser suscitadas na apelação, se a parte provar que deixou de fazê-lo por motivo de força maior".

11.2. Efeito suspensivo

O efeito suspensivo é o que impede que a decisão recorrida produza efeitos imediatos.

Tal efeito não decorre da interposição do recurso, senão da recorribilidade da decisão judicial. Com efeito, entre a publicação da decisão e a interposição do recurso, o efeito suspensivo (decorrente da recorribilidade) já impede que a decisão produza efeitos.

MARQUES, SEGUNDA TURMA, *DJe* de 28-6-2018)" (STJ, AgInt no REsp 1742809/CE, Rel. Ministra Assusete Magalhães, Segunda Turma, julgado em 11-12-2018, *DJe* 18-12-2018).

28 "Embora a questão possa gerar controvérsia, o chamado efeito translativo do recurso, que permite ao órgão *ad quem* conhecer de questões não objeto de impugnação, não possibilita desconstituir a coisa julgada material de capítulos autônomos da sentença" (GARCIA, Gustavo Filipe Barbosa. *Novo Código de Processo Civil:* principais modificações. Rio de Janeiro: Forense, 2015. p. 257).

Os recursos somente possuem efeito suspensivo se houver previsão legal nesse sentido ou decisão judicial que o conceda (art. 995, *caput*, CPC).

Como regra, **possuem efeito suspensivo:** a) a apelação (art. 1.012, CPC); b) o recurso extraordinário ou especial contra a decisão do tribunal de segunda instância no incidente de resolução de demandas repetitivas (art. 987, § 1º, CPC)[29].

De outro lado, **não possuem efeito suspensivo**, como regra: a) o agravo de instrumento (art. 1.019, I, CPC); b) os embargos de declaração (art. 1.026, CPC)[30]; c) o recurso especial; d) o recurso extraordinário; e) os embargos de divergência.

A decisão sobre os efeitos em que o recurso é recebido é proferida pelo órgão que faz o juízo de admissibilidade.

Com o CPC/2015, a maioria dos recursos passou a não ter mais duplo juízo de admissibilidade (ainda continua existindo no RE e no REsp), ou seja, o juízo de prelibação é feito apenas pelo órgão *ad quem*, que deverá dizer se atribui ou não efeito suspensivo. Assim, em tais hipóteses, o requerimento de efeito suspensivo ao recurso deverá ser formulado diretamente ao relator, se o recurso já tiver sido distribuído, ou, caso contrário, ao tribunal, que distribuirá o requerimento de efeito suspensivo.

O relator poderá conceder efeito suspensivo aos recursos, ainda que não tenham por lei esse efeito, analisando os seguintes requisitos (art. 995, parágrafo único, CPC): a) da imediata produção dos efeitos da decisão, implicar risco de dano grave, de difícil ou impossível reparação; e b) ficar demonstrada a probabilidade de provimento do recurso[31].

Contra a decisão monocrática do relator, caberá agravo interno para o órgão colegiado, na forma do art. 1.021 do CPC.

De outro lado, nas instâncias extraordinárias, o requerimento de concessão de efeito suspensivo ao recurso extraordinário ou ao recurso especial deverá ser dirigido: "I – ao tribunal superior respectivo, no período compreendido entre a publicação da decisão de admissão do recurso e sua distribuição, ficando o relator designado para seu exame prevento para julgá-lo; II – ao relator, se já distribuído o recurso; III – ao presidente ou ao vice-presidente do tribunal recorrido, no período compreendido entre a interposição do recurso e a publicação da decisão de admissão do recurso, assim como no caso de o recurso ter sido sobrestado, nos termos do art. 1.037" (art. 1.029, § 5º, CPC, com redação dada pela Lei n. 13.256/2016). Isso ocorre porque a Lei n. 13.256/2016 reinseriu o duplo juízo de admissibilidade para os recursos dirigidos a tribunais superiores.

---

29 CPC: "Art. 987. Do julgamento do mérito do incidente caberá recurso extraordinário ou especial, conforme o caso. § 1º O recurso tem efeito suspensivo, presumindo-se a repercussão geral de questão constitucional eventualmente discutida".

30 CPC: "Art. 1.026. Os embargos de declaração não possuem efeito suspensivo e interrompem o prazo para a interposição de recurso".

31 CPC: "Art. 995. Os recursos não impedem a eficácia da decisão, salvo disposição legal ou decisão judicial em sentido diverso. Parágrafo único. A eficácia da decisão recorrida poderá ser suspensa por decisão do relator, se da imediata produção de seus efeitos houver risco de dano grave, de difícil ou impossível reparação, e ficar demonstrada a probabilidade de provimento do recurso".

11.3. Impedimento do trânsito em julgado

A recorribilidade e a interposição do recurso impedem o trânsito em julgado da decisão recorrida.

No entanto, esse efeito impeditivo do trânsito em julgado ocorre somente em relação aos capítulos da decisão que foram impugnados por recurso. Em relação aos demais capítulos, ocorre o trânsito em julgado, razão pela qual é possível, inclusive, cumprimento definitivo de decisão[32].

11.4. Efeito regressivo ou juízo de retratação

O **efeito regressivo ou juízo de retratação** é aquele que **permite que o órgão *a quo* reveja a decisão recorrida**. Tal efeito somente existe quando previsto em lei.

De acordo com o CPC, **há juízo de retratação nos seguintes recursos**:

a) Na apelação contra sentença que indefere a petição inicial (art. 331, § 1º, CPC)[33].

b) Na apelação contra sentença de julgamento liminar de improcedência (art. 332, § 3º, CPC)[34].

c) Na apelação contra sentença que põe termo à fase de conhecimento sem resolução de mérito (art. 485, § 7º, CPC)[35].

d) No agravo de instrumento, onde o juízo de retratação passa a ser facultativo (art. 1.018, § 1º, CPC)[36].

e) No agravo interno (art. 1.021, § 2º, CPC)[37].

f) No recurso especial e no recurso extraordinário repetitivos sobrestados no tribunal de origem, após o julgamento do recurso representativo da controvérsia pelo STJ ou pelo STF, quando o tribunal de origem, se a sua decisão for divergente, poderá retratar-se para modificá-la e adequá-la à do julgamento do recurso repetitivo (art. 1.041, § 1º, CPC)[38].

---

32 É essa conclusão que se extrai do art. 523 do CPC: "Art. 523. No caso de condenação em quantia certa, ou já fixada em liquidação, e no caso de decisão sobre parcela incontroversa, o cumprimento definitivo da sentença far-se-á a requerimento do exequente, sendo o executado intimado para pagar o débito, no prazo de 15 (quinze) dias, acrescido de custas, se houver".

33 CPC: "Art. 331. Indeferida a petição inicial, o autor poderá apelar, facultado ao juiz, no prazo de 5 (cinco) dias, retratar-se. § 1º Se não houver retratação, o juiz mandará citar o réu para responder ao recurso".

34 CPC: "Art. 332 [...] § 3º Interposta a apelação, o juiz poderá retratar-se em 5 (cinco) dias".

35 CPC: "Art. 485. O juiz não resolverá o mérito quando: [...] § 7º Interposta a apelação em qualquer dos casos de que tratam os incisos deste artigo, o juiz terá 5 (cinco) dias para retratar-se".

36 CPC: "Art. 1.018. O agravante poderá requerer a juntada, aos autos do processo, de cópia da petição do agravo de instrumento, do comprovante de sua interposição e da relação dos documentos que instruíram o recurso. § 1º Se o juiz comunicar que reformou inteiramente a decisão, o relator considerará prejudicado o agravo de instrumento".

37 CPC: "Art. 1.021. Contra decisão proferida pelo relator caberá agravo interno para o respectivo órgão colegiado, observadas, quanto ao processamento, as regras do regimento interno do tribunal. [...] § 2º O agravo será dirigido ao relator, que intimará o agravado para manifestar-se sobre o recurso no prazo de 15 (quinze) dias, ao final do qual, não havendo retratação, o relator levá-lo-á a julgamento pelo órgão colegiado, com inclusão em pauta".

38 CPC: "Art. 1.041. Mantido o acórdão divergente pelo tribunal de origem, o recurso especial ou extraordinário será remetido ao respectivo tribunal superior, na forma do art. 1.036, § 1º. § 1º Realizado o juízo de retratação,

g) No agravo em recurso especial e em recurso extraordinário (art. 1.042, § 4º, CPC)[39].

h) Na apelação e no agravo de instrumento interpostos contra decisões dos procedimentos do ECA (art. 198, VII, ECA)[40].

11.5. Efeito extensivo ou expansivo subjetivo

Como regra, a interposição do recurso produz efeitos somente para o recorrente.

Todavia, o recurso interposto por um dos litisconsortes a todos aproveita, salvo se distintos ou opostos os seus interesses. Além disso, no caso de solidariedade passiva, o recurso interposto por um devedor solidário aproveitará aos outros quando as defesas opostas ao credor lhes forem comuns (art. 1.005, CPC). Trata-se do chamado efeito extensivo ou expansivo subjetivo.

11.6. Efeito substitutivo

Segundo o efeito substitutivo dos recursos, a decisão que julga o recurso (proferida pelo órgão *ad quem*) substitui a decisão recorrida (do órgão *a quo*) quando há apreciação do mérito do recurso, na exata medida da parte da decisão que foi objeto do recurso. Para que ocorra o efeito substitutivo, basta que o tribunal analise o mérito do recurso, ainda que confirme a decisão. Contudo, não haverá efeito substitutivo se o órgão *ad quem* não conhece do recurso ou, por outro motivo, não examina o mérito recursal. Assim, por exemplo, se é interposta apelação parcial contra sentença e é julgado o mérito da apelação, a decisão do tribunal substitui a parte da sentença contra a qual houve o recurso, ainda que mantenha a decisão recorrida.

O efeito substitutivo está previsto no art. 1.008 do CPC[41].

A definição do efeito substitutivo, dos seus contornos e limites, possui grande importância para o processo civil, sobretudo para definição do objeto e da competência para a ação rescisória.

O objeto da ação rescisória deve ser a decisão de mérito da maior instância judicial que operou o efeito substitutivo.

Assim, se a apelação não for conhecida, transita em julgado a sentença de primeira instância. Logo, a ação rescisória deverá ser proposta contra esta sentença. Neste caso,

---

com alteração do acórdão divergente, o tribunal de origem, se for o caso, decidirá as demais questões ainda não decididas cujo enfrentamento se tornou necessário em decorrência da alteração".

39 CPC: "Art. 1.042. Cabe agravo contra decisão de presidente ou de vice-presidente do tribunal que: [...] § 4º Após o prazo de resposta, não havendo retratação, o agravo será remetido ao tribunal superior competente".

40 Lei n. 8.069/1990: "Art. 198. Nos procedimentos afetos à Justiça da Infância e da Juventude, inclusive os relativos à execução das medidas socioeducativas, adotar-se-á o sistema recursal da Lei n. 5.869, de 11 de janeiro de 1973 (Código de Processo Civil), com as seguintes adaptações: [...] VII – antes de determinar a remessa dos autos à superior instância, no caso de apelação, ou do instrumento, no caso de agravo, a autoridade judiciária proferirá despacho fundamentado, mantendo ou reformando a decisão, no prazo de cinco dias".

41 CPC: "Art. 1.008. O julgamento proferido pelo tribunal substituirá a decisão impugnada no que tiver sido objeto de recurso".

a competência será do tribunal ao qual o juízo de primeira instância está vinculado. Se o recurso especial não foi conhecido ou lhe foi negado seguimento, transita em julgado o acórdão do tribunal de segunda instância, caso este tenha apreciado o mérito. Assim, neste caso, a competência é do tribunal de segunda instância. Caso o recurso especial ou o recurso extraordinário seja conhecido e julgado (provido ou improvido), a ação rescisória deverá ser proposta contra o acórdão do STJ ou do STF, razão pela qual a competência será do STJ ou do STF, respectivamente.

12. RECURSO ADESIVO

O recurso adesivo **não é uma nova espécie de recurso**, mas apenas uma forma de interposição. É cabível no caso de sucumbência recíproca quando apenas a parte contrária interpôs o recurso.

De acordo com o art. 997, § 1º, do CPC, "sendo vencidos autor e réu, ao recurso interposto por qualquer deles poderá aderir o outro".

Assim, são **pressupostos** para o recurso adesivo:

a) que haja sucumbência recíproca;

b) que uma das partes tenha interposto recurso e a outra não haja recorrido;

c) que seja interposto o recurso adesivo, pelo recorrido, no prazo de contrarrazões.

O objetivo do recurso adesivo é evitar que, no caso de sucumbência recíproca, uma ou ambas as partes recorram apenas por pensar que a outra parte recorreria. Assim, se, no caso de sucumbência recíproca, a parte se contentar com a decisão, preferindo suportar uma perda parcial naquilo que pretendia ao invés de recorrer e suportar a demora do processo, poderá abster-se de recorrer, hipótese em que terá a oportunidade de recorrer adesivamente caso a outra parte recorra. Essa é a justificação ideológica do recurso adesivo.

A parte pode interpor recurso adesivo e não apresentar contrarrazões, sem que isso prejudique a admissibilidade do recurso adesivo[42].

O prazo para interpor o recurso adesivo é o mesmo das contrarrazões. Além disso, "é tempestivo o recurso adesivo interposto antes de ser a parte formalmente intimada para apresentar contrarrazões, desde que o faça até o fim do prazo de resposta, ao apelo principal"[43].

É admissível a sua interposição na apelação, no recurso especial e no recurso extraordinário (art. 997, § 2º, II, CPC).

Como é um direito processual que assiste à parte sucumbente, por expressa disposição legal, não é cabível a sua interposição pelo Ministério Público como fiscal da

---

42 "**O recurso adesivo não está condicionado à apresentação de contrarrazões ao recurso principal, porque são independentes ambos os institutos de direito processual, restando assegurado, pela ampla defesa e contraditório constitucionais, tanto o direito de recorrer, como o de responder ao recurso**" (STJ, EDcl no REsp 171.543/RS, Rel. Min. Nancy Andrighi, Segunda Turma, julgado em 16-6-2000, *DJ* 14-8-2000, p. 159).

43 STJ, AgInt no AREsp 839.787/RS, Rel. Ministro Ricardo Villas Bôas Cueva, Terceira Turma, julgado em 16-2-2017, *DJe* 23-2-2017.

ordem jurídica, nem por terceiro interessado. Se o Ministério Público (como fiscal da ordem jurídica) ou o terceiro interessado pretenderem recorrer, poderão fazê-lo no prazo legal para o recurso. No entanto, deixando escoar esse prazo, não poderão recorrer adesivamente no prazo para contrarrazões, sobretudo porque não são intimados para apresentar essa resposta ao recurso (as contrarrazões recursais).

O exame do recurso adesivo fica condicionado à admissibilidade do recurso principal, isto é, o recurso adesivo somente será admitido se o principal o for. Assim, se houver a desistência do recurso principal, o recurso adesivo não será admitido (art. 997, § 2º, III, CPC)[44].

Se ambas as partes recorreram no prazo legal, mas uma delas desistiu, não poderá recorrer adesivamente no prazo para contrarrazões, já que a ausência de interposição de recurso principal é requisito para a admissibilidade do recurso adesivo.

No caso em que ambas as partes recorreram da decisão, mas um dos recursos é intempestivo, deserto ou apresenta outro vício pelo qual não será admitido, não poderá haver recurso adesivo, já que o recurso principal foi interposto, embora com a falta de algum pressuposto recursal[45].

Da mesma forma, se ambas as partes recorreram, mas uma delas interpôs recurso parcial, não poderá, no prazo de contrarrazões, interpor recurso adesivo contra a parcela da decisão que não foi recorrida, pois ocorreu preclusão consumativa, haja vista que a ausência de interposição de recurso principal é requisito para que a parte possa recorrer adesivamente.

A Fazenda Pública, se não tiver interposto o recurso principal no prazo legal, poderá recorrer adesivamente mesmo nos casos em que seja cabível o reexame necessário.

---

44 CPC: "Art. 997 [...] § 2º O recurso adesivo fica subordinado ao recurso independente, sendo-lhe aplicáveis as mesmas regras deste quanto aos requisitos de admissibilidade e julgamento no tribunal, salvo disposição legal diversa, observado, ainda, o seguinte: [...] III – não será conhecido, se houver desistência do recurso principal ou se for ele considerado inadmissível".

45 "O recurso adesivo é inadmissível pela parte que já interpusera apelo autônomo, ainda que não conhecido, ante a ocorrência de preclusão consumativa" (STJ, AgInt nos EDcl no AgInt no REsp 1609526/SP, Rel. Ministra Nancy Andrighi, Terceira Turma, julgado em 21-9-2017, *DJe* 6-10-2017).

CAPÍTULO II

APELAÇÃO

1. CABIMENTO, CARACTERÍSTICAS, FORMA, PRAZO, EXTENSÃO E PROFUNDIDADE

A **apelação** é o **recurso cabível contra a sentença** (art. 1.009, CPC), definitiva ou terminativa. É um dos mais importantes recursos do processo civil.

Entretanto, em razão da irrecorribilidade imediata da maioria das decisões interlocutórias, também será cabível que, em preliminar do recurso de apelação interposta contra a sentença, o apelante também recorra das decisões interlocutórias (art. 1.009, § 1º, CPC). Caso o apelado pretenda recorrer das decisões interlocutórias, deverá fazê-lo em preliminar de contrarrazões ao recurso de apelação. Nesta hipótese, o apelante deverá ser intimado para se manifestar em 15 dias (art. 1.009, § 2º, CPC).

O recurso de apelação permite **devolutividade ampla**, pois é hábil a devolver ao órgão *ad quem* tudo o que foi decidido na sentença.

A apelação deve ser interposta por meio de petição escrita, a qual deve ser dirigida ao juízo de primeira instância, que proferiu a sentença. Na mesma petição, deve constar o pedido de reforma ou de invalidação da sentença e as razões recursais.

O **prazo** para a interposição da apelação é de **15 dias (úteis)**.

A extensão do recurso será determinada pelo recorrente na petição do recurso, pois o tribunal, como regra, somente poderá reanalisar aquilo que foi objeto do recurso (*tantum devolutum quantum appellatum*).

De outro lado, pelo efeito translativo, a profundidade do julgamento pelo órgão *ad quem* não pode ser controlada pelo recorrente, como já se expôs anteriormente. Assim, "quando o pedido ou a defesa tiver mais de um fundamento e o juiz acolher apenas um deles, a apelação devolverá ao tribunal o conhecimento dos demais" (art. 1.013, § 2º, CPC). Ademais, em relação ao capítulo de sentença recorrido, serão objeto de apreciação e julgamento pelo tribunal todas as questões suscitadas e discutidas no processo, ainda que não tenham sido solucionadas na sentença recorrida.

2. EFEITOS

A apelação sempre terá o efeito devolutivo. Como regra, também deverá ser recebida no efeito suspensivo (art. 1.012, CPC).

Em hipóteses excepcionais legalmente previstas, entretanto, deverá ser recebida apenas no efeito devolutivo (sem o efeito suspensivo). Tais hipóteses estão elencadas no art. 1.012, § 1º, do CPC, que prevê que a apelação será recebida **sem o efeito suspensivo quando interposta contra a sentença que**:

I – homologa divisão ou demarcação de terras;

II – condena a pagar alimentos;

III – extingue sem resolução do mérito ou julga improcedentes os embargos do executado;

IV – julga procedente o pedido de instituição de arbitragem;

V – confirma, concede ou revoga tutela provisória;

VI – decreta a interdição.

Além das hipóteses acima relacionadas (art. 1.012, § 1º, CPC), a **apelação** também será recebida **sem o efeito suspensivo** quando interposta contra a sentença nas **seguintes ações**:

a) ação civil pública (art. 14, Lei n. 7.347/1985);

b) mandado de segurança, quando a sentença concede a segurança (art. 14, § 3º, Lei n. 12.016/2009);

c) procedimentos cíveis do Estatuto da Criança e do Adolescente, ressalvada a hipótese de sentença que defere adoção por estrangeiro (art. 198, VI, Lei n. 8.069/1990);

d) ação de despejo (art. 58, V, Lei n. 8.245/1991).

Nos casos em que não há efeito suspensivo, a parte apelante, após interposta a apelação, poderá requerer que seja concedido efeito suspensivo, mediante requerimento que deverá ser dirigido: a) ao tribunal, se o requerimento de concessão de efeito suspensivo for formulado entre a data da interposição da apelação e a sua distribuição no tribunal, hipótese em que o relator designado para a decisão desse requerimento ficará prevento para julgar a apelação; b) ao relator da apelação, se esta já tiver sido distribuída (art. 1.012, § 3º, CPC)[1].

Observe-se que, na sistemática do CPC/2015, como o juízo de admissibilidade da apelação é realizado apenas pelo tribunal, não cabe a este decidir sobre os efeitos em relação aos quais a apelação deve ser recebida.

Como regra, a apelação não possui o efeito regressivo, que impõe o juízo de retratação. Contudo, haverá juízo de retratação na apelação quando interposta contra a sentença: a) que indefere a petição inicial (art. 331, § 1º, CPC); b) de julgamento liminar de improcedência (art. 332, § 3º, CPC); c) de extinção da fase de conhecimento sem resolução de mérito (art. 485, § 7º, CPC); d) que julgar procedimentos do ECA (art. 198, VII, ECA)[2].

---

1 CPC: "Art. 1.012 [...] § 3º O pedido de concessão de efeito suspensivo nas hipóteses do § 1º poderá ser formulado por requerimento dirigido ao: I – tribunal, no período compreendido entre a interposição da apelação e sua distribuição, ficando o relator designado para seu exame prevento para julgá-la; II – relator, se já distribuída a apelação".

2 Lei n. 8.069/1990: "Art. 198. Nos procedimentos afetos à Justiça da Infância e da Juventude, inclusive os relativos à execução das medidas socioeducativas, adotar-se-á o sistema recursal da Lei n. 5.869, de 11 de janeiro de 1973 (Código de Processo Civil), com as seguintes adaptações: [...] VII – antes de determinar a remessa dos autos à

Nesses casos, embora o juiz de primeira instância não faça juízo de admissibilidade do recurso de apelação, se esse recurso for manifestamente intempestivo ou inadmissível, o juiz não deverá realizar o juízo de retratação, devendo expor tais razões. A esse respeito, o Enunciado 293 do FPPC: "Se considerar intempestiva a apelação contra sentença que indefere a petição inicial ou julga liminarmente improcedente o pedido, não pode o juízo *a quo* retratar-se".

3. PROCEDIMENTO

3.1. Processamento da apelação pelo juízo *a quo*

O recurso de apelação deve ser interposto por **petição escrita**, no prazo de **15 dias (úteis)**, dirigida ao **juízo de primeira instância**.

A petição do recurso de apelação deverá conter os seguintes requisitos (art. 1.010, CPC): "I – os nomes e a qualificação das partes; II – a exposição do fato e do direito; III – as razões do pedido de reforma ou de decretação de nulidade; IV – o pedido de nova decisão".

O magistrado de primeira instância não deverá fazer juízo de admissibilidade. Deverá simplesmente determinar que seja intimada a parte contrária (apelado), para apresentar contrarrazões, no prazo de 15 dias (art. 1.010, § 1º, CPC). Se o apelado interpuser recurso adesivo, o juiz deverá determinar a intimação do apelante para apresentar contrarrazões (em 15 dias).

Como regra, a apelação não possui o efeito regressivo, ou seja, não há juízo de retratação. Todavia, nas hipóteses de efeito regressivo (*vide* item já desenvolvido, sobre esse efeito), o juízo de primeira instância terá de realizar o juízo de retratação.

A seguir, os autos devem ser remetidos ao tribunal, independentemente de juízo de admissibilidade.

3.2. Processamento e julgamento da apelação pelo juízo *ad quem*

Distribuída a apelação no tribunal, serão os autos conclusos ao desembargador relator.

Cabe ao relator conceder ou não o efeito suspensivo ao recurso de apelação, analisando o art. 1.012, §§ 1º e 3º, do CPC.

O relator poderá decidir a apelação monocraticamente, nas hipóteses abaixo especificadas; ou, se não for o caso de decisão monocrática, deverá preparar o seu voto para julgamento do recurso pelo órgão colegiado.

O relator poderá decidir monocraticamente a apelação, nas seguintes hipóteses (art. 1.011, inc. I, c/c art. 932, inc. III a V, CPC):

a) **negar seguimento** ao recurso de apelação quando for inadmissível, estiver prejudicado ou se não tiver impugnado especificamente os fundamentos da decisão recorrida;

---

superior instância, no caso de apelação, ou do instrumento, no caso de agravo, a autoridade judiciária proferirá despacho fundamentado, mantendo ou reformando a decisão, no prazo de cinco dias".

b) **negar provimento** à apelação quando for contrária à: b.1) súmula do Supremo Tribunal Federal, do Superior Tribunal de Justiça ou do próprio tribunal; b.2) acórdão proferido pelo Supremo Tribunal Federal ou pelo Superior Tribunal de Justiça em julgamento de recursos repetitivos; b.3) entendimento firmado em incidente de resolução de demandas repetitivas ou de assunção de competência;

c) **dar provimento** ao recurso de apelação, se a decisão recorrida for contrária a: c.1) súmula do Supremo Tribunal Federal, do Superior Tribunal de Justiça ou do próprio tribunal; c.2) acórdão proferido pelo Supremo Tribunal Federal ou pelo Superior Tribunal de Justiça em julgamento de recursos repetitivos; c.3) entendimento firmado em incidente de resolução de demandas repetitivas ou de assunção de competência.

No entanto, tais regras não devem ser aplicadas se o recorrente pretender discutir a própria aplicação da súmula no caso concreto, fazendo o *distinguishing* (não discorda da súmula, senão da sua aplicação ao caso) ou quando postular a invalidação da sentença.

De acordo com o art. 932, parágrafo único, do CPC, "antes de considerar inadmissível o recurso, o relator concederá o prazo de 5 (cinco) dias ao recorrente para que seja sanado vício ou complementada a documentação exigível". Ocorre que tal dispositivo somente pode ser aplicável quando se trate de vício sanável ou de complementação possível. Caso contrário, estar-se-ia criando um ato de processo inócuo, ou aquilo que se chama de contraditório inútil.

Caberá agravo interno contra tal decisão monocrática do relator, no prazo de 15 dias, que deverá ser dirigido ao órgão competente para o julgamento do recurso, de acordo com regimento interno do tribunal. A seguir, será intimada a outra parte para apresentar contrarrazões, no mesmo prazo. Se não houver retratação pelo relator, este deverá levar o agravo interno para julgamento ao órgão colegiado, solicitando a sua inclusão em pauta. Se provido o agravo interno, o recurso de apelação terá seguimento.

4. TEORIA DA CAUSA MADURA

A Teoria da Causa Madura foi desenvolvida com o objetivo de otimizar o julgamento dos recursos, quando estes são interpostos contra sentença que não apreciou o mérito, ou quando o órgão recursal verifica que a decisão recorrida deve ser cassada, a fim de que o tribunal, ao cassar ou reformar a sentença, possa ir além e julgar o próprio mérito da demanda.

A Teoria da Causa Madura foi adotada expressamente no art. 1.013, §§ 3º e 4º, do CPC para o julgamento do recurso de apelação.

Estando o processo em condições de imediato julgamento, o tribunal pode decidir desde logo o mérito quando (art. 1.013, §§ 3º e 4º, CPC):

a) reformar a sentença terminativa (art. 485, CPC);

b) decretar a nulidade da sentença por ser *extra*, *ultra* ou *citra petita* (incongruência com os limites do pedido ou da causa de pedir, ou deixar de analisar um dos pedidos);

c) decretar a nulidade de sentença por falta de fundamentação;

d) reformar a sentença que reconheceu a decadência ou a prescrição.

O julgamento imediato do mérito pelo tribunal *ad quem* (pela aplicação da Teoria da Causa Madura) pode ocorrer ainda que não tenha havido pedido expresso da parte recorrente nesse sentido[3].

Assim, nos casos acima referidos, poderá o tribunal, ao analisar o recurso: a) determinar que seja cassada a sentença, por entender que há *error in procedendo*; b) entender que deve ser reformada a sentença, pois não é caso de extinção do processo sem resolução do mérito e, por não estar o feito suficientemente instruído, determinar o prosseguimento do processo em primeira instância, a fim de que siga o seu curso normal, com a fase de instrução e o posterior julgamento por sentença; c) entender que não é caso de extinção do processo sem resolução do mérito e, caso o feito já esteja suficientemente instruído, julgar o mérito da causa; d) manter a sentença, se entender que está correta.

De outro lado, a aplicação da Teoria da Causa Madura também alcança os casos de julgamento liminar de improcedência, como adiante se demonstrará.

5. APELAÇÃO CONTRA SENTENÇA DE JULGAMENTO LIMINAR DE IMPROCEDÊNCIA

O art. 332 do Novo CPC prevê que, "nas causas que dispensem a fase instrutória, o juiz, independentemente da citação do réu, julgará liminarmente improcedente o pedido que contrariar: I – enunciado de súmula do Supremo Tribunal Federal ou do Superior Tribunal de Justiça; II – acórdão proferido pelo Supremo Tribunal Federal ou pelo Superior Tribunal de Justiça em julgamento de recursos repetitivos; III – entendimento firmado em incidente de resolução de demandas repetitivas ou de assunção de competência; IV – enunciado de súmula de tribunal de justiça sobre direito local". Além dessas hipóteses, o § 1º do mesmo artigo estabelece que "o juiz também poderá julgar liminarmente improcedente o pedido se verificar, desde logo, a ocorrência de decadência ou de prescrição".

Assim, nesses casos, o juiz proferirá sentença de improcedência sem que tenha sido citado o réu, como já se expôs anteriormente.

Contra a sentença de improcedência liminar, caberá recurso de apelação.

O recurso de apelação, nessa hipótese específica (sentença liminar de improcedência), possui o efeito regressivo, que impõe o juízo de retratação (art. 332, § 3º, CPC).

Caso o juiz mantenha a decisão recorrida, o réu deverá ser citado para apresentar contrarrazões ao recurso (art. 332, § 4º, CPC). Observe-se que se trata de citação, e não de intimação, haja vista que tal comunicação à parte ré tem o objetivo de integrá-la na relação jurídica processual (é a primeira comunicação ao réu acerca do processo).

Após as contrarrazões, os autos serão remetidos ao tribunal.

Cabe perquirir se, nessa hipótese, o tribunal poderia aplicar a Teoria da Causa Madura para, de plano, julgar o recurso procedente ou parcialmente procedente.

---

3 "Conforme a jurisprudência do Superior Tribunal de Justiça, ainda que não exista pedido expresso da parte recorrente, afastada a extinção do processo sem exame do mérito, pode o Tribunal, de imediato, julgar o feito, caso a controvérsia se refira a questão de direito, tendo em vista a teoria da causa madura, com fulcro no art. 515, § 3º, do CPC" (STJ, AgRg nos EDcl no REsp 1142225/PA, Rel. Min. Sebastião Reis Júnior, Sexta Turma, julgado em 19-6-2012, *DJe* 29-6-2012).

A Teoria da Causa Madura, prevista no art. 1.013, §§ 3º e 4º, já foi abordada no item anterior.

Como é provável que a causa esteja totalmente instruída (pois se aplicou o art. 332 do CPC), bem como houve contraditório (em razão da citação e oportunização da apresentação das contrarrazões recursais), a jurisprudência, mesmo antes do CPC/2015, já entendia existir a possibilidade de aplicação, por analogia, da **Teoria da Causa Madura**, atualmente prevista no art. 1.013, §§ 3º e 4º, do Código Processual Civil[4].

José Miguel Garcia Medina, em sentido contrário, entende que a cognição judicial, no julgamento da apelação, deve se limitar a verificar a correção ou não da aplicação do art. 332 do CPC. Assim, no caso de recurso contra sentença que julga liminarmente improcedente o pedido, segundo Medina, não poderia o tribunal aplicar a Teoria da Causa Madura para julgar o mérito favoravelmente ao autor[5].

Contudo, a questão precisa ser analisada com maior profundidade, considerando a complexidade fática que envolve a matéria. Se o processo necessitar de maior dilação probatória, naturalmente a decisão do tribunal deverá se limitar a dizer que não é caso de julgamento de improcedência.

Nos casos em que, após as contrarrazões recursais, o tribunal verificar que todas as provas para o julgamento do mérito do processo já constam dos autos, e a discussão é eminentemente de direito, não haveria razão para determinar que o processo voltasse a correr em primeira instância, para que o réu apresentasse contestação com os mesmos argumentos e documentos já apresentados em sede de contrarrazões, para que o autor reiterasse o que já expôs em sede recursal e o juiz prolatasse a mesma sentença que já proferiu, obrigando o autor a apresentar o recurso com praticamente os mesmos fundamentos, o réu a apresentar as contrarrazões já apresentadas e o tribunal a analisar novamente o recurso, agora para entrar no julgamento do mérito.

Portanto, para se analisar se é caso ou não de aplicação da Teoria da Causa Madura no caso de julgamento de recurso de apelação contra a sentença que julga liminarmente improcedente o pedido do autor, é preciso verificar as circunstâncias do caso concreto.

Por todas essas considerações, afirma-se que é possível a aplicação da Teoria da Causa Madura em tal hipótese, mas somente se estiverem presentes todos os seus pressupostos e a sua aplicação não gerar prejuízo processual (ex.: necessidade de produção de outras provas) para qualquer das partes.

Assim, caso haja apelação da sentença que julgou improcedentes os pedidos com base no art. 332 do CPC, poderá o Tribunal, ao analisar o recurso:

a) determinar que seja cassada a sentença, por entender ausentes os requisitos previstos no art. 332 do CPC, dando-se prosseguimento ao feito em primeira instância;

---

4 "Desde que citado o réu para apresentar contrarrazões, é possível o provimento do recurso interposto contra sentença que, devidamente enquadrada no preceito do art. 285-A, do CPC, julga improcedente o pedido do autor antes da citação, por aplicação analógica do art. 515, § 3º, do CPC" (TJDFT, Acórdão n. 558252, 20100110068682APC, Rel. Arnoldo Camanho de Assis, 4ª Turma Cível, julgado em 7-12-2011, *DJ* 12-1-2012 p. 109).

5 MEDINA, José Miguel Garcia. *Novo Código de Processo Civil comentado*. 3. ed. São Paulo: Revista dos Tribunais, 2015. p. 555.

b) entender que não é caso de improcedência e, por não estar o feito suficientemente instruído, anular a sentença e determinar o prosseguimento do processo em primeira instância, a fim de que siga o seu curso normal, com a fase de instrução e o posterior julgamento por sentença;

c) caso o feito já esteja suficientemente instruído, dar provimento ao recurso e julgar procedente ou parcialmente procedente o pedido, se entender que prospera a pretensão da parte autora (já que a parte ré já teria apresentado a sua defesa nas contrarrazões de apelação);

d) manter a sentença, se entender que presentes os requisitos do art. 332 do CPC e que realmente não prospera a pretensão da parte autora.

CAPÍTULO III

AGRAVO DE INSTRUMENTO

1. CONCEITO, CABIMENTO, PRAZO E ESPÉCIES

O agravo de instrumento é o recurso cabível **contra decisões interlocutórias**. Não cabe recurso de agravo contra despacho (que é irrecorrível), nem contra sentença ou parte dela (contra a qual cabe somente recurso de apelação).

O prazo para a interposição do recurso de agravo é de **15 dias (úteis)**.

O Código de Processo Civil de 2015 não prevê mais o agravo retido. Com isso, todas as decisões interlocutórias contra as quais não caiba agravo de instrumento não precluem no curso do processo, de modo que podem ser impugnadas em preliminar do recurso de apelação, eventualmente interposto contra a sentença, ou nas contrarrazões de apelação[1].

Caberá agravo de instrumento contra decisões interlocutórias que versarem sobre (art. 1.015, CPC):

I – tutelas provisórias;

II – mérito do processo;

III – rejeição da alegação de convenção de arbitragem;

IV – incidente de desconsideração da personalidade jurídica;

V – rejeição do pedido de gratuidade da justiça ou acolhimento do pedido de sua revogação;

VI – exibição ou posse de documento ou coisa;

VII – exclusão de litisconsorte;

VIII – rejeição do pedido de limitação do litisconsórcio;

IX – admissão ou inadmissão de intervenção de terceiros;

X – concessão, modificação ou revogação do efeito suspensivo aos embargos à execução;

XI – redistribuição do ônus da prova nos termos do art. 373, § 1º;

---

1 CPC: "Art. 1.009. Da sentença cabe apelação. § 1º As questões resolvidas na fase de conhecimento, se a decisão a seu respeito não comportar agravo de instrumento, não são cobertas pela preclusão e devem ser suscitadas em preliminar de apelação, eventualmente interposta contra a decisão final, ou nas contrarrazões".

XII – [VETADO];

XIII – outros casos expressamente referidos em lei.

A intenção do CPC foi prever um rol taxativo de hipóteses de cabimento de agravo de instrumento. Contudo, o Código tentou contemplar todas as situações de urgência e todas as questões que necessitariam ser impugnadas imediatamente, ou seja, que não poderiam esperar a sua impugnação no recurso de apelação contra a sentença. No entanto, a pretensão de completude legislativa sempre falha, pois jamais será possível contemplar todas as hipóteses do mundo da vida. Em razão disso, na prática, diversas outras situações surgiram que necessitam de impugnação imediata.

Por isso, o STJ pacificou entendimento e firmou tese em julgamento de recurso repetitivo no sentido de que "o rol do art. 1.015 do CPC é de **taxatividade mitigada**, por isso admite a interposição de agravo de instrumento quando verificada a urgência decorrente da inutilidade do julgamento da questão no recurso de apelação"[2].

De outro lado, caso qualquer das questões acima elencadas integre capítulo de sentença, será cabível a apelação contra todas as questões impugnadas[3]. Portanto, não há que se falar de apelação contra uma parte da sentença e agravo de instrumento contra a outra[4].

Observa-se que o **inciso II do artigo 1.015 do CPC**, acima citado, prevê o cabimento de agravo de instrumento contra decisões interlocutórias que julgam o mérito. **Trata-se das hipóteses de julgamento antecipado parcial do mérito**, previstas no art. 356 do CPC[5]. Como se expôs, esse ato do juiz que resolve parte dos pedidos é decisão interlocutória de mérito, e não sentença parcial.

Além das hipóteses acima elencadas, **também é cabível agravo de instrumento contra decisão interlocutória que:**

a) no curso do processo, decidir um ou mais pedidos sem resolver o mérito (art. 354, parágrafo único, c/c art. 485, CPC)[6];

b) no curso do processo, decidir, de ofício ou a requerimento, sobre a ocorrência de decadência ou prescrição de parte da pretensão (art. 354, parágrafo único, c/c art. 487, II, CPC);

---

2 "Assim, nos termos do art. 1.036 e seguintes do CPC/2015, fixa-se a seguinte tese jurídica: O rol do art. 1.015 do CPC é de taxatividade mitigada, por isso admite a interposição de agravo de instrumento quando verificada a urgência decorrente da inutilidade do julgamento da questão no recurso de apelação" (STJ, REsp 1696396/MT, Rel. Ministra Nancy Andrighi, Corte Especial, julgado em 5-12-2018, *DJe* 19-12-2018).

3 CPC: "Art. 1.009. Da sentença cabe apelação. [...] § 3º O disposto no *caput* deste artigo aplica-se mesmo quando as questões mencionadas no art. 1.015 integrarem capítulo da sentença".

4 Sobre isso, existe uma opção clara no CPC/2015. Por exemplo, em relação à hipótese do inciso V do art. 1.015 do CPC/2015, acima referida, o art. 101 do mesmo Código estabelece expressamente que, "contra a decisão que indeferir a gratuidade ou a que acolher pedido de sua revogação caberá agravo de instrumento, exceto quando a questão for resolvida na sentença, contra a qual caberá apelação".

5 CPC: "Art. 356. O juiz decidirá parcialmente o mérito quando um ou mais dos pedidos formulados ou parcela deles: I – mostrar-se incontroverso; II – estiver em condições de imediato julgamento, nos termos do art. 355. [...] § 5º A decisão proferida com base neste artigo é impugnável por agravo de instrumento".

6 "Art. 354. Ocorrendo qualquer das hipóteses previstas nos arts. 485 e 487, incisos II e III, o juiz proferirá sentença. Parágrafo único. A decisão a que se refere o *caput* pode dizer respeito a apenas parcela do processo, caso em que será impugnável por agravo de instrumento".

c) no curso do processo, homologar autocomposição em relação à parte da demanda (art. 354, parágrafo único, c/c art. 487, III, CPC).

2. INTERPOSIÇÃO E PROCESSAMENTO

A decisão interlocutória não põe termo ao processo. Em razão disso, no caso de interposição de recurso de agravo de instrumento, é necessário que o processo continue em primeira instância – para que possa prosseguir o seu curso normal – e que o Tribunal também tenha acesso aos autos, para que possa julgar tal recurso. A fim de garantir essa questão operacional, é imprescindível a formação de um instrumento, com a petição do recurso de agravo, o preparo e as cópias das peças necessárias (extraídas dos autos principais) para o processamento e o julgamento pelo Tribunal, com a exata compreensão da controvérsia. É por isso que tal recurso chama-se de agravo de instrumento, ou agravo interposto na forma de instrumento.

O agravo de instrumento será dirigido ao próprio tribunal competente para julgá-lo (e não ao juízo *a quo*), devendo conter o nome das partes, a exposição do fato e do direito, as razões do pedido de reforma da decisão, bem como o nome e o endereço completo dos advogados constituídos no processo principal (art. 1.016, CPC).

A petição do agravo de instrumento deverá ser instruída com peças obrigatórias e outras facultativas (art. 1.017, CPC):

> I – obrigatoriamente, com cópias da petição inicial, da contestação, da petição que ensejou a decisão agravada, da própria decisão agravada, da certidão da respectiva intimação ou outro documento oficial que comprove a tempestividade e das procurações outorgadas aos advogados do agravante e do agravado;
>
> II – com declaração de inexistência de qualquer dos documentos referidos no inciso I, feita pelo advogado do agravante, sob pena de sua responsabilidade pessoal;
>
> III – facultativamente, com outras peças que o agravante reputar úteis.

No caso de autos eletrônicos, não há necessidade de anexar os documentos referidos nos incs. I e II acima, bastando que o agravante anexe outros documentos que entende serem úteis para a compreensão da sua tese (art. 1.017, § 5º, CPC). Isso porque, no caso de autos eletrônicos, o Tribunal tem acesso direto, pelo sistema, ao processo que tramita na primeira instância.

Para a interposição do agravo de instrumento, deve haver o pagamento de custas, ao contrário do agravo interno. Assim, a petição do agravo de instrumento deverá ser também instruída com o comprovante do pagamento das custas processuais e, sendo o caso, do porte e retorno (art. 1.017, § 1º, CPC).

A petição do agravo de instrumento poderá ser protocolada diretamente no tribunal, na comarca ou circunscrição de origem, ou postada no correio com aviso de recebimento ou por fac-símile. Também se admite a interposição de outro modo, se isso for previsto em lei local[7]. Por exemplo, em alguns Estados, admite-se a interposição do

---

7 CPC: "Art. 1.017 [...] § 2º No prazo do recurso, o agravo será interposto por: I – protocolo realizado diretamente no tribunal competente para julgá-lo; II – protocolo realizado na própria comarca, seção ou subseção judiciárias;

agravo de instrumento mediante protocolo integrado, postos de recebimento de petições instalados em diversos locais, que encaminham as petições para as outras circunscrições ou comarcas e para o tribunal.

Caso falte cópia de qualquer peça ou existindo algum vício sanável que possa comprometer a admissibilidade do agravo de instrumento, o relator deverá intimar o recorrente para que, no prazo de 5 dias, seja sanado o vício ou complementada a documentação (art. 1.017, § 3º, c/c art. 932, parágrafo único, CPC)[8]. Todavia, tratando-se de vício insanável, o relator poderá, de plano, inadmitir o recurso, pois o contraditório inútil não é compatível com o processo civil contemporâneo.

De acordo com o CPC, o agravante "poderá", em 3 dias, requerer a juntada, aos autos do processo, de cópia da petição de agravo de instrumento, do comprovante de interposição e da relação de documentos que instruíram o recurso (art. 1.018, *caput* e § 2º, CPC).

Essa providência serve para que o juiz de primeira instância possa fazer juízo de retratação. Além disso, também permite que a parte agravada, sem precisar se dirigir até o tribunal, tome conhecimento do agravo de instrumento e também dos documentos que foram nele acostados, possibilitando-se a elaboração das contrarrazões ou contraminuta ao agravo de instrumento.

Embora o *caput* do art. 1.018 do CPC estabeleça que o agravante "poderá" tomar essa providência (requerer a juntada de cópia do agravo de instrumento, do comprovante de interposição e da relação de documentos), o § 3º do mesmo artigo estabelece que "o descumprimento da exigência de que trata o § 2º [juntada dessa petição em 3 dias], desde que arguido e provado pelo agravado, importa inadmissibilidade do agravo de instrumento".

Portanto, a juntada de cópia do agravo de instrumento, do comprovante de interposição e da relação de documentos que o instruíram, no prazo de 3 dias, não é uma faculdade, como pode fazer pensar o *caput* do art. 1.018 do CPC, senão um ônus processual, que, se descumprido e comprovado pelo agravado, gera a não admissão do recurso pelo tribunal, conforme o § 3º do mesmo artigo[9].

Assim, também não pode o tribunal de ofício inadmitir o agravo de instrumento por descumprimento a esse requisito, pois somente poderá fazê-lo se isso restar alegado e provado pelo agravado. Nesse sentido, diante de dispositivo com idêntica redação no

III – postagem, sob registro, com aviso de recebimento; IV – transmissão de dados tipo fac-símile, nos termos da lei; V – outra forma prevista em lei".

8 CPC: "Art. 1.017 [...] § 3º Na falta da cópia de qualquer peça ou no caso de algum outro vício que comprometa a admissibilidade do agravo de instrumento, deve o relator aplicar o disposto no art. 932, parágrafo único". De outro lado, o art. 932, parágrafo único, do CPC assim dispõe: "Art. 932 [...] Parágrafo único. Antes de considerar inadmissível o recurso, o relator concederá o prazo de 5 (cinco) dias ao recorrente para que seja sanado vício ou complementada a documentação exigível".

9 CPC: "Art. 1.018. O agravante poderá requerer a juntada, aos autos do processo, de cópia da petição do agravo de instrumento, do comprovante de sua interposição e da relação dos documentos que instruíram o recurso. § 1º Se o juiz comunicar que reformou inteiramente a decisão, o relator considerará prejudicado o agravo de instrumento. § 2º Não sendo eletrônicos os autos, o agravante tomará a providência prevista no *caput*, no prazo de 3 (três) dias a contar da interposição do agravo de instrumento. § 3º O descumprimento da exigência de que trata o § 2º, desde que arguido e provado pelo agravado, importa inadmissibilidade do agravo de instrumento".

CPC/1973, eram pacíficas a doutrina[10] e a jurisprudência[11] antes do CPC/2015, o qual se manteve após a sua edição[12].

O agravo de instrumento será distribuído diretamente no tribunal, designando-se um relator.

O relator, ao receber o agravo, poderá (art. 1.019 c/c art. 932, III e IV):

a) **não conhecer** de recurso inadmissível, prejudicado ou que não tenha impugnado especificamente os fundamentos da decisão recorrida;

b) **negar provimento** ao recurso que for contrário a: b.1) súmula do Supremo Tribunal Federal, do Superior Tribunal de Justiça ou do próprio tribunal; b.2) acórdão proferido pelo Supremo Tribunal Federal ou pelo Superior Tribunal de Justiça em julgamento de recursos repetitivos; b.3) entendimento firmado em incidente de resolução de demandas repetitivas ou de assunção de competência.

Caso o agravo de instrumento não se enquadre em nenhuma dessas hipóteses, o relator deverá analisar os **efeitos em que recebe o agravo de instrumento**, ou seja, se concede ou não o **efeito suspensivo** ao recurso. Poderá, ainda, deferir a **antecipação de tutela recursal**, total ou parcialmente, devendo comunicar ao juiz de primeira instância a sua decisão.

Na mesma decisão, o relator deverá **intimar o agravado para apresentar contrarrazões** ao agravo de instrumento. Essa intimação deverá ocorrer por carta com aviso de recebimento, quando o agravado não tiver procurador constituído, ou por Diário da Justiça ou carta com aviso de recebimento do advogado.

O agravado, então, terá o prazo de **15 dias** para apresentar as **contrarrazões** ao agravo de instrumento, sendo-lhe facultado apresentar a documentação que entender necessária.

---

10 DESTEFENNI, Marcos. *Curso de processo civil:* processo de conhecimento e cumprimento de sentença. v. 1. São Paulo: Saraiva, 2006. p. 604.

11 "PROCESSUAL CIVIL. RECURSO ESPECIAL REPRESENTATIVO DA CONTROVÉRSIA. ART. 543-C, DO CPC. AGRAVO DE INSTRUMENTO. ART. 526 E § ÚNICO DO CPC. NECESSIDADE DE MANIFESTAÇÃO DO AGRAVADO. IMPOSSIBILIDADE DE CONHECIMENTO *EX OFFICIO*, AINDA QUE NÃO CITADO O AGRAVADO. [...] 2. Destarte, o descumprimento das providências enumeradas no *caput* do art. 526 do CPC, adotáveis no prazo de três dias, somente enseja as consequências dispostas em seu parágrafo único se o agravado suscitar a questão formal no momento processual oportuno, sob pena de preclusão. [...] 4. Consectariamente, para que o Relator adote as providências do parágrafo único do art. 526 do CPC, qual seja, não conhecer do recurso, resta imprescindível que o agravado manifeste-se acerca do descumprimento do comando disposto em seu *caput*, porquanto a matéria não é cognoscível de ofício. [...]" (STJ, REsp 1008667/PR, Rel. Min. Luiz Fux, Corte Especial, julgado em 18-11-2009, *DJe* 17-12-2009).

12 Nesse sentido, o STJ: "A Corte originária perfilhou entendimento consentâneo com a jurisprudência deste Tribunal Superior: é obrigatória a juntada, aos autos do processo, no prazo de 3 (três) dias, da cópia da petição do agravo de instrumento e do comprovante de sua interposição" (STJ, AgInt no AREsp 1081236/RS, Rel. Ministro Marco Aurélio Bellizze, Terceira Turma, julgado em 22-8-2017, *DJe* 5-9-2017). No mesmo sentido, o TJDFT: "[...] Constitui obrigação do agravante comunicar o Juízo de origem, nos autos físicos (primeira parte do § 2º do art. 1.018), sobre a interposição do agravo de instrumento. 3. O agravado colacionou ao instrumento de agravo certidão cartorária do feito de origem, noticiando que o agravante 'não juntou aos autos cópia da petição do agravo de instrumento, do comprovante de sua interposição e da relação dos documentos que instruíram o recurso, no prazo previsto no art. 1.018, § 2º do CPC'. 4. O descumprimento da providência do § 2º do art. 1018, comprovado pelo agravado, conduz ao não conhecimento do recurso por inadmissibilidade, nos termos do § 3º do art. 1.018 do CPC. 5. Acolhida a preliminar suscitada em contrarrazões. Recurso não conhecido" (TJDFT, Acórdão n. 1138955, 07159310620188070000, Relator: Cesar Loyola, 2ª Turma Cível, Data de julgamento: 22-11-2018, publicado no *DJe*: 27-11-2018).

Na hipótese de o réu não ter sido citado na ação principal, que tramita na primeira instância (ex.: agravo de instrumento interposto pelo autor contra decisão que indefere liminarmente tutela provisória), ainda assim deverá o réu/agravado ser intimado para apresentar contrarrazões ao agravo, no prazo de 15 dias. Essa providência (intimação do réu para contrarrazões) somente não precisará ser tomada se o relator tiver não conhecido ou negado provimento ao recurso, pois, nestes casos, não haverá prejuízo ao réu[13].

Após a juntada das contrarrazões recursais, o relator deverá determinar a intimação do **Ministério Público**, quando for o caso de sua intervenção, o qual terá o prazo de 15 dias para se manifestar.

Depois de facultada a apresentação de contrarrazões, o relator poderá **dar provimento ao recurso se a decisão recorrida for contrária a** (art. 1.019 c/c art. 932, V):

a) súmula do Supremo Tribunal Federal, do Superior Tribunal de Justiça ou do próprio tribunal;

b) acórdão proferido pelo Supremo Tribunal Federal ou pelo Superior Tribunal de Justiça em julgamento de recursos repetitivos;

c) entendimento firmado em incidente de resolução de demandas repetitivas ou de assunção de competência.

Contra essas **decisões monocráticas do relator** em **agravo de instrumento**, caberá **agravo interno**. Nesse sentido, o Enunciado 142 do FPPC: "Da decisão monocrática do relator que concede ou nega o efeito suspensivo ao agravo de instrumento ou que concede, nega, modifica ou revoga, no todo ou em parte, a tutela jurisdicional nos casos de competência originária ou recursal, cabe o recurso de agravo interno nos termos do art. 1.021 do CPC".

Não se enquadrando nas hipóteses acima referidas de decisão monocrática, o relator deverá solicitar prazo data para julgamento, não superior a 1 mês da intimação do agravado (art. 1.020, CPC). Trata-se, no entanto, de prazo impróprio.

No agravo de instrumento, a decisão, no órgão colegiado, deve ser tomada por três desembargadores[14].

Como regra, não se admite sustentação oral na sessão de julgamento do agravo de instrumento.

Contudo, o art. 937, inc. VIII, do CPC permite a sustentação oral "no agravo de instrumento interposto contra decisões interlocutórias que versem sobre **tutelas provisórias de urgência ou da evidência**"[15].

---

13 Nesse sentido, a tese fixada pelo STJ em julgamento de REsp repetitivo: "A intimação da parte agravada para resposta é procedimento natural de preservação do princípio do contraditório, [...] A dispensa do referido ato processual ocorre tão somente quando o relator nega seguimento ao agravo [...], uma vez que essa decisão beneficia o agravado, razão pela qual conclui-se que a intimação para a apresentação de contra-razões é condição de validade da decisão que causa prejuízo ao recorrente [...]" (STJ, REsp 1148296/SP, Rel. Min. Luiz Fux, Corte Especial, julgado em 1º-9-2010, *DJe* 28-9-2010).

14 CPC: "Art. 941. Proferidos os votos, o presidente anunciará o resultado do julgamento, designando para redigir o acórdão o relator ou, se vencido este, o autor do primeiro voto vencedor. [...] § 2º No julgamento de apelação ou de agravo de instrumento, a decisão será tomada, no órgão colegiado, pelo voto de 3 (três) juízes".

15 CPC: "Art. 937. Na sessão de julgamento, depois da exposição da causa pelo relator, o presidente dará a palavra, sucessivamente, ao recorrente, ao recorrido e, nos casos de sua intervenção, ao membro do Ministério Público, pelo prazo improrrogável de 15 (quinze) minutos para cada um, a fim de sustentarem suas razões, nas seguintes

Além dessa hipótese, por uma **interpretação sistemática, também deve ser admitida sustentação oral no agravo de instrumento contra decisões interlocutórias de mérito**, que tenham **conteúdo previsto no art. 487 do CPC**, na medida em que nelas há tutela definitiva, assim como nas sentenças. Logo, como cabe sustentação oral no julgamento do **recurso de apelação (art. 937, I, CPC)**, também deve caber no agravo de instrumento contra decisões interlocutórias de mérito.

Como já exposto, a **técnica de julgamento contra acórdão não unânime**, prevista no art. 942 do CPC, é admissível no julgamento do agravo de instrumento quando houver reforma da **decisão que julgar parcialmente o mérito**[16]. Por conseguinte, neste caso (da aplicação da técnica de julgamento contra acórdão não unânime), também deve ser admitida a sustentação oral.

De acordo com o art. 946 do CPC, caso haja apelação e agravo de instrumento no mesmo processo, este deverá ser julgado antes daquele, ainda que ambos sejam julgados na mesma sessão.

Caso seja interposto agravo de instrumento contra decisão interlocutória e sobrevenha sentença ratificando o entendimento anteriormente manifestado (na decisão interlocutória), sem que tenha sido interposto recurso de apelação, haverá trânsito em julgado da sentença (tutela definitiva) e, por conseguinte, perda de objeto do agravo de instrumento[17].

3. QUESTÕES COMPLEXAS E POLÊMICAS

Como já se referiu, o recurso cabível contra a sentença é a apelação e, contra determinadas hipóteses de decisão interlocutória, é o agravo de instrumento. Entretanto, por vezes, há certa dificuldade em se definir se a decisão se trata de despacho ou decisão interlocutória, ou, ainda, de decisão interlocutória ou sentença.

É o caso, por exemplo, da decisão do juiz que, ao receber a ação com requerimento de tutela provisória, consigna que tal requerimento será apreciado após a contestação. Neste caso, trata-se de decisão com natureza de despacho ou de decisão interlocutória?

A par da grande divergência, o STJ tem entendido que, se tal decisão que posterga a análise da tutela provisória puder causar perigo de dano irreparável ou de difícil reparação, será decisão interlocutória, cabendo agravo de instrumento[18]. A *contrario sensu*,

hipóteses, nos termos da parte final do *caput* do art. 1.021: [...] VIII – no agravo de instrumento interposto contra decisões interlocutórias que versem sobre tutelas provisórias de urgência ou da evidência;".

16 CPC: "Art. 942. [...] § 3º A técnica de julgamento prevista neste artigo aplica-se, igualmente, ao julgamento não unânime proferido em: [...] II – agravo de instrumento, quando houver reforma da decisão que julgar parcialmente o mérito".

17 "A superveniência de sentença, sem que a parte interessada manifeste nenhum recurso, enseja a perda de objeto das questões referentes à decisão interlocutória combatida via agravo de instrumento" (STJ, AgRg na RCDESP no Ag 1209640/RJ, Rel. Min. Ricardo Villas Bôas Cueva, Terceira Turma, julgado em 27-9-2011, *DJe* 30-9-2011).

18 "Hipótese na qual se discute o cabimento de agravo de instrumento contra despacho que deixa a análise de pedido de tutela antecipada para após a juntada da contestação. [...] Contudo, a urgência do caso pode justificar a exceção de suprimir a decisão de primeira Instância. É que tal omissão pode ocasionar, em determinados casos, dano irreparável à agravante. Nessa hipótese, exige-se a comprovação objetiva da iminência de risco de grave lesão ou de difícil reparação a justificar a excepcionalidade. 4. *In casu*, comprovou a agravante, objetivamente, a existência

se o fato de postergar a análise da medida liminar para momento posterior não implicar gravame ao direito da parte, tal decisão terá natureza de despacho e, por conseguinte, não será recorrível.

Essa mesma lógica norteia a distinção entre despacho e decisão interlocutória para todos os casos concretos. Isto é, se a decisão for capaz de causar prejuízo à parte, terá natureza de decisão interlocutória e, presentes os requisitos, será impugnável por agravo de instrumento; caso contrário, será despacho e, portanto, será irrecorrível[19].

Em diversas situações concretas, também existem zonas cinzentas na diferenciação entre decisões interlocutórias e sentenças, o que leva alguns doutrinadores a falar em "sentença parcial", o que não existe no processo civil brasileiro, como adiante se demonstrará.

A esse respeito, antes do CPC/2015, havia uma controvérsia importante sobre o tema: quando a decisão julga antecipadamente um dos pedidos, resolvendo parcialmente a demanda, e o processo continua em relação ao outro pedido, qual seria o recurso cabível?

Sobre essa questão, havia duas correntes:

> 1ª corrente) Cabe apelação, pois trata-se de sentença parcial, já que a sentença é definida pelo seu conteúdo. Nesse sentido, Marcus Vinicius Rios Gonçalves[20] e Marcos Destefenni[21], dentre outros, bem como parte da jurisprudência dos tribunais pátrios.
>
> 2ª corrente) Caberia agravo de instrumento, pois trata-se de decisão interlocutória que julga um dos pedidos. Essa corrente era adotada por Alexandre Freitas Câmara[22], Fredie Didier Jr[23]., Cassio Scarpinella Bueno[24], Luiz Guilheme Marinoni e Sérgio Cruz Arenhart[25],

---

de *periculum in mora* premente a justificar a excepcionalidade, pois há risco de difícil reparação caso se concretize a autorização para o Poder Público pagar a importância de trinta milhões de reais à empresa Nilcatex, com indícios de superfaturamento. 5. Por isso, cabível, nessas circunstâncias, a interposição do agravo de instrumento, com o intuito de se obstar, de imediato, a ocorrência do dano" (STJ, AgRg no AREsp 16.391/RR, Rel. Min. Benedito Gonçalves, Primeira Turma, julgado em 6-12-2011, *DJe* 13-12-2011).

19 "[...] 'O que distingue o despacho da decisão interlocutória impugnável via agravo de instrumento é a existência ou não de conteúdo decisório e de gravame para a parte' (AgRg no REsp 1.309.949/MS, Rel. Ministro João Otávio de Noronha, Terceira Turma, julgado em 5-11-2015, *DJe* 12-11-2015). 2. Na hipótese, evidente que a determinação judicial de suspensão do processo executivo nos próprios autos da ação de título executivo extrajudicial, obstaculizando de forma inconteste qualquer ato constritivo (e-STJ, fl. 828), ocasionou gravame à parte executada, de modo que o referido ato tem natureza de decisão interlocutória, logo, era passível de ser reformado por meio de agravo de instrumento" (STJ, AgInt no AREsp 1120777/PR, Rel. Ministro Marco Aurélio Bellizze, Terceira Turma, julgado em 15-5-2018, *DJe* 24-5-2018).

20 "A sentença volta a ser conceituada pelo conteúdo, e não pela aptidão de encerrar o processo em primeiro grau. Sempre que o juiz examinar algum dos pedidos formulados na inicial, ele sentenciará, ainda que o processo prossiga em relação aos demais. [...] Com a nova sistemática, como a sentença não precisa mais pôr fim ao processo, haverá aqueles que terão mais de uma sentença, cada qual julgando um dos pedidos formulados na petição inicial" (GONÇALVES, Marcus Vinicius Rios. *Novo curso de direito processual civil*. v. 2. 2. ed. São Paulo: Saraiva, 2006. p. 2).

21 DESTEFENNI, Marcos. *Curso de processo civil*. v. 1. São Paulo: Saraiva, 2006. p. 411-412.

22 CÂMARA, Alexandre Freitas. *Lições de direito processual civil*. v. 1. 15. ed. Rio de Janeiro: Lumen Juris, 2006. p. 441.

23 DIDIER JR., Fredie. *Curso de direito processual civil*. v. 1. Salvador: JusPodivm, 2007. p. 492.

24 BUENO, Cassio Scarpinella *Curso sistematizado de direito processual civil*. v. 2. Tomo I. São Paulo: Saraiva, 2007. p. 327.

25 MARINONI, Luiz Guilheme; ARENHART, Sérgio Cruz. *Processo de conhecimento*. v. 2. 7. ed. São Paulo: Revista dos Tribunais, 2008. p. 410-411.

bem como pela doutrina majoritária. Também era a posição da maioria dos tribunais pátrios[26] e o entendimento pacífico do Superior Tribunal de Justiça[27].

O CPC/2015 teve por objetivo pôr fim a essa discussão, prevendo expressamente a possibilidade de decisões interlocutórias com conteúdo dos art. 485 e art. 487.

Ocorre que, mesmo diante do CPC/2015, parcela da doutrina, como Daniel Neves, continua defendendo a possibilidade de sentença parcial de mérito[28].

No entanto, a consequência prática de se definir a sentença pelo seu conteúdo, desconsiderando a questão de pôr fim ou não à fase de conhecimento em primeira instância, ou à execução, causa efeitos desastrosos, tendo em vista que o recurso cabível contra sentença é a apelação (art. 1.009, CPC). Com efeito, caso se entenda que existe possibilidade de sentença parcial e for adotado o procedimento da apelação, os autos devem ser remetidos ao Tribunal, sem a resolução de todos os pedidos do autor e, por conseguinte, o processo terá um curso infindável.

Para tentar resolver esse problema, os defensores deste entendimento preconizam duas soluções:

1ª) que o recurso cabível contra a "sentença parcial" seja o agravo de instrumento; ou

2ª) que o juiz deve determinar que sejam extraídas cópias dos autos e, após, remeter apenas o instrumento formado para julgamento no Tribunal[29].

No entanto, essa interpretação, além de prejudicar o sistema recursal e causar diversos problemas práticos, não é mais admissível na sistemática do CPC/2015.

Tratando-se de decisão interlocutória, mesmo com conteúdo previsto nos arts. 485 e 487 do CPC, é recorrível por agravo de instrumento, nos termos do art. 354, parágrafo único, e art. 1.015, inc. II, do mesmo Código.

Com efeito, o art. 354, *caput*, do CPC estabelece que, "ocorrendo qualquer das hipóteses previstas nos arts. 485 e 487, incisos II e III, o juiz proferirá sentença". De

---

26 Com esse entendimento: TJRS (Ap. Cível n. 70019420611, 4-7-2007), TRF 1ª Região (AI n. 200701000021090, *DJ* 5-10-2007, p. 260), TRF da 2ª Região (AI n. 157571, *DJU* 2-6-2008, p. 642); TRF da 3ª Região (AI n. 222565, *DJU* 8-8-2007, p. 174). Em sentido contrário, parcela significativa da jurisprudência do TRF da 4ª Região (AG 2008.04.00.016634-0, *D.E.* 8-9-2008; AG 2008.04.00.002658-9, *D.E.* 16-6-2008).

27 "O recurso cabível contra a decisão que homologa acordo, mas determina o prosseguimento quanto à questão referente aos honorários sucumbenciais, é o agravo de instrumento, diante da sua natureza de decisão interlocutória. Precedentes" (STJ, AgRg no Ag 1155333/DF, Rel. Min. Jorge Mussi, Quinta Turma, julgado em 3-11-2009, *DJe* 15-12-2009). Ver ainda: STJ, REsp 1117144/RS, Rel. Min. Celso Limongi (Desembargador Convocado do TJ/SP), Sexta Turma, julgado em 15-4-2010, *DJe* 14-6-2010; STJ, AgRg no Ag 1170472/DF, Rel. Min. Jorge Mussi, Quinta Turma, julgado em 13-10-2009, *DJe* 7-12-2009; STJ, REsp 954.204/BA, Rel. Min. Luiz Fux, Primeira Turma, julgado em 5-3-2009, *DJe* 6-8-2009; STJ, REsp 645.388/MS, Rel. Min. Hélio Quaglia Barbosa, Quarta Turma, julgado em 15-3-2007, *DJ* 2-4-2007. p. 277; STJ, REsp 1026021/SP, Rel. Min. Nancy Andrighi, Terceira Turma, julgado em 17-4-2008, *DJe* 30-4-2008.

28 "O já criticado art. 354, parágrafo único, do Novo CPC também é aplicável às decisões de mérito que resolvem apenas parcela do processo. Trata-se da consagração da sentença parcial de mérito, ainda que recorrível por agravo de instrumento por expressa indicação legal. Ocorre, entretanto, que as mesmas críticas já feitas quanto à decisão terminativa parcial também se aplicam à decisão parcial de mérito" (NEVES, Daniel Amorim Assumpção. *Novo Código de Processo Civil*. São Paulo: Método, 2015. p. 252).

29 Para Daniel Neves, haveria a possibilidade de se interpor agravo de instrumento contra essa "sentença parcial" (NEVES, Daniel Amorim Assumpção. *Novo Código de Processo Civil*. São Paulo: Método, 2015. p. 252).

outro lado, de acordo com o parágrafo único do mesmo artigo, "a decisão a que se refere o *caput* pode dizer respeito a apenas parcela do processo, caso em que será impugnável por agravo de instrumento".

Assim, caberia perquirir apenas qual seria o recurso cabível contra a decisão interlocutória com conteúdo de art. 487, inc. I, do CPC (referente à decisão em que o juiz "acolher ou rejeitar o pedido formulado na ação ou na reconvenção"), a única hipótese que não foi abrangida pelo dispositivo acima referido. Ocorre que essa hipótese está abrangida pelo art. 356, § 5º, do CPC, segundo o qual a decisão que decide parcialmente o mérito quanto um ou mais dos pedidos é impugnável por agravo de instrumento[30]. Além disso, o art. 1.015, inc. II, do CPC, segundo o qual "cabe agravo de instrumento contra as decisões interlocutórias que versarem sobre [...] mérito do processo".

Portanto, observa-se que, **contra qualquer decisão interlocutória que tenha conteúdo de arts. 485 e 487 do CPC, caberá agravo de instrumento**.

30 CPC: "Art. 356. O juiz decidirá parcialmente o mérito quando um ou mais dos pedidos formulados ou parcela deles: I – mostrar-se incontroverso; II – estiver em condições de imediato julgamento, nos termos do art. 355. [...] § 5º A decisão proferida com base neste artigo é impugnável por agravo de instrumento".

CAPÍTULO **IV**

DO AGRAVO INTERNO

O agravo interno é um recurso destinado a impugnar a decisão monocrática do relator para levar a questão a julgamento pelo órgão colegiado do tribunal.

O **CPC prevê a disciplina geral do agravo interno** no art. 1.021, mas o **seu processamento é disciplinado pelo regimento interno dos tribunais**.

O **prazo** para o **agravo interno é de 15 dias (úteis)**, nos termos do art. 1.070 do CPC[1].

O agravo interno deverá ser interposto, por petição escrita, dirigida ao relator, em que apresentará as razões da sua inconformidade e requererá novo julgamento pelo órgão colegiado.

O relator da decisão monocrática recorrida deverá determinar a intimação do agravado para apresentar **contrarrazões** (ou contraminuta) ao agravo interno, no prazo de **15 dias**.

Aplicam-se ao agravo regimental as regras que preveem prerrogativas de prazo (em dobro). Nesse sentido, aliás, a Súmula 116 do STJ[2].

Após as contrarrazões, o relator deverá realizar o **juízo de retratação**. Caso mantenha a decisão impugnada, deverá levá-lo a julgamento pelo órgão colegiado do tribunal, conforme dispuser o regimento interno.

De acordo com o art. 1.021, § 3º, do CPC, "é vedado ao relator limitar-se à reprodução dos fundamentos da decisão agravada para julgar improcedente o agravo interno". Contudo, essa regra parece trazer um ônus desnecessário, na medida em que, para cumpri-la, o relator teria de reproduzir o mesmo entendimento utilizando linguagem diversa. Ora, se o relator proferiu a decisão monocrática, é natural que, se ele não se retratar, é porque os seus fundamentos são os mesmos. Por isso, o descumprimento da referida regra implica mera irregularidade, já que não há qualquer prejuízo.

O § 4º do art. 1.021 do CPC traz importante inovação, para evitar que esse recurso seja utilizado com o fim de apenas protelar o processo. De acordo com o dispositivo, "quando o agravo interno for declarado manifestamente inadmissível ou improcedente em votação unânime, o órgão colegiado, em decisão fundamentada, condenará

---

1 CPC: "Art. 1.070. É de 15 (quinze) dias o prazo para a interposição de qualquer agravo, previsto em lei ou em regimento interno de tribunal, contra decisão de relator ou outra decisão unipessoal proferida em tribunal".

2 Súmula 116 do STJ: "A Fazenda Pública e o Ministério Público têm prazo em dobro para interpor agravo regimental no Superior Tribunal de Justiça".

o agravante a pagar ao agravado multa fixada entre um e cinco por cento do valor atualizado da causa".

Sendo aplicada a multa, a interposição de qualquer recurso estará condicionada ao depósito prévio do seu valor (da multa), com exceção "da Fazenda Pública e do beneficiário de gratuidade da justiça, que farão o pagamento ao final" (art. 1.021, § 5º, do CPC). Ou seja, na prática, a Fazenda Pública e o beneficiário da gratuidade judiciária não pagarão essa multa.

CAPÍTULO V

EMBARGOS DE DECLARAÇÃO

1. CONCEITO, PRAZO E CABIMENTO

Os embargos de declaração estão previstos nos arts. 1.022 a 1.026 do CPC.

Trata-se de recurso cabível contra decisão que contiver **omissão, obscuridade, contradição ou erro material**, a fim de que seja proferida outra decisão judicial sanando tais vícios.

O art. 1.022 do CPC/2015 estabelece que, presentes esses vícios, os embargos declaratórios são cabíveis "contra qualquer decisão judicial", em harmonia com a jurisprudência do STJ sobre o tema[1].

Assim, é **cabível** contra **decisão interlocutória, sentença, decisão monocrática de relator e acórdão**. De outro lado, **não é cabível contra despachos**[2]**,** já que estes não possuem conteúdo decisório.

O **prazo** para sua interposição é de **5 dias** (úteis). Aplicam-se normalmente as prerrogativas de prazo em dobro para aqueles que as possuem (Fazenda Pública, Defensoria Pública, Ministério Público, litisconsortes com procuradores diferentes).

Tal recurso **não está sujeito a preparo** (recolhimento de custas).

Na petição dos embargos de declaração, o embargante deverá indicar em que consiste a omissão, a obscuridade, a contradição ou o erro material. É, portanto, um recurso de fundamentação vinculada.

Existe **omissão** quando, na decisão, o julgador não se manifestar sobre um pedido, sobre determinada fundamentação do demandante ou do demandado, ou sobre questões de ordem pública, que o juiz deveria ter apreciado, inclusive de ofício.

---

1 "É pacífica a jurisprudência desta egrégia Corte no sentido de que os embargos de declaração podem ser opostos contra qualquer decisão judicial, inclusive interlocutória" (STJ, REsp 706.242/SP, Rel. Min. Raul Araújo, Quarta Turma, julgado em 6-12-2011, *DJe* 1º-2-2012). No mesmo sentido: "A jurisprudência do Superior Tribunal de Justiça firmou-se no sentido de ser cabível a oposição de Embargos Declaratórios contra quaisquer decisões judiciais, inclusive monocráticas e, uma vez interpostos, interrompem o prazo recursal, exceto se aviados intempestivamente" (STJ, REsp 1645043/SP, Rel. Ministro Herman Benjamin, Segunda Turma, julgado em 7-3-2017, *DJe* 20-6-2017).

2 "Nestes termos, os Embargos de Declaração opostos contra despacho de admissibilidade do Tribunal de origem não interrompem o prazo para a interposição do Agravo, uma vez que manifestamente incabíveis" (STJ, AgInt no AREsp 1010519/BA, Rel. Ministro Herman Benjamin, Segunda Turma, julgado em 23-5-2017, *DJe* 16-6-2017).

De acordo com o CPC (art. 1.022, I), também se considera omissa a decisão que deixar de se manifestar sobre:

a) tese firmada em julgamento de casos repetitivos;

b) tese firmada em incidente de assunção de competência.

Também é omissa a decisão por deficiência de fundamentação, na forma do art. 489, § 1º, do CPC[3].

Considera-se **obscura** a decisão quando for ininteligível, ou seja, faltar-lhe clareza.

Será **contraditória** a decisão que traz proposições inconciliáveis ou incoerentes entre si. Por exemplo, quando fundamenta num determinado sentido, mas o dispositivo decide contrariamente à fundamentação.

Os **erros materiais** são incorreções na escrita ou em cálculos. Por conseguinte, são erros que o juiz poderia corrigir de ofício, inclusive após transitada em julgado a decisão.

2. EFEITOS (DEVOLUTIVO E SUSPENSIVO)

Na doutrina, existe certa controvérsia doutrinária sobre a existência do efeito **devolutivo** nos embargos de declaração. Entretanto, a divergência cinge-se à questão de ser possível ou não chamar de efeito devolutivo o julgamento dos embargos pelo próprio órgão jurisdicional que julgou a decisão recorrida. Isto é, inexiste divergência sobre o fato de que tal recurso devolve o objeto de impugnação para julgamento pelo mesmo órgão judicial que proferiu a decisão embargada, a fim de corrigir o erro material, a omissão, obscuridade ou contradição.

De qualquer forma, é mais correto o entendimento de que há o efeito devolutivo nos embargos de declaração, já que tal recurso devolve ao órgão julgador competente o conhecimento e o julgamento de tal recurso, nos limites do que foi objeto de impugnação, embora o órgão recursal seja o mesmo que proferiu a decisão embargada.

De outro lado, o CPC (art. 1.026, *caput*) prevê expressamente que os embargos declaratórios "**não possuem efeito suspensivo**". Assim, por uma interpretação literal ou gramatical do dispositivo, seria possibilitada a executoriedade imediata da decisão embargada.

Contudo, é preciso fazer uma interpretação sistemática do dispositivo. Com efeito, os embargos de declaração poderão ou não ter efeito suspensivo, o que será definido pela existência ou não desse efeito em relação ao recurso principal cabível contra tal

---

3 O art. 1.022, parágrafo único, inc. II, do CPC assim dispõe: "Art. 1.022 [...] Parágrafo único. Considera-se omissa a decisão que: [...] II – incorra em qualquer das condutas descritas no art. 489, § 1º". O art. 489, § 1º, por sua vez, assim estabelece: "Art. 489 [...] § 1º Não se considera fundamentada qualquer decisão judicial, seja ela interlocutória, sentença ou acórdão, que: I – se limitar à indicação, à reprodução ou à paráfrase de ato normativo, sem explicar sua relação com a causa ou a questão decidida; II – empregar conceitos jurídicos indeterminados, sem explicar o motivo concreto de sua incidência no caso; III – invocar motivos que se prestariam a justificar qualquer outra decisão; IV – não enfrentar todos os argumentos deduzidos no processo capazes de, em tese, infirmar a conclusão adotada pelo julgador; V – se limitar a invocar precedente ou enunciado de súmula, sem identificar seus fundamentos determinantes nem demonstrar que o caso sob julgamento se ajusta àqueles fundamentos; VI – deixar de seguir enunciado de súmula, jurisprudência ou precedente invocado pela parte, sem demonstrar a existência de distinção no caso em julgamento ou a superação do entendimento".

decisão, pois o efeito suspensivo decorre da recorribilidade da decisão, e não da interposição do recurso[4]. A preocupação está com aqueles casos em que a decisão precisa ser cumprida com urgência, como no caso de tutelas de urgência. Por exemplo, quando os embargos declaratórios são interpostos contra decisão interlocutória que antecipa a tutela, caberia agravo de instrumento, que não possui, como regra, efeito suspensivo; por conseguinte, os embargos declaratórios, neste caso, também não teriam efeito suspensivo. De outro lado, na apelação contra a sentença, como regra, há efeito suspensivo, razão pela qual os embargos declaratórios também teriam efeito suspensivo quando interpostos contra a sentença.

De qualquer modo, caberá ao juiz ou ao relator, a quem incumbir o julgamento dos embargos declaratórios, analisando o caso concreto, deferir ou não efeito suspensivo a tal recurso. Como regra, os embargos não possuem efeito suspensivo, segundo o art. 1.026, *caput*, do CPC. Mas o juiz ou o relator poderão suspender a eficácia da decisão interlocutória (primeira instância), monocrática ou colegiada (segunda instância), respectivamente, "se demonstrada a probabilidade de provimento do recurso ou, sendo relevante a fundamentação, se houver risco de dano grave ou de difícil reparação" (art. 1.026, § 1º, CPC)[5].

3. EFEITO MODIFICATIVO AOS EMBARGOS DE DECLARAÇÃO (EFEITOS INFRINGENTES)

Os embargos de declaração podem ser interpostos contra a decisão que contiver erro material, omissão, obscuridade ou contradição, como já se expôs.

Nesse sentido, caberia perquirir se há **possibilidade de os embargos declaratórios gerarem a modificação da decisão**.

A esse respeito, do ponto de vista pragmático, observa-se que são inúmeros os casos em que os embargos de declaração podem ter efeitos modificativos. Por exemplo, quando, ao sanar a contradição entre a fundamentação e o dispositivo, o juiz modifica o próprio dispositivo, julgando procedente quando havia julgado improcedente; ou quando, ao sanar a omissão, por não ter examinado determinada prova, julga procedente um pedido que havia julgado improcedente por falta de provas.

Todavia, quando os embargos declaratórios tiverem efeito modificativo (efeitos infringentes), poder-se-ia gerar uma violação ao contraditório, haja vista que inexiste previsão legal para contrarrazões aos embargos declaratórios.

---

4 "Ora, já se viu que o efeito suspensivo automático resulta da mera recorribilidade do ato, não decorrendo da interposição do recurso nem de sua aceitação ou de seu recebimento pelo juiz ou tribunal. A apelação tem, em regra, efeito suspensivo automático (art. 1.012, CPC), mas há casos em que não tem (art. 1.012, § 10, CPC). Nessas hipóteses em que a apelação não tem efeito suspensivo, é natural que os embargos de declaração também não o tenham. Nesses casos, viabiliza-se o cumprimento provisório da sentença (art. 520, CPC), não obstado pela oposição de embargos de declaração" (DIDIER JR., Fredie; CUNHA, Leonardo José Carneiro da. *Curso de direito processual civil:* meios de impugnação às decisões judiciais e processo nos tribunais. v. 3. 13. ed. Salvador: JusPodivm, 2016. p. 272).

5 CPC: "Art. 1.026. Os embargos de declaração não possuem efeito suspensivo e interrompem o prazo para a interposição de recurso. § 1º A eficácia da decisão monocrática ou colegiada poderá ser suspensa pelo respectivo juiz ou relator se demonstrada a probabilidade de provimento do recurso ou, sendo relevante a fundamentação, se houver risco de dano grave ou de difícil reparação".

Em razão disso, se os embargos declaratórios tiverem efeitos infringentes, é **imprescindível dar vista para a outra parte**, antes de julgar tal recurso, sob pena de nulidade. Nesse sentido, o art. 1.023, § 2º, do CPC estabelece que "o juiz intimará o embargado para, querendo, manifestar-se, no prazo de 5 (cinco) dias, sobre os embargos opostos, caso seu eventual acolhimento implique a modificação da decisão embargada". Trata-se do acolhimento, no texto do CPC/2015, do entendimento jurisprudencial pacificado sobre a matéria[6].

Assim, quando o juiz verificar que os embargos declaratórios não gerarão a modificação da decisão, pode julgá-los sem dar vista para a parte contrária; se houver efeitos infringentes (verificar que a decisão pode ser modificada), terá que dar vista para a contraparte, sob pena de nulidade[7].

Há doutrina que entende que seria possível haver a *reformatio in pejus* no julgamento dos embargos declaratórios, como na hipótese em que se elimina a contradição[8].

Contudo, a jurisprudência do STJ é pacífica no sentido de que, nos embargos de declaração, também é vedada a *reformatio in pejus*[9].

4. INTERRUPÇÃO DO PRAZO

O CPC estabelece que os **embargos de declaração "interrompem o prazo para a interposição de recurso"**.

Assim, diante da interrupção, o prazo para a interposição dos outros recursos será contado novamente e por inteiro após a intimação do julgamento dos embargos de

---

6 "O Superior Tribunal de Justiça tem entendimento firmado no sentido de que a atribuição de efeitos infringentes aos embargos de declaração supõe a prévia intimação da contraparte, visto que, sem o contraditório, o respectivo julgamento é nulo" (STJ, AgRg no AREsp 195.344/RJ, Rel. Min. Ricardo Villas Bôas Cueva, Terceira Turma, julgado em 18-10-2012, *DJe* 25-10-2012).

7 "Dispõe o art. 1.023, § 2º, do CPC/2015 que 'O juiz intimará o embargado para, querendo, manifestar-se, no prazo de 5 (cinco) dias, sobre os embargos opostos, caso seu eventual acolhimento implique a modificação da decisão embargada'. [...] A parte recorrente nas duas oportunidades em que o recorrido interpôs Embargos de Declaração na origem não foi intimada para apresentar impugnação, cerceando o juízo o direito dela poder interferir no resultado da prestação jurisdicional, em flagrante violação dos princípios do contraditório e da ampla defesa" (STJ, REsp 1749605/PR, Rel. Ministro Herman Benjamin, Segunda Turma, julgado em 4-12-2018, *DJe* 17-12-2018).

8 DIDIER JR., Fredie; CUNHA, Leonardo José Carneiro da. *Curso de direito processual civil:* meios de impugnação às decisões judiciais e processo nos tribunais. v. 3. 13. ed. Salvador: JusPodivm, 2016. p. 268.

9 "Em respeito ao princípio do *non reformatio in pejus*, merece censura o entendimento do Tribunal de Justiça de origem firmado no acórdão ora impugnado de ser possível a *reformatio in pejus* em sede de embargos declaratórios" (STJ, AgInt no REsp 1553663/RR, Rel. Ministra Nancy Andrighi, Terceira Turma, julgado em 22-10-2018, *DJe* 25-10-2018). No mesmo sentido: "EMBARGOS DE DECLARAÇÃO [...] MANTIDO O ACÓRDÃO DO TRIBUNAL DE ORIGEM A FIM DE EVITAR A *REFORMATIO IN PEJUS*. EMBARGOS DE DECLARAÇÃO ACOLHIDOS SEM EFEITOS INFRINGENTES. 1. Os embargos de declaração são cabíveis quando presentes os vícios do art. 1.022 do CPC/2015. Na espécie, efetivamente houve omissão, devendo o vício ser sanado nesta oportunidade, sem, contudo, ensejar a modificação do resultado do julgado. 2. Em caso de responsabilidade extracontratual, os juros moratórios fluem a partir do evento danoso (Súmula n. 54/STJ), todavia, considerando que a aplicação da jurisprudência desta Corte ao caso implicaria *reformatio in pejus*, fica mantido o entendimento do acórdão do Tribunal de origem quanto à sua incidência a partir da citação. 3. Embargos de declaração acolhidos, sem efeitos infringentes" (STJ, EDcl no AgInt no AREsp 1295731/SP, Rel. Ministro Marco Aurélio Bellizze, Terceira Turma, julgado em 15-10-2018, *DJe* 19-10-2018).

declaração. Por exemplo, no caso de embargos de declaração contra sentença, mesmo que os embargos declaratórios sejam interpostos no 5º dia, o prazo de apelação será contado por inteiro a partir da intimação do julgamento daquele recurso (dos embargos declaratórios), não se considerando o tempo transcorrido entre a decisão embargada e a interposição dos embargos. Logo, nesse exemplo (embargos de declaração contra a sentença), intimada a parte do julgamento dos embargos declaratórios, ela terá, por inteiro, o prazo de 15 dias para apelar.

Caso os embargos declaratórios sejam intempestivos ou incabíveis, não haverá interrupção para o prazo dos demais recursos, consoante jurisprudência pacífica do STF[10].

Além disso, **o CPC/2015 também modificou a sistemática dos embargos de declaração nos Juizados Especiais**. Com efeito, ao alterar o art. 48 da Lei n. 9.099/1995 e estabelecer nova redação ao art. 83, *caput*, da Lei n. 9.099/1995, passou a prever que, nos Juizados, **cabem embargos de declaração para as hipóteses de "obscuridade, contradição ou omissão"**. Vale dizer, foi suprimida a "dúvida" como hipótese legal de cabimento de embargos de declaração.

Além disso, o CPC/2015 alterou o art. 50 da Lei n. 9.099/1995, passando a prever que "**os embargos de declaração interrompem o prazo para a interposição de recurso**", e não mais o "suspendem".

5. EMBARGOS DE DECLARAÇÃO PROTELATÓRIOS

Quando os embargos de declaração forem manifestamente protelatórios, o juiz ou o tribunal poderão condenar o embargante a pagar ao embargado **multa não excedente a 2% sobre o valor da causa**.

Na hipótese de **reiteração de embargos protelatórios**, a **multa poderá ser elevada até 10%**, ficando condicionada a interposição de qualquer outro recurso ao prévio depósito do valor respectivo (art. 1.026, §§ 2º e 3º, CPC). Além disso, após a interposição do segundo recurso de embargos de declaração, não se admitirá mais a interposição dessa espécie de recurso.

6. EMBARGOS DECLARATÓRIOS PARA PREQUESTIONAMENTO

O art. 1.025 do CPC/2015 passa a prever expressamente que **a mera interposição dos embargos de declaração já serve como prequestionamento** (para posterior interposição de recurso especial e/ou extraordinário), em relação aos pontos suscitados pelo embargante: "**Consideram-se incluídos no acórdão os elementos que o embargante suscitou, para fins de prequestionamento, ainda que os embargos de declaração sejam inadmitidos ou rejeitados, caso o tribunal superior considere existentes erro, omissão, contradição ou obscuridade**".

10 "A interposição de recurso intempestivo ou incabível não suspende ou interrompe o prazo recursal. Precedentes" (STF, ARE 1134225 AgR, Relator(a): Min. Ricardo Lewandowski, Segunda Turma, julgado em 30-11-2018, processo eletrônico *DJe*-262, divulg. 5-12-2018, public. 6-12-2018).

7. COMPLEMENTARIEDADE E EMBARGOS DE DECLARAÇÃO

Como regra, quando uma das partes interpõe um recurso, não pode requerer posteriormente o seu aditamento ou a sua complementação, porque já se operou a preclusão consumativa.

No entanto, essa regra é excepcionada na hipótese de embargos de declaração. Quando uma parte interpõe o recurso cabível contra a decisão judicial, ela não tem como saber se a outra interpôs embargos de declaração, o que gera a interrupção do prazo para os recursos e a possibilidade de integração ou modificação da decisão recorrida.

Por conseguinte, havendo modificação da decisão, é necessário que, após o julgamento dos embargos de declaração, se oportunize ao embargado, que já havia recorrido, a possibilidade de complementar o recurso que anteriormente interpôs. Ou seja, por uma questão de operacionalidade, é preciso que, nessa hipótese, não incida a preclusão consumativa.

Embora isso já fosse entendimento pacífico na doutrina e na jurisprudência, passou a constar expressamente no art. 1.024, § 4º, do CPC/2015: "**Caso o acolhimento dos embargos de declaração implique modificação da decisão embargada, o embargado que já tiver interposto outro recurso contra a decisão originária tem o direito de complementar ou alterar suas razões, nos exatos limites da modificação, no prazo de 15 (quinze) dias, contado da intimação da decisão dos embargos de declaração**".

De outro lado, se os embargos de declaração forem rejeitados, ou não alterarem a conclusão do julgamento anterior, o recurso anteriormente interposto pelo embargado deverá ser processado e julgado, independentemente de ratificação ou reiteração (art. 1.024, § 5º, CPC).

CAPÍTULO VI

RECURSO ORDINÁRIO

1. CONCEITO E CARACTERÍSTICAS

O recurso ordinário é espécie recursal autônoma, prevista constitucionalmente, de competência recursal do Supremo Tribunal Federal e do Superior Tribunal de Justiça.

Em razão disso, tal recurso foi previsto, no CPC/2015, no capítulo intitulado "Dos recursos para o Supremo Tribunal Federal e para o Superior Tribunal de Justiça".

Ao contrário dos recursos especial e extraordinário, o **recurso ordinário** possui **fundamentação livre e devolutividade ampla**. Vale dizer, dentro dos limites do pedido recursal, são conhecidas pelo tribunal superior todas as matérias de fato e de direito.

Assim, no recurso ordinário, o **STJ** e o **STF** também **reexaminam matéria de fato e provas**, não se aplicando a Súmula 7 do STJ e a Súmula 249 do STF[1].

Com a interposição do recurso ordinário, o recorrente pode buscar a reforma ou a invalidação da decisão recorrida.

2. COMPETÊNCIA RECURSAL E HIPÓTESES DE CABIMENTO

De acordo com a Constituição Federal (art. 102, II), cabe recurso ordinário para o **Supremo Tribunal Federal** contra a decisão proferida nas seguintes ações[2]:

a) *habeas corpus*, **mandado de segurança, *habeas data* e mandado de injunção** decididos em **única instância pelos Tribunais Superiores**, se **denegatória a decisão**;

b) ação que tem por objeto crime político.

---

1 "Em sede de recurso ordinário em mandado de segurança não incide a limitação imposta pelo enunciado n. 07 da Súmula/STJ, tendo em vista que o art. 247 do RISTJ estabelece, quanto aos requisitos de admissibilidade, a aplicação das regras relativas à apelação" (STJ, RMS 34.098/MG, Rel. Min. Nancy Andrighi, Terceira Turma, julgado em 5-6-2012, *DJe* 14-6-2012).

2 CF: "Art. 102. Compete ao Supremo Tribunal Federal, precipuamente, a guarda da Constituição, cabendo-lhe: [...] II – julgar, em recurso ordinário: *a*) o 'habeas-corpus', o mandado de segurança, o 'habeas-data' e o mandado de injunção decididos em única instância pelos Tribunais Superiores, se denegatória a decisão; *b*) o crime político; [...]".

Para o processo civil, interessam as hipóteses da letra "a". Observa-se que, nas hipóteses que elenca, é cabível o recurso ordinário contra os chamados remédios constitucionais.

O CPC (art. 1.027, I) estabelece o cabimento do recurso ordinário para os "mandados de segurança, os *habeas data* e os mandados de injunção". Com isso, não exclui as demais hipóteses constitucionais, mas apenas não as prevê, porque elas tratam de hipóteses de processo criminal (*habeas corpus* e ação que tem por objeto crime político).

A Constituição Federal prevê o cabimento de **recurso ordinário** para o **Superior Tribunal de Justiça** contra as decisões de tribunais proferidas nas seguintes ações[3]:

> a) os *habeas corpus* decididos em única ou última instância pelos Tribunais Regionais Federais ou pelos tribunais dos Estados, do Distrito Federal e Territórios, quando a decisão for denegatória;
>
> b) os **mandados de segurança** decididos em **única instância** pelos **tribunais regionais federais ou pelos tribunais dos Estados, do Distrito Federal e Territórios**, quando **denegatória a decisão**;
>
> c) as causas em que **forem partes Estado estrangeiro ou organismo internacional**, de um lado, e, do outro, **Município ou pessoa residente ou domiciliada no País.**

Interessam para o processo civil as hipóteses das letras "b" e "c". Por tais razões, somente elas estão previstas no CPC (art. 1.027, II).

O **recurso ordinário para o STF**, previsto no art. 102, inc. II, da CF, é cabível quando os **remédios constitucionais** (mandado de segurança, mandado de injunção, *habeas data* e *habeas corpus*) tenham sido **decididos em única instância pelos tribunais superiores, se denegatória a decisão**.

Da mesma forma, o **recurso ordinário para o STJ**, previsto no art. 105, inc. II, alínea "b", da CF, é cabível em sede de **mandado de segurança decidido em única instância pelo Tribunal (TJ e TRF), quando denegatória a decisão**.

Assim, **somente depois de exauridos os recursos cabíveis dentro do próprio tribunal de origem, é que será possível o recurso ordinário**. Por exemplo, contra a decisão do relator que indefere a petição inicial do mandado de segurança, o recurso cabível é o agravo interno para o próprio Tribunal (art. 1.021, *caput*, CPC), não se admitindo o recurso ordinário. Aliás, esse é o entendimento consolidado no STJ[4] e no STF[5].

---

3 CF: "Art. 105. Compete ao Superior Tribunal de Justiça: [...] II – julgar, em recurso ordinário: *a*) os 'habeas-corpus' decididos em única ou última instância pelos Tribunais Regionais Federais ou pelos tribunais dos Estados, do Distrito Federal e Territórios, quando a decisão for denegatória; *b*) os mandados de segurança decididos em única instância pelos Tribunais Regionais Federais ou pelos tribunais dos Estados, do Distrito Federal e Territórios, quando denegatória a decisão; *c*) as causas em que forem partes Estado estrangeiro ou organismo internacional, de um lado, e, do outro, Município ou pessoa residente ou domiciliada no País".

4 "A Jurisprudência da Corte já pacificou o entendimento de que constitui erro grosseiro a interposição de recurso ordinário contra decisão monocrática que indefere, liminarmente, a petição inicial do mandado de segurança, uma vez que não esgotada a esfera jurisdicional originária, incumbindo, adredemente, ao impetrante suscitar a manifestação do órgão colegiado por meio do recurso próprio. Recurso ordinário desprovido" (STJ, AgRg no RMS 22.368/AL, Rel. Min. Felix Fischer, Quinta Turma, julgado em 17-5-2007, *DJ* 29-6-2007, p. 668).

5 "Interposição de recurso ordinário contra decisão monocrática que indefere a inicial do mandado de segurança. Ausência de esgotamento da via originária. Cabimento de agravo regimental. Erro grosseiro. Inaplicabilidade do

Também **não caberá recurso ordinário** contra **acórdãos dos tribunais** que julgaram, em **grau de recurso**, mandado de segurança, mandado de injunção e *habeas data*, pois a Constituição exige que se trate de decisões proferidas em única instância pelos tribunais.

Igualmente, **será inadmissível o recurso ordinário** interposto contra decisão de tribunal que, mesmo que em única instância, tenha **julgado procedentes** os remédios constitucionais, haja vista que somente é cabível tal recurso quando denegatória a decisão.

Além disso, **não se admitirá recurso ordinário contra decisão de turmas recursais de juizados especiais**, já que somente é cabível contra decisões de tribunais superiores (para o STF) ou de tribunais estaduais, do Tribunal de Justiça do Distrito Federal e Territórios ou de tribunais regionais federais (art. 1.027, II, "a", CPC).

De outro lado, é inadmissível recurso especial ou extraordinário quando cabível o recurso ordinário. Aliás, nessas hipóteses, haverá erro grosseiro e não se aplicará a fungibilidade recursal, consoante a Súmula 272 do STF[6] e entendimento pacificado do STJ[7].

De outro lado, das sentenças de primeira instância proferidas nas causas em que forem partes Estado estrangeiro ou organismo internacional, de um lado, e, do outro, Município ou pessoa residente ou domiciliada no País, é cabível recurso ordinário para o STJ, como se viu. Assim, caso seja interposto recurso de apelação ao tribunal, haverá erro grosseiro, não se admitindo a aplicação do princípio da fungibilidade, implicando a inadmissibilidade do recurso[8].

3. REQUISITOS DE ADMISSIBILIDADE

Os requisitos de admissibilidade do recurso ordinário são compatíveis com aqueles exigidos para a apelação e o agravo de instrumento, quais sejam, **legitimidade, interesse, regularidade formal, tempestividade, preparo e ausência de causas impeditivas ou extintivas do direito recursal**[9].

---

princípio da fungibilidade" (STF, RMS 32273 AgR, Relator(a): Min. Cármen Lúcia, Segunda Turma, julgado em 3-9-2013, processo eletrônico *DJe*-191, divulg. 27-9-2013, public. 30-9-2013).

6 Súmula 272 do STF: "Não se admite como ordinário recurso extraordinário de decisão denegatória de mandado de segurança".

7 "O Superior Tribunal de Justiça entende que em face de decisão que indefere a petição inicial de mandado de segurança é cabível recurso ordinário, configurando erro grosseiro a interposição de recurso especial, que não possibilita a aplicação do princípio da fungibilidade. Precedentes" (STJ, AgInt no AREsp 1071819/PE, Rel. Ministro Gurgel De Faria, Primeira Turma, julgado em 4-12-2018, *DJe* 4-2-2019).

8 "Contra sentença que julga ação promovida contra organismo internacional, o recurso próprio é o ordinário, de competência do Superior Tribunal de Justiça, a teor do disposto nos arts. 105, II, "c", da CF c/c 539, II, "b", do CPC. 2. Constitui erro grosseiro a interposição de apelação cível quando se trata de hipótese de cabimento de recurso ordinário. Precedentes" (STJ, AgRg no RO 59/RJ, Rel. Min. Maria Isabel Gallotti, Quarta Turma, julgado em 21-8-2012, *DJe* 8-10-2012).

9 WAMBIER, Luiz Rodrigues; TALAMINI, Eduardo. *Curso avançado de processo civil:* teoria geral do processo e processo de conhecimento. v. 1. 12. ed. São Paulo: Revista dos Tribunais, 2011. p. 724-725.

Para a interposição do recurso ordinário, basta que estejam presentes os requisitos previstos no art. 102, inc. II, e no art. 105, inc. II, da Constituição Federal. Isto é, o recurso ordinário não está sujeito aos requisitos para os recursos especial e extraordinário, tais como prequestionamento, violação à lei ou à Constituição etc.

4. LEGITIMIDADE

No caso dos **remédios constitucionais**, a legitimidade para interpor o **recurso ordinário** será sempre do **impetrante**. Com efeito, se é cabível o recurso ordinário somente quando denegatória a decisão, apenas aquele que propõe o remédio constitucional terá legitimidade e interesse para interpor tal recurso. Nesses casos, o impetrado somente terá à sua disposição os recursos especial e extraordinário, mas não poderá interpor recurso ordinário.

De outro lado, nas hipóteses do art. 1.027, II, "b", do CPC ("processos em que forem partes, de um lado, Estado estrangeiro ou organismo internacional e, de outro, Município ou pessoa residente ou domiciliada no País"), qualquer das partes poderá interpor o recurso ordinário.

5. PROCEDIMENTO

O procedimento do recurso ordinário deve seguir, em princípio, o procedimento do recurso que substitui (apelação ou agravo de instrumento), bem como as disposições do regimento interno do tribunal superior que o julgará.

Em relação a todas as hipóteses do art. 1.027 do CPC, se o recurso ordinário substitui a apelação, terá como base o seu procedimento.

Na hipótese do art. 1.027, II, "b", do CPC (processos em que forem partes, de um lado, Estado estrangeiro ou organismo internacional e, de outro, Município ou pessoa residente ou domiciliada no País), caberá recurso ordinário contra a sentença, hipótese em que assume a feição desse recurso, bem como contra as decisões interlocutórias previstas no art. 1.015 do CPC (hipóteses de cabimento do agravo de instrumento), quando, então, o recurso ordinário assume o procedimento do agravo de instrumento[10].

Como regra, o prazo de interposição do recurso ordinário é de **15 dias**. Na hipótese de recurso ordinário contra decisão denegatória de *habeas corpus* (o que interessa para o processo penal), o prazo será de 5 dias (art. 33 da Lei n. 8.038/1990 e Súmula 319 do STF)[11].

Caso o recurso ordinário não seja admitido, caberá contra tal decisão agravo interno para o próprio tribunal, segundo entendimento do STJ.

Os efeitos do recurso ordinário são os mesmos da apelação ou do agravo de instrumento, conforme o caso. Assim, se o recurso ordinário assume a feição de apelação, ele deverá, como regra, ser recebido nos efeitos devolutivo e suspensivo.

---

10 CPC: "Art. 1.027 [...] § 1º Nos processos referidos no inciso II, alínea 'b', contra as decisões interlocutórias caberá agravo de instrumento dirigido ao Superior Tribunal de Justiça, nas hipóteses do art. 1.015".

11 Súmula 319 do STF: "O prazo do recurso ordinário para o Supremo Tribunal Federal, em 'habeas corpus' ou mandado de segurança, é de cinco dias".

Da mesma forma, nos casos em que não haja efeito suspensivo previsto em lei, o relator poderá atribuí-lo se demonstrar a probabilidade de provimento do recurso ou se, sendo relevante a fundamentação, houver risco de dano grave ou de difícil reparação (aplicando-se, por analogia, o art. 1.012, § 4º, CPC).

O efeito devolutivo submeterá à apreciação do tribunal superior toda a matéria de fato e de direito, bem como aquelas que podem ser conhecidas de ofício. Assim, a devolutividade é ampla no recurso ordinário.

Nas hipóteses em que o recurso ordinário assume a feição de apelação, o presidente ou vice-presidente do tribunal de origem deverá determinar a intimação do recorrido, para apresentar contrarrazões, no prazo de 15 dias. Após, será o recurso ordinário remetido para o tribunal superior, onde será distribuído, designando-se relator.

No caso de recurso ordinário com feição de agravo de instrumento, deverão ser adotadas as regras existentes para o processamento deste recurso, bem como aplicadas as normas do regimento interno do tribunal.

Por fim, o recurso ordinário é julgado pelo tribunal superior competente.

Nas hipóteses dos remédios constitucionais (mandado de segurança, *habeas data* e mandado de injunção), caso seja interposto recurso ordinário pelo impetrante e recurso extraordinário pelo impetrado, ambos os recursos deverão ser julgados conjuntamente pelo tribunal superior[12].

---

12 Súmula 299 do STF: "O recurso ordinário e o extraordinário interpostos no mesmo processo de mandado de segurança, ou de 'habeas corpus', serão julgados conjuntamente pelo tribunal pleno".

CAPÍTULO VII

RECURSO EXTRAORDINÁRIO E RECURSO ESPECIAL

1. NOÇÕES GERAIS

O **recurso extraordinário para o STF** e o **recurso especial para o STJ** são espécies de recursos extraordinários, excepcionais ou de superposição.

O STJ foi criado com a Constituição Federal de 1988, que também instituiu o recurso especial. Antes da Constituição, o recurso extraordinário para o STF abrangia tanto as hipóteses de violação à Constituição como as de violação à lei federal, isto é, também abarcava as hipóteses que hoje são de cabimento de recurso especial para o STJ.

Tanto o recurso extraordinário como o recurso especial possuem assento constitucional (art. 102, III, e art. 105, III, CF, respectivamente).

São recursos de fundamentação vinculada, pois somente são cabíveis se contiverem determinados fundamentos.

2. PRAZO

O prazo para o RE e para o REsp é de **15 dias (úteis)**, a contar da intimação do acórdão do tribunal de origem.

Tal prazo, entretanto, pode ser excepcionado por norma específica. O art. 12 da Lei n. 6.055/1974, por exemplo, prevê que o recurso extraordinário contra decisão do Tribunal Superior Eleitoral é de 3 dias[1], prazo que é corroborado pela Súmula 728 do STF[2].

De outro lado, conforme já foi acima abordado, caso se aplique, no tribunal de segunda instância, a técnica de julgamento em razão de acórdão não unânime (na apelação, no agravo de instrumento ou na ação rescisória), o prazo para RE e REsp somente começa a contar a partir da intimação da decisão definitiva.

---

1 Lei n. 6.055/1974: "Art 12. O prazo para interposição de recurso extraordinário contra decisão do Tribunal Superior Eleitoral para o Supremo Tribunal Federal, será de 3 (três) dias".

2 A esse respeito, a Súmula 728 do STF dispõe que "É de três dias o prazo para a interposição de recurso extraordinário contra decisão do Tribunal Superior Eleitoral, contado, quando for o caso, a partir da publicação do acórdão, na própria sessão de julgamento, nos termos do art. 12 da Lei n. 6.055/1974, que não foi revogado pela Lei n. 8.950/1994".

3. FORMA DO RECURSO ESPECIAL E DO RECURSO EXTRAORDINÁRIO

O **recurso especial** e o **recurso extraordinário** devem ser interpostos **perante o tribunal recorrido (*a quo*)**, em **petições distintas**.

As **petições do RE e do REsp serão dirigidas ao presidente ou ao vice-presidente do tribunal *a quo***, conforme dispuser o regimento interno desse mesmo tribunal.

Essas petições deverão conter (art. 1.029, CPC):

a) a exposição do fato e do direito;

b) a demonstração do cabimento do recurso interposto; e

c) as razões do pedido de reforma ou de invalidação da decisão recorrida.

É preciso que a petição do recurso interposto permita a **exata compreensão da controvérsia**, sob pena de o recurso especial ou extraordinário não ser conhecido[3].

A esse respeito, é imprescindível que o RE e o REsp abranjam todos os fundamentos da decisão recorrida que sejam capazes, por si só, de embasar a decisão. Isto é, **se a decisão recorrida tiver mais de um fundamento e qualquer deles for suficiente para embasar a decisão naquele sentido, não serão admitidos o RE ou o REsp que ataquem somente um dos fundamentos**. A esse respeito, a Súmula 283 do STF[4].

Além disso, também não serão admitidos o RE e o REsp quando o acordão recorrido tiver fundamento constitucional e infraconstitucional, sendo qualquer deles suficiente, e a parte apresenta somente o RE ou somente o REsp. A esse respeito, a Súmula 126 do STJ dispõe que "é inadmissível recurso especial, quando o acordão recorrido assenta em fundamentos constitucional e infraconstitucional, qualquer deles suficiente, por si só, para mantê-lo, e a parte vencida não manifesta recurso extraordinário".

De outro lado, o recurso especial e o recurso extraordinário **somente podem ser utilizados quando não couberem mais recursos ordinários**. Nesse sentido, a Súmula 207 do STJ[5] e a Súmula 281 do STF[6]. Por exemplo, contra decisão monocrática de relator, é incabível REsp ou RE, já que é cabível agravo interno para o órgão colegiado do tribunal de segunda instância.

4. PROCEDIMENTO

O procedimento do recurso especial e do recurso extraordinário está previsto no CPC, na Lei n. 8.038/1990, no Regimento Interno do STF e no Regimento Interno do STJ.

---

3 Súmula 284 do STF: "É inadmissível o recurso extraordinário, quando a deficiência na sua fundamentação não permitir a exata compreensão da controvérsia". Na mesma linha de raciocínio, a Súmula 287 do STF assim dispõe: "Nega-se provimento ao agravo, quando a deficiência na sua fundamentação, ou na do recurso extraordinário, não permitir a exata compreensão da controvérsia".

4 Súmula 283 do STF: "É inadmissível o recurso extraordinário, quando a decisão recorrida assenta em mais de um fundamento suficiente e o recurso não abrange todos eles".

5 Súmula 207 do STJ: "É inadmissível recurso especial quando cabíveis embargos infringentes contra o acordão proferido no tribunal de origem".

6 Súmula 281 do STF: "É inadmissível o recurso extraordinário, quando couber na justiça de origem, recurso ordinário da decisão impugnada".

O Código de Processo Civil adota o princípio da singularidade ou unirrecorribilidade das decisões, segundo o qual cabe um só recurso contra cada decisão. Tal princípio, contudo, não se aplica aos recursos extraordinários em sentido amplo. O CPC prevê expressamente que, quando cabíveis, o recurso extraordinário e o recurso especial serão interpostos, contra o mesmo acórdão, perante o presidente ou o vice-presidente do tribunal recorrido, em petições distintas (art. 1.029, *caput*, CPC).

Caso o recurso especial e o recurso extraordinário sejam admitidos na origem, ambos serão remetidos ao Superior Tribunal de Justiça (1.031, *caput*, CPC).

Concluído o julgamento do recurso especial pelo Superior Tribunal de Justiça, serão os autos remetidos ao Supremo Tribunal Federal, para apreciação do recurso extraordinário, se este não estiver prejudicado, na forma do art. 1.031, § 1º, do CPC.

Na hipótese de o ministro relator do recurso especial, no Superior Tribunal de Justiça, considerar que o recurso extraordinário é prejudicial àquele, sobrestará, em decisão irrecorrível, o seu julgamento e remeterá os autos ao Supremo Tribunal Federal, para o julgamento do recurso extraordinário, caso em que, se o relator do recurso extraordinário, em decisão irrecorrível, não o considerar prejudicial, devolverá os autos ao Superior Tribunal de Justiça, para o julgamento do recurso especial (§§ 2º e 3º do art. 1.031 do CPC).

5. RECURSO EXTRAORDINÁRIO

5.1. Função constitucional

O **Supremo Tribunal Federal** tem a função precípua de ser o guardião da Constituição Federal, dando a última palavra em matéria de interpretação constitucional no âmbito do Poder Judiciário.

A fim de desempenhar tal mister, o recurso extraordinário é um importante instrumento, já que é capaz de levar ao STF as questões decididas pelos outros tribunais, a fim de preservar a supremacia da Constituição.

No recurso extraordinário, o STF desempenha o controle difuso e concreto de constitucionalidade.

5.2. Cabimento

As hipóteses de cabimento do recurso extraordinário estão previstas no art. 102, inc. III, da Constituição Federal, que trata da competência do Supremo Tribunal Federal.

É cabível o recurso extraordinário nas causas decididas em "única ou última instância, quando a decisão recorrida":

a) contrariar dispositivo da Constituição Federal.

Para que seja cabível o recurso extraordinário, a contrariedade à Constituição Federal precisa ser direta. A contrariedade é indireta ou reflexa quando, a pretexto de afronta a princípios constitucionais, o que o recorrente pretende, em verdade, é a análise de lei infraconstitucional[7]. Havendo apenas contrariedade indireta ou reflexa à Constituição, o recurso extraordinário não será admitido. A esse respeito, a Súmula 636 do STF prevê que "não cabe recurso extraordinário por contrariedade ao princípio constitucional da legalidade, quando a sua verificação pressuponha rever a interpretação dada a normas infraconstitucionais pela decisão recorrida".

b) declarar a inconstitucionalidade de tratado ou lei federal.

No sistema judicial brasileiro, convivem dois sistemas de controle de constitucionalidade, o concentrado, realizado pelo STF, e o difuso, realizado por qualquer órgão judicial, desde o juiz de primeira instância até o STF. O dispositivo trata do controle difuso de constitucionalidade, pela via recursal, realizado pelo STF em última instância. Desse modo, caso algum tribunal de segunda instância, turma recursal de juizado especial ou o próprio STJ declarem **inconstitucional** tratado ou lei federal, caberá recurso extraordinário para o STF. Observe-se que o dispositivo trata da hipótese de declaração de inconstitucionalidade. Se houver a declaração de constitucionalidade de tratado ou lei federal por esses órgãos judiciais, não será cabível o recurso extraordinário com base nesta alínea, mas é possível que a situação se enquadre na hipótese da alínea "a", a depender do caso.

c) julgar válida lei ou ato de governo local contestado em face desta Constituição.

Trata-se das hipóteses em que a decisão recorrida entende ser válido ato normativo (leis, decretos, portarias etc.) ou administrativo (praticados por agentes públicos, com certa parcela de poder) das três esferas de Poder (Executivo, Legislativo e Judiciário) estadual, distrital ou municipal, quando há alegação de sua inconstitucionalidade, ou seja, incompatibilidade com a Constituição Federal[8]. Nesse tocante, contudo, o STF entende que "é inadmissível o recurso extraordinário quando sua análise implica a revisão da interpretação de normas infraconstitucionais locais que fundamentam o acórdão recorrido"[9].

d) julgar válida lei local contestada em face de lei federal.

Trata-se de hipótese incluída pela Emenda Constitucional 45/2004, que antes era caso de recurso especial ao STJ. O que levou à inovação é o fato de que, se a decisão julgar válida lei local contestada em face de lei federal, se trata de questão constitucional, porque é a Constituição Federal quem prevê as competências legislativas estaduais e federal, razão pela qual há, neste caso, conflito de competências constitucionais. Com efeito, não há hierarquia entre lei federal e lei estadual, senão apenas repartição constitucional de competências legislativas.

---

7 "É inadmissível recurso extraordinário no qual, a pretexto de ofensa a princípios constitucionais, pretende-se a análise de legislação infraconstitucional. Hipótese de contrariedade indireta ou reflexa à Constituição Federal" (STF, AI 832339 AgR, Relator(a): Min. Ellen Gracie, Segunda Turma, julgado em 2-8-2011, *DJe*-159 divulg. 18-8-2011, Public. 19-8-2011, Ement. Vol. 02569-05 PP-00785).

8 NEVES, Daniel Amorim Assumpção. *Manual de direito processual civil*. 10. ed. Salvador: JusPodivm, 2018. p. 1.739.

9 STF, ARE 1128561 AgR, Relator(a): Min. Ricardo Lewandowski, Segunda Turma, julgado em 17-8-2018, processo eletrônico *DJe*-180, divulg. 30-8-2018, public. 31-8-2018.

O inc. III do art. 102 da Constituição Federal prevê que cabe recurso extraordinário nas causas decididas em "única ou última instância".

Com base nisso, o STF entende que não é cabível recurso extraordinário contra acórdão que defere medida liminar, já que não se trata de decisão final. Nesse sentido, a Súmula 735 do STF: "Não cabe recurso extraordinário contra acórdão que defere medida liminar".

Da mesma forma, o STF tem posição firmada de que é incabível recurso extraordinário contra decisão administrativa proferida no processamento de precatórios, já que o dispositivo fala em "causas decididas", isto é, ações judiciais decididas. A esse respeito, o STF editou a Súmula 733, segundo a qual "não cabe recurso extraordinário contra decisão proferida no processamento de precatórios".

5.3. Repercussão geral no recurso extraordinário

A repercussão geral passou a ser um requisito específico para a interposição do recurso extraordinário, a partir da alteração feita pela Emenda Constitucional 45/2004, que acrescentou o § 3º ao art. 102 da Constituição Federal.

No plano infraconstitucional, art. 1.035 do CPC disciplina a repercussão geral.

Assim, no recurso extraordinário, o recorrente deverá demonstrar a repercussão geral das questões constitucionais discutidas no caso, que será examinada exclusivamente pelo STF.

O STF somente pode **inadmitir o recurso extraordinário por ausência de repercussão geral pela manifestação de 2/3 de seus membros**, isto é, pelo voto de **8 ministros** (art. 102, § 3º, CF).

O objetivo é que a questão a ser analisada pelo STF **transcenda o mero interesse particular das partes** e que a apreciação da questão constitucional tenha um interesse geral.

Repercussão geral é **conceito jurídico indeterminado**, que veio a ser disciplinado no § 1º do art. 1.035 do CPC.

Haverá repercussão geral quando existirem "**questões relevantes do ponto de vista econômico, político, social ou jurídico que ultrapassem os interesses subjetivos do processo**". Tais hipóteses deverão ser analisadas no caso concreto.

Também haverá repercussão geral sempre que o recurso impugnar acórdão que (art. 1.035, § 3º, CPC): "I – contrarie súmula ou jurisprudência dominante do Supremo Tribunal Federal; II – [revogado]; III – tenha reconhecido a inconstitucionalidade de tratado ou de lei federal, nos termos do art. 97 da Constituição Federal". Nesses casos, há presunção absoluta de repercussão geral.

A repercussão geral deverá ser **demonstrada pelo recorrente em preliminar do recurso extraordinário**.

Cabe exclusivamente ao STF apreciar a existência de repercussão geral.

Na análise da repercussão geral, será admitida a intervenção de terceiros (art. 1.035, § 4º, CPC).

Como regra, caberá ao plenário examinar a existência de repercussão geral, já que o RE somente pode ser inadmitido pelo voto de 2/3 de todos os seus membros. Isso equivale a 8 dos 11 ministros, como já se expôs.

Entretanto, se uma das turmas do STF (que tem duas turmas, compostas cada qual por 5 ministros), pelo voto de pelo menos 4 ministros, entender que existe repercussão geral, ficará dispensada a remessa do RE ao plenário. Isso porque, se o STF somente pode inadmitir o recurso por falta de repercussão geral pelo voto de 8 dos 11 ministros, caso 4 ministros votem no sentido de que há repercussão geral, não será mais possível atingir o número de 8 ministros necessários para negá-la.

Caso o STF inadmita o recurso por ausência de repercussão geral, tal decisão valerá para todos os demais recursos extraordinários sobre a mesma matéria, de modo que o presidente ou o vice-presidente do tribunal de origem deverá negar seguimento aos recursos extraordinários sobrestados na origem que versem sobre matéria idêntica.

De outro lado, uma vez reconhecida a repercussão geral e a relação de prejudicialidade entre a decisão que será proferida no Recurso Extraordinário e a dos processos versando sobre matéria idêntica em curso no STJ, nos TRFs e nos TJs, poderá o Ministro Relator do STF monocraticamente determinar o sobrestamento de todas as causas até o deslinde da matéria pelo Plenário do STF. Tal entendimento, que estava consolidado na jurisprudência do STF[10], foi previsto expressamente no art. 1.035, § 5º, do CPC.

O CPC/2015, na sua redação original, limitou esse sobrestamento em 1 ano (art. 1.035, § 9º, CPC). Ocorre que foi revogado o § 10 do mesmo artigo (pela Lei n. 10.256/2016), que estabelecia que cessaria a suspensão dos processos sobrestados (retornando-se ao seu curso normal) caso o STF não julgasse a matéria nesse prazo de 1 ano.

Portanto, sem essa consequência jurídica, a regra do § 9º do art. 1.035 do CPC perde grande parte da sua efetividade.

6. RECURSO ESPECIAL

6.1. Mister constitucional

O **Superior Tribunal de Justiça** tem a função **de interpretar e preservar a legislação infraconstitucional**, bem como de **uniformizar a jurisprudência nacional**.

O recurso especial é o instrumento hábil a concretizar tais propósitos, pois permite à parte levar ao STJ a sua questão particular com base na violação de lei federal ou divergência jurisprudencial entre tribunais.

6.2. Cabimento

As hipóteses de cabimento de recurso especial estão previstas no art. 105, inc. III, da Constituição Federal.

10 "A prejudicial suscitada consubstancia-se em uma prioridade lógica necessária para a solução de casos que versam sobre a mesma questão. [...] Questão resolvida, com a determinação de sobrestamento das causas relativas ao Termo de Acordo de Regime Especial que estiverem em curso no Superior Tribunal de Justiça e no Tribunal de Justiça do Distrito Federal e Territórios até o deslinde da matéria pelo Plenário da Suprema Corte. [...] O Plenário decidiu também que, a partir desse julgamento, os sobrestamentos poderão ser determinados pelo Relator, monocraticamente, com base no art. 328 do RISTF" (STF, RE 576155 QO, Rel. Min. Ricardo Lewandowski, Tribunal Pleno, julgado em 11-6-2008, *DJe*-172 divulg. 11-9-2008 public. 12-9-2008 ement. vol.-02332-05 p-01048 *LEXSTF* v. 30, n. 360, 2008, p. 246-255).

É cabível recurso especial nas "causas decididas, em única ou última instância, pelos Tribunais Regionais Federais ou pelos tribunais dos Estados, do Distrito Federal e Territórios, quando a decisão recorrida":

a) contrariar tratado ou lei federal, ou negar-lhes vigência.

Por lei federal, deve-se compreender atos normativos (caráter geral e abstrato) produzidos por órgão da União, tais como lei complementar, lei ordinária, lei delegada, decreto-lei, decreto autônomo, regulamentos expedidos pelo Presidente da República e medida provisória[11]. Na concepção de tratado, deve-se incluir tratado em sentido estrito, acordo, pacto, compromisso e convenção de natureza internacional.

Não cabe REsp, com base nesse dispositivo, quando a decisão contrariar súmula. Sobre o tema, o entendimento sedimentado na Súmula 518 do STJ[12].

b) julgar válido ato de governo local contestado em face de lei federal.

"Ato de governo local" diz respeito a ato de natureza normativa ou administrativa praticado por órgão de um dos três Poderes (Executivo, Legislativo e Judiciário), de âmbito estadual ou municipal. O objetivo deste dispositivo é dar competência ao STJ para, pela via do recurso especial, preservar a legislação federal.

c) der a lei federal interpretação divergente da que lhe haja atribuído outro tribunal.

Para que seja possível o recurso especial com base em tal hipótese, é preciso que a interpretação divergente seja dada por outro tribunal. Assim, não basta que a divergência seja com outra turma ou câmara do mesmo tribunal. A esse respeito, a Súmula 13 do STJ: "A divergência entre julgados do mesmo tribunal não enseja recurso especial"[13].

O acórdão paradigma – que demonstra a divergência – pode ser de outro tribunal de segunda instância ou do próprio STJ. No entanto, não se conhecerá do recurso especial se a jurisprudência do STJ já se firmou no mesmo sentido da decisão recorrida. Nesse sentido, a Súmula 83 do STJ: "Não se conhece do recurso especial pela divergência, quando a orientação do tribunal se firmou no mesmo sentido da decisão recorrida"[14].

---

11 "O artigo 105, III, 'a', da Constituição Federal de 1988, prescreve que compete ao Superior Tribunal de Justiça julgar, em recurso especial, as causas decididas, em única ou última instância, pelos Tribunais Regionais Federais ou pelos Tribunais dos Estados, do Distrito Federal e Territórios, quando a decisão recorrida contrariar tratado ou lei federal, ou negar-lhes vigência. 2. O conceito de lei federal, para fins de cabimento do recurso especial, abrange 'os atos normativos (de caráter geral e abstrato), produzidos por órgão da União com base em competência derivada da própria Constituição, como são as leis (complementares, ordinárias, delegadas) e as medidas provisórias, bem assim os decretos autônomos e regulamentares expedidos pelo Presidente da República'" (STJ, AgRg no REsp 1136948/RS, Rel. Ministro Luiz Fux, Primeira Turma, julgado em 4-3-2010, *DJe* 22-3-2010).

12 Súmula 518 do STJ: "Para fins do art. 105, III, *a*, da Constituição Federal, não é cabível recurso especial fundado em alegada violação de enunciado de súmula".

13 No mesmo sentido, a Súmula 369 do STF: "Julgados do mesmo tribunal não servem para fundamentar o recurso extraordinário por divergência jurisprudencial". Lembre-se, contudo, de que tal súmula é anterior à CF/88, quando competia ao STF apreciar julgar, em recurso extraordinário, a questão quando houvesse dissídio jurisprudencial entre tribunais.

14 Antes da Constituição Federal de 1988, a competência recursal do STF abrangia a do STJ, pois este somente foi criado com a Constituição. Logo, se houvesse dissídio jurisprudencial entre tribunais, caberia recurso extraordinário para o STF. Assim, antes da CF/88, foi editada a Súmula 286 do STF, que assim prevê: "Não se conhece

Além disso, não basta juntar o acórdão paradigma. É preciso fazer a confrontação analítica entre as decisões.

Ademais, é necessário comprovar a decisão paradigma, que será confrontada com a decisão recorrida. O recorrente deverá fazer a prova da divergência mediante certidão, cópia autenticada ou pela citação do repositório de jurisprudência, oficial ou credenciado, inclusive em mídia eletrônica, em que tiver sido publicada a decisão paradigma, ou, ainda, "reprodução de julgado disponível na rede mundial de computadores, com indicação da respectiva fonte". Trata-se de medida que veio a facilitar a interposição do REsp, em nome da instrumentalidade do processo.

O inc. III do art. 105 da Constituição Federal prevê que é cabível recurso especial nas "causas decididas, em única ou última instância, pelos Tribunais".

Assim, não cabe recurso especial contra decisão monocrática do relator do tribunal *a quo*, sendo necessária a deliberação final do órgão colegiado. Vale dizer, é preciso que se esgotem os recursos na instância ordinária para se viabilizar a interposição de recursos nas instâncias superiores[15].

Para a interposição de recurso especial, o conceito "**lei federal**", previsto nas alíneas "a", "b" e "c" do inc. III do art. 105 da CF, é **interpretado restritivamente**. Assim, não se enquadram no conceito de "lei federal", para fins de admissibilidade do REsp, resoluções, portarias, instruções normativas[16], leis locais[17], súmulas[18], normas internas[19], circulares, regulamentos, normas administrativas e regimentos internos[20].

---

do recurso extraordinário fundado em divergência jurisprudencial, quando a orientação do plenário do Supremo Tribunal Federal já se firmou no mesmo sentido da decisão recorrida". Portanto, a Súmula 83 do STJ seguiu a mesma lógica da antiga súmula do STF.

15 "O recurso especial não tem cabimento se interposto logo após decisão monocrática proferida em sede de embargos de declaração, já que não esgotada a prestação jurisdicional na instância ordinária" (STJ, AgRg no Ag 678.771/SP, Rel. Min. Carlos Alberto Menezes Direito, Terceira Turma, julgado em 16-3-2006, *DJ* 26-6-2006, p. 134).

16 "Na forma da jurisprudência, 'o apelo nobre não constitui via adequada para análise de ofensa a resoluções, portarias ou instruções normativas, por não estarem tais atos normativos compreendidos na expressão 'lei federal', constante da alínea 'a' do inciso III do artigo 105 da Constituição Federal' (STJ, REsp 1.613.147/RS, Rel. Ministro HERMAN BENJAMIN, SEGUNDA TURMA, *DJe* de 13-9-2016)" (STJ, AgInt no REsp 1706593/RS, Rel. Ministra Assusete Magalhães, Segunda Turma, julgado em 7-2-2019, *DJe* 13-2-2019).

17 "Inicialmente, cabe inferir que as supostas violações dos arts. 2º, 16, § 2º, e 47, todos da Resolução 553/94, não ensejam a abertura da via especial, pois essa espécie normativa não está abrangida no conceito de 'lei federal'. 2. A alegada contrariedade ao art. 163 da Lei Municipal 3.629/85 (Estatuto dos Funcionários Públicos do Município de Poços de Caldas/MG), implica necessariamente o exame e a interpretação de lei local, incabível na via do apelo nobre, nos termos da Súmula 280/STF: 'Por ofensa a direito local não cabe recurso extraordinário'" (STJ, AgRg no Ag 1390842/MG, Rel. Min. Castro Meira, Segunda Turma, julgado em 24-5-2011, *DJe* 13-6-2011).

18 "Inicialmente, cumpre destacar que é inviável o exame de violação de súmula, uma vez que ela não se insere no conceito de lei federal. É o que expressa a pacífica jurisprudência desta Corte Superior" (STJ, AgInt no REsp 1532990/MT, Rel. Ministro Francisco Falcão, Segunda Turma, julgado em 7-2-2019, *DJe* 14-2-2019).

19 "As normas internas da CEF não se inserem no conceito de lei federal, para efeito de admissibilidade de recurso especial" (STJ, AgInt no AREsp 1270759/RS, Rel. Ministro Benedito Gonçalves, Primeira Turma, julgado em 6-12-2018, *DJe* 19-12-2018).

20 "A via excepcional não se presta para análise de ofensa a resolução, portaria, regimento interno ou instrução normativa, atos administrativos que não se enquadram no conceito de lei federal. Precedentes" (STJ, AgInt no AREsp 1291460/MG, Rel. Ministro Marco Aurélio Bellizze, Terceira Turma, julgado em 8-10-2018, *DJe* 10-10-2018).

O inciso III do art. 105 da Constituição Federal prevê que é cabível o recurso especial nas causas decididas, em única ou última instância, pelos tribunais regionais federais ou pelos tribunais dos Estados, do Distrito Federal e Territórios. Por conseguinte, é incabível recurso especial contra decisões de turmas recursais de juizados especiais, pois turmas recursais não são tribunais.

Assim, contra decisão de turma recursal não cabe recurso especial, embora caiba recurso extraordinário, já que o art. 102, inc. III, da Constituição Federal (que prevê o recurso extraordinário) não fez tal restrição.

Nesse sentido, há entendimento consolidado do STF e do STJ. A Súmula 640 do STF prevê que "é cabível recurso extraordinário contra decisão proferida por juiz de primeiro grau nas causas de alçada, ou por turma recursal de juizado especial cível e criminal". Segundo a Súmula 203 do STJ, "não cabe recurso especial contra decisão proferida por órgão de segundo grau dos Juizados Especiais".

Além disso, houve a revogação da Resolução 12, de 14-12-2009, que disciplinava a competência do STJ para reclamações contra decisões de turmas recursais que contrariassem decisões daquele. Essa questão passou a ser disciplinada pela Resolução 3, de 7-4-2016, do STJ, que, em seu art. 1º, prevê que "caberá às *Câmaras Reunidas* ou à *Seção Especializada* dos *Tribunais de Justiça* a competência para processar e julgar as Reclamações destinadas a dirimir divergência entre acórdão prolatado por Turma Recursal Estadual e do Distrito Federal e a jurisprudência do Superior Tribunal de Justiça, consolidada em incidente de assunção de competência e de resolução de demandas repetitivas, em julgamento de recurso especial repetitivo e em enunciados das Súmulas do STJ, bem como para garantir a observância de precedentes". Portanto, em tais hipóteses, não cabe mais reclamação para o STJ, senão para o próprio tribunal de justiça.

7. PREQUESTIONAMENTO

É a exigência de que o **RE e o REsp não versem sobre matéria inédita**, ou seja, que ainda não foi expressamente decidida pelas instâncias ordinárias. Assim, o STF e o STJ, no RE e no REsp, somente podem julgar matérias que já foram decididas.

Se o tribunal não decidir expressamente sobre a matéria, a parte tem que interpor embargos de declaração, com a finalidade de prequestionamento[21].

De outro lado, é preciso considerar que, mesmo com os embargos declaratórios para fins de prequestionamento, o tribunal pode não se manifestar expressamente sobre a questão que ensejaria o RE ou o REsp. Nesse caso, caberia RE e REsp? A simples interposição dos embargos declaratórios já geraria o prequestionamento?

A esse respeito, o STF e o STJ eram divergentes.

O **STJ** entendia que, se o tribunal de segunda instância não se manifestasse expressamente sobre a matéria, mesmo com os embargos declaratórios, não caberia REsp. Esse entendimento estava expresso na Súmula 211 do STJ: "Inadmissível recurso especial quanto à questão que, a despeito da oposição de embargos declaratórios, não foi

21 A esse respeito, a Súmula 98 do STJ prevê que "Embargos de declaração manifestados com notório propósito de prequestionamento não têm caráter protelatório".

apreciada pelo Tribunal *a quo*". De modo bem diferente, o **STF** já tinha jurisprudência consolidada no sentido de que, se a parte interpusesse embargos declaratórios para fins de prequestionamento, e o tribunal não suprisse a omissão, mesmo assim estaria prequestionada a matéria. A esse respeito, o STF editou a Súmula 356: "O ponto omisso da decisão, sobre o qual não foram opostos embargos declaratórios, não pode ser objeto de recurso extraordinário, por faltar o requisito do prequestionamento".

O CPC/2015 pôs fim a toda essa controvérsia. Com efeito, o art. 1.025 do Código passou a prever que **a interposição dos embargos de declaração já gera o efeito de prequestionamento em relação aos pontos suscitados pelo embargante**: "Consideram-se incluídos no acórdão os elementos que o embargante suscitou, para fins de prequestionamento, ainda que os embargos de declaração sejam inadmitidos ou rejeitados, caso o tribunal superior considere existentes erro, omissão, contradição ou obscuridade".

8. JUÍZO DE ADMISSIBILIDADE DO RECURSO ESPECIAL E DO RECURSO EXTRAORDINÁRIO

Diferentemente do que ocorre com os recursos em geral, o **juízo de admissibilidade no RE e no REsp é duplo, ou seja, feito pelo órgão judicial *a quo* e pelo juízo *ad quem*.** Assim, há o juízo de admissibilidade realizado pelo presidente ou vice-presidente do tribunal recorrido (conforme disponha o seu regimento interno) e, após, pelo STF (no RE) ou pelo STJ (no REsp).

Oferecidas as contrarrazões pela parte recorrida, o presidente ou o vice-presidente do tribunal recorrido deverá (art. 1.030, com a alteração da Lei n. 13.256/2016):

> I – negar seguimento:
>
> *a*) a recurso extraordinário que discuta questão constitucional à qual o Supremo Tribunal Federal não tenha reconhecido a existência de repercussão geral ou a recurso extraordinário interposto contra acórdão que esteja em conformidade com entendimento do Supremo Tribunal Federal exarado no regime de repercussão geral;
>
> *b*) a recurso extraordinário ou a recurso especial interposto contra acórdão que esteja em conformidade com entendimento do Supremo Tribunal Federal ou do Superior Tribunal de Justiça, respectivamente, exarado no regime de julgamento de recursos repetitivos;
>
> II – encaminhar o processo ao órgão julgador para realização do juízo de retratação, se o acórdão recorrido divergir do entendimento do Supremo Tribunal Federal ou do Superior Tribunal de Justiça exarado, conforme o caso, nos regimes de repercussão geral ou de recursos repetitivos;
>
> III – sobrestar o recurso que versar sobre controvérsia de caráter repetitivo ainda não decidida pelo Supremo Tribunal Federal ou pelo Superior Tribunal de Justiça, conforme se trate de matéria constitucional ou infraconstitucional;
>
> IV – selecionar o recurso como representativo de controvérsia constitucional ou infraconstitucional, nos termos do § 6º do art. 1.036;
>
> V – realizar o juízo de admissibilidade e, se positivo, remeter o feito ao Supremo Tribunal Federal ou ao Superior Tribunal de Justiça, desde que:

a) o recurso ainda não tenha sido submetido ao regime de repercussão geral ou de julgamento de recursos repetitivos;

b) o recurso tenha sido selecionado como representativo da controvérsia; ou

c) o tribunal recorrido tenha refutado o juízo de retratação.

O art. 1.029, § 2º, do CPC/2015, na sua redação original, previa que, "quando o recurso estiver fundado em dissídio jurisprudencial, é vedado ao tribunal inadmiti-lo com base em fundamento genérico de que as circunstâncias fáticas são diferentes, sem demonstrar a existência da distinção". Contudo, a Lei n. 13.256/2016 revogou o referido dispositivo. Ou seja, a que tudo indica, existe uma tendência de que se admita que o tribunal, ao analisar o recurso especial ou o recurso extraordinário, possa invocar "fundamento genérico de que as circunstâncias fáticas são diferentes, sem demonstrar a existência da distinção". Talvez isso seja uma contingência do sistema, diante da restrição que existe em relação ao RE e ao REsp, já que não há possibilidade institucional e material para que um tribunal superior julgue todos os possíveis recursos contra decisões de tribunais.

Admitidos o REsp e/ou o RE pelo presidente ou vice-presidente do tribunal de segunda instância, deverão ser remetidos, respectivamente, para o STJ e para o STF. Esses tribunais superiores farão novo juízo de admissibilidade.

8.1. Recursos contra decisão que inadmite RE ou REsp

Contra a decisão do presidente ou vice-presidente do tribunal de segunda instância que inadmite o RE ou o REsp, caberá agravo interno para o próprio tribunal ou agravo para a instância superior, conforme o fundamento da inadmissibilidade, o que se expõe a seguir.

8.1.1. Agravo interno para o tribunal de segunda instância

Caso inadmitido o RE ou o REsp pelo presidente ou vice-presidente do tribunal de segunda instância, com fundamento nos **incisos I e III**, acima referidos, caberá agravo interno para o próprio tribunal.

8.1.2. Agravo para o STJ ou para o STF

Se a decisão de inadmissibilidade tiver por fundamento o inciso V acima referido, caberá agravo ao tribunal superior respectivo (art. 1.030, §§ 1º e 2º, CPC, com a alteração da Lei n. 13.256/2016).

De acordo com o art. 1.042, *caput*, do CPC, cabe agravo para o STJ ou para o STF "contra decisão do presidente ou do vice-presidente do tribunal recorrido que inadmitir recurso extraordinário ou recurso especial, salvo quando fundada na aplicação de entendimento firmado em regime de repercussão geral ou em julgamento de recursos repetitivos". Isso porque, nestas duas hipóteses ressalvadas, o recurso cabível é o agravo interno para o próprio tribunal.

O objeto desse agravo é permitir o seguimento do RE ou do REsp para esses tribunais superiores.

Esse agravo será interposto por petição escrita, que deverá ser dirigida ao presidente ou vice-presidente do tribunal de origem.

Aplicam-se a esse agravo o regime de repercussão geral e o de recursos repetitivos, inclusive quanto à possibilidade de sobrestamento e do juízo de retratação (art. 1.042, § 2º, CPC).

O agravo deverá ser juntado nos próprios autos principais.

Nesse agravo, não há preparo (pagamento de custas), nem pagamento de despesas postais. Isso porque o recorrente já pagou as custas para o REsp ou o RE.

Após a interposição desse agravo, independentemente de qualquer juízo de admissibilidade, deverá ser intimado o agravado para oferecer contrarrazões (ou contraminuta) de agravo, no prazo de 15 dias (úteis).

A seguir, deverá ser realizado juízo de retratação, pelo presidente ou vice-presidente do tribunal de origem. Caso não haja retratação, o agravo deverá ser remetido ao STJ ou ao STF, conforme o caso, onde será processado na forma do regimento interno desses tribunais superiores.

Não cabe ao tribunal deixar de encaminhar esse agravo ao STJ ou ao STF, pois somente estes podem fazer o seu juízo de admissibilidade. Sobre tal assunto, continua sendo aplicável a Súmula 727 do STF, que assim prevê: "Não pode o magistrado deixar de encaminhar ao Supremo Tribunal Federal o agravo de instrumento interposto da decisão que não admite recurso extraordinário, ainda que referente à causa instaurada no âmbito dos juizados especiais".

Se tiver ocorrido a interposição conjunta de REsp e RE, e ambos tiverem sido inadmitidos, o agravante deverá interpor um agravo contra cada decisão do Presidente ou Vice-Presidente do tribunal de origem. Nessa hipótese, os autos deverão ser remetidos ao STJ[22]. Concluído o julgamento pelo STJ do agravo e, se for o caso, do REsp, os autos deverão ser remetidos ao STF, independentemente de pedido nesse sentido, a fim de que a Corte Suprema aprecie o agravo a ele dirigido, salvo se já estiver prejudicado (art. 1.042, § 8º, CPC).

O **relator desse agravo**, no **STF** ou no **STJ**, poderá **monocraticamente** (art. 932, CPC):

> a) **negar seguimento** ao recurso quando for inadmissível, estiver prejudicado ou que não tenha impugnado especificamente os fundamentos da decisão recorrida;
>
> b) **negar provimento** ao recurso quando for contrário a: b.1) súmula do Supremo Tribunal Federal, do Superior Tribunal de Justiça ou do próprio tribunal; b.2) acórdão proferido pelo Supremo Tribunal Federal ou pelo Superior Tribunal de Justiça em julgamento de recursos repetitivos; b.3) entendimento firmado em incidente de resolução de demandas repetitivas ou de assunção de competência[23];

---

22 CPC: "Art. 1.042 [...] § 7º Havendo apenas um agravo, o recurso será remetido ao tribunal competente, e, havendo interposição conjunta, os autos serão remetidos ao Superior Tribunal de Justiça".

23 Além dessas hipóteses, segundo a Súmula 568 do STJ, "o relator, monocraticamente e no Superior Tribunal de Justiça, poderá dar ou negar provimento ao recurso quando houver entendimento dominante acerca do tema".

c) **dar provimento** ao recurso, se a decisão recorrida for contrária a: c.1) súmula do Supremo Tribunal Federal, do Superior Tribunal de Justiça ou do próprio tribunal; c.2) acórdão proferido pelo Supremo Tribunal Federal ou pelo Superior Tribunal de Justiça em julgamento de recursos repetitivos; c.3) entendimento firmado em incidente de resolução de demandas repetitivas ou de assunção de competência[24].

Dessa decisão monocrática do relator do STF ou do STJ que não conhece do agravo, nega-lhe provimento ou decide monocraticamente o recurso não admitido na origem, caberá agravo interno, no prazo de 15 dias, ao órgão competente para julgar o recurso (art. 1.021 e art. 1.070, CPC).

A decisão do STF ou do STJ que dá provimento ao agravo não implica recebimento do recurso especial ou extraordinário, que deverão ser objeto de juízos de admissibilidade próprios. Nesse tocante, a Súmula 289 do STF dispõe que "o provimento do agravo por uma das turmas do Supremo Tribunal Federal ainda que sem ressalva, não prejudica a questão do cabimento do recurso extraordinário".

No STJ ou no STF, o agravo poderá ser julgado conjuntamente com o recurso especial ou extraordinário, respectivamente. Se ocorrer isso, deverá ser assegurada às partes a possibilidade de sustentação oral.

9. EFEITO DEVOLUTIVO NOS RECURSOS ESPECIAL E EXTRAORDINÁRIO

O **recurso especial** e o **recurso extraordinário, como regra, deverão ser recebidos somente no efeito devolutivo** (art. 995, *caput*, CPC).

Não se pode pedir o conhecimento do recurso com o objetivo de reexaminar as provas. A esse respeito, a Súmula 7 do STJ dispõe que "a pretensão de simples reexame de prova não enseja recurso especial". No mesmo sentido, a Súmula 279 do STF: "Para simples reexame de prova não cabe recurso extraordinário".

Pelos mesmos motivos, o STJ editou a Súmula 5, segundo a qual "a simples interpretação de cláusula contratual não enseja recurso especial". É idêntica a Súmula 454 do STF: "Simples interpretação de cláusulas contratuais não dá lugar a recurso extraordinário".

De outro lado, se conhecido o recurso, o STF e/ou o STJ deverão julgar a causa em toda a sua profundidade, podendo e devendo reexaminar as provas. Isto é, conhecido o recurso, a devolutividade é ampla.

Em síntese, não se pode pedir o reexame de provas pelo STF e pelo STJ, pois a parte deve postular o reexame da matéria de direito; no entanto, se conhecido o recurso para reexame da questão de direito, o STF e o STJ julgarão a causa com base no direito, nos fatos e nas provas. Nesse tocante, a Súmula 456 do STF prevê que "o Supremo Tribunal Federal, conhecendo do recurso extraordinário, julgará a causa, aplicando o direito à espécie".

Além disso, se a questão de direito for matéria de ordem pública, precisa ser prequestionada e ser fundamento do RE ou do REsp[25]. Entretanto, se a parte recorrer com

---

24 Aqui, cabe a mesma referência à Súmula 568 do STJ, feita acima.

25 "A Corte Especial tem se posicionado no sentido de que, na instância especial, é necessário o cumprimento do requisito do prequestionamento inclusive das matérias de ordem pública. Precedentes" (STJ, AgInt nos EDcl nos EDcl no REsp 1307646/RJ, Rel. Ministro Francisco Falcão, Segunda Turma, julgado em 5-2-2019, *DJe* 14-2-2019).

base em outro fundamento e for conhecido o recurso, poderão ser analisadas as questões de ordem pública, pois o STF e o STJ devem julgar a causa. De outro lado, se não conhecido o recurso, as questões de ordem pública não podem ser analisadas.

10. ATRIBUIÇÃO DE EFEITO SUSPENSIVO NOS RECURSOS ESPECIAL E EXTRAORDINÁRIO

Como já se expôs anteriormente, o RE e o REsp possuem, como regra, apenas efeito devolutivo, não tendo efeito suspensivo (art. 995, *caput*, CPC).

Então, como a parte deve proceder para requerer que seja atribuído efeito suspensivo ao RE ou ao REsp?

O **requerimento de concessão de efeito suspensivo** ao recurso extraordinário ou ao recurso especial poderá ser **formulado pelo recorrente mediante simples petição**, dirigida: "I – ao **tribunal superior respectivo**, no período compreendido entre a publicação da decisão de admissão do recurso e sua distribuição, ficando o relator designado para seu exame prevento para julgá-lo; II – **ao relator**, se já distribuído o recurso; III – ao **presidente ou ao vice-presidente do tribunal recorrido**, no período compreendido entre a interposição do recurso e a publicação da decisão de admissão do recurso, assim como no caso de o recurso ter sido sobrestado, nos termos do art. 1.037" (art. 1.029, § 5º, CPC, com redação dada pela Lei n. 13.256/2016). Isso ocorre porque, no RE e no REsp, continua havendo duplo juízo de admissibilidade, pelo órgão *a quo* e pelo órgão *ad quem*.

11. RECURSO EXTRAORDINÁRIO CONTRA DECISÃO DO STJ NO RECURSO ESPECIAL

Já se expôs que o recurso especial e o recurso extraordinário devem ser interpostos simultaneamente perante o tribunal de segunda instância.

Todavia, deve-se analisar, ainda, se é possível interpor recurso extraordinário contra decisão do STJ em recurso especial. Sobre tal questionamento, é preciso diferenciar duas situações:

a) Se a questão constitucional já estava na decisão do Tribunal de origem, contra a qual foi interposto o recurso especial: não caberá recurso extraordinário contra a decisão do STJ no REsp, pois o RE já deveria ter sido interposto na origem, tendo ocorrido a preclusão.

b) Se a questão constitucional é nova, isto é, surgiu somente no julgamento do REsp pelo STJ: caberá recurso extraordinário contra a decisão do STJ.

12. RECURSOS ESPECIAL E EXTRAORDINÁRIO REPETITIVOS

Havendo **multiplicidade de recursos especiais ou de recursos extraordinários** sobre idêntica questão de direito, haverá afetação para julgamento do STJ ou do STF.

A afetação para julgamento dos recursos especial ou extraordinário ocorrerá:

a) **pelo presidente ou o vice-presidente de tribunal de justiça ou de tribunal regional federal:** neste caso, ele deverá: a.1) selecionar 2 ou mais recursos representativos da controvérsia; a.2) encaminhá-los ao STF ou ao STJ, conforme o caso (RE ou REsp), para fins de afetação; e a.3) determinar a suspensão do trâmite de todos os processos pendentes, individuais ou coletivos, que tramitem no Estado ou na região, conforme o caso, aguardando o pronunciamento definitivo do tribunal superior.

b) **pelo relator no tribunal superior:** o relator do tribunal superior poderá selecionar 2 ou mais recursos representativos da controvérsia (REsp ou RE, conforme o caso) para julgamento da questão de direito. Neste caso, independe da iniciativa do presidente ou do vice-presidente do tribunal de origem.

A instauração e o julgamento do incidente deverão ter ampla divulgação e publicidade, inclusive por meio de registro eletrônico no CNJ[26].

No âmbito do Supremo Tribunal Federal, o recurso extraordinário exige o requisito da repercussão geral, como foi acima exposto. A análise da repercussão geral da controvérsia é do Supremo Tribunal Federal, nos termos do seu regimento interno (art. 1.036, *caput*, do CPC). Assim, no STF, será analisada inicialmente a repercussão geral do tema veiculado no recurso repetitivo. Caso seja negada a existência de repercussão geral pelo STF, os recursos sobrestados considerar-se-ão automaticamente não admitidos (art. 1.039, parágrafo único, CPC).

O STJ entendia que, caso seja determinado o sobrestamento dos recursos especial ou extraordinário pelo Presidente do Tribunal *a quo* até o julgamento do recurso representativo da controvérsia, não caberia recurso para destrancar os recursos sobrestados na origem[27]. Contudo, o CPC/2015 alterou completamente essa matéria.

De acordo com o CPC, é preciso **distinguir duas hipóteses:**

a) **se o RE ou REsp sobrestado for intempestivo:** o interessado deverá requerer ao presidente ou ao vice-presidente do tribunal de origem que o exclua da decisão de sobrestamento e inadmita o recurso especial ou o recurso extraordinário intempestivo. Nessa hipótese, o recorrente será intimado previamente, para se manifestar, no prazo de 5 dias. A seguir, o presidente ou vice-presidente decidirá. Dessa decisão, caberá apenas agravo interno para o próprio tribunal de segunda instância, conforme art. 1.036, § 3º, do CPC.

b) **se a questão a ser decidida no processo for distinta daquela submetida a julgamento no recurso especial ou no extraordinário afetado:** a parte poderá demonstrar essa distinção *(distinguishing)* e requerer o prosseguimento do feito. Esse requerimento será dirigido ao juiz, se o processo sobrestado estiver na primeira instância; ao relator do recurso ainda não julgado, se o processo estiver sobrestado no tribunal de origem; ou ao relator do acórdão recorrido, se sobrestado o RE ou o REsp no tribunal de origem; ao relator, no tribunal superior, do RE ou REsp, que sobrestou os demais processos. A seguir, será intimada a parte contrária. Após a decisão, caberá agravo de instrumento ou agravo interno (art. 1.037, §§ 9º a 13, CPC).

---

26 CPC: "Art. 979. A instauração e o julgamento do incidente serão sucedidos da mais ampla e específica divulgação e publicidade, por meio de registro eletrônico no Conselho Nacional de Justiça. [...] § 3º Aplica-se o disposto neste artigo ao julgamento de recursos repetitivos e da repercussão geral em recurso extraordinário".

27 STJ, EDcl no AREsp 145.442/SP, Rel. Min. Raul Araújo, Quarta Turma, julgado em 24-4-2012, *DJe* 31-5-2012.

Remetidos os recursos representativos da controvérsia ao STJ ou ao STF, o relator, do tribunal superior, poderá solicitar informações aos tribunais de segunda instância a respeito da controvérsia.

O relator do tribunal superior, na forma do regimento interno e considerando a relevância da matéria, poderá admitir manifestação de pessoas, órgãos ou entidades com interesse na controvérsia, na condição de *amicus curiae*, bem como realizar audiências públicas (art. 1.038, CPC).

Recebidas as informações, ou após a manifestação do *amicus curiae*, terá vista o Ministério Público, para manifestação.

A seguir, o tribunal superior deverá julgar o recurso repetitivo.

Julgado o mérito do recurso especial ou do recurso extraordinário repetitivos, os recursos sobrestados nos tribunais, turmas de uniformização e turmas recursais terão o seu seguimento denegado na hipótese de a decisão do órgão judicial *a quo* coincidir com o julgamento pelo tribunal superior; ou serão novamente examinados pelo órgão judicial *a quo*, se a sua decisão divergir da orientação do tribunal superior. Além disso, os processos suspensos em primeira e segunda instâncias retomarão o seu curso para julgamento e aplicação da tese firmada pelo tribunal superior (art. 1.040, CPC).

Entretanto, caso o tribunal *a quo* mantenha a sua decisão divergente da orientação do tribunal superior, o REsp ou o RE deverão ser remetidos ao STJ ou pelo STF (art. 1.041, *caput*, CPC).

13. QUESTÕES ESPECIAIS

a) São cabíveis recurso extraordinário e recurso especial contra decisões de tribunais proferidas em **reexame necessário**, mesmo quando não houve recurso da Fazenda Pública. Com efeito, mesmo que a Fazenda Pública não tenha interposto recurso voluntário, tendo o tribunal proferido acórdão em reexame necessário, será cabível a interposição de RE e REsp contra esse acórdão, não havendo que se falar em preclusão lógica da vontade de recorrer[28].

b) Cabem RE e REsp contra acórdão de tribunal que julga **ação rescisória**, desde que preenchidos os requisitos de tais recursos.

c) Não é cabível RE contra decisão proferida no processamento de precatórios (Súmula 733 do STF[29]).

d) Contra acordão que defere medida liminar, também não é cabível RE (Súmula 735 do STF[30]).

e) Súmula 637 do STF: "Não cabe recurso extraordinário contra acórdão de tribunal de justiça que defere pedido de intervenção estadual em município".

---

28 "A ausência de recurso voluntário da União não implica preclusão lógica para interposição do recurso especial contra acórdão proferido em reexame necessário" (STJ, AgInt no REsp 1632096/RS, Rel. Ministro Gurgel De Faria, Primeira Turma, julgado em 27-2-2018, *DJe* 5-4-2018).

29 Súmula 733 do STF: "Não cabe recurso extraordinário contra decisão proferida no processamento de precatórios".

30 Súmula 735 do STF: "Não cabe recurso extraordinário contra acórdão que defere medida liminar".

f) Caso uma parte interponha recurso especial e a outra embargos de declaração, se, no julgamento deste, não for alterado o resultado anterior do julgamento, aquela não precisará ratificar ou reiterar o recurso especial já interposto. Nesse sentido, a Súmula 579 do STJ[31].

g) No caso de a câmara, a turma ou outro órgão fracionário do tribunal entender que existe inconstitucionalidade de determinado dispositivo legal, deverá suscitar o **incidente de inconstitucionalidade**, que será julgado pelo plenário do tribunal ou pelo órgão especial, se houver. Isto é, o órgão fracionário do tribunal (câmara, turma, seção ou grupos) não pode declarar a inconstitucionalidade se isso ainda não tiver sido feito pelo plenário ou órgão especial do mesmo tribunal, ou pelo STF. Após a decisão sobre o incidente de inconstitucionalidade, o plenário ou o órgão especial devolvem o processo para órgão fracionário, que completará o julgamento do feito. Em razão disso, surge um questionamento: o recurso extraordinário deve ser interposto contra a decisão do órgão fracionário do tribunal, que completa o julgamento, ou contra a decisão do plenário ou órgão especial do tribunal, que decide o incidente de inconstitucionalidade? O STF pacificou tal controvérsia editando a Súmula 513, com o seguinte teor: "A decisão que enseja a interposição de recurso ordinário ou extraordinário não é a do plenário, que resolve o incidente de inconstitucionalidade, mas a do órgão (câmaras, grupos ou turmas) que completa o julgamento do feito".

h) Súmula 568 do STJ: "O relator, monocraticamente e no Superior Tribunal de Justiça, poderá dar ou negar provimento ao recurso quando houver entendimento dominante acerca do tema".

31 Súmula 579 do STJ: "Não é necessário ratificar o recurso especial interposto na pendência do julgamento dos embargos de declaração, quando inalterado o resultado anterior".

CAPÍTULO **VIII**

EMBARGOS DE DIVERGÊNCIA

Trata-se de recurso que tem por objetivo **uniformizar o entendimento** entre as turmas ou seções dentro do STF ou do STJ.

Os embargos de divergência estão previstos nos arts. 1.043 e 1.044 do CPC, bem como nos arts. 300 a 336 do Regimento Interno do STF e nos arts. 266 e 267 do Regimento Interno do STJ.

O prazo para interpor os embargos de divergência é de 15 dias (úteis)[1].

Os embargos de divergência, preenchidos os demais requisitos, são cabíveis quando há diferença de entendimento entre os órgãos do mesmo tribunal superior.

Para melhor compreender a matéria, é importante conhecer a estrutura interna dos órgãos jurisdicionais do STF e do STJ.

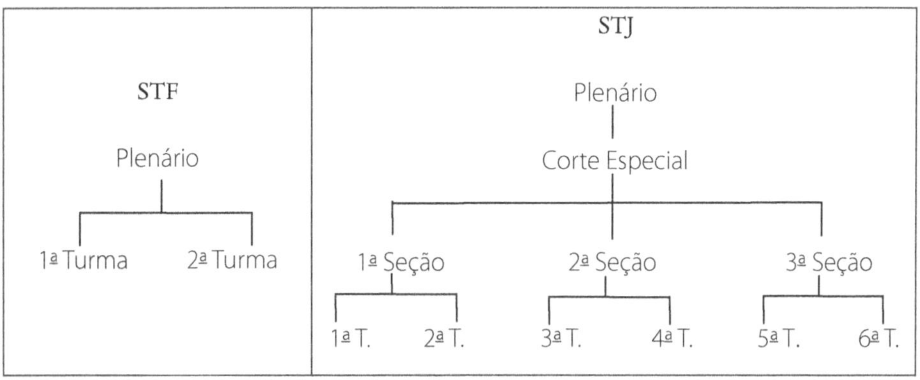

Assim, no âmbito do STF, cabem embargos de divergência quando, no julgamento do recurso extraordinário, houver divergência entre as turmas ou entre a turma e o plenário.

No STJ, cabem os embargos de divergência quando, no julgamento do recurso especial, houver divergência entre as turmas, entre as seções, entre turma e seção, ou entre turma ou seção e a corte especial.

---

1 CPC: "Art. 1.003 [...] § 5º Excetuados os embargos de declaração, o prazo para interpor os recursos e para responder-lhes é de 15 (quinze) dias".

De acordo com o CPC (art. 1.043), **caberão embargos de divergência "contra acórdão de órgão fracionário que"**:

> I – em recurso extraordinário ou em recurso especial, divergir do julgamento de qualquer outro órgão do mesmo tribunal, sendo os acórdãos, embargado e paradigma, de mérito;
>
> II – [revogado pela Lei n. 13.256/2016];
>
> III – em recurso extraordinário ou em recurso especial, divergir do julgamento de qualquer outro órgão do mesmo tribunal, sendo um acórdão de mérito e outro que não tenha conhecido do recurso, embora tenha apreciado a controvérsia;
>
> IV – [revogado pela Lei n. 13.256/2016].

Os embargos de divergência cabem **contra acórdão**. Assim, não são cabíveis contra decisão monocrática de relator[2]. Contra esta decisão, é cabível o agravo regimental, se preenchidos os seus requisitos.

Para que sejam admitidos os embargos de divergência, é **necessário que a decisão recorrida seja de mérito recursal**. Com efeito, a Lei n. 13.256/2016 revogou o inciso II do art. 1.043 do CPC/2015, que previa o cabimento de embargos de divergência contra acórdão sobre juízo de admissibilidade. Nesse sentido, aliás, a jurisprudência do STF sedimentada mesmo antes do CPC/2015[3].

Pelas mesmas razões, continuará em vigor a Súmula 315 do STJ, segundo a qual "não cabem embargos de divergência no âmbito do agravo de instrumento que não admite recurso especial".

Além disso, somente são cabíveis contra acórdão de órgão fracionário, ou seja, não cabem contra decisão do Plenário do STF e do STJ[4]. Isso porque o Plenário já é o órgão máximo para decidir a matéria.

Pelos mesmos motivos, não cabem mais embargos de divergência se a jurisprudência do Plenário já tiver se firmado no mesmo sentido da decisão embargada, ressalvada a hipótese de revisão de jurisprudência[5].

Como regra, cabem embargos de divergência somente no julgamento do recurso especial e do recurso extraordinário, bem como nos processos de competência originária do STF e do STJ.

---

2 "Ademais, a jurisprudência pacífica desta Corte é no sentido de ser incabível o recurso de embargos de divergência que tenham como paradigma decisão monocrática, ante a impossibilidade de comprovação do dissídio jurisprudencial" (STJ, AgInt nos EDcl nos EAREsp 1006085/MG, Rel. Ministro Francisco Falcão, Primeira Seção, julgado em 14-11-2018, *DJe* 4-12-2018).

3 "Incabíveis os embargos de divergência contra acórdão proferido em julgamento de agravo regimental em recurso extraordinário, que teve o seguimento negado por ausência de requisitos processuais, sem avançar no mérito da questão" (STF, ARE 806511, AgR-EDv-AgR, Rel. Min. Edson Fachin, Tribunal Pleno, julgado em 19-8-2015, processo eletrônico *DJe*-187 divulg. 18-9-2015 public. 21-9-2015).

4 "EMBARGOS DE DIVERGÊNCIA OPOSTOS CONTRA DECISÃO DO PLENÁRIO. NÃO CABIMENTO. ART. 330 DO REGIMENTO INTERNO DO SUPREMO TRIBUNAL FEDERAL" (STF, Rcl 12601 AgR-EDv-ED, Rel. Min. Cármen Lúcia, Tribunal Pleno, julgado em 13-6-2012, processo eletrônico *DJe*-150 divulg. 31-7-2012 public. 1º-8-2012).

5 Regimento Interno do STF: "Art. 332. Não cabem embargos, se a jurisprudência do Plenário ou de ambas as Turmas estiver firmada no sentido da decisão embargada, salvo o disposto no art. 103 [revisão de jurisprudência]".

No entanto, a Súmula 316 do STJ prevê que "cabem embargos de divergência contra acórdão que, em agravo regimental, decide recurso especial". Neste caso, no acórdão do agravo regimental, julga-se o recurso especial, razão pela qual se insere na hipótese de cabimento dos embargos de divergência. Nesse mesmo sentido, o Enunciado 230 do FPPC: "Cabem embargos de divergência contra acórdão que, em agravo interno ou agravo em recurso especial ou extraordinário, decide recurso especial ou extraordinário".

De outro lado, **não é admissível** o recurso de embargos de divergência nas seguintes hipóteses:

a) "Para avaliar possível justiça ou injustiça do *decisum* ou corrigir regra técnica de conhecimento"[6];

b) Para discutir o valor de indenização por danos morais (Súmula 420 do STJ)[7];

c) Do julgamento realizado pelo STJ no agravo de instrumento que não admite recurso especial (Súmula 315 do STJ)[8];

c) Quando, embora a divergência inicial, a jurisprudência do tribunal superior se firmou no mesmo sentido do acórdão embargado (Súmula 168 do STJ)[9].

A Súmula 158 do STJ também prevê que "não se presta a justificar *embargos de divergência* o dissídio com acordão de turma ou seção que não mais tenha competência para a matéria neles versada".

No STF, é do plenário a competência para julgar os embargos de divergência[10].

No âmbito do STJ, a competência para o julgamento dos embargos de divergência ocorre da seguinte forma[11]:

a) divergência entre turmas de uma seção: a respectiva seção é competente para julgar os embargos de divergência.

b) divergência entre uma turma e a sua seção: a seção julga os embargos de divergência.

c) nos demais casos (ex.: entre a seção e uma turma que não lhe está subordinada administrativamente; entre seções; entre turma ou seção e corte especial): a corte especial (e não o Plenário) é o órgão que julga os embargos de divergência.

---

6 "Os embargos de divergência têm por finalidade uniformizar a jurisprudência do próprio Superior Tribunal de Justiça, quando se verificar idênticas situações fáticas nos julgados, mas se tenha dado diferente interpretação na legislação aplicável ao caso, não se prestando para avaliar possível justiça ou injustiça do *decisum* ou corrigir regra técnica de conhecimento" (STJ, AgInt nos EREsp 1602939/MG, Rel. Ministro Francisco Falcão, Primeira Seção, julgado em 13-2-2019, *DJe* 21-2-2019).

7 Súmula 420 do STJ: "Incabível, em embargos de divergência, discutir o valor de indenização por danos morais".

8 Súmula 315 do STJ: "Não cabem embargos de divergência no âmbito do agravo de instrumento que não admite recurso especial".

9 Súmula 168 do STJ: "Não cabem embargos de divergência, quando a jurisprudência do tribunal se firmou no mesmo sentido do acordão embargado".

10 Nesse sentido, o art. 336, parágrafo único, do Regimento Interno do STF.

11 Regimento Interno do STJ: "Art. 11. Compete à Corte Especial processar e julgar: [...] XIII – os embargos de divergência, se a divergência for entre Turmas de Seções diversas, entre Seções, entre Turma e Seção que não integre ou entre Turma e Seção com a própria Corte Especial [...] Art. 12 [...] Parágrafo único. Compete, ainda, às Seções: I – julgar embargos de divergência, quando as Turmas divergirem entre si ou de decisão da Seção que integram".

O procedimento dos embargos de divergência segue o regimento interno dos tribunais superiores.

A interposição de embargos de divergência no STJ interrompe o prazo para interposição de RE, por qualquer das partes, contra o acórdão embargado.

Caso uma parte já tenha interposto RE e os embargos de divergência interpostos pela outra parte sejam desprovidos, ou não alterem a conclusão do julgamento anterior, o RE já interposto pela parte deverá ser processado e julgado independentemente de ratificação (art. 1.044, § 2º, CPC).

PARTE VI

TEORIA DOS PRECEDENTES JUDICIAIS, ORDEM DOS PROCESSOS NO TRIBUNAL, AÇÕES, INCIDENTES E MEIOS AUTÔNOMOS DE IMPUGNAÇÃO DAS DECISÕES JUDICIAIS DE COMPETÊNCIA ORIGINÁRIA DOS TRIBUNAIS

CAPÍTULO I

TEORIA DOS PRECEDENTES JUDICIAIS

1. INTRODUÇÃO

A força dos precedentes judiciais não é tema novo no direito brasileiro. A eficácia vinculante e *erga omnes* das decisões do STF em controle abstrato de constitucionalidade, a súmula vinculante, as decisões proferidas em recursos extraordinário e especial repetitivos, a súmula impeditiva de recursos, os poderes do relator para julgar monocraticamente recursos e o julgamento liminar de improcedência são mecanismos processuais que, mesmo antes do CPC/2015, já tinham feições de institutos do *stare decisis*.

Contudo, nenhuma legislação trouxe tantas inovações em matéria de teoria de precedentes judiciais no Brasil quanto o CPC/2015[1]. Com efeito, o Código Processual de 2015 consolida e sistematiza várias ferramentas da teoria dos precedentes judiciais dos países de *common law*, sobretudo no tocante à identificação, respeito, distinção e superação dos precedentes.

De outro lado, não quer dizer que as teorias dos precedentes judiciais estadunidense ou inglesa devam ser aplicadas indistintamente no Brasil, sem a necessária contextualização e consideração do ordenamento jurídico e das instituições brasileiras. Isso porque a própria origem da utilização das teorias dos precedentes do EUA, por exemplo, difere completamente da sua adoção no Brasil. Nos EUA, as doutrinas de respeito pelo precedente judicial e dos direitos humanos foram dois pilares centrais do sistema da *common law* na época da Revolução Americana de 1776. Vale dizer, a teoria dos precedentes está na base da Constituição Americana e da autopercepção do sistema jurídico estadunidense[2]. No Brasil, por sua vez, a adoção da teoria dos precedentes ocorre,

1 Contudo, alguns autores, apesar de toda a mudança que houve em relação à teoria dos precedentes judiciais no Brasil com o CPC/2015, tentam negar a novidade do instituto. A esse respeito, por exemplo, Carlos Alberto de Salles: "O NCPC não traz novas técnicas decisórias relativas à jurisprudência e aos precedentes, principalmente se consideradas todas as possibilidades na vigência do CPC/1973. Alguns instrumentos criados pelo novo código, entretanto, posam revitalizar as técnicas decisórias baseadas nesses institutos" (SALLES, Carlos Alberto de. Precedentes e jurisprudência no Novo CPC: novas técnicas decisórias?. In: GRINOVER, Ada Pellegrini et al. *O Novo Código de Processo Civil:* questões controvertidas. São Paulo: Atlas, 2015. p. 77-88. p. 86).

2 "As concepções americanas de precedentes se desenvolveram e são mais bem compreendidas no contexto da tradição do direito consuetudinário (*common law*) americano, em que eles desempenharam um papel tão importante

sobretudo, pela via legislativa, como um típico país de *civil law*. Enquanto, nos EUA, o *stare decisis* nasce como uma prática ou uma tradição[3], no Brasil, surge como uma doutrina ou uma teoria cada vez mais presente no sistema jurídico.

Contemporaneamente, tem-se observado que os sistemas de *civil law* e de *common law* estão cada vez mais utilizando institutos um do outro. Nesse sentido, países que possuem uma tradição arraigada no direito consuetudinário, como Estados Unidos e Inglaterra, passam cada vez mais a ter textos de lei e de natureza constitucional como fonte de direito[4]. Isso leva a uma modificação da própria teoria dos precedentes judiciais e da sua aplicação nesses países[5]. Como aponta Carlos Salles, "na maior parte dos países que adotam o *common law*, atualmente, porém, não é uma fonte exclusiva. Esses países possuem um variável campo de direito legislado, como é o caso dos Estados Unidos, lá chamado de *statutory law*". E continua: "Convivem, portanto, dois sistemas, um baseado em precedentes e, outro, em direito legislado. Dependendo da matéria, aplica-se o sistema do *common law* ou se recorre ao direito legislado"[6].

De outro lado, países que tradicionalmente adotam o sistema de *civil law* passam a valorizar cada vez mais os precedentes judiciais. Em estudo de direito comparado sobre *civil law* e *common law*, John Bell aponta que existe um distanciamento entre a teoria do direito e a prática dos tribunais. Além disso, afirma que a utilização de precedentes judiciais num e noutro sistema não é determinante para diferenciá-los. A esse respeito, mostra que, na Alemanha, um típico país de *civil law*, entre 97% a 99% das decisões

---

desde a primeira colônia inglesa no início do século XVII. As doutrinas de respeito aos precedentes judiciais e aos direitos humanos fundamentais são dois pilares centrais do direito consuetudinário (*common law*), tal como era entendido na América do Norte na época da Revolução. Os Estados que recém haviam obtido a sua independência se consideravam como protegendo o direito consuetudinário (*common law*) inglês contra a opressão britânica, e a importância primordial da independência dos juízes, os precedentes judiciais e os direitos humanos fundamentais têm permanecido centrais para a autopercepção do direito norte-americano desde então. Isso não significa que as teorias norte-americanas de precedentes foram ou sempre são bem trabalhadas na prática. Antigos propósitos da *common law* em relação ao precedente estão tão profundamente arraigados no comportamento dos advogados e juízes norte-americanos que dificilmente atingem um nível de consciência. Isto pode produzir uma certa confusão, quando os juízes tentam explicar os princípios por trás de suas decisões, mas produz uma coerência notável na prática, mantida por condutas transmitidas de geração para geração no âmbito do direito estadunidense" (tradução livre) (SELLERS, Mortimer N. S. The Doctrine of Precedent in the United States of America. *American Journal of Comparative Law*, v. 54, Supplement Issue, p. 67-88, Fall 2006. p. 67).

3 "O uso do precedente por tribunais nos Estados Unidos da América deve ser visto como uma tradição ou uma prática, ao invés de uma doutrina jurídica no sentido estrito da palavra, porque ele está tão profundamente enraizado na cultura dos operadores do direito e do Judiciário que ocorre sem muita reflexão por juízes" (tradução livre) (SELLERS, Mortimer N. S. The Doctrine of Precedent in the United States of America. *American Journal of Comparative Law*, v. 54, Supplement Issue, p. 67-88, Fall 2006. p. 86).

4 SALLES, Carlos Alberto de. Precedentes e jurisprudência no Novo CPC: novas técnicas decisórias?. In: GRINOVER, Ada Pellegrini et al. *O Novo Código de Processo Civil:* questões controvertidas. São Paulo: Atlas, 2015. p. 77-112. p. 83.

5 Como aponta Amy Barrett, a Suprema Corte Americana e os Tribunais de Apelação conferem uma "super-força" aos precedentes baseados em leis (BARRETT, Amy Coney. Statutory Stare Decisis in the Courts of Appeals. *George Washington Law Review*, v. 73, Issue 2, p. 317-352, January 2005. p. 351-352).

6 SALLES, Carlos Alberto de. Precedentes e jurisprudência no Novo CPC: novas técnicas decisórias?. In: GRINOVER, Ada Pellegrini et al. *O Novo Código de Processo Civil:* questões controvertidas. São Paulo: Atlas, 2015. p. 77-112. p. 83.

judiciais fazem referência a precedentes; de outro lado, os tribunais da França (tipicamente de *civil law*) fazem pouca referência a precedentes[7].

Nesse estudo, Bell conclui que é possível diferenciar os sistemas da *common law* e do *civil law* em três diferentes aspectos: a) estilo de julgamento dos tribunais; b) autoridade dada ao precedente; e c) função do precedente judicial no sistema jurídico[8].

No Brasil, já era possível observar uma **tendência de valorização dos precedentes judiciais** e de mudança do papel que ocupa no ordenamento jurídico, em relação aos três aspectos acima citados. O ponto culminante desse processo talvez seja o CPC/2015, que prevê expressamente a necessidade de que os juízes e tribunais observem os precedentes judiciais (art. 927) e, para isso, impõe que os tribunais uniformizem a sua jurisprudência, mantendo-a estável, íntegra e coerente (art. 926).

Ademais, o CPC estabelece a possibilidade de criação de precedentes com força vinculante, por diversos mecanismos, o que impõe a obrigatoriedade de sua observância pelos órgãos judiciais inferiores. Assim, o sistema jurídico brasileiro, embora não abandone o sistema da *civil law*, passa a ter vários preceitos de sistemas de *common law*.

Em razão disso, alguns doutrinadores, como Daniel Mitidiero, falam em uma "commonlização" do direito brasileiro[9]. De outro lado, autores como Lenio Streck são contrários a essa chamada "commonlização". Para este autor, "a tese dos *commonlistas* brasileiros é velha e vem lá do século XIX: uma mistura de positivismo clássico (a parte francesa da proibição de interpretar e também a parte alemã, porque os aludidos precedentes-tipo-teses-gerais brasileiros têm cheiro de neopandectismo), de realismo (empirismo jurídico=Direito é o que o judiciário diz que é) e uma forte pitada de jurisprudência analítica (seguir cegamente os precedentes). Eis o produto"[10].

Ainda que a expressão "commonlização do direito brasileiro" seja passível de críticas, é entendimento pacífico na doutrina que o CPC/2015 adotou diversos institutos dos sistemas de *common law*, razão pela qual merece estudo detalhado a teoria dos precedentes judiciais.

Além disso, o domínio das técnicas de identificação, análise e confrontação analítica dos precedentes passa a ser extremamente importante no Brasil, de tal modo que a sua incorreta aplicação na sentença pode ensejar a nulidade dessa decisão e, inclusive, ser objeto de ação rescisória (art. 966, § 5º, CPC, com redação dada pela Lei n. 13.256/2016)[11]. Assim, de um lado, os julgadores deverão obrigatoriamente aplicar os

---

7 BELL, John. Comparing Precedent. *Cornell Law Review*, Ithaca, New York, v. 82, Issue 5, p. 1243-1278, 1996-1997. p. 1.247-1.248.

8 BELL, John. Comparing Precedent. *Cornell Law Review*, Ithaca, New York, v. 82, Issue 5, p. 1243-1278, 1996-1997. p. 1.248.

9 MITIDIERO, Daniel. Entrevista ao programa JT na TV. Sistema de precedentes do novo CPC. Disponível em: <https://www.youtube.com/watch?v=PQ8S9_MG2Ao>. Acesso em: 27-2-2019.

10 STRECK, Lenio. Senso Incomum: Por que commonlistas brasileiros querem proibir juízes de interpretar? Disponível em: <http://www.conjur.com.br/2016-set-22/senso-incomum-commonlistas-brasileiros-proibir-juizes-interpretar>. Acesso em: 27-2-2019.

11 De acordo com o art. 966, § 5º, CPC, com redação dada pela Lei n. 13.256/2016, "Cabe ação rescisória, com fundamento no inciso V do *caput* deste artigo, contra decisão baseada em enunciado de súmula ou acórdão proferido em julgamento de casos repetitivos que não tenha considerado a existência de distinção entre a questão discutida no processo e o padrão decisório que lhe deu fundamento".

precedentes vinculantes, mas, de outro, não devem usar retoricamente precedentes judiciais que não se aplicam, ou que não correspondem ao caso julgado, pois isso passa a constituir um vício rescisório.

2. CONCEITUAÇÃO, ESCOPOS E RISCOS DA ADOÇÃO DA TEORIA DOS PRECEDENTES NO BRASIL

Quando se trata de precedente judicial, duas questões precisam ser logo definidas, como ponto de partida: O que é precedente judicial? Quais decisões judiciais estão abrangidas pela concepção de precedente judicial?

Conceituar precedente é tarefa complexa, sobretudo diante dos diversos sentidos que a doutrina tem lhe conferido.

A título de exemplo, Daniel Mitidiero entende que precedentes não são as decisões judiciais em si, senão as razões generalizáveis que podem se identificar a partir delas. Além disso, afirma que somente o STF e o STJ formam precedentes, ou seja, tribunais de segunda instância apenas dariam lugar à jurisprudência[12].

Em sentido diametralmente oposto, Alexandre Câmara entende que "precedente é um pronunciamento judicial, proferido em um processo anterior, que é empregado como base da formação de outra decisão judicial, prolatada em processo posterior"[13]. A diferença para jurisprudência, segundo ele, seria então qualitativa, na medida em que esta exige reiteradas decisões[14]. Além disso, ainda afirma que enunciado de súmula não é precedente[15].

Para Fredie Didier Jr., Paula Sarno Braga e Rafael Oliveira, "em sentido estrito, o precedente é a decisão judicial tomada à luz do caso concreto, cujo elemento normativo pode servir como diretriz para o julgamento posterior de casos análogos. [...]

---

12 "Apenas o Supremo Tribunal Federal e o Superior Tribunal de Justiça formam precedentes. Os Tribunais Regionais Federais e os Tribunais de Justiça dão lugar à jurisprudência. As súmulas podem colaborar tanto na interpretação como na aplicação do direito para as Cortes Supremas e para as Cortes de Justiça – e, portanto, podem emanar de quaisquer dessas Cortes. O novo Código de Processo Civil introduziu o conceito de precedentes no direito brasileiro. Os precedentes não são equivalentes às decisões judiciais. Eles são razões generalizáveis que podem ser identificadas a partir das decisões judiciais. O precedente é formado a partir da decisão judicial e colabora de forma contextual para a determinação do direito e para sua previsibilidade" (MITIDIERO, Daniel. *Precedentes:* da persuasão à vinculação. São Paulo: Revista dos Tribunais, 2016. p. 96).

13 E continua o autor: "Dito de outro modo, sempre que um órgão jurisdicional, ao proferir uma decisão, parte de outra decisão, proferia em outro processo, empregando-a como base, a decisão anteriormente prolatada terá sido um precedente" (CÂMARA, Alexandre Freitas. *O novo processo civil brasileiro*. São Paulo: Atlas, 2015. p. 425-426).

14 "Pois jurisprudência é um conjunto de decisões judiciais, proferidas pelos tribunais, sobre uma determinada matéria, em um mesmo sentido. Perceba-se, então, que há uma diferença quantitativa fundamental entre precedente e jurisprudência. É que falar sobre precedente é falar de uma decisão judicial, proferida em um determinado caso concreto (e que servirá de base para a prolação de futuras decisões judiciais). Já falar de jurisprudência é falar de um grande número de decisões judicias, que estabelecem uma linha constante de decisões a respeito de certa matéria, permitindo que se compreenda o modo como os tribunais interpretam determinada norma jurídica" (CÂMARA, Alexandre Freitas. *O novo processo civil brasileiro*. São Paulo: Atlas, 2015. p. 426).

15 "O enunciado de súmula, portanto, não é um precedente. Trata-se de um extrato de diversos pronunciamentos, isto é, algo que se extrai de diversas decisões sobre a mesma matéria" (CÂMARA, Alexandre Freitas. *O novo processo civil brasileiro*. São Paulo: Atlas, 2015. p. 427).

Na verdade, em sentido estrito, o precedente pode ser definido como sendo a própria *ratio decidendi*"[16].

Apesar de desenvolvidas por renomados doutrinadores, essas definições não atendem à sistemática do CPC, tampouco se adequam à concepção que deve ser utilizada para a confrontação analítica dos precedentes.

Em primeiro lugar, precedente não pode ter o conceito de "razão generalizável", pois essa concepção o aproxima muito da *ratio decidendi* (ou *holding*). Aliás, não se pode imiscuir precedente com a *ratio decidendi*, pois esta é justamente o que se extrai daquele e é generalizável. Além disso, à toda evidência, não é a concepção adotada pelo CPC.

Ademais, dizer que os tribunais não formam precedentes também é algo *contra legem*, já que o próprio CPC/2015 prevê que há, inclusive, precedentes vinculantes que emanam das decisões de segunda instância (ex.: decisões proferidas em IRDR e no incidente de assunção de competência).

De outro lado, também não é correto afirmar que precedente seria um pronunciamento judicial anterior "empregado como base da formação de outra decisão judicial, prolatada em processo posterior", como pretende Alexandre Câmara. Isso porque também pode se chamar de precedente uma decisão judicial invocada pela parte e que ainda não foi empregada como base de decisão posterior, vale dizer, quando o processo de construção da decisão judicial posterior, durante a atividade interpretativa, ainda está na fase do cogito (verificação mental de se aquele precedente se aplica ou não ao caso concreto).

Ademais, súmulas não são apenas extratos de decisões anteriores, ao contrário do que defende Alexandre Câmara, já que precisam ser aprovadas pelo tribunal. Aliás, as súmulas vinculantes do STF possuem um procedimento próprio e precisam de um quórum ainda mais qualificado para aprovação do que eventuais precedentes invocados.

Também não se pode definir precedente como "a decisão judicial tomada à luz do caso concreto", como pretendem Fredie Didier, Paula Braga e Rafael Oliveira, pois o precedente pode ser constituído a partir de uma decisão tomada no controle abstrato de constitucionalidade, onde o objeto não é um caso concreto, senão um ato normativo.

Assim, segundo o nosso entendimento, pode-se **definir precedentes** como toda e qualquer decisão judicial ou súmula que possa servir para fundamentar decisão futura.

Neste sentido, até mesmo uma decisão judicial proferida por juiz de primeira instância pode ser um precedente. Imagine-se a hipótese em que existem vários casos sendo julgados em primeira instância sobre questões jurídicas idênticas, sobre o qual ainda não houve pronunciamento do tribunal. Provavelmente, a parte invocará os precedentes judiciais de primeira instância e pedirá que eles sejam aplicados ou, ao contrário, que o caso é diferente e que, por conseguinte, é necessário fazer o *distinguishing*. Aliás, caso o mesmo julgador tenha proferido uma decisão em dado sentido, não poderá, posteriormente, dar decisão diversa para caso semelhante sem justificar por que está mudando de entendimento.

Portanto, não há razão restringir o conceito de precedente. Aliás, a adoção de um conceito ampliativo de precedente implica maximizar a própria incidência das técnicas de confronto e superação (de precedentes), na esteira da teleologia do CPC.

---

16 DIDIER JR., Fredie; BRAGA, Paula Sarno; OLIVEIRA, Rafael. *Curso de direito processual civil:* direito probatório, decisão judicial, cumprimento e liquidação da sentença e coisa julgada. v. 2. 11. ed. Salvador: JusPodivm, 2016. p. 455.

A adoção da sistemática dos precedentes judiciais possui por **objetivo** conferir ao sistema jurídico **estabilidade, continuidade, previsibilidade**[17]**, segurança jurídica, isonomia**[18]**, confiança**[19]**, integridade do direito**[20]**, unidade**[21]**, agilidade e otimização no julgamento de recursos e demais julgamentos, celeridade processual**[22]**, eficiência judicial**[23]**, transparência analítica e consistência jurisprudencial**[24].

---

17 "De longe a virtude mais popular do *stare decisis* – e certamente sua mais significativa virtude – é a estabilidade, continuidade e previsibilidade que ele empresta ao direito. A grande virtude da estabilidade e da previsibilidade no direito é que os cidadãos por ele regidos podem planejar suas ações, confiando nele. De acordo com o juiz Brandeis, '*stare decisis* é geralmente a política sensata, porque na maioria das questões é mais importante que a regra jurídica aplicável seja resolvida do que seja resolvida de forma correta'" (tradução livre do texto: "By far the most popular virtue of stare decisis-and surely its most significant-is the stability, continuity, and predictability it lends to the law. The great virtue of stability and predictability in the law is that the denizens governed can plan their actions in reliance on it. According to Justice Brandeis, 'Stare decisis is usually the wise policy, because in most matters it is more important that the applicable rule of law be settled than it be settled right'") (SINCLAIR, Michael. Precedent, super-precedent. *George Mason Law Review*, v. 14, Issue 2, p. 363-412. Winter, 2007. p. 369).

18 "Com esses conceitos básicos – interpretação, reconstrução, adstrição, justificação, aplicação, tutela dos direitos, Cortes Supremas, Cortes de Justiça, precedentes, jurisprudência vinculante, súmulas, distinções e superações – é possível esperar do Novo Código aquilo que é lícito dele esperar: um instrumento comprometido com a segurança, com a liberdade e com a igualdade, um instrumento permeado pela racionalidade, um instrumento capaz de implementar um Projeto para a Justiça Civil" (MITIDIERO, Daniel. *Precedentes:* da persuasão à vinculação. São Paulo: Revista dos Tribunais, 2016. p. 146).

19 "*Stare decisis* fornece algumas amarras para que os homens possam negociar e organizar os seus assuntos com confiança. *Stare decisis* serve para deixar o elemento arbitrário (*capricious*) para fora do direito e para dar estabilidade a uma sociedade. É um laço forte que o futuro tem para com o passado" (tradução livre: "Stare decisis provides some moorings so that men may trade and arrange their affairs with confidence. Stare decisis serves to take the capricious element out of law and to give stability to a society. It is a strong tie which the future has to the past") (DOUGLAS, William O. Stare decisis. *Columbia Law Review*, v. 49, Issue 6, p. 735-758, June 1949. p. 736).

20 SINCLAIR, Michael. Precedent, super-precedent. *George Mason Law Review*, v. 14, Issue 2, p. 363-412. Winter, 2007. p 370.

21 "A unidade do direito é o resultado de um sistema de precedentes obrigatórios e reflete a coerência da ordem jurídica, viabilizando a previsibilidade e o tratamento uniforme de casos similares. O precedente, portanto, é um valor em si, pois é algo indispensável para que se tenha unidade do direito e uma ordem jurídica coerente, requisitos para a racionalidade do direito" (MARINONI, Luiz Guilherme. *A ética dos precedentes:* justificativa do novo CPC. 2. ed. São Paulo: Revista dos Tribunais, 2016. p. 105).

22 A esse respeito, Camilo Zufelato: "Em síntese, a uniformidade de decisões, previsibilidade, busca de eficiência judicial, manutenção da integridade do sistema judicial e o reconhecimento de que a decisão judicial 'cria' direito são os elementos essenciais que se busca com o sistema de precedentes obrigatórios. É óbvio que esses são elementos comuns entre os dois sistemas jurídicos. A diferença, contudo, é que no Brasil se tem buscado também, com os precedentes judiciais vinculantes, a economia de tempo, a celeridade processual e a diminuição do número de processos, o que parece não serem escopos de precedentes no *common law*" (ZUFELATO, Camilo. Precedentes judiciais vinculantes à brasileira no Novo CPC: aspectos gerais. In: GRINOVER, Ada Pellegrini et al. *O Novo Código de Processo Civil:* questões controvertidas. São Paulo: Atlas, 2015. p. 89-112. p. 95).

23 SINCLAIR, Michael. Precedent, super-precedent. *George Mason Law Review*, v. 14, Issue 2, p. 363-412. Winter, 2007. p. 372.

24 "O primeiro passo é um compromisso com a transparência analítica, que coloca luz nos principais fundamentos emanados pelo precedente. O segundo passo, e mais desafiador, é alcançar a consistência jurisprudencial através da análise dos casos. Essas propostas fornecem uma estrutura para reconceituar o escopo do precedente, indo além das categorias superficiais de *holding* e *dicta* e em direção a um discurso mais rico e mais significativo sobre a relação entre os tribunais do passado, presente e futuro" (tradução livre do texto: "The first step is a commitment to analytical transparency, which brings the foundational drivers of precedential constraint to the forefront. The second, and more challenging, step is achieving jurisprudential consistency across cases. These proposals provide a framework for reconceptualizing the scope of precedent by moving beyond the superficial categories of holding and dicta and toward a richer, more meaningful discourse on the relationship between the courts of past, present, and future") (KOZEL, Randy J. The Scope of Precedent. *Michigan Law Review*, v. 113, Issue 2, p. 179-230, November 2014. p. 230).

De outro lado, ainda que os **aspectos positivos** sejam inegáveis, é preciso levar em consideração os **aspectos negativos**, os quais deve se tentar minimizar. O sistema de precedentes, se mal utilizado, pode levar a uma decisão sem que a questão esteja suficientemente amadurecida. Além disso, reduz a abertura do sistema jurídico ao ambiente, razão pela qual possui a contingência de poder gerar estabilização excessiva da questão jurídica decidida. Aliás, a estabilização do sistema jurídico está na base do sistema de *stare decisis* (do latim, *stare decisis et non quieta movere*, que significa: respeitar as coisas decididas e não mexer no que está estabelecido).

Essas contingências do sistema de precedentes não devem ser negadas, pois, pelo contrário, se conhecidas e analisadas, os seus efeitos negativos podem ser combatidos.

Aliás, essa preocupação também existe nos EUA, um país que possui a teoria dos precedentes na base do seu sistema jurídico. Nos EUA, questiona-se essa estabilização excessiva causada pelos precedentes judiciais, na medida em que existe uma preocupação imensa em apenas repetir os precedentes e não tentar superá-los, pois o menor desvio poderia ser capaz de destruir a "santidade" da teoria dos precedentes (*sanctity of the judicial practice*)[25].

No Brasil, existe algo parecido em relação às decisões dos tribunais, na medida em que qualquer decisão desviante acaba por ser acusada de causar a insegurança jurídica. Portanto, deve haver um contínuo questionamento da teoria dos precedentes do ponto de vista da necessidade de abertura do sistema jurídico, pois é exatamente essa abertura que possibilita o seu fechamento.

Além disso, o desenvolvimento da **teoria dos precedentes** deve ser capaz de estabelecer **técnicas** para que haja a superação do precedente, a partir do balanceamento entre **estabilidade** e **adaptabilidade**[26].

3. EFEITOS DOS PRECEDENTES NO BRASIL

3.1. Classificação e distinção

No Brasil, a depender do órgão judiciário, do tipo de ação ou incidente em que é construído, o precedente judicial, de acordo com a sua força vinculativa, pode ser classificado em:

a) precedente persuasivo;

b) precedente com força intermediária; e

c) precedente vinculante.

O **precedente persuasivo** (*persuasive precedent*) é o que possui o efeito mínimo que um precedente pode ter. É o efeito de influenciar na decisão do julgador, sem que ele tenha a obrigatoriedade de segui-lo.

---

25 SELLERS, Mortimer N. S. The Doctrine of Precedent in the United States of America. *American Journal of Comparative Law*, v. 54, Supplement Issue, Fall 2006, p. 67-88. p. 86.

26 SINCLAIR, Michael. Precedent, super-precedent. *George Mason Law Review*, v. 14, Issue 2, p. 363-412. Winter 2007. p. 372.

O precedente com força intermediária é aquele que não possui efeito vinculante, mas que pode servir de paradigma para produzir determinadas consequências no processo, tais como julgamento liminar de improcedência, julgamento monocrático pelo relator etc. O **efeito vinculante** (*binding precedent*) determina que alguns precedentes são de observância obrigatória, ostentando eficácia normativa. Nos sistemas da *common law*, essa é a regra. No Brasil, o efeito vinculante ocorre apenas em relação aos precedentes que, pela Constituição ou por lei, devem ser obrigatoriamente seguidos. Desse modo, o efeito vinculante do precedente o aproxima das normas, na medida em que lhe confere o caráter de texto cuja observância é obrigatória.

Contudo, dizer que o precedente vinculante possui eficácia normativa não quer dizer que seja uma norma. Nos países de *common law*, como os EUA, o precedente constitui o próprio padrão normativo a ser seguido, ou seja, verdadeira norma jurídica. No Brasil, onde o sistema jurídico é de *civil law*, o precedente vinculante possui eficácia normativa, ou seja, produz efeitos gerais e abstratos, de forma semelhante a uma lei, mas não constitui norma jurídica nesse sentido. Portanto, enquanto, nos sistemas de *common law*, o precedente é normativo, no Brasil, o precedente é jurisprudencial, ainda que se trate de precedente vinculante, com eficácia normativa[27].

Além disso, no Brasil, o precedente judicial possui diferentes forças, conforme o órgão judicial que o tenha criado (tribunal de segunda instância, tribunal superior ou STF).

Ademais, o precedente terá força diferente conforme tenha sido construído por interpretação da legislação, de outros precedentes, de cláusulas pétreas ou de outros dispositivos constitucionais[28]. Com efeito, se decorrer de interpretação de lei, o legislativo poderá forçar a mudança do precedente por lei (ordinária ou complementar, conforme o caso). Se decorrer de interpretação de outro precedente, o legislativo poderá mudar o paradigma legal em que se fundou a interpretação, a fim de derrubar o precedente. Caso o precedente tenha sido fundado em dispositivo constitucional em geral, o congresso nacional poderá forçar a mudança de interpretação com a alteração constitucional, o que torna esse processo bem mais difícil. No entanto, caso se trate de precedente do STF ao interpretar cláusula pétrea, então a mudança ficará bem mais difícil, na medida em que nem mesmo uma emenda constitucional poderia forçar a mudança de interpretação. Nesta hipótese de interpretação da corte constitucional brasileira com fundamento em dispositivo constitucional que constitui cláusula pétrea, estar-se-á, no sistema brasileiro, diante de um superprecedente.

3.2. Os precedentes e o regramento do CPC/2015

O art. 927 do CPC estabelece que os juízes e os tribunais deverão observar os seguintes precedentes:

---

27 "Vale insistir, o precedente no *common law* tem um conteúdo normativo. [...] No Brasil, como nos demais países de direito codificado, aquele do chamado *civil law*, o precedente não tem – e não poderia ter – caráter normativo. Afinal, nos falta, exatamente, aquele caráter consuetudinário que faz o *common law* funcionar, ou seja, a vinculação aos precedentes, feita de maneira tradicional, não legislada. Não é essa a fonte primária em nosso direito. A fonte primária de nosso direito está nas leis" (SALLES, Carlos Alberto de. Precedentes e jurisprudência no Novo CPC: novas técnicas decisórias?. In: GRINOVER, Ada Pellegrini et al. *O Novo Código de Processo Civil:* questões controvertidas. São Paulo: Atlas, 2015. p. 77-112. p. 83).

28 Nesse ponto, há algo semelhante ao existente no sistema de precedentes estadunidense. Sobre o tema, *vide*: SINCLAIR, Michael. Precedent, super-precedent. *George Mason Law Review*, v. 14, Issue 2, p. 363-412. Winter 2007. p. 368-369.

I – as decisões do Supremo Tribunal Federal em controle concentrado de constitucionalidade;

II – os enunciados de súmula vinculante;

III – os acórdãos em incidente de assunção de competência ou de resolução de demandas repetitivas e em julgamento de recursos extraordinário e especial repetitivos;

IV – os enunciados das súmulas do Supremo Tribunal Federal em matéria constitucional e do Superior Tribunal de Justiça em matéria infraconstitucional;

V – a orientação do plenário ou do órgão especial aos quais estiverem vinculados.

Ocorre que o *caput* do referido art. 927 do CPC estabelece apenas que "os juízes e os tribunais observarão" os referidos precedentes, sem indicar o efeito que cada hipótese legal produz.

Portanto, a partir desse dispositivo, cabe perquirir se todas as hipóteses que elenca referem-se a precedentes com força vinculante, ou se alguns deles teriam efeito meramente persuasivo ou, ainda, se seriam precedentes com força intermediária.

3.3. Precedentes vinculantes, persuasivos e com força intermediária

3.3.1. Precedentes vinculantes

Tradicionalmente no sistema constitucional e processual brasileiro, o efeito vinculante de determinado precedente é acompanhado do instrumento processual da reclamação. Assim, serão vinculantes os precedentes para os quais o CPC estabelece a possibilidade de ajuizamento de reclamação, para que o tribunal que criou o precedente o faça cumprir.

Partindo dessa premissa, pelo Código de Processo Civil, possuem **efeitos vinculantes** os **seguintes precedentes**:

a) Decisões do Supremo Tribunal Federal em controle concentrado de constitucionalidade;

b) Súmulas Vinculantes editadas pelo Supremo Tribunal Federal;

c) Acórdãos de tribunais (de segunda instância; ou do STF e do STJ, no caso de RE e REsp) no julgamento de casos repetitivos;

d) Acórdãos de tribunais no julgamento do incidente de assunção de competência.

Como esses precedentes possuem efeitos vinculantes, cabe **reclamação** diretamente ao tribunal que proferiu a decisão com esse feito, a fim de preservar a autoridade das suas decisões.

Portanto, analisando as hipóteses legais elencadas no art. 927 do CPC, acima transcrito, possuem efeitos vinculantes os precedentes referidos nos incisos I, II e III do referido dispositivo.

3.3.2. Precedentes com força intermediária

Os precedentes com força intermediária são aqueles que, embora não sejam vinculantes, podem servir de paradigma para produzir ou autorizar a produção de determinadas consequências para o processo, tais como: a) julgamento liminar de improcedência; b) concessão de tutela da evidência; c) possibilidade de procuradores judiciais de pessoas jurídicas de direito público não proporem ações e não interporem recursos; d) julgamento monocrático pelo relator; e) dispensa de reexame necessário; f) dispensa de remeter a controvérsia sobre a constitucionalidade para plenário ou órgão especial; g) inexigibilidade de título executivo judicial e possibilidade de ação rescisória; h) autorização para interposição de recurso especial; i) precedentes que, se contrariados, constituem hipótese de repercussão geral para a finalidade de conhecimento de recurso extraordinário; j) precedente que autoriza órgão *a quo* a não conhecer de recurso extraordinário por falta de repercussão geral; k) precedentes que autorizam o presidente ou o vice-presidente do tribunal de origem a negar seguimentos a RE ou a REsp sobrestados na origem, ou a reexaminar o acórdão já proferido.

A fim de melhor sistematizar o tema, elencam-se abaixo esses precedentes, indicando-se a consequência jurídica deles para o processo. Não se propõe uma subclassificação, como fazem alguns autores, senão uma sistematização das consequências jurídicas decorrentes de cada tipo de precedente.

3.3.2.1. *Precedentes que autorizam julgamento liminar de improcedência*

De acordo com o art. 332 do CPC, determinados precedentes autorizam o julgamento liminar de improcedência, quando o pedido da parte requerente os contrariar, desde que a ação dispense instrução probatória. São eles: "I – enunciado de súmula do Supremo Tribunal Federal ou do Superior Tribunal de Justiça; II – acórdão proferido pelo Supremo Tribunal Federal ou pelo Superior Tribunal de Justiça em julgamento de recursos repetitivos; III – entendimento firmado em incidente de resolução de demandas repetitivas ou de assunção de competência; IV – enunciado de súmula de tribunal de justiça sobre direito local".

As hipóteses dos incisos I e IV possuem força intermediária, pois autorizam o julgamento liminar de improcedência. As hipóteses dos incisos II e III são hipóteses de precedentes vinculantes, além de autorizarem o julgamento liminar de improcedência.

3.3.2.2. *Precedentes que constituem hipótese de concessão de tutela da evidência*

O art. 311, inc. II, do CPC autoriza a concessão de tutela da evidência na hipótese em que "as alegações de fato puderem ser comprovadas apenas documentalmente e houver tese firmada em julgamento de casos repetitivos ou em súmula vinculante". Observe-se que tais precedentes também possuem força vinculante.

3.3.2.3. *Precedentes que autorizam procuradores judiciais de pessoas jurídicas de direito público a não propor ações e a não interpor recursos*

A jurisprudência firmada (decisões reiteradas num mesmo sentido) do STF e de tribunais superiores constitui-se precedente que dispensa os procuradores públicos de propor ações e interpor recursos (art. 4º, Lei n. 9.469/1997)[29].

---

29 Lei 9.469/1997: "Art. 4º Não havendo Súmula da Advocacia-Geral da União (arts. 4º, inciso XII, e 43, da Lei Complementar n. 73, de 1993), o Advogado-Geral da União poderá dispensar a propositura de ações ou a

3.3.2.4. *Precedentes que autorizam o julgamento monocrático pelo relator*

Possuem **efeito permissivo de julgamento monocrático pelo relator** os seguintes precedentes, segundo o art. 932, incs. IV e V, do CPC: a) súmula do Supremo Tribunal Federal, do Superior Tribunal de Justiça ou do próprio tribunal; b) acórdão proferido pelo Supremo Tribunal Federal ou pelo Superior Tribunal de Justiça em julgamento de recursos repetitivos; c) entendimento firmado em incidente de resolução de demandas repetitivas ou de assunção de competência.

Observe-se que, dentre essas hipóteses, as súmulas do STF, do STJ e do próprio tribunal não possuem efeito vinculante, mas possuem efeito permissivo de decisão monocrática de relator.

Ocorre que, além das hipóteses acima relacionadas (previstas no art. 932, incs. IV e V, CPC), todos aqueles precedentes que possuem efeito vinculante também devem ter o efeito de permitir decisão monocrática de relator.

Assim, além das hipóteses acima referidas, **também se deve considerar que possuem efeito permissivo de decisão monocrática de relator os seguintes precedentes** (interpretação extensiva – não previsto no art. 932, CPC)**:** a) Decisões do Supremo Tribunal Federal em controle concentrado de constitucionalidade; b) Súmula Vinculante do STF.

3.3.2.5. *Precedentes que geram dispensa de reexame necessário*

O reexame necessário é uma condição de eficácia da sentença estabelecido no art. 496 do CPC, nos casos de sentença: "I – proferida contra a União, os Estados, o Distrito Federal, os Municípios e suas respectivas autarquias e fundações de direito público; II – que julgar procedentes, no todo ou em parte, os embargos à execução fiscal".

Contudo, dentre outras hipóteses que excepcionam o dispositivo, o § 4º do art. 496 do CPC estabelece que **o reexame necessário não se aplica quando a sentença estiver fundada em**:

> I – súmula de tribunal superior;
>
> II – acórdão proferido pelo Supremo Tribunal Federal ou pelo Superior Tribunal de Justiça em julgamento de recursos repetitivos;
>
> III – entendimento firmado em incidente de resolução de demandas repetitivas ou de assunção de competência;
>
> IV – entendimento coincidente com orientação vinculante firmada no âmbito administrativo do próprio ente público, consolidada em manifestação, parecer ou súmula administrativa.

Assim, o precedente elencado no inciso I possui força intermediária; os previstos nos incisos II e III possuem força vinculante, além de serem hipóteses que também obstam reexame necessário.

---

interposição de recursos judiciais quando a controvérsia jurídica estiver sendo iterativamente decidida pelo Supremo Tribunal Federal ou pelos Tribunais Superiores".

3.3.2.6. *Precedentes que implicam dispensa de remeter a controvérsia sobre a constitucionalidade para plenário ou órgão especial (art. 97, CF)*

De acordo com o art. 97 da Constituição Federal, "somente pelo voto da maioria absoluta de seus membros ou dos membros do respectivo órgão especial poderão os tribunais declarar a inconstitucionalidade de lei ou ato normativo do Poder Público". No entanto, caso já haja manifestação do pleno ou do órgão especial do tribunal ou do plenário do STF sobre a constitucionalidade ou inconstitucionalidade de determinada lei ou ato normativo, sendo ulteriormente suscitada nova alegação de inconstitucionalidade, o órgão fracionário do tribunal estará dispensado de remeter novamente a questão constitucional ao pleno ou órgão especial, tendo em vista o precedente já formado[30].

3.3.2.7. *Precedentes que geram inexigibilidade de título executivo judicial e possibilidade de ação rescisória*

Conforme o art. 525, § 12º, do CPC, considera-se "inexigível a obrigação reconhecida em título executivo judicial fundado em lei ou ato normativo considerado inconstitucional pelo Supremo Tribunal Federal, ou fundado em aplicação ou interpretação da lei ou do ato normativo tido pelo Supremo Tribunal Federal como incompatível com a Constituição Federal, em controle de constitucionalidade concentrado ou difuso". Se a decisão que gera o precedente do STF for publicada anteriormente ao trânsito em julgado da decisão exequenda, ocorre a inexigibilidade do título, o que pode ser alegado em fase de cumprimento de sentença (art. 525, § 14, CPC); se posteriormente, cabe ação rescisória (art. 525, § 15, c/c art. 966, V, CPC).

3.3.2.8. *Precedente que autoriza a interposição de recurso especial*

De acordo com o art. 105, inc. III, al. "c", da Constituição Federal, é cabível recurso especial ao STJ nas "causas decididas, em única ou última instância, pelos Tribunais Regionais Federais ou pelos tribunais dos Estados, do Distrito Federal e Territórios, quando a decisão recorrida: [...] der a lei federal interpretação divergente da que lhe haja atribuído outro tribunal". Portanto, um precedente de qualquer tribunal autoriza a interposição de REsp, fazendo-se a confrontação analítica deste precedente com o acórdão recorrido, sob o fundamento de uniformização de jurisprudência.

---

30 CPC: "Art. 948. Arguida, em controle difuso, a inconstitucionalidade de lei ou de ato normativo do poder público, o relator, após ouvir o Ministério Público e as partes, submeterá a questão à turma ou à câmara à qual competir o conhecimento do processo. Art. 949. Se a arguição for: I - rejeitada, prosseguirá o julgamento; II - acolhida, a questão será submetida ao plenário do tribunal ou ao seu órgão especial, onde houver. Parágrafo único. Os órgãos fracionários dos tribunais não submeterão ao plenário ou ao órgão especial a arguição de inconstitucionalidade quando já houver pronunciamento destes ou do plenário do Supremo Tribunal Federal sobre a questão".

3.3.2.9. *Precedentes que, se contrariados, constituem hipótese de repercussão geral para a finalidade de conhecimento de recurso extraordinário*

Há certos precedentes que, se afrontados por decisão de tribunal de segunda instância ou tribunal superior, geram repercussão geral para fins de interposição de recurso extraordinário para o STF.

De acordo com o art. 1.035, § 3º, do Novo CPC, "haverá repercussão geral sempre que o recurso impugnar acórdão que: I – contrarie súmula ou jurisprudência dominante do Supremo Tribunal Federal; II – (Revogado pela Lei n. 13.256/2016); III – tenha reconhecido a inconstitucionalidade de tratado ou de lei federal, nos termos do art. 97 da Constituição Federal".

Observe-se que tais precedentes possuem eficácia intermediária.

3.3.2.10. *Precedente que autoriza órgão a quo não conhecer de recurso extraordinário por falta de repercussão geral*

Quando houver decisão do STF que nega a repercussão geral em relação a determinada matéria, o presidente ou o vice-presidente do tribunal de origem deverão, com base nesse precedente, negar seguimento aos recursos extraordinários sobrestados na origem que versem sobre matéria idêntica (art. 1.035, § 8º, CPC)[31].

3.3.2.11. *Precedentes que autorizam o presidente ou o vice-presidente do tribunal de origem a negar seguimentos a RE ou a REsp sobrestados na origem, ou a reexaminar o acórdão já proferido*

A decisão que consolida entendimento firmado por tribunal superior é precedente que autoriza o presidente ou o vice-presidente do tribunal de origem a negar seguimento a RE ou a REsp sobrestados na origem, bem como a reexaminar o acórdão já proferido (art. 1040, I e II, CPC)[32].

3.3.3. Precedentes meramente persuasivos

Os precedentes meramente persuasivos são conceituados por exclusão, vale dizer, são aqueles que não possuem efeito vinculante, nem são aptos a servir de paradigma para produzir outras consequências jurídicas (como os de força intermediária). São aqueles que possuem uma força vinculativa mais fraca.

---

31 CPC: "Art. 1.035 [...] § 8º Negada a repercussão geral, o presidente ou o vice-presidente do tribunal de origem negará seguimento aos recursos extraordinários sobrestados na origem que versem sobre matéria idêntica".

32 CPC: "Art. 1.040. Publicado o acórdão paradigma: I – o presidente ou o vice-presidente do tribunal de origem negará seguimento aos recursos especiais ou extraordinários sobrestados na origem, se o acórdão recorrido coincidir com a orientação do tribunal superior; II – o órgão que proferiu o acórdão recorrido, na origem, reexaminará o processo de competência originária, a remessa necessária ou o recurso anteriormente julgado, se o acórdão recorrido contrariar a orientação do tribunal superior".

Das hipóteses relacionadas no art. 927 do CPC, inicialmente transcrito, possuem apenas **eficácia persuasiva** os precedentes referidos no inciso V: "a orientação do plenário ou do órgão especial aos quais estiverem vinculados".

3.4. Quadro sinóptico dos efeitos dos precedentes

PRECEDENTE VINCULANTE	PRECEDENTES COM FORÇA INTERMEDIÁRIA	PRECEDENTE PERSUASIVO
- Hipóteses previstas no CPC nas quais cabe reclamação. Precedentes de observância obrigatória, ostentando eficácia normativa. Constituem precedentes vinculantes as seguintes decisões:	- Art. 932, incs. IV e V, CPC e hipóteses de precedentes vinculantes.	- Hipótese(s) prevista(s) no art. 927, CPC, que não se encaixa(m) na(s) anterior(es).
a) Decisões do Supremo Tribunal Federal em controle concentrado de constitucionalidade; b) Súmulas Vinculantes editadas pelo Supremo Tribunal Federal; c) Acórdãos de tribunais (de segunda instância; ou do STF e do STJ, no caso de RE e REsp) no julgamento de casos repetitivos; d) Acórdãos de tribunais no julgamento do incidente de assunção de competência.	São eles: a) precedentes que autorizam julgamento liminar de improcedência (art. 332, CPC); b) precedentes que constituem hipótese de concessão de tutela da evidência (art. 311, II, CPC); c) precedentes que autorizam procuradores judiciais de pessoas jurídicas de direito público a não propor ações e a não interpor recursos; d) precedentes que autorizam o julgamento monocrático pelo relator (art. 932, IV e V, CPC); e) precedentes que geram dispensa de reexame necessário (art. 496, § 4º, CPC); f) precedentes que implicam dispensa de remeter a controvérsia sobre a constitucionalidade para plenário ou órgão especial (art. 97, CF); g) precedentes que geram inexigibilidade de título executivo judicial e possibilidade de ação rescisória (art. 525, § 12º, CPC); h) precedente que autoriza a interposição de recurso especial (art. 105, III, "c", CF); i) precedentes que, se contrariados, constituem hipótese de repercussão geral para a finalidade de conhecimento de recurso extraordinário (art. 1.035, § 3º, CPC); j) precedente que autoriza órgão *a quo* não conhecer de recurso extraordinário por falta de repercussão geral (art. 1.035, § 8º, CPC); k) precedentes que autorizam o presidente ou o vice-presidente do tribunal de origem a negar seguimentos a RE ou a REsp sobrestados na origem, ou a reexaminar o acórdão já proferido (art. 1.040, I e II, CPC).	A orientação do plenário ou do órgão especial aos quais estiverem vinculados. Todos os demais precedentes (ex.: decisões de órgãos fracionários de tribunais).

4. INTERPRETAÇÃO, TÉCNICAS DE CONFRONTO E DE SUPERAÇÃO DOS PRECEDENTES JUDICIAIS

A experiência dos países que possuem tradição de direito consuetudinário (*common law*) tem muito a contribuir com a teoria dos procedentes judiciais que está sendo desenvolvida no Brasil. Contudo, isso deve ser feito de forma contextualizada, refletida e adaptada, e não a partir de uma importação automática. De qualquer forma, como o CPC importa algumas técnicas de confronto e superação de precedentes de sistemas de *common law*, é importante o seu estudo.

Todavia, antes de adentrar nessas técnicas de confronte superação de precedentes, é preciso diferenciar *ratio decidendi* e *obiter dictum*.

4.1. *Ratio decidendi* e *obiter dictum*

Tanto a *ratio decidendi* quanto o *obiter dictum* são fundamentos da decisão.

Obiter dictum (no plural, *obiter dicta*) é o argumento acessório, lateral, dito de passagem, como um fundamento a mais que força a tese, mas que não constitui o argumento central da decisão. Por isso, esse argumento, na maioria das vezes, não é discutido pelos demais julgadores, porque a adesão ou a discordância em relação a ele não é necessária para chegar-se a uma conclusão sobre o objeto do julgamento.

A *ratio decidendi* (em inglês, *holding*) é o cerne do argumento, é a tese central, constitui-se no fundamento principal da decisão. Na decisão judicial, por vezes, há mais de um *obiter dictum* e de uma *ratio decidendi*. Além disso, pode ser difícil, ao interpretar o precedente judicial, saber o que é *obiter dictum* e o que é *ratio decidendi*, mas isso é uma contingência do sistema de precedentes, que não tem como se solucionar.

De outro lado, no Brasil, as decisões dos tribunais não são tomadas como na Suprema Corte dos EUA, onde os juízes se reúnem, discutem, tomam uma decisão e depois a tornam pública, de modo que a fundamentação deve espelhar o entendimento de todos. Com efeito, no Brasil, as decisões colegiadas são tomadas por maioria de votos. Os votos são lidos e tornados públicos por cada julgador antes da decisão final. Ao final, a decisão final é numérica, concluída pela soma dos votos em cada sentido. Além disso, o voto minoritário deve ser consignado e integra o acórdão do tribunal. E é importante que isso aconteça, pois a divergência deve ser respeitada e internalizada, sobretudo porque pode, no futuro, se tornar a posição majoritária. E isso não quer dizer que o sistema estadunidense de tomada de decisão seja melhor que o brasileiro, sobretudo porque este talvez respeite e internalize mais a divergência, o que é fundamental para a democracia. Entretanto, quando se adota o sistema de precedentes no Brasil, fica ainda mais difícil saber o que é *ratio decidendi*.

De qualquer forma, ao analisar o precedente judicial, é necessário que o operador do direito verifique a íntegra do acórdão do tribunal, e não somente a sua ementa. Se a ementa contiver todas as informações necessárias para identificar o caso concreto e os fundamentos jurídicos aplicados, além da *ratio decidendi*, será possível a sua utilização, sem que seja necessário citar a íntegra do acórdão.

A mesma regra deve ser aplicada aos enunciados de súmula, ainda que o texto do enunciado seja o que é submetido à aprovação pelo plenário ou órgão especial do tribunal que edita a súmula. Isso porque a análise do precedente pressupõe que se verifique o fato que está por trás do entendimento jurídico adotado, além da sua *ratio decidendi*, a fim de que se possa analisar se ele possui características semelhantes com o fato que está sendo julgado. Isto é, o enunciado de súmula não deve ser interpretado isoladamente, somente a partir do seu texto, como se faria com um texto de lei. No caso de enunciado de súmula, deve-se perquirir o precedente que o subjaz, a fim de que se possa analisar se os pressupostos fáticos do precedente que gerou a súmula são semelhantes ao do caso a ser julgado[33].

De outro lado, somente consideram-se *ratio decidendi* os fundamentos determinantes referendados pela maioria dos membros do órgão colegiado do tribunal naquele julgado específico[34].

4.2. Técnicas de confronto e de superação dos precedentes judiciais: *distinguishing, overruling, overriding* e *signaling*

De um lado, os precedentes vinculantes são de observância obrigatória. De outro, é certo que a sua aplicação aos casos concretos pelos demais juízes não se dá de forma mecânica, pois é necessário sempre interpretação, ao menos para verificar se o caso concreto que está sob julgamento possui semelhança com o caso decidido no procedente. Assim, os demais juízes que estão vinculados ao precedente (quando esse precedente possuir efeito vinculante) deverão, nos casos concretos, confrontá-lo analiticamente, a fim de aplicá-lo.

Além disso, esses precedentes vinculantes devem estar abertos a mudanças, pois, caso contrário, ou deixariam de ser aplicados ou obstaculizariam a evolução social, econômica, política, cultural etc.

Por tais razões, são desenvolvidas técnicas de confronto e de superação dos precedentes. Nos sistemas de *common law*, as principais técnicas são as seguintes: a) *distinguishing*; b) *overruling*; c) *overriding*; e d) signaling. A seguir, elas serão expostas de forma detalhada e sistemática.

4.2.1. *Distinguishing*

Os precedentes devem ser observados pelos juízes em suas decisões. Contudo, para serem aplicados aos casos concretos, precisam de interpretação.

---

33 Também nesse sentido: "Concordamos com a assertiva segundo a qual o enunciado da súmula de jurisprudência não representa um comando genérico e abstrato como se ato normativo fosse, pois, ao se adotá-lo na fundamentação de um caso concreto, precisamente é necessário auscultar o critério normativo que o subjaz e, assim, os precedentes judiciários que o ensejaram na autonomização nele vertida. Assim, as súmulas, mesmo não sendo de jurisprudência, ou seja, originadas de um conjunto de precedentes responsáveis pela consolidação de um critério interpretativo, presumem-se derivadas, ainda que um único precedente (paradigmático), de uma constelação argumentativa composta de diversas razões concorrentes, onde explicitamente se acolheu um determinado caminho digno da futura vinculação interpretativa. Em suma, a genealogia da súmula remete inevitável precedente fático, seja ele iterativo ou reincidente, seja ele privilegiadamente único, cujas razões de decidir ornamentam os respectivos limites quanto à maior amplitude dos futuros casos abrangidos pela correspondência temática" (REIS, Mauricio Martins. A força ontológica dos precedentes jurisprudenciais: reflexões sobre o novo diploma processual civil. In: BOECKEL, Fabrício Dani de; ROSA, Karin Regina Rick; SCARPARO, Eduardo (org.). *Estudos sobre o novo Código de Processo Civil.* Porto Alegre: Livraria do Advogado, 2015. p. 187-211. p. 201).

34 Enunciado 319 do FPPC: "Os fundamentos não adotados ou referendados pela maioria dos membros do órgão julgador não possuem efeito de precedente vinculante".

Desse modo, para a aplicação dos precedentes, é necessário que o julgador faça o cotejo entre o caso concreto submetido e a situação fática e jurídica que levou à conclusão tomada no precedente.

Assim, em algumas situações, é possível identificar similitude entre o caso concreto e o que motivou o precedente. Outras vezes, embora a semelhança aparente com o precedente, as condições fáticas que conduziram à conclusão levada a efeito no precedente não são semelhantes.

É diante dessa realidade (e não da positivação) que é criada a técnica do *distinguishing* (nesse sentido, *distinguishing* é meio, uma técnica, e não um resultado).

O *distinguishing* (meio) é uma **técnica de confrontação** entre **precedentes judiciais e situações concretas**, que permite a comparação e eventual distinção entre a *ratio decidendi* do precedente e as condições fáticas e jurídicas do caso sob julgamento, seja para deixar de aplicá-lo, seja para aplicá-lo a outros casos não semelhantes, mas que, por uma questão de coerência, devem ser aplicados.

De outro lado, o *distinguishing* também pode ser entendido como **resultado**, ou seja, como fim do processo de confrontação entre o precedente judicial e a situação concreta, em que efetivamente ocorre a distinção e, por isso, a não aplicação do precedente.

Assim, na teoria dos precedentes judiciais, o termo *distinguishing* pode ser utilizado tanto no sentido de técnica de confrontação (meio), quando no sentido de resultado desse processo, em que efetivamente ocorre a distinção (fim).

Contudo, na primeira acepção, *distinguishing* não é método, senão uma técnica. Isso porque método deve ser utilizado quando se trata de ciência, para descoberta da verdade, e, no *distinguishing*, o objetivo não é científico, senão resolver um problema prático, um caso concreto submetido a julgamento.

De outro lado, o *distinguishing*, **como resultado** do processo de confrontação, pode ser classificado em *ampliative distinguishing* e *restritive distinguishing*.

O *restritive distinguishing* ocorre quando o juiz, ao fazer o confronto, verificar que, a par da semelhança inicial, o caso concreto possui peculiaridades que são determinantes para levar à conclusão diversa da estabelecida no precedente judicial. Nessa hipótese, o juiz poderá não aplicar o precedente judicial, desde que fundamente. Ou seja, o resultado da confrontação entre o precedente judicial e o caso concreto é o *restritive distinguishing*.

O *ampliative distinghishing* ocorre nas hipóteses em que o juiz, ao fazer o confronto entre o precedente judicial e o caso sob julgamento, verifica que, embora distintas as condições fáticas e jurídicas que são a *ratio decidendi* do precedente paradigma, permite-se a aplicação da mesma solução apontada pelo precedente ao caso concreto, por razões que o juiz deve expor, tais como pela lógica, pela razoabilidade, pela analogia etc.

4.2.2. Técnicas de superação do precedente: *overruling*, *overriding* e *signaling*

Como já se referiu, o direito possui um caráter performativo, na medida em que ele deve se adaptar constantemente às novas situações fáticas e jurídicas, ainda que o texto legal não mude. O direito não existe senão no tempo e na realidade. Assim, o direito está em constante mutação, porque o tempo e a realidade também estão.

Desse modo, os precedentes judiciais também precisam se adequar à nova realidade, sempre mutante. Por isso que os precedentes podem ser revistos a qualquer tempo e, se não o forem, correm o risco de perderem legitimidade e coercibilidade (validade e facticidade, na conceituação de Habermas[35]).

Em razão disso, os sistemas de *common law* desenvolveram técnicas de superação dos precedentes: o *overruling* e o *overriding*.

O ***overruling*** ocorre nos casos em que há uma superação total do precedente judicial.

O ***overriding*** significa que há a superação parcial do precedente. É o que ocorre, por exemplo, quando, diante de outro precedente ou de uma nova lei sobre casos específicos, deve ser restringida a aplicação do precedente em relação a eles.

Ambas as técnicas de superação do precedente implicam uma grande carga argumentativa ao tribunal, na medida em que este, por questões de legitimidade, segurança e coerência, deve indicar as razões que levaram à adoção da nova orientação.

O ***overruling*** pode ser **expresso** (***express overruling***) ou **implícito** (***implied overruling***). É expresso quando o tribunal fundamenta as razões pelas quais está superando o precedente, seja para adotar nova orientação sobre o tema, seja porque a matéria não precisa mais ser regulada. De outro lado, o *overruling* é implícito quando ocorre de forma tácita, como nas hipóteses em que uma nova orientação é adotada em confronto com a anterior. O *overruling*, como regra, deve ser expresso, pois o *overruling* implícito, em grande parte das vezes, pode ser uma disfunção ou uma anacronia.

Por razões de segurança jurídica e proteção da confiança, o ***overruling*** também deverá ser, em regra, **prospectivo** (***prospective overruling***). Assim, somente em casos excepcionais e devidamente justificados o ***overruling*** deve produzir **efeitos pretéritos** (***retrospective overruling***), como nas hipóteses em que o precedente é muito recente e se verifica rapidamente que os seus efeitos dinâmicos são perniciosos na sociedade.

Aliás, quando as instâncias judiciais inferiores verificam que é possível que o precedente judicial seja superado, porque, por exemplo, o tribunal já sinalizou essa possibilidade, é possível que ocorra o ***antecipatory overruling***. Ou seja, é possível que, diante da possibilidade iminente de superação do precedente, as instâncias judiciais inferiores deixem de aplicá-lo.

A técnica da sinalização (*technique of signaling*) é utilizada quando, por variados motivos, o tribunal verifica que não deve realizar o *overruling* imediatamente, senão sinalizar que a jurisprudência sobre determinada questão poderá ser alterada, podendo, ainda, avançar e dizer qual é o provável sentido da nova orientação[36].

A sinalização também é uma técnica que pode ser utilizada quando o tribunal verifica que o seu precedente precisa ser modificado, mas, antes disso, constata que é necessário o amadurecimento da questão, mediante a observação dos efeitos dinâmicos do novo entendimento na sociedade. Nesse sentido, seria possível o tribunal utilizar a *technique of signaling* para que, uma vez relativizado o precedente, as instâncias judiciais inferiores possam decidir de forma desviante, gerando uma nova irritação do sistema e,

---

35 HABERMAS, Jürgen. *Direito e democracia:* entre faticidade e validade (trad. Flávio Beno Siebeneichler). v. 1. Rio de Janeiro: Tempo Brasileiro, 2010.

36 De acordo com Ravi Peixoto, "a técnica de sinalização estaria fortemente ligada à incidência do princípio da segurança jurídica na aplicação de precedentes. Sua função seria a de preparar os casos de superação de precedentes quando o tribunal em questão percebe a necessidade de superação do precedente, mas percebe que é necessária uma preparação da sociedade, de forma a tutelar a confiança no entendimento pelos jurisdicionados e por isso, não modifica imediatamente o seu posicionamento, mas sinaliza que o fará em um futuro próximo. Para o caso concreto da sinalização, há a manutenção do precedente que agora passa a deter caráter duvidoso" (PEIXOTO, Ravi. *Superação do precedente e segurança jurídica*. Salvador: JusPodivm, 2015. p. 224).

a seguir, observados os efeitos sociais das decisões em outro sentido, o tribunal possa tomar uma decisão mais madura.

Além disso, mediante a técnica da sinalização, é possível mitigar o impacto à garantia da segurança jurídica, na medida em que as demais instâncias judiciais e a sociedade passam a tomar conhecimento da possível mudança de orientação jurisprudencial antes que o precedente seja superado.

4.3. **Quadro sistemático**

	CONCEITO	CLASSIFICAÇÃO
RATIO DECIDENDI (Holding)	É o cerne do argumento, o fundamento principal da decisão.	-
OBITER DICTUM	É o argumento acessório, lateral, dito de passagem, como um fundamento a mais que força a tese, mas que não constitui o argumento central da decisão.	-
DISTINGUISHING	Técnica de confrontação analítica entre precedentes judiciais e situações concretas, que permite a comparação e eventual distinção entre a ***ratio decidendi*** do precedente e as condições fáticas e jurídicas do caso sob julgamento, seja para deixar de aplicá-lo, seja para aplicá-lo a outros casos não semelhantes, mas que, por uma questão de coerência, devem ser aplicados. Na sua outra concepção, entendido o termo como resultado do processo de confrontação, pode ser classificado em ***ampliative distinguishing*** e ***restrictive distinguishing***.	***Restrictive distinguishing***: ocorre quando o juiz, ao fazer a confrontação analítica, verifica que, a par da semelhança inicial, o caso concreto possui peculiaridades que são determinantes para levar a uma conclusão diversa da estabelecida no precedente judicial. ***Ampliative distinguishing***: ocorre nas hipóteses em que o juiz, ao fazer o confronto analítico entre o precedente judicial e o caso sob julgamento, verifica que, embora distintas as condições fáticas e jurídicas que constituem a ***ratio decidendi*** do precedente, deve haver a aplicação da mesma solução apontada pelo precedente ao caso concreto, por razões que o juiz deve expor, tais como pela lógica, pela razoabilidade, pela analogia etc.
OVERRULING	É a superação total do precedente judicial.	***Implied overruling***: ocorre de forma tácita, como nas hipóteses em que uma nova orientação é adotada, em confronto com a anterior. É uma anacronia. ***Express overruling***: ocorre quando o tribunal expõe as razões pelas quais está superando o precedente, seja para adotar nova orientação sobre o tema, seja porque a matéria não precisa mais ser regulada. ***Antecipatory overruling***: ocorre quando as instâncias judiciais inferiores verificam que é possível que o precedente judicial seja superado, porque, por exemplo, o tribunal já sinalizou essa possibilidade. Assim, é possível que, diante da possibilidade iminente de superação do precedente, as instâncias judiciais inferiores deixem de aplicá-lo.
OVERRIDING	É a superação parcial do precedente.	-

	CONCEITO	CLASSIFICAÇÃO
SIGNALING (Technique of signaling)	É utilizada quando, por variados motivos, o tribunal verifica que não deve realizar o *overruling* imediatamente, senão sinalizar que a jurisprudência sobre determinada questão poderá ser alterada, podendo, ainda, avançar e dizer qual é o provável sentido da nova orientação.	-

4.4. O CPC brasileiro e a teoria dos precedentes

O Código de Processo Civil brasileiro adota essas técnicas de confrontação analítica, de distinção e de superação dos precedentes, ainda que de forma adaptada ao sistema jurídico nacional.

Trata-se de inovação importante no plano legislativo. Contudo, elas decorrem da imposição constitucional de fundamentação das decisões, aplicada às situações em que há precedentes judiciais que devem ser confrontados com os casos em julgamento.

Por tais razões, as técnicas de confronto analítico, distinção e superação dos precedentes já vinham sendo aplicadas pelo STF[37], pelo STJ[38], pelos tribunais de segunda instância[39] e pelos demais órgãos judiciários.

---

37 O STF aplicou o *prospective overruling* nos seguintes acórdãos: "AÇÃO DIRETA DE INCONSTITUCIONALIDADE. A *prospective overruling*, antídoto ao engessamento do pensamento jurídico, revela oportuno ao Supremo Tribunal Federal rever sua postura *prima facie* em casos de litígios constitucionais em matéria de competência legislativa, para que passe a prestigiar, como regra geral, as iniciativas regionais e locais, a menos que ofendam norma expressa e inequívoca da Constituição de 1988. [...]" (STF, ADI 4060, Rel. Min. Luiz Fux, Tribunal Pleno, julgado em 25-2-2015, acórdão eletrônico *DJe*-081 divulg 30-4-2015 public 4-5-2015). Do mesmo modo, observe-se a aplicação pelo STF da técnica do *prospective overruling*: "A modulação dos efeitos temporais da declaração de inconstitucionalidade, primeiramente idealizada no direito norte-americano, com a admissão do *prospective overruling* nos casos Linkletter v. Walker (381 U.S. 618) e Stovall *v*. Denno (388 U. S. 293), não significa uma afronta à Carta Magna, mas uma defesa da segurança jurídica, também norma constitucional (art. 5º, *caput*), sob o prisma do princípio da proporcionalidade" (STF, ADI 4029, Rel. Min. Luiz Fux, Tribunal Pleno, *DJe* de 27-6-2012).

38 Por exemplo, o STJ aplicou o *distinguishing* nos seguintes precedentes, dentre outros: "A Segunda Turma afirmou a necessidade de uma 'distinção (*distinguishing*) na aplicação das Súmulas 208 e 209 do STJ, no âmbito cível', pois 'tais enunciados provêm da Terceira Seção deste Superior Tribunal, e versam hipóteses de fixação da competência em matéria penal, em que basta o interesse da União ou de suas autarquias para deslocar a competência para a Justiça Federal, nos termos do inciso IV do art. 109 da CF'. Logo adiante concluiu que a 'competência da Justiça Federal, em matéria cível, é aquela prevista no art. 109, I, da Constituição Federal, que tem por base critério objetivo, sendo fixada tão só em razão dos figurantes da relação processual, prescindindo da análise da matéria discutida na lide' (excertos da ementa do REsp 1.325.491/BA, Rel. Ministro Og Fernandes, Segunda Turma, julgado em 5-6-2014, *DJe* 25-6-2014)" (STJ, CC 142.354/BA, Rel. Min. Mauro Campbell Marques, Primeira Seção, julgado em 23-9-2015, *DJe* 30-9-2015). Observe-se, também, a utilização do *distinguishing* no seguinte julgado do STJ: "TEORIA DAS DISTINÇÕES (*DISTINGUISHING*). [...] Afasta-se a aplicação da orientação adotada no RE 631.240/MG no caso em que houve julgamento com resolução de mérito na instância ordinária e determinada a implantação do benefício previdenciário, face à ausência de similitude fática, em observância à teoria das distinções (*distinguishing*), porquanto o precedente do Supremo Tribunal Federal foi firmado em ação na qual não houve julgamento com resolução de mérito" (STJ, AgRg no AREsp 179.971/PR, Rel. Min. Regina Helena Costa, Primeira Turma, julgado em 7-5-2015, *DJe* 15-5-2015). O STJ aplicou o *overruling* no seguinte acórdão: "Conquanto se reconheça que a nossa jurisprudência, há muito, tenha flexibilizado, e até mesmo ampliado, as hipóteses de cabimento do *habeas corpus*, mostra-se importante, agora, em sintonia com os mais recentes julgados do Supremo Tribunal Federal, a revisão de nossa jurisprudência (*overruling*)" (STJ, HC 118.310/RS, Rel. Min. Og Fernandes, Sexta Turma, julgado em 18-10-2012, *DJe* 31-10-2012).

39 Sobre o *distinguishing*: "JURISPRUDÊNCIA PACIFICADA DO STJ. *DISTINGUISHING*. [...] Para o caso em análise, há que se fazer um *distinguishing* que impede a utilização daquela *ratio decidendi*. Não existe a imprescindível

Em primeiro lugar, o Código de Processo Civil adota, nos arts. 927, § 1º, e 489, § 1º, incs. V e VI, a técnica do *distinguishing*, na aplicação ou não dos precedentes judiciais, bem como o *overruling*, para a superação do precedente[40].

Com efeito, o CPC (art. 489, § 1º, V) estabelece que, diante do precedente judicial ou enunciado de súmula, o julgador deve identificar "seus fundamentos determinantes" (*ratio decidendi*) e demonstrar se ele se ajusta ou não ao caso concreto sob julgamento[41].

No caso de enunciado de súmula, como ele não traz expresso o caso julgado, devem ser analisados os precedentes que o formaram, bem como os precedentes posteriores que o aplicaram[42].

Além disso, o CPC determina que, quando o julgador deixar de aplicar "enunciado de súmula, jurisprudência ou precedente invocado pela parte", deverá demonstrar "a existência de distinção no caso em julgamento" (*distinguishing*) ou a "superação do entendimento" (*overruling*)[43] – art. 489, § 1º, VI.

De outro lado, nos termos do art. 927, § 4º, do CPC, é possível a modificação do entendimento firmado nos precedentes, desde que haja "fundamentação adequada e específica, considerando os princípios da segurança jurídica, da proteção da confiança e da isonomia". Assim, a modificação do precedente deve ser expressa (*express overruling*).

Embora não previsto no dispositivo, a superação do precedente pode ser total (*overruling*) ou parcial (*overriding*).

Além disso, o CPC estabelece que, nas hipóteses de alteração dos precedentes, pode haver modulação dos efeitos da decisão que opera o *overruling*, por motivos de interesse social e de segurança jurídica (art. 927, § 3º)[44]. Assim, como regra, o ***overruling*** deve ser **prospectivo (*prospective overruling*)**, mas, em casos excepcionais, com fundamento em interesse social e segurança jurídica, é possível o ***overruling*** produzir **efeitos**

---

similitude fática entre os casos" (TJDFT, Acórdão n. 892943, 20130111710303APC, Rel. Flavio Rostirola, 3ª Turma Cível, julgado em 9-9-2015, *DJe* 14-9-2015. p. 529). Em relação ao *overruling*, observe-se o seguinte acórdão: "*OVERRULING* DA SÚMULA 726 DO STF. LEI N. 1.816/1998. [...] É forçoso reconhecer a ocorrência de *overruling* ao precedente sumulado 726 do STF ante o novo entendimento adotado na ADI 3772" (TJDFT, Acórdão n. 509763, 20070110930497APC, Rel. João Batista Teixeira, Revisor: Lecir Manoel Da Luz, 1ª Turma Cível, julgado em 25-5-2011, *DJe* 6-6-2011. p. 80). Por fim, observe-se o interessante caso em que o TJES aplicou o *overriding*: "O comércio de óculos de sol não mais é considerado matéria de saúde pública, estando, por isso, dispensado do regime de vigilância sanitária municipal, razão pela qual a equiparação dessa atividade às empresas óticas ultrapassa os limites do poder regulamentar e do poder de polícia da municipalidade. *Overriding*, em função da superveniência de uma regra" (TJES, Classe: Remessa *Ex-officio*, 24080300593, Rel. José Paulo Calmon Nogueira da Gama, Órgão julgador: Segunda Câmara Cível, julgado em 4-8-2009, *DJ* 2-9-2009).

40 CPC: "Art. 927 [...] § 1º Os juízes e os tribunais observarão o disposto no art. 10 e no art. 489, § 1º, quando decidirem com fundamento neste artigo".

41 CPC: "Art. 489 [...] § 1º Não se considera fundamentada qualquer decisão judicial, seja ela interlocutória, sentença ou acórdão, que: [...] V – se limitar a invocar precedente ou enunciado de súmula, sem identificar seus fundamentos determinantes nem demonstrar que o caso sob julgamento se ajusta àqueles fundamentos".

42 Enunciado 166 do FPPC: "A aplicação dos enunciados das súmulas deve ser realizada a partir dos precedentes que os formaram e dos que os aplicaram posteriormente".

43 CPC: "Art. 489 [...] § 1º Não se considera fundamentada qualquer decisão judicial, seja ela interlocutória, sentença ou acórdão, que: [...] VI – deixar de seguir enunciado de súmula, jurisprudência ou precedente invocado pela parte, sem demonstrar a existência de distinção no caso em julgamento ou a superação do entendimento".

44 CPC: "Art. 927 [...] § 3º Na hipótese de alteração de jurisprudência dominante do Supremo Tribunal Federal e dos tribunais superiores ou daquela oriunda de julgamento de casos repetitivos, pode haver modulação dos efeitos da alteração no interesse social e no da segurança jurídica".

pretéritos (***retrospective overruling***)[45], permitindo-se, ainda, que se fixe a data a partir de quando a superação do precedente passa a vigorar.

A modulação dos efeitos, no entanto, não é novidade no direito brasileiro. No âmbito das ações do controle concentrado de constitucionalidade (ADI, ADC, ADPF, ADI por Omissão), as leis de regência (art. 27 da Lei n. 9.868/1999[46]e art. 11 da Lei n. 9.882/1999[47]) já admitiam essa possibilidade, dada a vinculatividade dos precedentes criados no âmbito dessas ações.

No entanto, a lógica do *overruling* é inversa. Nas ações do controle concentrado, em geral, firma-se entendimento em determinado sentido, razão pela qual a regra é que tenha efeitos retroativos (*ex tunc*). No *overruling*, trata-se de mudança de entendimento, razão pela qual a regra é que tenha efeitos apenas prospectivos (*ex nunc*), a fim de que não atinja situações já consolidadas, nem cause insegurança jurídica.Como forma de legitimação dos precedentes judiciais, tendo em vista que possuem força vinculante, de modo semelhante às leis editadas pelo Legislativo, o art. 927, § 2º, do CPC prevê a possibilidade de audiências públicas e intervenção de ***amicus curiae*** para a alteração dos precedentes judiciais[48].

Além disso, o § 5º do mesmo artigo determina que os tribunais deverão dar **grande publicidade** aos seus precedentes, inclusive na rede mundial de computadores.

Portanto, o CPC adota em grande medida a teoria dos precedentes judiciais, bem como diversas técnicas de confrontação analítica, distinção e superação dos precedentes. Por meio desse mecanismo, muda-se, em grande medida, o próprio sistema jurídico brasileiro, que, embora esteja arraigado ao sistema da *civil law*, adota muitos institutos do sistema da *common law*.

5. QUEM ESTÁ OBRIGADO A OBEDECER AO PRECEDENTE? QUAIS AS CONSEQUÊNCIAS JURÍDICAS PARA A SUA NÃO OBSERVÂNCIA?

A **aplicação incorreta** ou a **não aplicação** das técnicas de identificação e confrontação analítica dos precedentes pelo julgador podem produzir as seguintes consequências jurídicas:

a) **nulidade dessa decisão judicial** (art. 489, § 1º, V e VI, CPC[49]);

45 Enunciado 55 do FPPC: "Pelos pressupostos do § 3º do art. 927, a modificação do precedente tem, como regra, eficácia temporal prospectiva. No entanto, pode haver modulação temporal, no caso concreto".

46 Lei 9.868/1999: "Art. 27. Ao declarar a inconstitucionalidade de lei ou ato normativo, e tendo em vista razões de segurança jurídica ou de excepcional interesse social, poderá o Supremo Tribunal Federal, por maioria de dois terços de seus membros, restringir os efeitos daquela declaração ou decidir que ela só tenha eficácia a partir de seu trânsito em julgado ou de outro momento que venha a ser fixado".

47 Lei 9.882/1999: "Art. 11. Ao declarar a inconstitucionalidade de lei ou ato normativo, no processo de arguição de descumprimento de preceito fundamental, e tendo em vista razões de segurança jurídica ou de excepcional interesse social, poderá o Supremo Tribunal Federal, por maioria de dois terços de seus membros, restringir os efeitos daquela declaração ou decidir que ela só tenha eficácia a partir de seu trânsito em julgado ou de outro momento que venha a ser fixado".

48 CPC: "Art. 927 [...] § 2º A alteração de tese jurídica adotada em enunciado de súmula ou em julgamento de casos repetitivos poderá ser precedida de audiências públicas e da participação de pessoas, órgãos ou entidades que possam contribuir para a rediscussão da tese".

49 CPC: "Art. 489 [...] § 1º Não se considera fundamentada qualquer decisão judicial, seja ela interlocutória, sentença ou acórdão, que: [...] V – se limitar a invocar precedente ou enunciado de súmula, sem identificar seus fundamentos determinantes nem demonstrar que o caso sob julgamento se ajusta àqueles fundamentos; VI

b) hipótese de **embargos de declaração** (art. 1.022, parágrafo único, I, CPC[50]);

c) vício que autoriza a propositura de **ação rescisória** (art. 966, § 5º, CPC, com redação dada pela Lei n. 13.256/2016[51]).

Assim, em primeiro lugar, os julgadores deverão obrigatoriamente observar os precedentes vinculantes. Além disso, não devem usar retoricamente precedentes judiciais que não se aplicam, ou que não correspondem ao caso julgado, pois isso, no CPC/2015, passa a constituir um vício rescisório (art. 966, § 5º, CPC/2015).

No entanto, a nulidade da decisão judicial por não atendimento ao art. 489 do CPC somente poderá ser decretada se a parte demonstrar que houve prejuízo pela omissão no julgado[52]. Ou seja, é preciso demonstrar que, se o argumento ou o precedente tivessem sido analisados, a conclusão do julgador poderia ser outra.

De outro lado, a análise e a confrontação analítica entre o precedente judicial e o caso concreto também são um dever imposto à parte, e não somente ao julgador[53]. Aliás, a jurisprudência se firmou no sentido de que é possível determinar a emenda da petição recursal (que argumenta que a decisão recorrida afronta precedente judicial) para que seja realizada pela parte a confrontação analítica entre o precedente e o caso sob julgamento, e, caso esta determinação não seja atendida, inadmiti-lo[54].

– deixar de seguir enunciado de súmula, jurisprudência ou precedente invocado pela parte, sem demonstrar a existência de distinção no caso em julgamento ou a superação do entendimento".

50 CPC: "Art. 1.022. Cabem embargos de declaração contra qualquer decisão judicial para: [...] II – suprir omissão de ponto ou questão sobre o qual devia se pronunciar o juiz de ofício ou a requerimento [...]. Parágrafo único. Considera-se omissa a decisão que: I – deixe de se manifestar sobre tese firmada em julgamento de casos repetitivos ou em incidente de assunção de competência aplicável ao caso sob julgamento".

51 De acordo com o art. 966, § 5º, CPC/2015, com redação dada pela Lei n. 13.256/2016, "Cabe ação rescisória, com fundamento no inciso V do *caput* deste artigo, contra decisão baseada em enunciado de súmula ou acórdão proferido em julgamento de casos repetitivos que não tenha considerado a existência de distinção entre a questão discutida no processo e o padrão decisório que lhe deu fundamento".

52 No mesmo sentido, o Enunciado 42 da ENFAM: "Não será declarada a nulidade sem que tenha sido demonstrado o efetivo prejuízo por ausência de análise de argumento deduzido pela parte".

53 "Os casos formam-se em juízo a partir das manifestações de vontade e das declarações de conhecimento das partes. O autor tem o ônus de alegar na petição inicial a causa de pedir (art. 319, III, do CPC) e o réu tem o ônus de alegar na contestação toda a sua defesa devidamente pormenorizada (arts. 336 e 341 do CPC). Invocando precedente ou jurisprudência vinculante, autor e réu têm o ônus de particularizar os casos invocados, mostrando analiticamente as semelhanças relevantes, não bastando a simples transcrição de ementas ou trechos pinçados aleatoriamente da fundamentação dos julgados. O mesmo vale obviamente para os recursos. Sendo o processo uma comunidade de trabalho pautada pela colaboração, pode o juiz inclusive determinar o esclarecimento e a indicação precisa das razões pelas quais as partes invocam o precedente ou a jurisprudência vinculante (arts. 6º, 7º e 321 do CPC). O ônus de alegação das partes é a simétrica contrapartida ao dever de fundamentação analítica dos juízes, das Cortes de Justiça e das Cortes Supremas (arts. 93, IX, CF, e 489, § 1º, V e VI, do CPC). É a partir das alegações das partes – que podem ser estimuladas em termos de precisão pelo órgão jurisdicional – que se deve empreender a comparação entre os casos. Se os casos são suficientemente similares, aplica-se o precedente. Se não o são, deve-se distingui-los (arts. 489, § 1º, VI, 927, § 1º, e 1.037, § 9º, do CPC)" (MITIDIERO, Daniel. *Precedentes:* da persuasão à vinculação. São Paulo: Revista dos Tribunais, 2016. p. 116-117).

54 "É correta a aplicação da Súmula 182/STJ quando a decisão que inadmite o recurso especial aplica o óbice da Súmula 83/STJ e o agravante deixa de demonstrar, de maneira analítica, que a orientação contida no aresto recorrido destoa da jurisprudência pacificada pelo STJ, ou ainda, quando não comprova o *distinguishing* entre o acórdão combatido e os precedentes indicados como paradigmas" (STJ, AgInt no AREsp 937.373/DF, Rel. Ministro Og Fernandes, Segunda Turma, julgado em 8-11-2016, *DJe* 14-11-2016). No mesmo sentido, o TJDFT: "Em conclusão, para que não ocorra o que a doutrina denomina de fundamentação fictícia, ou decisões '*falsamente*

Nessa mesma linha, somente caberia alegar nulidade da decisão judicial com base em desobediência aos incisos V e VI do art. 489 do CPC se a própria parte tiver feito a confrontação analítica entre o precedente invocado e o caso concreto[55].

Portanto, o conhecimento pelos operadores do direito das técnicas de confrontação analítica e superação de precedentes passa a ser algo imprescindível. Ademais, também precisam conhecer os precedentes vinculantes.

A esse respeito, aliás, há doutrina que entende que demandar contra precedente vinculante pode configurar litigância de má-fé. De acordo com o art. 80, inc. I, do CPC, "considera-se litigante de má-fé aquele que [...] deduzir pretensão ou defesa contra texto expresso de lei ou fato incontroverso". Com base nesse dispositivo, e considerando que o precedente também é fonte de direito, autores como Fernando Gajardoni defendem que seria possível considerar como litigante de má-fé quem deduzir pretensão ou defesa contra precedente[56].

De outro lado, está se consolidando o entendimento de que o art. 489 do CPC, em referência, não se aplica à sistemática dos Juizados Especiais[57].

6. GERENCIAMENTO DE PRECEDENTES

Diversos juristas têm afirmado que uma adequada gestão do sistema de precedentes pode ser um contrapeso para fazer frente às demandas repetitivas e à morosidade processual, no sentido de dar maior racionalidade ao sistema e otimizar o julgamento dos processos.

Nesse sentido, o próprio Conselho Nacional de Justiça (CNJ) tem atuado para criar ferramentas que implementem uma adequada gestão de precedentes. A Resolução n. 235, de 13 de julho de 2016, do CNJ dispõe sobre a padronização de procedimentos administrativos decorrentes de julgamentos de repercussão geral, de casos repetitivos e de incidente de assunção de competência previstos nos tribunais superiores e nos tribunais de segunda instância[58].

Em atenção ao CPC/2015 e à Resolução n. 235/2016, o CNJ implementou o banco de dados de demandas repetitivas, com o objetivo de organizar todas as informações sobre demandas repetitivas e precedentes obrigatórios numa única plataforma[59].

---

fundamentadas' [...], deverá o reclamante emendar a petição inicial com o intuito de demonstrar a correlação fática e jurídica entre o caso concreto e o precedente invocado. Cumpra-se no prazo de 15 (quinze) dias, *ex vi* do artigo 321 do CPC, advertindo-se, desde logo, que o não cumprimento da diligência importa no indeferimento da inicial nos termos do parágrafo único do artigo retro mencionado" (TJDFT, 3ª Turma Cível, Reclamação n. 2016 00 2 043717-4, Decisão monocrática, Relator Des. Flávio Rostirola, j. 29-9-2016).

55 Enunciado 9 da ENFAM: "É ônus da parte, para os fins do disposto no art. 489, § 1º, V e VI, do CPC/2015, identificar os fundamentos determinantes ou demonstrar a existência de distinção no caso em julgamento ou a superação do entendimento, sempre que invocar jurisprudência, precedente ou enunciado de súmula".

56 GAJARDONI, Fernando da Fonseca. No novo CPC, demandar contra precedente é litigância de má-fé?. Disponível em: <https://www.jota.info/paywall?redirect_to=//www.jota.info/opiniao-e-analise/colunas/novo-cpc/no-novo-cpc-demandar-contra-precedente-e-litigancia-de-ma-fe-15022016>. Acesso em 27-2-2019.

57 Nesse sentido, também o Enunciado 47 da ENFAM: "O art. 489 do CPC/2015 não se aplica ao sistema de juizados especiais".

58 CONSELHO NACIONAL DE JUSTIÇA. Resolução n. 235, de 13-7-2016. Disponível em: <http://www.cnj.jus.br/busca-atos-adm?documento=3155>. Acesso em: 27-2-2019.

59 Disponível em: <http://www.cnj.jus.br/bnpr-web/>. Acesso em: 27-2-2019.

Também nessa linha, todo tribunal de segunda instância deve criar um Núcleo de Gerenciamento de Precedentes (NUGEP).

7. O CARÁTER PERFORMATIVO DO DIREITO, A NECESSIDADE DE AMADURECIMENTO DE DECISÕES E O EXPERIMENTALISMO INSTITUCIONAL: POR UMA ANÁLISE REFLEXIVA DO NOVO SISTEMA DE PRECEDENTES

Inicialmente, é preciso ressaltar os imensos impactos que a teoria dos precedentes, tal como estabelecida no CPC, produz nos julgamentos judiciais, sobretudo nas decisões dos tribunais.

Em razão da força que os precedentes judiciais de tribunais de segunda instância e de tribunais superiores passam a ter no sistema jurídico brasileiro, o art. 926, *caput*, do CPC determina que os tribunais devem "uniformizar sua jurisprudência", bem como "mantê-la estável, íntegra e coerente". Além disso, os tribunais deverão editar enunciados de súmula que correspondam à sua jurisprudência dominante, devendo se ater às circunstâncias fáticas dos precedentes que motivaram a sua criação (art. 926, §§ 1º e 2º, CPC).

Diante da vinculatividade dos precedentes, em maior ou menor grau, é necessário que, na sua formação, ocorra um procedimentalismo legitimador e constituinte de sentido, de forma a permitir ampla participação de todos os interessados, inclusive com a realização de audiências públicas e a participação de *amicus curiae*, para ampliação da dialeticidade do incidente que forma o precedente e para o amadurecimento da tese[60]. Um tribunal, ao estabelecer um precedente, deverá, em primeiro lugar, ter a consciência de que, além de estar julgando um caso passado, está produzindo um parâmetro de decisão para o presente e para o futuro, que será utilizado de forma mais ou menos vinculante por ele próprio e pelos outros órgãos jurisdicionais a ele vinculados. Em segundo lugar, deve proporcionar que, no precedente, haja transparência analítica, isto é, as instâncias judiciais, quando tiverem de analisar esse precedente para confrontá-lo com o caso concreto, possam identificar nele o caso fático decidido e a *ratio decidendi*, ou seja, quais são os fundamentos que levaram à decisão. Em terceiro lugar, o tribunal deve alcançar consistência jurisprudencial através do caso julgado. Isto é, deverá ampliar o debate e as perspectivas sobre a questão, de forma a analisar, além das teses suscitadas no caso em julgamento, todas aquelas que poderão ser levantadas em casos futuros. Do contrário, é possível que, em casos futuros, seja aplicado um precedente que não considerou a questão em suas diversas perspectivas, que não analisou pontos importantes que poderiam ter gerado um precedente em outro sentido[61].

Além disso, é preciso levar em consideração que o direito possui caráter performativo, no sentido de que deve se adequar às mudanças sociais, políticas, econômicas e culturais. Embora os textos legais possam permanecer os mesmos, a norma interpretada

---

60 Enunciado n. 460 do FPPC: "O microssistema de aplicação e formação dos precedentes deverá respeitar as técnicas de ampliação do contraditório para amadurecimento da tese, como a realização de audiências públicas prévias e participação de *amicus curiae*".

61 Com reflexões semelhantes, Randy J. Kozel (KOZEL, Randy J. The scope of precedent. *Michigan Law Review*, v. 113, Issue 2, p. 179-230, November 2014. p. 230).

somente existe à luz do caso concreto. Assim, a interpretação e a aplicação do direito são sempre fruto de um tempo e de uma realidade que é sempre mutante. Mudando o contexto, muda a interpretação, ainda que com base no mesmo texto. E é isso que legitima o próprio direito, na medida em que não seria razoável que uma geração atual tivesse de obedecer a textos de uma geração passada, se não pudesse adaptar os textos aos contextos. Por tudo isso, dizer-se que o direito possui caráter performativo.

Nesse sentido, é preciso reconhecer que o direito é – e permanecerá sendo – desconstruível, precário, contingente, limitado no espaço e no tempo, produto de uma sociedade sempre mutável. Ao mesmo tempo que o direito é construído sob uma determinada realidade social, essa mesma sociedade o tonará obsoleto, inaplicável e injustificável. E é nisso que reside a possibilidade de evolução histórica de uma sociedade[62].

Por conseguinte, uma decisão legislativa ou judicial tomada em determinado momento e concebida como a melhor e mais justa poderá não sê-lo no futuro. Com efeito, a justiça plena nunca se atinge inteiramente, pois a justiça é sempre algo que falta, algo que se busca, que se persegue[63]. É por isso que ela tem força para criar condições transformadoras da política e do direito, que permitirão a sua desconstrução e reconstrução.

Por conseguinte, é necessário refletir sobre mecanismos institucionais capazes de manter sempre vivo o questionamento sobre essa decisão, bem como possibilitar a sua desconstrução e a reconstrução de uma decisão melhor[64].

Assim, a opção por um sistema em que diversos tipos de precedentes são vinculantes deve ter preocupação, além de tudo, com a necessidade de se manter a abertura do direito. Nesse sentido, existe uma **tensão** entre a **segurança jurídica** e a **igualdade**, de um lado, e a **necessidade de manter a abertura do direito para o futuro**, de outro.

---

62 Para Jacques Derrida, "[...] o direito é essencialmente *desconstruível*, ou porque ele é fundado, isto é, construído sobre camadas textuais interpretáveis e transformáveis [...], ou porque seu fundamento último, por definição, não é fundado". Com base nisso, Derrida conclui: "Que o direito seja desconstruível, não é uma infelicidade. Pode-se mesmo encontrar nisso a chance política de todo progresso histórico" (DERRIDA, Jacques. *Força de lei:* o fundamento místico da autoridade (trad. Leyla Perrone-Moisés). 2. ed. São Paulo: WMF Martins Fontes, 2010. p. 26).

63 "Mas, por isso mesmo, ela talvez tenha um futuro, justamente, um por-vir que precisamos distinguir rigorosamente do futuro. Este perde a abertura, a vinda do outro (que vem) sem o qual não há justiça; e o futuro pode sempre reproduzir o presente, anunciar-se ou apresentar-se como um presente futuro na forma modificada do presente. A justiça permanece *porvir*, ela *tem* porvir, ela *é* por-vir, ela abre a própria dimensão de acontecimentos irredutivelmente porvir. [...] Talvez seja por isso que a justiça, na medida em que ela não é somente um conceito jurídico ou político, abre ao porvir a transformação, a refundição ou a refundação do direito e da política. 'Talvez', é preciso sempre dizer talvez quanto à justiça. Há um porvir para a justiça, e só há justiça na medida em que seja possível o acontecimento que, como acontecimento, excede ao cálculo, às regras, aos programas, às antecipações etc. A justiça, como experiência da alteridade absoluta, é inapresentável, mas é a chance do acontecimento e a condição da história" (DERRIDA, Jacques. *Força de lei:* o fundamento místico da autoridade (trad. Leyla Perrone-Moisés). 2. ed. São Paulo: WMF Martins Fontes, 2010. p. 26).

64 "É preciso ser justo com a justiça, e a primeira justiça a fazer-lhe é ouvi-la, tentar compreender de onde ela vem, o que ela quer de nós, sabendo que ela o faz através de idiomas singulares [...]. É preciso também saber que essa justiça se endereça sempre a singularidades, à singularidade do outro, apesar ou mesmo em razão de sua pretensão à universalidade. Por conseguinte, nunca ceder a esse respeito, manter sempre vivo um questionamento sobre a origem, os fundamentos e os limites de nosso aparelho conceitual, teórico ou normativo em torno da justiça é, do ponto de vista de uma desconstrução rigorosa, tudo salvo uma neutralização do interesse pela justiça, uma insensibilidade à justiça" (DERRIDA, Jacques. *Força de lei:* o fundamento místico da autoridade (trad. Leyla Perrone-Moisés). 2. ed. São Paulo: WMF Martins Fontes, 2010. p. 37).

Essa tensão não deve ser desfeita, pois é produtiva, na medida em que esses fatores devem ser sempre levados em consideração pelos tribunais. De um lado, é preciso que, em nome da segurança jurídica e da igualdade, os precedentes apresentem um mínimo de estabilidade, a fim de possibilitar previsibilidade, bem como conferir decisões semelhantes para aqueles que possuem direitos semelhantes. De outro lado, é preciso que esses precedentes se mantenham abertos à revisão, na medida em que, alteradas as possibilidades fáticas e jurídicas, o direito também deve mudar e, com ele, o precedente. Desse modo, os precedentes judiciais não podem obstar a evolução social, econômica, política, cultural, científica, moral etc. Além disso, deve-se possibilitar que o Judiciário corrija os seus próprios erros, diante da observação dos efeitos dinâmicos das suas decisões.

Embora a angústia causada pela indeterminação do direito e a necessidade de segurança jurídica induzam a buscar respostas rápidas e definitivas, o sistema jurídico não se pode fechar de plano, pois deve permitir que as forças sociais participem do debate e influenciem na tomada de decisão.

Outra questão a ser enfrentada é a que diz respeito ao **melhor aproveitamento do potencial experimentalista do modelo judicial brasileiro**. Nesse contexto, é importante que os tribunais brasileiros se utilizassem do experimentalismo institucional, mediante a observação das decisões tomadas no âmbito dos juízos e tribunais inferiores, sobretudo em relação aos seus efeitos sociais e dinâmicos[65].

De um lado, é importante que os tribunais decidam definitivamente sobre questões importantes para a sociedade, ou que envolvem demandas em massa, a fim de pacificar a jurisprudência e garantir isonomia e segurança jurídica. De outro lado, numa perspectiva de **experimentalismo institucional**, antes de os tribunais formarem o precedente vinculante, também seria importante que as outras instâncias judiciais inferiores já tenham decidido a questão, a fim de que se possam observar os seus efeitos dinâmicos. Tal medida proporciona que os tribunais possam colher o maior quantitativo de argumentos e observar os efeitos dessas decisões no mundo real, o que permite a formação de um precedente mais maduro – e, também, de forma mais democrática – acerca da questão que está sendo decidida.

Cabe aqui tomar como exemplo um caso submetido à Suprema Corte estadunidense. Em 2013, a Suprema Corte dos Estados Unidos, no caso Fisher *versus* University of Texas[66], que questionava as cotas raciais em universidades, tomou a decisão de não

65 A esse respeito, há pesquisas empíricas que demonstram que o experimentalismo institucional é subaproveitado no Brasil pelo STF. Pesquisa empírica demonstrou que o Supremo Tribunal Federal, em suas decisões no controle concentrado de constitucionalidade, dá pouca importância à jurisprudência constitucional dos demais tribunais brasileiros. Aliás, nas fundamentações das suas decisões, a Corte Constitucional brasileira cita mais precedentes de tribunais estrangeiros do que de tribunais brasileiros. Com efeito, segundo a pesquisa empírica realizada pelo Núcleo de Pesquisas da Sociedade Brasileira de Direito Público, com base em 267 acórdãos do STF proferidos em controle concentrado de constitucionalidade entre junho de 2006 e janeiro de 2010, 93,29% dos precedentes citados pelos ministros do STF nos seus votos eram do próprio STF; 3,63% eram de tribunais estrangeiros; e apenas 2,92% eram de outros órgãos judiciários brasileiros (SUNDFELD, Carlos Ari; SOUZA, Rodrigo Pagani. Três desafios para melhorar a jurisdição constitucional brasileira. In: VOJVODIC, Adriana; PINTO, Henrique Motta; GORZONI, Paulo; SOUZA, Rodrigo Pagani de. *Jurisdição constitucional no Brasil*. São Paulo: Malheiros, 2012. p. 19-52. p. 90-nota de rodapé).

66 ESTADOS UNIDOS DA AMÉRICA. Suprema Corte. Fisher *versus* University of Texas. Julgado em 24-6-2013. Disponível em: <http://www.supremecourt.gov/Search.aspx?FileName=/docketfiles/11-345.htm>. Acesso em: 8-12-2013.

decidir[67]. A Suprema Corte entendeu que a questão da extinção da política de cotas raciais em universidades, mesmo passado tanto tempo do início dessas ações afirmativas, deveria ser amadurecida[68]. Em razão disso, deixou a decisão sobre o caso com o Tribunal do Estado do Texas. Assim, diante das mudanças que estavam ocorrendo, a questão deveria ter maiores reflexões e não estaria suficientemente madura, razão pela qual não deveria a Corte Constitucional tomar uma posição definitiva sobre a matéria, considerando que, nos EUA, os precedentes da Suprema Corte possuem efeitos vinculantes.

Essa experiência talvez seja extremamente interessante no âmbito da construção da teoria dos precedentes brasileira, que ganha centralidade com o CPC/2015. Nas questões em que seja necessário um maior amadurecimento, os tribunais, ao invés de decidirem de imediato determinada matéria no âmbito das ações e incidentes que geram precedente vinculante, devem não admitir tais ações ou incidentes, bem como determinar que a questão seja decidida pelos órgãos fracionários, enquanto ocorre um amadurecimento da discussão e a observância dos efeitos dinâmicos das decisões não vinculantes na sociedade.

Desse modo, podem ser evitados os riscos de que uma decisão vinculante seja tomada com base em fundamentos abstratos, hipotéticos e especulativos, colocando-se a questão para discussão e decisão das diversas instâncias judiciais, de modo a oportunizar que os tribunais possam observar os seus efeitos dinâmicos[69]. Além disso, deixar a formação do precedente vinculante para um momento posterior também pode proporcionar que o Legislativo e o Executivo amadureçam as discussões sobre a questão e internalizem as decisões judiciais de acordo com as suas possibilidades institucionais e concretas, ou seja, protejam o direito de uma forma diferente da que foi exposta pelo Judiciário, mas igualmente efetiva.

Além disso, é preciso considerar que, quando o próprio tribunal que criou o precedente judicial examina, em outra oportunidade, o seu precedente, há uma grande probabilidade de ele não reconhecer que a sua decisão foi equivocada. Assim, ainda que exista uma decisão errada ou injusta, comumente se dirá que não deve ser alterado o precedente, em nome da estabilidade. Contudo, quando os fatores externos geram

---

67 Abigail Noel Fisher questionava se os precedentes da Suprema Corte dos EUA que reconheciam a constitucionalidade das ações afirmativas relativas a cotas raciais em universidades. Fisher indagava qual seria a interpretação para o caso da Cláusula de Proteção Igualitária da Décima Quarta Emenda. Argumentava que, no caso Grutter *versus* Bollinger, foi decidido que essas ações afirmativas deveriam ter uma duração limitada no tempo e que esse período já havia transcorrido. Ao final, Fisher postulava que a Suprema Corte impedisse que a Universidade do Texas usasse a raça como critério para ingresso no curso de graduação. Observe-se a literalidade da questão apresentada: "QUESTION PRESENTED: Whether this Court's decisions interpreting the Equal Protection Clause of the Fourteenth Amendment, including *Grutter v. Bollinger*, 539 U.S. 306 (2003), permit the University of Texas at Austin's use of race in undergraduate admissions decisions" (ESTADOS UNIDOS DA AMÉRICA. Suprema Corte. Fisher *versus* University of Texas. Julgado em 24-6-2013. Disponível em: <http://www.supremecourt.gov/Search.aspx?FileName=/docketfiles/11-345.htm>. Acesso em 8-12-2013).

68 ESTADOS UNIDOS DA AMÉRICA. Suprema Corte. Fisher *versus* University of Texas. Julgado em 24-6-2013. Disponível em: <http://www.supremecourt.gov/Search.aspx?FileName=/docketfiles/11-345.htm>. Acesso em 8-12-2013.

69 A esse respeito, Louis Fisher também vê desvantagens num julgamento prematuro da Corte Constitucional dos EUA, quando a questão ainda não está suficientemente amadurecida (FISHER, Louis. *Constitutional Dialogues:* Interpretation as Political Process. Princeton, New Jersey: Princeton University Press, 1988. p. 106).

tantos constrangimentos para esse tribunal, o precedente pode ser revisto, mas não porque a decisão que gerou o precedente estava errada, senão sob o fundamento de que o paradigma normativo ou a sociedade mudou[70].

Por tais razões, criar um precedente vinculante no Brasil para questões que não estão suficientemente amadurecidas é muito perigoso e pode gerar diversos problemas.

Portanto, quando a questão não estiver **suficientemente amadurecida**, os tribunais podem utilizar a técnica de deixar de decidir pela via dos incidentes que criam precedente vinculante, a fim de oportunizar o **experimentalismo institucional**, permitir o debate com as demais instituições e com a sociedade, ou seja, oportunizar a **participação dos diversos atores sociais**.

70 Nos EUA, essa questão é bastante discutida. A esse respeito, por exemplo, Caleb Nelson (NELSON, Caleb. Stare decisis and demonstrably erroneous precedents. *Virginia Law Review*, v. 87, Issue 1, p. 1-84, March 2001. p. 2).

CAPÍTULO II

ORDEM DOS PROCESSOS NO TRIBUNAL

Os arts. 929 a 946 do CPC tratam da "ordem dos processos no tribunal". Essas regras já foram e também serão analisadas no estudo de cada recurso, incidente, ação ou meio autônomo de impugnação.

Neste momento, cabe apenas sistematizar o que tratam esses dispositivos em relação à ordem dos processos no tribunal:

a) Registro e distribuição dos processos no tribunal (arts. 929 a 931, CPC);

b) Atribuições do relator e regras sobre julgamento monocrático (arts. 932 e 933, CPC);

c) Designação de data para julgamento, publicação da pauta e sessão de julgamento (arts. 934 e 935, CPC);

d) Ordem de preferência para julgamento de recursos, remessa necessária e processos de competência originária (art. 936, CPC);

e) Sustentação oral das partes e do Ministério Público (art. 937, CPC);

f) Questões preliminares (arts. 938 e 939, CPC);

g) Pedido de vista pelo julgador (art. 940, CPC);

h) Resultado do julgamento (art. 941, CPC);

i) Técnica de julgamento contra acórdão não unânime (art. 942, CPC) – estudado no item "recursos", após a apelação, por razões didáticas, embora não seja recurso;

j) Registro e publicação dos votos, acórdãos e demais atos em tribunal (arts. 943 e 944, CPC);

k) Regra que determina o julgamento do agravo de instrumento antes da apelação (art. 946, CPC).

CAPÍTULO III

REEXAME NECESSÁRIO

1. CONCEITO, CARACTERÍSTICAS E NATUREZA JURÍDICA

O reexame necessário, também conhecido como remessa necessária ou duplo grau de jurisdição obrigatório, consiste numa determinação ao juiz, que deve, nas hipóteses previstas em lei, remeter os autos ao Tribunal, o qual, presentes os requisitos, fará novo julgamento da matéria decidida na sentença, mesmo que não tenha havido recurso voluntário da parte.

Trata-se de uma prerrogativa concedida à **Fazenda Pública**, quando a sentença lhe for desfavorável, desde que atendidos determinados pressupostos. Quando for vencedora, não enseja reexame necessário.

Segundo doutrina majoritária, **não possui natureza de recurso**, sendo tecnicamente inadequado chamá-lo de recurso de ofício ou *ex officio*.

O reexame necessário é uma **condição de eficácia da sentença**, sendo essa a sua natureza jurídica.

De acordo com a Súmula 423 do STF, "não transita em julgado a sentença por haver omitido o recurso 'ex officio', que se considera interposto *ex lege*".

2. CABIMENTO

O reexame necessário está previsto no art. 496 do Código de Processo Civil.

Está sujeita ao reexame necessário a sentença (art. 496, CPC):

> I – proferida contra a União, os Estados, o Distrito Federal, os Municípios e suas respectivas autarquias e fundações de direito público;
>
> II – que julgar procedentes, no todo ou em parte, os embargos à execução fiscal.

Em tais hipóteses, a sentença não produz efeitos senão depois de analisada pelo tribunal.

No entanto, o reexame necessário **não se aplica** nas seguintes hipóteses:

a) **quando a condenação for de valor certo e líquido inferior a:** "I – **1.000 (mil) salários mínimos** para a União e as respectivas autarquias e fundações de direito público; II – **500**

(quinhentos) salários mínimos para os Estados, o Distrito Federal, as respectivas autarquias e fundações de direito público e os Municípios que constituam capitais dos Estados; III – **100 (cem) salários mínimos** para todos os demais Municípios e respectivas autarquias e fundações de direito público" (art. 496, § 3º, CPC).

b) a sentença estiver fundamentada em: "I – súmula de tribunal superior; II – acórdão proferido pelo Supremo Tribunal Federal ou pelo Superior Tribunal de Justiça em julgamento de recursos repetitivos; III – entendimento firmado em incidente de resolução de demandas repetitivas ou de assunção de competência; IV – entendimento coincidente com orientação vinculante firmada no âmbito administrativo do próprio ente público, consolidada em manifestação, parecer ou súmula administrativa" (art. 496, § 4º, CPC).

Assim, **se a sentença for ilíquida, não se aplica a dispensa de reexame necessário**[1]. Quando não se puder apurar com exatidão o valor econômico da pretensão, haverá reexame necessário.

Além disso, deve ser aplicado o reexame necessário, independentemente do valor da causa, às sentenças que tenham natureza declaratória, constitutiva (e desconstitutiva), mandamental ou executiva (ou seja, não condenatória), desfavoráveis à Fazenda Pública. Esse é o entendimento pacificado no âmbito do STJ[2].

O **reexame necessário não se aplica quando a ação proposta pela Fazenda Pública for julgada extinta sem resolução do mérito**, haja vista que não lhe causa prejuízo patrimonial[3].

Se a **sentença for favorável à Fazenda Pública**, julgando improcedente a ação em que é ré, **não se aplica o reexame necessário**.

Caso haja a interposição de apelação parcial pela Fazenda Pública, deverá ser determinado o reexame necessário, que devolve ao juízo *ad quem* a totalidade do que foi decidido na sentença. A esse respeito, o Enunciado 432 do FPPC[4].

De outro lado, segundo o art. 14, § 1º, da Lei n. 12.016/2009 (Nova Lei do Mandado de Segurança), "concedida a segurança, a sentença estará sujeita obrigatoriamente

---

1 Portanto, continua sendo aplicada, nesse tocante, a Súmula 490 do STJ: "**A dispensa de reexame necessário**, quando o valor da condenação ou do direito controvertido for inferior a sessenta salários mínimos, **não se aplica a sentenças ilíquidas**". O mesmo entendimento foi fixado pelo STJ em julgamento de recurso repetitivo, que continua sendo aplicado: "A Corte Especial, no julgamento do REsp n. 1.101.727/PR, proferido sob o rito de recursos repetitivos, firmou o entendimento de que é obrigatório o reexame da sentença ilíquida proferida contra a União, os Estados, o Distrito Federal, os Municípios e as respectivas autarquias e fundações de direito público" (STJ, REsp 1717256/RS, Rel. Ministro Francisco Falcão, Segunda Turma, julgado em 4-12-2018, *DJe* 11-12-2018).

2 "'Não há que se aplicar o § 2º do artigo 475 do CPC quando tratar-se de sentenças ilíquidas ou que decidam pretensão que não contenha natureza econômica certa, tampouco àquelas demandas declaratórias, constitutivas ou desconstitutivas cujo provimento, ou não, deixe de albergar parâmetro objetivo a fim de se definir um valor certo a ser estipulado para a condenação' (REsp 1.172.903/PR, Rel. Min. Benedito Gonçalves, Primeira Turma, *DJe* 3-5-10)" (STJ, AgRg no AREsp 280.537/MG, Rel. Min. Arnaldo Esteves Lima, Primeira Turma, julgado em 8-4-2014, *DJe* 30-4-2014).

3 "O reexame necessário, com base nos incisos I e II do art. 475 do CPC, limita-se ao processo de conhecimento e aos casos de procedência, no todo ou em parte, de embargos opostos em execução de dívida ativa da Fazenda Pública, afastando a obrigatoriedade do duplo grau de jurisdição em caso de sentença que julga extinta execução fiscal sem exame de mérito, como na presente hipótese" (STJ, EDcl no REsp 1018785/SP, Rel. Min. Castro Meira, Segunda Turma, julgado em 7-8-2008, *DJe* 4-9-2008).

4 Enunciado 432 do FPPC: "A interposição de apelação parcial não impede a remessa necessária".

ao duplo grau de jurisdição". No mandado de segurança, não se aplicam as disposições do CPC, de modo que, concedida a segurança, haverá reexame necessário, independentemente do valor da causa ou do valor do prejuízo suportado pela Fazenda Pública.

De outro lado, nos casos de competência originária do Tribunal, não cabe reexame necessário para as instâncias extraordinárias (STJ e STF), pois o reexame das decisões por estas Cortes Superiores somente ocorre nos casos expressamente previstos na Constituição. Vale dizer, quando se tratar de competência originária dos tribunais, não haverá reexame necessário.

A existência de julgamento de recurso voluntário pelo tribunal supre o *error in procedendo* do juiz que se omitiu no tocante ao reexame necessário, quando era cabível, se não houver prejuízo à Fazenda Pública[5].

O juiz, na própria sentença, verificando que é caso de reexame necessário, deverá determinar a remessa dos autos ao tribunal, havendo ou não apelação. Se o juiz não o fizer, o presidente do tribunal deverá avocar os autos para que seja realizado o reexame necessário.

3. REEXAME NECESSÁRIO E JULGAMENTO

No reexame necessário, também se aplica o art. 932 do CPC, conforme determina a Súmula 253 do STJ[6]. Assim, permite-se ao relator decidir monocraticamente e:

a) **negar seguimento** ao reexame necessário, quando incabível.

b) **dar provimento** ao reexame necessário se a decisão recorrida for contrária a:

b.1) súmula do Supremo Tribunal Federal, do Superior Tribunal de Justiça ou do próprio tribunal;

b.2) acórdão proferido pelo Supremo Tribunal Federal ou pelo Superior Tribunal de Justiça em julgamento de recursos repetitivos;

b.3) entendimento firmado em incidente de resolução de demandas repetitivas ou de assunção de competência.

Não sendo hipótese de julgamento monocrático pelo relator, deverá ser julgado pelo órgão colegiado do tribunal.

No reexame necessário, o tribunal não poderá agravar a situação da Fazenda Pública. É o que foi pacificado pelo STJ na Súmula 45[7].

---

5 "Conforme orientação desta Corte, 'a apelação voluntária interposta pela Fazenda Pública, devolvendo ao Tribunal de origem toda a matéria controvertida, supre a ausência de reexame necessário, mormente quando não comprovada pela parte a existência de prejuízo' (AgRg no REsp 1.065.664/MA, 2ª Turma, Rel. Min. Humberto Martins, *DJe* de 1º.7.2009). No mesmo sentido: REsp 824.020/RN, 5ª Turma, Rel. Min. Arnaldo Esteves Lima, *DJe* de 25-8-2008" (STJ, REsp 1267273/RS, Rel. Min. Mauro Campbell Marques, Segunda Turma, julgado em 20-10-2011, *DJe* 27-10-2011).

6 Súmula 253 do STJ: "O art. 557 do CPC, que autoriza o relator a decidir o recurso, alcança o reexame necessário".

7 Súmula 45 do STJ: "No reexame necessário, é defeso, ao tribunal, agravar a condenação imposta a Fazenda Pública".

CAPÍTULO IV

TÉCNICA DE JULGAMENTO CONTRA ACÓRDÃO NÃO UNÂNIME DA APELAÇÃO, DO AGRAVO DE INSTRUMENTO E DA AÇÃO RESCISÓRIA

1. NOÇÕES GERAIS

O **CPC/2015 não prevê mais os embargos infringentes**, recurso que tinha por objeto decisões não unânimes de tribunais de segunda instância. Desde o Anteprojeto, tal recurso já não constava mais no texto.

Contudo, durante a tramitação do Projeto do CPC/2015, com o objetivo de suprir a ausência dos antigos embargos infringentes, criou-se uma nova técnica de julgamento aplicável às decisões não unânimes proferidas por tribunal de segunda instância.

Como adiante se demonstrará, essa **técnica de julgamento** se aplica ao **julgamento não unânime em apelação, agravo de instrumento e ação rescisória**, atendidos determinados requisitos.

De acordo com o art. 942 do CPC, "quando o resultado da apelação for não unânime, o julgamento terá prosseguimento em sessão a ser designada com a presença de outros julgadores, que serão convocados nos termos previamente definidos no regimento interno, em número suficiente para garantir a possibilidade de inversão do resultado inicial". O mesmo dispositivo prevê, inclusive, que as partes e eventuais terceiros têm o direito de fazer sustentação oral perante os novos julgadores.

Observa-se, assim, que essa técnica de julgamento é um incidente processual e não um recurso. Assim, estando presentes os requisitos, independe da vontade das partes, devendo ser aplicada de ofício[1].

O CPC pretende, com essa inovação, conferir maior segurança ao julgamento em que há divergência, com o aumento do número de julgadores.

1 Nesse sentido, a jurisprudência do STJ: "O art. 942 do CPC/2015 não configura uma nova espécie recursal, mas, sim, uma técnica de julgamento, a ser aplicada de ofício, independentemente de requerimento das partes, com o objetivo de aprofundar a discussão a respeito de controvérsia, de natureza fática ou jurídica, acerca da qual houve dissidência" (STJ, REsp 1771815/SP, Rel. Ministro Ricardo Villas Bôas Cueva, Terceira Turma, julgado em 13-11-2018, *DJe* 21-11-2018).

Os julgadores que participaram do primeiro julgamento deverão também participar do segundo, havendo apenas o acréscimo de julgadores para julgar novamente o recurso.

Essa técnica de julgamento deve ser aplicada quando houver decisão colegiada do tribunal por 2 votos a 1. Mas também será cabível quando, no julgamento da apelação, há divergência entre todos os membros do órgão colegiado, ocasião em que prevalece o voto médio. É o que ocorre, por exemplo, quando, em grau de apelação, um dos desembargadores fixa o valor indenizatório em R$ 10 mil; o outro, em R$ 20 mil; e o terceiro desembargador, em R$ 30 mil.

Embora o CPC não preveja, quando parte do acórdão contiver julgamento por maioria de votos e a outra parte julgamento unânime, caberá essa técnica de julgamento para reapreciar todo o objeto do recurso (apelação ou agravo de instrumento) ou da ação rescisória.

Portanto, a **devolutividade** dessa técnica de julgamento é ampla. Isto é, mesmo que o desacordo seja parcial, essa técnica de julgamento se aplicará a todo o objeto recursal ou da ação rescisória, não ficando restrita à matéria que foi objeto da divergência.

Com isso, no órgão colegiado de maior abrangência, é possível que seja reformado todo o entendimento fixado pelo colegiado menor, não se circunscrevendo aos limites da divergência anterior[2]. Neste caso, também não há que se falar em *reformatio in pejus*, tendo em vista que essa técnica de julgamento em acórdão não unânime não tem natureza de recurso, bem como inexiste voluntariedade (não é a parte que interpõe), pois se aplica de ofício.

Havendo a divergência, o julgamento do recurso (apelação ou agravo de instrumento) ou da ação rescisória não se encerra até o pronunciamento pelo colegiado maior, ou seja, não ocorre a lavratura do acórdão do colegiado menor (em que houve a divergência que ensejou a aplicação dessa técnica de julgamento)[3].

Sendo o caso de aplicar essa técnica, o prosseguimento do julgamento deverá, preferencialmente, ocorrer na mesma sessão, quando os outros julgadores que compõem o órgão colegiado proferirão os seus votos.

De acordo com o art. 942, § 2º, do CPC, "os julgadores que já tiverem votado poderão rever seus votos por ocasião do prosseguimento do julgamento".

2. HIPÓTESES DE CABIMENTO

Essa técnica de julgamento também se aplica, além do caso da apelação, aos julgamentos não unânimes proferidos em ação rescisória e agravo de instrumento (art. 942,

---

2 "Os novos julgadores convocados não ficam restritos aos capítulos ou pontos sobre os quais houve inicialmente divergência, cabendo-lhes a apreciação da integralidade do recurso. 9. O prosseguimento do julgamento com quórum ampliado em caso de divergência tem por objetivo a qualificação do debate, assegurando-se oportunidade para a análise aprofundada das teses jurídicas contrapostas e das questões fáticas controvertidas, com vistas a criar e manter uma jurisprudência uniforme, estável, íntegra e coerente. 10. Conforme expressamente autorizado pelo art. 942, § 2º, do CPC/2015, os julgadores que já tenham votado podem modificar o seu posicionamento" (STJ, REsp 1771815/SP, Rel. Ministro Ricardo Villas Bôas Cueva, Terceira Turma, julgado em 13-11-2018, *DJe* 21-11-2018).

3 "Constatada a ausência de unanimidade no resultado da apelação, é obrigatória a aplicação do art. 942 do CPC/2015, sendo que o julgamento não se encerra até o pronunciamento pelo colegiado estendido, ou seja, inexiste a lavratura de acórdão parcial de mérito" (STJ, REsp 1771815/SP, Rel. Ministro Ricardo Villas Bôas Cueva, Terceira Turma, julgado em 13-11-2018, *DJe* 21-11-2018).

§ 3º, do CPC). Apresentam-se abaixo os requisitos para o cabimento no julgamento de cada um desses recursos:

a) **apelação:** tem como requisito apenas que haja **julgamento não unânime da apelação**. Quando a técnica for cabível em razão de acórdão não unânime em apelação, não há qualquer diferenciação sobre se a matéria é de direito processual ou de direito material, se é sobre preliminar ou sobre mérito da demanda, tampouco se houve ou não reforma da sentença[4].

b) **ação rescisória:** "quando o resultado for a rescisão da sentença, devendo, nesse caso, seu prosseguimento ocorrer em órgão de maior composição previsto no regimento interno" (art. 942, § 3º, I, CPC). Portanto, nesse caso, os requisitos para a aplicação da técnica de julgamento em referência são os seguintes: 1º) acórdão não unânime; e 2º) rescisão da sentença.

c) **agravo de instrumento:** "quando houver reforma da decisão que julgar parcialmente o mérito" (art. 942, § 3º, II, CPC). Nessa hipótese, os requisitos para a aplicação da técnica de julgamento são: 1º) acórdão não unânime; 2º) que a decisão recorrida seja decisão interlocutória de mérito; e 3º) que haja reforma da decisão.

Nessas duas últimas hipóteses (ação rescisória e agravo de instrumento), observa-se que há a decisão do juiz de primeira instância e o voto vencido do desembargador num sentido, e os votos dos outros desembargadores no outro sentido.

De outro lado, **essa técnica de julgamento não se aplica no julgamento** (art. 942, § 4º, do CPC): "I – do **incidente de assunção de competência** e ao de **resolução de demandas repetitivas**; II – da **remessa necessária**; III – não unânime proferido, nos tribunais, **pelo plenário ou pela corte especial**".

Embora não seja previsto expressamente, também deve ser admitida essa técnica de julgamento no julgamento do **agravo interno**, interposto contra decisão monocrática do relator que julga apelação, quando esse acórdão for proferido por maioria de votos e julgue o próprio objeto da apelação. Neste caso, ocorre o seguinte: o relator nega seguimento ao recurso de apelação; o apelante interpõe agravo interno para o órgão colegiado do tribunal, na forma do regimento interno, sendo julgado por acórdão não unânime; em razão desse acórdão do tribunal, que julga de forma não unânime o agravo interno, é cabível a técnica de julgamento em referência. Tal entendimento está consubstanciado no fato de que, no agravo interno, ocorre o julgamento do objeto da apelação pelo órgão colegiado do tribunal.

Por razões idênticas, excepcionalmente cabe esta técnica de julgamento contra acórdão proferido em embargos de declaração, nos casos em que este foi interposto contra acórdão não unânime que integra o acórdão da apelação, desde que conferido efeito infringente (modificativo) aos embargos de declaração.

Admite-se essa técnica de julgamento ainda que o julgamento divergente do tribunal seja sobre matéria acessória, como honorários advocatícios, juros moratórios, correção monetária etc.

---

4 "Contudo, diferentemente dos embargos infringentes do CPC/1973 – que limitava, no caso da apelação, a incidência do recurso aos julgamentos que resultassem em reforma da sentença de mérito –, a técnica de julgamento prevista no CPC/2015 deverá ser utilizada quando o resultado da apelação for não unânime, independentemente de ser julgamento que reforma ou mantém a sentença impugnada" (STJ, REsp 1733820/SC, Rel. Ministro Luis Felipe Salomão, Quarta Turma, julgado em 2-10-2018, *DJe* 10-12-2018).

Por razões semelhantes, caso o acórdão do Tribunal, por maioria, modifique a sentença extintiva sem resolução do mérito e aplique a Teoria da Causa Madura, julgando o mérito, com base no art. 1.013, §§ 3º e 4º, do CPC, será cabível essa técnica de julgamento.

De outro lado, por uma interpretação sistemática com o art. 25 da Lei n. 12.016/2009[5] (que se refere, em verdade, a embargos infringentes, hoje extintos), não deve ser admitida essa técnica de julgamento contra acórdão não unânime que julga apelação em mandado de segurança.

Observe-se que, pelos próprios recursos em que é cabível, tal técnica de julgamento somente se aplica aos tribunais de segunda instância. Portanto, não se deve confundi-la com os embargos de divergência (art. 1.043, CPC), recurso cabível contra acórdãos proferidos pelo STJ e pelo STF no recurso especial e no recurso extraordinário, respectivamente, quando houver divergência interna na jurisprudência dos seus órgãos colegiados (plenário, seções, turmas).

3. PRAZOS PARA OS RECURSOS ESPECIAL E EXTRAORDINÁRIO

Embora o art. 942, § 1º, do CPC estabeleça que a continuidade do julgamento, com a convocação dos novos julgadores, deva ocorrer na mesma sessão, é possível que continue em outra. Desse modo, deve se perquirir quando começa o prazo para a interposição dos recursos especial e extraordinário, bem como se existe bipartição no início da contagem do prazo em relação à parte unânime e à não unânime.

Uma vez admitida essa técnica de julgamento, o prazo para o recurso extraordinário ou para o recurso especial, tanto em relação à parte unânime quanto em relação à não unânime, não deverá iniciar o seu curso. Pelos mesmos motivos, enquanto não realizado o julgamento para solucionar a divergência, não transita em julgado nem a parte unânime da decisão.

Portanto, deve-se reservar para um único momento a interposição do recurso especial e/ou extraordinário contra toda decisão do tribunal, no caso de haver essa técnica de julgamento.

De outro lado, caso o recurso especial ou extraordinário seja interposto antes do julgamento definitivo por essa técnica de julgamento, após o julgamento definitivo do tribunal, deverá ser intimado o recorrente para dizer se pretende dar prosseguimento ao recurso, bem como eventualmente complementar o recurso, se houve modificação do primeiro julgamento.

5 Lei n. 12.016/2009: "Art. 25. Não cabem, no processo de mandado de segurança, a interposição de embargos infringentes e a condenação ao pagamento dos honorários advocatícios, sem prejuízo da aplicação de sanções no caso de litigância de má-fé".

CAPÍTULO V

DO INCIDENTE DE ASSUNÇÃO DE COMPETÊNCIA

1. DEFINIÇÃO E ADMISSIBILIDADE

O incidente de assunção de competência é um incidente processual que tem por objetivo submeter a órgão colegiado do mesmo tribunal, de maior amplitude, o julgamento de questões que envolvam grande repercussão social.

Está previsto no art. 947 do CPC.

Para a **admissibilidade da assunção de competência**, é necessário que sejam preenchidos os **seguintes requisitos** (art. 947, CPC):

a) o processo esteja no Tribunal para julgamento de recurso, de remessa necessária ou de processo de competência originária;

b) o processo envolva questão de direito;

c) haja grande repercussão social da questão a ser decidida;

d) não seja caso de repetição em múltiplos processos.

Se já existir repetição em múltiplos processos, será caso de incidente de resolução de demandas repetitivas, e não de incidente de assunção de competência.

Desse modo, o incidente de assunção de competência pode ter também caráter preventivo, algo que não se admite no incidente de resolução de demandas repetitivas.

Por "grande repercussão social", pode-se entender grande repercussão jurídica, econômica, política, dentre outras[1].

O incidente de assunção de competência também é cabível quando "ocorrer relevante questão de direito a respeito da qual seja conveniente a prevenção ou a composição de divergência entre câmaras ou turmas do tribunal" (art. 947, § 4º, CPC). Nessa hipótese, o órgão colegiado competente para solucionar a divergência entre os órgãos fracionários deverá julgar o incidente, na forma do regimento interno do tribunal.

Além isso, o incidente de assunção de competência é cabível em qualquer tribunal, de segunda instância ou superior. Nesse sentido, o Enunciado 468 do FPPC: "O incidente de assunção de competência aplica-se em qualquer tribunal".

---

1 Enunciado 469 do FPPC: "A 'grande repercussão social', pressuposto para a instauração do incidente de assunção de competência, abrange, dentre outras, repercussão jurídica, econômica ou política".

No âmbito do STJ, o procedimento do incidente de assunção de competência está disciplinado nos arts. 271-B a 271-G art. 11, VI, do seu Regimento Interno.

2. PROCEDIMENTO

A **competência** para julgar o recurso, a remessa necessária ou o processo de competência originária será o órgão colegiado indicado no regimento interno do Tribunal, de maior amplitude em relação ao órgão do tribunal em que estava tramitando o processo.

Têm **legitimidade** para requerer a assunção de competência pelo órgão colegiado a parte, o Ministério Público e a Defensoria Pública. Também pode ser determinada de ofício pelo relator do processo onde tramita o recurso, a remessa necessária ou o processo de competência originária.

Após a remessa do processo para o órgão colegiado, esse fará **exame de admissibilidade** da assunção de competência, devendo analisar se existe interesse público que a justifique. Reconhecendo o interesse público, procederá ao **julgamento do mérito**.

No incidente de assunção de competência, a participação do Ministério Público será obrigatória, embora o CPC não preveja a sua intervenção. Isso porque existe um interesse público na solução do incidente, diante da vinculatividade do precedente que é produzido. A esse respeito, o Enunciado 467 do FPPC: "O Ministério Público deve ser obrigatoriamente intimado no incidente de assunção de competência".

Não se aplica a técnica de julgamento contra acórdão não unânime, prevista no art. 942 do CPC, contra o acórdão que julga o incidente de assunção de competência, na medida em que este já é julgado por órgão do tribunal de maior hierarquia que o de composição mínima[2].

O acórdão proferido no julgamento do mérito do processo (em assunção de competência) **vinculará** todos os juízes e os órgãos fracionários, ressalvada a possibilidade de haver revisão de tese (art. 947, § 3º, CPC).

Caso haja decisão do incidente de assunção de competência sobre determinada matéria, e o juiz ou outro órgão de hierarquia inferior dentro do tribunal, ao julgar a causa, omitir-se sobre a sua aplicação, caberão **embargos declaratórios**[3].

3. FORÇA VINCULANTE E DEMAIS EFEITOS

O julgamento do incidente de assunção de competência pelo tribunal possui grande força vinculativa em relação aos demais órgãos e juízes inferiores[4].

---

2 CPC: "Art. 942 [...] § 4º Não se aplica o disposto neste artigo ao julgamento: I – do incidente de assunção de competência e ao de resolução de demandas repetitivas".

3 CPC: "Art. 1.022. Cabem embargos de declaração contra qualquer decisão judicial para: [...] II – suprir omissão de ponto ou questão sobre o qual devia se pronunciar o juiz de ofício ou a requerimento; [...] Parágrafo único. Considera-se omissa a decisão que: I – deixe de se manifestar sobre tese firmada em julgamento de casos repetitivos ou em incidente de assunção de competência aplicável ao caso sob julgamento".

4 CPC: "Art. 927. Os juízes e os tribunais observarão: [...] III – os acórdãos em incidente de assunção de competência ou de resolução de demandas repetitivas e em julgamento de recursos extraordinário e especial repetitivos".

De outro lado, se a decisão do juiz de primeira instância ou de outro órgão de inferior hierarquia do mesmo tribunal contrariar o acórdão proferido no julgamento da assunção de competência, caberá **reclamação**, na forma do art. 988, inc. IV, do CPC[5].

Além disso, com base no precedente fixado no incidente de assunção de competência, também é possível:

a) julgamento liminar de improcedência, pelo juízo de primeira instância[6];

b) dispensa do reexame necessário, quando este for cabível[7];

c) ao relator, negar provimento ao recurso, se for contrário à decisão do incidente, ou dar provimento a ele, se a decisão recorrida for contrária à tese fixada no incidente[8].

d) ao relator, julgar de plano o conflito de competência, quando a sua decisão se fundar em tese fixada nesse incidente[9].

Desse modo, o incidente de assunção de competência é uma inovação do CPC de 2015 que possui extrema importância, diante da sua grande força vinculativa.

5 CPC: "Art. 988. Caberá reclamação da parte interessada ou do Ministério Público para: [...] IV – garantir a observância de acórdão proferido em julgamento de incidente de resolução de demandas repetitivas ou de incidente de assunção de competência".

6 CPC: "Art. 332. Nas causas que dispensem a fase instrutória, o juiz, independentemente da citação do réu, julgará liminarmente improcedente o pedido que contrariar: [...] III – entendimento firmado em incidente de resolução de demandas repetitivas ou de assunção de competência".

7 CPC: "Art. 496. Está sujeita ao duplo grau de jurisdição, não produzindo efeito senão depois de confirmada pelo tribunal, a sentença: [...] § 4º Também não se aplica o disposto neste artigo quando a sentença estiver fundada em: [...] III – entendimento firmado em incidente de resolução de demandas repetitivas ou de assunção de competência".

8 CPC: "Art. 932. Incumbe ao relator: [...] IV – negar provimento a recurso que for contrário a: [...] *c*) entendimento firmado em incidente de resolução de demandas repetitivas ou de assunção de competência; [...] V – depois de facultada a apresentação de contrarrazões, dar provimento ao recurso se a decisão recorrida for contrária a: [...] *c*) entendimento firmado em incidente de resolução de demandas repetitivas ou de assunção de competência".

9 CPC: "Art. 955 [...] Parágrafo único. O relator poderá julgar de plano o conflito de competência quando sua decisão se fundar em: [...] II – tese firmada em julgamento de casos repetitivos ou em incidente de assunção de competência".

CAPÍTULO **VI**

DO INCIDENTE DE ARGUIÇÃO DE INCONSTITUCIONALIDADE

1. DEFINIÇÃO, OBJETO E COMPETÊNCIA

A fim de garantir a supremacia da Constituição Federal perante as demais normas do ordenamento jurídico, hierarquicamente inferiores a ela, criaram-se mecanismos de controle de constitucionalidade.

De acordo com a Constituição brasileira, o controle de constitucionalidade pode ser realizado pela via concentrada ou pela via difusa. Assim, a análise da constitucionalidade das normas à luz da Constituição Federal é feita, em abstrato, de forma concentrada no Supremo Tribunal Federal, por meio da Ação Direta de Inconstitucionalidade, da Ação Declaratória de Constitucionalidade, da Ação Direta de Inconstitucionalidade por Omissão e da Ação de Descumprimento de Preceito Fundamental.

De outro lado, o controle difuso de constitucionalidade é realizado incidentalmente por todo e qualquer órgão judiciário brasileiro. Assim, desde o juiz de primeira instância até o Supremo Tribunal Federal realizam o controle difuso e incidental de constitucionalidade.

No tocante ao julgamento pelos juízes de primeira instância, inexiste qualquer outra formalidade. Na mesma sentença, ao apreciarem a causa, os juízes de primeira instância podem decidir incidentalmente, como questão prejudicial, sobre a constitucionalidade ou inconstitucionalidade da lei ou do ato normativo, e também julgar os pedidos.

No âmbito dos **tribunais**, no entanto, a Constituição Federal previu a regra da **reserva de plenário**. Com efeito, o art. 97 da Carta Magna estabeleceu que "**somente pelo voto da maioria absoluta de seus membros ou dos membros do respectivo órgão especial poderão os tribunais declarar a inconstitucionalidade de lei ou ato normativo do Poder Público**".

O **incidente de declaração de inconstitucionalidade**, previsto nos arts. 948 a 950 do CPC, é o meio processual que permite o cumprimento da regra constitucional da **reserva de plenário**. Além disso, é o principal instrumento para os tribunais exercerem o controle difuso de constitucionalidade.

Assim, o incidente de arguição de inconstitucionalidade tem por objetivo ser o instrumento processual para, consagrando o mandamento constitucional da cláusula de reserva de plenário, permitir que os tribunais de segunda instância e os tribunais superiores (exceto o STF, em que o seu órgão fracionário pode analisar a inconstitucionalidade, porque esta já é a sua função constitucional) realizem o controle difuso de constitucionalidade.

Nesse sentido, é utilizado para, em determinada demanda que está sendo apreciada, originariamente ou em grau recursal, pelo órgão fracionário do tribunal, transferir, por meio de um incidente processual, ao pleno ou ao seu órgão especial, o julgamento acerca da inconstitucionalidade de determinada norma.

Observe-se que, pelo dispositivo constitucional, o incidente de arguição de inconstitucionalidade somente será necessário para declarar a inconstitucionalidade. Ou seja, se o órgão fracionário do tribunal entender pela constitucionalidade do dispositivo questionado não precisará suscitar o incidente.

Desse modo, se o órgão fracionário rejeitar a arguição de inconstitucionalidade, deve prosseguir no julgamento do processo. Ao revés, se houver alguma inclinação a acolher a tese de inconstitucionalidade, não deverá pronunciá-la, senão submeter o incidente de arguição de inconstitucionalidade ao plenário ou ao seu órgão especial, onde houver (art. 949, CPC).

De outro lado, não deverá ser instaurado o incidente de arguição de inconstitucionalidade se não houver plausibilidade na alegação de inconstitucionalidade[1].

Por outro lado, "viola a cláusula de reserva de plenário (CF, art. 97) a decisão de órgão fracionário de Tribunal que, embora não declare expressamente a inconstitucionalidade de lei ou ato normativo do poder público, afasta sua incidência, no todo ou em parte", nos termos da Súmula Vinculante 10 do STF.

Quando já houver pronunciamento sobre a constitucionalidade do plenário ou do órgão especial do tribunal competente para julgar o incidente, ou, ainda, do plenário do Supremo Tribunal Federal sobre a questão[2], não se dará prosseguimento ao incidente de arguição de inconstitucionalidade, de modo que o órgão fracionário poderá decidir de plano pela inconstitucionalidade.

Trata-se de **competência funcional** e, portanto, absoluta, do **pleno ou do órgão especial** do tribunal para decidir tal incidente.

O incidente de arguição de inconstitucionalidade possui, portanto, **natureza jurídica** de **incidente processual**, já que o pleno ou o órgão especial julgarão apenas a questão incidente e, após, o órgão fracionário continuará o julgamento da causa.

Não se trata de processo incidente, já que não gera relação jurídica nova, mas sim incidente processual, uma vez que surge e é decidido dentro do mesmo processo. Não possui natureza de ação autônoma de impugnação, pois há apenas decisão sobre o direito objetivo. Também não tem natureza de recurso, pois o pleno ou o órgão especial

---

1 "A instauração do incidente de arguição de inconstitucionalidade previsto no art. 949 do Código de Processo Civil mostra-se adequada apenas quando plausível a alegada desconformidade da norma questionada com a ordem constitucional vigente, o que não se verifica no presente caso, em que não há qualquer inclinação desta Corte Superior de Justiça em reconhecer a inconstitucionalidade do art. 51 do Código Penal, conforme já assentado no julgamento repetitivo referido" (STJ, AgRg nos EDcl no AREsp 1333669/SP, Rel. Ministro Jorge Mussi, Quinta Turma, julgado em 23-10-2018, *DJe* 30-11-2018).

2 STF, ARE 914045, Rel. Min. Edson Fachin, Tribunal Pleno, julgado em 16-10-2015.

não revisam questão anteriormente decidida, mas, no âmbito da sua competência, decidem originariamente a arguição de inconstitucionalidade.

Comumente, nos procedimentos comuns, o próprio órgão jurisdicional que decide o incidente julga o pedido principal. No entanto, no caso da arguição de inconstitucionalidade, existe uma divisão dessas funções, no âmbito dos tribunais: o pleno ou o órgão especial decidem o incidente, e o órgão fracionário completa o julgamento da demanda, decidindo a causa.

2. PROCEDIMENTO E VINCULAÇÃO

A admissão e o julgamento do incidente de arguição de incompetência devem seguir o procedimento abaixo exposto.

No julgamento pelo órgão fracionário dos tribunais, em recurso ou ação de competência originária, quando for aventada a possibilidade de declaração de inconstitucionalidade de lei ou outro ato normativo, deverá ser suscitado o incidente de declaração de inconstitucionalidade.

Se o órgão fracionário rejeitar a arguição de inconstitucionalidade, deve prosseguir no julgamento do processo. Contudo, se acolher a tese de inconstitucionalidade, não deverá pronunciá-la, senão submeter o incidente de arguição de inconstitucionalidade para o plenário ou para o seu órgão especial, onde houver (art. 949, CPC).

Ao admitir o incidente, o órgão fracionário suspende o processo e remete o incidente para o pleno ou para o órgão especial, dentro do mesmo tribunal, que possui a competência para julgá-lo (o incidente).

Diante da importância do julgamento do incidente, em que se exerce controle difuso de constitucionalidade, com vinculação para todos os órgãos judiciários inferiores desse tribunal e juízos de primeira instância a eles vinculados, é necessário possibilitar a manifestação de todos os interessados, como garantia para a democratização do processo e a legitimidade da própria decisão.

Assim, é possível a manifestação:

a) **dos órgãos responsáveis pela edição do ato questionado**: embora o art. 950, § 1º, do CPC preveja que podem se manifestar "as pessoas jurídicas de direito público responsáveis pela edição do ato questionado", na verdade, quem deve se manifestar é o órgão que editou o ato. Assim, por exemplo, quando se trata de uma lei estadual, quem deve se manifestar é a Assembleia Legislativa, e não o Estado. Com efeito, a pessoa jurídica, na maioria das vezes, pouco terá a contribuir. O que importa é a manifestação do órgão que edita o ato.

b) **das partes legitimadas para a propositura de ação direta de inconstitucionalidade e para a ação declaratória de constitucionalidade** (art. 103, CF): Presidente da República; Mesa do Senado Federal; a Mesa da Câmara dos Deputados; a Mesa de Assembleia Legislativa ou da Câmara Legislativa do Distrito Federal; o Governador de Estado ou do Distrito Federal; o Procurador-Geral da República; o Conselho Federal da Ordem dos Advogados do Brasil; partido político com representação no Congresso Nacional; confederação sindical ou entidade de classe de âmbito nacional. Também devem ser admitidas a se manifestar as pessoas indicadas como legitimadas para a propositura de ADI em face da Constituição Estadual, conforme estabelecido em constituições estaduais. Assim, por exemplo, alguns Estados estabelecem que o Procurador-Geral do Estado ou o Defensor Público Geral do Estado podem propor a ADI em face da Constituição Estadual, razão pela qual esses legitimados também devem ter o direito de se manifestar nos incidentes de arguição de inconstitucionalidade perante o respectivo tribunal estadual.

A admissão ou não da intervenção para manifestação será realizada **por decisão irrecorrível do relator**, considerando a relevância da matéria e a representatividade dos postulantes, **outros órgãos ou entidades**.

A seguir, será ouvido o Ministério Público, como fiscal da ordem jurídica.

Após o julgamento do incidente, devolvem-se os autos para o órgão fracionário, que completará o julgamento da causa, aplicando o entendimento consubstanciado na decisão do incidente.

O órgão fracionário ficará vinculado à decisão tomada no julgamento do incidente, isto é, não poderá decidir de forma diferente do que foi decidido no incidente.

Esse julgamento do incidente de inconstitucionalidade pelo pleno ou pelo órgão especial ocorre pela **via difusa de controle de constitucionalidade**. Vale dizer, é julgada incidentalmente pelo tribunal, até mesmo porque somente o STF tem competência para julgar, de forma concentrada e em abstrato, a constitucionalidade das normas perante a Constituição Federal.

Tal decisão do incidente servirá de **paradigma** (***leading case***) para todos os **demais feitos no âmbito do mesmo tribunal que versarem sobre matéria idêntica**. Tal decisão, entretanto, não atinge as causas já julgadas pelo tribunal. A decisão do incidente, pelo pleno ou pelo órgão especial, é irrecorrível. Eventuais recursos somente serão cabíveis contra a decisão do órgão fracionário, que completa o julgamento e decide a causa. Nesse sentido, aliás, a Súmula 513 do STF: "A decisão que enseja a interposição de recurso ordinário ou extraordinário não é a do plenário, que resolve o incidente de inconstitucionalidade, mas a do órgão (câmaras, grupos ou turmas) que completa o julgamento do feito".

Assim, **caberão os recursos especial e extraordinário** contra a decisão do órgão fracionário que acolhe a decisão do incidente e julga a causa.

Nos próximos julgamentos, os órgãos fracionários do respectivo tribunal poderão reconhecer a inconstitucionalidade da lei ou atos normativos já declarados inconstitucionais no incidente.

Contra os acórdãos do tribunal que reconhecem a inconstitucionalidade de lei ou ato normativo do poder público, há presunção absoluta de repercussão geral, para fins de interposição de recurso extraordinário ao STF (art. 1.035, § 3º, III, CPC)[3].

Os tribunais disciplinam aspectos procedimentais do incidente de arguição de inconstitucionalidade nos seus regimentos internos.

3 CPC: "Art. 1.035. O Supremo Tribunal Federal, em decisão irrecorrível, não conhecerá do recurso extraordinário quando a questão constitucional nele versada não tiver repercussão geral, nos termos deste artigo. [...] § 3º Haverá repercussão geral sempre que o recurso impugnar acórdão que: [...] III – tenha reconhecido a inconstitucionalidade de tratado ou de lei federal, nos termos do art. 97 da Constituição Federal".

No âmbito do STJ, o incidente de arguição de inconstitucionalidade está disciplinado nos arts. 199 a 200 do seu Regimento Interno. A competência para julgá-lo é da Corte Especial (art. 11, IX, RISTJ[4]). Assim, no âmbito do STJ, "as Seções e as Turmas remeterão os feitos de sua competência à Corte Especial [...] quando acolherem a arguição de inconstitucionalidade, desde que a matéria ainda não tenha sido decidida pela Corte Especial" (art. 16, I, RISTJ).

4 Regimento Interno do STJ: "Art. 11. Compete à Corte Especial processar e julgar: [...] IX – as arguições de inconstitucionalidade de lei ou ato normativo suscitadas nos processos submetidos ao julgamento do Tribunal".

CAPÍTULO VII

DO CONFLITO DE COMPETÊNCIA

O processamento e o julgamento do conflito de competência estão previstos nos arts. 951 a 959 do CPC.

Tal matéria já foi estudada detalhadamente em item próprio dentro do capítulo referente à competência, na Parte I desta obra, para onde remetemos o leitor. Por razões didáticas, não se trata do conflito de competência aqui, mantendo-se a matéria naquela parte, já que o seu estudo deve ser feito em conjunto com todas as questões que envolvem competência. Portanto, aqui, cabe fazer apenas esse registro.

CAPÍTULO **VIII**

DA HOMOLOGAÇÃO DE DECISÃO ESTRANGEIRA E DA CONCESSÃO DO *EXEQUATUR* À CARTA ROGATÓRIA

A **cooperação jurídica internacional** pode ser classificada em **direta** ou **indireta**. Na primeira, não é feito juízo de delibação, ou seja, independe de valoração, de análise de requisitos para o seu cumprimento. No Brasil, a cooperação jurídica internacional direta é feita por meio do mecanismo chamado de auxílio direto.

De outro lado, quando se trata de decisões judiciais estrangeiras a serem cumpridas no Brasil, é necessário juízo de delibação. Nesses casos, haverá cooperação jurídica internacional indireta.

O **CPC** estabelece **dois regimes para o cumprimento de decisões estrangeiras** (cooperação jurídica internacional indireta): a) **homologação de decisão estrangeira definitiva**; b) **concessão de *exequatur* à carta rogatória para cumprimento de decisões interlocutórias**.

A homologação de sentença estrangeira e a concessão do *exequatur* às cartas rogatórias são procedimentos contenciosos de competência do Superior Tribunal de Justiça (art. 105, inc. i, al. "i", CF)[1].

Os limites da jurisdição nacional e a cooperação internacional estão disciplinados nos arts. 21 a 41, na Parte Geral do CPC. De outro lado, os procedimentos para a homologação de decisão estrangeira e para a concessão do *exequatur* à carta rogatória estão previstos nos arts. 960 a 965, no Livro III do CPC, que trata dos processos nos tribunais. Isso porque se trata de processos de competência originária do Superior Tribunal de Justiça.

O procedimento para a homologação de sentença estrangeira e a concessão do *exequatur* às cartas rogatórias já foram estudados detalhadamente no capítulo "Cooperação jurídica internacional" da Parte I deste livro. Por questões didáticas, é melhor o seu estudo em conjunto com as demais formas de cooperação jurídica internacional do que destacar tais matérias para serem abordadas nesta parte, referente às ações, incidentes e meios autônomos de impugnação de decisões. Dessa forma, neste momento, cabe apenas registrar o tema e remeter o leitor ao item próprio, já desenvolvido.

---

1 CF: "Art. 105. Compete ao Superior Tribunal de Justiça: I – processar e julgar, originariamente: [...] i) a homologação de sentenças estrangeiras e a concessão de *exequatur* às cartas rogatórias".

CAPÍTULO IX

AÇÃO RESCISÓRIA

1. FORMAS DE DESCONSTITUIÇÃO DA COISA JULGADA

De acordo com o sistema processual civil, há três instrumentos para desconstituir a coisa julgada: 1) **ação rescisória**; 2) ***querella nullitatis***; e 3) **impugnação da sentença** fundada no art. 525, § 1º, incs. I e III, e art. 535, incs. I e III, do CPC.

A ***querella nullitatis*** é destinada a invalidar a sentença quando esta possui vícios transrescisórios, ou seja, quando está inquinada de vícios tão graves que não se convalidam nem mesmo após o transcurso do prazo da ação rescisória. É o caso, por exemplo, da sentença proferida sem que houvesse a citação válida do réu.

A **impugnação da sentença** fundada no art. 525, § 1º, inc. I, e no art. 535, inc. I, do CPC tem por objetivo afastar a coisa julgada da sentença da fase de conhecimento diante da falta ou nulidade da citação nessa fase, se o processo correu à revelia do réu.

No caso de impugnação se sentença com base no art. 525, § 1º, inc. III, e no art. 535, inc. III, do CPC, o objetivo é desconstituir a coisa julgada quando a sentença se fundou em interpretação diversa da que é dada pelo STF sobre a (in)constitucionalidade de determinada norma. Tal tema será estudado no item referente ao cumprimento de sentença.

A **ação rescisória**, por sua vez, é demanda que tem por objetivo desconstituir a coisa julgada material. Não tem natureza de recurso. Trata-se de ação autônoma de impugnação de decisões judiciais.

Como adiante será exposto, a ação rescisória possui um pedido rescindente, de desconstituição da coisa julgada, e um pedido rescisório, de novo julgamento da causa. No tocante ao primeiro pedido, a ação rescisória possui eficácia desconstitutiva, ou constitutiva negativa; no tocante ao pedido rescisório, a eficácia da ação rescisória terá a natureza do provimento jurisdicional pleiteado (declaratória, constitutiva, condenatória, mandamental ou executiva).

Os motivos que ensejam a rescindibilidade estão taxativamente previstos no art. 966 do CPC.

2. PRESSUPOSTOS PARA A RESCISÃO

São pressupostos para a propositura da ação rescisória a existência de decisão de mérito transitada em julgado, a ocorrência das hipóteses de rescindibilidade previstas no art. 966 do CPC e o ajuizamento da ação rescisória dentro do prazo legal.

2.1. Decisão de mérito transitada em julgado

De acordo com o art. 966, *caput*, do CPC, a **ação rescisória é cabível contra decisão de mérito**. Assim, é possível ação rescisória contra decisão interlocutória, sentença, decisão monocrática de relator e acórdão, desde que tais decisões julguem o mérito.

O que importa é que a decisão judicial tenha seja um provimento jurisdicional de mérito, com conteúdo previsto no art. 487 do CPC. Por exemplo, é cabível ação rescisória contra decisão interlocutória que julga antecipadamente parte do pedido (decisão interlocutória de mérito). Também é perfeitamente admissível ação rescisória contra acórdão do STJ, do STF ou dos tribunais de segunda instância, que julgam definitivamente o mérito, originariamente ou em grau de recurso.

De outro lado, a ação rescisória ataca, como regra, a coisa julgada material. Não pode ser proposta contra decisão terminativa, que não resolve o mérito. Isto é, como regra, não cabe ação rescisória contra decisão judicial com conteúdo de art. 485 do CPC[1].

Contudo, o § 2º do art. 966 do CPC prevê duas exceções em que a decisão rescindenda não é de mérito: nas hipóteses previstas no *caput* do art. 966 do CPC "será rescindível a decisão transitada em julgado que, embora não seja de mérito, impeça: I – nova propositura da demanda; ou II – admissibilidade do recurso correspondente". Trata-se de situações que, embora não sejam de mérito, impediriam o próprio exercício do direito de ação e, por conseguinte, impossibilitariam a parte de buscar o reconhecimento ou a satisfação do seu direito material.

Também é cabível ação rescisória contra a decisão, em ação monitória, que, diante do não pagamento da dívida e do não oferecimento de embargos, constitui-se de pleno direito em título executivo judicial (art. 721, §§ 2º e 3º, CPC)[2].

Além disso, admite-se ação rescisória contra decisão de mérito transitada em julgado, ainda que contra ela não tenham sido esgotados todos os recursos (Súmula 514 do STF)[3]. Assim, por exemplo, proferida sentença de mérito pelo juízo de primeira instância, sem que tenha sido interposto o recurso de apelação, será cabível ação rescisória, desde que tenha havido trânsito em julgado.

É cabível ação rescisória tanto para postular a rescisão de parte ou de toda a decisão[4]. Assim, é possível, que a ação rescisória tenha por objeto apenas um ou mais capítulos da decisão, a depender do tipo de vício que se alega.

---

1 "[...] a ação rescisória só pode ser proposta para desconstituir decisão de mérito transitada em julgado. Não se afigura possível rescindir decisão meramente terminativa, estranha ao *meritum causae*. Precedentes do STJ" (STJ, AgRg no REsp 617.479/SC, Rel. Min. Herman Benjamin, Segunda Turma, julgado em 6-11-2008, *DJe* 19-12-2008).

2 CPC: "Art. 701. Sendo evidente o direito do autor, o juiz deferirá a expedição de mandado de pagamento, de entrega de coisa ou para execução de obrigação de fazer ou de não fazer, concedendo ao réu prazo de 15 (quinze) dias para o cumprimento e o pagamento de honorários advocatícios de cinco por cento do valor atribuído à causa. [...] § 2º Constituir-se-á de pleno direito o título executivo judicial, independentemente de qualquer formalidade, se não realizado o pagamento e não apresentados os embargos previstos no art. 702, observando-se, no que couber, o Título II do Livro I da Parte Especial. § 3º É cabível ação rescisória da decisão prevista no *caput* quando ocorrer a hipótese do § 2º".

3 Súmula 514 do STF: "Admite-se ação rescisória contra sentença transitada em julgado, ainda que contra ela não se tenha esgotado todos os recursos".

4 CPC: "Art. 966 [...] § 3º A ação rescisória pode ter por objeto apenas 1 (um) capítulo da decisão".

2.2. Ocorrência de uma das hipóteses de rescindibilidade previstas no art. 966 do CPC

O art. 966 do Código de Processo Civil prevê as hipóteses que ensejam a propositura da ação rescisória. Tais hipóteses de rescindibilidade serão estudadas em item próprio, a seguir.

2.3. Obediência ao prazo decadencial

O prazo para o ajuizamento da ação rescisória é de **2 anos, a contar do trânsito em julgado da última decisão proferida no processo** (art. 975, CPC).

O termo *a quo* para a ação rescisória coincide com a data do trânsito em julgado da decisão rescindenda, que "se dá no dia imediatamente subsequente ao último dia do prazo para o recurso em tese cabível"[5].

Além disso, embora de natureza decadencial, se o último dia do prazo para o ajuizamento da ação rescisória recair em data de não funcionamento da secretaria ou cartório competente, prorroga-se para o primeiro dia útil seguinte[6].

De outro lado, na hipótese de simulação ou de colusão das partes, o prazo da ação rescisória começa a correr, para o terceiro prejudicado e para o Ministério Público, se não intervieram no processo, a partir do momento em que eles tiveram conhecimento da simulação ou da colusão (art. 975, § 3º, CPC).

No caso de **ação rescisória por prova nova** (art. 966, VII, CPC), o CPC prevê um **prazo diferenciado**: o **prazo é de 2 anos a contar da descoberta da prova nova, mas observado o prazo máximo de 5 anos a contar do trânsito em julgado da última decisão proferida no processo** (art. 975, § 2º, CPC)[7].

Trata-se de prazo com natureza decadencial, já que é capaz de extinguir o direito potestativo de ajuizar ação rescisória. Contudo, embora seja certo que os prazos decadenciais não se suspendem nem se interrompem, o § 1º do art. 975 do CPC prevê que "prorroga-se até o primeiro dia útil imediatamente subsequente o prazo a que se refere

---

5 Tese firmada pelo STJ no julgamento do seguinte recurso especial repetitivo: STJ, REsp 1112864/MG, Rel. Min. Laurita Vaz, Corte Especial, julgado em 19-11-2014, *DJe* 17-12-2014. No mesmo sentido: "Assim, o prazo decadencial passa a fluir do dia seguinte ao término do prazo para a interposição do recurso em tese cabível contra o último pronunciamento judicial de mérito" (STJ, AR 3.983/GO, Rel. Ministro Ribeiro Dantas, Terceira Seção, julgado em 12-9-2018, *DJe* 19-9-2018).

6 Esta foi a tese fixada pelo STJ em julgamento de REsp repetitivo: "O termo final do prazo para o ajuizamento da ação rescisória, embora decadencial, prorroga-se para o primeiro dia útil subsequente, se recair em dia de não funcionamento da secretaria do Juízo competente" (STJ, REsp 1112864/MG, Rel. Min. Laurita Vaz, Corte Especial, julgado em 19-11-2014, *DJe* 17-12-2014). Esse entendimento se manteve mesmo após o CPC/2015: "Segundo a orientação jurisprudencial desta Corte, consolidada por ocasião do julgamento pela Corte Especial do Recurso Especial Repetitivo n. 1112864/MG, da relatoria da e. Ministra Laurita Vaz, *DJe* 17-12-2014, 'o termo final do prazo para o ajuizamento da ação rescisória, embora decadencial, prorroga-se para o primeiro dia útil subsequente, se recair em dia de não funcionamento da secretaria do Juízo competente'" (STJ, AgRg no REsp 1426981/SC, Rel. Ministro Paulo de Tarso Sanseverino, Terceira Turma, julgado em 15-3-2016, *DJe* 29-3-2016).

7 CPC: "Art. 975 [...] § 2º Se fundada a ação no inciso VII do art. 966, o termo inicial do prazo será a data de descoberta da prova nova, observado o prazo máximo de 5 (cinco) anos, contado do trânsito em julgado da última decisão proferida no processo".

o *caput*, quando expirar durante férias forenses, recesso, feriados ou em dia em que não houver expediente forense".

A **Fazenda Pública não possui prazo em dobro para propor ação rescisória**, porque se trata de demanda autônoma, e não de recurso.

A doutrina[8] e a jurisprudência[9] majoritárias entendem que **recursos manifestamente incabíveis ou intempestivos não impedem ou interrompem a contagem do prazo para a ação rescisória**.

De outro lado, a existência de capítulos da sentença que transitam em julgado separadamente não implica diferenciação interna em relação ao prazo da ação rescisória. Isto é, o prazo para o ajuizamento de ação rescisória começa a contar depois da impossibilidade de interpor qualquer recurso naquele processo, isto é, do trânsito em julgado da última decisão (do último capítulo de sentença). Nesse sentido, o entendimento sedimentado na Súmula 401 do STJ[10], que foi reproduzido pelo art. 975 do CPC, que prevê que o prazo da ação rescisória começa a correr a partir do "trânsito em julgado da última decisão proferida no processo".

Ultrapassado esse biênio, ocorre a chamada **coisa soberanamente julgada**, ou **coisa julgada soberana**. Vale dizer, nem mesmo os vícios rescisórios são capazes de desconstituir a coisa julgada material.

Entretanto, existem defeitos processuais excepcionalíssimos que permitem, mesmo **após o prazo de 2 anos**, o ajuizamento de *querella nullitatis* ou qualquer outro meio idôneo para desconstituir a coisa julgada. Em razão dessa excepcionalidade, esses defeitos graves são denominados **vícios transrescisórios**. Trata-se de hipóteses excepcionais que impedem inclusive a formação de coisa julgada. É o caso, por exemplo, da ausência de citação válida, em que o réu não tenha tomado conhecimento do processo, nem por citação real, tampouco por citação ficta.

3. HIPÓTESES DE ANULAÇÃO E DE RESCISÃO EM RELAÇÃO A ATOS DE DISPOSIÇÃO DE VONTADE

O art. 966, § 4º, do CPC estabelece que "os atos de disposição de direitos, praticados pelas partes ou por outros participantes do processo e homologados pelo juízo, bem como os atos homologatórios praticados no curso da execução, estão sujeitos à anulação, nos termos da lei".

Assim, nos casos em que a decisão de mérito é meramente homologatória da autocomposição (renúncia à pretensão, pelo autor; reconhecimento do direito do autor,

---

8 Nesse sentido, por exemplo, Luiz Guilherme Marinoni e Daniel Mitidiero (*Código de Processo Civil:* comentado artigo por artigo. 4. ed. São Paulo: Revista dos Tribunais, 2012. p. 523-524).

9 A esse respeito, observe-se a jurisprudência do STJ: "Conforme reiterados precedentes desta Corte, o recurso intempestivo não interrompe o prazo para a ação rescisória. 2. O trânsito em julgado ocorre após o prazo para a interposição dos recursos cabíveis. Eventual decisão posterior, que reconheça intempestividade de pleito recursal, apenas confirma o trânsito em julgado anteriormente ocorrido. Precedentes" (STJ, AgRg no REsp 1054280/GO, Rel. Min. Jorge Mussi, Quinta Turma, julgado em 28-8-2012, *DJe* 6-9-2012).

10 Súmula 401 do STJ: "O prazo decadencial da ação rescisória só se inicia quando não for cabível qualquer recurso do último pronunciamento judicial".

pelo réu; ou transação) será cabível ação anulatória contra o ato homologado, e não ação rescisória.

O dispositivo, contudo, quando trata da execução, fala em "atos homologatórios", mas pretendeu dizer "atos homologados"[11]. Isto é, o que pode ser objeto da ação anulatória é o ato homologado (ato de disposição de vontade das partes) e não o ato homologatório (decisão judicial), já que, se o vício estivesse neste, seria caso de ação rescisória.

De outro lado, na hipótese de a sentença adotar o ato de vontade das partes como fundamento, julgando o mérito e não apenas homologando o acordo, então é caso de ação rescisória.

Por exemplo, no caso em que as partes, numa ação indenizatória, pactuam uma transação e estipulam o valor de R$ 10 mil para composição de eventuais danos sofridos pelo autor, o juiz apenas homologa tal acordo por sentença, que transita em julgado. Assim, havendo algum vício de vontade, caberá ação anulatória, e não rescisória.

De outro lado, caso haja acordo sobre o divórcio, o juiz não poderá simplesmente homologá-lo, mas deverá decretar o divórcio das partes por sentença (apenas podendo homologar eventual acordo sobre a partilha dos bens). Neste caso, transitada em julgado a sentença de mérito, caberá ação rescisória, caso presentes os seus requisitos, e não ação anulatória.

Cabe ressaltar, por fim, que há substanciosos entendimentos de que, caso tenha transitado em julgado a decisão homologatória, seria cabível de ação rescisória, e não de anulatória, ainda que o vício esteja no acordo homologado[12]. Contudo, tal entendimento não pode prevalecer. Em primeiro lugar, porque essa diferenciação (entre ter ou não transitado em julgado a decisão homologatória) não é feita pelo art. 966, § 4º, do CPC, acima referido. Além disso, a ação rescisória visa impugnar vícios na decisão rescindenda, e não no acordo (ato de disposição de vontade) das partes[13].

---

11 No mesmo sentido, Luiz Guilherme Marinoni, Sérgio Cruz Arenhart e Daniel Mitidiero: "[...] andou mal o legislador em falar em anulação dos 'atos homologatórios': o que é passível de anulação é o ato homologado" (MARINONI, Luiz Guilherme; ARENHART, Sérgio Cruz; MITIDIERO, Daniel. *O novo processo civil*. São Paulo: Revista dos Tribunais, 2015. p. 582).

12 Com esse entendimento, Fredie Didier Jr. e Leonardo José Carneiro da Cunha: "A decisão que homologa a autocomposição, uma vez transitada em julgado, também é rescindível. É espécie de decisão de mérito (art. 487, III, CPC) e, nessa qualidade, subsome-se à hipótese do *caput* do art. 966 do CPC. Qualquer decisão de mérito é rescindível. Não há razão para ser diferente nesse caso. O CPC-2015, ao ampliar o cabimento da ação rescisória também para as decisões de admissibilidade e ao falar, no *caput* do art. 966, em 'decisão de mérito' e não mais em 'sentença de mérito', não dá margem a dúvidas quanto a isso. Aliás, a decisão homologatória é título executivo judicial (art. 515, II, CPC). Nessa condição, o executado somente pode opor-se ao cumprimento de sentença alegando uma das matérias do § 1º do art. 525, CPC, sendo-lhe vedado suscitar pontos que deveriam ser enfrentados na fase de conhecimento; só lhe restará alegar matérias pertinentes à própria execução ou fatos supervenientes à decisão homologatória. Essa regra revela, claramente, a existência da eficácia preclusiva da coisa julgada nesse caso (art. 508, CPC). Daí o cabimento da ação rescisória para desconstituí-la" (DIDIER JR., Fredie; CUNHA, Leonardo José Carneiro da. *Curso de direito processual civil*: meios de impugnação às decisões judiciais e processo nos tribunais. v. 3. 13. ed. Salvador: JusPodivm, 2016. p. 429).

13 Nesse sentido, Luiz Guilherme Marinoni, Sérgio Cruz Arenhart e Daniel Mitidiero: "Não podem, em outras palavras, ser objeto de ação rescisória. O que pode ocorrer, isto sim, é a anulação do ato jurídico que lhe é subjacente por meio da ação anulatória competente. Afinal, é precisamente esse o interesse da parte: é o ato jurídico perfeito que reflete efeitos na esfera do interessado. É esse ato jurídico que, enquanto considerado como válido e eficaz, ameaça o seu interesse. É ele, por isso mesmo, que deve ser atacado e não o ato homologatório (que é

4. LEGITIMIDADE

4.1. Legitimidade ativa

Possuem **legitimidade ativa** para propor a ação rescisória (art. 967, CPC):

a) **quem foi parte no processo, ou seu sucessor**, a título universal ou singular.

b) **o Ministério Público**.

O Ministério Público possui legitimidade para a ação rescisória seja na qualidade de parte, ou quando atuou ou deveria atuar como fiscal da ordem jurídica. Assim, se a sua intervenção era obrigatória, mas não foi intimado nem se manifestou no processo, poderá propor a ação rescisória. As hipóteses em que é obrigatória a sua intimação para intervir como fiscal da ordem jurídica estão previstas no art. 178 do CPC[14], embora de forma não exaustiva.

Além disso, também poderá propor ação rescisória quando a sentença é fruto de simulação ou de colusão entre as partes. No caso de não ter intervindo, o prazo decadencial começa a contar do momento em que teve ciência da fraude. Esse entendimento, previsto na Súmula 100 do TST, passou a ser expresso no art. 975, § 3º, do CPC/2015: "Nas hipóteses de simulação ou de colusão das partes, o prazo começa a contar, para o terceiro prejudicado e para o Ministério Público, que não interveio no processo, a partir do momento em que têm ciência da simulação ou da colusão".

c) **terceiro juridicamente interessado**.

Como regra, a sentença atinge aqueles que foram partes no processo. Todavia, há casos em que atinge também terceiras pessoas. Nestes casos, há interesse jurídico do terceiro, o que o legitima a propor ação rescisória. É o caso, por exemplo, do condômino, na ação proposta pelo condomínio; do adquirente da coisa litigiosa; daquele que poderia ser sido assistente simples ou litisconsorcial; do substituído, na ação em que o substituto processual foi parte.

O inc. IV do art. 967 do CPC prevê que a ação poderá ser proposta por "aquele que não foi ouvido no processo em que lhe era obrigatória a intervenção". É o caso, por exemplo, das hipóteses em que seria necessária a autorização do cônjuge para propor a ação, ou dos casos de litisconsórcio passivo necessário, quando um dos litisconsortes não foi citado e não participou do processo. Ocorre que, em tais casos, em relação à decisão rescindenda, eles são terceiros juridicamente interessados (fazenda parte da relação jurídica de direito material discutida no processo, ou de relação jurídica conexa com a principal). Desse modo, o inc. IV representa uma redundância em relação ao inc. III do art. 967 do CPC.

---

transparente), que nada lhe acrescenta, senão a chancela judicial" (MARINONI, Luiz Guilherme; ARENHART, Sérgio Cruz; MITIDIERO, Daniel. *O novo processo civil*. São Paulo: Revista dos Tribunais, 2015. p. 582).

14 CPC: "Art. 178. O Ministério Público será intimado para, no prazo de 30 (trinta) dias, intervir como fiscal da ordem jurídica nas hipóteses previstas em lei ou na Constituição Federal e nos processos que envolvam: I – interesse público ou social; II – interesse de incapaz; III – litígios coletivos pela posse de terra rural ou urbana. Parágrafo único. A participação da Fazenda Pública não configura, por si só, hipótese de intervenção do Ministério Público".

4.2. Legitimidade passiva

De outro lado, possuem legitimidade passiva **todos aqueles que foram parte na primeira ação**. Aliás, trata-se de litisconsórcio passivo necessário entre todos aqueles que foram parte na primeira demanda e não estão no polo ativo da rescisória.

Caso tenha havido a substituição processual, basta citar o substituto, não precisando citar os substituídos.

5. COMPETÊNCIA

A competência para a ação rescisória é **sempre de tribunal**. Juízo de primeira instância nunca julga ação rescisória.

O **STF** e o **STJ** são **competentes** para processar e julgar ações rescisórias ajuizadas contra **suas próprias decisões**.

Os **tribunais de segunda instância** são competentes para processar e julgar ações rescisórias de **seus próprios julgados** e também de **decisões de juízes de primeira instância a eles vinculados**.

Se a sentença foi proferida por **juiz estadual investido de jurisdição federal**, é competente para a ação rescisória o **tribunal regional federal** da respectiva região.

Nesse ínterim, é importante notar que somente transita em julgado a decisão definitiva de mérito. Assim, a decisão de um tribunal que não conhece do recurso de apelação não substitui (não possui efeito substitutivo) a decisão de mérito recorrida e, desse modo, não é aquela, senão esta, que faz coisa julgada material. Isto é, somente faz coisa julgada material a decisão de mérito. Se a apelação não foi conhecida ou foi negado seguimento a ela, o que transita em julgado é a sentença. Da mesma forma, quando o recurso especial não é conhecido pelo STJ, o que transita em julgado é o acórdão do Tribunal, se este apreciou o mérito. Isto é, o efeito substitutivo da decisão da instância recursal somente ocorre no caso em que é apreciado o mérito do recurso, confirmando ou reformando a decisão anterior.

Tais considerações são importantes para definir a competência. Assim, se a apelação não foi conhecida, transita em julgado a sentença de primeira instância. Logo, a ação rescisória deverá ser proposta contra esta sentença. Neste caso, como visto, a competência será do Tribunal ao qual o juízo de primeira instância está vinculado.

Se o recurso especial não foi conhecido ou lhe foi negado seguimento, transita em julgado o acórdão do Tribunal, caso tenha apreciado o mérito. Assim, neste caso, a competência é do Tribunal.

Caso o **recurso especial tenha sido conhecido e julgado** (provido ou improvido), a rescisória deverá ser proposta contra dispositivo do acórdão do STJ, razão pela qual a **competência será do STJ**. Caso exista acórdão do STJ julgando o mérito do recurso especial, mas a rescisória impugne dispositivo do acórdão do Tribunal em relação ao qual não houve recurso para o STJ, a competência será do Tribunal respectivo, e não do STJ.

Da mesma forma do que se expôs em relação ao STJ, ocorre em relação aos julgados e à competência do STF. A esse respeito, aliás, é importante citar a Súmula 515 do STF: "**A competência para a ação rescisória não é do Supremo Tribunal Federal,**

quando a questão federal, apreciada no recurso extraordinário ou no agravo de instrumento, seja diversa da que foi suscitada no pedido rescisório".

O CPC prevê que, constatada a incompetência para a ação rescisória, o tribunal incompetente determina a emenda à petição inicial, a intimação da parte contrária para se manifestar e, a seguir, determina a remessa ao tribunal competente. Com efeito, o § 5º do art. 968 do CPC estabelece que, "reconhecida a incompetência do tribunal para julgar a ação rescisória, o autor será intimado para emendar a petição inicial, a fim de adequar o objeto da ação rescisória, quando a decisão apontada como rescindenda: I – não tiver apreciado o mérito e não se enquadrar na situação prevista no § 2º do art. 966; II – tiver sido substituída por decisão posterior". Além disso, estabelece que, nessa hipótese, "após a emenda da petição inicial, será permitido ao réu complementar os fundamentos de defesa, e, em seguida, os autos serão remetidos ao tribunal competente" (art. 968, § 6º, CPC). Ou seja, o processo continua tramitando no juízo incompetente para, somente após, ser remetido ao tribunal competente.

No entanto, quando ocorre o ajuizamento perante o órgão judiciário incompetente, é porque o autor pede a rescisão de decisão equivocada do processo (p. ex., a última decisão de mérito foi do tribunal de justiça, mas pede a rescisão contra decisão do STJ, que não conheceu do recurso especial). Por conseguinte, havendo incompetência para a ação rescisória, o vício é insanável. Logo, nesses casos, determinar a emenda à petição inicial ao invés de extinguir o processo sem resolução do mérito pode gerar um tumulto processual, prejudicar a celeridade e a instrumentalidade do processo. Por conseguinte, quando ajuizada a ação rescisória no tribunal incompetente, em razão de erro quanto à decisão rescindenda, o tribunal não deverá aplicar de forma imediata os arts. 968, §§ 5º e 6º, do CPC, que determinam a emenda à petição inicial, senão avaliar se não seria mais vantajoso para as partes e para o processo que a ação rescisória seja extinta por incompetência, para que seja proposta, após a correção do objeto, perante o tribunal competente.

De outro lado, a rescisória não poderia ser extinta sem resolução do mérito quando, por exemplo, se verificar que tal providência levaria à incidência do prazo decadencial, ou quando há dúvida fundada sobre a decisão rescindenda ou o tribunal competente, hipótese em que a não extinção do processo tem a vantagem de permitir que o conflito de competência seja suscitado.

O STJ faz a distinção entre o erro na indicação do tribunal competente e o erro em relação à decisão rescindenda, atribuindo consequências jurídicas diversas, da seguinte forma:

> O STJ distingue o mero erro no ajuizamento de ação rescisória em razão da competência do erro no ajuizamento em razão da matéria, com diferentes consequências. No primeiro caso, entende-se possível remeter o processo ao Tribunal competente, porquanto o erro está unicamente na indicação do órgão judiciário competente, mantendo-se incólume a inicial que impugna o correto acórdão a ser rescindido. Na segunda hipótese, ao invés, tem-se vedado a possibilidade da mesma remessa, na medida em que a petição inicial, de modo equivocado, insurge-se contra acórdão diverso, ou seja, contra decisão que não se constitui no efetivo acórdão rescindendo, sendo inviável fazer-se a correção do pedido e da causa de pedir articulados na inicial[15].

15 STJ, EDcl no AgInt na AR 5.613/RJ, Rel. Ministro Lázaro Guimarães (Desembargador Convocado do TRF 5ª Região), Segunda Seção, julgado em 8-11-2017, *DJe* 13-11-2017.

6. HIPÓTESES DE CABIMENTO

É cabível ação rescisória nas seguintes hipóteses (art. 966, CPC): "I – se verificar que foi proferida por força de prevaricação, concussão ou corrupção do juiz; II – for proferida por juiz impedido ou por juízo absolutamente incompetente; III – resultar de dolo ou coação da parte vencedora em detrimento da parte vencida ou, ainda, de simulação ou colusão entre as partes, a fim de fraudar a lei; IV – ofender a coisa julgada; V – violar manifestamente norma jurídica; VI – for fundada em prova cuja falsidade tenha sido apurada em processo criminal ou venha a ser demonstrada na própria ação rescisória; VII – obtiver o autor, posteriormente ao trânsito em julgado, prova nova cuja existência ignorava ou de que não pôde fazer uso, capaz, por si só, de lhe assegurar pronunciamento favorável; VIII – for fundada em erro de fato verificável do exame dos autos".

A seguir, serão analisados cada um desses vícios rescisórios.

6.1. Prevaricação, concussão ou corrupção do juiz (inc. I)

Trata-se de hipótese de crime praticado por servidor público (magistrado) contra a Administração Pública.

Há prevaricação quando o agente público "retardar ou deixar de praticar, indevidamente, ato de ofício, ou praticá-lo contra disposição expressa de lei, para satisfazer interesse ou sentimento pessoal" (art. 319, Código Penal).

De acordo com o art. 316 do Código Penal, o crime de concussão consiste em "exigir, para si ou para outrem, direta ou indiretamente, ainda que fora da função ou antes de assumi-la, mas em razão dela, vantagem indevida".

Por fim, a corrupção passiva ocorre quando o agente público "solicitar ou receber, para si ou para outrem, direta ou indiretamente, ainda que fora da função ou antes de assumi-la, mas em razão dela, vantagem indevida, ou aceitar promessa de tal vantagem" (art. 317, CP).

Assim, caso haja prevaricação, concussão ou corrupção passiva praticada pelo juiz, em razão do processo no qual foi proferida a decisão rescindenda, estará presente a possibilidade de ajuizamento de ação rescisória.

Para o cabimento da ação rescisória, na presente hipótese, não é necessário que haja prévia condenação criminal transitada em julgado, nem processo criminal em curso, tampouco inquérito policial.

Tais hipóteses serão provadas no próprio processo da ação rescisória.

6.2. Impedimento ou incompetência absoluta (inc. II)

6.2.1. Impedimento

As hipóteses de impedimento e de suspeição do juiz estão previstas nos arts. 144 e 145 do CPC.

O impedimento e a suspeição são causas que indicam a parcialidade do juiz.

No caso de impedimento, há uma presunção absoluta de parcialidade, por se tratar de hipótese mais forte de parcialidade. O instrumento adequado para alegar o impedimento, no processo, é a exceção de impedimento. Embora o CPC (art. 146, CPC[16]) estabeleça o prazo de 15 dias para que seja suscitado o impedimento, trata-se de prazo impróprio. Desse modo, não ocorre, durante o curso do processo, preclusão para a sua alegação.

A suspeição, por sua vez, gera uma presunção relativa de parcialidade, pois configura hipótese mais fraca de parcialidade. A **suspeição** deve ser alegada em **exceção de suspeição**, no **prazo de 15 dias a contar da primeira manifestação nos autos, sob pena de preclusão**.

Assim, fica claro que **somente é causa de ação rescisória o impedimento, não a suspeição**.

Todavia, não será caso de invalidade quando a sentença proferida por juiz impedido tiver sido reformada, confirmada ou cassada pelo Tribunal. Nesta hipótese, o que transitou em julgado foi o acórdão do tribunal, que substitui a sentença de primeira instância.

Na hipótese de impedimento de desembargador de tribunal ou de ministro de tribunal superior, também não haverá a invalidação do acórdão quando o seu voto, caso seja desconsiderado, não interfira no resultado (quando a decisão foi unânime ou o voto do desembargador ou ministro foi vencido)[17].

6.2.2. Incompetência absoluta

A incompetência absoluta é vício do juízo (órgão jurisdicional), e não do juiz.

Somente a incompetência absoluta é causa da ação rescisória. A relativa, se não alegada em momento oportuno, está sujeita à preclusão e, por conseguinte, à prorrogação da competência.

6.3. Dolo, coação, simulação ou colusão (inc. III)

O dispositivo prevê que será cabível a ação rescisória quando a decisão de mérito "resultar de dolo ou coação da parte vencedora em detrimento da parte vencida ou, ainda, de simulação ou colusão entre as partes, a fim de fraudar a lei".

O **dolo** consiste numa ação ou omissão intencional capaz de enganar a parte contrária. Somente se admite rescisória por dolo da parte vencedora quando for capaz de induzir o juiz a erro e, além disso, prejudicar a parte vencida. Equipara-se a dolo da parte o dolo do seu advogado e do seu representante legal.

Na **colusão entre as partes**, elas valem-se do processo para obter objetivo ilegal. Na colusão, o dolo é bilateral. É o que ocorre, por exemplo, no seguinte caso: uma empresa individual está insolvente; determinado empregado, amante da proprietária, ajuíza

---

16 CPC: "Art. 146. No prazo de 15 (quinze) dias, a contar do conhecimento do fato, a parte alegará o impedimento ou a suspeição, em petição específica dirigida ao juiz do processo, na qual indicará o fundamento da recusa, podendo instruí-la com documentos em que se fundar a alegação e com rol de testemunhas".

17 "Não enseja nulidade a participação de magistrado impedido em julgamento colegiado, quando o seu voto, se desconsiderado, não interfere no resultado. Precedentes" (STJ, AgRg no REsp 968.523/GO, Rel. Min. Maria Isabel Gallotti, Quarta Turma, julgado em 28-8-2012, *DJe* 3-9-2012).

reclamatória trabalhista pleiteando valor elevadíssimo contra a empresa, em conluio, a fim de frustrar os créditos dos outros credores (o crédito trabalhista tem preferência na falência até 150 s.m.).

A **coação** pode ser classificada em coação absoluta (*vis absoluta*) ou coação relativa (*vis compulsiva*). A coação absoluta é a violência física exercida contra alguém para praticar ou deixar de praticar um ato. A coação relativa é a coação moral que gera, na vítima, temor de mal físico ou moral. No entanto, na coação relativa, "para viciar a declaração da vontade, há de ser tal que incuta ao paciente fundado temor de dano iminente e considerável à sua pessoa, à sua família, ou aos seus bens" (art. 151, Código Civil). No âmbito do direito civil, a coação absoluta é um vício tão grave que implica a inexistência do ato. A coação moral, por sua vez, gera um vício de anulabilidade no âmbito do direito civil (art. 171, II, Código Civil). Para a ação rescisória, tanto a coação absoluta quanto a coação relativa são vícios rescisórios.

A **simulação** ocorre quando duas ou mais pessoas voluntariamente praticam, com a aparência de verdadeiro, ato que, em verdade, não existe, para fraudar a lei ou prejudicar terceiros. De acordo com o art. 167, § 1º, do Código Civil, há simulação nos negócios jurídicos quando: "I – aparentarem conferir ou transmitir direitos a pessoas diversas daquelas às quais realmente se conferem, ou transmitem; II – contiverem declaração, confissão, condição ou cláusula não verdadeira; III – os instrumentos particulares forem antedatados, ou pós-datados". Esse conceito do direito civil pode ser tomado por empréstimo para o processo civil.

Lembre-se que, nas hipóteses de simulação ou de colusão entre as partes, o prazo da ação rescisória começa a contar, para o terceiro prejudicado e para o Ministério Público, se não intervieram no processo, a partir da data do conhecimento da simulação ou da colusão (art. 975, § 3º, CPC).

6.4. Coisa julgada (inc. IV)

Coisa julgada é a qualidade da sentença que torna imutável e indiscutível o seu conteúdo.

Caso este seja o fundamento da rescisória, haverá apenas o juízo rescindente, pois ocorrerá somente a desconstituição da segunda sentença, não havendo novo julgamento da causa, isto é, o juízo rescisório. Com efeito, neste caso, o objetivo é tão somente desconstituir a segunda coisa julgada e fazer valer a primeira, pois não é o caso de proferir novo julgamento.

De outro lado, havendo duas decisões de mérito que transitaram em julgado e passado o prazo de dois anos da ação rescisória, há divergência sobre qual é a coisa julgada que deve prevalecer. Há duas principais correntes:

> 1ª) Deve prevalecer a primeira coisa julgada, pois o vício é da segunda sentença, e não da primeira coisa julgada. Defendem essa corrente, dentre outros, Marcus Vinicius Rios Gonçalves[18], Nelson Nery Jr e Rosa Maria de Andrade Nery[19].

---

18 GONÇALVES, Marcus Vinicius Rios. *Novo curso de direito processual civil*. v. 1. 4. ed. São Paulo: Saraiva, 2007. p. 184.

19 NERY JÚNIOR, Nelson; NERY, Rosa Maria de Andrade. *Código de Processo Civil comentado*. 11. ed. São Paulo: Revista dos Tribunais, 2010. p. 812-813.

2ª) Deve prevalecer a segunda coisa julgada. Fredie Didier Jr., Leonardo José Carneiro da Cunha[20], Luiz Guilherme Marinoni e Sergio Cruz Arenhart[21], dentre outros, são partidários desta corrente de entendimento.

Ocorre que o art. 966, inc. IV, do CPC prevê que a decisão de mérito poderá ser rescindida quando "ofender a coisa julgada". Assim, havendo duas decisões judiciais transitadas em julgado sobre a mesma demanda, quem ofende a coisa julgada é a segunda decisão de mérito transitada em julgado, não a primeira. Assim, deve prevalecer a primeira coisa julgada, haja vista que inexiste qualquer vício que a macule, ao contrário da decisão de mérito do segundo processo, que ofende a primeira coisa julgada. Vale dizer, é a segunda decisão judicial de mérito que foi proferida em afronta à coisa julgada, de modo que, diante desse vício insanável, a segunda decisão possui um vício transrescisório, que poderá ser alegado a qualquer tempo.

6.5. **Violação manifesta à norma jurídica (inc. V)**

Precisa haver violação à norma jurídica expressa. Ocorre quando há uma única interpretação possível dessa norma jurídica. Assim, não se admite rescisória fundada nesse dispositivo se houver divergência jurisprudencial, conforme previsto na Súmula 343 do STF[22].

Além disso, também é **cabível ação rescisória** com base nesse dispositivo "**contra decisão baseada em enunciado de súmula ou acórdão proferido em julgamento de casos repetitivos que não tenha considerado a existência de distinção entre a questão discutida no processo e o padrão decisório que lhe deu fundamento**" (art. 966, § 5º, CPC, com redação dada pela Lei n. 13.256/2016).

Assim, se a decisão que transitou em julgado tinha como fundamento principal súmula ou acórdão de julgamento de casos repetitivos, mas o caso julgado era diferente do padrão desse precedente vinculante, e não foi realizado o necessário *distinguishing*, caberá rescisória.

Na hipótese de ação rescisória com base no § 5º do art. 966 do CPC, o autor deverá, sob pena de inépcia da inicial, demonstrar que o caso julgado é diferente do utilizado no precedente vinculante, ou possui particularidade não examinada que exige solução diferenciada e que levam a solução jurídica diversa da que foi tomada (art. 966, § 6º, CPC, alterado pela Lei n. 13.256/2016)[23].

---

20 "Em um conflito de coisas julgadas (uma segunda decisão violou a coisa julgada de uma primeira), e não sendo rescindida a decisão posterior, com base no inciso IV do art. 966 do CPC, qual das duas deve prevalecer? A segunda deve prevalecer, não só como homenagem ao princípio da segurança jurídica, mas também pelo fato de que, se a decisão tem força de lei entre as partes (art. 503, CPC), lei posterior revoga a anterior, não obstante a segunda lei pudesse ter sido rescindida; como não o foi, fica imutável pela coisa julgada e, assim, deve prevalecer" (DIDIER JR., Fredie; CUNHA, Leonardo José Carneiro da. *Curso de direito processual civil*: meios de impugnação às decisões judiciais e processo nos tribunais. v. 3. 13. ed. Salvador: JusPodivm, 2016. p. 486-487).

21 MARINONI, Luiz Guilherme; ARENHART, Sérgio Cruz. *Processo de conhecimento*. 7. ed. São Paulo: Revista dos Tribunais, 2008. p. 665.

22 Súmula 343 do STF: "Não cabe ação rescisória por ofensa a literal disposição de lei, quando a decisão rescindenda se tiver baseado em texto legal de interpretação controvertida nos tribunais".

23 CPC: "Art. 966 [...] § 6º Quando a ação rescisória fundar-se na hipótese do § 5º deste artigo, caberá ao autor, sob pena de inépcia, demonstrar, fundamentadamente, tratar-se de situação particularizada por hipótese fática distinta ou de questão jurídica não examinada, a impor outra solução jurídica".

Observe-se que essa possibilidade de rescisória reforça a necessidade de os magistrados dominarem e efetivarem as técnicas de identificação e confronto dos precedentes judiciais. Aliás, esse dispositivo acaba por forçar os julgadores a não usarem retoricamente precedentes judiciais que não se aplicam ou que não correspondem ao caso julgado.

6.6. **Prova falsa (inc. VI)**

Segundo o inc. VI do art. 966, será cabível a ação rescisória quando a decisão de mérito resindenda "for fundada em prova cuja falsidade tenha sido apurada em processo criminal ou venha a ser demonstrada na própria ação rescisória".

Assim, para que haja rescindibilidade com base em prova falsa, precisa existir relação de causalidade entre a decisão de procedência ou improcedência e a prova falsa.

A falsidade da prova pode ser declarada em ação declaratória de falsidade ou na própria ação rescisória.

6.7. **Documento novo (inc. VII)**

O dispositivo (art. 966, VII, CPC) prevê que a decisão de mérito pode ser rescindida quando "obtiver o autor, posteriormente ao trânsito em julgado, prova nova cuja existência ignorava ou de que não pôde fazer uso, capaz, por si só, de lhe assegurar pronunciamento favorável".

Documento novo é, portanto, documento que já existia ao tempo da decisão, mas que não instruiu o processo porque a parte o ignorava ou porque a ele não teve acesso.

Assim, documento novo é documento velho que não pôde ser utilizado no processo. Isto é, "novo" quer dizer novo para o conhecimento do documento, e não para a sua existência.

Por conseguinte, documento que foi produzido posteriormente ao trânsito em julgado da sentença não é documento novo, para fins do dispositivo[24].

Deve, ainda, o documento novo dizer respeito a fato alegado no processo.

Tal documento deve instruir a petição inicial da rescisória.

Grande parte da doutrina entende que o exame de DNA constitui documento novo, apto a ensejar a rescisória. Nesse caso, ainda, o prazo de 2 anos somente começaria a contar a partir do momento em que a parte obtém o laudo. Outros entendem que a relativização da coisa julgada em razão do surgimento do exame de DNA não ocorre por haver documento novo, mas sim em razão do sopesamento dos bens jurídicos em

---

24 "O documento novo apto a aparelhar a ação rescisória, fundada no art. 485, VII, do CPC, deve ser preexistente ao julgado rescindendo, cuja existência era ignorada pelo autor ou do qual não pôde fazer uso *oportune tempore*, capaz, por si só, de assegurar pronunciamento jurisdicional favorável. Precedentes do STJ. [...] *In casu*, não há que se falar em ofensa ao art. 485, VII, do CPC, mormente porque o documento novo, qual seja, Certidão Negativa de Débito, expedida pelo Tribunal de Contas do Estado Mato Grosso em 26-9-2003, além de ser posterior ao trânsito em julgado do acórdão rescindendo em 19-10-2001, não revela capacidade de, por si só, ensejar alteração da decisão rescindenda, consoante assentando pelo Tribunal local [...]" (STJ, REsp 815.950/MT, Rel. Min. Luiz Fux, Primeira Turma, julgado em 18-3-2008, *DJe* 12-5-2008).

conflito (segurança jurídica *versus* justiça e dignidade da pessoa humana e direito fundamental à identidade genética[25]).

6.8. Erro de fato (inc. VIII)

O dispositivo estabelece que será possível a rescisão da "decisão de mérito" quando esta for fundada em erro de fato verificável do exame dos autos.

O § 1º do art. 966 do CPC dispõe que "há erro de fato quando a decisão rescindenda admitir fato inexistente ou quando considerar inexistente fato efetivamente ocorrido, sendo indispensável, em ambos os casos, que o fato não represente ponto controvertido sobre o qual o juiz deveria ter se pronunciado".

Assim, para que haja rescisão com base em erro de fato, é necessário que estejam presentes os seguintes requisitos, cumulativamente[26]:

a) a decisão rescindenda considere existente fato não ocorrido, ou não existente fato ocorrido;

b) não tenha havido controvérsia entre as partes sobre o fato;

c) não tenha havido pronunciamento judicial sobre esse fato;

d) esse erro de fato tenha influído decisivamente na decisão rescindenda.

Trata-se das hipóteses em que, no momento do julgamento, o juiz acredita que houve um fato inexistente ou que não houve um fato que existiu.

É o caso, por exemplo, de ação de cobrança ajuizada contra menor de 16 anos, para o cumprimento de contrato; no processo, é provada a menoridade, juntando-se cópia da identidade civil, mas o réu sustenta apenas que houve o cumprimento do contrato, não alegando a menoridade; o juiz julga procedente a ação de cobrança, sem que a menoridade tenha sido objeto de debate, tampouco de análise pelo juiz. Nesta hipótese, será cabível ação rescisória, com base em erro de fato.

6.9. Decisão de mérito inconstitucional

Além das hipóteses acima descritas, previstas no art. 966, o CPC estabelece que também caberá ação rescisória da decisão de mérito, quando estiver fundada em lei ou

---

25 "Deve ser relativizada a coisa julgada estabelecida em ações de investigação de paternidade em que não foi possível determinar-se a efetiva existência de vínculo genético a unir as partes, em decorrência da não realização do exame de DNA, meio de prova que pode fornecer segurança quase absoluta quanto à existência de tal vínculo. 3. Não devem ser impostos óbices de natureza processual ao exercício do direito fundamental à busca da identidade genética, como natural emanação do direito de personalidade de um ser, de forma a tornar-se igualmente efetivo o direito à igualdade entre os filhos, inclusive de qualificações, bem assim o princípio da paternidade responsável" (STF, RE 363889, Relator(a): Min. Dias Toffoli, Tribunal Pleno, julgado em 2-6-2011, acórdão eletrônico repercussão geral – mérito *DJe*-238, divulg. 15-12-2011, public. 16-12-2011, RTJ v. 00223-01 p. 0-420).

26 "Para a caracterização de erro de fato que autorize a propositura da ação rescisória, é necessário que: a decisão rescindenda considere existente fato não ocorrido, ou não existente fato ocorrido; a questão seja incontroversa no processo originário e sobre ela não haja pronunciamento judicial; ela tenha influído decisivamente na decisão rescindenda" (STJ, REsp 1066182/MS, Rel. Min. Nancy Andrighi, Terceira Turma, julgado em 28-6-2011, *DJe* 1º-8-2011).

ato normativo que, posteriormente, o STF declarar inconstitucional, ou em interpretação ou aplicação de lei ou ato normativo tido pelo STF como incompatível com a Constituição Federal, em controle concentrado ou difuso de constitucionalidade.

Nessa hipótese, o prazo para a ação rescisória da decisão começará a correr a partir do trânsito em julgado da decisão do STF, em controle difuso ou concentrado de constitucionalidade (art. 525, § 1º, III, § 12 e § 15, CPC[27]; art. 535, III, §§ 5º e 8º, CPC[28]).

De outro lado, caso a decisão do STF, em controle difuso ou concentrado de constitucionalidade, for anterior à decisão judicial de mérito fundada em lei ou ato normativo inconstitucional, ou em interpretação incompatível, caberá à outra parte alegar a inexigibilidade do título, no momento da execução (art. 525, § 1º, III, e § 12, CPC; art. 535, III, § 5º, CPC).

7. CASOS DE NÃO CABIMENTO DE AÇÃO RESCISÓRIA

Não se admite ação rescisória nos **Juizados Especiais Cíveis** (art. 59 da Lei n. 9.099/1995).

Também não é cabível ação rescisória na **Ação Direta de Inconstitucionalidade, na Ação Declaratória de Constitucionalidade** (art. 26 da Lei n. 9.868/1999) e na **Ação de Descumprimento de Preceito Fundamental** (art. 12 da Lei n. 9.882/1999).

8. PROCEDIMENTO

8.1. Petição inicial

A petição inicial da ação rescisória deve preencher os requisitos dos arts. 319 e 320, bem como do art. 968 do CPC.

---

27 CPC: "Art. 525. Transcorrido o prazo previsto no art. 523 sem o pagamento voluntário, inicia-se o prazo de 15 (quinze) dias para que o executado, independentemente de penhora ou nova intimação, apresente, nos próprios autos, sua impugnação. § 1º Na impugnação, o executado poderá alegar: [...] III – inexequibilidade do título ou inexigibilidade da obrigação; § 12. Para efeito do disposto no inciso III do § 1º deste artigo, considera-se também inexigível a obrigação reconhecida em título executivo judicial fundado em lei ou ato normativo considerado inconstitucional pelo Supremo Tribunal Federal, ou fundado em aplicação ou interpretação da lei ou do ato normativo tido pelo Supremo Tribunal Federal como incompatível com a Constituição Federal, em controle de constitucionalidade concentrado ou difuso. [...] § 15. Se a decisão referida no § 12 for proferida após o trânsito em julgado da decisão exequenda, caberá ação rescisória, cujo prazo será contado do trânsito em julgado da decisão proferida pelo Supremo Tribunal Federal".

28 CPC: "Art. 535. A Fazenda Pública será intimada na pessoa de seu representante judicial, por carga, remessa ou meio eletrônico, para, querendo, no prazo de 30 (trinta) dias e nos próprios autos, impugnar a execução, podendo arguir: [...] III – inexequibilidade do título ou inexigibilidade da obrigação; [...] § 5º Para efeito do disposto no inciso III do *caput* deste artigo, considera-se também inexigível a obrigação reconhecida em título executivo judicial fundado em lei ou ato normativo considerado inconstitucional pelo Supremo Tribunal Federal, ou fundado em aplicação ou interpretação da lei ou do ato normativo tido pelo Supremo Tribunal Federal como incompatível com a Constituição Federal, em controle de constitucionalidade concentrado ou difuso. [...] § 8º Se a decisão referida no § 5º for proferida após o trânsito em julgado da decisão exequenda, caberá ação rescisória, cujo prazo será contado do trânsito em julgado da decisão proferida pelo Supremo Tribunal Federal".

Se for o caso, é obrigatória a cumulação do **pedido de rescisão (juízo rescindente)** com o **pedido de novo julgamento da causa (juízo rescisório)**. Há cumulação própria sucessiva.

Entretanto, **nem sempre há a possibilidade de novo julgamento da causa**. É o caso, por exemplo, de acórdão proferido por tribunal incompetente; ou da decisão transitada em julgado em ofensa à primeira coisa julgada. Nesses casos, somente será possível o pedido rescindente, mas não o rescisório.

O **valor da causa**, na ação rescisória, corresponderá, como regra, ao valor dado à causa matriz, atualizado monetariamente. No entanto, se houve condenação em outro valor, ou se já houve liquidação e se apurou outra quantia, o valor da causa será correspondente à nova quantia apurada. De outro lado, se a rescisória é somente contra um capítulo da sentença, o valor da causa será o proveito econômico que se pretende obter.

O ajuizamento da ação rescisória não implica a imediata suspensão da decisão rescindenda, o que somente será realizado, em casos excepcionais, se preenchidos os requisitos para a concessão de tutelas provisórias (art. 969, CPC).

8.2. Depósito prévio

É exigido, para a propositura da ação rescisória, um depósito prévio, correspondente a **5% do valor da causa**, que servirá de multa para o caso de a ação rescisória ser julgada improcedente ou inadmissível, por unanimidade de votos. Contudo, o valor desse depósito prévio não pode ser superior a 1.000 salários mínimos (art. 968, § 2º, CPC). A limitação do depósito prévio serve para não inviabilizar o direito de ação.

Esse depósito, no entanto, não é exigido da União, dos Estados, do Distrito Federal dos Municípios, das suas respectivas autarquias e fundações de direito público, nem do Ministério Público, da Defensoria Pública e dos beneficiários da gratuidade judiciária.

De outro lado, empresas públicas e sociedades de economia mista não estão isentas do depósito prévio, tampouco do pagamento das custas em ação rescisória. Contudo, no art. 24-A, parágrafo primeiro, da Lei n. 9.028/1995, incluído pela Medida Provisória n. 2.180-35, de 2001, há uma exceção: tal dispositivo prevê a extensão da isenção do pagamento de custas, bem como depósito prévio e multa, à Caixa Econômica Federal, quando representa interesses do FGTS[29].

Caso seja julgada improcedente ou inadmissível a ação rescisória, por unanimidade de votos, o depósito será revertido em favor do réu, sem prejuízo da verba sucumbencial prevista no art. 82, § 2º, do CPC (conforme estabelece o art. 974, parágrafo único, CPC)[30].

---

29 "Art. 24-A. A União, suas autarquias e fundações, são isentas de custas e emolumentos e demais taxas judiciárias, bem como de depósito prévio e multa em ação rescisória, em quaisquer foros e instâncias. Parágrafo único. Aplica-se o disposto neste artigo a todos os processos administrativos e judiciais em que for parte o Fundo de Garantia do Tempo de Serviço – FGTS, seja no polo ativo ou passivo, extensiva a isenção à pessoa jurídica que o representar em Juízo ou fora dele."

30 CPC: "Art. 974. Julgando procedente o pedido, o tribunal rescindirá a decisão, proferirá, se for o caso, novo julgamento e determinará a restituição do depósito a que se refere o inciso II do art. 968. Parágrafo único. Considerando, por unanimidade, inadmissível ou improcedente o pedido, o tribunal determinará a reversão, em favor do réu, da importância do depósito, sem prejuízo do disposto no § 2º do art. 82".

8.3. Emenda, indeferimento da petição inicial e julgamento liminar de improcedência

Na hipótese de ausência de algum dos requisitos da petição inicial da ação rescisória ou o depósito prévio, deverá ser intimada a parte autora para suprir essa falta, no prazo de 15 dias. No caso de não ser efetuado o depósito prévio ou se este for insuficiente, será intimado o autor para efetuá-lo ou complementá-lo, no prazo de 15 dias. Essas intimações para emenda da petição inicial são feitas na pessoa do advogado.

Se não for suprida a petição inicial ou não for realizado o depósito, será indeferida a petição inicial (art. 968, § 3º, CPC).

À ação rescisória, também se aplica a possibilidade de julgamento liminar de improcedência, nas hipóteses em que é cabível no procedimento comum[31].

8.4. Tutelas de urgência

O art. 969 do CPC prevê expressamente a possibilidade de concessão de tutelas provisórias (tutela antecipada, tutela cautelar e tutelas de evidência) em ação rescisória, a fim de suspender a eficácia da decisão rescindenda. Para tanto, devem ser analisados os requisitos gerais das tutelas provisórias.

8.5. Contestação

A parte ré será citada para apresentar resposta, no prazo a ser **fixado pelo relator, entre 15 a 30 dias (úteis)**.

Não há prerrogativa de prazo para a Fazenda Pública, para partes com procuradores diferentes, para o Ministério Público ou para a Defensoria Pública. A presença destas partes ou órgãos no processo poderá, no entanto, ser considerada pelo relator no momento em que fixa o prazo para resposta.

Caso não seja apresentada contestação no prazo legal, haverá revelia.

Entretanto, não se pode confundir a revelia (fato consistente na ausência de contestação) com os seus efeitos jurídicos.

A revelia em ação rescisória não opera o seu efeito material, de presunção de veracidade dos fatos alegados pelo autor, em razão da autoridade da coisa julgada. Vale dizer, com a coisa julgada da sentença, existe uma presunção de que ela é hígida, razão pela qual, mesmo havendo revelia, inexistirá, na ação rescisória, a presunção de veracidade dos fatos alegados pelo autor. Nesse sentido, a jurisprudência pacificada do STJ[32].

---

31 CPC: "Art. 968 [...] § 4º Aplica-se à ação rescisória o disposto no art. 332". O art. 332, por sua vez, assim dispõe: "Art. 332. Nas causas que dispensem a fase instrutória, o juiz, independentemente da citação do réu, julgará liminarmente improcedente o pedido que contrariar: I – enunciado de súmula do Supremo Tribunal Federal ou do Superior Tribunal de Justiça; II – acórdão proferido pelo Supremo Tribunal Federal ou pelo Superior Tribunal de Justiça em julgamento de recursos repetitivos; III – entendimento firmado em incidente de resolução de demandas repetitivas ou de assunção de competência; IV – enunciado de súmula de tribunal de justiça sobre direito local. § 1º O juiz também poderá julgar liminarmente improcedente o pedido se verificar, desde logo, a ocorrência de decadência ou de prescrição".

32 "Inaplicável os efeitos da revelia, previstos no art. 319 do Código de Processo Civil, uma vez que esses não alcançam a demanda rescisória, pois a coisa julgada envolve direito indisponível, o que impede a presunção de

Assim, é ônus do autor da rescisória provar a ocorrência de uma das hipóteses do art. 966 do CPC.

De outro lado, a revelia na ação rescisória produz um dos seus efeitos formais: o réu revel não será mais intimado dos atos e termos do processo, correndo os prazos independentemente de intimação.

Após o prazo de contestação, apresentada ela ou não, o processo segue o procedimento comum.

8.6. Reconvenção

Na ação rescisória, **é possível ao réu propor reconvenção**, desde que também seja uma **demanda rescisória e contra a mesma sentença**. Isto é, somente será admitida a reconvenção em ação rescisória se o pedido reconvencional também for rescisório e relativo ao mesmo julgado impugnado na ação rescisória[33].

Assim, somente é possível reconvenção na ação rescisória se houve procedência parcial da demanda matriz, exsurgido o interesse jurídico de ambas as partes na desconstituição da coisa julgada, caso esta apresente vícios rescisórios.

8.7. Provas

Admite-se ampla instrução probatória na ação rescisória.

A produção de provas poderá ser determinada pelo relator, produzindo-se perante ele ou perante o órgão colegiado.

O relator poderá, ainda, delegar a competência para a produção de provas ao juiz de primeira instância onde deva ser produzida, por meio de carta de ordem, fixando prazo de 1 a 3 meses para a devolução dos autos (art. 972, CPC).

8.8. Intervenção do MP

Na ação rescisória, o Ministério Público somente atuará como fiscal da ordem jurídica quando a **qualidade da parte ou o objeto da demanda justificarem a sua intervenção**, na forma do art. 178 do CPC. É o que determina o art. 967, parágrafo único, do mesmo Código[34].

---

veracidade dos fatos alegados pela parte autora" (STJ, AR 4.309/SP, Rel. Min. Gilson Dipp, Terceira Seção, julgado em 11-4-2012, *DJe* 8-8-2012). No mesmo sentido: "Em observância ao princípio da preservação da coisa julgada não incidem sobre a rescisória os efeitos da revelia previstos no art. 319 do CPC" (STJ, AR 3.341/SP, Rel. Min. Arnaldo Esteves Lima, Terceira Seção, julgado em 14-12-2009, *DJe* 1º-2-2010).

33 A esse respeito, assim tem decidido o E. TJDFT: "Admite-se o oferecimento de reconvenção em ação rescisória quando aquela modalidade de resposta do réu também possuir natureza rescisória e referir-se ao mesmo julgado que é objeto da inicial" (TJDFT, Acórdão n. 480597, 20090020096006ARC, Rel. João Mariosi, 3ª Câmara Cível, julgado em 14-2-2011, *DJ* 17-2-2011 p. 51).

34 CPC: "Art. 967 [...] Parágrafo único. Nas hipóteses do art. 178, o Ministério Público será intimado para intervir como fiscal da ordem jurídica quando não for parte".

8.9. Alegações finais

Encerrada a instrução, será dada vista, sucessivamente, ao autor e ao réu, pelo **prazo de 10 dias**, para a apresentação de razões finais, na forma de memoriais (art. 973, CPC). Se cabível a intervenção do Ministério Público, este deverá ser intimado para se manifestar, no prazo de 30 dias (art. 178, CPC).

8.10. Sustentação oral

É admissível sustentação oral no julgamento da ação rescisória[35]. Após a exposição da causa pelo relator, o recorrente, o recorrido e, por fim, o Ministério Público terão o prazo de **15 minutos cada um** para sustentarem oralmente as suas razões.

8.11. Julgamento: juízo rescindente e juízo rescisório

O julgamento de procedência da ação rescisória possui duas partes, o juízo rescindente e o juízo rescisório.

O **juízo rescindente** (*iudicium rescindens*) tem por objetivo **desconstituir a coisa julgada**.

No **juízo rescisório** (*iudicium rescissorium*), por sua vez, é feito **novo julgamento da causa**, depois de desconstituída a coisa julgada.

Segundo a Súmula 252 do STF, não são impedidos de participar do julgamento da rescisória os julgadores que participaram da decisão rescindenda[36]. O entendimento estabelecido nesta súmula não se aplica, contudo, nas hipóteses em que o vício rescisório diz respeito ao próprio julgador (p. ex., impedimento).

Contudo, o CPC (art. 971) estabelece que, sempre que possível, o relator deverá ser escolhido dentre aqueles que não tenham participado do julgamento rescindendo.

Se, no julgamento da rescisória, for considerado, por unanimidade, inadmissível ou improcedente o pedido, o tribunal determinará a reversão, em favor do réu, da importância do depósito prévio, sem prejuízo dos ônus sucumbenciais e das perdas e danos (art. 974). Não se tratando dessas hipóteses, julgada a rescisória, será determinada a restituição do depósito prévio ao autor da rescisória.

9. RECURSOS

Contra as decisões proferidas na ação rescisória, são cabíveis **agravo interno** (contra a decisão do relator), **embargos declaratórios, recurso especial e recurso extraordinário.**

---

35 CPC: "Art. 937. Na sessão de julgamento, depois da exposição da causa pelo relator, o presidente dará a palavra, sucessivamente, ao recorrente, ao recorrido e, nos casos de sua intervenção, ao membro do Ministério Público, pelo prazo improrrogável de 15 (quinze) minutos para cada um, a fim de sustentarem suas razões, nas seguintes hipóteses, nos termos da parte final do *caput* do art. 1.021: [...] VI – na ação rescisória, no mandado de segurança e na reclamação".

36 Súmula 252 do STF: "Na ação rescisória, não estão impedidos juízes que participaram do julgamento rescindendo".

Além disso, **também será cabível a técnica de julgamento contra acórdão não unânime**, prevista no art. 942 do CPC, quando o acórdão (não unânime) julgar procedente ou parcialmente procedente a ação rescisória e rescindir a decisão de mérito[37].

10. RESCISÓRIA DE RESCISÓRIA

É possível ação rescisória contra decisão definitiva transitada em julgado proferida em ação rescisória anterior, desde que a nova rescisória impugne vícios da rescisória antecedente.

37 CPC: "Art. 942. Quando o resultado da apelação for não unânime, o julgamento terá prosseguimento em sessão a ser designada com a presença de outros julgadores, que serão convocados nos termos previamente definidos no regimento interno, em número suficiente para garantir a possibilidade de inversão do resultado inicial, assegurado às partes e a eventuais terceiros o direito de sustentar oralmente suas razões perante os novos julgadores. § 3º A técnica de julgamento prevista neste artigo aplica-se, igualmente, ao julgamento não unânime proferido em: I – ação rescisória, quando o resultado for a rescisão da sentença, devendo, nesse caso, seu prosseguimento ocorrer em órgão de maior composição previsto no regimento interno".

CAPÍTULO X

DO INCIDENTE DE RESOLUÇÃO DE DEMANDAS REPETITIVAS (IRDR)

1. DEFINIÇÃO E ESCOPO

Cada vez mais a jurisprudência dos tribunais passa a ocupar um papel relevante como fonte do direito. Além disso, há a tendência de redução dos recursos cabíveis, bem como de atribuição de competência ao relator para decidir monocraticamente questões que já estejam pacificadas no âmbito do tribunal de segunda instância ou dos tribunais superiores.

Nesse ínterim, o CPC/2015 criou o incidente de resolução de demandas repetitivas com o **objetivo** de permitir que o tribunal decida qual é a interpretação para determinada questão de direito, **uniformizando a jurisprudência interna do tribunal**, bem como fixando a tese jurídica que entender adequada, o que é vinculativo para os demais órgãos do tribunal e para os juízos de primeira instância a eles vinculados.

Assim, a criação de tal incidente tem por escopo proporcionar segurança jurídica e assegurar isonomia. Trata-se de um mecanismo processual apto a compor as divergências jurisprudenciais internas dos tribunais, conferindo maior agilidade ao julgamento dos recursos e, ainda, maior segurança jurídica aos jurisdicionados. Com isso, busca, inclusive, evitar que casos semelhantes tenham destinos completamente diversos em razão de diferentes entendimentos nos órgãos fracionários dos tribunais. Nesse sentido, o incidente também visa assegurar a isonomia[1].

Além disso, o incidente de resolução de demandas repetitivas (IRDR) tem por escopo racionalizar o julgamento de conflitos de massa[2]. Nesse sentido, ao invés de vá-

---

1 "O tratamento isonômico de diferentes processos que versam sobre a mesma matéria jurídica, gerando dessa forma segurança jurídica, é a justificativa do incidente ora analisado, como se pode constatar da mera leitura do art. 976, *caput*, do Novo CPC" (NEVES, Daniel Amorim Assumpção. *Novo Código de Processo Civil*. Rio de Janeiro: Forense, 2015. p. 501).

2 Nesse sentido: "O incidente de resolução de demandas repetitivas é a grande aposta da comissão encarregada da elaboração do novo CPC. A utilização do instituto permitirá a solução dos denominados *conflitos de massa* (ações que envolvem consumidores e prestadoras de serviços, principalmente), evitando que todas as demandas incluídas no gênero, como espécies, reclamem a prática de inúmeros atos, a prolação de várias sentenças, a interposição de vários recursos. Além disso, a utilização do incidente permitirá a pacificação da jurisprudência na mesma base territorial do órgão encarregado do julgamento do incidente. Em termos práticos, os conflitos são solucionados

rios julgamentos indefinidamente divergentes, cada um decidindo de uma forma, racionaliza-se a máquina judiciária, na medida em que, a partir da fixação da tese jurídica, todos os demais julgamentos no âmbito daquele Estado ou Região deverão seguir o entendimento uniformizado.

Tal incidente está disciplinado nos arts. 976 a 987 do Código de Processo Civil.

2. CABIMENTO

Para que seja proposto o incidente de resolução de demandas repetitivas, é necessário o preenchimento de três requisitos positivos, de forma cumulativa (art. 976, CPC):

a) "efetiva repetição de processos" sem solução uniforme, no âmbito do mesmo tribunal.

Esse requisito é importante porque não se pode formar o precedente vinculante no IRDR apenas com base em especulações de que haverá repetição de processos perante aquele tribunal. É preciso que efetivamente ocorra a repetição de demandas, bem como que, antes de se decidir o IRDR, sejam observados os efeitos dinâmicos das decisões de primeira instância.

Ademais, não se justifica a instauração do IRDR se há repetição de processos, mas as decisões têm sido uniformes, ou seja, se todos os juízos estão decididos no mesmo sentido.

Além disso, é necessária que a "repetição de processos" ocorra dentro do mesmo tribunal que julgará o IRDR, não sendo suficiente a demonstração de repetição de processos que tramitam perante juízos vinculados a outro tribunal[3][4].

b) "controvérsia sobre a mesma questão unicamente de direito".

Para o direito processual civil, a questão é um ponto controvertido de fato ou de direito em determinado processo. O dispositivo prevê como requisito para a instauração do incidente que a controvérsia seja sobre a "mesma questão unicamente de direito". Pela sua literalidade, não poderia haver a instauração do incidente se houvesse controvérsia de fato. Contudo, a doutrina tem mitigado a interpretação gramatical, porque tornaria inaplicável o instituto[5]. A intenção legislativa é que seja possível extrair

---

através da análise do julgamento de um *caso piloto*, cuja solução propaga, para atingir todas as demais ações que versem sobre a mesma matéria" (MONTENEGRO FILHO, Misael. *Projeto do Novo Código de Processo Civil:* confronto entre o CPC atual e o Projeto do Novo CPC. São Paulo: Atlas, 2011. p. 404).

3 Nesse mesmo sentido, sedimentou-se a jurisprudência do TJDFT: " O incidente de resolução de demandas repetitivas está sujeito a exame prévio de admissibilidade, a ser realizado pelo órgão competente para processá-lo e julgá-lo (NCPC, art. 981), **estando sua admissibilidade condicionada** à realização dos pressupostos estabelecidos pelo legislador como forma de serem preservadas sua gênese e destinação, implicando que, não formatando questão de direito que, fazendo o objeto de multiplicidade de processos, **tem tido resoluções dissonantes, afetando a segurança jurídica**, não pode ser admitido (NCPC, art. 976)" (TJDFT, Acórdão n. 953616, 20160020123157IDR, Rel. Teófilo Caetano Câmara de Uniformização, julgado em 6-6-2016, *DJe* 14-7-2016).

4 Em sentido contrário, o Enunciado 22 da ENFAM: "A instauração do IRDR não pressupõe a existência de processo pendente no respectivo tribunal".

5 "A literalidade da norma, entretanto, deixa uma dúvida. Ao prever a repetição de processos que contenham controvérsia sobre a mesma questão unicamente de direito, o dispositivo dá a entender que, havendo diferentes questões de fato em tais processos, não seria cabível a instauração do incidente processual. No entanto, essa realidade deve ser analisada com certa flexibilidade, porque, mesmo existindo diversidade de fatos, a questão jurídica

dos processos uma mesma questão (ponto controvertido) de direito, sendo irrelevantes – para fins do incidente – as controvérsias de fato. Desse modo, no incidente, será decidida apenas a tese jurídica, não havendo julgamento da questão fática, ainda que haja controvérsia sobre os fatos.

c) "risco de ofensa à isonomia e à segurança jurídica".

A preocupação com julgamentos diversos para casos semelhantes transcende o próprio processo civil. A teoria do direito, ao longo dos tempos, sempre esteve preocupada com os limites da interpretação do Judiciário diante da insegurança jurídica que podem causar as divergências interpretativas. Ocorre que o problema está precisamente no fato de que, em diversos casos, não há uma solução clara na legislação e, em tais casos, é possível o surgimento de demandas repetitivas com julgamentos completamente diferentes.

É essa preocupação – teorética, mas também pragmática – que levou à criação do incidente de resolução de demandas repetitivas. Assim, o tribunal deverá apreciar, diante do pedido de instauração do incidente, se a possibilidade de julgamentos diferentes para casos semelhantes, em demandas de massa, pode gerar risco à isonomia e à segurança jurídica.

Além desses requisitos (positivos), há também um ***requisito negativo*** (ou seja, que não pode estar presente) para a admissão do incidente de resolução de demandas repetitivas: a ausência de afetação aos tribunais superiores acerca de tese sobre questão de direito repetitiva (art. 976, § 4º, CPC)[6].

De outro lado, é possível a instauração desse incidente tanto para questões de direito processual como para as relativas a direito material (art. 928, CPC)[7].

Observe-se que o IRDR também poderá ser utilizado, por exemplo, em casos de demanda de massa que digam respeito a direitos individuais homogêneos, hipótese em que também seria cabível a ação civil pública. Embora, em termos de segurança jurídica, a ação civil pública pudesse ser preferível ao IRDR, se sopesada a necessidade de amadurecimento da decisão e do experimentalismo institucional, a conclusão passa a ser exatamente oposta. Com efeito, o IRDR é preferível às ações coletivas porque permite que sejam proferidas decisões por diversos juízos, oportunizando observar os efeitos dinâmicos das decisões, antes que a questão seja resolvida definitivamente[8].

---

pode ser a mesma. Basta imaginar diferentes remessas de nomes para cadastros de devedores por uma causa comum, quando cada autor indicará um fato diferente, afinal, cada inclusão é um fato. Contudo, nesse caso a causa da inclusão nos cadastros de devedores é comum, de forma a ser irrelevante a diversidade dos fatos para a fixação da tese jurídica. A diversidade de fatos apta a afastar o cabimento do incidente de resolução de demandas repetitivas deve ser aquela suficiente a influenciar a aplicação do direito ao caso concreto, porque, havendo fatos diferentes de origem comum, deve ser cabível o incidente ora analisado" (NEVES, Daniel Amorim Assumpção. *Novo Código de Processo Civil.* Rio de Janeiro: Forense, 2015. p. 502).

6 CPC: "Art. 976 [...] § 4º É incabível o incidente de resolução de demandas repetitivas quando um dos tribunais superiores, no âmbito de sua respectiva competência, já tiver afetado recurso para definição de tese sobre questão de direito material ou processual repetitiva".

7 CPC: "Art. 928. [...] Parágrafo único. O julgamento de casos repetitivos tem por objeto questão de direito material ou processual".

8 Contudo, há doutrina que entende que as ações coletivas seriam preferíveis ao IRDR: "A partir da vigência do CPC, a tutela coletiva de direitos individuais homogêneos poderá ser efetivada, principalmente, por meio das ações coletivas e do IRDR. A utilização de uma dessas técnicas processuais não exclui necessariamente a outra.

3. COMPETÊNCIA

A **competência para processar e julgar originariamente** o **incidente de resolução de demandas repetitivas** é dos **tribunais de justiça** ou dos **tribunais regionais**.

O regimento interno do tribunal indicará o órgão colegiado responsável pelo julgamento do incidente de resolução de demandas repetitivas.

Após julgar o incidente e fixar a tese jurídica, o mesmo órgão colegiado deverá julgar o recurso, a remessa necessária ou o processo de competência originária que deu origem ao incidente (art. 978, parágrafo único, CPC).

Os tribunais superiores não têm competência originária para julgar tal incidente, mas apenas para apreciá-los em grau recursal e, inclusive, determinar a suspensão de todos os processos em trâmite no território nacional sobre matéria idêntica à que será apreciada[9].

Por fim, também é cabível a instauração de IRDR com base em demandas repetitivas em curso em Juizados Especiais[10]. Nessa hipótese, embora haja entendimentos de que o IRDR deva ser julgado pelo próprio sistema dos Juizados Especiais[11], esta não é a melhor solução. Em primeiro lugar, por uma interpretação literal, pois o artigo 978, *caput*, do CPC estabelece que julgamento do IRDR deverá ser feito por órgão responsável "pela uniformização de jurisprudência do *tribunal*". Além disso, o sistema dos Juizados Especiais deve ser reservado para julgar causas simples, dentro do procedimento sumaríssimo e com uma sistemática simplificada, haja vista se tratar de causas de menor complexidade ou baixo valor. Contudo, o IRDR é um incidente capaz de produzir decisão com eficácia vinculante, cujo processo deve assegurar a participação de *amicus curiae*, com possibilidade de realização de audiências públicas. Ademais, considerando a eficácia vinculante do precedente formado e a questão da suspensão das demais ações que versem sobre a matéria, caso se admitisse IRDR perante turma recursal ou turmas de uniformização de Juizados Especiais, teria que se conviver com a hipótese de o Tribunal e a turma de uniformização de Juizado Especial do mesmo Estado criarem precedentes vinculantes diferentes sobre uma mesma matéria, hipótese em que os juízes de juizados estariam vinculados a determinada tese e os demais juízes a outra; além disso, ao admitir essa tese, com a instauração do incidente, haveria suspensão para determinados processos de Juizado e não haveria suspensão para os processos das Varas comuns. Demais

---

Como visto, as demandas coletivas também fazem parte do conceito de demandas repetitivas, de modo que ficam sujeitas ao regime jurídico do IRDR. Portanto, a defesa coletiva dos direitos de massa terá duas principais opções: (a) permitir o ajuizamento de diversas demandas repetitivas sobre uma mesma questão de direito, as quais coloquem em risco os princípios constitucionais da segurança jurídica e da isonomia, para, em seguida, instaurar o IRDR com a finalidade de obter uma decisão abstrata (tese jurídica) a ser aplicada vinculativamente aos processos suspensos; e (b) ajuizar, desde logo, ações coletivas, submetendo os litígios de massa à jurisdição coletiva e evitando a pulverização de demandas repetitivas. Em que pese o regime jurídico do IRDR não excluir a utilização simultânea das ações coletivas, essas últimas mostram-se uma técnica processual superior. O processo coletivo deve ser preferido em relação aos incidentes processuais coletivos na resolução dos litígios de massa" (CAVALCANTI, Marcos. *Incidente de resolução de demandas repetitivas e ações coletivas*. Salvador: JusPodivm, 2015. p. 613-614).

9 "Os tribunais de superposição não têm competência para julgar originariamente o incidente de resolução de demandas repetitivas, mas poderão participar do julgamento em grau recursal e proferir decisão determinando a suspensão de todos os processos em trâmite no território nacional, como será analisado no momento adequado" (NEVES, Daniel Amorim Assumpção. *Novo Código de Processo Civil*. Rio de Janeiro: Forense, 2015. p. 506).

10 Enunciado 21 da ENFAM: "O IRDR pode ser suscitado com base em demandas repetitivas em curso nos juizados especiais".

11 Nesse sentido, por exemplo, o Enunciado 44 da ENFAM: "Admite-se o IRDR nos juizados especiais, que deverá ser julgado por órgão colegiado de uniformização do próprio sistema".

disso, no IRDR, o Tribunal julga apenas a tese, e não o caso concreto, de modo que a causa deverá será ser julgada pelo juízo onde o processo se encontra suspenso, o qual deverá aplicar a tese. Desse modo, se o IRDR for instaurado a partir de causa de Juizado Especial, este continuará a julgar a causa (não havendo que se falar em supressão de competência), aplicando-se a tese firmada no IRDR.

Por todas essas razões, deve se admitir a instauração de IRDR em Juizados, mas a sua admissibilidade, processamento e julgamento deverão ocorrer pelo Tribunal de Justiça ou Tribunal Regional, e não pela Turma Recursal (do Juizado).

4. LEGITIMIDADE PARA O PEDIDO DE INSTAURAÇÃO DO INCIDENTE

Podem pedir a instauração do incidente de resolução de demandas repetitivas o **juiz ou relator, por meio de ofício**; as **partes**, o **Ministério Público** ou a **Defensoria Pública, por petição**.

Observe-se que a **legitimidade** do **Ministério Público** e a da **Defensoria Pública** são **autônomas**. Assim, quando pedem a instauração do incidente, não o fazem representando a parte em favor da qual intervêm ou atuam, senão em nome próprio, da instituição.

O ofício ou a petição deverão ser instruídos com os documentos necessários à demonstração do preenchimento dos requisitos para a instauração do incidente.

5. PROCESSAMENTO

5.1. Petição ou ofício de instauração

A **petição ou o ofício** de instauração do incidente deverão ser **dirigidos** ao **Presidente do Tribunal**, a quem caberá determinar a **distribuição ao órgão colegiado competente** para o incidente, na forma do seu regimento interno.

Não há custas processuais para requerer a instauração do incidente (art. 987, § 5º, CPC).

5.2. Juízo de admissibilidade

Após a distribuição, o órgão colegiado do tribunal, competente para julgar o incidente, procederá ao seu juízo de admissibilidade, analisando se estão presentes os requisitos para o incidente, estabelecidos no art. 976 do CPC.

5.3. Suspensão dos processos no âmbito do respectivo tribunal e/ou em âmbito nacional

Uma vez **admitido o incidente**, o **relator deverá determinar que sejam suspensos todos os processos pendentes**, individuais ou coletivos, que **tramitam no Estado ou na região**, conforme o caso (art. 982, CPC)[12].

---

12 Nesse sentido, aliás, o art. 313, IV, CPC: "Art. 313. Suspende-se o processo: [...] IV – pela admissão de incidente de resolução de demandas repetitivas".

A suspensão deverá ser comunicada aos órgãos jurisdicionais competentes para julgar processos envolvendo a mesma questão de direito.

Aliás, os art. 313, inc. IV, do CPC prevê que deve ser suspenso o processo "pela admissão de incidente de resolução de demandas repetitivas".

Enquanto o processo está suspenso, o requerimento de tutela de urgência (tutela antecipada ou tutela cautelar) deverá ser dirigido ao juízo onde tramita o processo suspenso, e não ao órgão colegiado do tribunal competente para julgar o incidente.

Essa suspensão durará até o trânsito em julgado do acórdão que julga o incidente. Com efeito, o § 5º do art. 982 do CPC prevê que "cessa a suspensão a que se refere o inciso I do *caput* deste artigo se não for interposto recurso especial ou recurso extraordinário contra a decisão proferida no incidente".

De outro lado, as partes, o Ministério Público ou a Defensoria Pública, com o objetivo de garantir segurança jurídica, poderão requerer, ao STF ou ao STJ (conforme a matéria examinada), a suspensão de todos os processos individuais ou coletivos em curso no território nacional que versem sobre a questão objeto do incidente já instaurado, nos termos do art. 982, § 3º, CPC[13]. Também será legitimada para requerer tal providência aos tribunais superiores "a parte no processo em curso no qual se discuta a mesma questão objeto do incidente" (art. 982, § 4º, CPC). O dispositivo não previu a possibilidade de idêntica providência ser pleiteada aos tribunais superiores pelos juízos de primeira instância ou tribunais de segunda instância.

5.4. Publicidade ampla do incidente

Diante do caráter vinculativo e da oponibilidade *erga omnes* da tese jurídica fixada, a instauração e o julgamento do incidente de resolução de demandas repetitivas deverá ter ampla divulgação e publicidade, inclusive com registro eletrônico no Conselho Nacional de Justiça, além de serem disponibilizados em banco de dados eletrônico sobre as questões submetidas e julgadas no incidente (art. 979, CPC).

Atendendo a essa determinação, o CNJ criou, em sítio eletrônico, o "Banco Nacional de Dados de Demandas Repetitivas e Precedentes Obrigatórios"[14].

5.5. Requisição de informações aos órgãos jurisdicionais vinculados ao tribunal

Poderão ser requisitadas informações a órgãos judiciais onde tramitam processos nos quais se discute a mesma questão de direito do incidente, que deverão prestá-las no **prazo de 15 dias**.

13 CPC: "Art. 982 [...] § 3º Visando à garantia da segurança jurídica, qualquer legitimado mencionado no art. 977, incisos II e III, poderá requerer, ao tribunal competente para conhecer do recurso extraordinário ou especial, a suspensão de todos os processos individuais ou coletivos em curso no território nacional que versem sobre a questão objeto do incidente já instaurado".

14 Disponível em: <http://www.cnj.jus.br/bnpr-web/>. Acesso em: 1º-3-2019.

5.6. **Oitiva das partes e interessados**

O relator deverá intimar as partes e demais interessados, incluindo pessoas, órgãos e entidades com interesse na controvérsia, para se manifestarem no **prazo comum de 15 dias** (art. 983, *caput*, CPC).

As partes e os interessados poderão, na sua manifestação, requerer a juntada de documentos, bem como as diligências necessárias para o esclarecimento da questão de direito controvertida.

5.7. **Audiência pública e intervenção do *amicus curiae***

O CPC estabelece que o relator poderá designar audiência pública para "ouvir depoimentos de pessoas com experiência e conhecimento na matéria" (art. 983, § 1º).

Considerando que o julgamento do incidente de demandas repetitivas tem repercussão para diversas pessoas que não participam do processo, a presença do *amicus curiae* pode servir para ampliar o debate e a dialeticidade do processo, colocando-se questões e reflexões que não foram levantadas pelas partes.

Contudo, a admissão do *amicus curiae* fica a critério do relator, não sendo este obrigado a aceitar tal intervenção.

A importância do *amicus curiae* em processos como esse é tão grande que o CPC estabelece que, uma vez admitido, "o *amicus curiae* pode recorrer da decisão que julgar o incidente de resolução de demandas repetitivas" (art. 138, § 3º, CPC).

5.8. **Intervenção do Ministério Público**

O Ministério Público, quando não for requerente, atuará obrigatoriamente como fiscal da ordem jurídica no incidente. Isso ocorre diante da repercussão para pessoas que não são parte no processo.

Se atuar como fiscal da ordem jurídica, o Ministério Público, após a manifestação das partes e dos interessados, será intimado para, querendo, no prazo de 15 dias, se manifestar (art. 983, *caput*, CPC).

5.9. **Desistência ou abandono**

A desistência ou abandono do processo não prejudicam o julgamento do incidente de resolução de demandas repetitivas (art. 976, § 2º, CPC).

No caso de desistência ou abandono, o Ministério Público deverá assumir a titularidade do incidente (art. 976, § 1º, CPC).

5.10. **Julgamento do incidente**

O incidente de resolução de demandas repetitivas deverá ser **julgado no prazo de 1 ano**, tendo preferência sobre os demais processos cíveis[15]. **Transcorrido esse prazo,**

---

15 CPC: "Art. 980. O incidente será julgado no prazo de 1 (um) ano e terá preferência sobre os demais feitos, ressalvados os que envolvam réu preso e os pedidos de *habeas corpus*. Parágrafo único. Superado o

cessa a suspensão dos processos pendentes (referida no art. 982, CPC), salvo decisão fundamentada do relator em sentido diverso (art. 980, CPC).

Concluídas as diligências e a instrução, o relator deverá solicitar data para o julgamento do incidente.

No julgamento do incidente, o relator, inicialmente, lerá o relatório.

A seguir, poderão fazer sustentação oral, na seguinte ordem:

a) o autor e o réu do processo originário, pelo prazo de 30 minutos cada;

b) o Ministério Público, por 30 minutos;

c) os demais interessados, desde que inscritos com pelo menos 2 dias de antecedência. Os interessados terão o prazo total de 30 minutos, que deverá ser dividido entre todos eles. Considerando o número de inscritos, o prazo poderá ser ampliado.

De acordo com o art. 984, § 2º, do CPC, "o conteúdo do acórdão abrangerá a análise de todos os fundamentos suscitados concernentes à tese jurídica discutida, sejam favoráveis ou contrários". Trata-se de importante medida que, além de garantir dialeticidade ao processo, também confere efetivo poder de influência. Desse modo, tal regra confere mais legitimidade democrática à decisão proferida em julgamento e recursos repetitivos.

Diante da sua importância e do seu impacto sobre outros processos, o julgamento do incidente de resolução de demandas repetitivas pelos tribunais está fora da ordem cronológica de conclusão para proferir o acórdão (art. 12, § 2º, III, CPC)[16], pois devem ser tratados prioritariamente.

5.11. Inaplicabilidade da técnica de julgamento de acórdãos não unânimes

O art. 942 do CPC criou a técnica de julgamento contra acórdãos não unânimes no julgamento da apelação, do agravo de instrumento contra decisões de mérito e na ação rescisória, no âmbito dos tribunais de segunda instância.

Tal técnica de julgamento, contudo, não se aplica ao julgamento do incidente de resolução de demandas repetitivas (art. 942, § 4º, I, CPC)[17], uma vez que este não é julgado pelo órgão fracionário de composição mínima do tribunal, senão por órgão com colegialidade qualificada.

---

prazo previsto no *caput*, cessa a suspensão dos processos prevista no art. 982, salvo decisão fundamentada do relator em sentido contrário".

16 CPC: "Art. 12. Os juízes e os tribunais deverão obedecer à ordem cronológica de conclusão para proferir sentença ou acórdão. § 2º Estão excluídos da regra do *caput*: [...] III – o julgamento de recursos repetitivos ou de incidente de resolução de demandas repetitivas;".

17 CPC: "Art. 942. Quando o resultado da apelação for não unânime, o julgamento terá prosseguimento em sessão a ser designada com a presença de outros julgadores, que serão convocados nos termos previamente definidos no regimento interno, em número suficiente para garantir a possibilidade de inversão do resultado inicial, assegurado às partes e a eventuais terceiros o direito de sustentar oralmente suas razões perante os novos julgadores. [...] § 4º Não se aplica o disposto neste artigo ao julgamento: I – do incidente de assunção de competência e ao de resolução de demandas repetitivas".

5.12. Recursos especial e extraordinário contra o acórdão que julga o incidente

Contra o acórdão do tribunal que julga o mérito do incidente de resolução de demandas repetitivas, é cabível recurso especial ou extraordinário, se atendidos os seus requisitos (art. 987, CPC[18]).

Nesse caso, o REsp e o RE possuem efeito suspensivo (art. 987, § 1º, CPC[19]).

Para a admissibilidade do recurso extraordinário, existe presunção da repercussão geral da questão constitucional eventualmente discutida (art. 987, § 1º, CPC).

Quando, ao processar o incidente de resolução de demandas repetitivas, o presidente do STJ ou do STF receber requerimento de suspensão dos processos em que se discuta a questão federal constitucional ou infraconstitucional, poderá estender a suspensão a todo o território nacional, até decisão do RE ou do REsp a ser interposto, devendo, para tanto, analisar a existência de segurança jurídica ou de excepcional interesse social nessa suspensão (art. 1.029, § 4º, CPC)[20].

Sendo admitido o recurso especial e/ou o recurso extraordinário e julgado o mérito do recurso, a tese jurídica adotada pelo STJ ou pelo STF deverá ser aplicada em todo o território nacional para todos os processos individuais e coletivos que versem sobre a questão de direito decidida (art. 987, § 2º, CPC).

6. APLICABILIDADE DA TESE JURÍDICA FIRMADA NO INCIDENTE

De acordo com o art. 985 do CPC, a tese jurídica fixada no julgamento de resolução de demandas repetitivas deverá ser aplicada:

> I – a todos os processos individuais ou coletivos que versem sobre idêntica questão de direito e que tramitem na área de jurisdição do respectivo tribunal, inclusive àqueles que tramitem nos juizados especiais do respectivo Estado ou região;
>
> II – aos casos futuros que versem idêntica questão de direito e que venham a tramitar no território de competência do tribunal, salvo revisão na forma do art. 986.

Se o juízo de primeira instância ou o órgão do tribunal não aplicarem a tese adotada no incidente, será cabível reclamação ao tribunal (art. 985, § 1º, CPC).

Caso a tese fixada no incidente tenha por objeto questão relativa a prestação de serviço concedido, permitido ou autorizado, o resultado do julgamento será comunicado ao órgão, ao ente ou à agência reguladora competente, a fim de que promovam a fiscalização para a efetiva aplicação da tese adotada por parte dos entes sujeitos a regulação (art. 985, § 2º, CPC).

---

18 CPC: "Art. 987. Do julgamento do mérito do incidente caberá recurso extraordinário ou especial, conforme o caso".

19 CPC: "Art. 987 [...] § 1º O recurso tem efeito suspensivo, presumindo-se a repercussão geral de questão constitucional eventualmente discutida".

20 CPC: "Art. 1.029. O recurso extraordinário e o recurso especial, nos casos previstos na Constituição Federal, serão interpostos perante o presidente ou o vice-presidente do tribunal recorrido, em petições distintas que conterão: [...] § 4º Quando, por ocasião do processamento do incidente de resolução de demandas repetitivas, o presidente do Supremo Tribunal Federal ou do Superior Tribunal de Justiça receber requerimento de suspensão de processos em que se discuta questão federal constitucional ou infraconstitucional, poderá, considerando razões de segurança jurídica ou de excepcional interesse social, estender a suspensão a todo o território nacional, até ulterior decisão do recurso extraordinário ou do recurso especial a ser interposto".

7. EFEITOS DO JULGAMENTO DE DEMANDAS REPETITIVAS PARA OUTROS PROCESSOS E INCLUSIVE PARA PROCESSOS FUTUROS

A tese fixada no julgamento do incidente de resolução de demandas repetitivas passa a ser de observância obrigatória para todos os juízes de primeira instância e órgãos inferiores do tribunal que o julgou (art. 927, III, CPC)[21]. No caso de ser decidido pelos tribunais superiores, em recurso especial ou extraordinário, passa a ser vinculativo para todos os órgãos jurisdicionais do país.

Além disso, o **julgamento do incidente de resolução de demandas repetitivas produz os seguintes efeitos**:

> a) **No julgamento liminar de improcedência:** caso seja ajuizada determinada demanda cujo pedido contrarie entendimento firmado em incidente de resolução de demandas repetitivas, o juiz poderá julgar liminarmente improcedente o pedido (art. 332, CPC)[22].
>
> b) **Na remessa necessária:** não haverá reexame necessário quando a sentença contra a Fazenda Pública estiver fundada em entendimento firmado em incidente de resolução de demandas repetitivas (art. 496, § 4º, III, CPC)[23].
>
> c) **No julgamento monocrático pelo relator:** o relator poderá julgar monocraticamente o recurso para: *d.1)* ***negar-lhe provimento,*** quando o recurso for contrário a entendimento firmado em incidente de resolução de demandas repetitivas (art. 932, IV, "c", CPC)[24]; *d.2)* ***dar-lhe provimento,*** quando a decisão recorrida for contrária a entendimento firmado em incidente de resolução de demandas repetitivas (art. 932, V, "c", CPC)[25].

8. POSSIBILIDADE DE REVISÃO DA TESE JURÍDICA PELO PRÓPRIO TRIBUNAL

De um lado, a adoção da tese firmada em julgamento de recursos repetitivos é de aplicação obrigatória por todos os órgãos jurisdicionais vinculados ao órgão do tribunal que julgou o incidente. De outro, o direito possui um caráter performativo, de modo que deve se manter aberto para o futuro, como um processo de aprendizado capaz de corrigir a si mesmo. Assim, mesmo a melhor decisão de acordo com as circunstâncias

---

21 CPC: "Art. 927. Os juízes e os tribunais observarão: [...] III – os acórdãos em incidente de assunção de competência ou de resolução de demandas repetitivas e em julgamento de recursos extraordinário e especial repetitivos".

22 CPC: "Art. 332. Nas causas que dispensem a fase instrutória, o juiz, independentemente da citação do réu, julgará liminarmente improcedente o pedido que contrariar: [...] III – entendimento firmado em incidente de resolução de demandas repetitivas ou de assunção de competência;".

23 CPC: "Art. 496. Está sujeita ao duplo grau de jurisdição, não produzindo efeito senão depois de confirmada pelo tribunal, a sentença: [...] § 4º Também não se aplica o disposto neste artigo quando a sentença estiver fundada em: [...] III – entendimento firmado em incidente de resolução de demandas repetitivas ou de assunção de competência".

24 CPC: "Art. 932. Incumbe ao relator: [...] IV – negar provimento a recurso que for contrário a: [...] *c*) entendimento firmado em incidente de resolução de demandas repetitivas ou de assunção de competência;".

25 CPC: "Art. 932. Incumbe ao relator: [...] V – depois de facultada a apresentação de contrarrazões, dar provimento ao recurso se a decisão recorrida for contrária a: [...] *c*) entendimento firmado em incidente de resolução de demandas repetitivas ou de assunção de competência".

fáticas e o direito vigente em determinado momento deverá ter a possibilidade de ser revista no futuro. O direito é um produto do seu tempo e do seu contexto.

Desse modo, o CPC mantém essa abertura para o futuro, ao prever a possibilidade de revisão da tese jurídica.

Com efeito, de acordo com o art. 986 do CPC, "a revisão da tese jurídica firmada no incidente far-se-á pelo mesmo tribunal, de ofício ou mediante requerimento dos legitimados mencionados no art. 977, inciso III".

9. RENOVAÇÃO DO PEDIDO DE INSTAURAÇÃO DO INCIDENTE

Se o incidente de resolução de demandas repetitivas não for admitido, por ausência de qualquer dos pressupostos de admissibilidade, ele poderá ser novamente suscitado, desde que preenchidos os requisitos (art. 987, § 3º, CPC).

CAPÍTULO XI

DA RECLAMAÇÃO

1. CONCEITO, COMPETÊNCIA, NATUREZA JURÍDICA E CARACTERÍSTICAS

A reclamação é um meio autônomo de impugnação de decisão judicial, de competência originária de tribunais, que tem por objetivo preservar a competência e garantir a autoridade das decisões desses tribunais, bem como assegurar a observância de súmulas ou precedentes vinculantes.

Tal instituto possui previsão na Constituição Federal e em algumas Constituições Estaduais. O CPC também prevê expressamente a reclamação nos arts. 988 a 993, de modo que pode ser utilizado amplamente nos tribunais de segunda instância, quando cabível.

Assim, o CPC/2015 supera o entendimento jurisprudencial do STF[1], que limitava ou impedia a utilização da reclamação no âmbito dos tribunais de tribunais de justiça e tribunais regionais federais, ao prever expressamente (art. 988, § 1º)[2] o seu cabimento no âmbito dos tribunais de segunda instância.

Segundo o entendimento do STF, a reclamação **não possui natureza jurídica de recurso**. Trata-se do exercício do direito constitucional de petição. É um meio autônomo de impugnação de decisão judicial.

De outro lado, a reclamação constitucional não se confunde com a correição parcial, também conhecida como reclamação correicional ou simplesmente reclamação. A reclamação correicional destina-se a impugnar ato tumultuário do processo, consistente em *error in procedendo*, contra o qual seja incabível o recurso de agravo.

2. HIPÓTESES DE CABIMENTO

A reclamação será cabível nas seguintes hipóteses (art. 988, CPC):

---

1 STF, ADI 2480, Rel. Min. Sepúlveda Pertence, Tribunal Pleno, julgado em 2-4-2007); STF, ADI 2212, Rel. Min. Ellen Gracie, Tribunal Pleno, julgado em 2-10-2003.

2 CPC: "Art. 988 [...] § 1º A reclamação pode ser proposta perante qualquer tribunal, e seu julgamento compete ao órgão jurisdicional cuja competência se busca preservar ou cuja autoridade se pretenda garantir".

I – preservar a competência do tribunal;

Trata-se das hipóteses em que um órgão jurisdicional inferior esteja usurpando a competência de tribunal de hierarquia superior. Por exemplo, com base nessa hipótese, o STJ já julgou procedente reclamação ajuizada contra presidente de tribunal de justiça local que julgou agravo de instrumento interposto contra decisão que nega seguimento a recurso especial, fundamentando que a competência para julgar tal recurso é do STJ[3].

II – garantir a autoridade das decisões do tribunal;

Trata-se dos casos em que juízos de primeira instância ou outros órgãos judiciários descumprem decisões de tribunais de segunda instância ou tribunais superiores. Em tais casos, caberá reclamação diretamente ao tribunal que proferiu a decisão que foi descumprida pela instância judicial inferior[4]. Contudo, não cabe reclamação, com base nessa hipótese, quando o juízo ou órgão judiciário inferior não aplica a jurisprudência de tribunal de hierarquia superior. Neste caso, poderá caber reclamação com base nos incisos III ou IV, a seguir expostos (para garantir a observância de decisão do STF em controle concentrado, de enunciado de súmula vinculante e de precedente proferido em julgamento de casos repetitivos ou em incidente de assunção de competência), ou caberá somente o recurso adequado para o caso. Isto é, a reclamação não pode ser utilizada como sucedâneo recursal. Nesse sentido, a jurisprudência do STJ[5].

III – garantir a observância de enunciado de súmula vinculante e de decisão do Supremo Tribunal Federal em controle concentrado de constitucionalidade;

As súmulas vinculantes somente podem ser editadas pelo STF, no âmbito da sua competência, se presentes os requisitos previstos na Constituição Federal. De acordo com o art. 103-A, *caput*, da Constituição Federal, o Supremo Tribunal Federal poderá, de ofício ou por provocação, mediante decisão de dois terços dos seus membros, após reiteradas decisões sobre matéria constitucional, aprovar súmula que, a partir de sua publicação na imprensa oficial, terá efeito vinculante em relação aos demais órgãos do Poder Judiciário

---

3 "RECLAMAÇÃO. AGRAVO INTERPOSTO CONTRA DECISÃO DO PRESIDENTE DO TRIBUNAL ESTADUAL QUE NEGOU SEGUIMENTO A RECURSO ESPECIAL. DENOMINAÇÃO EQUIVOCADA. ERRO MATERIAL. USURPAÇÃO DA COMPETÊNCIA DESTA CORTE. [...] a competência para julgar agravo de instrumento interposto contra decisão que nega seguimento a recurso especial é do Superior Tribunal de Justiça. 4. Reclamação procedente" (STJ, Rcl 7.559/SP, Rel. Min. Luis Felipe Salomão, Segunda Seção, julgado em 23-5-2012, *DJe* 1º-6-2012).

4 Observe-se, por exemplo, um caso em que foi julgada procedente a reclamação, em razão de descumprimento da decisão do STJ por órgão judiciário inferior: "RECLAMAÇÃO CONSTITUCIONAL. PRESERVAÇÃO DA AUTORIDADE DE ACÓRDÃO DO SUPERIOR TRIBUNAL DE JUSTIÇA. [...]. A reclamação é medida de caráter restrito destinada a preservar a competência do STJ ou a garantir a autoridade das suas decisões, nos termos do disposto nos arts. 105, I, "f", da Constituição Federal e 187 do RISTJ. 2. No caso, a decisão do juízo amazonense, que determina a extinção de processo de guarda de menor sem o cumprimento de ordem liminar de busca e apreensão da criança proferida pelo juízo declarado competente descumpre acórdão da Segunda Seção do STJ julgado em sede de Conflito de Competência n. 126.033/RJ. 3. Reclamação procedente" (STJ, Rcl 13.669/AM, Rel. Min. Ricardo Villas Bôas Cueva, Segunda Seção, julgado em 26-3-2014, *DJe* 1º-4-2014).

5 "A Reclamação, a teor do art. 105, I, 'f', da Constituição da República, destina-se a garantir a autoridade das decisões desta Corte, no próprio caso concreto, em que o Reclamante tenha figurado como parte, ou à preservação de sua competência, não servindo como sucedâneo recursal. Precedentes" (STJ, AgRg na Rcl 23.429/PR, Rel. Ministra Regina Helena Costa, Primeira Seção, julgado em 28-11-2018, *DJe* 10-12-2018).

e à administração pública direta e indireta, nas esferas federal, estadual e municipal, bem como proceder à sua revisão ou cancelamento, na forma estabelecida em lei.

As decisões do STF em controle concentrado de constitucionalidade (ADI, ADI por omissão, ADC, ADPF) possuem força vinculante e efeitos *erga omnes*, tanto em relação aos demais órgãos do Poder Judiciário, como em relação à administração pública direta e indireta, nas esferas federal, estadual e municipal[6]. Portanto, em tais hipóteses, é cabível reclamação inclusive contra ato da administração pública que viole decisão de controle concentrado do STF.

Aliás, nessas hipóteses, caberá reclamação tanto quando o órgão judiciário ou a administração deixem de aplicar a súmula ou o precedente vinculante, como nos casos em que o apliquem indevidamente[7].

IV – garantir a observância de acórdão proferido em julgamento de incidente de resolução de demandas repetitivas ou de incidente de assunção de competência.

Em relação ao incidente de resolução de demandas repetitivas, o art. 985 do CPC estabelece que a tese fixada no seu julgamento dever ser aplicada a todos os processos individuais ou coletivos em curso, como em relação aos casos futuros, que versem sobre idêntica questão de direito, na área de jurisdição do respectivo tribunal. Caso os juízes de primeira instância ou órgãos do tribunal deixem de aplicar a tese fixada no julgamento do incidente, caberá reclamação para o respectivo tribunal[8].

A decisão de tribunal no julgamento do incidente de assunção de competência também possui força vinculante, como já se expôs.

Nessas hipóteses, caberá reclamação tanto quando o órgão judiciário deixar de aplicar a súmula ou o precedente vinculante, como nos casos em que os apliquem indevidamente[9].

3. A NECESSÁRIA INTERPOSIÇÃO DO RECURSO CORRESPONDENTE

A reclamação não é um sucedâneo recursal, nem impede o trânsito em julgado da decisão reclamada, como os recursos.

Desse modo, **o reclamante, além de propor a reclamação, também deverá interpor o recurso cabível contra a decisão impugnada, sob pena de ocorrer a preclusão e restar prejudicada a reclamação**.

---

6 Constituição Federal: "Art. 102 [...] § 2º As decisões definitivas de mérito, proferidas pelo Supremo Tribunal Federal, nas ações diretas de inconstitucionalidade e nas ações declaratórias de constitucionalidade produzirão eficácia contra todos e efeito vinculante, relativamente aos demais órgãos do Poder Judiciário e à administração pública direta e indireta, nas esferas federal, estadual e municipal".

7 CPC: "Art. 988 [...] § 4º As hipóteses dos incisos III e IV compreendem a aplicação indevida da tese jurídica e sua não aplicação aos casos que a ela correspondam".

8 A reclamação também está prevista, para essa hipótese, no art. 985, § 1º, do CPC: "Art. 985. Julgado o incidente, a tese jurídica será aplicada: I – a todos os processos individuais ou coletivos que versem sobre idêntica questão de direito e que tramitem na área de jurisdição do respectivo tribunal, inclusive àqueles que tramitem nos juizados especiais do respectivo Estado ou região; II – aos casos futuros que versem idêntica questão de direito e que venham a tramitar no território de competência do tribunal, salvo revisão na forma do art. 986. § 1º Não observada a tese adotada no incidente, caberá reclamação".

9 CPC: "Art. 988 [...] § 4º As hipóteses dos incisos III e IV compreendem a aplicação indevida da tese jurídica e sua não aplicação aos casos que a ela correspondam".

Além disso, **após o trânsito em julgado da decisão, não é mais possível contra ela propor reclamação** (art. 988, § 5º, I, CPC).

De outro lado, após a alteração operada pela Lei n. 13.256/2016, também não se admite reclamação "proposta para garantir a observância de acórdão de recurso extraordinário com repercussão geral reconhecida ou de acórdão proferido em julgamento de recursos extraordinário ou especial repetitivos, quando não esgotadas as instâncias ordinárias" (art. 988, § 5º, inc. II, CPC). Trata-se de medida criada no CPC/2015 para impedir que se sobrecarregassem as instâncias superiores, enquanto poderiam ser rapidamente resolvidas nas instâncias ordinárias.

De outro lado, caso o recurso interposto contra a decisão for inadmitido ou julgado, isso não prejudica o julgamento da reclamação proposta contra essa mesma decisão (art. 988, § 6º, CPC)[10].

4. LEGITIMIDADE

Poderão propor a reclamação a parte interessada e o Ministério Público, como parte ou fiscal da ordem jurídica[11].

5. PROCEDIMENTO

A reclamação deverá ser formulada por petição escrita, com a exposição de fato e de direito, bem como com o requerimento de reforma ou cassação da decisão reclamada. Essa petição deverá ser instruída com a prova documental necessária.

A petição da reclamação deverá ser proposta perante o presidente do tribunal respectivo, cuja competência se pretende preservar ou cuja autoridade se pretende garantir. O regimento interno do tribunal deve dispor qual é o seu órgão jurisdicional competente para processá-lo e julgá-lo.

A **petição inicial** da reclamação poderá conter pedido de liminar, para imediata suspensão da decisão impugnada.

No tribunal competente, será autuada e distribuída ao relator. Sempre que possível, a distribuição será para o relator da causa principal.

O **relator**, ao despachar a inicial da reclamação, requisitará informações da autoridade a quem for imputada a prática do ato impugnado, que as prestará no prazo de 10 dias (art. 989, I, CPC).

O procedimento da reclamação prevê a **concessão de medida de urgência pelo relator**, que, para evitar dano irreparável, poderá determinar a suspensão do processo ou do ato impugnado, conforme o art. 989, inc. II, do CPC[12].

---

10 CPC: "Art. 988 [...] § 6º A inadmissibilidade ou o julgamento do recurso interposto contra a decisão proferida pelo órgão reclamado não prejudica a reclamação".

11 CPC: "Art. 988. Caberá reclamação da parte interessada ou do Ministério Público [...]".

12 Nesse sentido, o art. 989, II, do CPC: "Art. 989. Ao despachar a reclamação, o relator: [...] II – se necessário, ordenará a suspensão do processo ou do ato impugnado para evitar dano irreparável".

A fim de garantir o contraditório, o relator deverá determinar a **citação do beneficiário da decisão impugnada**, que terá o **prazo de 15 dias** para apresentar a sua **contestação** (art. 989, III, CPC). Embora não haja previsão legal expressa, essa citação poderá ser feita na pessoa do advogado do beneficiário da decisão, que possui poderes gerais de foro para o processo em que ela foi proferida.

O pedido da reclamação poderá ser impugnado por qualquer interessado (art. 990, CPC).

Se o **Ministério Público** não tiver ingressado com a reclamação, atuará como **fiscal da ordem jurídica**. Neste caso, após a prestação de informações, terá vista do processo para se manifestar, no prazo de 5 dias, conforme art. 991 do CPC). Nessa hipótese, não se aplica o prazo geral de 30 dias para o Ministério Público se manifestar como fiscal da ordem jurídica, previsto no art. 128 do CPC.

Será admissível a **sustentação oral** na reclamação. O reclamante, o reclamado e, por fim, o Ministério Público, terão o prazo de 15 minutos para sustentarem suas razões[13].

A seguir, o **tribunal competente julgará a reclamação**. Se procedente, o tribunal cassará a decisão exorbitante de seu julgado, determinará a medida adequada à preservação de sua competência ou à solução da controvérsia (art. 992, CPC). A decisão da reclamação possui eficácia predominantemente constitutiva negativa (desconstitutiva).

O presidente do tribunal, então, deverá determinar o imediato cumprimento da decisão, lavrando-se o acórdão posteriormente (art. 993, CPC).

Contra a decisão da reclamação, ainda que o acórdão seja não unânime, não caberá a técnica de julgamento contra acórdão não unânime. Isso porque os tribunais deverão manter o entendimento análogo ao que ensejou a Súmula 368 do STF[14].

Também não são cabíveis, contra essa decisão que julga a reclamação, recurso ordinário constitucional, nem embargos de divergência.

De outro lado, contra a decisão da reclamação, cabem embargos de declaração; agravo interno contra decisões monocráticas do relator; e, contra decisões de tribunais de segunda instância que julgam reclamação, cabem recurso especial e recurso extraordinário, se atendidos os seus demais requisitos.

6. RECLAMAÇÃO PARA O SUPERIOR TRIBUNAL DE JUSTIÇA E PARA O SUPREMO TRIBUNAL FEDERAL

As reclamações para o Supremo Tribunal Federal e para o Superior Tribunal de Justiça possuem previsão constitucional, estando expressas, respectivamente, no art. 102, inc. I, al. "l", e no art. 105, inc. I, al. "f", da Constituição Federal.

---

13 CPC: "Art. 937. Na sessão de julgamento, depois da exposição da causa pelo relator, o presidente dará a palavra, sucessivamente, ao recorrente, ao recorrido e, nos casos de sua intervenção, ao membro do Ministério Público, pelo prazo improrrogável de 15 (quinze) minutos para cada um, a fim de sustentarem suas razões, nas seguintes hipóteses, nos termos da parte final do *caput* do art. 1.021: [...] VI – na ação rescisória, no mandado de segurança e na reclamação".

14 Deve-se fazer uma interpretação analógica com a Súmula 368 do STF, que se referia a embargos infringentes (hoje não mais existente), pois os motivos são os mesmos: "Não há embargos infringentes no processo de reclamação".

6.1. Reclamação ao Supremo Tribunal Federal

De acordo com o art. 102, inc. I, al. "l", da Constituição Federal, compete ao Supremo Tribunal Federal processar e julgar originariamente "a reclamação para a preservação de sua competência e **garantia da autoridade de suas decisões**".

As decisões do STF na **ação direta de inconstitucionalidade** e na **ação declaratória de constitucionalidade** possuem efeitos *erga omnes* e vinculante, relativamente aos demais órgãos do Poder Judiciário e à administração pública direta e indireta, nas esferas federal, estadual e municipal, na forma do art. 102, § 2º, da Constituição. De outro lado, independentemente do órgão jurisdicional – de primeira ou segunda instância, ou, ainda, de tribunais superiores – que houver afrontado a autoridade da decisão do STF em controle concentrado de constitucionalidade, caberá reclamação diretamente ao STF para assegurar a autoridade da sua decisão.

Também é cabível reclamação ao STF contra ato administrativo ou decisão judicial que contrarie **súmula vinculante**, nos termos do art. 103-A, § 3º, da Constituição Federal[15]. Observe-se que, neste caso, também é cabível reclamação ao STF contra ato administrativo. A Lei n. 11.417/2006 regulamentou o referido dispositivo constitucional, disciplinando a edição, a revisão e o cancelamento de enunciado de súmula vinculante pelo Supremo Tribunal Federal.

Além dessas hipóteses, também caberá reclamação constitucional para o STF de todo caso em que houver necessidade de preservação de sua competência e garantia da autoridade de suas decisões.

De outro lado, se a decisão judicial que desrespeitar a decisão do STF já houver transitado em julgado, não caberá reclamação (Súmula 734 do STF)[16].

6.2. Reclamação ao Superior Tribunal de Justiça

O art. 105, inc. I, al. "f", da Constituição Federal prevê que caberá reclamação ao STJ "para a **preservação de sua competência** e **garantia da autoridade de suas decisões**".

Além dessas, também é cabível reclamação nas hipóteses elencadas no art. 988 do CPC.

De outro lado, na hipótese de decisões de Juizados Especiais que contrariem decisões do STJ, é preciso lembrar que não cabe recurso especial para este. Além disso, houve a revogação da Resolução 12, de 14-12-2009, que disciplinava a competência do STJ para reclamações contra decisões de turmas recursais que contrariassem decisões daquele.

---

15 CF: "Art. 103-A [...] § 3º Do ato administrativo ou decisão judicial que contrariar a súmula aplicável ou que indevidamente a aplicar, caberá reclamação ao Supremo Tribunal Federal que, julgando-a procedente, anulará o ato administrativo ou cassará a decisão judicial reclamada, e determinará que outra seja proferida com ou sem a aplicação da súmula, conforme o caso".

16 Súmula 734 do STF: "Não cabe reclamação quando já houver transitado em julgado o ato judicial que se alega tenha desrespeitado decisão do Supremo Tribunal Federal".

Ademais, essa questão passou a ser disciplinada pela Resolução 3, de 7-4-2016, do STJ. O seu art. 1º prevê que "caberá às *Câmaras Reunidas* ou à *Seção Especializada* dos *Tribunais de Justiça* a competência para processar e julgar as Reclamações destinadas a dirimir divergência entre acórdão prolatado por Turma Recursal Estadual e do Distrito Federal e a jurisprudência do Superior Tribunal de Justiça, consolidada em incidente de assunção de competência e de resolução de demandas repetitivas, em julgamento de recurso especial repetitivo e em enunciados das Súmulas do STJ, bem como para garantir a observância de precedentes". Portanto, em tais hipóteses, não cabe mais reclamação para o STJ, senão para o próprio tribunal de justiça ou tribunal regional.

CAPÍTULO **XII**

SUSPENSÃO DE SEGURANÇA

1. QUESTÕES INTRODUTÓRIAS

O pedido de suspensão de segurança é cabível para suspender qualquer decisão judicial concessiva de provimento de urgência (medida liminar, tutela antecipada, tutela da evidência ou medida cautelar) ou sentença recorrível sem efeito suspensivo, ainda não transitada em julgado, contra a Fazenda Pública.

Tem por **objetivo** suspender a decisão para **evitar grave lesão à ordem, à saúde, à segurança e à economia públicas**.

Foi consagrada, na doutrina e na jurisprudência, a nomenclatura "suspensão de segurança" porque inicialmente o pedido de suspensão foi previsto no plano legislativo para a decisão liminar em mandado de segurança (art. 4º da Lei n. 4.348/1964, atualmente revogada). Entretanto, atualmente, o pedido de suspensão de segurança é cabível contra decisão judicial proferida em qualquer ação, desde que seja desfavorável à Fazenda Pública.

O pedido de suspensão de segurança está expresso no art. 15 da Lei n. 12.016/2009[1], para o mandado de segurança; e no art. 12, § 1º, da Lei n. 7.347/1985[2], para a ação civil pública.

O art. 16 da Lei n. 9.507/1997 também disciplina a possibilidade de suspensão de segurança no *habeas data*[3].

---

1 "Art. 15. Quando, a requerimento de pessoa jurídica de direito público interessada ou do Ministério Público e para evitar grave lesão à ordem, à saúde, à segurança e à economia públicas, o presidente do tribunal ao qual couber o conhecimento do respectivo recurso suspender, em decisão fundamentada, a execução da liminar e da sentença, dessa decisão caberá agravo, sem efeito suspensivo, no prazo de 5 (cinco) dias, que será levado a julgamento na sessão seguinte à sua interposição."

2 "Art. 12 [...] § 1º A requerimento de pessoa jurídica de direito público interessada, e para evitar grave lesão à ordem, à saúde, à segurança e à economia pública, poderá o Presidente do Tribunal a que competir o conhecimento do respectivo recurso suspender a execução da liminar, em decisão fundamentada, da qual caberá agravo para uma das turmas julgadoras, no prazo de 5 (cinco) dias a partir da publicação do ato."

3 "Art. 16. Quando o *habeas data* for concedido e o Presidente do Tribunal ao qual competir o conhecimento do recurso ordenar ao juiz a suspensão da execução da sentença, desse seu ato caberá agravo para o Tribunal a que presida."

O art. 4º da Lei n. 8.437/1992 dispõe acerca da suspensão da segurança, sendo que o seu § 1º prevê que se aplica à tutela cautelar, à ação popular e à ação civil pública[4].

O art. 1º da Lei n. 9.494/1997 estabelece que se aplica à tutela antecipada concedida contra a Fazenda Pública o disposto no art. 4º da Lei n. 8.437/1992[5], isto é, a possibilidade de suspensão de segurança.

De outro lado, observa-se que o CPC/2015 não alterou o regime da suspensão de segurança. Pelo contrário, o art. 1.059 do Código estabelece expressamente que se aplica à tutela provisória concedida contra a Fazenda Pública a possibilidade de suspensão de segurança[6].

Assim, o pedido de suspensão de segurança é possível em todo e qualquer tipo de ação e procedimento, contra decisão não transitada em julgado desfavorável à Fazenda Pública.

2. NATUREZA JURÍDICA E FUNDAMENTO

O pedido de suspensão de segurança **não possui natureza jurídica de recurso**.

Com efeito, os recursos estão previstos taxativamente em lei, bem como têm por objetivo a reforma, a anulação, a integração ou o esclarecimento de decisão judicial. O pedido de suspensão de segurança tem por objetivo apenas suspender a decisão judicial, até provimento jurisdicional final. Por conseguinte, não tem natureza de recurso.

Também não possui natureza jurídica de nova ação, tampouco de medida administrativa[7].

A suspensão de segurança tem por objetivo apenas suspender a eficácia da decisão judicial, a fim de **evitar grave lesão à ordem, à saúde, à segurança e à economia públicas**. Trata-se de conceitos jurídicos indeterminados, cuja interpretação deve ocorrer à luz dos casos concretos.

Assim, é preciso verificar se a decisão de determinada ação é capaz de causar grave lesão a tais bens jurídicos. Se isso ocorrer, caberá pedido de suspensão de segurança, independentemente de a decisão ser justa, correta e estar de acordo com o direito.

O Supremo Tribunal Federal tem entendido que, nos casos em que a lesão à ordem, à segurança, à saúde e à economia públicas ocorre não em razão de uma ação, mas em razão da multiplicidade de ações com fundamento idêntico, também pode haver a suspensão da segurança. Observe-se, neste caso, que a lesão a tais bens jurídicos é

---

4 "Art. 4º Compete ao presidente do tribunal, ao qual couber o conhecimento do respectivo recurso, suspender, em despacho fundamentado, a execução da liminar nas ações movidas contra o Poder Público ou seus agentes, a requerimento do Ministério Público ou da pessoa jurídica de direito público interessada, em caso de manifesto interesse público ou de flagrante ilegitimidade, e para evitar grave lesão à ordem, à saúde, à segurança e à economia públicas. § 1º Aplica-se o disposto neste artigo à sentença proferida em processo de ação cautelar inominada, no processo de ação popular e na ação civil pública, enquanto não transitada em julgado."

5 "Art. 1º Aplica-se à tutela antecipada prevista nos arts. 273 e 461 do Código de Processo Civil o disposto nos arts. 5º e seu parágrafo único e 7º da Lei n. 4.348, de 26 de junho de 1964, no art. 1º e seu § 4º da Lei n. 5.021, de 9 de junho de 1966, e nos arts. 1º, 3º e 4º da Lei n. 8.437, de 30 de junho de 1992."

6 CPC: "Art. 1.059. À tutela provisória requerida contra a Fazenda Pública aplica-se o disposto nos arts. 1º a 4º da Lei n. 8.437, de 30 de junho de 1992, e art. 7º, § 2º, da Lei n. 12.016, de 7 de agosto de 2009".

7 Nesse sentido: SCARTEZZINI, Jorge Tadeo Goffi Flaquer. *Suspensão de segurança*. São Paulo: Revista dos Tribunais, 2010. p. 48-49.

causada pela multiplicidade de ações, e não por uma ação isolada. É o que o STF tem chamado de **efeito multiplicador**, decorrente das demandas em massa, o que pode servir de fundamento para a suspensão da segurança[8].

Por proteger esses bens jurídicos, costuma-se dizer que o pedido de suspensão de segurança é um incidente que visa a tutelar interesse difuso. Além disso, protege interesse público primário, e não interesse particular do administrador.

O fundamento do pedido de suspensão de segurança, portanto, não é jurídico, como nos recursos, senão político. A suspensão de segurança não ataca a injustiça ou invalidade da decisão, mas sim a possibilidade de a decisão judicial causar grave lesão à ordem, à saúde, à segurança e à economia públicas.

Trata-se de um meio autônomo de impugnação de decisão judicial. É um ato postulatório, que gera um incidente processual.

3. LEGITIMIDADE ATIVA

As Leis que disciplinam o pedido de suspensão de segurança concedem **legitimidade ativa** à **pessoa jurídica de direito público interessada** e ao **Ministério Público**.

Assim, são legitimados, além do **Ministério Público, a União, os Estados, o Distrito Federal, os Municípios, suas autarquias e fundações públicas**.

De outro lado, **não podem propor** o pedido de suspensão de segurança as **sociedades de economia mista e as empresas públicas**, já que são pessoas jurídicas de direito privado.

Entretanto, embora a legislação outorgue legitimidade somente ao Ministério Público e às pessoas jurídicas de direitos público, a doutrina[9] e a jurisprudência do STF[10] têm alargado esse conceito, concedendo a **alguns entes despersonalizados** legitimidade para a propositura do pedido de suspensão de segurança, como, por exemplo, Tribunal de Contas, Câmara dos Deputados, Senado Federal, Assembleias Legislativas etc.

A doutrina e a jurisprudência também têm admitido a legitimidade de concessionárias e permissionárias de serviço público para o pedido de suspensão de segurança[11].

---

8 "1. SUSPENSÃO DE SEGURANÇA. Efeito Multiplicador. Lesão à economia pública. Ocorrência. Pedido deferido. [...] Precedente. O chamado efeito multiplicador, que provoca lesão à economia pública, é fundamento suficiente para deferimento de pedido de suspensão" (STF, SS 4423 AgR, Rel. Min. Cezar Peluso (Presidente), Tribunal Pleno, julgado em 10-11-2011, processo eletrônico *DJe*-233 divulg. 7-12-2011 public. 9-12-2011). No mesmo sentido: STF, SS 3977 Extn-AgR, Relator(a): Min. Cármen Lúcia (Presidente), Tribunal Pleno, julgado em 16-3-2018, Acórdão Eletrônico *DJe*-074 divulg. 17-4-2018, public. 18-4-2018).

9 Nesse sentido: SCARTEZZINI, Jorge Tadeo Goffi Flaquer. *Suspensão de segurança*. São Paulo: Revista dos Tribunais, 2010. p. 109.

10 "A jurisprudência do Supremo Tribunal Federal é firme no sentido de se reconhecer a legitimidade da Assembleia Legislativa para requerer suspensão quando a decisão impugnada constitua óbice ao exercício de seus poderes ou prerrogativas" (STF, SL 112 AgR, Rel. Min. Ellen Gracie, Tribunal Pleno, julgado em 4-10-2006, *DJ* 24-11-2006 p-00063 ement. vol-02257-01 p-00011 *LEXSTF* v. 29, n. 337, 2007, p. 305-314). No mesmo sentido: "Suspensão de liminar: legitimação ativa. A exemplo do que se decidiu a propósito da qualificação do Prefeito para requerer a suspensão de segurança que o destituíra (AgRSS 444, *RTJ* 141/380), o Procurador-Geral junto ao Tribunal de Contas do Estado está legitimado para requerer a suspensão de liminar, confirmada pelo Tribunal de Justiça, que implicou o seu afastamento do exercício da função" (STF, Pet 2225 AgR, Rel. Min. Marco Aurélio, Rel. p/ Acórdão: Min. Sepúlveda Pertence, Tribunal Pleno, julgado em 17-10-2001, *DJ* 12-4-2002 p-00055 ement. vol-02064-02 p-00254).

11 SCARTEZZINI, Jorge Tadeo Goffi Flaquer. *Suspensão de segurança*. São Paulo: Revista dos Tribunais, 2010. p. 122. No mesmo sentido: BUENO, Cassio Scarpinella. *Liminar em mandado de segurança:* um tema com variações. 2. ed. São Paulo: Revista dos Tribunais, 1999. p. 228-229.

Além disso, para ajuizar o pedido de suspensão de segurança, não importa se o Ministério Público ou as pessoas jurídicas de direito público foram parte no processo em que proferida a decisão judicial impugnada, bastando a possibilidade de a decisão judicial causar grave lesão à ordem, à saúde, à segurança e à economia públicas.

4. COMPETÊNCIA

A competência para julgar o pedido de suspensão de segurança é sempre do **presidente do tribunal** que seria competente para decidir o recurso interposto contra a decisão concessiva do provimento judicial que se pede a suspensão.

Assim, se proferida a decisão pelo juiz estadual de primeira instância, a competência será do presidente do respectivo tribunal de justiça; se a decisão é do juiz federal, a competência será do presidente do respectivo tribunal regional federal; se a decisão for proferida por juízo estadual com competência delegada da Justiça Federal, a competência para julgar o pedido de suspensão de segurança será do presidente do tribunal regional federal.

Caso a decisão que se pretende suspender seja acórdão (e não decisão monocrática) do tribunal de justiça ou do tribunal regional federal, o pedido de suspensão de segurança deverá ser dirigido ao Presidente do Supremo Tribunal Federal ou ao Presidente do Superior Tribunal de Justiça, conforme se trate de matéria constitucional ou infraconstitucional, respectivamente. Essa é a interpretação que se extrai do art. 25 da Lei n. 8.038/1990[12].

Logo, o pedido de suspensão de segurança deverá ser direcionado ao Superior Tribunal de Justiça, quando cabível o Recurso Especial e, ao Supremo Tribunal Federal, quando cabível o recurso extraordinário. Como regra geral, distribuídos os recursos especial e extraordinário, deverá primeiro ser julgado o recurso especial, salvo se o recurso extraordinário for prejudicial em relação ao especial, na forma do art. 1.031, §§ 1º e 2º, do CPC. Assim, se houver pedidos de suspensão de segurança com fundamento infraconstitucional e constitucional, deverão seguir esta mesma ordem. Nesse mesmo sentido, a jurisprudência do STJ[13] e do STF[14].

---

12 "Art. 25. Salvo quando a causa tiver por fundamento matéria constitucional, compete ao Presidente do Superior Tribunal de Justiça, a requerimento do Procurador-Geral da República ou da pessoa jurídica de direito público interessada, e para evitar grave lesão à ordem, à saúde, à segurança e à economia pública, suspender, em despacho fundamentado, a execução de liminar ou de decisão concessiva de mandado de segurança, proferida, em única ou última instância, pelos Tribunais Regionais Federais ou pelos Tribunais dos Estados e do Distrito Federal."

13 "A competência do Presidente do Superior Tribunal de Justiça para decidir pedidos de suspensão dos efeitos de medida liminar tem um nexo de subordinação com a competência do próprio Superior Tribunal de Justiça. Em outras palavras, o exercício dessa competência supõe que o fundamento do pedido de suspensão envolva questão federal de natureza infraconstitucional" (STJ, AgRg na SLS 1.450/GO, Rel. Min. Ari Pargendler, Rel. p/ Acórdão Min. Presidente do STJ, Corte Especial, julgado em 24-11-2011, *DJe* 29-2-2012).

14 "Norma infraconstitucional. Suspensão de segurança. Competência. É pacífico nesta Corte o entendimento de que compete ao Presidente do Superior Tribunal de Justiça apreciar pedido de suspensão de segurança quando a decisão proferida estiver fundamentada em normas infraconstitucionais" (STF, Rcl 2371 AgR, Rel. Min. Maurício Corrêa, Tribunal Pleno, julgado em 24-3-2004, *DJ* 16-4-2004 p-00053 ement. vol-02147-02 p-00411).

De outro lado, caso a decisão concessiva do provimento jurisdicional que se pretende suspender tenha sido proferida por decisão monocrática de relator de tribunal, seria cabível agravo interno ou regimental para o próprio tribunal. Então, neste caso, será competente para decidir o pedido de suspensão de segurança o presidente do tribunal ao qual pertencer o relator[15].

5. PROCEDIMENTO

O pedido de suspensão de segurança está amplamente disciplinado nos parágrafos do art. 4º da Lei n. 8.437/1992.

Não há prazo para o pleito de suspensão de segurança, mas deve ser deduzido antes do trânsito em julgado da sentença, já que a suspensão de segurança, quando concedida, somente dura até este momento.

O pedido de suspensão de segurança deverá ser deduzido em petição escrita, dirigida ao presidente do tribunal.

Não se admite deferimento de suspensão de segurança de ofício, sendo imprescindível pedido do Ministério Público ou da pessoa jurídica de direito público interessada.

Na petição de suspensão, o legitimado ativo deverá narrar os fatos e fundamentos jurídicos da sua pretensão, bem como demonstrar que a decisão impugnada é capaz de causar grave lesão à ordem, à saúde, à segurança e à economia públicas. Portanto, na fundamentação, não deverá atacar a injustiça ou a invalidade da decisão, argumentos que podem ser suscitados em recurso, mas não são úteis no pedido de suspensão de segurança.

Recebido o pedido de suspensão de segurança, o presidente do tribunal deverá:

a) denegar, de plano, o pedido de suspensão de segurança, quando não houver grave lesão à ordem, à saúde, à segurança e à economia públicas;

b) determinar a emenda da petição de suspensão de segurança, quando não estiverem presentes os seus requisitos, mas puderem ser complementados;

c) caso verifique a possibilidade de deferimento do pedido de suspensão de segurança, intimar o autor da ação (na qual foi proferida a decisão impugnada) e o Ministério Público para, no prazo de 72 horas, se manifestarem (art. 4º, § 2º, Lei n. 8.437/1992)[16];

d) conceder liminarmente o pedido de suspensão de segurança, se verificar, em juízo prévio, a plausibilidade do direito invocado e a urgência na concessão da medida, se não for possível aguardar a oitiva do autor da demanda e do Ministério Público (art. 4º, § 7º, Lei n. 8.437/1992)[17].

---

15 RODRIGUES, Marcelo Abelha. *Suspensão de segurança:* sustação da eficácia de decisão judicial proferida contra o poder público. São Paulo: Revista dos Tribunais, 2000.

16 Lei n. 8.437/1992: "Art. 4º [...] § 2º O Presidente do Tribunal poderá ouvir o autor e o Ministério Público, em setenta e duas horas".

17 Lei n. 8.437/1992: "Art. 4º [...] § 7º O Presidente do Tribunal poderá conferir ao pedido efeito suspensivo liminar, se constatar, em juízo prévio, a plausibilidade do direito invocado e a urgência na concessão da medida".

6. RECURSOS CONTRA A DECISÃO DE SUSPENSÃO DE SEGURANÇA E NOVO PEDIDO DE SUSPENSÃO DE SEGURANÇA

Da decisão do presidente do tribunal, que conceder ou negar a suspensão de segurança, caberá agravo interno, no prazo de 5 dias, para o plenário do tribunal ou para a corte especial[18], nos termos do art. 4º, § 3º, da Lei n. 8.437/1992, com a redação dada pela Medida Provisória n. 2.180-35, de 2001[19]. No mesmo sentido, o art. 15, *caput*, da Lei n. 12.016/2009[20]. Com a alteração legislativa, perderam eficácia as Súmulas 217 do STJ[21] e 506 do STF[22], que possuem previsão em sentido diverso.

Contra essa decisão do pleno ou do órgão especial do tribunal, que mantém a suspensão ou restabelece a decisão impugnada, caberá novo pedido de suspensão ao Presidente do Tribunal competente para conhecer de eventual recurso especial ou extraordinário (Presidente do STJ e do STF, respectivamente).

Assim, observa-se que **o novo pedido de suspensão de segurança cabe contra a decisão do órgão colegiado**, mas não contra a decisão do presidente do tribunal[23].

De outro lado, contra essa decisão colegiada do tribunal que julga o agravo interno interposto contra a decisão do presidente do tribunal sobre o pedido de suspensão de segurança, não cabe recurso especial nem recurso extraordinário, consoante entendimento pacífico do STF e do STJ[24]. As cortes superiores fundamentam que o recurso extraordinário e o recurso especial têm por objetivo combater afronta à Constituição e a lei federal, ao passo que o pedido de suspensão tem fundamento político.

---

18 Nos tribunais em que houver mais de 25 membros, poderá ser criada uma corte especial, para o exercício das atribuições administrativas e jurisdicionais delegadas da competência do tribunal pleno, nos termos do art. 93, inc. XI, da Constituição Federal: "Art. 93 [...] XI – nos tribunais com número superior a vinte e cinco julgadores, poderá ser constituído órgão especial, com o mínimo de onze e o máximo de vinte e cinco membros, para o exercício das atribuições administrativas e jurisdicionais delegadas da competência do tribunal pleno, provendo-se metade das vagas por antiguidade e a outra metade por eleição pelo tribunal pleno".

19 Lei n. 8.437/1992: "Art. 4º [...] § 3º Do despacho que conceder ou negar a suspensão, caberá agravo, no prazo de cinco dias, que será levado a julgamento na sessão seguinte a sua interposição".

20 Lei n. 12.016/2009: "Art. 15. Quando, a requerimento de pessoa jurídica de direito público interessada ou do Ministério Público e para evitar grave lesão à ordem, à saúde, à segurança e à economia públicas, o presidente do tribunal ao qual couber o conhecimento do respectivo recurso suspender, em decisão fundamentada, a execução da liminar e da sentença, dessa decisão caberá agravo, sem efeito suspensivo, no prazo de 5 (cinco) dias, que será levado a julgamento na sessão seguinte à sua interposição".

21 Súmula 217 do STJ: "Não cabe agravo de decisão que indefere o pedido de suspensão da execução da liminar, ou da sentença em mandado de segurança". Aliás, no julgamento do AgRg na SS n. 1.204-AM, na sessão de 23-10-2003, a do STJ Corte Especial deliberou pelo cancelamento dessa Súmula.

22 Súmula 506 do STF: "O agravo a que se refere o art. 4º da lei 4348, de 26-6-1964, cabe, somente, do despacho do presidente do Supremo Tribunal Federal que defere a suspensão da liminar, em mandado de segurança; não do que a 'denega'". Tal súmula foi revogada pelo STF (SS 1.945 AgR-AgR-AgR-QO, rel. min. Marco Aurélio, red. p/ o ac. Gilmar Mendes, P, j. 19-12-2002, *DJ* de 1º-8-2003).

23 SCARTEZZINI, Jorge Tadeo Goffi Flaquer. *Suspensão de segurança*. São Paulo: Revista dos Tribunais, 2010. p. 144/145.

24 "[...] esta Corte já concluiu no sentido de não ser cabível o apelo extremo de decisões proferidas no âmbito do pedido de suspensão, uma vez que o apelo extremo visa combater argumentos que digam respeito a exame de legalidade, ao passo que o pedido de suspensão ostenta juízo político. Precedentes" (STJ, AgRg no REsp 1301766/MA, Rel. Min. Mauro Campbell Marques, Segunda Turma, julgado em 17-4-2012, *DJe* 25-4-2012).

Isso acaba gerando certo desequilíbrio processual, haja vista que, contra a decisão do tribunal sobre o agravo interno interposto da decisão do presidente do tribunal, é possível à Fazenda Pública fazer novo pedido de suspensão de segurança, mas não cabe à outra parte nenhuma medida judicial, já que não é possível a interposição de recurso especial e extraordinário[25].

É também cabível pedido de suspensão de segurança contra decisão do tribunal que nega provimento a agravo de instrumento interposto contra decisão que concede tutela de urgência (medida liminar, tutela antecipada ou tutela cautelar) proferida pelo juiz de primeira instância (art. 4º, § 5º, Lei n. 8.437/1992).

De outro lado, contra a decisão que defere tutela de urgência contra a Fazenda Pública, é cabível tanto o recurso próprio (agravo de instrumento, como regra) quanto o pedido de suspensão de segurança, sendo que a interposição de um não prejudica nem condiciona o julgamento do outro. Nesse sentido, o § 6º do art. 4º da Lei n. 8.437/1992: "A interposição do agravo de instrumento contra liminar concedida nas ações movidas contra o Poder Público e seus agentes não prejudica nem condiciona o julgamento do pedido de suspensão a que se refere este artigo".

7. JULGAMENTO CONJUNTO DE PEDIDOS DE SUSPENSÃO DE SEGURANÇA E EXTENSÃO DA SUSPENSÃO A LIMINARES SUPERVENIENTES

O § 8º do art. 4º da Lei n. 8.437/1992 prevê que as medidas liminares que têm objeto idêntico poderão ser suspensas numa única decisão.

Além disso, o presidente do tribunal pode estender os efeitos da suspensão a liminares supervenientes, mediante simples aditamento do pedido original. Trata-se de medida que visa dar solução às ações em massa, cujo fundamento de direito seja muito semelhante, o que poderia gerar, de forma indesejável, diversos pedidos de suspensão de segurança.

8. EFICÁCIA TEMPORAL DA SUSPENSÃO DA SEGURANÇA

O art. 4º, § 9º, da Lei n. 8.437/1992 dispõe que "a suspensão deferida pelo Presidente do Tribunal vigorará até o trânsito em julgado da decisão de mérito na ação principal".

No mesmo sentido, a Súmula 626 do STF prevê que "a suspensão da liminar em mandado de segurança, salvo determinação em contrário da decisão que a deferir, vigorará até o trânsito em julgado da decisão definitiva de concessão da segurança ou, havendo recurso, até a sua manutenção pelo Supremo Tribunal Federal, desde que o objeto da liminar deferida coincida, total ou parcialmente, com o da impetração".

25 Com base nisso, Cassio Scarpinella Bueno entende que o novo pedido de suspensão de segurança é inconstitucional (BUENO, Cassio Scarpinella. *O poder público em juízo*. 5. ed. São Paulo: Saraiva, 2009. p. 59-64). No entanto, a jurisprudência pacífica e a doutrina amplamente majoritária admitem o novo pedido de suspensão de segurança.

Trata-se da chamada **ultratividade da suspensão da segurança**, que ultrapassa a sentença de mérito e se estende até o seu trânsito em julgado.

De outro lado, a doutrina entende que, caso a sentença de mérito venha a ser proferida sob novas circunstâncias de fato e de direito, que afastem o motivo que gerou a suspensão da liminar, será afastada a ultratividade da suspensão[26].

---

26 DIDIER JR., Fredie; CUNHA, Leonardo José Carneiro da. *Curso de direito processual civil:* meios de impugnação às decisões judiciais e processo nos tribunais. 3. ed. Salvador: JusPodivm, 2007. p. 412.

PARTE VII
LIQUIDAÇÃO E CUMPRIMENTO DE SENTENÇA

Até então, foi estudada a atividade jurisdicional destinada ao reconhecimento de direitos. A partir deste momento, passa-se a tratar das atividades jurisdicionais destinadas à quantificação do que foi estabelecido em sentença, bem como à satisfação do direito reconhecido.

CAPÍTULO I

LIQUIDAÇÃO DA SENTENÇA

1. DEFINIÇÃO, OBJETO E SINCRETISMO

Quando o CPC prevê a expressão "liquidação de sentença" no capítulo referente ao tema (Capítulo XIV do Título I do Livro I da Parte Especial), está se referindo à liquidação de qualquer decisão judicial executável e também a qualquer outro título executivo judicial, como a sentença estrangeira, a sentença penal condenatória, o acórdão do tribunal, a decisão interlocutória de mérito e a sentença arbitral.

É líquida a decisão que individualiza o objeto da prestação e a extensão do direito subjetivo por ela certificado, isto é, o *quantum debeatur*.

Para que se possa fazer cumprir (ou executar) uma sentença, decisão ou acórdão, é preciso que ela seja líquida.

Assim, a liquidação de sentença é o procedimento destinado a complementar o título executivo judicial, a fim de que preencha todos os requisitos para se instaurar, com base nele, a atividade executiva destinada à satisfação do direito certificado nesse título.

O CPC institui, como regra, o sincretismo processual entre a ação de conhecimento e a ação de execução de título executivo judicial, estabelecendo-se a liquidação como apenas uma fase do processo.

O regramento da liquidação de sentença está disciplinado nos arts. 509 a 512 do CPC.

2. COMPETÊNCIA

Não houve regramento específico sobre a competência para processar e julgar a liquidação. Em razão disso, **devem-se aplicar analogicamente os dispositivos que tratam da competência para o cumprimento de sentença**.

Assim, serão competentes para a liquidação (art. 516, CPC):

I – os tribunais, nas causas de sua competência originária;

II – o juízo que decidiu a causa no primeiro grau de jurisdição;

III – o juízo cível competente, quando se tratar de sentença penal condenatória, de sentença arbitral, de sentença estrangeira ou de acórdão proferido pelo Tribunal Marítimo.

Na hipótese dos incisos II e III, acima referidos, o próprio CPC autoriza que o exequente possa também optar pelo *"juízo do atual domicílio do executado, pelo juízo do local onde se encontrem os bens sujeitos à execução ou pelo juízo do local onde deva ser executada a obrigação de fazer ou de não fazer"*, casos em que a remessa dos autos será requerida ao juízo de origem (art. 516, parágrafo único, CPC).

3. LEGITIMIDADE PARA REQUERER

O **CPC** (art. 509, *caput*) prevê expressamente que a liquidação poderá ter início "**a requerimento do credor ou do devedor**". Com efeito, tanto credor pode ter interesse na liquidação, já que é titular do direito, quanto o devedor, haja vista que tem interesse jurídico em liquidar a sentença para efetuar o pagamento da sua dívida e se liberar da obrigação.

Contudo, parece que também seria possível um terceiro, que não é parte no processo, requerer a liquidação da sentença. Por exemplo, se determinada dívida está garantida por hipoteca, é possível que eventual adquirente do imóvel hipotecado tenha interesse na liquidação, a fim de que possa pagar a dívida e livrar o bem da hasta pública.

Portanto, a legitimidade para requerer a liquidação de sentença é tanto das partes (credor e devedor), quanto de terceiro interessado (direta ou indiretamente).

4. ESPÉCIES DE LIQUIDAÇÃO DE SENTENÇA

A liquidação pode ser realizada: a) por cálculo; b) por arbitramento; ou c) pelo procedimento comum.

4.1. Liquidação por cálculo

Quando a liquidação depender de **mero cálculo aritmético**, o credor poderá requerer diretamente o cumprimento de sentença, por petição[1], instruindo-a com memória discriminada e atualizada do cálculo.

Nos casos em que o credor é beneficiário da gratuidade judiciária, o juiz poderá se utilizar do contador do juízo para a elaboração dos cálculos de liquidação.

O juiz também poderá se valer do contador quando o cálculo do credor estiver aparentemente incorreto. Neste caso, se o credor não concordar com os cálculos do contador, a execução prosseguirá com base no valor pretendido pelo credor, mas a penhora terá por base o valor apontado pelo contador.

---

1 CPC: "Art. 509 [...] § 2º Quando a apuração do valor depender apenas de cálculo aritmético, o credor poderá promover, desde logo, o cumprimento da sentença".

4.2. Liquidação por arbitramento

A liquidação ocorrerá por arbitramento quando assim o exigir a **natureza do objeto da liquidação**, quando for **determinado pela sentença** ou quando for **convencionado pelas partes**.

Por vezes, não há como o juiz decidir o valor da obrigação dentro de parâmetros objetivos apresentados pelas partes. Em tais casos, é preciso que haja o **arbitramento de determinado valor**. É o que ocorre, por exemplo, quando o juiz arbitra a indenização por danos morais em determinado valor. Contudo, na grande maioria dos casos, o juiz não precisa de outros elementos para arbitrar o valor, razão pela qual a sentença já deverá ser líquida.

Assim, a liquidação por arbitramento deverá ocorrer quando, na sentença, o juiz não tinha os elementos necessários para arbitrar o *quantum debeatur*. É o que ocorre, por exemplo, quando é necessária a realização de perícia para a apuração do valor devido.

Entretanto, a liquidação por arbitramento não se restringe às hipóteses em que é necessária a perícia. É possível que o arbitramento exija, por exemplo, a reunião de determinados documentos, mas seja desnecessária a prova pericial. Aliás, a perícia não é inerente à liquidação por arbitramento.

Nesse sentido, o art. 510 do CPC estabelece que, na liquidação por arbitramento, o **juiz somente nomeará perito quando não puder decidir de plano a partir dos pareceres e/ou documentos elucidativos apresentados pelas partes**.

A prova pericial, se necessária, será realizada na forma prevista no CPC.

O adiantamento dos honorários periciais caberá ao devedor[2].

O perito apresentará o laudo, no prazo fixado pelo juiz. As partes poderão se manifestar sobre o laudo, no prazo de 10 dias.

A seguir, o juiz poderá designar audiência, se necessário, ou proferirá desde logo a sua decisão.

Na liquidação por arbitramento, não serão fixados honorários advocatícios, já que se trata de hipótese não incluída no art. 85, § 1º, do CPC[3], salvo se essa fase de liquidação assumir caráter contencioso[4].

---

2 Essa foi a tese fixada pelo STJ pela sistemática de julgamento de recurso repetitivo: "1. Para fins do art. 543-C do CPC: (1.1) 'Na liquidação por cálculos do credor, descabe transferir do exequente para o executado o ônus do pagamento de honorários devidos ao perito que elabora a memória de cálculos'. (1.2) 'Se o credor for beneficiário da gratuidade da justiça, pode-se determinar a elaboração dos cálculos pela contadoria judicial'. (1.3) 'Na fase autônoma de liquidação de sentença (por arbitramento ou por artigos), incumbe ao devedor a antecipação dos honorários periciais' (STJ, REsp 1274466/SC, Rel. Ministro Paulo de Tarso Sanseverino, Segunda Seção, julgado em 14-5-2014, *DJe* 21-5-2014).

3 CPC: "Art. 85. A sentença condenará o vencido a pagar honorários ao advogado do vencedor. § 1º São devidos honorários advocatícios na reconvenção, no cumprimento de sentença, provisório ou definitivo, na execução, resistida ou não, e nos recursos interpostos, cumulativamente".

4 "Quando a liquidação por arbitramento assumir nítido caráter contencioso, cabe a fixação de honorários advocatícios" (STJ, AgRg no Ag 1324453/ES, Rel. Min. Nancy Andrighi, Terceira Turma, julgado em 14-12-2010, *DJe* 2-2-2011). No mesmo sentido: "Transmutada a natureza da liquidação por cálculos para liquidação por arbitramento, faz-se necessário o arbitramento de honorários advocatícios, não em razão da rejeição da impugnação ao cumprimento da sentença, mas sim em razão do nítido caráter contencioso da fase da liquidação de sentença sobre o *quantum debeatur*, com realização de prova pericial, o que afasta a aplicação da Súmula n. 519 do STJ" (STJ,

4.3. Liquidação pelo procedimento comum

No CPC/1973, tal espécie era chamada de "liquidação por artigos", tendo recebido a nova nomenclatura, sobretudo, em razão da crítica da doutrina acerca do antigo nome.

A liquidação pelo procedimento comum ocorrerá quando a apuração do valor devido ou da individualização do objeto **depender de prova de fato novo**[5], ainda que haja necessidade de prova pericial.

Tem previsão no art. 509, inc. II, e no art. 511 do CPC.

A título de exemplo de cabimento de liquidação pelo procedimento comum, pode-se citar o caso em parte autora ajuíza ação indenizatória contra o réu, postulando que este seja condenado a pagar todas as despesas médicas e hospitalares do autor, em virtude de responsabilidade civil por acidente de trânsito, mas, quando do ajuizamento da ação, não era possível apurar quais seriam as despesas médico-hospitalares decorrentes do tratamento do autor. Por conseguinte, na ação de conhecimento, ocorrerá a condenação do réu a pagar todas essas despesas. Assim, a apuração do valor devido somente será possível com a prova dessas despesas, mesmo que após a sentença, o que será realizado por meio de uma nova fase de conhecimento, cuja cognição é limitada a discutir o *quantum debeatur*, que é denominada liquidação pelo procedimento comum.

De outro lado, se não houver necessidade de provar fato novo, será incabível a liquidação pelo procedimento comum.

Na liquidação pelo procedimento comum, como o próprio nome já diz, será observado tal procedimento, na forma prevista no CPC.

5. PROCEDIMENTO

O requerimento de liquidação de sentença deverá, como regra, ser formulado dentro dos **próprios autos em que esta foi proferida**.

Com efeito, a liquidação de sentença ocorre em autos autônomos apenas excepcionalmente, como no caso de liquidação de decisão parcial de mérito (que julga apenas um ou mais dos pedidos, mas o processo continua em relação a outros pedidos), nos termos do art. 356, § 4º, do CPC[6].

De outro lado, há casos em que a fase de liquidação de sentença dá início ao próprio processo no Juízo Cível. É o que ocorre, por exemplo, quando, antes da fase de cumprimento de sentença, é necessária a liquidação do título executivo judicial que não se formou no Juízo Cível, tais como a sentença penal condenatória transitada em

---

AgRg no AgRg no REsp 1579990/RS, Rel. Ministro Mauro Campbell Marques, Segunda Turma, julgado em 7-4-2016, *DJe* 15-4-2016).

5 CPC: "Art. 509. Quando a sentença condenar ao pagamento de quantia ilíquida, proceder-se-á à sua liquidação, a requerimento do credor ou do devedor: [...] II – pelo procedimento comum, quando houver necessidade de alegar e provar fato novo".

6 CPC: "Art. 356. O juiz decidirá parcialmente o mérito quando um ou mais dos pedidos formulados ou parcela deles: [...] § 4º A liquidação e o cumprimento da decisão que julgar parcialmente o mérito poderão ser processados em autos suplementares, a requerimento da parte ou a critério do juiz".

julgado, a sentença arbitral, a sentença estrangeira homologada pelo Superior Tribunal de Justiça ou a decisão interlocutória estrangeira, após a concessão do *exequatur* à carta rogatória pelo STJ (art. 515, incs. VI a IX, CPC).

Do requerimento do credor, será **intimado o devedor, na pessoa do seu advogado ou da sociedade de advogados**, se tiver patrono constituído no processo. Como a liquidação de sentença não dá origem a processo novo, trata-se de intimação, e não de citação. No entanto, no caso de sentença arbitral, sentença estrangeira e sentença penal condenatória, a liquidação de sentença iniciar-se-á em processo novo, razão pela qual será imprescindível a citação, e não a simples intimação.

Portanto, caso a liquidação de sentença dê origem a processo novo, deverá haver citação do requerido. Nesse sentido, o art. 515, § 1º, do CPC[7].

No caso da **liquidação por arbitramento**, o juiz deve intimar as partes (na pessoa dos seus advogados) "para a apresentação de pareceres ou documentos elucidativos, no prazo que fixar, e, caso não possa decidir de plano, nomeará perito, observando-se, no que couber, o procedimento da prova pericial" (art. 510, CPC).

Na **liquidação pelo procedimento comum**, deve ocorrer a intimação da parte requerida (na pessoa de seu advogado ou da sociedade de advogados), "para, querendo, apresentar contestação no prazo de 15 (quinze) dias" (art. 511, CPC). Observe-se que, na liquidação pelo procedimento comum, não há previsão de audiência de conciliação. Contudo, por uma interpretação sistemática, nada impede que ocorra essa audiência. Após a contestação, segue-se o procedimento comum.

Em ambas as espécies de liquidação (por arbitramento ou pelo procedimento comum), o **provimento jurisdicional que julga a liquidação de sentença** possui **natureza de decisão interlocutória**. Entretanto, se a decisão da fase de liquidação extingue o processo sem resolução do mérito, tal decisão possui natureza de sentença[8].

6. FIDELIDADE AO TÍTULO

Na fase de liquidação, não se pode rediscutir questões já decididas no título executivo judicial, tampouco mudar o seu conteúdo, sob pena de ocorrer afronta à coisa julgada.

Nesse sentido, o art. 509, § 4º, do CPC prevê que "na liquidação é vedado discutir de novo a lide ou modificar a sentença que a julgou".

Trata-se do denominado **princípio da fidelidade da sentença liquidanda**.

---

7 CPC: "Art. 515. São títulos executivos judiciais, cujo cumprimento dar-se-á de acordo com os artigos previstos neste Título: [...] VI – a sentença penal condenatória transitada em julgado; VII – a sentença arbitral; VIII – a sentença estrangeira homologada pelo Superior Tribunal de Justiça; IX – a decisão interlocutória estrangeira, após a concessão do exequatur à carta rogatória pelo Superior Tribunal de Justiça; X – (VETADO). § 1º Nos casos dos incisos VI a IX, o devedor será citado no juízo cível para o cumprimento da sentença ou para a liquidação no prazo de 15 (quinze) dias".

8 "Ainda de acordo com a jurisprudência desta Corte, entende-se que a decisão judicial que resolve incidente de liquidação deixa de ter natureza interlocutória se extinguir o próprio processo, sendo cabível nesses casos a impugnação da decisão por meio do recurso de apelação" (STJ, AgInt no REsp 1623408/PB, Rel. Ministro Francisco Falcão, Segunda Turma, julgado em 5-2-2019, *DJe* 14-2-2019).

A sentença poderá estabelecer a forma em que ocorrerá a liquidação. Entretanto, nesse tocante, existe certa mitigação do princípio da fidelidade da sentença liquidanda, pois a jurisprudência entende que a liquidação de forma diversa daquela estabelecida na sentença não ofende a coisa julgada. Esse, aliás, é o entendimento sedimentado na Súmula 344 do STJ[9].

Além disso, na liquidação de sentença, devem ser incluídos correção monetária e juros moratórios, mesmo que a sua incidência não tenha sido fixada na sentença. Nesse sentido, a Súmula 254 prevê que "incluem-se os juros moratórios na liquidação, embora omisso o pedido inicial ou a condenação".

7. LIQUIDAÇÃO ZERO

A liquidação zero é também chamada de **liquidação com dano zero, sem resultado positivo ou *non liquet*.**

É possível que se apure, na fase de liquidação de sentença, que o valor de liquidação é zero. Isto é, na verificação do *quantum debeatur*, conclui-se que inexiste valor de liquidação do título. É o caso, por exemplo, em que, na liquidação, conclui-se que inexiste valor a ser repetido; ou que não há prova de fatos novos na liquidação pelo procedimento comum etc.

A jurisprudência entende que a liquidação zero **não afronta a coisa julgada**, estabelecida no título executivo judicial[10].

8. RECURSO CONTRA A DECISÃO DE LIQUIDAÇÃO

Contra a decisão de liquidação de sentença, em qualquer das suas modalidades, caberá, como regra, **agravo de instrumento**, nos termos do art. 1.015, parágrafo único, do CPC[11].

Com efeito, trata-se, em regra, de **decisão interlocutória** (ato jurisdicional que resolve questão incidente, no curso do processo), e **não de sentença**. Nesse sentido, aliás, a Súmula 118 do STJ prevê que "o agravo de instrumento é o recurso cabível da decisão que homologa a atualização do cálculo da liquidação".

De outro lado, se a fase de liquidação é **extinta sem resolução de mérito, ou, mesmo analisando o mérito, encerra o próprio processo, tal decisão terá natureza de sentença**. É o caso, por exemplo, em que se apura que não há valor para liquidar

---

9 Súmula 344 do STJ: "A liquidação por forma diversa da estabelecida na sentença não ofende a coisa julgada".

10 "LIQUIDAÇÃO ZERO. VIOLAÇÃO À COISA JULGADA: INOCORRÊNCIA. PRECEDENTE" (STJ, REsp 1170338/RS, Rel. Min. Teori Albino Zavascki, Primeira Turma, julgado em 6-4-2010, *DJe* 13-4-2010). No mesmo sentido: "A liquidação de sentença pode ensejar a denominada "liquidação zero" quando não há o que pagar a título de quantum debeatur" em decisão de eficácia puramente normativa. [...] É que não se admite possa invocar-se a coisa julgada para créditos inexistentes" (STJ, REsp 802.011/DF, Rel. Min. Luiz Fux, Primeira Turma, julgado em 9-12-2008, *DJe* 19-2-2009). Em idêntico sentido: "Na fase liquidatória, ainda que definido o *an debeatur*, é admitida a liquidação zero, quando se verifica a inexistência de débito em favor do credor, em decisão que põe fim ao processo com julgamento de mérito e eficácia definitiva" (REsp 1549467/SP, Rel. Ministro Marco Aurélio Bellizze, Terceira Turma, julgado em 13-9-2016, *DJe* 19-9-2016).

11 CPC: "Art. 1.015 [...] Parágrafo único. Também caberá agravo de instrumento contra decisões interlocutórias proferidas na fase de liquidação de sentença ou de cumprimento de sentença, no processo de execução e no processo de inventário".

(liquidação zero). Tratando-se de sentença, o recurso cabível será a apelação. Nesse sentido, o entendimento do STJ[12].

9. LIMITAÇÃO DO LITISCONSÓRCIO NA LIQUIDAÇÃO DE SENTENÇA

De acordo com o art. 113, § 1º, do CPC, "o juiz poderá limitar o litisconsórcio facultativo quanto ao número de litigantes na fase de conhecimento, na liquidação de sentença ou na execução, quando este comprometer a rápida solução do litígio ou dificultar a defesa ou o cumprimento da sentença". Trata-se da chamada limitação do litisconsórcio facultativo multitudinário, já desenvolvida no item próprio referente ao litisconsórcio.

Como o dispositivo prevê, é possível que essa limitação do litisconsórcio ocorra apenas na fase de liquidação de sentença.

É o que ocorre, por exemplo, quando a ação civil pública versando sobre direito individual homogêneo é proposta pelo Ministério Público, hipótese em que a liquidação e execução de sentença devem ocorrer, prioritariamente, pelos indivíduos que são titulares do direito. Desse modo, caso todos proponham a liquidação conjuntamente, isso pode comprometer a rápida solução daquele processo ou dificultar a defesa do réu. Então, embora não tenha ocorrido a limitação na fase de conhecimento (até mesmo porque foi proposta pelo legitimado extraordinário), pode haver a limitação do litisconsórcio passivo multitudinário na fase de liquidação de sentença.

10. LIQUIDAÇÃO DE SENTENÇA NAS AÇÕES COLETIVAS

A liquidação da sentença nas ações coletivas possui características próprias. Além disso, há variações entre o regime de liquidação na ação civil pública e o regime da ação popular, razão pela qual é necessária essa diferenciação.

10.1. Liquidação de sentença da ação civil pública

O Código de Defesa do Consumidor, no tocante à disciplina da tutela dos direitos coletivos, dispõe, no seu art. 95, que "em caso de procedência do pedido, a **condenação será genérica**, fixando a responsabilidade do réu pelos danos causados".

Assim, admite-se condenação genérica nos processos coletivos. Nesse caso, os **valores indenizatórios** (*quantum debeatur*) e seus **beneficiários** (*cui debeatur*) poderão ser **fixados** em sede de **liquidação de sentença**, consoante o art. 97 do mesmo Código[13].

---

12 "Ainda de acordo com a jurisprudência desta Corte, entende-se que a decisão judicial que resolve incidente de liquidação deixa de ter natureza interlocutória se extinguir o próprio processo, sendo cabível nesses casos a impugnação da decisão por meio do recurso de apelação" (STJ, AgInt no REsp 1623408/PB, Rel. Ministro Francisco Falcão, Segunda Turma, julgado em 5-2-2019, *DJe* 14-2-2019).

13 Nesse sentido, o STJ tem entendimento firmado no sentido de que, em ação civil pública, "**não se configura julgamento 'citra petita' a sentença que atende ao pedido pelo autor, determinando seja deixado para a execução a fixação do montante devido e a forma de pagamento, se o pedido não foi líquido**" (STJ, REsp 717.417/SP, Rel. Min. Eliana Calmon, Segunda Turma, julgado em 20-3-2007, *DJ* 11-4-2007, p. 230).

No tocante à **competência**, o art. 98, § 2º, do Código de Defesa do Consumidor prevê que "é competente para a execução o juízo: I – da liquidação da sentença ou da ação condenatória, no caso de execução individual; II – da ação condenatória, quando coletiva a execução".

O Superior Tribunal de Justiça tem dado a seguinte interpretação ao dispositivo:

a) caso se trate de liquidação ou execução promovida pelo legitimado coletivo, a competência para processá-la será do juízo que julgou a ação civil pública, não importando se versa sobre direito difuso, coletivo em sentido estrito ou individual homogêneo;

b) tratando-se de liquidação ou execução individual, ou seja, promovida pelo titular do direito, poderá optar por ajuizá-la no foro do seu domicílio. Nesse sentido, o STJ já decidiu em recurso especial repetitivo que "**a liquidação e a execução individual de sentença genérica proferida em ação civil coletiva pode ser ajuizada no foro do domicílio do beneficiário**, porquanto os efeitos e a eficácia da sentença não estão circunscritos a lindes geográficos, mas aos limites objetivos e subjetivos do que foi decidido, levando-se em conta, para tanto, sempre a extensão do dano e a qualidade dos interesses metaindividuais postos em juízo"[14].

No tocante à **legitimidade** para propor a **liquidação e a execução da ação civil pública**, é preciso analisar a espécie de direito coletivo envolvido:

a) **No caso de direitos difusos e coletivos em sentido estrito**: após o trânsito em julgado da sentença, caberá ao autor da ação civil pública propor a liquidação e a execução da sentença. Entretanto, decorrido o prazo de 60 dias a contar do trânsito em julgado da sentença condenatória, sem que o autor da ação civil pública promova a sua execução, qualquer outro legitimado poderá e o Ministério Público deverá fazê-lo (art. 15, Lei n. 7.347/1985)[15]. Em caso de direitos difusos e coletivos em sentido estrito, se houver condenação ao pagamento de quantia, o valor será destinado ao fundo de defesa dos direitos difusos, de que trata o art. 13 da LACP.

b) **Na hipótese de direitos individuais homogêneos**: a liquidação e a execução poderão ser promovidas pelo próprio autor da ação civil pública, por um outro legitimado coletivo ou pelo indivíduo que possui o direito. A finalidade é aferir se cada indivíduo que propõe a liquidação e a posterior execução é também titular do direito reconhecido em sentença, bem como individualizar o que e quanto lhe é devido.

---

14 "Para efeitos do art. 543-C do CPC: 1.1. **A liquidação e a execução individual de sentença genérica proferida em ação civil coletiva pode ser ajuizada no foro do domicílio do beneficiário, porquanto os efeitos e a eficácia da sentença não estão circunscritos a lindes geográficos, mas aos limites objetivos e subjetivos do que foi decidido, levando-se em conta, para tanto, sempre a extensão do dano e a qualidade dos interesses metaindividuais postos em juízo (arts. 468, 472 e 474, CPC e 93 e 103, CDC)**" (STJ, REsp 1243887/PR, Rel. Min. Luis Felipe Salomão, Corte Especial, julgado em 19-10-2011, *DJe* 12-12-2011). Além disso: "Cabe aos exequentes escolher entre o foro em que a Ação Coletiva foi processada e julgada e o foro dos seus domicílios. Portanto, apesar de ser possível, a promoção da execução individual no foro do domicílio do beneficiário não deve ser imposta, uma vez que tal escolha fica a cargo do autor, que veio a optar pelo foro do juízo prolator da sentença coletiva" (STJ, REsp 1732071/RJ, Rel. Ministro Herman Benjamin, Segunda Turma, julgado em 17-5-2018, *DJe* 21-11-2018).

15 LACP: "Art. 15. Decorridos sessenta dias do trânsito em julgado da sentença condenatória, sem que a associação autora lhe promova a execução, deverá fazê-lo o Ministério Público, facultada igual iniciativa aos demais legitimados".

Contudo, se decorrido o prazo de um ano sem que haja a habilitação dos interessados em número compatível com a gravidade do dano, poderão os legitimados coletivos promover a liquidação e a execução da sentença, caso em que o produto da indenização devida será revertida para o fundo de defesa dos direitos difusos (art. 100, CDC)[16], ou seja, haverá o que se chama de reparação fluida (*fluid recovery*) dos direitos coletivos. Esse fundo está disciplinado no Decreto n. 1.306/1994.

De outro lado, o STJ, julgando recursos especiais repetitivos, consolidou o entendimento de que, "no âmbito do Direito Privado, é de cinco anos o prazo prescricional para ajuizamento da execução individual em pedido de cumprimento de sentença proferida em Ação Civil Pública"[17], contando-se do "trânsito em julgado da sentença coletiva"[18].

10.2. Liquidação da sentença na ação popular

Não ação popular, a liquidação e a execução deverão ser **requeridas nos próprios autos** pelo autor.

Se o autor da ação popular não promover a liquidação e a execução, qualquer outro cidadão poderá fazê-lo. Caso não o façam no prazo de 60 dias, o Ministério Público deverá requerer a liquidação e/ou execução no prazo de até 30 dias, sob pena de falta grave (art. 16, Lei n. 4.717/1965)[19].

De outro lado, a Lei da Ação Popular (art. 17) também permite que as **pessoas jurídicas, de direito público e de direito privado**, que tiveram os seus atos impugnados, **ainda que tenham contestado a ação**, possam promover, a qualquer tempo e no que as beneficiar, a **liquidação e a execução da sentença** contra os demais réus[20].

---

16 CDC: "Art. 100. Decorrido o prazo de um ano sem habilitação de interessados em número compatível com a gravidade do dano, poderão os legitimados do art. 82 promover a liquidação e execução da indenização devida. Parágrafo único. O produto da indenização devida reverterá para o fundo criado pela Lei n. 7.347, de 24 de julho de 1985".

17 STJ, REsp 1273643/PR, Rel. Min. Sidnei Beneti, Segunda Seção, julgado em 27-2-2013, *DJe* 4-4-2013.

18 "Fincada a inaplicabilidade do CDC à hipótese, deve-se firmar a tese repetitiva no sentido de que o prazo prescricional para a execução individual é contado do trânsito em julgado da sentença coletiva, sendo desnecessária a providência de que trata o art. 94 da Lei n. 8.078/90" (STJ, REsp 1388000/PR, Rel. Min. Napoleão Nunes Maia Filho, Rel. p/ Acórdão Min. Og Fernandes, Primeira Seção, julgado em 26-8-2015, *DJe* 12-4-2016).

19 LAP: "Art. 16. Caso decorridos 60 (sessenta) dias da publicação da sentença condenatória de segunda instância, sem que o autor ou terceiro promova a respectiva execução. o representante do Ministério Público a promoverá nos 30 (trinta) dias seguintes, sob pena de falta grave".

20 LAP: "Art. 17. É sempre permitida às pessoas ou entidades referidas no art. 1º, ainda que hajam contestado a ação, promover, em qualquer tempo, e no que as beneficiar a execução da sentença contra os demais réus".

CAPÍTULO II

CUMPRIMENTO DE SENTENÇA

1. NOÇÕES GERAIS E IMPORTÂNCIA

A tutela jurisdicional efetiva compreende o reconhecimento e a satisfação de direitos subjetivos.

Assim, na sociedade contemporânea, existe cada vez mais a preocupação com uma prestação jurisdicional efetiva, que compreende a concretização dos direitos. Com efeito, para além do dogmatismo, a sociedade exige do Poder Judiciário muito mais que a atividade cognitiva, pois, em termos práticos, de nada serve sem a correspondente atividade satisfativa.

Do ponto de vista numérico, também é significativa a quantidade de processos judiciais em fase de execução. Com efeito, até o final de 2017, do total de processos que tramitavam no Poder Judiciário (80,1 milhões), 53% eram referentes à fase de execução[1]. Desse modo, conhecer detalhadamente o procedimento da fase executiva é fundamental para o operador do direito.

Nesse contexto, a efetivação de direitos reconhecidos passa a também ocupar lugar de destaque no processo civil.

Na atividade executiva, há a amplitude da participação do juiz na criação da solução jurídica mais adequada[2], devendo se valer dos meios executivos disponíveis para a satisfação do direito subjetivo reconhecido, incidindo o **princípio da atipicidade das medidas executivas**.

O juiz, na execução das decisões, também deve primar pela prevenção da ocorrência de lesão ao bem jurídico, tendo em vista que a tutela preventiva é mais eficaz que a tutela ressarcitória. Assim, o magistrado deve pensar a atividade jurisdicional satisfativa

---

1 "O Poder Judiciário contava com um acervo de 80,1 milhões de processos pendentes de baixa no final do ano de 2017, sendo que mais da metade desses processos (53%) se referia à fase de execução. As Figuras 96 e 97 trazem as séries históricas dos casos novos, pendentes e baixados diferenciados entre processos de conhecimento e de execução. Os dados mostram que, apesar de ingressar no Poder Judiciário duas vezes mais casos em conhecimento do que em execução, no acervo, a execução é 34,6% maior" (CONSELHO NACIONAL DE JUSTIÇA. Justiça em números 2018: ano-base 2017. Brasília: CNJ, 2018. Disponível em: <http://www.cnj.jus.br/files/conteudo/arquivo/2018/08/44b7368ec6f888b383f6c3de40c32167.pdf>. Acesso em: 2-3-2019. p. 121).

2 Nesse sentido: MEDINA, José Miguel Garcia. *Execução*. 2. ed. v. 3. São Paulo: Revista dos Tribunais, 2011. p. 32-33.

com base em todos os recursos científicos e materiais disponíveis para impedir a lesão ao bem jurídico, ou repará-la da melhor forma possível.

2. O SINCRETISMO PROCESSUAL

Para a atividade de execução de sentença, há dois principais modelos que podem ser seguidos, quais sejam: a) processo autônomo de execução; ou b) fase de execução dentro do mesmo processo.

Embora a redação original do Código de Processo Civil de 1973 optasse claramente pelo primeiro modelo, as Leis n. 8.452/1994, 10.444/2002 e 11.232/2005 já haviam praticamente instituído o segundo modelo no sistema processual civil brasileiro.

Com o CPC/2015, houve o estabelecimento do sincretismo processual como a regra geral do processo civil brasileiro.

Assim, as fases de conhecimento, liquidação e execução passam, como regra, a ser desenvolvidas dentro de um mesmo processo. Além disso, as tutelas provisórias não fogem a essa regra, na medida em que integram também, a partir do CPC/2015, o mesmo processo.

3. TÍTULOS EXECUTIVOS JUDICIAIS

Para que se proceda à execução (ou cumprimento) de sentença, é necessário que exista um título executivo judicial.

São títulos executivos judiciais (art. 515, CPC):

I – as decisões proferidas no processo civil que reconheçam a exigibilidade de obrigação de pagar quantia, de fazer, de não fazer ou de entregar coisa;

Tal disposição constava no art. 475-N, inc. I, do CPC/1973, atualmente revogado. Na redação original deste dispositivo, reconhecia-se como título judicial "a sentença proferida no processo civil [...]". Assim, a redação do CPC/2015 vem a corrigir uma imprecisão terminológica. Com efeito, além das sentenças, também são títulos executivos judiciais as decisões interlocutórias de mérito proferidas pelo Juízo de primeira instância e as decisões monocráticas de relator e os acórdãos nos tribunais de segunda instância e nos tribunais superiores.

Além disso, como o dispositivo fala em decisões que "reconheçam" a exigibilidade de obrigação, também fica claro que as decisões declaratórias possuem força executiva[3].

II – a decisão homologatória de autocomposição judicial;

3 No mesmo sentido, o entendimento do STJ firmado em julgamento de recurso repetitivo: "A sentença, qualquer que seja sua natureza, de procedência ou improcedência do pedido, constitui título executivo judicial, desde que estabeleça obrigação de pagar quantia, de fazer, não fazer ou entregar coisa, admitida sua prévia liquidação e execução nos próprios autos" (STJ, REsp 1324152/SP, Rel. Min. Luis Felipe Salomão, Corte Especial, julgado em 4-5-2016, *DJe* 15-6-2016).

Trata-se de sentença judicial que resolve o mérito, na forma do art. 487, inc. III, do CPC[4].

A autocomposição judicial pode envolver um terceiro que não tenha participado do processo principal, bem como versar sobre relação jurídica que não tenha sido objeto do processo[5].

III – a decisão homologatória de autocomposição extrajudicial de qualquer natureza;

Trata-se de um acordo produzido fora do Poder Judiciário, que é levado a Juízo para homologação, hipótese em que se constitui em título executivo judicial.

Na Lei n. 9.099/1995 (que trata dos Juizados Especiais Cíveis), está prevista disposição semelhante. Com efeito, o seu art. 57 dispõe que "o acordo extrajudicial, de qualquer natureza ou valor, poderá ser homologado, no juízo competente, independentemente de termo, valendo a sentença como título executivo judicial".

IV – o formal e a certidão de partilha, exclusivamente em relação ao inventariante, aos herdeiros e aos sucessores a título singular ou universal;

Os processos de inventário e partilha e de arrolamento são concluídos por uma sentença.

O formal de partilha é um caderno processual formado por diversas peças que compuseram o processo de inventário e partilha ou o arrolamento sumário, para que seja averbado na matrícula do imóvel.

V – o crédito de auxiliar da justiça, quando as custas, emolumentos ou honorários tiverem sido aprovados por decisão judicial;

Trata-se de inovação no CPC/2015. Contudo, isso já era possível antes dele, haja vista que se trata de obrigação de pagar quantia imposta na sentença.

VI – a sentença penal condenatória transitada em julgado;

A possibilidade de execução civil *ex delicto* é um efeito civil da sentença penal condenatória, pois garante a reparação do dano na área cível. Tal sentença, ao menos como regra, necessitará de uma fase prévia de liquidação.

VII – a sentença arbitral;

É um título executivo judicial produzido fora do Poder Judiciário, por um juiz ou tribunal arbitral. A arbitragem é um equivalente jurisdicional, previsto na Lei n. 9.307/1996, como já se expôs.

A própria Lei n. 9.307/1996 também prevê, no seu art. 31, que "a sentença arbitral produz, entre as partes e seus sucessores, os mesmos efeitos da sentença proferida pelos órgãos do Poder Judiciário e, sendo condenatória, constitui título executivo".

---

4 CPC: "Art. 487. Haverá resolução de mérito quando o juiz: [...] III – homologar: *a*) o reconhecimento da procedência do pedido formulado na ação ou na reconvenção; *b*) a transação; *c*) a renúncia à pretensão formulada na ação ou na reconvenção".

5 CPC: "Art. 515 [...] § 2º A autocomposição judicial pode envolver sujeito estranho ao processo e versar sobre relação jurídica que não tenha sido deduzida em juízo".

O CPC confere à sentença arbitral o selo de título executivo judicial.

VIII – a sentença estrangeira homologada pelo Superior Tribunal de Justiça;

A partir da Emenda Constitucional 45/2004, a homologação de sentença estrangeira e a concessão do *exequatur* às cartas rogatórias passaram a ser de competência do Superior Tribunal de Justiça. Antes dessa modificação, essa competência era do Supremo Tribunal Federal.

A sentença estrangeira, após a homologação pelo STJ, será executada pela primeira instância da Justiça Federal, conforme dispõe o art. 109, inc. X, da Constituição Federal.

IX – a decisão interlocutória estrangeira, após a concessão do exequatur à carta rogatória pelo Superior Tribunal de Justiça.

Como já se expôs, para que decisões interlocutórias estrangeiras (não definitivas) possam ser executadas no Brasil, é necessário, como regra, a concessão do *exequatur*, mediante procedimento contencioso no Superior Tribunal de Justiça. Contudo, trata-se de cumprimento de decisão provisória, na medida em que, para as decisões definitivas, é necessária a homologação (e não o *exequatur*). Desse modo, é mais adequado aplicar o procedimento do cumprimento provisório de sentença. A decisão interlocutória estrangeira, após a homologação pelo STJ, será executada pelo juízo federal de primeira instância, nos termos do art. 109, inc. X, da Constituição Federal.

4. COMPETÊNCIA PARA O CUMPRIMENTO DE SENTENÇA

O Código de Processo Civil disciplina expressamente a competência para o cumprimento de sentença.

Trata-se de hipóteses de **competência funcional** e, por conseguinte, **absoluta**.

São competentes para a liquidação de sentença (art. 516, CPC):

I – os tribunais, nas causas de sua competência originária;

No âmbito do STF, o art. 102, inc. I, alínea "m", da Constituição Federal[6] também estabelece que é da competência da Suprema Corte executar a sentença nas causas de sua competência originária. De outro lado, a parte final do dispositivo permite que o STF delegue a competência para a prática de atos processuais relacionados à execução de seus julgados.

A possibilidade de delegação de competência para a execução das decisões proferidas em competência originária não foi prevista para o Superior Tribunal de Justiça e para os demais tribunais. No entanto, a doutrina tem entendido ser possível essa delegação, sendo considerada uma competência implícita dada pela Constituição[7].

---

6 CF: "Art. 102. Compete ao Supremo Tribunal Federal, precipuamente, a guarda da Constituição, cabendo-lhe: I – processar e julgar, originariamente: [...] *m*) a execução de sentença nas causas de sua competência originária, facultada a delegação de atribuições para a prática de atos processuais;".

7 DIDIER JR., Fredie; BRAGA, Paula Sarno; OLIVEIRA, Rafael. *Curso de direito processual civil:* direito probatório, decisão judicial, cumprimento e liquidação da sentença e coisa julgada. v. 2. Salvador: JusPodivm, 2007. p. 428.

II – o juízo que decidiu a causa no primeiro grau de jurisdição;

Trata-se de uma manifestação do princípio da *perpetuatio jurisdictionis*. Assim, o juízo com competência originária, onde tramitou a causa, também será competente para a execução do seu julgado.

De outro lado, no tocante à ação de alimentos, a jurisprudência admite que a execução da sentença ocorra no novo domicílio do alimentando, mesmo que em local diverso daquele que proferiu a sentença[8]. A natureza social peculiar dessa ação permite que se mitigue o princípio da *perpetuatio jurisdictionis*.

III – o juízo cível competente, quando se tratar de sentença penal condenatória, de sentença arbitral, de sentença estrangeira ou de acórdão proferido pelo Tribunal Marítimo.

Nos casos de competência para a execução de sentença penal condenatória e sentença arbitral, seguem-se as regras gerais de competência estabelecidas no CPC.

No caso de sentenças estrangeiras, a competência para promover sua execução é da Justiça Federal de primeira instância, após a homologação pelo STJ (art. 109, X, CF). No tocante à competência territorial, seguem as regras de competência estabelecidas pelo CPC.

O Tribunal Marítimo é um órgão administrativo, vinculado ao Ministério da Defesa – mais especificamente, à Marinha –, tendo como atribuições processar e julgar os acidentes e fatos da navegação marítima, fluvial e lacustre e as questões relacionadas com tal atividade, especificadas na Lei n. 2.180/1954[9]. Contudo, os acórdãos proferidos pelo Tribunal Marítimo constituem título executivo judicial, embora estejam sujeitos à revisão pelo Poder Judiciário.

Nas hipóteses dos incisos II e III acimas descritas, porém, o próprio CPC autoriza que o credor possa também optar: a) pelo juízo do atual domicílio do executado; b) pelo juízo do local onde se encontrem os bens sujeitos à execução; ou c) pelo juízo do local onde deva ser executada a obrigação de fazer ou de não fazer. Optando o credor por uma dessas hipóteses, o requerimento de remessa dos autos do processo será formulado no juízo de origem (art. 516, parágrafo único, CPC).

---

8 "Assim, os alimentos podem ser revistos ainda no trâmite do processo originário ou em nova ação. Essa demanda posterior não precisa ser proposta em face do mesmo juízo que fixou os alimentos originalmente, podendo ser proposta no novo domicílio do alimentando, nos termos do art. 100, II, do Código de Processo Civil. Até mesmo a execução do julgado pode se dar em comarca diversa daquela em que tramitou a ação de conhecimento, de modo a possibilitar o acesso à Justiça pelo alimentando. Precedentes. 3. O caráter continuativo da relação jurídica alimentar, conjugado com a índole social da ação de alimentos, autoriza que se mitigue a regra da *perpetuatio jurisdictionis*" (STJ, CC 114.461/SP, Rel. Min. Raul Araújo, Segunda Seção, julgado em 27-6-2012, *DJe* 10-8-2012). No mesmo sentido: "Assim, se a mudança de domicílio do menor alimentando ocorrer durante o curso da ação de execução de alimentos, como ocorreu na hipótese, não parece razoável que, por aplicação rígida de regras de estabilidade da lide, de marcante relevância para outros casos, se afaste a possibilidade de mitigação da regra da *perpetuatio jurisdictionis*" (STJ, CC 134.471/PB, Rel. Ministro Raul Araújo, Segunda Seção, julgado em 27-5-2015, *DJe* 3-8-2015).

9 Lei n. 2.180/1954: "Art. 1º O Tribunal Marítimo, com jurisdição em todo o território nacional, órgão, autônomo, auxiliar do Poder Judiciário, vinculado ao Ministério da Marinha no que se refere ao provimento de pessoal militar e de recursos orçamentários para pessoal e material destinados ao seu funcionamento, tem como atribuições julgar os acidentes e fatos da navegação marítima, fluvial e lacustre e as questões relacionadas com tal atividade, especificadas nesta Lei".

5. PROTESTO DA DECISÃO JUDICIAL

O CPC prevê expressamente a possibilidade de **protesto da decisão judicial transitada em julgado** como forma de compelir o devedor a pagar a sua dívida.

Trata-se de importante medida de **coerção indireta**, na medida em que haverá restrição de crédito ao devedor nas suas próximas tentativas de obter empréstimos, financiamentos, compras a prazo, participação em licitações etc.

O procedimento do protesto da decisão judicial está disciplinado nos arts. 517 do CPC.

O art. 517, *caput*, do CPC exige que, para que ocorra o protesto, é necessário que haja decisão judicial transitada em julgado, bem como que haja transcorrido o prazo para pagamento voluntário referido no art. 523 do CPC.

Assim, o protesto será efetivado mediante a apresentação pelo credor no Cartório Extrajudicial competente de certidão de inteiro teor, expedida pelo Cartório Judicial.

Na certidão de inteiro teor deverá constar (art. 517, § 2º, CPC): a) o nome e a qualificação do exequente e do executado; b) o número do processo; c) o valor da dívida; e d) a data de decurso do prazo para pagamento voluntário.

De acordo com o CPC, "**a requerimento do executado, o protesto será cancelado por determinação do juiz, mediante ofício a ser expedido ao cartório, no prazo de 3 (três) dias, contado da data de protocolo do requerimento, desde que comprovada a satisfação integral da obrigação**" (art. 517, § 4º).

Ocorre que, ao contrário do que prevê o dispositivo, o cancelamento do protesto também poderá ser determinado pelo juiz se houver requerimento do credor nesse sentido. Aliás, caso a parte executada requeira o cancelamento do protesto pela quitação integral, o juiz, havendo dúvida, poderá intimar o credor para se manifestar.

Também poderá o juiz determinar o **cancelamento do protesto de ofício**, quando, por exemplo, deferir tutela de urgência suspendendo a exigibilidade do crédito.

Além disso, o dispositivo também condiciona o cancelamento do protesto à "satisfação integral da obrigação". Todavia, em diversas hipóteses, o próprio credor pode formular acordo em que aceita valor menor, dando quitação da obrigação, ou mesmo renunciar ao direito. Em tais casos, também será possível o cancelamento do protesto.

De outro lado, pela redação do dispositivo, somente o juiz poderia determinar o cancelamento desse protesto. Entretanto, como não é o juiz que leva a protesto a decisão judicial transitada em julgado, parece não ser adequado dizer que somente o juiz poderia determinar esse cancelamento. Com efeito, assim como ocorre em outros protestos, o pagamento do valor do débito pelo devedor perante o cartório extrajudicial também gera o cancelamento do protesto. Da mesma forma, o requerimento expresso do credor no cartório deve possibilitar esse cancelamento.

Portanto, é certo que "o protesto será cancelado por determinação do juiz". Contudo, há outras formas de cancelamento desse protesto, seja pelo pagamento do valor da dívida perante o cartório extrajudicial, seja a requerimento do credor.

O CPC também traz disposição expressa acerca do protesto no caso de ação rescisória. Segundo o Código Processual (art. 517, § 3º), "o executado que tiver proposto ação rescisória para impugnar a decisão exequenda pode requerer, a suas expensas e sob sua responsabilidade, a anotação da propositura da ação à margem do título protestado".

Contudo, se, na ação rescisória, for deferida tutela de urgência para suspender a exigibilidade da obrigação que constou de decisão judicial transitada em julgado, pode ser determinado o próprio cancelamento do protesto. Vale dizer, suspensa a exigibilidade da obrigação constante da decisão judicial levada a protesto, não subsiste o próprio protesto.

6. CUMPRIMENTO PROVISÓRIO E DEFINITIVO DE SENTENÇA

O cumprimento de sentença é uma fase do processo destinada a efetivar o título executivo judicial já formado.

Enquanto, na fase de conhecimento, a atividade-fim é predominantemente cognitiva, na medida em que o objetivo é o reconhecimento do direito alegado pelo autor, na fase de cumprimento de sentença, o objetivo é a satisfação do direito já reconhecido.

O cumprimento de sentença pode ser ou não ser precedido de uma fase de liquidação de sentença.

Considerando a natureza da tutela jurisdicional a ser executada (provisória ou definitiva), o cumprimento de sentença pode se provisório ou definitivo.

6.1. Cumprimento provisório de sentença

O cumprimento definitivo de sentença é aquele que se funda numa decisão que transitou em julgado, vale dizer, acobertada pelo manto da coisa julgada material.

O **cumprimento provisório**, por sua vez, é o que tem por base **decisão judicial ainda passível de alteração**, isto é, sobre a qual ainda pende recurso recebido sem o efeito suspensivo. Além disso, também se submetem à disciplina do cumprimento provisório de sentença a efetivação da tutela provisória (tutela antecipada, tutela cautelar, tutela da evidência e medida liminar de procedimento especial)[10], embora se aplique a ela com as devidas adaptações.

O cumprimento provisório de sentença **inicia-se por provocação do requerente**, que é responsável objetivamente por eventuais danos sofridos pelo executado caso a decisão exequenda seja reformada ou anulada[11].

É competente para processar o cumprimento provisório de sentença o juízo competente para processar o cumprimento definitivo.

Portanto, a **petição inicial** do cumprimento provisório deverá ser dirigida ao juízo competente para ela, ainda que o processo principal esteja na fase recursal.

No cumprimento provisório da sentença, o executado poderá apresentar **impugnação** na forma estabelecida para a impugnação ao cumprimento definitivo de sentença (art. 520, § 1º, CPC).

---

10 CPC: "Art. 519. Aplicam-se as disposições relativas ao cumprimento da sentença, provisório ou definitivo, e à liquidação, no que couber, às decisões que concederem tutela provisória".

11 CPC: "Art. 520 [...] I – corre por iniciativa e responsabilidade do exequente, que se obriga, se a sentença for reformada, a reparar os danos que o executado haja sofrido;".

No processo do cumprimento provisório, permite-se que sejam realizados todos os atos necessários para a satisfação do direito reconhecido numa decisão não transitada em julgado. No atual regime do cumprimento provisório de sentença, **é possível que se pratiquem os atos de penhora, avaliação e, inclusive, de alienação judicial do bem penhorado e de levantamento pelo credor do valor depositado na hasta pública**. Contudo, o levantamento de depósito em dinheiro e a prática de atos que importem alienação de propriedade ou dos quais possa resultar grave dano ao executado dependem de caução suficiente e idônea, arbitrada de plano pelo juiz e prestada nos próprios autos (art. 520, IV, CPC[12]).

Tal **caução** poderá ser dispensada nas seguintes hipóteses (art. 521, CPC): "I – o crédito for de natureza alimentar, independentemente de sua origem; II – o credor demonstrar situação de necessidade; III – pender o agravo do art. 1.042; IV – a sentença a ser provisoriamente cumprida estiver em consonância com súmula da jurisprudência do Supremo Tribunal Federal ou do Superior Tribunal de Justiça ou em conformidade com acórdão proferido no julgamento de casos repetitivos". Contudo, mesmo nestas hipóteses legais, o juiz poderá manter a caução, quando verificar que a sua dispensa pode resultar manifesto risco de grave dano de difícil ou incerta reparação (art. 521, parágrafo único, CPC).

De outro lado, a realização de hasta pública do bem penhorado e o levantamento do depósito não constituem direito subjetivo do exequente, mesmo que se proponha a prestar caução idônea. Isso porque o juiz pode verificar que prosseguir com tais atos executórios implica causar prejuízo irreparável ao executado[13].

Como regra, são formados autos próprios para a execução provisória, já que os autos principais, como regra, estão na instância recursal. No entanto, nos casos em que os autos principais estiverem na instância originária, e o recurso contra a decisão exequenda tenha subido à instância recursal por instrumento, a execução provisória poderá ser processada nos autos principais.

Quando for necessário formar autos próprios, a petição inicial do cumprimento provisório de sentença deverá ser instruída com cópias das seguintes peças e atos processuais (art. 522, parágrafo único, CPC): "I – decisão exequenda; II – certidão de interposição do recurso não dotado de efeito suspensivo; III – procurações outorgadas pelas partes; IV – decisão de habilitação, se for o caso; V – facultativamente, outras peças processuais consideradas necessárias para demonstrar a existência do crédito".

No caso de **autos eletrônicos**, é **desnecessária a formação desse instrumento**, já que o processo principal fica disponível a partir de um *link* na tela do processo eletrônico do cumprimento provisório de sentença.

---

12 CPC: "Art. 520 [...] IV – o levantamento de depósito em dinheiro e a prática de atos que importem transferência de posse ou alienação de propriedade ou de outro direito real, ou dos quais possa resultar grave dano ao executado, dependem de caução suficiente e idônea, arbitrada de plano pelo juiz e prestada nos próprios autos".

13 Nesse sentido, já decidiu o STJ: "Na execução provisória é possível o levantamento do valor da dívida depositada judicialmente, exigindo-se, como regra, caução do credor, em situação de que possa resultar grave dano ao executado, nos termos do art. 475-O, III, do Código de Processo Civil. 2. O dispositivo em comento, todavia, não veicula direito subjetivo do exequente ao levantamento do dinheiro, de modo que a presença dos requisitos autorizadores deverá ser analisada caso a caso, com base na prudência e bom senso do julgador, à vista dos princípios de livre convencimento e persuasão racional" (STJ, AgRg no AREsp 226.237/RS, Rel. Min. Sidnei Beneti, Terceira Turma, julgado em 20-11-2012, *DJe* 4-12-2012).

É o requerente que instrui a petição inicial do cumprimento provisório. Ao juntar tais cópias, o próprio advogado pode declarar a sua autenticidade, sob pena de responsabilidade pessoal. Assim, **não há mais** que se falar da **antiga carta de sentença**, caderno processual formado pelo escrivão com as cópias do processo principal, para instrumentalizar a execução provisória.

O cumprimento provisório de sentença seguirá, **em regra**, o **mesmo procedimento do cumprimento definitivo**. Embora o entendimento jurisprudencial sedimentado na vigência do CPC/1973 fosse em sentido contrário[14], no cumprimento provisório de sentença instituído pelo CPC/2015, a multa e os honorários que devem ser pagos pelo devedor no caso de não cumprimento voluntário da execução no prazo legal (art. 523, § 1º)[15] são devidos no cumprimento provisório de sentença condenatória ao pagamento de quantia certa (art. 520, § 2º, CPC)[16]. Contudo, tornando-se definitivo cumprimento de sentença, não haverá fixação de novos honorários advocatícios e multa.

Caso sobrevenha acórdão que modifique ou anule a sentença exequenda, o cumprimento provisório de sentença ficará sem efeito, restituindo-se as partes ao estado anterior. Se a sentença for apenas parcialmente modificada ou anulada, somente nesta parte ficará sem efeito a execução provisória (art. 520, II e III, CPC).

O exequente se responsabiliza por todos os prejuízos suportados pela parte contrária nos casos em que a decisão exequenda for reformada ou anulada. Trata-se de hipótese de **responsabilidade objetiva**, haja vista que, sempre que houver prejuízo em razão do cumprimento provisório, o exequente terá de indenizar o executado, independentemente de existência de dolo ou culpa.

Neste caso (decisão exequenda reformada ou anulada), eventuais **prejuízos suportados pelo executado serão liquidados nos mesmos autos** (art. 520, II, CPC).

É **cabível o cumprimento provisório da decisão que fixa a multa**, como meio de coerção indireta para o cumprimento de determinação judicial. Nesse caso, **o valor da multa deverá ser depositado em juízo, mas o levantamento do seu valor somente poderá ocorrer após o trânsito em julgado de sentença favorável ao beneficiário da multa**[17].

A jurisprudência[18] tem admitido **execução provisória contra a Fazenda Pública**, com a ressalva do art. 2º-B da Lei n. 9.494/1997, que assim dispõe: "A sentença que te-

---

14 STJ, AgRg no REsp 1291652/PR, Rel. Min. Luis Felipe Salomão, Quarta Turma, julgado em 21-8-2012, *DJe* 29-8-2012. Em relação à multa, vide: STJ, AgRg nos EDcl no REsp 1229705/PR, Rel. Min. Sidnei Beneti, Terceira Turma, julgado em 19-4-2012, *DJe* 7-5-2012).

15 CPC: "Art. 523. No caso de condenação em quantia certa, ou já fixada em liquidação, e no caso de decisão sobre parcela incontroversa, o cumprimento definitivo da sentença far-se-á a requerimento do exequente, sendo o executado intimado para pagar o débito, no prazo de 15 (quinze) dias, acrescido de custas, se houver. § 1º Não ocorrendo pagamento voluntário no prazo do *caput*, o débito será acrescido de multa de dez por cento e, também, de honorários de advogado de dez por cento".

16 CPC: "Art. 520 [...] § 2º A multa e os honorários a que se refere o § 1º do art. 523 são devidos no cumprimento provisório de sentença condenatória ao pagamento de quantia certa".

17 CPC: "Art. 537 [...] § 3º A decisão que fixa a multa é passível de cumprimento provisório, devendo ser depositada em juízo, permitido o levantamento do valor após o trânsito em julgado da sentença favorável à parte".

18 "A jurisprudência do STJ firmou-se no sentido de que a vedação de Execução Provisória de sentença contra a Fazenda Pública deve-se ater às hipóteses expressamente previstas no art. 2º-B da Lei 9.494/1997, vale dizer, a interpretação é restritiva" (STJ, AgInt no AREsp 1174330/PI, Rel. Ministro Herman Benjamin, Segunda Turma, julgado em 7-8-2018, *DJe* 13-11-2018).

nha por objeto a liberação de recurso, inclusão em folha de pagamento, reclassificação, equiparação, concessão de aumento ou extensão de vantagens a servidores da União, dos Estados, do Distrito Federal e dos Municípios, inclusive de suas autarquias e fundações, somente poderá ser executada após seu trânsito em julgado".

6.2. Cumprimento definitivo da sentença

O Código de Processo Civil estabelece, **como regra, o sincretismo entre as fases de conhecimento e de cumprimento de sentença**, sem a necessidade de ação de execução autônoma ou processo executivo autônomo para o pagamento de quantia. O que existe é apenas uma fase de execução ou de cumprimento de sentença no bojo do mesmo processo em que ocorreu a fase de conhecimento.

Assim, em regra, não há nova citação, mas apenas intimação do devedor para cumprimento da obrigação, haja vista que não há processo novo, mas sim apenas uma fase executiva dentro do mesmo processo onde tramitou a ação de conhecimento.

No entanto, nos casos de **sentença penal condenatória transitada em julgado, sentença arbitral, sentença estrangeira homologada pelo Superior Tribunal de Justiça ou decisão interlocutória estrangeira, após a concessão do *exequatur* à carta rogatória pelo STJ** (art. 515, incs. VI a IX, CPC), há **necessidade de formar processo novo**, já que não há como promover a execução cível do título executivo judicial no mesmo processo em que foi formado.

O CPC estabelece diferentes procedimentos para o cumprimento de sentença, de acordo com a obrigação imposta na sentença.

Assim, é preciso distinguir o cumprimento definitivo de sentença para:

a) **Pagamento de quantia certa**. Esta, por sua vez, pode ser dividida em:

a.1) Pagamento de quantia certa em geral (arts. 523 a 527, CPC).

a.2) Cumprimento de obrigação de prestar alimentos (arts. 528 a 533, CPC).

a.3) Cumprimento de obrigação de pagar quantia certa pela Fazenda Pública (arts. 534 a 535, CPC).

b) **Cumprimento de obrigação de fazer ou de não fazer** (arts. 536 a 537, CPC).

c) **Cumprimento de obrigação de entregar coisa** (art. 538, CPC).

A seguir, serão analisados os procedimentos do cumprimento de sentença de acordo com a natureza da obrigação, conforme acima discriminado.

7. CUMPRIMENTO DEFINITIVO DE SENTENÇA QUE RECONHECE A EXIGIBILIDADE DE OBRIGAÇÃO DE PAGAR QUANTIA CERTA EM GERAL

7.1. Petição inicial

O cumprimento definitivo de sentença que imponha obrigação de pagar quantia certa em geral terá início mediante requerimento do exequente. Não cabe ao juiz de ofício dar início ao cumprimento de sentença para pagamento de quantia certa.

Além dos requisitos gerais da petição inicial (art. 319, CPC)[19], o requerimento do cumprimento de sentença deverá conter (art. 524, CPC):

a) o índice de correção monetária adotado, bem como a taxa de juros e a periodicidade da sua capitalização, incluindo o termo inicial e o termo final dos juros e da correção monetária;

b) a especificação dos eventuais descontos obrigatórios realizados;

c) a indicação dos bens passíveis de penhora, sempre que possível.

d) o demonstrativo discriminado e atualizado do crédito, em anexo à petição.

Embora o art. 524 do CPC exija que os itens "a" e "b" acima estejam expressos na petição do cumprimento de sentença, não há prejuízo se eles estiverem apenas consignados na memória de cálculos (demonstrativo discriminado e atualizado do crédito) anexa à petição inicial, desde que constem de forma clara.

Se o juiz verificar que o valor apresentado no demonstrativo aparentemente excede os limites da condenação, a execução terá prosseguimento pelo valor pretendido pelo exequente, mas a penhora será determinada com base no valor que o juiz entender adequado. O juiz pode se valer de contador do juízo para a verificação dos cálculos.

Se a elaboração dos cálculos depender de dados ou documentos em poder do executado ou de terceiros, o juiz poderá requisitá-los.

No caso de os dados e documentos estarem em poder do executado, o juiz os requisitará e fixará o prazo de 30 dias para que sejam apresentados, sob pena de serem reputados corretos os cálculos apresentados pelo exequente apenas com base nos dados de que dispõe (art. 524, § 4º, CPC)[20].

7.2. Intimação do requerido, possibilidade de pagamento e incidência de multa e honorários

O **executado será intimado para**, no **prazo de 15 dias (úteis)**, **pagar o débito**, acrescido de custas, se houver.

Não se exige, todavia, a intimação pessoal do devedor, quando for possível a intimação por intermédio do seu advogado.

Se o executado **não efetuar o pagamento voluntário do valor da execução**, o débito será acrescido de **multa de 10%** e de **honorários advocatícios** também de **10%**. Essa multa incidirá mesmo que a intimação tenha ocorrido na pessoa do seu

19 CPC: "Art. 319. A petição inicial indicará: I – o juízo a que é dirigida; II – os nomes, os prenomes, o estado civil, a existência de união estável, a profissão, o número de inscrição no Cadastro de Pessoas Físicas ou no Cadastro Nacional da Pessoa Jurídica, o endereço eletrônico, o domicílio e a residência do autor e do réu; III – o fato e os fundamentos jurídicos do pedido; IV – o pedido com as suas especificações; V – o valor da causa; VI – as provas com que o autor pretende demonstrar a verdade dos fatos alegados; VII – a opção do autor pela realização ou não de audiência de conciliação ou de mediação".

20 CPC: "Art. 524 [...] § 3º Quando a elaboração do demonstrativo depender de dados em poder de terceiros ou do executado, o juiz poderá requisitá-los, sob cominação do crime de desobediência. § 4º Quando a complementação do demonstrativo depender de dados adicionais em poder do executado, o juiz poderá, a requerimento do exequente, requisitá-los, fixando prazo de até 30 (trinta) dias para o cumprimento da diligência".

advogado[21]. O CPC (art. 523, § 1º) estabelece em percentual fixo os honorários (10%), em princípio não deixando margem para o arbitramento judicial em outro valor.

Na hipótese de não haver cumprimento espontâneo, a multa e os honorários incidirão independentemente de haver ou não impugnação ao cumprimento de sentença. Com efeito, continua em vigor a Súmula 517 do STJ: "São devidos honorários advocatícios no cumprimento de sentença, haja ou não impugnação, depois de escoado o prazo para pagamento voluntário, que se inicia após a intimação do advogado da parte executada" [22].

Se houver o **pagamento parcial do débito**, a **multa e os honorários incidirão somente sobre o valor remanescente**.

De outro lado, para possibilitar o pagamento espontâneo e, inclusive, o cumprimento da sentença com a aplicação da multa e honorários, é **imprescindível que a sentença tenha a liquidez necessária para tanto**.

A esse respeito, o STJ já decidiu, em recurso repetitivo, que a sentença genérica de ação civil pública, que apenas fixa a responsabilidade pelos danos, não se reveste da liquidez necessária a ensejar o cumprimento espontâneo e a aplicação da multa e dos honorários em referência[23]. Além disso, o STJ também firmou entendimento de que "são devidos honorários advocatícios nos procedimentos individuais de cumprimento de sentença decorrente de ação coletiva, ainda que não impugnados e promovidos em litisconsórcio"[24].

Caso **não seja efetuado o pagamento do valor exequendo no prazo legal** (15 dias), ou em caso de pagamento apenas parcial, será **imediatamente expedido mandado de penhora e avaliação**, seguindo-se os demais atos executórios.

7.3. Impugnação ao cumprimento de sentença

7.3.1. Prazo e processamento

É oportunizado ao devedor oferecer **impugnação, nos próprios autos**, para se opor ao cumprimento de sentença.

---

21 "A jurisprudência do STJ se firmou no sentido de que, no cumprimento de sentença, são cabíveis honorários advocatícios em caso de inércia do devedor dentro do prazo de quinze dias após a intimação de seu advogado para cumprimento do julgado" (STJ, AgInt no REsp 1748799/RJ, Rel. Ministro Herman Benjamin, Segunda Turma, julgado em 13-12-2018, *DJe* 6-2-2019).

22 "Este Tribunal Superior firmou entendimento no sentido de serem devidos honorários advocatícios no cumprimento de sentença, haja ou não impugnação, depois de escoado o prazo para pagamento voluntário, que se inicia após a intimação do advogado da parte executada (Súmula 517 do STJ)" (STJ, AgInt no AREsp 899.863/DF, Rel. Ministro Marco Buzzi, Quarta Turma, julgado em 10-4-2018, *DJe* 17-4-2018).

23 "A sentença genérica prolatada no âmbito da ação civil coletiva, por si, não confere ao vencido o atributo de devedor de 'quantia certa ou já fixada em liquidação' (art. 475-J do CPC), porquanto, 'em caso de procedência do pedido, a condenação será genérica', apenas 'fixando a responsabilidade do réu pelos danos causados' (art. 95 do CDC). A condenação, pois, não se reveste de liquidez necessária ao cumprimento espontâneo do comando sentencial, não sendo aplicável a reprimenda prevista no art. 475-J do CPC" (STJ, REsp 1247150/PR, Rel. Min. Luis Felipe Salomão, Corte Especial, julgado em 19-10-2011, *DJe* 12-12-2011).

24 "Para o fim preconizado no art. 1.039 do CPC/2015, firma-se a seguinte tese: 'O art. 85, § 7º, do CPC/2015 não afasta a aplicação do entendimento consolidado na Súmula 345 do STJ, de modo que são devidos honorários advocatícios nos procedimentos individuais de cumprimento de sentença decorrente de ação coletiva, ainda que não impugnados e promovidos em litisconsórcio'" (STJ, REsp 1648498/RS, Rel. Ministro Gurgel De Faria, Corte Especial, julgado em 20-6-2018, *DJe* 27-6-2018).

Essa impugnação deverá ser apresentada no prazo de **15 dias, a contar do transcurso do "prazo previsto no art. 523 sem o pagamento voluntário"**, independentemente de penhora ou nova intimação (art. 525, *caput*, CPC)[25].

Assim, a partir da data da intimação do devedor acerca do cumprimento da sentença, começa a correr o prazo de 15 dias para adimplemento voluntário da obrigação pelo devedor e, ao término deste prazo, inicia-se, automaticamente, o prazo de 15 dias para apresentar a impugnação, independentemente de penhora (ou garantia do juízo) ou nova intimação[26].

Caso se trate de questão superveniente (ex.: vício na penhora), a impugnação poderá ser feita por simples petição (e não nova impugnação). Neste caso, o prazo é de 15 dias, a contar da comprovada ciência do fato ou da intimação do ato (art. 525, § 11, CPC).

Lembre-se, contudo, que a oposição de impugnação manifestamente protelatória poderá ser considerada ato atentatório à dignidade da justiça (art. 918, III, parágrafo único, do CPC/2015), o que implica a incidência da multa prevista no art. 774, parágrafo único, do CPC[27].

7.3.2. Hipóteses de cabimento

A impugnação ao cumprimento de sentença apresenta cognição limitada, vale dizer, a lei processual restringe a cognitividade no plano horizontal.

De acordo com o CPC, a impugnação poderá versar sobre as **seguintes matérias** (art. 525, §1º):

> I – falta ou nulidade da citação se, na fase de conhecimento, o processo correu à revelia;
>
> II – ilegitimidade de parte;
>
> III – inexequibilidade do título ou inexigibilidade da obrigação;
>
> IV – penhora incorreta ou avaliação errônea;
>
> V – excesso de execução ou cumulação indevida de execuções;
>
> VI – incompetência absoluta ou relativa do juízo da execução;
>
> VII – qualquer causa modificativa ou extintiva da obrigação, como pagamento, novação, compensação, transação ou prescrição, desde que supervenientes à sentença.

O art. 525, § 1º, do CPC prevê um rol restrito de matérias que podem dar ensejo à impugnação ao cumprimento de sentença.

---

25 CPC: "Art. 525. Transcorrido o prazo previsto no art. 523 sem o pagamento voluntário, inicia-se o prazo de 15 (quinze) dias para que o executado, independentemente de penhora ou nova intimação, apresente, nos próprios autos, sua impugnação".

26 "De acordo com o artigo 525, *caput*, do CPC, uma vez transcorrido o prazo para pagamento voluntário tem início o prazo para impugnação ao cumprimento de sentença, independentemente de penhora ou nova intimação. 2. Não apresentada impugnação ao cumprimento de sentença no momento processual adequado, não se mostra possível sua apreciação, visto que operada preclusão" (TJDFT, Acórdão n. 1150955, 07191710320188070000, Relator: Ana Cantarino, 8ª Turma Cível, Data de julgamento: 13-2-2019, publicado no *DJe*: 18-2-2019).

27 Enunciado 50 da ENFAM: "O oferecimento de impugnação manifestamente protelatória ao cumprimento de sentença será considerado conduta atentatória à dignidade da Justiça (art. 918, III, parágrafo único, do CPC/2015), ensejando a aplicação da multa prevista no art. 774, parágrafo único".

O dispositivo prevê, no inciso II, que, na impugnação, pode haver a alegação de "ilegitimidade de parte". Contudo, essa alegação somente pode dizer respeito à ilegitimidade de parte na fase de execução se isto não foi e não poderia ter sido objeto da fase de conhecimento. Se a ilegitimidade de parte é a mesma que foi levantada ou poderia ter sido arguida na fase de conhecimento, tal questão estará preclusa, não podendo ser alegada em fase de cumprimento de sentença. Se cabível, a alegação de ilegitimidade de parte deve ser formulada em preliminar da impugnação.

O inc. VI do dispositivo trata da alegação de "incompetência absoluta ou relativa do juízo da execução". Com efeito, a alegação de incompetência absoluta ou relativa devem se referir ao juízo da execução. A alegação de incompetência relativa se referente à fase de conhecimento já está preclusa; e a alegação de incompetência absoluta em relação a esta fase somente pode ser formulada em ação rescisória, não sendo cabível em impugnação ao cumprimento de sentença. De outro lado, observe-se que tanto a incompetência absoluta quanto a relativa devem ser formuladas em preliminar da petição de impugnação, e não em exceção de incompetência (incidente não adotado no CPC/2015).

De outro lado, eventual alegação de suspeição ou impedimento do juiz deverá ser formulada em exceção instrumental (art. 525, § 2º, CPC)[28]. Com efeito, deverão ser arguidas por exceção de suspeição ou exceção de impedimento, respectivamente, na medida em que, se o juiz discordar da alegação da parte, deverão ser formados autos apartados para serem remetidos ao Tribunal para julgamento – ao contrário das alegações de incompetência absoluta ou relativa, que são decididas primariamente pelo juiz.

Caso o executado alegue, na impugnação, excesso de execução, sob o fundamento de que o exequente pleiteia quantia superior à resultante da sentença (inc. V), cumprir-lhe-á declarar de imediato o valor que entende correto, apresentando demonstrativo discriminado e atualizado de seu cálculo, sob pena de rejeição liminar dessa impugnação caso seja o seu único fundamento, ou não conhecimento da alegação de excesso de execução, caso haja outros fundamentos (art. 525, §§ 4º e 5º, CPC). Observe-se que é o próprio dispositivo que prevê, nesta hipótese, a possibilidade de rejeição liminar, razão pela qual não será caso de intimar a parte para complementar a informação ou juntar planilha de cálculo. Assim, essa regra especial prevalece sobre a prevista nos arts. 9º e 10 do CPC[29].

O inciso III do artigo em referência faz a diferenciação entre "inexequibilidade do título" e "inexigibilidade da obrigação".

A inexequibilidade do título ocorre quando o documento apresentado para amparar o cumprimento de sentença não constitui título executivo judicial.

O mesmo dispositivo (inciso III) também estabelece que será cabível, na impugnação ao cumprimento de sentença, a alegação de "*inexigibilidade da obrigação*". O § 12 do art. 525 do CPC dispõe que, para fins desse dispositivo, "considera-se também inexigível a obrigação reconhecida em título executivo judicial fundado em lei ou ato normativo

---

28 CPC: "Art. 525 [...] § 2º A alegação de impedimento ou suspeição observará o disposto nos arts. 146 e 148".

29 Enunciado 55 da ENFAM: "Às hipóteses de rejeição liminar a que se referem os arts. 525, § 5º, 535, § 2º, e 917 do CPC/2015 (excesso de execução) não se aplicam os arts. 9º e 10 desse código".

considerado inconstitucional pelo Supremo Tribunal Federal, ou fundado em aplicação ou interpretação da lei ou do ato normativo tido pelo Supremo Tribunal Federal como incompatível com a Constituição Federal, em controle de constitucionalidade concentrado ou difuso".

De outro lado, para que possa ser reconhecida inexigível na própria impugnação, é preciso que a decisão do STF seja anterior ao trânsito em julgado da decisão exequenda. Se a decisão do STF for posterior à decisão exequenda, caberá ação rescisória, cujo prazo começa a contar a partir do trânsito em julgado da decisão proferida pelo STF (art. 525, § 14 e 15, CPC)[30].

De outro lado, observa-se que o CPC/2015 acabou consolidando o entendimento jurisprudencial no sentido de que incide o dispositivo tanto quando a decisão do STF foi proferida no controle concentrado como no difuso[31].

O reconhecimento de inconstitucionalidade produz efeitos *ex tunc*, salvo se o contrário for decidido pelo STF. Assim, somente não poderá ser reconhecido como inexigível o título judicial quando a declaração de inconstitucionalidade for reconhecida pelo STF com efeito *ex nunc*, ou, de outra forma, houver modulação dos efeitos. Nesse sentido, o § 13 do art. 525 do CPC estabelece que "os efeitos da decisão do Supremo Tribunal Federal poderão ser modulados no tempo, em atenção à segurança jurídica".

O inciso VII do artigo em comento prevê que o executado pode alegar, como matéria de impugnação, "qualquer causa modificativa ou extintiva da obrigação, como pagamento, novação, compensação, transação ou prescrição, desde que supervenientes à sentença". Contudo, se houver qualquer causa modificativa ou extintiva da obrigação anterior à sentença, mas que não foi considerada por esta, também pode ser objeto de impugnação. Por exemplo, se antes da sentença, o réu efetua o pagamento, total ou parcial, da dívida ao credor, ou formula acordo, mas isso não é informado tempestivamente nos autos, a ponto de ser proferida sentença sem que isso seja considerado, parece não haver qualquer impeditivo que esse fato possa ser objeto de impugnação ao cumprimento de sentença. Exigir ação rescisória para discutir isso seria um formalismo indevido. Contudo, se a alegação poderia ter sido feita em momento apropriado na fase de conhecimento, mas o devedor apresentou petição e se omitiu, tal alegação não poderá ser rediscutida em fase de cumprimento de sentença, em razão da preclusão.

---

30 CPC: "Art. 525 [...] § 14. A decisão do Supremo Tribunal Federal referida no § 12 deve ser anterior ao trânsito em julgado da decisão exequenda. § 15. Se a decisão referida no § 12 for proferida após o trânsito em julgado da decisão exequenda, caberá ação rescisória, cujo prazo será contado do trânsito em julgado da decisão proferida pelo Supremo Tribunal Federal".

31 "A Primeira Seção desta Corte Superior, ao apreciar o REsp 1.189.619/PE, mediante o procedimento previsto no art. 543-C do CPC (recursos repetitivos), entendeu que: "1. O art. 741, parágrafo único, do CPC, atribuiu aos embargos à execução eficácia rescisória de sentenças inconstitucionais. Por tratar-se de norma que excepciona o princípio da imutabilidade da coisa julgada, deve ser interpretada restritivamente, abarcando, tão somente, as sentenças fundadas em norma inconstitucional, assim consideradas as que: (a) aplicaram norma declarada inconstitucional; (b) aplicaram norma em situação tida por inconstitucional; ou (c) aplicaram norma com um sentido tido por inconstitucional. 2. Em qualquer desses três casos, é necessário que a inconstitucionalidade tenha sido declarada em precedente do STF, em controle concentrado ou difuso e independentemente de resolução do Senado [...]" (STJ, REsp 1265409/RS, Rel. Min. Mauro Campbell Marques, Segunda Turma, julgado em 7-2-2012, *DJe* 14-2-2012).

7.3.3. Efeito suspensivo

Como regra, a impugnação não terá efeito suspensivo.

Entretanto, o juiz poderá atribuir-lhe tal efeito, desde que (art. 525, § 6º, CPC): a) haja requerimento do executado; b) seja garantido o juízo com penhora, caução ou depósito suficientes; e c) haja fundamentos relevantes (plausibilidade do direito alegado); e d) o prosseguimento da execução for manifestamente suscetível de causar ao executado grave dano de difícil ou incerta reparação (urgência).

Contudo, a concessão de efeito suspensivo apenas obsta a alienação dos bens do devedor, mas não impede a prática dos atos de substituição, reforço ou redução da penhora, tampouco de avaliação dos bens.

É possível que o efeito suspensivo da impugnação ocorra apenas em relação à parte do objeto da execução, prosseguindo-se a execução em relação à parte restante. Por exemplo, é possível que sejam suspensos apenas os atos de expropriação em relação a determinado bem, mas haja prosseguimento do cumprimento de sentença em relação aos demais bens.

Se houver mais de um executado, a atribuição de efeito suspensivo em relação à impugnação oposta por um deles não beneficia os demais, salvo se o fundamento apresentado disser respeito a todos eles.

Caso seja atribuído efeito suspensivo à impugnação, o exequente poderá requerer o prosseguimento do cumprimento de sentença se prestar, nos próprios autos, caução suficiente e idônea para garantir o juízo e dar continuidade dos atos expropriatórios (art. 525, § 10, CPC)[32].

7.3.4. Questões supervenientes ao término do prazo de impugnação

As questões que surgirem posteriormente à apresentação da impugnação ou ao término do prazo para sua apresentação (no caso de não ter sido impugnada) poderão ser objeto de irresignação no momento oportuno. É o que ocorre, por exemplo, com as questões relativas à validade e à adequação da penhora e da avaliação, bem como aos atos executivos subsequentes.

O CPC estabelece que a forma para a apresentação dessas alegações deverá ser simples petição (e não nova impugnação). O prazo é de **15 dias, a contar da comprovada ciência do fato ou da intimação do ato** (art. 525, § 11, CPC).

7.3.5. Julgamento da impugnação

A decisão que julga a impugnação ao cumprimento de sentença possui natureza jurídica de decisão interlocutória, como regra, pois a impugnação é um incidente

32 CPC: "Art. 525 [...] § 10. Ainda que atribuído efeito suspensivo à impugnação, é lícito ao exequente requerer o prosseguimento da execução, oferecendo e prestando, nos próprios autos, caução suficiente e idônea a ser arbitrada pelo juiz".

processual, e não um processo incidente. No entanto, caso tal decisão extinga a execução, terá natureza jurídica de sentença, cabendo contra ela recurso de apelação.

No art. 85, § 1º, do CPC, está previsto que são devidos honorários advocatícios "no cumprimento de sentença, provisório ou definitivo". Contudo, tal dispositivo não menciona a fixação na decisão que julga a impugnação. Desse modo, se o **juiz acolhe a impugnação e extingue a execução, profere sentença**, devendo fixar honorários advocatícios em favor do advogado do réu[33]. De outro lado, a **decisão que rejeita a impugnação possui natureza de decisão interlocutória**, e nela não são cabíveis honorários advocatícios. Isso porque eles já foram fixados no despacho inicial do cumprimento de sentença em favor do advogado do autor, além do que, na fase de conhecimento pretérita, também houve incidência de honorários. Assim, não se aplica a regra do art. 827, § 2º, do CPC, que incide na hipótese de embargos à execução (de título executivo extrajudicial). Desse modo, continua sendo aplicada a Súmula 519 do STJ: "Na hipótese de rejeição da impugnação ao cumprimento de sentença, não são cabíveis honorários advocatícios". Além disso, ainda no caso de rejeição da impugnação, não é cabível a majoração dos honorários advocatícios fixados na decisão inicial do cumprimento de sentença[34].

7.4. Procedimento da fase executiva, após o não cumprimento voluntário

Caso não haja o pagamento espontâneo pelo devedor, prosseguirá o cumprimento de sentença, com os demais atos executórios (expedição de mandado de penhora etc.).

O devedor será intimado do auto de penhora e avaliação, na pessoa do seu advogado, se houver patrono constituído nos autos, ou, não sendo possível, pessoalmente ou por intermédio do seu representante legal. A intimação ocorrerá na pessoa do seu advogado mesmo que a procuração não contenha poderes específicos para tanto, pois trata-se de determinação legal. De outro lado, se o devedor estiver presente no momento da penhora, será dela intimado neste ato[35].

Como se observa, **como regra, não há nova citação**, haja vista que não há processo novo, senão apenas uma fase executiva dentro do mesmo processo em que tramitou a ação de conhecimento.

---

33 "São devidos honorários advocatícios ao executado/impugnante quando o acolhimento da impugnação do cumprimento de sentença resulte em extinção do procedimento executivo ou redução do montante executado" (STJ, AgInt no AREsp 892.976/RJ, Rel. Ministro Lázaro Guimarães (Desembargador Convocado do TRF 5ª Região), Quarta Turma, julgado em 14-8-2018, *DJe* 23-8-2018).

34 Enunciado 51 da ENFAM: "A majoração de honorários advocatícios prevista no art. 827, § 2º, do CPC/2015 não é aplicável à impugnação ao cumprimento de sentença".

35 CPC: "Art. 841. Formalizada a penhora por qualquer dos meios legais, dela será imediatamente intimado o executado. § 1º A intimação da penhora será feita ao advogado do executado ou à sociedade de advogados a que aquele pertença. § 2º Se não houver constituído advogado nos autos, o executado será intimado pessoalmente, de preferência por via postal. § 3º O disposto no § 1º não se aplica aos casos de penhora realizada na presença do executado, que se reputa intimado. § 4º Considera-se realizada a intimação a que se refere o § 2º quando o executado houver mudado de endereço sem prévia comunicação ao juízo, observado o disposto no parágrafo único do art. 274".

Nos casos de **sentença penal condenatória** (transitada em julgado), **sentença arbitral**, **sentença estrangeira** (homologada pelo STJ) e **decisão interlocutória estrangeira** (após a concessão do *exequatur* à carta rogatória pelo STJ), todavia, há **necessidade de formar processo novo**, já que não há como promover a execução cível do título executivo judicial no mesmo processo em que foi formado. Em razão disso, para essas quatro hipóteses, o art. 515, § 1º, do CPC prevê que, "nos casos dos incisos VI a IX, o **devedor será citado no juízo cível** para o cumprimento da sentença ou para a liquidação no prazo de 15 (quinze) dias".

7.5. Pagamento espontâneo pelo réu antes do início da fase de cumprimento de sentença

O CPC autoriza que o devedor, **antes de ser intimado para o cumprimento de sentença**, compareça a juízo e **ofereça em pagamento o valor que entende devido**, apresentando memória discriminada de cálculo.

Neste caso, o credor **deverá ser intimado para se manifestar no prazo de 5 dias**, podendo impugnar o valor apresentado, sem prejuízo do levantamento da parcela incontroversa (art. 526, § 1º, CPC).

A seguir, o juiz proferirá decisão. Poderão ocorrer as seguintes hipóteses:

a) Se o credor não se opuser ao valor pago, o juiz, por sentença, declarará satisfeita a obrigação e extinguirá o processo;

b) Caso o credor se oponha ao valor apresentado, o juiz poderá: b.1) decidir pela insuficiência do depósito, caso em que, sobre o valor da diferença, incidirão multa de 10% e honorários advocatícios também de 10%, seguindo-se o cumprimento de sentença com os atos subsequentes; b.2) decidir pela suficiência do depósito, caso em que o juiz declarará satisfeita a obrigação e extinguirá o processo.

O art. 526, § 2º, do CPC estabelece que, no caso de o devedor oferecer em pagamento o valor que entender devido e o juiz, após a oposição do credor, concluir pela insuficiência do depósito, "sobre a diferença incidirão multa de dez por cento e honorários advocatícios, também fixados em dez por cento, seguindo-se a execução com penhora e atos subsequentes". Assim, o dispositivo não exige intimação do devedor para complementação de valor, a fim de que incidam a multa e os honorários advocatícios sobre a diferença apurada. Desse modo, a falta dessa intimação para complementação de valor não gera qualquer nulidade ou irregularidade[36]. Contudo, é recomendável que, antes de o processo se seguir com a penhora e demais atos expropriatórios, o juiz intime o devedor para efetuar o pagamento no prazo de 15 dias, sob pena de prosseguimento da execução com os demais atos expropriatórios. Com efeito, não seria razoável prosseguir com a execução sem antes oportunizar ao devedor a complementação do valor em referência, ainda que sobre o valor da diferença já tenham incidido multa e honorários advocatícios.

---

36 "Verificando o Juízo insuficiência na quantia depositada, sobre o restante incidirão multa de 10% e honorários advocatícios também em 10%, seguindo-se a execução com penhora e atos subsequentes" (TJDFT, Acórdão n. 988775, 20160020404740AGI, Relator: Sebastião Coelho, 5ª Turma Cível, Data de Julgamento: 14-12-2016, publicado no *DJe*: 7-2-2017. p. 234-237).

7.6. Parcelamento

O art. 916, *caput*, do CPC prevê a possibilidade de parcelamento da dívida pelo devedor no caso de **execução de título extrajudicial**. Para tanto, no prazo para embargos (15 dias), reconhecendo o crédito do exequente e comprovando o depósito de 30% do valor em execução, inclusive custas e honorários de advogado, o devedor poderá requerer que o juiz defira o parcelamento, propondo pagar o restante (70%) em até 6 parcelas mensais, acrescidas de correção monetária e juros de 1% ao mês.

No entanto, o § 7º do art. 916 do Código de Processo Civil prevê que "**o disposto neste artigo não se aplica ao cumprimento da sentença**", em sentido contrário à jurisprudência pacífica existente antes da vigência do referido Código (CPC/2015)[37]. Embora o direito do devedor ao parcelamento fosse um importante instrumento para garantir efetividade ao cumprimento de sentença, é expressamente vedado pelo CPC.

A vedação expressa pelo CPC ao parcelamento na fase de cumprimento de sentença é defendida por parte dos doutrinadores, como Daniel Neves, sob os argumentos de que "não tem sentido o executado reconhecer o direito exequendo em execução fundada em sentença" e de que "não se pode obrigar o exequente, depois de todo o tempo despendido para a obtenção do título executivo judicial, a esperar mais seis meses para sua satisfação"[38].

Entretanto, ao contrário disso, o direito do executado ao parcelamento tem muito mais sentido em algumas hipóteses de cumprimento de sentença do que na maioria das execuções de título extrajudicial. Por exemplo, se o cumprimento de sentença versa sobre condenação em indenização por dano moral, ou sobre outra imposição de pagamento de quantia arbitrada pelo juiz, é muito mais difícil que o réu, antes do trânsito em julgado da sentença, pudesse prever a fixação de tal obrigação, de forma a permitir que pudesse se programar financeiramente. De outro lado, na execução de título extrajudicial, quando formado o título, geralmente o executado já sabe qual é o valor a que está, voluntariamente, se comprometendo a pagar.

Portanto, em casos como o do cumprimento de sentença acima referido, há muito mais razão para admitir o direito ao parcelamento da dívida do que no caso de execução de título extrajudicial. Além disso, também não procede o argumento de que, se

---

37 Sob a égide do CPC/1973, o STJ havia pacificado a questão, entendendo que deve se estender o direito ao parcelamento, previsto para a execução de títulos extrajudiciais, à execução de títulos judiciais. A Corte Superior fundamentava que, como não havia vedação legal e como o dispositivo vigente à época (art. 475-R, CPC) estabelecia expressamente a aplicação subsidiária das normas que regiam o processo de execução de título extrajudicial, naquilo que não contrariasse o regramento do cumprimento de sentença, o direito ao parcelamento deveria ser estendido à execução de título judicial. Além disso, segundo o STJ, trata-se de regramento que vem a corroborar a efetividade processual (STJ, REsp 1264272/RJ, Rel. Min. Luis Felipe Salomão, Quarta Turma, julgado em 15-5-2012, *DJe* 22-6-2012).

38 "Atendendo ao melhor entendimento doutrinário, o legislador afasta expressamente no § 7º a aplicação dessa forma de pagamento ao cumprimento de sentença. Seja porque não tem sentido o executado reconhecer o direito exequendo em execução fundada em sentença, seja porque não se pode obrigar o exequente, depois de todo o tempo despendido para a obtenção do título executivo judicial, a esperar mais seis meses para sua satisfação, realmente o pagamento parcelado deve ser reservado ao processo de execução. O legislador, apesar de optar pela melhor solução, contrariou entendimento do Superior Tribunal de Justiça no sentido de ser aplicável o pagamento parcelado ao cumprimento de sentença" (NEVES, Daniel Amorim Assumpção. *Novo Código de Processo Civil*. São Paulo: Método, 2015. p. 399-400).

houvesse o parcelamento, o exequente teria de esperar ainda mais seis meses, além do tempo que já esperou. Com efeito, com o parcelamento, haveria renúncia ao direito de impugnar o cumprimento da sentença. Ademais, provavelmente o tempo gasto com os atos expropriatórios (que comumente incluem penhora, avaliação e alienação de bens) seja muito maior do que o prazo de parcelamento, em que o credor já recebe de plano 30% do valor do seu crédito.

Por todas essas razões, se razão há para admitir o parcelamento na execução de título extrajudicial, mais fundamentos existem para que seja possibilitado no cumprimento de sentença.

Portanto, nesse ponto, o CPC/2015 vai de encontro à efetividade e à celeridade.

De qualquer forma, se o executado formular o pedido de parcelamento, deverá ser dada vista ao exequente, que poderá aceitá-lo. O que o § 7º do art. 916 do CPC veda é o deferimento pelo juiz de proposta de parcelamento formulada pelo executado sem a concordância do exequente. Contudo, havendo concordância do exequente, qualquer proposta do executado pode ser homologada. Aliás, se a proposta de parcelamento ocorrer na forma prevista no dispositivo, ela é bastante vantajosa para o credor, salvo se este tiver melhores alternativas, como a possibilidade de bloqueio do valor do total do seu crédito nas contas do executado.

Contra a decisão que decide o requerimento de parcelamento da dívida (deferindo, total ou parcialmente, ou indeferindo) cabe agravo de instrumento, pois este recurso é cabível contra qualquer decisão interlocutória proferida no curso do cumprimento de sentença, na forma do art. 1.015, parágrafo único, do CPC[39].

8. CUMPRIMENTO DE SENTENÇA QUE RECONHEÇA A EXIGIBILIDADE DA OBRIGAÇÃO DE PRESTAR ALIMENTOS

8.1. As peculiaridades da obrigação alimentar e a prisão civil como meio coercitivo para o seu cumprimento: aspectos constitucionais

A obrigação de prestar alimentos é cercada de alta carga de complexidade, na medida em que diversas variantes são analisadas quando o juiz, em decisão interlocutória ou sentença, fixa, modifica ou altera tal obrigação. Em primeiro lugar, porque o dever de prestar alimentos comumente decorre de um vínculo familiar, razão pela qual o conflito, grande parte das vezes, transcende os limites do que é cognoscível pelo direito.

Além disso, quando o juiz fixa a prestação alimentícia, toma como critério a possibilidade do alimentante e a necessidade do alimentando. Ocorre que, na grande maioria das vezes, as possibilidades do alimentante são pequenas e as necessidades do alimentando são muitas. Por conseguinte, são comuns os casos em que, sob a perspectiva do alimentante, o valor parece excessivo, enquanto, pela ótica do alimentando, o valor parece ser insuficiente.

---

39 CPC: "Art. 1.015 [...] Parágrafo único. Também caberá agravo de instrumento contra decisões interlocutórias proferidas na fase de liquidação de sentença ou de cumprimento de sentença, no processo de execução e no processo de inventário".

De outro lado, o não adimplemento de uma obrigação alimentar não pode ser pensado com a mesma perspectiva do inadimplemento de uma obrigação qualquer. Isso porque, inadimplida a obrigação alimentar, a consequência não é simplesmente a mora, senão a privação da própria possibilidade de subsistência de uma pessoa. Por isso, dizer-se que a obrigação alimentar está ligada à dignidade da pessoa humana.

Por tais razões, a **única prisão civil admissível no direito brasileiro é a decorrente de inadimplemento de obrigação alimentar**.

Com efeito, embora a Constituição Federal, no seu art. 5º, inc. LXVII, estabeleça a garantia fundamental de que "não haverá prisão civil por dívida, salvo a do responsável pelo inadimplemento voluntário e inescusável de obrigação alimentícia e a do depositário infiel", a Convenção Americana sobre Direitos Humanos (Pacto de San José da Costa Rica), no seu art. 7º, item 7, e o Pacto Internacional dos Direitos Civis e Políticos (art. 11) apenas admitem apenas a prisão civil por descumprimento de prestação de obrigação alimentar.

Com base nisso, o Supremo Tribunal Federal entendeu que tratados internacionais de direitos humanos subscritos pelo Brasil possuem *status* normativo supralegal, o que torna inaplicável a legislação infraconstitucional conflitante. Desse modo, o STF conclui que não há como admitir prisão civil de depositário infiel, seja em decorrência de alienação fiduciária, ou mesmo de depósito judicial[40]. Aliás, nesse sentido, a Súmula Vinculante 25 do STF: "É ilícita a prisão civil de depositário infiel, qualquer que seja a modalidade do depósito".

Por conseguinte, no Brasil, somente é admitida a prisão civil no caso de devedor de alimentos.

8.2. Cumprimento provisório e definitivo, autuação e processamento

O CPC estabelece os mesmos procedimentos para a execução de alimentos provisórios ou definitivos.

De acordo com o CPC, a **execução definitiva da obrigação de prestar alimentos será processada nos mesmos autos** em que tenha sido proferida a sentença. De outro lado, a **execução provisória de alimentos** (em razão de alimentos fixados provisoriamente ou por sentença não transitada em julgado) será processada em **autos apartados** (art. 531, §§ 1º e 2º, CPC).

Ocorre que pode haver mais de um tipo de execução definitiva de alimentos tramitando simultaneamente, razão pela qual é preciso perquirir como elas deverão ser processadas, se nos mesmos autos ou em autos apartados. É o que acontece, por exemplo, quando o alimentando ajuíza execução pelo rito da prisão (objetivando a satisfação das prestações alimentares relativas aos 3 meses anteriores ao ajuizamento da execução) e execução pelo rito da penhora (buscando o pagamento das prestações vencidas antes desses 3 meses). Observe-se que, neste caso, processar nos mesmos autos ambas as espécies

---

40 STF, RE 349703, Rel. Min. Carlos Britto, Rel. p/ Acórdão Min. Gilmar Mendes, Tribunal Pleno, julgado em 3-12-2008, *DJe*-104 divulg. 4-6-2009 public. 5-6-2009 ement. vol-02363-04 p-00675.

de execução pode causar grande tumulto processual. Portanto, em **nome do princípio da instrumentalidade e da efetividade, é possível a autuação em apartado de uma ou de ambas as execuções de alimentos** (em relação aos autos da ação de conhecimento) no caso em que o processamento nos mesmos autos possa causar **tumulto processual**.

8.3. Competência territorial

O Código de Processo Civil prevê critérios diferenciados para fixação da competência territorial da execução de alimentos, definidos em benefício e a critério do alimentando, considerando a sua situação de hipossuficiência e a peculiar circunstância de que o valor executado se destina à sua subsistência.

Por uma interpretação sistemática dos arts. 528, § 9º, e 516, parágrafo único, do CPC, é **competente** para processar a execução de alimentos, **a critério do alimentando**:

a) o juízo que decidiu a causa no primeiro grau de jurisdição;

b) o juízo do atual domicílio do executado;

c) o juízo do local onde se encontrem os bens sujeitos à execução;

d) o juízo do domicílio do alimentando.

Desse modo, é possível que a ação de alimentos (ação de conhecimento) tenha tramitado em determinado juízo, mas, em razão da sua mudança de domicílio, o alimentando proponha o cumprimento de sentença no juízo do seu novo domicílio. Aliás, o STJ já admitiu que se, durante o processo de execução de alimentos, o alimentando mudar de domicílio, será possível que o processo seja declinado para o foro do novo domicílio do alimentando, mitigando a regra da *perpetuatio jurisdictionis*, em razão da natureza peculiar desse direito[41].

8.4. Procedimentos para o cumprimento da sentença que fixa obrigação de prestar alimentos

A execução da obrigação de prestar alimentos pode tramitar basicamente por três procedimentos: a) mediante determinação de desconto em folha do valor dos alimentos em folha de pagamento; b) pelo rito da prisão, como meio de coerção indireta; c) pelo rito da expropriação de bens (penhora), ou seja, quando a coerção é direta.

---

41 "Assim, os alimentos podem ser revistos ainda no trâmite do processo originário ou em nova ação. Essa demanda posterior não precisa ser proposta em face do mesmo juízo que fixou os alimentos originalmente, podendo ser proposta no novo domicílio do alimentando, nos termos do art. 100, II, do Código de Processo Civil. Até mesmo a execução do julgado pode se dar em comarca diversa daquela em que tramitou a ação de conhecimento, de modo a possibilitar o acesso à Justiça pelo alimentando. Precedentes. 3. O caráter continuativo da relação jurídica alimentar, conjugado com a índole social da ação de alimentos, autoriza que se mitigue a regra da *perpetuatio jurisdictionis*" (STJ, CC 114.461/SP, Rel. Min. Raul Araújo, Segunda Seção, julgado em 27-6-2012, *DJe* 10-8-2012). No mesmo sentido: "Assim, se a mudança de domicílio do menor alimentando ocorrer durante o curso da ação de execução de alimentos, como ocorreu na hipótese, não parece razoável que, por aplicação rígida de regras de estabilidade da lide, de marcante relevância para outros casos, se afaste a possibilidade de mitigação da regra da *perpetuatio jurisdictionis*" (STJ, CC 134.471/PB, Rel. Ministro Raul Araújo, Segunda Seção, julgado em 27-5-2015, *DJe* 3-8-2015).

Se for cabível qualquer um desses procedimentos, ficará a livre escolha do credor dos alimentos[42].

A seguir, apresentam-se esses modelos.

8.4.1. Cumprimento de sentença que fixa alimentos pelo desconto em folha de pagamento

O mecanismo mais comum de efetivação da sentença ou decisão interlocutória que fixa alimentos é o desconto em folha de pagamento do valor da prestação alimentícia, quando o executado é funcionário público civil ou militar, diretor ou gerente de empresa, ou empregado sujeito à legislação trabalhista (art. 529, *caput*, CPC). Em tais casos, comumente nem há oposição do devedor de alimentos em relação à execução.

O juiz, ao proferir a decisão que fixa os alimentos, já poderá de imediato oficiar à autoridade pública responsável pelo setor de pagamento, à empresa ou ao empregador, determinando o desconto a partir da primeira remuneração posterior do executado, a contar do protocolo do ofício, sob pena de crime de desobediência (art. 529, § 1º, CPC).

Tal ofício deverá conter (art. 529, § 2º, CPC): a) o nome completo e o número de inscrição no Cadastro de Pessoas Físicas do exequente e do executado; b) o valor a ser descontado mensalmente; c) o tempo de sua duração, se for por tempo determinado; e d) a conta bancária na qual deve ser feito o depósito.

Além das parcelas mensais, também poderão ser objeto de desconto em folha as prestações já vencidas, desde que o valor total de descontos, a título de alimentos, relativo a esta obrigação alimentar, não ultrapasse 50% dos "ganhos líquidos" do alimentante (art. 529, § 3º, CPC)[43].

Contudo, por "ganhos líquidos" devem entender-se os rendimentos brutos, excetuados apenas os descontos compulsórios, tais como imposto de renda, contribuição previdenciária oficial etc. Para se chegar ao montante de "ganhos líquidos", não devem ser descontados eventuais débitos contraídos voluntariamente pelo alimentante, ainda que descontados na sua folha de pagamento, tais como empréstimos consignados etc. Caso se permitissem tais descontos voluntários para se obter o valor dos "ganhos líquidos", haveria imensa margem para o alimentante, voluntariamente, impedir o desconto de alimentos da sua folha de pagamento.

8.4.2. Execução de prestação alimentícia pelo rito da prisão

De acordo com o art. 528, *caput*, do CPC, "**no cumprimento de sentença que condene ao pagamento de prestação alimentícia ou de decisão interlocutória que fixe**

42 "A eleição do rito de execução por dívida alimentar é de livre escolha do credor, tanto na hipótese de versar sobre título judicial, como extrajudicial (arts. 528, §§ 3º e 8º, e 911 do CPC/2015)" (STJ, REsp 1557248/MS, Rel. Ministro Ricardo Villas Bôas Cueva, Terceira Turma, julgado em 6-2-2018, *DJe* 15-2-2018).

43 CPC: "Art. 529 [...] § 3º Sem prejuízo do pagamento dos alimentos vincendos, o débito objeto de execução pode ser descontado dos rendimentos ou rendas do executado, de forma parcelada, nos termos do *caput* deste artigo, contanto que, somado à parcela devida, não ultrapasse cinquenta por cento de seus ganhos líquidos".

alimentos, o juiz, a requerimento do exequente, mandará intimar o executado pessoalmente para, em 3 (três) dias, pagar o débito, provar que o fez ou justificar a impossibilidade de efetuá-lo".

Embora o dispositivo fale em "sentença que condene", é possível que a execução siga o rito da prisão **também se houver sentença que homologue acordo de alimentos ou de sentença que fixe, modifique ou restabeleça a obrigação alimentar** (**natureza constitutiva**).

O cumprimento de sentença que estabeleça a prestação alimentícia ou de decisão interlocutória que fixe alimentos provisórios pode ocorrer pelo mecanismo de coerção indireta consistente na possibilidade de imposição de prisão civil ao devedor de alimentos. Vale dizer, o inadimplemento injustificado da obrigação alimentar tem como consequência a prisão civil.

Esse procedimento somente se inicia por requerimento do exequente, vale dizer, não cabe ao juiz, de ofício, dar início ao cumprimento de sentença pelo rito da prisão.

Consoante o art. 528, § 7º, do CPC, "o débito alimentar que autoriza a prisão civil do alimentante é o que compreende até **as 3 (três) prestações anteriores ao ajuizamento da execução e as que se vencerem no curso do processo**".

Contudo, o alimentando não poderá propor simultaneamente a execução pelo rito da penhora e a execução pelo rito da prisão em relação às mesmas prestações alimentares[44]. De outro lado, será cabível propor execução pelo rito da prisão em relação às 3 prestações anteriores ao ajuizamento da execução e as que se vencerem no curso do processo e, simultaneamente, execução pelo rito da penhora em relação às prestações vencidas que não ensejam a prisão.

De outro lado, os parágrafos 1º e 3º do art. 528 do CPC autorizam, na execução pelo rito da prisão, que o juiz determine o **protesto da decisão judicial que fixa alimentos**. Contudo, esta medida, se comparada à coerção indireta da prisão, tem pouca eficácia prática.

Para dar início ao cumprimento de sentença pelo rito da prisão, o exequente deverá apresentar petição requerendo expressamente que a execução da sentença ou da decisão interlocutória que fixa alimentos tramite pelo rito da prisão, bem como a relação das prestações inadimplidas e o cálculo do valor total atualizado.

O juiz, ao receber a petição de execução, determinará a intimação pessoal do executado para, no prazo máximo de 3 dias, pagar o débito, provar que o fez ou justificar a impossibilidade de fazê-lo, sob pena de prisão civil (art. 528, *caput*, CPC).

Observe-se que, no caso de execução de alimentos pelo rito da prisão, não há fixação de honorários advocatícios e multa, vale dizer, não se aplica o disposto no art. 523, § 1º, do CPC (que diz respeito ao cumprimento de sentença que fixa obrigação de pagar quantia certa)[45].

---

44 CPC: "Art. 528 [...] § 8º O exequente pode optar por promover o cumprimento da sentença ou decisão desde logo, nos termos do disposto neste Livro, Título II, Capítulo III, caso em que não será admissível a prisão do executado, e, recaindo a penhora em dinheiro, a concessão de efeito suspensivo à impugnação não obsta a que o exequente levante mensalmente a importância da prestação".

45 "AGRAVO DE INSTRUMENTO. ALIMENTOS. EXECUÇÃO DE SENTENÇA. RITO DA CONSTRIÇÃO PESSOAL. MULTA. HONORÁRIOS ADVOCATÍCIOS. Na execução de alimentos, sob o rito da constrição pessoal

Se o executado deixar transcorrer o prazo legal (3 dias) sem efetuar o pagamento, provar que já o efetuou ou sem apresentar justificativa, o juiz decretará a sua **prisão civil** (do devedor de alimentos) pelo **prazo** de **1 a 3 meses** (art. 528, § 3º, CPC)[46].

De acordo com o art. 528, § 2º, do CPC, "somente a comprovação de fato que gere a impossibilidade absoluta de pagar justificará o inadimplemento". É o que ocorre, por exemplo, quando se comprova que o devedor de alimentos está hospitalizado. Contudo, na prática, em razão da necessidade de subsistência do alimentando, a alegação de impossibilidade absoluta precisa ser muito forte para afastar a aplicação da prisão civil. Com efeito, comumente, alegações relativas a desemprego, descontrole nas finanças pessoais, momento difícil etc. não são aceitas como justificativas[47]. Caso a justificativa não seja aceita, o juiz decretará a prisão civil do alimentante.

O CPC refere que a prisão civil será cumprida em "em regime fechado, devendo o preso ficar separado dos presos comuns". Assim, ainda que falar em regime penal possa ser passível de crítica, o que o dispositivo pretende dizer é que a prisão civil impossibilita que, durante o cumprimento da medida, ocorra saída externa, como regra. Além disso, o preso civil deverá ficar separado de presos comuns, ou seja, presos por processos criminais.

Caso haja **transcorrido o prazo de prisão civil** sem o pagamento correspondente, o devedor de alimentos deverá ser colocado imediata e automaticamente em liberdade (sem necessidade de expedição de alvará de soltura pelo juiz), **não podendo ser novamente preso pelo mesmo período de inadimplência que gerou a prisão civil**. Todavia, poderá ser decretada nova prisão civil do devedor de alimentos por prestações posteriores inadimplidas.

De outro lado, **o cumprimento da prisão civil não o desobriga do valor que a ensejou**, de modo que **tal quantia poderá ser executada de outra forma**, pelo rito da penhora, por desconto em folha de pagamento, também podendo ser realizado o protesto judicial.

Nos processos que envolvem **menor de idade ou incapaz**, é obrigatória a manifestação prévia do **Ministério Público**. De outro lado, se a execução de alimentos envolver apenas partes maiores e capazes, não é necessária a oitiva do fiscal da ordem jurídica, ainda que seja o caso de decretação de prisão civil.

Se for comprovado o pagamento das prestações alimentícias que ensejaram a prisão, o juiz deverá suspender imediatamente o cumprimento da ordem de prisão, ou revogar a prisão que está sendo cumprida, sem que seja necessário ouvir previamente a outra parte ou o Ministério Público.

---

não são devidos os encargos previstos no CPC 523, § 1º" (TJDFT, Acórdão n. 1086180, 07088738320178070000, Relator: Fernando Habibe, 4ª Turma Cível, Data de julgamento: 4-4-2018, publicado no *DJe*: 27-4-2018).

46 CPC: "Art. 528 [...] § 3º Se o executado não pagar ou se a justificativa apresentada não for aceita, o juiz, além de mandar protestar o pronunciamento judicial na forma do § 1º, decretar-lhe-á a prisão pelo prazo de 1 (um) a 3 (três) meses".

47 "As alegações de que o devedor está desempregado, possui problemas de saúde e é provedor também de outra prole, bem como a rejeição de proposta de acordo pelo credor dos alimentos e a existência de ação revisional em tramitação, são insuficientes para afastar o decreto prisional do paciente, sobretudo na hipótese em que as referidas alegações não encontram respaldo no acervo fático-probatório produzido pela parte. Precedentes" (STJ, HC 401.903/SP, Rel. Ministra Nancy Andrighi, Terceira Turma, julgado em 27-2-2018, *DJe* 2-3-2018).

8.4.3. Execução de prestação alimentícia pelo procedimento de expropriação de bens

O procedimento do cumprimento da sentença relativo à obrigação de prestar alimentos é aplicável: a) em relação às prestações alimentícias pretéritas aos três meses que antecedem a propositura da ação, já que não autorizam a execução de alimentos pelo rito da prisão; b) a requerimento do credor, ainda que coubesse a execução de alimentos pelo rito da prisão; e c) para executar as parcelas que já foram objeto da execução pelo rito da prisão, mas, findo o prazo de prisão fixado (1 a 3 meses), não houve o adimplemento correspondente.

Lembre-se, contudo, que o alimentando não pode promover a execução de alimentos pelo rito da prisão e pelo rito da expropriação (penhora) simultaneamente em relação às mesmas prestações alimentícias[48].

O alimentando, se assim pretender, deverá apresentar petição escrita requerendo a execução de alimentos pelo rito da expropriação (penhora).

O art. 530 do CPC estabelece que, "não cumprida a obrigação, observar-se-á o disposto nos arts. 831 e seguintes". Estes dispositivos se referem à penhora. Contudo, o rito a ser seguido deve ser o do cumprimento de sentença para pagamento de quantia certa em geral, de modo que a penhora e os outros atos de expropriação são apenas uma fase desse procedimento, mas ele deve se iniciar com a intimação do executado para pagar no prazo de 15 dias, sob pena de incidência de multa de 10% e honorários no mesmo percentual, na forma dos arts. 523 a 527, do CPC.

8.4.4. Apuração de crime de abandono material

O art. 532 do CPC estabelece que, "verificada a conduta procrastinatória do executado, o juiz deverá, se for o caso, dar ciência ao Ministério Público dos indícios da prática do crime de abandono material".

O dispositivo traz, em verdade, um instrumento de coerção indireta contra o executado, no sentido de que, se o devedor de alimentos procrastinar o seu pagamento, deverá ser dada ciência ao Ministério Público para apuração de crime de abandono material.

Contudo, em primeiro lugar, a verificação do crime de abandono material somente pode ser apurada no juízo criminal. Em segundo, não existe responsabilidade civil objetiva em direito penal. Além disso, em nome do princípio da legalidade estrita, somente haverá configuração de crime se a conduta se subsumir ao tipo penal, não se admitindo interpretação analógica para punir alguém. Desse modo, a mera conduta procrastinatória do executado não configura crime de abandono material.

De acordo com o art. 244 do Código Penal, constitui crime de abandono material "deixar, sem justa causa, de prover a subsistência do cônjuge, ou de filho menor de 18 (dezoito) anos ou inapto para o trabalho, ou de ascendente inválido ou maior de 60 (sessenta) anos, não lhes proporcionando os recursos necessários ou faltando ao

---

48 CPC: "Art. 528 [...] § 8º O exequente pode optar por promover o cumprimento da sentença ou decisão desde logo, nos termos do disposto neste Livro, Título II, Capítulo III, caso em que não será admissível a prisão do executado, e, recaindo a penhora em dinheiro, a concessão de efeito suspensivo à impugnação não obsta a que o exequente levante mensalmente a importância da prestação".

pagamento de pensão alimentícia judicialmente acordada, fixada ou majorada; deixar, sem justa causa, de socorrer descendente ou ascendente, gravemente enfermo", cuja pena é de "detenção, de 1 (um) a 4 (quatro) anos e multa, de uma a dez vezes o maior salário mínimo vigente no País". De acordo com o parágrafo único do mesmo dispositivo, "nas mesmas penas incide quem, sendo solvente, frustra ou ilide, de qualquer modo, inclusive por abandono injustificado de emprego ou função, o pagamento de pensão alimentícia judicialmente acordada, fixada ou majorada".

Assim, para a configuração do crime de abandono material, é necessária, além da tipificação da conduta, a presença de dolo, bem como que não haja nenhuma excludente de ilicitude ou de culpabilidade.

De qualquer forma, o art. 532 do CPC pode ser utilizado como mecanismo de coerção indireta contra o devedor de alimentos, mas é preciso deixar claro que, para a efetiva configuração de crime de abandono material, exigem-se bem mais requisitos, estabelecidos na lei penal (art. 244, CP).

8.4.5. Constituição de capital

De acordo com o art. 533, *caput*, do CPC, "quando a indenização por ato ilícito incluir prestação de alimentos, caberá ao executado, a requerimento do exequente, constituir capital cuja renda assegure o pagamento do valor mensal da pensão".

Como a obrigação de prestar alimentos se protrai no tempo e tem por objetivo manter a subsistência do credor, a **constituição de capital** é a **garantia de que essas prestações futuras não irão faltar**.

Embora o dispositivo se refira à obrigação alimentar oriunda de ato ilícito, é possível que também seja utilizada a constituição de capital para o cumprimento de outras obrigações futuras, como, por exemplo, o tratamento médico da vítima de acidente causado pelo devedor dos alimentos[49].

A **constituição de capital** deve ser representada "por **imóveis** ou por **direitos reais sobre imóveis** suscetíveis de alienação, **títulos da dívida pública** ou **aplicações financeiras em banco oficial**". Tais bens serão inalienáveis, impenhoráveis e constituem patrimônio de afetação enquanto servirem como constituição de capital, ou seja, enquanto durar a obrigação do executado (art. 533, § 1º, CPC).

A **garantia da constituição de capital** pode ser **substituída** por **inclusão do credor em folha de pagamento** quando o executado for pessoa jurídica de notória capacidade econômica, ou, a requerimento do executado, por fiança bancária ou garantia real, em valor a ser arbitrado pelo juiz.

Se o executado se recusar a constituir capital, o juiz pode adotar as medidas coercitivas para tanto, tais como tais como a imposição de multa[50].

---

49 Nesse sentido: MEDINA, José Miguel Garcia. *Novo Código de Processo Civil comentado*. 3. ed. São Paulo: Revista dos Tribunais, 2015. p. 838.

50 "É cabível a cominação de multa diária (astreintes) como meio coercitivo para o cumprimento de obrigação de fazer consistente na constituição de capital garantidor ou caução fidejussória. 4. Embargos de declaração acolhidos" (STJ, EDcl no REsp 1281742/SP, Rel. Min. Marco Buzzi, Quarta Turma, julgado em 2-9-2014, *DJe* 11-9-2014).

No caso de alimentos indenizatórios, assim como naqueles que decorrem de vínculo familiar, é possível a fixação em salários mínimos.

Caso seja alterado o valor da prestação alimentar, também é possível alterar a constituição de capital, vale dizer, a garantia para o cumprimento da obrigação.

9. CUMPRIMENTO DE SENTENÇA QUE RECONHEÇA A EXIGIBILIDADE DE OBRIGAÇÃO DE PAGAR QUANTIA CERTA PELA FAZENDA PÚBLICA

O **cumprimento de sentença para pagamento de quantia certa contra a Fazenda Pública** segue um **regime bastante peculiar**, porque os entes da federação somente podem desembolsar quantias dentro das dotações orçamentárias disponíveis ou dos créditos adicionais abertos com essa finalidade específica. Assim, as condenações judiciais a pagamento de quantia contra a Fazenda Pública somente podem ser pagas mediante **regime de precatório** ou de **requisição de pequeno valor**.

Nesse sentido, o art. 100, *caput*, da Constituição Federal prevê que "os pagamentos devidos pelas Fazendas Públicas Federal, Estaduais, Distrital e Municipais, em virtude de sentença judiciária, far-se-ão exclusivamente na ordem cronológica de apresentação dos precatórios e à conta dos créditos respectivos, proibida a designação de casos ou de pessoas nas dotações orçamentárias e nos créditos adicionais abertos para este fim".

De outro lado, o parágrafo 3º do mesmo artigo estabelece que "o disposto no *caput* deste artigo relativamente à expedição de precatórios não se aplica aos pagamentos de obrigações definidas em leis como de pequeno valor que as Fazendas referidas devam fazer em virtude de sentença judicial transitada em julgado".

Portanto, no cumprimento de sentença por quantia certa contra a Fazenda Pública, o pagamento pode se dar por meio de dois regimes, quais sejam, precatório ou requisição de pequeno valor.

O art. 87 do Ato das Disposições Constitucionais Transitórias estabelece que, até que os entes da federação estabeleçam, regulamentem, mediante lei, a questão, serão considerados de pequeno valor (para fins de RPV), os débitos ou obrigações de valor igual ou inferior a:

> I – quarenta salários mínimos, perante a Fazenda dos Estados e do Distrito Federal;
>
> II – trinta salários mínimos, perante a Fazenda dos Municípios.

De acordo com o parágrafo único do mesmo dispositivo, "se o valor da execução ultrapassar o estabelecido neste artigo, o pagamento far-se-á, sempre, por meio de precatório, sendo facultada à parte exequente a renúncia ao crédito do valor excedente, para que possa optar pelo pagamento do saldo sem o precatório, da forma prevista no § 3º do art. 100".

O STJ pacificou o entendimento de que o fracionamento vedado, para fins de enquadramento em RPV, não se aplica às hipóteses em que há dois ou mais credores no polo ativo da mesma execução ou cumprimento de sentença, pois deve ser considerado valor distinto a quantia executada por cada autor/exequente. Com base nesse mesmo fundamento, caso a verba referente a honorários advocatícios se enquadre no limite para RPV, poderá seguir este regime, pois o advogado deve ser considerado como credor diverso dos demais autores/exequentes. Além disso, não há nenhum óbice para que parte dos autores/credores/exequentes siga o regime de RPV e a outra parte o regime de precatório[51].

Além disso, de acordo com a Súmula Vinculante 47 do STF, "os honorários advocatícios incluídos na condenação ou destacados do montante principal devido ao credor consubstanciam verba de natureza alimentar cuja satisfação ocorrerá com a expedição de precatório ou requisição de pequeno valor, observada ordem especial restrita aos créditos dessa natureza".

Em razão do estabelecido na ordem constitucional, o CPC prevê um procedimento peculiar para as execuções judiciais para pagamento de quantia contra a Fazenda Pública, conforme adiante se demonstrará.

9.1. Petição inicial

A petição inicial do cumprimento de sentença que imponha à Fazenda Pública o dever de pagar quantia certa deve apresentar, em geral, os mesmos requisitos da petição inicial do cumprimento de sentença para pagamento de quantia certa, já tratado acima, quais sejam: a) requisitos gerais da petição inicial (art. 319, CPC)[52]; b) requerimento do cumprimento de sentença; c) o índice de correção monetária adotado, bem como a taxa de juros e a periodicidade da sua capitalização, incluindo o termo inicial e o termo final dos juros e da correção monetária; d) a especificação dos eventuais descontos obrigatórios realizados; e) a apresentação do demonstrativo discriminado e atualizado do crédito, em anexo à petição.

51 "7. O fracionamento vedado pela norma constitucional **toma por base a titularidade do crédito**. Assim, **um mesmo credor não pode ter seu crédito satisfeito por RPV e precatório, simultaneamente**. **Nada impede, todavia, que dois ou mais credores, incluídos no polo ativo da mesma execução, possam receber seus créditos por sistemas distintos** (**RPV ou precatório**), de acordo com o valor que couber a cada qual. 8. Sendo a execução promovida em regime de **litisconsórcio ativo voluntário**, a aferição do valor, para fins de submissão ao rito da RPV (art. 100, § 3º da CF/88), **deve levar em conta o crédito individual de cada exequente**. Precedentes de ambas as Turmas de Direito Público do STJ. 9. Optando o **advogado por executar os honorários nos próprios autos**, haverá regime de litisconsórcio ativo facultativo (já que poderiam ser executados autonomamente) com o titular do crédito dito 'principal'. 10. Assim, havendo litisconsórcio ativo voluntário entre o advogado e seu cliente, a aferição do valor, **para fins de submissão ao rito da RPV, deve levar em conta o crédito individual de cada exequente**, nos termos da jurisprudência pacífica do STJ. [...] 15. **Não há impedimento constitucional**, ou mesmo legal, para que os **honorários advocatícios, quando não excederem ao valor limite, possam ser executados mediante RPV, ainda que o crédito dito 'principal' observe o regime dos precatórios**. Esta é, sem dúvida, a melhor exegese para o art. 100, § 8º, da CF, e por tabela para os arts. 17, § 3º, da Lei 10.259/2001 e 128, § 1º, da Lei 8.213/1991, neste recurso apontados como malferidos. 16. Recurso especial não provido. Acórdão sujeito ao regime do art. 543-C do CPC e da Resolução STJ n. 8/2008" (STJ, REsp 1347736/RS, Rel. Min. Castro Meira, Rel. p/ Acórdão Min. Herman Benjamin, Primeira Seção, julgado em 9-10-2013, *DJe* 15-4-2014).

52 CPC: "Art. 319. A petição inicial indicará: I – o juízo a que é dirigida; II – os nomes, os prenomes, o estado civil, a existência de união estável, a profissão, o número de inscrição no Cadastro de Pessoas Físicas ou no Cadastro Nacional da Pessoa Jurídica, o endereço eletrônico, o domicílio e a residência do autor e do réu; III – o fato e os fundamentos jurídicos do pedido; IV – o pedido com as suas especificações; V – o valor da causa; VI – as provas com que o autor pretende demonstrar a verdade dos fatos alegados; VII – a opção do autor pela realização ou não de audiência de conciliação ou de mediação".

Se houver pluralidade de exequentes, cada um deverá apresentar o seu próprio demonstrativo.

Contudo, na petição inicial da execução contra a Fazenda Pública **não haverá a indicação dos bens passíveis de penhora**, haja vista que os bens públicos são impenhoráveis e o **mecanismo de pagamento das dívidas pela Fazenda Pública é o precatório ou a requisição de pequeno valor**.

Além disso, o CPC também prevê que "a multa prevista no § 1º do art. 523 não se aplica à Fazenda Pública" (art. 535, § 2º, CPC). De fato, como essa multa visa sancionar o executado em razão do não cumprimento voluntário da obrigação pecuniária no prazo de 15 dias, não há como aplicá-la contra a Fazenda Pública, haja vista que não tem como efetuar esse pagamento voluntário, já que o seu adimplemento ocorre pela via do precatório ou da requisição de pequeno valor.

Observe-se que, contudo, o dispositivo (art. 535, § 2º, CPC) não excluiu expressamente a incidência dos honorários advocatícios de 10%, previstos no § 1º do art. 523 do CPC[53] para a execução por quantia certa em geral.

Se não houver impugnação pela Fazenda Pública, não devem incidir os honorários advocatícios, já que o processo não demandará maiores atividades do advogado da parte autora, porque seguirá o procedimento normal de pagamento pela Fazenda Pública. De outro lado, havendo impugnação pela Fazenda Pública, deverão incidir os honorários advocatícios[54].

9.2. Impugnação ao cumprimento de sentença pela Fazenda Pública

No cumprimento de sentença contra a Fazenda Pública para pagamento de quantia certa, deverá ser **intimado o representante judicial da pessoa jurídica de direito público**, mediante carga, remessa ou meio eletrônico, para, querendo, apresentar **impugnação à execução** no **prazo de 30 dias**.

Essa impugnação à execução não constitui processo novo, devendo ser juntada aos mesmos autos da execução.

A **impugnação ao cumprimento de sentença** apresenta **cognição limitada**, vale dizer, a lei processual restringe a cognitividade no plano horizontal.

---

53 CPC: "Art. 523. No caso de condenação em quantia certa, ou já fixada em liquidação, e no caso de decisão sobre parcela incontroversa, o cumprimento definitivo da sentença far-se-á a requerimento do exequente, sendo o executado intimado para pagar o débito, no prazo de 15 (quinze) dias, acrescido de custas, se houver. § 1º Não ocorrendo pagamento voluntário no prazo do *caput*, o débito será acrescido de multa de dez por cento e, também, de honorários de advogado de dez por cento".

54 "A exegese do art. 85, § 7º, do CPC/2015, se feita sem se ponderar o contexto que ensejou a instauração do procedimento de cumprimento de sentença, gerará as mesmas distorções então ocasionadas pela interpretação literal do art. 1º-D da Lei n. 9.494/1997 e que somente vieram a ser corrigidas com a edição da Súmula 345 do STJ. 4. A interpretação que deve ser dada ao referido dispositivo é a de que, nos casos de cumprimento de sentença contra a Fazenda Pública em que a relação jurídica existente entre as partes esteja concluída desde a ação ordinária, não caberá a condenação em honorários advocatícios se não houver a apresentação de impugnação, uma vez que o cumprimento de sentença é decorrência lógica do mesmo processo cognitivo" (STJ, REsp 1648498/RS, Rel. Ministro Gurgel de Faria, Corte Especial, julgado em 20-6-2018, *DJe* 27-6-2018).

De acordo com o CPC, a impugnação poderá versar sobre as seguintes matérias (art. 535):

I – falta ou nulidade da citação se, na fase de conhecimento, o processo correu à revelia;

II – ilegitimidade de parte;

III – inexequibilidade do título ou inexigibilidade da obrigação;

IV – excesso de execução ou cumulação indevida de execuções;

V – incompetência absoluta ou relativa do juízo da execução;

VI – qualquer causa modificativa ou extintiva da obrigação, como pagamento, novação, compensação, transação ou prescrição, desde que supervenientes ao trânsito em julgado da sentença.

Em relação a essas hipóteses de impugnação, remete-se o leitor ao que já se expôs a impugnação ao cumprimento de sentença para pagamento de quantia em geral.

Se a execução não for impugnada, ou for rejeitada a impugnação, o processo segue da seguinte maneira (art. 535, § 3º, CPC):

I – expedir-se-á, por intermédio do presidente do tribunal competente, precatório em favor do exequente, observando-se o disposto na Constituição Federal;

II – por ordem do juiz, dirigida à autoridade na pessoa de quem o ente público foi citado para o processo, o pagamento de obrigação de pequeno valor será realizado no prazo de 2 (dois) meses contado da entrega da requisição, mediante depósito na agência de banco oficial mais próxima da residência do exequente.

Se a impugnação for parcial, o cumprimento de sentença prosseguirá em relação à parte incontroversa, na forma acima referida (art. 535, § 4º, CPC).

10. CUMPRIMENTO DE SENTENÇA PARA OBRIGAÇÕES DE FAZER E NÃO FAZER

O cumprimento das sentenças que imponham obrigações de fazer e não fazer ocorre na forma dos arts. 536 e 537 do CPC.

Essa modalidade de cumprimento de sentença também **não gera processo novo**, devendo **tramitar nos mesmos autos** em que foi proferida a sentença exequenda.

Aliás, os referidos dispositivos dispensam até mesmo pedido específico da parte autora acerca da execução do julgado, pois o cumprimento da sentença, em tais casos, pode ocorrer de ofício pelo juiz. Com efeito, o art. 536, *caput*, do CPC estabelece que "no cumprimento de sentença que reconheça a exigibilidade de obrigação de fazer ou de não fazer, o juiz poderá, de ofício ou a requerimento, para a efetivação da tutela específica ou a obtenção de tutela pelo resultado prático equivalente, determinar as medidas necessárias à satisfação do exequente".

O Código de Processo Civil privilegia a tutela específica. Com efeito, estabelece uma série de medidas de coerção direta e indireta que podem ser tomadas pelo juiz para a efetivação do direito da parte exequente (art. 536, § 1º).

O CPC também consagra a **atipicidade dos meios coercitivos para o cumprimento da decisão judicial**, pois permite ao juiz, de ofício ou a requerimento da parte, para a efetivação da tutela específica ou a obtenção do resultado prático equivalente, **determinar as medidas necessárias**, tais como a imposição de multa, a busca e apreensão, a remoção de pessoas e coisas, o desfazimento de obras e o impedimento de atividade nociva, podendo, se necessário, requisitar o auxílio de força policial. Vale dizer, o rol das medidas expressas no § 1º do art. 536 do CPC é meramente exemplificativo, admitindo-se outras medidas coercitivas atípicas (não expressamente previstas) para o cumprimento da decisão judicial.

A fim de que o executado cumpra a tutela específica, o juiz poderá, como meio de **coerção indireta**, impor multa ao réu, independentemente de pedido do autor, fixando-lhe prazo razoável para o cumprimento do preceito, na forma do art. 537 do CPC. Ela poderá ser aplicada tanto na fase de conhecimento, em tutela provisória ou definitiva, ou na fase de execução.

O **valor e a periodicidade da "multa vincenda" poderão ser alterados pelo juiz**, de ofício ou a requerimento da parte, caso se verifique que são insuficientes ou excessivos, ou, ainda, se "o obrigado demonstrou cumprimento parcial superveniente da obrigação ou justa causa para o descumprimento" (art. 537, § 1º). Observe-se que o dispositivo prevê que poderá ser alterada a "multa vincenda", de modo que, como regra, o valor e a periodicidade da multa que já incidiu não podem ser alterados.

Segundo a jurisprudência do STJ, o **valor da multa** pode ser **alterado mesmo após o trânsito em julgado da decisão** que a fixou, quando se verificar insuficiente ou excessiva. Essa modificação do valor da multa pode ocorrer inclusive de ofício pelo juiz[55]. O STJ também entende que é cabível a fixação dessa multa contra a Fazenda Pública, como meio coercitivo para cumprir obrigação de fazer ou não fazer[56].

Nessa norma (art. 537, *caput* e §§, CPC), há certa mitigação ao princípio dispositivo e ao princípio da correlação. Com efeito, o juiz pode se utilizar dos meios coercitivos disponíveis no ordenamento jurídico para que o demandado cumpra a determinação judicial, mesmo que tais meios coercitivos não tenham sido postulados pela parte.

O valor da multa acima referida será devido ao exequente (art. 537, § 2º, CPC).

É possível a execução provisória por quantia certa em relação à multa fixada. Nesse caso, o valor da multa deverá ser depositado em juízo, somente sendo permitido o levantamento do valor correspondente "após o trânsito em julgado da sentença favorável à parte" (art. 537, § 3º, CPC).

---

55 O STJ já fixou essa tese em julgamento de REsp repetitivo: "A decisão que comina astreintes não preclui, não fazendo tampouco coisa julgada" (STJ, REsp 1333988/SP, Rel. Min. Paulo de Tarso Sanseverino, Segunda Seção, julgado em 9-4-2014, *DJe* 11-4-2014). No mesmo sentido: "A jurisprudência desta Casa é iterativa no sentido de que a decisão que comina a multa não preclui nem faz coisa julgada material. Assim, é possível a modificação do valor dessa sanção até mesmo de ofício, a qualquer tempo, inclusive na fase de execução, quando irrisório ou exorbitante" (STJ, AgInt no AREsp 1362273/PR, Rel. Ministro Marco Aurélio Bellizze, Terceira Turma, julgado em 18-2-2019, *DJe* 21-2-2019).

56 "Segundo o entendimento desta Corte, firmado sob a sistemática dos recursos repetitivos, 'a particularidade de impor obrigação de fazer ou de não fazer à Fazenda Pública não ostenta a propriedade de mitigar, em caso de descumprimento, a sanção de pagar multa diária, conforme prescreve o § 5º do art. 461 do CPC/1973. E, em se tratando do direito à saúde, com maior razão deve ser aplicado, em desfavor do ente público devedor, o preceito cominatório, sob pena de ser subvertida garantia fundamental. Em outras palavras, é o direito-meio que assegura o bem maior: a vida' (STJ, REsp 1.474.665/RS, Rel. Ministro BENEDITO GONÇALVES, PRIMEIRA SEÇÃO, *DJe* de 22-6-2017)" (STJ, AgInt no AREsp 1278097/PE, Rel. Ministra Assusete Magalhães, Segunda Turma, julgado em 12-2-2019, *DJe* 19-2-2019).

11. CUMPRIMENTO DE SENTENÇA PARA ENTREGA DE COISA CERTA

Da mesma forma que as demais espécies de execução definitiva, no cumprimento de sentença para entrega de coisa certa há o sincretismo processual. Isto é, as etapas de conhecimento e de execução da sentença passam a ocorrer dentro do mesmo processo, não havendo processo autônomo.

Caso não seja cumprida a obrigação no prazo fixado pelo juiz na sentença ou na decisão interlocutória que estabelece a obrigação, será expedido, em favor do credor, mandado de busca e apreensão ou de imissão na posse, conforme se trate de coisa móvel ou imóvel, respectivamente (art. 538, *caput*, CPC).

Embora o dispositivo (art. 538, *caput*, CPC) não preveja expressamente, o **cumprimento de sentença para entrega de coisa certa pode se iniciar de ofício, pelo juiz, ou a requerimento da parte**. Aliás, é isso que se extrai da própria redação do dispositivo.

Eventual direito de retenção de benfeitorias deve ser alegado na fase de conhecimento, não podendo ser objeto de irresignação na fase de execução[57].

O § 3º do art. 538 do CPC estabelece que se aplicam, ao cumprimento de sentença de obrigação de entrega de coisa, as disposições referentes ao cumprimento de obrigação de fazer e não fazer.

Assim, ficou claro que o cumprimento de sentença que tenha por base obrigação de entrega de coisa certa também ocorrerá de forma imediata e de ofício pelo juiz[58], podendo o julgador se utilizar de todas as medidas necessárias, incluindo os meios coercitivos previstos no art. 536, § 1º, do CPC, tais como a imposição de multa por tempo de atraso, busca e apreensão, remoção de pessoas e coisas, desfazimento de obras e impedimento de atividade nociva, se necessário com requisição de força policial.

12. IMPUGNAÇÃO À EXECUÇÃO JUDICIAL DE OBRIGAÇÕES DE FAZER, NÃO FAZER E ENTREGA DE COISA

Como já foi referido, a efetivação/execução/cumprimento de sentença que tenha por objeto obrigação de fazer ou não fazer, ou entrega de coisa, ocorre nos próprios autos da ação de conhecimento.

---

57 CPC: "Art. 538 [...] § 1º A existência de benfeitorias deve ser alegada na fase de conhecimento, em contestação, de forma discriminada e com atribuição, sempre que possível e justificadamente, do respectivo valor. § 2º O direito de retenção por benfeitorias deve ser exercido na contestação, na fase de conhecimento".

58 A esse respeito, Fredie Didier Jr., Rafael Oliveira e Paula Sarno Braga ensinam que "em vista do sucesso alcançado pela alteração do art. 461 do CPC, a Lei Federal n. 10.444/2002 veio a estender às obrigações de dar coisa distinta de dinheiro a mesma forma de efetivação das obrigações de fazer e de não fazer, priorizando a tutela específica também desse tipo de dever, esteja ele fundado em direito real ou pessoal [...]", pois, "também para esses casos, fez previsão de uma execução *sine* intervalo" (DIDIER JR., Fredie; BRAGA, Paula Sarno; OLIVEIRA, Rafael. *Curso de direito processual civil:* direito probatório, decisão judicial, cumprimento e liquidação da sentença e coisa julgada. v. 2. Salvador: JusPodivm, 2007. p. 369). No mesmo sentido, a lição de Nelson Nery Júnior e Rosa Maria de Andrade Nery: "As decisões judiciais que imponham obrigação de fazer ou não fazer, ao advento da L 10444/2002, passaram a ter execução imediata e de ofício. Aplicando-se o disposto no CPC 644, *caput*, combinado com o CPC 461 (com a redação dada pela L 10444/2002), verifica-se a dispensa do processo de execução como processo autônomo" (*Código de Processo Civil comentado e legislação extravagante*. 11. ed. São Paulo: Revista dos Tribunais, 2010. p. 703).

Ocorre que o Código de Processo Civil não traz previsão legal de oposição de impugnação ou embargos a essas espécies de cumprimento de sentença, diferentemente do que ocorre com o cumprimento de sentença que impõe pagamento de quantia certa.

De outro lado, impossibilitar a parte ré de se defender nos autos implicaria uma afronta ao princípio do contraditório, previsto no art. 5º, inc. LVI, da Constituição Federal.

Por conseguinte, embora não seja cabível a oposição de embargos à execução, **é possível a defesa do réu, nessa fase satisfativa, por meio de simples petição, apresentar impugnação ao cumprimento de sentença que imponha obrigação de fazer, não fazer ou entrega de coisa.**

13. CUMPRIMENTO DE SENTENÇA DAS AÇÕES COLETIVAS

Na **ação civil pública**, o procedimento da fase executiva segue o Código de Processo Civil, estando subordinado à natureza da obrigação imposta na sentença, ou seja, seguirá o rito do cumprimento de sentença para pagamento de quantia, para entrega de coisa ou para execução de obrigação de fazer ou não fazer[59].

Caso haja concurso de créditos em razão de condenação nas ações civis públicas e de indenizações pelos prejuízos individuais resultantes do mesmo evento danoso, estas terão preferência no pagamento (art. 99, CDC).

No caso de direitos individuais homogêneos, embora um legitimado coletivo tenha proposto a ação civil pública, a liquidação e a execução poderão ser promovidas pelo próprio autor da ação civil pública, por um outro legitimado coletivo ou pelo indivíduo que possui o direito. A finalidade é aferir se cada indivíduo que propõe a liquidação e a posterior execução é também titular do direito reconhecido em sentença, bem como individualizar o que e quanto lhe é devido. Entretanto, se transcorrido um ano sem que haja a habilitação dos interessados em número compatível com a gravidade do dano, poderão os legitimados coletivos promover a liquidação e a execução da sentença, caso em que o produto da indenização devida será revertida para o fundo de defesa dos direitos difusos (art. 100, CDC)[60].

O art. 13 da Lei n. 7.347/1985 prevê esse fundo. A Lei n. 9.008/1995 criou o Conselho Federal Gestor do Fundo de Defesa de Direitos Difusos. A verba do fundo será destinada à recuperação dos bens coletivos, à educação para proteção desses bens, bem como para aparelhar a organização administrativa que executa a proteção desses bens coletivos, havendo o que se chama de reparação fluida (*fluid recovery*).

No caso de **ação popular**, a execução da sentença deverá ser requerida nos próprios autos pelo autor (da ação popular). Se este não promover a liquidação e a execução,

59 Nesse sentido: ZAVASCKI, Teori Albino. *Processo coletivo:* tutela de direitos coletivos e tutela coletiva de direitos. 3. ed. São Paulo: Revista dos Tribunais, 2008. p. 212.

60 CDC: "Art. 100. Decorrido o prazo de um ano sem habilitação de interessados em número compatível com a gravidade do dano, poderão os legitimados do art. 82 promover a liquidação e execução da indenização devida. Parágrafo único. O produto da indenização devida reverterá para o fundo criado pela Lei n. 7.347, de 24 de julho de 1985".

qualquer outro cidadão poderá fazê-lo. Caso não o façam no prazo de 60 dias, o Ministério Público deverá requerer a liquidação e/ou execução no prazo de até 30 dias, sob pena de falta grave (art. 16, Lei n. 4.717/1965)[61]. A Lei n. 4.717/1965 (Lei da Ação Popular), no seu art. 17, também autoriza que as pessoas jurídicas, de direito público e de direito privado, que tiveram os seus atos impugnados, ainda que tenham contestado a ação, possam promover, a qualquer tempo e no que as beneficiar, a execução da sentença contra os demais réus[62].

61 LAP: "Art. 16. Caso decorridos 60 (sessenta) dias da publicação da sentença condenatória de segunda instância, sem que o autor ou terceiro promova a respectiva execução. o representante do Ministério Público a promoverá nos 30 (trinta) dias seguintes, sob pena de falta grave".

62 LAP: "Art. 17. É sempre permitida às pessoas ou entidades referidas no art. 1º, ainda que hajam contestado a ação, promover, em qualquer tempo, e no que as beneficiar a execução da sentença contra os demais réus".

PARTE VIII
EXECUÇÃO DE TÍTULO EXECUTIVO EXTRAJUDICIAL

1. NOÇÕES GERAIS

A lei confere a certos documentos eficácia executiva, permitindo que os titulares dos direitos neles constantes possam ajuizar a ação executiva sem prévia submissão ao processo de conhecimento. Nesses casos, a ação de execução poderá ser proposta com base em documento que possua eficácia executiva, isto é, mesmo sem estar amparada por uma sentença ou outro título executivo judicial.

Esses documentos a que a lei empresta eficácia executiva são denominados **títulos executivos extrajudiciais**.

É a lei que determina quais documentos configuram títulos executivos extrajudiciais, fazendo-o com base na realidade concreta, de acordo com a necessidade de maior celeridade da tutela judicial na satisfação de direitos decorrentes da circulação de bens e serviços.

Assim, os títulos executivos extrajudiciais possuem **presunção de executividade**, a qual pode ser afastada pela parte contrária. Logo, ao contrário do que ocorre nos casos em que é necessária uma ação de conhecimento, na ação de execução de título extrajudicial, cabe ao demandado demonstrar que o demandante não possui o direito.

A simples apresentação do título executivo já é bastante para instrumentalizar a execução. Conforme Marinoni e Arenhart, "apresentado o título, abstrai-se qualquer discussão sobre a existência ou não do direito exigido, ao menos no seio do processo de execução. Daí advém a autonomia do processo executivo [...]"[1].

Com efeito, na execução de título executivo extrajudicial, o autor não precisa indicar a causa do crédito ou o negócio jurídico causal subjacente, bastando a apresentação do título. Não cabe ao credor o ônus de demonstrar a higidez do título ou a sua causa. Incumbe ao executado tentar afastar a presunção de higidez do crédito instrumentalizado no título, o que terá de ser feito pela ação autônoma de embargos à execução.

2. A EXECUÇÃO DE TÍTULO EXECUTIVO EXTRAJUDICIAL NO CPC/2015

A execução de título executivo extrajudicial está prevista no Livro II da Parte Especial do CPC/2015, denominado "Do Processo de Execução". Essa denominação ocorre porque,

---

1 MARINONI, Luiz Guilherme; ARENHART, Sérgio Cruz. *Execução*. 2. ed. São Paulo: Revista dos Tribunais, 2008. p. 436.

em geral, a execução de título executivo judicial (cumprimento de sentença) não gera nova relação jurídica processual, enquanto a ação de execução de título executivo extrajudicial instaura novo processo.

3. PRINCÍPIOS DA EXECUÇÃO

Os princípios jurídicos são preceitos que norteiam a aplicação de todas as regras, além de possuírem força normativa, ou seja, poderem ser aplicados diretamente aos casos concretos. Diante da sua possibilidade de aplicação a um maior quantitativo de situações, o estudo dos princípios norteadores da execução é essencial para a sua compreensão.

Embora, ao processo de execução, também se apliquem os demais princípios do processo civil (cooperação, contraditório, efetividade, proporcionalidade, boa-fé etc.), já estudados no início desta obra, no presente momento, serão trazidos os princípios específicos da execução.

3.1. Princípio do título

Esse princípio informa que a execução precisa estar amparada num título executivo. É a manifestação da regra *nulla executio sine titulo*, ou seja, não há execução sem título. Consideram-se títulos executivos aqueles que são assim definidos em lei. A pretensão executiva deve sempre se basear em título executivo[2]. Esse princípio está consagrado no art. 783 do CPC[3].

O art. 784 do CPC[4] estabelece quais são os títulos executivos extrajudiciais, em rol não taxativo.

---

2 "Dessa maneira, a pretensão a executar sempre se baseará no título executivo" (ASSIS, Araken de. *Manual da execução*. 18. ed. São Paulo: Revista dos Tribunais, 2016. p. 143).

3 CPC: "Art. 783. A execução para cobrança de crédito fundar-se-á sempre em título de obrigação certa, líquida e exigível".

4 Cpc: "Art. 784. São Títulos Executivos Extrajudiciais: I – A Letra De Câmbio, A Nota Promissória, A Duplicata, A Debênture E O Cheque; Ii – A Escritura Pública Ou Outro Documento Público Assinado Pelo Devedor; Iii – O Documento Particular Assinado Pelo Devedor E Por 2 (Duas) Testemunhas; Iv – O Instrumento De Transação Referendado Pelo Ministério Público, Pela Defensoria Pública, Pela Advocacia Pública, Pelos Advogados Dos Transatores Ou Por Conciliador Ou Mediador Credenciado Por Tribunal; V – O Contrato Garantido Por Hipoteca, Penhor, Anticrese Ou Outro Direito Real De Garantia E Aquele Garantido Por Caução; Vi – O Contrato De Seguro De Vida Em Caso De Morte; Vii – O Crédito Decorrente De Foro E Laudêmio; Viii – O Crédito, Documentalmente Comprovado, Decorrente De Aluguel De Imóvel, Bem Como De Encargos Acessórios, Tais Como Taxas E Despesas De Condomínio; Ix – A Certidão De Dívida Ativa Da Fazenda Pública Da União, Dos Estados, Do Distrito Federal E Dos Municípios, Correspondente Aos Créditos Inscritos Na Forma Da Lei; X – O Crédito Referente Às Contribuições Ordinárias Ou Extraordinárias De Condomínio Edilício, Previstas Na Respectiva Convenção Ou Aprovadas Em Assembleia Geral, Desde Que Documentalmente Comprovadas; Xi – A Certidão Expedida Por Serventia Notarial Ou De Registro Relativa A Valores De Emolumentos E Demais Despesas Devidas Pelos Atos Por Ela Praticados, Fixados Nas Tabelas Estabelecidas Em Lei; Xii – Todos Os Demais Títulos Aos Quais, Por Disposição Expressa, A Lei Atribuir Força Executiva".

3.2. Princípio da autonomia

Segundo esse princípio, a execução de título extrajudicial tramita em processo autônomo, onde há atividade eminentemente satisfativa. Assim, por exemplo, quando opostos embargos à execução (ato de defesa contra a execução), instaura-se novo processo, com atividade cognitiva, que será autuado em apartado e terá procedimento próprio.

Observe-se, contudo, que pode haver atividade cognitiva dentro do processo de execução. Com efeito, é possível, por exemplo, que o devedor apresente exceção de pré-executividade (mera petição, juntada nos mesmos autos da execução), impugnando questões que podem ser conhecidas de ofício (como, p. ex., nulidade do título etc.) ou a penhora de determinado bem, afirmando que é impenhorável etc. Em tais hipóteses, terá de haver decisão judicial dentro do processo de execução, resolvendo tais questões incidentais.

O princípio da autonomia somente se aplica às execuções de títulos extrajudiciais, pois, em relação ao cumprimento de sentença, vige o princípio do sincretismo, ou seja, a execução da sentença ocorrerá no mesmo processo em que tramitou a ação de conhecimento.

3.3. Princípio da responsabilidade patrimonial

O princípio da responsabilidade patrimonial informa que o devedor responde com os seus bens para o cumprimento de suas obrigações. Está previsto no art. 789 do CPC[5] e no art. 391 do Código Civil[6].

Há, entretanto, exceções a este princípio. Consoante se observará em relação aos atos da execução, é possível a aplicação de medidas coercitivas diretas e indiretas para impor que o réu cumpra a sua obrigação. Dessa forma, é possível, por exemplo, imposição de multa, ordem de busca e apreensão, remoção de pessoas e coisas, desfazimento de obras e impedimento de atividade nociva, podendo-se, inclusive, requisitar o auxílio de força policial[7]. Também se admite a decretação de prisão civil para o caso de descumprimento de execução de prestação alimentícia. Para o cumprimento da ordem judicial,

---

5 CPC: "Art. 789. O devedor responde com todos os seus bens presentes e futuros para o cumprimento de suas obrigações, salvo as restrições estabelecidas em lei".

6 Código Civil: "Art. 391. Pelo inadimplemento das obrigações respondem todos os bens do devedor".

7 CPC: "Art. 536. No cumprimento de sentença que reconheça a exigibilidade de obrigação de fazer ou de não fazer, o juiz poderá, de ofício ou a requerimento, para a efetivação da tutela específica ou a obtenção de tutela pelo resultado prático equivalente, determinar as medidas necessárias à satisfação do exequente. § 1º Para atender ao disposto no *caput*, o juiz poderá determinar, entre outras medidas, a imposição de multa, a busca e apreensão, a remoção de pessoas e coisas, o desfazimento de obras e o impedimento de atividade nociva, podendo, caso necessário, requisitar o auxílio de força policial". No mesmo sentido, o CDC: "Art. 84. Na ação que tenha por objeto o cumprimento da obrigação de fazer ou não fazer, o juiz concederá a tutela específica da obrigação ou determinará providências que assegurem o resultado prático equivalente ao do adimplemento. [...] § 5º Para a tutela específica ou para a obtenção do resultado prático equivalente, poderá o juiz determinar as medidas necessárias, tais como busca e apreensão, remoção de coisas e pessoas, desfazimento de obra, impedimento de atividade nociva, além de requisição de força policial".

está autorizada, ainda, a imposição de crime de desobediência, com a possibilidade de prisão em flagrante da parte que a descumpre, para as hipóteses de *contempt of court* (por descumprimento dos deveres processuais). Assim, nestas hipóteses, a aplicação do princípio da responsabilidade patrimonial, de alguma forma, cede espaço para as outras medidas coercitivas[8], mas nunca é completamente afastado, na medida em que, não sendo possível o cumprimento da obrigação específica, sempre será possível a sua conversão em perdas e danos.

3.4. Princípio do resultado

Esse princípio informa que a execução deve ocorrer no interesse e em proveito do credor. Assim, o conjunto de medidas executivas deve ser aplicado em busca de um resultado primordial, que é satisfazer o direito específico do exequente.

Desse princípio decorre o **princípio da primazia da tutela específica ou da maior coincidência possível**, segundo o qual a execução chega ao seu desiderato quando entrega ao credor exatamente aquilo a que ele tem direito, ou seja, o direito específico, *in natura*[9]. Dessa forma, a execução específica sempre deve ser o paradigma de resultado a ser alcançado, razão pela qual a tutela pelo equivalente em dinheiro (conversão em perdas e danos) deve sempre ser subsidiária.

O art. 797 do CPC consagra o **princípio do resultado**, ao estabelecer que "realiza-se a execução no interesse do exequente".

O **princípio da primazia da tutela específica ou da maior coincidência possível** também está previsto em diversas disposições do CPC. Por exemplo, são prescritas medidas específicas para a execução de obrigação de fazer, a qual somente será convertida em perdas e danos no caso de recusa ou mora do executado (art. 821[10] e art. 816[11], CPC).

---

8 "Todavia, como se assinalará no estudo dos meios executórios, o caráter patrimonial da execução desaparece no emprego da coerção pessoal, abranda-se na coerção patrimonial – curiosamente, a pressão psicológica recai, neste caso, sobre o patrimônio –, exigindo a atuação dos *no money judgements*, por imperiosas necessidades práticas, a constrição psicológica da pessoa do executado" (ASSIS, Araken de. *Manual da execução*. 18. ed. São Paulo: Revista dos Tribunais, 2016. p. 145-146).

9 "Segundo reza o art. 797, a execução realizar-se-á em proveito do exequente. Independentemente dos pendores individualistas, no devido tempo examinados, a norma pouco disfarça a ideologia do sistema executivo. O conjunto dos meios executórios tem o único objetivo de satisfazer o credor. [...] Toda execução, portanto, deverá ser específica. Uma execução é bem-sucedida, de fato, quando entrega rigorosamente ao exequente o bem da vida, objeto da prestação inadimplida, e seus consectários, ou obtém o direito reconhecido no título executivo (execução in natura). Este há de ser o objetivo fundamental de toda e qualquer reforma da função jurisdicional executiva, favorecendo a realização dos créditos e dos direitos em geral" (ASSIS, Araken de. *Manual da execução*. 18. ed. São Paulo: Revista dos Tribunais, 2016. p. 146).

10 CPC: "Art. 821. Na obrigação de fazer, quando se convencionar que o executado a satisfaça pessoalmente, o exequente poderá requerer ao juiz que lhe assine prazo para cumpri-la. Parágrafo único. Havendo recusa ou mora do executado, sua obrigação pessoal será convertida em perdas e danos, caso em que se observará o procedimento de execução por quantia certa".

11 CPC: "Art. 816. Se o executado não satisfizer a obrigação no prazo designado, é lícito ao exequente, nos próprios autos do processo, requerer a satisfação da obrigação à custa do executado ou perdas e danos, hipótese em que se converterá em indenização. Parágrafo único. O valor das perdas e danos será apurado em liquidação, seguindo-se a execução para cobrança de quantia certa".

O mesmo ocorre na obrigação de não fazer (art. 823, CPC[12]) e de entrega de coisa certa (art. 809, CPC[13]).

3.5. Princípio da disponibilidade

No processo de execução, vige o princípio da disponibilidade, segundo o qual o exequente possui a faculdade processual de desistir da execução, total ou parcialmente, ou de apenas alguma medida executiva, independentemente da concordância da parte contrária.

Assim, diferentemente do que ocorre na fase de conhecimento, quando a desistência da ação somente leva à extinção do processo se houver concordância da outra parte, o processo executivo se processa no interesse do credor, vigendo o princípio da disponibilidade. Essa diferenciação de regime justifica-se pelo fato de que, na ação de conhecimento, o réu pode ter interesse no julgamento do mérito, pois uma sentença de improcedência possui os mesmos efeitos de uma ação declaratória negativa do direito do autor, ou seja, também há tutela do interesse do réu, que pode pretender que a questão seja decidida definitivamente a seu favor. Na ação de execução, a atividade processual é prioritariamente satisfativa, vale dizer, não tem por objeto reconhecimento de direito, senão apenas realização de direito do credor. Por conseguinte, o processo de execução se realiza no interesse do credor, e não há interesse jurídico do réu em continuar o processo.

Nesse sentido, o art. 775, *caput*, do CPC estabelece que "o exequente tem o direito de desistir de toda a execução ou de apenas alguma medida executiva".

De outro lado, o princípio da disponibilidade, aplicável ao processo de execução, não atinge sempre o processo de embargos. Isso porque, nos embargos à execução, a atividade é eminentemente cognitiva, ou seja, trata-se de ação proposta pelo devedor contra o exequente para repelir a execução, no todo ou em parte. Logo, ainda que haja desistência da execução, o executado pode ter interesse na continuidade dos embargos, para resolver definitivamente determinada questão jurídica que alega (ex.: nulidade do título executivo, excesso de execução, prescrição, pagamento etc.)[14].

Em razão disso, o art. 775, parágrafo único, inc. I, do CPC estabelece que, no caso de extinção da execução por desistência do exequente, "serão extintos a impugnação e os embargos que versarem apenas sobre questões processuais", hipótese em que o

---

12 CPC: "Art. 823. Havendo recusa ou mora do executado, o exequente requererá ao juiz que mande desfazer o ato à custa daquele, que responderá por perdas e danos. Parágrafo único. Não sendo possível desfazer-se o ato, a obrigação resolve-se em perdas e danos, caso em que, após a liquidação, se observará o procedimento de execução por quantia certa".

13 CPC: "Art. 823. Havendo recusa ou mora do executado, o exequente requererá ao juiz que mande desfazer o ato à custa daquele, que responderá por perdas e danos. Parágrafo único. Não sendo possível desfazer-se o ato, a obrigação resolve-se em perdas e danos, caso em que, após a liquidação, se observará o procedimento de execução por quantia certa".

14 "Diversamente do que sucede no processo de conhecimento, em que o réu possui interesse análogo na composição da lide e na extirpação da incerteza, excluindo ou não a razoabilidade da posição assumida no processo, a execução almeja o benefício exclusivo do credor. [...] Eis o motivo por que o art. 775, *caput*, erigiu o direito de o exequente desistir de toda a execução ou de apenas alguma medida executiva, tornando, destarte, ineficazes objeções do devedor à desistência formulada pelo exequente da execução, definitiva ou provisória, e de qualquer ato executivo particular. Em nome 'dos princípios que informam a execução', outorgou por lei 'amplo poder de disposição' ao credor sobre o processo" (ASSIS, Araken de. *Manual da execução*. 18. ed. São Paulo: Revista dos Tribunais, 2016. p. 147).

exequente/embargado será condenado a pagar os ônus sucumbenciais. Nas demais situações (quando os embargos não tratarem somente de questões processuais), a desistência da execução pelo credor também leva à extinção desta, independentemente da vontade do executado, mas a extinção dos embargos dependerá da concordância do impugnante ou embargante (art. 775, p. único, II, CPC).

3.6. Princípio da adequação

Segundo esse princípio, o processo de execução deve ser adequado para satisfazer o direito do credor, estabelecido no título executivo.

Como decorrência desse princípio, passou a ganhar cada vez mais relevância a regra da atipicidade dos meios executivos (no passado, falava-se de regra ou princípio da tipicidade), ou seja, para a satisfação do direito do exequente, podem ser empregados meios coercitivos não estabelecidos em lei, desde que legítimos, ou seja, não violem disposições legais nem regras morais.

O princípio da adequação, assim, decorre em grande medida do princípio da efetividade.

3.7. Princípio da menor onerosidade

Esse princípio determina que, na execução, o direito do credor deve ser satisfeito com os meios menos onerosos para o devedor.

Está consagrado no art. 805, *caput*, do CPC, segundo o qual, "quando por vários meios o exequente puder promover a execução, o juiz mandará que se faça pelo modo menos gravoso para o executado".

De outro lado, o princípio da menor onerosidade sempre deve ser compatibilizado com o princípio do resultado, ou seja, com o preceito de que o objetivo da execução é efetivamente satisfazer o direito do credor. Por tal razão, o parágrafo único do mesmo art. 805 estabelece que "ao executado que alegar ser a medida executiva mais gravosa incumbe indicar outros meios mais eficazes e menos onerosos, sob pena de manutenção dos atos executivos já determinados".

4. OS TÍTULOS EXECUTIVOS EXTRAJUDICIAIS

Como se expôs, somente lei federal pode criar, no Brasil, títulos executivos extrajudiciais.

O art. 784 do CPC prevê um **rol de títulos executivos extrajudiciais**. São eles:

I – a letra de câmbio, a nota promissória, a duplicata[15], a debênture e o cheque;

15 Em se tratando de execução fundada em duplicata mercantil sem aceite (ex.: juntada de boletos bancários), além do protesto, é indispensável a juntada do comprovante de entrega da mercadoria. Nesse sentido, a jurisprudência do STJ: "A jurisprudência do STJ está consolidada no sentido de que a duplicata sem aceite é título hábil a

II – a escritura pública ou outro documento público assinado pelo devedor[16];

III – o documento particular assinado pelo devedor e por 2 (duas) testemunhas;

IV – o instrumento de transação referendado pelo Ministério Público, pela Defensoria Pública, pela Advocacia Pública, pelos advogados dos transatores ou por conciliador ou mediador credenciado por tribunal;

V – o contrato garantido por hipoteca, penhor, anticrese ou outro direito real de garantia e aquele garantido por caução;

VI – o contrato de seguro de vida em caso de morte;

VII – o crédito decorrente de foro e laudêmio;

VIII – o crédito, documentalmente comprovado, decorrente de aluguel de imóvel, bem como de encargos acessórios, tais como taxas e despesas de condomínio;

IX – a certidão de dívida ativa da Fazenda Pública da União, dos Estados, do Distrito Federal e dos Municípios, correspondente aos créditos inscritos na forma da lei;

X – o crédito referente às contribuições ordinárias ou extraordinárias de condomínio edilício, previstas na respectiva convenção ou aprovadas em assembleia geral, desde que documentalmente comprovadas;

XI – a certidão expedida por serventia notarial ou de registro relativa a valores de emolumentos e demais despesas devidas pelos atos por ela praticados, fixados nas tabelas estabelecidas em lei;

XII – todos os demais títulos aos quais, por disposição expressa, a lei atribuir força executiva.

Observa-se, assim, que foi ampliado o rol de títulos executivos extrajudiciais, se comparado com o Código anterior (CPC/1973).

Esse rol do art. 784 do CPC é não exaustivo, pois também recebem a qualificação de títulos executivos extrajudiciais outros títulos previstos em leis especiais, tais como: a **cédula de crédito rural** (art. 41, Decreto-Lei n. 167/1967); a **cédula de produto rural** (art. 15, Lei n. 8.929/1994); a **cédula de crédito industrial** (art. 41, Decreto-Lei n. 413/1969); a **cédula de crédito imobiliário** (art. 20, Lei n. 10.931/2004); a **cédula de crédito bancário** (art. 28, Lei n. 10.931/2004); o **crédito de prêmio inadimplido decorrente de contrato de seguro** (art. 5º do Decreto n. 61.589/1967; art. 27 do Decreto-Lei n. 73/1966); o **contrato de participação em grupo de consórcio, por adesão, de consorciado contemplado** (art. 10, § 6º, Lei n. 11.795/2008); o **termo de ajustamento de conduta** celebrado pelos legitimados para as ações coletivas (art. 5º, § 6º, Lei n. 7.347/1985); o **contrato de honorários advocatícios** (art. 24, Lei n. 8.906/1994).

Os **títulos executivos extrajudiciais** oriundos de **países estrangeiros não dependem de homologação pelo Poder Judiciário brasileiro** para ser executados no Brasil. Para que esses títulos estrangeiros tenham eficácia executiva no Brasil devem satisfazer

---

aparelhar o processo de execução desde que devidamente protestada e acompanhada dos documentos suficientes para comprovar a entrega das mercadorias" (STJ, AgInt no AREsp 1253903/MS, Rel. Ministra Nancy Andrighi, Terceira Turma, julgado em 2-8-2018, *DJe* 7-8-2018).

16 Por exemplo, a nota de empenho é documento público assinado pelo devedor, que constitui título executivo extrajudicial, com força executória contra a Fazenda Pública.

aos requisitos de formação exigidos pela lei do lugar de sua celebração e indicar o Brasil como o lugar de cumprimento da obrigação (art. 784, §§ 2º e 3º, CPC).

Os títulos executivos que têm aptidão para circular devem ter a sua via original juntada nos processos de execução. Em relação aos que não circulam, pode ser juntada a sua cópia.

O CPC, no seu art. 785, estabelece expressamente que "**a existência de título executivo extrajudicial não impede a parte de optar pelo processo de conhecimento, a fim de obter título executivo judicial**".

Daniel Neves critica de forma severa esse dispositivo, fundamentando que, se o credor já possui título com força executiva, apto a ensejar os atos expropriatórios, não haveria interesse jurídico em ajuizar ação de conhecimento para obter título executivo judicial. Fundamenta que esse dispositivo implica "perda de tempo, dinheiro e energia exigida do Poder Judiciário para criar um título executivo extrajudicial, [...] permitindo-se um processo inútil por vontade das partes em detrimento do interesse público de se obterem mais resultados com menor atividade jurisdicional"[17].

De outro lado, José Miguel Garcia Medina, fundamentando com base no entendimento do STJ, entende que é perfeitamente possível ao credor que possui um título executivo extrajudicial fazer a opção entre a execução de título executivo extrajudicial e o processo de conhecimento[18].

A fim de se chegar a alguma conclusão sobre a possibilidade ou não de se admitir a opção pelo processo de conhecimento quando o credor possui um título executivo

---

17 Nesse sentido, é substanciosa a argumentação de Daniel Neves: "Não há como deixar de tecer severa crítica ao disposto no art. 785 do Novo CPC, que permite à parte optar pelo processo de conhecimento mesmo quando já existia um título executivo extrajudicial em seu favor. Tenho consciência de que o dispositivo se limita a consagrar entendimento consolidado pelo Superior Tribunal de Justiça, mas nem por isso deve ser poupado da crítica. Da análise dos julgamentos do Superior Tribunal de Justiça sobre o tema, notam-se dois fundamentos principais a admitirem o processo de conhecimento mesmo quando já existe título executivo extrajudicial: a inexistência de prejuízo ao réu e a possibilidade de este fazer uma defesa mais ampla e plena de seus direitos. Nenhum dos dois fundamentos convence. A possibilidade de defesa mais ampla e plena é uma falácia, considerando que nos embargos à execução o executado pode alegar todas as matérias como defesa em processo de conhecimento. A defesa, portanto, tem a mesma dimensão e abrangência na contestação e nos embargos à execução. Quanto a inexistir prejuízo ao réu, sendo até mesmo vantajosa a ele a escolha do processo de conhecimento, o argumento parte da premissa correta, porque, mesmo sendo admissíveis embargos à execução sem a garantia do juízo, com uma execução em trâmite a penhora pode ser realizada a qualquer momento. A desvantagem do executado perante o exequente existe na relação autor e réu, e essa premissa não pode ser ignorada. Ocorre, entretanto, que analisar a questão sob a ótica dos interesses das partes não é o mais correto a fazer, pouco importando se o autor abre mão de uma situação de vantagem em favor do réu. A circunstância deve ser analisada sob a ótica das condições da ação, mais precisamente do interesse de agir (na realidade de sua ausência). Tendo as condições da ação natureza de matéria de ordem pública, é evidente que não podem ceder diante do interesse privado de autor e/ou réu. A criação de um título executivo judicial por meio de processo de conhecimento quando já existe título executivo extrajudicial em favor do autor demanda um trabalho jurisdicional útil, ocupando o Poder Judiciário de um processo que não precisaria existir para tutelar o interesse da parte. A questão, portanto, não diz respeito à vontade do autor e à ausência de prejuízo ao réu, mas à perda de tempo, dinheiro e energia exigida do Poder Judiciário para criar um título executivo extrajudicial. Trata-se de um verdadeiro atentado ao princípio da economia processual sob seu aspecto macroscópico, permitindo-se um processo inútil por vontade das partes em detrimento do interesse público de se obterem mais resultados com menor atividade jurisdicional" (NEVES, Daniel Amorim Assumpção. *Novo Código de Processo Civil*. São Paulo: Método, 2015. p. 399-400).

18 MEDINA, José Miguel Garcia. *Novo Código de Processo Civil comentado*. 3. ed. São Paulo: Revista dos Tribunais, 2015. p. 1.061.

extrajudicial, é necessário verificar se existe interesse processual ou não em ajuizar a ação de conhecimento. Ou seja, não é possível dar uma resposta definitiva aprioristicamente. É preciso, diante das circunstâncias do caso concreto, verificar o interesse processual. Assim, por exemplo, se o credor possui um título executivo extrajudicial fundado em obrigação de fazer ou não fazer, será possível que opte pela via do processo de conhecimento ao invés da execução pelo fato de que a única medida coercitiva prevista para o processo de execução de título executivo extrajudicial fundado nesse tipo de obrigação é a multa (art. 814, CPC), enquanto o cumprimento de sentença que imponha obrigação de fazer ou não fazer prevê diversas outras medidas coercitivas, tais como busca e apreensão, remoção de pessoas e coisas, desfazimento de obras, impedimento de atividade nociva, inclusive com o auxílio de força policial (arts. 497, 536 e 537, CPC).

Portanto, se o credor de título executivo extrajudicial optar pela ação de conhecimento, o juiz poderá intimá-lo para justificar o seu interesse processual, mas não poderá de plano indeferir a petição inicial.

Além disso, **mesmo possuindo título executivo extrajudicial, o seu titular poderá optar por ajuizar ação monitória**, conforme entendimento do STJ[19]. No mesmo sentido, o Enunciado 446 do FPPC: "Cabe ação monitória mesmo quando o autor for portador de título executivo extrajudicial". Ainda com o mesmo entendimento, o Enunciado 101 da I Jornada de Direito Processual Civil, do Conselho da Justiça Federal: "É admissível ação monitória, ainda que o autor detenha título executivo extrajudicial". Isto é, admite-se ação monitória com base em título executivo, apesar da redação do art. 700 do CPC.

Assim, se o **credor tiver um título executivo extrajudicial, poderá optar entre a ação de execução de título executivo extrajudicial, a ação monitória ou a ação de conhecimento pelo procedimento comum**.

Contudo, a conversão de uma ação em outra, de ofício ou a requerimento da parte, somente poderá ocorrer até a citação do réu. Nesse sentido, o entendimento do STJ firmado em recurso especial repetitivo: "é inadmissível a conversão, de ofício ou a requerimento das partes, da execução em ação monitória após ter ocorrido a citação, em razão da estabilização da relação processual a partir do referido ato"[20].

A parte não pode, contudo, pretender converter um título executivo judicial em extrajudicial. Com base nesse entendimento, o Superior Tribunal de Justiça entende que não é possível à Fazenda Pública inscrever em dívida ativa, com o objetivo de propor execução fiscal (modalidade de execução de título executivo extrajudicial), a condenação judicial da outra parte em honorários advocatícios sucumbenciais[21].

Por fim, cabe ressaltar que, caso o devedor proponha ação para postular a revisão, invalidação, a desconstituição ou, de qualquer forma, retirar a força executiva do título

---

19 "O STJ entende que não se verifica prejuízo para o direito de defesa com a escolha do rito da Ação Monitória, que é mais demorado que o rito da Ação de Execução de Título Extrajudicial" (STJ, REsp 1748849/SP, Rel. Ministro Herman Benjamin, Segunda Turma, julgado em 4-12-2018, *DJe* 17-12-2018).

20 STJ, REsp 1129938/PE, Rel. Min. Massami Uyeda, Segunda Seção, julgado em 28-9-2011, *DJe* 28-3-2012.

21 "HONORÁRIOS ADVOCATÍCIOS DE SUCUMBÊNCIA, ARBITRADOS EM SENTENÇA TRANSITADA EM JULGADO. TÍTULO EXECUTIVO JUDICIAL. COBRANÇA MEDIANTE EXECUÇÃO FISCAL. INADEQUAÇÃO" (Superior Tribunal de Justiça, REsp 1126631/PR, Rel. Min. Herman Benjamin, Segunda Turma, julgado em 20-10-2009, *DJe* 13-11-2009).

executivo extrajudicial, isso não impede que o credor proponha a execução (art. 784, § 1º, CPC)[22].

5. ATRIBUTOS DO TÍTULO EXECUTIVO EXTRAJUDICIAL

Os títulos executivos extrajudiciais hábeis a amparar a ação executiva precisam ter os atributos de **certeza**, **liquidez** e **exigibilidade** (art. 786, *caput*, CPC)[23].

O título é **certo** quando não há dúvida acerca da existência do crédito nele constante. A certeza já está presente desde a formação do título.

Liquidez é a existência de um valor determinado no título ou de determinabilidade do valor devido por simples cálculos aritméticos[24]. Como regra, os títulos executivos extrajudiciais (ao contrário do que ocorre com os judiciais) não podem ser liquidados judicialmente, pois a iliquidez lhe retiraria a qualidade de título executivo extrajudicial.

No entanto, o **termo de ajustamento de conduta**, título executivo extrajudicial, pode ser liquidado judicialmente, consoante entendimento doutrinário[25].

A **exigibilidade** é a possibilidade de impor ao executado o cumprimento da prestação constante no título. Para que o título seja exigível, é necessário que se verifique a ocorrência da mora.

5.1. Exceção do contrato não cumprido (*exceptio non adimpleti contractus*)

Não será exigível o título que, embora vencido, exija prévia contraprestação do credor, quando este não comprovar que a adimpliu. Com efeito, o art. 787 do CPC estabelece que "**se o devedor não for obrigado a satisfazer sua prestação senão mediante a contraprestação do credor, este deverá provar que a adimpliu ao requerer a execução, sob pena de extinção do processo**". Trata-se da chamada teoria da exceção do contrato não cumprido (*exceptio non adimpleti contractus*), prevista no art. 476 do Código Civil de 2002, segundo o qual, "nos contratos bilaterais, nenhum dos contratantes, antes de cumprida a sua obrigação, pode exigir o implemento da do outro".

Assim, por exemplo, o executado pode alegar que o serviço que embasa o título executivo não foi prestado, ou foi prestado inadequadamente. Contudo, "se a falha na execução do contrato é de pequena monta, irrelevante, fica desautorizado o acolhimento da exceção do contrato não cumprido"[26].

O parágrafo único do art. 787 do CPC estabelece que "o executado poderá eximir-se da obrigação, depositando em juízo a prestação ou a coisa, caso em que o juiz não

---

22 CPC: "Art. 784 [...] § 1º A propositura de qualquer ação relativa a débito constante de título executivo não inibe o credor de promover-lhe a execução".

23 CPC: "Art. 786. A execução pode ser instaurada caso o devedor não satisfaça a obrigação certa, líquida e exigível consubstanciada em título executivo".

24 CPC: "Art. 786 [...] Parágrafo único. A necessidade de simples operações aritméticas para apurar o crédito exequendo não retira a liquidez da obrigação constante do título".

25 MARINONI, Luiz Guilherme; ARENHART, Sérgio Cruz. *Execução*. 2. ed. São Paulo: Revista dos Tribunais, 2008. p. 444.

26 STJ, REsp 648.780/RS, Rel. Min. Raul Araújo, Quarta Turma, julgado em 20-3-2014, *DJe* 7-5-2014.

permitirá que o credor a receba sem cumprir a contraprestação que lhe tocar". Contudo, por uma interpretação sistemática, esse dispositivo traz apenas uma faculdade processual ao executado, na medida em que ele não estará em mora enquanto o exequente não cumprir a sua obrigação, diante da natureza desse contrato.

6. DA RESPONSABILIDADE PATRIMONIAL

O CPC/2015 mantém a diferenciação que existe no direito civil entre devedor e responsável. O devedor é aquele que contrai a dívida; o responsável é aquele que, sem ser devedor, possui responsabilidade, decorrente de lei ou de contrato, pelo pagamento da dívida do devedor.

De acordo com o art. 789 do CPC, "o devedor responde com todos os seus bens presentes e futuros para o cumprimento de suas obrigações, salvo as restrições estabelecidas em lei".

6.1. Responsabilidade patrimonial secundária

O CPC prevê que os bens do responsável também estão sujeitos à execução, para o fim de satisfazer o direito creditício do exequente.

Trata-se da chamada responsabilidade patrimonial secundária[27].

De acordo com o CPC (art. 790), estão sujeitos à execução os bens:

> I – do sucessor a título singular, tratando-se de execução fundada em direito real ou obrigação reipersecutória;
>
> II – do sócio, nos termos da lei;
>
> III – do devedor, ainda que em poder de terceiros;
>
> IV – do cônjuge ou companheiro, nos casos em que seus bens próprios ou de sua meação respondem pela dívida;
>
> V – alienados ou gravados com ônus real em fraude à execução;
>
> VI – cuja alienação ou gravação com ônus real tenha sido anulada em razão do reconhecimento, em ação autônoma, de fraude contra credores;
>
> VII – do responsável, nos casos de desconsideração da personalidade jurídica.

6.2. Exercício do benefício de ordem pelo fiador

O art. 827, *caput*, do Código Civil estabelece o benefício de ordem: "**O fiador demandado pelo pagamento da dívida tem direito a exigir, até a contestação da lide, que sejam primeiro executados os bens do devedor**".

---

27 Trata-se de terminologia utilizada por grande parte da doutrina, a exemplo de Daniel Amorim Assumpção Neves (in: *Novo Código de Processo Civil*. São Paulo: Método, 2015. p. 399-400).

Contudo, para se valer do benefício de ordem, o fiador deve nomear bens livres e desembaraçados do devedor, situados no mesmo município, desde que eles bastem para garantir o pagamento da integralidade do valor que está sendo executado (art. 827, parágrafo único, Código Civil).

Contudo, o art. 828, inc. I, do Código Civil estabelece que é possível a renúncia ao benefício de ordem pelo fiador, hipótese em que não lhe aproveita a prerrogativa acima[28].

De acordo com o entendimento sedimentado no STJ, é válida a cláusula contratual em que o fiador renuncia ao benefício de ordem[29]. Contudo, havendo prorrogação do prazo inicialmente previsto no contrato, a renúncia ao benefício de ordem não prevalece em relação ao período prorrogado[30].

O *caput* e os §§ 1º e 3º do art. 794 do CPC apenas repetem as disposições acima do Código Civil, em relação à forma de exercício do benefício de ordem[31].

De outro lado, o § 2º do art. 794 do CPC estabelece que "o fiador que pagar a dívida poderá executar o afiançado nos autos do mesmo processo".

Contudo, havendo vários fiadores, também será possível que aquele que pagar a integralidade da dívida também execute os cofiadores nos mesmos autos, pela respectiva cota-parte de responsabilidade[32].

O Código Civil (art. 832) estabelece que o fiador também tem direito de cobrar o devedor em relação às perdas e danos que sofreu[33]. Contudo, o CPC não especifica se esse procedimento correria ou não nos mesmos autos. Por razões de economia processual, deve ser admitida a apuração das perdas e danos do fiador nos mesmos autos, desde que já tenha sido integralmente satisfeito o direito do exequente e isso não cause tumulto processual.

---

28 Código Civil de 2002: "Art. 828. Não aproveita este benefício ao fiador: I – se ele o renunciou expressamente; II – se se obrigou como principal pagador, ou devedor solidário; III – se o devedor for insolvente, ou falido".

29 "Nos termos do art. 828, II, do Código Civil, o benefício de ordem não aproveita ao fiador que se obriga como devedor solidário. Precedentes do STJ" (STJ, AgInt no AREsp 1254114/SP, Rel. Ministro Lázaro Guimarães (Desembargador Convocado do TRF 5ª Região), Quarta Turma, julgado em 21-8-2018, *DJe* 24-8-2018).

30 "A cláusula contratual na qual consta a renúncia do fiador ao benefício previsto no art. 1.500 do CC/16 – atual 835 do CC/02 – não subsiste após o decurso do prazo inicialmente previsto para a duração da locação, uma vez que o Direito não se compraz com relação jurídica eterna e permanente, especialmente no campo dos direitos pessoais, como é o caso da fiança" (Superior Tribunal de Justiça, REsp 1426857/RJ, Rel. Min. Regina Helena Costa, Quinta Turma, julgado em 13-5-2014, *DJe* 19-5-2014).

31 CPC: "Art. 794. O fiador, quando executado, tem o direito de exigir que primeiro sejam executados os bens do devedor situados na mesma comarca, livres e desembargados, indicando-os pormenorizadamente à penhora. § 1º Os bens do fiador ficarão sujeitos à execução se os do devedor, situados na mesma comarca que os seus, forem insuficientes à satisfação do direito do credor. [...] § 3º O disposto no *caput* não se aplica se o fiador houver renunciado ao benefício de ordem".

32 Nesse sentido, os arts. 829 a 831 do Código Civil: "Art. 829. A fiança conjuntamente prestada a um só débito por mais de uma pessoa importa o compromisso de solidariedade entre elas, se declaradamente não se reservarem o benefício de divisão. Parágrafo único. Estipulado este benefício, cada fiador responde unicamente pela parte que, em proporção, lhe couber no pagamento. Art. 830. Cada fiador pode fixar no contrato a parte da dívida que toma sob sua responsabilidade, caso em que não será por mais obrigado. Art. 831. O fiador que pagar integralmente a dívida fica sub-rogado nos direitos do credor; mas só poderá demandar a cada um dos outros fiadores pela respectiva quota. Parágrafo único. A parte do fiador insolvente distribuir-se-á pelos outros".

33 Código Civil: "Art. 832. O devedor responde também perante o fiador por todas as perdas e danos que este pagar, e pelos que sofrer em razão da fiança".

6.3. Exercício do benefício de ordem pelo sócio na dívida da sociedade

Como regra, nas sociedades personificadas, os bens dos sócios não respondem pelas dívidas da sociedade.

Trata-se, em verdade, de uma regra geral do direito societário, que admite exceções, previstas no Código Civil. Por exemplo, na sociedade em comum (espécie de sociedade não personificada), todos os sócios respondem solidária e ilimitadamente pelas obrigações sociais (art. 990, Código Civil); na sociedade simples (espécie de sociedade personificada), o contrato social deverá estabelecer se "os sócios respondem, ou não, subsidiariamente, pelas obrigações sociais" (art. 997, VIII, Código Civil)[34].

De outro lado, o art. 795 do CPC estabelece que "os bens particulares dos sócios não respondem pelas dívidas da sociedade, senão nos casos previstos em lei". Tal regra serve não somente para os casos em que, pelo modelo societário, existe responsabilidade dos sócios pelas dívidas da sociedade, como também para as hipóteses de desconsideração da personalidade jurídica decretada judicialmente (conforme procedimento com contraditório prévio estabelecido no CPC).

O § 1º do mesmo artigo prevê o benefício de ordem em favor dos sócios, quando responsáveis pelo pagamento da dívida da sociedade. Desse modo, em tais casos, os sócios têm o direito de requerer que "primeiro sejam excutidos os bens da sociedade". Para se valer do benefício de ordem, o sócio precisa nomear à penhora bens da sociedade livres e desembargados situados na mesma comarca, tantos quantos bastem para a satisfação da integralidade do débito (art. 795, § 2º, CPC).

Contudo, há hipóteses previstas no Código Civil em que o sócio não pode alegar o benefício de ordem em detrimento do patrimônio da sociedade, devendo prevalecer a regra especial em detrimento da norma geral. Por exemplo, na sociedade em comum (espécie de sociedade não personificada), todos os sócios respondem solidária e ilimitadamente pelas obrigações sociais; além disso, aquele contratou pela sociedade fica excluído do benefício de ordem (art. 990, CC/2002)[35].

O sócio que pagar a dívida poderá executar a sociedade nos mesmos autos, nos termos do § 3º do art. 795 do CPC. Além disso, por uma interpretação sistemática, se houver a desconsideração da personalidade jurídica em relação a mais de um sócio, este, se pagar a dívida por inteiro, poderá exigir do outro a sua cota-parte, nos mesmos autos do processo.

6.4. Limitação à responsabilidade patrimonial dos herdeiros

De acordo com o Código Civil (art. 1.997), "a herança responde pelo pagamento das dívidas do falecido; mas, feita a partilha, só respondem os herdeiros, cada qual em proporção da parte que na herança lhe coube".

---

34 Nessa hipótese, o benefício de ordem é previsto especificamente no próprio Código Civil: "Art. 1.024. Os bens particulares dos sócios não podem ser executados por dívidas da sociedade, senão depois de executados os bens sociais".

35 CC: "Art. 990. Todos os sócios respondem solidária e ilimitadamente pelas obrigações sociais, excluído do benefício de ordem, previsto no art. 1.024, aquele que contratou pela sociedade".

O art. 796 do CPC praticamente repete a redação desse dispositivo[36].

De outro lado, caso seja promovida execução contra o herdeiro após a partilha, cabe a este (e não ao exequente) provar que a dívida é superior às forças da herança, salvo se, no próprio inventário, já ficou demonstrado o valor dos bens herdados (art. 1.792, CC)[37].

7. FRAUDE À EXECUÇÃO

A fraude à execução está presente quando o ato fraudulento do devedor ocorre após já proposta ação judicial.

O art. 792 do CPC prevê que se considera em fraude à execução a alienação ou a oneração de bem realizadas nas seguintes hipóteses:

> I – quando sobre o bem pender ação fundada em direito real ou com pretensão reipersecutória, desde que a pendência do processo tenha sido averbada no respectivo registro público, se houver;
>
> II – quando tiver sido averbada, no registro do bem, a pendência do processo de execução, na forma do art. 828;
>
> III – quando tiver sido averbado, no registro do bem, hipoteca judiciária ou outro ato de constrição judicial originário do processo onde foi arguida a fraude;
>
> IV – quando, ao tempo da alienação ou da oneração, tramitava contra o devedor ação capaz de reduzi-lo à insolvência;
>
> V – nos demais casos expressos em lei.

A ocorrência de uma das hipóteses previstas acima já configura a fraude à execução, não sendo necessário comprovar o conluio fraudulento entre o executado ou do terceiro.

De acordo com o art. 792, § 1º, do CPC, "a alienação em fraude à execução é ineficaz em relação ao exequente". Desse modo, se o negócio jurídico for realizado em fraude à execução, não será objeto de invalidação; o que ocorre é que o exequente poderá requerer **seja declarada ineficaz tal alienação**, de modo que o bem objeto do negócio fique sujeito à execução, com todos os atos expropriatórios a ela inerentes. Vale dizer, reconhecida a fraude à execução, a alienação é ineficaz em relação ao exequente, mas não em relação a terceiros ou a outros processos em que não seja caracterizada.

A **fraude à execução** pode ser alegada por qualquer forma, sendo inclusive **passível de cognição judicial na própria execução a partir de simples petição nos autos**.

De outro lado, o § 2º do art. 792 do CPC estabelece que, no caso de aquisição de bem não sujeito a registro, o terceiro adquirente tem o ônus de provar que adotou as cautelas necessárias para a aquisição, mediante a exibição das certidões pertinentes, obtidas no domicílio do vendedor e no local onde se encontra o bem". Como regra,

---

36 CPC: "Art. 796. O espólio responde pelas dívidas do falecido, mas, feita a partilha, cada herdeiro responde por elas dentro das forças da herança e na proporção da parte que lhe coube".

37 CC: "Art. 1.792. O herdeiro não responde por encargos superiores às forças da herança; incumbe-lhe, porém, a prova do excesso, salvo se houver inventário que a escuse, demostrando o valor dos bens herdados".

deve prevalecer a hipótese de fraude à execução do inciso IV do art. 792 acima referido. Ocorre que, para determinados bens, não há registro de propriedade. Em tais casos, é exigível que o pretenso adquirente verifique se, no local do domicílio do devedor, correm demandas contra ele. Se o bem não é sujeito a registro (ex.: compra e venda de gado bovino) e foram tomadas todas as cautelas possíveis (ex.: certidão negativa de distribuição no fórum do local do contrato e no fórum do domicílio do réu), não se pode prejudicar o terceiro de boa-fé.

A fraude à execução também se aplica inteiramente às hipóteses de desconsideração de personalidade jurídica. O § 3º do art. 792 estabelece que, "nos casos de desconsideração da personalidade jurídica, a fraude à execução verifica-se a partir da citação da parte cuja personalidade se pretende desconsiderar".

Assim, haverá fraude à execução a partir do momento em que houve a citação do executado originário (cuja personalidade se pretende desconsiderar) e não a prevista no incidente de desconsideração de personalidade jurídica[38].

Contudo, é possível que a parte atingida pela desconsideração da personalidade jurídica aliene o bem entre a citação da pessoa jurídica e a sua efetiva inclusão no processo, o que poderia prejudicar terceiros de boa-fé, diante da existência de fraude à execução nesta hipótese.

Por tais razões, admitido o processamento do incidente de desconsideração, é importante que a parte solicite e o juiz determine de imediato a inclusão dos sócios da pessoa jurídica que se pretende desconsiderar no polo passivo do processo com registro na distribuição, a fim de não prejudicar terceiros de boa-fé. Além disso, outra medida importante seria a averbação "no registro do bem, a pendência do processo de execução, na forma do art. 828", consoante o art. 792, inc. II, do CPC.

De acordo com o CPC, a declaração de fraude à execução deve ocorrer com contraditório prévio, diferentemente do que ocorria na praxe forense: "**Antes de declarar a fraude à execução, o juiz deverá intimar o terceiro adquirente, que, se quiser, poderá opor embargos de terceiro, no prazo de 15 (quinze) dias**" (art. 792, § 4º, CPC).

Trata-se de embargos de terceiro preventivo, na medida em que ainda não houve a constrição judicial do bem.

Ocorre que, ao estabelecer o contraditório prévio, o CPC permite que, entre o momento da alegação da fraude à execução e a decisão do juiz que reconhece a fraude, pode transcorrer lapso temporal considerável, de modo que o terceiro pode fazer nova alienação, de modo a prejudicar o credor ou o terceiro de boa-fé.

Para impedir isso, o credor poderá requerer o arresto do bem que é objeto da alegação da fraude à execução, a fim de evitar prejuízos ao credor ou a terceiro de boa-fé. No caso concreto, o juiz, para deferir a medida cautelar de arresto, verificará a presença dos seus pressupostos legais (plausibilidade do direito e urgência).

O art. 792, § 4º, CPC estabelece um prazo diferente em relação ao prazo geral dos embargos de terceiro. Desse modo, caso se trate de fraude à execução, o prazo será o

---

38 Enunciado 52 da ENFAM: "A citação a que se refere o art. 792, § 3º, do CPC/2015 (fraude à execução) é a do executado originário, e não aquela prevista para o incidente de desconsideração da personalidade jurídica (art. 135 do CPC/2015)".

do art. 792, § 4º, CPC. Nos demais casos, será o estabelecido no art. 675 do CPC ("a qualquer tempo no processo de conhecimento enquanto não transitada em julgado a sentença e, no cumprimento de sentença ou no processo de execução, até 5 dias depois da adjudicação, da alienação por iniciativa particular ou da arrematação, mas sempre antes da assinatura da respectiva carta")[39].

Nesse sentido, aliás, o Enunciado 191 do Fórum Permanente de Processualistas Civis (FPPC): "O prazo de quinze dias para opor embargos de terceiro, disposto no § 4º do art. 792, é aplicável exclusivamente aos casos de declaração de fraude à execução; os demais casos de embargos de terceiro são regidos na forma do *caput* do art. 675".

7.1. Diferenças entre fraude à execução e fraude contra credores

De outro lado, a **fraude à execução** não se confunde com a **fraude contra credores**, prevista nos arts. 158 e seguintes do Código Civil, que é um vício do negócio jurídico, e gera a sua anulação[40]. Para a caracterização da fraude contra credores, são necessários o conluio fraudulento (*concilium fraudis*) e o prejuízo causado ao credor (*eventus damni*). No caso da fraude à execução, a prova do conluio fraudulento é dispensada, pois já ajuizada a demanda judicial que postula o bem litigioso, ou que é capaz de reduzir o devedor à insolvência.

Nesse sentido, explicando a diferença entre os institutos, Pablo Stolze Gagliano e Rodolfo Pamplona Filho ensinam que "enquanto na fraude contra credores o devedor insolvente antecipa-se, alienando ou onerando bens em detrimento dos seus credores, antes que estes intentem qualquer espécie de ação, na fraude de execução, mais grave por violar normas de ordem pública, o devedor já tem contra si processo judicial, capaz de reduzi-lo à insolvência, e, ainda assim, atua ilicitamente, alienando ou onerando o seu patrimônio, em prejuízo não apenas dos seus credores, mas do próprio processo, caracterizando reprovável atitude de desrespeito à Justiça"[41].

Assim, para a caracterização da **fraude contra credores**, são necessários o **conluio fraudulento (*concilium fraudis*) e o prejuízo causado ao credor (*eventus damni*)**. No caso da **fraude à execução**, a prova do **conluio fraudulento é dispensada**, pois já ajuizada a demanda judicial que postula o bem litigioso, ou que é capaz de reduzir o devedor à insolvência.

Enquanto a **fraude contra credores** é vício social que deve ser alegado por meio da ação própria (**ação revocatória ou pauliana**), a fraude à execução é alegada pelo credor mediante simples petição na execução.

---

39 CPC: "Art. 675. Os embargos podem ser opostos a qualquer tempo no processo de conhecimento enquanto não transitada em julgado a sentença e, no cumprimento de sentença ou no processo de execução, até 5 (cinco) dias depois da adjudicação, da alienação por iniciativa particular ou da arrematação, mas sempre antes da assinatura da respectiva carta. Parágrafo único. Caso identifique a existência de terceiro titular de interesse em embargar o ato, o juiz mandará intimá-lo pessoalmente".

40 Segundo Pablo Stolze Gagliano e Rodolfo Pamplona Filho, "a fraude contra credores, também considerada vício social, consiste no ato de alienação ou oneração de bens, assim como de remissão de dívida, praticado por devedor insolvente, ou à beira da insolvência, com o propósito de prejudicar credor preexistente, em virtude da diminuição experimentada em seu patrimônio" (*Novo Curso de direito civil:* parte geral. v. 1. 5. ed. São Paulo: Saraiva, 2004. p. 386).

41 *Novo curso de direito civil:* parte geral. v. 1. 5. ed. São Paulo: Saraiva, 2004. p. 393.

8. PRINCIPAIS DIFERENÇAS ENTRE EXECUÇÃO DE TÍTULO EXTRAJUDICIAL E EXECUÇÃO DE TÍTULO JUDICIAL (CUMPRIMENTO DE SENTENÇA)

O procedimento de execução de título extrajudicial não tem por objetivo precípuo o reconhecimento do direito, senão a sua satisfação, diante do grau de aparência do direito, derivado do documento a que a lei confere eficácia executiva[42]. Todavia, os títulos executivos extrajudiciais não impedem a discussão do direito que embasa a execução, mas apenas dispensam a ação de conhecimento prévia destinada a tal finalidade.

De outro lado, a **execução de título extrajudicial** sempre gerará um **processo novo**, destinado exclusivamente a realizar o direito representado nesse título. A **execução de título judicial**, chamada pelo CPC de cumprimento de sentença, diferentemente, **não gera novo processo**, pois será apenas uma fase no processo sincrético que compreende conhecimento, liquidação e execução.

No **cumprimento de sentença** (execução de títulos judiciais), a **defesa do executado** se faz mediante **impugnação**, que não gera processo novo. A impugnação, como regra, é julgada por decisão interlocutória (salvo quando extingue a execução, quando há sentença).

Diferentemente, na **execução de títulos extrajudiciais** o executado se defende por meio de **embargos à execução**. Estes se constituem em uma **ação autônoma, distribuídos por dependência, que geram processo autônomo e autos apartados** (art. 914, *caput* e § 1º, CPC)[43]. Os embargos à execução são um processo incidente à execução, no qual é possível cognição exauriente, sendo julgados por sentença (art. 920, III, CPC)[44].

Na fase de cumprimento da sentença por quantia certa, é aplicada uma sanção punitiva, consistente numa multa de 10% para o demandado que não paga o valor exequendo no prazo de 15 dias, além de honorários advocatícios de 10%. Se paga o valor no prazo, não haverá incidência da multa e desses honorários. Na execução de título extrajudicial por quantia certa, há um prêmio para o executado que paga a integralidade do valor exequendo no prazo de 3 dias, consistente na redução (de metade) do valor dos honorários advocatícios que deveria pagar (art. 827, § 1º, CPC)[45].

De outro lado, de acordo com o CPC, a possibilidade de parcelamento da dívida, prevista no art. 916, *caput*, para as execuções de títulos extrajudiciais, não pode ser estendida ao cumprimento de sentença, por expressa disposição do § 7º do

---

42 Nesse sentido: MARINONI, Luiz Guilherme; ARENHART, Sérgio Cruz. *Execução*. 2. ed. São Paulo: Revista dos Tribunais, 2008. p. 431.

43 CPC: "Art. 914. O executado, independentemente de penhora, depósito ou caução, poderá se opor à execução por meio de embargos. § 1º Os embargos à execução serão distribuídos por dependência, autuados em apartado e instruídos com cópias das peças processuais relevantes, que poderão ser declaradas autênticas pelo próprio advogado, sob sua responsabilidade pessoal".

44 CPC: "Art. 920. Recebidos os embargos: I – o exequente será ouvido no prazo de 15 (quinze) dias; II – a seguir, o juiz julgará imediatamente o pedido ou designará audiência; III – encerrada a instrução, o juiz proferirá sentença".

45 CPC: "Art. 827. Ao despachar a inicial, o juiz fixará, de plano, os honorários advocatícios de dez por cento, a serem pagos pelo executado. § 1º No caso de integral pagamento no prazo de 3 (três) dias, o valor dos honorários advocatícios será reduzido pela metade".

mesmo dispositivo[46]. Todavia, como já se afirmou, tal regra deve ser vista com os devidos temperamentos.

9. ASPECTOS GERAIS DA EXECUÇÃO DE TÍTULO EXECUTIVO EXTRAJUDICIAL

9.1. Aplicação subsidiária aos demais tipos de execução e cumprimento de sentença

As disposições do Livro II da Parte Especial do CPC, que regulam o procedimento da execução de título executivo extrajudicial, aplicam-se, no que couberem, ao cumprimento de sentença, às demais espécies de execução, aos procedimentos especiais de execução previstos no CPC e em legislações especiais, bem como a atos ou fatos processuais a que a lei atribui força executiva (art. 771, CPC).

Os atos expropriatórios da execução (ex.: penhora, avaliação, alienação de bens etc.) estão previstos no referido Livro II. Então, quando se fala em cumprimento de sentença, execução fiscal etc., embora sejam regulados por disposições específicas, valem-se das normas do Livro II da Parte Especial para os atos expropriatórios, dentre outras disposições.

9.2. Poderes judiciais de condução do processo

O CPC prevê uma série de poderes do juiz para conduzir e ordenar o processo, bem como possibilitar a efetivação das medidas necessárias para atingir o escopo da execução.

Com efeito, o juiz pode, em qualquer momento do processo, de ofício ou a requerimento da parte, adotar uma das seguintes medidas (arts. 772 e 773, CPC);

a) ordenar o comparecimento das partes;

b) advertir o executado de que seu procedimento constitui ato atentatório à dignidade da justiça;

c) determinar que sujeitos indicados pelo exequente forneçam informações em geral relacionadas ao objeto da execução, tais como documentos e dados que tenham em seu poder, assinando-lhes prazo razoável;

d) determinar as medidas necessárias ao cumprimento da ordem de entrega de documentos e dados;

e) ao receber dados sigilosos para os fins da execução, adotar as medidas necessárias para assegurar a confidencialidade.

Na hipótese de o juiz receber dados, provas, documentos ou informações sigilosas no processo, precisa tomar as medidas para manter o sigilo. Nesse caso, há duas possibilidades, quais sejam, decretar segredo de justiça no processo ou determinar que o que é sigiloso (documentos, informações etc.) fique arquivado em pasta própria, em apartado.

---

46 CPC: "Art. 916. No prazo para embargos, reconhecendo o crédito do exequente e comprovando o depósito de trinta por cento do valor em execução, acrescido de custas e de honorários de advogado, o executado poderá requerer que lhe seja permitido pagar o restante em até 6 (seis) parcelas mensais, acrescidas de correção monetária e de juros de um por cento ao mês. [...] § 7º O disposto neste artigo não se aplica ao cumprimento da sentença".

Contudo, o STJ já decidiu, em julgamento de REsp repetitivo, que esse arquivamento em apartado não é admitido, por não ser previsto no CPC[47].

Ocorre que, por questões organizacionais e de administração judiciária, grande parte dos Juízos continua tendo a prática de autuar em apartado e arquivar em pasta própria as informações sigilosas. Isto se deve ao fato de que, por diversas vezes, a informação precisa ser mantida em sigilo inclusive em relação à outra parte (ex.: na ação de divórcio, quando há ameaça de morte do marido em relação à mulher etc.), hipótese em que somente o seu advogado possui acesso a essa informação, enquanto a parte pode ter acesso normalmente aos autos do processo. Enfim, diversas são as situações que impõem que os documentos e as informações sejam guardados em pasta própria, em vez de se decretar sigilo no processo. Optando por guardar em pasta própria, deverá constar nos autos uma certidão do serventuário da justiça declarando que os documentos juntados foram mantidos dessa forma, a fim de que os sujeitos do processo (que estão autorizados a ter acesso) possam ter conhecimento disso e acessar tais informações.

9.3. Atos atentatórios à dignidade da justiça

O art. 774 do CPC estabelece um rol de condutas do executado que configuram ato atentatório à dignidade da justiça na fase de execução. De acordo com o Código, são as condutas omissivas ou comissivas que:

> I – frauda a execução;
>
> II – se opõe maliciosamente à execução, empregando ardis e meios artificiosos;
>
> III – dificulta ou embaraça a realização da penhora;
>
> IV – resiste injustificadamente às ordens judiciais;
>
> V – intimado, não indica ao juiz quais são e onde estão os bens sujeitos à penhora e os respectivos valores, nem exibe prova de sua propriedade e, se for o caso, certidão negativa de ônus.

Tendo o executado praticado ato atentatório à dignidade da justiça, o juiz deverá fixar multa de até 20% do valor da execução devidamente atualizado, sem prejuízo de outras sanções de natureza processual ou material, e cíveis, administrativas ou penais.

O valor da multa será revertido em proveito do exequente. A execução dessa multa será promovida nos próprios autos.

9.4. Desistência da execução

O exequente possui poder processual de desistir da execução, no todo ou em parte. Com efeito, pode desistir de prosseguir com todo o processo de execução, quando,

---

47 "[...] Não há no código de processo civil nenhuma previsão para que se crie 'pasta própria' fora dos autos da execução fiscal para o arquivamento de documentos submetidos a sigilo. Antes, nos casos em que o interesse público justificar, cabe ao magistrado limitar às partes o acesso aos autos passando o feito a tramitar em segredo de justiça, na forma do art. 155, I, do CPC. 4. As informações sigilosas das partes devem ser juntadas aos autos do processo que correrá em segredo de justiça, não sendo admitido o arquivamento em apartado. [...]" (STJ, REsp 1349363/SP, Rel. Min. Mauro Campbell Marques, Primeira Seção, julgado em 22-5-2013, *DJe* 31-5-2013).

por exemplo, verifica que esta será infrutífera, porque o devedor não possui patrimônio. Mas também poderá desistir de apenas parte da execução, ou de algumas medidas executivas. Assim, por exemplo, poderá requerer que a execução não prossiga contra determinado devedor (porque ele não possui patrimônio, ou porque reside no exterior, p. ex.), ou também não prossiga para a expropriação de determinado bem (porque ele se encontra gravado de ônus reais, ou porque o devedor é proprietário de metade dele).

Ocorre que, se houver impugnação ou embargos à execução, inicia-se uma fase cognitiva (no caso da impugnação) ou processo incidental com cognição judicial (no caso dos embargos). Assim, havendo questões de mérito levantadas pelo embargante ou pelo impugnante, estes podem ter interesse processual no prosseguimento dos embargos ou da impugnação.

Assim, o CPC estabelece que, se o cumprimento de sentença ou a execução já tiverem sido impugnados ou embargados, e a irresignação versar sobre questões de direito material (ex.: prescrição; pagamento parcial; excesso de execução etc.), o juiz somente poderá extinguir sem resolução de mérito a impugnação ou os embargos se houver concordância do embargante ou impugnante. De outro lado, se a impugnação e os embargos versarem apenas sobre questões processuais (ex.: inépcia da petição inicial; ausência de citação válida etc.), o juiz poderá, de plano, extinguir a impugnação e os embargos sem resolução de mérito (art. 775, parágrafo único, I e II, CPC)[48]. Em qualquer caso, com a desistência do exequente, a execução de título extrajudicial ou o cumprimento de sentença deverão ser extintos, independentemente do consentimento do executado. A diferenciação acima (questões processuais e questões materiais) somente se aplica aos embargos e às impugnações.

9.5. **Responsabilidade civil pelos prejuízos causados ao executado no caso de execução infundada**

O art. 776 do CPC prevê que "o exequente ressarcirá ao executado os danos que este sofreu, quando a sentença, transitada em julgado, declarar inexistente, no todo ou em parte, a obrigação que ensejou a execução".

Trata-se de hipótese de **responsabilidade civil objetiva**, vale dizer, que independe de demonstração de dolo ou culpa do exequente. Portanto, para que seja caracterizada a responsabilidade civil do exequente, basta que: a) o exequente tenha promovido a execução; b) decisão interlocutória de mérito, sentença, decisão monocrática de relator ou acórdão declare, no todo ou em parte, inexistente a obrigação que ensejou a execução; c) tenha ocorrido o trânsito em julgado dessa decisão; d) ocorra prejuízo ao executado; e) exista nexo causal entre o prejuízo e a execução sofrida.

Contudo, a partir da redação do dispositivo, surgem alguns questionamentos: Seria possível a responsabilização do exequente quando a execução for extinta sem resolução de mérito? Quando for reconhecido excesso de execução, haveria responsabilidade do exequente?

---

48 CPC: "Art. 775. O exequente tem o direito de desistir de toda a execução ou de apenas alguma medida executiva. Parágrafo único. Na desistência da execução, observar-se-á o seguinte: I – serão extintos a impugnação e os embargos que versarem apenas sobre questões processuais, pagando o exequente as custas processuais e os honorários advocatícios; II – nos demais casos, a extinção dependerá da concordância do impugnante ou do embargante".

Parece que, em tais hipóteses, não há possibilidade de responsabilização do exequente na forma do art. 776 do CPC (responsabilidade civil objetiva), mas seria possível a sua responsabilização com base no art. 186 (mediante demonstração de dolo ou culpa) ou 187 do Código Civil (mediante abuso do direito).

De outro lado, essa responsabilidade não prejudica a cobrança das multas impostas por ato atentatório à dignidade da justiça e à litigância de má-fé, haja vista que possuem caráter punitivo.

Contudo, não será possível cumular pleito de responsabilidade civil objetiva do exequente pela hipótese do art. 776 do CPC e indenização por litigância de má-fé ou ato atentatório à dignidade da justiça quando os prejuízos alegados nessas pretensões forem os mesmos. Com efeito, o executado não poderá ser ressarcido mais de uma vez pelo mesmo prejuízo, sob pena de configurar *bis in idem*.

Por fim, segundo o art. 777 do CPC, "a cobrança de multas ou de indenizações decorrentes de litigância de má-fé ou de prática de ato atentatório à dignidade da justiça será promovida nos próprios autos do processo".

10. COMPETÊNCIA

O art. 781 do CPC estabelece **critérios de competência territorial**.

O inciso I do referido dispositivo estabelece que "a execução poderá ser proposta no **foro de domicílio do executado**, **de eleição** constante do título ou, ainda, **de situação dos bens a ela sujeitos**".

A partir de uma interpretação gramatical, poderia se inferir que fica a critério do credor escolher entre o foro do domicílio do executado, o foro de eleição ou o foro da situação dos bens.

De outro lado, se existe foro de eleição no título ou em outro documento que se refere a esse título, trata-se de uma cláusula contratual que obriga ambas as partes. Desse modo, não poderia o credor afastar o foro de eleição sem a concordância do réu.

No entanto, se havia foro de eleição, mas o exequente propôs a execução no foro do domicílio do executado, parece não haver grandes problemas, na medida em que o executado não teria interesse em alegar a incompetência, considerando que essa escolha do exequente lhe é benéfica. O mesmo ocorre quando a ação é proposta no foro do local do cumprimento da obrigação. Nesse sentido, aliás, o entendimento do STJ[49].

Entretanto, afastando-se o foro de eleição para propor a execução no foro do domicílio dos bens do executado, parece que, aí sim, há um problema. Isso porque a cláusula de eleição de foro vincula as partes e a propositura da ação de execução no foro do local dos bens pode ser prejudicial ao executado quando for diverso do seu domicílio ou do local de cumprimento da obrigação. Neste caso, poderá o executado opor a alegação de incompetência territorial nos embargos à execução, para que seja declinado o processo para o foro de eleição. Contudo, tratando-se de incompetência relativa, se não for

49 "Havendo cláusula de eleição de foro, o exequente poderá optar, na execução de título extrajudicial, pelo foro do lugar do pagamento do título, pelo foro eleição ou pelo foro de domicílio do réu" (STJ, AgInt no AREsp 1294573/SP, Rel. Ministro Marco Aurélio Bellizze, Terceira Turma, julgado em 29-10-2018, *DJe* 5-11-2018).

oposta essa alegação nos embargos, haverá preclusão e, consequentemente, prorrogação de competência.

Os incisos II e III do art. 781 estabelecem algumas variantes, em relação ao foro do domicílio do réu:

> II – tendo mais de um domicílio, o executado poderá ser demandado no foro de qualquer deles;
>
> III – sendo incerto ou desconhecido o domicílio do executado, a execução poderá ser proposta no lugar onde for encontrado ou no foro de domicílio do exequente;

De acordo com o inc. IV do mesmo artigo, "havendo mais de um devedor, com diferentes domicílios, a execução será proposta no foro de qualquer deles, à escolha do exequente". Contudo, o dispositivo trata, em verdade, da hipótese em que há mais de um "executado", haja vista a diferenciação feita entre devedor e responsável, não só pela doutrina, como pelo próprio Código (ex.: art. 779, CPC).

Por fim, o inc. V do art. 781 do CPC estabelece que "a execução poderá ser proposta no foro do lugar em que se praticou o ato ou em que ocorreu o fato que deu origem ao título, mesmo que nele não mais resida o executado". É o que ocorre quando, por exemplo, o termo de ajustamento de conduta firmado com o Ministério Público diz respeito a fato praticado nesse local; ou quando, em relação aos títulos causais, o negócio jurídico subjacente foi praticado em determinado local (ex.: na duplicata mercantil, quando os bens foram entregues nesse local).

As hipóteses estabelecidas no art. 781 do CPC tratam de critérios de competência territorial e relativa.

10.1. Atos executivos a serem cumpridos em outra comarca ou circunscrição

Os atos executivos que precisam ser cumpridos em outra comarca ou circunscrição exigem, como regra, a expedição de carta precatória. Contudo, de acordo com o art. 782, § 1º, do CPC, é possível que o oficial de justiça cumpra diretamente os atos executivos constantes no mandado judicial "também nas comarcas contíguas, de fácil comunicação, e nas que se situem na mesma região metropolitana".

11. PARTES

Aquele que promove a execução denomina-se exequente; aquele contra quem a execução é promovida denomina-se executado.

11.1. Exequente

Como regra, "pode promover a execução forçada o credor a quem a lei confere título executivo" (art. 778, *caput*, CPC).

Contudo, há casos em que ocorre a transferência do título executivo a outrem, *inter vivos* ou *causa mortis*, seja por força contrato, ou em decorrência de lei. Desse modo, o art. 778, § 1º, do CPC prevê hipóteses legais em que alguém que não é o titular originário do título, pode "promover a execução forçada ou nela prosseguir, em sucessão ao exequente originário". São elas:

> I – o Ministério Público, nos casos previstos em lei;

É o caso, por exemplo, de execução do termo de ajustamento de conduta. O Ministério Público atua como legitimado extraordinário na defesa de direitos coletivos em sentido amplo.

> II – o espólio, os herdeiros ou os sucessores do credor, sempre que, por morte deste, lhes for transmitido o direito resultante do título executivo;

Trata-se de sucessão *causa mortis*.

> III – o cessionário, quando o direito resultante do título executivo lhe for transferido por ato entre vivos;

Nos casos de cessão do direito que resulta do título executivo. Não foi prevista a hipótese do endossatário. Isso porque o endosso é uma obrigação cambial, resultante do próprio título, que, por lei, transfere a titularidade do título executivo ao endossatário.

> IV – o sub-rogado, nos casos de sub-rogação legal ou convencional.

Trata-se das hipóteses em que um terceiro paga a dívida ao detentor do título, sub-rogando-se nos direitos do credor.

Contudo, observe-se que, em tais hipóteses, as pessoas acima indicadas poderão propor a ação originariamente ou suceder o exequente originário. Somente esta última hipótese é caso de sucessão processual.

Nas hipóteses acima referidas, a sucessão processual independe do consentimento do credor (art. 778, § 2º, CPC).

11.2. Executado

O CPC adota a diferenciação entre devedor e responsável. O devedor é aquele que contraiu a dívida; o responsável, por sua vez, não possui a dívida, mas responde por ela com o seu patrimônio.

Nesse sentido, na execução de título executivo extrajudicial, podem ser executados o devedor e o responsável. Com efeito, o art. 779 do CPC estabelece que a execução pode ser promovida contra:

> I – o devedor, reconhecido como tal no título executivo;
>
> II – o espólio, os herdeiros ou os sucessores do devedor;
>
> III – o novo devedor que assumiu, com o consentimento do credor, a obrigação resultante do título executivo;
>
> IV – o fiador do débito constante em título extrajudicial;
>
> V – o responsável titular do bem vinculado por garantia real ao pagamento do débito;
>
> VI – o responsável tributário, assim definido em lei.

Caso o exequente possua mais de um título contra o mesmo devedor, poderá cumular vários pedidos de execução num só processo, desde que o executado seja o mesmo, seja competente o mesmo juízo e o procedimento seja idêntico para todos eles (art. 780, CPC).

12. PETIÇÃO INICIAL: REQUISITOS GERAIS PARA TODAS AS ESPÉCIES DE EXECUÇÃO DE TÍTULO EXECUTIVO EXTRAJUDICIAL

A petição inicial da execução de título executivo extrajudicial deverá conter os requisitos exigidos nos arts. 319 e 320 do CPC (requisitos gerais da petição inicial), no que for aplicável. Além disso, também deverá preencher os requisitos estabelecidos nos arts. 798 a 800 do CPC.

Assim, além dos requisitos gerais previstos nos arts. 319 e 320 do CPC, a petição inicial da execução deverá informar (art. 798, II, CPC):

a) a espécie de execução de sua preferência, quando por mais de um modo puder ser realizada;

b) os nomes completos do exequente e do executado e seus números de inscrição no Cadastro de Pessoas Físicas ou no Cadastro Nacional da Pessoa Jurídica;

c) os bens suscetíveis de penhora, sempre que possível.

Na petição inicial, o exequente também deverá requerer a intimação de todos os possíveis interessados, previstos de forma não exaustiva no art. 799 do CPC[50].

Além disso, a petição inicial deverá ser instruída com os seguintes documentos (art. 798, I, CPC):

a) o título executivo extrajudicial;

b) o demonstrativo do débito atualizado até a data de propositura da ação, quando se tratar de execução por quantia certa;

c) a prova de que se verificou a condição ou ocorreu o termo, se for o caso;

---

50 CPC: "Art. 799. Incumbe ainda ao exequente: I – requerer a intimação do credor pignoratício, hipotecário, anticrético ou fiduciário, quando a penhora recair sobre bens gravados por penhor, hipoteca, anticrese ou alienação fiduciária; II – requerer a intimação do titular de usufruto, uso ou habitação, quando a penhora recair sobre bem gravado por usufruto, uso ou habitação; III – requerer a intimação do promitente comprador, quando a penhora recair sobre bem em relação ao qual haja promessa de compra e venda registrada; IV – requerer a intimação do promitente vendedor, quando a penhora recair sobre direito aquisitivo derivado de promessa de compra e venda registrada; V – requerer a intimação do superficiário, enfiteuta ou concessionário, em caso de direito de superfície, enfiteuse, concessão de uso especial para fins de moradia ou concessão de direito real de uso, quando a penhora recair sobre imóvel submetido ao regime do direito de superfície, enfiteuse ou concessão; VI – requerer a intimação do proprietário de terreno com regime de direito de superfície, enfiteuse, concessão de uso especial para fins de moradia ou concessão de direito real de uso, quando a penhora recair sobre direitos do superficiário, do enfiteuta ou do concessionário; VII – requerer a intimação da sociedade, no caso de penhora de quota social ou de ação de sociedade anônima fechada, para o fim previsto no art. 876, § 7º; [...] X – requerer a intimação do titular da construção-base, bem como, se for o caso, do titular de lajes anteriores, quando a penhora recair sobre o direito real de laje; XI – requerer a intimação do titular das lajes, quando a penhora recair sobre a construção-base".

d) a prova, se for o caso, de que adimpliu a contraprestação que lhe corresponde ou que lhe assegura o cumprimento, se o executado não for obrigado a satisfazer a sua prestação senão mediante a contraprestação do exequente.

O demonstrativo de atualização do débito referido no item "b", acima descrito, deverá conter os seguintes requisitos:

I – o índice de correção monetária adotado;

II – a taxa de juros aplicada;

III – os termos inicial e final de incidência do índice de correção monetária e da taxa de juros utilizados;

IV – a periodicidade da capitalização dos juros, se for o caso;

V – a especificação de desconto obrigatório realizado.

Na execução fiscal, entretanto, não é necessária a instrução da petição inicial com o demonstrativo de cálculo do débito, já que não se trata de requisito previsto no art. 6º da Lei n. 6.830/1980[51].

13. TUTELAS DE URGÊNCIA

O art. 799, inc. VIII, do CPC prevê que o exequente poderá "pleitear, se for o caso, medidas urgentes". Trata-se da possibilidade de o exequente requerer a concessão de tutela cautelar e tutela antecipada.

14. POSSIBILIDADE DE AUDIÊNCIA DE CONCILIAÇÃO (FACULTATIVA)

Embora o CPC não preveja expressamente, é possível que seja designada audiência de conciliação no processo de execução. Isso porque o art. 3º, §§ 2º e 3º, do CPC/2015 estabelece que o Estado promoverá, sempre que possível, a solução consensual dos conflitos, bem como que os juízes e os demais operadores do direito deverão incentivar "a conciliação, a mediação e outros métodos de solução consensual de conflitos". Além disso, o art. 139, inc. V, do CPC prevê que o juiz pode promover a conciliação a qualquer tempo durante o processo.

Por conseguinte, verificando o juiz que, na execução, há boas chances de o conflito ser resolvido pela conciliação, poderá, de ofício ou a requerimento das partes, designar audiência de conciliação. Nessa audiência, poderá, inclusive, ser estabelecido um plano para cumprimento da obrigação ou, ainda, ser estipulado um calendário processual.

A esse respeito, o Enunciado 485 do FPPC prevê que "é cabível a audiência de conciliação e mediação no processo de execução, na qual é admissível, entre outras coisas, a apresentação de plano de cumprimento da prestação".

51 Súmula 559 do STJ: "Em ações de execução fiscal, é desnecessária a instrução da petição inicial com o demonstrativo de cálculo do débito, por tratar-se de requisito não previsto no art. 6º da Lei n. 6.830/1980".

15. ESPÉCIES DE EXECUÇÃO DE TÍTULO EXECUTIVO EXTRAJUDICIAL

De acordo com o CPC, as execuções de título executivo extrajudicial são diferenciadas conforme a espécie de obrigação envolvida. Assim, as execuções de títulos executivos extrajudiciais podem ser: a) para a entrega de coisa certa ou incerta; b) de obrigação de fazer ou de não fazer; c) de obrigação por quantia certa em geral; d) contra a Fazenda Pública; e e) de obrigação alimentar;

16. EXECUÇÃO DE TÍTULO EXECUTIVO EXTRAJUDICIAL DE OBRIGAÇÕES DE ENTREGA DE COISA

O procedimento da execução de título executivo extrajudicial para tais obrigações está previsto nos arts. 806 a 813 do CPC, aplicando-se subsidiariamente as disposições referentes à execução de títulos executivos extrajudiciais para pagamento de quantia certa.

O CPC prevê dois procedimentos para a execução de título executivo extrajudicial de obrigação de entrega de coisa, conforme esta seja certa ou incerta.

16.1. Execução de título executivo extrajudicial de obrigações de entrega de coisa certa

A petição inicial deverá preencher os requisitos dos arts. 319 e 320 do CPC, além dos previstos nos arts. 798 a 799 do mesmo Código, como já se expôs (*vide* item anterior sobre a petição inicial para todas as execuções).

Além disso, na petição inicial, o exequente também deverá especificar a coisa pretendida, no caso de obrigação de entrega de coisa certa.

Recebida a petição inicial, o juiz deverá fixar os honorários advocatícios, bem como estabelecer as medidas coercitivas para o caso de não cumprimento da obrigação, tais como multa diária, expedição de mandado de imissão de posse (caso se trate de bem imóvel) ou busca e apreensão (no caso de bem móvel).

O devedor será **citado**, para, em **15 dias**, **entregar a coisa**, sob pena de incorrer na multa diária fixada, bem como ser cumprida a busca e apreensão ou a imissão na posse. Transcorrido o prazo sem cumprimento pelo executado, a imissão na posse ou a busca e apreensão serão efetivadas de imediato, sem que seja necessária nova ordem judicial.

O valor da multa pode ser alterado, caso se revele insuficiente ou excessivo (art. 806, § 1º, CPC). Além disso, poderão ser utilizadas todas as medidas judiciais necessárias para o cumprimento da obrigação, inclusive atípicas, desde que não vedadas por lei.

Caso o executado cumpra a sua obrigação, será lavrado o termo de entrega da coisa. Nesse caso, o juiz considerará satisfeita a obrigação, eventualmente prosseguindo-se a execução se houver requerimento de pagamento de frutos ou o ressarcimento de prejuízos, por exemplo.

Se o executado tiver alienado a coisa enquanto já era litigiosa, será expedido mandado de imissão na posse ou busca e apreensão contra o terceiro adquirente, que somente poderá se manifestar e, eventualmente, impugnar a decisão judicial depois de depositar a coisa em juízo[52].

Caso a coisa tenha se deteriorado, não for encontrada, não for reclamada do terceiro adquirente ou, por qualquer motivo, não for entregue ao exequente, a obrigação converte-se em perdas e danos. Entretanto, a conversão em perdas e danos somente deverá ocorrer se não for possível a tutela específica.

Se o título executivo extrajudicial não apontar o valor da coisa, as perdas e danos poderão ser submetidas ao procedimento de liquidação. Contudo, se for impossível a avaliação, o exequente apresentará estimativa e o juiz arbitrará o valor da coisa, bem como de outros prejuízos que teve o exequente.

Na hipótese de terem sido realizadas benfeitorias indenizáveis na coisa pelo executado, elas terão de ser liquidadas antes da entrega, nos termos do art. 810 do CPC[53].

16.2. Execução de título executivo extrajudicial de obrigações de entrega de coisa incerta

Se a escolha da coisa couber ao exequente, este deverá indicá-la de plano na petição inicial. Por isso, quando a escolha cabe ao exequente, segue-se de plano o procedimento anteriormente descrito, de execução para entrega de coisa certa, na medida em que a incerteza quanto à coisa já não existe mais desde a petição inicial.

No caso de coisa incerta, cuja escolha caiba ao devedor, a execução exige um procedimento inicial de individualização da coisa.

Nesta hipótese, o executado deverá ser **citado** para, no prazo de **15 dias**, **exercer a escolha e já entregar a coisa individualizada**. Caso não faça a escolha nem entregue a coisa, a escolha poderá ser realizada pelo exequente.

Qualquer das partes pode, no prazo de 15 dias, impugnar a escolha feita pela outra parte. O juiz decidirá de plano, ou, se necessário, poderá nomear perito para elaborar laudo.

Individualizada a coisa, segue-se o procedimento da execução de título executivo extrajudicial para entrega de coisa certa, acima descrito.

17. DA EXECUÇÃO DE TÍTULO EXECUTIVO EXTRAJUDICIAL QUE CONTENHA OBRIGAÇÕES DE FAZER OU DE NÃO FAZER

Os arts. 814 a 823 do CPC preveem a disciplina das execuções de obrigação de fazer e não fazer fundadas em título executivo extrajudicial.

---

52 CPC: "Art. 808. Alienada a coisa quando já litigiosa, será expedido mandado contra o terceiro adquirente, que somente será ouvido após depositá-la".

53 CPC: "Art. 810. Havendo benfeitorias indenizáveis feitas na coisa pelo executado ou por terceiros de cujo poder ela houver sido tirada, a liquidação prévia é obrigatória. Parágrafo único. Havendo saldo: I – em favor do executado ou de terceiros, o exequente o depositará ao requerer a entrega da coisa; II – em favor do exequente, esse poderá cobrá-lo nos autos do mesmo processo".

17.1. A possibilidade de opção entre a execução de título executivo extrajudicial e a ação de conhecimento

O art. 814 do CPC prevê apenas a multa como medida coercitiva indireta para forçar o devedor a cumprir a obrigação de fazer e não fazer. Assim, em princípio, não estariam autorizadas as outras medidas coercitivas e executivas, tais como busca e apreensão, remoção de pessoas e coisas, desfazimento de obras, impedimento de atividade nociva, inclusive com o auxílio de força policial. Essas medidas estariam autorizadas pelo CPC (arts. 497, 536 e 537), para a execução de obrigações de fazer ou não fazer, somente no procedimento do cumprimento de sentença (execução de título executivo judicial)[54].

É em razão de circunstâncias como essa que o art. 785 do CPC autoriza que o titular de um título executivo extrajudicial opte pelo processo de conhecimento, a fim de obter um título executivo judicial e, por conseguinte, fazer a execução ocorrer pelo procedimento do cumprimento de sentença, onde poderão ser utilizadas as medidas coercitivas acima referidas[55].

Contudo, o art. 771, parágrafo único, do CPC estabelece que "aplicam-se subsidiariamente à execução as disposições do Livro I da Parte Especial". Portanto, o próprio CPC autorizaria a adoção das medidas coercitivas do cumprimento de sentença para a execução de título extrajudicial, fazendo-se as necessárias adaptações e com os devidos cuidados, já que inexiste o prévio reconhecimento judicial do direito postulado (que consta no título executivo extrajudicial).

De qualquer forma, se for mais vantajosa para o credor, este, mesmo tendo um título executivo extrajudicial que contenha obrigação de fazer ou não fazer, poderá optar pelo processo de conhecimento[56].

O CPC estabelece procedimentos diversos para a execução de obrigação de fazer e para a execução de obrigação de não fazer, razão pela qual merecem estudo em separado.

17.2. Procedimento da execução de obrigação de fazer fundada em título executivo extrajudicial

A petição inicial deverá preencher os requisitos dos arts. 319 e 320 do CPC (requisitos gerais de toda petição inicial), além dos previstos nos arts. 798 a 799 do mesmo Código (requisitos da petição inicial para todas as execuções).

54 CPC: "Art. 497. Na ação que tenha por objeto a prestação de fazer ou de não fazer, o juiz, se procedente o pedido, concederá a tutela específica ou determinará providências que assegurem a obtenção de tutela pelo resultado prático equivalente. Parágrafo único. Para a concessão da tutela específica destinada a inibir a prática, a reiteração ou a continuação de um ilícito, ou a sua remoção, é irrelevante a demonstração da ocorrência de dano ou da existência de culpa ou dolo. [...] Art. 536. No cumprimento de sentença que reconheça a exigibilidade de obrigação de fazer ou de não fazer, o juiz poderá, de ofício ou a requerimento, para a efetivação da tutela específica ou a obtenção de tutela pelo resultado prático equivalente, determinar as medidas necessárias à satisfação do exequente. § 1º Para atender ao disposto no *caput*, o juiz poderá determinar, entre outras medidas, a imposição de multa, a busca e apreensão, a remoção de pessoas e coisas, o desfazimento de obras e o impedimento de atividade nociva, podendo, caso necessário, requisitar o auxílio de força policial".

55 CPC: "Art. 785. A existência de título executivo extrajudicial não impede a parte de optar pelo processo de conhecimento, a fim de obter título executivo judicial".

56 Com esse mesmo entendimento: MEDINA, José Miguel Garcia. *Novo Código de Processo Civil comentado*. 3. ed. São Paulo: Revista dos Tribunais, 2015. p. 1.097.

Além disso, na petição inicial, o exequente também deverá especificar em que consiste a obrigação de fazer.

Recebida a petição inicial, o **juiz deverá fixar os honorários advocatícios**, bem como estabelecer o **valor multa por período de atraso no cumprimento da obrigação e a data a partir de quando será devida**. Caso o valor da multa e a periodicidade já estejam previstas no título, o juiz deverá verificar a sua razoabilidade. Se for excessivo o valor da multa, o juiz poderá reduzi-la de ofício (art. 814, CPC).

De outro lado, como refere Medina, "a previsão de contratual de cláusula penal moratória (por exemplo, de 2% do valor da obrigação) não impede a fixação judicial de multa coercitiva (por exemplo, multa diária de R$ 100,00)"[57]. Com efeito, o que pode substituir a multa fixada pelo juiz é a multa por período de atraso fixada no título, e não a cláusula penal em valor fixo, que visa a punir o descumprimento contratual.

O **devedor** deverá ser **citado** para **satisfazer a obrigação no prazo que o juiz designar, ou no prazo que estiver previsto no título executivo**.

Caso o executado não cumpra a obrigação de fazer no prazo fixado pelo juiz, o exequente poderá, nos próprios autos do processo de execução, requerer que a obrigação seja satisfeita à custa do executado (tutela específica), ou que a obrigação seja convertida em perdas e danos (tutela pelo equivalente em dinheiro), nos termos do art. 816 do CPC.

Quando não for possível a tutela específica ou o exequente optar pela conversão em perdas e danos, o correspondente valor, se não puder ser verificado de plano, deverá ser apurado em liquidação, seguindo-se, após, o procedimento da execução para cobrança de quantia certa.

No caso de o exequente optar que a obrigação seja realizada por terceiro, à custa do executado, o juiz deverá autorizá-la. Nessa hipótese, o juiz deverá aprovar a proposta do terceiro, após ouvidas as partes. O exequente adiantará as quantias previstas na proposta do terceiro (art. 817, parágrafo único, CPC), que serão posteriormente cobradas do executado.

De outro lado, se o exequente quiser executar pessoalmente ou, sob a sua direção e vigilância, mandar que terceiro execute as obras e/ou os trabalhos necessários à satisfação da obrigação de fazer, ele terá preferência, em igualdade de condições de oferta, em relação ao terceiro, desde que exerça esse direito de preferência 5 dias após aprovada a proposta do terceiro (art. 820, CPC).

Nas obrigações de fazer em que existe pessoalidade do executado na prestação (obrigação personalíssima), o juiz deverá fixar prazo para que ele a cumpra. Caso haja recusa ou demora do executado, a sua obrigação pessoal será convertida em perdas e danos, caso em que o procedimento seguirá como execução por quantia certa.

Após cumprida a obrigação de fazer pelo executado, ou pelo terceiro e pago ao exequente o valor adiantado, ou, ainda, pelo exequente e pago a ele o valor da prestação, o juiz intimará as partes para se manifestarem no prazo de 10 dias e, se não houver impugnação, declarará satisfeita a obrigação (art. 818, CPC).

---

57 MEDINA, José Miguel Garcia. *Novo Código de Processo Civil comentado*. 3. ed. São Paulo: Revista dos Tribunais, 2015. p. 1.098.

17.3. Procedimento da execução de obrigação de não fazer fundada em título executivo extrajudicial

No caso de execução de obrigação de não fazer fundada em título executivo extrajudicial, segue-se o procedimento para a obrigação de fazer, com as alterações previstas nos arts. 822 e 823 do CPC.

A execução de obrigação de não fazer é necessária quando o executado descumpriu a obrigação, ou seja, quando praticou ato que estava obrigado a se abster de praticar. Com esse descumprimento da obrigação de não fazer, surge para o devedor uma obrigação de fazer, consistente em desfazer o ato que não deveria ter praticado.

A petição inicial deverá conter os requisitos gerais da petição de execução (arts. 319, 320, 798 e 799, CPC), indicar a obrigação de não fazer, bem como informar em que consiste o seu descumprimento.

O juiz, ao despachar a inicial, deverá fixar prazo para que o executado desfaça o ato que praticou descumprindo a obrigação de não fazer, sob pena de multa, nos termos do art. 822 do CPC. Embora o dispositivo não preveja expressamente, se a obrigação de não fazer consistir em prestação que faticamente pode continuar a ser descumprida, o juiz também deverá fixar multa por período de descumprimento, a fim de que o devedor se abstenha de continuar descumprindo ou não efetue novos descumprimentos.

O executado será citado para desfazer o ato praticado no prazo fixado pelo juiz, bem como para não praticar novos descumprimentos, sob pena de multa.

Caso o executado se recuse ou não desfaça o ato no prazo estabelecido, o exequente poderá requerer ao juiz que mande desfazer o ato à custa do executado.

Quando não for possível desfazer o ato (tutela específica), a obrigação de não fazer converte-se em perdas e danos (tutela pelo equivalente em dinheiro).

Neste caso, se o juiz não puder arbitrar de imediato o valor das perdas e danos, deverá proceder à liquidação. Após, seguir-se-á o procedimento da execução por quantia certa (art. 823, parágrafo único, CPC).

18. EXECUÇÃO DE TÍTULO EXECUTIVO EXTRAJUDICIAL DE OBRIGAÇÃO POR QUANTIA CERTA EM GERAL

A execução por quantia certa tem como requisito específico título executivo extrajudicial que contenha obrigação de pagar quantia.

O **objetivo** dessa espécie de execução é a **expropriação de bens do executado**, que pode consistir em **adjudicação, alienação ou apropriação de frutos e rendimentos de empresa ou de estabelecimentos e de outros bens** (arts. 824 e 825, CPC).

De acordo com o art. 826 do CPC, "antes de adjudicados ou alienados os bens, o executado pode, a todo tempo, remir a execução, pagando ou consignando a importância atualizada da dívida, acrescida de juros, custas e honorários advocatícios".

Contudo, essa possibilidade de pagar o valor da execução para impedir a adjudicação ou alienação de bens também pode ser feita por terceiro interessado ou não. Por exemplo, é possível que o adquirente do imóvel penhorado efetue o pagamento do valor da dívida para impedir a sua alienação. Também se admite que terceiro não interessado

(p. ex., filho ou outro parente do devedor) efetue o pagamento do valor da execução, para salvar o bem penhorado da expropriação.

18.1. Procedimento

A execução de título executivo extrajudicial, como já se expôs, ocorre por **ação e processo autônomos**.

Os arts. 824 e seguintes do CPC preveem o procedimento para a execução de títulos executivos extrajudiciais por quantia certa em geral.

18.2. Petição inicial

Sobre a petição inicial, já se expôs acima que deve conter os requisitos dos arts. 319 e 320, bem como dos arts. 798 a 799 do CPC. A fim de evitar repetições, remete-se o leitor ao tópico anteriormente estudado. A **causa de pedir** será o próprio título executivo extrajudicial, não sendo necessário declinar a causa do título ou o negócio jurídico subjacente. O **pedido imediato** será a execução; o **pedido mediato** será o crédito constante no título.

Quando não preenchidos os requisitos da petição inicial, o juiz deverá determinar a sua emenda, no prazo de 15 dias, na forma do art. 801 do CPC, caso se trate de vício sanável[58].

18.3. Possibilidade de medidas cautelares

Na própria petição inicial da ação de execução, poderá o exequente formular requerimento de **medida cautelar**, como, por exemplo, o arresto de bens do devedor (art. 830, CPC).

18.4. Averbação da execução

Conforme o art. 828 do CPC, "o exequente poderá obter certidão de que a execução foi admitida pelo juiz, com identificação das partes e do valor da causa, para fins de averbação no registro de imóveis, de veículos ou de outros bens sujeitos a penhora, arresto ou indisponibilidade".

A expedição dessa certidão independe de decisão judicial, devendo ser solicitada pela parte, independentemente de petição, diretamente ao serventuário da justiça. Nesse sentido, aliás, o Enunciado 130 do Fórum Permanente de Processualistas Civis (FPPC):

---

58 CPC: "Art. 801. Verificando que a petição inicial está incompleta ou que não está acompanhada dos documentos indispensáveis à propositura da execução, o juiz determinará que o exequente a corrija, no prazo de 15 (quinze) dias, sob pena de indeferimento".

"A obtenção da certidão prevista no art. 828 independe de decisão judicial". Como diz respeito a ato cartorário que produz efeitos externos ao processo, deve ser emitida pelo chefe do cartório (escrivão ou diretor de secretaria).

Trata-se de importante medida, pois desonera a máquina judiciária, incumbindo à parte exequente a averbação da certidão que admite a execução no registro competente (art. 799, IX, CPC)[59]. Com essa averbação, presumem-se em fraude à execução a alienação ou a oneração de bens que lhe forem posteriores (art. 828, § 4º, CPC).

Observe-se que o dispositivo prevê que a certidão somente poderá ser obtida pelo exequente se "a execução foi admitida pelo juiz". Tal dispositivo é alvo de crítica por grande parte da doutrina[60]. O CPC preferiu preservar segurança jurídica ao invés de efetividade. De um lado, é possível que o exequente, de forma abusiva, mesmo no caso de execuções inadmissíveis ou bens impenhoráveis, averbe a execução em registro de bem do suposto devedor, com o fim de prejudicá-lo. No entanto, de outro lado, pode ser que, entre a distribuição da ação de execução e o despacho de recebimento pelo juiz, transcorra lapso de tempo considerável, de modo a permitir que o executado aliene o seu patrimônio, sem que isso configure fraude à execução. Contudo, os casos de abusos por parte dos exequentes são bem menos recorrentes, além do que ele pode ser punido por litigância de má-fé e/ou ato atentatório à dignidade da justiça, bem como responsabilizado e pagar indenização à outra parte por perdas e danos, como se mostrará a seguir. De outro lado, se o executado alienar o bem entre a data da distribuição da ação e a data do registro da execução admitida, não haverá fraude à execução, bem como não poderá ser punido, salvo comprovada má-fé (neste caso, difícil de ser provada). Portanto, a opção legislativa não foi a melhor.

Uma vez **efetivada averbação**, ela deverá ser **comunicada pela parte ao juízo da execução, no prazo de 10 dias**.

A partir do momento em que for formalizada a penhora sobre bens suficientes para cobrir o valor da dívida, o exequente deverá providenciar, no prazo de 10 dias, o cancelamento das averbações relativas aos bens não penhorados (art. 828, § 2º, CPC). Se o exequente não o fizer no prazo legal, o juiz deverá determinar o cancelamento das averbações, de ofício ou a requerimento da outra parte (§ 3º).

De acordo com o art. 828, § 5º, do CPC, "o exequente que promover averbação manifestamente indevida ou não cancelar as averbações nos termos do § 2º indenizará a parte contrária, processando-se o incidente em autos apartados".

Contudo, algumas questões devem ser levantadas: Essa indenização pressupõe perdas e danos ou ela tem caráter punitivo? O que significa "manifestamente indevida"? É possível cumular, a essa indenização, a aplicação das penalidades por litigância de má-fé ou por ato atentatório à dignidade da justiça?

---

59 Nesse sentido, o art. 799, IX, do CPC: "Art. 799. Incumbe ainda ao exequente: [...] IX – proceder à averbação em registro público do ato de propositura da execução e dos atos de constrição realizados, para conhecimento de terceiros".

60 Nesse sentido, por exemplo, Daniel Neves: "Entendo que eventuais abusos na averbação não deveriam ter sido suficientes para a mudança operada, já que tanto o artigo como o novo sistema de averbação consagram expressamente a responsabilidade do exequente nesses casos" (*Novo Código de Processo Civil*. São Paulo: Método, 2015. p. 399-400).

Em primeiro lugar, essa indenização pressupõe perdas e danos, seja pela natureza do instituto da indenização, seja porque o dispositivo prevê que o incidente deve se processar em autos apartados. Se essa indenização fosse apenas uma sanção a ser arbitrada pelo juiz, poderia ser processada nos mesmos autos, onde seria cobrada da parte exequente.

A expressão "manifestamente indevida" atribuída à averbação realizada pelo exequente significa que, no caso concreto, era claro que o exequente não possuía o direito de crédito que postulava, ou era manifesta a impossibilidade de constrição judicial sobre o bem. Contudo, como se trata de conceito jurídico indeterminado, o juiz deverá verificar se a averbação era "manifestamente indevida" somente a partir das circunstâncias do caso concreto.

De outro lado, é possível cumular essa indenização, que possui caráter ressarcitório/reparatório, com a aplicação das penalidades por litigância de má-fé e/ou ato atentatório à dignidade da justiça, já que possuem naturezas distintas.

18.5. Inscrição do nome do executado em cadastro de inadimplentes

O art. 782, § 3º, do CPC autoriza que **o juiz, a requerimento da parte, pode determinar a inclusão do nome do executado em cadastro de inadimplentes**.

Trata-se de importante inovação, na medida em que a restrição de crédito ao executado é uma medida de coerção indireta que impede, por exemplo, que ele obtenha empréstimos, realize compras de forma parcelada, abra contas bancárias, participe de licitações, enfim, impossibilita que ele realize diversos atos em que necessite de uma certidão negativa de registro em órgãos restritivos de crédito.

De acordo com o § 4º do mesmo artigo, "a inscrição será cancelada imediatamente se for efetuado o pagamento, se for garantida a execução ou se a execução for extinta por qualquer outro motivo". Embora o dispositivo não trate expressamente, o cancelamento da inscrição em cadastro de inadimplentes é possível somente por ordem do juiz quando foi ele quem inscreveu o devedor.

Essa medida coercitiva pelo juiz deve ocorrer somente de forma supletiva, ou seja, se não for possível ao próprio credor inscrever o devedor nos órgãos restritivos de crédito. Assim, se determinada empresa pode fazer essa inscrição, não haverá interesse processual em requerer a medida ao juiz.

18.6. Recebimento da petição inicial e citação do devedor

Preenchidos os requisitos, a petição inicial deverá ser **recebida pelo juiz**, o qual deverá fixar os honorários advocatícios em 10% e determinar a **citação** do executado para **pagar o valor da dívida** no prazo de **3 dias**.

O **valor dos honorários** será **reduzido pela metade** se o **devedor pagar integralmente a dívida em 3 dias**, ou **elevado até 20% se forem rejeitados os embargos à execução opostos pelo devedor**. De outro lado, caso não opostos os embargos, os honorários advocatícios inicialmente fixados em 10% poderão ser majorados no final do procedimento executivo, levando-se em consideração o trabalho realizado pelo advogado do exequente[61].

A **citação do devedor** poderá ser feita por correio, haja vista que esta não é vedada em execuções pelo CPC (art. 227). Contudo, se for realizada pelo correio, não poderá haver a penhora e a avaliação de forma imediata, conforme previsto no art. 829, § 1º, do CPC[62].

A citação do devedor também poderá ocorrer por oficial de justiça ou por carta (precatória, rogatória, ou de ordem), quando não for possível a citação pelo correio, ou a requerimento do exequente. Nas hipóteses de citação por carta (precatória, rogatória ou de ordem), a realização da citação, deverá ser imediatamente informada, por meio eletrônico, pelo juízo deprecado ao juízo deprecante (art. 915, § 4º, CPC).

Também se **admite citação por hora certa** e **citação por edital** na execução de título extrajudicial[63].

Se o executado for citado por edital ou por hora certa, e permanecer revel, ser-lhe-á nomeado **curador especial**, que terá **legitimidade** para a apresentação de **embargos**. Essa questão, inicialmente, apresentou alguma controvérsia no âmbito doutrinário e jurisprudencial, haja vista que os embargos à execução possuem natureza jurídica de nova ação e não somente de meio de defesa. Entretanto, atualmente está pacificada no âmbito dos tribunais, inclusive sendo editada a Súmula 196 do STJ, que assim prevê: "Ao executado que, citado por edital ou por hora certa, permanecer revel, será nomeado curador especial, com legitimidade para apresentação de embargos".

O curador especial é obrigado a apresentar os embargos, mesmo que por negativa geral, não sendo apenas uma faculdade. Isso porque o curador especial não é constituído pelo devedor, não podendo dispor do ônus de embargar, pois desempenha, neste caso, a função de exercer a defesa do executado revel[64]. Caso o curador especial não apresente os embargos, o juiz deverá nomear outro curador especial para desempenhar tal função.

---

61 CPC: "Art. 827 [...] § 1º No caso de integral pagamento no prazo de 3 (três) dias, o valor dos honorários advocatícios será reduzido pela metade. § 2º O valor dos honorários poderá ser elevado até vinte por cento, quando rejeitados os embargos à execução, podendo a majoração, caso não opostos os embargos, ocorrer ao final do procedimento executivo, levando-se em conta o trabalho realizado pelo advogado do exequente".

62 CPC: "Art. 829. O executado será citado para pagar a dívida no prazo de 3 (três) dias, contado da citação. § 1º Do mandado de citação constarão, também, a ordem de penhora e a avaliação a serem cumpridas pelo oficial de justiça tão logo verificado o não pagamento no prazo assinalado, de tudo lavrando-se auto, com intimação do executado".

63 "EXECUÇÃO DE TÍTULO EXTRAJUDICIAL [...] BACENJUD. CITAÇÃO POR EDITAL. AUSÊNCIA DE NOMEAÇÃO DE CURADOR ESPECIAL [...] Com efeito, deve-se reconhecer o vício no ato citatório da execução, seja pela ausência de qualquer justificativa a respeito da não localização do devedor – servidor público aposentado com endereço certo –, seja pela realização da citação editalícia sem a nomeação de curador especial, em descompasso com a regra do art. 9º, II, do CPC, bem como com a orientação desta Corte Superior de Justiça" (AgRg no AgRg no RMS 43.990/SP, Rel. Ministro OG FERNANDES, SEGUNDA TURMA, julgado em 5-3-2015, *DJe* 11-3-2015).

64 Esse foi o entendimento do relator do acórdão proferido pelo TJDFT no julgamento da Apelação n. 20000110515564APC: "Com efeito, no caso vertente a Defensoria Pública atuou como Curadora Especial do devedor ausente. Em tais casos, incumbe ao curador o dever de contestar o feito, sem o ônus da impugnação específica, isto é, o curador especial pode valer-se, excepcionalmente, da contestação genérica, consistente na "negativa geral", a fim de controverter todos os fatos descritos na petição inicial, atribuindo ao autor o ônus de provar os fatos constitutivos de seu direito" (TJDFT, Acórdão n. 305707, 20000110515564APC, Rel. Arnoldo Camanho de Assis, Revisor: Mario-Zam Belmiro, 3ª Turma Cível, *DJe* 20-5-2008. p. 88).

Citado, o executado poderá:

a) **no prazo de 3 dias**, a contar da citação, **pagar o valor integral da dívida**, caso em que os honorários advocatícios fixados serão reduzidos à metade.

b) **no prazo de 15 dias**, a contar da juntada do mandado, aviso de recebimento ou carta, requerer o **parcelamento da dívida** ou apresentar **embargos à execução**[65].

c) **no prazo fixado pelo juiz**, **indicar bens à penhora**, quando possível fazê-lo, sob pena de seu ato ser considerado ato atentatório à dignidade da justiça e ser punido com multa de até 20% do valor da execução.

De acordo com o art. 827, § 1º, do CPC, o devedor poderá, no prazo de 3 dias, a contar da citação, pagar o valor integral da dívida. Nesse caso, o valor dos honorários advocatícios inicialmente fixados será reduzido pela metade (art. 827, § 1º, CPC).

O CPC é expresso no sentido de que esse prazo inicia o seu curso a partir da citação realizada ("prazo de 3 (três) dias, contado da citação"), e não da juntada do mandado de citação[66].

No mandado de citação, também constará ordem ao oficial de justiça para a penhora e a avaliação, a serem cumpridas pelo oficial de justiça tão logo verificado o não pagamento no prazo assinalado (3 dias). Deverá ser lavrado auto de penhora e de avaliação, e, se for possível, já deverá ser intimado o executado (art. 829, § 1º~~, CPC~~). A penhora deve recair preferencialmente sobre os bens indicados pelo exequente na petição inicial. Contudo, o executado poderá requerer a substituição da penhora, mediante a indicação de outros bens e a demonstração de que a substituição proposta é menos onerosa para o executado e não trará prejuízos para o exequente[67].

Como já referido, o juiz poderá intimar o executado para, no prazo fixado, indicar bens à penhora, sob pena de incidir em ato atentatório à dignidade da justiça. Para que essa penalidade seja aplicada ao executado, é necessário que o juiz determine que o executado indique bens penhoráveis, descrevendo-os, estimando os seus valores e indicando a sua localização. Tal intimação poderá ser feita ao advogado do executado ou pessoalmente a este. Caso intimado para tanto, mas não o cumpra no prazo legal, sendo possível fazê-lo (tendo patrimônio), o executado será punido com multa de até 20% do valor atualizado do débito, além de outras penalidades (art. 774, inc. V e parágrafo único, CPC)[68].

---

65 CPC: "Art. 915. Os embargos serão oferecidos no prazo de 15 (quinze) dias, contado, conforme o caso, na forma do art. 231. [...] Art. 916. No prazo para embargos, reconhecendo o crédito do exequente e comprovando o depósito de trinta por cento do valor em execução, acrescido de custas e de honorários de advogado, o executado poderá requerer que lhe seja permitido pagar o restante em até 6 (seis) parcelas mensais, acrescidas de correção monetária e de juros de um por cento ao mês".

66 "O CPC/2015 é claro no sentido de que o prazo conta-se da citação, e não da juntada da carta ou mandado respectivo" (MEDINA, José Miguel Garcia. *Novo Código de Processo Civil comentado*. 3. ed. São Paulo: Revista dos Tribunais, 2015. p. 1.111).

67 CPC: "Art. 829 [...] § 2º A penhora recairá sobre os bens indicados pelo exequente, salvo se outros forem indicados pelo executado e aceitos pelo juiz, mediante demonstração de que a constrição proposta lhe será menos onerosa e não trará prejuízo ao exequente". No mesmo sentido, o art. 847 do CPC: "Art. 847. O executado pode, no prazo de 10 (dez) dias contado da intimação da penhora, requerer a substituição do bem penhorado, desde que comprove que lhe será menos onerosa e não trará prejuízo ao exequente".

68 CPC: "Art. 774. Considera-se atentatória à dignidade da justiça a conduta comissiva ou omissiva do executado que: [...] V – intimado, não indica ao juiz quais são e onde estão os bens sujeitos à penhora e os respectivos valores,

18.7. Arresto executivo

Caso o **oficial de justiça não encontre o executado para citá-lo**, deverá arrestar-lhe tantos bens quanto bastem para garantir a execução (art. 830, *caput*, CPC).

De acordo com o § 1º do art. 830 do CPC, "nos 10 (dez) dias seguintes à efetivação do arresto, o oficial de justiça procurará o executado 2 (duas) vezes em dias distintos e, havendo suspeita de ocultação, realizará a citação com hora certa, certificando pormenorizadamente o ocorrido".

Embora o dispositivo preveja a citação por hora certa na hipótese em que foram arrestados bens do devedor, ela também é possível quando os bens não são localizados.

Pela redação do dispositivo, o arresto executivo e a citação por hora certa independem do requerimento do exequente e de determinação do juiz, tratando-se de uma imposição legal que deve ser cumprida pelo oficial de justiça.

De outro lado, o art. 830, § 2º, do CPC estabelece que "incumbe ao exequente requerer a citação por edital, uma vez frustradas a pessoal e a com hora certa". Desse modo, não cabe ao juiz deferir de ofício a citação por edital, pois depende de requerimento do exequente.

Caso seja aperfeiçoada a citação e houver transcorrido o prazo para pagamento voluntário (3 dias, a contar da citação), o arresto converte-se automaticamente em penhora, independentemente de decisão judicial ou lavratura de termo (art. 830, § 3º, CPC).

18.8. Parcelamento da dívida

O art. 916 do CPC prevê a possibilidade de parcelamento da dívida pelo devedor no caso de execução de título extrajudicial.

Para tanto, no prazo para embargos (15 dias da juntada do mandado de citação), reconhecendo o crédito do exequente e comprovando o **depósito de 30% do valor em execução**, inclusive custas e honorários de advogado, o executado poderá requerer que o juiz defira o parcelamento, propondo **pagar o restante (70%) em até 6 parcelas mensais**, acrescidas de correção monetária e juros de 1% ao mês.

O credor deverá ser intimado para, querendo, impugnar o requerimento de parcelamento, demonstrando fundamentadamente motivo justo para tal recusa. Caberá ao juiz verificar se a proposta é ou não vantajosa para o credor, deferindo ou não o parcelamento.

Enquanto não for apreciado o requerimento, o executado deverá depositar as parcelas vincendas, constantes na proposta.

O juiz, então, poderá:

---

nem exibe prova de sua propriedade e, se for o caso, certidão negativa de ônus. Parágrafo único. Nos casos previstos neste artigo, o juiz fixará multa em montante não superior a vinte por cento do valor atualizado do débito em execução, a qual será revertida em proveito do exequente, exigível nos próprios autos do processo, sem prejuízo de outras sanções de natureza processual ou material".

a) deferir o parcelamento: neste caso, serão suspensos os atos executivos, e o exequente poderá levantar as quantias, à medida que elas forem sendo depositadas pelo executado.

b) indeferir o parcelamento: com isso, seguem-se os atos executivos e o valor depositado pelo executado será convertido em penhora.

Caso o parcelamento tenha sido deferido pelo juiz e o devedor não pague qualquer das prestações, ocorrerá "o vencimento das prestações subsequentes e o prosseguimento do processo, com o imediato reinício dos atos executivos", e "a imposição ao executado de multa de dez por cento sobre o valor das prestações não pagas" (art. 916, § 5º, CPC).

De acordo com o § 6º do art. 916 do CPC, "a opção pelo parcelamento de que trata este artigo importa renúncia ao direito de opor embargos". Contudo, é preciso questionar se também impede a oposição de embargos quando o parcelamento for indeferido pelo juiz.

Como regra, se, durante qualquer processo, o réu ou o executado formula proposta de acordo com o autor ou o exequente, isso não pode implicar reconhecimento do direito. No entanto, uma vez realizado o acordo e homologado pelo juízo, passa a valer o que consta no acordo, não podendo mais as partes renunciarem.

No entanto, a opção tomada pelo CPC/2015 em relação a esse tipo de parcelamento é diversa. Pelo art. 916, § 6º, a mera "opção pelo parcelamento" já implicaria "renúncia ao direito de opor embargos".

De outro lado, como a execução prosseguirá com os demais atos executivos, as hipóteses de parcelamento indeferido ou de parcelamento deferido e descumprido não impedem que o executado impugne os demais atos processuais, tais como a avaliação, a penhora etc. Isso não quer dizer, contudo, que o executado possa, no momento de impugnar a penhora, também impugnar aquelas matérias que poderiam ter sido objeto de embargos à execução. Assim, nos casos em que houve "opção pelo parcelamento", mas prosseguimento da execução, o executado poderá impugnar todos os demais atos executivos, mas não poderá formular aquelas alegações que poderiam ter sido objeto dos embargos à execução e precluíram.

Todavia, há matérias que poderiam ter sido objeto de embargos à execução, mas não precluem, tais como incompetência absoluta e aquelas que geram nulidade absoluta. Além disso, embora a meação do cônjuge possa ser defendida nos embargos à execução, nas hipóteses em que o exequente indica à penhora bem do casal, também pode ser ressalvada em embargos de terceiro, ou em sede de impugnação à penhora. Em razão disso, também não há preclusão quanto a essa matéria.

Contra a decisão que decide o requerimento de parcelamento da dívida (deferindo, total ou parcialmente, ou indeferindo), caberá agravo de instrumento, na forma do art. 1.015, parágrafo único, do CPC.

De outro lado, o § 7º do art. 916 do CPC veda expressamente a aplicabilidade desse direito ao parcelamento aos casos de cumprimento de sentença. Sobre esse tema, com a nossa análise crítica, remetemos o leitor ao tópico em que isso é tratado, dentro do cumprimento de sentença.

Por fim, o art. 701, § 5º, do CPC estabelece expressamente que, na ação monitória, é permitido o parcelamento da dívida, na forma do art. 916 do mesmo Código.

18.9. **Penhora**

18.9.1. **Objeto da penhora**

A penhora é o ato de constrição judicial sobre o **patrimônio do devedor**, a fim de que possa, após a avaliação, ser levado a hasta pública para alienação, cujo preço pago será entregue ao exequente, a fim de satisfazer o seu direito de crédito.

A penhora deverá recair sobre **tantos bens quantos bastem para o pagamento integral da dívida**, que compreende o valor principal, a atualização monetária, os juros moratórios, custas processuais e honorários advocatícios (art. 831, CPC).

Alguns bens não estão sujeitos à expropriação. Trata-se dos bens inalienáveis e dos impenhoráveis (art. 832, CPC).

De acordo com o art. 834 do CPC, "podem ser penhorados, à falta de outros bens, os frutos e os rendimentos dos bens inalienáveis". Portanto, trata-se da chamada penhorabilidade "relativa", "excepcional" ou "secundária". Com efeito, os frutos e os rendimentos dos bens inalienáveis são penhoráveis, mas somente quando não houver outros bens penhoráveis.

Contudo, como o art. 834 do CPC apenas se refere aos bens "inalienáveis", caberia perquirir se seria possível a penhora dos frutos e rendimentos dos bens impenhoráveis.

18.9.2. **Bens impenhoráveis**

18.9.2.1. ***Bem de família***

O **bem de família** pode ser classificado em **legal** ou **voluntário**.

O **bem de família voluntário** está disciplinado nos **arts. 1.711 a 1.722 do Código Civil**. Pode ser instituído por ato voluntário dos cônjuges, da entidade familiar ou de terceiro em benefício destes, mediante escritura pública ou testamento, com o objetivo de destinar parte de seu patrimônio para instituir bem de família, desde que não ultrapasse um terço do patrimônio líquido existente ao tempo da instituição. O bem de família voluntário considera-se instituído no momento do registro de seu título no Registro de Imóveis. Com isso, o bem de família voluntário fica isento de execução por dívidas posteriores à sua instituição, exceto em relação às que provierem de tributos incidentes sobre o próprio bem de família, ou de despesas de condomínio[69].

De outro lado, o **bem de família legal** está previsto na **Lei n. 8.009/1990**.

---

69 Código Civil: "Art. 1.711. Podem os cônjuges, ou a entidade familiar, mediante escritura pública ou testamento, destinar parte de seu patrimônio para instituir bem de família, desde que não ultrapasse um terço do patrimônio líquido existente ao tempo da instituição, mantidas as regras sobre a impenhorabilidade do imóvel residencial estabelecida em lei especial. Parágrafo único. O terceiro poderá igualmente instituir bem de família por testamento ou doação, dependendo a eficácia do ato da aceitação expressa de ambos os cônjuges beneficiados ou da entidade familiar beneficiada. Art. 1.714. O bem de família, quer instituído pelos cônjuges ou por terceiro, constitui-se pelo registro de seu título no Registro de Imóveis. Art. 1.715. O bem de família é isento de execução por dívidas posteriores à sua instituição, salvo as que provierem de tributos relativos ao prédio, ou de despesas de condomínio".

A Lei n. 8.009/1990 (art. 1º, *caput*[70], e art. 5º, *caput*[71]) dispõe que é impenhorável o único imóvel utilizado pelo casal ou pela entidade familiar como moradia permanente. Se o casal ou a entidade familiar tiver mais de um imóvel, a impenhorabilidade recairá sobre o de menor valor (art. 5º, parágrafo único, Lei n. 8.009/1990).

O objetivo dessa impenhorabilidade do bem de família legal não é somente proteger a família, senão a dignidade da pessoa humana, de modo que todo indivíduo teria direito a um patrimônio mínimo que não poderia lhe ser despojado.

Nesse sentido, "o conceito de impenhorabilidade de bem de família abrange também o imóvel pertencente a pessoas solteiras, separadas e viúvas", como estabelece a Súmula 364 do STJ.

De outro lado, também é impenhorável o único imóvel do devedor destinado à locação, cuja renda (aluguéis mensais) seja utilizada para a subsistência ou para a locação de outro imóvel para a família. Nesse sentido, a Súmula 486 do STJ: "É impenhorável o único imóvel residencial do devedor que esteja locado a terceiros, desde que a renda obtida com a locação seja revertida para a subsistência ou a moradia da sua família".

Essa impenhorabilidade compreende "o imóvel sobre o qual se assentam a construção, as plantações, as benfeitorias de qualquer natureza e todos os equipamentos, inclusive os de uso profissional", bem como os bens móveis que guarnecem a residência (art. 1º, parágrafo único, Lei n. 8.009/1990).

Contudo, não se inclui na impenhorabilidade a vaga de garagem, quando registrada em matrícula própria. Nesse sentido, a Súmula 449 do STJ: "A vaga de garagem que possui matrícula própria no registro de imóveis não constitui bem de família para efeito de penhora".

Também não se incluem na impenhorabilidade os veículos utilizados para transporte, as obras de arte e os adornos suntuosos (art. 2º, *caput*, Lei n. 8.009/1990).

No caso de imóvel locado, a impenhorabilidade se aplica aos bens móveis do locatário que guarnecem a residência, desde que não suntuosos (art. 2º, p. único, CPC).

O art. 3º da Lei n. 8.009/1990 estabelece que a impenhorabilidade não é oponível nas seguintes hipóteses:

> I – [revogado pela Lei Complementar 150/2015]
>
> II – pelo titular do crédito decorrente do financiamento destinado à construção ou à aquisição do imóvel, no limite dos créditos e acréscimos constituídos em função do respectivo contrato;
>
> III – pelo credor da pensão alimentícia, resguardados os direitos, sobre o bem, do seu coproprietário que, com o devedor, integre união estável ou conjugal, observadas as hipóteses em que ambos responderão pela dívida;
>
> IV – para cobrança de impostos, predial ou territorial, taxas e contribuições devidas em função do imóvel familiar;

70 Lei n. 8.009/1990: "Art. 1º O imóvel residencial próprio do casal, ou da entidade familiar, é impenhorável e não responderá por qualquer tipo de dívida civil, comercial, fiscal, previdenciária ou de outra natureza, contraída pelos cônjuges ou pelos pais ou filhos que sejam seus proprietários e nele residam, salvo nas hipóteses previstas nesta lei".

71 Lei n. 8.009/1990: "Art. 5º Para os efeitos de impenhorabilidade, de que trata esta lei, considera-se residência um único imóvel utilizado pelo casal ou pela entidade familiar para moradia permanente".

V – para execução de hipoteca sobre o imóvel oferecido como garantia real pelo casal ou pela entidade familiar;

VI – por ter sido adquirido com produto de crime ou para execução de sentença penal condenatória a ressarcimento, indenização ou perdimento de bens;

VII – por obrigação decorrente de fiança concedida em contrato de locação; e

VIII – para cobrança de crédito constituído pela Procuradoria-Geral Federal em decorrência de benefício previdenciário ou assistencial recebido indevidamente por dolo, fraude ou coação, inclusive por terceiro que sabia ou deveria saber da origem ilícita dos recursos.

A hipótese do inciso VII, acima referido, passou a ser questionada com base no direito constitucional à moradia, previsto no art. 6º, *caput*, da Constituição Federal.

Contudo, o Supremo Tribunal Federal decidiu a questão, estabelecendo que a norma do art. 3º, inc. VII, da Lei n. 8.009/1990 é constitucional, na medida em que, ao estabelecer uma garantia real ao locador, facilita as locações e, por conseguinte, o direito à moradia[72].

No mesmo sentido, o Superior Tribunal de Justiça assim decidiu em Recurso Especial Repetitivo: "É legítima a penhora de apontado bem de família pertencente a fiador de contrato de locação, ante o que dispõe o art. 3º, inciso VII, da Lei n. 8.009/1990"[73]. Tal entendimento também foi sedimentado na Súmula 549 do STJ: "É válida a penhora de bem de família pertencente a fiador de contrato de locação".

18.9.2.2. *Bens impenhoráveis de acordo com o CPC*

Dispõe o art. 833 do CPC que são **impenhoráveis os seguintes bens**:

I – os bens inalienáveis e os declarados, por ato voluntário, não sujeitos à execução;

II – os móveis, os pertences e as utilidades domésticas que guarnecem a residência do executado, salvo os de elevado valor ou os que ultrapassem as necessidades comuns correspondentes a um médio padrão de vida;

III – os vestuários, bem como os pertences de uso pessoal do executado, salvo se de elevado valor;

IV – os vencimentos, os subsídios, os soldos, os salários, as remunerações, os proventos de aposentadoria, as pensões, os pecúlios e os montepios, bem como as quantias recebidas por

---

72 "FIADOR. Locação. Ação de despejo. Sentença de procedência. Execução. Responsabilidade solidária pelos débitos do afiançado. Penhora de seu imóvel residencial. Bem de família. Admissibilidade. Inexistência de afronta ao direito de moradia, previsto no art. 6º da CF. Constitucionalidade do art.3º, inc. VII, da Lei n. 8.009/90, com a redação da Lei n. 8.245/91. [...] A penhorabilidade do bem de família do fiador do contrato de locação, objeto do art. 3º, inc. VII, da Lei n. 8.009, de 23 de março de 1990, com a redação da Lei n. 8.245, de 15 de outubro de 1991, não ofende o art. 6º da Constituição da República" (STF, RE 407688, Rel. Min. Cezar Peluso, Tribunal Pleno, julgado em 8-2-2006, *DJ* 6-10-2006 p-00033 ement vol-02250-05 p-00880 *RTJ* vol-00200-01 p-00166 RJSP v. 55, n. 360, 2007, p. 129-147).

73 "Para fins do art. 543-C do CPC: 'É legítima a penhora de apontado bem de família pertencente a fiador de contrato de locação, ante o que dispõe o art. 3º, inciso VII, da Lei n. 8.009/1990'" (STJ, REsp 1363368/MS, Rel. Min. Luis Felipe Salomão, Segunda Seção, julgado em 12-11-2014, *DJe* 21-11-2014).

liberalidade de terceiro e destinadas ao sustento do devedor e de sua família, os ganhos de trabalhador autônomo e os honorários de profissional liberal, ressalvado o § 2º;

V – os livros, as máquinas, as ferramentas, os utensílios, os instrumentos ou outros bens móveis necessários ou úteis ao exercício da profissão do executado;

VI – o seguro de vida;

VII – os materiais necessários para obras em andamento, salvo se essas forem penhoradas;

VIII – a pequena propriedade rural, assim definida em lei, desde que trabalhada pela família;

IX – os recursos públicos recebidos por instituições privadas para aplicação compulsória em educação, saúde ou assistência social;

X – a quantia depositada em caderneta de poupança, até o limite de 40 (quarenta) salários mínimos;

XI – os recursos públicos do fundo partidário recebidos por partido político, nos termos da lei;

XII – os créditos oriundos de alienação de unidades imobiliárias, sob regime de incorporação imobiliária, vinculados à execução da obra.

O inciso I se refere à impenhorabilidade dos bens inalienáveis. Tal dispositivo está em conformidade com o art. 1.911 do Código Civil, que estabelece que "a cláusula de inalienabilidade, imposta aos bens por ato de liberalidade, implica impenhorabilidade e incomunicabilidade".

O mesmo inciso I também trata da impenhorabilidade dos bens "declarados, por ato voluntário, não sujeitos à execução". Tal dispositivo se refere à possibilidade de instituição do bem de família voluntário, na forma dos arts. 1711 a 1722 do Código Civil.

De acordo com o § 1º do mesmo artigo, "a impenhorabilidade não é oponível à execução de dívida relativa ao próprio bem, inclusive àquela contraída para sua aquisição".

A regra da impenhorabilidade de remunerações em geral (inc. IV) e do depósito em caderneta de poupança (inc. X) não se aplica quando o objeto da obrigação do devedor for pagamento de prestação alimentícia, independentemente de sua origem (art. 833, § 2º, CPC). Aliás, sempre que possível, o valor da prestação alimentícia deverá ser fixado em um percentual sobre a remuneração do alimentante.

De outro lado, "na execução contra instituição financeira, é penhorável o numerário disponível, excluídas as reservas bancárias mantidas no Banco Central" (Súmula 328 do STJ).

Em relação ao inciso V acima referido, o Superior Tribunal de Justiça, em julgamento pela sistemática de recursos repetitivos, fixou entendimento de que, embora sejam absolutamente impenhoráveis "os livros, as máquinas, as ferramentas, os utensílios, os instrumentos ou outros bens móveis necessários ou úteis ao exercício de qualquer profissão", "a penhora de imóvel no qual se localiza o estabelecimento da empresa é, excepcionalmente, permitida, quando inexistentes outros bens passíveis de penhora e desde que não seja servil à residência da família"[74]. É a partir dessa perspectiva da excepcionalidade que deve ser compreendida a Súmula 451 do STJ, que assim prevê: "É legítima a penhora da sede do estabelecimento comercial".

74 STJ, REsp 1114767/RS, Rel. Min. Luiz Fux, Corte Especial, julgado em 2-12-2009, *DJe* 4-2-2010.

18.9.2.3. *Procedimento no caso de bens impenhoráveis*

Quando o oficial de justiça não encontrar bens penhoráveis, deverá descrever, na certidão, os bens que guarnecem a residência ou estabelecimento do executado, nos termos do art. 836, § 1º, do CPC. A inovação é importante porque, por vezes, o oficial de justiça apenas consignava na sua certidão que "não encontrou bens penhoráveis". Ocorre que o juiz e as partes ficavam sem saber o que o oficial de justiça considerou penhorável ou não. Vale dizer, era o oficial de justiça quem "decidia" o que era impenhorável, o que não era sujeito a controle pelas partes e pelo juiz.

De acordo com a nova disposição legal (art. 836, § 1º, CPC), o oficial de justiça, não encontrando bens penhoráveis, deve relacionar os bens que guarnecem residência e que tenham algum valor econômico. Na forma do § 2º do mesmo artigo, "elaborada a lista, o executado ou seu representante legal será nomeado depositário provisório de tais bens até ulterior determinação do juiz". Vale dizer, embora não ocorra a penhora dos bens relacionados (bens que guarnecem a residência), eles ficarão depositados em nome do devedor, enquanto o juiz decide se eles são ou não impenhoráveis.

Caso o juiz verifique que são impenhoráveis, liberam-se os bens do depósito; se, ao revés, o magistrado decidir que são passíveis de penhora, deverá determinar que o oficial de justiça proceda imediatamente à penhora.

A inovação é importante, porque, por vezes, o valor a execução é baixo e o credor possui condições econômicas muito piores que a do devedor. Assim, por exemplo, em determinadas circunstâncias, pode se considerar que a existência de dois condicionadores de ar numa residência não retira o escudo da impenhorabilidade, mas em outros casos sim.

18.9.3. **Ordem de preferência de penhora**

O art. 835 estabelece uma ordem de preferência para a penhora dos bens:

I – dinheiro, em espécie ou em depósito ou aplicação em instituição financeira;

II – títulos da dívida pública da União, dos Estados e do Distrito Federal com cotação em mercado;

III – títulos e valores mobiliários com cotação em mercado;

IV – veículos de via terrestre;

V – bens imóveis;

VI – bens móveis em geral;

VII – semoventes;

VIII – navios e aeronaves;

IX – ações e quotas de sociedades simples e empresárias;

X – percentual do faturamento de empresa devedora;

XI – pedras e metais preciosos;

XII – direitos aquisitivos derivados de promessa de compra e venda e de alienação fiduciária em garantia;

XIII – outros direitos.

Como regra, a penhora de dinheiro é prioritária. Com efeito, se o objetivo da penhora dos outros bens é a constrição judicial para posterior avaliação e alienação, a fim de que o valor da venda seja entregue ao credor, é natural que, se encontrado dinheiro em poder ou à disposição do devedor, ocorra a penhora preferencialmente sobre esse numerário.

As cotas de fundo de investimento são valores mobiliários, razão pela qual não se enquadram em primeiro lugar na ordem de preferência legal de penhora (ou seja, não constituem "dinheiro, em espécie ou em depósito ou aplicação em instituição financeira"). Isso porque ficam sujeitas às variações e aos riscos de mercado. Contudo, são bens penhoráveis, não se aplicando a elas as regras de intangibilidade dos depósitos mantidos no Banco Central ou da impenhorabilidade das reservas bancárias, pois consideram-se patrimônio da parte. Esse foi o entendimento fixado pelo STJ em julgamento de REsp repetitivo, já sob a vigência do CPC/2015[75].

O § 1º do art. 835 do CPC estabelece que "é prioritária a penhora em dinheiro, podendo o juiz, nas demais hipóteses, alterar a ordem prevista no *caput* de acordo com as circunstâncias do caso concreto". Vale dizer, ressalvada a penhora prioritária em dinheiro, a ordem estabelecida no dispositivo não é rígida, de modo que, havendo mais de uma possibilidade, o juiz pode optar por realizar a penhora de bens fora dessa ordem, desde que justifique com base nas circunstâncias do caso concreto. Por exemplo, o juiz pode inverter a ordem quando verificar que determinado bem pode ter mais liquidez que o outro, considerando a natureza do bem e o lugar em que será realizada a alienação (ex.: alienação de um navio em Brasília), quando um dos bens estiver muito deteriorado, quando for muito difícil o depósito de determinados bens considerando as instalações do depósito judicial (ex.: semoventes) etc.

De acordo com o art. 835, § 3º, do CPC, "na execução de crédito com garantia real, a penhora recairá sobre a coisa dada em garantia, e, se a coisa pertencer a terceiro garantidor, este também será intimado da penhora". Assim, por exemplo, se o imóvel dado em garantia pertencer a terceiro garantidor, este deverá ser intimado da penhora.

Contudo, se o valor da execução sobejar o valor do bem dado em garantia, será possível a penhora de tantos bens quantos bastem para garantir a execução do crédito excedente.

18.9.4. Cancelamento da penhora por inefetividade da expropriação

Em determinados casos, verifica-se que o bem penhorado não é capaz de satisfazer minimamente o valor da execução, bem como que, se houvesse prosseguimento dos atos expropriatórios, ficaria totalmente absorvido pelo pagamento das custas da execução. Neste caso, será possível o cancelamento da penhora (art. 836, CPC).

---

75 "Para fins do art. 543-C do CPC/73 (art. 1.036 do CPC): 3.1. **A cota de fundo de investimento não se subsume à ordem de preferência legal disposta** no inciso I do art. 655 do CPC/73 (**ou no inciso I do art. 835 do CPC**). 3.2. **A recusa da nomeação à penhora de cotas de fundo de investimento, reputada legítima a partir das particularidades de cada caso concreto, não encerra, em si, excessiva onerosidade ao devedor, violação do recolhimento dos depósitos compulsórios e voluntários do Banco Central do Brasil ou afronta à impenhorabilidade das reservas obrigatórias**. 4. Recurso Especial improvido" (STJ, REsp 1388642/SP, Rel. Min. Marco Aurélio Bellizze, Corte Especial, julgado em 3-8-2016, *DJe* 6-9-2016).

Além disso, também não se deve efetivar a penhora quando a quantia penhorada é ínfima. Por exemplo, se, ao ser realizada a penhora *on-line* (via sistema BACENJUD) nas contas bancárias do devedor, o juiz verificar que a quantia é ínfima se comparada ao valor total da execução, pode determinar o cancelamento da penhora e o desbloqueio do valor penhorado.

18.9.5. Documentação e registro da penhora

Consoante o art. 837 do CPC, "obedecidas as normas de segurança instituídas sob critérios uniformes pelo Conselho Nacional de Justiça, a penhora de dinheiro e as averbações de penhoras de bens imóveis e móveis podem ser realizadas por **meio eletrônico**".

Os sistemas informatizados cada vez mais auxiliam e dão celeridade à atividade judicial, sobretudo em relação à pesquisa e à constrição de bens.

Desse modo, para a penhora de dinheiro em contas do executado, está à disposição da Justiça o **sistema BACENJUD**, que permite a consulta de crédito em favor do executado em contas bancárias existentes no país. Após a consulta, o juiz pode determinar a **penhora *on-line***, ou seja, via sistema eletrônico, dos numerários disponíveis em tais contas. Após a intimação do executado, não havendo impugnação, os numerários disponíveis são transferidos para conta judicial vinculada ao processo e, a seguir, são liberados para o exequente. Trata-se de instrumento célere e eficaz, que tem garantido a efetividade de várias execuções, com baixo dispêndio processual[76].

De outro lado, as penhoras de veículos automotores são comumente feitas por sistema informatizado denominado RENAJUD, que possibilita a consulta, a constrição judicial e o cancelamento da constrição judicial, em tempo real, de veículos automotores na base de dados do Registro Nacional de Veículos Automotores – RENAVAM[77].

Quando realizadas pela via tradicional, a penhora deverá ser documentada mediante auto ou termo, na forma do art. 838 do CPC[78].

---

76 "O BacenJud é um sistema que interliga a Justiça ao Banco Central e às instituições bancárias, para agilizar a solicitação de informações e o envio de ordens judiciais ao Sistema Financeiro Nacional, via internet. O Bacen Jud 2.0 foi criado por meio de convênio entre o Banco Central do Brasil e o Poder Judiciário. O sistema é operado pelo Banco Central do Brasil, tendo sido objeto de convênio celebrado com o Conselho Nacional de Justiça (CNJ) com vistas ao seu aperfeiçoamento e o incentivo de seu uso. Por meio do BacenJud os juízes, com senha previamente cadastrada, preenchem um formulário na internet solicitando as informações necessárias a determinado processo com o objetivo de penhora on-line ou outros procedimentos judiciais. A partir daí, a ordem judicial é repassada eletronicamente para os bancos, reduzindo o tempo de tramitação do pedido de informação ou bloqueio e, em consequência, dos processos" (Disponível em: < http://www.cnj.jus.br/sistemas/bacenjud>. Acesso em: 3-3-2019).

77 "O Renajud é um sistema on-line de restrição judicial de veículos criado pelo Conselho Nacional de Justiça (CNJ), que interliga o Judiciário ao Departamento Nacional de Trânsito (Denatran). A ferramenta eletrônica permite consultas e envio, em tempo real, à base de dados do Registro Nacional de Veículos Automotores (Renavam), de ordens judiciais de restrições de veículos — inclusive registro de penhora — de pessoas condenadas em ações judiciais" (Disponível em: <http://www.cnj.jus.br/sistemas/renajud>. Acesso em: 3-3-2019).

78 CPC: "Art. 838. A penhora será realizada mediante auto ou termo, que conterá: I – a indicação do dia, do mês, do ano e do lugar em que foi feita; II – os nomes do exequente e do executado; III – a descrição dos bens penhorados, com as suas características; IV – a nomeação do depositário dos bens".

Se a penhora (constrição judicial) e o depósito do bem forem realizados no mesmo dia, poderá ser lavrado um único auto (auto de penhora e depósito). Contudo, é necessária a lavratura de um auto de penhora para cada uma das penhoras realizadas (um auto de penhora para cada um dos bens) (art. 839, *caput* e parágrafo único, CPC).

18.9.6. Do depósito

Na fase de execução, o termo "depósito" significa a entrega de determinada quantia ou bem, móvel ou imóvel, a uma pessoa física ou jurídica, denominada depositário, para que o guarde até que o depositante o reclame.

Portanto, em termos técnico-jurídicos, depósito não significa consignação, nem simplesmente colocação de valor em conta bancária (ao contrário da linguagem comum).

O Código Civil (arts. 627 a 652) regula o depósito voluntário (que ocorre por contrato de depósito) e o depósito necessário.

Ao depósito judicial deve ser aplicada subsidiariamente a disciplina do depósito no Código Civil, embora diversos os institutos, na medida em que decorre de um ato de constrição judicial sobre dinheiro ou bem.

De acordo com o Código de Processo Civil (art. 840), o depósito deverá ocorrer, preferencialmente, da seguinte forma:

> I – as quantias em dinheiro, os papéis de crédito e as pedras e os metais preciosos, no Banco do Brasil, na Caixa Econômica Federal ou em banco do qual o Estado ou o Distrito Federal possua mais da metade do capital social integralizado, ou, na falta desses estabelecimentos, em qualquer instituição de crédito designada pelo juiz;
>
> II – os móveis, os semoventes, os imóveis urbanos e os direitos aquisitivos sobre imóveis urbanos, em poder do depositário judicial;
>
> III – os imóveis rurais, os direitos aquisitivos sobre imóveis rurais, as máquinas, os utensílios e os instrumentos necessários ou úteis à atividade agrícola, mediante caução idônea, em poder do executado.

De acordo com o § 1º do art. 840 do CPC, "no caso do inciso II do *caput*, se não houver depositário judicial, os bens ficarão em poder do exequente".

Contudo, a Súmula 319 do STJ estabelece que "o encargo de depositário de bens penhorados pode ser expressamente recusado".

De outro lado, nas hipóteses de bens de difícil remoção, eles poderão ficar em poder do executado. Também ficarão em depósito com o executado quando o exequente o anuir (art. 840, § 2º, CPC).

A lista do art. 840 do CPC não é exaustiva. É possível, por exemplo, que o juiz nomeie como depositário pessoas com conhecimentos específicos, em razão da qualidade do bem, analogicamente ao que ocorre quando há penhora da empresa (art. 869, CPC)[79]. Nesses casos, entretanto, o depositário precisará ser remunerado. Em razão

---

79 CPC: "Art. 869. O juiz poderá nomear administrador-depositário o exequente ou o executado, ouvida a parte contrária, e, não havendo acordo, nomeará profissional qualificado para o desempenho da função".

disso, somente se aconselha nomear terceiro como depositário quando realmente for imprescindível e desde que o bem a ser expropriado seja de valor suficiente para satisfazer o crédito do exequente e as custas do depósito.

É importante lembrar que, caso o depositário não restitua o bem guardado, não é mais possível a sua prisão civil como medida coercitiva para devolução do bem. A esse respeito, a Súmula Vinculante 25 do STF determina que "é ilícita a prisão civil de depositário infiel, qualquer que seja a modalidade do depósito". No mesmo sentido, a Súmula 419 do STJ: "Descabe a prisão civil do depositário judicial infiel".

No caso de depósito judicial em conta bancária, a correção monetária sobre os valores depositados deve ser paga pela instituição financeira. Nesse sentido, a Súmula 179 do STJ: "O estabelecimento de crédito que recebe dinheiro, em depósito judicial, responde pelo pagamento da correção monetária relativa aos valores recolhidos".

De outro lado, caso a parte pretenda discutir a correção monetária sobre os depósitos judiciais, isso pode ser feito no próprio processo a que está vinculada a conduta judicial.

O Superior Tribunal de Justiça, em julgamento de Recurso Especial Repetitivo, decidiu que "a discussão quanto à aplicação de juros e correção monetária nos depósitos judiciais independe de ação específica contra o banco depositário", bem como que a parte pode "contrapor-se, nos próprios autos em que efetuados os depósitos, à pretensão da ocorrência de juros e correção monetária"[80]. No mesmo sentido, a Súmula 271 do STJ[81].

18.9.7. Intimação do executado, do seu cônjuge e do coproprietário acerca da penhora

Realizada a penhora, deverá ser **imediatamente intimado o executado**.

Se o executado estiver presente no ato da penhora, já deverá ser intimado neste momento.

Caso a penhora ocorra sem a presença do executado, a intimação da penhora deverá ser realizada mediante o advogado ou a sociedade de advogados que o represente em juízo, se estiverem constituídos nos autos (art. 841, § 1º, CPC).

Caso o executado não tenha constituído advogado nos autos, deverá ser intimado pessoalmente da penhora.

Se o executado já tiver praticado algum ato processual, onde deva declinar o seu endereço, e tiver mudado para novo endereço sem informá-lo ao Juízo, considera-se intimado pela diligência do oficial de justiça que tentou localizá-lo no endereço informado nos autos (art. 841, § 4º, CPC).

Quando a penhora recair sobre bem imóvel ou direito real sobre imóvel, também deverá ser intimado o cônjuge do executado, salvo se forem casados sob o regime de separação absoluta de bens (art. 842, CPC).

Além disso, no caso de copropriedade, o coproprietário deverá ser intimado da penhora.

---

80 STJ, REsp 1360212/SP, Rel. Min. Herman Benjamin, Primeira Seção, julgado em 12-6-2013, *DJe* 11-9-2013.

81 Súmula 271 do STJ: "A correção monetária dos depósitos judiciais independe de ação específica contra o banco depositário".

18.9.8. Penhora e alienação de imóvel quando há meação do cônjuge ou quota-parte do coproprietário: direito sobre o produto da alienação do bem

De acordo com o CPC, caso o cônjuge do executado tenha direito à meação de bem indivisível penhorado ou na hipótese de copropriedade, a penhora deve recair sobre a totalidade do bem, de modo que este será colocado à venda na sua integralidade. Nessas situações, a meação do cônjuge ou a quota-parte do coproprietário recairão sobre o produto da alienação do bem (art. 843, *caput*, CPC)[82].

Entretanto, se o bem for alienado por preço inferior ao da avaliação, a meação do cônjuge ou a quota-parte do coproprietário serão calculados sobre o valor da avaliação (art. 843, § 2º, CPC)[83]; se alienado por preço maior, serão calculados sobre o valor da alienação[84].

18.9.9. Formas de realização da penhora

A penhora pode se realizar:

a) **por oficial de justiça:** é feita *in loco*, ou seja, no lugar onde se encontrem os bens do executado, ainda que sob a posse, a detenção ou a guarda de terceiros (art. 845, *caput*, CPC);

b) **por termo nos autos:** no caso de penhora de imóveis, quando apresentada a certidão da sua matrícula, ou de veículos automotores, quando exibida a certidão da sua existência (art. 845, § 1º, CPC);

c) **por carta precatória:** quando, não sendo possível de ser efetuada por termo nos autos, a penhora tiver de se realizar em outra comarca ou circunscrição (art. 845, § 2º, CPC). Neste caso, a penhora, a avaliação e a alienação dos bens ocorrerão no juízo deprecado.

Aliás, quando a penhora ocorre mediante carta precatória em outro juízo, os embargos que versarem sobre a penhora, a avaliação e a alienação de bens deverão ser opostos no juízo deprecado, onde devem ser processados e julgados. Nesse sentido, a Súmula 46 do STJ: "Na execução por carta, os embargos do devedor serão decididos no juízo deprecante, salvo se versarem unicamente vícios ou defeitos da penhora, avaliação ou alienação dos bens".

---

82 CPC: "Art. 843. Tratando-se de penhora de bem indivisível, o equivalente à quota-parte do coproprietário ou do cônjuge alheio à execução recairá sobre o produto da alienação do bem".

83 CPC: "Art. 843 [...] § 2º Não será levada a efeito expropriação por preço inferior ao da avaliação na qual o valor auferido seja incapaz de garantir, ao coproprietário ou ao cônjuge alheio à execução, o correspondente à sua quota-parte calculado sobre o valor da avaliação".

84 "Considerando que se trata de bem indivisível, o cônjuge meeiro não devedor tem direito ao produto da alienação, com base no valor da avaliação, nos termos do art. 843, § 2º, do Código de Processo Civil" (TJDFT, Acórdão n. 1102885, 07037636920188070000, Relator: João Egmont, 2ª Turma Cível, Data de julgamento: 13-6-2018, publicado no *DJe*: 20-6-2018).

18.9.10. Averbação da penhora no registro competente

A fim de garantir presunção absoluta de conhecimento por terceiro, é imprescindível a averbação do arresto ou da penhora no registro competente (Cartório de Registro de Imóveis, DETRAN etc.).

Nesse sentido, aliás, a Súmula 375 do STJ dispõe que "o reconhecimento da fraude à execução depende do registro da penhora do bem alienado ou da prova de má-fé do terceiro adquirente".

Essa averbação deverá ser realizada pelo exequente e não pelo juiz. Caberá ao exequente providenciar essa averbação, mediante a apresentação de cópia do auto ou do termo de arresto ou penhora, independentemente de mandado judicial (art. 844, CPC).

Trata-se de importante medida adotada pelo CPC, já que, de alguma forma, desonera a máquina judiciária.

18.9.11. Penhora sobre bens e direitos específicos

O CPC estabelece disposições especiais em relação à penhora de bens e direitos específicos. São eles:

a) Penhora de Dinheiro em Depósito ou em Aplicação Financeira (art. 854, CPC);

b) Penhora de Créditos (arts. 855 a 860, CPC);

c) Penhora das Quotas ou das Ações de Sociedades Personificadas (art. 861, CPC);

d) Penhora de Empresa, de Outros Estabelecimentos e de Semoventes (arts. 862 a 865, CPC);

e) Penhora de Percentual de Faturamento de Empresa (art. 866, CPC);

f) Penhora de Frutos e Rendimentos de Coisa Móvel ou Imóvel (arts. 867 a 869, CPC).

18.10. Da avaliação

Trata-se de ato próprio da execução por quantia certa, destinado a **valorar os bens penhorados que serão objetos de alienação ou adjudicação**.

Como regra, a avaliação deve ser feita por **oficial de justiça** (art. 870, parágrafo único, CPC).

Contudo, o parágrafo único do art. 870 estabelece que, "se forem necessários conhecimentos especializados e o valor da execução o comportar, o juiz nomeará avaliador, fixando-lhe prazo não superior a 10 (dez) dias para entrega do laudo".

Ocorre que o juiz pode nomear avaliador fora dessas hipóteses, quando, por exemplo, verificar que a avaliação realizada pelo oficial de justiça está muito acima ou muito aquém do valor venal do bem, ou nos casos em que há impugnação da avaliação pelas partes.

A avaliação feita pelo oficial de justiça ou pelo avaliador nomeado deverá ser documentada mediante certidão ou laudo, onde constem a descrição dos bens, o estado em que os bens se encontram, bem como os seus respectivos valores.

Após a penhora e a avaliação, o juiz deverá dar início aos atos de expropriação dos bens.

18.11. Expropriação de bens: adjudicação e alienação

Os atos executivos de expropriação de bens podem consistir na adjudicação ou na alienação.

18.11.1. Da adjudicação

A adjudicação consiste na possibilidade de o **exequente requerer a propriedade do bem penhorado para si**, mediante oferecimento de preço não inferior ao da avaliação (art. 876, CPC).

Caso o valor exequendo seja inferior ao dos bens pretendidos pelo exequente (para adjudicação), este deverá depositar a diferença em juízo, que ficará à disposição do executado; se o valor exequendo for superior ao dos bens, "a execução prosseguirá pelo saldo remanescente" (art. 876, § 4º, CPC).

Na hipótese de o exequente requerer a adjudicação do bem penhorado, o executado será intimado para se manifestar.

É possível que haja outros pretendentes do bem, que gozem de preferência, tais como o cônjuge, o companheiro, os descendentes ou os ascendentes do executado etc., na forma do art. 876, § 5º, c/c art. 889 do CPC[85]. Se houver mais de um pretendente, será realizado leilão entre eles, tendo preferência, em caso de igualdade de oferta, "o cônjuge, o companheiro, o descendente ou o ascendente, nessa ordem" (art. 876, § 6º, CPC).

O juiz ordenará a lavratura do auto de adjudicação, transcorrido o prazo de 5 dias da última intimação.

Após, será expedida carta de adjudicação, bem como de mandado de imissão na posse, quando se tratar de bem imóvel, ou ordem de entrega ao adjudicatário, quando se tratar de bem móvel.

---

85 CPC: "Art. 876. É lícito ao exequente, oferecendo preço não inferior ao da avaliação, requerer que lhe sejam adjudicados os bens penhorados. [...] § 5º Idêntico direito pode ser exercido por aqueles indicados no art. 889, incisos II a VIII, pelos credores concorrentes que hajam penhorado o mesmo bem, pelo cônjuge, pelo companheiro, pelos descendentes ou pelos ascendentes do executado". O art. 889, por sua vez, assim dispõe: "Art. 889. Serão cientificados da alienação judicial, com pelo menos 5 (cinco) dias de antecedência: I – o executado, por meio de seu advogado ou, se não tiver procurador constituído nos autos, por carta registrada, mandado, edital ou outro meio idôneo; II – o coproprietário de bem indivisível do qual tenha sido penhorada fração ideal; III – o titular de usufruto, uso, habitação, enfiteuse, direito de superfície, concessão de uso especial para fins de moradia ou concessão de direito real de uso, quando a penhora recair sobre bem gravado com tais direitos reais; IV – o proprietário do terreno submetido ao regime de direito de superfície, enfiteuse, concessão de uso especial para fins de moradia ou concessão de direito real de uso, quando a penhora recair sobre tais direitos reais; V – o credor pignoratício, hipotecário, anticrético, fiduciário ou com penhora anteriormente averbada, quando a penhora recair sobre bens com tais gravames, caso não seja o credor, de qualquer modo, parte na execução; VI – o promitente comprador, quando a penhora recair sobre bem em relação ao qual haja promessa de compra e venda registrada; VII – o promitente vendedor, quando a penhora recair sobre direito aquisitivo derivado de promessa de compra e venda registrada; VIII – a União, o Estado e o Município, no caso de alienação de bem tombado".

18.11.2. Da alienação

Após a penhora e a avaliação, caso não haja nenhum interessado na adjudicação, proceder-se-á à alienação.

A alienação do bem poderá ser realizada (art. 879, CPC):

a) **por iniciativa particular**;

b) por **leilão judicial**, realizado de **forma eletrônica** ou **presencial**.

Optando pela alienação por iniciativa particular, o exequente poderá requerer ao juízo que ela seja realizada por sua própria iniciativa ou por intermédio de corretor, ou, ainda, por leiloeiro público credenciado no tribunal.

O leilão judicial, por sua vez, é realizado por leiloeiro público, precedido de publicação de edital, que deve conter diversos requisitos[86].

O leilão deverá ser efetivado preferencialmente por meio eletrônico, haja vista que pode participar um maior número de interessados; não sendo possível, deverá ser realizado de forma presencial (art. 882, CPC).

"**Não será aceito lance que ofereça preço vil**", consoante preceitua o art. 891, *caput*, do CPC. De acordo com o parágrafo único do mesmo artigo, "considera-se vil o preço inferior ao mínimo estipulado pelo juiz e constante do edital, e, não tendo sido fixado preço mínimo, considera-se vil o preço inferior a cinquenta por cento do valor da avaliação".

Como regra, o pagamento deverá ser realizado imediatamente pelo arrematante do bem, por meio de depósito judicial ou meio eletrônico.

Deverá ser lavrado auto de arrematação.

Após efetuado o depósito do valor da arrematação, deverá ser expedida ordem de entrega do bem móvel ou a carta de arrematação do bem imóvel.

18.11.3. Alienação antecipada de bens penhorados

O CPC (art. 852) autoriza que o juiz determine a alienação antecipada dos bens penhorados nas seguintes hipóteses:

I – se tratar de veículos automotores, de pedras e metais preciosos e de outros bens móveis sujeitos à depreciação ou à deterioração;

II – houver manifesta vantagem.

---

86 CPC: "Art. 886. O leilão será precedido de publicação de edital, que conterá: I – a descrição do bem penhorado, com suas características, e, tratando-se de imóvel, sua situação e suas divisas, com remissão à matrícula e aos registros; II – o valor pelo qual o bem foi avaliado, o preço mínimo pelo qual poderá ser alienado, as condições de pagamento e, se for o caso, a comissão do leiloeiro designado; III – o lugar onde estiverem os móveis, os veículos e os semoventes e, tratando-se de créditos ou direitos, a identificação dos autos do processo em que foram penhorados; IV – o sítio, na rede mundial de computadores, e o período em que se realizará o leilão, salvo se este se der de modo presencial, hipótese em que serão indicados o local, o dia e a hora de sua realização; V – a indicação de local, dia e hora de segundo leilão presencial, para a hipótese de não haver interessado no primeiro; VI – menção da existência de ônus, recurso ou processo pendente sobre os bens a serem leiloados. Parágrafo único. No caso de títulos da dívida pública e de títulos negociados em bolsa, constará do edital o valor da última cotação".

Contudo, sempre que uma das partes requerer alguma dessas medidas, o juiz deverá ouvir a outra, no prazo de 3 dias, antes de decidir.

18.12. Da satisfação do crédito pela entrega do dinheiro ou pela adjudicação de bens penhorados

O objetivo da execução de título executivo judicial ou extrajudicial para pagamento de quantia é a satisfação do crédito do exequente.

Assim, ao final dos atos expropriatórios, a satisfação do crédito do exequente pode ocorrer mediante a entrega de dinheiro ou pela adjudicação dos bens penhorados.

No primeiro caso, ao receber o alvará para levantamento de quantia, o exequente deverá dar, por termo nos autos, quitação da quantia paga.

Contudo, o CPC possibilita que a expedição do alvará de levantamento de quantia seja substituída por transferência eletrônica do valor depositado em conta vinculada ao juízo para outra indicada pelo exequente (art. 906, parágrafo único, CPC).

Após ser pago o valor total da execução, a importância que sobrar deverá ser restituída ao executado.

19. DA EXECUÇÃO DE TÍTULO EXECUTIVO EXTRAJUDICIAL CONTRA A FAZENDA PÚBLICA

A execução de título executivo extrajudicial para pagamento de quantia contra a Fazenda Pública segue uma disciplina específica, na medida em que as pessoas jurídicas de direito público somente podem efetuar pagamento de valores mediante dotações orçamentárias disponíveis ou créditos adicionais abertos com essa finalidade específica. Assim, em ações judiciais, a Fazenda Pública somente pode fazer pagamentos mediante regime de precatório ou de requisição de pequeno valor, na forma do art. 100, *caput* e § 3º, da Constituição Federal[87].

Com efeito, não seria viável a execução contra a Fazenda Pública pelo rito da penhora, haja vista que os bens públicos são impenhoráveis e, quando afetados, inalienáveis.

Assim, o art. 910, *caput*, do CPC estabelece que, "na execução fundada em título extrajudicial, **a Fazenda Pública será citada para opor embargos em 30 (trinta) dias**". Vale dizer, diferentemente do que ocorre na execução de título executivo extrajudicial para pagar quantia em geral, em que o executado é citado para pagar em 3 dias, sob pena de penhora, quando a Fazenda Pública é executada, não pode efetuar o pagamento nesse prazo, pois é preciso obedecer a forma constitucional.

---

87 Constituição Federal: "Art. 100. Os pagamentos devidos pelas Fazendas Públicas Federal, Estaduais, Distrital e Municipais, em virtude de sentença judiciária, far-se-ão exclusivamente na ordem cronológica de apresentação dos precatórios e à conta dos créditos respectivos, proibida a designação de casos ou de pessoas nas dotações orçamentárias e nos créditos adicionais abertos para este fim. [...] § 3º O disposto no *caput* deste artigo relativamente à expedição de precatórios não se aplica aos pagamentos de obrigações definidas em leis como de pequeno valor que as Fazendas referidas devam fazer em virtude de sentença judicial transitada em julgado".

Além disso, há necessidade de prazo diferenciado para a apresentação de embargos (30 dias), em razão da burocracia estatal e diante do fato de que o patrimônio dessas pessoas jurídicas de direito público é, em verdade, do povo.

De outro lado, caso não sejam opostos embargos à execução, ou, se forem opostos, tiver transitado em julgado a decisão que os rejeitar, deverá ser expedido precatório ou realizada requisição de pequeno valor, na forma estabelecida no art. 100 da Constituição Federal (art. 910, § 1º, do CPC).

De acordo com o § 2º do art. 910 do CPC, "nos embargos, a Fazenda Pública poderá alegar qualquer matéria que lhe seria lícito deduzir como defesa no processo de conhecimento". Portanto, diferentemente do que ocorre com os embargos à execução em geral, em que a cognição é limitada (restrita a apenas algumas matérias estabelecidas em lei), os embargos à execução da Fazenda Pública podem ter como objeto qualquer matéria.

20. EXECUÇÃO DE TÍTULO EXECUTIVO EXTRAJUDICIAL QUE CONTENHA OBRIGAÇÃO ALIMENTAR

O CPC estabelece a possibilidade de execução de título executivo extrajudicial de obrigação alimentar pelo **rito da prisão** (art. 911, CPC), pelo **desconto em folha de pagamento** (art. 912, CPC) ou pelo **rito da penhora** (art. 913, CPC). Como as disposições são idênticas ou remetem ao cumprimento de sentença que imponha obrigação de prestar alimentos, remete-se o leitor ao que já se expôs sobre essa temática, após a leitura dos dispositivos do tema em referência.

21. EMBARGOS À EXECUÇÃO

21.1. Definição e objeto

Os embargos à execução constituem-se no **instrumento de defesa** nas execuções de títulos executivos extrajudiciais, mas também em nova ação, com atividade de **cognição judicial**, que gera **processo autônomo** e **incidente ao processo de execução**. Por isso, são distribuídos por dependência à execução e autuados em apartado.

Os embargos à execução foram concebidos para que, no processo de execução de título extrajudicial, houvesse apenas atividade executiva. Assim, a atividade de cognição judicial, relacionada à defesa do executado, deve se realizar no processo de embargos. Todavia, não se pode afirmar que, no processo de execução, inexiste cognição judicial, pois nele pode haver diversos atos decisórios, como, por exemplo, a desconstituição da penhora, a admissão do parcelamento da dívida, a decisão na exceção de pré-executividade, entre outros. Ademais, a própria sentença que extingue a execução possui atividade cognitiva.

Os embargos à execução estão previstos nos arts. 914 a 920 do CPC.

21.2. Legitimidade para os embargos

Os embargos à execução podem ser apresentados pelo **devedor/executado** do processo de execução.

Entretanto, também se admite que o **cônjuge do devedor/executado** oponha embargos de devedor.

Assim, o **cônjuge do devedor pode optar**: a) pela via dos **embargos à execução**, como litisconsorte passivo do executado, onde poderá discutir a própria dívida e também defender o seu patrimônio; b) por opor **embargos de terceiro**, em que poderá defender a sua meação[88]. A esse respeito, a Súmula 134 do STJ: "Embora intimado da penhora em imóvel do casal, o cônjuge do executado pode opor embargos de *terceiro* para defesa de sua meação".

No polo passivo dos embargos à execução, estará o credor/exequente, que propôs a ação de execução de título executivo extrajudicial.

21.3. Prazo

Os embargos do devedor poderão ser opostos no prazo de **15 dias** a contar da **juntada aos autos do mandado de citação**, nos termos do art. 915 do CPC, contados a partir da juntada do respectivo comprovante de citação (conforme art. 231, CPC).

No processo de execução, não há o prazo em dobro para os litisconsortes com procuradores diferentes, ou seja, não se aplica a regra do art. 229 do CPC[89].

Havendo **pluralidade de executados**, o prazo para embargar **contar-se-á individualmente** a partir da juntada do respectivo comprovante de citação[90].

No entanto, nos casos de execução em que o devedor possui domicílio em outra comarca, circunscrição ou país, fazendo-se necessária a citação por carta (precatória, de ordem ou rogatória), o termo inicial da contagem do prazo de embargos é diverso, conforme preceitua o art. 915, § 2º, do CPC.

Nas execuções por carta, o prazo para os embargos à execução será contado da seguinte forma:

> **a) quando os embargos versarem unicamente sobre vícios ou defeitos da penhora, da avaliação ou da alienação dos bens (atos praticados pelo juízo deprecado):** o prazo de embargos inicia o seu curso a partir da juntada, na carta precatória, de ordem ou rogatória (no juízo deprecado), da certificação da citação;
>
> **b) quando versarem sobre outras questões:** o prazo de embargos inicia o seu curso a partir da juntada, nos autos de origem (juízo deprecante), do ato de comunicação do

---

88 "A intimação do cônjuge enseja-lhe a via dos embargos à execução, nos quais poderá discutir a própria *causa debendi* e defender o patrimônio como um todo, na qualidade de litisconsorte passivo do(a) executado(a) e a via dos embargos de terceiro, com vista à defesa da meação a que entende fazer jus" (REsp 252854/RJ, QUARTA TURMA, Rel. Ministro SÁLVIO DE FIGUEIREDO TEIXEIRA, *DJ* de 11-9-2000)' (EREsp 306.465/ES, Rel. Ministra LAURITA VAZ, CORTE ESPECIAL, julgado em 20-3-2013, *DJe* 4-6-2013)" (STJ, AgInt no REsp 1680021/AL, Rel. Ministro Mauro Campbell Marques, Segunda Turma, julgado em 21-11-2017, *DJe* 27-11-2017).

89 CPC: "Art. 915 [...] § 3º Em relação ao prazo para oferecimento dos embargos à execução, não se aplica o disposto no art. 229".

90 CPC: "Art. 915 [...] § 1º Quando houver mais de um executado, o prazo para cada um deles embargar conta-se a partir da juntada do respectivo comprovante da citação, salvo no caso de cônjuges ou de companheiros, quando será contado a partir da juntada do último".

juízo deprecado ao juízo deprecante sobre o cumprimento da carta (precatória, rogatória ou de ordem), ou, se não houver essa comunicação, a partir da juntada da carta devidamente cumprida.

21.4. Desnecessidade de garantia do juízo

Para a oposição de embargos à execução, **não é necessária a segurança do juízo**, nos termos do art. 914, *caput*, do CPC. Isto é, os embargos independem de qualquer ato judicial constritivo de bens do devedor como a penhora, o depósito ou a caução. De acordo com esse novo regime legal, a segurança do juízo somente será necessária para conferir efeito suspensivo aos embargos, vale dizer, para que o juiz defira a suspensão da execução.

Assim, se o devedor, logo após citado, depositar em juízo o valor da dívida executada, sem fazer qualquer ressalva, entende-se que se trata de cumprimento voluntário da obrigação que está sendo executada, já que não é mais exigida a segurança do juízo para a oposição de embargos (embora a garantia do juízo seja necessária para concessão de efeito suspensivo). Com o pagamento, ocorre a preclusão lógica, haja vista que tal conduta é incompatível com a vontade de embargar, e, por conseguinte, não serão admitidos embargos à execução após esse pagamento[91].

Assim, caso o embargante pretenda garantir o juízo para requerer a concessão de efeito suspensivo aos embargos, precisará deixar isso expresso, sob pena de o depósito ser considerado pagamento voluntário.

21.5. Efeito suspensivo

O recebimento dos embargos à execução **não possui mais o efeito automático de suspender o curso da execução**, consoante prevê o art. 919 do CPC.

Caberá ao juiz, e somente em casos excepcionais, conceder efeito suspensivo à execução. Assim, o efeito suspensivo não é "ope legis", senão "ope iudicis".

O juiz está autorizado, excepcionalmente, a **conceder efeito suspensivo** à execução, se preenchidos os seguintes **requisitos cumulativos** (art. 919, § 1º, CPC):

a) houver requerimento do embargante;

b) verificados os requisitos para a concessão da tutela provisória (tutela de urgência ou da evidência – *vide* item em que se tratou do tema)[92];

c) a execução já esteja garantida por penhora, depósito ou caução suficientes.

---

91 A esse respeito, observe-se o seguinte julgado do TJDFT: "MONITÓRIA [...] Precluso o direito de defesa do réu se, em sua primeira manifestação, apenas propõe o pagamento da dívida" (TJDFT, Acórdão n.599218, 20060111181726APC, Rel. Jair Soares, Revisor: Jose Divino De Oliveira, 6ª Turma Cível, *DJe* 5-7-2012. p. 138).

92 Segundo o Enunciado 80 do FPPC, essas tutelas provisórias mencionadas no artigo podem ser tutelas de urgência ou da evidência.

A decisão relativa aos efeitos dos embargos poderá ser concedida[93], modificada ou revogada a qualquer tempo pelo juiz, por decisão fundamentada.

É possível que seja concedido efeito suspensivo somente em relação à parte da execução (p. ex., em relação a determinado bem, ou a determinado executado), prosseguindo-se em relação à parte restante.

Se somente um dos executados apresentar embargos, a suspensão da execução beneficiará somente esse embagado no caso de o fundamento dos embargos disser respeito exclusivamente a ele.

Entretanto, a concessão de efeito suspensivo, como regra, não impedirá a efetivação dos atos de penhora (inclusive de substituição, reforço ou redução) e de avaliação dos bens (art. 919, § 5º, CPC).

21.6. **Hipóteses de cabimento**

Os embargos à execução possuem cognição limitada no plano horizontal. Vale dizer, somente podem ser objeto de embargos determinadas matérias previstas em lei.

Com efeito, o CPC estabelece que o executado, nos embargos à execução, somente poderá alegar as seguintes **matérias** (art. 917):

I – inexequibilidade do título ou inexigibilidade da obrigação;

II – penhora incorreta ou avaliação errônea;

III – excesso de execução ou cumulação indevida de execuções;

IV – retenção por benfeitorias necessárias ou úteis, nos casos de execução para entrega de coisa certa;

V – incompetência absoluta ou relativa do juízo da execução;

VI – qualquer matéria que lhe seria lícito deduzir como defesa em processo de conhecimento.

As questões que surgirem após o prazo de embargos à execução, tais como as relativas a vícios na penhora ou na avaliação, poderão ser impugnadas por simples petição, no prazo de 15 dias da ciência do ato, sob pena de preclusão[94].

As arguições de impedimento e de suspeição não poderão ser formuladas na petição de embargos, pois devem ser suscitadas em petição autônoma de exceção de suspeição e de exceção de impedimento (arts. 146 e 148, CPC), respectivamente.

De acordo com o art. 917, § 2º, do CPC, haverá **excesso de execução** quando:

I – o exequente pleiteia quantia superior à do título;

II – ela recai sobre coisa diversa daquela declarada no título;

III – ela se processa de modo diferente do que foi determinado no título;

---

93 Enunciado 546 do FPPC: "O efeito suspensivo dos embargos à execução pode ser requerido e deferido a qualquer momento do seu trâmite, observados os pressupostos legais".

94 CPC: "Art. 917 [...] § 1º A incorreção da penhora ou da avaliação poderá ser impugnada por simples petição, no prazo de 15 (quinze) dias, contado da ciência do ato".

IV – o exequente, sem cumprir a prestação que lhe corresponde, exige o adimplemento da prestação do executado;

V – o exequente não prova que a condição se realizou.

Caso o embargante alegue excesso de execução nos embargos, sob o fundamento de que o exequente pleiteia quantia superior à devida, deverá indicar na petição inicial (dos embargos) o valor que entende correto, bem como apresentar demonstrativo discriminado e atualizado do cálculo, sob pena de os embargos serem liminarmente rejeitados na sua totalidade (se o único fundamento for o excesso de execução) ou em parte (se houver outro fundamento), sendo que, neste caso, prosseguirá somente em relação ao outro fundamento (art. 917, § 4º, I e II, CPC).

Como é o próprio dispositivo que prevê, nesta hipótese, a possibilidade de rejeição liminar, o juiz não terá de intimar a parte para complementar a informação ou juntar planilha de cálculo[95]. Com efeito, essa regra prevalece sobre a prevista nos arts. 9º e 10 do CPC, em razão do critério da especialidade[96].

No caso de alegação do embargante/executado de retenção por benfeitorias, o exequente poderá requerer a compensação da quantia exequenda com o valor dos frutos ou danos alegados pelo executado, cabendo ao juiz apurar os montantes alegados, podendo, se for necessário, nomear perito. Neste caso, o exequente poderá requerer a sua imediata imissão na posse da coisa (no caso de imóveis), ou que o bem lhe seja entregue (no caso de bem móvel), devendo, para tanto, prestar caução ou depositar o valor alegado das benfeitorias ou resultante da compensação[97].

Por fim, é preciso lembrar que, caso o executado, no prazo para ajuizar os embargos à execução, apresente proposta de parcelamento, estará renunciando ao direito de opor embargos (art. 916, § 6º, CPC), como já se expôs.

21.7. Procedimento dos embargos

Os embargos à execução deverão ser apresentados por **petição escrita**.

A petição inicial precisa conter os requisitos dos arts. 319 e 320 do Código de Processo Civil.

A **causa de pedir** deve se restringir às matérias enumeradas no art. 917 do CPC, como já se expôs.

95 "Fundados os embargos em excesso de execução, a parte embargante deve indicar, na petição inicial, o valor que entende correto, apresentando memória de cálculo, sob pena de rejeição liminar dos embargos ou de não conhecimento desse fundamento [...]. Quanto ao excesso de execução, o acórdão recorrido está em sintonia com a jurisprudência desta Corte no sentido de que a alegação deve vir acompanhada do valor que a parte insurgente entende ser devido" (STJ, AgInt no AREsp 1260453/MG, Rel. Ministro Raul Araújo, Quarta Turma, julgado em 7-2-2019, *DJe* 19-2-2019).

96 Enunciado 55 da ENFAM: "Às hipóteses de rejeição liminar a que se referem os arts. 525, § 5º, 535, § 2º, e 917 do CPC/2015 (excesso de execução) não se aplicam os arts. 9º e 10 desse código".

97 CPC: "Art. 917 [...] § 5º Nos embargos de retenção por benfeitorias, o exequente poderá requerer a compensação de seu valor com o dos frutos ou dos danos considerados devidos pelo executado, cumprindo ao juiz, para a apuração dos respectivos valores, nomear perito, observando-se, então, o art. 464. § 6º O exequente poderá a qualquer tempo ser imitido na posse da coisa, prestando caução ou depositando o valor devido pelas benfeitorias ou resultante da compensação".

É necessário que a **petição inicial** seja instruída com **cópia das peças processuais** relevantes do processo de execução. A autenticidade de tais cópias pode ser declarada pelo próprio advogado subscritor da petição inicial (art. 914, § 1º, CPC).

A petição inicial dos embargos à execução deverá ser **distribuída por dependência ao juízo da execução**. Os embargos à execução são autuados em apartado e, em primeira instância, podem tramitar apensos ao processo de execução. Grande parte dos juízes determina que os autos físicos dos embargos fiquem apensos aos autos do processo de execução somente quando for concedido efeito suspensivo aos embargos, haja vista que, neste caso, não são praticados atos processuais na execução (razão pela qual esta pode tramitar apensa, acompanhando o processo de embargos).

O juiz deverá **rejeitar liminarmente** os embargos nas seguintes hipóteses (art. 918, CPC): "I – quando intempestivos; II – nos casos de indeferimento da petição inicial e de improcedência liminar do pedido; III – manifestamente protelatórios".

Se os embargos forem manifestamente protelatórios, o juiz poderá considerar a conduta do embargante como ato atentatório à dignidade da justiça, aplicando-lhe multa de até 20% do valor do débito atualizado em execução (art. 918, parágrafo único, e art. 774, parágrafo único, CPC)[98].

Caso a petição inicial apresente todos os seus requisitos, o juiz determinará a citação do exequente/embargado, a fim de que este possa apresentar a sua **impugnação aos embargos à execução**, caso pretenda, no **prazo de 15 dias**.

O CPC (art. 920, I) prevê que, recebidos os embargos à execução, "o exequente [embargado] será ouvido no prazo de 15 (quinze) dias". A doutrina majoritária entende que esse ato constitui citação (e não intimação), haja vista que os embargos constituem processo autônomo, de modo que a citação é a forma de integração do embargado/exequente ao polo passivo do processo. Além disso, como, no processo de execução, o exequente já possui advogado constituído nos autos, essa citação poderá ocorrer por meio do seu advogado, mediante publicação no diário oficial[99].

Não é cabível reconvenção contra os embargos à execução. Admite-se, no entanto, reconvenção no caso de embargos por retenção de benfeitorias, quando o exequente requerer a compensação do valor das benfeitorias com o crédito que porventura possua contra o executado/embargante.

---

98 Cpc: "Art. 918. O Juiz Rejeitará Liminarmente Os Embargos: [...] Iii – Manifestamente Protelatórios. Parágrafo Único. Considera-Se Conduta Atentatória À Dignidade Da Justiça O Oferecimento De Embargos Manifestamente Protelatórios". O Art. 774, Inc. Ii E Parágrafo Único, Do Cpc Assim Dispõe: "Art. 774. Considera-Se Atentatória À Dignidade Da Justiça A Conduta Comissiva Ou Omissiva Do Executado Que: [...] Ii – Se Opõe Maliciosamente À Execução, Empregando Ardis E Meios Artificiosos [...] Parágrafo Único. Nos Casos Previstos Neste Artigo, O Juiz Fixará Multa Em Montante Não Superior A Vinte Por Cento Do Valor Atualizado Do Débito Em Execução, A Qual Será Revertida Em Proveito Do Exequente, Exigível Nos Próprios Autos Do Processo, Sem Prejuízo De Outras Sanções De Natureza Processual Ou Material".

99 "No tocante à forma para a realização dessa citação, a doutrina majoritária entende que basta uma intimação no Diário Oficial, considerando-se que o embargado era o exequente, tendo, portanto, ao menos no processo de execução, representação por advogado. A expressa indicação de que o embargado era 'intimado' ajudava nessa conclusão, mas é preciso ressaltar que, mesmo a doutrina que entendia essa intimação como citação, concluía pela possibilidade de ser realizada na pessoa do advogado, por meio de publicação no Diário Oficial" (NEVES, Daniel Amorim Assunção. *Novo código de processo civil comentado*. 3. ed. Salvador: JusPodivm, 2018. p. 1.530).

Como regra, não se admite intervenção de terceiros nos embargos à execução, **com exceção da assistência**[100].

Caso o exequente não apresente impugnação aos embargos à execução, haverá **revelia**. Entretanto, o efeito material da revelia, consistente na presunção de veracidade dos fatos alegados pelo autor, não ocorrerá nos casos em que os vícios apontados pelo embargante digam respeito ao título ou ao crédito nele constante, já que os títulos executivos extrajudiciais gozam de presunção de existência da dívida.

Após a apresentação da impugnação aos embargos, o juiz poderá julgar antecipadamente a causa, ou designar audiência de instrução, de ofício ou após requerimento das partes, quando entender que é necessária a produção de prova oral.

Os embargos à execução constituem processo autônomo. Em razão disso, o juiz julgará os embargos por sentença (art. 920, III, CPC). Lembre-se que se trata de decisão com conteúdo de art. 485 ou 487 do CPC, que põe fim à fase cognitiva instaurada com os embargos, que constituem processo autônomo, e não apenas uma fase do processo de execução. Por isso, trata-se de sentença e não de decisão interlocutória.

É cabível o **recurso de apelação** contra a sentença que julga os embargos à execução.

Tal sentença tem aptidão para fazer **coisa julgada material**.

21.8. Embargos à execução por carta precatória

Quando os atos processuais da execução tiverem de ser praticados em circunscrição ou comarca diversa daquela em que tramita, o juízo da execução deverá expedir carta precatória ao juízo competente, a fim de que seja cumprida a diligência.

Nesse caso, embora o processo de execução tramite no juízo deprecante, serão cumpridos no juízo deprecado os atos de penhora, avaliação e, possivelmente, alienação de bens do devedor.

A esse respeito, surge indagação sobre o juízo que deverá processar e julgar os embargos à execução.

O CPC prevê que, na execução por carta, os embargos poderão ser oferecidos no juízo deprecante ou no juízo deprecado. **A competência para julgar os embargos à execução é, como regra, do juízo deprecante**. Todavia, **se versarem unicamente sobre vícios ou defeitos da penhora, avaliação ou alienação dos bens efetuados no juízo deprecado, a competência será deste (juízo deprecado)** – art. 914, § 2º, CPC.

22. EXCEÇÃO DE PRÉ-EXECUTIVIDADE

A exceção de pré-executividade, também conhecida como objeção de pré-executividade ou exceção de executividade, é uma forma de defesa do devedor no processo de

100 MARINONI, Luiz Guilherme; ARENHART, Sérgio Cruz. *Execução*. 2. ed. São Paulo: Revista dos Tribunais, 2008. p. 459.

execução, criada pela doutrina e pela jurisprudência, que não encontra previsão expressa no Código de Processo Civil de 2015.

No processo civil brasileiro, a exceção de pré-executividade passou a ser admitida numa época em que era necessária a prévia segurança do juízo (constrição judicial patrimonial) para que o devedor pudesse opor embargos à execução. Assim, se o devedor não tivesse patrimônio suficiente para garantir a execução, não poderia oferecer defesa na execução promovida contra si, mesmo diante de situações que poderiam ser conhecidas de ofício pelo juiz.

Em razão disso, a exceção de pré-executividade ganhou a mais ampla aceitação na jurisprudência.

A **exceção de pré-executividade** é, portanto, um **incidente processual**, suscitado pelo executado, por **simples petição**, no processo de execução, que tem por **objeto exercitar o seu direito de resposta**, consagrando os princípios do contraditório e da ampla defesa. A exceção de pré-executividade pode ser suscitada **a qualquer momento** na execução.

De outro lado, a exceção de pré-executividade **somente** pode ter como conteúdo **matéria de ordem pública**, ou seja, objeções processuais, **que podem ser conhecidas de ofício pelo juiz**. Assim, pode ser arguida, em tal incidente, a inexistência das condições da ação e dos pressupostos processuais. Também podem ser alegadas todas as matérias previstas no art. 337 do CPC – que contém questões de ordem pública – mas também outras questões ali não previstas, tais como nulidade do processo, falta dos requisitos do título executivo, impenhorabilidade e pagamento já realizado[101].

Além disso, para que seja cabível tal incidente, é preciso que não haja necessidade de dilação probatória.

Portanto, há dois **requisitos cumulativos** para que seja cabível a exceção de pré-executividade: 1º) a matéria alegada seja suscetível de ser **conhecida de ofício pelo juiz**; e 2º) a decisão possa ser proferida **sem necessidade de dilação probatória**[102].

A maior importância da exceção de pré-executividade estava na possibilidade de ser apresentada para que fosse exercitado o direito de defesa sem necessidade de prévia segurança do juízo. Como o CPC/2015 (art. 914) estabelece que a oposição de embargos à execução independe de garantia do juízo (penhora, depósito ou caução), reduzem-se em grande medida as suas possibilidades de cabimento[103].

---

101 DESTEFENNI, Marcos. *Curso de processo civil:* processo de execução dos títulos extrajudiciais. v. 2. São Paulo: Saraiva, 2006. p. 236/237.

102 "Só é cabível exceção de pré-executividade quando atendidos simultaneamente dois requisitos, um de ordem material e outro de ordem formal: a) que a matéria invocada seja suscetível de conhecimento de ofício pelo juiz; e b) que a decisão possa ser tomada sem necessidade de dilação probatória" (STJ, AgRg no AREsp 223.785/PA, Rel. Ministro Benedito Gonçalves, Primeira Turma, julgado em 4-12-2012, *DJe* 7-12-2012).

103 Em sentido contrário, Araken de Assis acredita que o instituto passou a ter um campo de atuação ainda maior com a reforma: "Sucede que a concessão de efeito suspensivo aos embargos, *ope iudicis*, explicitamente 'não impedirá a efetivação dos atos de penhora e de avaliação de bens' (art. 739-A, § 6º). Ora subsiste o interesse (e a necessidade) de o executado, se for o caso, impedir a realização da penhora, por força das relevantes circunstâncias anteriormente expostas. Salvo engano, outra vez o legislador acentuou o campo de atuação da exceção de pré-executividade, antes de restringi-lo ou eliminá-lo" (ASSIS, Araken de. *Manual da execução.* 14. ed. São Paulo: Revista dos Tribunais, 2012. p. 1231). No entanto, o requerimento de concessão de efeito suspensivo pode ser feito por simples petição, e não pela exceção de pré-executividade, cujo objeto é a defesa que envolva questões de ordem pública.

No entanto, subsiste o seu interesse, sobretudo, nas hipóteses em que já houver passado o prazo dos embargos à execução.

De qualquer forma, a exceção de pré-executividade, mesmo após a reforma, continua sendo um instrumento de defesa que pode ser utilizado para alegação de questões de ordem pública na execução. Tanto é que, em 23-9-2009 (posteriormente à reforma do CPC/1973, que permitiu embargos sem garantia do juízo), foi editada a Súmula 393 do STJ, que prevê a possibilidade da oposição de exceção de pré-executividade inclusive em execução fiscal: "A exceção de pré-executividade é admissível na execução fiscal relativamente às matérias conhecíveis de ofício que não demandem dilação probatória".

Caso seja acolhida a exceção de pré-executividade, com a extinção, ainda que parcial, da execução, será cabível a fixação de honorários advocatícios[104].

23. SUSPENSÃO DO PROCESSO DE EXECUÇÃO

De acordo com o art. 921 do CPC, o juiz deverá suspender a execução nas seguintes situações:

I – nas hipóteses dos arts. 313 e 315, no que couber;

O art. 313 do CPC trata das hipóteses de suspensão do processo em geral[105]. O art. 315, por sua vez, cuida das situações de suspensão do processo por questão prejudicial externa[106].

II – no todo ou em parte, quando recebidos com efeito suspensivo os embargos à execução;

Como regra, os embargos à execução não terão efeito suspensivo (art. 919, *caput*, CPC), mas o juiz poderá, "a requerimento do embargante, atribuir efeito suspensivo aos embargos quando verificados os requisitos para a concessão da tutela provisória e desde que a execução já esteja garantida por penhora, depósito ou caução suficientes" (art. 919, § 1º, CPC).

---

104 "A jurisprudência do STJ orienta que são cabíveis honorários advocatícios na exceção de pré-executividade quando ocorre a extinção, ainda que parcial, do processo executório" (STJ, REsp 1781990/SP, Rel. Ministra Nancy Andrighi, Terceira Turma, julgado em 12-2-2019, *DJe* 19-2-2019).

105 CPC: "Art. 313. Suspende-se o processo: I – pela morte ou pela perda da capacidade processual de qualquer das partes, de seu representante legal ou de seu procurador; II – pela convenção das partes; III – pela arguição de impedimento ou de suspeição; IV – pela admissão de incidente de resolução de demandas repetitivas; V – quando a sentença de mérito: a) depender do julgamento de outra causa ou da declaração de existência ou de inexistência de relação jurídica que constitua o objeto principal de outro processo pendente; b) tiver de ser proferida somente após a verificação de determinado fato ou a produção de certa prova, requisitada a outro juízo; VI – por motivo de força maior; VII – quando se discutir em juízo questão decorrente de acidentes e fatos da navegação de competência do Tribunal Marítimo; VIII – nos demais casos que este Código regula; IX – pelo parto ou pela concessão de adoção, quando a advogada responsável pelo processo constituir a única patrona da causa; X – quando o advogado responsável pelo processo constituir o único patrono da causa e tornar-se pai".

106 CPC: "Art. 315. Se o conhecimento do mérito depender de verificação da existência de fato delituoso, o juiz pode determinar a suspensão do processo até que se pronuncie a justiça criminal. § 1º Se a ação penal não for proposta no prazo de 3 (três) meses, contado da intimação do ato de suspensão, cessará o efeito desse, incumbindo ao juiz cível examinar incidentemente a questão prévia. § 2º Proposta a ação penal, o processo ficará suspenso pelo prazo máximo de 1 (um) ano, ao final do qual aplicar-se-á o disposto na parte final do § 1º".

Esse efeito suspensivo pode ser total ou parcial (ex.: suspensão de atos executórios somente em relação a um dos bens, em razão da alegação de impenhorabilidade). De outro lado, ainda que a suspensão seja total (sobre a totalidade da execução), "a concessão de efeito suspensivo não impedirá a efetivação dos atos de substituição, de reforço ou de redução da penhora e de avaliação dos bens" (art. 919, § 5º, CPC).

III – quando o executado não possuir bens penhoráveis;

Nessa hipótese, o juiz deverá suspender a execução pelo prazo máximo de 1 ano, período no qual também ficará suspensa a prescrição (art. 921, § 1º, CPC).

Se transcorrer o prazo máximo de 1 ano sem a localização do executado ou de bens penhoráveis:

a) o juiz deverá determinar o arquivamento dos autos (art. 921, § 2º, CPC). Pelo CPC, portanto, a não localização de bens ou do executado não é causa de extinção do processo, senão de arquivamento.

b) não havendo manifestação do exequente, começa a correr o prazo de prescrição intercorrente (art. 921, § 4º, CPC).

No âmbito da execução fiscal, segue-se a mesma disciplina, conforme a Súmula 314 do STJ: "Em execução fiscal, não localizados bens penhoráveis, suspende-se o processo por um ano, findo o qual se inicia o prazo da prescrição quinquenal intercorrente".

De acordo com o art. 202, *caput*, do Código Civil, a interrupção da prescrição "somente poderá ocorrer uma vez". Assim, no momento em que proposta a ação de execução, **interrompe-se** a prescrição, na forma do art. 240, § 1º, do CPC (por esse dispositivo, interrompe-se com o despacho que ordena a citação, retroagindo à propositura da ação)[107], de modo que inicia novamente o seu curso após o transcurso de 1 ano a contar da decisão que determinou a suspensão do processo de execução. O prazo prescricional depende do título e do tipo de obrigação, na forma estabelecida no Código Civil (arts. 205 e 206) e em legislações especiais. Como se trata de interrupção (e não de suspensão) da prescrição, findo o prazo de suspensão do processo por 1 ano (que marca o início do curso do prazo de prescrição intercorrente), o prazo prescricional conta-se por inteiro.

Ocorre que, na prática, para tentar evitar a prescrição intercorrente, é comum que sejam protocoladas petições aleatórias por parte do exequente, em que são requeridas diligências manifestamente infundadas ou já realizadas, o que acaba tumultuando o processo e movimentando a máquina judiciária por conta de atos processuais infrutíferos. Se houver abuso do direito de petição pelo exequente, verificado no caso concreto (ex.: requerimento de diligências já realizadas, sem qualquer possibilidade de sucesso), o juiz poderá extinguir a execução, diante da falta de interesse processual. Não há razão para manter um processo de execução em trâmite, com custos para a sociedade, se os atos executórios se revelam manifestamente infrutíferos.

Caso sejam localizados bens penhoráveis, os autos deverão ser desarquivados para prosseguimento da execução.

---

107 CPC: "Art. 240 [...] § 1º A interrupção da prescrição, operada pelo despacho que ordena a citação, ainda que proferido por juízo incompetente, retroagirá à data de propositura da ação".

Transcorrido o prazo de prescrição intercorrente, o juiz deverá reconhecer a prescrição e extinguir o processo, mesmo de ofício, mas deverá ouvir previamente as partes no prazo de 15 dias (art. 921, § 5º, CPC). Vale dizer, não é possível decretar a prescrição intercorrente e extinguir a execução sem ouvir previamente o exequente[108].

IV – se a alienação dos bens penhorados não se realizar por falta de licitantes e o exequente, em 15 (quinze) dias, não requerer a adjudicação nem indicar outros bens penhoráveis;

Se não for frutífera a tentativa de alienação dos bens penhorados, por falta de interessados na arrematação, o juiz deverá intimar o executado, para, no prazo de 15 dias, requerer a adjudicação ou indicar outros bens passíveis de penhora.

V – quando concedido o parcelamento de que trata o art. 916.

Concedido o parcelamento da execução de título executivo extrajudicial, a execução ficará suspensa, enquanto ocorre o seu cumprimento, não podendo ser realizado nenhum ato executivo, em regra. Caso sejam descumpridas quaisquer das prestações, o processo de execução deverá retornar ao seu curso normal.

Também é possível a suspensão do processo quando o exequente conceder prazo para o executado cumprir voluntariamente a obrigação (art. 922, *caput*, CPC). Observe-se que o dispositivo não fala de suspensão do processo por convenção das partes, mas isso ocorre porque essa já é uma hipótese de suspensão do processo, na forma do art. 921, inc. I, cumulado com o art. 313, inc. II, do CPC.

Além disso, "**a decretação da falência ou o deferimento do processamento da recuperação judicial suspende o curso da prescrição e de todas as ações e execuções em face do devedor**, inclusive aquelas dos credores particulares do sócio solidário" (art. 6º, *caput*, Lei n. 11.105/2005). No entanto, essa suspensão somente ocorre por 180 (cento e oitenta) dias do deferimento da recuperação, a partir de quando voltará a correr a ação ou a execução[109]. Além disso, havendo outros executados, diversos da empresa em recuperação judicial, o processo de execução deve continuar em relação àqueles[110].Caso seja

---

108 "Em respeito ao princípio do contraditório, deve o juiz, antes de pronunciar a prescrição intercorrente, intimar o credor-exequente a fim de que possa opor algum fato impeditivo à incidência da prescrição" (STJ, AgInt no REsp 1742993/SC, Rel. Ministra Nancy Andrighi, Terceira Turma, julgado em 19-11-2018, *DJe* 21-11-2018).

109 Lei n. 11.105/2005: "Art. 6º [...] 4º Na recuperação judicial, a suspensão de que trata o *caput* deste artigo em hipótese nenhuma excederá o prazo improrrogável de 180 (cento e oitenta) dias contado do deferimento do processamento da recuperação, restabelecendo-se, após o decurso do prazo, o direito dos credores de iniciar ou continuar suas ações e execuções, independentemente de pronunciamento judicial".

110 Nesse sentido, o entendimento firmado pelo STJ em julgado de REsp Repetitivo: **"A recuperação judicial do devedor principal não impede o prosseguimento das execuções nem induz suspensão ou extinção de ações ajuizadas contra terceiros devedores solidários ou coobrigados em geral, por garantia cambial, real ou fidejussória, pois não se lhes aplicam a suspensão prevista nos arts. 6º, *caput*, e 52, inciso III, ou a novação a que se refere o art. 59, *caput*, por força do que dispõe o art. 49, § 1º, todos da Lei n. 11.101/2005"** (STJ, REsp 1333349/SP, Rel. Ministro Luis Felipe Salomão, Segunda Seção, julgado em 26-11-2014, *DJe* 2-2-2015). Tal entendimento se manteve mesmo após o advento do CPC/2015: "AGRAVO INTERNO NO RECURSO ESPECIAL. RECUPERAÇÃO JUDICIAL. HOMOLOGAÇÃO DO PLANO. NOVAÇÃO. EFEITOS SOBRE COOBRIGADOS. 1. A Jurisprudência desta Corte se firmou no sentido de que o plano de recuperação judicial opera novação das dívidas a ele submetidas, mas as garantias reais ou fidejussórias, em regra, são preservadas, podendo o credor exercer seus direitos contra terceiros garantidores, e impõe a manutenção das ações e execuções aforadas contra

suspenso processo de execução, por quaisquer das hipóteses acima, não deverão ser praticados atos processuais na execução. Contudo, o juiz pode decidir as medidas urgentes, salvo no caso de arguição de impedimento ou de suspeição (art. 923, CPC).

Assim, por exemplo, se a parte requerer o parcelamento e este estiver sendo cumprido, mas se observar que há risco de o devedor dilapidar o seu patrimônio, é possível que o exequente requeira e o juiz defira uma medida cautelar de arresto, para garantir a execução.

Transcorrido o prazo de suspensão, o juiz deverá intimar o exequente para dar andamento à execução, sob pena de extinção do processo.

24. EXTINÇÃO DO PROCESSO DE EXECUÇÃO

O juiz deverá extinguir o processo de execução nas seguintes hipóteses (art. 924, CPC):

I – a petição inicial for indeferida;

II – a obrigação for satisfeita;

III – o executado obtiver, por qualquer outro meio, a extinção total da dívida;

IV – o exequente renunciar ao crédito;

V – ocorrer a prescrição intercorrente.

Ocorrendo uma das situações acima referidas, a extinção da execução não é automática, pois é necessário que seja determinada por decisão judicial (art. 925, CPC).

Como a extinção da execução é tendente a pôr fim ao processo em primeira instância, a decisão de extinção possui natureza de sentença.

O CPC não faz qualquer distinção em relação às hipóteses de extinção da execução que fazem ou não coisa julgada.

Nesse sentido, caso a execução seja extinta pela hipótese do inciso I do art. 924 do CPC (acima descrita), de indeferimento da petição inicial, não haverá coisa julgada material. Além dessa hipótese, caso a execução seja extinta por qualquer das hipóteses do art. 485 do CPC (em que o juiz profere sentença sem resolver o mérito)[111], a sentença também não fará coisa julgada material. Desse modo, será possível ao credor propor nova execução, corrigindo o vício existente.

Contudo, nas hipóteses dos incisos II a V do art. 924 do CPC, acima descritas, em que a sentença extingue a execução e possui efeito liberatório do executado, haverá coisa julgada material.

---

fiadores, avalistas ou coobrigados em geral. 2. Agravo interno não provido" (STJ, AgInt no REsp 1602972/SP, Rel. Ministro Ricardo Villas Bôas Cueva, Terceira Turma, julgado em 27-9-2016, *DJe* 11-10-2016).

111 CPC: "Art. 485. O juiz não resolverá o mérito quando: I – indeferir a petição inicial; II – o processo ficar parado durante mais de 1 (um) ano por negligência das partes; III – por não promover os atos e as diligências que lhe incumbir, o autor abandonar a causa por mais de 30 (trinta) dias; IV – verificar a ausência de pressupostos de constituição e de desenvolvimento válido e regular do processo; V – reconhecer a existência de perempção, de litispendência ou de coisa julgada; VI – verificar ausência de legitimidade ou de interesse processual; VII – acolher a alegação de existência de convenção de arbitragem ou quando o juízo arbitral reconhecer sua competência; VIII – homologar a desistência da ação; IX – em caso de morte da parte, a ação for considerada intransmissível por disposição legal; e X – nos demais casos prescritos neste Código".

Nesse sentido, já decidiu o Superior Tribunal de Justiça, em julgamento de Recurso Especial Repetitivo, que, uma vez extinta a execução diante do pagamento da dívida, o processo não pode mais ser reaberto sob a alegação de erro de cálculo[112].

Assim, caso tenha sido proferida sentença com base nas hipóteses do art. 924, incs. II a V, do CPC, a execução não poderá ser reaberta pelo credor ou pelo devedor, já que houve o efeito liberatório do devedor, bem como coisa julgada material.

25. RECURSOS

Contra qualquer decisão interlocutória proferida no processo de execução de título executivo extrajudicial, caberá **agravo de instrumento**, na forma do art. 1.015, parágrafo único, do CPC[113].

De outro lado, **contra a sentença que extingue a execução**, cabe recurso de **apelação**, na forma do art. 1.009, *caput*, do CPC[114].

A **decisão que declara parcialmente satisfeita a execução** não é sentença, senão **decisão interlocutória**. Portanto, nesta hipótese, será cabível o recurso de **agravo de instrumento**.

112 "A extinção da execução, ainda que por vício *in judicando* e uma vez transitada em julgado a respectiva decisão, não legitima a sua abertura superveniente sob a alegação de erro de cálculo, porquanto a isso corresponderia transformar simples *petitio* em ação rescisória imune ao prazo decadencial. 3. Deveras, transitada em julgado a decisão de extinção do processo de execução, com fulcro no artigo 794, I, do CPC, é defeso reabri-lo sob o fundamento de ter havido erro de cálculo" (STJ, REsp 1143471/PR, Rel. Min. Luiz Fux, Corte Especial, julgado em 3-2-2010, *DJe* 22-2-2010).

113 CPC: "Art. 1.015. [...] Parágrafo único. Também caberá agravo de instrumento contra decisões interlocutórias proferidas na fase de liquidação de sentença ou de cumprimento de sentença, no processo de execução e no processo de inventário".

114 CPC: "Art. 1.009. Da sentença cabe apelação".

PARTE IX
PROCEDIMENTOS ESPECIAIS

O processo civil deve ser adequado a tutelar o direito material ameaçado ou violado. Na grande parte das vezes, o procedimento comum é hábil para tal mister. Todavia, em alguns casos, diante das especificidades do direito material, é imprescindível um procedimento especial, que contemple determinadas formas processuais aptas a protegê-lo.

Em razão disso, o estudo dos procedimentos especiais é de extrema importância no processo civil.

Os procedimentos especiais estão disciplinados no Título III da Parte Especial do Código de Processo Civil.

Na presente obra, abordar-se-ão os principais procedimentos especiais previstos no CPC.

CAPÍTULO I

AÇÃO DE CONSIGNAÇÃO EM PAGAMENTO

1. INTRODUÇÃO

A ação de consignação em pagamento está disciplinada nos arts. 539 a 549 do Código de Processo Civil e nos arts. 334 a 345 do Código Civil.

Para a ação de consignação de aluguel e acessórios, existe regramento específico no art. 67 da Lei de Locações (Lei n. 8.245/1991).

A consignação em pagamento é uma das formas de extinção das obrigações, prevista no art. 334 do Código Civil. Ao consignar o objeto do pagamento, o devedor se libera da sua obrigação.

A consignação em pagamento pode ser extrajudicial, realizada mediante depósito em estabelecimento bancário, ou judicial, mediante a propositura da ação de consignação em pagamento.

A consignação judicial ou extrajudicial representa a forma pela qual a legislação assegura ao devedor o **efeito liberatório**, nos casos em que o credor se negue, injustificadamente, a receber o pagamento (*mora accipiendi*) ou nas situações em que o devedor fica impedido de realizá-lo por motivo alheio à sua vontade.

Ao mesmo tempo em que o credor possui o direito de ter satisfeita a prestação e de exigir o seu cumprimento, o devedor tem o direito de adimplir a sua obrigação para extingui-la. Caso o devedor não pague a obrigação no prazo estabelecido, fica constituído em mora. Para evitar essa constituição em mora e todos os efeitos jurídicos daí decorrentes, deve efetuar o pagamento da obrigação, seja diretamente, seja por meio de consignação.

Assim, a ação de consignação em pagamento tem o objetivo de liberar o devedor da sua obrigação, por meio do depósito da quantia em estabelecimento bancário ou através de depósito judicial, que possuem procedimentos próprios.

2. HIPÓTESES DE CABIMENTO

O CPC não estabelece as hipóteses de cabimento da consignação em pagamento, disciplinando apenas que será possível "nos casos previstos em lei" (art. 539).

O Código Civil (art. 335) é que prevê as hipóteses de cabimento da consignação em pagamento. São elas:

> I – se o credor não puder, ou, sem justa causa, recusar receber o pagamento, ou dar quitação na devida forma;
>
> II – se o credor não for, nem mandar receber a coisa no lugar, tempo e condição devidos;
>
> III – se o credor for incapaz de receber, for desconhecido, declarado ausente, ou residir em lugar incerto ou de acesso perigoso ou difícil;
>
> IV – se ocorrer dúvida sobre quem deva legitimamente receber o objeto do pagamento;
>
> V – se pender litígio sobre o objeto do pagamento.

Esse rol do art. 335 do Código Civil é considerado **não taxativo**, sendo possível encontrar outras situações de consignação em pagamento que não estejam expressas em tal dispositivo.

3. LEGITIMIDADE

Possuem **legitimidade ativa** para a consignação em pagamento **o devedor e o terceiro, interessado ou não**.

O terceiro não interessado, nas obrigações de direito civil, também pode efetuar o pagamento, com a peculiariedade de que não se subroga nos direitos do credor, tendo apenas direito ao reembolso (art. 305, Código Civil).

Assim, "poderá o devedor ou terceiro requerer, com efeito de pagamento, a consignação da quantia ou da coisa devida" (art. 539, *caput*, CPC).

De outro lado, possuem **legitimidade passiva todos os credores ou possíveis credores**. Pode haver dúvida quanto à titularidade do crédito. Nesses casos, todos os possíveis credores deverão estar no polo passivo da demanda, em litisconsórcio simples.

4. COMPETÊNCIA

A ação de consignação em pagamento deve ser proposta no **Juízo do lugar do pagamento** (art. 540, *caput*, CPC).

Lembre-se que, quando o crédito se refere a imóvel, o local da situação do imóvel é o lugar do pagamento, nos termos do art. 328 do Código Civil.

Além disso, trata-se de **competência relativa**. Por esta razão, caberá ao réu suscitar a incompetência (em preliminar de contestação), sob pena de se ter por prorrogada a competência (*perpetuatio jurisdictionis*).

5. ESPÉCIES DE CONSIGNAÇÃO EM PAGAMENTO

A consignação em pagamento pode ser extrajudicial, mediante o depósito em estabelecimento bancário, ou judicial, pelo ajuizamento de ação de consignação em pagamento.

5.1. Consignação em pagamento mediante depósito em estabelecimento bancário – extrajudicial

A consignação em pagamento pode ocorrer de forma extrajudicial, mediante um **procedimento** que ocorre mediante depósito em estabelecimento bancário.

Com efeito, este procedimento **não possui nenhum ato judicial**. Todo ele acontece entre o credor, o devedor e a instituição bancária.

Esse procedimento extrajudicial é facultativo, pois o devedor pode optar por, de plano, ingressar com a ação judicial de consignação em pagamento.

Na via extrajudicial, somente é admitida a consignação de dinheiro (art. 539, § 1º, CPC). O depósito de coisa diferente de dinheiro somente pode ocorrer pela via judicial, diante da incompatibilidade de sua natureza com o depósito em instituições financeiras.

A consignação em pagamento extrajudicial tem o seu procedimento previsto no Código de Processo Civil.

Inicialmente, o devedor ou o terceiro, interessado ou não, efetua o **depósito da quantia** devida em um **estabelecimento bancário** situado no local do pagamento.

O credor, então, será **notificado do depósito** por carta com aviso de recebimento, tendo o **prazo de 10 dias** para se manifestar. Nesse prazo, o credor poderá:

a) **levantar a quantia**, caso em que estará anuindo com o depósito e, por conseguinte, provocando a extinção da obrigação.

b) **permanecer inerte**, o que também provoca a extinção da obrigação. O silêncio considera-se **aceitação tácita**, resultando na extinção da obrigação. Nesse caso, o dinheiro depositado ficará disponível ao credor.

c) **recusar o depósito**, de modo que a obrigação não se extingue. A recusa do depósito acontece quando o próprio credor vai até o banco e declara que não aceita a consignação em pagamento. Diante disso, o banco notificará o devedor de que o depósito foi recusado. Nessa hipótese, considera-se frustrada a tentativa extrajudicial de consignação.

Havendo a **recusa**, o devedor terá o **prazo de 1 mês para propor a ação judicial de consignação em pagamento**, instruindo a petição inicial com a prova do depósito e da recusa, sob pena de tornar sem efeito o depósito bancário efetuado.

Caso ultrapassado esse prazo (1 mês), não se impede que o devedor ingresse em juízo com a consignação em pagamento. No entanto, como o depósito inicial foi tornado sem efeito (diante do transcurso desse prazo de 1 mês), o devedor terá de pedir, na petição inicial da ação de consignação, a realização de novo depósito judicial, caso em que os efeitos do adimplemento produzir-se-ão somente a partir da data em que o mesmo foi realizado.

5.2. Ação de consignação em pagamento mediante depósito judicial

Trata-se da consignação mediante um procedimento realizado perante o Poder Judiciário. Nessa modalidade, **podem ser consignados dinheiro e coisa determinada ou indeterminada**.

O autor propõe a ação de consignação em pagamento, mediante protocolo da petição inicial no juízo competente. Na petição inicial, além dos requisitos dos arts. 319

e 320 do CPC, o autor deverá requerer a consignação do valor ou da coisa devida. Caso tenha havido prévio procedimento de consignação extrajudicial e ainda não tenha transcorrido o prazo de 1 mês, o devedor deverá também instruir a inicial com a prova do depósito e da recusa.

Presentes os requisitos da petição inicial, o juiz, ao despachá-la, **deferirá a autorização para o depósito do valor ou da coisa, no prazo de 5 dias**, bem como determinará a citação do réu.

Caso se trate de **prestações periódicas**, uma vez deferida e consignada a primeira parcela, pode o devedor continuar a consignar, no mesmo processo, as que forem se vencendo, no prazo de até 5 dias contados da data de cada vencimento.

Se o objeto da prestação for coisa indeterminada e a escolha couber ao credor, será este citado para exercer o direito de escolha dentro de 5 dias, se outro prazo não constar da lei ou do contrato, devendo o juiz, ao despachar a petição inicial, fixar lugar, dia e hora em que se fará a entrega. Caso a escolha caiba ao devedor, deverá exercer tal direito na própria petição inicial.

Caso haja dúvida sobre a titularidade do crédito, deverão ser citados todos os possíveis credores, em litisconsórcio passivo simples.

Realizado o depósito e citado o réu, este poderá: a) levantar o depósito; b) permanecer inerte; ou c) contestar a ação.

O réu poderá alegar, **na contestação**, que (art. 544, CPC):

I – não houve recusa ou mora em receber a quantia ou a coisa devida;

II – foi justa a recusa;

III – o depósito não se efetuou no prazo ou no lugar do pagamento;

IV – o depósito não é integral.

Caso o réu alegue que o depósito não é integral, deverá indicar, na contestação, o valor que entende devido.

Neste caso, o autor poderá, no prazo de 10 dias, completar o depósito, salvo a prestação for daquelas cujo inadimplmento implica rescisão do contrato.

No caso em que o réu alega que o depósito não é integral, ele poderá, desde logo, levantar a quantia ou a coisa depositada, havendo a liberação parcial do autor e prosseguindo-se o processo em relação à parcela controvertida (art. 545, § 1º, CPC).

Quando a consignação se fundar em dúvida sobre quem deva legitimamente receber, ou seja, quando houver dúvida sobre o credor da obrigação, podem ocorrer as seguintes **hipóteses**:

a) **não comparecendo nenhum pretendente**, converter-se-á o depósito em arrecadação de coisas vagas;

b) **comparecendo apenas um**, o juiz decidirá de plano;

c) **comparecendo mais de um**, o juiz declarará efetuado o depósito e extinta a obrigação do devedor/autor, continuando o processo unicamente entre os credores. Neste caso, a partir da decisão liberatória do devedor, será observado o procedimento comum.

Ao final do processo, o juiz proferirá sentença, julgando a causa. Se entender que o depósito é suficiente, deverá julgar procedente o pedido, hipótese em que deverá declarar extinta a obrigação, bem como condenará o réu ao pagamento de custas e honorários advocatícios.

Se o juiz decidir que o valor depositado pelo devedor é insuficiente, será caso de improcedência do pedido, já que o pagamento parcial da dívida não extingue o vínculo obrigacional. Este foi o entendimento firmado pelo STJ, em julgamento de REsp repetitivo[1], quando modificou o seu entendimento sobre a matéria (antes, o STJ entendia que o pagamento parcial gerava parcial procedência da ação).

De qualquer forma, no caso de improcedência do pedido de consignação (formulado pelo devedor), o juiz deverá fixar o valor ainda devido, que poderá ser executado pelo réu/credor contra o autor/devedor, no próprio processo, mediante o procedimento de cumprimento de sentença. Nesse sentido, o art. 545, § 2º, do CPC.

6. SINOPSE

a) Consignação em pagamento extrajudicial

Devedor efetua o depósito da quantia devida em estabelecimento bancário → Credor é notificado do depósito → Prazo de 10 dias para se manifestar → Credor pode: a) levantar a quantia, anuindo com o depósito, extinguindo-se a obrigação; b) permanecer inerte, extinguindo-se a obrigação; c) recusar o depósito, de modo que a obrigação não se extingue → Havendo recusa, o devedor terá o prazo de 1 mês para propor a ação judicial de consignação em pagamento, sob pena de se tornar sem efeito o depósito bancário efetuado.

b) Ação de consignação em pagamento

Petição inicial → Se o juiz deferir o depósito, o réu terá 5 dias para efetuá-lo → Citação → Réu (credor) pode levantar o depósito, permanecer inerte ou contestar a ação → Sentença: se o juiz verificar que o depósito é suficiente, julgará procedente a ação, liberando-se o autor da obrigação; se o juiz entender que o valor depositado é insuficiente, deverá julgar improcedente, bem como fixar o montante devido, valendo como título executivo judicial em favor do réu/credor.

1 "Tese para os efeitos dos arts. 927 e 1.036 a 1.041 do CPC: – 'Em ação consignatória, a insuficiência do depósito realizado pelo devedor conduz ao julgamento de improcedência do pedido, pois o pagamento parcial da dívida não extingue o vínculo obrigacional'" (STJ, REsp 1108058/DF, Rel. Ministro Lázaro Guimarães (Desembargador Convocado do TRF 5ª Região), Rel. p/ Acórdão Ministra Maria Isabel Gallotti, Segunda Seção, julgado em 10-10-2018, *DJe* 23-10-2018).

CAPÍTULO II

AÇÃO DE EXIGIR DE CONTAS

1. INTRODUÇÃO

A obrigação de prestar contas surge em razão da administração de bens de outrem ou de bens comuns.

Diversas são as situações que geram para a pessoa a obrigação de prestar contas, como a posse pelo herdeiro de um dos bens que compõem o espólio, enquanto tramita o inventário; a obrigação de prestar contas do inventariante em razão do processo de arrolamento sumário ou de inventário e partillha; o dever de prestar contas do curador e do tutor em razão do exercício da curatela e da tutela; do administrador em razão da administração da massa falida no processo falimentar; o dever de prestar contas do advogado ao seu cliente ou do procurador ao representado.

A ação de prestação de contas objetiva a extinguir essa obrigação de prestar contas, apurando-se, inclusive, eventual saldo existente.

De acordo com o CPC (art. 550, *caput*), a **ação de prestação de contas** pode ser **proposta** por "**aquele que afirmar ser titular do direito de exigir contas**".

Assim, não está mais prevista a possibilidade de ser proposta por aquele que possui a obrigação de prestá-las, como fazia o CPC/1973. As contas do inventariante, do tutor, do curador, do depositário e de qualquer outro administrador nomeado judicialmente serão prestadas em autos apensos aos do processo em que tiverem sido nomeados (art. 553, CPC).

As contas a serem prestadas pelo réu ou pelo autor (quando o primeiro não o fizer) serão **apresentadas de forma adequada**, especificando-se receitas, as despesas e investimentos, bem como eventual saldo. Além disso, deverão ser instruídas com os documentos necessários para justificá-las (art. 551, CPC). Assim, de acordo com o CPC/2015, as contas não precisam mais ser apresentadas na forma mercantil (como exigia o CPC/1973).

2. PROCEDIMENTO

O procedimento da ação de exigir contas (ou ação de prestação de contas, como continua sendo chamada pela jurisprudência, mesmo após o CPC/2015) possui **duas fases**[1]:

1 "A ação de prestação de contas ocorre em duas fases distintas e sucessivas – na primeira, discute-se sobre o dever de prestar contas; na segunda, declarado o dever de prestar contas, serão elas julgadas e apreciadas se

1ª fase: é destinada a **reconhecer ou não a obrigação de prestar contas**; caso existente a obrigação, passa-se à segunda fase.

2ª fase: tem por objeto a **análise das contas prestadas**.

Na **petição inicial**, além dos requisitos do art. 319 e 320 do CPC, o autor deverá especificar as razões pelas quais exige as contas, bem como apresentar provas do alegado.

Citado, **o réu** terá **15 dias** para se manifestar. **Poderá adotar uma das seguintes condutas**:

> a) **O réu pode aceitar a sua obrigação de prestar contas e apresentá-las.** Se isso acontecer, encerra-se a primeira fase (destinada ao reconhecimento da obrigação de prestar contas) e passa-se diretamente à segunda fase, sem necessidade de decisão sobre a primeira fase da prestação de contas. Ou seja, há a aglutinação das duas fases no processo[2].

Apresentadas as contas, o autor será intimado para, no prazo de 15 dias, sobre elas se manifestar.

Se o autor impugnar as contas apresentadas, o feito passará a seguir o procedimento comum, com ampla possibilidade de dilação probatória.

> b) **O réu pode permanecer inerte.** Havendo revelia, o juiz procederá ao julgamento antecipado do mérito.
>
> c) **O réu pode apresentar contestação, alegando que não possui a obrigação de prestar contas.** Se isso acontecer, o procedimento passa a ser o ordinário, com dilação probatória. Então, haverá duas fases.

Julgando procedente a ação, o juiz determinará que o réu preste contas no prazo de 15 dias, sob pena de não poder impugnar as contas que o autor vier a apresentar. Se o réu apresentar as contas, passa-se à segunda fase.

Embora **encerre apenas a primeira fase da prestação de contas, trata-se de sentença**, recorrível por apelação. Isso porque tem aptidão para encerrar a uma fase de conhecimento. Essa sentença possui natureza condenatória[3].

Caso o réu apresente as contas no prazo de 15 dias, o autor será intimado para, em 15 dias, se manifestar. Se o autor concordar com as contas, o juiz sentenciará; caso o autor impugne a prestação de contas, o processo seguirá o procedimento comum.

Se o réu não apresentar as contas no prazo de 15 dias, o autor poderá fazê-lo em idêntico prazo (15 dias), podendo o juiz determinar a realização de exame pericial, se necessário.

---

apresentadas" (STJ, REsp 1567768/GO, Rel. Ministro Moura Ribeiro, Terceira Turma, julgado em 17-10-2017, *DJe* 30-10-2017).

2 "A ação de prestação de contas ocorre em duas fases distintas e sucessivas – na primeira, discute-se sobre o dever de prestar contas; na segunda, declarado o dever de prestar contas, serão elas julgadas e apreciadas se apresentadas. 8. É possível a aglutinação das referidas fases quando o demandado, em sua contestação, reconhece seu dever de prestar as contas, apresentando-as de forma espontânea" (STJ, REsp 1567768/GO, Rel. Ministro Moura Ribeiro, Terceira Turma, julgado em 17-10-2017, *DJe* 30-10-2017).

3 Nesse sentido, também José Miguel Garcia Medina: "A sentença proferida na ação de exigir as contas tem natureza condenatória, seja em relação ao dever de prestar contas, seja em relação ao valor reconhecido como devido por uma parte à outra" (MEDINA, José Miguel Garcia. *Novo Código de Processo Civil comentado*. 3. ed. São Paulo: Revista dos Tribunais, 2015. p. 873).

Na hipótese de o autor não ter os elementos necessários para os cálculos, poderá ser instaurado incidente de exibição de documentos ou coisa, ou será possível, ainda, a apresentação de cálculos pelo autor por estimativa[4]. Ainda assim, caberá ao juiz fazer a análise das contas apresentadas pelo autor, inclusive se valendo de perícia contábil para tanto.

3. SENTENÇA

Na segunda fase da ação de prestação de contas, o juiz deverá, também por sentença, **julgar boas as contas ou não**. Assim, há uma sentença na primeira fase, e outra na segunda fase do procedimento de prestação de contas.

Caso não sejam boas as contas prestadas, o juiz deverá fixar qual o saldo credor, em favor do autor ou do réu, valendo como título executivo judicial para amparar o cumprimento de sentença de obrigação de pagar quantia.

Portanto, essa sentença (da segunda fase) possui natureza condenatória.

Todos os créditos e os débitos das partes devem ser alegados e demonstrados nessa ação, sob pena de não mais poderem fazê-lo depois, em razão da eficácia preclusiva da coisa julgada.

Assim, observa-se o **caráter dúplice da ação**, não precisando de reconvenção ou de pedido contraposto.

No entanto, não é cabível pedido de revisão contratual em ação de prestação de contas, nem pelo autor, nem pelo réu[5].

Essa **sentença é recorrível por apelação**.

4. QUESTÕES POLÊMICAS

Abaixo, existem questões que apresentam especial interesse e que geraram debates na doutrina e na jurisprudência:

a) Súmula 477 do STJ: "A decadência do art. 26 do CDC não é aplicável à prestação de contas para obter esclarecimentos sobre cobrança de taxas, tarifas e encargos bancários".

b) Súmula 259 do STJ: "A ação de prestação de contas pode ser proposta pelo titular de conta corrente bancária".

---

4 "Caso o autor não disponha de elementos para apresentar as contas no lugar do réu, é possível a instauração de incidente de exibição de documentos ou a apresentação de contas por estimativa" (TJDFT, Acórdão n. 606410, 20120020119410AGI, Rel. Ana Maria Duarte Amarante Brito, 6ª Turma Cível, julgado em 25-7-2012, *DJ* 2-8-2012 p. 189).

5 "PROCESSUAL CIVIL. RECURSO ESPECIAL REPETITIVO. [...] 1. Tese para os efeitos do art. 543-C do Código de Processo Civil de 1973: – Impossibilidade de revisão de cláusulas contratuais em ação de prestação de contas. [...] 3. O rito especial da ação de prestação de contas não comporta a pretensão de alterar ou revisar cláusula contratual, em razão das limitações ao contraditório e à ampla defesa. 4. Essa impossibilidade de se proceder à revisão de cláusulas contratuais diz respeito a todo o procedimento da prestação de contas, ou seja, não pode o autor da ação deduzir pretensões revisionais na petição inicial (primeira fase), conforme a reiterada jurisprudência do STJ, tampouco é admissível tal formulação em impugnação às contas prestadas pelo réu (segunda fase)" (STJ, REsp 1497831/PR, Rel. Ministro Paulo de Tarso Sanseverino, Rel. p/ Acórdão Ministra Maria Isabel Gallotti, Segunda Seção, julgado em 14-9-2016, *DJe* 7-11-2016).

c) Súmula 208 do STJ: "Compete à Justiça Federal processar e julgar prefeito municipal por desvio de verba sujeita à prestação de contas perante órgão federal".

d) O correntista tem interesse processual para propor ação de prestação de contas contra a instituição bancária, a fim de se apurar eventual cobrança indevida ou injustificada em sua conta bancária, mas deve indicar o período em que pretende a prestação de contas[6], bem como apontar "concreta e fundamentadamente as irregularidades detectadas, não bastando a mera referência genérica a respeito"[7].

e) Tem legitimidade ativa para a ação de prestação de contas aquele que possui determinado direito ou bem de propriedade comum com outrem, em razão da prática de atos de administração por este, a fim de apurar eventuais irregularidades[8].

f) "O sócio gerente tem o dever legal de dar contas justificadas de sua administração aos demais sócios" [...], e "também possui legitimidade para exigi-las de antigo sócio administrador relativamente à respectiva gestão"[9].

---

6 "A ação de prestação de contas não prescinde da indicação, na inicial, de período determinado em relação ao qual busca esclarecimentos o correntista, com a exposição de motivos consistentes e ocorrências duvidosas, que justificam a provocação do Poder Judiciário (REsp n. 1.231.027/PR, Relatora Ministra MARIA ISABEL GALLOTTI, SEGUNDA SEÇÃO, julgado em 12-12-2012, *DJe* de 18-12-2012)" (STJ, AgInt no AREsp 1317276/GO, Rel. Ministra Maria Isabel Gallotti, Quarta Turma, julgado em 11-12-2018, *DJe* 19-12-2018).

7 "De acordo com a jurisprudência desta Corte, o correntista possui interesse processual para exigir a prestação de contas, sendo imprescindível que aponte concreta e fundamentadamente as irregularidades detectadas, não bastando a mera referência genérica a respeito" (STJ, AgInt no REsp 1680049/SP, Rel. Ministro Moura Ribeiro, Terceira Turma, julgado em 6-3-2018, *DJe* 12-3-2018).

8 "O direito de exigir contas, portanto, pressupõe a presença concomitante de dois elementos: (i) que tenha havido a administração ou a guarda de bens alheios e (ii) que exista situação de incerteza quanto ao saldo resultante do vínculo daí originado" (STJ, REsp 1729503/SP, Rel. Ministra Nancy Andrighi, Terceira Turma, julgado em 23-10-2018, *DJe* 12-11-2018).

9 STJ, AgInt no REsp 1665045/PR, Rel. Ministro Antonio Carlos Ferreira, Quarta Turma, julgado em 26-6-2018, *DJe* 1º-8-2018.

CAPÍTULO III

AÇÕES POSSESSÓRIAS

1. INTRODUÇÃO

As ações possessórias estão previstas nos arts. 554 a 568 do Código de Processo Civil e nos arts. 1196 a 1224 do Código Civil.

Trata-se de demandas que tem por **objetivo a tutela jurisdicional da posse**.

2. ESPÉCIES

São espécies de ações possessórias a ação de reintegração de posse, a ação de manutenção de posse e o interdito proibitório.

2.1. Ação de reintegração de posse

É a demanda possessória que deve ser utilizada no caso de **esbulho** da posse (perda total da posse). Nessa ação, o autor postula que a posse lhe seja restituída/reintegrada.

2.2. Ação de manutenção de posse

Trata-se da demanda possessória hábil a tutelar a posse no caso de **turbação**.

A turbação é "todo ato que embaraça o livre exercício da posse"[1], devendo ser concreta e efetiva. É a perda de algum dos poderes fáticos sobre a posse, mas não da sua totalidade. Por exemplo, no caso de corte de árvores do imóvel que está na sua posse, ou quando o possuidor está impedido de exercer algum outro direito sobre a posse.

Segundo James Eduardo Oliveira, "considera-se positiva a turbação quando o agressor pratica atos materiais e com isso embaraça o exercício da posse pelo legítimo possuidor. Considera-se negativa a turbação, de outro lado, quando o agressor, sem

---

1 GOMES, Orlando. *Direitos reais*. 18. ed. Rio de Janeiro: Forense, 2001. p. 90.

praticar atos concretos diretamente sobre o bem, impossibilita o seu legítimo possuidor de exercer, a seu talante, a posse plena do bem"[2].

Na ação de manutenção de posse, o autor pede que seja mantido na sua posse e que cesse a turbação.

2.3. Interdito proibitório

Trata-se de ação utilizada pelo possuidor para o caso de **ameaça fundada** de ser molestado na sua posse.

O autor postula um mandado proibitório, para que não seja turbado ou esbulhado.

3. AÇÃO POSSESSÓRIA E AÇÃO PETITÓRIA

O objeto da **ação possessória** é a **tutela jurisdicional da posse**. A ação possessória não se presta a discutir a propriedade.

Enquanto tramita o processo da ação possessória, não pode uma parte ajuizar contra a outra ação de reconhecimento de domínio (art. 557, CPC)[3]. Vale dizer, primeiro se resolve a questão da posse e somente depois se pode discutir a propriedade.

Como regra, não se admite que as partes busquem proteção possessória exclusivamente com base na propriedade. Nesse sentido, o parágrafo único do art. 557 do CPC estabelece que "não obsta à manutenção ou à reintegração de posse a alegação de propriedade ou de outro direito sobre a coisa".

Entretanto, se duas pessoas estiverem dicutindo a posse com base no seu direito de propriedade, será entregue a posse para aquele que demonstrar a propriedade. Nesse sentido, aliás, a Súmula 487 do STF: "Será deferida a posse a quem, evidentemente, tiver o domínio, se com base neste for ela disputada".

Para a **proteção do direito de propriedade**, o proprietário deverá utilizar uma **ação petitória**, como, por exemplo, a ação reivindicatória ou a ação de imissão na posse, mas não uma ação possessória.

A ação de imissão na posse é demanda do proprietário que nunca foi possuidor, para se imitir na posse. É ação petitória e não possessória, porque o seu fundamento não é a posse, senão a propriedade.

4. FUNGIBILIDADE ENTRE AS AÇÕES POSSESSÓRIAS

O art. 554 do CPC prevê que "a propositura de uma ação possessória em vez de outra não obstará a que o juiz conheça do pedido e outorgue a proteção legal correspondente àquela cujos pressupostos estejam provados".

---

2 OLIVEIRA, James Eduardo. *Posse e interditos possessórios*. Brasília: Alummus, 2013. p. 261.

3 CPC: "Art. 557. Na pendência de ação possessória é vedado, tanto ao autor quanto ao réu, propor ação de reconhecimento do domínio, exceto se a pretensão for deduzida em face de terceira pessoa".

Trata-se de certa mitigação ao princípio da congruência. Embora a parte tenha ajuizado uma ação possessória e deduzido determinado pedido, o juiz poderá deferir-lhe outro, que seja mais adequado à proteção possessória. Por exemplo, a parte postula reintegração de posse, mas, em verdade, o esbulho não se consumou, havendo apenas ameaça. Nesse caso, o juiz poderá deferir o interdito proibitório, com a expedição de mandado proibitório, a fim de impedir o esbulho. Outro exemplo: a parte postula o interdito proibitório, mas, durante o curso do processo, o esbulho vem a ocorrer; nesta hipótese, o juiz poderá deferir a reintegração de posse, diante da mudança das circunstâncias fáticas, as quais tornam inadequado o interdito proibitório.

A **fungibilidade entre ações possessórias** é amplamente admitida pela jurisprudência[4]. No entanto, **não se admite a fungibilidade entre ação possessória e ação petitória**[5].

5. COMPETÊNCIA

Para as ações possessórias relativas a bem imóvel, há **competência absoluta do foro da situação do imóvel**, nos termos do art. 47, § 2º, do CPC[6].

Caso o litígio possessório envolva a União, suas autarquias, fundações públicas e empresas públicas, a competência será da Justiça Federal (art. 109, I, CF).

No caso de ação possessória por ameaça/turbação/esbulho em decorrência do **exercício abusivo do direito de greve de trabalhadores da iniciativa privada**, a **competência** será da **Justiça do Trabalho**. A esse respeito, a Súmula Vinculante 23 do STF dispõe que "a Justiça do Trabalho é competente para processar e julgar ação possessória ajuizada em decorrência do exercício do direito de greve pelos trabalhadores da iniciativa privada".

6. LEGITIMIDADE ATIVA

Tem **legitimidade ativa** o **possuidor**, ainda que não seja proprietário.

Aliás, nos casos em que a posse se desdobra em posse direta e posse indireta, o possuidor direto tem legitimidade ativa contra o proprietário/possuidor indireto. A esse respeito, o art. 1.197 do Código Civil prevê que "a posse direta, de pessoa que tem a coisa em seu poder, temporariamente, em virtude de direito pessoal, ou real, não anula a indireta, de quem aquela foi havida, podendo o possuidor direto defender a sua posse contra o indireto".

---

4 "A fungibilidade dos interditos possessórios permite ao magistrado conhecer e, por consequência, outorgar a proteção legal correspondente, quando for ajuizada uma ação possessória em vez de outra, nos termos do artigo 554 do Código de Processo Civil" (TJDFT, Acórdão n. 1036320, 20130710090523APC, Relator: Cesar Loyola, 2ª Turma Cível, Data de julgamento: 2-8-2017, publicado no *DJe*: 7-8-2017).

5 "A ação de imissão de posse, dada a sua natureza petitória, não se inclui dentre as ações possessórias, sendo, desse modo, inviável a aplicação da fungibilidade prevista no art. 554 do Código de Processo Civil de 2015" (TJDFT, Acórdão n. 962005, 20151210044115APC, Relator: Hector Valverde, 5ª Turma Cível, Data de julgamento: 24-8-2016, publicado no *DJe*: 30-8-2016).

6 CPC: "Art. 47 [...] § 2º A ação possessória imobiliária será proposta no foro de situação da coisa, cujo juízo tem competência absoluta".

Logo, a posse é direito autônomo em relação à propriedade. Por exemplo, em virtude do contrato de locação, o inquilino ou locatário tem a posse direta, enquanto o locador fica com a posse indireta; assim, o locatário tem o direito de fazer valer a sua posse, inclusive contra ameaça, turbação ou esbulho do proprietário (porque tem a melhor posse). De outro lado, caso um terceiro viole a posse do imóvel locado, tanto o locatário quanto o locador/proprietário possuem legitimidade para a proteção possessória contra esse terceiro.

7. LEGITIMIDADE PASSIVA

O legitimado passivo é aquele que está molestando a posse ou na iminência de fazê-lo.

Em alguns casos, a posse pode ser molestada sem que seja possível identificar individualmente todos os esbulhadores. É o caso, por exemplo, em que determinado grupo de pessoas invade um imóvel. Nesses casos, não há necessidade de individualização de todos os invasores, até porque isso seria faticamente muito difícil ou impossível. Esse, aliás, é o entendimento do STJ[7].

Para tentar solucionar esse problema, o art. 554, § 1º, do CPC estabelece que, nesses casos em que no polo passivo da ação possessória figura grande número de pessoas, deve ser feita "a citação pessoal dos ocupantes que forem encontrados no local e a citação por edital dos demais". Essa citação por edital dos réus indeterminados é obrigatória[8]. O dispositivo determina, ainda, que deverá haver a intimação do Ministério Público e, se a ação envolver pessoas em situação de hipossuficiência econômica, da Defensoria Pública. Nesses casos, o juiz precisará procurar os ocupantes no local apenas uma vez, procedendo-se, imediatamente após, a citação por edital (§ 2º). Além disso, o referido artigo ainda estabelece que o juiz deverá determinar que seja dada ampla publicidade dessa ação, mediante anúncios em jornal, publicação de cartazes no local do conflito e por outros meios (§ 3º).

8. PARTICIPAÇÃO DO CÔNJUGE NAS AÇÕES POSSESSÓRIAS

O art. 73, *caput*, do Código de Processo Civil prevê que "o cônjuge necessitará do consentimento do outro para propor ação que verse sobre direito real imobiliário, salvo quando casados sob o regime de separação absoluta de bens". De outro lado, o § 2º do

---

7 "O novo regramento autoriza a propositura de ação em face de diversas pessoas indistintamente, sem que se identifique especificamente cada um dos invasores (os demandados devem ser determináveis e não obrigatoriamente determinados), bastando a indicação do local da ocupação para permitir que o oficial de justiça efetue a citação daqueles que forem lá encontrados (citação pessoal), devendo os demais serem citados presumidamente (citação por edital)" (STJ, REsp 1314615/SP, Rel. Ministro Luis Felipe Salomão, Quarta Turma, julgado em 9-5-2017, *DJe* 12-6-2017).

8 "Nas ações possessórias voltadas contra número indeterminado de invasores de imóvel, faz-se obrigatória a citação por edital dos réus incertos" (STJ, REsp 1314615/SP, Rel. Ministro Luis Felipe Salomão, Quarta Turma, julgado em 9-5-2017, *DJe* 12-6-2017).

mesmo artigo disciplina que, "nas ações possessórias, a participação do cônjuge do autor ou do réu somente é indispensável nas hipóteses de composse ou de ato por ambos praticado".

No caso de os cônjuges serem titulares da pretensão a ser exercida (seja pela composse ou em razão de ato por ambos praticado), não há necessidade de litisconsórcio ativo, bastando apenas a autorização de um cônjuge ao outro.

De outro lado, quando forem demandados, haverá litisconsórcio passivo necessário entre os cônjuges nos casos de composse ou de ato por ambos praticados.

9. PROCEDIMENTO

9.1. Ação de força velha e ação de força nova

As **ações de força nova** são aquelas ajuizadas **dentro do prazo de um ano e um dia**, contados da data do esbulho ou da turbação. De outro lado, denomina-se **ação de força velha** a proposta **depois de ano e dia**.

Caso se trate de **ação de força nova**, seguirá o **procedimento especial** da ação possessória[9], com possibilidade de deferimento de **medida liminar**, com ou sem audiência de justificação.

Quando se tratar de **ação de força velha**, a demanda seguirá o **procedimento comum**. Assim, na ação de força velha não se admitirá a medida liminar da ação possessória.

Entretanto, tem sido aceita, em ambas as hipóteses (força velha e força nova), a possibilidade de deferimento de **tutela antecipada**, com base nos requisitos gerais para essa tutela provisória (art. 300, *caput*, CPC), que se aplica a todas as espécies de procedimento (poder geral de antecipação de tutela)[10].

9.2. Petição inicial

A petição inicial deverá conter, além dos requisitos dos arts. 319 e 320, a prova da posse; a demonstração da turbação, do esbulho ou da ameaça de ser molestado na sua posse; a data da ameaça, turbação ou do esbulho; e a continuação da posse, embora turbada, na ação de manutenção, ou a perda da posse, na ação de reintegração (art. 561, CPC).

Na ação possessória, podem ser **cumulados, com o pedido possessório, os pedidos de: a) condenação do réu em indenização por perdas e danos; b) cominação de medidas**

---

9 CPC: "Art. 558. Regem o procedimento de manutenção e de reintegração de posse as normas da Seção II deste Capítulo quando a ação for proposta dentro de ano e dia da turbação ou do esbulho afirmado na petição inicial. Parágrafo único. Passado o prazo referido no *caput*, será comum o procedimento, não perdendo, contudo, o caráter possessório".

10 "O Superior Tribunal de Justiça tem entendimento de que é possível a concessão de tutela antecipada em ação possessória de força velha, desde que preenchidos os requisitos do art. 273 do CPC/73, a serem aferidos pela instância de origem" (STJ, AgInt no AREsp 1089677/AM, Rel. Ministro Lázaro Guimarães (Desembargador Convocado do TRF 5ª Região), Quarta Turma, julgado em 8-2-2018, *DJe* 16-2-2018).

coercitivas para o caso de nova moléstia da posse; e c) desfazimento de construções e plantações feitas pelo réu, às expensas deste[11].

9.3. Medida liminar, audiência de justificação ou de mediação

Caso não seja possível demonstrar documentalmente a posse ou que a posse está sendo molestada, poderá o juiz designar audiência de justificação (art. 562, CPC), a fim de que seja colhida prova oral para comprovação desses fatos.

Assim, a concessão da medida liminar pode ocorrer no momento do recebimento da inicial ou depois da audiência de justificação.

Caso se trate de litígio coletivo pela posse do imóvel, quando o esbulho ou a turbação afirmada na inicial houver acontecido há mais de ano e dia, o juiz deverá, antes de apreciar a liminar, designar audiência de mediação[12]. Nessa hipótese, o deverá ser intimado o Ministério Público e, se houver parte beneficiária da gratuidade judiciária, a Defensoria Pública. Também deverão ser intimados os órgãos responsáveis pela política agrária e urbana dos entes da federação de onde se situe a área objeto do litígio (art. 565, §§ 2º e 4º, CPC).

De outro lado, se a ação possessória, em qualquer caso, for proposta contra pessoas jurídicas de direito público, como regra não poderá ser deferida a medida liminar de manutenção ou de reintegração de posse sem a prévia intimação dos respectivos representantes judiciais para se manifestarem (art. 562, parágrafo único, CPC).

9.4. Contestação: o caráter dúplice das ações possessórias

O réu deverá apresentar **contestação** no **prazo de 15 dias**, contados na forma do art. 231 do CPC.

Caso o juiz entenda ser necessária a audiência de justificação, o réu será citado para comparecer a tal audiência, mas o prazo de contestação ainda não começará a fluir. Neste caso, o prazo de 15 dias para contestar contar-se-á da intimação da decisão que deferir ou indeferir a medida liminar (art. 564, parágrafo único, CPC).

A **ação possessória** é **formal e materialmente dúplice**. É formalmente dúplice porque o réu pode deduzir pedido contra o autor na própria contestação, independentemente de reconvenção; é materialmente dúplice porque a própria afirmação do réu na contestação do seu direito à posse, em defesa, já importa o exercício da sua pretensão possessória, de modo que, caso a ação seja improcedente, a sentença lhe estará concedendo proteção possessória.

---

11 CPC: "Art. 555. É lícito ao autor cumular ao pedido possessório o de: I – condenação em perdas e danos; II – indenização dos frutos. Parágrafo único. Pode o autor requerer, ainda, imposição de medida necessária e adequada para: I – evitar nova turbação ou esbulho; II – cumprir-se a tutela provisória ou final".

12 CPC: "Art. 565. No litígio coletivo pela posse de imóvel, quando o esbulho ou a turbação afirmado na petição inicial houver ocorrido há mais de ano e dia, o juiz, antes de apreciar o pedido de concessão da medida liminar, deverá designar audiência de mediação, a realizar-se em até 30 (trinta) dias, que observará o disposto nos §§ 2º e 4º".

Com efeito, o art. 556 do CPC prevê que "é lícito ao réu, na contestação, alegando que foi o ofendido em sua posse, demandar a proteção possessória e a indenização pelos prejuízos resultantes da turbação ou do esbulho cometido pelo autor".

Após contestação, o processo seguirá o rito comum.

9.5. Instrução processual

A ação possessória de força velha tramita pelo procedimento comum. Na ação possessória de força nova, o procedimento é especial somente até o momento da contestação, a partir de quando também segue o procedimento comum.

Assim, nas ações possessórias, admite-se ampla possibilidade de produção de provas, com realização de audiências de justificação; audiências de instrução para coleta de prova oral; prova pericial; inspeção judicial etc.

9.6. Sentença

Nas ações de reintegração e de manutenção de posse, a própria sentença que julga procedente o pedido possessório já determina o seu cumprimento.

Com efeito, as sentenças da **ação de manutenção de posse e da ação de reintegração de posse** possuem **eficácia predominantemente executiva**, haja vista que são cumpridas mediante coerção direta. Com efeito, caso a parte não saia da posse no prazo determinado, a sentença deverá ser executada mediante força policial, retirando-se os ocupantes.

É inegável, no entanto, que a sentença das ações de reintegração e de manutenção de posse pode ter eficácia condenatória, no tocante às perdas e danos e ao desfazimento das construções e plantações. Além disso, também pode ter caráter mandamental, pois a sentença pode impor multa para o caso de nova turbação ou esbulho – medida coercitiva indireta.

De outro lado, a sentença de procedência do **interdito proibitório** possui **eficácia predominantemente mandamental**[13], haja vista que determina que a parte requerida não moleste a posse do autor, fixando-se multa para o caso de descumprimento. Assim, como, no interdito proibitório, ainda não houve o molestamento à posse, a medida coercitiva é indireta, para que o requerido se abstenha de turbar ou esbulhar a posse.

Observe-se que, no tocante às obrigações de fazer e de não fazer, o cumprimento da sentença dispensa o requerimento do autor da ação, pois a própria sentença já determina o seu cumprimento.

10. QUESTÕES POLÊMICAS

É preciso tratar, ainda, de algumas questões polêmicas, que despertaram ou ainda despertam debates na doutrina e na jurisprudência.

---

13 Nesse mesmo sentido, Luiz Rodrigues Wambier e Eduardo Talamini (*Curso avançado de direito processual civil:* processo cautelar e procedimentos especiais. v. 3. 10. ed. São Paulo: Revista dos Tribunais, 2010. p. 265).

A **ocupação irregular de terras públicas** por particulares não configura posse, senão **mera detenção**, tolerada pela administração pública. Em razão disso, eventuais benfeitorias e acessões realizadas por particulares, em tais situações, não lhes gera direito de indenização[14].

Entretanto, se o imóvel público é objeto de conflito possessório entre particulares, é cabível ação possessória entre eles, já que os conflitos fundiários entre particulares não podem ser ignorados pelo Poder Judiciário, sob pena de deixar a solução do litígio para o uso da força privada[15].

---

14 "A ocupação irregular, a qualquer título, de área pública, não autoriza a indenização de benfeitorias, por não se equiparar o mero detentor com o posseiro" (STJ, REsp 1353976/MG, Rel. Ministro Og Fernandes, Segunda Turma, julgado em 17-4-2018, *DJe* 23-4-2018).

15 "[...] Embora não se possa falar em posse, mas mera detenção quanto ao bem público, no caso em que a disputa ocorre entre particulares, é possível se garantir uma proteção possessória àquele que demonstra estar autorizado a ocupar o bem. 2. Realmente, são duas situações que devem ter tratamentos bem distintos: aquela em que o particular invade imóvel público e almeja proteção possessória em face do ente estatal e a disputa possessória entre particulares no tocante a bem público. No último caso, é possível o manejo de interditos possessórios, em que pese a posse dos litigantes estar situada em bem público. 3. No caso dos autos, em que a disputa da posse ocorre entre particulares a respeito de bem incluído em inventário, tem-se por juridicamente possível o pedido de proteção possessória formulado pelo embargante, ocupante do imóvel público" (STJ, AgInt no REsp 1324548/DF, Rel. Ministro Raul Araújo, Quarta Turma, julgado em 8-8-2017, *DJe* 18-8-2017).

CAPÍTULO **IV**

DA AÇÃO DE DIVISÃO E DA DEMARCAÇÃO DE TERRAS PARTICULARES

A ação de demarcação de terras é a demanda que permite ao proprietário obrigar o seu confinante (vizinho) a estremar as respectivas propriedades imóveis, fixando-se novos limites entre eles ou aviventando-se os já apagados.

A ação de divisão de terras pode ser utilizada pelo condômino para obrigar os demais condôminos a estremar os seus respectivos quinhões.

É possível a cumulação dessas ações, quando as partes forem condôminos. Nessa hipótese, primeiramente se procederá à demarcação total ou parcial da área ou da coisa comum, citando-se todos os confinantes e condôminos. Após a demarcação, proceder-se-á a divisão.

De outro lado, o CPC (art. 571) autoriza que a demarcação e a divisão de terras possam ser realizadas por escritura pública, desde que todos os interessados sejam maiores, capazes e concordes, observando-se, no que couber, o disposto no CPC.

O procedimento especial da demarcação está previsto nos arts. 574 a 587, e o da divisão está disciplinado nos arts. 588 a 598 do CPC.

CAPÍTULO V

EMBARGOS DE TERCEIRO

1. CABIMENTO E OBJETO

Trata-se de ação que tem por objetivo **afastar** a **constrição** ou a **ameaça de constrição judicial** de bens que possui, ou, ainda, sobre bens em relação aos quais tenha direito incompatível com o ato constritivo decorrente de processo em que o possuidor não é parte. Em tais hipóteses, o terceiro poderá requerer o desfazimento ou a inibição da constrição mediante embargos de terceiro (art. 674, *caput*, CPC)[1].

De acordo com o art. 674, § 1º, do CPC, "os embargos podem ser de terceiro proprietário, inclusive fiduciário, ou possuidor".

O objeto é, portanto, a proteção possessória contra ato judicial que moleste a posse de bem de terceiro, estranho ao processo em que a decisão judicial foi proferida. Tal ato judicial constritivo da posse pode ser, por exemplo, penhora, depósito, arresto, sequestro, alienação judicial, arrecadação, arrolamento, inventário ou partilha.

Os embargos de terceiro constituem modalidade de tutela jurisdicional diferenciada, cuja finalidade é exclusivamente a desconstituição (ou a prevenção contra) do ato de constrição judicial sobre bens ou direitos de terceiro.

Como **a cognição é limitada horizontalmente**, não é toda e qualquer matéria que pode ser discutida no bojo dos embargos de terceiro. Por conseguinte, não se admite, por exemplo, que qualquer das partes postule provimento jurisdicional que reconheça a **fraude contra credores**[2], vício social que deve ser alegado por meio da ação própria, qual seja, a **ação revocatória ou pauliana**, de procedimento comum. Acerca da matéria, há entendimento sumulado do Superior Tribunal de Justiça, nos seguintes

---

1 CPC: "Art. 674. Quem, não sendo parte no processo, sofrer constrição ou ameaça de constrição sobre bens que possua ou sobre os quais tenha direito incompatível com o ato constritivo, poderá requerer seu desfazimento ou sua inibição por meio de embargos de terceiro".

2 A fraude contra credores está prevista no art. 158 e seguintes do Código Civil. Trata-se de um vício do negócio jurídico, que gera a sua anulação. Segundo Pablo Stolze Gagliano e Rodolfo Pamplona Filho, "*a fraude contra credores, também considerada vício social, consiste no ato de alienação ou oneração de bens, assim como de remissão de dívida, praticado por devedor insolvente, ou à beira da insolvência, com o propósito de prejudicar credor preexistente, em virtude da diminuição experimentada em seu patrimônio*" (*Novo Curso de Direito Civil:* parte geral. v. 1. 5. ed. São Paulo: Saraiva, 2004. p. 386).

termos: "Em embargos de terceiro não se anula ato jurídico, por fraude contra credores" (Súmula 195).

Por sua vez, a **fraude à execução**[3] pode ser alegada por qualquer forma, sendo inclusive **passível de cognição nos embargos de terceiros**, conforme entendimento pacífico na doutrina e na jurisprudência pátrias.

A jurisprudência admite o ajuizamento de embargos de terceiros com fundamento em promessa de compra e venda, ainda que não registrada. Aliás, esse é o teor da Súmula 84 do STJ: "É admissível a oposição de embargos de terceiro fundados em alegação de posse advinda do compromisso de compra e venda de imóvel, ainda que desprovido do registro".

De outro lado, sendo cabíveis os embargos de terceiro, **não será admitida a impetração de mandado de segurança** contra o ato judicial que cause constrição patrimonial. Com efeito, os embargos de terceiro constituem-se no instrumento próprio para tal mister[4].

2. NATUREZA JURÍDICA

Os embargos de terceiro têm natureza jurídica de **ação autônoma**, incidente à ação em que foi praticado o ato judicial de constrição patrimonial. Além disso, dão origem a **processo novo**, sendo autuados em apartado.

Em razão disso, os embargos de terceiro **não constituem modalidade de intervenção de terceiro**. Com efeito, os embargos de terceiro geram processo incidente, enquanto as modalidades de intervenção de terceiro são incidentes processuais (incidentes gerados dentro do mesmo processo da ação principal).

3. COMPETÊNCIA

Será competente para processar e julgar os embargos de terceiro o **Juízo onde tramita a ação que ordenou a constrição judicial do bem**.

---

3 A fraude à execução está presente quando o ato fraudulento do devedor ocorre após já proposta ação judicial. O art. 593 do CPC prevê que *"considera-se em fraude de execução a alienação ou oneração de bens: I – quando sobre eles pender ação fundada em direito real; II – quando, ao tempo da alienação ou oneração, corria contra o devedor demanda capaz de reduzi-lo à insolvência; III – nos demais casos expressos em lei"*. Nesse sentido, explicando a diferença entre os institutos, Pablo Stolze Gagliano e Rodolfo Pamplona Filho ensinam que *"enquanto na fraude contra credores o devedor insolvente antecipa-se, alienando ou onerando bens em detrimento dos seus credores, antes que estes intentem qualquer espécie de ação, na fraude de execução, mais grave por violar normas de ordem pública, o devedor já tem contra si processo judicial, capaz de reduzi-lo à insolvência, e, ainda assim, atua ilicitamente, alienando ou onerando o seu patrimônio, em prejuízo não apenas dos seus credores, mas do próprio processo, caracterizando reprovável atitude de desrespeito à Justiça"* (*Novo curso de direito civil:* parte geral. v. 1. 5. ed. São Paulo: Saraiva, 2004. p. 393). Assim, para a caracterização da fraude contra credores, são necessários o conluio fraudulento (*concilium fraudis*) e o prejuízo causado ao credor (*eventus damni*). No caso da fraude à execução, a prova do conluio fraudulento é dispensada, pois já ajuizada a demanda judicial que postula o bem litigioso, ou que é capaz de reduzir o devedor à insolvência.

4 "É cediço que a impetração de mandado de segurança contra ato judicial, pelo terceiro prejudicado, não se revela admissível na hipótese em que cabível o manejo de embargos de terceiro, remédio processual adequado quando necessária ampla dilação probatória" (STJ, AgRg no RMS 48.914/DF, Rel. Ministro Luis Felipe Salomão, Quarta Turma, julgado em 3-3-2016, *DJe* 21-3-2016).

Os embargos de terceiro serão **distribuídos por dependência** e **autuados em apartado**. Os autos dos embargos de terceiro tramitarão apensos aos autos do processo principal. Contudo, nos casos de ato de constrição realizado por carta (precatória, rogatória ou de ordem), os embargos serão oferecidos no juízo deprecado, "salvo se indicado pelo juízo deprecante o bem constrito ou se já devolvida a carta" (art. 676, CPC).

4. LEGITIMIDADE

Possui **legitimidade ativa** o **terceiro**, ou seja, aquele que não é parte no processo em que foi emanada a ordem de constrição judicial.

Para o fim de **legitimação ativa** para essa ação, **consideram-se terceiro**:

> I – o cônjuge ou companheiro, quando defende a posse de bens próprios ou de sua meação, ressalvado o disposto no art. 843;
>
> II – o adquirente de bens cuja constrição decorreu de decisão que declara a ineficácia da alienação realizada em fraude à execução;
>
> III – quem sofre constrição judicial de seus bens por força de desconsideração da personalidade jurídica, de cujo incidente não fez parte;
>
> IV – o credor com garantia real para obstar expropriação judicial do objeto de direito real de garantia, caso não tenha sido intimado, nos termos legais dos atos expropriatórios respectivos.

O inciso I, acima descrito, está em consonância com a Súmula 134 do STJ, que prevê que, "embora intimado da penhora em imóvel do casal, o cônjuge do executado pode opor embargos de terceiro para defesa de sua meação".

Assim, o cônjuge do devedor pode optar pelos embargos de terceiro ou pelos embargos à execução para defender a sua meação. Nos embargos à execução, o cônjuge do executado poderá discutir a própria dívida executada e defender o seu patrimônio em sua totalidade, na qualidade de litisconsorte passivo do executado. Nos embargos de terceiro, entretanto, o cônjuge somente poderá defender a propriedade dos seus bens próprios e a sua meação, conforme lhe autoriza o dispositivo acima. A esse respeito, a jurisprudência do STJ é pacífica[5].

Nesse tocante, lembre-se que, se a meação do cônjuge não puder ser atingida pela execução, deve-se levar a integralidade do bem a leilão e, após a arrematação e o depósito do valor da aquisição, ser entregue ao cônjuge a quantia correspondente à sua meação[6].

---

5 "'A intimação do cônjuge enseja-lhe a via dos embargos à execução, nos quais poderá discutir a própria *causa debendi* e defender o patrimônio como um todo, na qualidade de litisconsorte passivo do(a) executado(a) e a via dos embargos de terceiro, com vista à defesa da meação a que entende fazer jus" (STJ, AgInt no REsp 1680021/AL, Rel. Ministro Mauro Campbell Marques, Segunda Turma, julgado em 21-11-2017, *DJe* 27-11-2017).

6 "A jurisprudência desta Corte consolidou entendimento de que os bens indivisíveis, de propriedade comum dos cônjuges casados no regime de comunhão de bens, podem ser levados à hasta pública na execução, desde que reservado ao cônjuge meeiro do executado a metade do preço obtido" (STJ, AgInt no AREsp 1127248/PE, Rel. Ministro Napoleão Nunes Maia Filho, Primeira Turma, julgado em 28-11-2017, *DJe* 6-12-2017).

O terceiro pode ser proprietário possuidor, bem como possuidor direto não proprietário, ou proprietário possuidor indireto. Aliás, o art. 667, § 2º, do CPC permite que o possuidor direto possa alegar, "além da sua posse, o domínio alheio".

Os **legitimados passivos** serão a parte a quem a constrição judicial aproveita, bem como o seu adversário no processo principal, quando foi deste a indicação para a constrição judicial do bem[7].

5. PRAZO

Os embargos de terceiro podem ser opostos **a qualquer tempo no processo de conhecimento** enquanto não transitada em julgado a sentença, e, **no cumprimento de sentença ou no processo de execução, até 5 dias depois da adjudicação, da alienação por iniciativa particular ou da arrematação, mas sempre antes da assinatura da respectiva carta** (art. 675, CPC).

Contudo, de acordo com a jurisprudência do STJ, se o terceiro não tinha ciência da constrição judicial, a fluência do prazo de 5 (cinco) dias somente ocorre "após a turbação ou esbulho"[8].

Entretanto, há um prazo específico para a hipótese do art. 792, § 4º, do CPC: "antes de declarar a fraude à execução, o juiz deverá intimar o terceiro adquirente, que, se quiser, poderá opor embargos de terceiro, no prazo de 15 (quinze) dias". Neste caso específico, transcorrido o prazo de 15 dias, estará preclusa a possibilidade de oposição de embargos de terceiro, não se aplicando a regra geral do art. 675 do CPC[9].O juiz, ao receber os embargos de terceiro, poderá suspender as medidas constritivas sobre os bens objeto dos embargos, bem como determinar a manutenção ou a reintegração da posse, se verificar que o domínio ou a posse do terceiro estão suficientemente provados (art. 678, CPC).

De outro lado, caso inadvertidamente prossigam os atos de execução contra o bem objeto dos embargos de terceiro, eventual assinatura da carta de arrematação, adjudicação ou remissão não prejudicará o julgamento de mérito dos embargos de terceiro, se opostos tempestivamente[10].

---

7 CPC: "Art. 677 [...] § 4º Será legitimado passivo o sujeito a quem o ato de constrição aproveita, assim como o será seu adversário no processo principal quando for sua a indicação do bem para a constrição judicial".

8 "Nos termos da jurisprudência desta Corte, os embargos devem ser opostos até o quinto dia após a arrematação e antes de assinada a carta, se o terceiro tinha conhecimento da execução. Caso contrário, o prazo tem início com a imissão do arrematante na posse do bem" (STJ, AgInt nos EDcl no AgInt no AREsp 1022171/MT, Rel. Ministra Maria Isabel Gallotti, Quarta Turma, julgado em 9-10-2018, *DJe* 23-10-2018). No mesmo sentido: "Fluência do prazo de 5 (cinco) dias somente após a turbação ou esbulho, na hipótese em que o terceiro não tinha ciência da constrição judicial. Jurisprudência pacífica desta Corte Superior" (STJ, REsp 1608950/MT, Rel. Ministro Paulo de Tarso Sanseverino, Terceira Turma, julgado em 25-9-2018, *DJe* 13-11-2018).

9 Enunciado 54 da ENFAM: "A ausência de oposição de embargos de terceiro no prazo de 15 (quinze) dias prevista no art. 792, § 4º, do CPC/2015 implica preclusão para fins do art. 675, *caput*, do mesmo código".

10 "O termo *ad quem* para a oposição de embargos de terceiro é o quinto dia após a arrematação, mas antes da assinatura da respectiva carta (art. 1.048 do Código de Processo Civil). [...] A assinatura da carta de arrematação durante período de suspensão dos atos executivos não torna prejudicados os embargos de terceiro anteriormente opostos" (STJ, AgRg no Ag 777.072/GO, Rel. Min. Paulo de Tarso Sanseverino, Terceira Turma, julgado em 28-9-2010, *DJe* 6-10-2010).

6. PROCEDIMENTO

A **petição inicial** dos embargos de terceiro deverá conter os requisitos dos arts. 319 e 320 do CPC, bem como a prova da posse ou domínio e da qualidade de terceiro, apresentando documentos e rol de testemunhas (art. 677, CPC).

O juiz poderá designar **audiência preliminar**, se entender que esta é necessária.

Caso opostos os embargos de terceiro contra ato constritivo judicial determinado em processo de execução, o juízo deverá **analisar** a concessão de **efeito suspensivo**, mas somente pode determinar a suspensão dos atos expropriatórios em relação ao bem objeto dos embargos, devendo o feito, como regra, prosseguir em relação aos demais atos executivos relativamente a outros bens penhoráveis. Contudo, se o bem objeto dos embargos de terceiro for o único bem penhorável encontrado, poderá ser suspensa a execução enquanto é julgado o processo de embargos de terceiro.

O **embargado será citado**, na pessoa do seu advogado, se já o tiver constituído nos autos em que foi determinada a constrição judicial. Se ainda não tiver advogado, a citação será pessoal (§ 3º do art. 677 do CPC).

O **prazo** para o embargado **contestar** os embargos de terceiro é de **15 dias** (art. 679, CPC).

Na contestação aos embargos de terceiro, admite-se, como regra, cognição ampla.

Contudo, no caso de contestação contra embargos de terceiro opostos por credor com garantia real, o embargado somente poderá alegar em contestação que (art. 680, CPC): "I – o devedor comum é insolvente; II – o título é nulo ou não obriga a terceiro; III – outra é a coisa dada em garantia".

Após a contestação, segue-se o procedimento comum.

Nos embargos de terceiro, admite-se **ampla instrução probatória**. É cabível a designação de audiência de instrução, para produção de prova oral, bem como de perícia.

Os embargos de terceiro, por constituírem processo autônomo, serão julgados por sentença.

Na sentença dos embargos de terceiro, se julgado procedente o pedido, o juiz deverá reconhecer o domínio, a posse ou o direito do embargante, determinar a manutenção da posse ou da reintegração definitiva do bem, se for o caso, e, ainda, determinar o cancelamento do ato de constrição judicial indevida.

No tocante à fixação dos ônus sucumbenciais, deve-se observar o **princípio da causalidade**. Nesse sentido, a Súmula 303 do STJ dispõe que "em embargos de terceiro, quem deu causa à constrição indevida deve arcar com os honorários advocatícios".

Em razão disso, é preciso analisar o caso concreto para se verificar quem deu causa à demanda, pois nem sempre será a parte que foi sucumbente. Observe-se o seguinte exemplo: são propostos embargos de terceiro com fundamento em promessa de contrato de compra e venda, celebrado previamente ao ajuizamento da ação; no entanto, o terceiro embargante não o registra no cartório de imóveis; nessa hipótese, caso o embargado/exequente não tenha apresentado resistência aos embargos de terceiro e estes sejam acolhidos, quem deu causa à ação não foi o embargado (exequente), senão o terceiro embargante, que não promoveu o registro, já que o embargado/exequente não tinha como ter conhecimento da promessa de compra e venda. Por conseguinte, é o terceiro/embargante quem deve ser condenado aos ônus sucumbenciais[11].

11 "Se a inércia da parte embargante em proceder ao registro do compromisso de compra e venda do imóvel cuja indisponibilidade foi declarada deu ensejo à propositura dos embargos de terceiro, incumbe a ela, diante do princípio da causalidade, o pagamento dos ônus de sucumbência sobretudo quando não houve resistência da parte embargada no tocante à procedência do pedido" (STJ, AgRg no REsp 1314363/RN, Rel. Ministro João Otávio De Noronha, Terceira Turma, julgado em 15-3-2016, *DJe* 28-3-2016).

CAPÍTULO VI

OPOSIÇÃO

1. DEFINIÇÃO E NATUREZA JURÍDICA

Trata-se de ação autônoma, em que alguém, no curso de um processo já existente, postula para si a coisa ou o direito sobre o qual se controvertem autor e réu.

A parte que propõe a oposição é denominado opoente, e o autor e o réu do processo que está em curso, contra os quais é proposta a oposição, são denominados opostos.

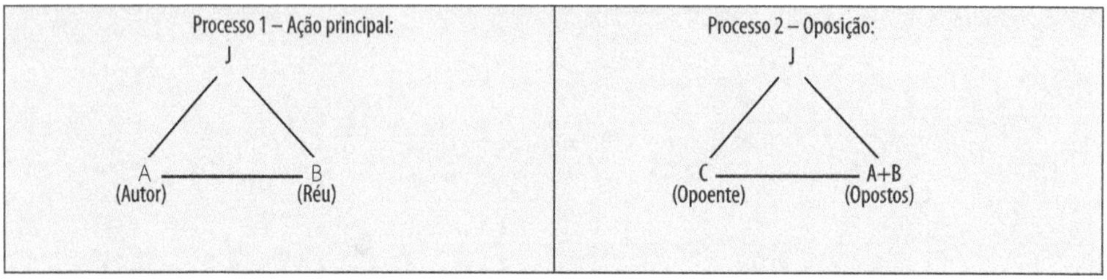

A oposição está prevista nos arts. 682 a 686 do Código de Processo Civil.

Observa-se, assim, que, de acordo com o Código de Processo Civil, a oposição não é modalidade de intervenção de terceiro, pois não se trata mais de incidente processual, senão de processo incidente.

Com efeito, no CPC/2015, a oposição é demanda autônoma que gera novo processo.

2. PRAZO PARA A OPOSIÇÃO

De acordo com o CPC (art. 682), a oposição pode ser proposta até a sentença do processo em que se controvertem autor e réu.

Se já houve sentença, o juiz já decidiu se o direito é de uma ou de outra parte; por conseguinte, o terceiro interessado deverá ingressar em juízo contra o vencedor da ação principal, ou mesmo contra ambas as partes, mas não se tratará de oposição, senão de demanda pelo procedimento cabível (ex.: ação reivindicatória).

3. PROCEDIMENTO

A oposição deverá preencher os requisitos dos arts. 319 e 320 do CPC. Além disso, deverão constar, no polo ativo, o opoente e, no polo passivo, o autor e o réu da ação originária (opostos).

A oposição será **distribuída por dependência**, e os **autos serão apensos** aos da ação principal.

Recebida a oposição pelo juiz, os opostos (autor e réu da demanda principal) serão **citados, na pessoa dos seus advogados**, para oferecerem contestação, no prazo comum de 15 dias. Essa citação dos opostos nas pessoas dos seus advogados ocorre independentemente de haver ou não poderes específicos para estes receberem citação. Isso porque o art. 683, parágrafo único, do CPC fala expressamente que a citação é na pessoa dos advogados.

Caso um dos opostos reconheça a procedência do pedido, a oposição seguirá somente contra o outro (art. 684, CPC).

Se o juiz tiver admitido o processamento da oposição, tal processo será apensado aos autos e tramitará simultaneamente à ação originária, a fim de que sejam julgadas conjuntamente na mesma sentença.

Na hipótese de a oposição ser proposta após o início da audiência de instrução, o juiz suspenderá o curso do processo da ação originária após o fim da produção das provas. No entanto, se o juiz verificar que a unidade da instrução puder ser vantajosa, ele poderá suspender o processo da ação originária antes da instrução, enquanto aguarda que o processo da oposição chegue nesta mesma fase[1].

Na sentença, existe uma ordem para apreciação dessas demandas. Por uma questão de lógica, **primeiro deve-se julgar a oposição e, somente depois, a ação principal**, já que aquela é prejudicial a esta (art. 686, CPC).

Se a oposição for procedente, a ação principal será julgada improcedente. Com efeito, se o direito controvertido é do opoente, não pertence nem ao autor nem ao réu da ação principal e, por conseguinte, esta deve ser julgada improcedente. De outro lado, se a oposição for improcedente (o direito não pertence ao opoente), a ação originária poderá ser procedente, parcialmente procedente ou improcedente (o direito pertence ao autor, ao réu ou a nenhum deles).

4. EFEITOS DA NÃO PROPOSITURA DA OPOSIÇÃO ATÉ A SENTENÇA DA AÇÃO ORIGINÁRIA

Cabe, por fim, perquirir o que acontece se a oposição não é oposta até a sentença. Neste caso, não se admitirá mais oposição, cabendo àquele que alega ser o titular do direito apenas o ajuizamento de ação autônoma contra o autor e o réu.

---

1 CPC: "Art. 685. Admitido o processamento, a oposição será apensada aos autos e tramitará simultaneamente à ação originária, sendo ambas julgadas pela mesma sentença. Parágrafo único. Se a oposição for proposta após o início da audiência de instrução, o juiz suspenderá o curso do processo ao fim da produção das provas, salvo se concluir que a unidade da instrução atende melhor ao princípio da duração razoável do processo".

Isso porque, se já proferida sentença na ação originária, não se justifica mais que a oposição tramite em apenso, também não sendo mais possível o julgamento conjunto, que é o objetivo do procedimento da oposição.

Ocorre que, sem o julgamento simultâneo, é possível que ocorra certa incoerência ou conflito entre as sentenças. Contudo, não há maiores problemas do ponto de vista da validade.

Se a ação principal movida por A contra B for julgada procedente, reconhecendo-se o direito ao autor A, e a oposição for posteriormente julgada procedente, reconhecendo-se o mesmo direito ao opoente C (em detrimento de A e B), teremos a seguinte situação: a sentença da ação principal não produz efeitos em relação ao opoente C, porque este não participou da ação principal; a sentença da oposição, que reconheceu o direito a C, produz efeitos em relação a A e B, porque estes participaram (como opostos) da oposição.

CAPÍTULO **VII**

AÇÃO DE USUCAPIÃO

1. INTRODUÇÃO

A usucapião é uma forma de **aquisição originária da propriedade**, em razão da posse incontestada por determinado tempo, ininterruptamente, com *animus* de dono.

São espécies de usucapião:

a) usucapião extraordinária;

b) usucapião ordinária;

c) usucapião especial rural[1];

d) usucapião especial urbana[2]; e

e) usucapião coletiva.

Os **bens públicos não estão sujeitos a usucapião**, nos termos do art. 183, § 3º[3], e art. 191, parágrafo único[4], da Constituição Federal, o que é corroborado pelo art. 102 do Código Civil[5]. No mesmo sentido, a Súmula 340 do STF[6].

De outro lado, tem sido reconhecida a **possibilidade de usucapião de bens de sociedade de economia mista**, desde que estejam desafetados, ou seja, não afetados a uma finalidade pública[7]. De outro lado, se esses bens estiverem afetados a

---

1 CF: "Art. 183. Aquele que possuir como sua área urbana de até duzentos e cinquenta metros quadrados, por cinco anos, ininterruptamente e sem oposição, utilizando-a para sua moradia ou de sua família, adquirir-lhe-á o domínio, desde que não seja proprietário de outro imóvel urbano ou rural".

2 CF: "Art. 191. Aquele que, não sendo proprietário de imóvel rural ou urbano, possua como seu, por cinco anos ininterruptos, sem oposição, área de terra, em zona rural, não superior a cinquenta hectares, tornando-a produtiva por seu trabalho ou de sua família, tendo nela sua moradia, adquirir-lhe-á a propriedade".

3 CF: "Art. 183. [...] § 3º – Os imóveis públicos não serão adquiridos por usucapião".

4 CF: "Art. 191 [...] Parágrafo único. Os imóveis públicos não serão adquiridos por usucapião".

5 CC: "Art. 102. Os bens públicos não estão sujeitos a usucapião".

6 Súmula 340 do STF: "Desde a vigência do Código Civil, os bens dominicais, como os demais bens públicos, não podem ser adquiridos por usucapião". Observe-se que tal Súmula refere-se ao Código Civil de 1916, pois editada antes da edição do atual Código Civil.

7 "Bens pertencentes a sociedade de economia mista podem ser adquiridos por usucapião. Precedentes" (STJ, REsp 647.357/MG, Rel. Min. Castro Filho, Terceira Turma, julgado em 19-9-2006, *DJ* 23-10-2006, p. 300).

uma finalidade pública, submetem-se ao regime de bens públicos, sendo insuscetíveis de usucapião[8].

2. PROCEDIMENTOS EXTRAJUDICIAL E JUDICIAL

2.1. Procedimento extrajudicial de usucapião

O CPC/2015 (art. 1.071) criou a possibilidade de pedido de reconhecimento extrajudicial de usucapião, ao inserir o art. 216-A na Lei de Registros Públicos (Lei n. 6.015/1973), prevendo e disciplinando essa matéria.

O reconhecimento extrajudicial de usucapião será formulado perante o Cartório de Registro de Imóveis da comarca em que estiver situado o imóvel usucapiendo.

O pedido de usucapião na via extrajudicial deverá ser formulado mediante advogado constituído. A petição deverá ser acompanhada de uma série de documentos previstos no art. 216-A da Lei de Registros Públicos[9].

Ao receber a petição, o oficial de registro de imóveis deverá dar ciência do requerimento à União, ao Estado, ao Distrito Federal e ao Município, pessoalmente, por intermédio do oficial de registro de títulos e documentos, ou pelo correio com aviso de recebimento, a fim de que se manifestem, no prazo de 15 dias, sobre o pedido (art. 216-A, § 3º, Lei n. 6.015/1973).

Caso ainda não tenham manifestado o seu consentimento expresso na planta (art. 216-A, II, Lei n. 6.015/1973), também deverão ser notificados, pessoalmente ou por correio com aviso de recebimento, os eventuais titulares de direitos registrados ou averbados na matrícula do imóvel, para, no prazo de 15 dias, manifestarem o seu consentimento expresso. O silêncio será interpretado como discordância (art. 216-A, § 2º, Lei n. 6.015/1973).

Segundo o Enunciado 368 do FPPC, "a impugnação ao reconhecimento extrajudicial da usucapião necessita ser feita mediante representação por advogado". Contudo, essa não parece ser a melhor conclusão. Com efeito, se o silêncio de qualquer interessado já implica discordância tácita com o procedimento de usucapião, na forma do art. 216-A, § 2º, da Lei n. 6.015/1973, a impugnação ao pedido de usucapião não precisaria ser assinada por advogado.

---

8 "Esta Corte Superior já manifestou o entendimento de que bens integrantes do acervo patrimonial de sociedade de economia mista sujeitos a uma destinação pública podem ser considerados bens públicos, insuscetíveis, portanto, de usucapião" (STJ, AgInt no REsp 1719589/SP, Rel. Ministro Luis Felipe Salomão, Quarta Turma, julgado em 6-11-2018, *DJe* 12-11-2018).

9 São eles (art. 216-A, Lei n. 6.015/1973): "I – ata notarial lavrada pelo tabelião, atestando o tempo de posse do requerente e de seus antecessores, conforme o caso e suas circunstâncias, aplicando-se o disposto no art. 384 da Lei no 13.105, de 16 de março de 2015 (Código de Processo Civil); II – planta e memorial descritivo assinado por profissional legalmente habilitado, com prova de anotação de responsabilidade técnica no respectivo conselho de fiscalização profissional, e pelos titulares de direitos registrados ou averbados na matrícula do imóvel usucapiendo ou na matrícula dos imóveis confinantes; III – certidões negativas dos distribuidores da comarca da situação do imóvel e do domicílio do requerente; IV – justo título ou quaisquer outros documentos que demonstrem a origem, a continuidade, a natureza e o tempo da posse, tais como o pagamento dos impostos e das taxas que incidirem sobre o imóvel".

O oficial de registro também deverá publicar editais, a fim de dar ciência a terceiros eventualmente interessados, que poderão se manifestar em 15 dias.

Caso haja pontos de dúvida, podem ser realizadas outras diligências pelo oficial de registro.

Transcorridos os prazos para manifestação com a concordância expressa daqueles que constam na matrícula do imóvel como titulares de direito ou de eventual interesse, bem como dos confinantes, o oficial de registro de imóveis registrará a aquisição do imóvel, com as descrições apresentadas (art. 216-A, § 6º, Lei n. 6.015/1973).

Se não estiverem preenchidos todos os requisitos, ou se a documentação não estiver completa, o oficial de registro deverá rejeitar o pedido extrajudicial.

A rejeição do pedido extrajudicial não impede a propositura de ação de usucapião na via judicial.

De outro lado, no caso de impugnação do pedido de reconhecimento extrajudicial de usucapião, o oficial de registro de imóveis deverá remeter os autos ao juízo competente da situação do imóvel (art. 216-A, § 10, Lei n. 6.015/1973)[10].

2.2. Procedimento judicial para o reconhecimento de usucapião

O CPC/2015 não prevê mais procedimento especial para a ação de usucapião. Por conseguinte, deve seguir o procedimento comum, estabelecido no Código Processual[11].

De outro lado, há uma série de peculiaridades da ação de usucapião, algumas estabelecidas no próprio CPC, outras em leis especiais.

A **ação de usucapião** é destinada ao **reconhecimento do domínio**. Todavia, a usucapião também é matéria que pode ser alegada em defesa, tanto em ação petitória como em ação possessória, consoante a Súmula 237 do STF[12]. O pedido de usucapião também pode ser formulado em reconvenção, quando a ação principal tiver por objeto a propriedade[13].

Será **competente para a ação de usucapião de imóveis** o juízo do **foro da situação do imóvel**, haja vista que se trata de demanda que tem por objeto o reconhecimento de domínio.

---

10 Lei n. 6.015/1973: "Art. 216-A [...] § 10. Em caso de impugnação do pedido de reconhecimento extrajudicial de usucapião, apresentada por qualquer um dos titulares de direito reais e de outros direitos registrados ou averbados na matrícula do imóvel usucapiendo e na matrícula dos imóveis confinantes, por algum dos entes públicos ou por algum terceiro interessado, o oficial de registro de imóveis remeterá os autos ao juízo competente da comarca da situação do imóvel, cabendo ao requerente emendar a petição inicial para adequá-la ao procedimento comum".

11 Enunciado 25 do FPPC: "A inexistência de procedimento judicial especial para a ação de usucapião e de regulamentação da usucapião extrajudicial não implica vedação da ação, que remanesce no sistema legal, para qual devem ser observadas as peculiaridades que lhe são próprias, especialmente a necessidade de citação dos confinantes e a ciência da União, do Estado, do Distrito Federal e do Município".

12 Súmula 237 do STF: "O usucapião pode ser arguido em defesa." Nesse sentido, também o Enunciado 443 do FPPC: "Em ação possessória movida pelo proprietário é possível ao réu alegar a usucapião como matéria de defesa, sem violação ao art. 575".

13 Enunciado 46 do FPPC: "A reconvenção pode veicular pedido de declaração de usucapião, ampliando subjetivamente o processo, desde que se observem os arts. 259, I, e 328, § 1º, II".

A **petição inicial** da usucapião, além dos requisitos dos arts. 319 e 320 do CPC, também deverá indicar com exatidão o imóvel, juntando a sua planta, bem como o registro imobiliário (matrícula do imóvel).

Além disso, o autor deverá requerer a citação daquele em cujo nome está registrado o imóvel e também dos seus confinantes (lindeiros) – art. 246, § 3º, CPC[14] –, além da citação por edital de réus que estejam em lugar incerto e de eventuais interessados (art. 259, I, CPC)[15].

Todos os eventuais possuidores da área e os confinantes certos, que se encontrem em local conhecido, deverão ser citados pessoalmente. Não sendo possível, deverá ocorrer a citação por edital. Nesse sentido, as Súmulas 263 e 391 do STF[16].

Contudo, será dispensada a citação dos confinantes "quando tiver por objeto unidade autônoma de prédio em condomínio" (art. 246, § 3º, CPC).

A depender da espécie de usucapião, também há outros requisitos especiais.

Os réus formam **litisconsórcio passivo necessário simples**.

O **Ministério Público** deverá ser intimado para se manifestar somente nos casos em que houver interesse que justifique a sua intervenção, na forma do art. 178, incs. I a III, do CPC[17].

No caso de usucapião coletiva, aplicam-se as disposições do art. 565 do CPC[18], que impõem a realização de audiência de mediação, bem como a intimação do Ministério Público, da Defensoria Pública e de órgãos responsáveis pela política agrária[19].

Após, seguem-se os demais atos processuais do procedimento comum, com possibilidade de contestação, réplica, audiência de instrução e sentença.

A **sentença que julgar procedente** a ação será **transcrita**, mediante mandado, no **cartório de registro de imóveis competente**, após pagos os tributos inerentes.

---

14 CPC: "Art. 246 [...] § 3º Na ação de usucapião de imóvel, os confinantes serão citados pessoalmente, exceto quando tiver por objeto unidade autônoma de prédio em condomínio, caso em que tal citação é dispensada".

15 CPC: "Art. 259. Serão publicados editais: I – na ação de usucapião de imóvel".

16 Súmula 391 do STF: "O confinante certo deve ser citado, pessoalmente, para a ação de usucapião". Súmula 263 do STF: "O possuidor deve ser citado pessoalmente para a ação de usucapião".

17 CPC: "Art. 178. O Ministério Público será intimado para, no prazo de 30 (trinta) dias, intervir como fiscal da ordem jurídica nas hipóteses previstas em lei ou na Constituição Federal e nos processos que envolvam: I – interesse público ou social; II – interesse de incapaz; III – litígios coletivos pela posse de terra rural ou urbana".

18 CPC: "Art. 565. No litígio coletivo pela posse de imóvel, quando o esbulho ou a turbação afirmado na petição inicial houver ocorrido há mais de ano e dia, o juiz, antes de apreciar o pedido de concessão da medida liminar, deverá designar audiência de mediação, a realizar-se em até 30 (trinta) dias, que observará o disposto nos §§ 2º e 4º. § 1º Concedida a liminar, se essa não for executada no prazo de 1 (um) ano, a contar da data de distribuição, caberá ao juiz designar audiência de mediação, nos termos dos §§ 2º a 4º deste artigo. § 2º O Ministério Público será intimado para comparecer à audiência, e a Defensoria Pública será intimada sempre que houver parte beneficiária de gratuidade da justiça. § 3º O juiz poderá comparecer à área objeto do litígio quando sua presença se fizer necessária à efetivação da tutela jurisdicional. § 4º Os órgãos responsáveis pela política agrária e pela política urbana da União, de Estado ou do Distrito Federal e de Município onde se situe a área objeto do litígio poderão ser intimados para a audiência, a fim de se manifestarem sobre seu interesse no processo e sobre a existência de possibilidade de solução para o conflito possessório. § 5º Aplica-se o disposto neste artigo ao litígio sobre propriedade de imóvel".

19 Enunciado 328 do FPPC: "Os arts. 554 e 565 do CPC aplicam-se à ação de usucapião coletiva (art. 10 da Lei 10.258/2001) e ao processo em que exercido o direito a que se referem os §§ 4º e 5º do art. 1.228, Código Civil, especialmente quanto à necessidade de ampla publicidade da ação e da participação do Ministério Público, da Defensoria Pública e dos órgãos estatais responsáveis pela reforma agrária e política urbana".

A sentença da ação de usucapião possui **eficácia predominantemente declaratória**. Ou seja, o possuidor adquire a propriedade pela usucapião (prescrição aquisitiva, que ocorre pelo transcurso do lapso temporal) e não pelo registro ou pela sentença, razão pela qual a sentença apenas declara que o possuidor se tornou proprietário.

Na aquisição derivada, a transferência da propriedade somente ocorre com o registro, no cartório de registro de imóveis, do documento translativo da propriedade. Na usucapião, é o preenchimento dos requisitos que faz o possuidor *ad usucapionem* adquirir a propriedade, e não o registro da sentença da ação de usucapião, que apenas lhe dá publicidade. Em razão disso, a usucapião é forma originária de aquisição da propriedade, pois não decorre de título aquisitivo anterior.

CAPÍTULO VIII

AÇÕES DE FAMÍLIA

1. INTRODUÇÃO

As ações de família possuem natureza muito peculiar, em razão da complexidade do litígio envolvido. Em tais casos, a conflituosidade vai muito além dos conceitos jurídicos de pretensão e resistência, pois envolve questões psíquicas, culturais e sociais, inerentes às relações familiares e, sobretudo, ao modo como as pessoas vivem. Assim, em tais casos, para resolver satisfatoriamente o conflito jurídico, é preciso antes resolver a conflituosidade que está subjacente a ele, que envolve questões que a racionalidade jurídica não é capaz de tratar sozinha.

Em razão disso, o CPC previu um procedimento especial para os processos contenciosos que envolvem "divórcio, separação, reconhecimento e extinção de união estável, guarda, visitação e filiação" (art. 693, CPC).

Contudo, esse rol do art. 693 não é exaustivo. Ou seja, o procedimento especial para ações de família deve ser aplicado a outras matérias também relacionadas ao direito de família[1], tais como a ação envolvendo divergências sobre a escola na qual o filho deve estudar, a ação de alimentos fora do rito da Lei de Alimentos (Lei n. 5.478/1968), a ação de exoneração de alimentos, dentre outras.

De outro lado, ficam fora desse procedimento as ações relativas a alimentos, quando podem tramitar pela Lei n. 5.478/1968 (Lei de Alimentos), e as que digam respeito a interesse de criança e adolescente, que são regidos pelo Estatuto da Criança e do Adolescente (Lei 8.069/1990).

Também não se aplicará esse procedimento especial de jurisdição contenciosa quando se tratar de **requerimento de homologação** de divórcio, separação judicial, extinção de união estável, alteração do regime de bens do casamento, quando forem **consensuais**, pois, para tais hipóteses, o procedimento é de **jurisdição voluntária** e está disciplinado pelos arts. 731 a 734 do CPC.

1 Enunciado 72 do FPPC: "O rol do art. 693 não é exaustivo, sendo aplicáveis os dispositivos previstos no Capítulo X a outras ações de caráter contencioso envolvendo o Direito de Família".

2. PROCEDIMENTO

Em razão da conflituosidade específica que envolve as ações de família, o seu procedimento deverá ser voltado para a solução consensual da controvérsia, devendo o juiz e as partes empreenderem todos os esforços para tanto. Mas sempre deve-se garantir que não haja qualquer tipo de coação em relação às partes. O juiz, o conciliador e o mediador também não poderão dar qualquer aconselhamento à parte sobre o objeto da causa[2].

De outro lado, o juiz poderá se valer do auxílio de profissionais nas áreas de conhecimento necessárias para a mediação e a conciliação, sobretudo assistentes sociais e psicólogos[3].

O juiz poderá, ainda, a qualquer momento do processo, a requerimento das partes, suspendê-lo, a fim de que os litigantes se submetam a mediação extrajudicial ou atendimento de equipe multidisciplinar (art. 694, parágrafo único, CPC).

A **petição inicial** de tais ações deve conter os requisitos dos arts. 319 e 320 do CPC.

O juiz, ao receber a petição inicial, deverá analisar o requerimento de **tutela provisória**, se houver. Após, deverá designar audiência de mediação e conciliação, bem como determinar a citação e intimação do réu para comparecer a ela, também devendo ser intimado o autor (art. 695, *caput*, CPC).

Como se trata de ações que envolvem a intimidade das partes, o **mandado de citação** deverá conter apenas os dados necessários sobre a audiência, devendo estar **desacompanhada da petição inicial**, ficando assegurado ao réu examiná-la a qualquer tempo[4].

De acordo com o art. 695, § 2º, do CPC, a citação deverá ocorrer com **antecedência mínima de 15 dias (úteis) da data designada para a audiência** de conciliação e mediação. Esse prazo deve ser contado da data da efetiva citação e não da sua juntada aos autos. Isso porque, nessa audiência, não é apresentada a contestação, nem realizado nenhum ato de instrução processual, pois o seu objetivo é apenas a conciliação e a mediação.

De outro lado, se for descumprido esse prazo, mas ambas as partes comparecerem, não haverá qualquer prejuízo. Caso as partes afirmem que, em razão do descumprimento do prazo, não tiveram tempo para se preparar para a autocomposição, o juiz deverá redesignar a audiência de conciliação e mediação para outra data, já ficando as partes intimadas da próxima audiência.

A **citação** será feita na **pessoa do réu**.

Nas **ações de família**, o **Ministério Público somente intervirá se houver interesse de incapaz**. Em tais casos, deverá ser intimado da audiência de conciliação e

---

2 Enunciado 187 do FPPC: "No emprego de esforços para a solução consensual do litígio familiar, são vedadas iniciativas de constrangimento ou intimidação para que as partes conciliem, assim como as de aconselhamento sobre o objeto da causa".

3 CPC: "Art. 694. Nas ações de família, todos os esforços serão empreendidos para a solução consensual da controvérsia, devendo o juiz dispor do auxílio de profissionais de outras áreas de conhecimento para a mediação e conciliação".

4 CPC: "Art. 695 [...] § 1º O mandado de citação conterá apenas os dados necessários à audiência e deverá estar desacompanhado de cópia da petição inicial, assegurado ao réu o direito de examinar seu conteúdo a qualquer tempo".

mediação. Se lhe couber a intervenção, deverá, inclusive, ser ouvido previamente à homologação de acordo[5].

Na audiência, as partes deverão estar acompanhadas de seus advogados ou de defensores públicos, nos termos do art. 695, 4º, do CPC. Caso a parte não possua um advogado, deverá ser nomeado um Defensor Público ou um advogado dativo. Contudo, as partes podem dispensar o patrocínio por profissional habilitado, se tiverem capacidade civil para praticar atos de disposição de vontade.

A audiência de mediação e de conciliação pode dividir-se em tantas sessões quantas forem necessárias para possibilitar a solução consensual do conflito.

Havendo acordo, deverá ser homologado pelo juiz, após ser ouvido o Ministério Público, quando lhe couber a intervenção.

Se **não houver acordo**, passam a incidir as regras do **procedimento comum**.

Assim, nesta hipótese, o **prazo de contestação (15 dias úteis)** começará a **correr da data da referida audiência**, na forma do art. 335, inc. I, do CPC, ainda que o réu não esteja presente à audiência, desde que tenha sido dela intimado[6].

De acordo com o art. 699 do CPC, "quando o processo envolver discussão sobre fato relacionado a abuso ou a alienação parental, o juiz, ao tomar o depoimento do incapaz, deverá estar acompanhado por especialista".

Essa regra pressupõe uma situação ideal, em que o juiz dispõe desses profissionais sempre que precisar. Entretanto, essa não é a realidade na grande maioria dos órgãos jurisdicionais, nem é a melhor forma de constatar a existência de alienação parental.

Em alguns órgãos judiciais, os tribunais mantêm um setor psicossocial, que faz estudo do caso e encaminham relatórios ao Juiz. Isso porque, na maioria das vezes, não é possível nem mesmo ao profissional habilitado constatar a alienação parental com base numa simples oitiva judicial. Com efeito, a verificação da suspeita de alienação parental exige um estudo psicossocial mais elaborado, em que, por diversas vezes, os profissionais se deslocam à residência e ao local de estudo do incapaz, fazem entrevistas com professores, vizinhos, parentes, pais e com o próprio incapaz, a fim de constatar a existência ou não de abuso e de alienação parental.

Portanto, a regra do art. 699 do CPC deve ser interpretada como uma norma que obriga os tribunais a se estruturarem e disponibilizarem profissionais habilitados nas áreas técnicas para a realização de estudos psicossociais, mas não como uma metodologia obrigatória (acompanhamento do juiz na audiência) para aferição da alienação parental.

3. AÇÕES SOBRE DIREITO DE FAMÍLIA CUJO RITO É PREVISTO EM LEIS ESPECIAIS

De acordo com o art. 693, parágrafo único, do CPC, as ações de alimentos de rito especial e as ações que versem sobre interesse de criança e adolescente continuam

---

5 CPC: "Art. 698. Nas ações de família, o Ministério Público somente intervirá quando houver interesse de incapaz e deverá ser ouvido previamente à homologação de acordo".

6 CPC: "Art. 335. O réu poderá oferecer contestação, por petição, no prazo de 15 (quinze) dias, cujo termo inicial será a data: I – da audiência de conciliação ou de mediação, ou da última sessão de conciliação, quando qualquer parte não comparecer ou, comparecendo, não houver autocomposição".

a ser regidas pela legislação específica, aplicando-se apenas subsidiariamente as disposições do CPC.

Desse modo, cabe analisar, ainda que brevemente, essas ações de família cujo procedimento se rege por leis especiais.

A ação de alimentos de rito especial é disciplinada pela Lei n. 5.478/1968 (Lei de Alimentos). Para o ajuizamento da ação de alimentos de rito especial (da Lei n. 5.478/1968), exige-se o requisito da prova pré-constituída da obrigação alimentar, como, por exemplo, o documento comprobatório do parentesco ou da obrigação alimentar. Na ação de alimentos de rito especial, o autor deverá expor na petição inicial as suas necessidades e as possibilidades do réu, devedor de alimentos. O único objetivo desta ação é a provisão de alimentos. Nesta ação, o juiz, ao receber a petição inicial, fixará desde logo os alimentos provisórios, inclusive de ofício. Somente não fixará se a parte expressamente declarar que não os necessita (art. 4º da Lei n. 5.478/1968).

Assim, se houver **prova pré-constituída**, o credor de alimentos poderá ajuizar ação de alimentos, pelo rito especial. Caso **não haja prova pré-constituída**, aplica-se o procedimento para as ações de família, acima exposto.

De outro lado, as ações sobre interesse de criança e adolescente são regidas pelo Estatuto da Criança e do Adolescente (Lei n. 8.069/1990).

CAPÍTULO IX

AÇÃO MONITÓRIA

1. OBJETO, REQUISITO E CABIMENTO

A **técnica monitória** é um instrumento que permite a satisfação do direito do autor com base em juízo de probabilidade, realizado mediante cognição sumária, para o caso de o réu, citado, cumprir a sua obrigação ou permanecer inerte. Na hipótese de haver impugnação pelo réu, abre-se uma fase com ampla possibilidade de defesa e produção probatória, em que haverá cognição exauriente e juízo de certeza.

A ação monitória possui um procedimento especial célere para se constituir um título executivo judicial.

A ação monitória, no sistema processual brasileiro, pode ser utilizada em situações em que a parte autora não possui título executivo, mas tão somente um documento ou uma prova documentada com forte aparência do seu direito.

É cabível quando alguém "que afirmar, com base em prova escrita sem eficácia de título executivo, ter direito de exigir do devedor capaz" o pagamento de quantia em dinheiro, a entrega de coisa fungível ou infungível ou de bem móvel ou imóvel, ou, ainda, o adimplemento de obrigação de fazer ou de não fazer (art. 700, incs. I a III, CPC).

Em primeiro lugar, o CPC/2015 inova na matéria, ao exigir "**devedor capaz**". Trata-se, portanto, de exigência de capacidade civil do devedor. Se for relativa ou absolutamente incapaz, não será cabível ação monitória.

Grande parte da doutrina já defendia essa mudança, ao argumento de que a inércia do réu incapaz não poderia gerar a conversão do mandado monitório em executivo, na medida em que se trata de direito não transigível[1]. Com efeito, se, num processo cognitivo qualquer, a revelia não produz contra o réu incapaz o efeito de presunção de veracidade dos fatos alegados pelo autor, e a conversão do mandado monitório em executivo é muito mais drástica que a revelia, este efeito não pode ser produzido contra o réu incapaz.

---

1 "Então, considerando, de um lado, que são indisponíveis os direitos dos incapazes e, de outro, que no procedimento monitório a inércia do réu acarreta a convolação do mandado monitório em título executivo judicial, não pode o réu incapaz, imunizado que fica aos efeitos da revelia no processo de cognição plena e exauriente, vir sofrer aqueles, mais graves, resultantes da aludida conversão e posterior cumprimento da obrigação" (MARCATO, Antônio Carlos. Ação monitória. In: GRINOVER, Ada Pellegrini et al. *O Novo Código de Processo Civil:* questões controvertidas. São Paulo: Atlas, 2015. p. 24-37. p. 325).

A ação monitória tem como **objeto** o **pagamento de quantia em dinheiro**, a **entrega de coisa fungível ou infungível ou de bem móvel ou imóvel**, ou, ainda, o **adimplemento de obrigação de fazer ou de não fazer**.

O sistema processual brasileiro adota o **sistema monitório documental**, à semelhança da *ingiunzione* italiana, e não o procedimento monitório puro, que pode ser baseado em apenas afirmações do autor (sem necessidade de prova documental), como a *Mahnsverfahren*, de países como Alemanha e Áustria[2].

Assim, para a admissibilidade da ação monitória, não é necessário que o autor instrua a petição inicial com prova cabal ou estreme de dúvida. Basta que se trate de documento idôneo, do qual, pela análise do julgador, possa se extrair juízo de probabilidade do direito afirmado pelo autor.

Com efeito, o requisito específico para o ajuizamento da ação monitória é a **prova escrita sem eficácia de título executivo**. Se tiver eficácia de título executivo, será cabível a ação de execução de título extrajudicial.

No entanto, mesmo possuindo título executivo extrajudicial, o seu titular poderá optar por ajuizar ação monitória, conforme entendimento do STJ[3]. No mesmo sentido, o Enunciado 446 do FPPC: "Cabe ação monitória mesmo quando o autor for portador de título executivo extrajudicial". Também é esse o entendimento consolidado no Enunciado 101 da I Jornada de Direito Processual Civil, do Conselho da Justiça Federal: "É admissível ação monitória, ainda que o autor detenha título executivo extrajudicial". Isto é, admite-se ação monitória com base em título executivo, apesar da redação do art. 700 do CPC.

Lembre-se que o CPC (art. 785) estabelece expressamente que, se a pessoa tiver um título executivo extrajudicial, poderá propor uma ação de execução de título executivo extrajudicial ou uma ação de conhecimento[4].

Assim, se o credor tiver um título executivo extrajudicial, poderá optar entre a ação de execução de título executivo extrajudicial, a ação monitória e a ação de conhecimento pelo procedimento comum.

Contudo, a conversão de uma ação em outra, de ofício ou a requerimento da parte, somente poderá ocorrer até a citação do réu. Nesse sentido, o entendimento do STJ firmado em recurso especial repetitivo: "É inadmissível a conversão, de ofício ou a requerimento das partes, da execução em ação monitória após ter ocorrido a citação, em razão da estabilização da relação processual a partir do referido ato"[5].

---

2 No direito brasileiro, e tal como prevista nos arts. 700 ss. do CPC/2015, baseia-se em prova documental escrita, sem eficácia de título executivo. Não se adotou, entre nós, procedimento monitório "puro", baseado apenas em afirmações do autor (à semelhança do que ocorre, p. ex., com a *Mahnsverfahren* de países como Alemanha e Áustria), mas o documental (similiar à *ingiunzione* do direito italiano)" (MEDINA, José Miguel Garcia. *Novo Código de Processo Civil comentado*. 3. ed. São Paulo: Revista dos Tribunais, 2015. p. 965).

3 "O STJ entende que não se verifica prejuízo para o direito de defesa com a escolha do rito da Ação Monitória, que é mais demorado que o rito da Ação de Execução de Título Extrajudicial [...]. Isso porque quem dispõe de título executivo extrajudicial pode, mesmo assim, propor ação monitória" (STJ, REsp 1748849/SP, Rel. Ministro Herman Benjamin, Segunda Turma, julgado em 4-12-2018, *DJe* 17-12-2018).

4 CPC: "Art. 785. A existência de título executivo extrajudicial não impede a parte de optar pelo processo de conhecimento, a fim de obter título executivo judicial".

5 STJ, REsp 1129938/PE, Rel. Min. Massami Uyeda, Segunda Seção, julgado em 28-9-2011, *DJe* 28-3-2012.

De acordo com o § 1º do art. 700 do CPC, "a prova escrita pode consistir em **prova oral documentada**, produzida antecipadamente nos termos do art. 381", que trata do procedimento da produção antecipada de provas. Portanto, o credor que não tiver prova documental poderá se valer do procedimento da produção antecipada de prova para documentar a prova oral e, com isso, instrumentalizar a ação monitória.

O **cheque prescrito** é documento hábil ao ajuizamento da ação monitória (Súmula 299 do STJ)[6]. Aliás, neste caso, na petição inicial da ação monitória, é dispensável a menção ao negócio jurídico subjacente à cártula do cheque (Súmula 531 do STJ)[7]. O STJ também admite ação monitória, por exemplo, para a duplicata sem aceite, sem protesto ou sem comprovante de entrega da mercadoria[8]. Da mesma forma, é admissível monitória com base em **nota promissória prescrita**.

De outro lado, o prazo prescricional para a propositura da ação monitória, com base no cheque prescrito e em nota promissória prescrita, é de 5 anos, com fulcro no art. 206, § 5º, inc. I, do Código Civil. No caso do cheque, esse prazo prescricional inicia-se no dia seguinte ao que consta na cártula como sendo a data de emissão; na hipótese da nota promissória, conta-se do dia seguinte ao do vencimento. Nesse sentido, as Súmulas 503 e 504 do STJ.

A jurisprudência tem admitido o ajuizamento de ação monitória fundada em cheque prescrito mesmo sem a demonstração da sua causa de emissão, incumbindo ao réu o ônus da prova da inexistência do débito[9].

Da mesma forma, o **contrato de abertura de crédito em conta corrente, acompanhado do demonstrativo de débito**, pode ser cobrado via ação monitória (Súmula 247 do STJ)[10].

A jurisprudência também admite ação monitória para **cobrar saldo remanescente oriundo de venda extrajudicial de bem alienado fiduciariamente em garantia** (Súmula 384 do STJ)[11].

---

6 Súmula 299 do STJ: "É admissível a ação monitória fundada em cheque prescrito".

7 Súmula 531 do STJ: "Em ação monitória fundada em cheque prescrito ajuizada contra o emitente, é dispensável a menção ao negócio jurídico subjacente à emissão da cártula".

8 "Não padece de nulidade o acórdão estadual que se manifesta, suficientemente, sobre a documentação que instrui a inicial de ação monitória, identificando na presença de duplicata sem aceite, acompanhada de notas fiscais de venda de mercadorias e comprovantes de entrega, elementos bastantes para a propositura da cobrança pela referida via" (STJ, REsp 512.960/MT, Rel. Min. Aldir Passarinho Junior, Quarta Turma, julgado em 21-10-2008, *DJe* 17-11-2008).

9 "A Segunda Seção desta Corte Superior, no REsp n. 1.094.571/SP, julgado sob o rito dos recursos repetitivos, firmou o entendimento de que é prescindível a demonstração do negócio jurídico subjacente nas ações monitórias fundadas em cheque prescrito, já que o título mantém seus atributos cambiários, em especial a abstração. 2. No entanto, 'embora não seja exigida a prova da origem da dívida para admissibilidade da ação monitória fundada em cheque prescrito, nada impede que o emitente do título discuta, em embargos monitórios, a *causa debendi*' (AgRg nos EDcl no REsp 1.115.609/ES, Rel. Ministro Marco Buzzi, Quarta Turma, julgado em 18-9-2014, *DJe* 25-9-2014)" (STJ, AgInt nos EDcl no AREsp 1221366/RS, Rel. Ministro Marco Aurélio Bellizze, Terceira Turma, julgado em 12-6-2018, *DJe* 25-6-2018).

10 Súmula 247 do STJ: "O contrato de abertura de crédito em conta corrente, acompanhado do demonstrativo de débito, constitui documento hábil para o ajuizamento da ação monitória".

11 Súmula 384 do STJ: "Cabe ação monitória para haver saldo remanescente oriundo de venda extrajudicial de bem alienado fiduciariamente em garantia".

A **ação monitória** pode ser ajuizada inclusive **contra a Fazenda Pública**, nos termos do art. 700, § 6º, do CPC, que contempla a Súmula 339 do STJ[12].

2. PROCEDIMENTO

A **petição inicial** da ação monitória deverá conter os requisitos dos arts. 319 e 320 do CPC.

Além disso, o autor deverá expor, na petição inicial (art. 700, § 2º, CPC):

a) "a importância devida, instruindo-a com memória de cálculo", quando o objeto for quantia em dinheiro;

b) "o valor atual da coisa reclamada", quando o objeto da ação for entrega de coisa; ou

c) "o conteúdo patrimonial em discussão ou o proveito econômico perseguido", quando a monitória objetivar o adimplemento de obrigação de fazer ou de não fazer.

O valor da causa deverá corresponder ao conteúdo econômico da pretensão.

Tratando-se de pretensão de soma em dinheiro, "a petição inicial da ação monitória [...] deve ser instruída com demonstrativo de débito atualizado até a data do ajuizamento, assegurando-se, na sua ausência ou insuficiência, o direito da parte de supri-la"[13].

Como os embargos à monitória possuem o efeito de suspender a eficácia do mandado monitório, é possível que o autor/embargado requeira tutela provisória, demonstrando estarem presentes os requisitos para a sua concessão[14]. Assim, poderá o autor, por exemplo, demonstrando que os embargos são manifestamente protelatórios, requerer a sua imediata imissão na posse do bem; ou o bloqueio de numerários nas contas bancárias do réu.

O juiz, ao **despachar a inicial**, deverá analisar se ela preenche os requisitos gerais previstos nos arts. 319 e 320 do CPC, bem como os requisitos específicos da ação monitória, acima descritos. Além disso, deverá verificar se a **prova documental** apresentada pelo autor é idônea, a ponto de demonstrar que é "**evidente do direito do autor**", na forma do art. 701, *caput*, parte inicial, do CPC.

Se não estiverem preenchidos os requisitos, e não for possível preenchê-los, o juiz deverá indeferir a petição inicial.

De outro lado, se houver "dúvida quanto à idoneidade de prova documental apresentada pelo autor, o juiz intimá-lo-á para, querendo, emendar a petição inicial, adaptando-a ao procedimento comum" (art. 700, § 5º, do CPC)[15]. Essa providência também deverá ser adotada se, por outro motivo, também não for caso de ação monitória. Trata-se da aplicação do princípio da adaptabilidade do procedimento.

---

12 Súmula 339 do STJ: "É cabível ação monitória contra a Fazenda Pública".

13 Tese firmada em julgamento de recurso especial repetitivo: STJ, REsp 1154730/PE, Rel. Min. João Otávio de Noronha, Segunda Seção, julgado em 8-4-2015, *DJe* 15-4-2015.

14 No mesmo sentido: MARCATO, Antônio Carlos. Ação monitória. In: GRINOVER, Ada Pellegrini et al. *O Novo Código de Processo Civil:* questões controvertidas. São Paulo: Atlas, 2015. p. 24-37. p. 33.

15 Enunciado 188 do FPPC: "Com a emenda da inicial, o juiz pode entender idônea a prova e admitir o seguimento da ação monitória".

De outro lado, se a petição inicial estiver em ordem e for evidente o direito do autor, o juiz determinará a **expedição de mandado de pagamento, de entrega de coisa ou para execução de obrigação de fazer ou não fazer**, para que o réu cumpra a obrigação no prazo de **15 dias** e efetue o pagamento de **honorários advocatícios de 5%** do valor da causa.

Na ação monitória, admitem-se todas as modalidades de citação permitidas para o procedimento comum (art. 700, § 7º, CPC). Assim, também são cabíveis as **citações por edital ou por hora certa** na ação monitória, nos termos da Súmula 282 do STJ[16].

Citado, o réu, no **prazo de 15 dias**, poderá:

a) **Efetuar o pagamento, entregar a coisa, executar a obrigação de fazer ou não fazer e pagar os honorários advocatícios (5%)**, caso em que ficará isento de custas processuais (mas não dos honorários advocatícios), extinguindo-se a sua obrigação (art. 701, § 1º, CPC);

b) **Permanecer inerte**, caso em que se constitui de pleno direito em título executivo judicial, convertendo-se o mandado inicial em mandado executivo. A partir de então, segue-se o procedimento do cumprimento de sentença, previsto no CPC (arts. 513 e seguintes)[17];

c) **Requerer o parcelamento da dívida** (art. 701, § 5º, CPC);

d) **Oferecer embargos**, nos próprios autos da monitória, sem necessidade de segurança do juízo (caução, depósito ou penhora). Os embargos possuem natureza de defesa, e não de nova ação.

O CPC (art. 701, § 5º) estabelece expressamente que, na ação monitória, é permitido o parcelamento da dívida, na forma do art. 916 do mesmo Código. Assim, no prazo dos embargos, o réu, reconhecendo o crédito do autor e comprovando o depósito de 30% do valor cobrado, acrescido de custas e honorários, poderá requerer que seja permitido pagar o restante em até 6 parcelas mensais, acrescidas de correção monetária e juros de 1% ao mês. O requerimento de parcelamento implica renúncia ao direito de oferecer embargos.

Os embargos podem ser parciais ou totais. Quando os embargos forem totais, são processados nos mesmos autos e suspende-se a eficácia do mandado inicial, até o julgamento em primeiro grau. Se os embargos forem parciais (apenas parte da obrigação é impugnada), poderão, a critério do juiz, ser autuados em apartado, hipótese em que se constitui de pleno direito o título executivo judicial em relação à parcela incontroversa[18].

Os **embargos** observarão o **procedimento comum**. Desse modo, admite-se ampla instrução probatória, inclusive com designação de audiência para oitiva de testemunhas, realização de perícias etc.

Os embargos possibilitam cognição plena no plano horizontal, vale dizer, não possuem qualquer limitação em relação às matérias que podem ser alegadas (diferentemente dos embargos à execução, por exemplo).

---

16 Súmula 282 do STJ: "Cabe a citação por edital em ação monitória".

17 CPC: "Art. 701 [...] § 2º Constituir-se-á de pleno direito o título executivo judicial, independentemente de qualquer formalidade, se não realizado o pagamento e não apresentados os embargos previstos no art. 702, observando-se, no que couber, o Título II do Livro I da Parte Especial".

18 CPC: "Art. 702 [...] § 7º A critério do juiz, os embargos serão autuados em apartado, se parciais, constituindo-se de pleno direito o título executivo judicial em relação à parcela incontroversa".

Quando o réu, nos embargos, alegar que a quantia postulada pelo autor é superior à devida, deverá expor de imediado qual é o valor que entende correto, bem como apresentar demonstrativo discriminado e atualizado deste valor (art. 702, § 2º, CPC). Caso o réu não aponte o valor que entende ser correto ou não apresente o demonstrativo, o juiz deverá rejeitar liminarmente os embargos se este for o único fundamento, ou rejeitar apenas esse fundamento, se contiver outras matérias de defesa.

É cabível citação por edital em ação monitória (Súmula 282 do STJ[19]). A jurisprudência se consolidou no sentido de que deve ser nomeado curador especial se o réu, citado por edital, for revel, cabendo ao curador opor embargos[20].

No prazo de embargos, **o réu também poderá apresentar reconvenção**, nos termos do art. 702, § 6º, do CPC, já que o processo segue o procedimento comum após os embargos. Aliás, esse é o teor da Súmula 292 do STJ: "A reconvenção é cabível na ação *monitória*, após a conversão do procedimento em ordinário [comum]". No entanto, não se admite reconvenção da reconvenção.

De outro lado, tratando-se de réu revel citado por edital ou por hora certa, ao qual foi nomeado curador especial, não poderá propor reconvenção, haja vista que se trata de nova demanda, e não de ato de defesa.

Apresentados os embargos pelo réu, o autor deverá ser intimado para se manifestar no prazo de 15 dias (art. 702, § 5º, CPC).

De outro lado, questionamentos podem surgir sobre o ônus da prova, já que os embargos à monitória têm feição de contestação, mas também possuem alguma semelhança com os embargos à execução. Considerando que se trata de documento sem eficácia de título executivo, não apresenta a mesma força deste. Por conseguinte, do ponto de vista do ônus probatório, não se pode conferir ao documento a mesma força probante e executória do título executivo. Além disso, a partir da oposição dos embargos, segue-se o procedimento comum.

Por todas essas razões, como parâmetro inicial, incumbe ao autor/embargado provar os fatos constitutivos do seu direito, e ao réu/embargante, os fatos impeditivos, extintivos ou modificativos do direito do autor, na forma do art. 373, incs. I e II, do CPC[21].

Assim, caso o autor tenha apresentado prova documental para comprovar o seu direito (requisito básico para a ação monitória), caberá ao réu, através dos embargos à

---

19 Súmula 282 do STJ: "Cabe a citação por edital em ação monitória".

20 "É possível a citação por edital do réu em ação monitória. No caso de revelia, nomear-se-á curador especial para exercer a defesa do réu através de embargos" (STJ, REsp 297421/MG, Rel. Min. Sálvio de Figueiredo Teixeira, Segunda Seção, julgado em 9-5-2001, *DJ* 12-11-2001, p. 125).

21 "Pondera-se, no entanto, que diante da existência de pontos de similitude e de convergência entre os embargos ao mandado monitório e os embargos à execução fundada em título executivo extrajudicial, a permitir ao réu no processo monitória a dedução, por meio dos primeiros, de toda e qualquer defesa útil, razoável concluir-se que a distribuição do ônus da prova deverá respeitar os critérios estabelecidos pelo art. 373 do CPC, ao embargado cabendo provar (caso se tornem controvertidos) os fatos constitutivos de seu apregoado direito, tendo o embargante o ônus de provar os fatos extintivos, impeditivos e modificativos daquele. Isto porque somente à luz do caso concreto é que poderá o juiz, destinatário da prova, valorar o conjunto probatório e proceder, na lição de Barbosa Moreira, à distribuição dos riscos derivados do ônus da prova" (MARCATO, Antônio Carlos. Ação monitória. In: GRINOVER, Ada Pellegrini et al. *O Novo Código de Processo Civil:* questões controvertidas. São Paulo: Atlas, 2015. p. 24-37. p. 35).

monitória, a "apresentação de fatos impeditivos, modificativos ou extintivos do direito do autor"[22].

Diante do caso concreto, o juiz poderá se valer da regra da distribuição dinâmica do ônus da prova (art. 373, § 1º, CPC).

Na sentença, o juiz deverá acolher, total ou parcialmente, ou rejeitar os embargos. Caso os embargos sejam rejeitados, o título executivo extrajudicial constitui-se em título executivo judicial e o processo prossegue na forma do cumprimento de sentença.

Contra a **sentença que julga os embargos**, cabe recurso de **apelação**.

Caso a ação monitória tenha sido proposta pelo autor "indevidamente e de má-fé", o juiz também deverá condená-lo ao pagamento de multa de até 10% do valor da causa, sem prejuízo dos ônus sucumbenciais e de eventuais perdas e danos. A mesma condenação deverá ser imposta ao réu, no caso de embargos à monitória opostos indevidamente e de má-fé (art. 702, § 10 e 11, CPC).

---

22 "No julgamento do Recurso Representativo da Controvérsia REsp n. 1.094.571/SP de relatoria do Ministro LUIS FELIPE SALOMÃO foi consolidado o entendimento de que 'o autor da ação monitória não precisa, na exordial, mencionar ou comprovar a relação causal que deu origem à emissão do cheque prescrito, todavia nada impede o requerido, em embargos à monitória, discuta a *causa debendi*, cabendo-lhe a iniciativa do contraditório e o ônus da prova – mediante apresentação de fatos impeditivos, modificativos ou extintivos do direito do autor'" (STJ, AgInt no AREsp 860.470/SP, Rel. Ministro Moura Ribeiro, Terceira Turma, julgado em 23-5-2017, *DJe* 5-6-2017).

CAPÍTULO **X**

PROCEDIMENTOS DE JURISDIÇÃO VOLUNTÁRIA

1. DISPOSIÇÕES GERAIS

A jurisdição contenciosa é a aquela em que há conflito de interesses. Na jurisdição voluntária, por sua vez, não há um conflito de interesses externado.

A doutrina diverge acerca da existência ou não de atividade jurisdicional na jurisdição voluntária. Contudo, a doutrina contemporânea vem entendendo que, na jurisdição voluntária, há jurisdição.

Nos procedimentos de jurisdição voluntária, diz-se que não há partes da demanda, mas apenas interessados.

O procedimento de jurisdição voluntária pode ser provocado pelo interessado, pelo Ministério Público ou pela Defensoria Pública.

O pedido deverá ser instruído com os documentos necessários e deverá conter o requerimento da providência judicial pretendida. Desse modo, aplicam-se as disposições dos arts. 319 e 320 do CPC (requisitos da petição inicial), mas apenas no que for compatível com o procedimento de jurisdição voluntária.

Todos os interessados deverão ser citados.

A Fazenda Pública também deverá ser intimada para se manifestar, nos casos em que puder ter interesse (art. 722, CPC).

O Ministério Público somente será intimado para intervir nos casos em que a qualidade da parte ou a natureza do interesse discutido impuserem a sua intervenção, na forma do art. 178 do CPC.

O **prazo para os interessados e para o Ministério Público** se manifestarem é **comum, de 15 dias** (art. 721, CPC)[1].

Embora o CPC não preveja expressamente, o juiz pode designar audiência de conciliação, mediação ou instrução e julgamento, caso verifique a sua necessidade.

Após as manifestações, ou a audiência, se for o caso, o juiz deverá decidir o requerimento, por sentença. De acordo com o art. 723, *caput*, do CPC, a sentença deverá ser proferida em 10 dias. Todavia, trata-se de prazo impróprio.

1 CPC: "Art. 721. Serão citados todos os interessados, bem como intimado o Ministério Público, nos casos do art. 178, para que se manifestem, querendo, no prazo de 15 (quinze) dias".

Uma das principais características da jurisdição voluntária é a **possibilidade de decisão por equidade**, conforme autorizado pelo art. 723 do CPC[2].

Contra essa **sentença**, será cabível recurso de **apelação** (art. 724, CPC).

2. PEDIDOS PROCESSADOS PELO PROCEDIMENTO DA JURISDIÇÃO VOLUNTÁRIA

De acordo com o art. 725, *caput*, do CPC, o procedimento geral de jurisdição voluntária aplica-se aos seguintes pedidos:

I – emancipação;

II – sub-rogação;

III – alienação, arrendamento ou oneração de bens de crianças ou adolescentes, de órfãos e de interditos;

IV – alienação, locação e administração da coisa comum;

V – alienação de quinhão em coisa comum;

VI – extinção de usufruto, quando não decorrer da morte do usufrutuário, do termo da sua duração ou da consolidação, e de fideicomisso, quando decorrer de renúncia ou quando ocorrer antes do evento que caracterizar a condição resolutória;

VII – expedição de alvará judicial;

VIII – homologação de autocomposição extrajudicial, de qualquer natureza ou valor.

De outro lado, o CPC estabelece uma disciplina detalhada para os seguintes procedimentos de jurisdição voluntária:

a) Notificação e interpelação (arts. 726 a 729, CPC).

b) Alienação judicial (art. 730, CPC).

c) Divórcio e separação consensuais, extinção consensual de união estável e alteração do Regime de bens do matrimônio (art. 731 a 734, CPC).

d) Abertura de testamentos e codicilos (arts. 735 a 737, CPC).

e) Arrecadação da herança jacente e declaração de vacância (arts. 738 a 743, CPC).

f) Arrecadação dos bens dos ausentes (arts. 744 a 745, CPC).

g) Procedimento para coisas vagas (art. 746, CPC).

h) Ação de interdição (arts. 747 a 758, CPC).

i) Disposições comuns à tutela e à curatela (arts. 759 a 763, CPC).

j) Organização e fiscalização das fundações (arts. 764 a 765, CPC).

k) Ratificação dos protestos marítimos e dos processos testemunháveis formados a bordo (arts. 766 a 770, CPC).

---

2 CPC: "Art. 723. [...] Parágrafo único. O juiz não é obrigado a observar critério de legalidade estrita, podendo adotar em cada caso a solução que considerar mais conveniente ou oportuna".

3. PROTESTOS, NOTIFICAÇÕES E INTERPELAÇÕES

São procedimentos de jurisdição voluntária, previstos nos arts. 726 a 729 do CPC.

Não é pacífica a conceituação e distinção entre protesto, notificação e interpelação, havendo ainda doutrinadores que tratam de forma indiscriminada esses três procedimentos.

Majoritariamente, faz-se a seguinte distinção:

3.1. Protesto judicial

Trata-se de ação que veicula manifestação da parte requerente no sentido de prevenir responsabilidade, promover a conservação ou prover a ressalva de direito. É o caso, por exemplo, do protesto contra alienação de bens; do protesto para interromper a prescrição[3] etc.

3.2. Notificação

Trata-se de uma ação de jurisdição voluntária utilizada para alguém "manifestar formalmente sua vontade a outrem sobre assunto juridicamente relevante", a fim de cientificar algum propósito seu a "pessoas participantes da mesma relação jurídica" (art. 726, CPC). São os casos, por exemplo: a) da notificação do fiador contra o credor nos contratos por tempo indeterminado, para desobrigar o fiador (que ficará desobrigado 60 dias após a notificação)[4]; b) da notificação feita por um sócio aos demais sócios, com antecedência mínima de 60 dias, para que aquele possa retirar-se da sociedade constituída por tempo indeterminado[5]; ou, ainda, c) da notificação do devedor no caso de cessão de dívida, a fim de que a cessão produza efeitos em relação a ele[6].

3.3. Interpelação

Trata-se de ação de jurisdição voluntária utilizada como forma de exigir de alguém uma obrigação, sob pena de ficar constituído em mora. Segundo o art. 727 do CPC, pode ser utilizada para interpelar o requerido, "para que faça ou deixe de fazer o que o requerente entenda ser de seu direito".

---

3 CC: "Art. 202. A interrupção da prescrição, que somente poderá ocorrer uma vez, dar-se-á: I – por despacho do juiz, mesmo incompetente, que ordenar a citação, se o interessado a promover no prazo e na forma da lei processual; II – por protesto, nas condições do inciso antecedente".

4 CC: "Art. 835. O fiador poderá exonerar-se da fiança que tiver assinado sem limitação de tempo, sempre que lhe convier, ficando obrigado por todos os efeitos da fiança, durante sessenta dias após a notificação do credor".

5 CC: "Art. 1.029. Além dos casos previstos na lei ou no contrato, qualquer sócio pode retirar-se da sociedade; se de prazo indeterminado, mediante notificação aos demais sócios, com antecedência mínima de sessenta dias; se de prazo determinado, provando judicialmente justa causa".

6 CC: "Art. 290. A cessão do crédito não tem eficácia em relação ao devedor, senão quando a este notificada; mas por notificado se tem o devedor que, em escrito público ou particular, se declarou ciente da cessão feita".

São casos de interpelação, exemplificativamente:

a) a interpelação para que o réu esclareça se disse ou não disse determinada coisa;

b) a interpelação para constituir em mora o devedor, nas obrigações assumidas sem termo final[7];

c) a interpelação para que a cláusula resolutiva tácita produza efeitos[8];

d) a interpelação para que o vendedor execute a cláusula de reserva de domínio[9].

3.4. **Procedimento**

O protesto judicial, a notificação e a interpelação deverão ser formuladas por petição escrita.

Caso a pretensão seja dar conhecimento ao público em geral, o interessado poderá requerer que seja publicado edital, o qual somente será deferido se a pretensão for fundada e o edital for necessário ao resguardo do direito (art. 726, § 1º, CPC).

Estando em ordem a petição, o juiz determinará o protesto judicial, a notificação ou a interpelação.

Contudo, se houver suspeita de que o requerente, por meio desses expedientes, pretende alcançar fim ilícito, ou se tiver sido requerida a averbação da notificação em registro público, o requerido deverá ser ouvido previamente ao deferimento do protesto, da notificação ou da interpelação[10].

Após deferido e efetivado o protesto, a notificação ou a interpelação, e pagas as custas processuais pelo requerente, os autos do processo serão entregues ao autor. Trata-se de peculiaridade inerente a este tipo de procedimento.

O protesto, a notificação e a interpelação não admitem resposta ou contestação. Também não há condenação em sucumbência.

O ajuizamento de tais procedimentos não torna prevento o juízo onde foram processados, pois não se examina o mérito.

---

7 CC: "Art. 397. O inadimplemento da obrigação, positiva e líquida, no seu termo, constitui de pleno direito em mora o devedor. Parágrafo único. Não havendo termo, a mora se constitui mediante interpelação judicial ou extrajudicial."

8 CC: "Art. 474. A cláusula resolutiva expressa opera de pleno direito; a tácita depende de interpelação judicial."

9 CC: "Art. 525. O vendedor somente poderá executar a cláusula de reserva de domínio após constituir o comprador em mora, mediante protesto do título ou interpelação judicial."

10 CPC: "Art. 728. O requerido será previamente ouvido antes do deferimento da notificação ou do respectivo edital: I – se houver suspeita de que o requerente, por meio da notificação ou do edital, pretende alcançar fim ilícito; II – se tiver sido requerida a averbação da notificação em registro público".

PARTE X

JUIZADOS ESPECIAIS E PROCEDIMENTO SUMARÍSSIMO

CAPÍTULO I

OS JUIZADOS ESPECIAIS

1. NOÇÕES GERAIS

Os Juizados Especiais Cíveis, popularmente conhecidos como "Juizados de Pequenas Causas" – pelo nome que seu deu à experiência pretérita à própria Constituição Federal – foram criados, no âmbito da Justiça dos Estados e do Distrito Federal, pela Lei n. 9.099/1995, a qual previu um procedimento mais rápido e informal, com a concentração de atos processuais e com dispensa de advogado para a propositura de ações de valor não superior a 20 salários mínimos. Representava, assim, um instrumento para romper com o paradigma formalista do processo civil.

Como ocorre com todas as leis de forte cunho ideológico, a Lei dos Juizados, no limiar de sua publicação, foi objeto de muitos debates, sobretudo com relação aos princípios e às peculiaridades do novo procedimento que estabelecia. No entanto, se, por um lado, despertava forte oposição por parte dos juristas, por outro, havia grande euforia no seio social.

Editada com o escopo de dar efetividade ao princípio constitucional do acesso à justiça (CF, art. 5º, XXXV) e de proporcionar uma resposta célere e eficaz aos conflitos, a Lei dos Juizados Especiais abarca ideais de gratuidade e de brevidade das fases processuais, tendo como características principais a isenção de custas judiciais em primeira instância; a ênfase na conciliação; a possibilidade de postulação pessoal pela parte, sem representação por advogado; e a adoção dos princípios da oralidade e da concentração de atos processuais.

A implementação da Lei referida, ainda que somente para o processamento de causas cíveis de baixo valor e menor complexidade, representou, no princípio, a esperança de um trâmite processual desburocratizado e de uma célere prestação jurisdicional[11].

A Lei n. 9.099/1995, além de criar o procedimento sumaríssimo e estabelecer o seu procedimento, também dispõe sobre a organização dos Juizados Especiais Cíveis e Criminais no âmbito dos Estados e do Distrito Federal.

No âmbito da Justiça Federal, os Juizados Especiais Cíveis e Criminais Federais foram criados pela Lei n. 10.259/2001, que dispõe sobre sua organização, bem como

---

11 LUNARDI, Fabrício Castagna. Juizados Especiais Cíveis: do idealismo à realidade. *Carta Forense*, São Paulo, p. 54, fev. 2008.

estabelece a sua competência e algumas outras regras especiais, mas, em geral, aplicam-se as disposições da Lei n. 9.099/1995.

A Lei n. 12.153/2009, por fim, criou os Juizados Especiais de Fazenda Pública no âmbito da Justiça Estadual, prevendo a aplicação do procedimento sumaríssimo da Lei n. 9.099/1995, mas com algumas especificidades.

Assim, o sistema dos Juizados Especiais, no âmbito da Justiça dos Estados e do Distrito Federal, é formado pelos Juizados Especiais Cíveis, pelos Juizados Especiais Criminais e pelos Juizados Especiais da Fazenda Pública.

No âmbito da Justiça Federal, o sistema dos Juizados é formado pelos Juizados Especiais Cíveis e Criminais da Justiça Federal.

Com a criação dos Juizados, ocorreu um aumento significativo no quantitativo de processos que tramitavam no Judiciário brasileiro, bem como a criação de novas varas e estruturas para atender a esses processos.

Por meio de pesquisa realizada com dados levantados no final do ano de 2017, observa-se que, do total de unidades judiciárias, 10,4% são Juizados Especiais[12]. A partir disso, pode-se ter uma dimensão da importância que o procedimento sumaríssimo e os Juizados Especiais ocupam no Judiciário Brasileiro e no Direito Processual Civil.

2. PERFIL DAS DEMANDAS E DOS JURISDICIONADOS NOS JUIZADOS ESPECIAIS

Para conhecer o sistema dos Juizados Especiais, suas regras e princípios, bem como para entender a sua lógica própria e ter mais elementos para interpretar o procedimento peculiar que lhe é inerente, e que pretende garantir uma Justiça mais rápida e efetiva, é importante conhecer o perfil dos jurisdicionados que buscam os Juizados.

Em pesquisa de campo sobre os Juizados Especiais Cíveis em geral (Estaduais e Federais), constatou-se que a maioria das demandas são relativas a direito do consumidor e envolvem indenização por dano moral (responsabilidade civil do fornecedor). Em segundo lugar, estão as demandas em que o pedido também é indenização por dano moral, mas relacionadas a direito civil comum. A seguir, estão as matérias que envolvem direito administrativo (em razão da competência dos Juizados Especiais Federais e dos Juizados Especiais de Fazenda Pública) e as ações que envolvem contratos[13].

Em outra pesquisa de campo, os dados colhidos também mostraram que a grande maioria dos processos que tramitam nos Juizados Especiais Estaduais são relativas a direito do consumidor. Dentre elas, possuem maior incidência as relativas a ações de conhecimento envolvendo serviços bancários, aquisição de produtos, serviços de telefonia e seguro DPVAT[14].

---

12 CONSELHO NACIONAL DE JUSTIÇA. Justiça em números 2018: ano-base 2017. Brasília: CNJ, 2018. Disponível em: <http://www.cnj.jus.br/files/conteudo/arquivo/2018/09/8d9faee7812d35a58cee3d92d2df2f25.pdf>. Acesso em: 3-3-2019. p. 18.

13 CONSELHO NACIONAL DE JUSTIÇA. Justiça em números 2015: ano-base 2014. Brasília: CNJ, 2015. Disponível em: <http://www.cnj.jus.br/pesquisas-judiciarias/justicaemnumeros/2016-10-21-13-13-04/pj-justica-em-numeros>. Acesso em: 3-3-2019. p. 52.

14 SILVA, Paulo Eduardo Alves da Silva [et al.] (Coord.). *Perfil do acesso à justiça nos juizados especiais cíveis*. Brasília: Conselho Nacional de Justiça, 2015. Disponível em: <http://www.cnj.jus.br/files/conteudo/destaques/arqui-

Também se constatou que, na maioria das vezes (ainda que essa maioria não seja muito expressiva), o autor pessoa física não é representado por advogado[15].

Além disso, na imensa maioria dos casos, não há recurso contra a sentença[16].

Esses dados denotam que os Juizados Especiais Cíveis parecem estar cumprindo o seu papel, bem como está sendo cumprido o objetivo de que os seus processos sejam, em sua maioria, resolvidos em primeira instância.

De outro lado, considerando a maior incidência de demandas relativas a direito do consumidor (sobretudo, serviços bancários, aquisição de produtos, serviços de telefonia) nos Juizados Especiais, devem ser criados mecanismos para a solução consensual pré-processual, isto é, antes mesmo do ingresso do processo nos Juizados. Tais projetos já estão sendo implementados em diversos tribunais, a exemplo do Tribunal de Justiça do Rio de Janeiro (Projeto de Solução Alternativa de Conflitos – Conciliação Pré-Processual)[17], do Tribunal de Justiça de São Paulo (Setor Pré-Processual do Centro Judiciário de Solução de Conflitos e Cidadania – CEJUSC)[18], do Tribunal de Justiça do Distrito Federal e Territórios (pelos Centros Judiciários de Solução de Conflitos e Cidadania – CEJUSC), dentre outros tribunais e órgãos judiciários[19].

---

vo/2015/06/b5b551129703bb15b4c14bb35f359227.pdf>. Acesso em: 12-10-2018. p. 60.

15 SILVA, Paulo Eduardo Alves da Silva [et al.] (Coord.). *Perfil do acesso à justiça nos juizados especiais cíveis.* Brasília: Conselho Nacional de Justiça, 2015. Disponível em: <http://www.cnj.jus.br/files/conteudo/destaques/arquivo/2015/06/b5b551129703bb15b4c14bb35f359227.pdf>. Acesso em: 12-10-2018. p. 44.

16 SILVA, Paulo Eduardo Alves da Silva [et al.] (Coord.). *Perfil do acesso à justiça nos juizados especiais cíveis.* Brasília: Conselho Nacional de Justiça, 2015. Disponível em: <http://www.cnj.jus.br/files/conteudo/destaques/arquivo/2015/06/b5b551129703bb15b4c14bb35f359227.pdf>. Acesso em: 12-10-2018. p. 47-48.

17 Disponível em: <http://www.tjrj.jus.br/web/guest/juiz_especiais/conciliacao-pre-processual/proj-pre-proc-acessivel>. Acesso em: 12-10-2018.

18 Disponível em: <http://www.tjsp.jus.br/Download/Conciliacao/Nucleo/NotaEsclarecimento.pdf>. Acesso em: 12-10-2018.

19 Disponível em: <http://www.tjdft.jus.br/publicacoes/publicacoes-oficiais/portarias-conjuntas-gpr-e-cg/2013/portaria-conjunta-79-de-06-11-2013>. Acesso em: 12-10-2018.

CAPÍTULO II

PROCEDIMENTO SUMARÍSSIMO

No âmbito dos Juizados Especiais, aplica-se exclusivamente o procedimento sumaríssimo. Desse modo, tratando-se de hipótese de competência do Juizado, a ação tramitará sob esse procedimento, ainda que, pelo CPC, lhe fosse previsto outro procedimento, comum ou especial.

São corretas tanto a designação procedimento "sumar*ií*ssimo", tal como consta na Constituição Federal (art. 98, I) e na Lei n. 9.099/1995, como "sumaríssimo", termo que é amplamente utilizado pela doutrina, pela jurisprudência e pelos juristas em geral. A primeira seria a designação regular pela formação da palavra, em razão do superlativo absoluto sintético normal; a segunda, admitida em razão da eufonia. De qualquer forma, ambas as terminologias podem ser utilizadas, segundo os gramáticos.

O procedimento sumaríssimo é caracterizado sobretudo pela celeridade do seu procedimento, pela concentração dos atos processuais e pela informalidade.

De outro lado, é preciso deixar claro que **sumaríssimo é o procedimento, mas não a cognição**. Isto é, no procedimento sumaríssimo, há cognição exauriente, de forma que a sentença faz coisa julgada material, tendo caráter de definitividade. O procedimento sumaríssimo, por sua vez, é mais célere, em razão da concentração de atos processuais.

1. PRINCÍPIOS NORTEADORES DO PROCEDIMENTO SUMARÍSSIMO

Além do caráter normativo dos princípios do procedimento sumaríssimo, característica que lhes garante aplicação direta, eles também têm a importante função de servirem como vetor interpretativo para todas as regras desse procedimento. Desse modo, enquanto as regras e os princípios do Código de Processo Civil apresentam um maior formalismo, os princípios norteadores dos Juizados determinam que o procedimento sumaríssimo deve ser interpretado e aplicado a partir dos seus objetivos próprios, que sempre devem ser levados em consideração.

Por isso, o procedimento sumaríssimo deve ser pensado a partir dos seus próprios princípios, sob pena de descaracterizá-lo. Com efeito, se não analisado a partir da sua lógica própria, corre-se o risco de transformar a sistemática dos Juizados Especiais no procedimento comum de uma Vara Comum, desvirtuando a sua própria natureza.

Por tais razões, conhecer e refletir sobre os princípios próprios dos Juizados e do procedimento sumaríssimo é de extrema importância para compreender a lógica desse modelo de Justiça, que pretende ser mais célere e efetiva.

O procedimento sumaríssimo dos Juizados Especiais, consoante o que prevê o art. 2º da Lei n. 9.099/1995, é norteado pelos princípios "da oralidade, simplicidade, informalidade, economia processual e celeridade". A seguir, passa-se a analisar cada um desses princípios, bem como seus impactos na sistemática dos Juizados Especiais.

1.1. Princípio da oralidade

O **princípio da oralidade** é, no dizer de Chiovenda, aquele "segundo o qual as deduções das partes devem normalmente fazer-se a viva voz na audiência, isto é, no momento e lugar em que o juiz se assenta para ouvir as partes e dirigir a marcha da causa"[1]. Tal princípio é um dos mais importantes dos Juizados e está consagrado, sobretudo, nos seguintes dispositivos da Lei n. 9.099/1995: art. 9º, § 3º; art. 13, § 3º; art. 14; art. 28; art. 29; art. 30; art. 35, parágrafo único; art. 49; e art. 52, inc. II.

Pode-se dizer que o princípio da oralidade é concretizado em três características principais, quais sejam, na concentração dos atos processuais, na imediatidade da prova e na irrecorribilidade das decisões interlocutórias[2].

A **concentração** significa que os atos processuais devem ser realizados numa única audiência ou em poucas audiências[3], tendo em vista que, se o processo for longo, o procedimento for oral e não houver a documentação dos atos processuais, elementos importantes para o convencimento do juiz poderão ser perdidos. Com efeito, quando a Lei n. 9.099/1995 estabelece o procedimento sumaríssimo e um procedimento em grande parte realizado de forma oral, determina que deve haver uma única audiência de conciliação, instrução e julgamento (audiência una), ou, excepcionalmente, uma audiência de conciliação e outra audiência de instrução e julgamento.

A **imediatidade da prova** (também chamada de imediatismo ou imediação da prova) significa que, nos Juizados, o juiz procede diretamente à colheita de todas as provas na audiência de instrução, em contato direto com as partes[4].

A **irrecorribilidade imediata das decisões interlocutórias** foi outro fator importante no desiderato de celeridade. A Lei n. 9.099/1995 previu que não haveria recurso

1 CHIOVENDA, Giuseppe. *Instituições de direito processual civil*. v. 1. 3. ed. Campinas: Bookseller, 2002. p. 74.

2 ROCHA, Felippe Borring. *Juizados Especiais Cíveis:* aspectos polêmicos da Lei n. 9.099 de 26-9-1995. 2. ed. Rio de Janeiro: Lumen Juris, 2002. p. 15.

3 Para Chiovenda, aquele que "a fim de possibilitar a aplicação dos outros três princípios, impõe a reunião de todas as atividades processuais destinadas à instrução e à marcha da causa (provas e discussões das provas) numa só audiência ou em poucas audiências" (CHIOVENDA, Giuseppe. *Instituições de direito processual civil*. v. 1. 3. ed. Campinas: Bookseller, 2002. p. 74).

4 Segundo Joel Dias Figueira Júnior, o imediatismo seria um princípio (princípio do imediatismo) que "preconiza que o Juiz deve proceder diretamente à colheita de todas as provas, em contato imediato com os litigantes, bem como propor a conciliação, expor as questões controvertidas da demanda, dialogar com as partes e com seus advogados sem maiores formalidades etc., o que resulta na facilitação da composição amigável ou no melhor e mais rápido convencimento do julgador. Aliás, o ponto mais importante desse princípio, que inclusive é bem frisado na literatura alemã, é justamente o da 'colheita da prova', entendendo-se aqui a expressão no seu mais amplo sentido, o qual inclui o contato imediato do Juiz com as partes e seus procuradores" (FIGUEIRA JÚNIOR, Joel Dias. *Juizados Especiais de Fazenda Pública:* comentários à Lei 12.153, de 22 de dezembro de 2009. São Paulo: Revista dos Tribunais, 2010. p. 45).

imediato das decisões interlocutórias, prescrevendo apenas recurso inominado da sentença. Assim, todas as decisões interlocutórias proferidas no curso do processo poderão ser impugnadas no recurso inominado contra a sentença, levando-se à Turma Recursal todas as impugnações em um só recurso.

Observa-se, assim, que o princípio da oralidade, calcado nesses três fatores, deve estar pragmaticamente presente no procedimento dos Juizados Especiais Cíveis. Com efeito, somente um procedimento oral concentrado pode tornar concreta a celeridade processual. As vantagens de um procedimento oral já eram ressaltadas por Giuseppe Chiovenda:

> A experiência deduzida da história permite concluir sem detença, que o procedimento oral é, com ampla vantagem, melhor e mais conforme à natureza e às exigências da vida moderna, porque exatamente sem comprometer, antes assegurando melhor a excelência intrínseca da decisão, proporciona-a com mais economia, simplicidade e presteza. E, pelo que se refere à celeridade do processo, frisamos, desde logo, a esta altura, um dado extraído das estatísticas judiciárias dos países de processo oral em confronto com o nosso, e é que o processo escrito dura em média três ou quatro vezes mais que o processo oral[5].

Aliás, o princípio da oralidade também deveria ser mais aplicado pelos operadores do direito em relação aos demais procedimentos, por permitir maior celeridade e efetividade.

1.2. Princípio da simplicidade

O **princípio da simplicidade** está relacionado à linguagem, ao aspecto comunicacional. Tal princípio informa que os atos do processo devem ser realizados por termos simples, menos técnicos, de tal forma que as partes desacompanhadas por advogados possam entender os atos processuais praticados e toda a comunicação estabelecida no processo, seja entre os operadores do direito (juízes, advogados etc.), seja em relação às demais partes do processo. Logo, devem ser privilegiados o conteúdo e a linguagem comum, em detrimento dos termos técnico-jurídicos.

1.3. Princípio da informalidade

Segundo o **princípio da informalidade**, deve haver um maior desapego às formas, que devem ser relegadas a plano secundário, privilegiando o significado e o conteúdo do ato, de modo a permitir a conservação do ato que atingiu sua finalidade, independentemente do meio com que foi obtido. É um desdobramento do princípio da instrumentalidade e do princípio do prejuízo. O princípio da informalidade é norteador de toda a sistemática dos Juizados Especiais e pode ser vislumbrado na forma das citações (art. 10, § 3º, Lei n. 9.099/1995) e intimações (art. 19, Lei n. 9.099/1995); na admissão de pedido contraposto na própria contestação; na admissão de conciliação sem processo (art. 17) etc. Contudo, a aplicação de tal princípio não pode ser tão ampliativa a ponto de prejudicar a própria essência do ato. Assim, por exemplo, não se pode dizer que, ante o princípio da informalidade, seria possível sentença sem fundamentação.

---

5 CHIOVENDA, Giuseppe. *Instituições de direito processual civil*. v. 3. 3. ed. Campinas: Bookseller, 2002. p. 56-57.

De outro lado, em razão do princípio da informalidade, se o réu comparecer à audiência sem contestação formal e desacompanhado de advogado, o juiz deve possibilitar-lhe a dedução de defesa oral, aplicando, em simetria ao que é facultado ao autor, a possibilidade de redução a termo de sua postulação. Assim, a consignação da fala defensiva do réu faz as vezes de contestação. O juiz deve consignar, por exemplo, que "o réu, em depoimento pessoal e contestação, afirmou que [...]".

Portanto, o princípio da informalidade é inerente à própria sistemática do Juizado, na medida em que não há obrigatoriedade de representação por advogado.

1.4. Princípio da economia processual

A **economia processual** é princípio informativo que orienta todo o processo civil. É aquele segundo o qual deve ser obtido o máximo de resultados com o mínimo do emprego da atividade processual. Pragmaticamente, está relacionado à economia de custos, de tempo e de atos, e na eficiência da administração judiciária. Com efeito, os ideais de uma justiça barata, rápida e efetiva devem ser perseguidos nos Juizados Especiais.

1.5. Princípio da celeridade

O **princípio da celeridade** estabelece que o procedimento deve propiciar rapidez e agilidade ao processo.

Trata-se de um dos maiores objetivos da sistemática dos Juizados Especiais. Também tem sido um dos fatores que norteia as reformas do Código de Processo Civil.

A demora da prestação judicial é fator que causa grande prejuízo às partes. E o processo tem que ser efetivo em todos os seus aspectos, de forma a possibilitar justiça da decisão, o que compreende, além de dar à parte tudo aquilo que lhe é de direito (efetividade), uma justiça rápida (celeridade)[6]. Assim, uma das questões mais problemáticas do direito processual civil é tentar conciliar o postulado de um processo que possibilite efetivamente a oitiva bilateral das partes, a ampla defesa e a recorribilidade, mas, de outro, também efetividade e celeridade. Com efeito, deve-se lidar com a complexidade existente em razão da necessidade de estabelecer um procedimento capaz de extrair a verdade possível do conflito e, ao mesmo tempo, prestar célere resposta ao litígio[7].

---

6 Para Cândido Rangel Dinamarco, "falar em efetividade do processo e ficar somente nas considerações sobre o acesso a ele, sobre o seu modo-de-ser e a justiça das decisões que produz significaria perder a dimensão teleológica e instrumental de todo o discurso. Propugna-se pela admissão do maior número possível de pessoas e conflitos ao processo (universalidade da jurisdição), indicam-se caminhos para a melhor feitura do processo e advertem-se os riscos de injustiça, somente porque de tudo se espera que possam advir resultados práticos capazes de alterar substancialmente a situação das pessoas envolvidas. Não é demais realçar uma vez mais a célebre advertência de que o processo precisa ser apto a dar a quem tem um direito, na medida do que for praticamente possível, tudo aquilo a que tem direito e precisamente tudo a que tem direito" (DINAMARCO, Cândido Rangel. *A instrumentalidade do processo*. 6. ed. São Paulo: Malheiros, 1998. p. 297).

7 Essa também era uma preocupação de Galeno Lacerda: "Essa contingência do processo, que relativiza o valor da justiça individual, é um imperativo do interesse social que o conflito desapareça. Claro está que o ideal consiste em que a justiça se logre no menor tempo possível. Obra humana, o processo padece, porém, da imperfeição de nossa natureza, e o que se verifica, na verdade, é uma intransigência, com sacrifício maior ou menor de um dos

1.6. Princípio da gratuidade

Embora não esteja expresso como princípio no art. 2º da Lei n. 9.099/1995, o **princípio da gratuidade** norteia toda a atividade processual em primeira instância. Está expresso como regra no art. 54, *caput*, da mesma Lei: "O acesso ao Juizado Especial independerá, em primeiro grau de jurisdição, do pagamento de custas, taxas ou despesas".

A gratuidade judiciária é um direito fundamental das pessoas que são economicamente hipossuficientes, na forma do art. 5º, inc. LXXIV, da Constituição Federal, segundo o qual "o Estado prestará assistência jurídica integral e gratuita aos que comprovarem insuficiência de recursos". Nos Juizados Especiais, a gratuidade em primeira instância beneficia qualquer pessoa, independentemente da sua condição econômica, desde que tenha capacidade processual para litigar no Juizado.

A gratuidade dos Juizados é fator que viabiliza que as pessoas mais pobres possam buscar a tutela jurisdicional, seja pela desnecessidade de advogado, seja pela inexistência de custas processuais em primeira instância. Além disso, viabiliza que litígios sobre bens de menor valor econômico possam receber tutela jurisdicional[8].

2. A TENSÃO ENTRE OS PRINCÍPIOS DA INFORMALIDADE, DA GRATUIDADE, DO ACESSO À JUSTIÇA E DA INDISPENSABILIDADE DE ADVOGADO

Com a entrada em vigor da Lei n. 9.099/1995, estabeleceu-se acirrada discussão em torno da capacidade postulatória conferida à parte pelo art. 9º da referida Lei[9], que, segundo parte da doutrina, representava afronta à indispensabilidade do advogado, insculpida no art. 133 da CF[10] e reafirmada no art. 1º, I, da Lei n. 8.906/1994[11].

Outro óbice à sistemática dos Juizados também seria o princípio constitucional da ampla defesa (CF, art. 5º, LV). Nesse tocante, não há como negar que a ausência de profissional habilitado pode representar cerceamento de defesa, prejudicando a parte desassistida, porquanto a carência de defesa técnica pode tornar inócuo ou prejudicar demasiadamente o exercício do direito de ação ou a própria defesa[12].

---

fins em proveito do outro" (LACERDA, Galeno Vellinho. Processo e cultura. *Caderno de Doutrina*, Tribuna da Magistratura, p. 57-65, abr. 1999).

8 "O detentor de interesses de reduzido valor enfrenta, constantemente, sérios obstáculos que o tornam cada vez mais distante da máquina judiciária. De índole diversa são as barreiras por ele encontradas. Dentre elas, destacam-se as consideradas de maior gravidade; tais como a excessiva formalidade processual, o elevado custo da demanda, a morosidade, o congestionamento nos serviços da Justiça e sua centralização, a desinformação e as dificuldades probatórias" (MORAES, Silvana Campos. *Juizado Especial Cível*. Rio de Janeiro: Forense: 1998. p. 33).

9 Lei n. 9.099/1995: "Art. 9º Nas causas de valor até 20 (vinte) salários mínimos, as partes comparecerão pessoalmente, podendo ser assistidas por advogado; nas de valor superior, a assistência é obrigatória".

10 CF: "Art. 133. O advogado é indispensável à administração da justiça, sendo inviolável por seus atos e manifestações no exercício da profissão, nos limites da lei".

11 Lei n. 8.906/1994: "Art. 1º. São atividades privativas de advocacia: I – a postulação a qualquer órgão do Poder judiciário e aos Juizados Especiais".

12 A título de exemplo, quando um consumidor é cobrado de forma indevida e com má-fé, usualmente não tem ciência do direito de ver-se ressarcido em dobro. Diante da regra de que o juiz deve estar adstrito ao pedido

A controvérsia, contudo, restou superada no julgamento pelo Supremo Tribunal Federal da ADI n. 1539-7-DF, quando foi pacificado que é cabível a postulação da parte sem advogado na primeira instância dos Juizados Especiais Cíveis, o que veio, inclusive, a atender ao disposto nos arts. 24, X, e 98, I, da Carta da República[13]. Caso o ajuizamento de ações ficasse atrelado à representação por meio de advogado, os objetivos da Lei n. 9.099/1995 não seriam atendidos, por onerar justamente os cidadãos de baixa renda, que são exatamente quem a norma constitucional visa proteger.

A par da pacificação da questão na jurisprudência, isso não quer dizer que a ausência de advogado não cause algum prejuízo para a defesa técnica da parte. Para suprir as deficiências decorrentes da falta de defesa técnica, deve haver uma atuação mais positiva de atendentes cartorários, juízes leigos e togados, conciliadores e oficiais de justiça, que devem esclarecer para as partes as questões técnicas e as suas consequências jurídicas.

3. OS JUIZADOS E O CPC/2015

O CPC/2015 se aplica direta ou indiretamente aos diversos procedimentos cíveis, comum ou especiais, previstos neste Código ou em leis especiais[14].

Assim, é inegável o impacto do CPC/2015 na sistemática dos Juizados Especiais. Entretanto, em razão dos seus princípios norteadores e de seu sistema próprio, o CPC somente se aplica naquilo que não conflitar com as normas e princípios que caracterizam esse modelo de Justiça[15]. As alterações do CPC/2015 que impactam no procedimento sumaríssimo serão estudadas a seguir, em cada ato processual.

4. COMPETÊNCIA DOS JUIZADOS ESPECIAIS CÍVEIS ESTADUAIS: CABIMENTO DO PROCEDIMENTO SUMARÍSSIMO

A competência dos Juizados Especiais Cíveis Estaduais e do Distrito Federal é fixada em razão do valor, em razão da matéria e pelo critério funcional. Em qualquer caso, a competência se limita às causas de menor complexidade (art. 3º, *caput*, Lei n. 9.099/1995).

(princípio dispositivo), não podendo dele afastar-se, sob pena de nulidade da sentença. Assim, se o atendente cartorário não propiciar à parte tal esclarecimento, perderá o proveito que lhe confere a lei material (no caso, o art. 42, parágrafo único, do Código de Defesa do Consumidor).

13 A Ação Direta de Inconstitucionalidade n. 1539-7-DF, promovida pelo Conselho Federal da Ordem dos Advogados do Brasil, tinha por objeto a declaração de inconstitucionalidade do art. 9º, primeira parte, da Lei n. 9.099/1995. Contudo, o Supremo Tribunal Federal julgou improcedente a referida ADI, em decisão relatada pelo Ministro Maurício Corrêa datada de 24-4-2003, que fundamentou que o princípio previsto no art. 133 da Constituição Federal não é absoluto e que o art. 9º da Lei n. 9.099/1995 não afronta à Carta Magna. Logo, consolidou-se que a parte pode propor ações nos Juizados Especiais Cíveis sem a representação por advogado.

14 CPC: "Art. 1º O processo civil será ordenado, disciplinado e interpretado conforme os valores e as normas fundamentais estabelecidos na Constituição da República Federativa do Brasil, observando-se as disposições deste Código".

15 Enunciado 151 do FONAJEF: "O CPC/2015 só é aplicável nos Juizados Especiais naquilo que não contrariar os seus princípios norteadores e a sua legislação específica".

A menor complexidade, para a fixação da competência, deve ser avaliada do ponto de vista do objeto da prova, e não com base no direito material[16].

Além disso, a lei estadual ou distrital não pode ampliar ou reduzir a competência dos Juizados Especiais. Assim, a Lei de Organização Judiciária local pode, por exemplo, dispor sobre quantos Juizados Especiais Cíveis haverá na Comarca, se o Juizado Cível funcionará na mesma Vara que o Juizado Criminal, se terá Vara específica de Juizado ou se haverá Vara única em que o Juizado Especial será adjunto. Contudo, a Lei de Organização Judiciária local não pode ampliar a competência do Juizado Especial, para suprimir ou acrescentar competência a ele, já que, nesse sistema, o procedimento é o sumaríssimo e a competência já está determinada por Lei Federal[17].

A Lei n. 9.099/1995 estabelece a competência para os Juizados Especiais Cíveis Estaduais e do Distrito Federal por três critérios: a) em razão do valor; b) em razão da matéria; c) funcional.

Prevalece o entendimento de que os critérios de competência valor/matéria não são cumulativos, senão alternativos. Vale dizer, se o valor da causa for inferior a 40 salários mínimos, isso basta para a fixação da competência dos Juizados. Da mesma forma, se a causa versar sobre matéria elencada no art. 3º da Lei n. 9.099/1995, isso já induz a competência dos Juizados, ainda que o valor da causa seja superior a 40 salários mínimos.

4.1. Competência em razão do valor nos JECs Estaduais

O Juizado Especial Cível Estadual é competente para o julgamento das causas de menor complexidade cujo valor não seja superior a 40 salários mínimos (art. 3º, I, Lei n. 9.099/1995).

Além disso, compete aos Juizados a execução de títulos executivos extrajudiciais cujo valor não seja superior a 40 salários mínimos (art. 3º, § 1º, II, Lei n. 9.099/1995).

Caso o valor da causa seja superior a 40 salários mínimos, a conciliação nos Juizados pode englobar todo esse valor. Contudo, nesse caso, o processo não pode passar da audiência de conciliação.

Além disso, caso o valor da causa seja superior à alçada dos Juizados (40 s.m.), a parte autora pode renunciar ao valor superior a esse teto, de modo a se enquadrar na competência dos Juizados (art. 3º, § 3º, Lei n. 9.099/1995).

Essa renúncia precisa ser expressa. Vale dizer, se a parte não renunciar expressamente ao que excede o valor do teto dos Juizados, o juiz deverá extinguir o processo sem resolução do mérito[18].

Lembre-se, contudo, que, para que a parte possa demandar no Juizado sem advogado, é preciso que o valor da causa não seja superior a 20 salários mínimos (art. 9º, Lei n. 9.099/1995).

---

16 Enunciado 54 do FONAJE: "A menor complexidade da causa para a fixação da competência é aferida pelo objeto da prova e não em face do direito material".

17 Enunciado Cível n. 3 do FONAJE: "Lei local não poderá ampliar a competência do Juizado Especial".

18 A esse respeito, a Súmula 17 da Turma Nacional de Uniformização (dos Juizados Especiais Federais): "Não há renúncia tácita no Juizado Especial Federal, para fins de competência".

O valor do salário mínimo, para fins do disposto acima, é o vigente na data da propositura da ação.

No caso de litisconsórcio ativo, o valor da causa, para a finalidade de admissão da competência dos Juizados Estaduais, deve ser calculado a partir do valor total da causa dividido pelo número de autores. Nesse sentido, é o entendimento pacífico do STJ[19]. No mesmo sentido, o Enunciado 18 do FONAJEF[20] e o entendimento do próprio STJ[21] para os Juizados Especiais Federais.

Em ações de cobrança, não se admite o fracionamento das parcelas ou dos valores em várias ações, tampouco a divisão em ações de cobrança de parcelas vencidas e vincendas, com o objetivo de, em cada uma, fixar o valor da causa abaixo do teto dos Juizados[22].

4.2. Competência em razão da matéria (nos JECs Estaduais)

Seguirá o procedimento sumário quando a causa disser respeito às seguintes matérias, independentemente do valor:

a) as enumeradas no art. 275, inciso II, do Código de Processo Civil de 1973;

De acordo com o art. 3º, inc. II, da Lei n. 9.099/1995, "o Juizado Especial Cível tem competência para conciliação, processo e julgamento das causas cíveis de menor complexidade, assim consideradas [...] as enumeradas no art. 275, inciso II, do Código de Processo Civil". Portanto a Lei n. 9.099/1995 faz referência ao dispositivo do CPC/1973, que previa o procedimento sumário. Ocorre que o CPC/2015 não mais previu dispositivo semelhante, haja vista que não existe mais o procedimento sumário. Para solucionar esse impasse, o art. 1.063 do CPC/2015 estabelece que, "até a edição de lei específica, os juizados especiais cíveis previstos na Lei n. 9.099, de 26 de setembro de 1995, continuam competentes para o processamento e julgamento das causas previstas no art. 275, inciso II, da Lei n. 5.869, de 11 de janeiro de 1973".

Portanto, ainda que o CPC/1973 tenha sido revogado e, inclusive, o procedimento sumário previsto no art. 275 do referido Código tenha sido extinto, permanece em vigor esta disposição (ultratividade do dispositivo) para fins de aplicação da Lei n. 9.099/1995.

---

19 "A jurisprudência desta Corte firmou a compreensão de que, em se tratando de litisconsórcio ativo facultativo, a fixação da competência dos Juizados Especiais deve observar o valor de cada autor, individualmente, e não o valor global da demanda" (STJ, AgRg no AREsp 472.074/SP, Rel. Min. Benedito Gonçalves, Primeira Turma, julgado em 18-12-2014, *DJe* 3-2-2015).

20 Enunciado n. 18 do FONAJEF: "No caso de litisconsorte ativo, o valor da causa, para fins de fixação de competência deve ser calculado por autor".

21 "Para a fixação da competência dos juizados especiais federais, nos termos do art. 3º, *caput* e § 3º, da Lei 10.259/01, em caso de litisconsórcio facultativo ativo, deve ser levado em consideração o valor pleiteado de maneira individual por cada autor, ou seja, dividindo-se o valor atribuído à causa pelo número de demandantes, sendo irrelevante se a soma desses valores ultrapassa o limite de sessenta salários mínimos, estabelecido em lei. Precedentes" (STJ, AgInt no REsp 1632226/PR, Rel. Ministro Marco Buzzi, Quarta Turma, julgado em 19-4-2018, *DJe* 26-4-2018).

22 Enunciado n. 20 do FONAJEF: "Não se admite, com base nos princípios da economia processual e do juiz natural, o desdobramento de ações para cobrança de parcelas vencidas e vincendas".

Nas hipóteses do art. 275, II, do CPC/1973, para a finalidade de fixação de competência dos Juizados Especiais, admite-se que o valor da condenação seja superior a 40 salários mínimos, haja vista que o dispositivo não faz qualquer limitação a valor. Nesse sentido, o Enunciado 58 do FONAJE[23].

Desse modo, os Juizados Especiais Cíveis são competentes para as seguintes causas (elencadas no art. 275, II, CPC/1973):

a.1) arrendamento rural e de parceria agrícola;

a.2) cobrança ao condômino de quaisquer quantias devidas ao condomínio;

A esse respeito, imperioso lembrar que, se for dívida de condomínio que estiver sendo cobrada do locatário pelo locador, com base no contrato (escrito) de locação, caberá processo de execução, haja vista que é título executivo "o crédito, documentalmente comprovado, decorrente de aluguel de imóvel, bem como de encargos acessórios, tais como taxas e despesas de condomínio" (art. 784, VIII, CPC).

a.3) ressarcimento por danos em prédio urbano ou rústico;

a.4) ressarcimento por danos causados em acidente de veículo de via terrestre;

a.5) cobrança de seguro, relativamente aos danos causados em acidente de veículo, ressalvados os casos de processo de execução;

a.6) cobrança de honorários dos profissionais liberais, ressalvado o disposto em legislação especial;

Se disser respeito a honorários advocatícios, no entanto, é preciso observar que o contrato os estipula é título executivo extrajudicial, nos termos do art. 24, *caput*, da Lei n. 8.906/1994 (Estatuto da OAB)[24]. De outro lado, os honorários advocatícios sucumbenciais (fixados na sentença) constituem título executivo judicial, haja vista que se trata de uma obrigação fixada na sentença. Logo, nestas duas hipóteses, não será necessário ajuizar ação de conhecimento, podendo ser proposta diretamente a execução de título executivo extrajudicial ou o cumprimento de sentença.

a.7) causas que versem sobre revogação de doação;

b) a ação de despejo para uso próprio;

c) as ações possessórias sobre bens imóveis de valor não excedente a 40 salários mínimos.

4.3. Competência funcional

Ao Juizado Especial Cível compete processar o cumprimento de sentença dos seus julgados, nos termos do art. 3º, § 1º, inc. I, da Lei n. 9.099/1995.

---

23 Enunciado 58 (Substitui o Enunciado 2) do FONAJE: "As causas cíveis enumeradas no art. 275 II, do CPC admitem condenação superior a 40 salários mínimos e sua respectiva execução, no próprio Juizado".

24 Lei n. 8.906/1994: "Art. 24. A decisão judicial que fixar ou arbitrar honorários e o contrato escrito que os estipular são títulos executivos e constituem crédito privilegiado na falência, concordata, concurso de credores, insolvência civil e liquidação extrajudicial. § 1º A execução dos honorários pode ser promovida nos mesmos autos da ação em que tenha atuado o advogado, se assim lhe convier".

Nesse tocante, o dispositivo não faz qualquer exigência em relação ao valor.

De um lado, é certo que, nos Juizados, o valor condenatório da sentença já está, a princípio, limitado a 40 salários mínimos. Contudo, há entendimento no sentido de que, caso haja acordo em valor superior à alçada dos Juizados Especiais (40 s.m.), ainda assim é possível a sua homologação, em razão do disposto no art. 3º, § 3º, inc. I, da Lei n. 9.099/1995[25].

Além disso, também se formaria título executivo judicial em valor superior a 40 salários mínimos no caso de condenação em quantia correspondente ao teto dos Juizados (40 s.m.) e, em segunda instância, condenação do recorrente em honorários advocatícios.

Nesses casos, como o art. 3º, § 1º, inc. I, da Lei n. 9.099/1995 não fez qualquer ressalva de valor ao estabelecer a competência funcional, o Juizado é competente para o cumprimento de sentença dos seus julgados, ainda que o valor seja superior a 40 salários mínimos, sem necessidade de renúncia ao valor excedente.

4.4. Hipóteses de não cabimento

São excluídas da competência do Juizado Especial Cível as causas de "natureza alimentar, falimentar, fiscal e de interesse da Fazenda Pública", bem como as relativas a "acidentes de trabalho, a resíduos e ao estado e capacidade das pessoas, ainda que de cunho patrimonial" (art. 3º, § 2º, Lei n. 9.099/1995).

Lembre-se que as causas de interesse da Fazenda Pública, embora não fiquem albergadas pela competência dos Juizados Especiais Cíveis Estaduais, podem se enquadrar na competência de outros Juizados: os Juizados Especiais Federais foram criados para albergar a competência de causas de menor complexidade contra a União, suas autarquias, fundações e empresas públicas; e os Juizados Especiais de Fazenda Pública foram instituídos para as causas em que os Estados, Distrito Federal e Municípios, suas autarquias, fundações públicas e empresas públicas estão no polo passivo.

De outro lado, não se admitirão, nos Juizados, ações que possuem procedimento especial, se essas ações não puderem tramitar pelo procedimento sumaríssimo[26].

4.5. Especificidades da competência territorial nos Juizados

O art. 4º da Lei n. 9.099/1995 estabelece regras de competência territorial para os Juizados Especiais Cíveis, sendo que algumas delas repetem, de alguma forma, as já estabelecidas no CPC, enquanto outras trazem disposições próprias. Para analisar a questão, importante estabelecer um quadro comparativo da Lei n. 9.099/1995 com o CPC:

---

25 Lei n. 9.099/1995: "Art. 3º [...] § 3º A opção pelo procedimento previsto nesta Lei importará em renúncia ao crédito excedente ao limite estabelecido neste artigo, excetuada a hipótese de conciliação".

26 Enunciado 8 do FONAJE: "As ações cíveis sujeitas aos procedimentos especiais não são admissíveis nos Juizados Especiais".

CPC/2015	LEI N. 9.099/1995 (ART. 4º)
Art. 46. A ação fundada em direito pessoal ou em direito real sobre bens móveis será proposta, em regra, no foro de domicílio do réu. Art. 53. É competente o foro: [...] *a)* onde está a sede, para a ação em que for ré pessoa jurídica; *b)* onde se acha agência ou sucursal, quanto às obrigações que a pessoa jurídica contraiu;	Art. 4º É competente, para as causas previstas nesta Lei, o Juizado do foro: I – do domicílio do réu ou, a critério do autor, do local onde aquele exerça atividades profissionais ou econômicas ou mantenha estabelecimento, filial, agência, sucursal ou escritório;
Art. 53. É competente o foro: [...] III – do lugar: [...] *d)* onde a obrigação deve ser satisfeita, para a ação em que se lhe exigir o cumprimento;	II – do lugar onde a obrigação deva ser satisfeita;
Art. 53. É competente o foro: [...] IV – do lugar do ato ou fato para a ação: a) de reparação de dano; V – de domicílio do autor ou do local do fato, para a ação de reparação de dano sofrido em razão de delito ou acidente de veículos, inclusive aeronaves.	III – do domicílio do autor ou do local do ato ou fato, nas ações para reparação de dano de qualquer natureza.
Pela sistemática do CPC, em qualquer caso, desde que não se trate de competência absoluta, a ação poderá ser proposta no foro do domicílio do réu, pois este não teria interesse em alegar a incompetência, na medida em que lhe é benéfico que o processo tramite no foro do seu domicílio.	Parágrafo único. Em qualquer hipótese, poderá a ação ser proposta no foro previsto no inciso I deste artigo.

A partir desse quadro comparativo, observa-se que a diferença entre a competência estabelecida no CPC e a que é disciplinada na Lei n. 9.099/1995 para os Juizados Especiais ocorre, basicamente, em relação à competência para as ações que envolvem reparação de dano.

No CPC, a competência para as ações de reparação de dano em geral é do foro do lugar do fato e, para reparação de dano sofrido em razão de delito ou acidente de veículos (inclusive aeronaves), é do foro do domicílio do autor ou do local do fato.

Na Lei n. 9.099/1995, a competência para as ações de reparação de dano de qualquer natureza (delito, acidente de trânsito ou danos em geral) é do foro do domicílio do autor ou do local do fato.

Tanto em relação aos procedimentos em geral (CPC), quanto para as ações do procedimento sumaríssimo (Lei n. 9.099/1995), o foro do domicílio do réu é competente.

4.6. Competência dos Juizados: a questão da obrigatoriedade/não obrigatoriedade

Nos casos em que os Juizados Especiais Cíveis Estaduais e do Distrito Federal são competentes, demandar perante eles não é uma obrigatoriedade da parte[27]. Vale dizer,

27 Nesse sentido, o Enunciado Cível 1 do FONAJE: "O exercício do direito de ação no Juizado Especial Cível é facultativo para o autor".

trata-se de uma faculdade do autor, na medida em que, nesses casos, o autor pode escolher demandar no Juizado ou numa Vara Comum.

Portanto, cabe ao autor analisar se é mais conveniente a celeridade do processo com maior brevidade da instrução probatória, propondo a ação nos Juizados Especiais, ou se, de outra forma, é melhor a demora do procedimento comum com ampla fase de instrução.

Nos Juizados Especiais de Fazenda Pública Estaduais e do Distrito Federal e nos Juizados Especiais Federais Cíveis, contudo, caso seja hipótese de competência desses Juizados, a sua competência é absoluta, nos termos do art. 2º, § 4º, da Lei n. 12.153/2009[28] e art. 3º, § 3º, da Lei n. 10.259/2001[29], respectivamente. Assim, nesses Juizados, não cabe à parte escolher se demanda no Juizado ou na Vara Comum, pois, sendo caso de competência de um desses Juizados Especiais, deve, obrigatoriamente, propor a ação perante eles, caso pretenda demandar.

4.7. Incompetência – consequência processual

No procedimento comum ou em procedimentos especiais do CPC, caso o juiz reconheça a incompetência, absoluta ou relativa, deverá **remeter os autos ao Juízo competente**. Embora se trate da falta de um pressuposto processual (subjetivo relativo ao juiz), como regra, não é hipótese de extinção do processo sem resolução do mérito.

De outro lado, nos **Juizados Especiais**, a consequência é outra. Com efeito, se o juiz de Juizado Especial reconhece a incompetência, absoluta ou relativa, deverá **extinguir o processo sem resolução do mérito**, por uma interpretação extensiva feita ao art. 51, incs. II e III, da Lei n. 9.099/1995[30].

Por tais razões, o juiz pode conhecer de ofício da incompetência territorial. Nesse sentido, o Enunciado 89 do FONAJE: "A incompetência territorial pode ser reconhecida de ofício no sistema de juizados especiais cíveis".

4.8. Competência para julgar o conflito de competência

Nos casos de conflito de competência entre juízos (de Juizados Especiais) vinculados à mesma Turma Recursal, a competência para julgar o conflito é da respectiva Turma Recursal.

---

28 Lei n. 12.153/2009: "Art. 2º [...] § 4º No foro onde estiver instalado Juizado Especial da Fazenda Pública, a sua competência é absoluta".

29 Lei n. 10.259/2001: "Art. 3º [...] § 3º No foro onde estiver instalada Vara do Juizado Especial, a sua competência é absoluta".

30 Lei n. 9.099/1995: "Art. 51. Extingue-se o processo, além dos casos previstos em lei: [...] II – quando inadmissível o procedimento instituído por esta Lei ou seu prosseguimento, após a conciliação; III – quando for reconhecida a incompetência territorial". Sobre a interpretação extensiva dada pela jurisprudência aos outros casos de incompetência, confira-se o seguinte acórdão: "INCOMPETÊNCIA ABSOLUTA DOS JUIZADOS ESPECIAIS. LEASING. NECESSIDADE DE PERÍCIA CONTÁBIL A FIM DE SE APURAR O VALOR RESIDUAL GARANTIDO – VRG. NEGADO PROVIMENTO AO RECURSO. SENTENÇA MANTIDA [...]. Ressalte-se que, quando inadmissível o procedimento estabelecido para os Juizados Especiais, o art. 51, II, da Lei n. 9.099/1995 determina a extinção do processo sem julgamento de mérito" (TJDFT, Acórdão n. 721131, 20130710054320ACJ, Relator: Carlos Alberto Martins Filho, 3ª Turma Recursal dos Juizados Especiais do Distrito Federal, Data de julgamento: 8-10-2013, publicado no *DJe*: 11-10-2013. p. 316).

Contudo, se o conflito de competência se estabelecer entre juízo de Juizado Especial e Juízo de Vara comum (por exemplo, Cível), a competência para julgar o conflito é do Tribunal, e não da Turma Recursal.

Se houver divergência sobre a competência entre tribunal de segunda instância e turma recursal a ele vinculada, não há propriamente conflito de competência. Neste caso, será competente para decidir a divergência o próprio tribunal de segunda instância, tendo em vista que a turma recursal não ostenta a qualidade de tribunal. Este foi o entendimento firmado pelo STF em sede de recurso extraordinário com repercussão geral, que também é reproduzido na jurisprudência do STJ[31].

5. CAPACIDADE PROCESSUAL NOS JUIZADOS ESPECIAIS

A sistemática dos Juizados Especiais possui algumas peculiaridades em relação à capacidade processual.

A capacidade processual divide-se em: a) capacidade de ser parte (capacidade de ser autor ou réu no processo); b) capacidade de estar em juízo (capacidade de demandar ou ser demandado sem representação ou assistência); e c) capacidade postulatória (capacidade de peticionar em Juízo).

No âmbito dos Juizados Especiais, há especificidades em relação à capacidade de ser parte e em relação à capacidade postulatória.

5.1. Capacidade de ser parte nos Juizados

A Lei n. 9.099/1995 divide a capacidade de ser parte em: a) capacidade de ser parte em geral (art. 8º, *caput*); e b) capacidade para ser autor (art. 8º, § 1º).

5.1.1. Capacidade de ser parte em geral

O art. 8º, *caput*, da Lei n. 9.099/1995 traz a definição de quem pode, em geral, ser parte nos Juizados Especiais, mas o faz negativamente. Vale dizer, o referido dispositivo estabelece aqueles que **não podem ser parte nos Juizados Especiais Cíveis Estaduais e do Distrito Federal**. São eles: "**o incapaz, o preso, as pessoas jurídicas de direito público, as empresas públicas da União, a massa falida e o insolvente civil**".

5.1.1.1. *Representação das pessoas jurídicas*

No caso em que a pessoa jurídica é parte, esta deve ser representada por preposto, que deverá portar carta de preposição com poderes para transigir, sem que haja necessidade de vínculo empregatício. Nesses casos, na prática, é comum que a pessoa jurídica nomeie

---

31 "A jurisprudência do STJ, com apoio no entendimento do Supremo Tribunal Federal, não admite a existência de conflito de competência entre Tribunal de Justiça e Turma Recursal do mesmo Estado (Pleno, RE 590.409/RJ, Rel. Ministro Ricardo Lewandowski, unânime, *DJe* de 29-10-2009)" (STJ, AgInt na Rcl 34.197/SC, Rel. Ministra Maria Isabel Gallotti, Segunda Seção, julgado em 22-8-2018, *DJe* 29-8-2018).

preposto não empregado para representá-la, como um advogado ou um estagiário do escritório de advocacia contratado.

5.1.2. Capacidade de ser autor

De outro lado, o § 1º do art. 8º da Lei n. 9.099/1995 estabelece que somente poderão ser autores nos Juizados Especiais:

> I – as **pessoas físicas capazes**, excluídos os cessionários de direito de pessoas jurídicas;
>
> II – as pessoas enquadradas como **microempreendedores individuais**, **microempresas** e **empresas de pequeno porte** na forma da Lei Complementar n. 123, de 14 de dezembro de 2006;
>
> III – as pessoas jurídicas qualificadas como **Organização da Sociedade Civil de Interesse Público**, nos termos da Lei n. 9.790, de 23 de março de 1999;
>
> IV – as **sociedades de crédito ao microempreendedor**, nos termos do art. 1º da Lei n. 10.194, de 14 de fevereiro de 2001.

5.2. Capacidade postulatória

O Código de Processo Civil (art. 103) estabelece que a parte precisa estar legalmente representada por advogado constituído na OAB (Ordem dos Advogados do Brasil), salvo se a própria parte for advogado. Portanto, os advogados possuem capacidade postulatória plena. Também possuem capacidade postulatória os membros do Ministério Público, da Defensoria Pública e da Advocacia Pública, no exercício da sua função.

Desse modo, as pessoas comuns não possuem capacidade postulatória, como regra.

Contudo, no âmbito dos Juizados Especiais, a Lei n. 9.099/1995 (art. 9º, *caput*) conferiu c**apacidade postulatória** às **partes** nas **causas até 20 salários mínimos.** Portanto, nas causas até esse valor, a parte pode comparecer pessoalmente aos Juizados para praticar atos processuais, sem necessidade de representação por advogado.

Para minimizar o desequilíbrio processual que poderia ocorrer, a própria Lei n. 9.099/1995 estabeleceu que, nesses casos, "se uma das partes comparecer assistida por advogado, ou se o réu for pessoa jurídica ou firma individual, terá a outra parte, se quiser, assistência judiciária prestada por órgão instituído junto ao Juizado Especial" (art. 9º, § 1º, Lei n. 9.099/1995). Além disso, o juiz deve alertar as partes sobre a conveniência de patrocínio por advogado, quando a causa recomendar.

Caso haja advogado, a procuração poderá ser verbal, salvo em relação a poderes especiais, quando se exige que seja escrita (art. 9º, § 3º, Lei n. 9.099/1995). No caso de procuração verbal com poderes *ad judicia*, isso deverá ser consignado na ata da audiência.

6. PROCEDIMENTO

O procedimento sumaríssimo dos Juizados Especiais Cíveis, na fase de conhecimento, apresenta extrema brevidade, cingindo-se aos seguintes atos processuais: a) propositura da demanda, que pode ser feita verbalmente, sendo reduzida a termo, ou por escrito; b) audiência de conciliação; c) audiência de instrução, em que deve ser produzida a prova testemunhal e apresentada a contestação, oral ou escrita; d) sentença. Das decisões interlocutórias, não cabe recurso de forma imediata, somente sendo possível recorrer da sentença.

6.1. Esquema do procedimento

A seguir, apresenta-se um esquema geral cronológico do procedimento sumaríssimo dos Juizados, para facilitar a sua compreensão.

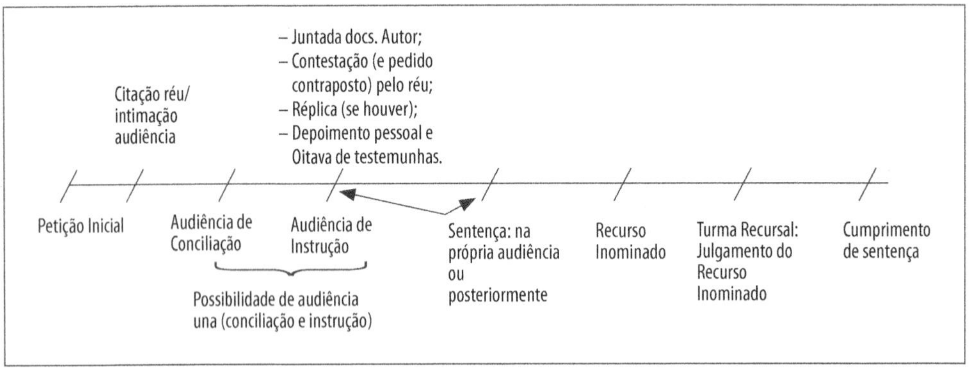

A seguir, são abordadas as peculiaridades do procedimento e cada uma das fases processuais.

6.2. Prazos

De acordo com o art. 219, *caput*, do CPC, "na contagem de prazo em dias, estabelecido por lei ou pelo juiz, computar-se-ão somente os dias úteis". Segundo o parágrafo único, "o disposto neste artigo aplica-se somente aos prazos processuais".

Como tal dispositivo aplica-se a todos os prazos processuais, em todos os tipos de processos, também deve-se aplicar aos Juizados Especiais. Assim, a partir da vigência do CPC/2015, os prazos nos Juizados também passam a ser contados em dias úteis. Os Enunciados 415 e 416 do FPPC[32] e o Enunciado 45 da ENFAM[33] também são nesse sentido.

De qualquer forma, para sedimentar a questão, a Lei n. 13.728/2018 acrescentou o art. 12-A à Lei n. 9.099/1995, que dispõe expressamente: "Na contagem de prazo em

32 Enunciado 415 do FPPC: "Os prazos processuais no sistema dos Juizados Especiais são contados em dias úteis". Enunciado 416 do FPPC: "A contagem do prazo processual em dias úteis prevista no art. 219 aplica-se aos Juizados Especiais Cíveis, Federais e da Fazenda Pública".

33 Enunciado 45 da ENFAM: "A contagem dos prazos em dias úteis (art. 219 do CPC/2015) aplica-se ao sistema de juizados especiais".

dias, estabelecido por lei ou pelo juiz, para a prática de qualquer ato processual, inclusive para a interposição de recursos, computar-se-ão somente os dias úteis".

Nos Juizados Especiais, os prazos são contados a partir do dia da citação ou intimação, e não da juntada do comprovante de citação ou intimação[34].

Não se aplicam, no âmbito dos Juizados, as prerrogativas de prazo previstas do CPC/2015. Assim, ainda que haja litisconsortes com procuradores diferentes, o prazo não será contado em dobro (não se aplicando a regra do art. 229, *caput*, CPC)[35].

Observe-se que, em relação à Fazenda Pública, embora não haja a aplicação das prerrogativas de prazo do CPC, as Leis dos Juizados Especiais Federais e de Fazenda Pública estabelecem alguns prazos diferenciados, como se mostrará nos itens próprios a seguir.

6.3. **Negócios processuais**

O CPC/2015 prevê, nos arts. 190 e 191, a possibilidade de as partes realizarem negócios processuais, a fim de estipularem como será o procedimento. No âmbito dos Juizados, isso também deve ser possível, mas sempre de acordo com os princípios norteadores dos Juizados. Desse modo, se os negócios processuais forem realizados nos Juizados para aumentar a quantidade de atos processuais, ampliar prazos ou impor a realização de mais atos processuais ao Cartório Judicial ou ao juiz, não poderão ser admitidos[36]. Caberá ao juiz fazer esse controle, na forma do art. 190, parágrafo único, do CPC[37].

6.4. **Petição inicial**

Os requisitos da petição inicial dirigida ao Juizado Especial (art. 14, § 1º, Lei n. 9.099/1995) são basicamente os mesmos da petição inicial em geral, prevista no CPC (arts. 319 e 320).

A petição inicial dos Juizados deve conter, em síntese:

a) o nome, a qualificação e o endereço das partes;

b) os fatos e os fundamentos, de forma sucinta (causa de pedir);

c) objeto (pedido);

d) valor da causa;

e) Juízo ao qual é dirigida (embora não esteja expresso na Lei n. 9.099/1995, não será possível distribuir o pedido se não houver indicação do Juízo a quem a petição é dirigida).

---

34 Enunciado 13 do FONAJE: "Nos Juizados Especiais Cíveis, os prazos processuais contam-se da data da intimação ou da ciência do ato respectivo, e não da juntada do comprovante da intimação".

35 Enunciado 164 do FONAJE: "O art. 229, *caput*, do CPC/2015 não se aplica ao Sistema de Juizados Especiais".

36 Enunciado 413 do FPPC: "O negócio jurídico processual pode ser celebrado no sistema dos juizados especiais, desde que observado o conjunto dos princípios que o orienta, ficando sujeito a controle judicial na forma do parágrafo único do art. 190 do CPC".

37 CPC: "Art. 190 [...] Parágrafo único. De ofício ou a requerimento, o juiz controlará a validade das convenções previstas neste artigo, recusando-lhes aplicação somente nos casos de nulidade ou de inserção abusiva em contrato de adesão ou em que alguma parte se encontre em manifesta situação de vulnerabilidade".

Diferentemente do que ocorre com o procedimento comum, nos Juizados Especiais, **admite-se que o autor formule oralmente a sua demanda** (art. 14, *caput*, Lei n. 9.099/1995). Nesse caso, a demanda será **reduzida a termo** pela Secretaria do Juizado. Esta pode se valer de formulários impressos, nos quais a parte preenche os campos em branco, onde fará constar os requisitos acima (art. 14, § 3º, Lei n. 9.099/1995).

Admitem-se pedidos cumulativos, desde que a **soma deles não ultrapasse a alçada dos Juizados Especiais (40 salários mínimos)**. No caso de pedidos alternativos, o valor da causa é fixado com base no pedido de maior valor.

Uma vez apresentado o pedido na Secretaria do Juizado, já é de plano designada audiência de conciliação (ou audiência una de conciliação, instrução e julgamento), já saindo a parte autora intimada da data da audiência (art. 16, Lei n. 9.099/1995).

Caso ambas as partes compareçam ao Juizado, deverá de imediato se proceder à audiência de conciliação, sendo dispensado o registro prévio da petição inicial e a citação (art. 17, Lei n. 9.099/1995).

6.5. Julgamento liminar de improcedência

O julgamento liminar de improcedência previsto no CPC, por estar em conformidade com os princípios norteadores do procedimento sumaríssimo, pode ser aplicado no âmbito dos Juizados.

De acordo com o art. 332 do CPC, nas causas que dispensem a fase instrutória, será possível o juiz julgar liminarmente improcedente o pedido do autor (sem citação do réu) quando ele contrariar:

> I – enunciado de súmula do Supremo Tribunal Federal ou do Superior Tribunal de Justiça;
>
> II – acórdão proferido pelo Supremo Tribunal Federal ou pelo Superior Tribunal de Justiça em julgamento de recursos repetitivos;
>
> III – entendimento firmado em incidente de resolução de demandas repetitivas ou de assunção de competência;
>
> IV – enunciado de súmula de tribunal de justiça sobre direito local.

Também será possível, por interpretação analógica ao inc. IV, acima referido, julgamento liminar de improcedência no caso de a pretensão contrariar súmula da Turma Recursal ou de Turma de Uniformização de Juizado Especial[38].

Além disso, também será possível o julgamento liminar de improcedência quando o juiz verificar de plano a ocorrência de prescrição ou decadência (art. 332, § 1º, CPC).

6.5.1. Possibilidade de o juiz decidir de ofício, sem prévia manifestação das partes

No âmbito dos Juizados Especiais, não se aplicam as disposições do CPC (art. 10 e art. 487, parágrafo único) que impedem o juiz de decidir de ofício, sem ouvir previamente as partes.

---

38 Enunciado 43 da ENFAM: "O art. 332 do CPC/2015 se aplica ao sistema de juizados especiais e o inciso IV também abrange os enunciados e súmulas dos seus órgãos colegiados competentes".

De um lado, é certo que, sempre que possível, o juiz deve oportunizar as partes a se manifestarem sobre tais questões na própria audiência de instrução, se isso ainda não tiver sido feito. De outro lado, caso, no âmbito dos Juizados, o juiz decida de ofício sem ouvir previamente as partes, não haverá qualquer nulidade. Isso porque, de acordo com os princípios informadores dos Juizados, essas delongas processuais são incompatíveis com o seu procedimento. Nesse sentido, o Enunciado 160 do FONAJEF: "Não causa nulidade a não aplicação do art. 10 do CPC e do art. 487, parágrafo único, do CPC nos juizados, tendo em vista os princípios da celeridade e informalidade".

6.6. Citações e intimações

Nos Juizados Especiais, as citações não precisam conter os mesmos formalismos necessários para as citações do procedimento comum.

As citações, nos Juizados, devem conter: a) cópia da petição inicial; b) indicação da data e do horário da audiência de conciliação; c) a advertência de que, se o réu não comparecer, este será considerado revel e, por conseguinte, serão consideradas verdadeiras as alegações do autor, bem como será proferido julgamento de plano (art. 18, § 1º, Lei n. 9.099/1995).

A citação dispensa a confecção de mandado judicial.

A correspondência (no caso de citação por correio) ou a contrafé (no caso de citação por oficial de justiça) recebida no endereço da parte é eficaz para fins de citação, desde que seja identificado o seu recebedor, ainda que não seja o citando[39].

Assim como ocorre no procedimento comum, o comparecimento espontâneo do réu no processo do Juizado supre a necessidade de citação.

Nos Juizados, não se admite a citação por edital (art. 18, § 2º, Lei n. 9.099/1995). Desse modo, se o réu não for encontrado para a citação e não comparecer espontaneamente, o processo deverá ser extinto sem resolução de mérito, na medida em que não é cabível a citação por edital nos Juizados.

As intimações poderão ser feitas por correio, por oficial de justiça ou por publicação em diário (no caso de intimação para advogado). Contudo, admite-se que, nos Juizados, as intimações sejam feitas por qualquer meio idôneo (art. 19, *caput*, Lei n. 9.099/1995), podendo pensar-se aqui em intimações por *e-mail*, fax ou, até mesmo, por telefone, desde que seja possível se certificar que o réu recebeu a comunicação processual. Caso seja necessária carta precatória, é possível a extinção do processo, haja vista que, em razão da sua demora na tramitação, pode não ser compatível com a celeridade dos Juizados.

6.7. Tutelas de urgência e da evidência

Nos Juizados, são, em princípio, **cabíveis as tutelas de urgência e da evidência**, na forma prevista nos arts. 294 a 311 do CPC[40].

---

39 Enunciado Cível 5 do FONAJE: "A correspondência ou contrafé recebida no endereço da parte é eficaz para efeito de citação, desde que identificado o seu recebedor".

40 Enunciado 418 do FPPC: "As tutelas provisórias de urgência e de evidência são admissíveis no sistema dos Juizados Especiais".

Contudo, esses institutos merecem especial consideração no âmbito dos Juizados Especiais Cíveis.

Na grande maioria dos casos, os requerimentos de tutela antecipada têm sido indeferidos pelos juízes, ao argumento de que o direito reclamado pode aguardar a sentença. No entanto, esse não é um argumento que pode ser considerado *a priori*, senão diante das circunstâncias de um caso concreto. Por exemplo, numa ação promovida por determinado consumidor contra plano de saúde, que se recusa a custear procedimento cirúrgico urgente, a decisão deve ser proferida imediatamente, pois a urgência do caso talvez não permita que se aguarde a audiência ou a sentença, mesmo diante da maior celeridade do procedimento sumaríssimo. Portanto, o juiz deve verificar, no caso concreto, se a urgência permite ou não que se aguarde a sentença.

Da mesma forma, a tutela da evidência tem por objetivo evitar os males causados pelo tempo do processo. Se o Juizado tiver um procedimento efetivamente célere, é possível que o juiz entenda que, diante das circunstâncias concretas, a tutela provisória de evidência não se faz necessária, na medida em que a tutela definitiva (sentença) não tardará.

De outro lado, não são compatíveis com o sistema dos Juizados as tutelas de urgência (cautelar e antecipada) requeridas em caráter antecedente, haja vista que os seus procedimentos próprios não são compatíveis com o rito sumaríssimo. Nesse sentido, também o Enunciado 163 do FONAJE[41].

6.8. **Audiência(s)**

No procedimento sumaríssimo, as audiências de conciliação e de instrução e julgamento podem ser bipartidas, ou aglutinadas em uma audiência una.

6.8.1. **Audiência de conciliação**

A audiência de conciliação é da própria essência dos Juizados, pois, diante da menor complexidade das causas e do pequeno valor, as tentativas de acordo devem ser maximizadas. Em razão dessa perspectiva, comumente as Varas dos Juizados possuem um grupo de conciliadores, que recebem treinamento sobre as técnicas de conciliação. Esses conciliadores devem atuar sob a supervisão do Juiz.

Segundo a Lei n. 9.099/1995, os conciliadores devem ser recrutados, "preferentemente, entre os bacharéis em Direito" (art. 7º). Contudo, na maioria das vezes, na prática, os conciliadores acabam sendo selecionados dentre acadêmicos de Direito em fase adiantada do Curso, os quais recebem algum tipo de treinamento.

Aos Juizados Especiais, também se aplicam as disposições do CPC, no que for cabível. O CPC prevê, sobretudo nos arts. 165 a 175, toda uma disciplina e estrutura para a conciliação e a mediação, que devem ser aproveitadas pelos Juizados[42].

---

41 Enunciado 163 do FONAJE: "Os procedimentos de tutela de urgência requeridos em caráter antecedente, na forma prevista nos arts. 303 a 310 do CPC/2015, são incompatíveis com o Sistema dos Juizados Especiais".

42 Enunciado 397 do FPPC: "A estrutura para autocomposição, nos Juizados Especiais, deverá contar com a conciliação e a mediação".

Contudo, no tocante a regras procedimentais, prazos, forma de opor contestação, entre outros aspectos, a sistemática dos Juizados continua sendo regida pelas Leis n. 9.099/1995, 10.259/2001 e 12.153/2009[43].

6.8.2. Audiência de instrução e julgamento

A **audiência de instrução e julgamento** é um importante instrumento nos Juizados, por proporcionar **oralidade, concentração de atos processuais e celeridade**.

De acordo com a Lei n. 9.099/1995, se não houver acordo na audiência de conciliação, poder-se-á passar de imediato para a audiência de instrução e julgamento, ou se deve designá-la para um dos quinze dias subsequentes, já ficando dela cientes as partes e eventualmente testemunhas e advogados presentes (art. 27)[44].

Desse modo, se aplicadas as disposições da Lei dos Juizados, o procedimento sumaríssimo torna-se um modelo de Justiça extremamente célere, diante da concentração de atos processuais.

A sistemática adotada na Vara em relação à forma de realização das audiências de conciliação e de instrução e julgamento já deve ser informada para o autor quando este ajuíza a sua demanda, e para o réu no momento em que este recebe a citação. Há várias possibilidades conferidas aos Juizados de organizar as audiências, mas destacam-se duas principais:

a) Designação de audiência de conciliação, sem possibilidade, a princípio, de continuidade em instrução e julgamento: neste caso, a parte autora deverá ficar intimada, no momento em que protocola a petição inicial, que será designada audiência somente com o propósito de conciliação. O réu também deverá ser citado e intimado somente para a audiência de conciliação, ficando ciente de que o seu não comparecimento implica revelia, bem como todos os seus efeitos (presunção de veracidade dos fatos afirmados pelo autor; julgamento antecipado do mérito; não intimação dos demais atos). Na audiência de conciliação, se comparecerem as partes, mas não houver acordo, será designada audiência de instrução e julgamento, ficando as partes desde já intimadas a apresentar todas as provas de que disponham, bem como levar consigo as testemunhas, ou apresentar o rol das testemunhas.

b) Designação de audiência una de conciliação, instrução e julgamento: neste caso, o autor será intimado de plano a comparecer à audiência levando consigo todas as provas com que pretende provar o seu direito, bem como as testemunhas que pretende que sejam ouvidas, ou depositar em cartório o rol de testemunhas; o réu será citado e intimado para comparecer a esta audiência, onde já deve levar todas as provas possíveis, as testemunhas (ou apresentar o rol de testemunhas em cartório), bem como apresentar contestação (e eventualmente contrapedido), sob pena de revelia e aplicação dos seus efeitos[45].

---

43 Enunciado 152 do FONAJEF: "A conciliação e a mediação nos juizados especiais federais permanecem regidas pelas leis 10259/2001 e 9099/1995, mesmo após o advento do novo Código de Processo Civil".

44 Lei n. 9.099/1995: "Art. 27 [...] Parágrafo único. Não sendo possível a sua realização imediata, será a audiência designada para um dos quinze dias subsequentes, cientes, desde logo, as partes e testemunhas eventualmente presentes".

45 Lei n. 9.099/1995: "Art. 27. Não instituído o juízo arbitral, proceder-se-á imediatamente à audiência de instrução e julgamento, desde que não resulte prejuízo para a defesa".

Embora os Juizados possuam liberdade para optar por um ou outro procedimento, o que não pode acontecer é intimar autor e réu somente para comparecerem à audiência de conciliação e, no próprio ato, já proceder à audiência de instrução e julgamento, já que isso violaria o princípio da confiança e impediria que as partes produzissem provas, que o réu apresentasse contestação etc.

Observa-se que, na audiência de instrução e julgamento, há uma grande concentração de fases processuais, com a possibilidade de prática dos seguintes atos: apresentação de documentos pelo autor; contestação pelo réu; eventualmente, réplica pelo autor; manifestação sobre os documentos da outra parte[46]; depoimento pessoal; oitiva de testemunhas; decisão imediata de eventuais questões que possam interferir no prosseguimento do processo[47]; e, eventualmente, sentença[48].

Portanto, é essa concentração de atos processuais que garante a celeridade do procedimento sumaríssimo.

De qualquer forma, em alguns Juizados, quando não há necessidade de produção de prova oral, adota-se o sistema do julgamento antecipado do mérito, na forma do art. 355 do CPC. Neste caso, não havendo acordo na audiência de conciliação, o juiz determina a abertura de prazo para o autor apresentar documentos e para o réu apresentar contestação, bem como para ambas as partes se manifestarem sobre os documentos, sendo, a seguir, os autos conclusos para sentença. Tal sistemática é por vezes adotada em razão de questões organizacionais do Juizado. Contudo, essa "desconcentração" dos atos processuais comumente implica ampliar o procedimento e, por conseguinte, o tempo do processo. Portanto, essa sistemática somente deve ser adotada quando, a partir das possibilidades organizacionais do Juizado, analisando-se os recursos humanos e materiais da Vara, implicar manutenção da celeridade processual.

6.8.2.1. *Oitiva de partes e testemunhas*

Na audiência de instrução, poderão ser colhidos os depoimentos pessoais das partes e realizada a oitiva de testemunhas.

A **oitiva**, em regra, deve ocorrer na seguinte **ordem**:

a) depoimento pessoal do autor;

b) depoimento pessoal do réu;

c) oitiva das testemunhas da parte autora; e

d) oitiva das testemunhas da parte ré.

Poderão ser ouvidas **até três testemunhas de cada parte**.

46 Lei n. 9.099/1995: "Art. 29 [...] Parágrafo único. Sobre os documentos apresentados por uma das partes, manifestar-se-á imediatamente a parte contrária, sem interrupção da audiência".

47 Lei n. 9.099/1995: "Art. 29. Serão decididos de plano todos os incidentes que possam interferir no regular prosseguimento da audiência. As demais questões serão decididas na sentença".

48 Lei n. 9.099/1995: "Art. 28. Na audiência de instrução e julgamento serão ouvidas as partes, colhida a prova e, em seguida, proferida a sentença".

As testemunhas deverão ser levadas pela parte à audiência, independentemente de intimação, ou ser arroladas pela parte previamente, para que sejam intimadas pelo Juizado. Neste caso, a parte deverá apresentar o rol de testemunhas, com os respectivos endereços, com no mínimo 5 dias (úteis) de antecedência da audiência de instrução e julgamento (art. 34, § 1º, Lei n. 9.099/1995).

Se a testemunha fosse comparecer independentemente de intimação, mas ela não estiver presente na audiência, o juiz prosseguirá o processo sem a sua oitiva. Caso a testemunha intimada não compareça, o juiz poderá determinar a sua condução coercitiva de forma imediata, se possível (art. 34, § 2º, Lei n. 9.099/1995); não sendo possível, designará nova data de audiência de instrução e julgamento, com intimação mediante condução coercitiva.

Segundo o art. 36 da Lei n. 9.099/1995, "a prova oral não será reduzida a escrito, devendo a sentença referir, no essencial, os informes trazidos nos depoimentos". Entretanto, na praxe judicial, os depoimentos das partes e testemunhas são gravados, ou transcritos na essência em uma ata. Talvez isso ocorra porque, na maior parte das vezes, a sentença não é proferida na própria audiência.

6.8.2.2. *Inquirição de técnicos e inspeção judicial*

O art. 35 da Lei n. 9.099/1995 permite que o juiz possa inquirir técnicos de sua confiança, permitindo-se às partes o contraditório, com a apresentação de parecer técnico.

Além disso, é também possível, no curso da audiência, de ofício ou a requerimento das partes, a realização de inspeção judicial em pessoas ou coisas, ou a determinação pelo juiz que pessoa de sua confiança faça a inspeção e relate o que foi verificado (art. 35, parágrafo único, Lei n. 9.099/1995). Por exemplo, numa ação de reparação de danos materiais envolvendo acidente automobilístico, se houver divergência sobre onde ocorreu a colisão, poderá o juiz, na própria audiência, se dirigir até o veículo ou até o local onde ocorreu o acidente, para fazer inspeção judicial, ou designar um servidor da Vara para fazê-lo e relatar o que verificou. Também é possível, por exemplo, numa ação de indenização por danos morais que envolve lesão corporal, que o juiz, durante a audiência, na presença das partes e eventualmente advogados, faça a verificação e descreva as lesões aparentes que pode ver a olho nu.

6.8.2.3. *Ausência de alegações finais ou memoriais*

No âmbito dos Juizados Especiais, diante da ausência de complexidade probatória, não há manifestação das partes após colheita de prova oral, ao contrário do que ocorre no procedimento comum.

Observa-se que a ausência de alegações finais nos Juizados Especiais, na praxe, não gera prejuízo ao contraditório. Diante da concentração dos atos processuais em audiência, as partes já indicam ao juiz, neste momento processual, as suas teses, bem como aquilo que pretendem extrair das provas produzidas.

Aliás, no próprio procedimento comum, observa-se que, na grande maioria das vezes, as partes apresentam as suas alegações finais de forma remissiva, ou seja, apenas remetendo ao que já disseram na petição inicial e na contestação.

Portanto, a ausência de alegações finais no procedimento sumaríssimo traz mais benefícios do que prejuízos ao processo.

6.8.2.4. *Da atuação do juiz leigo*

A Lei n. 9.099/1995 (art. 37) previu a possibilidade de que a audiência de instrução seja conduzida por juiz leigo, com a supervisão do juiz togado.

A figura do juiz leigo foi instituída por alguns tribunais para os seus juizados especiais, como é o caso do Tribunal de Justiça do Rio Grande do Sul, com grande êxito.

Em tais casos, o juiz leigo preside a audiência de instrução, com supervisão do juiz togado, e confecciona um parecer, que será ou não homologado pelo juiz togado.

Contudo, em muitos tribunais, como é o caso do TJDFT, ainda não foi instituída a figura do juiz leigo nos Juizados Especiais.

6.9. Respostas do réu: contestação, pedido contraposto, exceções de impedimento e suspeição

Nos Juizados, a defesa do réu é exercida mediante a apresentação de contestação, que **poderá ser oral ou escrita**. No caso de contestação oral, deverá ser reduzida a termo.

A contestação deverá conter toda a matéria de defesa, **exceto as exceções de suspeição e de impedimento do juiz**, que devem ser formuladas em petição própria e ser **autuadas em apartado** (art. 30, Lei n. 9.099/1995).

Observe-se que o CPC/2015, diferentemente do CPC/1973, não prevê mais a exceção de incompetência, a qual deve ser alegada em preliminar de contestação, mas mantém a exceção de suspeição e a exceção de impedimento como petições autônomas autuadas em apartado. Isso ocorre porque, nas exceções de impedimento e suspeição, a questão incidental não é julgada pelo juiz (o juiz é o excepto, e ele não poderia julgar uma questão em que ele próprio é a parte), senão pela Turma Recursal ou pelo Tribunal.

Da mesma forma, no âmbito dos Juizados Especiais, a alegação de **incompetência**, absoluta ou relativa, deve ser formulada em sede de **preliminar de contestação**. Contudo, o **acolhimento dessa preliminar, nos Juizados, tem como consequência a extinção do processo sem resolução do mérito**, como já se expôs, e não a remessa dos autos para o Juízo competente (o que ocorreria numa Vara Comum).

Nos Juizados, não se admite reconvenção. Contudo, **admite-se que o réu formule pedido contraposto** (possibilidade de exercício de pretensão – pedido – do réu contra o autor) **na própria contestação**, desde que esse pedido seja fundado nos **mesmos fatos** que constituem o objeto da demanda (art. 31, Lei n. 9.099/1995). Assim, as hipóteses de pedido contraposto (do procedimento sumaríssimo) são mais restritas que as da reconvenção (do procedimento comum), já que esta é admissível quando houver qualquer relação com o pedido principal.

Desse modo, admite-se pedido contraposto, formulado pelo réu, por exemplo, na contestação oposta à ação de ressarcimento proposta pelo autor, quando um imputa ao outro a culpa pelo acidente de trânsito. Observe-se que, neste caso, o pedido contraposto tem como base os mesmos fatos que fundamentam o pedido do autor.

De outro lado, não seria admissível o pedido contraposto, por exemplo, no caso em que o autor propõe ação de cobrança contra o réu, mas este propõe pedido contraposto contra o autor postulando indenização por dano moral por cobrança vexatória. Observe-se que o fato "cobrança vexatória" não é o mesmo que o "não pagamento da dívida", que originou a cobrança. Vale dizer, admitir esse pedido contraposto implicaria uma ampliação objetiva do processo, de modo a maximizar a instrução probatória, pois terá de ser provado um fato novo (cobrança vexatória) que nada tem a ver com o fato que embasa o pedido do autor (dívida).

A **contestação** – e o pedido contraposto, por conseguinte – deve ser **apresentada na audiência de instrução**. Nesse caso, havendo pedido contraposto, o autor poderá responder ao pedido na própria audiência ou requerer a realização de nova audiência de instrução, a qual será desde logo designada, intimando-se no ato todos os presentes (art. 31, parágrafo único, Lei n. 9.099/1995).

Não se deve exigir o rigor formal para a contestação nos Juizados Especiais, sobretudo nos casos em que o réu estiver desassistido de advogado. Nesses casos, o juiz poderá tomar o próprio depoimento pessoal do réu como contestação. É comum que o juiz, por exemplo, consigne na ata de audiência: "O réu, em depoimento pessoal e contestação, declarou que: [...]". Enfim, todas as desconformidades e impugnações do réu em relação aos pedidos do autor devem ser consignados em ata, na linguagem simples utilizada pelo réu, e isso deve servir como contestação.

6.10. Revelia

A revelia é um fato decorrente da inércia do réu, pela sua ausência a um ato processual cuja presença era necessária, ou pela não apresentação de peça de contestação. A revelia somente ocorre quando for cominada por lei a determinada hipótese e, no caso concreto, se essa hipótese vier a ocorrer.

Dessa forma, não é cabível a revelia somente porque o réu não praticou determinado ato do processo, se a lei não cominar revelia a essa hipótese.

A Lei n. 9.099/1995 prevê, no art. 20, que, "não comparecendo o demandado à sessão de conciliação ou à audiência de instrução e julgamento, reputar-se-ão verdadeiros os fatos alegados no pedido inicial, salvo se o contrário resultar da convicção do Juiz".

Em primeiro lugar, é preciso analisar a hipótese legal de revelia, para depois verificar os seus efeitos.

Pela leitura do dispositivo legal, deve-se entender que há revelia no caso em que o réu não comparece à audiência de conciliação ou à audiência de instrução e julgamento, ou, ainda, à audiência una de conciliação, instrução e julgamento.

Caso se configure a hipótese legal, o dispositivo em referência (art. 20, Lei n. 9.099/1995) prevê um dos efeitos da revelia: presunção de veracidade dos fatos alegados pelo autor. Trata-se de presunção relativa, que pode ser afastada pelo juiz diante de elementos que indiquem o contrário.

Além desse efeito (presunção de veracidade), o Código de Processo Civil prevê outros dois efeitos: a) não intimação do réu dos demais atos processuais; e b) julgamento antecipado do mérito. Ainda que estes dois efeitos da revelia não estejam expressamente previstos na Lei n. 9.099/1995, devem ser aplicados por uma interpretação sistemática.

Além disso, é preciso distinguir a revelia e os seus efeitos.

A revelia é um fato, decorrente da inércia do réu. No caso dos Juizados, a revelia é o fato de o réu não comparecer à audiência de conciliação ou de instrução e julgamento. Os efeitos da revelia podem ou não ser verificados, a depender do caso concreto.

Desse modo, é possível que ocorra a revelia, mas não sejam aplicados os seus efeitos. Por exemplo, pode ser que o juiz decrete a revelia, mas que não proceda ao julgamento antecipado do mérito, porque entende que é necessário ouvir testemunhas. Neste exemplo, não é correto dizer que não houve revelia, pois a revelia está presente; o que não há é a aplicação dos seus efeitos.

Lembre-se que, como já referido acima, se o réu comparecer à audiência e não apresentar contestação escrita, o juiz deve tomar o seu depoimento pessoal em contestação oral, mas não deverá decretar a revelia. Portanto, exigir que o réu apresente uma contestação formal, se, na audiência, pode o juiz colher a defesa do réu com a utilização das suas próprias palavras, afronta os princípios da oralidade, da simplicidade e da informalidade, norteadores dos Juizados Especiais[49].

6.11. Conexão e continência

No âmbito dos Juizados Especiais, **admite-se a reunião das causas conexas, ou quando houver continência**, com o objetivo de promover o julgamento simultâneo, desde que ambos os processos estejam submetidos à competência dos Juizados. Nesse sentido, aliás, o Enunciado 68 do FONAJE: "Somente se admite conexão em Juizado Especial Cível quando as ações puderem submeter-se à sistemática da Lei n. 9.099/1995".

6.12. Intervenção de terceiros

O art. 10 da Lei n. 9.099/1995 determina que **não se admitirá no processo qualquer forma de intervenção de terceiro ou assistência**. O dispositivo não precisaria ter feito referência à assistência, já que é uma espécie de intervenção de terceiro.

De outro lado, a correção de vício de ilegitimidade passiva, com exclusão de réu ilegítimo para a inclusão de réu legítimo, na forma do art. 339 do CPC, aplica-se ao sistema dos juizados especiais, pois, no CPC/2015, não se trata de modalidade de intervenção de terceiro (no CPC/1973, essa questão era tratada como nomeação à autoria). Nesse sentido, o Enunciado 42 do FPPC: "O dispositivo aplica-se mesmo a procedimentos especiais que não admitem intervenção de terceiros, bem como aos juizados especiais cíveis, pois se trata de mecanismo saneador, que excepciona a estabilização do processo".

---

49 Em sentido contrário, o Enunciado 11 do FONAJE: "Nas causas de valor superior a vinte salários mínimos, a ausência de contestação, escrita ou oral, ainda que presente o réu, implica revelia".

6.12.1. O incidente de desconsideração da personalidade jurídica

Embora haja regra expressa na Lei n. 9.099/1995 estabelecendo que não se admite intervenção de terceiros, e o incidente de desconsideração da personalidade jurídica seja uma forma de intervenção de terceiro, o CPC/2015 (art. 1.062) previu expressamente que "**o incidente de desconsideração da personalidade jurídica aplica-se ao processo de competência dos juizados especiais**". Desse modo, fica claro que o incidente de desconsideração da personalidade jurídica é uma exceção à regra, vale dizer, é uma modalidade de intervenção de terceiros admitida no procedimento sumaríssimo dos Juizados[50].

Contudo, essa regra deve ser analisada dentro do sistema dos Juizados Especiais, bem como compatibilizada com os seus princípios norteadores.

Nesse ínterim, se o incidente de desconsideração da personalidade jurídica trouxer alta complexidade ao processo, seja pela dificuldade de localização dos sócios, pela necessidade de citação deles por carta precatória, ou por outro motivo, poderá ser indeferido o seu processamento. Portanto, da mesma forma como ocorre com outras questões nos Juizados, pode não ser admitido o incidente de desconsideração da personalidade jurídica diante da alta complexidade no caso concreto.

No entanto, o que não pode haver é se indeferir o processamento de tal incidente aprioristicamente, sob a fundamentação genérica de que agrega complexidade. Vale dizer, somente as circunstâncias do caso concreto podem determinar se deverá ou não ser processado o incidente de desconsideração da personalidade jurídica.

6.13. Ministério Público

Embora de difícil ocorrência na prática, é possível a intervenção do Ministério Público no procedimento sumaríssimo, nas causas em que couber a sua intervenção[51].

6.14. Perícias

Os Juizados Especiais são competentes para julgar as causas de "menor complexidade". Essa expressão não quer dizer, evidentemente, complexidade de interpretação, senão complexidade probatória.

Desse modo, não se admite a produção de perícias complexas.

Logo, não é correto dizer que, nos Juizados, não se admite perícias. Com efeito, perícias simples podem ser realizadas no procedimento sumaríssimo. Por exemplo, se a parte autora alega que comprou um determinado aparelho eletrônico, mas que ele é muito barulhento, produzindo ruídos muito superiores aos aparelhos normais daquele tipo; ou que comprou uma fechadura para porta que demanda muito esforço para girar

---

50 Aliás, o Enunciado 60 do FONAJE também estabelece isso: "É cabível a aplicação da desconsideração da personalidade jurídica, inclusive na fase de execução".

51 Lei n. 9.099/1995: "Art. 11. O Ministério Público intervirá nos casos previstos em lei".

a chave; ou quando existe divergência sobre o valor de determinado bem, que precisa ser avaliado por um perito. Em tais casos, a perícia é simples, podendo ser feita por pessoa com conhecimento mediano, sem necessidade de ser um especialista. Assim, perícias simples como essas podem ser feitas pelo próprio oficial de justiça avaliador (cargo que existe no âmbito da Justiça da União, e que geralmente encontra semelhante nas Justiças Estaduais), de modo que não implicam complexidade probatória.

Portanto, nos Juizados, são admitidas perícias, desde que sejam simples. O que o procedimento sumaríssimo não comporta são perícias complexas.

6.15. **Sentença**

Diante da oralidade e da concentração dos atos processuais, é importante que a sentença seja proferida pelo juiz na própria audiência. Nesse caso, a intimação das partes sobre a sentença deve ocorrer na própria audiência, a partir de quando inicia o prazo recursal. Aliás, essa é a orientação do art. 52, inc. III, da Lei n. 9.099/1995[52].

As sentenças em geral possuem como requisitos o relatório, a fundamentação e a sentença. Nas sentenças proferidas nos Juizados Especiais, é dispensado o relatório, bastando um breve resumo dos fatos relevantes, o que pode ocorrer na própria fundamentação (art. 38, Lei n. 9.099/1995)[53].

Não se deve aplicar com obrigatoriedade, aos Juizados Especiais, o art. 489 do CPC/2015, que introduz nova carga argumentativa às decisões judiciais. Isso porque tal regra é incompatível com a sistemática dos Juizados, que precisa dar uma resposta mais célere, menos burocratizada, já que se trata de causas de menor complexidade ou de baixo valor econômico. Exigir um aumento do desenvolvimento argumentativo das decisões judiciais implica também aumentar o tempo para que tal ato seja proferido, maximizando a demora processual e os custos do processo. Por tais razões, tal regra não se amolda ao sistema dos Juizados, calcados nos princípios da oralidade, celeridade, economia processual e simplicidade[54]. Contudo, toda decisão judicial, inclusive em Juizados, precisa ter um padrão mínimo de fundamentação.

Nos Juizados, a sentença não poderá ser ilíquida[55].

Nas sentenças condenatórias, não poderá ocorrer condenação em valor superior ao da alçada dos Juizados Especiais. Caso haja condenação em quantia superior, a

52 Lei n. 9.099/1995: "Art. 52 [...] III – a intimação da sentença será feita, sempre que possível, na própria audiência em que for proferida. Nessa intimação, o vencido será instado a cumprir a sentença tão logo ocorra seu trânsito em julgado, e advertido dos efeitos do seu descumprimento (inciso V)".

53 Lei n. 9.099/1995: "Art. 38. A sentença mencionará os elementos de convicção do Juiz, com breve resumo dos fatos relevantes ocorridos em audiência, dispensado o relatório".

54 No mesmo sentido, o Enunciado 162 do FONAJE: "Não se aplica ao Sistema dos Juizados Especiais a regra do art. 489 do CPC/2015 diante da expressa previsão contida no art. 38, *caput*, da Lei 9.099/95". No mesmo sentido, o Enunciado 47 da ENFAM: "O art. 489 do CPC/2015 não se aplica ao sistema de juizados especiais".

55 Lei n. 9.099/1995: "Art. 38 [...] Parágrafo único. Não se admitirá sentença condenatória por quantia ilíquida, ainda que genérico o pedido".

sentença será ineficaz somente na parte que excede o valor do teto dos Juizados Especiais (art. 39, Lei n. 9.099/1995)[56].

Na **sentença de primeira instância, não haverá condenação do vencido em custas processuais e honorários advocatícios, salvo nos casos de litigância de má-fé** (art. 55, Lei n. 9.099/1995)[57]. Havendo litigância de má-fé, a parte que assim agir deverá, portanto, ser condenada à multa correspondente à litigância de má-fé, em custas processuais e em honorários advocatícios sucumbenciais. Contudo, se a outra parte não estiver representada por advogado, não haverá condenação em honorários.

6.15.1. Extinção do processo sem resolução de mérito

Além das hipóteses previstas no CPC (art. 485), a Lei n. 9.099/1995 acrescenta um rol de hipóteses que também determinam a extinção do processo sem resolução do mérito. São elas (art. 51, Lei n. 9.099/1995):

> I – quando o autor deixar de comparecer a qualquer das audiências do processo;
>
> II – quando inadmissível o procedimento instituído por esta Lei ou seu prosseguimento, após a conciliação;
>
> III – quando for reconhecida a incompetência territorial;
>
> IV – quando sobrevier qualquer dos impedimentos previstos no art. 8º desta Lei;
>
> V – quando, falecido o autor, a habilitação depender de sentença ou não se der no prazo de trinta dias;
>
> VI – quando, falecido o réu, o autor não promover a citação dos sucessores no prazo de trinta dias da ciência do fato.

Segundo o § 1º do art. 51 da Lei n. 9.099/1995, "a extinção do processo independerá, em qualquer hipótese, de prévia intimação pessoal das partes". Então, como fazer uma interpretação sistemática dessa disposição com os arts. 10 e 487, parágrafo único, do CPC, que dispõe que o juiz deverá intimar previamente as partes antes de decidir, inclusive se for decidir de ofício?

Se, no âmbito do procedimento comum, isso já é problemático, em relação ao procedimento sumaríssimo, exigir prévia intimação da parte para extinguir o processo sem resolução de mérito implicaria descaracterizá-lo, pois está calcado na concentração dos atos processuais e na celeridade.

Por tais razões, no âmbito dos Juizados Especiais, o juiz não precisa intimar previamente as partes para decidir de ofício. Nesse sentido, aliás, o Enunciado 160 do FONAJEF: "Não causa nulidade a não aplicação do art. 10 do NCPC e do art. 487, parágrafo único, do NCPC nos juizados, tendo em vista os princípios da celeridade e informalidade".

---

56 Lei n. 9.099/1995: "Art. 39. É ineficaz a sentença condenatória na parte que exceder a alçada estabelecida nesta Lei".

57 Lei n. 9.099/1995: "Art. 55. A sentença de primeiro grau não condenará o vencido em custas e honorários de advogado, ressalvados os casos de litigância de má-fé".

De outro lado, caso a extinção do processo sem resolução de mérito seja motivada pela ausência de comparecimento do autor à audiência, o art. 51, § 2º, da Lei n. 9.099/1995 estabelece que, "quando comprovar que a ausência decorre de força maior, a parte poderá ser isentada, pelo Juiz, do pagamento das custas". Contudo, ao constatar que a parte autora possui justificativa legítima para a sua ausência, o juiz poderá revogar a sentença e, de plano, designar a audiência se verificar que essa medida pode ser mais célere e economizar atos processuais.

6.16. Recursos e impugnações às decisões

No âmbito dos juizados especiais, os recursos e outros mecanismos de impugnação de decisões possuem uma sistemática muito peculiar, diante das especificidades do próprio procedimento sumaríssimo. Por tal razão, merecem um estudo detalhado.

6.16.1. O duplo grau de jurisdição, as custas processuais e a necessidade de advogado

No âmbito dos Juizados Especiais, está presente o princípio do Duplo Grau de Jurisdição, mas com algumas mitigações.

Em primeiro lugar, para qualquer das partes recorrer da sentença, exige-se o pagamento de custas processuais (art. 42, § 1º, Lei n. 9.099/1995) e que o recurso seja subscrito por advogado devidamente constituído (art. 41, § 2º, Lei n. 9.099/1995).

Assim, nos Juizados, a gratuidade está presente no procedimento em primeira instância, mas se condiciona o duplo grau de jurisdição ao pagamento de custas e ao patrocínio de um advogado. Ainda que, no plano da jurisprudência, essas condicionantes para o duplo grau não sejam objeto de questionamento, grande parte da doutrina critica tal disposição[58].

Além disso, o preparo (custas processuais para o recurso) abrange o valor das custas processuais de primeira instância (que não seriam cobradas, se não houvesse recurso) e as custas do recurso. Tudo isso acaba por verdadeiramente desincentivar o recurso nos Juizados Especiais.

Caso a parte comprove não ter meios de pagar as custas processuais sem prejuízo da sua subsistência, terá direito a receber o benefício da gratuidade judiciária, mas, ainda assim, haverá a necessidade de advogado, ou de representação por Defensor Público.

---

58 Para Felippe Borring Rocha, ter a Lei n. 9.099/1995 exigido a presença de advogado para a interposição de recurso "é uma incoerência, uma vez que os atos mais importantes do processo já foram praticados, mas necessária, na medida em que os mecanismos recursais são mais complexos." (ROCHA, Felippe Borring. *Juizados Especiais Cíveis:* Aspectos Polêmicos da Lei n. 9.099 de 26-9-1995. 2ª ed. Rio de Janeiro: Lumen Juris, 2002. p. 150). Colares Cavalcanti Mantovanni, no mesmo sentido, refere que: "A imposição de advogado para assistir a parte na fase recursal, a meu ver, é incompatível com o espírito da lei e do juizado especial que, repita-se, engloba não só os juizados em si como também a Turma Recursal. [...] Como a parte não dispõe de conhecimentos técnicos para alinhar as razões de recurso, caberá à Turma Recursal analisar todo o julgamento, para verificar se realmente aquela foi a decisão correta proferida pelo juiz do juizado especial" (MANTOVANNI, Colares Cavalcante. *Recursos nos Juizados Especiais*. São Paulo: Dialética, [199-?]. p. 17).

6.16.2. Irrecorribilidade imediata das decisões interlocutórias

No âmbito dos Juizados Especiais Cíveis Estaduais, há a **irrecorribilidade imediata das decisões interlocutórias**.

Contudo, nos **Juizados Especiais Federais Cíveis e nos Juizados Especiais de Fazenda Pública Estaduais**, é admitido **recurso contra a decisão interlocutória que defere as tutelas de urgência**.

A jurisprudência do STF também se firmou no sentido de que **não cabe mandado de segurança contra decisão interlocutória de Juizado Especial**[59].

Embora não caiba recurso imediato contra decisões interlocutórias no procedimento sumaríssimo, tais decisões podem ser impugnadas por ocasião do recurso inominado contra a sentença, pois, nos Juizados, não há preclusão imediata das decisões interlocutórias em primeira instância. Em síntese, não cabe recurso tampouco mandado de segurança contra decisão interlocutória de Juizado Especial.

6.16.3. Embargos de declaração

O CPC/2015 (art. 1.064) alterou a redação do art. 48, *caput*, da Lei n. 9.099/1995, o qual passou a prever que "caberão embargos de declaração contra sentença ou acórdão nos casos previstos no Código de Processo Civil".

Desse modo, observa-se que o dispositivo claramente afasta a possibilidade de embargos de declaração contra despachos ou decisões interlocutórias no âmbito dos Juizados Especiais, pois foi expresso ao dizer que tal recurso é cabível somente "contra sentença ou acórdão". A omissão existente em relação à decisão interlocutória e à decisão monocrática de relator parece ter sido intencional. Isso porque, na sistemática dos Juizados Especiais, não deve caber recurso contra decisão interlocutória, na medida em que a recorribilidade das questões nelas decididas poderá ocorrer no recurso contra a sentença. Por conseguinte, se o objetivo do procedimento sumaríssimo é tornar as decisões interlocutórias irrecorríveis, efetivamente não há razão para admitir contra elas embargos declaratórios. Eventual impugnação deverá ocorrer no recurso contra a sentença.

Apesar de o dispositivo ser expresso no sentido de que somente cabem embargos de declaração contra sentença e acórdão, há entendimentos doutrinários em sentido diverso. Aliás, o Enunciado 475 do FPPC prevê que "cabem embargos de declaração contra decisão interlocutória no âmbito dos juizados especiais". Contudo, pelos motivos já expostos, não parece ser a melhor conclusão.

Pela redação do dispositivo (art. 48, *caput*, Lei n. 9.099/1995), aplica-se ao procedimento sumaríssimo o disposto no art. 1.022 do CPC, que trata das hipóteses de cabimento de embargos de declaração: "Cabem embargos de declaração contra qualquer decisão

59 "O Plenário desta Corte, no julgamento do RE 576.847/BA, Relator o Ministro Eros Grau, *DJe* de 6-8-2009, firmou entendimento no sentido de não ser cabível mandado de segurança contra decisões interlocutórias exaradas em processos da competência dos juizados especiais" (STF, RE 650293 AgR, Rel. Min. Dias Toffoli, Primeira Turma, julgado em 17-4-2012, acórdão eletrônico *DJe*-099 divulg 21-5-2012 public 22-5-2012).

judicial para: I – esclarecer obscuridade ou eliminar contradição; II – suprir omissão de ponto ou questão sobre o qual devia se pronunciar o juiz de ofício ou a requerimento; III – corrigir erro material".

Portanto, as hipóteses de embargos de declaração são **obscuridade, contradição, omissão e erro material**[60].

Além disso, os erros materiais – como o erro no nome da parte, sobre datas etc. – podem ser corrigidos de ofício pelo juiz, independentemente de embargos de declaração, outro recurso ou mesmo de provocação pela parte.

No âmbito dos Juizados Especiais, os embargos de declaração poderão ser interpostos na forma escrita ou oral. O **prazo é de 5 dias (úteis)**, correndo a partir da ciência da decisão (art. 49, Lei n. 9.099/1995).

Para a interposição de embargos de declaração, **não há preparo** (recolhimento de custas recursais).

Com a redação dada pelo CPC/2015 ao art. 50 da Lei n. 9.099/1995, "os embargos de declaração interrompem o prazo para a interposição de recurso".

Portanto, a partir da vigência do CPC/2015, no procedimento sumaríssimo, não há mais suspensão, senão **interrupção dos prazos recursais** pela interposição dos embargos de declaração[61].

Caso os embargos de declaração possam ter **efeitos infringentes**, ou seja, possam gerar a modificação da decisão, deverá ser intimada a parte contrária para, no prazo de **5 dias (úteis)**, sobre eles se manifestar. Trata-se de medida já consagrada na jurisprudência e que foi consolidada no art. 1.023, § 2º, do CPC[62].

6.16.4. **Recurso contra a sentença**

Nos Juizados, é cabível recurso contra a sentença. Todavia, o art. 41 da Lei n. 9.099/1995 não atribui nome a esse recurso, ao contrário do que ocorre no Código de Processo Civil (quando aplicável o sistema recursal do CPC, tal recurso contra a sentença chama-se de apelação). Por tais razões, grande parte da doutrina chama esse recurso de "recurso inominado". Outros preferem chamá-lo de recurso contra sentença, porque, ao chamar tal recurso de "recurso inominado", ele já está sendo nominado. De qualquer forma, o que importa é a identificação correta desse recurso, mesmo que se utilize uma nomenclatura ou outra.

Para interpor o recurso contra a sentença, a Lei n. 9.099/1995 (art. 41, § 2º) exige que a parte seja **representada por advogado (ou Defensor Público)**. Assim, a parte não possui capacidade postulatória na fase recursal.

---

60 Aliás, o art. 1.023 do CPC assim dispõe: "Art. 1.023. Os embargos serão opostos, no prazo de 5 (cinco) dias, em petição dirigida ao juiz, com indicação do erro, obscuridade, contradição ou omissão, e não se sujeitam a preparo".

61 Enunciado 483 do FPPC: "Os embargos de declaração no sistema dos juizados especiais interrompem o prazo para a interposição de recursos e propositura de reclamação constitucional para o Superior Tribunal de Justiça".

62 CPC: "Art. 1.023 [...] § 2º O juiz intimará o embargado para, querendo, manifestar-se, no prazo de 5 (cinco) dias, sobre os embargos opostos, caso seu eventual acolhimento implique a modificação da decisão embargada".

O **prazo para a interposição** desse recurso é de **10 dias (úteis)**, que passam a correr da **data da intimação da sentença**, na forma do art. 42 da Lei n. 9.099/1995[63], não se aplicando o art. 1.003, § 5º, do CPC (que prevê a regra geral de prazo de 15 dias para recurso e contrarrazões), por ser aquela norma especial em relação a esta (solução do conflito aparente de normas pelo critério da especialidade – *lex posterior generalis non derogat legi priori speciali*)[64].

A interposição do recurso deve ocorrer na forma de **petição escrita**, na qual devem constar as razões do recorrente e o requerimento de reforma ou anulação da sentença.

Em grau recursal, não há gratuidade nos Juizados Especiais, como regra. Aliás, o preparo do recurso (recolhimento das custas) compreenderá todas as despesas processuais, incluindo o valor das custas dispensadas em primeiro grau de jurisdição, salvo se for concedido o benefício da gratuidade judiciária ao recorrente, como já se expôs[65]. Assim, no caso de a parte pretender o benefício da gratuidade judiciária, o requerimento de concessão desse benefício deverá ser formulado na petição do recurso contra a sentença.

Não sendo o caso de gratuidade judiciária, o preparo deverá ser juntado aos autos no prazo máximo de **48 horas** após a interposição do recurso, sob pena de deserção (art. 42, § 1º, Lei n. 9.099/1995). Nada impede, contudo, que o preparo seja comprovado no momento da interposição do recurso – aliás, é até recomendável que isso ocorra.

Caso não ocorra o preparo e a comprovação do recolhimento integral no prazo de 48 horas, o recurso será julgado deserto, não se admitindo a complementação de preparo[66].

Após, a secretaria do Juizado intimará a **parte recorrida** para apresentar **contrarrazões** ao recurso, no prazo de **10 dias úteis** (art. 42, § 2º, Lei n. 9.099/1995).

No caso de audiência de instrução gravada por meio eletrônico, qualquer das partes poderá requerer a degravação, pagando antes as respectivas custas[67].

Aplicam-se ao sistema dos Juizados as disposições do CPC (art. 1.010) sobre o juízo de admissibilidade do recurso contra a sentença. Assim, **não há mais duplo juízo de admissibilidade nos Juizados, em relação ao recurso inominado**. Assim, é o relator, na turma recursal, quem deverá fazer o juízo de admissibilidade do recurso contra a sentença.

Nesse sentido, aliás, o Enunciado 474 do FPPC: "**O recurso inominado interposto contra sentença proferida nos juizados especiais será remetido à respectiva turma**

---

63 Lei n. 9.099/1995: "Art. 42. O recurso será interposto no prazo de dez dias, contados da ciência da sentença, por petição escrita, da qual constarão as razões e o pedido do recorrente".

64 Enunciado 46 da ENFAM: "O § 5º do art. 1.003 do CPC/2015 (prazo recursal de 15 dias) não se aplica ao sistema de juizados especiais".

65 Lei 9.099/1995: "Art. 54. O acesso ao Juizado Especial independerá, em primeiro grau de jurisdição, do pagamento de custas, taxas ou despesas. Parágrafo único. O preparo do recurso, na forma do § 1º do art. 42 desta Lei, compreenderá todas as despesas processuais, inclusive aquelas dispensadas em primeiro grau de jurisdição, ressalvada a hipótese de assistência judiciária gratuita".

66 Enunciado 80 do FONAJE: "O recurso Inominado será julgado deserto quando não houver o recolhimento integral do preparo e sua respectiva comprovação pela parte, no prazo de 48 horas, não admitida a complementação intempestiva (art. 42, § 1º, da Lei 9.099/1995)".

67 Lei n. 9.099/1995: "Art. 44. As partes poderão requerer a transcrição da gravação da fita magnética a que alude o § 3º do art. 13 desta Lei, correndo por conta do requerente as despesas respectivas".

recursal independentemente de juízo de admissibilidade". Em direção oposta está o Enunciado 166 do FONAJE[68], mas não há razão para que continue se fazendo duplo juízo de admissibilidade nos Juizados, já que isso somente amplia o tempo do processo. Logo, a nova regra deve ser aplicada, pois traz mais celeridade e está compatível com a sistemática dos Juizados.

Assim, também é o relator que deverá analisar o requerimento de gratuidade judiciária formulado por uma das partes no recurso. Se o benefício da gratuidade judiciária for requerido pelo recorrente na petição do recurso, e o relator o indeferir, deverá ser intimado o recorrente para, em prazo a ser fixado, fazer e comprovar o preparo, sob pena de deserção do recurso. A esse respeito, o art. 99, § 7º, do CPC estabelece que, "requerida a concessão de gratuidade da justiça em recurso, o recorrente estará dispensado de comprovar o recolhimento do preparo, incumbindo ao relator, neste caso, apreciar o requerimento e, se indeferi-lo, fixar prazo para realização do recolhimento".

Aplica-se o art. 932 do CPC à sistemática dos Juizados Especiais. Assim, nos Juizados, o relator também poderá, monocraticamente (art. 932, CPC:

> a) **não conhecer de recurso** inadmissível, prejudicado ou que não tenha impugnado especificamente os fundamentos da decisão recorrida;
>
> b) **negar provimento ao recurso** que for contrário a: b.1) súmula do Supremo Tribunal Federal, do Superior Tribunal de Justiça ou do próprio tribunal; b.2) acórdão proferido pelo Supremo Tribunal Federal ou pelo Superior Tribunal de Justiça em julgamento de recursos repetitivos; b.3) entendimento firmado em incidente de resolução de demandas repetitivas ou de assunção de competência;
>
> c) **dar provimento ao recurso**, quando a decisão recorrida for contrária a: c.1) súmula do Supremo Tribunal Federal, do Superior Tribunal de Justiça ou do próprio tribunal; c.2) acórdão proferido pelo Supremo Tribunal Federal ou pelo Superior Tribunal de Justiça em julgamento de recursos repetitivos; c.3) entendimento firmado em incidente de resolução de demandas repetitivas ou de assunção de competência.

Como regra, o recurso contra a sentença terá somente devolutivo (no âmbito dos Juizados, ao contrário da regra do procedimento comum), mas o relator da Turma Recursal poderá conferir-lhe também efeito suspensivo, para evitar dano irreparável à parte (art. 43, Lei n. 9.099/1995 c/c art. 1.012, § 4º, CPC)[69].

Na turma recursal, o acórdão deverá conter indicação do processo que está sendo julgado, fundamentação sucinta e dispositivo. Se a sentença for confirmada por seus próprios fundamentos, a súmula do julgamento já servirá de acórdão (art. 46, Lei n. 9.099/1995). Desse modo, o art. 489, parágrafo único, CPC, que exige um maior ônus argumentativo ao julgador não revoga a regra do art. 46 da Lei n. 9.099/1995, que estabelece a possibilidade de a turma recursal manter a sentença por seus próprios fundamentos. Nesse sentido, o Enunciado 153 do FONAJEF: "A regra do art. 489, parágrafo

68 Enunciado 166 do FONAJE: "Nos Juizados Especiais Cíveis, o juízo prévio de admissibilidade do recurso será feito em primeiro grau".

69 Nesse sentido, o Enunciado 465 do FPPC: "A concessão do efeito suspensivo ao recurso inominado cabe exclusivamente ao relator na turma recursal".

primeiro, do CPC deve ser mitigada nos juizados por força da primazia dos princípios da simplicidade e informalidade que regem o JEF". Também com esse entendimento o Enunciado 154 do FONAJEF: "O art. 46, da Lei n. 9.099/1995, não foi revogado pelo novo CPC".

Como já se expôs, em primeira instância, não há condenação da parte sucumbente em custas e honorários advocatícios. Contudo, na turma recursal, se o recorrente for vencido, será condenado a pagar as custas processuais e os honorários advocatícios, fixados entre 10% a 20% do valor da condenação ou, não havendo condenação, do valor da causa corrigido monetariamente (art. 55, Lei n. 9.099/1995)[70].

No caso de o recurso ser provido, total ou parcialmente, não haverá condenação do recorrido nem do recorrente aos ônus sucumbenciais[71]. Com efeito, somente há condenação em custas processuais e honorários advocatícios se o recorrente for integralmente vencido no recurso. Vale dizer, não há condenação do recorrido em custas processuais e honorários advocatícios, nem quando o recurso é integralmente provido. Além disso, somente haverá a condenação do recorrente em honorários advocatícios e custas processuais se o recurso contra a sentença for integralmente improvido ou, por uma interpretação analógica, não conhecido[72].

6.16.5. Aplicação da Teoria da Causa Madura

É cabível, em relação ao julgamento do recurso contra a sentença, no âmbito das Turmas Recursais dos Juizados Especiais, a aplicação da **Teoria da Causa Madura**, prevista no art. 1.013, §§ 3º e 4º, do CPC, que assim dispõe:

> Art. 1.013 [...]
>
> § 3º Se o processo estiver em condições de imediato julgamento, o tribunal deve decidir desde logo o mérito quando:
>
> I – reformar sentença fundada no art. 485;
>
> II – decretar a nulidade da sentença por não ser ela congruente com os limites do pedido ou da causa de pedir;
>
> III – constatar a omissão no exame de um dos pedidos, hipótese em que poderá julgá-lo;
>
> IV – decretar a nulidade de sentença por falta de fundamentação.
>
> § 4º Quando reformar sentença que reconheça a decadência ou a prescrição, o tribunal, se possível, julgará o mérito, examinando as demais questões, sem determinar o retorno do processo ao juízo de primeiro grau.

70 Lei n. 9.099/1995: "Art. 55. A sentença de primeiro grau não condenará o vencido em custas e honorários de advogado, ressalvados os casos de litigância de má-fé. Em segundo grau, o recorrente, vencido, pagará as custas e honorários de advogado, que serão fixados entre dez por cento e vinte por cento do valor de condenação ou, não havendo condenação, do valor corrigido da causa".

71 Enunciado 99 do FONAJEF: "O provimento, ainda que parcial, de recurso inominado afasta a possibilidade de condenação do recorrente ao pagamento de honorários de sucumbência".

72 Enunciado 122 do FONAJE: "É cabível a condenação em custas e honorários advocatícios na hipótese de não conhecimento do recurso inominado".

Nesse mesmo sentido, o Enunciado 160 do FONAJE[73] e o Enunciado 100 do FONAJEF[74].

6.16.6. Agravo interno

Ainda que a Lei n. 9.099/1995 não preveja expressamente, contra a decisão do relator no âmbito dos Juizados, caberá **agravo interno para a turma recursal**, na forma dos arts. 932 e 1.021 do CPC. Nesse sentido, o Enunciado 464 do FPPC: "A decisão unipessoal (monocrática) do relator em Turma Recursal é impugnável por agravo interno". O mesmo entendimento está expresso no Enunciado 87 do FONAJEF: "A decisão monocrática proferida por Relator é passível de Agravo Interno".

6.16.7. Turma Recursal

Os recursos contra as decisões de primeira instância são julgados pela Turma Recursal. A Turma Recursal não é tribunal. Trata-se de um órgão recursal dos Juizados composto por juízes de primeira instância convocados, ou removidos para atuarem nesse órgão recursal dos Juizados.

Ocorre que, na maior parte das Justiças Estaduais, as Turmas Recursais continuam a ser compostas por Juízes convocados da primeira instância, o que gera uma precarização desse sistema recursal, além de gerar prejuízos para a primeira instância.

Considerando que o quantitativo de demandas que tramitam nos Juizados ocupa um percentual muito significativo do acervo processual total que tramita na Justiça, é muito grande a proporção de Magistrados de 1º grau que acumulam a sua competência em primeira instância com a competência para a Turma Recursal, para a qual foram convocados. Nesse cenário, quando convocados para as Turmas Recursais, os Juízes precisam se ausentar da sua Vara de origem, gerando graves problemas para a Justiça e para os jurisdicionados[75]. Além disso, como essas convocações são temporárias,

---

73 Enunciado 160 do FONAJE: "Nas hipóteses do artigo 515, § 3º, do CPC [atual art 1.013, §§ 3º e 4º, do CPC/2015], e quando reconhecida a prescrição na sentença, a turma recursal, dando provimento ao recurso, poderá julgar de imediato o mérito, independentemente de requerimento expresso do recorrente".

74 Enunciado 100 do FONAJEF: "No âmbito dos Juizados Especiais Federais, a Turma Recursal poderá conhecer diretamente das questões não examinadas na sentença que acolheu prescrição ou decadência, estando o processo em condições de imediato julgamento".

75 As consequências disso são desastrosas e conhecidas: 1) O desempenho da Vara de origem fica debilitado, porquanto o Juiz precisa levar alguns assessores para dar conta da demanda na Turma Recursal onde está com lotação temporária; 2) A atuação do Juiz designado na Turma Recursal também fica comprometida, porque não possui uma assessoria já treinada, que o acompanha há mais tempo. Quando os assessores da Turma Recursal passam a conhecer melhor o entendimento do Juiz designado para a Turma, e o próprio Magistrado elabora melhor suas convicções sobre as matérias que julga em grau recursal, expira o prazo de 2 (dois) anos de convocação e o Magistrado tem de voltar para a primeira instância; 3) No sistema atual, não é possível criar uma jurisprudência

gerando alternância dos seus membros, dificulta-se a consolidação da jurisprudência das Turmas Recursais.

A solução encontrada tem sido a criação de Turmas Recursais de Juizados Especiais compostas por juízes de primeira instância de forma mais permanente, a exemplo do que ocorreu no âmbito da Justiça Federal (Lei Federal n. 12.665/2012) e também no Tribunal de Justiça do Distrito Federal e Territórios (Lei Federal n. 13.049/2014). Segundo essas legislações, os juízes da Justiça Federal e da Justiça do Distrito Federal podem ser removidos a pedido para a atuação nas Turmas Recursais, o que gerou maior estruturação desses órgãos recursais e maior estabilidade na sua jurisprudência.

6.16.8. Inaplicabilidade da técnica de julgamento contra acórdão não unânime

Essa técnica de julgamento, prevista no âmbito dos tribunais de segunda instância, para as hipóteses de acórdão não unânime em julgamento de apelação, agravo de instrumento e ação rescisória (art. 942, CPC), não se aplica ao julgamento pelas turmas recursais dos Juizados. Isso porque essa técnica não está em conformidade com os princípios norteadores dos Juizados Especiais, que estabelecem procedimentos mais céleres e menos burocratizados. Nesse sentido, o Enunciado 156 do FONAJEF: "Não se aplica aos juizados especiais a técnica de julgamento não unânime (art. 942, CPC/2015)". Com o mesmo entendimento, o Enunciado 552 do FPPC: "Não se aplica a técnica de ampliação do colegiado em caso de julgamento não unânime no âmbito dos Juizados Especiais".

6.16.9. Recurso adesivo: não cabimento

No âmbito dos Juizados Especiais, **não é cabível a interposição de recurso adesivo**. Isso porque, se as leis que regem os Juizados não preveem essa modalidade de interposição de recurso, não deve ser admitida.

Além disso, na sistemática dos Juizados, os recursos são desincentivados, ou seja, é privilegiada a resolução da demanda na primeira instância. Desse modo, o recurso adesivo é incompatível com os Juizados.

Esse também é o entendimento preconizado pela doutrina[76] e pelo Enunciado 59 do FONAJEF[77].

---

no âmbito das Turmas Recursais, pois os juízes ficam com lotação temporária, de 2 (dois) anos. Logo, mudando-se a composição, alteram-se muitas vezes os posicionamentos das Turmas Recursais, gerando insegurança jurídica e o aumento de número de recursos e da litigiosidade.

76 "Como a lei é silente a respeito, também não é admitido o recurso adesivo em sede de Juizados Especiais Federais e de Fazenda Pública [...]" (GOMES JUNIOR, Luiz Manoel; GAJARDONI, Fernando da Fonseca; CRUZ, Luana Pedrosa de Figheiredo; CERQUEIRA, Luís Otávio Segueira. *Comentários à Nova Lei dos Juizados Especiais da Fazenda Pública:* Lei 12.153, de 22 de dezembro de 2009. São Paulo: Revista dos Tribunais, 2010. p. 186).

77 Enunciado 59 do FONAJEF: "Não cabe recurso adesivo nos Juizados Especiais Federais".

6.16.10. Recurso ordinário – inadmissibilidade

Não se admitirá recurso ordinário contra decisão de turmas recursais de juizados especiais, já que somente é cabível contra decisões de tribunais superiores (para o STF) ou de tribunais de segunda instância (art. 102, II, e art. 105, II, CF). Lembre-se que turma recursal não é tribunal. Nesse sentido, a pacífica jurisprudência do STF[78].

6.16.11. Competência originária da Turma Recursal

Embora a Constituição Federal não tenha previsto a competência das Turmas Recursais, a jurisprudência se consolidou no sentido de que a competência para processar e julgar originariamente mandados de segurança contra atos de Turma Recursal ou de Juízes de Juizados Especiais é da própria Turma Recursal. Nesse sentido, a jurisprudência pacífica do STF[79] e do STJ[80], bem como a Súmula 376 do STJ[81].

De outro lado, tratando-se de mandado de segurança contra decisão de Turma Recursal de Juizado Especial que define a própria competência dos Juizados Especiais, a competência para processar e julgar esse mandado de segurança será do Tribunal ao qual está vinculada a Turma Recursal. Esse foi o entendimento consolidado na jurisprudência do STJ[82].

Assim, a par das competências constitucionais de cada tribunal, extrai-se a regra de que **o tribunal é competente para processar e julgar mandado de segurança contra ato do próprio tribunal. A mesma regra vale para as turmas recursais (que não é tribunal) e, inclusive, para os tribunais superiores**[83].

---

78 "1. A jurisprudência desta Suprema Corte é firme no sentido de que não lhe compete julgar, em sede ordinária, recurso interposto contra decisões denegatórias de mandado de segurança ou *habeas corpus* proferidas por turma recursal vinculada ao sistema de juizados especiais. 2. Inadmissível a aplicação do princípio da fungibilidade ao caso dos autos, uma vez que a jurisprudência desta Corte quanto ao descabimento do recurso ordinário na hipótese vertente é pacífica e já conta de longa data, o que aponta para a ocorrência de erro grosseiro. Precedentes" (STF, Pet 5082 AgR, Relator(a): Min. Dias Toffoli, Segunda Turma, julgado em 7-10-2016, acórdão eletrônico *DJe*-227, divulg. 24-10-2016, public. 25-10-2016).

79 Esse foi o entendimento do STF firmado em sede de repercussão geral: "Competente a Turma Recursal para processar e julgar recursos contra decisões de primeiro grau, também o é para processar e julgar o mandado de segurança substitutivo de recurso" (STF, RE 586789, Rel. Min. Ricardo Lewandowski, Tribunal Pleno, julgado em 16-11-2011, Repercussão Geral – mérito acórdão eletrônico *DJe*-039 divulg 24-2-2012 public 27-2-2012).

80 "A teor da Súmula 376/STJ, compete a turma recursal processar e julgar o mandado de segurança contra ato de juizado especial" (STJ, AgInt no RMS 54.513/SP, Rel. Ministro Mauro Campbell Marques, Segunda Turma, julgado em 6-12-2018, *DJe* 13-12-2018).

81 Súmula 376 do STJ: "Compete à Turma Recursal processar e julgar o mandado de segurança contra ato de juizado especial".

82 "Consolidou-se, no âmbito da jurisprudência deste Tribunal Superior, a orientação no sentido de que se admite a impetração de writ perante os Tribunais de Justiça dos Estados para o exercício do controle de competência dos juizados especiais, ficando a cargo das Turmas Recursais, a teor do que dispõe a Súmula n. 376/STJ, os mandados de segurança que tenham por objetivo o controle de mérito dos atos de juizado especial" (STJ, RMS 53.927/SC, Rel. Ministro Ricardo Villas Bôas Cueva, Terceira Turma, julgado em 24-10-2017, *DJe* 30-10-2017).

83 "O Supremo Tribunal Federal não dispõe de competência originária para processar e julgar mandado de segurança impetrado contra ato de outros Tribunais judiciários, ainda que se trate do Superior Tribunal de Justiça.

Nesse sentido, a **Súmula 624 do STF**[84], a **Súmula 330 do STF**[85] e a **Súmula 41 do STJ**[86].

6.16.12. Recurso extraordinário

É cabível recurso extraordinário para o Supremo Tribunal Federal contra acórdão de Turma Recursal de Juizados Especiais, na forma estabelecida no art. 102, III, da Constituição Federal e no CPC. Sobre o tema, *vide* item próprio, já tratado.

Da mesma forma que ocorre no procedimento comum, no âmbito dos Juizados Especiais, o juízo de admissibilidade desse recurso será duplo, ou seja, pelo juízo *a quo* e pelo juízo *ad quem*. Assim, é o Presidente da Turma Recursal quem faz o primeiro juízo de admissibilidade do recurso extraordinário[87]. Uma vez admitido, deverá ser remetido ao STF, que fará um segundo juízo de admissibilidade.

6.16.13. Recurso especial e Juizado Especial: inadmissibilidade

O inciso III do art. 105 da Constituição Federal prevê que é cabível o recurso especial nas causas decididas, em única ou última instância, pelos tribunais regionais federais ou pelos tribunais dos Estados, do Distrito Federal e Territórios. Por conseguinte, é **incabível recurso especial contra decisões de turmas recursais de juizados especiais**, pois turmas recursais não são tribunais.

Assim, contra decisão de turma recursal, não cabe recurso especial, embora caiba recurso extraordinário, já que o art. 102, inc. III, da Constituição Federal (que prevê o recurso extraordinário) não fez tal restrição.

Nesse sentido, há entendimento consolidado do STF e do STJ. A Súmula 640 do STF prevê que "é cabível recurso extraordinário contra decisão proferida por juiz de primeiro grau nas causas de alçada, ou por turma recursal de juizado especial cível e criminal". Segundo a Súmula 203 do STJ, "não cabe recurso especial contra decisão proferida por órgão de segundo grau dos Juizados Especiais".

Além disso, a reclamação para garantir a obediência aos precedentes do STJ deverá ser proposta perante o próprio tribunal de justiça ao qual a turma recursal está vinculada, e não perante o STJ. Nesse sentido, a Resolução n. 3, de 7-4-2016, do STJ,

---

Precedentes" (STF, MS 29342 AgR, Rel. Min. Cármen Lúcia, Tribunal Pleno, julgado em 15-9-2011, processo eletrônico *DJe*-190 divulg 3-10-2011 public 4-10-2011).

84 Súmula 624 do STF: "Não compete ao Supremo Tribunal Federal conhecer originariamente de mandado de segurança contra atos de outros tribunais".

85 Súmula 330 do STF: "O Supremo Tribunal Federal não é competente para conhecer de mandado de segurança contra atos dos Tribunais de Justiça dos Estados".

86 Súmula 41 do STJ: "O Superior Tribunal de Justiça não tem competência para processar e julgar, originariamente, mandado de segurança contra ato de outros tribunais ou dos respectivos órgãos".

87 "A competência para o juízo de admissibilidade do recurso extraordinário interposto contra acórdão proferido pela Turma Recursal é de seu Presidente" (STF, AI 602477 AgR, Relator(a): Min. Gilmar Mendes, Segunda Turma, julgado em 12-2-2008, *DJe*-041 divulg. 6-3-2008, public. 7-3-2008, ement. vol-02310-08 pp-01733).

estabelece, em seu art. 1º, que "caberá às *Câmaras Reunidas* ou à *Seção Especializada* dos *Tribunais de Justiça* a competência para processar e julgar as Reclamações destinadas a dirimir divergência entre acórdão prolatado por Turma Recursal Estadual e do Distrito Federal e a jurisprudência do Superior Tribunal de Justiça, consolidada em incidente de assunção de competência e de resolução de demandas repetitivas, em julgamento de recurso especial repetitivo e em enunciados das Súmulas do STJ, bem como para garantir a observância de precedentes". Portanto, em tais hipóteses, não cabe reclamação para o STJ, senão para o próprio Tribunal de Justiça.

6.16.14. Incidente de resolução de demandas repetitivas, recursos especial e extraordinários repetitivos e Juizados Especiais

É cabível a instauração do IRDR com base em demandas repetitivas em curso nos Juizados Especiais[88].

Como já exposto anteriormente, embora haja entendimento de que o IRDR deva ser julgado pelo próprio sistema dos Juizados Especiais[89], esta não é a melhor solução, pelas seguintes razões:

a) em primeiro lugar, por uma interpretação literal, haja vista que o art. 978, *caput*, do CPC prevê que o julgamento do IRDR deverá ser feito por órgão responsável "pela uniformização de jurisprudência do *tribunal*", e turma recursal não é tribunal;

b) o sistema dos Juizados Especiais deve ser reservado para julgar causas simples, dentro do procedimento sumaríssimo e com uma sistemática simplificada, o que é incompatível com a complexidade do IRDR;

c) o IRDR é um incidente capaz de produzir decisão com eficácia vinculante, cujo processo deve assegurar a participação de *amicus curiae*, com possibilidade de realização de audiências públicas, não se compatibilizando com a sistemática dos Juizados Especiais;

d) considerando a eficácia vinculante do precedente formado e a questão da suspensão das demais ações que versem sobre a matéria, caso se admitisse IRDR perante Turma Recursal ou Turmas de Uniformização de Juizados Especiais, teria que se conviver com a hipótese de o Tribunal e a Turma de Uniformização de Juizado Especial do mesmo Estado criarem precedentes vinculantes diferentes sobre uma mesma matéria, hipótese em que os juízes de juizados estariam vinculados a determinada tese e os demais juízes a outra; além disso, ao admitir essa posição, com a instauração do incidente, poderia haver suspensão para determinados processos de juizado e a não suspensão para os processos das Varas comuns, e vice-versa.

e) no IRDR, o tribunal julga apenas a tese, e não o caso concreto, de modo que a causa deverá será ser julgada pelo juízo onde o processo se encontra suspenso, o qual deverá aplicar a tese. Desse modo, se o IRDR for instaurado a partir de causa de Juizado Especial,

88 Enunciado 21 da ENFAM: "O IRDR pode ser suscitado com base em demandas repetitivas em curso nos juizados especiais".

89 Nesse sentido, por exemplo, o Enunciado 44 da ENFAM: "Admite-se o IRDR nos juizados especiais, que deverá ser julgado por órgão colegiado de uniformização do próprio sistema".

este continuará a julgar a causa, aplicando-se a tese firmada no IRDR, não havendo que se falar em supressão de competência.

Por todas essas razões, deve se admitir a instauração de IRDR em Juizados, mas a sua admissibilidade, processamento e julgamento deverão ocorrer pelo Tribunal de Justiça ou Tribunal Regional, e não pela Turma Recursal (do Juizado).

De outro lado, também se aplicam aos Juizados as disposições do CPC acerca do sobrestamento dos processos em curso em razão da admissibilidade do incidente de resolução de demandas repetitivas (art. 976 e seguintes do CPC) e dos recursos especial e extraordinário repetitivos.

O art. 982, I, do CPC determina que, no incidente de resolução de demandas repetitivas, o relator, admitindo o incidente, deverá suspender os processos pendentes, individuais ou coletivos, que tramitam no Estado ou na região, conforme o caso[90]. O § 3º desse mesmo artigo prevê que o STF ou o STJ, conforme seja cabível RE ou REsp contra a decisão que julga o incidente, poderão suspender "todos os processos individuais ou coletivos em curso no território nacional que versem sobre a questão objeto do incidente já instaurado"[91].

Portanto, tais suspensões também se aplicam aos processos que tramitam nos Juizados Especiais. Além disso, as decisões proferidas nesse incidente também vincularão os órgãos judiciais dos Juizados[92].

O art. 1.036, *caput*, do CPC estabelece que, "sempre que houver multiplicidade de recursos extraordinários ou especiais com fundamento em idêntica questão de direito, haverá afetação para julgamento de acordo com as disposições desta Subseção, observado o disposto no Regimento Interno do Supremo Tribunal Federal e no do Superior Tribunal de Justiça". De outro lado, o art. 1.040, inc. I, do CPC estabelece que, "publicado o acórdão paradigma [...] o presidente ou o vice-presidente do tribunal de origem negará seguimento aos recursos especiais ou extraordinários sobrestados na origem, se o acórdão recorrido coincidir com a orientação do tribunal superior".

Tais disposições aplicam-se inteiramente aos recursos extraordinários interpostos contra acórdãos de turmas recursais de Juizados[93].

---

90 CPC: "Art. 982. Admitido o incidente, o relator: I – suspenderá os processos pendentes, individuais ou coletivos, que tramitam no Estado ou na região, conforme o caso".

91 CPC: "Art. 982 [...] § 3º Visando à garantia da segurança jurídica, qualquer legitimado mencionado no art. 977, incisos II e III, poderá requerer, ao tribunal competente para conhecer do recurso extraordinário ou especial, a suspensão de todos os processos individuais ou coletivos em curso no território nacional que versem sobre a questão objeto do incidente já instaurado".

92 Enunciado 93 do FPPC: "Admitido o incidente de resolução de demandas repetitivas, também devem ficar suspensos os processos que versem sobre a mesma questão objeto do incidente e que tramitem perante os juizados especiais no mesmo estado ou região". Sobre o tema, também o Enunciado 470 do FPPC: "Aplica-se no âmbito dos juizados especiais a suspensão prevista no art. 982, I". No mesmo sentido, o Enunciado 471 do FPPC: "Aplica-se no âmbito dos juizados especiais a suspensão prevista no art. 982, § 3º".

93 Enunciado 482 do FPPC: "Aplica-se o art. 1.040, I, aos recursos extraordinários interpostos nas turmas ou colégios recursais dos juizados especiais cíveis, federais e da fazenda pública". Enunciado 480 do FPPC: "Aplica-se no âmbito dos juizados especiais a suspensão dos processos em trâmite no território nacional, que versem sobre a questão submetida ao regime de julgamento de recursos especiais e extraordinários repetitivos, determinada com base no art. 1.037, II".

6.16.15. Juizados Especiais e rescisória

Não se admite ação rescisória nos **Juizados Especiais Cíveis** (art. 59 da Lei n. 9.099/1995)[94]. O entendimento do STF[95] e do STJ[96] também é no sentido de que não há sucedâneo para buscar a rescisão das decisões dos Juizados.

7. A FASE DE EXECUÇÃO DE DECISÃO JUDICIAL

No âmbito dos Juizados Especiais, o art. 52 da Lei n. 9.099/1995 ainda chama a fase de execução do título executivo judicial de "execução de sentença".

Aplicam-se à execução de sentença (ou cumprimento de sentença) nos Juizados as disposições relativas ao cumprimento de sentença do CPC, com as especificidades previstas na Lei n. 9.099/1995.

As decisões de mérito nos Juizados (em geral, sentenças de primeira instância e acórdãos da turma recursal) são executadas no próprio Juizado, que possui competência funcional para tanto.

No âmbito dos Juizados, as sentenças já deverão ser líquidas (art. 52, I, Lei n. 9.099/1995), de modo que, em regra, não deverá haver fase de liquidação de sentença.

Se o acordo extrajudicial, de qualquer natureza ou valor, for homologado por juiz do Juizado Especial, a sentença homologatória vale como título executivo judicial (art. 57, Lei n. 9.099/1995).

Eventuais cálculos de conversão de índices, honorários advocatícios, juros e outras parcelas, desde que simples, deverão ser feitos por servidor do próprio Juizado, quando a parte não tenha constituído advogado[97].

Na execução de sentença, não haverá custas processuais, salvo se (art. 55, p. único, Lei n. 9.099/1995): "I – reconhecida a litigância de má-fé; II – improcedentes os embargos do devedor; III – tratar-se de execução de sentença que tenha sido objeto de recurso improvido do devedor".

---

94 Lei 9.099/1995: "Art. 59. Não se admitirá ação rescisória nas causas sujeitas ao procedimento instituído por esta Lei".

95 "RECLAMAÇÃO – SUPOSTA TRANSGRESSÃO AO ENUNCIADO CONSTANTE DA SÚMULA VINCULANTE N. 10 – INOCORRÊNCIA – INAPLICABILIDADE DA CLÁUSULA DE RESERVA DE PLENÁRIO A DECISÕES OU SENTENÇAS PROFERIDAS POR MAGISTRADOS DE PRIMEIRA INSTÂNCIA, BEM ASSIM AOS JULGAMENTOS PROFERIDOS NO ÂMBITO DO SISTEMA DOS JUIZADOS ESPECIAIS – INADMISSIBILIDADE DA RECLAMAÇÃO, ADEMAIS, COMO SUCEDÂNEO DE AÇÃO RESCISÓRIA, DE RECURSOS OU DE AÇÕES JUDICIAIS EM GERAL – EXTINÇÃO DO PROCESSO RECLAMATÓRIO – PRECEDENTES – RECURSO DE AGRAVO IMPROVIDO" (STF, Rcl 25297 MC-AgR, Relator(a): Min. Celso de Mello, Segunda Turma, julgado em 16-10-2017, processo eletrônico *DJe*-261, divulg. 16-11-2017, public. 17-11-2017).

96 "RECLAMAÇÃO. ACÓRDÃO PROLATADO POR TURMA RECURSAL DE JUIZADO ESPECIAL [...]. A Reclamação, consoante cediço, só é cabível se a decisão objeto dela não transitou em julgado, tampouco revela sucedâneo de ação rescisória, ante a *ratio essendi* do teor da Súmula 734/STF, aplicável, *mutatis mutandis*, no caso concreto [...]" (STJ, AgRg na Rcl 4.592/MG, Rel. Ministro Luiz Fux, Primeira Seção, julgado em 27-10-2010, *DJe* 16-11-2010).

97 Lei n. 9.099/1995: "Art. 52 [...] II – os cálculos de conversão de índices, de honorários, de juros e de outras parcelas serão efetuados por servidor judicial".

O devedor poderá oferecer embargos, que serão processados nos próprios autos da execução, somente podendo versar sobre (art. 52, IX, Lei n. 9.099/1995): "a) falta ou nulidade da citação no processo, se ele correu à revelia; b) manifesto excesso de execução; c) erro de cálculo; e d) causa impeditiva, modificativa ou extintiva da obrigação, superveniente à sentença".

8. EXECUÇÃO DE TÍTULO EXECUTIVO EXTRAJUDICIAL NOS JUIZADOS ESPECIAIS

No âmbito dos Juizados Especiais Cíveis, é cabível execução de título executivo extrajudicial cujo valor não ultrapasse 40 salários mínimos, nos termos do art. 53, *caput*, da Lei n. 9.099/1995.

Recebida a petição inicial da execução de título executivo extrajudicial, o juiz designará audiência de conciliação e determinará a expedição de mandado de citação, penhora e intimação do réu. Efetuada a penhora, o réu será intimado para comparecer à audiência designada.

Na audiência, o juiz ou o conciliador deverá buscar os meios mais rápidos e eficazes para a solução do conflito, devendo propor, entre outras possibilidades, o pagamento do débito a prazo ou a prestação, a dação em pagamento ou a imediata adjudicação do bem penhorado (art. 53, § 2º, Lei n. 9.099/1995).

Caso o devedor pretenda impugnar a pretensão executiva, os embargos à execução deverão ser oferecidos na audiência de conciliação designada. Os embargos poderão ser oferecidos oralmente ou por petição escrita (art. 53, § 1º, Lei n. 9.099/1995).

Embora a Lei n. 9.099/1995 estabeleça que, nos **Juizados Especiais Cíveis**, os **embargos à execução** deverão ser oferecidos **na audiência de conciliação**, é comum que os juízes dos Juizados Especiais, por razões de economia e celeridade processual, não designem audiência de conciliação nas execuções de título extrajudicial e simplesmente intimem a parte devedora para, no prazo de 15 dias, apresentar embargos, independentemente de penhora, depósito ou caução (arts. 914, *caput*, e 915, *caput*, CPC)[98]. A jurisprudência das Turmas Recursais tem entendido que a concessão de prazo para apresentar embargos à execução, sem a realização de audiência de conciliação, é válida[99].

Caso não sejam encontrados bens penhoráveis do devedor, o processo deverá ser extinto sem resolução de mérito (art. 53, § 4º, Lei n. 9.099/1995). Se o credor, posteriormente, localizar bens penhoráveis, poderá requerer o desarquivamento do processo e o prosseguimento da execução.

---

98 CPC: "Art. 914. O executado, independentemente de penhora, depósito ou caução, poderá se opor à execução por meio de embargos. [...] Art. 915. Os embargos serão oferecidos no prazo de 15 (quinze) dias, contado, conforme o caso, na forma do art. 231".

99 TJDFT, Acórdão n. 512717, 20061110051479ACJ, Rel. Diva Lucy de Faria Pereira, 2ª Turma Recursal dos Juizados Especiais do Distrito Federal, julgado em 3-6-2011, *DJ* 20-6-2011 p. 154.

9. JUIZADOS ESPECIAIS E PROCEDIMENTOS ESPECIAIS

Nas hipóteses em que for cabível a sua propositura perante os Juizados Especiais Cíveis (p. ex., despejo para uso próprio), a ação seguirá o procedimento sumaríssimo da Lei n. 9.099/1995.

Não se admitirá, no âmbito dos Juizados Especiais, que o processo tramite com outro procedimento. Assim, não são cabíveis, nos Juizados, ações que possuem um procedimento próprio e que não possa ser convertido em sumaríssimo sem a sua desnaturação, como é o caso da ação monitória (arts. 700 a 702, CPC).

CAPÍTULO III

JUIZADOS ESPECIAIS ESTADUAIS DE FAZENDA PÚBLICA

1. INTRODUÇÃO E NOÇÕES GERAIS

Os Juizados Especiais de Fazenda Pública foram criados pela Lei n. 12.153/2009, no âmbito das Justiça dos Estados e do Distrito Federal e Territórios.

Assim, o sistema dos Juizados Especiais na Justiça dos Estados e do Distrito Federal passou a ser formado por: Juizados Especiais Cíveis, Juizados Especiais Criminais e Juizados Especiais de Fazenda Pública.

2. NORMAS PROCESSUAIS APLICÁVEIS

Diante da especificidade do procedimento sumaríssimo e desse modelo de Justiça, pode se dizer que há um microssistema processual dos Juizados Especiais.

Tanto é que a Lei n. 12.153/2009 (última lei que cria Juizados Especiais) prevê, em seu art. 27, que "aplica-se subsidiariamente o disposto nas Leis n°s 5.869, de 11 de janeiro de 1973 – Código de Processo Civil, 9.099, de 26 de setembro de 1995, e 10.259, de 12 de julho de 2001". Naturalmente, com o CPC/2015, é a aplicação subsidiária deste Código que deve ocorrer, e não a do CPC/1973.

Sobre os Juizados Especiais de Fazenda Pública, aplicam-se as discussões já feitas anteriormente, com as especificidades que passam a ser tratadas a seguir.

3. COMPETÊNCIA

Os Juizados Especiais da Fazenda Pública possuem competência para processar, conciliar e julgar **causas cíveis** de interesse dos **Estados, do Distrito Federal, dos Territórios e dos Municípios, até o valor de 60 salários mínimos** (Lei n. 12.153/2009, art. 2º).

Se a ação versar sobre prestações vencidas e vincendas, o valor da causa será correspondente ao valor total das parcelas vencidas, mais as vincendas. Se as parcelas vincendas forem em número igual ou superior a 12, computar-se-á, para a finalidade de fixação do valor da causa, o equivalente a 12 prestações mensais.

Assim, para fins de fixação da competência do Juizado Especial de Fazenda Pública, quando a pretensão versar sobre obrigações vincendas, a soma de 12 parcelas vincendas e de eventuais parcelas vencidas não poderá exceder o valor de 60 salários mínimos (art. 2º, § 2º, Lei n. 12.153/2009).

Por expressa disposição legal (art. 2º, § 1º, Lei n. 12.153/2009), estão excluídas da competência dos Juizados Especiais da Fazenda Pública:

> I – as ações de mandado de segurança, de desapropriação, de divisão e demarcação, populares, por improbidade administrativa, execuções fiscais e as demandas sobre direitos ou interesses difusos e coletivos;
>
> II – as causas sobre bens imóveis dos Estados, Distrito Federal, Territórios e Municípios, autarquias e fundações públicas a eles vinculadas;
>
> III – as causas que tenham como objeto a impugnação da pena de demissão imposta a servidores públicos civis ou sanções disciplinares aplicadas a militares.

A competência dos Juizados Especiais de Fazenda Pública é absoluta (art. 2º, § 4º, Lei n. 12.153/2009). Assim, caso o autor pretenda propor a sua demanda, ajuizá-la perante o Juizado de Fazenda Pública não é uma opção (diferentemente do que ocorre nos Juizados Especiais Cíveis Estaduais). Caso a ação que deveria tramitar no Juizado seja proposta perante uma Vara Comum, este juízo deverá declinar da competência ou extinguir o processo sem resolução do mérito, diante da incompetência absoluta.

4. TUTELAS DE URGÊNCIA

A Lei n. 12.153/2009 estabelece expressamente a **possibilidade de o juiz deferir tutelas de urgência (antecipada ou cautelar)**, "de ofício ou a requerimento das partes", para evitar dano de difícil ou de incerta reparação (art. 3º).

Observe-se que, na praxe dos Juizados Especiais Cíveis, em razão da ausência de previsão na Lei n. 9.099/1995, muitos juízes indeferem as tutelas de urgência com o argumento de que elas são incompatíveis com o procedimento sumaríssimo.

No âmbito dos Juizados Especiais de Fazenda Pública, no entanto, existe possibilidade expressa de concessão de tutelas de urgência.

Além disso, diferentemente do que ocorre nos Juizados Especiais Cíveis, nos Juizados Especiais de Fazenda Pública é admitido recurso contra decisão que defere ou indefere tutelas de urgência (arts. 3º e 4º, Lei n. 12.153/2009).

5. CAPACIDADE DE SER PARTE

A legitimidade é uma condição da ação. Tem legitimidade aquele que faz parte da relação jurídica de direito material discutida no processo.

A capacidade de ser parte é um pressuposto processual subjetivo (relativo às partes). Está relacionada com a aptidão para postular em juízo.

No processo civil em geral, as normas processuais estabelecem alguns requisitos para que alguém tenha capacidade de ser parte, mas isso é feito indistintamente em relação ao autor e ao réu.

No âmbito dos Juizados Especiais de Fazenda Pública, o art. 5º da Lei n. 12.153/2009 estabelece quem possui capacidade de ser parte autora e aqueles que possuem capacidade de ser parte ré.

Possuem capacidade de ser parte autora (inc. I):

a) pessoas físicas;

b) microempresas;

c) empresas de pequeno porte.

Têm capacidade de ser parte ré (inc. II):

a) os Estados;

b) Distrito Federal e Territórios;

c) Municípios;

d) autarquias, fundações públicas e empresas públicas vinculadas aos entes federados acima referidos.

Em razão disso, **não se admite pedido contraposto formulado pelos entes públicos**, já que não possuem capacidade de ser parte autora e, por conseguinte, de formular pretensão nos Juizados Especiais de Fazenda Pública.

De outro lado, a capacidade postulatória da parte, sem assistência de advogado, é limitada às causas cujo valor não ultrapasse 20 salários mínimos. A esse respeito, o Enunciado n. 14 do FONAJE (Fazenda Pública) prevê que "a obrigação de assistência por advogado, nas causas de valor superior a vinte salários mínimos, nos termos do art. 9º, *caput*, da Lei n. 9.099/1995, aplica-se ao Juizado Especial da Fazenda Pública".

6. INEXISTÊNCIA DE PRERROGATIVAS DE PRAZO

No procedimento comum, as pessoas jurídicas de direito público possuem prazo em dobro para a prática de atos processuais (art. 183, *caput*, CPC).

Nos Juizados Especiais de Fazenda Pública, contudo, não há prerrogativas de prazo, nem para a interposição de recursos. Nesse sentido, aliás, a jurisprudência do STF[1].

Ademais, a Defensoria Pública também não possui essa prerrogativa de prazo nos Juizados Especiais[2].

---

1 "JUIZADOS ESPECIAIS. ART. 9º DA LEI 10.259/2001. PRAZO EM DOBRO PARA RECORRER. IMPOSSIBILIDADE. ART. 188 DO CPC. INAPLICABILIDADE. Em processos oriundos dos juizados especiais não se aplicam as prerrogativas de contagem em dobro do prazo recursal previstas no art. 188 do Código de Processo Civil" (STF, AI 747478 AgR-segundo, Relator(a): Min. Rosa Weber, Primeira Turma, julgado em 17-4-2012, acórdão eletrônico *DJe*-086, divulg. 3-5-2012, public. 4-5-2012).

2 Enunciado n. 53 do FONAJEF: "Não há prazo em dobro para a Defensoria Pública no âmbito dos Juizados Especiais Federais".

7. RECURSO CONTRA SENTENÇA E RECURSO CONTRA DECISÃO QUE APRECIA TUTELA DE URGÊNCIA

No âmbito dos Juizados Especiais de Fazenda Pública, é admitido recurso contra sentença, mas também **recurso contra decisões que deferem ou indeferem requerimento de tutela de urgência** (arts. 3º e 4º, Lei n. 12.153/2009)[3]. As demais decisões interlocutórias, contudo, são irrecorríveis de forma imediata. Assim, caso a parte pretenda recorrer de determinada decisão proferida no curso do processo, deverá formular a impugnação no recurso contra a sentença.

Lembre-se que, nos Juizados Especiais Cíveis Estaduais, admite-se apenas recurso contra sentença, não sendo cabível recurso contra qualquer decisão interlocutória, inclusive contra tutelas de urgência.

8. INEXISTÊNCIA DE REEXAME NECESSÁRIO

Ao contrário do que ocorre no procedimento comum, no âmbito dos Juizados Especiais de Fazenda Pública, **não haverá reexame necessário** (Lei n. 12.153/2009, art. 11).

9. CUMPRIMENTO DE DECISÃO OU SENTENÇA

Diante da peculiaridade de haver um ente público no polo passivo, o cumprimento da decisão ou da sentença (inclusive da homologatória de acordo) ocorrerá de forma bastante diferente da que existe para os Juizados Especiais Cíveis, em que há uma pessoa física ou uma pessoa jurídica de direito privado no polo passivo.

Caso se trate de decisão de mérito ou sentença que imponha obrigação de fazer, não fazer ou entrega de coisa certa, o cumprimento da decisão ou sentença ocorrerá, após o trânsito em julgado, mediante a expedição de ofício do juiz à autoridade pública responsável por praticar o ato administrativo correspondente, com cópia da sentença ou decisão (art. 12, Lei n. 12.153/2009).

No caso de sentença ou decisão de mérito que imponha obrigação de pagar quantia certa, o pagamento será efetuado, após o trânsito em julgado, mediante: a) **requisição de pequeno valor, independentemente de precatório**, caso o valor da obrigação não exceda o estabelecido como de pequeno valor (art. 13, I, Lei n. 12.153/2009; art. 100, § 3º, CF); ou b) **precatório**, se o valor total da condenação exceder o valor definido como obrigação de pequeno valor.

Cada ente da federação pode estabelecer um valor diferente para fins da requisição de pequeno valor, obedecidos determinados parâmetros. De acordo com o art. 13, § 3º, da Lei n. 12.153/2009, "até que se dê a publicação das leis de que trata o § 2º, os valores serão: I – 40 (quarenta) salários mínimos, quanto aos Estados e ao Distrito Federal; II – 30 (trinta) salários mínimos, quanto aos Municípios".

Caso a quantia postulada no cumprimento de sentença ultrapasse o valor da requisição de pequeno valor, não se admite o fracionamento para que parte do pagamento

3 Lei n. 12.153/2009: "Art. 4º Exceto nos casos do art. 3º, somente será admitido recurso contra a sentença".

se faça nessa modalidade. Vale dizer, ou o pagamento se faz mediante precatório, ou somente mediante requisição de pequeno valor[4].

Se for o caso de requisição de pequeno valor e tal requisição judicial for desatendida, o juiz determinará imediatamente o sequestro do numerário suficiente ao cumprimento da decisão, ficando dispensada a oitiva do ente público (art. 13, § 1º, Lei n. 12.153/2009).

10. UNIFORMIZAÇÃO DE JURISPRUDÊNCIA

No âmbito dos Juizados Especiais de Fazenda Pública, é **cabível** o **incidente de uniformização de jurisprudência** quando houver divergência entre decisões proferidas por Turmas Recursais sobre questões de direito material (art. 18, Lei n. 12.153/2009).

Assim, não é cabível pedido de uniformização quando a divergência for sobre questões de direito processual.

O art. 18 da Lei n. 12.153/2009 chama o incidente de "pedido de uniformização de interpretação de lei". Contudo, parece não haver problemas em chamar de jurisprudência as decisões reiteradas de turma recursal sobre questões semelhantes.

O incidente de uniformização a que se refere a Lei n. 12.153/2009 é cabível quando houver divergência entre turmas recursais do mesmo Estado.

De acordo com o Enunciado 478 do FPPC, em razão da sistemática do CPC/2015, o juízo de admissibilidade do pedido de uniformização de jurisprudência deverá ser feito apenas pela Turma de Uniformização[5].

O julgamento do incidente será realizado em reunião conjunta das Turmas em conflito, sob a presidência de desembargador indicado pelo Tribunal de Justiça a que as turmas recursais estão vinculadas administrativamente. Observe-se que o § 1º do art. 18 da Lei n. 12.153/2009 estabelece que participarão do julgamento as "Turmas em conflito". Isso quer dizer que não participarão os integrantes das turmas recursais que não têm competência para julgar a matéria que é objeto da divergência. Por exemplo, se, no âmbito do Estado ou do Distrito Federal, houver duas Turmas Recursais Cíveis, duas Turmas Recursais Criminais e duas Turmas Recursais de Fazenda Pública, e a questão de direito material for de competência recursal das Turmas Recursais de Fazenda Pública, somente estas participarão do julgamento do incidente de uniformização.

Quando a tese firmada no incidente de uniformização contrariar súmula do Superior Tribunal de Justiça, a parte interessada poderá provocar a manifestação deste, nos termos do art. 19, *caput,* da Lei n. 12.153/2009 (ainda que, pela Constituição Federal,

---

4 Lei n. 12.153/2009: "Art. 13 [...] § 5º Se o valor da execução ultrapassar o estabelecido para pagamento independentemente do precatório, o pagamento far-se-á, sempre, por meio do precatório, sendo facultada à parte exequente a renúncia ao crédito do valor excedente, para que possa optar pelo pagamento do saldo sem o precatório".

5 Enunciado 478 do FPPC: "Os pedidos de uniformização previstos no art. 14 da Lei 10.259/2001 e nos arts. 18 e 19 da Lei 12.153/2009 formulados contra acórdão proferido pela Turma Recursal devem ser remetidos à Turma Nacional de Uniformização ou à Turma Regional de Uniformização respectiva independentemente de juízo de admissibilidade, aplicando-se por analogia a regra decorrente do art. 1.030, parágrafo único".

não seja cabível Recurso Especial contra decisão de Turma Recursal). Trata-se do pedido de uniformização de interpretação de lei (PUIL).

De acordo com o STJ, "o pedido de uniformização de interpretação de lei dirigido ao Superior Tribunal de Justiça somente é cabível quando satisfeitas, cumulativa e simultaneamente, as condições previstas na norma de regência, quais sejam: (a) que a orientação acolhida pela Turma de Uniformização, em questão de mérito, seja contrária a enunciado de súmula ou a jurisprudência dominante do STJ; e, (b) que a questão discutida se limite ao campo do direito material"[6].

11. SEMELHANÇA COM OS JUIZADOS ESPECIAIS FEDERAIS

Em razão do fato de que, tanto nos Juizados Especiais de Fazenda Pública quanto nos Juizados Especiais Federais Cíveis, o polo passivo é ocupado por ente público ou por empresa pública, há muita semelhança na disciplina dada a esses dois modelos de Juizados. Tanto é que a Lei n. 12.153/2009, no art. 27, prevê expressamente que se aplicam subsidiariamente aos Juizados Especiais de Fazenda Pública, além do CPC, o disposto na Lei n. 9.099/1995 e na Lei n. 10.259/2001.

6 STJ, AgInt no PUIL 789/RN, Rel. Ministro Sérgio Kukina, Primeira Seção, julgado em 14-11-2018, *DJe* 6-12-2018.

CAPÍTULO **IV**

JUIZADOS ESPECIAIS FEDERAIS CÍVEIS

1. ASPECTOS INTRODUTÓRIOS

Os Juizados Especiais Federais foram instituídos pela Lei n. 10.259/2001. No âmbito da Justiça Federal, existem os Juizados Especiais Cíveis e os Juizados Especiais Criminais da Justiça Federal.

2. NORMAS PROCESSUAIS APLICÁVEIS

Como já se expôs anteriormente, diante da especificidade do procedimento sumaríssimo e desse sistema de Justiça, existe um microssistema processual dos Juizados Especiais. Aliás, há a remissão expressa de uma Lei de Juizado Especial às outras.

A Lei n. 10.259/2001 prevê expressamente que, aos Juizados Especiais Federais, aplica-se, "no que não conflitar com esta Lei, o disposto na Lei n. 9.099, de 26 de setembro de 1995". A Lei n. 12.153/2009 (que estabelece a disciplina dos Juizados Especiais de Fazenda Pública dos Estados e do Distrito Federal) prevê, em seu art. 27, que se aplica subsidiariamente o disposto no CPC, na Lei n. 9.099/1995 e na Lei n. 10.259/2001.

3. COMPETÊNCIA

Os Juizados Especiais Federais Cíveis possuem competência para processar, conciliar e julgar causas cíveis de competência da Justiça Federal **até o valor de 60 salários mínimos**, bem como para promover a execução de suas decisões de mérito (art. 3º, *caput*, Lei n. 10.259/2001)[1].

Quando a demanda se referir a prestações vencidas e vincendas, o valor da causa será correspondente ao valor total das parcelas vencidas, mais as vincendas. Se as prestações vincendas forem em número igual ou superior a 12, considera-se, para fixação do valor da causa, o equivalente a 12 parcelas mensais.

---

1 Lei n. 10.259/2001: "Art. 3º Compete ao Juizado Especial Federal Cível processar, conciliar e julgar causas de competência da Justiça Federal até o valor de sessenta salários mínimos, bem como executar as suas sentenças".

Assim, para fins de fixação da competência do Juizado Especial Federal, quando a pretensão versar sobre obrigações vincendas (em número igual ou superior a 12), a soma de 12 parcelas vincendas e de eventuais parcelas vencidas não poderá exceder o valor de 60 salários mínimos (art. 3º, § 2º, Lei n. 10.259/2001)[2].

Caso o valor da causa seja superior à alçada dos Juizados Especiais Federais (60 s.m.), a parte autora pode renunciar ao montante superior a esse teto, de modo a se enquadrar na competência dos Juizados. Essa renúncia precisa ser expressa. Vale dizer, se a parte não renunciar expressamente ao que excede o valor do teto dos Juizados, o juiz deverá extinguir o processo sem resolução do mérito. A esse respeito, a Súmula 17 da Turma Nacional de Uniformização (dos Juizados Especiais Federais): "Não há renúncia tácita no Juizado Especial Federal, para fins de competência".

No caso de litisconsórcio ativo facultativo, para a finalidade de admissão da competência dos Juizados Especiais Federais, deve ser levado em consideração o valor pleiteado de maneira individual por cada autor. Nesse sentido, é o entendimento pacífico do STJ[3]. O mesmo entendimento foi consolidado no Enunciado 18 do FONAJEF: "No caso de litisconsorte ativo, o valor da causa, para fins de fixação de competência deve ser calculado por autor".

De acordo com a Lei n. 10.259/2001 (art. 3º, § 1º), estão excluídas da competência dos Juizados Especiais Federais as seguintes causas:

> I – referidas no art. 109, incisos II, III e XI, da Constituição Federal, as ações de mandado de segurança, de desapropriação, de divisão e demarcação, populares, execuções fiscais e por improbidade administrativa e as demandas sobre direitos ou interesses difusos, coletivos ou individuais homogêneos;
>
> II – sobre bens imóveis da União, autarquias e fundações públicas federais;
>
> III – para a anulação ou cancelamento de ato administrativo federal, salvo o de natureza previdenciária e o de lançamento fiscal;
>
> IV – que tenham como objeto a impugnação da pena de demissão imposta a servidores públicos civis ou de sanções disciplinares aplicadas a militares.

A competência dos Juizados Especiais Federais é absoluta (art. 3º, § 3º, Lei n. 10.259/2001)[4]. Assim, caso o autor pretenda demandar, a propositura perante o Juizado Especial Federal não é uma faculdade estabelecida ao autor (assim como nos Juizados Especiais de Fazenda Pública e diferentemente do que ocorre nos Juizados

---

2 Lei n. 10.259/2001: "Art. 3º [...] § 2º Quando a pretensão versar sobre obrigações vincendas, para fins de competência do Juizado Especial, a soma de doze parcelas não poderá exceder o valor referido no art. 3º, *caput*".

3 "Para a fixação da competência dos juizados especiais federais, nos termos do art. 3º, *caput* e § 3º, da Lei 10.259/01, em caso de litisconsórcio facultativo ativo, deve ser levado em consideração o valor pleiteado de maneira individual por cada autor, ou seja, dividindo-se o valor atribuído à causa pelo número de demandantes, sendo irrelevante se a soma desses valores ultrapassa o limite de sessenta salários mínimos, estabelecido em lei. Precedentes" (STJ, AgInt no REsp 1632226/PR, Rel. Ministro Marco Buzzi, Quarta Turma, julgado em 19-4-2018, *DJe* 26-4-2018).

4 Lei n. 10.259/2001: "Art. 3º [...] § 3º No foro onde estiver instalada Vara do Juizado Especial, a sua competência é absoluta".

Especiais Cíveis Estaduais). Caso a ação de competência do Juizado Federal seja proposta perante uma Vara Federal Comum, deverá haver a declinação de competência ou a extinção do processo sem resolução do mérito, diante da incompetência absoluta.

4. TUTELAS DE URGÊNCIA

O art. 4º da Lei n. 10.259/2001 estabelece que "o Juiz poderá, de ofício ou a requerimento das partes, deferir medidas cautelares no curso do processo, para evitar dano de difícil reparação".

Embora o dispositivo tenha tratado apenas de "medidas cautelares", deve-se compreender **tutelas de urgência**, de modo que também estaria incluída a tutela antecipada. Além disso, também é possível a concessão de tutelas da evidência, atendidos os requisitos do art. 311 do CPC.

Diferentemente do que ocorre nos Juizados Especiais Cíveis Estaduais, nos Juizados Especiais Federais Cíveis é admitido recurso contra decisão que defere ou indefere tutelas de urgência (arts. 4º e 5º, Lei n. 10.259/2001)[5] – disposição semelhante existe em relação aos Juizados Especiais de Fazenda Pública Estaduais (arts. 3º e 4º, Lei n. 12.153/2009).

5. CAPACIDADE DE SER PARTE

No âmbito dos Juizados Especiais Federais, o art. 6º da Lei n. 10.259/2001 estabelece quem possui capacidade de ser parte autora e aqueles que possuem capacidade de ser parte ré.

Possuem capacidade de ser parte autora (inc. I):

a) pessoas físicas;

b) microempresas;

c) empresas de pequeno porte.

Embora a pessoa física civilmente incapaz não possa demandar e ser demandada nos Juizados Especiais Cíveis Estaduais, por expressa disposição do art. 8º da Lei n. 9.099/1995, entende-se que esse dispositivo não se aplica aos Juizados Especiais Federais. Desse modo, o civilmente incapaz, desde que representado por seus pais ou responsáveis, ou lhe sendo nomeado curador especial, pode demandar nos Juizados Especiais Federais. Nesse sentido, aliás, o Enunciado 10 do FONAJEF: "O incapaz pode ser parte autora nos Juizados Especiais Federais, dando-se-lhe curador especial, se ele não tiver representante constituído".

Para que a microempresa e a empresa de pequeno porte possam demandar no Juizado Especial Federal, exige-se que comprove tal qualidade documentalmente[6].

---

5 Lei n. 10.259/2001: "Art. 5º Exceto nos casos do art. 4º, somente será admitido recurso de sentença definitiva".

6 Enunciado 11 do FONAJEF: "No ajuizamento de ações no JEF, a microempresa e a empresa de pequeno porte deverão comprovar essa condição mediante documentação hábil".

De outro lado, **possuem capacidade de ser parte ré (inc. II)**:

a) a União;

b) autarquias, fundações públicas e empresas públicas federais.

São essas pessoas jurídicas de direito público e as empresas públicas que determinam a competência da Justiça Federal e, por conseguinte, do Juizado Especial Federal. Contudo, admite-se que pessoas físicas, pessoas jurídicas de direito privado e pessoas jurídicas de direito público estadual e municipal também ocupem o polo passivo, desde que em litisconsórcio passivo necessário com os entes que atraem a competência da Justiça Federal[7].

6. PEDIDO CONTRAPOSTO

Não se admite a formulação de pedido contraposto pelos entes públicos, já que não possuem capacidade de ser parte autora e, por conseguinte, de formular pretensão nos Juizados Especiais Federais[8].

7. INEXISTÊNCIA DE PRERROGATIVAS DE PRAZO

Na sistemática dos Juizados Especiais Federais Cíveis, diferentemente do que ocorre no procedimento comum, **não há prerrogativa de prazo** para as pessoas jurídicas de direito público, nem para outras pessoas ou entes, como a Defensoria Pública. Nesse sentido, aliás, a jurisprudência do STF[9] e o Enunciado n. 53 do FONAJEF, que assim dispõe: "Não há prazo em dobro para a Defensoria Pública no âmbito dos Juizados Especiais Federais".

8. RECURSOS CONTRA SENTENÇA E CONTRA DECISÃO SOBRE TUTELA DE URGÊNCIA

Nos Juizados Especiais Federais, admitem-se **recursos contra sentença** e também **contra decisões que apreciam requerimento de tutela provisória** (arts. 4º e 5º, Lei n. 10.259/2001)[10]. As demais decisões interlocutórias são irrecorríveis de imediato. Assim, essas decisões interlocutórias (irrecorríveis de imediato) poderão ser impugnadas por ocasião do recurso contra a sentença.

---

7 Enunciado 21 do FONAJEF: "As pessoas físicas, jurídicas, de direito privado ou de direito público estadual ou municipal podem figurar no polo passivo, no caso de litisconsórcio necessário".

8 Nesse sentido, o Enunciado 12 do FONAJEF: "No Juizado Especial Federal, não é cabível o pedido contraposto formulado pela União Federal, autarquia, fundação ou empresa pública federal".

9 "JUIZADOS ESPECIAIS. ART. 9º DA LEI 10.259/2001. PRAZO EM DOBRO PARA RECORRER. IMPOSSIBILIDADE. ART. 188 DO CPC. INAPLICABILIDADE. Em processos oriundos dos juizados especiais não se aplicam as prerrogativas de contagem em dobro do prazo recursal previstas no art. 188 do Código de Processo Civil" (STF, AI 747478 AgR-segundo, Relator(a): Min. Rosa Weber, Primeira Turma, julgado em 17-4-2012, acórdão eletrônico *DJe*-086, divulg. 3-5-2012, public. 4-5-2012).

10 Lei n. 10.259/2001: "Art. 5º Exceto nos casos do art. 4º, somente será admitido recurso de sentença definitiva".

9. INEXISTÊNCIA DE REEXAME NECESSÁRIO

Para o procedimento comum, o CPC (art. 496) estabelece algumas hipóteses de reexame necessário. Contudo, no âmbito dos Juizados Especiais Federais, o art. 13 da Lei n. 10.259/2001 estabelece expressamente que **não haverá reexame necessário**.

10. CUMPRIMENTO DE DECISÃO OU SENTENÇA

O cumprimento da decisão de mérito ou da sentença poderá seguir dois regimes, a depender do tipo de obrigação a que foi a parte ré condenada.

a) **Obrigação de fazer, não fazer ou entrega de coisa certa:** transitada em julgado, o cumprimento da decisão de mérito ou sentença ocorrerá mediante expedição de ofício pelo juiz à autoridade pública responsável pelo ato administrativo a ser praticado (art. 16, Lei n. 10.259/2001).

b) **Obrigação de pagar quantia certa:** o cumprimento da decisão de mérito ou da sentença, após o trânsito em julgado, será realizada mediante requisição de pequeno valor. O pagamento deverá ser efetuado pelo ente público no prazo de 60 dias, "contados da entrega da requisição, por ordem do Juiz, à autoridade citada para a causa, na agência mais próxima da Caixa Econômica Federal ou do Banco do Brasil, independentemente de precatório" (art. 17, *caput*, Lei n. 10.259/2001).

Caso a requisição de pequeno valor não seja atendida, o juiz determinará imediatamente o sequestro do numerário suficiente (art. 17, § 2º, Lei n. 10.259/2001).

Se o montante total da condenação exceder o valor definido como obrigação de pequeno valor, o pagamento deverá ser feito mediante precatório, sendo facultado ao credor a renúncia ao valor excedente a 60 salários mínimos para que o pagamento seja feito mediante requisição de pequeno valor.

Não são admissíveis embargos à execução nos Juizados Especiais Federais, de modo que as impugnações do devedor deverão ser examinadas independentemente de qualquer incidente[11].

11. TURMAS RECURSAIS

O art. 41, § 1º, da Lei n. 9.099/1995 prevê que a turma recursal será "composta por três Juízes togados, em exercício no primeiro grau de jurisdição, reunidos na sede do Juizado".

No âmbito da Justiça Federal, a Lei art. 21, § 2º, da Lei n. 10.259/2001 estabelecia que a composição das turmas recursais ocorreria a partir da designação temporária de juízes federais de primeira instância, a partir de critérios de antiguidade e merecimento.

11 Enunciado 13 do FONAJEF: "Não são admissíveis embargos de execução nos JEFs, devendo as impugnações do devedor ser examinadas independentemente de qualquer incidente".

Contudo, tal dispositivo foi revogado pela Lei n. 12.665/2012, que criou a estrutura permanente das Turmas Recursais no âmbito da Justiça Federal, bem como lotação permanente de Juízes de Turma Recursal (terminando com as designações temporárias).

O objetivo da nova legislação era resolver o problema da precariedade da designação de Juízes para a Turma Recursal, que acabavam cumulando as funções na sua Vara de lotação e na designação temporária na Turma, o que causava graves prejuízos à prestação jurisdicional. Além disso, o objetivo era criar uma jurisprudência mais madura, diante da maior permanência dos juízes na turma recursal.

Contudo, as turmas recursais continuam sendo compostas por juízes de primeira instância. Assim, não há promoção para o cargo de juiz de turma recursal, tampouco ele se transforma em desembargador. A Turma Recursal não é um tribunal, razão pela qual também não há vagas para o chamado quinto constitucional (composto por integrantes da advocacia e do Ministério Público).

12. TURMAS REGIONAIS E NACIONAL DE UNIFORMIZAÇÃO DE JURISPRUDÊNCIA DOS JUIZADOS ESPECIAIS FEDERAIS

No âmbito dos Juizados Especiais Federais, é cabível **pedido de uniformização de interpretação de lei federal**, quando houver divergência entre decisões sobre questões de direito material proferidas por Turmas Recursais na interpretação da lei (art. 14, *caput,* Lei n. 10.259/2001).

Assim, não é cabível pedido de uniformização quando a divergência for sobre questões de direito processual. Nesse sentido, a Súmula 43 da TNU: "Não cabe incidente de uniformização que verse sobre matéria processual".

Também não se admite incidente de uniformização que implique reexame de matéria de fato[12].

De acordo com o Enunciado 478 do FPPC, em razão da sistemática do CPC/2015, o juízo de admissibilidade do pedido de uniformização de jurisprudência deverá ser feito apenas pela Turma Regional ou Nacional de Uniformização, conforme o caso, e não pela Turma Recursal[13].

A competência para o julgamento do pedido de uniformização será:

a) da Turma Regional de Uniformização: para dirimir a divergência entre Turmas Recursais de Juizado Especial vinculadas ao mesmo Tribunal Regional Federal.

b) da Turma Nacional de Uniformização dos Juizados Especiais Federais, quando: b.1) o pedido de uniformização for fundado em divergência entre decisões de turmas recursais de diferentes regiões (vinculadas a diferentes TRFs); ou b.2) a decisão proferida estiver em contrariedade a súmula ou jurisprudência dominante do STJ.

---

12 Súmula 42 da TNU: "Não se conhece de incidente de uniformização que implique reexame de matéria de fato".

13 Enunciado 478 do FPPC: "Os pedidos de uniformização previstos no art. 14 da Lei 10.259/2001 e nos arts. 18 e 19 da Lei 12.153/2009 formulados contra acórdão proferido pela Turma Recursal devem ser remetidos à Turma Nacional de Uniformização ou à Turma Regional de Uniformização respectiva independentemente de juízo de admissibilidade, aplicando-se por analogia a regra decorrente do art. 1.030, parágrafo único".

Contra as decisões proferidas pela Turma Nacional de Uniformização, caberá recurso ao Superior Tribunal de Justiça, quando a orientação acolhida pela Turma de Uniformização, em questões de direito material, contrariar súmula ou jurisprudência dominante do STJ (art. 14, § 4º, Lei n. 10.259/2001). Neste caso, poderá o relator, no STJ, presente a plausibilidade do direito invocado e havendo fundado receio de dano de difícil reparação, conceder, de ofício ou a requerimento do interessado, medida liminar determinando a suspensão dos processos nos quais a controvérsia esteja estabelecida.

REFERÊNCIAS BIBLIOGRÁFICAS

ADVOCACIA-GERAL DA UNIÃO. Câmara de Conciliação e Arbitragem da Administração Federal – *CCAF:* cartilha. 3. ed. Brasília: Advocacia-Geral da União, 2012. Disponível em: <file:///D:/USU%C3%81RIOS/m315972/Downloads/cartilha_-_camara_de_conciliacao_-_ccaf.pdf>. Acesso em: 9-11-2015.

ALEXY, Robert. Direitos fundamentais, ponderação e racionalidade. In: CLÈVE, Clèmerson Merlin; BARROSO, Luís Roberto (org.). *Direito constitucional:* teoria geral da Constituição. São Paulo: Revista dos Tribunais, 2011. p. 721-732.

______. *Teoria dos direitos fundamentais* (trad. Virgílio Afonso da Silva). 2. ed. São Paulo: Malheiros, 2011.

ARENHART, Sérgio. *Perfis da tutela inibitória coletiva.* São Paulo: Revista dos Tribunais, 2003.

ARISTÓTELES. *A política* (trad. Roberto Leal Ferreira). São Paulo: Martins Fontes, 2006.

AROCA, Juan Montero. *Introducción al derecho procesal.* Madrid: Tecnos, 1976.

ASSIS, Araken de. *Manual da execução.* 14. ed. São Paulo: Revista dos Tribunais, 2012.

______. O *contempt of court* no direito brasileiro. Disponível em: <http://www.abdpc.org.br/abdpc/artigos/araken%20de%20assis(4)%20-%20formatado.pdf>. Acesso em: 20-10-2016.

BARBOSA, Rui. *Oração aos moços & O dever do advogado.* 4. ed. Campinas: Russel, 2010.

BARRETT, Amy Coney. Statutory Stare Decisis in the Courts of Appeals. *George Washington Law Review*, v. 73, Issue 2, p. 317-352, January 2005.

BEDAQUE, José Roberto dos Santos. *Poderes instrutórios do juiz.* 5. ed. São Paulo: Revista dos Tribunais, 2011.

BELL, John. Comparing Precedent. *Cornell Law Review*, Ithaca, New York, v. 82, Issue 5, p. 1243-1278, 1996-1997.

BENVINDO, Juliano Zaiden. *On The Limits of Constitutional Adjudication:* Deconstructing Balancing and Judicial Activism. Berlim: Springer, 2010.

BOBBIO, Norberto. *O futuro da democracia.* (trad. Marco Aurélio Nogueira). 8. ed. São Paulo: Paz e Terra, 2000.

BONATO, Giovanni. Algumas considerações sobre coisa julgada no Novo Código de Processo Civil brasileiro: limites objetivos e eficácia preclusiva. In: GRINOVER, Ada Pellegrini et al. *O Novo Código de Processo Civil:* questões controvertidas. São Paulo: Atlas, 2015. p. 171-187.

BOURDIEU, Pierre. *O poder simbólico* (trad. Fernando Tomaz). Rio de Janeiro: Bertrand, 1989.

BRASIL. Congresso Nacional. Senado Federal. Comissão de Juristas Responsável pela Elaboração de Anteprojeto de Código de Processo Civil. Anteprojeto do Novo Código de Processo Civil. Brasília: Senado Federal, Presidência, 2010. p. 28-29. Disponível em: <http://www.senado.gov.br/senado/novocpc/pdf/Anteprojeto.pdf>. Acesso em: 16-9-2015.

BUENO, Cassio Scarpinella. *Curso sistematizado de direito processual civil:* teoria geral do direito processual civil. v. 1. São Paulo: Saraiva, 2007.

______. *Liminar em mandado de segurança:* um tema com variações. 2. ed. São Paulo: Revista dos Tribunais, 1999.

______. *Novo Código de Processo Civil anotado*. São Paulo: Saraiva, 2015.

______. *O poder público em juízo*. 5. ed. São Paulo: Saraiva, 2009.

BÜLOW, Oskar Von. *Teoria das Exceções e dos Pressupostos Processuais* (trad. Ricardo Rodrigues Gama). Campinas: LZN, 2003.

CALSAMIGLIA, Albert. Postpositivismo. *Doxa*, 21, n. 1, p. 209-220, 1998.

CÂMARA, Alexandre Freitas. *Lições de Direito Processual Civil*. v. 1. 15. ed. Rio de Janeiro: Lumen Juris, 2006.

______. *Lições de Direito Processual Civil*. v. 3. 8. ed. Rio de Janeiro: Lumen Juris, 2005.

______. *O novo processo civil brasileiro*. São Paulo: Atlas, 2015.

CAPPELLETTI, Mauro; GARTH, Bryant. *Acesso à Justiça* (trad. Ellen Gracie Northfleet). Porto Alegre: Sergio Antonio Fabris Editor, 2002.

______. *Juízes Irresponsáveis?* (trad. Carlos Alberto Álvaro de Oliveira). Porto Alegre: Sergio Antonio Fabris, 1989.

CARMONA, Carlos Alberto. O Novo Código de Processo Civil e o Juiz Hiperativo. In: GRINOVER, Ada Pellegrini et al. *O Novo Código de Processo Civil:* questões controvertidas. São Paulo: Atlas, 2015. p. 61-75.

CARNEIRO, Athos Gusmão. *Intervenção de terceiros*. 13. ed. São Paulo: Saraiva, 2001.

______. *Jurisdição e competência:* exposição didática. 11. ed. São Paulo: Saraiva, 2001.

CARNELUTTI, Francesco. *Sistema di diritto processuale civile*. Padova: Cedam, 1936.

CARVALHO NETTO, Menelick de. Prefácio. In: ROSENFELD, Michel. *A identidade do sujeito constitucional* (trad. Menelick de Carvalho Netto). Belo Horizonte: Mandamentos, 2003.

CASTRO, Renato. *Julgamentos liminares de improcedência*. Brasília: Gazeta, 2012.

CAVALCANTI, Marcos. *Incidente de resolução de demandas repetitivas e ações coletivas*. Salvador: JusPodivm, 2015.

CHIOVENDA, Giuseppe. *Instituições de direito processual civil* (trad. Paulo Capitanio). v. 1. 3. ed. Campinas: Bookseller, 2002.

______. *Instituições de direito processual civil*. v. 2 (trad. Paulo Capitanio). 3. ed. Campinas: Bookseller, 2002.

______. *Instituições de direito processual civil*. v. 3 (trad. Paulo Capitanio). 3. ed. Campinas: Bookseller, 2002.

CINTRA, Antonio Carlos de Araújo; GRINOVER, Ada Pellegrini; DINAMARCO, Cândido Rangel. *Teoria Geral do Processo*. 16. ed. São Paulo: Malheiros, 2000.

COMOGLIO, Luigi Paolo; FERRI, Conrado; TARUFFO, Michele. *Lezioni sul processo civile*. v. 2. Bologna: Il Mulino, 1995.

CONSELHO NACIONAL DE JUSTIÇA. 100 maiores litigantes. Disponível em: <http://www.cnj.jus.br/images/pesquisas-judiciarias/pesquisa_100_maiores_litigantes.pdf>. Acesso em: 22-9-2015.

______. Azevedo, André Gomma de (Org.). Manual de mediação judicial. 6. ed. Brasília/DF: CNJ, 2016. Disponível em: <http://www.cnj.jus.br/files/conteudo/arquivo/2016/07/f247f5ce60df2774c59d6e2dddbfec54.pdf>. Acesso em: 15-1-2019.

______. Código de Ética de Conciliadores e Mediadores Judiciais (Anexo III da Resolução 125/2010 do CNJ). Disponível em: <http://www.cnj.jus.br/images/atos_normativos/resolucao/resolucao_125_29112010_compilada.pdf>. Acesso em: 15-1-2019.

______. Justiça em números 2018: ano-base 2017. Brasília: CNJ, 2018. Disponível em: <http://www.cnj.jus.br/files/conteudo/arquivo/2018/08/44b7368ec6f888b383f6c3de40c32167.pdf>. Acesso em: 14-1-2019. ______. Recomendação n. 38, de 3-11-2011, do Conselho Nacional de Justiça. Disponível em: <http://www.cnj.jus.br/busca-atos-adm?documento=1230>. Acesso em: 15-9-2015.

______. Resolução n. 75, de 12-5-2009. Disponível em: <http://www.cnj.jus.br/busca-atos-adm?documento=2763>. Acesso em: 12-11-2015.

______. Resolução 105, de 6-4-2010, do Conselho Nacional de Justiça. Disponível em: <http://www.cnj.jus.br/busca-atos-adm?documento=2829>. Acesso em: 20-10-2015.

CORREIA, Atalá; SORRENTINO, Luciana Yuki F. Mediação em conflitos de família: a experiência do TJDFT. *Revista de Direito da Família e das Sucessões*, São Paulo, v. 2, p. 11-27, 2014.

______. Reaver valor gasto com honorários advocatícios contratuais ainda gera dúvida. In: CONJUR. Disponível em: <http://www.conjur.com.br/2015-dez-07/direito-civil-atual-reaver-gastos-honorarios-advocaticios-contratuais-gera-duvida>. Acesso em: 4-2-2016.

CUNHA, Leonardo Carneiro da. *A Fazenda Pública em juízo*. 15. ed. Rio de Janeiro: Forense, 2018.

DALLARI, Dalmo de Abreu. *O poder dos juízes*. 3. ed. São Paulo: Saraiva, 2008.

DALMOTTO, Eugenio. L'onere della prova e la protezione del consumatore. In: S. CHIARLONI, S.; FIORIO, P. (Coord.). *Consumatori e processo*: la tutela degli interessi collettivi dei consumatori. Torino: Giappichelli, 2005. p. 85-108.

DELFINO, Lúcio; LOPES, Ziel Ferreira. A expulsão do livre convencimento motivado do Novo CPC e os motivos pelos quais a razão está com os hermeneutas. Disponível em: <http://justificando.com/2015/04/13/a-expulsao-do-livre-convencimento-motivado-do-novo-cpc-e-os-motivos-pelos-quais-a-razao-esta-com-os-hermeneutas/>. Acesso em: 9-11-2015.

DERRIDA, Jacques. *Força de lei:* o fundamento místico da autoridade (trad. Leyla Perrone-Moisés). 2. ed. São Paulo: WMF Martins Fontes, 2010.

DESTEFENNI, Marcos. *Curso de processo civil*. v. 1. São Paulo: Saraiva, 2006.

______. *Curso de processo civil:* processo de execução dos títulos extrajudiciais. v. 2. São Paulo: Saraiva, 2006.

DIDIER JR., Fredie. *Curso de Direito processual civil:* introdução ao direito processual civil, parte geral e processo de conhecimento. v. 1. 18. ed. Salvador: JusPodivm, 2016.

DIDIER JR., Fredie; BRAGA, Paula Sarno; OLIVEIRA, Rafael Alexandria de. *Curso de direito processual civil*: teoria da prova, direito probatório, decisão, precedente, coisa julgada e tutela provisória. v. 2. 11. ed. Salvador: JusPodivm, 2016.

DIDIER JR., Fredie; CUNHA, Leonardo José Carneiro da. *Curso de direito processual civil*: meios de impugnação às decisões judiciais e processo nos tribunais. v. 3. 13. ed. Salvador: JusPodivm, 2016.

DINAMARCO, Cândido Rangel. *A instrumentalidade do processo*. 6. ed. São Paulo: Malheiros, 1998.

______. *Capítulos de sentença*. 2. ed. São Paulo: Malheiros, 2006.

______. *Intervenção de terceiros*. 3. ed. São Paulo: Malheiros, 2002.

DONIZETTI, Elpídio. *Redigindo a sentença cível*. 6. ed. São Paulo: Atlas, 2010.

DUNN, Pintip Hompluem. How Judges Overrule: Speech Act Theory and the Doctrine of Stare Decisis. *Yale Law Journal*, v. 113, Issue 2, p. 493-532, November 2003.

DWORKIN, Ronald. *Levando os direitos a sério* (trad. Nelson Boeira). 3. ed. São Paulo: Martins Fontes, 2010.

ESTADOS UNIDOS DA AMÉRICA. The Constitution of the United States. Disponível em: <http://www.usconstitution.net/const.pdf >. Acesso em: 23-2-2016.

______. Suprema Corte. Fisher *versus* University of Texas. Julgado em 24-6-2013. Disponível em: <http://www.supremecourt.gov/Search.aspx?FileName=/docketfiles/11-345.htm>. Acesso em: 8-12-2013.

FAZZALARI, Elio. *Instituzioni di Diritto Processuale*. 7. ed. Padova: Cedam, 1994.

FERRAZ JR., Tercio Sampaio. *Direito, retórica e comunicação:* subsídios para uma pragmática do discurso jurídico. 3. ed. São Paulo: Atlas, 2015.

FIGUEIRA JÚNIOR, Joel Dias. *Juizados Especiais de Fazenda Pública:* comentários à Lei 12.153, de 22 de dezembro de 2009. São Paulo: Revista dos Tribunais, 2010.

FISHER, Louis. *Constitutional Dialogues:* Interpretation as Political Process. Princeton, New Jersey: Princeton University Press, 1988.

FREITAS, Luiz Otávio Rezende. *Concurso para a magistratura:* guia prático. 2. ed. Salvador: JusPodivm, 2015.

FREITAS, Vladimir Passos de. A Justiça Estadual nos Estados Unidos. *Revista On-line Administração da Justiça*, Instituto Brasileiro de Administração do Sistema Judiciário. Disponível em: <http://www.ibrajus.org.br/revista/artigo.asp?idArtigo=159>. Acesso em: 16-4-2014.

G1 – O portal de notícias da Globo. Juíza elabora primeira conciliação trabalhista via WhatsApp no DF. Disponível em: <http://g1.globo.com/distrito-federal/noticia/2015/12/juiza-elabora-primeira-conciliacao-trabalhista-whatsapp-no-df.html>. Acesso em: 2-2-2016.

GAGLIANO, Pablo Stolze; PAMPLONA FILHO, Rodolfo. *Novo curso de direito civil:* parte geral. v. 1. 5. ed. São Paulo: Saraiva, 2004.

GAJARDONI, Fernando da Fonseca; DELLORE, Luiz; ROQUE, Andre Vasconcelos; OLIVEIRA JUNIOR, Zulmar Duarte de. O julgamento dos processos em ordem cronológica no Novo CPC. Disponível em: <http://www.migalhas.com.br/dePeso/16,MI184582,11049-O+julgamento+dos+processos+em+ordem+cronologica+no+novo+CPC>. Acesso em: 8-11-2015.

______. O livre convencimento motivado não acabou no novo CPC. Disponível em: <http://jota.info/o-livre-convencimento-motivado-nao-acabou-no-novo-cpc>. Acesso em: 9-11-2015.

______. O modelo presidencial cooperativista e os poderes e deveres do juiz no Novo CPC. In: GRINOVER, Ada Pellegrini et al. *O Novo Código de Processo Civil:* questões controvertidas. São Paulo: Atlas, 2015. p. 135-154.

______. O Novo CPC e o fim da gestão na justiça. Disponível em: <http://jota.info/o-novo-cpc-e-o-fim-da-gestao-na-justica>. Acesso em: 8-11-2015.

GARCIA, Gustavo Filipe Barbosa. *Novo Código de Processo Civil:* principais modificações. Rio de Janeiro: Forense, 2015.

GICO JR., Ivo Teixeira. *A tragédia do Judiciário:* subinvestimento em capital jurídico e sobreutilização do Judiciário. 130 f. Tese (Doutorado em Economia). Departamento de Economia, Universidade de Brasília, Brasília, DF.

GIDI, Antônio. Aspectos da inversão do ônus da prova no Código de Defesa do Consumidor. *Revista de Direito do Consumidor*, São Paulo, n. 13, p. 33-41, jan.-mar. 1995.

GOLDSCHMIDT, James. *Princípios gerais do processo civil* (trad. Hiltomar Marins Oliveira). Belo Horizonte: Líder, 2002.

GOMES, Orlando. *Direitos reais.* 18. ed. Rio de Janeiro: Forense, 2001.

GOMES JUNIOR, Luiz Manoel; GAJARDONI, Fernando da Fonseca; CRUZ, Luana Pedrosa de Figheiredo; CERQUEIRA, Luís Otávio Segueira. *Comentários à Nova Lei dos Juizados Especiais da Fazenda Pública:* Lei 12.153, de 22 de dezembro de 2009. São Paulo: Revista dos Tribunais, 2010.

GONÇALVES, Marcus Vinicius Rios. *Novo curso de direito processual civil.* v. 2. 2. ed. São Paulo: Saraiva, 2006.

GRECO FILHO, Vicente. *Direito processual civil brasileiro.* v. 1. 20. ed. São Paulo: Saraiva, 2007.

GRINOVER, Ada Pellegrini. Os métodos consensuais de solução de conflitos no Novo CPC. In: GRINOVER, Ada Pellegrini et al. *O Novo Código de Processo Civil:* questões controvertidas. São Paulo: Atlas, 2015. p. 1-22.

HÄBERLE, Peter. *Hermenêutica constitucional:* a sociedade aberta dos intérpretes da constituição: contribuição para a interpretação pluralista e "procedimental" da Constituição (trad. Gilmar Ferreira Mendes). Porto Alegre: Sergio Antonio Fabris Editor, 1997.

______. Zeit und Verfassung. In: HÄBERLE, Peter. *Verfassung als öffentlicheer Prozeß. Materialen zu einer Verfassungstheorie der offenen Gesellschaft. Zweite, erweiterte Auflage.* Berlim: Duncker & Humblot, 1996.

HABERMAS, Jürgen. *Direito e democracia:* entre faticidade e validade (trad. Flávio Beno Siebeneichler). v. 1. Rio de Janeiro: Tempo Brasileiro, 2010.

______. *Pensamento pós-metafísico:* estudos filosóficos (trad. Flávio Beno Siebeneichler). 2. ed. Rio de Janeiro: Tempo Brasileiro, 2002.

INGLATERRA. Magna Charta Libertatum, de 1215. Disponível em: <http://www.constitution.org/eng/magnacar.pdf>. Acesso em: 23-2-2016.

KOZEL, Randy J. The scope of precedent. *Michigan Law Review*, v. 113, Issue 2, p. 179-230, November 2014.

LA CHINA, Sergio. *L'esecuzione forzata e le disposizioni generali del Codice di Procedura Civile.* Milano: A. Giuffre, 1970.

LACERDA, Galeno Vellinho. Processo e cultura. *Caderno de Doutrina*, Tribuna da Magistratura, p. 57-65, abr. 1999

LEONARDO, Rodrigo Xabier. *Imposição e inversão do ônus da prova.* Rio de Janeiro: Renovar, 2004.

LORENZETTI, Ricardo Luis. *Teoria da decisão judicial:* fundamentos de direito. 2. ed. São Paulo: Revista dos Tribunais, 2010.

LUCAS, Laís Machado. A pertinência ou não da regulação da desconsideração da personalidade pelo Código de Processo Civil. In: BOECKEL, Fabrício Dani de; ROSA, Karin Regina Rick; SCARPARO, Eduardo (org.). *Estudos sobre o novo Código de Processo Civil.* Porto Alegre: Livraria do Advogado, 2015. p. 213-230. p. 231-245.

LUHMANN, Niklas. *Legitimação pelo procedimento* (trad. Maria da Conceição Côrte-Real). Brasília: Universidade de Brasília, 1980.

LUNARDI, Fabrício Castagna. A excrescência da "apelação por instrumento". *Prática Jurídica – Consulex*, a. 8, n. 83, p. 58-60, fev. 2009.

______. A nova lei do mandado de segurança e a efetivação do princípio constitucional do contraditório. *Revista Jurídica Consulex*, a. 14, n. 321, p. 41-43, jun. 2010.

______. A hermenêutica dos direitos fundamentais na pós-modernidade: do positivismo ao paradigma pós-positivista e neoconstitucionalista. *Direitos Fundamentais & Justiça*, a. 6, n. 20, p. 173-207, jul-set. 2012.

______. *A reconstrução do controle difuso de constitucionalidade à luz da questão institucional:* política, cidadania, democracia discursiva e experimentalismo. 199 f. Dissertação (Mestrado em Direito) – Departamento de Direito, Universidade de Brasília, Brasília, DF.

______. A responsabilidade civil do fornecedor por vícios dos produtos no Código de Defesa do Consumidor. *Jus Navigandi*, Teresina, ano 11, n. 1045, 12 maio 2006. Disponível em: <http://jus.com.br/artigos/8267>. Acesso em: 24-7-2014.

______. A teoria do abuso de direito no direito civil constitucional: novos paradigmas para os contratos. In: NERY JÚNIOR, Nelson; NERY, Rosa Maria de Andrade. *Doutrinas essenciais:* responsabilidade civil. v. 1. São Paulo: Revista dos Tribunais, 2010. p. 679-715.

______. AGU: obrigatoriedade da defesa do ato administrativo x tutela do interesse público. *Carta Forense*, São Paulo, p. 44-45, ago. 2008.

______. *Curso de Direito Processual Civil.* Porto Alegre: Verbo Jurídico, 2013.

______. Entre freios e contrapesos: o poder político que sustenta o controle judicial de constitucionalidade. *Pensar – Revista de Ciências Jurídicas*, Fortaleza, v. 23, n. 2, p. 1-15, abr.-jun. 2018.

______. Hermenêutica dos direitos fundamentais na pós-modernidade: do positivismo ao paradigma pós-positivista e neoconstitucionalista. *Direitos Fundamentais & Justiça*, Porto Alegre, a. 6, n. 20, p. 173-207, jul.-set. 2012.

______. Juizados Especiais Cíveis: do idealismo à realidade. *Carta Forense*, São Paulo, p. 54, fev. 2008.

______. O direito fundamental à identidade genética e a condução coercitiva para realização de exame de DNA: um debate necessário. *Direitos Fundamentais & Justiça*, Porto Alegre, a. 7, n. 23, p. 308-335, abr./jun. 2013.

______. Uma crítica filosófica pós-metafísica à decisão do STF no HC 71373/RS: por uma nova reflexão do direito fundamental à identidade genética. *Revista de Direitos Fundamentais e Democracia*, Curitiba, v. 14, n. 14, p. 287-300, jul.-dez. 2013.

MANCUSO, Rodolfo de Camargo. *Ação civil pública:* em defesa do meio ambiente, do patrimônio cultural e dos consumidores. 11. ed. São Paulo: Revista dos Tribunais, 2009.

______. *Ação popular.* 5. ed. São Paulo: Revista dos Tribunais, 2003.

MANTOVANNI, Colares Cavalcante. *Recursos nos Juizados Especiais.* São Paulo: Dialética, [199-?].

MARCATO, Antônio Carlos. Ação monitória. In: GRINOVER, Ada Pellegrini et al. *O Novo Código de Processo Civil:* questões controvertidas. São Paulo: Atlas, 2015. p. 24-37.

MARINONI, Luiz Guilherme. *Antecipação de tutela.* 8. ed. São Paulo: Malheiros, 2004.

______. *A ética dos precedentes:* justificativa do novo CPC. 2. ed. São Paulo: Revista dos Tribunais, 2016.

______. *Tutela inibitória:* individual e coletiva. 5. ed. São Paulo: Revista dos Tribunais, 2012.

MARINONI, Luiz Guilherme; ARENHART, Sérgio Cruz. *Execução.* 2. ed. São Paulo: Revista dos Tribunais, 2008.

MARINONI, Luiz Guilherme; ARENHART, Sérgio Cruz. *Processo de conhecimento.* v. 2. 7. ed. São Paulo: Revista dos Tribunais, 2008.

MARINONI, Luiz Guilherme; ARENHART, Sérgio Cruz. *Prova.* 2. ed. São Paulo: Revista dos Tribunais, 2011.

MARINONI, Luiz Guilherme; MITIDIERO, Daniel. *Código de Processo Civil:* comentado artigo por artigo. 4. ed. São Paulo: Revista dos Tribunais, 2012.

MARINONI, Luiz Guilherme; ARENHART, Sérgio Cruz; MITIDIERO, Daniel. *O novo processo civil.* São Paulo: Revista dos Tribunais, 2015.

MARTINS-COSTA, Judith; BRANCO, Gerson Luiz Carlos. *Diretrizes teóricas do novo Código Civil brasileiro.* São Paulo: Saraiva, 2002.

MATOS, Cecília. O ônus da prova no Código de Defesa do Consumidor. *Revista de Direito do Consumidor*, São Paulo, n. 11, p. 161-169, jul.-set. 1994.

MAUS, Ingeborg. Judiciário como Superego da Sociedade: o papel da atividade jurisprudencial na "sociedade órfã". *Novos Estudos CEBRAP*, n. 58, p. 183-202, nov. 2000.

MAZZILLI, Hugo Nigro. *A defesa dos interesses difusos em juízo.* 18. ed. São Paulo: Saraiva, 2005.

MEDINA, José Miguel Garcia. *Direito processual civil moderno.* São Paulo: Revista dos Tribunais, 2015.

______. *Execução.* 2. ed. v. 3. São Paulo: Revista dos Tribunais, 2011.

______. No Novo CPC, a ordem cronológica de julgamentos não é inflexível. Disponível em: <http://www.conjur.com.br/2015-fev-09/processo-cpc-ordem-cronologica-julgamentos-nao-inflexivel>. Acesso em: 8-11-2015.

______. *Novo Código de Processo Civil comentado.* 3. ed. São Paulo: Revista dos Tribunais, 2015.

______. Novo CPC não deve adotar conceito sobre condições para a ação. Disponível em: <http://www.conjur.com.br/2014-ago-25/cpc-nao-adotar-conceito-condicoes-acao>. Acesso em: 25-10-2016.

MELLO, Celso Antônio Bandeira de. *Curso de direito administrativo.* 5. ed. São Paulo: Malheiros, 1994.

MENDES, Gilmar Ferreira; BRANCO, Paulo Gustavo Gonet. *Curso de Direito Constitucional.* 10. ed. São Paulo: Saraiva, 2015.

MENDES, Gilmar Ferreira; BRANCO, Paulo Gustavo Gonet. *Jurisdição Constitucional.* 6. Ed. São Paulo: Saraiva, 2014.

MENDES, Gilmar Ferreira; BRANCO, Paulo Gustavo Gonet. Homenagem à doutrina de Peter Häberle e sua influência no Brasil. Disponível em: < http://www.stf.jus.br/repositorio/cms/portalStfInternacional/portalStfAgenda_pt_br/anexo/Homenagem_a_Peter_Haberle__Pronunciamento__3_1.pdf>. Acesso em: 27-9-2015.

MENDES, Gilmar Ferreira; BRANCO, Paulo Gustavo Gonet. Orientações por diligência. Disponível em: <http://www.justica.gov.br/sua-protecao/cooperacao-internacional/cooperacao-juridica-internacional-em-materia-civil/orientacao-por-diligencia>. Acesso em: 25-1-2019.

MINISTÉRIO DA JUSTIÇA. Cooperação Jurídica Internacional em Matéria Civil. Disponível em: <http://www.justica.gov.br/sua-protecao/cooperacao-internacional/cooperacao-juridica-internacional-em-materia-civil>. Acesso em: 25-1-2019.

MITIDIERO, Daniel. *Precedentes:* da persuasão à vinculação. São Paulo: Revista dos Tribunais, 2016.

______. Sistema de precedentes do novo CPC. Entrevista ao programa JT na TV. Disponível em: <https://www.youtube.com/watch?v=PQ8S9_MG2Ao>. Acesso em: 27-2-2019.

MONTENEGRO FILHO, Misael. *Projeto do Novo Código de Processo Civil:* confronto entre o CPC atual e o Projeto do Novo CPC. São Paulo: Atlas, 2011.

MORAES, Silvana Campos. *Juizado Especial Cível.* Rio de Janeiro: Forense: 1998.

MOREIRA, Carlos Roberto Barbosa. Notas sobre a Inversão do Ônus da Prova em benefício do Consumidor. *Revista de Direito do Consumidor,* São Paulo, n. 22, p. 135-149, abr./jun. 1997.

MOREIRA, José Carlos Barbosa. *Comentários a código de processo civil:* Lei 5.868, de 11 de janeiro de 1973. v. 5. 17. ed. Rio de Janeiro: Forense, 2013.

______. *O novo processo civil brasileiro.* 25. ed. Rio de Janeiro: Forense, 2007.

______. *Temas de direito processual:* terceira série. São Paulo: Saraiva, 1984.

NALINI, José Renato. *Ética na magistratura.* 2. ed. São Paulo: Revista dos Tribunais, 2010.

NELSON, Caleb. Stare decisis and demonstrably erroneous precedents. *Virginia Law Review,* v. 87, Issue 1, p. 1-84, March 2001.

NERY JÚNIOR, Nelson. Aspectos do Processo Civil no Código de Defesa do Consumidor. *Revista do Direito do Consumidor,* São Paulo, v.1, p. 200-221, maio 1992. p. 217-218.

______. *Princípios do Processo na Constituição Federal.* 10. ed. São Paulo: Revista dos Tribunais, 2010.

NERY JÚNIOR, Nelson; NERY, Rosa Maria de Andrade. *Código de processo civil comentado.* 11. ed. São Paulo: Revista dos Tribunais, 2010.

NEVES, Daniel Amorim Assumpção. *Novo Código de Processo Civil.* Rio de Janeiro: Forense, 2015.

NEVES, Marcelo. *Entre Hidra e Hércules:* princípios e regras constitucionais como diferença paradoxal do sistema jurídico. São Paulo: Martins Fontes, 2013.

NOGUEIRA, Tania Lis Tizzoni. Direitos básicos do consumidor: a facilitação da defesa dos consumidores e a inversão do ônus da prova. *Revista de Direito do Consumidor,* São Paulo, n. 10, p. 48-60, abr./jun. 1994.

NOVAKOSKI, André Luis Mota. A distribuição do ônus probatório nas lides de consumo: a falsa inversão do ônus da prova do art. 6º, VIII, do CDC. *Revista Dialética de Direito Processual,* São Paulo, n. 37, p. 9-18, abr. 2006.

NUNES, Dierle José Coelho. *Processo judicial democrático.* Curitiba: Juruá, 2008.

OLIVEIRA, Carlos Alberto Álvaro de. Garantia do Contraditório. In: TUCCI, José Rogério Cruz e (Coord.). *Garantias constitucionais do processo civil.* São Paulo: Revista dos Tribunais, 1999.

OLIVEIRA, James Eduardo. *Posse e interditos possessórios.* Brasília: Alummus, 2013.

PACÍFICO, Luiz Eduardo Boaventura. Perspectiva sistemática do momento de inversão do ônus da prova: do CDC ao CPC. *Juris Plenum,* Caixas do Sul, RS, a. 4, n. 20, p. 65-76, mar.-abr. 2008.

PEIXOTO, Ravi. *Superação do precedente e segurança jurídica.* Salvador: JusPodivm, 2015.

PELUSO, Vinicius de Toledo Piza; GONÇALVES, José Wilson. *Comentários à lei orgânica da magistratura nacional:* Lei Complementar 35/1979 – LOMAN. São Paulo: Revista dos Tribunais, 2010.

PORTANOVA, Rui. *Princípios do processo civil.* 5. ed. Porto Alegre: Livraria do Advogado, 2003.

PORTO, Sérgio Gilberto. *Coisa julgada civil.* 3. ed. São Paulo: Revista dos Tribunais, 2006.

RABONEZE, Ricardo. *Provas obtidas por meios ilícitos.* 4. ed. Porto Alegre: Síntese, 2002.

REIS, Isaac Costa. *Limites à legitimidade da jurisdição constitucional:* análise retórica das Cortes Constitucionais do Brasil e da Alemanha. 265 f. Tese (Doutorado). Programa de Pós-Graduação em Direito, Universidade Federal de Pernambuco, Recife, 2013.

REIS, Mauricio Martins. A força ontológica dos precedentes jurisprudenciais: reflexões sobre o novo diploma processual civil. In: BOECKEL, Fabrício Dani de; ROSA, Karin Regina Rick; SCARPARO, Eduardo (org.). *Estudos sobre o novo Código de Processo Civil.* Porto Alegre: Livraria do Advogado, 2015. p. 187-211.

RIBEIRO, Darci Guimarães. Questões relevantes da prova no novo Código de Processo Civil. In: BOECKEL, Fabrício Dani de; ROSA, Karin Regina Rick; SCARPARO, Eduardo (org.). *Estudos sobre o novo Código de Processo Civil.* Porto Alegre: Livraria do Advogado, 2015. p. 133-148.

ROCHA, Felippe Borring. *Juizados Especiais Cíveis:* aspectos polêmicos da Lei n. 9.099 de 26-9-1995. 2. ed. Rio de Janeiro: Lumen Juris, 2002.

RODRIGUES, Geisa de Assis. Ação popular. In: DIDIER JR, Fredie. (Org.). *Ações constitucionais.* 2. ed. Salvador: JusPodivm, 2007. p. 197-245.

RODRIGUES, Marcelo Abelha. *Suspensão de segurança:* sustação da eficácia de decisão judicial proferida contra o poder público. São Paulo: Revista dos Tribunais, 2000.

ROSA, Karin Regina Rick. A ata notarial no novo Código de Processo Civil. In: BOECKEL, Fabrício Dani de; ROSA, Karin Regina Rick; SCARPARO, Eduardo (org.). *Estudos sobre o novo Código de Processo Civil.* Porto Alegre: Livraria do Advogado, 2015. p. 213-230.

ROTHENBURG, Walter Claudius. *Princípios Constitucionais.* Porto Alegre: Sérgio Fabris, 1999.

SACHS, Sidney S. Enter the Resolving Doors of Justice. *Experience*, v. 2, Issue 2, p. 20-23, Winter 1992.

SALLES, Carlos Alberto de. Precedentes e jurisprudência no Novo CPC: novas técnicas decisórias?. In: GRINOVER, Ada Pellegrini et al. *O Novo Código de Processo Civil:* questões controvertidas. São Paulo: Atlas, 2015. p. 77-88.

SANTOS, Moacir Amaral. *Primeiras linhas de Direito Processual Civil:* processo de conhecimento. v. 1. 25. ed. São Paulo: Saraiva, 2007.

SCARTEZZINI, Jorge Tadeo Goffi Flaquer. *Suspensão de segurança.* São Paulo: Revista dos Tribunais, 2010.

SCHAEFFER, Mirian Helena. A ampliação da participação do *amicus curiae* no novo Código de Processo Civil. In: BOECKEL, Fabrício Dani de; ROSA, Karin Regina Rick; SCARPARO, Eduardo (org.). *Estudos sobre o novo Código de Processo Civil.* Porto Alegre: Livraria do Advogado, 2015. p. 91-105.

SELLERS, Mortimer N. S. The Doctrine of Precedent in the United States of America. *American Journal of Comparative Law*, v. 54, Supplement Issue, p. 67-88, Fall 2006.

SICA, Heitor Vitor Mendonça. Questões velhas e novas sobre a inversão do ônus da prova (art. 6.º, VIII, do CDC). *Revista de Processo,* São Paulo, v. 146, p. 49-68, abr. 2007.

SILVA, Ovídio A. Baptista da. *Curso de processo civil:* processo de conhecimento. v. 1. 7. ed. Rio de Janeiro: Forense, 2006.

SILVA, Ovídio A.; GOMES, Fábio Luiz. *Teoria geral do processo civil.* 4. ed. São Paulo: Revista dos Tribunais, 2006.

SILVA, Paulo Eduardo Alves da. As normas fundamentais do novo Código de Processo Civil (ou as "doze tábuas do processo civil brasileiro"?. In: GRINOVER, Ada Pellegrini et al. *O Novo Código de Processo Civil:* questões controvertidas. São Paulo: Atlas, 2015. p. 295-323.

SILVA, Paulo Eduardo Alves da Silva [et al.] (Coord.). Perfil do acesso à justiça nos juizados especiais cíveis. Brasília: Conselho Nacional de Justiça, 2015. Disponível em: <http://www.cnj.jus.br/files/conteudo/destaques/arquivo/2015/06/b5b551129703bb15b4c14bb35f359227.pdf>. Acesso em: 12-10-2018.

SINCLAIR, Michael. Precedent, super-precedent. *George Mason Law Review*, v. 14, Issue 2, p. 363-412. Winter, 2007.

SLAIBI, Nagib Slaibi. *Sentença cível:* fundamentos e técnica. 6. ed. Rio de Janeiro: Forense, 2006.

SOUZA, Artur César de. *A parcialidade positiva do juiz.* São Paulo: Revista dos Tribunais, 2008.

STRECK, Lenio Luiz. Dilema de dois juízes diante do fim do livro convencimento no CPC. In: MACÊDO, Lucas Buril de; PEIXOTO, Ravi; FREIRE, Alexandre (org.). *Processo de conhecimento:* provas. Salvador: JusPodivm, 2015.

______. O novo CPC: a derrota do livre convencimento e a adoção do integracionismo dworkiniano. In: BOECKEL, Fabrício Dani de; ROSA, Karin Regina Rick; SCARPARO, Eduardo (org.). *Estudos sobre o novo Código de Processo Civil.* Porto Alegre: Livraria do Advogado, 2015. p. 149-165.

______. Senso Incomum: Por que commonlistas brasileiros querem proibir juízes de interpretar? Disponível em: <http://www.conjur.com.br/2016-set-22/senso-incomum-commonlistas-brasileiros-proibir-juizes-interpretar>. Acesso em: 27-2-2019.

SUNDFELD, Carlos Ari; SOUZA, Rodrigo Pagani. Três desafios para melhorar a jurisdição constitucional brasileira. In: VOJVODIC, Adriana; PINTO, Henrique Motta; GORZONI, Paulo; SOUZA, Rodrigo Pagani de. *Jurisdição Constitucional no Brasil.* São Paulo: Malheiros, 2012. p. 19-52.

SUNSTEIN, Cass R. Decisões políticas teorizadas de modo incompleto no direito constitucional (trad. Letícia Borges Thomas). In: TEIXEIRA, Anderson Vichinkeski; OLIVEIRA, Elton Somensi de. (Org.). *Correntes contemporâneas do pensamento jurídico.* Barueri, SP: Manole, 2009. p. 294-317.

THALER, Richard H.; SUNSTEIN, Cass. R. *Nudge:* improving decisions about health, wealth, and happiness. Londres: Penguin Books, 2009.

THEODORO JÚNIOR, Humberto. *Direitos do consumidor:* a busca de um ponto de equilíbrio entre as garantias do CDC e os princípios gerais do direito civil e do direito processual civil. 8. ed. Rio de Janeiro: Forense, 2013.

TRAKMAN, Leon E. Appropriate Conflict Management. *Wisconsin Law Review*, v. 2001, Issue 3, p. 919-930, 2001. p. 922-928.

VIEHWEG, Theodor. *Tópica y filosofía del derecho* (trad. Jorge M. Seña). 2. ed. Barcelona: Gedisa, 1997.

WAMBIER, Luiz Rodrigues; TALAMINI, Eduardo. *Curso avançado de processo civil:* teoria geral do processo e processo de conhecimento. v. 1. 12. ed. São Paulo: Revista dos Tribunais, 2011.

WAMBIER, Luiz Rodrigues; TALAMINI, Eduardo. *Curso avançado de direito processual civil:* processo cautelar e procedimentos especiais. v. 3. 10. ed. São Paulo: Revista dos Tribunais, 2010.

WAMBIER, Teresa Arruda. *Nulidades do processo e da sentença.* 5. ed. São Paulo: Revista dos Tribunais, 2004.

WATANABE, Kazuo. Acesso à justiça e sociedade moderna. In: Grinover, Ada Pellegrini; Dinamarco, Cândido Rangel; Watanabe, Kazuo. *Participação e Processo.* São Paulo: Revista dos Tribunais, 1988.

______. Disposições gerais. In: GRINOVER, Ada Pellegrini et al. *Código Brasileiro de Defesa do Consumidor:* comentado pelos autores do anteprojeto. 8. ed. Rio de Janeiro: Forense, 2004. p. 21-58.

WILD, Rodolfo. Os princípios dos recursos à luz do novo Código de Processo Civil. In: BOECKEL, Fabrício Dani de; ROSA, Karin Regina Rick; SCARPARO, Eduardo (org.). *Estudos sobre o novo Código de Processo Civil.* Porto Alegre: Livraria do Advogado, 2015. p. 167-186.

ZAVASCKI, Teori Albino. *Processo coletivo:* tutela de direitos coletivos e tutela coletiva de direitos. 3. ed. São Paulo: Revista dos Tribunais, 2008.

ZUFELATO, Camilo. Precedentes judiciais vinculantes à brasileira no Novo CPC: aspectos gerais. In: GRINOVER, Ada Pellegrini et al. *O Novo Código de Processo Civil:* questões controvertidas. São Paulo: Atlas, 2015. p. 89-112.